大 学 问

始 于 问 而 终 于 明

守 望 学 术 的 视 界

本书系国家社科基金青年项目
"清代群体性事件与官方治理研究"（20CZS038）阶段性成果。

太平天国
再研究

刘晨

著

GUANGXI NORMAL UNIVERSITY PRESS
广西师范大学出版社

·桂林·

太平天国再研究
TAIPING TIANGUO ZAI YANJIU

图书在版编目（CIP）数据

太平天国再研究 / 刘晨著. -- 桂林 ：广西师范大
学出版社，2025. 5. -- ISBN 978-7-5598-7734-5

Ⅰ．K254.07

中国国家版本馆 CIP 数据核字第 2024F8Q950 号

广西师范大学出版社出版发行

（ 广西桂林市五里店路 9 号　邮政编码： 541004 ）
　网址：http://www.bbtpress.com
出版人：黄轩庄
全国新华书店经销
广西广大印务有限责任公司印刷
（桂林市临桂区秧塘工业园西城大道北侧广西师范大学出版社
集团有限公司创意产业园内　邮政编码： 541199 ）
开本：700 mm × 960 mm　1/16
印张：55.75　字数：755 千
2025 年 5 月第 1 版　　2025 年 5 月第 1 次印刷
定价：128.00 元

南京泮池书店主人张舜铭所藏青年洪秀全画像　1937年前后得自德国驻华大使陶德曼

宁波太平军守将宝天义黄呈忠（后封"戴王"）照片　英国人乔治·哈特（George Hart）
于1861年12月至1862年初之间拍摄，英国人泰瑞·贝内特（Terry Bennett）收藏

天王洪秀全　　　　　北王韋昌輝

天王洪秀全黃緞五爪打釘繡雙朝鳳陽繡花團龍袍

北王韋昌輝白緞繡花三十二蟒袍御服

東王楊秀清　　　　　翼王石達開

西王蕭朝貴　　　　　英王陳玉成

王長兄洪仁發　　　　忠王李秀成

南王馮雲山　　　　　堵王黃文金

干王洪仁玕　　　　　慕王譚紹光

太平天國諸王肖像畫　香港林宇騰繪制

道光皇帝

曾國藩

咸豐皇帝

左宗棠

慈禧太后

李鴻章

同治皇帝

湘勇

恭親王奕訢

淮勇

肅順

綠營兵

清朝人物肖像画　香港林宇騰绘制

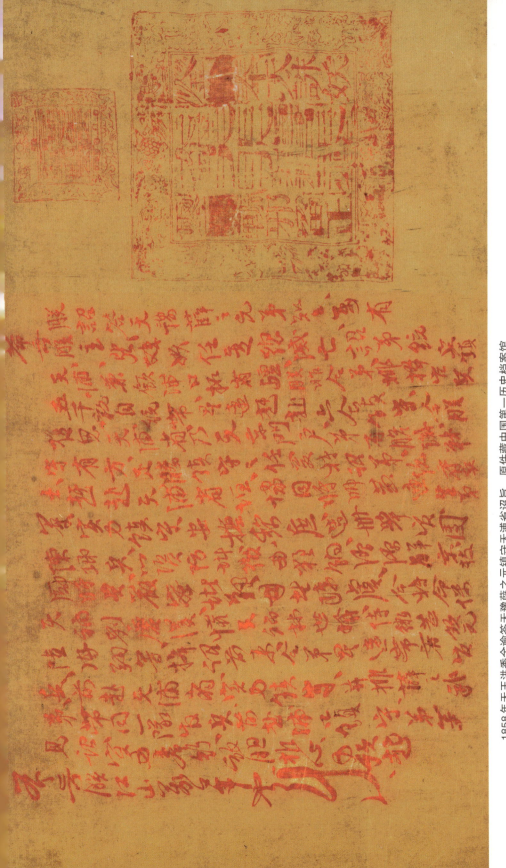

1858年天王洪秀全谕答天豫薛之元镇守天浦省诏旨　原件藏中国第一历史档案馆

忠王李秀成亲供手迹之"天朝十误"（曾国藩朱、墨笔圈改）原件藏台湾曾国藩后人家中，此据 2010 年岳麓书社影印件

钧谕

1858 年 12 月 5 日副掌率后军主将李秀成绘给李昭寿钧谕　原件藏台北故宫博物院

清人绘清军进攻独流镇战图　原图藏中国第一历史档案馆

清人绘湘军九洑洲战图　2010 年北京保利秋拍为私人所购

清人绘湘军瑞州战图 2010年北京保利秋拍为私人所购

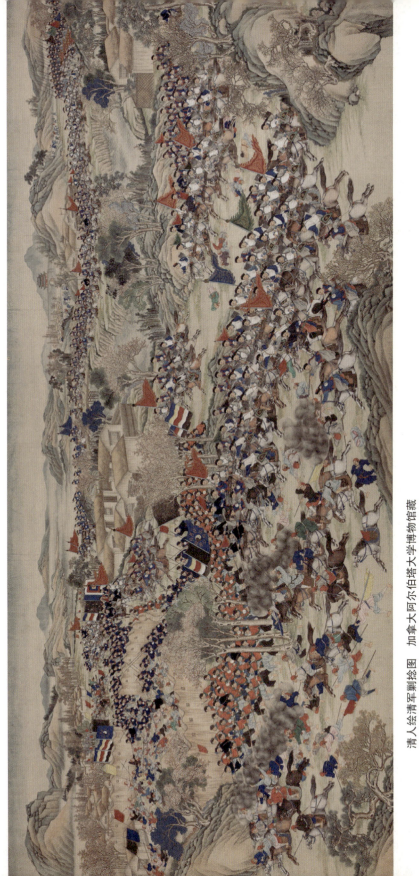

清人绘清军剿捻图　加拿大阿尔伯塔大学博物馆藏

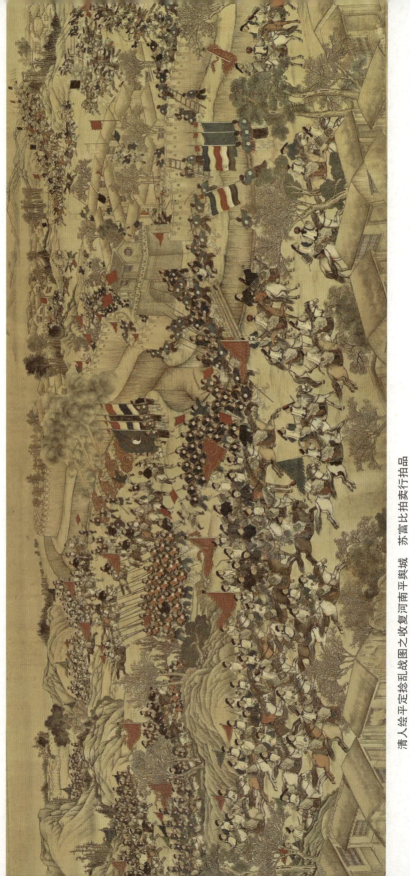

清人绘平定捻乱战图之收复河南平舆城 苏富比拍卖行拍品

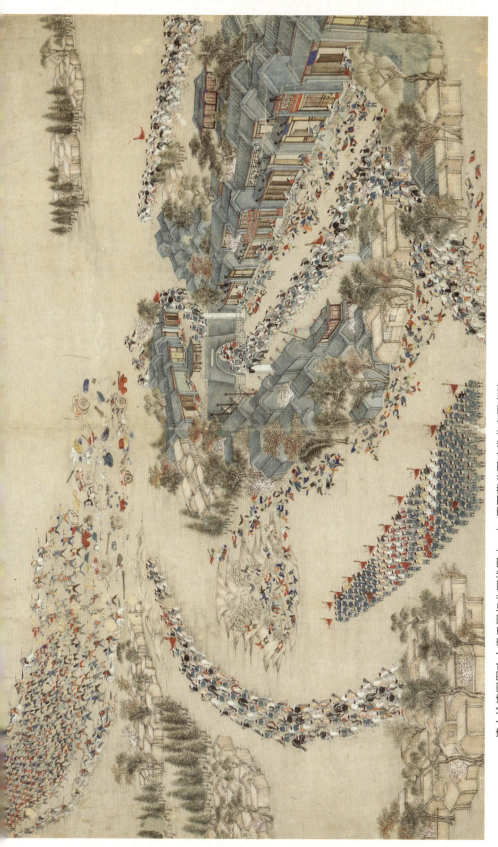

清人绘清军围攻太平天国扫北军战图（一） 原图藏美国哈佛燕京图书馆

清人绘平定粤匪功臣像　原图藏台北故宫博物院

清人绘向荣江南大营围攻天京图　原图藏中国国家博物馆

一部重构"太史"的力作

刘晨新著《太平天国再研究》即将出版面世，全书凡 70 余万言，值得"太史"学界祝贺和关注。有幸承蒙刘君奉赐新著文稿，嘱我作序。拜读之后，心得良多，遂有此篇读后感言，以答谢和请教刘君。

一　刘君的"太史"渊源

刘晨对太平天国史近乎痴迷。自云：本科期间，就与洪秀全结缘。曾有白天研究洪秀全、夜间睡梦中仍与洪天王相伴相游的经历，竟与洪秀全的天启异梦有些相像。在"太史"研究沉寂多年的年代，刘君特立独行、刻苦专攻"太史"的治学志向，颇令学界感佩。民国时"太史"研究前辈，如简又文，人唤"太平迷"；谢兴尧，自称"老长毛"。21 世纪，刘晨自号"小长毛"，有人更称他"小'太史'公"。证之刘君求学、治学经历，这些昵称可谓实至名归。

刘君研究"太史"历经艰辛。自进入山东大学历史系，就投身"太史"学习、研究，辛勤耕耘，稍有创获。本科期间，曾写了《乱世枭雄李昭寿新论》，就李昭寿的复杂经历、叛降清朝原因，以及天国后期派系林立、内部不公等诸多问题，提出了新的看法。此文虽为习作，但已展现出较好的史学功力。硕士期间，他重点关注萧朝贵，在硕士论文基础上，出版专著《萧朝贵研究》，其中就《天兄圣旨》《天父圣旨》和太平天国早期高层政治，以及萧朝贵个人命运等议题进行了系统研究；并在《清史研究》上发表了有关水窦村之战、洪宣娇的专题论文，引起学界关注，显示出刘君良好的史学素养和学风，逐渐成长为"太史"研究新锐。进入北大历史系读博后，刘君不改初衷，知难而进，将研究重心放在太平天国内部治理及"民变"问题上，写成 50 多万字的学位论文，获评北大优秀博士论文，最终以《太平天国社会史》为名出版面世，堪称"太史"、晚清史研究之佳作。著名"太史"专家茅家琦教授撰写了长篇序言，并题写书名。此后，刘君笔耕不辍，在《历史研究》《近代史研究》等刊物发表论文，于"太史"、晚清史、社会史等领域多有阐发和新见。近期承担国家社科基金研究项目，拓展至有清一代民变研究，旨在补强清史研究的薄弱领域。2021 年夏，经刘君倡议和邀约，在北大召开"跨学科视野下的太平天国与近代中国民众运动"学术研讨会，是为中国太平天国研究会首次在北方召开的"太史"学术会议，当即引起了学界高度关注，也给冷寂的"太史"研究增添了信心和活力。当时正值疫情期间，刘君艰辛勤敏，操持大会，贡献心力，其组织和协调学术活动的能力，令与会学者印象深刻。

二 读后感言：尝试从"非军事史"视阈探索和重构"太史"

这部新著，堪称刘君 20 年"太史"研究的结晶之作，也是"太史"学界近期重要的学术创新成果。笔者拜读文稿，感触诸多，摘其主要，缕述如次。

（一）别开生面，选取"非军事史"视阈探究"太史"

太平天国史的主线是农民战争史，武装斗争是太平天国运动的主体。自太平军兴、发展、衰颓至天国覆亡，主要取决于各阶段战争的胜负。中外前辈学者，如罗尔纲、简又文先生等撰写的多卷本"太史"巨著，都将战史作为撰述主线，开启了"太史"研究的先河。简又文先生曾于 1973 年出版新著《太平天国革命运动史》（*The Taiping Revolutionary Movement*），在欧美被奉为"太史"研究的经典著作，并于 2020 年译为中文，出版面世，其主线仍为太平天国战史。这也符合太平天国始终处于军事斗争的历史面相。当然，这些著作都兼顾了天国诸多面相，涉及政治、经济、思想文化、社会治理、对外关系等重要议题，考察和探究了天国兴亡的非军事动因。比较而言，战史无疑是通史的论述主体，至于非军事面相的论述则显得相对薄弱。同时，多位前辈在专史领域辛苦耕耘，成果丰硕，但与通史缺少交集。而且，通、专史著作大多采行陈述史学方法，运用跨学科、多学科方法的著作较少，亟须后学接续努力，尝试创新与补强。

太平天国运动席卷中国十余省、持续十余载，深刻影响了近代中国历史发展进程。回首往事，太平天国定都金陵后，颇多中外人士预测，这场运动将会推向全国，推翻清朝。可是，后续发展恰恰相反。天国军民经过长期艰苦奋战，却最终失败。于是，探究这种逆向剧变发生的动因遂成"太史"学界普遍关注的最大议题。长期以来，学界的流行看法是，力量对比悬殊是太平天国失败的基本原因。但事实表明，直到 1862 年，太平天国的对手只是清朝。而清朝并不强大，内外交困，十分虚弱；太平天国则新兴崛起，各族各地纷起响应。双方力量对比并没有人们想象的那样悬殊。长期艰苦相持的战局充分表明，双方在前线基本处于势均力敌的状态，彼此都无力迅速消灭对方，结束内战。虽然就整体战略力量对比而言，天国居于劣势，但刘邦、朱元璋以弱胜强的先例足能被洪秀全等借鉴和仿效。可见，太平天国存在着推翻清朝的可能性。看来，未能实现推翻清朝的目标，主要原因并非力量对比悬殊，而是太平天国自身的失误和衰颓。这正体现出事物矛盾转化中外因与内因的辩证关系。

探究天国兴亡的症结，需要全面分析具体的内外动因及其关联与互动。刘君新著逾出军事史的主体脉络，突出非军事主题，从政治、经济、外交、社会和思想文化等非军事视阈探究天国兴衰成败及其对近代中国变局的影响，可谓别开生面。新著认为，太平天国兴亡，始终与自身政治架构、宗教特点、治理能力、理论根基等多种因素息息相关；同时又与洪秀全、杨秀清、洪仁玕、李秀成等主要领袖人物的思想高度及现实抉择密不可分；还深受中外变局下的各方博弈乃至世界局势变动的影响。因此，从这些角度而言，军事失败只是天国败亡的表象，其内在的思想观念、社会治理、权力结构乃至对外政策的得失利弊，则是其兴衰成败的内因。这部新著试图从非军事视阈重构"太史"，难度极大，作者别开生面的创新精神值得嘉许和发扬。

（二）研究方法：问题史学与跨学科方法融入"太史"陈述

检视前辈学者的"太史"研究巨著，基本采用陈述史学方法书写"太史"。通过文献和实证分析，展现太平天国历史全貌，为后学提供基础性的"太史"认知、主要文献和修史范式，已然成为"太史"研究高峰。如何传承和创新"太史"研究则成了后学必须面对和破解的学术难题。就方法论而言，除了陈述史学，还有问题史学、跨学科研究等方法可供借鉴和选择。于是，将跨学科方法融入"太史"陈述，成了后学亟须思考、探寻的学术尝试。1980 年，笔者奉导师茅家琦先生提议，拟定硕士论文选题"太平天国初期战史"。进入开题，立即面临重大难题：若遵循陈述史学方法，只能重复前辈著述，至多在战史细枝末节考据上做点修正补强，不可能提供学术新见。于是，我精读了克劳塞维茨的《战争论》等几部军事学著述，获得新的理论认知和启迪，遂尝试改变陈述战史的纵向思路，以文献和实证分析为基础，融入军事学理论和方法，改取横向思路，从问题切入，撰写了学位论文《太平天国初期战史研究》。在前辈研究的基础上，就初期战史提出三个重要问题：一、战略方向辨析；二、战略指挥演变；三、战术特点分析。顺利通过答辩。随后，第二章在《中国农民战争史集刊》发表。1981年，再奉师命，参与国家教委项目四卷本《太平天国战争全史》撰稿，完成两卷；10年后受茅家琦先生重托，接任主编，重组团队，接续完成《全史》撰述。及至2002年，《全史》作为南京大学百年校庆的标志性成果出版，后荣获江苏省社会科学优秀成果一等奖。《全史》尝试将跨学科分析融入战史陈述，借以深化战史研究的学理内涵。虽未能尽如人意，却也消减了炒冷饭的弊病，算是有点创获。于是，呼吁学界，组织力量，将多学科方法融入"太史"研究，进而集体撰写一部融入多学科方法的太平天国史。为此，我也撰写了几篇论文，尝试从思想史、政治学、制度学、结构史等视阈专题考察"太史"及洪秀全思想，试图抛砖引玉，推动新锐群体接力攻关，担当和完成这项学术尝试。可是，随着"太史"冷寂、后学锐减，本人事务繁冗，水平和能力有限，至今未能遂愿，颇感抱愧和遗憾！刘君这部新著，既按照问题史学的脉络、分专题研究太平天国的不同面相，又汲取、融入计量史学与多学科方法，不失为重构"太史"的重要尝试，并将助推"太史"研究迈向新里程。

新著精心选取攸关天国兴亡的四个重要专题：洪秀全早期思想、太平天国统治方略、民心向背与民变、太平天国权力格局与社会失控，对应太平天国兴盛衰灭四大阶段，书写了一部以问题史学为主线的"新太史"。同时，针对各专题的具体内涵，又提出若干重要问题，以文献和实证分析为基础，融入跨学科方法，推出诸多学术新见，从不同面相展现了"新太史"复杂多变的样貌。如洪秀全早期思想，新著从"丁酉异梦"切入，改变学界流行的二元解读——将异梦简单视为真实或谎言，并从新的视角深度分析梦境特点与洪秀全的各种加工，认为异梦故事主要来自1860年以后太平天国刊行的文献，为了印证洪秀全的神性，各种文献必然掺入洪秀全后期的各种加工，与当时的原始情况有所不同。关于统治方略，新著列举了"天下一家""农村政治""着佃交粮""反孔非儒""移风易俗""应变十策""中兴谋划"等七个重要制度和政策议题，运用跨学科方法全景式展现太平天国基层治理规划、成效，以及废弃传统信仰、强推拜上帝的新思想。这些既具问题意识又融入跨学科方法的研究，力图复原洪秀全异梦故事、基层治理方略与实践的历史场景，使读者获致新的学理认知，表明运用新方法的尝试取得了良好的学术成效。

（三）史料建树：发掘新史料，辨析旧史料

经过几代前辈师长的艰辛搜求、整理和考订，"太史"文献资料极其丰富，涉及中外官私收藏，堪称近代各大历史事件之最。前辈开创和推进了"太史"研究的繁荣昌盛，与他们丰厚扎实的史料基础相辅相成。后学若治"太史"，必须研读浩如烟海的巨量史料，积累和厚植"太史"研究的基本功。客观而言，"太史"的冷寂，原因较多，但对巨量史料的敬畏，也是后学止步不前的重要考量。刘君学研"太史"，初心不渝，多年潜心阅读和考辨已有史料，尽力发掘稀见的新史料，并进行田野考察，调查遗址遗迹及收集口述资料。从本科开始，辗转南北，曾赴北京、南京、常熟、苏州、广西等地图书馆、档案馆、高校古籍书库，查找和搜集新的"太史"史料，充实了个人的史料数据库。

检视新著，经作者发掘、考辨并利用的重要新见史料有：太仓《避兵日记》、吴江《黄熙龄日记》、杭州《再生日记》、绍兴《劫难备录》、苏州《脗台麋鹿记》和《避兵十日记》、常州《蒙难琐言》、桐乡乌镇《寇难纪略》等近三十种，基本都是当时的史事实录，弥足珍贵。此外，还搜检刻本、刊本百余种，地方志百余种，私人日记文稿百余种，以及"一档"、台北故宫博物院等机构所藏涉及"太史"的原始档案。而且，作者认真借鉴前辈治史传统，悉心利用太平天国文献、清宫档案和其他各类官私著述，筑牢文献和实证分析的根基。新著的几千条注释和几百种征引文献，即可佐证其厚实的史料功底。

由于清政府的刻意销毁，存世的太平天国史料主体为清政府官方档案及清朝文人私家著述。长期以来，限于治学的政治和认知环境，颇多"太史"学者认为，清方官私文献充斥着地主阶级文人对太平天国的污蔑诋毁，因此，讳用有损太平天国形象的史料记载；即使是现场实录，也闪避摈弃，惜未挖掘和利用其中真实可信的记载；出于治史环境和条件的自我设限，收窄了"太史"研究的空间。早在 20 世纪 50 年代，多位"太史"学者曾围绕常熟为太平军所立"报恩牌坊碑"的序文展开争论。有人认为"报恩牌坊"是民众感怀李秀成的"轻徭薄赋"政策而立，有人则认为这是钱桂仁等叛将指示乡官刻意谀颂李秀成的作品。当时，就有学者指斥"太史"研究中选择性引用和解读史料的不良学风。祁龙威教授撰文批评说："凡是有利于太平天国的资料，不论它是否真实，便一律当做可靠的根据而把它渲染起来；凡是和这个观点相反的，便当做'地主阶级的污蔑'而在排斥之列。"[①] 龙盛运教授亦指出："片面美化太平天国的倾向必须反对，因为它不符合客观事实，不能正确地揭示规律，不是科学的态度。但是强调或者只看见缺点，也是不对

---

① 祁龙威：《从〈报恩牌坊碑序〉问题略论当前研究太平天国史工作中的偏向》，《光明日报》1957 年 5 月 23 日，第 3 版。

的。""对当时的缺点应具体地、有原则地进行分析，实事求是看问题。"① 可是，这些质疑和批评并未在学界引起重视。及至20世纪80年代，学界又出现了太平天国政权是农民政权还是封建政权、曾国藩是否卖国等问题的争论，多位学者参与其间。

其实，产生歧见的重要原因，是双方择取了对太平天国和曾国藩褒贬不同的史料，并由此得出截然相反的论断。可见，坚持客观理性地择取和利用史料是"太史"研究迈向正确方向的重要前提。"太史"史料主体是清方及其文人的著述，更须投入巨量时间和精力进行梳理和考辨。唯有不预设立场和忌讳，才能去伪存真、发掘出诸多反映历史真实场景的内容。其实，那些身处战乱、清贫的基层书生（如村镇塾师）的记载，只是亲身苦难经历的实录，涉及双方官兵及地方团练、土匪的苛政劣行，其评判标准则是现场痛苦遭遇和感受。所以，他们批评太平天国并不代表拥护清方，指斥清政府也不一定就支持太平军。故而只是如实记叙了太平天国统治区爆发的多次民变，并认为太平军及地方基层政权的横征暴敛是激起民变的主因。新著认真辨析和择取了多篇被学界冷遇或弃置的私家著述，以多发性的史实为依据，通过系统性实证分析，建构真实可信的证据链，并制作图表，成功发现、分析和解读了被史家忽视的新的重要专题——天国民变，着力研究"反抗反抗者"，从新的面相拓展"太史"的研究领域，助力"太史"研究的守正创新，启动重构"太史"的学术尝试。

（四）布局考量："内史""外史"结合，兼具大历史观视野

前辈"太史"巨著的布局，坚持太平天国的主体性定位，聚焦陈

---

① 龙盛运：《关于太平天国史研究工作中的偏向问题——对祁龙威同志〈从《报恩牌坊碑序》问题略论当前研究太平天国史工作中的偏向〉一文的意见》，《光明日报》1958年3月3日，第3版。

述太平天国兴衰存亡的历史进程和经验教训，重点在太平天国自身史事、人物的研究和记叙，凸显了"内史"的特色。新著既坚守以太平天国为主体的"内史"论述，又兼顾与太平天国兴亡攸关各方的"外史"考述，主要是清政府、团练、西方列强（包括传教士）、底层民众等四个方面。只有内外兼修，紧密结合，方可助力研究贴近历史真相，重建各方博弈互动的动态历史场景，展现"太史"研究的全局视野。

以团练为例。太平天国时期的团练成分复杂，定位多变。新著将其划分为三类。一是由土豪恶霸、地主士绅组建，如长洲徐佩瑗、松江金国钧、金匮县荡口镇华翼纶等控制的团练，为数最多，衣食、军械自给，一般成员为当地农民。二是清朝官员组织或领导的练勇，如江南团练大臣庞钟璐、常熟知县周沐润、吴县知县沈锡华等控制的团练。练勇主要由属地农民与清军溃勇混合组成，直接听命于清政府。三是太湖流域的枪船武装，如元和县周庄镇费秀元、吴江盛泽镇孙金彪、平望镇铁沙锅、无锡太湖金玉山、震泽严墓镇卜小二、嘉兴新塍镇吴连升、新市施麻子等，其成员大都是赌棍嫖客、游手无赖。太平军攻占苏浙后，这三类团练开始结合，形成一股能量可观的敌对势力，严重威胁天国统治。新著细致分析清政府组织团练、天国应对团练的史实，提出了第四类"平民团练"的案例。通过田野考察与资料搜集，考述了浙江包立身、沈掌大与"盖天王"三大民变事件，揭示社会底层游离于清、太之外的第三方势力，具备"平民性""自保性""集团性"等三大特点，左右所在区域的政治走向。新著认为，这是天国后期农村治理不良、军纪废弛的结果。此类"平民团练"发动的民变，严重扰乱了天国统治区的政治秩序，威胁地方治安，进而对太平军抗击中外敌军的战争产生极大的负面影响。此外，新著还由外而内，内外结合，深入考述天国官方组建的地方武装：一是招抚团练，徒有天国武装名号，保留原建制和指挥体系，实际独立自保；二是隶属乡官局的局差、差役；三是自立自办团练。这些太平军自办的"团练"，协助军方，维持新占领区治安和秩序，具有权力交替和过渡时期的政治特征。可见，新著对太平天国后期团练的考察和研究，较前人更加全面深入，多有创获和突破。

茅家琦教授曾期勉后学，要走出"14年（1850—1864）"的思想束缚，以广阔的视角观察太平天国历史。新著深获启迪，尝试从大历史观考察和研究"太史"，关注"太史"的前延后续，涉及太平天国兴起前鸦片战争引发的历史大变局、太平天国覆亡后的义和团运动、辛亥革命等重大事变，借以长程观察太平天国的多重面相。如通过考察包立身民变案例，透视晚清社会结构，进而论证地方加速军事化、乡绅阶层与绅权扩展、平民精英势力崛起、宗教异端团体增多等一系列新的政治和社会现象，预示传统中国正在呈现崩溃趋势。新著还与外国学者展开对话，质疑孔飞力等汉学家普遍持有的"绅权扩张说"。作者立足史实，论证太平天国有意遏制绅权的政策与实践；太平天国覆亡后，清政府则延续遏绅趋向，"意在约束并重新压缩已被释放的绅权，激发了国家权力与地方社会的新一轮角逐"。新著延展历史时程，认为"清末十年民变、教案等群体性事件的大量涌现预示着绅权的爆发，清政府的最终覆亡也与清末新政时期政府权力在乡村社会的落败有一定关联"。因此，作者兼具大历史观视野，长时段考察晚清时期政权与绅权的博弈，提出与外国学者不同的新见，值得学界认真反思和持续探究。

（五）重大史事：守正创新，再研究，新诠释

"太史"研究早已是学界公认的史学高峰。新著知难而进，尝试守正创新，勇于承担"太平天国再研究"的艰巨工程，坚守和传承前辈的优秀成果，力图补缺补强，提出新的诠释和论述，借以展现"太史"研究的新高度。

关于洪秀全早期思想，新著重新研究了《定乾坤诗》《金乌诗》《述志诗》等诗作，通过背景分析、文风比较，认为这些诗作很大可能

出于洪仁玕伪造，刻意塑造洪秀全胸怀大志、蓄意反清的先知先觉的领袖形象。关于言人人殊的金田起义日期，新著通过细致深入的考订，认为起事初期存在"团方""扯旗"和"团圆"三个前后相继的阶段，并无同日起义之事。太平天国文书所谓"金田起义"，则是泛称、统称，代指太平天国运动的发端或者起点，不涉及具体的时间和实质意义，也不似有学者提出的"金田起义"被太平天国看作由一系列活动和斗争联结而成的过程这一观点。这些考证与论述，学界见仁见智，各有评判，但作者的再研究精神和实践值得鼓励和提倡。

关于太平天国的治理能力与民变，新著着力尤深，成果新颖。作者在系统性实证的基础上，运用社会学、经济学等多学科方法，对史实进行分析和解读，将跨学科分析融入史事陈述，使读者由事及理、获致更深刻的学理认知。以常熟、昭文民变为例，新著以大量数据和图表比较太、清双方的田赋地租负担，涉及漕粮、地丁银、附增杂费、银钱比价等数据，由此提出符合史实的论断："太平天国治下常昭农民的负担总额已接近或超过清朝，所以论断常昭占领区农民的经济负担相对繁重并不为过。"因此，民变四起的主因是太平天国并未改善清方苛政，致使民众不堪重负。民变严重削弱和动摇了天国统治根基，加速了天国败亡。

长期以来，学界聚焦太平天国高层内部矛盾和斗争的研究，考证翔实，成果丰硕，再研究难度极大。新著尝试追本溯源，认为自建教立会以来，太平天国内部权力格局一直动荡不定，权力冲突贯穿始终，本质上是高层二元体制所致，即洪秀全虽贵为天王，但杨秀清、萧朝贵先后利用天父、天兄传言迅速获得超越天王的权威，由此衍生太阿倒持、名实紊乱的二元体制，铸成高层权力冲突的祸源。

新著通过文献和实证分析，指称天京事变不过是太平天国初期高层错综复杂的权力斗争扩大化与最血腥的表现形式，而且之后太平天国也一直被内争困扰。太平天国后期，中央与地方关系呈现出离心割据局面。统兵将帅划地自守，擅支粮饷，贻误军机。高层则呈现洪姓宗室与异姓诸王的权斗冲突，李秀成、李世贤、林绍璋与洪仁达、洪仁发、洪仁玕等相互倾轧。即便是"旧日深交"的李秀成与陈玉成，随着各自权势扩张与资源分配差异，关系也转趋恶化。双方围绕皖北、苏南地盘相互掣肘，致使二次西征失败、安庆失守、陈玉成被俘死难。太平天国晚期，内耗延伸至基层政权，导致苛政虐民，引起民间社会强烈的恐慌与失控。在各种负面因素交相催化下，天国即便取得了某些重要军事胜利，也不可避免地走向败亡。

新著尝试推进天京事变再研究。作者从史料辨析与考订入手，梳理了太平天国、清政府、文人日记与外国人记载四部分的关键史料，去伪存真，去粗取精，筑牢论据。再聚焦杨秀清的性格、行为，全程考察和重建天京事变的历史场景。新著认为，在这场惨烈内讧中，洪秀全无论是暗处操控，还是公开声讨，都展现了高超的政治手腕与对局势的把控，最终除掉了所有威胁自身权柄的政敌，应对事变负有主要责任。

新著质疑天京事变是天国盛衰分水岭的论断。作者从兵员数量、疆域控制进行量化分析，认为天京事变并不具有转折性意义，真正具有实质意义的转折应在 1860 年以后。至于学界关注的太平天国精神危机，新著指出："太平天国的信仰危机不是由天京事变这一历史事件造成的，还与政局紊乱、政治腐败、政权体制以及宗教的局限性和时效性等因素有关，这是积重难返的恶果，而且精神上的影响需要经过一定时空的积聚方能完全显现。"新著对天京事变再研究投入甚多，研究理路和流程多有创意，虽然对事变过程的考述未必一定真确，但求实求真的治学精神难能可贵。

新著从三个方面重新审视并评价太平天国。首先是性质：天国政权具有两大特点，主要沿用中国历代王朝旧制，基本目标则是反对清朝压迫、尝试向西方学习并在后期武装反抗外来侵略。其次是军纪：太平军后期军纪的确大不如前，新加入的捻军、天地会军等纪律松弛，烧杀劫掠，给百姓造成巨大灾难，留下了极为恶劣的印象。与清朝控制区相比，天国狭小的占领区更加混乱和动荡，几至民穷粮尽。部队常因饥饿而溃散，军纪因就食而废弛。新著认为，清军是蹂躏江南的祸首，与太平天国后期吏治窳败、军纪败坏造成的恶果相互叠加，致使江南战祸空前惨烈，并留存了极度惨痛的集体性历史记忆。最后是农民战争的历史宿命：太平天国运动的结局既是宿命，也具备了诸多新的历史特点，是中国从古代发展到近代特殊环境下的产物，肩负着过往不曾有过的历史任务，亦无法摆脱旧式农民战争的基本特点。

这些评价和论述传承和吸纳了前人优秀成果，并融入作者的独立思考和研究，展现了新意和创意。

（六）失败内因：纲领、制度、政策再研究和新发现

新著虚心借鉴和融汇前人研究成果，持续探究天国失败内因，力图发掘其"失败的种子"。在制度层面，"太平天国要么在不改变旧制度前提下取代现存权力机构，要么动员农民推翻旧士绅而彻底颠覆现存制度，但它均未做到"。在社会、经济政策层面，将地主与佃农均推向对立面，由此酿成粮食危机。天国根本没有扫荡礼制和礼教，反而反复过度渲染。洪秀全等主观上并未萌发男女平等、妇女解放的自觉意识。太平天国高调反孔非儒，目的是推翻孔子的权威地位，但却接纳了儒学的大部分思想底蕴。"儒家思想与基督教思想、民间宗教思想共同构成了太平天国意识形态的主要源头"，拜上帝教则是"中西合璧的新式宗教"。

新著再研究《资政新篇》，认为这是"太平天国版的英美式基督教国家治理方略"，是拜上帝思想的第二次本土化、中国化；并质疑《天朝田亩制度》与《资政新篇》相互割裂的看法，认为二者在根本制度上一脉相承，突出了中央集权、政教合一、独尊上帝。洪秀全并不完全赞同《资政新篇》，表明其不具备纲领性文献的地位。洪仁玕入京主政

后，发生了思想蜕变，"原先的闪光思想逐渐被忠君、迂阔、保守的思想取代，那些切中时弊、富有时代气息的政见逐渐被洪秀全的政治和宗教主张同化"。

这些系统性的再研究，给读者带来新的认知和思考，也给"太史"园地增添了生机和活力。

三 展望与期待

新著再研究和重构"太史"，成一家之言。笔者颇多赞佩，但也多有质疑与商榷之处。太平天国失败的原因错综复杂，涉及太、清、列强三方，内、外因，军事与非军事因素等，而且这些原因各时段呈现不同的交集转化。新著所列专题虽然悉心考论，但难以兼顾多种因素的影响和互动。因此，再研究正在路上，后学同道尚需努力，重构"太史"任重道远。

重构"太史"是一项世代接力、循序渐进的重大学术工程。如何将多学科方法融入"太史"陈述，尚需先从专史入手，如政治史、经济史、社会史、思想史、生活史等，推出"太史"专史系列；之后，才能融会纵横、贯通兴亡，完成重构"太史"的世纪工程，开创"太史"研究新局面。

致敬新著！致敬刘君！读后感言，有感而发，或有错谬，谨祈刘君及师友批评指教。

南京大学历史学院教授 崔之清

2024 年 8 月 5 日

从太平天国理解现代中国

　　无论从何种尺度评估，太平天国运动都是中国近代史乃至世界历史上的一个具有里程碑意义的事件。在 19 世纪中叶的关键时刻，工业资本主义的动荡不安冲击着欧美等新兴民族国家的生活。与此同时，世界各国的社会在各自的政治和社会环境下开始与工业军事力量的挑战作斗争。对大清帝国而言，在 1851—1864 年声势浩大的太平天国运动期间，国内外各种条件的复杂因应使这些力量成为焦点。同时代的世界各国都注意到了这一发展。英法两国的外交官率先拜访了太平天国的领导人洪秀全（但未如愿见面），而他们在会晤结束后对于帝国腹地的这场大规模农民运动仍是知之甚少，甚至一无所知。卡尔·马克思在 1853 年推测太平天国运动可能是点燃反对资本主义剥削的世界革命的星星之火，但他对太平天国支持者的起源与目标同样知之甚少。幸运的是，刘晨在其最新力著《太平天国再研究》中运用历史学家的技艺，让我们深入了解了太平天国运动的兴起，并深刻地指出这段充满焦虑与悲伤的沉重历史何以值得我们准确记忆。

　　刘晨在全书开篇中概述了有关太平天国历史的文献，并介绍了这一领域的研究现状。这篇介绍本身就是对这一课题研究的重要贡献。他重构了太平天国在不同时代的历史意义，并将之与各个时期搜集发表的文献资料相结合。为此，他不但充分利用中文资料，还广泛使用英国、日本、美国及其他地区的资料。然而，尽管史料丰富，刘晨仍不无感慨地指出有关太平天国的议题在当下的中外学界均已遭受冷遇。这与昔日的研究盛况形成了鲜明对比。在刘晨提到的 20 世纪 80 年代，我作为一名来自美国的年轻历史学教授正在南京大学访学。对于一个研究农村民众运动与太平天国的学者而言，那真是一段激动人心的时光。我在南大的导师包括蔡少卿和茅家琦二位教授。随着中国市场经济的发展以及与全球经济联系的日益密切，乡土中国及其历史的重要性似乎日渐式微。然而，被遗忘的历史不会突然消失。我记得有一次，美国一所大学的同事告诉我，法国大革命在当下的世界历史框架中不再那么重要，因为其他课题的重要性已经上升，而历史课程的时间又是如此有限。刘晨提醒我们，在追求历史真相以及历史与现实关联的过程中，不可因为追逐所谓热点和政治话题而变得目光短浅。他还提醒我们，理解历史是一项非常复杂的任务，需要开放的胸怀与共同的努力。

刘晨在其太平天国新研究中取得了诸多成就，在此我仅提及其中几项，以引导读者开启对这本厚重著作的阅读之旅。这本书的主要议题包括洪秀全的思想，太平天国对农村经济传统和社会风俗的改造，以及太平天国的民族主义遗产等。它探讨了太平天国运动的非军事层面，以了解参与者的思想和社会动机。刘晨意识到运用单一的唯物主义方法论来探究这段历史的某些方面具有局限性，并提出了一些问题，为理解太平天国提供了其他替代性路径。

在阅读刘晨的书稿时，我惊讶地发现他提到了"否定太平天国论"，并了解到这种观点在社会上广为流传。他解释说，近年来对太平天国历史的否定主要是基于对运动主要领导者洪秀全的负面评价。不少人认为洪秀全的宗教思想荒唐滑稽，因此认为这一研究毫无价值。与此同时，近年来，不少人对清政府镇压太平军的湘军领导者曾国藩大加颂扬，曾国藩被塑造为一个以国家实力和力量对抗太平天国落后思想的践行者。

一个尽责的历史学家不仅是简单地对那些偶尔进入历史发展中的奇

思妙想做出回应，还要试图探究这些思想何以产生，何以吸引民众，以及发生何种作用。这些思想是历史现象，其源头往往深藏于社会形态之中。尽管信仰的某些前提牵强附会，但是任何历史学家都不会否认欧洲基督教的复杂影响。通过认真研究洪秀全的思想，刘晨认为，尽管洪秀全最终失败，但是他的思想是一个强大的思想综合体，有效地动员了华南地区的民众，对清政府造成了沉重打击，而清政府本身就是中国走向现代国家的障碍。洪秀全对基督教的利用以及他对农民朴素的平等平均诉求的承诺形成了一种足以颠覆基督教基本教条的思想，并且形成了一种新的意识形态框架。刘晨指出，洪秀全把农民朴素原始的平等平均思想在实践层面上升到一个新的高度。美国学者托马斯·赖利（Thomas Reilly）的著作 *The Taiping Heavenly Kingdom*：*Rebellion and Blasphemy of Empire*（2004，中译本为《上帝与皇帝之争——太平天国的宗教与政治》，上海人民出版社 2011 年版），其中也有一些关于太平天国宗教的比较性思考。可见，洪秀全的思想比以往的农民起义更具体、更系统。此外，仔细审视曾国藩的英雄形象，会发现他的军队对数百万农村人口犯下的暴行是令人心碎的事实。曾国藩自己则用"书生好杀，时势使然"来粉饰湘军的残暴行为。刘晨清楚地表明这不是一场一方全好、另一方全坏的褒贬游戏。历史认知不是通过二元对立的思维方式形成的。

太平天国旨在改造农村经济的政策带有巨大的社会和文化使命。尽管这一努力最终并未能实现其全部目标，这在很大程度上是由于连年不断的战乱以及领导能力的衰退等，导致无法维系民众的支持。但刘晨明确指出，了解使这一运动成为可能及阻碍其取得更大成功的社会进程同样具有重要价值。一种重大的渐进式文化变革努力往往会陷入困境，却没有得到充分的历史考察，使其成为一艘沉船，而从这艘船的构造、海潮和人为失误中，我们其实可以学到很多东西。与其去否定这些未能如愿的努力，不如从这些失败的历史事件当中发掘未曾实现的可能性。刘晨精心探究了太平天国农村经济秩序的运行，以了解参与者与地方领导者如何寻求在平等原则（包括妇女参与）和资源共享的原则基础上重建农村经济秩序。这些问题驱动着他的研究：为何旨在为农民谋求更多福利的真诚计划无法扎根农村，最终以分裂和不信任收场？太平天国的基层政权是如何尝试实施重新分配土地，收缴粮税以及改造民风民俗等政策的？刘晨不但揭示了太平天国领导层的失败，同时也推动人们更深入地了解太平天国为重塑公平公正的地方统治秩序而在社会和意识形态领域做出的不懈努力，以及乡村社会在这期间是如何运转的。太平天国在人类历史上的这一独特时刻值得我们给予充分的历史关注。

当我们思考太平天国的历史遗产时，社会平等、帝国主义与民族主义再度浮出水面。正如刘晨讨论的那样，太平天国的理想在运动失败后仍在延续。辛亥革命的领导人孙中山就自诩为洪秀全第二。二人都领导了反清起义并宣扬了反满观点。孙中山的三民主义，即民族主义、民权主义和民生主义，是对太平天国改善社会福利、地方参与决策和强国承诺的重申。孙中山的国际主义从未忽视地方乡村社会是政治活动的源泉。在我自己对晚清民众抗争文化的研究中，我发现了 1910 年农村反对中央政府新政改革的案例，这些案例明确将太平天国作为一种积极的集体记忆予以追念，称其维护了反抗不公正权威的权利。直到中国共产主义时代，这一农村社会阶层的政治活动潜力仍在战略和政治思想中发挥着作用。

虽然民族主义和帝国主义的概念根植于太平天国的话语体系中，但在刘晨看来，洪秀全并没有现代民族国家观念，不过是憧憬国家独立和国家间的和平共处。洪秀全使用的"国"一词来源于帝国时期的"国家"关系概念。当洪秀全使用"中国"一词时，他并不是同今天这样指代民族国家。这种方案的使用至少可追溯到唐朝，中央帝国语境中的"中国"根据不同时期的统治家族被称为"清国"（清的土地）或者"明国"（明的土地）。洪秀全的"国家"观念包含了民族国家的一些初步概念，同时也在寻求一些不同的素材，他参考并修改了前帝国时代

"国"的概念。根据太平天国的文献记载，上帝赋予洪秀全的使命是明确令他以天王而非皇帝的身份来建立天国（江山）。对"江山"一词的运用表明，基于对王朝帝制发展之前历史的理解，洪秀全在概念上从皇帝和帝国转向了新的事物。然而，当涉及新王国与其他国家之间的关系时，这些观念又回到了帝制时代。当洪秀全宣布他的天国将要统治"天下万国"时，"江山"又变为"中国"，并始终处于中心位置。洪秀全使用的语言反映出他试图重组中国的政体，以回应但并不接受当时敌对国家所展示出的民族主义。对现代民族国家的构建始于稍后的孙中山和毛泽东时代，但洪秀全的思想可以说是朝着这一方向迈出的第一步，他阐明了这一努力的必要性和模糊性。

最后，《太平天国再研究》巧妙地提出了要了解太平天国的一些重要方面，必须解开的一些历史死结。为什么太平天国参与者持有的反清思想会招致整个帝国政治哲学（通常被称为儒学而非孔学）的谴责？如果反满情绪占据主导地位，那么又何必抛弃清朝之前业已存续几百年的政治哲学？就像"国"的概念一样，洪秀全似乎保留了从古典社会哲学中获得的价值观，但是他又强烈地反对孔子，捣毁了特别是与孔子个人身份地位相关的牌位与庙宇。洪秀全是如何区分孔子的著作和那些他曾经为了科考而认真研读的其他诸多儒学经典的？如果我们对孔子和儒学的著作进行更细致的处理，洪秀全本人思想的细微差别可能会得到进一步澄清。通过研究洪秀全更深层次的思想，刘晨指出，洪秀全的纲领更倾向于反压迫而非反封建，更倾向于反侵略（仅存在于太平天国后期）而非反帝。刘晨提供的证据清楚地表明，洪秀全和他的合作者们有着从最基础的社会和哲学层面重构统治秩序的雄心壮志。这一巨大事业的规模、缺陷以及现实仍然与我们的社会历史思维息息相关。

我认为刘晨除了是一位技艺精湛的历史学家，也是一位非常优秀的高校教师。刘晨的突出成就，即其所讲的"新史"是将太平天国理解为"历史过程"。在这方面，他超越了他的研究课题，展现了一种历史理解的新路径。他以历史学家的技艺,以公正的态度,考虑了构成太平天国运动的过去和现在、内部和外部的各种观点和经验。《太平天国再研究》不仅审慎地考虑到了与太平天国运动有关的意识形态、区域、阶级和性别等复杂的历史层面,还就档案史料的研究与方法问题提供了广泛指导,提出了一些可以继续研究的事件与人物,从而进一步揭示历史,提出新的问题。在所有这一切中,刘晨从未忽略太平天国兴衰背后的人性之勇以及可怕的社会经济破坏和人口损失。由于刘晨秉持的以历史之同情和历史之公正展现历史的承诺,读者们大可以放心地享受阅读整本书的乐趣。

美国俄勒冈大学历史系教授　Roxann Prazniak(蒲乐安)

2024 年 12 月 25 日

太平天国史研究的里程碑

　　摆在你面前的这部由刘晨撰写的新著，可谓太平天国研究领域的一座里程碑。仅原始资料和二手资料的数量之庞大，加之需运用英语、日语和德语（尤其是客家地区传教士记录）等多语种史料带来的挑战，对于任何一位学者而言，这些困难几乎都是难以逾越的。刘晨广泛征引了各类原始资料以及中英文国际学术研究成果。我越是仔细研读这部著作，或者更确切地说，翻阅这数百页详尽的内容，就越是收获良多，深受启发。作为学界同仁，我也迫切地想要参与到学术讨论之中，只是此序篇幅有限，更多探讨留待后续专文。

　　太平天国史研究对于中国史家的重要性自不待言，西方历史学者同样长期关注，然而双方的旨趣和目的不尽相同。这场内战持续十余年，其惨烈程度堪比第一次世界大战（1914—1918 年）和第二次世界大战（1939—1945 年，而对中国来说，战争从 1937 年就已开始），直接或间接导致数千万人死亡。如此重大事件吸引史家目光实属必然。然而，西方学界一直特别瞩目于这场运动，在某种程度上是因为它起源于基督教。起初，一些西方传教士甚至希望这场运动能使清帝国迅速皈依基督教。但他们很快就失望了，主要是因为太平天国发展出了自己独特的基督教形式，而传教士们无法接受这种独立性和创造性。作为一名研究中国民间宗教传统的历史学者，我个人的兴趣主要在于这场运动的本土宗教根源，此乃理解其独特形态的关键。

20 世纪的中国史学家在发掘太平天国印书方面贡献卓著，但他们不得不前往西方图书馆进行这项工作。清政府对太平天国的全面镇压导致其宗教和政治文献在中国本土几近湮灭。因此，自 20 世纪 30 年代起，许多中国学者远赴欧洲，从西方传教士的收藏中寻回大量文献，并陆续整理出版。与此前不同的是，如今西方的图书馆，如大英图书馆、纽约公共图书馆［购得著名传教士汉学家理雅各（James Legge）藏书］、澳大利亚国家图书馆、德国柏林国家图书馆等机构，已将绝大多数文献免费发布在各自的网站上。现在，任何人都可以获取这些资料，与历史直接接触，欣赏那些廉价的印刷品、太平天国官印，以及原始装订的红色或黄色封面。①

在西方学界中，鲁道夫·瓦格纳（Rudolf Wagner）出版了一部具有开创性意义的专著，他后来成了我在海德堡大学的资深同事。他揭示了太平天国运动如何遵循特定模式发展，从而解释了其诸多独特文献，以及后来向来访的西方传教士提出的问题。② 这也意味着，与之前施友忠（Vincent Shih）的研究不同，瓦格纳之后的西方学者能够比以往更加重视太平天国丰富的文献资料。③当然，学者对其基督教方面的研究兴趣并未消失，近年还出现了几本关于太平天国神学的专著。④史景迁（Jonathan Spence）的主要关注点依然是基督教，但他也指出，1858 年底洪

---

① 参见 Barend J. ter Haar, "The Religious Program of the Heavenly Kingdom of Great Peace," *The Oxford Research Encyclopedia of Religion*, June, 2024, https://doi.org/10.1093/acrefore/9780199340378.013.733.

② Rudolf Wagner, *Reenacting in Heavenly Vision: The Role of Religion in the Taiping Rebellion*, Berkeley: University of California Press, 1982. 更晚一些，他还发表了一篇重要文章，参见 Rudolf Wagner, "Taiping Civil War," https://www.oxfordbibliographies.com; last modified 27 October 2016。

③ Vincent Y. C. Shih, *The Taiping Ideology: Its Sources, Interpretation, and Influences*, Seattle: University of Washington Press, 1967.

④ 代表性成果有 Thomas H. Reilly, *The Taiping Heavenly Kingdom: Rebellion and the Blasphemy of Empire*, Seattle: University of Washington Press, 2004; Carl S. Kilcourse, *Taiping Theology: The Localization of Christianity in China, 1843-64*, London and New York: Palgrave Macmillan US, 2016; C. T. M. Tong, "Taiping Ideology and the Rewriting of the Chinese Bible," *The Bible Translator*, Vol. 73, No.2, 2022, pp.268-279.

秀全曾一度认定，有一位自"西洋"奉命来讨妖（史景迁译作"demon devils"）的"将军"，他就是额尔金勋爵（Lord Elgin，或者 James Bruce，1811—1863 年）。[①]诚然，中国本土素来存在召请神将以武力讨伐妖邪的深厚仪式文化。这些妖魔被视为现实中的真实敌人，这也正是明朝政府支持北方神将兼荡魔天尊——真武大帝崇拜的根源。人们相信他会在明朝与现实中蒙古人的持续对抗中提供庇佑。这些信仰也成了诸多混乱的源头，正如清政府曾将某些神将在当时一些神灵救劫事件及三合会（又称天地会）活动中的显现，误视为现实中的军事支持力量。[②]

瓦格纳将太平天国研究重新聚焦于基督教信仰的本土化过程，这一点尤为重要。但如果没有王庆成的重要贡献，这是不可能实现的。王庆成找到了杨秀清和萧朝贵"附身显灵"的重要记录。[③] 第一位使用这些记录的西方学者是魏乐博（Robert Weller），笔者承其余绪。[④] "附身显灵"在当时的中国是一种普遍现象，至今仍能在一些地方，尤其是在农村地区看到。与掷筊、占卜、托梦或像天师道仪式中那种带有科仪形式的方式与神灵世界进行互动相比，"附身显灵"的一大优势在于可通过神灵附体实现某种形式的双向对话。在运动初期，宣称神灵附体的说法甚嚣尘上，但洪秀全和杨秀清很快就对其进行了钳制，并将其垄断为自己的专属。他们没有使用当时日益流行的扶乩形式，这一事实表明，在他们使用书面文字的同时，口述的性质仍然非常重要。刘晨详细地利用

---

① Jonathan D. Spence, *God's Chinese Son: The Taiping Heavenly Kingdom of Hong Xiuquan*, New York: Norton, 1996, pp.262-267.

② 关于"神灵救劫范式"，参见 Barend J. Ter Haar, *The Ritual and Mythology of the Chinese Triads: Creating an Identity*, Leiden: Brill, 1998。关于太平天国时期的研究也可参见笔者"Myth in the Shape of History: Elusive Triad Leaders," in Irene Lim ed., *Chinese Triads: Perspectives and Histories, Identities, and Spheres of Impact*, Singapore: Singapore History Museum, 2002, pp.19-31。

③ 王庆成：《太平天国的文献和历史——海外文献刊布和文献史事研究》，北京：社会科学文献出版社，1993 年。

④ 参见 Barend J. ter Haar, "The Demonological Framework of the Heavenly Kingdom of Great Peace," Margo Kits ed., *Cambridge Companion to Religion and War*, Cambridge: Cambridge University, 2023, pp.428-442。

了这些神灵附体的记录来分析运动早期的历史，这些记录对于了解当时的宗教实践本身也极具参考价值。

有趣的是，据巴色会传教士黎力基（Rudolf Lechler，1824—1908年）记录，许多最初在广东追随洪秀全的信徒并没有跟随他前往广西。韩山文（Theodore Hamberg，1819—1854 年，他为我们提供了关于洪秀全及其幻象最详细的早期记录）和黎力基同属于主要在客家人中传教的新教巴色会教士。韩山文 1846 年来华，1854 年去世，黎力基则在客家人中传教长达半个世纪，他与韩山文一同抵达，直到 1899 年孤身离开。著名的客家基督教历史学家鲁珍晞（Jessie Lutz）对他们观察后这样总结道："反偶像，排他，邪魔横行，以及被选中的子民践行上帝旨意来诛灭妖魔的爪牙，这些一直是洪秀全的核心思想。在洪秀全失败多年后，太平天国教义与实践仍存遗绪。1860 年代末，李正高与黎力基在前太平军成员中传教时注意到，许多人已经在家中恢复了神像和符纸，但仍有相当一部分人，即使他们重新开始祭祖，也不拜偶像，家中也没有传统的守护神。更有甚者仍然秘密坚持早晚向上帝祷告，自觉此举可聊以慰藉。"① 从某种程度上说，这种存续于客家社群的太平基督教可视为洪秀全在广东时的原初教义——在广西遇到杨秀清和萧朝贵之前，以及运动将反偶像崇拜发展为一场救世主式讨伐恶魔的暴力浪潮（乃至他们开启北上南京的漫漫征途）之前。

对我而言，本书最大的看点在于它以丰富的细节、出色的论证和令人惊叹的文献数量完整再现了太平天国运动全过程，包括其宗教、社会和政治纲领以及最终的结局。刘晨还广泛探讨了与之相关的暴力形式，如长江下游地区的抗粮抗税抗租运动。在此，我想提及这本书中也有充分体现的太平天国运动的另外三个方面。第一个方面是，在中国传统历

---

① 参见 Jessie G. Lutz and Rolland Ray Lutz, *Hakka Chinese Confront Protestant Christianity, 1850-1900; with the Autobiographies of Eight Hakka Christians, and Commentary*, Armonk: Sharpe, 1998, pp.191-192。

史上，没有任何一场"内战"，或者用更传统的以清朝为中心的术语"叛乱"，或者用更现代一点的标签"农民起义"，能有与太平天国运动等量的文献记录。这使我们能够像刘晨在本书中所出色完成的那样，写出非常详细的学术研究著作。这也带来了特别的收获。通常情况下，我们只能知道一些口号，即使我们知道当时有一些文本或口头资料在流传（比如我想到1796—1804年被叫作"白莲教"的大起义），但我们几乎难以窥见这些资料在地方层面是如何被运用的。太平天国内部的神灵附体记录，以及大量其他资料，如传教士著作、地方文献（如文人笔记和地方志），当然还有大量清政府镇压太平天国的档案，刘晨似已尽览。然而尚存一个疑问，那就是为什么只有太平天国运动有如此多的内部文献记录。毕竟，洪秀全虽粗通文墨，却绝非受过良好教育的精英阶层成员。在其周遭如杨秀清之辈，亦多是文盲或半文盲。究竟是何种特质使这些客家人及其追随者大异于其他宗教运动领袖，以至于他们认为制作类似马丁·路德早期宗教改革时期大量印刷的那种现代风格的宗教宣传品是实用且有效的？他们还创作了太平天国的启蒙读物，他们又何以笃信所有这些书面宣传品确能奏效？由于洪秀全不可能只靠自己撰写这些文本，或者只是撰写了其中一部分，那么在他周围一定有通晓文墨的捉刀代笔者，但此辈身份不得而知。

这就引出了我的第二点。众所周知，洪秀全特别厌恶我们今天在西方语言中称为"儒教"，在中国称为"儒"的东西。刘晨对此亦详加论证。毕竟，洪秀全最初那一系列狂热的幻象，是与他在科举考试中遭受的失败创伤同时被激发出来的，尽管我猜想其求学与游历所导致的身心俱疲也是诱因之一。他并不是第一个憎恶，或者至少是排斥孔子形象的宗教领袖。[①] 但吊诡的是，其土地改革设想显然受到了我们今日有些含

---

① 更多内容参见 Barend J. ter Haar, "The Religious Program of the Heavenly Kingdom of Great Peace," *The Oxford Research Encyclopedia of Religion*, June, 2024, https://doi.org/10.1093/acrefore/9780199340378.013.733.

混地称作儒教文本传统的启发。洪秀全或者是为他出谋划策之人，在造访广州并接触当地学术圈时，可能已经了解到这类思想。①此外，太平天国运动中男女分营的性别政策，恰与儒家思想中对男女在地方节日与其他仪式场合中混杂相处的批评若合符节。在这种情况下，一个通常被忽视的重要灵感来源是当时在广州地区特别流行的民间善书与圣谕宣讲。梁发（1789—1855）所著《劝世良言》显然受到了当时流行的"善书"体裁的启发，在前往马六甲皈依基督之前，他本为广州当地印刷匠，对此类文本自是熟稔。②

最后，我强烈推荐读者阅读此书。最重要的原因在于，本书不仅对作为一个宗教、社会、政治甚至经济事件的太平天国运动进行了全景式精彩描绘，更以太平天国为透镜，考察了晚清地方社会的肌理。太平天国存续时间虽短，但其文本、实践、运动烈度以及地方社会的反应，皆折射出帝制晚期社会的理想和关切，这是我们在更早时代殊难窥见的。举一具体事例便知——我承认此处反映了本人的社会史偏好——刘晨指出，地方宗教生活在较大程度上受到了太平天国运动的冲击，但同时地方神庙有时也成了抵抗运动的聚集点。他举的一个例子是常熟的关帝庙。我还可以补充一点，19世纪后期的重要神传集《关帝全书》，实际上直接受到了关帝经常帮助地方社会和国家对抗太平军的启发。③

这并不是说我对书中的某些分析没有异议。了解本人研究的人不会惊讶于我不同意将"白莲教"视为一个单一的社会宗教现象，而是将其视为一个由充满了偏见的帝国政府与知识精英构建的错误概念。这一点很重要，因为这种概念建构的结果是，各种截然不同的宗教和社会现

---

① Steven B. Miles, *The Sea of Learning: Mobility and Identity in Nineteenth-century Guangzhou*, Cambridge, Mass.: Harvard University Asia Center, 2006.

② 关于此问题的研究正在开展，亦可见 Barend J. ter Haar, "The Religious Program of the Heavenly Kingdom of Great Peace," *The Oxford Research Encyclopedia of Religion*, June, 2024, https://doi.org/10.1093/acrefore/9780199340378.013.733.

③ 黄启曙：《关帝全书》，1858年，第1卷，第3a—5b（41—46）页。

象都被视为一个单一的传统。此外，刘晨将北方的团体称为"游民""流民"，尽管实际上像弘阳教或皇天道这样的组织都非常固定，有着稳定的区域网络。只有部分传教者在各自的区域内活动，这与禅宗和尚的情况并无不同，对他们来说，云游四方是他们寻求觉悟使命的一部分。[1] 刘晨指出太平天国与这个神秘的白莲教教义非常相似，或者说像所有"农民起义"一样，亦曾利用了地方宗教。从某种意义上说，此说不谬，却无新意。因为传统社会均围绕着某种形式的宗教崇拜和实践进行组织，包括士绅祭祖尊孔，以及通常会祭拜一些地方神祇。事实上，清政府也会"利用"，或者更确切地说，是信奉民间宗教，例如1813 年八卦教之乱时关帝显灵护宫（据说他出现在北京的内城宫墙上），再如镇压太平天国时会请求关帝助战。民间宗教极为多元，以某些特殊形式为传统中国全体民众所共享，因此泛泛而谈力度不足。

至于"白莲教"这个标签，我们不宜简单地将清政府不喜欢的一切宗教活动都一概而论。中国学者根据清政府镇压档案，将"无生老母"视为这个神秘教义的核心，但这在很大程度上是中国北方的现象。这种崇拜不仅存在于无明确教派归属的寺庙中，不同教派赋予她的神职也各有不同。因此，这种北方信仰体系与南方的太平天国之间并无实质关联。相反，当时存在着一种与之截然不同的宗教现象，这种现象与太平天国的信仰更为贴近，尤其是在 19 世纪的华南盛行，即人们相信玉帝将以天谴般的灭世之灾来惩罚天下诸灵。[2] 这并不是一个新的信仰，但在 19 世纪，它催生了南方（而非北方）的许多新兴教派，同时也赋

---

[1] 可见笔者近期发表的"Giving Believers Back Their Voice: Agency and Heresy in Late Imperial China,"in Philip Clart and David Ownby eds., *Text and Context in the Modern History of Chinese Religions: Redemptive Societies and Their Sacred Texts*, Brill: Leiden, 2020, pp. 16-54；以及笔者对曹新宇著《祖师的族谱——明清白莲教社会历史调查》的书评，2024 年由欧洲中国研究中心在线发表（https://erccs. hypotheses.org/2208）。

[2] 参见笔者著 *Guan Yu: The Religious Afterlife of a Failed Hero*（Oxford: Oxford University Press, 2017），以及王见川、高万桑（Vincent Goossaert）等人的研究。

予了关帝一个新的角色——谓其得到玉帝授意竭力拯救末世中的人们。瓦格纳早已指出玉皇大帝与太平天国愤怒的耶和华（上帝）之间的相似之处。或许，洪秀全只不过是把"玉帝"置换为"上帝"，但他肯定没有采用所谓的白莲教信仰。

无论是聚焦于太平天国、晚清地方社会抑或帝制晚期中国，学界诸君与普通读者皆可从此书中获益良多。展卷有益，敬请品鉴！

德国汉堡大学汉学教授 Barend J. ter Haar（田海）

2025 年 2 月 21 日

推动近代中国研究新发展

前些日子，我听到刘晨所著《太平天国再研究》即将出版的消息，非常高兴。

我认识刘晨是 2010 年左右的事情，那时候他还在北京大学读博士。他不仅研究水平很高，还对太平天国的历史很有兴趣和热情，于是我们有了"一见如故"的感觉。在太平天国的历史研究处于"低谷"的当时，不管在中国国内还是在海外，研究中国近代史的年轻人当中，选太平天国这一题目的人本就非常少。因此我们海外学者都认为刘晨年轻有为，希望他能够早一天推出成果。

刘晨很快就回应我们的期待了。2019 年他连续出版了《萧朝贵与太平天国早期史》《太平天国社会史》两本书，还有几篇论文也在著名的学术刊物《历史研究》《近代史研究》上发表。其实这是并不容易的事情。大家知道，太平天国史在中华人民共和国成立后一直是个重要的研究项目，过去出版的著作、论文或者史料集浩如烟海。一位年轻学者能完全吸收这些成果，并做出一个新的研究成果是相当困难的。刘晨就不怕这些困难，下了很多功夫收集新的史料，又提出新的观点来进行分析。这本书的标题就是《太平天国再研究》，意思就是在之前众多研究成果的基础上重新做一个新的探讨吧。

20 世纪 80 年代我曾经在中国留学，在广西师范大学历史系钟文典教授的指导下研究太平天国史。当时钟文典先生经常对我讲一句话：

"你要做学问，关键的是你怎样做人。研究历史就是待人问题。"现在想起来，刘晨对于太平天国这一研究对象和相关史料一直坚持非常尊重的态度，绝不敢为了政治需要盲目地赞扬它，也不会全面否定它的历史和人物。我个人认为，虽然刘晨还不到40岁，但是他的研究作风是相当成熟，也是难能可贵的。

最近我拜读这一大作后，不禁产生出另外一种感想。它就是，不管太平天国是革命运动，还是宗教运动，像它这种历史上的重大事件，一定要利用人生中活动能力较强、思想较活跃的年轻时期集中地进行研究，这样才能够深入了解到它真正的历史面目。

20世纪80年代有一位日本学者出版基督传的时候写到，基督是不到40岁就被罗马帝国杀害的，写他的思想和活动最好处在跟他同一年龄段时才算真实，要是我们老了就很难了解他到底在想什么。虽然这位学者的话有点激烈，但是我个人认为，描写太平天国的历史也可能是一样的。因为当时参加太平天国队伍的主要都是年轻人，他们的行动和想法对像今天我这样老一辈的人来说是很难掌握的。再加上要参考的新史料或者观点又多，我就有根本赶不上学术潮流的感觉。

20世纪80年代研究太平天国史的主要力量是年纪较大的学者。由于中国经历过抗战或者动乱时期，他们年轻时不一定有条件在稳定的环境中进行研究。当然也有年轻学者。不过当时包括太平天国在内的"革命史"被看作一个"老问题"，已经没有多少人在研究了。刘晨读书的时候恐怕情况也好不了多少。他就像太平天国的北伐军一样"孤军深入"，在研究上几乎没有战友的情况下艰难地开展自己的研究。不过他的结果还是跟北伐军不一样，最后他获得了胜利。今天我们拿到手的这本书就是一个明证。

刘晨这本新著中引用南宋词人辛弃疾的词"男儿到死心如铁，看试手，补天裂"来说明整个咸丰同治时期的局面，这令人想到很多问题。"天裂"就是清帝国在政治、经济上或者思想上面临很多矛盾，仅仅从这两个字就可以看出这些矛盾是多么严重。太平天国就是为了"补"这些矛盾，也就是为补救中国社会提供了诸多方案。当然，咸丰皇帝、曾国藩、李鸿章等人都有他们挽救时局的主张。不同阵营的人试验的结果都是不成功的。

刘晨从洪秀全的早年思想谈起，对金田起义的爆发到建都南京后的社会建设都做了全面考察，展开的内容都很有说服力。不过这本书最出色的地方还是在后面，就是后期的太平天国怎样失去群众的支持，陷入灭亡的一段历史。其实在海外尤其是在日本，后期太平天国的历史早就有一定研究。中国国内也有人将太平天国在江浙经营的历史作为一个"田契"发展的历史阶段，做了一些考证性研究。

不过整体来说，后期特别是在忠王李秀成进军苏州以后的太平天国很难得到正面的评价，往往被戴上破坏者或者分裂主义者的帽子。这种倾向不仅在清代已经存在，一直到南京国民政府时期也仍然是存在的。甚至最近海外学者出版的著作中，也有认为太平天国只不过是给江南人民带来灾难的破坏者，对太平天国本身几乎没有兴趣的例子。

刘晨新著对 160 多年来这些对于农民运动的偏见和歧视展开了一个非常正道的剖析。要是大家看到"不曰避贼而曰避兵"或者"清军在兵燹中的责任"等题目就知道他的主张，我在此不再多谈。

大家读刘晨这本书的时候，应该注意到另外一个观点。它就是太平天国和地方武装的关系或者晚清地方武装化的问题。这个问题原来是美国学者孔飞力提出的，在海外引起过不少讨论。有些学者即将它和清末的"封建"/"郡县"制论战联系起来，认为太平天国以后的历史进程出现了一个从中央到地方，从省级到县、乡级的权力结构的变化。

刘晨在《太平天国再研究》中对江浙的情况进行了相当详细的分析，认为太平天国以后这里很快就恢复了原来的统治秩序，而不是像孔飞力先生所说的，湖广地区的地方精英扩大了政治发言权。也许江浙跟湖广的条件不一样，在江浙地区像湘军那样完整的地方武装没有得到很好的发展。那么，江浙地区和湖广地区，乃至两广地区的比较研究就很有必要。

与此同时，清末到民初这两个地区都有希求"地方自治"的潮流，它一直影响到民国时期的"联省自治"问题。本书介绍的浙江诸暨的包立身就是一个例子。本书以"平民性""自保性"两个概念来说明包村团练抵抗太平军的特征，当地还有他们是"地方自治之祖"的评价。如果我们从太平天国到民国时期，以至中华人民共和国成立初期划一条连续性的线索来思考，刘晨的观点就可以作为了解整个中国近现代史政治格局和社会结构发展脉络的参考。

本书谈到的历史非常广泛，内容也非常充实，我只是简单地讲几句话来祝福他。我希望以后刘晨保持研究太平天国的热情，为中国近代史研究的发展做出更大更多的贡献！

日本国际基督教大学教授　菊池秀明

2024 年 12 月 21 日

前言　远去的170年：由一本旧时的太平天国史新作谈起

一　纪念日

2021年的1月11日，是太平天国金田起义170周年。按惯例，我们应该在某些重要历史事件或历史人物的周年组织一些纪念活动。但太平天国的周年，似乎是一个被学界和公众遗忘的日子。

十年动乱后，太平天国研究异常活跃。地方和全国性的太平天国史研究学术团体相继成立，国内权威的太平天国史研究专刊《太平天国史译丛》《太平天国学刊》先后创办，研究队伍的规模、研究成果的数量在中国近代史各专题研究中首屈一指。此外，一系列具有全国或国际规模的太平天国史学术会议次第召开，中外学术交流日益加强。

王晓秋先生回忆了1981年出席纪念太平天国农民起义130周年学术研讨会的情景："那是'文革'后改革开放以来史学界的第一次全国性大规模学术讨论会，更是太平天国史研究的一次拨乱反正的盛会。开会的方式也是很特别的，会议时间从1981年3月8日至20日，整整开了两周。在广东广州举行开幕式后，全体代表乘船沿西江入广西，上岸后考察了广西桂平金田村、紫荆山等太平天国遗址，再沿当年太平军北上路线至桂林，然后举行闭幕式散会。会议由广东、广西两地太平天国研究会主办，两地政府大力支持。出席会议的有来自全国 27 省（直辖市、自治区）的学者 210 人，还有英美日三国学者 6 人（如英国学者柯文南、美国学者魏斐德、日本学者小岛晋治等），共收到论文 186 篇。由于有两地领导及外宾参加，在广西沿途甚至还有警车开道，一路上车队浩浩荡荡，这样的学术讨论会开法几乎是空前绝后的了！"①

余生也晚，未能躬逢盛事，实是遗憾！不过，2011 年，我有幸参加了在洪秀全故里广州花都举办的"纪念太平天国起义 160 周年学术研讨会"。这次会议的与会规模和论文质量差强人意，还安排考察了洪秀全纪念馆，沿途道路做了布置，赫然悬有"热烈欢迎"的旗帜。在太平天国史研究整体寥落、门可罗雀的大环境下，会议办成如此已属难得。

时光轮回伤无尽。如今太平天国史遇冷，与专业研究的异常寥落和社会舆论全盘否定太平天国的声音有增无减密切相关。如今社会上谈"洪"色变成为一种风气，在这种情况下，大家心照不宣地选择缄默便不足为奇。

当然，要想纪念，得有个确切的日子。关于金田起义的具体日期，学界颇有争议。罗尔纲先生以洪秀全 38 周岁生日的庚戌年十二月初十日（1851 年 1 月 11 日）为金田起义日，这是一直流行的说法。王庆成先生认为金田起义是从庚戌年七月到十二月初各地会众汇集金田过程中的一系列活动和斗争的总称。荣孟源、茅家琦等先生持庚戌年十月初一日（1850 年 11 月 4 日）说。按照逢十纪念的一般原则，2020 年筹划"新时代太平天国史学术研讨会"时，我在邀请函开篇写道："太平天国官书《天兄圣旨》载，庚戌年（道光三十年，1850 年）九月，太平天国起义已呈'八面烧起，起不复熄'之势，《天情道理书》亦载'及

---

① 王晓秋：《太平天国史研究的拨乱反正——从 40 年前的一次盛会说起》，《"跨学科视野下的太平天国与近代中国民众运动"研讨会论文集》，北京大学历史学系、北京大学人文学部，2021 年 7 月，第 1 页。

太平天国再研究

至金田团营，时维（庚戌）十月初一'。"

原想以此"喧嚣"打破这"静谧"，无奈庚子岁瘟疫肆虐，会期一推再推，及至会议经费被收回，只能宣告暂时取消。若能实现，该会议将具有近40年来首次在北方召开全国性太平天国史会议的学术史意义。除了疫情，前述背景或多或少也是这次"长毛"（太平军自称及他称）未能会集京城开会的一个阻力。好在北大自有其博大的胸怀和深邃的精神，于是便有了独特的魅力与魄力。在历史学系领导和老师们的支持下，2021年7月9日至11日，"跨学科视野下的太平天国与近代中国民众运动"研讨会举办，来自全国各地的50多名学者参加会议。这次会议有三个特点：其一是跨学科与多视角，从各个领域重新探究太平天国史；其二是从多方互动关系进行研究，注重清朝、太平天国以及其他国家之间的复杂关系；其三是史料发掘，会议论文中既有新发现的中外文史料，又包括全新的影像资料。同年8月9日，《中国社会科学报》刊发会讯，名曰"推动太平天国史研究新发展"。

要真切推动太平天国史研究新发展，必须研究太平天国的对立面，即从本史与外史相结合的角度深化太平天国史研究。关于太平天国的对立面，早期研究相对薄弱，且大多流于口诛笔伐。而近些年来，晚清史研究趋冷，国内外学界对咸同时代的关注逐渐走低。事实上，清代咸丰同治时期，上承康乾盛世、嘉道衰世，下启光宣末世，处数千年未有之大变局。清帝国风雨飘摇，面临内忧外患。内有辛酉政变的权力格局变动，太平天国、捻军、小刀会等造反此起彼伏；外有第二次鸦片战争和随之而来的严峻的边疆危机。国内形势激荡，国际环境剧变，有学者称之为"传统中华帝国的崩溃"。面对西方殖民势力向全球的持续扩张，面对工业革命和世界格局的剧变，清王朝自身开启了有限度的求强自救，迎来所谓"同治中兴"，由此揭开了中国历史上"旧制度与大革命"的历史进程，中国由传统走向现代的步伐逐渐加速。纵观中国近代历史进程，咸同时代无疑具有重要且特殊的历史意义。基于这一旨趣，

2022 年 7 月，我又召集了"变局：中国近代史上的咸同时代"工作坊。

这两次带有"纪念"意蕴的会议在北大成功举办，令我颇感欣慰，也算是对"太史"前辈学者们的一种"纪念"。因为，站在前人的肩膀上才能看得更远。

北大历史系向有太平天国与中国农民战争史研究的学术传统。1926年，刘半农先生将在伦敦不列颠博物院摘抄的文献编成《太平天国有趣文件十六种》（北新书局，1926 年）。同年，程演生先生将在巴黎东方图书馆摄影、抄录的文献编成《太平天国史料第一集》（北京大学出版部，1926 年），该书共收录《天朝田亩制度》等 8 种印书，其中 3 种系影印，使中国学人首次获见太平天国印书样式。萧一山先生在海外搜访太平天国文献，贡献甚大，编成《太平天国丛书第一集》（商务印书馆，1936 年）、《太平天国丛书第二集》（时值"八一三"淞沪抗战爆发，商务印书馆已制成的版片悉数毁于战火）、《太平天国诏谕》（国立北平研究院，1935 年）、《太平天国书翰》（国立北平研究院，1937 年）等。他在北大求学期间，《清代通史》上卷（中华书局，1923 年）出版。向达先生、王重民先生在海外搜辑太平天国文书方面也有贡献。20世纪 30 年代，他们从英国抄录了许多重要史料，包括天王、幼主诏旨和护王陈坤书部兵册等。1935 年，王重民先生在剑桥大学图书馆发现《资政新篇》等 10 种印书，均为此前国内未知未见之书，后来出版了《太平天国官书十种》（商务印书馆，1949 年）。北京大学文科研究所出版了金毓黻先生、田余庆先生主编的《太平天国史料》（开明书店，1950 年），其中辑有原以为已佚失的重要史料，例如由商船带往日本的中国书抄本《粤匪大略》，北京大学文科研究所在编书时又从日本石印翻刻本录回。田余庆先生还参加了"中国近代史资料丛刊"的编纂工作。1934 年后，罗尔纲先生在北京大学文科研究所任助理员和助教。他在北大期间，写就了《太平天国史纲》（商务印书馆，1937 年）、《金田起义前洪秀全年谱》（正中书局，1943 年）、《太平天国史丛考》

（正中书局，1947年）等著作。邵循正先生对农民运动史有深入研究，在太平天国研究领域，他撰写了《略谈〈中国近代史稿〉第一卷》（《读书》1959年第2期）、《关于〈漏网喁鱼集〉的一些说明》（柯悟迟《漏网喁鱼集》卷首，中华书局，1959年）、《太平天国革命后江南的土地关系和阶级关系》（《光明日报》1961年2月2日）、《秘密社会、宗教与农民战争》［《北京大学学报》（人文科学）1961年第3期］等。邵循正先生开辟了从社会经济史视野观察太平天国的新领域。陈庆华先生《关于石达开的评价问题》一文发表在《北京大学学报》（人文科学）1961年第4期上；沈元先生《洪秀全和太平天国革命》一文发表在《历史研究》1963年第1期上，这些都是当时关于太平天国人物研究的重要成果。

这几年，美国、日本掀起了一股研究"太史"的小热潮，如裴士锋（Stephen R. Platt）《天国之秋》（社会科学文献出版社，2014年）和菊池秀明《金田から南京へ：太平天国初期史研究》（东京汲古书院，2013年），特别是《天国之秋》，简体中译本曾在书市大卖。2020年，梅尔清（Tobie Meyer-Fong）《躁动的亡魂：太平天国战争的暴力、失序与死亡》（台北卫城出版，2020年）和仓田明子《十九世纪口岸知识分子与中国近代化——洪仁玕眼中的"洋"场》（凤凰出版社，2020年）又一度引人注目。相比于此，国内的冷寂，令人唏嘘。不过聊以慰藉的是，这几年断断续续地还有同仁好友寄来他们关于太平天国的新作品。其中，备受学界瞩目的是"澎湃新闻·私家历史"的朋友寄来的简又文先生的"新作"——《太平天国革命运动史》（九州出版社，2020年）。这是一本20世纪70年代英文本旧作的中文新译本。

二　风骨与灵气

民国时期是国内太平天国研究的开拓和初始阶段，学界出现了一批在该领域成就卓著的学者，最为著名者就有简又文。

1958年、1962年，简又文先生的《太平天国典制通考》三册（简氏猛进书屋，1958年）、《太平天国全史》三册（简氏猛进书屋，1962年）相继在香港出版，这是他积毕生之功殚心竭力研究太平天国的结晶。《太平天国革命运动史》（以下简称"该著"）是《太平天国全史》的精编本，1973年在耶鲁大学出版社出版英文本。其论说主线仍然依照《太平天国全史》，从洪秀全出生至整个运动失败。一部史学著作的生命力取决于它有没有"风骨"和"灵气"，也就是取决于理论的素养、史料的考辨和史实的建构。至中译本出版之时，该著已40岁"高龄"，如此"长寿"，必然有其特色。

在史料方面，简先生重视史料发掘和史事考据，观其文末所附文献便知。他从数百种中西文献中钩玄提要，细加考订，举凡时间、地点、人物、事件、事实、典制等诸方面，必得考究充分，这才能勾勒出一幅太平天国十数年兴衰变迁的历史长卷。在太平天国文献资料还相对零散匮乏的年代，该著参引附列了一些有较大价值的公私著述，其中不少在30年后才收进《中国近代史资料丛刊续编·太平天国》（广西师范大学出版社，2004年）中。

田野调查并利用调查所得文书、实物和口述资料，也是该著的史料特色。从20世纪20年代开始，简先生就另辟蹊径，多次赴两广采访洪姓遗裔和考察天国遗迹，其成果另体现于《金田之游及其他》（商务印书馆，1944年）一书。

在西文资料的译介和利用方面，简先生重视较早，成就斐然。该著引用较多的有韩山文（Theodore Hamberg）《太平天国起义记》、富礼赐《天京游记》和《北华捷报》（*North-China Herald*，1850—1866）。瑞典传教士韩山文根据洪仁玕口述，于1854年在香港出版《洪秀全之异梦及广西乱事之始原》，旋即分期刊载于《北华捷报》，经简先生译为中文，改名《太平天国起义记》。后来，我在阅读巴色会档案时发现，在《洪秀全之异梦及广西乱事之始原》一书正式发行前不久，韩山文向巴色会提交了与该书内容大致相同的半年度报告。该书记载了洪秀全的异梦、上帝会的创立、金田起义诸事，是研究太平天国早期历史的重要文献。《北华捷报》是研究太平天国史的重要英文报刊资料，简先生曾选译数篇，先后发表于自己创办的刊物《逸经》和《大风》上。后来，上海社会科学院历史研究所曾编译《太平军在上海——〈北华捷报〉选译》一书（上海人民出版社，1983）。

外文资料是太平天国研究的宝库，内中记载可大大弥补中文记载的不足。但对外文资料的利用，至今仍是太平天国史研究的一大短板。倘若能进一步重视、借鉴外文资料和原始论著，或能在某些领域（如对外关系）增加太平天国史研究的深度，裴士锋《天国之秋》在社会上引发的热议便是例证。简又文等第一代太平天国史学者，致力于史料搜集和考证，改变了太平天国史研究史料匮乏的窘境，传承并发扬了中国史学辨伪考信的优良传统，改变了太平天国史研究为迎合时尚而杜撰虚构，或叙事真伪混杂、讹误甚多的情况，使太平天国史研究逐渐步入正轨。倘若以现在的知识结构回顾这部著作，该著所叙战史轮廓，和今人所知大致相同。这也要归功于成书所依据的扎实的史料基础。而同时期大陆学界出版的通史性著作，如牟安世先生《太平天国》（上海人民出版社，1979年）、茅家琦先生等《太平天国兴亡史》（上海人民出版社，1980年）、王戎笙先生等《太平天国运动史》（人民出版社，1986年），篇幅均约30万字，叙事之详尚不及该著。

　　侧重于从军事史角度考察太平军的日常活动及战略目标，是该著的另一特色。在该著母本《太平天国全史》问世的1962年，尚没有一部考订叙事如此之详的太平天国军事史。华岗先生的《太平天国革命战争史》（上海海燕书店，1949年）只有十余万字。郦纯先生的《太平天国军事史概述》（中华书局，1982年）成书于20年后。直到崔之清先生主编的四卷本《太平天国战争全史》（南京大学出版社，2002年）出版，发掘、运用清宫档案（以军机处录副奏折为主）考订战事细节甚详，太平天国战史才达到一个更高层级的水准。正因为此，该著对太平天国的政府结构、社会经济组织及其他非军事领域的作为则只能穿插点评，间有提及。于是逊色于罗尔纲先生的《太平天国史稿》（《太平天国史》的初稿本，中华书局，1955年），这未尝不是一个缺憾。

三　三个非军事的议题

　　因为以军事征伐为主线，该著有多半数篇幅介绍"革命开端""南征北战"和"天国衰亡"三个阶段的战史，故非军事部分略显精炼且论说尤为突显。

　　第一是太平天国的"革命性质"。这是自20世纪30年代至90年代学界热议不止的话题。现今受史学思潮多元化的影响，出于对革命史观和阶级分析论的矫正，学界已基本避谈太平天国的性质。其实这是关系太平天国历史定位和历史评价问题而无法绕开的。斯时大多数学者正在太平天国是单纯农民革命还是兼具资产阶级革命性质这两种观点的分歧中相持不下，简又文、萧一山则力持"民族革命运动"说。

　　　　　　　　　　　　　　　　　　　　　　太平天国再研究

该著交代太平天国起事爆发的历史背景，特意强调其反清情绪的政治和文化源头在于满汉民族矛盾。强烈的反满思想和汉民族意识是太平天国造反的主要思想源流之一。其时，经过清王朝二百余年统治的"汉化"，19世纪中叶的满汉矛盾并不十分突显，其佐证便是嘉庆、道光朝以来各地天地会如火如荼开展起来，却终未能成气候。可见"反清复明"不能吸引人心。当时谈"反满"，还不如直接讲"吏治腐败""民不聊生""官逼民反"之类更有号召力。

　　较前期"民族革命"的观点有所修订，后来，简先生在《太平天国典制通考》中力持宗教革命说，认为太平天国的组织、思想、推动力、各类政策均源于太平基督教；但在60年代出版的《太平天国全史》中又倾向于综合革命说，即太平天国兼具宗教、民族、政治革命性质。在该著中，简先生沿袭了《太平天国全史》的说法，专门提到了促成太平天国起义的另外两个要素，即宗教性和政治性，特别是太平天国的宗教本质和它的基督教理想的论说，一直贯穿于太平天国起事、建政、外交和覆亡的叙史脉络中；并假说如果革命成功，基督教将从革命信条变为国家宗教，西方思想和西方模式的引进将使中国先于日本转型成为一个基督教现代化国家。关注宗教这条主线，有助于理解太平天国内政外交、社会政略的宗教特征，有助于观察传统中国民间宗教在大变局中内质的自我变异和新陈代谢。

　　简先生修订后的观点，与郭廷以先生在1944年出版的《太平天国史事日志》中认为的"论其性质，初不限于政治、种族，实兼有宗教、经济、社会诸因素"相似。[①] 未具体衡量各项诱发性因素的轻重，究其根源，是简先生曾明确反对运用马克思主义解释太平天国史的理论架构。虽然该著称之为"革命"运动，实则不受阶级分析范式的影响。不过，唯物史观以实事求是为指导原则，这和简先生主张站在客观的立

---

① 郭廷以：《太平天国史事日志》上册，上海：商务印书馆，1946年，"凡例"第1页。

场上从事研究在本质上是一致的。简先生早期基于客观现象的分析曾得出"农民战争破坏论"，在 1946 年出版的《太平军广西首义史》中他提出"以破坏性及毁灭力论，太平天国革命运动仅亚于现今日本侵略之一役耳，其前盖无匹也"。他还把湘军和太平军之间的生死搏杀称作"农民打农民"。在《太平天国全史》的绪言补注中他提出："岂其以太平军兵员多农民出身，遂称之为农民革命乎？然攻灭太平军之反革命的湘军兵员又何尝不是湘乡一带之农民？分明是农民打农民也。"① 从根本上说，两者之间的战争并非阶层内部群体利益的对抗，而是湘军和太平军之间的政治对立，应充分考虑领导集团的政治立场。此外，对太平天国运动的考量，应充分考虑太平军兴是否具有正当性。当然，早期研究中一味美化、神化太平天国的倾向也必须得到反思和矫正。

简先生后来在其论著中修订了对太平天国评价的相关内容。在《太平天国典制通考》"军纪考"中，他开辟专章讨论太平军与清军军纪，分阶段、地域和部队对褒赞太平军军纪的史料进行了系统分类，对太平军以"仁义之师"相称，对清军军纪则以"暴行实录"为题列举了诸多史料。在《太平天国全史》中，他对太平天国运动的影响持肯定论，称赞太平天国"宗旨、理想、典章、制度、政策、军略、与种种实际的政治设施，实于种族革命之外，兼有宗教革命与政治革命的意义，实要改革全国一切传统的旧制度而创造'新天新地'的。这样大志愿、大企图、大计划，不特在吾国二十四史中未尝或见，即在世界的革命史中也找不到几个可与比拟的大运动。虽其因种种原因以致败亡，而流风不绝，典型尚存，自有不灭不朽的本性，将在我国甚至世界历史中永远占着重要而光荣的一章"。② 《太平天国革命运动史》除客观陈述战争对人口、文化、社会经济的巨大破坏，还以假说的形式说明太平天国的积极

---

① 简又文：《太平军广西首义史》，上海：商务印书馆，1946 年，第 5 页；简又文：《太平天国全史》上册，香港：简氏猛进书屋，1962 年，绪言补注第 3 页。

② 简又文：《太平天国全史》上册，香港：简氏猛进书屋，1962 年，绪言第 15—16 页。

意义以及它给未来中国留下的历史遗产。这说明，秉持科学严肃的研究态度，是我们将研究推向深入的前提，尽管敢于自我否定的勇气并非人人都有，但在深思熟虑之后，就有可能避免认知流于表面。

第二是太平天国的权力格局。简先生准确而敏锐地捕捉到"导致太平天国最终覆亡的一个主要的，无疑也是最悲惨的因素，是其领导阶层内部的崩坏，以及在1856年秋天随之而引发的一系列事件"这一历史信息。① 于是太平天国的权力结构和权力斗争成为该著非军事部分着墨最多的内容。从历史上看，权力结构是权力斗争取得暂时平衡的结果；权力斗争又是权力平衡的黏合剂。太平天国的权力结构分为宗教神权和世俗政治权力，太平天国政教合一，实际归为世俗之权，但又不得不对早期的神权建构做出分析。或是囿于当时《天兄圣旨》《天父圣旨》原书尚未被学者发现并引入研究视野，简先生虽然提及"领导阶层内部的崩坏"是一个历史过程，但仍然与同期的论作一样把观察的焦点集中在太平天国权力斗争最为血腥惨烈的"天京事变"上。太平天国权力结构的多元复杂演变被简单化为由洪杨二元权力格局向洪秀全一元权力格局的转化，早期的权力纠葛和后期炽烈的朝内政争等情形被掩盖无踪。

终太平天国之世，其权力斗争伴随始终。从早期杨秀清、萧朝贵与赐谷王家、大冲曾家等上帝会元老的角逐，到杨秀清与萧朝贵之间无法逾越地表的"夺权"暗潮，再到洪秀全与杨秀清的对立乃至发生暴力血腥的天京惨祸，再发展为后期太平天国激烈的"党争"，甚至太平军余部的权力斗争也从未停息，如康王汪海洋杀侍王李世贤之变。可以说，贯穿太平天国始终的权力斗争是其亡国的重要原因，或者说是最主要的原因也不为过。权力斗争问题是其自身诸多失误和自我削弱过程中的一项极为重要的因素。明白了这一点，以及认识到太平天国权力结构演变和权力斗争激化是一个一以贯之，由量变到质变的过程，有助于我

---

① 简又文：《太平天国革命运动史》，北京：九州出版社，2020年，第261页。

们分析天京事变是不是太平天国由盛转衰的"盛衰分水岭"问题。

简先生的著作将天京事变和石达开出走的史事合并为"兄弟阋墙"一章论述，打破了叙事的时间顺序，鲜有事变影响的评说，且紧接着对长江流域的战事复苏和洪仁玕新政中兴做了阐释，尽力弱化天京事变影响之用意较为明显。至于简先生认为军事溃败是天国覆亡的根本原因又是另外可以商榷的问题。事实上，天京事变的确与这一时期太平天国暂时的战略退却有关，但是可能并没有造成太平天国元气大伤。

权力格局和权力斗争的线索以人物之间的关系为基础，这又涉及人物评价。简先生该著对后期特别重要的几对人物关系有简单提及。如陈玉成和李秀成的精诚合作，洪仁玕与陈玉成、李秀成的"将相和"。不过，这些人物形象均不宜过分拔高。太平天国后期的权力斗争主要是以洪姓宗亲为主的中央亲贵和以异姓诸王将领为主的地方实力派之间的矛盾与冲突。洪秀全、洪仁玕与李秀成、陈玉成、李世贤之间，甚至洪姓宗室内部也存在不同程度的嫌隙，连陈玉成与李秀成也纷争不断。洪仁玕久负"文曲星""贤相"之名，可称作当时真正开眼看世界的人。洪仁玕的思想、才华无疑是太平军诸王中一流的，也是同时代最有见识的知识分子之一。但他的"世界"是客居期间从香港、上海间接了解到的。在中国近代思想史上据有一席之地的《资政新篇》是当时对时势敏感的国人学习和借鉴西方"善法"的经典之作。但就文献本身对太平天国的影响来说，可谓微乎其微。它不是太平天国运动实践的产物，而是一份从外部世界带给太平天国主要领袖的意见书。至于洪仁玕本人的才能，一方面，太平天国国事日非，主要是洪秀全的原因，洪仁玕没有施展才华的机会；另一方面，洪仁玕本人的能力是理论和语言大于行动，实践能力不足，和衷共济的能力也不够，虽然他在激烈政争中曾有居间缓冲之举，但由于血浓于水的缘故，他与昏聩的王长、次兄彼此偏袒与共，卷入同陈玉成、李秀成的权力纷争，后期太平天国政争日炽与他或多或少有些关系。

第三是太平天国的社会战略。政治和军事不能反映太平天国的历史全貌。尽管"眼光向下""自下而上"和"上下结合"的社会文化史视角，最终可能要重回"政治史"，但以太平天国为研究主体，却不局限在太平天国本身，将长时段、大历史观同微观时段相结合，按照太平天国历史演变，勾勒一幅晚清时期江南地方社会发生危机的全景画，是极有研究价值的。此外，对前太平天国时期和后太平天国时期，以及同时代社会样态的考察，可以深化对太平天国由兴起至败亡历史演变之因的认知。为此，简先生该著有"太平天国的组织形式和革命理想"及"洪仁玕的崛起"专章讨论太平天国的社会和思想，尽管这还远远不够。

如果把社会和政治要素结合起来考察，可以发现，太平天国初期的基本态势是在挫折中发展。一方面，太平军在军事上取得重大胜利，基本与清军形成战略平衡。主要原因有：太平天国重视农民的土地问题，构建了极具吸引力的土地政策和营造人间"小天堂"的梦幻，大批挣扎在生死边缘的民众铤而走险，支援和参加太平军；清廷内外交困，清军极端腐朽；太平天国特有的统一的宗教、政治、军事制度激发出战斗精神；太平天国的政治宣传和动员；等等。另一方面，太平天国在社会控制方面受挫。1860 年前太平天国建立的江西、湖北根据地极不稳固，安徽基地也局缩在安庆、庐州等军事重镇附近，天京始终没有彻底摆脱江南、江北大营的军事控扼。地方社会秩序不稳，像溃军、团练、土匪的不时破坏；在民众对立方面，1853 年安徽民众反对太平军政略的动乱是典型案例，甚至迫使杨秀清两次派石达开赴安庆抚民易制。民众对立的原因主要有：清方的政治宣传攻势与民众的恐慌心态；太平天国地方行政无作为，导致城市像兵营，乡村一片荒芜；强制推行男女之别的社会结构调整、移风易俗的社会改革和不合实际的工商政策，激起民众反感、敌对；太平天国空想的宏伟蓝图表现为现实中的零实践，农民幻象破灭，原来支持、响应太平军或是持同情态度的民众逐渐失望。但是由于前期太平天国领导集团尚能不断修正举措，以及军事方面的战略相持等因素（最重要的是粮食得到有效储蓄和补给），民众与太平天国的对立尚未充分展现，支持者在数量上仍占优势，太平天国运动的总体事态还在发展。

太平天国后期的态势则是在发展中倾塌。尽管后期太平天国两破江南、江北大营，开辟苏南、浙江根据地，赢得针对八旗、绿营的军事胜利，但这种胜利仅是单纯的军事胜利，并未取得地方社会管理的改善和社会经济生态的稳固。相反，乡官基层组织异化；白头军兴，民众对立；社会经济秩序紊乱（传统社会经济秩序与贡役制社会结构并行），民众反抗剧烈而出现地方社会失控，太平天国在社会下层失去政权合法性。暂时的军事胜利无法挽救太平天国四面楚歌的败局，特别是关系国计民生的粮食问题愈加窘促。最后，在中外势力联合进攻时，太平天国再也得不到广大农民的支持，只能陷入孤立无援的绝境。苏、浙根据地仅维系三年左右的时间，太平天国就在迅猛发展的假象中倾塌。

作为一本通史性的太平天国史著作，关于社会战略的讨论不可或缺。因为它或能深刻解答太平天国因何而兴，又因何而败，换言之，就像贾熟村先生在《太平天国时期的地主阶级》一书中提出的命题：摇摇欲坠的清政府最终为何又摇而不坠，反而使自己由弱变强，反败为胜，镇压"粤捻"，实现了所谓的"同治中兴"?[1]

《太平天国革命运动史》论说平实，以史料和史实考辨为本。一本旧时的"新作"，相隔近半个世纪后的谋面，如今读来，或许没有更多的创见新说，却很容易让读书人在字里行间感受到作者踏实渊博的长者风范。"扎实"是我们后学晚辈需要毕生修炼的基本功，它将赋予我们的研究成果"风骨"和"灵气"，使之"长寿"，使之成为真正意义上的"好书"。可以说，《太平天国革命运动史》中译本新版，其风格特

---

① 贾熟村：《太平天国时期的地主阶级》，南宁：广西人民出版社，1991年，绪论第1—4页。

色同近年美国学者的两本重量级作品相呼应，展现了国内"太史"人的品格学养，是一份深化"太史"研究的新时代呼吁。

合上这本厚重的著作，脑海中不时映现一幕幕太平军将士抛头颅洒热血攻城拔寨不畏生死的历史场景。这是一曲悲壮的长歌，是不应该在历史的记忆里远去的纪念。

记得 2014 年 11 月 16 日下午，参加"太平天国失败 150 周年学术研讨会"的 70 余位学者冒雨在高桥太平天国将士墓举行祭典。祭词绕梁，如怨如慕，如泣如诉，不绝如缕。吾辈理当缅怀先辈，寄思前人。太平先烈而外，还应向已经作古的"太史"学者们和他们的经典之作致敬。他们也是太平天国历史的缔造者。

四 从"显学"到"绝学"

也许纪念的形式未必只有开会，写一本新太平天国史的强烈想法涌上心头。持续了一个多世纪的太平天国史研究，起步早，起点高，著述如林。几十年前就有学者断言该研究已近终结。还有人戏言，曾经研究"长毛"的比"长毛"还要多。作为后学，首先须阅读、消化数千万字的基本史料和汗牛充栋的既有研究成果，在此基础上还要有所创新，谈何容易？

这就需要了解百余年来特别是改革开放以来太平天国史研究的基本情况、重要议题，并就如何深化太平天国史研究形成一个较为清晰深刻的认知。

（一）成熟收获的繁盛时期

新中国成立后，太平天国史研究进入一个蓬勃发展的时期，在太平天国"政权性质"和"革命性质"的讨论、文献编纂和文物发现以及许多具体问题的考证等方面，取得了骄人成绩。太平天国史研究成为中国史研究领域内的"显学"，甚至一度被作为专学而冠名"太史""太学"，以太平天国史为主体的农民战争史研究成为国内学术界大讨论的"五朵金花"之一。改革开放以后，太平天国史研究逐渐进入成熟收获的繁盛时期，传统课题的研究进一步深入，新课题得到开拓，文献史料大量编纂出版，一大批总结性成果相继问世。进入 21 世纪以来，太平天国史研究热度虽日渐冷却，但在细节和深度方面继续推进。

20 世纪 70 年代末至 90 年代末，在改革开放的时代背景下，太平天国史研究重新走向繁盛。这一时期的成就可从三个方面进行概括。

第一，文献史料的编纂。罗尔纲、王庆成主编的《中国近代史资料丛刊续编·太平天国》（10 册，广西师范大学出版社，2004 年）、中国第一历史档案馆所编《清政府镇压太平天国档案史料》（26 册，社会科学文献出版社，1990—2001 年。该资料前 2 册由光明日报出版社出版，亦有社会科学文献出版社 1992 年版）与新中国成立初期编纂的《中国近代史资料丛刊·太平天国》（8 册，神州国光社，1952 年）、《太平天国史料丛编简辑》（6 册，中华书局，1961—1963 年），构成太平天国史研究的最基本史料。这一时期史料编纂有四个特点：一是海外搜访太平天国文献成就斐然，如王庆成在伦敦大英图书馆发现尘封已 100 多年的《天兄圣旨》（第一卷、第二卷）和《天父圣旨》（第三卷）。二是重视编纂出版清方记载。三是集中开展西文资料的编译工作。四是以编纂史料为基础，形成了"太平天国文献学"，如罗尔纲先生注释的李秀成"自述"。这些编纂成集的史料多数为研究价值较高的新资料，奠定了太平天国史研究长足发展的史料基础。

第二，专题研究的推进。研究专题囊括太平天国的政治、经济、文化、军事、外交、典制、宗教、社会各个领域。首先表现在传统专题研究的深化，如1990年前后由钟文典先生主编，广西人民出版社推出的"太平天国史丛书"，共16种，多为总结性成果；又如崔之清主编的《太平天国战争全史》（南京大学出版社，2002年）是集中运用清宫档案将历史学与军事学结合的成功范例。其次是太平天国对立面研究受到重视，如贾熟村《太平天国时期的地主阶级》（广西人民出版社，1991年）系统研究了摇摇欲坠的清王朝最终摇而不坠的原因；作为该课题的核心内容，湘、淮军的研究日渐深入，如朱东安《曾国藩幕府研究》（四川人民出版社，1994年）将曾国藩集团视作整体，探讨其与近代政局的关系。最后是新课题的开拓，李文海、刘仰东的《太平天国社会风情》（中国人民大学出版社，1989年）是从社会史视角观察太平天国的拓荒之作；学界对太平天国时期的人口、灾疫、宗教、妇女、壁画、钱币等新问题均有所研讨。此外，过去相对薄弱的区域史研究、太平天国同时期的各地民众反清研究也有长足进展。

第三，大型通史的问世，如罗尔纲《太平天国史》（中华书局，1991年）和茅家琦主编《太平天国通史》（南京大学出版社，1991年）。其中，《太平天国通史》不仅是目前为止篇幅最大的章节体太平天国史，还在导言和附录部分对百年来的太平天国史学史和研究著述进行了梳理。此外，太平天国史研究也拥有了大型专业工具书，如郭毅生、史式主编《太平天国大辞典》（中国社会科学出版社，1995年）和郭毅生主编《太平天国历史地图集》（中国地图出版社，1989年）等。

经过几代学者的努力，太平天国史研究最终成为中国近代史学科体系里成果丰硕、内容深入、研究队伍壮大的一个分支。20世纪90年代初，中国太平天国史研究会在南京成立，进一步推动了相关研究的深化，加强了学术界的研究交流。

（二）沉寂中的精耕细作

20 世纪末以来，太平天国史研究日益寥落。一是 20 世纪八九十年代高水平研究成果的大量涌现，导致学术增长点日渐减少，创新难度水涨船高；二是老一辈太平天国史学者相继谢世，学者们的研究兴趣又纷纷转向其他热门专题，研究时段从晚清史向民国史、共和国史顺延，这加剧了太平天国研究队伍的萎缩。

在太平天国史研究日趋冷落的同时，出现了对太平天国的评价持盲目肯定或全盘否定的两派言论，两派倡言者言各有据，却又各持一端。其实，学术上的异见、理辨乃至争论当为学界的常态。关键在于要抛开"非此即彼""非正即邪"的历史窠臼，以史料和史实考辨为基础，走出盲目肯定或全盘否定的学术怪圈，理性地审视太平天国的历史地位。

尽管与研究热度堪称炽烈的八九十年代相比，2000 年以后的太平天国研究降温明显，但不少学者在有限的创新空间，在对既有研究领域和研究成果进行补充和完善的同时，努力开拓新的研究领域和维度。夏春涛《天国的陨落——太平天国宗教再研究》（中国人民大学出版社，2006 年）系统探讨了宗教与太平天国兴亡的关系。姜涛、卞修跃《中国近代通史》第 2 卷《近代中国的开端（1840—1864）》（江苏人民出版社，2007 年）将咸丰朝的历史变迁和清政府应对危局的举措作为另一叙史主线。朱从兵《太平天国文书制度再研究》（合肥工业大学出版社，2010 年）对太平天国文书制度、相关官制的演变过程做了完整梳理。王明前《太平天国的权力结构和农村政治》（中国社会科学出版社，2012 年）探讨了太平天国政治文化的渊源和农村政治的基本规律。周伟驰《太平天国与启示录》（中国社会科学出版社，2013 年）力图揭示太平天国意识形态的基督教来源。李惠民《太平天国北方战场》（中国社会科学出版社，2015 年）对北方战场上太平军与民众关系、战场通信等问题进行了细密考证；盛巽昌《李秀成大传》（上海书店出版社，2017年）和《实说太平天国》（上海书店出版社，2017年）对具体史事考订甚详。太平天国对立面研究也陆续有一批重要成果问世，选题集中于湘淮军及其主要人物、咸同时期的政治与财政等。与既往研究相较，这些成果重视个案和考据，以史料分析和史实考辨见长，发现并努力解答新问题，强化问题意识，或是填补空白，或是深化了同类研究。

除专题研究外，史料编纂也有进展。赵德馨所编《太平天国财政经济资料汇编》（上海古籍出版社，2017年）分类编排太平天国财经资料，计200万字。2018年，太平天国历史博物馆推出《太平天国史料汇编》，共40册，1500余万字，其中不少珍贵文献为首次公开出版。这部资料汇编以时间先后按省域和文体排序，不仅为搜索史料提供了新的路径，还对研究者在阅读史料过程中产生新的问题意识具有启发作用。2010年，《罗尔纲全集》22卷1100余万字结集出版，被学界誉为"20世纪史学的一座高峰和一面镜子"，这不仅有利于总结推动太平天国史研究，也为研究罗尔纲学术思想和20世纪中国史学史提供了资料。

（三）新时代的突破与创新

太平天国史研究虽已硕果累累，但并不代表没有耕耘的余地。要想寻求突破，首先要树立科学的研究态度。

其次，任何学科的发展创新都离不开研究视角的转换与开拓，特别是从社会史的角度研究太平天国仍存在相当大的空间。目前学界强调史学研究的眼光要向下关注平民大众的历史，而民众的历史才是真正的历史，过去关于帝王将相的历史，无法反映人类社会发展的全貌。于是，社会文化史研究的热度日趋增加。对于太平天国人物或人物群体的研究，应从过去相对集中于太平天国高层领导扩展至太平军的中下级军官，乃至普通民众。

2013 年，美国约翰斯·霍普金斯大学梅尔清教授的《浩劫之后：太平天国战争与 19 世纪中国》提供了一个研究太平天国的新视角。[①] 过去学界对太平天国的研究主要集中于重大历史事件和重要历史人物，侧重于以政治史和革命史的视角观察战争的历史进程。而梅著的主要研究对象是在太平天国战争中死难的民众，她希望建立起战争与日常生活和个人感受的关系，从民族国家和革命史的叙事语境中超越出来，展现平民在战争中及战争后的经历。

梅著的研究主要有四点创新值得借鉴：一是展现日常生活史视野下的太平天国，剥离了民间话语体系与政治话语体系；二是突出个案研究，重点介绍了善士余治、乡绅张光烈的事迹；三是延展叙事时空，例如政府、民间对死难者的悼念活动一直持续到 19 世纪末；四是"内战"的语境下，"叛乱""革命"消失了，理解个人情感，描述生活、体验和身体成为重点。对民间视角下太平天国史的构建，是既往太平天国史研究的一大缺憾。

2012 年，美国阿姆赫斯特马萨诸塞大学裴士锋教授的《天国之秋》英文版出版，该书将小历史置于大历史中通盘衡量的视角是传统中国史学较为缺少的，将太平天国战争和当时的国际政治经济形势、全球市场等因素结合起来的研究思路非常新颖。[②]

两部专著的研究各具特色，又互相弥补。梅著从民间视角观察太平天国，裴著则从宏观的全球化视野解读这场内战；一个是社会史、日常生活史的"小"视角，一个是国际关系、地缘政治的"大"视野。不同视角下的太平天国有不尽相同的历史形象。视角的转换和开拓对更加

---

① Tobie Meyer-Fong, *What Remains: Coming to Terms with Civil War in 19th Century China*, Stanford, CA: Stanford University Press, 2013. 台湾 2020 年繁体中文版译作《躁动的亡魂：太平天国战争的暴力、失序与死亡》。

② Stephen R. Plat, *Autumn in the Heavenly Kingdom: China, the West, and the Epic Story of the Taiping Civil War*, New York: Knopf, 2012.

全面地认知太平天国十分必要。过去学界讨论的政治视角和革命话语体系下的太平天国历史形象已经被充分展现，而对民间视角下太平天国的历史形象缺少理性的建构和评判。但单一的民间视角可能无法完整反映太平天国时代全貌。社会史研究倡导自下而上与上下互动的研究取向，力图以历史的多重面相，探讨社会发展原动力的复杂性。所以在强调眼光向下的同时，还应将民间视角融入宏大的政治叙事语境中，关注太平天国的政治生态和社会生态，以期通过全景式的描绘呈现太平天国政治权力与地方社会（民众）的互动，即所谓"回归政治史"。至于重点关注对象，应该从死难者的身后之事转移回当时幸存者的切身感受，可能对重新评说这段历史更有说服力。

强调眼光向下，并不代表完全放弃对太平天国上层的研究。吴良祚《关于〈天父诗〉》（《历史研究》1957 年第 9 期）一文对天王洪秀全后宫生活的研究别开生面。此后再未有人进行过类似研究。对《天父诗》的研究尚不详尽，其中还有众多关于宫廷疾病、瘟疫、卫生、教育、宗教、女仆、饮食、养生和性等方面的记录。美国学者罗友枝（Evelyn S. Rawski，又译为罗斯基）利用清宫档案所著《清代宫廷社会史》（周卫平译、雷颐审校，中国人民大学出版社，2009 年），为研究太平天国宫廷生活提供了很好的思路和方法。

关于太平天国对立面的研究有待进一步推进。喻几凡所编资料集《对手眼中的对手——曾国藩与洪秀全》（湘潭大学出版社，2012 年），分别整理了敌对双方之间的评价，主题新颖。2013 年 10 月，南京举办"纪念太平天国定都天京 160 周年"学术会议，与会代表认为，应该加强曾国藩与洪秀全、湘军与太平军的横向研究，真正实现"曾国藩对话洪秀全"。另外，太平天国时期，各地各民族起事风起云涌，要揭示出这些起事的不同特点，为什么发生，反映了什么问题，而不是就事论事，简单叙述历史过程。2013 年 11 月，上海举办纪念"上海小刀会起义 160 周年"学术研讨会，与会代表就小刀会与城市社会转型，上海小刀会的人物、外事及与太平天国的关系等问题展开了研讨。

严耕望在《治史三书》中讲：历史研究要"从大处着眼，从小处入手，以具体问题为先着，从基本处下功夫"。[①] 太平天国战争浪潮不但与近代中国社会变迁密切相关，而且具有世界性。我们应把它置于大历史、长时段的视野中，以"太平天国与世界"为视角，才能更准确地定位太平天国的历史。"太平天国与日本"是一个新颖有趣的课题，王晓秋在此领域做了拓新，相继撰有《太平天国革命对日本的影响》（《历史研究》1981 年第 2 期）、《幕末日本小说对中国鸦片战争和太平天国的描述》（《日本学研究》1993 年总第 3 辑），另撰有《中国太平天国农民革命和韩国东学农民革命之比较研究》（《韩国学论文集》2001 年总第 9 辑）。2003 年，日本札幌大学夏井春喜教授向南京太平天国历史博物馆报告了在日本发现大批太平天国时期苏州地区的租栈簿册、鱼鳞册等，但国内似未见利用这类资料研究太平天国的专文。

综上，研究视角的转换与开拓即可概括为四个方向：向下、向上、横向和向四周。

最后，寻求研究方法的不断改进。要进行跨学科研究，运用历史学以外诸学科的理论、方法，如人类学、宗教学、社会学与传统史学方法相结合，延展研究者的学术视野。其中，应重视田野调查。回到历史现场身临其境地感悟时代变迁，总要比纸上谈兵来得震撼。虽然太平天国已离我们远去，但它还有大量的遗物遗迹散落民间，只要善于发现，留心观察，用心考证，有关太平天国的田野调查还能继续进行下去并将大有裨益于太平天国史研究的深入。例如，太平军控制区内某一城镇或村落的政治、经济、宗族、官民关系、社会风情等关系对近代社会发展变迁的历史透视。2011 年 12 月广州"纪念太平天国起义 160 周年"学术研讨会上，刘平教授报告了 2010 年"太平天国时期浙江包村惨案"的

---

① 严耕望：《治史三书》，上海：上海人民出版社，2016 年，第 4 页。

调研成果，其中包括4块《包村忠义祠碑》和《暨阳东安包氏宗谱》《诸暨阮市包氏宗谱》等珍贵资料，以及形成的30余万字田野调查报告。太平天国时期的园林、壁画也是宝贵的艺术文化珍品。关于太平天国壁画，学界通过长期访寻搜集，陆续整理出版了《太平天国忠王府彩画》（文物出版社，2010年）、《太平天国壁画全集》（正编、附编，辽宁美术出版社，2011年）等，南京堂子街太平天国壁画艺术馆于2016年5月正式开馆，这些为研究此类问题提供了便利。关于太平天国的钱币，文博工作者们将多年收藏与鉴赏的经验整理成集，陆续出版了《太平天国钱币鉴赏与收藏》（安徽科学技术出版社，2013年）、《太平天国钱币新考》（上海科学技术出版社，2013年）等。

需要强调的是，历史学是一门实证性学科，还是要特别注重史料的深入研讨。中国第一历史档案馆主编的《清政府镇压太平天国档案史料》是有关清官方太平天国档案的集大成之作，早在2001年就已出版完成。但目前对清政府镇压太平天国档案史料的利用还不理想。通过对这些史料的仔细研读，可能不仅会发现更多的研究题目，也会对部分"老问题"提出"新见解"。

过去形成的数千万字的太平天国研究论作不免让人望而却步，但毋庸讳言的是，囿于史料和方法，低水平、粗放式、重复性研究亦不算少，而且研究论题碎片化，多史实描述而缺少理论创新，缺少现实关怀等问题亦较为突出。新时代太平天国史研究正应该在这些困境中寻求突破和创新，特别是把太平天国史与"基层治理""城市与乡村""三农问题""国家与社会关系"等现实议题结合起来思考，总结太平天国兴亡的经验教训，发挥史鉴功用。

太平天国史是中国近代历史的重要一环，不能熟稔太平天国的历史便不能准确地把握中国近代历史的发展脉络。只有深入研读史料，转换和开拓视角，从新视角诠释传统议题，进行跨学科研究，理论联系实际，才会使太平天国史这样一个重要的传统研究领域薪火相传，老树开新花，结出新果实。

事实上，自20世纪末学界推出一批太平天国史的总结性成果，距今已30多年，是一个不短的周期，推出太平天国史的新著，时机和条件已经成熟。主要表现在三个方面：其一在资料方面，20世纪90年代以来，学界编纂的太平天国史料多达3500万字。这些史料亟待利用。其二在史事构建上，对上述资料的发掘和研究，在一定程度上为重新构建太平天国史叙述体系提供了可能。史事建构首重辨伪考信，至今太平天国的不少史实还没有搞清楚，几乎每一项研究内容都不同程度地存在模糊乃至空白之处。其三在立论方面，经过几十年的深化研究，引入新的理论和方法，研究视野得以开拓，对不少人物功过是非和具体问题评价的立论也需结合新的研究成果，再评价、再认识。

鉴于既往已有无数部太平天国史的著作，新史自然不能满足于一般历史过程的表述，就粗线条的历史流变来说，多数时候很难创新——做颠覆性翻案研究，只能就具体细节和个别问题进行调整。我们能创新的是除了反映个人的研究之外，还要充分吸收和利用学界既往权威成果及最新成果，对学界一些重大争论问题有所回应，表明自己的观点，从而构建我们新时代史学人对历史的新认知。因此，新史在历史叙述中力求富有思想性、启发性和问题意识。

本书第一篇主要从思想史角度探究太平天国何以兴起，着重回答为什么会发生太平天国运动，太平天国运动为什么会发生在广西金田这个地方，如何看待洪秀全的思想变化。第二篇主要从社会经济史角度阐释太平天国何以发展，着重回答太平军为何能够一路猛进定都天京，太平天国各项政策有何利弊，如何看待洪秀全的《天朝田亩制度》和洪仁玕的《资政新篇》。第三篇立足于社会史角度分析太平天国何以衰败，着重回答太平天国统治区是什么状况，如何看待太平天国与民众的关系。第四篇主要从政治史角度揭示太平天国何以覆亡，着重回答如何看待太平天国的军事行动，为什么会发生天京事变，摇摇欲坠的清王朝最终又是怎样做到摇而不坠的，同期各地各民族民众起事的情形如何，太平天国何以"其兴也勃焉，其亡也忽焉"。结语重新评价太平天国运动和中国历史上的农民战争，回答如何看待太平天国政权性质问题，太平军与"洋兄弟"的关系如何，并对太平天国战争进程中敌我伤亡情况、兵力、清政府的战争开支等展开分析。至于太平天国的影响，则是多方面的，对清朝统治的影响，对江南社会的影响，对后世的影响，对中外关系的影响，还有战争直接和具体的影响，如这场战争造成的人口损失、社会经济颓败等，就这些重要历史信息，也是社会公众普遍关注的问题，结语均予以回应。这样，太平天国何以兴，何以盛，何以衰，何以灭，如何评价等诸多重要议题次第呈现。也就是说，本书不拘于一种理路、一条脉络，但刻意淡化已经相当成熟的军事史内容，突出非军事议题，尝试学理式展现太平天国历史发展变迁及其对近代中国变局的影响，从而建构一部全新的太平天国史。

在这万方多难山雨欲来的大变局中，有人寄希望于君明臣贤，有人主张师夷长技，有人醉心宗教，有人则走上了改朝换代的道路。各有各法，各图振衰起敝，挽狂澜于既倒。辛弃疾词云："男儿到死心如铁，看试手，补天裂。"（《贺新郎·同父见和，再用前韵答之》）太平王的兴勃亡忽，与焦头烂额的咸丰帝殊途同归，都想金瓯一统，都想天下一人，却都有心补天，无力回天，最终惨淡落幕，郁郁而终。正所谓"一人一口起干戈（咸），二主争山打破头（豐）"。位列中兴名臣之首的曾国藩也落得个灰溜溜的下场。

我学习太平天国史的起步，就是从研读人物开始的，李昭寿、萧朝贵、包立身……到国家清史项目《传记·农民领袖》中天地会、白莲教、太平天国、捻军、义和团的几十个人物。这是基本功的锻炼阶段。随后关注社会史、民变史，结集出版《太平天国社会史》。这算是对中观问题的把控。尔后因参加耿云志先生主编八卷本《中国近代思想通史》项目，遂将研究拓展至思想史、史学理论、史学史领域。近期又以

《晚清史》为名申报北大教材建设项目，得以从通史角度较为系统全面地把握太平天国史，这便勉强把我拉入中国近代史研究的宏观阶段。

若从 2005 年撰写《乱世枭雄李昭寿新论》算起，我在太平天国史领域耕耘已有 20 年。可以说，太平天国已经融入了我的生活和生命。文章千古，唯真是尚。这些年，在求学路上，我孜孜矻矻，不敢稍息，陆续撰写的若干篇相关内容的文章，为实现这份炽烈的学术抱负奠定了基础。文章的修改得到了编辑老师和外审专家提供的宝贵意见，见刊后又听取各种反馈信息，得以修正改进。当然，撰写文章与书稿成书在路径上、思路上均有很大不同，由散入合、化零为整更是难上加难，故在纳入本书部分章节时做了新架构。回顾这本书一波三折惊心动魄的面世经历，感慨良多。特别感谢一路走来曾帮我"渡劫"的师友们，没有师友们的支持，书稿的出版可能还遥遥无期。北大申丹老师时时关念小书出版，提供了诸多帮助。我的好友、广西师大出版社社科分社刘隆进社长倾力相助，责任编辑亢东昌精心编校，终得呈现这本"新史"。至于效果如何，心内惴惴，甚于丑女婿见丈母娘。近期我瞩目的研究对象已转向清代前中期的民变，当务之急是完成国家社科基金项目，但太平天国史的老本行不会放手，"绝学"更要传承。我相信，好歌如酒，愈久弥醇。希望以此"新史"为母本，在不甚久远的将来以多卷本《太平天国史》作为自己这些年来摸索学习、研究太平天国史的一份交代和总结。转眼年届不惑，如今半大老头儿。不过，时代大潮奔竞，而吾心依旧，心无旁骛。历史研究是我的精神依托，是我的生命归宿，我将会毕生贡献于它。还要提一下刘博文小朋友，他很懂事，也很争气，使我省心不少，书稿成形，有他的一份功劳。最后，谨以此书献给我的父母和老师！

目 录

第一篇　何以兴起：洪秀全的早期思想

　　洪秀全是太平天国运动的发起者，他的早期思想是太平天国运动爆发的理论基础。从 1837 年"丁酉异梦"到 1847 年第二次入桂，洪秀全一方面从热衷功名到对科举旧途逐渐绝望，直至背弃，另一方面则是对现实社会、现行制度的逆反心理在萌动。太平天国文献所记"丁酉异梦"的内容掺入了后期政治形势下洪秀全本人及太平天国对之前梦境的重新解释，脱离了原始情况。"诏明"于 1848 年冬的《太平天日》是一部完整的宗教神话，同时是一篇反清宣言，结合其他史料，说明至此时洪秀全等人才正式立意反清。屡试不第、广西传教受挫、广州入教受洗被拒等经历使洪秀全产生了对现实社会的极度不满情绪，紫荆山拜上帝组织的蓬勃发展则对他自认受命下凡、斩邪留正的理想给予了鼓励，1847 年夏二次入桂后，洪秀全的主观认识有了明显变化。现存文献所反映的洪秀全思想转变与反清思想确立的时间点恰好与广西局势的崩溃相吻合，从侧面说明急剧恶化的社会生态驱策洪秀全最终走上反清之路。为适应愈益严峻的政治形势，洪秀全的拜上帝思想不断修订和补充，趋于成熟，对太平天国的兴起和发展产生重要作用，而其固有弊症也为后来太平天国逐渐丧失信众、失去民心埋下隐患。

一 《劝世良言》与丁酉年异象

声势浩大的太平天国运动，肇始于洪秀全的一场"异梦"。洪秀全，原名火秀，族名仁坤，后为避讳上帝"爷火华"（今译为"耶和华"）之名改为秀全，1814年1月1日（清嘉庆十八年十二月初十日）生于广东花县（今广州市花都区）官禄埗村的一个客家农民家庭。洪秀全自幼好学、天资聪颖，得到父亲洪镜扬的偏爱，7岁进入村塾读书，数年后便能背诵"四书""五经"等，博览经史诗文，业师和亲属给予他厚望，竭力资助他读书，盼他考取功名，光耀门楣。洪秀全也以此为志，自视甚高。

从16岁首次参加科举考试，至31岁，应科举、做塾师成了洪秀全青年时代最主要的两项经历。按清制，童生考秀才，必经县、府、院（道）三级考试，落第童生再次应考，须重新从县试开始。洪秀全的科举道路坎坷，或府试或院试不售，每次又重经县试磨炼，几经波折，始终未得考取秀才。1836年，洪秀全第二次去广州应试，落第。逗留广州期间，他路遇传教士布道，获赠一套九本的由基督教新教华人牧师梁发所编的布道手册《劝世良言》。此书摘引英国传教士马礼逊（Robert Morrison）等译《圣经》中的某些片段，以比较通俗的语言反复规劝世人敬拜上帝独一真神、抨击偶像邪神，渲染天堂永乐、地狱永苦，虽未有任何煽动变乱的内容，却被官府称为"诲淫及有害心术之外国异端书籍"而遭查禁。① 就是这样一套"禁书"，后来深深地震撼了洪秀全，

---

① ［英］麦沾恩：《中华最早的布道者梁发》，胡簪云译，中国社会科学院近代史研究所近代史资料编辑组编：《近代史资料》总39号，北京：中华书局，1979年，第189页。

使他从科场到战场，完成了其生涯中的一个重大转变。但在甫获此书之时，洪秀全只是将之带回家中，稍作浏览便束之高阁，未予置意。1837年，洪秀全第三次赴广州应试，未能通过院试。他七年间几经折磨，背负着巨大的期待和压力，不堪屡试不售的极度刺激，积郁成疾，猝然病倒，只得雇请轿夫抬他回乡。

4月5日回到家后，洪秀全病势加重，连续卧床多日，梦魇不断，产生了种种异象幻觉。据《太平天国起义记》的记载，异梦的大致情境如下：

闭目后，秀全起先见有一龙、一虎、一雄鸡进入其房间。接着，又见好多人奏着音乐，抬一顶华美轿子走近，请他乘坐，然后起轿而去。秀全受宠若惊，不知如何是好。众人很快来到一个美丽明亮之地。此处聚集着许多优雅男女，热情地夹道欢迎他。下轿后，一老妇将秀全领到河边，说："你真脏啊！为何结交那些人，以致弄脏自己呢？现在我必须把你洗干净。"洗毕，秀全在众多年高德劭者陪同下，走进一座大建筑；他发现这群人中有不少古圣先贤。他们用刀剖开秀全身体，取出心肝五脏，放入鲜红的新内脏。伤口随即愈合，看不到任何疤痕。秀全见此处四壁挂有不少木牌，上刻鼓励积善行德之言，便逐一读过。

接着，他们进入另一座大殿，其美丽豪华程度难以言喻。一位可敬的长者留金须、穿黑袍，威严地坐在最高处。乍见秀全，老人便潸然泪下，说道："世间之人皆我所生所养，食我食，衣我衣，但却无一人保持本心记挂我、尊敬我；尤可恨者，竟以我所赐之物敬拜魔鬼。世人存心背叛我，惹我发怒。你千万不要学他们。"于是，老人给秀全一把剑，命他歼灭妖魔，但不得妄杀兄弟姊妹；另给一块印，用以征服邪神；又递给一枚黄色水果给秀全吃，其味甜美。

接过这些皇族信物后，秀全随即劝说殿内众人回心转意，敬拜坐在高座上的老人。有些人回应说："我们确实对老人家未尽本分。"另有些人说："为什么要敬拜他呢？我们还是只管自己快活，与朋友们一同饮酒吧。"秀全见他们如此铁石心肠，便继续含泪劝说。老人对他说："放胆去干吧！若遇任何困难，我会帮助你。"随即面对那些年长有德者说："秀全的确堪当此任。"老人于是领秀全出殿，让他从高天俯视，说："你看看凡间人，竟然迷失本心，如此堕落荒谬！"秀全俯瞰凡间，看见种种恶行竟到这步田地，感到目不忍睹、口不忍言。

秀全连续抱病和产生幻象大约 40 日。在异象中，他常遇见一位他称作"长兄"的中年人。此人教他如何战妖，陪他漫游到极远之地搜寻邪神，并助他斩杀剿灭之。秀全还听见穿黑袍的老人呵斥孔子，指责他在其书中未能清楚地阐述真道。孔子似深感羞愧，承认有罪。①

在太平天国官书文献中，目前所见关于"丁酉异梦"的最早叙述，是在 1845 年洪秀全所作《原道救世歌》中，有"予魂曾获升天堂，所言确据无荒唐"一句。② 在后来《太平天日》（1848 年）、《天兄圣旨》

---

① 夏春涛编：《中国近代思想家文库·洪秀全洪仁玕卷》，北京：中国人民大学出版社，2015年，第 245—246 页。按，瑞典传教士韩山文根据洪秀全族弟洪仁玕口述，于 1854 年在香港出版《洪秀全之异梦及广西乱事之始原》，旋即分期刊载于《北华捷报》，经简又文译为中文，改名为《太平天国起义记》。参见 Theodore Hamberg, *The Visions of Hung-Siu-Tshuen and Origin of the Kwang-Si Insurrection*, Hong Kong, 1854; reprinted by Yenching University Library, 1935. ［瑞典］韩山文：《太平天国起义记》，简又文译，中国史学会主编：《中国近代史资料丛刊·太平天国》（六），上海：神州国光社，1952 年，第 829—878 页。此处引自夏春涛重译之节选本。

② 《原道救世歌》，太平天国历史博物馆编：《太平天国印书》（上），南京：江苏人民出版社，1979 年，第 13 页。

（1848 年）、《太平天国起义记》（1852 年）、《奉天诛妖檄》（1852 年）、《三字经》（1853 年）、《御制千字诏》（1854 年）、《王长次兄亲目亲耳共证福音书》（1860 年）、《钦定英杰归真》（1861 年）中都有提及洪秀全于丁酉年（1837）三月病中升天一事。

1847 年 3 月，洪秀全与洪仁玕到广州美国浸信会传教士罗孝全（I. J. Roberts）处学道，并将他获得和阅读《劝世良言》的经过、心得及病中之梦幻异象向罗做了陈述。罗孝全在 3 月 27 日给友人巴克（W. Buck）的信中写道："他见到了天使的景象，天使向他指点迷津，教他一些他以前并不知道的东西，其中有些他似已部分领悟，另一些他承认还不知道其意义。但他所说的这些内容都是《圣经》中所记载的。"① 罗孝全还说："他所讲其异梦的内容令我不解，至今仍不知道是从何处得到这样的信息，可见他对《圣经》的知识了解不多。"② 结合公私著述，我们基本可以认定洪秀全在 1837 年落第后的大病中产生了异梦异象是个事实。

至于梦象，自然不像洪秀全后来在《太平天日》中宣布的那样神乎其神，更不可能有洪秀全奉天父之命下凡诛妖的情节。因为罗孝全对他的述说虽然不信，但也没有予以斥责和反驳。据现有资料，异梦的情节主要记载于《太平天日》《天兄圣旨》《太平天国起义记》《王长次兄亲目亲耳共证福音书》。现存这四种文献的版本，《太平天国起义记》是 1852 年流亡香港的洪仁玕之口述，其他三种均刊行于 1860 年以后，如《太平天日》虽标明"诏明于戊申年（1848）冬"，但实际是在 1862 年即太平天国起事后 12 年才正式刊刻。因此，它们所记"丁酉异

---

① 夏春涛：《有关太平天国的西文资料选译》，中国社会科学院近代史研究所近代史资料编辑部编：《近代史资料》总 86 号，北京：中国社会科学出版社，1994 年，第 58 页。

② W. H. Medhurst, "Connection Between Foreign Missionaries and the Kwang-se Insurrection," *The North-China Herald*, Vol. Ⅳ, No.160, Aug. 20, 1853, p.11；罗孝全：《洪秀全革命之真相》，简又文译，中国史学会主编：《中国近代史资料丛刊·太平天国》（六），上海：神州国光社，1952 年，第 824 页。

梦"的内容必然掺入了新政治形势下洪秀全及太平天国对20多年前梦幻梦境的重新发明和解释，也必然增添了政治内容，脱离了原始情况，而且各种文献之间实际还有着互相印证神性的意义。

《太平天国起义记》的创作时间略晚于《太平天日》，却是以旁观者的身份叙述洪秀全早年经历。洪仁玕当时远在香港，受起事后洪秀全神学思想干扰的程度较少。比如他不言洪秀全梦中所见为"天父""天兄"，而称之为"一老人""一中年"，比较接近当时的实情，因为1837年洪秀全还没有阅读《劝世良言》，不具备基督教知识。洪仁玕也没有提到后来被洪秀全丰富了的"天妈""天嫂""天妻""天儿"形象，没有孔子遭鞭挞的情节，而说洪秀全登天看到"一龙""一虎"，左青龙右白虎辅佐君王的模式符合传统中国民俗。洪仁玕的口述还补充了一些其他文献不载的细节，如洪秀全发病后家人请来巫师作法驱鬼，将全家目前的不幸归咎于风水先生所选祖坟地点不吉利。所以《太平天国起义记》所记洪秀全异梦景象，相对而言更为原始、朴素和真实。它还准确明了地捕捉到后来诞生的太平天国思想之三条主旋律，也是太平天国维系统治的核心原则："迷信上帝""反孔非儒"，以及由迷信上帝衍生而来的"废除私有"（"天下人人不受私，物物归上主"[①]）。

当然洪仁玕出于向西方世界宣传洪秀全和太平天国的目的，也有可能对某些情节有所夸大、神化甚至作伪。我们通常认为的1837年洪秀全病中所作的《定乾坤诗》《金鸟诗》《述志诗》即有很大可能是洪仁玕作伪：

> 龙潜海角恐惊天，暂且偷闲跃在渊。

---

① 《天朝田亩制度》，太平天国历史博物馆编：《太平天国印书》（上），南京：江苏人民出版社，1979年，第410页。

等待风云齐聚会，飞腾六合定乾坤。①

鸟向晓兮必如我，我今为王事事可。
身照金鸟灾尽消，龙虎将军都辅佐。

手握乾坤杀伐权，斩邪留正解民悬。
眼通西北江山外，声震东南日月边。
展爪似嫌云路小，腾身何怕汉程偏。
风雷鼓舞三千浪，易象飞龙定在天。②

　　首先，得了"狂病"的洪秀全在神志不清的情形下，举止异常，经常在屋内肆意奔跑，间或唱歌，或训斥他人，或如兵士跳跃战斗状，并大声呼喊："斩妖，斩妖，斩啊！斩啊！这里有个魔鬼，那里有个魔鬼，纵有再多的魔鬼也不能抵挡我宝剑一斫！"③如此情形，能否吟唱得出，或能否清楚地唱出且被人确切地记录下来，本身就是一件很可疑的事。

　　其次，诗句里的"我今为王""手握乾坤""斩邪留正""飞龙定在天"等表述在字面上有明显的起兵造反之意，往往被认为是洪秀全反清思想形成的起端。其实这与洪秀全当时的思想和心境不相符。洪秀全异梦的核心内容表达的是一个热衷功名却屡试不售的人向往超越科举的狭隘而实现自己的抱负，批判孔子的梦境也是在发泄自己的积愤，并没有反映出任何反对朝廷或官府，甚或由造反开创新朝的思想。洪秀全写

　　① 《干王洪仁玕自述》，罗尔纲、王庆成主编：《中国近代史资料丛刊续编·太平天国》（二），桂林：广西师范大学出版社，2004年，第407页。
　　② ［瑞典］韩山文：《太平天国起义记》，夏春涛编：《中国近代思想家文库·洪秀全洪仁玕卷》，北京：中国人民大学出版社，2015年，第247页。
　　③ ［瑞典］韩山文：《太平天国起义记》，夏春涛编：《中国近代思想家文库·洪秀全洪仁玕卷》，北京：中国人民大学出版社，2015年，第246页。

了《定乾坤诗》后回到家中病发，以为死期将至，还对他的父母、妻子安排后事，说"再也不能一举成名以显扬父母了"，表达了自己因科举不售而对家族的愧恨。此时的洪秀全不可能形成反清起事的思想，充其量是对科举极度不满。也很难从宗教角度单纯理解这些气势恢宏的诗句，当时的洪秀全还没有接触到基督教的知识。

最后，洪仁玕转述的洪秀全早期的一些诗作，在气势上、写作风格上和洪仁玕本人比较相近，这可以和洪仁玕《钦定军次实录》中所录之诗和他被俘后的《狱中绝命诗》相比照。洪仁玕曾口述洪秀全在庚戌年（1850）金田团营前夕写有一首诗："明主敲诗曾咏菊，汉皇置酒尚歌风。古来事业由人做，黑雾收残一鉴中。"① 洪秀全在他的早期著作中就明确阐明了"即如好酒亦非正""虽世间之主称王足矣"的观点。② 洪秀全本人滴酒不沾，立国后又正式颁布禁酒令，"汉皇""置酒"显然不是洪秀全所言，这更接近洪仁玕的风格。③ 另外，洪仁玕转述洪秀全的诗句，后来常见随意易动的情况，如他说洪秀全在 1845 年前后曾有"五百年临真日出，那般爝火敢争光"一句诗，1862 年洪仁玕在《钦定英杰归真》中不但把创作的时间提前到 1843 年，还将"五百年临真日出"改为"天下太平真日出"；又如《金乌诗》中的"我今为王事事可"，洪仁玕在《钦定军次实录》中改为"太平天子事事可"，"龙虎将军都辅佐"改为"天兵天将都辅佐"。④ 再结合洪秀全在《天父诗》等著作中所写诗歌质量均比较粗劣，我们更倾向于认为洪秀全早年那些气势磅礴的诗作是洪仁玕的伪造。或者，如果说洪秀全就科举不满

---

① ［瑞典］韩山文：《太平天国起义记》，简又文译，中国史学会主编：《中国近代史资料丛刊·太平天国》（六），上海：神州国光社，1952 年，第 869 页。

② 《原道救世歌》《原道觉世训》，太平天国历史博物馆编：《太平天国印书》（上），南京：江苏人民出版社，1979 年，第 13、22 页。

③ 洪仁玕嗜酒，参见［英］托马斯·布莱基斯顿：《江行五月》，马剑、孙琳译，北京：中国地图出版社，2013 年，第 46 页。

④ 《钦定军次实录》，夏春涛编：《中国近代思想家文库·洪秀全洪仁玕卷》，北京：中国人民大学出版社，2015 年，第 298、299 页。

而发出一些不平和激愤之声是有可能的话，那么今天所见的这些诗句在内容上也必然与实际有较大差异。因此，这些研究洪秀全早期思想和活动的第一手资料记录的不一定都是历史事实。

洪秀全在丁酉年科考失利后，精神受到了刺激产生梦幻是事实，但他的身体和心理在事后逐渐康复，并对他的外在、性格和气质产生了影响："品行谨慎，行为和蔼而坦白。身体增高增大，步履端庄严肃，其见解则宽大而自由。……恶人畏而避之，而忠诚者趋与交游也。"[①] 在他走上反清道路后，出于政治需要，附会事实做了夸张和丰富的阐释以动员起事、聚拢人心也是事实。毋庸避讳洪秀全的这些带有病理性的状态，因为它有助于全面认知和客观评价洪秀全早期思想的形成和发展。

异梦醒来，洪秀全又回到了边做塾师边备考的日子，生活表面虽似宁静如常，但他内里却心结依旧。1843 年，洪秀全带着对科举出仕的眷恋，又一次也是最后一次踏上赴广州应试的征程。然而，还是名落孙山。同年，他到了莲花塘表兄李敬芳家中设馆教书。循着以往的人生轨迹，如果洪秀全没有读到《劝世良言》，或许他的科举应试之途还要继续。一个偶然，李敬芳于洪秀全藏书中看到《劝世良言》，向洪秀全借阅，读后极力向他推荐此书，并称内容奇异。洪秀全这才仔细阅读了《劝世良言》，始有感悟。这是他接触基督教的开始，也是放弃科举入仕之梦，皈依上帝的开始。

洪秀全之所以能与《劝世良言》产生强烈的思想共鸣，主要有两点原因：

第一，原本与现实毫无联系且情节荒诞、没有逻辑可言的异梦景象竟然与《劝世良言》中的内容相互印证，使洪秀全有了解释六年前梦境的文本依据。他"于此书中寻得解释其六年前病中梦兆之关键，觉书

---

① ［瑞典］韩山文：《太平天国起义记》，简又文译，中国史学会主编：《中国近代史资料丛刊·太平天国》（六），上海：神州国光社，1952 年，第 843—844 页。

中所言与其梦中所见所闻相符之处甚多。此时彼乃明白高坐宝座之至尊的老人而为人人所当敬拜者非他，即天父上帝是也；而彼中年人曾教彼助彼诛灭妖魔者，即救主耶稣是也；妖魔，即偶像；而兄弟姊妹，即世间人类也"。洪秀全如梦初醒，奉若至宝，"确信梦象与全书均为真理，而彼自己确为上帝所特派以拯救天下——即是中国——使回到敬拜真神上帝之路者"。① 这种内容上的吻合纯属巧合，却坚定了洪秀全接受上帝使命下凡救人的信念，给予他极强烈的心理暗示，并成为支撑他以后20年人生的精神动力，也反映了洪秀全此时原始朴素的思想形态，与后来矫饰为天父之子、天兄胞弟的神话故事大不相同。

第二，《劝世良言》批判的内容恰恰就是令洪秀全深恶痛绝的世风日下、人心不古的社会风气。《劝世良言》一方面批评文恬武嬉、吏治腐败、富宦不仁的社会流弊，一方面通篇反对拜偶像邪神，强调拜孔子、文昌毫无用处。这使洪秀全联系到个人长期求取功名的挫败经历，愈加对科举制度怨艾、愤懑、心灰意冷，并产生了以此"良言"劝救其他迷雾中人的想法。

《劝世良言》诊断的中国社会病症源于人性原罪，即世间之人"一脱娘胎就有恶性之根"。所以以上帝信条救人是第一要务，"倘若全国之人，遵信而行者，贫者守分而心常安，富者慕善义，心亦常乐，上不违逆神天上帝之旨，下不干犯王章法度，不独贪慕世乐之欢，不空费光阴之宝，君政臣忠，父慈子孝，官清民乐，永享太平之福，将见夜不闭户，道不拾遗的清平好世界矣"。② 可见它的药方是要求世人遵守"上帝之旨"和"王章法度"双重指标，并不鼓动人们批判现实政治。

另外，马礼逊《圣经》译本的文字晦涩难懂，涉及的基督教教条、

① ［瑞典］韩山文：《太平天国起义记》，简又文译，中国史学会主编：《中国近代史资料丛刊·太平天国》（六），上海：神州国光社，1952年，第846、848页；《韩山文的半年度报告》，1853年7月至1854年1月，瑞士巴塞尔巴色会档案馆藏，档案号：A-1.2（1853），47。

② 梁发：《劝世良言》，中国社会科学院近代史研究所近代史资料编辑组编：《近代史资料》总39号，北京：中华书局，1979年，第2、100页。

名词和故事对中国读者来说是陌生的，而《劝世良言》并不系统地宣讲基督教条文，只是在 60 多个互不连贯的章节中摘引某些片段，加之梁发援引儒家经典予以阐释，以及穿插了一些对广东社会风情的描述，这些都使洪秀全易于理解和接受。

因此，洪秀全通过《劝世良言》掌握的基督教知识是最基础的，甚至是有所变异的，他对《劝世良言》的认识水平也不可能超越宗教的界限而达到政治反抗的高度。洪秀全开始拜上帝，并不意味着开始了反清行动。从接下来洪秀全的实践看，1843 年阅读《劝世良言》后，洪秀全已由一个眷恋仕途、心系功名利禄的传统士子转变为一名虔诚的上帝信徒和上帝福音（当然是洪秀全所理解的）的传播者。他发展的最早信徒洪仁玕，直到 1849 年还去参加科举。这说明当时洪秀全发展的是致力于拜上帝的信徒，不是反清的骨干。至于蓄志反清的意识，以及系统的拜上帝宗教理论，则是洪秀全及他的信徒们在早期宗教活动中随着势力的扩大逐渐形成的。

二　早期活动与理论作品的创作

信奉上帝后，洪秀全和李敬芳按照《劝世良言》中所说的方法自行施洗，他们以水灌顶，祈祷上帝，发誓不拜邪神，不行邪恶，遵行天诫。两人还撤除了书塾中的孔子牌位。洪秀全从莲花塘返回官禄埗后，说服了他的同窗书友冯云山和族弟洪仁玕同拜上帝，他们和洪秀全一样有着幼读诗书、科考不利、设馆教书的人生经历。洪秀全还说服了父母兄嫂侄辈和彭姓友人等，并为他们洗礼。洪氏亲族和至交均是洪秀全丁酉年大病的见证者，他们率先皈依上帝，不加反对，说明他们是相信洪秀全的梦幻和异常举动是具有神奇神秘色彩的，进一步说明洪秀全生病及病中病后出现异样是事实。他们将孔子、文昌牌位，以及家中所立偶像一概除去的举动，在村子里引起了喧闹，村中多数人对此不抱好感，洪仁玕还被哥哥暴打并逐出家门，冯云山也失去了教席。1844年正月元宵节，洪秀全和洪仁玕拒绝为村中父老撰写祭神的诗文、对联，彻底孤立了自身，惹怒了村中的长辈，二人也相继丢掉了教席。

也有足够的理由相信洪秀全等人是虔诚地信奉《劝世良言》中所宣传的上帝。信徒们经常围聚在一起，宣读和研究《劝世良言》，"读至洪水泛滥，所多马城之毁灭及末日审判诸段，彼等皆生恐怖，不知此等灾劫果再临否"。当齐声诵读《旧约·诗篇》第19、33篇之信奉上帝"可挽回人灵心""使愚者得智""可乐人心""可明人眼"等句时，信徒们便体会到精神上的欢快和心灵上的净化。洪秀全还同李敬芳制造了两柄"斩妖剑"，各佩其一，准备仿照《劝世良言》引述的景象持剑斩妖伏魔。一次，洪秀全与温姓朋友交谈《劝世良言》，温姓不信，洪秀全竟不顾温姓设宴款待的盛情，拂袖离去。当别人借阅《劝世良言》时，洪秀全坚决不允许旁人在书上私自改动或旁注，他非常尊崇此书，坚信"神爷火华之言乃正"。[①] 这些事例均说明洪秀全和信徒们并非借上帝之名行个人野心，他们没有私心杂念，洪秀全更是深信自己接受了上帝启示，担负着宣传上帝真理、贬斥偶像、拯救世人的神圣使命。当然后来的历史实践证明，这并非一条真理之道。但当时洪秀全等人正是怀着这种虔诚淳朴的心态，开始了最初的四出布道的宗教活动。

1844年4月2日，洪秀全、冯云山及冯云山的族人冯瑞嵩、冯瑞珍结伴前往广东外县布道，他们沿途以贩卖笔砚充当旅费，传教成效甚微，信者寥寥。冯瑞嵩、冯瑞珍不堪旅途劳顿，先行返乡。洪秀全、冯

---

① ［瑞典］韩山文：《太平天国起义记》，简又文译，中国史学会主编：《中国近代史资料丛刊·太平天国》（六），上海：神州国光社，1952年，第848页；梁发：《劝世良言》，中国社会科学院近代史研究所近代史资料编辑组编：《近代史资料》总39号，北京：中华书局，1979年，第43页。

云山则继续前往八排瑶山地区布道。两人在荒山野岭中跋涉四日，终于落脚在南江排的塾师江某馆中，并感化了江某信奉上帝。但因语言不通，面向瑶族的布道工作没有展开。洪秀全留给江某几本手写的小册子，随后决计到邻省广西传教。他和冯云山一路上备尝艰辛，道路险僻，衣薄食少，摸索前行，但没有气馁，1844 年 5 月 21 日终于平安抵达广西贵县赐谷村洪秀全的表兄王盛均家并住下。

在赐谷王家，洪秀全一面创作文字作品进行书面传道，"时写劝人拜天父上主皇上帝诏传送人"，[①] 一面进行口头宣传，"将拜上帝信耶稣之教道为众宣讲"。[②] 另外，当地流传着一对男女两情相悦对唱山歌，双双殉情后得道成仙的爱情传说，当地人为纪念他们，特立六窠庙及神像祭祀。洪秀全对此大不以为然，批评"广西淫乱，男女和歌，禽兽不如，皆由此等妖倡矣"，认为该男女并非夫妇，"淫奔苟合，天所必诛"，作诗斥责：

> 举笔题诗斥六窠，该诛该灭两妖魔！
> 满山人类归禽兽，到处男歌和女歌。
> 坏道竟然传得道，龟婆无怪作家婆。
> 一朝霹雳遭雷打，天不容时可若何！[③]

此事传出，"迷信的土人，哗然鼓噪，纷起反对，几闹出大事"。但据传不久，六窠庙竟被白蚁蛀蚀损坏，当地百姓误信是洪秀全的神术

① 《太平天日》，太平天国历史博物馆编：《太平天国印书》（上），南京：江苏人民出版社，1979 年，第 44 页。
② ［瑞典］韩山文：《太平天国起义记》，简又文译，中国史学会主编：《中国近代史资料丛刊·太平天国》（六），上海：神州国光社，1952 年，第 852 页。
③ 《太平天日》，太平天国历史博物馆编：《太平天国印书》（上），南京：江苏人民出版社，1979 年，第 44 页。

所为，传得神乎其神，沸沸扬扬。① 洪秀全的表侄王为正（王盛均之子）被人诬告入狱，洪秀全积极展开营救活动，一面投书县衙申诉冤情，一面极力劝王为正信奉上帝，朝晚礼拜。结果不出半月，王为正得释回家。王盛均以为是上帝显灵，开恩庇佑，遂成为拜上帝的忠实信徒，并大力宣传洪秀全的神奇故事。当地人也逐渐相信洪秀全拥有不同寻常的神力，一时间皈依受洗者逾百人。

到了8月，洪秀全见王盛均家生活拮据，深感过意不去，不想多添累赘，遂与冯云山计议回广东。冯云山坚执不肯，认为传教局面刚刚在广西打开，不应半途而废。两人发生语言冲突。随后冯云山先行离开赐谷村，辗转至桂平，"专心致意于传教事业，决不回粤，而留在广西"。② 此后，洪秀全与冯云山分道扬镳，一别三载，互不联系，直到1847年8月，洪秀全、冯云山才在紫荆山的黄泥冲再次相会。1844年11月中旬，洪秀全独自从水路回到花县，这时他才知道冯云山并没有回乡。这也说明洪秀全和冯云山的分手是个意外，并非有计划的分工。至于后来，冯云山致力于布道实践，洪秀全专注于理论创作，文武张弛，则纯属历史的巧合。

1844年4月至11月，在粤桂两省的出游，对洪秀全来说是一段理论和实践相结合的宝贵经历。洪秀全了解了更多的社会现实，丰富了人生阅历，积累了布道经验，对自己在《劝世良言》中领会的基督教有了更系统、更深入的认知。这段出游经历和接下来两年多的居乡生活为洪秀全静下心来创作自己的宗教作品和宗教理论提供了时间。

出游广西期间，洪秀全创作了《原□□经》《劝世真文》《百正歌》《改邪归正》等50余帙。回到花县后，他一边教书谋生，一边继续布道，又陆续写了一些宗教诗文，但现已大多散佚，只有《百正歌》《原

---

① 简又文：《太平军广西首义史》，上海：商务印书馆，1946年，第108页。

② ［瑞典］韩山文：《太平天国起义记》，简又文译，中国史学会主编：《中国近代史资料丛刊·太平天国》（六），上海：神州国光社，1952年，第852页。

道救世歌》《原道醒世训》'等几篇存世，成为我们研究洪秀全出游广西及其后居家这三年间思想情况的最直接资料。①

《百正歌》是1844年洪秀全在广西布道时的通俗性宣传材料。全篇400余字，前后共60个"正"字，故约计而名"百正"。所谓"正"，洪秀全认为是"正道"，即为人正（身正），文中并未说明具体指标，只是以历史人物为例，强调君臣、父子、夫妇、男女各色人等俱要守本分、明善恶。他认为古代先贤中的尧、舜、禹、稷、周文、孔子等是"正"的典范，故受历代尊崇，而桀、纣、齐襄、楚平、隋炀等俱因不正而遭厄运。《百正歌》全篇充满了浓厚的儒学思想，没有批评孔子，也没有任何反清说教，仅有几句诗歌，如"能正可享天堂福，不正终归地狱境"，提到了《劝世良言》中"天堂""地狱"等词，而这些词也被赋予"修身正己"的儒学色彩，旨在针砭社会流弊。对于一个刚刚零星接触基督教教义，却受过20余年儒家经典教育的中国士子来说，完全摆脱儒学思想的束缚实非易事。

《原道救世歌》写于1845年。它继续阐释《百正歌》提出的"正"与"不正"，提出了"正"的行为准则和"不正"的具体标准，如"正"即孝亲、忠厚、知廉耻、行仁义、非礼四勿、知命安贫等，"不正"即奸淫、忤父母、行杀害、为盗贼、为巫觋、为赌博、吸洋烟、饮酒、堪舆相命等。这反映了洪秀全的道德观，部分内容成为后来太平天国移风易俗的社会政略，如洪秀全提出"第一不正淫为首"，故太平天国长期厉行男女分营的制度。这些观念旨在"救人"——"脱俗缘，莫将一切俗情牵，须将一切妄念捐"，仍然是以儒家的道德标准宣扬《劝世良言》中的人性原罪论。

---

① 《洪秀全来历》，中国史学会主编：《中国近代史资料丛刊·太平天国》（二），上海：神州国光社，1952年，第689页。按，太平天国将《百正歌》《原道救世歌》《原道醒世训》《原道觉世训》合辑为《太平诏书》刊行，见太平天国历史博物馆编：《太平天国印书》（上），南京：江苏人民出版社，1979年，第10—23页，本节中该书引文不再一一注明。

《原道救世歌》提及"天下一家"概念，这是洪秀全早期思想的发展。其中"天父上帝人人共，天下一家自古传"一句提出天父上帝是天地人万物的创造者，无论中外，人人都应拜上帝。中国古代无论是思想家还是民间，都不缺乏天下一家的说法。但洪秀全所说的"天下"已不是传统概念的中国，而是具有了朦胧的世界意识、世界观念。"开辟真神惟上帝，无分贵贱拜宜虔"，"天人一气理无二，何得君王私自专"，是讲自君王至庶民，不分尊卑贵贱，同样应尊敬崇拜上帝。"普天之下皆兄弟"，"上帝视之皆赤子"，是讲人人都是上帝子女，灵魂都是上帝所赐，不应自相残害。

洪秀全提出的观点，均可在《劝世良言》中找到依据，无非更加具体和本土化。梁发也强调"天下一家"，但他同时认为"且世界上万国之人，在世人所论，虽有上下尊卑贵贱之分，但在天上神父之前，以万国男女之人，就如其之子女一般"，"在神父之前，不论异民与如大之人，有受损割与未受损割之人，蛮夷与西氏亚之人，奴仆与家主各人，都不分别。惟独属于耶稣基督者，在宇宙之内，凡所有诸物，皆满足其心，遂其灵魂之志。故在世界之上，则以四海之内，皆为兄弟一般，并无各国之别。独由基督耶稣之恩，而作万物赐于诸人需用，因神天至公义者，不轻此而重彼，以全世界之人，皆一家也"。[①] 洪秀全显然认同梁发的思想，他们强调的是人性原罪的平等、人人敬拜上帝的权利和义务的平等，目的是劝人信教，强调天父上帝是古今中外独一真神的地位和权威。

无论是梁发还是洪秀全，他们都承认世俗社会里上下、尊卑、贵贱、善恶之分，也都没有想过破坏现实社会中等级制的社会结构。洪秀全后来的反清实践是为了实现等级秩序内部的循回轮换，他后来的一切

---

① 梁发：《劝世良言》，中国社会科学院近代史研究所近代史资料编辑组编：《近代史资料》总39号，北京：中华书局，1979年，第38、135页。

著作和政治实践，以及太平天国的一切文献和政略方针，都没有体现现代意义上的平等观。比如，不在太平军中和政府中的普通百姓都被唤作"外小"而非"兄弟"。① 即便是在宗教领域，在上帝面前，子女们仍然大小有别、等级有差。如果说洪秀全出于传教布道和后来动员民众参加反清的需要，曾经刻意渲染宗教权利的平等，故意将之同现实社会的平等概念相混淆，那在金田起义洪秀全登上太平王宝座之后，特别是定都天京之后，此类关于平等的说教在现实社会中愈来愈淡薄直至杳无踪迹。所以，相对意义上的"平等"宣传不过是动员起事或发展起事的工具，并非洪秀全思想的本真。

同样是写于 1845 年的《原道醒世训》，对"天下一家"的观念作了进一步阐释。洪秀全讲："天下多男人，尽是兄弟之辈，天下多女子，尽是姊妹之群，何得存此疆彼界之私，何可起尔吞我并之念"；"惟愿天下凡间我们兄弟姊妹，跳出邪魔之鬼门，循行上帝之真道，时凛天威，力遵天诫，相与淑身淑世，相与正己正人，相与作中流之砥柱，相与挽已倒之狂澜"；应效仿"唐、虞三代之世，天下有无相恤，患难相救，门不闭户，道不拾遗，男女别涂，举选尚德"的"大同""大道"，若如是，则"行见天下一家，共享太平。几何乖离浇薄之世，其不一旦变而为公平正直之世也"。文中引用了孔子关于"大同社会"的描述，来源于《礼记·礼运》。梁发的《劝世良言》也有类似描述，如人人肯行上帝倡导的体恤孤寡、济危扶困、患难相救、乐善好施的"正道""公道"，则"君政臣忠，父慈子孝，官清民乐，永享太平之福，将见夜不闭户，道不拾遗的清平好世界矣"。② 洪秀全热烈歌颂和心仪的理想社会之蓝图显然杂糅了传统儒学思想和《劝世良言》转述的基督教

---

① 臧谷：《劫余小记》，中国社会科学院近代史研究所《近代史资料》编译室主编：《太平天国资料》，北京：知识产权出版社，2013 年，第 83 页。

② 梁发：《劝世良言》，中国社会科学院近代史研究所近代史资料编辑组：《近代史资料》总 39 号，北京：中华书局，1979 年，第 100 页。

思想，但儒家思想更为浓厚，基督教思想较为淡薄。这是由洪秀全和梁发的人生阅历、家庭背景、文化和知识结构不同所决定的。

《原道醒世训》的阐述表明洪秀全的思想有了进一步发展。首先，洪秀全对社会病症有了更深刻的认识，对社会流弊的批判更为强烈，他将《原道救世歌》中对每个人的宗教说教、道德说教，升华为改造社会的理想。其次，相比于《劝世良言》，《原道醒世训》突破了基督教宣扬的以现实社会中的安贫乐命换取精神升华和死后荣光的说教，直接提出要以公平正直的现实社会取代当下凌夺斗杀之世，这是后来确立的建立人间"小天堂"思想的雏形。但是，洪秀全的思想始终没有跳出《劝世良言》的窠臼，他提出需要改造社会，却找不到改造社会的新方案，只能理想化为上古三代的大同社会，更提不出改造社会的具体方案，最后又循回到《劝世良言》《原道救世歌》中的人性原罪说。他认为社会病症在于"世道乖离，人心浇薄，所爱所憎，一出于私"，开出的药方则是"福大则量大，量大则为大人；福小则量小，量小则为小人"，就是指要做修身正己的"大人"（君子）。于是刚刚有所升华的"救世"思想，又蜕变为浅薄的"救人"思想，回归到道德说教、宗教说教的束缚中。需要明确的是，洪秀全提倡的惩富济贫、恤孤怜寡，不是现代意义上经济平等的思想，他所说的"公平正直""天下为公"之世，也不是现代意义上人人平等的社会，而是像上古大同社会那样符合传统道德规范的有序社会。

就在洪秀全埋头宗教作品创作时，1845 年，美国浸信会传教士罗孝全在广州设立"粤东施蘸圣会"。1846 年，在得知洪秀全自行传教的经历后，罗孝全大感意外，让其助手、中国教徒周道行写信邀请洪秀全前来襄助传教。洪秀全一直想和外国牧师交流基督教知识，以便验证自己在《劝世良言》中获得的启示。1847 年 3 月下旬，他和洪仁玕来到罗孝全的教堂，这是他们第一次直接阅读《圣经》，也是洪秀全唯一一次系统地接受西方基督教的训练。

"粤东施蘸圣会"有4名长老，除罗孝全外，还有美国人裨治文（E. C. Bridgman）、英国人纪礼备（William Gillespie）、中国人梁发，至于洪秀全是否和《劝世良言》的作者梁发有过交流，目前尚无史料记载。洪秀全在教堂里一边阅读《圣经》，一边听牧师布道，并向罗孝全提交了一份关于自己对基督教认识的书面材料，阐述了他病中异梦、受到启示，抛弃偶像和出游广西的经历。罗孝全对洪氏兄弟虔诚地前来"接受福音指导"感到满意，他在给友人的信中说："他们所写的材料简炼明了，叙事清楚，令人满意，读后使我确信主已乐于感化他们的心，驱使他们抛弃偶像，来寻求救世主。……现在他们每天都在这里学习，我几乎相信，是主送他们来这里的，果若如此，不用多久他们就会被吸收进教会。……这两个人是我今年遇到的第一批问道者，在迄今我所听说过的所有中国人的经历中，他们所自述的那些经历是最令人满意的。"[1] 洪秀全似乎也被外国传教士传播的福音感化，他很快提出受洗入教的请求。

教堂成立了委员会对洪氏兄弟的入会申请进行考核，周道行等人随洪氏兄弟赴花县做实地调查。洪仁玕留乡未返，洪秀全仍然坚持回到教堂。考察委员会最终向教堂提交了一份关于肯定洪秀全入会申请的意见书。但罗孝全的两名黄姓助手担心洪秀全入会会抢走他们的饭碗，怂恿洪秀全向教堂讲薪酬条件。洪秀全在广州没有经济来源，全靠周道行的资助维系生活，入会后的薪酬对洪秀全来说很重要。在正式举行面试时，洪秀全果然向罗孝全提出许诺他津贴若干以维持生活的要求，这自然会被罗孝全视作入会动机不纯。罗孝全反复强调成为教堂的一名成员不是雇佣关系，也与金钱无关。于是洪秀全受洗礼之事被取消并无限期推迟。大失所望的洪秀全感到前景渺茫，思虑再三决计重游广西，查看

---

① 夏春涛：《有关太平天国的西文资料选译》，中国社会科学院近代史研究所近代史资料编辑部编：《近代史资料》总86号，北京：中国社会科学出版社，1994年，第58—59页。

上次布道的成果，继续传播自己的拜上帝思想，顺便寻访冯云山行踪。①

与罗孝全短暂接触了三个月时间，洪秀全的宗教思想也已潜移默化。他比较系统全面地了解了《圣经》的知识，并在以后的宗教作品中尝试引用《圣经》。经过集中时间和精力的学习，受到罗孝全原教旨主义神学思想的熏陶，洪秀全后来极力反对和抨击偶像崇拜，并发动了一次次愈加激烈的捣毁偶像运动。罗孝全把洪秀全阻隔在基督教的大门之外，使得洪秀全与传教士角色擦肩而过，这原本是个偶然，却使洪秀全的人生道路发生了转折，乃至后来对中国历史产生了重要影响。

1844 年 8 月，冯云山与洪秀全在广西贵县赐谷村分别后，独自一人深入桂平紫荆山区。紫荆山崎岖险峻，林菁繁茂，地少人稀，物产不丰，汉族、壮族、瑶族等在此杂居，而以康熙年间从广东迁来的客家人为主。他们多以种田耕山过活，文化水平很低，又备受土著欺压，在宗庙和地方神灵的崇拜上也受排斥，土客矛盾尖锐。冯云山初到之时，筚路蓝缕，一贫如洗，靠拾粪采樵、担泥打谷、当雇工度日，历尽艰辛，却胸怀大志、坚忍不拔。后来冯云山受监生曾槐英青睐，被推荐至黄泥冲富户曾玉珍家做塾师，劝人信教，间有信从者，他首先说服了曾玉珍、曾云正父子及其家族信奉上帝。随后经过两三年的惨淡经营，终于以紫荆山为中心，冯云山发展了两千多信徒，甚至有举家举族受洗礼者，其中就包括杨秀清、萧朝贵、韦正、卢六、石达开等骨干分子。他们自行集会礼拜上帝，外间遂有"上帝会"之名流传开来。故李秀成认为"谋立创国者出南王之谋，前做事者皆南王也"。②

冯云山的思想演变，史料阙如，已难考证。他在紫荆山区主要是宣

① 近有论者认为，1847 年洪秀全在广州跟随罗孝全学习时，罗孝全就已察觉出洪秀全思想充满了反抗意识，与基督教教义不同，才拒绝为他施洗。所据不得其详。参见戈棠：《学术创新不是"踩塌"前人的肩膀》，《历史评论》2022 年第 6 期。

② 《忠王李秀成自述》，罗尔纲、王庆成主编：《中国近代史资料丛刊续编·太平天国》（二），桂林：广西师范大学出版社，2004 年，第 347 页。

传独拜上帝、废弃偶像的简单教条。教徒李进富被俘后讲："当初众人信他说拜了尚弟，可消灾难登天堂。"① 李秀成说："劝世人敬拜上帝，劝人修善，云若世人肯拜上帝者，无灾无难，不拜上帝者，蛇虎伤人，敬上帝者不得拜别神，拜别神者有罪。故世人拜过上帝之后，俱不敢拜别神。为世民者俱是怕死之人，云蛇虎咬人，何人不怕？故而从之。"② 可见冯云山宣传的信条符合身处贫苦中的紫荆山人的心理需求。冯云山基本上没有采取毁砸偶像和庙宇的过激行动，否则很难为当地土著所容。但他有"不独不拜偶像，且时常侮弄偶像"之举，③ 一些调查资料也称他有时故意冒犯神灵，引起人们恐慌，事后他竟安然无恙，又引起人们的怀疑，最后人们愈加信拜上帝，不信别神。④

除了宣传敬拜上帝，冯云山还刻意神化洪秀全的教主形象，维护洪秀全的教主地位，包括渲染洪秀全丁酉年升天异梦的传奇神话，以至"每村每处，皆悉有洪先生而已。到处人人恭敬，是以数县之人，多有敬拜上帝者"。⑤ 在这种情况下，洪秀全理所应当地成了拜上帝团体的名誉教主和精神领袖，信徒们都翘盼洪秀全早日降临，一睹"洪先生"风采。

---

① 《李进富口述》，罗尔纲、王庆成主编：《中国近代史资料丛刊续编·太平天国》（三），桂林：广西师范大学出版社，2004 年，第 273 页。

② 《忠王李秀成自述》，罗尔纲、王庆成主编：《中国近代史资料丛刊续编·太平天国》（二），桂林：广西师范大学出版社，2004 年，第 346 页。

③ 《太平天日》，太平天国历史博物馆编：《太平天国印书》（上），南京：江苏人民出版社，1979 年，第 46 页。

④ 广西壮族自治区通志馆编：《太平天国革命在广西调查资料汇编》，南宁：广西壮族自治区人民出版社，1962 年，第 53 页。

⑤ 《忠王李秀成自述》，罗尔纲、王庆成主编：《中国近代史资料丛刊续编·太平天国》（二），桂林：广西师范大学出版社，2004 年，第 347 页。

三　从激烈运动到确立反清思想

　　洪秀全只身二次入桂，一路上饱经风险，曾被强盗洗劫一空，每日只能吃一餐，进退两难，幸得同船人帮助，辗转来到贵县赐谷村。在表兄王盛均家，他得知冯云山在紫荆山一带活动，立即动身前往寻找。1847 年 8 月 27 日，洪秀全与冯云山久别重逢，"不特欢喜与云山重会，而且欢喜得新信徒如此之多，尤乐于在其中宣讲圣道"。① 特别是洪秀全看到冯云山已使原本寥落、见不到前景的拜上帝思想在紫荆山区生根发芽，他欢欣鼓舞，实现人生抱负的志向重新燃起，思想悄然发生变化。从二次入桂，到揭竿而起，洪秀全同上帝会经历了从激烈的宗教活动到救助教友、团方团营的政治斗争的转变。

　　第一阶段是激烈的宗教活动。洪、冯的再次会面揭开了广西传教的新一页。洪秀全虽然在广州罗孝全那里接受了数月的正规基督教学习，但要想符合当地人的心理需求，不可能照搬"洋教"，所以洪秀全改良了洗礼仪式、礼拜仪式、宗教戒律（制订"十款天条"）、祈祷文。他继续著书立说，"写书送人，时将此情教导世人，多有信从真道焉"，《原道觉世训》《太平天日》大约写就于此时。又有一班骨干分子帮衬，"四处代传此情，大有功力，故人多明醒"，上帝会势力迅速壮大，并以紫荆山为中心，向周边地区辐射。这里所说的激烈的宗教活动，主要是指洪秀全率领教众捣毁偶像的举动。广州学道之前，洪秀全虽主张弃拜偶像，但也仅是心理上排斥、语言上声讨。二次入桂后，洪秀全反偶

---

　　① ［瑞典］韩山文：《太平天国起义记》，简又文译，中国史学会主编：《中国近代史资料丛刊·太平天国》（六），上海：神州国光社，1952 年，第 857 页。

像的思想和捣毁庙宇邪神的行为非常激进，可能与他在广州学道受罗孝全影响有关，但主要是受到如火如荼的教派势力发展的鼓舞，洪秀全极欲在思想上和行为上表达同传统偶像崇拜的决裂，从而确立上帝信仰的权威。

入桂后仅两个月，洪秀全便亲自策划并主持了远赴象州捣毁甘王庙的活动。"甘王"是在桂东南一带很有影响的神祇，据说本是叔侄二人，有法术，明祸福，死后被人合二为一，立庙祭祀，人称"甘王爷"。相传曾附灵于某少年身上，阻拦州官轿舆，逼其奉送龙袍。浔州府一带的百姓十分敬畏，尤以所传甘王本籍象州的甘王庙香火最为鼎盛。10 月 28 日，洪秀全在冯云山等人的陪同下赶到象州古车村的甘王庙，斥责甘王是"妖魔"，犯下"打死母亲干国法""欺瞒上帝犯天条""迷缠男妇雷当劈""害累世人火定烧"等十款大罪，并题檄文诗一首于壁，冯云山亦附诗一首。接着，他们捣毁了甘王神像，命"将妖眼挖去，须割去，帽踏烂，龙袍扯碎，身放倒，手放断"。[①] 不久，洪、冯又带人捣毁了三圣宫（雷庙）、土地庙，将紫荆山内的神坛社稷一概毁坏。

上述行动是从反对偶像崇拜、尊奉上帝独一真神这一教义出发的宗教行为，除了出于对唯一真神的信奉、建构上帝正当性外，行动本身还带有地方势力之间争夺政治权威的象征意义。清中叶以来，村落联盟成为国家推行保甲、团练的依托，是基层社会最主要的社会结构。村落联盟依赖"正统"神明控制社坛神庙和祭祀仪式的参与权。广西浔州府地区环大瑶山山区以种山烧炭为生的山民、流民，被土人排斥的"来人"（客家人），无缘进入村落联盟领导层的失意精英群体，他们都希望拥有自己的村社组织和神明来维护自身利益。这些平日里最虔诚供奉

---

① 《太平天日》，太平天国历史博物馆编：《太平天国印书》（上），南京：江苏人民出版社，1979 年，第 47—49 页。

神灵，却又不被村社接纳或受到排挤的普通人群，最易接受一种新的信仰，而以异端信仰和仪式组成的上帝会满足了他们的需求。事实证明，上帝会的主要构成群体也是上述几类。洪秀全摧毁象征村社既有秩序的庙社神明，蕴含了同当地控制庙社神明的地方势力争夺地方权威和地域主义正当性的政治内涵。上帝会提出的人间"小天堂"理想满足了会众争取地域生存空间的实际需求，既确立了上帝权威，又摧毁了对手正当性，加深了会众的认同感，为激烈的宗教运动过渡到政治斗争奠定了基础。

第二阶段是以救助教友、团方团营为主要内容的政治行动。激烈的捣毁偶像运动引起了不小的震动，使地方社会结构发生分化，上帝会和团练之间的冲突加剧。李秀成后来回忆说："数县之人，亦有从之者，亦有不从。每村或百家或数十家之中，或有三五家肯从，或十家八家肯从，亦有读书明白之士子不从，从者俱是农夫之家，寒苦之家，积多结成聚众。"① 不从的人中，首先发难的是紫荆山石人村秀才王作新。1847 年 11 月，洪秀全返回贵县赐谷村。12 月 28 日，王作新带人拘拿冯云山，交给保正曾祖光看管，准备送官，被卢六率教众抢回。王作新不肯罢休，向江口巡检司和桂平县呈告，声称冯云山"迷惑乡民，结盟聚会，约有数千余人，要从西番《旧遗诏书》，不从清朝法律，胆敢将左右两水社稷神明践踏，香炉破碎"，要求官府"严拿正办，俾神明泄愤，士民安居"。当时上帝会名义上是一个公开传播的宗教团体，又与"洋教"颇有瓜葛，桂平知县王烈不敢轻率判定，反认为王作新"捏饰大题架控"，有"挟嫌滋累"之嫌，下令"严提两造人证质讯，确情办理，以遏刁风而肃功令"。1848 年 2 月 1 日，冯云山、卢六被传到县，王作新因害怕上帝会寻仇，外出躲避，屡传不到，致使冯、卢被长期羁

---

① 《忠王李秀成自述》，罗尔纲、王庆成主编：《中国近代史资料丛刊续编·太平天国》（二），桂林：广西师范大学出版社，2004 年，第 346 页。

押，卢六死在狱中，冯云山亦患病。3月，洪秀全由赐谷村赴广州，拟通过罗孝全、周道行等人的门路，向主持弛禁天主教事宜的两广总督耆英求助，但耆英已调离广东。上帝会教众亦捐款集资营救，谓之"科炭"。5月底，冯云山向浔州知府控诉，援引儒学经典中"惟此文王，小心翼翼，昭事上帝，聿怀多福"等20余处，证明"一切上帝当拜，古今大典，观广东礼拜堂悬挂两广大宪奏章，并皇上准行御批移文可查"，他"遵旨教人敬天，不意被人诬控"。浔州知府顾元凯示意新任桂平知县贾柱"分别究释具报，慎勿稽延滋累"，贾柱遂以冯云山"并无为匪不法情事"为由，下令从轻发落，将冯云山押解回籍管束。[①] 冯云山在途中说服押解的差役皈依上帝，同返紫荆山。

当时上帝会内部有不少会众利用神灵附体大搞分裂，其中就包括杨秀清假托天父下凡传言。冯云山在紫荆山未作任何表态，不久折回广州，一是不能公开违拗官府将其递解回籍的命令，一是得知洪秀全在花县家中，可以找其商讨对策。但此时洪秀全因搭救冯云山不成，又离家重返紫荆山，洪、冯二人相左于途。

继1848年4月杨秀清利用当地降僮术假托天父下凡传言后，同年10月萧朝贵假称天兄下凡传言，两人联手，逐步控制了紫荆山及其附近地区的上帝会。洪秀全原本对人神沟媾的巫术非常反感，他在《原道救世歌》中把"邪术惑众犯天诛"的"巫觋"作为"第五不正"，但回到紫荆山后，洪秀全居然认可了杨、萧代天传言的身份和地位。首先是内忧外患的上帝会亟待结束分裂动荡的状态，急需扶植其中一二人，稳定人心。其次是杨、萧已经具有了一定实力，拥有相当力量的支持者，在冯云山缺席，洪秀全独木难支的情况下，洪秀全需要左膀右臂扶持。最后，最关键的是，杨、萧发布的类似"三八二一，禾乃玉食，人

①　方玉润：《星烈日记》，太平天国历史博物馆编：《太平天国史料丛编简辑》（三），北京：中华书局，1962年，第82—83页。

坐一土，作尔民极"（"洪秀全为王"）的传言，① 丰富和发展了洪秀全十多年来苦心孤诣编织的受命于天的神话，极大地便利了他由上帝教"教主"向天下"真主"的角色转变。这符合洪秀全的利益，而冯云山缺少这样的手段。

从现存《天兄圣旨》看，之后"天兄"的每一次下凡传言，无不是在等待时机，朝着准备起事的方向努力了。洪秀全在 1848 年 11 月 19 日同"天兄"第一次对话时已经表露出"打江山"的意向：

> 天王曰："天兄，太平时军师是谁乎？"
>
> 天兄曰："冯云山、杨秀清、萧朝贵俱是军师也。洪秀全胞弟，日头是尔，月亮是尔妻子。冯云山有三个星出身，杨秀清亦有三个星，萧朝贵有二个星。杨秀清、萧朝贵他二人是双凤朝阳也。"

"太平时"就是起事、打江山时。"天兄"称洪秀全为"日头"，"日头"即"天王""天子"，还指定了"太平时"的军师人选。洪秀全在和"天兄"公开对话前，应该已和杨秀清、萧朝贵接触并筹划确定了反清起事的目标。也就是说，在 1848 年冬天，洪秀全等人正式立意反清。1848 年 12 月中旬，"天兄"又指令洪秀全"但尔称王，不得称帝"。1849 年 1 月 1 日，"天兄"令上帝会元老——洪秀全表亲王玉绣、王盛通、王为政求"天父"恩准洪秀全早坐金龙殿（即"登基称王"），开始对上帝会的主干成员进行反清思想动员。但到 1849 年 2 月 13 日，"天兄"下凡指示洪秀全返回广东并可在"五月上来或冬时上来"时，洪、杨、萧仍然没有明确具体的反清计划（如后来的"团

---

① 《洪秀全来历》，中国史学会主编：《中国近代史资料丛刊·太平天国》（二），上海：神州国光社，1952 年，第 689 页。

营"），因为"天兄"给了洪秀全一段有弹性的回乡省亲时间。①

在从激烈的宗教运动向准备起事的政治活动转变的过程中，1847年底到1848年夏的冯云山事件，被作为太平天国开国史上的大事，是上帝会由公开宗教团体过渡到秘密反清组织的转折点。直到冯云山被羁押，教众开展营救活动，上帝会仍然在坚持合法抗争。虽然在冯云山事件中，上帝会遭受骨干分子卢六瘐死狱中等直接损失，但官府敷衍了事，冯云山释归，上帝会公开活动如常，这一事件所造成的外部冲击和压力远没有达到"官逼民反，民不得不反"的地步。那么洪秀全为何突然萌生起兵造反的念头？这看似令人费解，实则有它形成的主客观条件。了解洪秀全的思想转变，不但要考察这一时期洪本人的实际行动，还应注意反映该时期洪秀全思想转变的思想文献——《原道觉世训》和《太平天日》。

《原道觉世训》写于1847年底到1848年初。② 与洪秀全以往宗教作品相较，《原道觉世训》加强了上帝权能恩德方面的论说，凡世界之一切、自然之一切、人类之一切皆上帝所主所赐，呼吁世人独尊上帝，不拜上帝是反天之罪。这些宣传在语言和内容上比之前的宗教作品更加激进、更为全面。《原道觉世训》富有特色的地方，是明确了上帝的对立面，即各种妖魔邪神的集中代表"阎罗妖"，号召"天下凡间我们兄弟姊妹所当共击灭之，惟恐不速"。这以犀利的语言在神灵层面强化了"真神"与"邪神"的对立，贬斥其他一切灵界诸神皆"邪神"，皆当

---

① 参见王庆成编注：《天父天兄圣旨》，沈阳：辽宁人民出版社，1986年，第5、10、12、14页。

② 按，《太平天日》明确提到洪秀全1847年在罗孝全处才读到《旧遗诏圣书》（《旧约》）和《前遗诏圣书》（《新约》）。参见《太平天日》，太平天国历史博物馆编：《太平天国印书》（上），南京：江苏人民出版社，1979年，第46页。这两种书在《劝世良言》中没有提及，《原道觉世训》首次出现了《旧遗诏书》等名词。这说明《原道觉世训》创作于洪秀全广州学道之后。1847年秋冬间，正是洪秀全等激烈捣毁偶像之时，《原道觉世训》似为因应形势而作。1848年初，洪秀全在花县省亲，客观环境上也有安静创作的可能。1848年3月以后，洪秀全为救援冯云山，一路奔波，风尘仆仆，加之上帝会内忧外患，似再无时间、精力和心情创作。

批判。洪秀全在书中严厉批判了历代帝王信奉邪神和僭越称帝的错误，他指出："皇上帝乃是帝也。虽世间之主称王足矣，岂容一毫僭越于其间哉！救世主耶稣，皇上帝太子也，亦只称主已耳。天上地下人间有谁大过耶稣者乎？耶稣尚不得称帝，他是何人，敢觍称帝者乎！只见其妄自尊大，自干永远地狱之灾也。"[①] 这里洪秀全并没有直称前代帝王和当下清朝统治者为"妖"，但有理由认为其中已有曲折影射的想法。走上反清道路后，洪秀全才把"阎罗妖"同清朝统治者明确结合起来："蛇魔阎罗妖邪鬼也，鞑靼妖胡惟此敬拜，故当今以妖人目胡虏也"，这就是太平军称呼"清妖"的由来。[②] 因此，可以认为《原道觉世训》是因应当时洪秀全、冯云山等采取更为激烈的捣毁偶像手段而作。它的部分内容虽然超越了《劝世良言》提供的素材和思想，并曲折地反映了洪秀全与现实政治秩序对抗的思想，但总体上看仍是一篇可以适应上帝会公开传教的宗教宣传品。

《太平天日》标明此书"诏明于戊申年冬"，也就是说在 1848 年冬，洪秀全以口头或书面的形式宣布了《太平天日》的主要内容。从书名看，"太平天日"即"太平王"，反清意图明确。从内容看，《太平天日》主要叙述了洪秀全丁酉年升天，在天上战逐妖魔，受天父天兄之命下凡斩邪留正，阅读《劝世良言》而敬拜上帝，外出学道、传道，拆庙斥妖等情事，是太平天国记载洪秀全升天异梦及洪秀全早年布道生涯最详细的一部书。

据《天兄圣旨》的记载，自 1848 年 11 月 19 日到 1849 年 2 月 13 日，洪秀全在鹏隘山，时常与"天兄"对话，而且洪秀全"在萧玉胜（萧朝贵养父）家，常教杨宣娇（即王宣娇，萧朝贵妻）读天父诗。或

---

① 《原道觉世训》，太平天国历史博物馆编：《太平天国印书》（上），南京：江苏人民出版社，1979 年，第 17、22 页。

② 《颁行诏书》，中国史学会主编：《中国近代史资料丛刊·太平天国》（一），上海：神州国光社，1952 年，第 162 页。

字眼不变，天兄基督下降，教二人读焉"，可见洪秀全与萧朝贵、王宣娇一家有密切交往。比照《太平天日》和《天兄圣旨》的内容，在一些关键情节上，如天父的外貌、登天的道路、战逐妖魔的情境、鞭斥孔子、天母天嫂的状况等，两部书存在明显的文本互涉与互动，甚至如妖魔头的样子、天父头上戴什么、孔子在天上的境况，都是天王向天兄请教得来，当然萧朝贵也做了一些细节上的补充，如洪秀全"天妻""天儿"的情况。这一时期的《天父圣旨》不存，洪秀全与"天父"（杨秀清）的互动关系不明晰，从"救世主基督常唱天父上主皇上帝所题之诗，教导人"看，出于彼此的合作关系，《太平天日》可以说是洪、杨、萧共同创作的，是他们互相承认和配合的产物。①

上帝教的基本教义是信奉"天父"（上帝）和"天兄"（耶稣基督）。早先对洪秀全丁酉异梦的描述虽然宣称洪秀全是受命救世，但没有明白告知教众洪秀全与上帝、耶稣的关系。杨、萧代天言事后，不断神化洪秀全，明确了洪秀全是天父次子、天兄胞弟，天父天兄差其下凡，代天理事，做天下万国太平真主的身份。为了渲染这一身份转变，原来"丁酉异梦"的朴素情节就有必要重新附会政治需求而做出新诠释。

第一，塑造了一个无所不知、无所不在、无所不能的人性上帝。这时的"上帝"已不再是《原道觉世训》中泛化的"天"或自然的概念，而是有血有肉有妻有子和拥有无限权能的老人，是他指派洪秀全下凡打天下坐江山，所以教众应当完全服从，否则就是逆天反天。《太平天日》中"上帝"形象的塑造有了洪秀全有意为之的内涵。这已和洪秀全五年前因其异梦幻觉与《劝世良言》所载内容吻合而产生虔诚信仰有所区别，那时的他不许任何人更改《劝世良言》的原始记载。这也与洪秀全后来在造神运动中沉迷其中，产生精神依赖不同。

---

① 王庆成编注：《天父天兄圣旨》，沈阳：辽宁人民出版社，1986年，第3、4页。

第二，塑造了一个下凡做"太平天王大道君王全"的神性洪秀全。作为上帝次子、耶稣胞弟，洪秀全确立了与天父、天兄的血缘关系，他理所应当得到教众拥护，从而达到动员教众参加打江山事业的目的。富有神性的洪秀全，行走于人神之间的天父、天兄托降仪式，使神谕得到了活生生的验证，加深了处于迷茫中教众们的认同感。

第三，为了调整内部关系，稳定人心，相应地形成了"上帝小家庭"，其中俗世中人构成了上帝会领导核心层。所以，《太平天日》虽然没有直白的政治号召，但它提供的素材完全超越了《劝世良言》，是一部完整的宗教神话，同时是一篇反清政治宣言。《太平天日》的创作完成，标志着洪秀全的早期思想，已经从迷恋功名、道德劝善、宗教救世，曲折地过渡到蓄志反清的阶段。

四　走上反清道路后的思想变化

走上反清道路后，洪秀全的思想较之前有所修正和补充。

其一，强调斩邪留正和杀妖。在早期所写的宗教作品中，洪秀全也宣扬宿命论和天命观，如"乐夫天命""天生天养和为贵，各自相安享太平""总之贫富天排定""知命安贫意气扬"，主张人与人之间和谐相处，反对彼此戕害，"人自相残甚恻哀""兽畜相残还不义，乡邻互杀断非仁"。[1] 但此时，他认为基督教宣传的教义"过于忍耐或谦卑，殊不适用于今时，盖将无以管镇邪恶之世也"，[2] 故反复提出"邪魔敢冒

---

[1] 《太平诏书》，太平天国历史博物馆编：《太平天国印书》（上），南京：江苏人民出版社，1979 年，第 11、12、13、16 页。

[2] ［瑞典］韩山文：《太平天国起义记》，简又文译，中国史学会主编：《中国近代史资料丛刊·太平天国》（六），上海：神州国光社，1952 年，第 864 页。

天恩者，该诛该灭无论"，"至于世间所立一切邪魔该杀"。① 可以认为洪秀全在《太平天日》里所说的"邪魔"不仅是指泥胎木塑，还是指清朝最高统治者和大小文武官吏。从"不杀"到"杀"的思想发展，适应了洪秀全号召民众起身反抗的现实需要。

其二，否定现实统治秩序的思想基础——儒家文化。孔子创立的儒学是两千年来传统统治秩序的思想基石和官方哲学，为历代统治者所倡行。洪秀全早期的宗教作品也把孔子、孟子等奉为道德楷模，讴歌其正面形象，为论证宗教观点而穿插征引儒学经典，以此驳斥拜上帝是"从番"之论。尽管上帝会要破除包括孔子在内的一切偶像崇拜，丁酉异梦中也有谴责孔子的情节，但洪秀全并不否认儒家学说的存在价值，对孔子也不乏敬意。而《太平天日》丰富和夸大了这一情节，改为对孔子加以鞭笞和斥责。萧朝贵假"天兄"传言："他（孔子）从前下凡教导人之书，虽亦有合真道，但差错甚多。到太平时，一概要焚烧矣。"② 这奠定了太平天国定都天京后出台全面焚禁古书政策的理论基调。③

其三，拜上帝思想的本土化。拜上帝信仰的源头虽然是西方基督教，但自创立之始就被洪秀全赋予了浓厚的中国传统文化和中国民间宗教色彩。这是拜上帝思想易于被广西下层民众接受，并最终以上帝旗帜聚拢民心，掀起惊涛骇浪的一个重要原因。

首先是中国化的"上帝"。洪秀全从一开始接受"上帝"概念，便与中国先秦典籍中的"天"等同，洪秀全说"盘古以下至三代，君民

---

① 太平天国历史博物馆编：《太平天国印书》（上），南京：江苏人民出版社，1979 年，第 20、42 页。

② 王庆成编注：《天父天兄圣旨》，沈阳：辽宁人民出版社，1986 年，第 7 页。

③ 太平天国的文化政策，参见 Liu Chen, "Anti-Confucianism: The Formation Process of the Cultural Policy of the Taiping Heavenly Kingdom and Its Ideology Essence," *Cultural and Religious Studies*, Vol. 10, No. 5, 2022, pp.219−225。

一体敬皇天",① 只是秦汉以后人们被妖魔迷心，才中断了上帝信仰，所以他认为敬拜上帝是中国的传统，亦即敬天拜天。而中国民间原有敬畏上天的传统，视天为命运之主宰，这有利于将拜上帝思想和传统民间信仰结合起来。后来，上帝已由一个宽泛的概念转变为具有人格的天下大共之父，甚至他的体貌特征都具有中国人的形象。洪秀全不能理解基督教所说的"凡被上帝的灵引导的，都是上帝的儿子"（《新约·罗马书》第8章第14节）这类形而上的伦理关系。他只能按照中国传统的血缘亲情和人伦关系重新解释上帝与世人关系，构建其乐融融的上帝小家庭和天下大家庭。这个变化，反映了洪秀全从纯粹确立上帝权威，到借上帝确立他本人真命天子地位的思想转变。

其次是中国化的教义与仪式。基督教上帝纯灵，圣父、圣子、圣灵"三位一体"，洪秀全不能理解上帝无形说，浔州下层民众更难理解。因此上帝教的天父、天兄和圣神风拥有三个独立神格，圣神风成了凡间的杨秀清，天父、天兄可以随时降附杨秀清、萧朝贵之身发声，处理凡间一切事务，这显然迎合了下层民众敬拜活灵活现之神的需求。以鬼神附体传言在民间教门中屡见不鲜，天父天兄传言直接借鉴了广西浔州的降僮术，它的本质同巫觋并无区别。洪秀全编织的独一真神信仰实际是在创造神灵，一面打倒了所有偶像，另一面却又树立了无数偶像，这类造神术使上帝教过多地彰显出浓厚的非理性色彩和自身固有的抵牾。人们（包括洪秀全本人）无法解释太平天国的其他神和上帝独一真神的关系，以至于上帝信仰孕育出的激情，到太平天国后期愈发显得苍白无力，也成为外国人和国内士大夫诟病上帝教的焦点。洪秀全的《原道救世歌》《原道醒世训》等作品，同《劝世良言》一样，把"天堂"作为灵魂享福的地方，但为了适应打江山的政治目标，洪秀全许诺要在人

---

① 《原道救世歌》，太平天国历史博物馆编：《太平天国印书》（上），南京：江苏人民出版社，1979年，第10页。

间建立肉体享福的"小天堂"。《圣经》是基督教的绝对真理，所以它的任何教派都只能在解释和运用上有分歧，但不能对《圣经》有任何怀疑。洪秀全虽然仍尊崇《圣经》，但把宣扬的重点放在记载天父、天兄圣旨和下凡活动，洪秀全升天受命及下凡作主等自我塑造的内容上，即太平天国统称《真约》的各种书籍，其中就包括《太平天日》。这些已不是基督教经典，而独作上帝教经典，其内容体现了洪秀全对《圣经》的修改和利用，如他发明的上帝家族说、三位分立说、小天堂说和上帝五次大怒说（把上帝差遣天王作主救人和东王下凡赎病分别作"大怒"），[①] 这自是迎合了洪秀全的政治需要。

在宗教仪式上，洪秀全在罗孝全教堂见过正规洗礼和礼拜仪式，他对此做了本土化改良。一般是在神案上置明灯二盏，清茶三杯，宣读忏悔奏章，然后焚化以达上帝神鉴，施者取水一杯灌顶受洗者，同时问答，而后新教徒饮茶，以盆中水洗心胸，有的还去河中自行沐浴。这些要素与基督教、犹太教的仪式大相径庭，却与中国民间祭祖敬神仪式十分相像。上帝教还用猪肉祭拜上帝，而在犹太人眼里吃猪肉的是异教徒。在宗教节日上，洪秀全全然不提基督教节日，后来干脆发明了"天历六节"。[②] 在宗教纪律上，上帝教将《旧约》"摩西十诫"改良为《天条书》"十款天条"，自确立打江山目标后，洪秀全即以此宗教纪律约束教众，不再单纯以宗教道德规范教众了。

最后是中国化的救世观。《劝世良言》基于基督教原教旨主义，宣扬人性"原罪"和"救赎"。洪秀全在《原道救世歌》《原道醒世训》中虽没有直接提及这两个概念，但他从"原罪"出发论证人人都当拜上帝，从耶稣"赎罪"功绩论说人人当拜上帝的义务，提倡改造人性，

---

① 《圣经》中上帝三次大怒为：上帝怒降洪水与诺亚方舟的故事，上帝救以色列人出麦西国，上帝遣耶稣下凡救世。

② 《太平天国辛酉十一年新历》，太平天国历史博物馆编：《太平天国印书》（下），南京：江苏人民出版社，1979年，第721页。

要求人们加强人格和心灵修养，加强社会道德约束，以达大同社会。虽然洪秀全没有提出改造现实社会的具体方法，但他提出了未来社会的愿景。这说明洪秀全并没有全盘接受《劝世良言》，而是结合现实实际以及自身理解和经历，对《劝世良言》中的若干核心内容做了改造。《劝世良言》中没有任何救世思想，而洪秀全早期一些作品的主旨，与其说是宣扬"救世"，不如说是"救人"。由"救人"到"救世"的思想发展，是洪秀全思想的一个巨大转变。

此外，上帝教的救世观与传统中国民间宗教相似。例如，明中叶以后白莲教宗信奉"真空家乡，无生老母"八字真言。无生老母是上天无生无灭的古佛，她要度化凡间儿女返归天界，免遭劫难，这个天界便是真空家乡。"无生老母"被奉为生育人类的至高女神，这和洪秀全宣扬的天父上帝是天下大共之父异曲同工。白莲教宗教义的主线是明暗两宗斗争，无生老母先后派燃灯佛、释迦牟尼佛、弥勒佛去做三际凡间统治者，最终弥勒降生，战胜黑暗，建立千禧年福境。上帝教大力渲染现实苦难和未来世界的美好，强调自上帝真道失传以来世上一团漆黑，但"乱极则治，暗极则光，天之道也"，信奉上帝者可"行见天下一家，共享太平"。[①] 与此观点对应的是发布入教避劫之类的恐怖预言，如起事之前洪秀全连续发布三条预言："若世人肯拜上帝者，无灾无难，不拜上帝者，蛇虎伤人"；[②] "在道光三十年，我将遣大灾降世，凡信仰坚定不移者将得救，其不信者将有瘟疫"；"过了八月之后，有田不能耕，有屋没人住"。[③] 果然，广西有数县发生瘟疫并有土人、来人相斗相杀，上帝预言得到验证，拜上帝者愈众。这是中国民间宗教惯用的传播手

---

① 《原道醒世训》，太平天国历史博物馆编：《太平天国印书》（上），南京：江苏人民出版社，1979年，第16页。

② 《忠王李秀成自述》，罗尔纲、王庆成主编：《中国近代史资料丛刊续编·太平天国》（二），桂林：广西师范大学出版社，2004年，第346页。

③ ［瑞典］韩山文：《太平天国起义记》，简又文译，中国史学会主编：《中国近代史资料丛刊·太平天国》（六），上海：神州国光社，1952年，第867页。

段。将世人划分为信教的"原人"和不信教的"非原人"，区别对待，属于两极化救世观，而基督教宣扬的是上帝关爱整个人类的救世观。

上述内容也是洪秀全的思想同《劝世良言》所反映的宗教思想的差异。洪秀全的拜上帝思想自诞生之日起，就深深打上了传统中国文化烙印。在洪秀全早期思想中，最初与基督教深刻结合的是影响洪秀全前半生至深的儒家文化，他还用佛教、道家的术语和思想阐发基督教理论。随着客观形势的变化，洪秀全拜上帝思想的内容和形式体现为对《劝世良言》、《圣经》、农民平均思想、以儒家文化为代表的中国传统文化、中国民间宗教、江湖文化的大融合。融合过程中经过不断地修改、加工、补充和完善，拜上帝思想的本源中国传统民间文化色彩更浓厚。特别是上帝教一旦和降僮等民间巫术结合起来，传统民间文化便超越了基督教和儒家文化，成为上帝教的主流文化。归根结底，这来自洪秀全、冯云山、杨秀清、萧朝贵等创始人的"民间"色彩，他们的思想不同程度地凝聚在拜上帝思想的丰富和发展之中。

《劝世良言》不可能使洪秀全走上造反之路。《原道救世歌》《原道醒世训》中宣扬的忍让、安贫乐命、不行杀害、捐妄念、脱俗缘，不利于发动民众起身反抗。这里并不是否定洪秀全早期宗教作品的积极意义，因为洪秀全的思想发展到反清一定要经过一个循序渐进、曲折演变的过程，而正是早期的思想异端为洪秀全反清思想的形成提供了大量的原始素材并奠定了理论基础。正是洪秀全修改和补充了原先的某些思想，特别是使拜上帝思想逐渐本土化、中国化，更多地符合中国下层民众的心理需求，更易于被下层民众接受，从而增加了民众的认同感。可以说，上帝教征服下层民众灵魂的过程，就是上帝教宗教神学体系逐步被民间文化同化的过程。需要注意的是，使拜上帝思想本土化、中国化，除了便于在下层民众中传播这一初衷，核心利益还是服务于现实政治需要，是宗教教义适应于政治斗争，而不是政治斗争服务于宗教教义。因此，上帝教既不是基督教的异端化，也不是基督教的分支，而是一种政治斗争的宗教形式。

洪秀全反清思想的形成，并非历史的偶然，有它形成的主客观条件：

第一是社会生态的恶化。从宏观上讲，太平天国运动的爆发既有道光朝吏治腐败、政府失能、天灾人祸、土地兼并集中、社会矛盾激化等内部因素，又与西方列强疯狂地走私鸦片造成银贵钱贱、鸦片战争的战费和战争赔款等外来因素影响到国计民生有关。

从具体区域看，太平天国运动为什么会发生广西这个地方？广西地处西南边陲，地瘠民贫，加上吏治腐败，天灾人祸，民生穷蹙，故民变蜂起，盗匪横行。1786年底，天地会林爽文在台湾发动起事后，清政府调派大军镇压，紧接着就在台湾、福建、广东大举查拿天地会，花了十年时间，当时天地会会众为了躲避厄运，多半逃到广西，投奔早先迁徙入桂的亲友，藏匿栖身。嘉庆道光时，广西天地会不断起事，逐渐壮大。鸦片战争后，广东数万被裁撤的壮勇（其中不少是天地会成员）生活无着，纷纷入桂啸聚山林，组成艇军，"或潜入梧、浔江面行劫，或迭出南、太边境掳掠，勾结本省土匪及各省游匪，水陆横行，势渐鸱张"。加上广西本省土匪游民膨胀，使拜会结盟现象迅速滋蔓，至1847年前后大局糜烂，雷再浩、陈亚贵、李沅发等相继聚众抗官。紫荆山所属的浔州地区，"愚无知者，每铤而走险。当初不过三五成群，拦路抢劫……继则纠众焚杀。自道光二十八年，贵县股匪聚党数百，劫掠殷户子弟勒赎，所到各墟市必勒取银米。国家承平日久，民不知兵，畏慑震惧，罄囊橐饱所欲而去。浔州、横州、南宁诸村市，滋扰无虚日。官军屡击不利"。[①] 天地会的武装起事达到高潮，"至道光二十七、八年间，楚匪之雷再浩、李元发两次阑入粤境，土匪陈亚溃等相继滋事，小之开角打单，大之攻城劫狱，浸成燎原之势"。此外，南宁、太平地区还有

① 谭熙龄：《桂平历年群盗事迹》，同治《浔州府志》卷27《平寇略》，第1页 a–b。

张嘉祥、颜品瑶的起事队伍，其他会党起事"每堂少者数百人，多者三四千人不等，合数堂便已逾万，或分或合，专以淫掠勒赎为事，通省无虑数十起"，"有此股甫经扑灭，彼股又另起事者，几于无地无之，无时无之"，这些对清朝的统治构成严重威胁。[①] 广西还是汉、壮、苗、瑶等多民族聚居区，民风剽悍，民族矛盾尖锐。更为严峻的形势是广西境内的土客械斗愈演愈烈，给广西局势增添了新的动荡。康熙年间，广东的客家人大量涌入广西垦荒，因其离故土而不变乡音，故称为"来人"；早已定居的土著居民，包括壮族、瑶族等和早已变客为土的汉人称为"土人"。双方因土地矛盾产生利益冲突，被称作"来土之争"。

尽管广西社会冲突异常激剧，清朝统治力量在此却相对薄弱。广西全省包括绿营和土兵在内的常备军不足四万，且主力集中在桂林、柳州等大城镇，应对善于流动作战的土匪、会党，往往顾此失彼，加之财政亏空，兵饷两缺，多数官员不安于位，敷衍塞责。正如在籍翰林院侍讲龙启瑞所说："窃念粤西近日情事，如人满身疮毒，脓血所至，随即溃烂。非得良药重剂，内扶元气，外拔毒根，则因循敷衍，断难痊愈，终必有溃烂不可收之一日。"[②] 时人慨叹："民不聊生，官亦不聊生。"[③] 为应付危局，广西方面开出的"良方"是由各地乡绅倡办团练。在一定程度上，广西地区如火如荼的天地会起事和愈演愈烈的来土之争，牵制了清政府的精力和兵力，策应了太平天国起事的准备和兴起。

桂平县紫荆山区的社会矛盾尤为尖锐，上述情况均交织发生于此，杨秀清、萧朝贵将富户韦昌辉所在的金田村打造为上帝会的中心基地。在广西遍地烽烟的情形下，已拥有数千教众、极力扩张势力的上帝会不可避免地卷入其中。在来土之争中，上帝会的参加者主要是"来人"，

① 严正基：《论粤西贼情兵事始末》，太平天国历史博物馆编：《太平天国史料丛编简辑》（二），北京：中华书局，1962年，第3页。

② 龙启瑞：《上某公书》，《经世堂文集》卷6，光绪四年（1878）京师刊本，第5页。

③ 严正基：《论粤西贼情兵事始末》，太平天国历史博物馆编：《太平天国史料丛编简辑》（二），北京：中华书局，1962年，第6页。

后来发展起来的太平天国运动，因此又被称作"客家运动"；在官方和天地会的争斗中，有的天地会力量和上帝会一直保持联络，最初，上帝会对吸纳天地会成员持相对开放态度。这些都会引起当地士绅的恐惧和敌视。冯云山事件无疑是一个非常危险的信号，地方士绅已经在以结盟拜会、蓄意谋反的罪名敌视上帝会了。之后，双方矛盾和冲突不断升级。李秀成回忆说："自教人拜上帝之时，数年未见动静。自道光廿七、八年之上下，广西贼盗四起，扰乱城镇，各居户多有团练。团练与拜上帝之人两有分别。拜上帝人与拜上帝人一伙，团练与团练一伙，各争自气，各逞自强，因而逼起。"① 一个"逼"字生动形象地说明上帝会走上反清之路的外在客观条件。激烈的社会冲突、严峻的政治现实必然使一直苦苦思索救世途径的洪秀全有所触动，从而促使他加快造反步伐。以上事实充分说明，在洪秀全尚未萌生反清意向之前，广西全省已是一片火海，局面已然失控。现存文献所反映的洪秀全思想转变与反清思想确立的时间点恰好与广西局势崩溃的时间相吻合，这从侧面说明正是空前激烈的社会冲突，才驱策洪秀全最终走上反清之路。

第二是洪秀全主观认识的发展变化。首先，洪秀全早期思想本身包含着危险的异端意识。洪秀全开始拜上帝后，他主张引入"上帝"的概念并且废除孔子在内的所有偶像，这是对传统意识形态的背离，是对现实统治秩序的触犯，存在危险性，必为正统所不容。在一定情势下，异端思想有可能转化为同正统思想的对抗。其次，洪秀全的宗教思想逐渐从"救人"演变为"救世"。他批判现实社会的道德沦丧，描绘并期待上古大同之世重回现实，主张变相夺相斗相杀的社会为公平正直廉洁平均的理想社会。尽管他的早期思想在本源上属于道德劝世，却已表达了对现实社会的不满和批判。最后，洪秀全的思想一直充斥着"反满"

---

① 《忠王李秀成自述》，罗尔纲、王庆成主编：《中国近代史资料丛刊续编·太平天国》（二），桂林：广西师范大学出版社，2004年，第347页。

色彩。在《百正歌》中他就表达了"正可行蛮貊"的夷夏之分，这是洪秀全骨子里传统华夷观的体现。[①] 洪秀全的反满意识还受到同时期天地会活动影响，但要比天地会的反满思想更加激进。他走上反清道路后强调："我们可以仍说反清，但不可再说复明了。无论如何，如我们可以恢复汉族山河，当开创新朝。"[②] 太平天国以兴汉灭满旗帜号召汉人声讨清朝罪行，宣称替天行道，是为上帝收复失国，宣传抗争的正义性和神圣性，就是基于这种华夷意识。当然洪秀全强烈的反满思想可能也与其客家出身的身份背景有关。据传，洪秀全、冯云山的先人曾应召从祖籍嘉应州迁至花县参与客家起兵反清。客家先民的多次迁徙都缘于边疆部族入侵，他们在兵燹中历尽磨难，付出惨重代价。

我们看到洪秀全二次入桂后，思想变化较大且愈发激进，这与他在广州罗孝全处阅读到《圣经》的原本有一定关系。《太平天日》的思想核心有"神魔斗争""斩邪留正""天国降临"等，这些内容充分体现在《新约》第四部分《启示录》中。《启示录》假托基督使徒约翰所作，代表了下层社会基督徒的意愿，以上帝和撒旦之间的神魔斗争纵观人类历史全局，用大量的篇幅描绘世界末日的异象，预言随着弥赛亚（救世主基督）和千年王国的降临，将对世人进行末日审判，敌基督和拜偶像的魔鬼、恶人将被扔进无底坑或火湖，信徒将进入新耶路撒冷的新天新地。《启示录》中的这些思想曾被16世纪欧洲宗教改革运动中的再洗礼派等激进派、17世纪清教徒运动中的第五王国派和德国农民战争领袖闵采尔（Thomas Münzer）援引，以证明其正当性或由此提出"千禧年主义"。《启示录》中的宗教情境与洪秀全所处的现实情境极为相似。《太平天日》中关于"天使来接""天廷""剖腹换心""天书"

---

① 《百正歌》，太平天国历史博物馆编：《太平天国印书》（上），南京：江苏人民出版社，1979年，第14页。

② ［瑞典］韩山文：《太平天国起义记》，简又文译，中国史学会主编：《中国近代史资料丛刊·太平天国》（六），上海：神州国光社，1952年，第872页。

"生命河和生命果""神魔关系""天战""玺印""天妈天嫂天妻天弟天兄""孔子被鞭挞""地狱"等情节，或能直接在《启示录》中找到依据，或是对《启示录》相似情境的误读，像《启示录》中也有千年王国是地上王国的说法。① 这说明《启示录》中的神话故事、神秘预言确曾引起洪秀全的关注、共鸣和吸纳，借以证明自己身份的合法性和神圣性。所以，洪秀全二次入桂后的思想变化，除了当时激化的社会生态和上帝会所处的紧张环境外，洪秀全对《圣经》，特别是对《启示录》的附会式阅读和理解，并以此主观认识指导抗争实践，起到了重要作用。

洪秀全屡试不第、广州入教受洗被拒、广西传教受挫等坎坷经历使他产生了对现实社会的极度不满情绪，紫荆山上帝会组织的蓬勃发展给予他自认受命下凡斩邪留正的理想以鼓励和勇气，这些均是洪秀全转向矢志反清的主观条件。

紫荆山的星星之火，终以上帝旗帜掀起了一场波澜壮阔的农民运动。1849 年 1 月 1 日，洪秀全表亲王玉绣、王盛通、王为政一行至鹏隘山，"天兄"令其求"天父"恩准洪秀全早坐金龙殿，这表明洪秀全已有秘密称王登基之意，"天兄"开始在骨干会众中进行反清的思想摸排和动员。1849 年底，贵县六屈村发生上帝会与当地周凤鸣团练的激烈战斗，上帝会大获全胜，之后各地的武装冲突愈演愈烈。1850 年 2 月 15 日，"天兄"当众表彰鹏化山上帝会首领胡以晃"为天父天兄事"变卖田产，这说明上帝会高层已经着手起事的筹划工作。1850 年初，洪

---

① 参见周伟驰：《太平天国与启示录》，北京：中国社会科学出版社，2013 年，第 123—184 页。

秀全在鹏隘山秘密穿起黄袍，称"太平王"，① "天兄"多次下凡谕会众："太平事是定，但要谨口，根机不可被人识透"，所谓"太平事定"是指起事之事已有预期。② 7月26日，洪秀全家属从花县被接到旧合，在此前后，上帝会金田总部向各地会众发布团方令。石达开首先率贵县会众开至金田，象州的谭要所部也接踵而至，在贵县大圩土客械斗中失利的三千多客家人会同龙山矿工亦来到金田参加上帝会。9月2日，胡以晃迎洪秀全、冯云山赴山人冲"避吉"（即"避凶"，秘密隐藏）。10月，太平天国起事已呈"八面烧起，起不复熄"之势。③ 11月21日，杨秀清派队伍至大洋墟迎接前来金田的陆川上帝会赖九所部，与清军激战，赖九部顺利从上游渡浔江，抵达金田。12月27日，杨秀清又派蒙得恩带人前往花洲，在思旺圩大败浔州协副将李殿元部，斩杀秦川巡检张镛，迎接洪秀全、冯云山返回金田，花洲上帝会众也到达金田，这就是著名的"迎主之战"。1851年1月11日，2万多会众集聚金田，誓师庆贺起事成功暨洪秀全38周岁生日，定国号"太平天国"。自此，这场中国历史上旧式农民运动的最大洪流，以金田为起点，席卷大半个中国，使清王朝的统治一度风雨飘摇，并对近世中国政局和社会产生了深远影响。

---

① 《天兄圣旨》己酉年十二月二十九日（1850年2月10日），韦正秦明天兄"现大军既毁破周凤鸣巢穴，他畏惧遁去，大军现宜回朝朝见太平王也"。可见此时洪秀全已有"朝"并称"太平王"。庚戌年二月二十三日（1850年4月5日），"（天兄）爰降圣诏谕天王曰：'秀全，尔穿起黄袍么？'天王对曰：'然也。'天兄曰：'要避吉，不可命外小看见，根机不可被人识透也。'"可知洪秀全在此前不久秘密黄袍加身。（王庆成编注：《天父天兄圣旨》，沈阳：辽宁人民出版社，1986年，第31、40页。）综上，洪秀全约在1850年初登基称王。

② 按照李秀成自述所说，"所知事者，欲立国者，深远图者，皆东王杨秀清、西王萧朝贵、南王冯云山、北王韦昌辉、翼王石达开、天官丞相秦日昌（纲）六人深知。除此六人以外，并未有人知到（道）天王欲立江山之事"。[《忠王李秀成自述》，罗尔纲、王庆成主编：《中国近代史资料丛刊续编·太平天国》（二），桂林：广西师范大学出版社，2004年，第346页。] 然而，根据《天兄圣旨》，在起事前夕，洪秀全反清起事的目标不是仅有上述六人知晓，在上帝会中是公开的，是众人皆知的。

③ 以上天兄下凡事，见王庆成编注：《天父天兄圣旨》，沈阳：辽宁人民出版社，1986年，第12、33、43、76页。

洪秀全、冯云山、杨秀清、萧朝贵等发动反清起事有一个预定的过程。1850年10月29日，萧朝贵在平南鹏化山假借天兄下凡，令赖金英转嘱洪秀全："千祈秘密，不可出名先，现不可扯旗，恐好多兄弟不得团圆矣。近处团方，现匝住马。密谕远方兄弟，预备多买红粉，声信一到，就好团圆也。"① 可见这一过程前后分为"团方"（各地教众分别团集）、"扯旗"（打出旗号，宣布成立军营、武装）和"团圆"（各地教众会聚金田）三个阶段。

过去把从1850年夏至1851年1月上旬各地教众会集金田的过程称作"团营"。《天情道理书》叙述周锡能叛降内应事件说"博白真道兄弟姊妹，因团营之时，一时仓促未得齐来，恳求东王恩准回乡再为团集"。② 如果"团营"是一个长达半年的集合过程，博白教众断无因"一时仓促"不得"团圆"的可能，如广东信宜的教众不得"团圆"便是因清军的围困。"团营"很可能是一个时间点。《天情道理书》讲杨秀清恢复健康重新主政，"及至金田团营，时维十月初一日，天父大显全能，使东王忽然复开金口，耳聪目明，心灵性敏，掌理天国军务"。③ 也就是说，等到金田团营，时间是十月初一日，杨秀清康复理事。杨秀清自不是在十月初一日突然康复，但为显示权能和神性，他特意选择十月初一日复出，说明十月初一日意义非常，很可能是紫荆山—金田地区原计划正式"扯旗"的日子。所以"团营"即"扯旗"，取团聚成营之意。

金田总部和上帝会领导核心层没有预定各地同步团营扯旗的日期，而是要各基地视实际而动，赶来金田"团圆"。各地情况不同，根本不可能如约同期会集金田，所以各地团营扯旗的时间不一。广东信宜凌十

---

① 王庆成编注：《天父天兄圣旨》，沈阳：辽宁人民出版社，1986年，第77页。
② 《天情道理书》，太平天国历史博物馆编：《太平天国印书》（下），南京：江苏人民出版社，1979年，第525页。
③ 《天情道理书》，太平天国历史博物馆编：《太平天国印书》（下），南京：江苏人民出版社，1979年，第520页。

太平天国再研究

八所部团营最早，8月下旬已与当地练勇发生战斗。蒙时雍讲花洲团营在"九月十三日"。[①] 杨秀清的原计划是金田地区在"十月初一日"。上引萧朝贵10月29日（九月二十五日）假天兄传言很明显是欲推迟金田总部团营扯旗的行动。但十月初一日杨秀清复出，坚持原计划，否定萧朝贵的保守政策，立即果断采取迎接会众的措施，不惜与清军交火，大张旗鼓地准备扯旗团营，内中也反映了杨、萧矛盾，另作别论。十月初一日花洲"打打仗"，遥为呼应金田团营。金田地区照旧"扯旗"。李秀成在自述中讲"起义之时，天王在花洲山人村胡以晃家内密藏，并无一人得悉。那时东王、北王、翼王、天官丞相俱在金田"。[②] 可见金田的团营扯旗是在各处人马未能齐聚的情形下突然公布的，连洪秀全、冯云山、萧朝贵都不在金田总部。8月，石达开率领的贵县会众"立辕门，开炉铸炮"，[③] 象州的谭要所部也扯旗团营，他们已在金田团营前的9月抵达金田。陆川、博白等地的教众在11月底才抵达金田。花洲教众则迟至12月抵达金田。广东信宜凌十八部则在团营后被镇压。

太平天国文献在记载团营这件事时，多强调金田"各地"，没有一个明确的具体日期。《醒世文》载"溯自广西倡大义，金田各处起天兵"。[④]《颁行诏书》载"惟愿各各起义，大振旌旗"。[⑤]《忠王李秀成自述》载，"道光卅年十月，金田、花洲、陆川、博白、白沙不约同日起义"，"此时我在家，知道金田起义之信"，"花洲山人村起义处所隔大

① 《蒙时雍家书》，中国史学会主编：《中国近代史资料丛刊·太平天国》（二），上海：神州国光社，1952年，第755页。

② 《忠王李秀成自述》，罗尔纲、王庆成主编：《中国近代史资料丛刊续编·太平天国》（二），桂林：广西师范大学出版社，2004年，第347页。

③ 《贵县志》，广西壮族自治区通志馆编：《太平天国革命在广西调查资料汇编》，南宁：广西壮族自治区人民出版社，1962年，第134页。

④ 《醒世文》，太平天国历史博物馆编：《太平天国印书》（下），南京：江苏人民出版社，1979年，第664页。

⑤ 《颁行诏书》，太平天国历史博物馆编：《太平天国印书》（上），南京：江苏人民出版社，1979年，第108页。

黎我家中七八十里"。① 夏钟英《建天京于金陵论》载"自粤西起义以来，大显天威"。② 洪秀全在《御制千字诏》中没有提到金田起义，而只有"团营鏖战，仗剑挥刀"一句，③ 团营自不是一地之事。无论是洪秀全，还是李秀成，他们讲的团营抑或起义，都不是在金田一处发生的，而是各地分别进行的，很明显是指各地分别扯旗之事。而李秀成所说的"不约同日起义"是为了给太平天国的缔造赋予神秘和传奇色彩，事实上并无同日起义之事（若约定同日起事，会被清军各个击破，分别起事同时移聚金田是上策，另外各地同日起事是机密，易泄露）。李秀成自称他的叙说源自太平天国官修史书《诏书》，"不约"一词从侧面说明太平天国官方对外并不承认和宣传有一个约定的事实上的共同起事时间，也就无所谓"金田起义日"的问题。

　　"金田起义"是太平天国自身文献中的用语，但均未标明具体的日期。何震川《建天京于金陵论》载"金田起义，用肇方刚之旅"。④《太平救世歌》载"自扶真主金田起义以来，万民响应，四方乐从"。⑤《天情道理书》载"即金田起义之始，天父欲试我们弟妹心肠"。⑥《干王洪仁玕自述》载"又细推其在金田起义之始，固由历年神迹所致，乃众心坚如金石"。⑦ 这里的"金田起义"均是泛称、统称，代指太平天国

　　① 《忠王李秀成自述》，罗尔纲、王庆成主编：《中国近代史资料丛刊续编·太平天国》（二），桂林：广西师范大学出版社，2004 年，第 347 页。

　　② 《建天京于金陵论》，太平天国历史博物馆编：《太平天国印书》（下），南京：江苏人民出版社，1979 年，第 427 页。

　　③ 《御制千字诏》，太平天国历史博物馆编：《太平天国印书》（下），南京：江苏人民出版社，1979 年，第 549 页。

　　④ 《建天京于金陵论》，太平天国历史博物馆编：《太平天国印书》（下），南京：江苏人民出版社，1979 年，第 417 页。

　　⑤ 《太平救世歌》，太平天国历史博物馆编：《太平天国印书》（上），南京：江苏人民出版社，1979 年，第 142 页。

　　⑥ 《天情道理书》，太平天国历史博物馆编：《太平天国印书》（下），南京：江苏人民出版社，1979 年，第 520 页。

　　⑦ 《干王洪仁玕自述》，罗尔纲、王庆成主编：《中国近代史资料丛刊续编·太平天国》（二），桂林：广西师范大学出版社，2004 年，第 410 页。

运动的发端或起点，不涉及具体的时间和实质性意义，也不似有前辈学者提出的"金田起义"被太平天国官方看作由一系列的活动和斗争联结而成的一个过程。唯《赖文光自述》载"唯予生长粤西，得伴我主天王圣驾，于道光庚戌年秋，倡义金田，定鼎金陵"。① 这里的"倡义金田"是指1850年秋间赖文光在金田随洪秀全组织和发动起事，不能作金田起义发生于庚戌秋解。

至于"扯旗"之后，各基地教众向金田"团圆"这样的大事，金田总部和上帝会领导核心层不预定一个具体日期是难以想象的。"团圆"的日期应该就是洪仁玕在自述中说的"此时天王在花州（洲）胡豫光（以晃）家驻跸，乃大会各队，齐到花州（洲），迎接圣驾。合到金田，恭祝万寿起义，正号太平天国，元年封立幼主"。② "合到金田"就是"团圆"，庆祝起事成功的时间是洪秀全38周岁生日——1851年1月11日。《干王洪仁玕自述》此处的原断句"合到金田，恭祝万寿起义，正号太平天国元年，封立幼主"有误。洪秀全生日在庚戌年十二月初十，当天并非太平天国辛开元年元旦；且"正号"理应为国号，非纪年年号。按《太平军目》，太平军立军之初以"太平"为号，旗帜上书"太平某省某地某旗"字样，③ "团圆"之日改"太平"为"太平天国"，正式确立了国号。洪秀全后来虽未将这一天列入节庆纪念（"天历六节"均是宗教性节日，需要天上人间共同纪念；"团圆"是政治性事件，只是人世间最好的日子），但他仍然认为"团圆日"具有重大意义，是开国之日。《天父诗》载"凡间最好是何日？今年夫主生诞

---

① 《赖文光自述》，罗尔纲、王庆成主编：《中国近代史资料丛刊续编·太平天国》（二），桂林：广西师范大学出版社，2004年，第445页。

② 《干王洪仁玕自述》，罗尔纲、王庆成主编：《中国近代史资料丛刊续编·太平天国》（二），桂林：广西师范大学出版社，2004年，第410页。

③ 《太平军目》，太平天国历史博物馆编：《太平天国印书》（上），南京：江苏人民出版社，1979年，第71页。

日。天父天兄开基日，人得见太平天日"。① 洪仁玕讲的"恭祝万寿起义"一句，不能理解为恭祝洪秀全生日并正式起事，这和前述洪秀全、李秀成理解的"起义"不同，应作恭祝万寿并庆祝成功起事理解。

综上，历史上不存在一个我们后人理解的爆发于某日的"金田起义"事件。太平天国官方提出的"金田起义"只是一个代名词，代指太平天国运动的发端或起始；洪秀全、李秀成等太平天国高层将庚戌年（1850）夏秋的各基地教众分别扯旗团营的举动均视作"起义"，"团营"即"扯旗"建号。金田地区的扯旗团营（起事）在阴历十月初一日，所以很多公私文献记载洪秀全于庚戌十月起事。洪秀全认为，太平天国的开国日即各地教众会聚金田的"团圆日"——庚戌年十二月初十日（1851年1月11日）。他承认是"凡间最好日"，因不具宗教意义，又与天王寿诞同天，按例须祝寿，故洪秀全不把开国日作节庆纪念。历代王朝也没有以开国日作国庆节的前例。开国日不是起义日，而是建国庆祝大会，定国号"太平天国"。今人以这一天作金田起义纪念日，将这支反清武装称为"太平军"。

五 "朕来乃是成约书"

太平天国以拜上帝起家。1850年由夏至冬，洪秀全等人领导各路拜上帝人马以广西金田村为中心团营起兵，从贫瘠闭塞的西南边省山区，席卷大半个中国。太平天国又以拜上帝立国。拜上帝思想是太平天国的指导思想和理论基础，天父天兄圣旨是太平天国的施政大纲。太平

---

① 《天父诗》，太平天国历史博物馆编：《太平天国印书》（下），南京：江苏人民出版社，1979年，第626页。

天国终因拜上帝而亡。洪秀全偏执于宗教，脱离现实，导致信仰危机，人心离散。总之，拜上帝思想对太平天国的兴衰际遇产生了极为重要的影响。因此，拜上帝的教义、经典、仪式、传播和流变等各项要素均是我们理解太平天国何以兴、何以亡等关键问题的题中之义；又可以此为视角管窥太平天国的历史变迁，辨析太平天国史上若干有争议的议题。

（一）名称

学界曾普遍认为冯云山在紫荆山区创立的宗教组织名称为"拜上帝会"。"会"和"教"本身不是一个概念，"会"是社会组织，"教"是宗教组织。所以洪秀全、冯云山组织的这个社会团体应名"上帝会"或"拜上帝会"，所建立的宗教组织应名"上帝教"或"拜上帝教"。

"拜上帝会"说源于韩山文的《太平天国起义记》，他据洪仁玕的回忆和口述记载："由是云山留在紫荆山一带，逾数年，热心传教，成绩极大，至多人信教，甚至有全家全族来领受洗礼者。此等新教徒自行成立了一些宗教团体，结集礼拜，未几，便以'拜上帝会'之名闻名遐迩。"① 洪仁玕的口述系据洪秀全由桂返粤期间向他陈说的广西布道情形，洪仁玕本人没有追随洪秀全入桂，不了解广西的实际情况，且在理解上、记忆上可能存在偏差。而与太平天国同时期的外文报道、传教士信函、清方奏报和调查，多持"上帝会"说。另外，所谓"拜上帝会"的"拜"字很有可能与当时讲秘密会党的"拜会结盟"之"拜"同作"参加""加入"之意。太平军"老兄弟"李进富起事后不久被俘，他在自述中多次谈到"拜会"，并说道光三十年八月间"与哥子一

---

① ［瑞典］韩山文：《太平天国起义记》，简又文译，中国史学会主编：《中国近代史资料丛刊·太平天国》（六），上海：神州国光社，1952 年，第 853 页。按，笔者据英文原文有所改译。韩山文特意在"The congregation of the worshippers of God"旁附注"拜上帝会"四个汉字，说明洪仁玕确实认为冯云山创立的组织名为"拜上帝会"。

同去拜尚弟会"，① 李秀成在自述中也多次提到"拜上帝"。"拜上帝"可称为一种思想，应作礼拜、敬拜上帝之意，但不能作组织之名，这符合独尊上帝的核心教义。② 由此推演，上帝教如基督教、佛教、道教等，均不应赘加一"拜"字，故太平军作为社会团体时的原始组织可称为"上帝会"，太平天国的宗教可称为"上帝教"。③ 我们不能以太平天国官方没有对其正式命名或洪秀全没有现代意义上的"宗教"概念而否认它们的存在，拜上帝的社会组织和宗教信仰在客观上存在过是一个事实。

现存太平天国官方文献并未出现"拜上帝会""拜上帝教"之名，太平天国间或尊其教为"天教""真教""真道"，实际是指包括新教、天主教、太平天国宗教在内的所有敬拜上帝之教，并非太平天国宗教的专称。罗孝全和哈巴安德（A. P. Happer）牧师的信中都提到有太平军士兵自称其团体为"上帝会"，④ 结合韩山文记载的"拜上帝会"是信徒们自行结会时对外宣传之名，那么"上帝会"很可能就是信徒们对外的宣称，而非洪秀全等高层领导者的正式命名。事实上，随着起事的发动，太平天国的成立，所有会众一律归入军事化编制，作为社会团体的"上帝会"自然消亡和不被提及也在常理之中。

关于上帝会创立的时间，学界存有争议。传统观点认为，洪秀全在

①《李进富口述》，罗尔纲、王庆成主编：《中国近代史资料丛刊续编·太平天国》（三），桂林：广西师范大学出版社，2004年，第271页。

② 参见夏春涛：《"拜上帝会"说辨正》，《近代史研究》2005年第5期。

③ 有学者认为，按照社会和文化人类学认定的宗教的三个特征，称太平天国的宗教为"拜上帝"的宗教似乎要比"上帝"的宗教更为确切。称"上帝"教，只象征其信仰的观念形态；称"拜上帝"教则兼具信仰与仪式之形态，而且突显象征的融合。（路遥：《关于太平天国宗教研究的几点思考》，"中华文史网"，http://www.historychina.net/sxwh/358252.shtml，2006年9月12日。）笔者认为，"上帝会"既是普通信徒们对外的"自称"，也是当时外部社会的"他称"，太平军原始的社会团体组织是以"上帝会"之名出现的。作为后人，以当时人的看法为标准较为妥帖。"上帝教"则完全是时人和后人对太平天国宗教的"他称"，以"上帝会"推论，称"上帝教"较好。

④ Prescott Clarke and J. S. Gregory eds., *Western Reports on the Taiping: A Selection of Documents*, London: Groom Helm Ltd., 1982, p.19, 78.

1843年创立"上帝会"或"上帝教"。但洪秀全开始拜上帝、接受上帝思想，和建立社会团体、成立宗教组织并不能等同。有学者认为，上帝会是"在1846年建立的，或者说，它建立于1846年至1847年夏以前的一段时间内"。① 实际上，上帝会应是随"拜上帝"行为的系统化、成熟化、普遍化而自然形成和发展的产物，并不一定要有一个正式宣布成立的时间。作为宗教意义上的上帝教，应该从信仰、仪式、象征三者互联之系统去认定，即具备相对系统成熟的拜上帝思想、拜上帝的感情或体验、拜上帝的行为或活动、拜上帝的组织和制度等要素。以此而论，1847年夏，洪秀全第二次入桂就任名副其实之教主，宗教思想随之升华，教制、经典、教仪亦逐渐完善，"拜上帝"才真正从一种宗教思想升华为相对成熟的宗教——"上帝教"。当然，与"上帝会"一样，上帝教也应是随着"拜上帝"思想的逐渐成熟而自然形成和发展的，不一定有一个正式宣布成立的确切时间。上帝会之称虽然为太平天国所废弃，拜上帝则一直作为洪秀全和太平天国的宗教信仰而延续演变，直至太平天国失败。

(二) 教义

1. 独尊上帝

基督教是以基督为中心的宗教观，它体现的是基督的上帝观；梁发的《劝世良言》承袭了犹太教的上帝观，以上帝为主体，洪秀全和冯云山接受了梁发的观点。上帝教的核心概念是"上帝"，耶稣虽然受尊崇，但上帝的地位要比耶稣尊贵，在洪秀全的《原道救世歌》等早期作品中甚至没有提到耶稣。在名义上，"独尊上帝"是上帝教的核心教

---

① 参见王庆成：《"拜上帝会"释论》，《太平天国的历史和思想》，北京：中国人民大学出版社，2010年，第38页。

条。上帝教的具体信条在太平天国十几年的兴亡史中不断变化、修订，但崇奉上帝、废弃偶像的核心教条贯穿太平天国始终。

西方传教士传播的上帝观念，仅是借用和附会中国古代经书中的上帝之名来称呼独一真神"耶和华"，并非在宗教观念上认同中国古人的上帝观。洪秀全受《劝世良言》的影响，把儒家文化中的"天"与"上帝"混同，以敬天拜天为敬拜上帝，洪仁玕被俘后在自述中讲："虽敬奉耶苏，却与外洋的天主教、辨真教微有不同，究竟与孔孟敬天畏天一样道理。"[①] 洪秀全对"天"的观念的借用与儒家学说、中国民间宗教和传统社会习俗相类，减轻了人们对拜上帝的生疏感，有利于拜上帝思想被下层社会的民众接受。

洪秀全的上帝观有一个发展变化的过程。现存的太平天国文献，对上帝的称谓有40多种，大致可以分为三类：上帝（皇上帝、天帝、上皇等），天（神天、天公、苍穹、皇天等），天父（老亲、天圣父、神爷、高老、魂父、圣父、老父、阿爷、亚爸、老亚公等）。在《尚书》《礼记》《诗经》等儒家典籍中常出现"上帝"和"天"的称谓，这里的上帝是指唐虞三代之世有人格和意志的至高神，与基督教 God 的概念表述虽近，但有本质区别。基督教的 God 是独一真神，有创世之功，中国上帝的神格不具排他性，是多神崇拜中身份、地位、权力至高无上的一位。洪秀全在拜上帝初始阶段没有刻意强调上帝的排他性，只是着重说明敬奉上帝自古有之。

为了强调上帝信仰的传统性和延续性，在洪秀全笔下，上帝是儒家、墨家、道家等诸家学说所提到的至上神的翻版。广州学道阅读《圣经》之后，洪秀全的上帝观逐渐具有了基督教色彩，上帝"六日造成天地、山海、人物"，"皇上帝之外无神也"，具有创世之功的上帝独一

---

① 《干王洪仁玕自述》，罗尔纲、王庆成主编：《中国近代史资料丛刊续编·太平天国》（二），桂林：广西师范大学出版社，2004年，第416页。

太平天国再研究

真神形象这才明晰起来。尽管如此，此时洪秀全的上帝观仍然具有鲜明的中西合璧的特征，他有时也会以人们肉眼能见的物质之天代指上帝。《原道救世歌》中有"盘古以下至三代，君民一体敬皇天"，"人苟本心还不失，自知呼吸赖苍穹"，《原道觉世训》中有"雨从天降，众目所视者也"，这里的"苍穹""皇天""天"显然是常与"大地"并称的物质之天。[①] 崇拜天地是中国民间宗教的传统。除物质之天，还有日月星辰等天体、风雨雷电霜露等天象，上帝教同样继承了天体崇拜和天象迷信的传统。也就是说，洪秀全本意是要塑造作为至上神的上帝。《天理要论》指出："天地乃受造之物，所造之者，上帝也。可见天地与上帝不同，故以天地称上帝又大错也。"[②] 但洪秀全常受中国传统因素和现实需要束缚，或是不经意或是刻意而为，背离基督教经典，以创造上帝教的本土化特征，满足信徒的心理需求。

这种上帝概念的混淆、混用，在太平天国政权建立后逐渐淡化，无论是基督教的独一真神，还是中国的物质之天，均逐渐被"天父"一词取代。首先，"天父"已经不是基督教里三位一体无形之上帝了，其形象更似传统宗族社会中的宗长、族长。其次，"天父"不但是独一真神，而且是独一皇帝，"天父上主皇上帝以外，皆非神也"，"天父上主皇上帝而外，皆不得僭称上、僭称帝也"，[③] "爷诏无别神别帝，神帝独一造天地"。[④] 基于此，洪秀全指出："皇上帝乃是帝也。虽世间之主称王足矣，岂容一毫僭越于其间哉！"[⑤] 洪秀全的一帝论系推演自一神论，

---

① 太平天国历史博物馆编：《太平天国印书》（上），南京：江苏人民出版社，1979年，第19、21、10、17页。

② 《天理要论》，太平天国历史博物馆编：《太平天国印书》（下），南京：江苏人民出版社，1979年，第501页。

③ 《永安封五王诏》，太平天国历史博物馆编：《太平天国文书汇编》，北京：中华书局，1979年，第35、36页。

④ 《天王敬哥如爷理本当诏》，罗尔纲、王庆成主编：《中国近代史资料丛刊续编·太平天国》（三），桂林：广西师范大学出版社，2004年，第102页。

⑤ 《原道觉世训》，太平天国历史博物馆编：《太平天国印书》（上），南京：江苏人民出版社，1979年，第22页。

在基督教经典里全无记述，是洪秀全自己的创造。尊崇天父和尊崇洪秀全、效忠太平天国具有同一性，这既是宗教教义也是政治宣传，上帝教一神论的教义带有明显的政治色彩，故上帝教具有了政教合一的特征。

2. 天下一家

"天下一家"的教义对太平天国的意识形态具有指导意义，深刻影响着太平天国社会建设的理论构想以及妇女政策、国际观念和对外关系等。洪秀全心仪的公平公正正直的社会前景不得不说是他思想的闪光点。不过，宗教和俗世界限的混乱，自身矛盾无法解决，使"天下一家"的教义始终难以自圆其说。

3. 斩邪留正

在广西政治斗争白热化的背景下，洪秀全明确提出了"斩邪留正""杀尽妖魔"的斗争口号。所谓"正"，是从"独尊上帝"和"天下一家"的教义来认知的，天道、真道、正道都是上帝意志的体现，是上帝所立天下之人须恪守的行为准则；所谓"邪"即"妖魔"，强调正邪不两立，上帝教塑造和丰富了一个庞大的妖魔体系作为上帝的对立面，大致可以分为宗教层面的"死妖"、伦理道德层面的"生妖"和政治意义上的"清妖"。

"死妖"中的妖魔头有老蛇（蛇魔、蛇妖、魔蛇、蛇兽、蛇惑）、阎罗妖（蛇魔阎罗妖）、东海龙妖（大红龙、东海老蛇、红眼睛）之称，在太平天国文献中同指妖魔头。《太平天日》记："这妖魔头，凡间人所称阎罗妖，又称东海龙妖者。"[1]《天兄圣旨》记："海龙就是妖魔头，凡间所说阎罗妖正是他，东海龙妖也是他，总是他变身，缠捉凡间人灵魂。"[2]《救一切天生天养中国人民谕》记："蛇魔红眼睛阎罗妖者何？就是皇上帝当初造天造地之时所造生之老蛇。今既变为妖怪，能

---

① 《太平天日》，太平天国历史博物馆编：《太平天国印书》（上），南京：江苏人民出版社，1979年，第38页。

② 王庆成编注：《天父天兄圣旨》，沈阳：辽宁人民出版社，1986年，第5页。

变得十七八变，东海龙妖亦是他，正是妖头鬼头，专迷惑缠捉凡人灵魂落十八重地狱，做他妖徒鬼卒，听他受用淫污者也。"① 《钦定前遗诏圣书·圣人约翰天启之传》（今译为《启示录》）第20章记："我看天使自天降下，有深渊之钥，手执大链，且捉其龙，即老蛇、魔鬼、阎罗妖。"② 正如《太平天日》所记"其妖头甚作怪多变"，"能变得十七八变"，三者实是"三位一体"。③

其中，以蛇作妖魔的代名词，是基督教的用法。《旧约·创世记》记，蛇诱惑夏娃偷吃禁果，导致亚当和夏娃被上帝逐出伊甸园，人类有了与生俱来的原罪，引来罪孽苦恼的世界；《新约·启示录》记，魔鬼撒旦，亦龙亦蛇，迷惑世人，两度受罚，最终将在世界末日被扔进火湖永世受苦。阎罗是中国民间传说中管理地狱的魔王，地狱是妖魔的归宿，洪秀全认为阎罗冒犯了上帝权威，反对阎罗主生死说，"死生有命，亦是命于皇上帝已耳，毫无关于阎罗妖也"，④ 故阎罗是妖魔头，凡人所拜的菩萨偶像是阎罗的妖徒鬼卒，人们溺信邪神，也将沉沦地狱，变为妖魔。东海龙妖的名称不见于《圣经》。龙王是掌管水域和兴云布雨的佛教神灵，龙王信仰在中国民间兴盛，龙王庙的数量与土地庙、城隍庙、关帝庙相当，遍布各地。以龙为妖魔，显然符合上帝教独尊上帝真神的教义，是上帝教与中国民间宗教争夺宗教资源的表现。但龙是历代君王的象征，建国初始，洪秀全等诸王的王袍上就已使用龙形图案，各王的玺印也使用龙形钮文，天王府称"金龙殿"，其余各王府都有龙凤雕刻和壁画，这就出现了理论和实践不协调的地方。所以太平天国将所

---

① 《颁行诏书》，太平天国历史博物馆编：《太平天国印书》（上），南京：江苏人民出版社，1979年，第111页。

② 《钦定前遗诏圣书·圣人约翰天启之传》，罗尔纲、王庆成主编：《中国近代史资料丛刊续编·太平天国》（一），桂林：广西师范大学出版社，2004年，第366页。

③ 《太平天日》，太平天国历史博物馆编：《太平天国印书》（上），南京：江苏人民出版社，1979年，第39页。

④ 《原道觉世训》，太平天国历史博物馆编：《太平天国印书》（上），南京：江苏人民出版社，1979年，第18页。

刻之龙双目各插一小箭，曰"射眼"，以示降服。1853 年 12 月，杨秀清假"天父"传言，废止"射眼"，后又确定龙的形象，"以后天朝所画之龙，须要五爪，四爪便是妖蛇"，[①] 而其他民间绘画及清统治区的龙都是妖魔，改"东海老龙"为"东海老蛇"。太平天国把龙视作妖魔，不符合中国人的传统观念，对龙和蛇的划分又非常随意，强行植入，很难服众。

可见，上帝教关于妖魔头子体系的构建，是受基督教《圣经》的启发和佛教思想以及民间神话的影响，具有中西合璧的特征。太平天国根据邪神偶像都是妖魔的教义，出于独尊上帝真神的目的，以严刑峻法严禁民间的偶像崇拜习俗，采取强硬激进的手段摧毁庙宇寺观和偶像。这一政策贯穿太平天国始终，也始终不为人们所认同。究其根源，与基督教在华传播迟迟打不开局面的原因一样，上帝教是一神信仰，这与几千年来中国盛行的多神崇拜习俗格格不入。洪秀全本人也非真正的一神论者，他在毁神造神运动中树立了上帝教小家庭成员的神性，与上帝教核心教义相违背。

"生妖"与"死妖"的概念相对应。洪秀全在一份诏旨中做了明辨："土、木、石、金、纸、瓦像，死妖该杀约六样。邪教、粉色、烟、酒、戏、堪舆、卜、筮、祝、命、相、聘、佛、娼、优、尼、女巫、奸、赌生妖十九项。"[②] "死妖"是土、木、石、金、纸、瓦六种材料所做之菩萨偶像，菩萨偶像被上帝教视作"魔鬼"，是"蛇魔红眼睛阎罗妖之妖徒鬼卒"，在诛灭之列。[③] "生妖"是指拜邪神、行邪事之人，所谓"行邪事"是从伦理道德的角度定义的。洪秀全认为人的灵魂来自上帝，人之所以会蜕变为妖，行为不端，犯天条，是中了妖魔诡计，灵

---

① 王庆成编注：《天父天兄圣旨》，沈阳：辽宁人民出版社，1986 年，第 103 页。

② 余一鳌：《见闻录》，太平天国历史博物馆编：《太平天国史料丛编简辑》（二），北京：中华书局，1962 年，第 132 页。

③ 《颁行诏书》，太平天国历史博物馆编：《太平天国印书》（上），南京：江苏人民出版社，1979 年，第 111 页。

魂被妖魔缠捉的结果，故"生妖"在根本上有别于生就的"死妖"。上帝派次子遣降凡间，就是为规劝世人敬拜上帝、践行真道、正人正己，也就是说"生妖"还有改邪归正、脱鬼成人的机会，这是最初洪秀全敬拜上帝，立志道德劝善和宗教救世的理论基础。

但是上帝教关于"生妖"的教义同样有自身抵牾之处。首先，洪秀全早期的宗教思想沿袭了《劝世良言》的人性原罪论，但洪秀全又从中国传统儒家学说中汲取了性善论来道德说教，认为人只要恪守或还原本来的正性，修好炼正，就得天下太平，这显然与最初的说教存在矛盾。其次，洪秀全虽然谴责世人变妖，但仍然强调上帝有好生之德和海底之量，"生妖"可以通过正人正己正心正性，摆脱妖魔纠缠，脱鬼成人，不必消灭其肉体，这与"死妖"有着本质区别。可另一方面，太平天国又有洪秀全升天时"爷嘱生死妖概灭"之说，① 以此，"生妖"也成为被诛灭的对象。谋反、杀人等罪被处以凌迟、焚化、五马分尸、点天灯等酷刑，或能说得过去，一般的吸食鸦片、饮酒、卖淫、赌博、演戏、缠足、祭祖等违纪行为原则上也要被处以死刑，有乱世用重典之意味。再加上"妖魔"划分标准的随意性、主观性，难免会出现冤假错案，弄得人人自危、人心不稳，社会氛围紧张、社会矛盾尖锐，不利于拜上帝信仰的维系发展。

"清妖"是洪秀全等从政治意义上对"妖魔"的划分，主要指满人、清朝的最高统治者和清朝的官员、士兵、练勇等。太平天国直斥清朝统治者"其祖宗乃一白狐一赤狗交媾成精，遂产妖人"，以"满妖""满洲妖魔""满鞑子""鞑妖""鞑靼妖胡""狗鞑""胡妖""胡奴"

---

① 《王长次兄亲目亲耳共证福音书》，太平天国历史博物馆编：《太平天国印书》（下），南京：江苏人民出版社，1979 年，第 714 页。

等名词相称。① 一方面洪秀全等对满人不加区分，一概视作必诛之人；另一方面洪秀全等又对满人和为清朝服务的汉人有所区分，《钦定英杰归真》中即有投诚太平天国的汉族官员声称其"骨肉毛血都是中土人，不过暂受妖权所制，妖官污弄，一时不能脱满洲鬼迷耳。今愚弟来归，实是去暗投明，脱鬼成人之幸，从今欲做英雄豪杰，不愧为中土天朝人也"。②

在基督教里，有好人，有妖魔，就需要有上帝惩恶扬善的场所。上帝教也沿袭了基督教天堂永福、地狱永苦的思想，宣称凡是拜邪神偶像、行邪事、与太平天国为敌者将坠入地狱，灵魂将受永苦，反之则升入天堂，灵魂将享福无穷。但上帝教的天堂和地狱同样是一个中西合璧的概念。洪秀全在他的丁酉异梦中对属灵的天堂做了形而下的世俗性描绘："天上无病地狱病，天上无苦地狱苦，天上无饿地狱饿，天上无丑地狱丑。"③ 在天上，灵魂仍然保留了肉体在世俗凡间的食欲、性欲、物欲和求知欲，天堂俨然世俗的温柔富贵之乡。上帝教关于物质性天堂的描绘，对抱着务实态度的中国老百姓很具吸引力。

上帝教还将天堂具体描绘为"三十三天"，显然借用了佛教的概念。佛教将天分为欲界六天、色界十七天（或十八天）、无色界四天，"三十三天"是欲界六天之一，据说位于须弥山顶，其中央为帝释天，四方各八天，共三十三天。但上帝教将"三十三天"理解为天有三十三重。1854 年 6 月，东王杨秀清曾问英国来使："尔各国拜上帝、拜耶

① 参见《颁行诏书》，太平天国历史博物馆编：《太平天国印书》（上），南京：江苏人民出版社，1979 年，第 107—112 页；《贬妖穴为罪隶论》，太平天国历史博物馆编：《太平天国印书》（下），南京：江苏人民出版社，1979 年，第 439—453 页；《诛妖檄文》，太平天国历史博物馆编：《太平天国印书》（下），南京：江苏人民出版社，1979 年，第 734—739 页。

② 《钦定英杰归真》，太平天国历史博物馆编：《太平天国印书》（下），南京：江苏人民出版社，1979 年，第 759 页。

③ 《天父诗》，太平天国历史博物馆编：《太平天国印书》（下），南京：江苏人民出版社，1979 年，第 615—616 页。

稣咁久，有人识得天上有几多重天否?"① 其实这不是请教，而是考问，以表明太平天国的上帝比外国的更正统。按照《太平天日》的说法，洪秀全升天战妖，上帝"命同众天使逐妖魔，三十三天逐层战下"，"其三十三天所闯偷之妖魔仔，及有奸心帮妖魔头者，俱一一逐下凡间"，"逐下凡间这重天时，……而妖魔头已先遁去矣"。② 从最后一句可知，上帝教的"天堂"不仅仅是在天上，三十三层天为"高天"，最低一层则是凡间。这就是洪秀全等人宣称建立人间"小天堂"的理论基础。"小天堂"的教义与基督教教义大相径庭。洪秀全在批解《钦定前遗诏圣书》时指出："神国在天是上帝大天堂，天上三十三天是也。神国在地是上帝小天堂，天朝是也。天上大天堂是灵魂归荣上帝享福之天堂，凡间小天堂是肉身归荣上帝荣光之天堂。"③ 号召民众献身反抗，仅仅像基督教那样许诺一个虚无缥缈的迷幻世界是远远不够的，基督教宣扬的灵魂永恒、来世永福并不能帮助下层的老百姓解决现实生活中的各种问题。老百姓之所以跟随太平天国造反，最直接的动机是改变现实的生活遭遇；洪秀全也一样，他皈依上帝，主要考虑的是改变社会现状和实现个人抱负，绝对不是寻求死后灵魂不朽。拜上帝思想自诞生之日起，其教义便带有强烈的世俗性和现实关怀。

为了契合人们的心理需求，洪秀全干脆分别塑造了寄存上帝子女灵与肉的两个归宿，将逼真诱人的"小天堂"搬来人间。对于正在社会底层苦苦挣扎的贫苦百姓来说，这无疑会产生巨大的感召力和吸引力，也符合中国老百姓务实求实的性格和心理。因此上帝教中上帝执行的赏罚既有来世的灵魂沉浮，也有现世的善恶回报，也是结合了信徒的日常

---

① 《东王杨秀清答覆英人三十一条并质问英人五十条诰谕》，罗尔纲、王庆成主编：《中国近代史资料丛刊续编·太平天国》(三)，桂林：广西师范大学出版社，2004年，第22页。

② 《太平天日》，太平天国历史博物馆编：《太平天国印书》(上)，南京：江苏人民出版社，1979年，第39页。

③ 《钦定前遗诏圣书·圣差保罗寄哥林多人上书》，罗尔纲、王庆成主编：《中国近代史资料丛刊续编·太平天国》(一)，桂林：广西师范大学出版社，2004年，第274页。

意愿并借助了佛家的因果报应思想。正如美国学者施友忠（Y. C. Shih）所认为的："太平天国的天堂、地狱的描述是模糊的，既有精神的一面，又有物质的一面，并且兼有来世和现世善恶回报的双重概念。"① 至于"小天堂"的概念，也有广义和狭义之分，广义即太平天国，狭义指太平天国的都城。随着太平军进军途中领导层对建都问题展开论争，小天堂的确指应有变化（或武昌，或河南，或北京）。至定都天京，天京便成为"小天堂"。

与天堂对应的是地狱。基督教的地狱被具体描绘为魔鬼被关千年的"无底坑"和末日审判后被丢入的"火湖"。洪秀全也借用了"火湖"的概念描绘地狱恐怖："由天由王是天路，由己行错地狱涂。草对弯弯直上天，不对走下冰火湖"，"跟主不上永不上，永远不得见太阳，面突乌骚身腥臭，喙饿臭化烧硫磺"。② 洪秀全又借助佛教"十八重地狱"的说法以对应"三十三重天"之说，他曾有一份预诏："头打三十三天，脚下十八重地狱，一打天边，二打地狱，三打人常生，四打鬼灭亡。"③ 佛教有生死轮回的思想，上帝教则认同基督教思想，认为沉沦地狱者将"永远在十八重地狱，受无穷无尽苦楚也"。④

随着洪秀全思想的发展变化，上帝教的教义也经历了一个补充、发展和修订的过程，这个过程与太平天国的政治斗争紧密结合在一起，或者说始终为太平天国的政治斗争服务，而不是单纯地追求宗教救世、灵

---

① Vincent Y. C. Shih, *The Taiping Ideology: Its Sources, Interpretation, and Influences*, Seattle: University of Washington Press, 1967, p.17.史景迁（Jonathan D. Spence）也认为，从"宗教和社会信念"这一角度"将帮助我们理解为什么洪秀全执著于他的梦想，为什么在他寻求实现他的梦想时有那么多人愿意追随他并为他献身"。（史景迁：《"天国之子"和他的世俗王朝——洪秀全与太平天国》，朱庆葆、计秋枫等译，上海：上海远东出版社，2001年，第13页。）

② 《天父诗》，太平天国历史博物馆编：《太平天国印书》（下），南京：江苏人民出版社，1979年，第614—615、647页。

③ 《王长次兄亲目亲耳共证福音书》，太平天国历史博物馆编：《太平天国印书》（下），南京：江苏人民出版社，1979年，第714页。按，"预诏"是洪秀全在丁酉年病中神志不清时说的胡话。

④ 《颁行诏书》，太平天国历史博物馆编：《太平天国印书》（上），南京：江苏人民出版社，1979年，第112页。

魂永生或人类博爱。

从上帝教的教义看上帝教的性质，它兼收并蓄，中西合璧，杂糅基督教、佛教、道教、儒家、法家、墨家、中国民间宗教、传统习俗的思想要素，其源头和外在形式虽然主要是西方基督教，或者说与犹太教更为相似相近，但在教义、教仪、宗教经典等方面与它们有显著不同，其政教合一的鲜明特征也与基督教不同。太平天国本身虽然基于上帝信仰认可基督教，表现出对基督徒的友善，但一直以上帝教为正统，拒绝西方基督教的任何质疑和尝试性改变，甚至公开否认上帝教与基督教之间的渊源关系。1853 年 4 月，随同英使来访的费熙邦（E. G. Fishbourne）舰长曾询问一位太平军首领太平天国何时获得了《圣经》译本，首领回答，《圣经》是两千年前从天而降，约一千年后流传到北京，那时中国人就已经有了《圣经》。[①] 洪秀全等曾再三阐释上帝真道中国自古就有，只是秦汉以后才失传。因此，上帝教并非基督教的异端或基督教的一个派系。另外，上帝教在创建和传播中较多地吸收了中国传统民间宗教因素，使其具有浓厚的中国民间宗教色彩，但它又是中西合璧的产物，与土生土长的秘密教门、民间宗教有质的区别。上帝教不能等同于中国民间宗教。总体上看，上帝教实是独树一帜，自成一脉，是近代中国变局中的一个中西合璧的新式宗教。

上帝教的教义对太平天国的发生发展产生了重要影响。第一，独一真神信仰，有利于上帝教克服秘密结社组织分散和纪律涣散的弊端，有助于使太平天国的发起和组织政令划一、人心齐备。第二，上帝教的本土化改造和对信徒们的"小天堂"的许诺，迎合了中国农民的务实求实心理，激发了他们的战斗热情。第三，上帝教教义自身存在矛盾。太平天国前期的迅猛发展说明上帝教对诸种思想和学说，特别是对基督教

---

① E. G. Fishbourne, *Impressions of China, and the Present Revolution: Its Progress and Prospects*, London: Seeley, Jackson & Halliday, 1855, p.190.

和民间宗教的吸收和利用是有效的。但对政治而言，宗教兼有平治和纷乱的双重功效，掺杂进过多的政治，会使狂热的宗教偏离它既有的价值轨道。洪秀全等人编织的独一真神信仰实际是在创造神灵，"人神沟媾""代天言事"的造神巫术使上帝教过多地彰显非理性色彩和自身固有的抵牾，上帝信仰大杂烩孕育出的激情，仅是一堆泡沫，后期太平天国宗教的苍白无力便说明了这一点。第四，上帝教存在理论和实践自相矛盾的弊症，这严重影响了上帝教的宗教权威，不利于长久维系人心。第五，上帝教作为一神教，与中国传统民风习俗不相融合，而太平天国为独尊上帝，在民间社会大张挞伐，移风易俗，不利于上帝教在民间社会的传播和发展。

（三）典籍

洪秀全最初的基督教知识来自《劝世良言》，他将之奉若经典，不许人们擅自涂改或妄加标点。1847 年春的广州之行中，洪秀全在罗孝全处首次直接阅读到《圣经》，并接受了为期三个月的正规宗教训练。而后大约在 1848 年春，洪秀全在广州斡旋营救冯云山期间获赠一部《圣经》，这为他日后进一步研读《圣经》和发展拜上帝思想提供了方便。直至起事立国，洪秀全、杨秀清等人都是以《圣经》宣传拜上帝思想的。也就是说，在太平天国早期，上帝教以基督教的经典作为自己的宗教经典，在很长一段时间内没有自己独立的经典。

1853 年 3 月定都天京后，太平天国很快宣布实行"旨准颁行诏书"制度："当今真道书者三，无他，《旧遗诏圣书》《新遗诏圣书》《真天命诏书》也。凡一切孔孟诸子百家妖书邪说者尽行焚除，皆不准买卖藏读也，否则问罪也。今将真命诏书一一录明，呈献我主万岁万岁万万岁旨准颁行。但世间有书不奏旨、不盖玺而传读者，定然问罪也。由此为之，邪说不能生，真道永宣矣。"① 这说明太平天国将基督教的《旧约》《新约》和自己颁布刊行的一切书籍（泛称《真天命诏书》）作为"真道书"，即上帝教的宗教典籍。这标志着上帝教正在加强意识形态领域的工作并试图以自己独有的宗教典籍摆脱对基督教经典的完全依附。只是此时的《真天命诏书》只是泛称，所指不甚明确，可见上帝教的理论建设尚处于探索阶段。

为维系人心，宣扬太平天国的合法性和神圣性，就要强化上帝教教义的宣传。定都天京后，兵士、人口日众，土地日广，宗教思想的宣传工作刻不容缓，而太平天国自己的宗教典籍还不完善，现成的《圣经》担负起传播上帝思想的重任。太平天国定都后赶印颁行的《圣经》是以德国人郭士立（Karl Friedrich August Gützlaff）牧师的译本为底本，该版本很有可能是洪秀全当年从罗孝全处所获。至 1854 年上半年，太平天国出版的《圣经》已包括《旧遗诏圣书》的前 6 卷（《创世传》《出麦西国传》《利未书》《户口册纪》《复传律例书》《约书亚书记》）和《新遗诏圣书》的第 1 卷《马太传福音书》。② 可见太平天国前期重点刊印的是《旧约》。

《旧约》的前 5 卷，即《创世记》《出埃及记》《利未记》《民数记》《申命记》，是犹太教的经典，因附会为摩西所作而取名《摩西五经》。上帝教的教义主要吸收和借鉴的就是《摩西五经》，反之也可以说，《圣经》对上帝教的影响主要体现在《旧约》上，特别是《旧约》的前 5 卷：（1）犹太教中的上帝性情暴烈、威严、权能无限，有人格，摩西曾面见上帝，聆听上帝谕旨，这与洪秀全宣扬的丁酉升天神话中的上帝形象相近，似能验证上帝教的神人同形论。（2）《摩西五经》中讲

---

① 《诏书盖玺颁行论》，太平天国历史博物馆编：《太平天国印书》（下），南京：江苏人民出版社，1979 年，第 464 页。

② 参见《法国耶稣会传教士葛必达神父的一封信》《麦华陀和莱文·包令的报道》，罗尔纲、王庆成主编：《中国近代史资料丛刊续编·太平天国》（九），桂林：广西师范大学出版社，2004 年，第 109—110、159 页。

述的上帝怒降洪水和诺亚方舟的故事、上帝救以色列人出麦西国的故事被洪秀全嫁接，与耶稣下凡救世、洪秀全丁酉升天受命下凡的神迹，共同构成了上帝教的经典神话。[①]（3）"摩西十诫"被《劝世良言》称为"天条大律""十条圣诫"，洪秀全受梁发的启发，修订为"十款天条"，作为上帝教的宗教戒律，后来成为太平天国的法律准绳。（4）犹太教和上帝教均以上帝为中心、为至尊，符合上帝教名义上的独尊上帝独一真神的教义，而基督教是以基督为中心。从教义来看，上帝教和犹太教比较相近，和基督教相对比较疏远。正是基于上帝教和犹太教的教义相似性，洪秀全最看重的是《旧约》，并加紧出版《旧约》，而轻视《新约》，或者说故意摒弃、曲解了很多《新约》要旨。洪秀全也从《新约》中吸收和借鉴对自己有用的素材，如前述《启示录》中的相关内容，再如上帝教的洗礼、礼拜仪式以及一些宗教概念，也都来源于《新约》。可是由于洪秀全坚决拒绝接受三位一体论，力持神人同形论，有意淡化耶稣基督下凡救赎的事迹，故上帝教与基督教的教义有着明显的分野。

洪秀全以务实、实用的态度对《圣经》进行取舍、吸收和解读，特别是对基督教正典《新约》的轻视和忽视，导致了上帝教教义和基督教教义存在对立。虽然洪秀全和太平天国已经认识到这一问题，但因赶印仓促，对《圣经》内容并没有细致地甄别和修改。洪秀全在主观上也未对此予以重视。这是因为《圣经》在太平军中的传播对象多不识字，主要以口头的形式宣传教义，可以按照先前的模式以实际需要附会和解释《圣经》。但当熟悉《圣经》的西方外交官和传教士尝试着与太平天国进行接触时，才发现彼此的宗教教义存在难以调和的矛盾，而洪秀全并不侧重研读的《新约》则成了传教士们援引、责难乃至攻讦

[①] 参见《颁行诏书》，太平天国历史博物馆编：《太平天国印书》（上），南京：江苏人民出版社，1979年，第107页。

上帝教的主要依据。这迫使以洪秀全、杨秀清等代表的太平天国最高层开始考虑将原《圣经》刊本的修订工作提上日程。太平天国独立的宗教经典也正是形成于太平天国官方同西方朝野人士就如何诠释《圣经》问题所引起的争执过程之中。

数十万打着"太平基督徒"旗号的太平军建都南京，让西方教会兴奋不已，不少传教士认为这是一场《圣经》启示下的"宗教革命"或"宗教运动"，幻想借太平军之力使中国基督教化。在英国本土的基督徒还发起了一场为中国印刷 100 万册汉译《新约全书》的募捐。按照条约规定，在华西方传教士不得在五个通商口岸以外的地方活动，但他们仍然顶着风险，穿过交战双方的层层布防，纷至沓来，访问太平天国。1853 年 6 月，美国监理会传教医生戴作士（C. Taylor）成功访问镇江。同月，英国伦敦布道会慕维廉（W. Muirhead）和伟烈亚力（A. Wylie）、美国浸礼会贾本德（S. Carpenter）相继前往南京，途经苏州受挫后，返回上海。7 月，洪秀全的宗教启蒙老师、美国传教士罗孝全作为唯一一位受洪秀全邀请访问南京的传教士，由广州抵达上海，并随即动身前往镇江，遭遇清军水师拦截后折回上海。最早顺利到访南京的是英、法、美的官方代表团和传教士。1853 年 12 月 6 日，法国公使布尔布隆（Alphonse de Bourboulon）、耶稣会传教士葛必达（Stanislas Clavelin）到访南京。1854 年 5 月，美国新任驻华公使麦莲（R. M. Mclane）率团访问南京等地，美国公理会牧师裨治文、长老会牧师克陛存（M. S. Culbertson）随行。

外国外交官同太平天国的试探性接触，主要目的是了解太平天国的底细、太平天国对列强的态度以及列强在华的利益问题。传教士则更关心太平天国宗教同基督教的关系以及基督教在华传播的前景。经过考察，他们在事后的信函或报告中普遍认为太平天国的宗教存在问题。葛必达认为，太平军的宗教信仰并不纯洁，具有类似伊斯兰教的特征。克陛存认为，太平天国的宗教只能增加传教士对这场革命运动直接影响的担忧，而不是增加他们曾经抱有的期望。裨治文认为，尽管太平军的宗教信条或许多少承认《圣经》的全部或大部教义，但由于无知或曲解而带有谬误，变得一团糟。麦莲也发表了对太平天国宗教的观感，他认为太平天国既不信奉也不理解基督教，任何反对他们对《圣经》真理做极端错误理解的尝试，都会引起与太平军内政机构的冲突。[①]

1854 年 6 月 20 日，英国新任驻华公使约翰·包令（John Bowring）的儿子莱文·包令（Lewin Bowring）和英国驻上海领事馆官员麦华陀（W. H. Medhurst）乘军舰自上海到访南京。英国使团和太平天国官方就宗教问题展开了书面辩论。首先是 6 月 23 日东王杨秀清以军务繁忙为由婉拒英国使团的会见请求，但赠送了太平天国新刊印的 7 种 9 册书籍，包括《旧遗诏圣书》三卷、《天父下凡诏书》（第二部）、《天理要论》等。包令认为："这些小册子全都印刷精良，但其内容是真理与谬误、辨识与诳言的最奇异的混合物。"[②] 随即他们向杨秀清提出了关于通商、制度、政体、军队、赋税以及宗教方面的 31 个问题。接到英方信函，杨秀清委派翼王石达开、卫天侯黄玉昆专门负责起草复函，经过数日反复斟酌，由洪秀全认可，6 月 28 日，以杨秀清"诰谕"的形式发出。除了正面回答英人 31 问，杨秀清又向英人发出了 50 个全部与宗教有关的问题，其中包括上帝和耶稣的具体形象、上帝小家庭的情况、

---

① 参见《法国耶稣会传教士葛必达神父的一封信》《克陛存牧师的一封信》《裨治文牧师的一封信》《美国驻华公使麦莲的报道》，罗尔纲、王庆成主编：《中国近代史资料丛刊续编·太平天国》（九），桂林：广西师范大学出版社，2004 年，第 115—116、144、148、132 页。

② 《莱文·包令的叙述》，罗尔纲、王庆成主编：《中国近代史资料丛刊续编·太平天国》（九），桂林：广西师范大学出版社，2004 年，第 162 页。

圣灵的情况等，还摘录了几段《圣经》经文让英国人解释。① 其实这些问题太平天国早已有明确答案，对杨秀清来说是不言而喻的启示，是明知故问，以教训人的口吻敦促英国人认同上帝教和太平天国的合法性，同时表明上帝信仰的权威在太平天国，而不是西方的基督教。所以，杨秀清的这份外交文书既是一篇满纸天话的宗教文件，也是一篇宣示正统的政治宣言。

杨秀清自以为长篇大论可以使英人畏服认同，却激起了英国使团的极度反感，他们看到杨秀清的回复和问题，认为杨秀清"所提的神学问题既恶毒又荒谬"，并确信"他们当中没有任何人能够领悟其中（《圣经》）的含义"。6 月 29 日，英国人专门召开了一个临时宗教会议，商讨如何答复杨秀清提出的问题。② 6 月 30 日，就在他们离开南京的同一天，一封回信被送往南京城中。英国人在信中高傲地反复向太平天国强调"推荐你查阅一下《新旧约全书》里所包含的上帝意志的唯一启示。谦恭仔细地学习这些，你就永不能走上迷途"，"不管怎样，让我向你强调一下查阅《圣经》做为参考的必要性。基督告诉我们：'研究《圣经》吧，在那里你会认为你已经永生，它们就是我的预言的证明。'"③

自视正统的杨秀清读信后瞠目结舌。英国人依据《圣经》旁征博引，几乎全部否定了上帝教的基本信条：（1）上帝纯灵（没有高矮和婚娶）。因此太平天国关于上帝、基督、圣灵神人同形的说法是错误的，

① 《东王杨秀清答覆英人三十一条并质问英人五十条诰谕》，罗尔纲、王庆成主编：《中国近代史资料丛刊续编·太平天国》（三），桂林：广西师范大学出版社，2004 年，第 18—24 页。按，当时被掳在南京城中粮馆做杂活的文人谢介鹤对此亦有所闻，他记载："（甲寅四年）五月，洋人至，东贼不准入城，乃自人城，书问东贼，言尔我同教，何以尔分男女馆？尔言天父下凡，请问天父肉身木身，可能一见？如此类者数十条。……东贼使翼贼及黄玉昆闭户三日，作伪谕答之，不知所言。"［谢介鹤：《金陵癸甲纪事略》，中国史学会主编：《中国近代史资料丛刊·太平天国》（四），上海：神州国光社，1952 年，第 664 页。］可见这场风波产生了不小的影响。

② 《莱文·包令的叙述》，罗尔纲、王庆成主编：《中国近代史资料丛刊续编·太平天国》（九），桂林：广西师范大学出版社，2004 年，第 164—165 页。

③ 《附件：英人问东王三十条及英人复东王五十问》，罗尔纲、王庆成主编：《中国近代史资料丛刊续编·太平天国》（三），桂林：广西师范大学出版社，2004 年，第 35、39 页。

否定了洪秀全丁酉升天神话的真实性，否定了洪秀全自称天下万国真主的地位，也否定了杨秀清代天父上帝传言的地位。（2）耶稣是上帝独子，也是灵，《启示录》中提到的"羔羊婚娶"仅是个比喻。因此洪秀全不可能是上帝次子、耶稣胞弟，耶稣也不可能降托萧朝贵下凡传言。（3）圣灵纯灵。因此杨秀清不可能是圣灵，他只是一个凡人，否定了杨秀清作为天父第四子和代天父下凡传言的地位。（4）《圣经》中的"天国"不是太平天国，天国在彼岸而不在此岸，否定了洪秀全受命下凡开创太平天国的合法性。（5）不拜上帝者不是妖魔，《圣经》中的"蛇""魔"不是指满人。《马太福音》记上帝"叫日头照好人也照歹人"，"天国"是和平的，不是暴力的，洪秀全僭越上帝，妄断正邪，这就否定了太平天国暴力革命（斩邪留正、诛妖讨胡）的正当性和理论依据。

英国人的回信可谓釜底抽薪，全盘否定了上帝教的教义和太平天国起事反清的合法性，对太平天国的神学体系建构具有毁灭性的冲击。洪秀全、杨秀清这才意识到几年来他们几乎原样照搬刊行的《圣经》，对太平天国的意识形态构成了极大威胁，必须迅速果断地采取应对措施。英国的军舰已经扬长而去，那只能在内部平息这一闹得满城风雨的"外交"事件所造成的思想危机。英人离去一周后，1854年7月7日，"天父"下凡传言给东殿理事官傅学贤等人："因凡间子女，或有轻视圣旨，泥执约书，故特诏约书有讹当改，并诏圣旨有错，以试众心。""天父"说："只因尔等将番邦存下的旧遗诏书、新遗诏书颁发，其旧遗、新遗诏书多有记讹。尔禀报韦正、翼王，禀奏东王，启奏尔主，此书不用出先。"接着，"天父"又谕天官正丞相曾水源，将"朕天父圣旨书及尔天兄圣旨书暨天命诏书""拿去斟酌，改好成文成章来也"。[①] "天父"下凡，一命暂停印刊《圣经》，二命修订《天父圣旨》

---

① 王庆成编注：《天父天兄圣旨》，沈阳：辽宁人民出版社，1986年，第110—111页。

《天兄圣旨》等太平天国所刊典籍，明确提出了《圣经》有错讹需修改、上帝教教义及典籍需要完善的两项要务。

《圣经》本身是在很长的时间里由不同的人创作形成的经典。解经是一项长期且非常复杂的工作。由于太平天国内外交困的政治环境，修订、再版《圣经》的工作没能依照"天父"圣旨立即着手开展。1854年6月的外交纠纷过后，太平天国明显放慢了刊印书籍的节奏——大不同于在定都初期一年多的时间里刊印13种书籍的速度，这反映出太平天国官方对宗教理论建设的审慎态度。直到天京事变和石达开出走事件结束后，权力纷争稍有缓和，政局略有稳定，1857年底《天父诗》方问世。① 这标志着洪秀全开始拿出时间和精力集中创作、修订和出版太平天国典籍，对《圣经》的修订也开始着手了。

洪秀全亲自修订的新版《旧遗诏圣书》和《新遗诏圣书》，分别改名为《钦定旧遗诏圣书》和《钦定前遗诏圣书》，太平天国统称为《约书》。从书名看，《新遗诏圣书》易名《前遗诏圣书》，即《新约》易名《前约》，可推测洪秀全已以"当今真道书"的《真天命诏书》取代了《旧约》《新约》原在太平天国宗教经典中的核心地位，并开始酝酿形成一种新的《约书》名称，以表达天父天兄已和洪秀全践约，而此约最新、最权威。

《钦定旧遗诏圣书》卷1《创世传》和《钦定前遗诏圣书》卷1

---

① 《天父诗》除辑录了少量天父天兄圣旨外，绝大多数是洪秀全为治理后宫而写的宗教伦理诗，基本是其登基称王后陆续写的旧作。吴良祚《关于〈天父诗〉》(《历史研究》1957年第9期)一文对洪秀全脱离现实的后宫宫廷生活状况作了初步研究。

《马太传福音书》大约在 1860 年 9 至 11 月间刊刻，其他各卷陆续刊印。① 至迟到 1860 年 12 月，《钦定旧遗诏圣书》的前 6 卷和《钦定前遗诏圣书》的全套已经出齐。② 可知太平天国钦定版《圣经》各卷相继刊印是在 1860 年 9 至 12 月之间。将钦定版同太平天国之前刊刻的《旧遗诏圣书》前 6 卷、《新遗诏圣书》卷 1 相比较，钦定版虽有一些批注和删改，但系在早期镌刻的旧版基础上以挖改补刻的方式局部改动，大致保持了经文原貌。洪秀全着重下功夫修改的是《新遗诏圣书》的后 26 卷，批注多达 76 条，占钦定版《圣经》批注总数（82 条）的 92.6%。《新约》正是西方外交官和传教士昔日责难太平天国宗教的理论依据，洪秀全此次下决心修改、出版《圣经》的主要原因还是反驳 1854 年夏来访的英国使节对上帝教的攻讦。而此时杨秀清已故去 4 年多，可"天父"指示"有讹当改"的《圣经》还没有改好，太平天国独有的经典体系也不完备。

---

① 《钦定旧遗诏圣书卷之一》和《钦定前遗诏圣书卷之一》封面横书"三年新刻"（按太平天国例，旧书修订后重刻重印仍署新刻新印年份），卷首附"旨准颁行诏书总目" 29 部，最后一部为《王长次兄亲目亲耳共证福音书》，王长次兄本章所署时间为"庚申十年七月三十一日"，故两书刊刻时间不早于 1860 年 9 月 9 日。《太平天国辛酉十一年新历》卷首"书目"为 29 部，包括《旧遗诏圣书》《前遗诏圣书》（《新遗诏圣书》已改名《前遗诏圣书》，说明此为钦定本），最后一部亦为《王长次兄亲目亲耳共证福音书》，太平天国于每年十月"献明年新天历盖玺"［《天历每四十年一斡旋诏》（己未九年十月初七日），太平天国历史博物馆编：《太平天国文书汇编》，北京：中华书局，1979 年，第 47 页］，故钦定本两书在 1860 年 11 月前后已刊印。所以《钦定旧遗诏圣书卷之一》和《钦定前遗诏圣书卷之一》的刊印时间应在 1860 年 9 至 11 月间，至于其他各卷则随即陆续刊印完成。

② 杨笃信（Griffith John）牧师于 1860 年 11 月 18 日访问南京，12 月 24 日离开，次年 2 月 9 日他回忆说太平天国已经刊行了《新约》全卷，《旧约》则已经印到卷 7《士师记》［《杨笃信牧师的小册子》，罗尔纲、王庆成主编：《中国近代史资料丛刊续编·太平天国》（九），桂林：广西师范大学出版社，2004 年，第 261 页］。艾约瑟（Joseph Edkins）牧师 1861 年 3 月 21 日访问南京，4 月 2 日离开，他曾亲眼看到一个书库的书架上排列着整部《新约》和《旧约》的前 6 卷（Jane R. Edkins, *Chinese Scenes and People, With Notices of Christian Missions and Missionary Life in a Series of Letters from Various Parts of China*, London: James Nisbet and Co., 1863, p.281）。洪秀全钦定版的《圣经》现有孤本收藏于大英图书馆东方部，《钦定旧遗诏圣书》存 6 卷，《钦定前遗诏圣书》现存 7 本 26 卷，第 3 本卷 4《约翰传福音书》佚失。杨笃信牧师所说可能是太平天国的《旧约》即将印到卷 7《士师记》之意。由上推测，太平天国钦定版《旧约》可能仅出版了前 6 卷，《新约》则已全部刊印。

过去认为，1860 年以后以罗孝全为代表的传教士频繁到访南京并同洪秀全在宗教问题上发生争执，才促使洪秀全痛下决心修改《圣经》。从时间上看，传教士们抵达南京，罗孝全是 1860 年 10 月 13 日（11 月 12 日才拜见洪秀全），杨笃信是 11 月 18 日，慕维廉是 1861 年 2 月 8 日，艾约瑟是 1861 年 3 月 21 日。显然在罗孝全到达南京见到洪秀全之时，钦定版《圣经》正在着手刊印，或已经开始刊印，或已经刊印完毕，洪秀全对《圣经》的修订很可能已经完成或完成了大部分。因此，西方传教士与洪秀全关于宗教问题的再度争执并不是钦定版《圣经》修订和刊行的直接原因，如果说这之间存在一定因果关系，那么可能是罗孝全等人到来后，和洪秀全产生辩论，促使太平天国加速刊印钦定版《圣经》，并促使洪秀全尽快明确和完备太平天国独有的宗教经典。

洪秀全修订《圣经》的工作相当繁复。《旧遗诏圣书》前 6 卷和《新遗诏圣书》全篇共计约 35 万字，洪秀全逐字逐句批注和删改，有的经文甚至重写，而这些工作是由洪秀全独自完成的，足见工作量之大。而且他身体不是很好，患有肠胃慢性疾病等，[①] 长期从事文字工作又致视力减退。很难想象钦定版《圣经》是洪秀全在罗孝全到来后的一两个月时间里边修订边出版完就的，只可能是在此之前一段相对长的时间内逐步完成的。

洪秀全对《圣经》的批注和删改，内容繁多，可对重点内容作一

---

① 幼天王洪天贵福被俘后交代："父亲平日常食生冷，自到南京后以蜈蚣为美味，用油煎食。"[《洪天贵福在南昌府供词》，罗尔纲、王庆成主编：《中国近代史资料丛刊续编·太平天国》（二），桂林：广西师范大学出版社，2004 年，第 430 页。] 据清方情报，在天京事变中，洪秀全 "患头风，兼以便血，日夜不安"。[《何桂清奏陈遵筹各路军务情形片》（咸丰七年七月初一日），中国第一历史档案馆编：《清政府镇压太平天国档案史料》第 19 册，北京：社会科学文献出版社，1995 年，第 511 页。] 李秀成在供词中说："此人之病，不食药方，任病任好，不好亦不服药也"，"天王之病，因食咁（甜）露病起，又不肯食药方，故而死也"。[《忠王李秀成自述》，罗尔纲、王庆成主编：《中国近代史资料丛刊续编·太平天国》（二），桂林：广西师范大学出版社，2004 年，第 392 页。] 洪秀全之病死，很可能是长期患有肠胃慢性疾病等兼不按时就医所致。

归纳。

其一，依据《圣经》论证天父、天兄、天王下凡的合法性，驳斥三位一体论，力持神人同形论。如"圣灵"，英文作 Holy Spirit，本义为风和空气，引申为灵。马礼逊版《圣经》译为"圣神风""圣风"，太平天国的典籍虽采用"圣神风"一词，但解释为"圣神之风"。"圣神"指上帝，"圣神风"指天上使风者——东王杨秀清，东王和天王同为上帝之子，同一老妈所生。为了强调"圣神"即上帝，钦定版《圣经》中的"圣神"一词大多改为"上帝""上帝圣神""上帝之圣神"等。洪秀全不能理解基督教的三位一体信条，或者干脆不愿意去理解。因为一旦接受三位一体论，就意味着作为上帝次子的洪秀全丁酉升天受命下凡的神话是个彻头彻尾的骗局，天父、天兄下凡的核心教义成了弥天大谎。所以洪秀全必须坚守神人同形论，而论证这一观点的主要依据是洪秀全在丁酉年升天的切身经历，他解释说："太兄周时说子爷，况朕亲上高天，见过天父多少，见过天妈多少，见过太兄多少，见过太嫂多少，有凭有据正为多，上天下凡总是一样，耳闻不若目见也。"[①] 为论证自己奉上帝之命下凡作主，洪秀全经常将自己与《圣经》中的人物相附会。如《圣差保罗寄希伯来人之书》第 7 章第 1 至 3 节原文为："昔亚伯拉罕胜列王而凯旋，遇撒冷之王，即至上帝之祭司麦基洗德，蒙其祝福。亚伯拉罕将诸物抽十分之一贡之。麦基洗德译名本乃仁义王，又撒冷之王即平安王。其无父无母，亦无族谱，无始日无终生，乃是与上帝之子相似，永为祭司。"洪秀全将其中的"仁义王"改为"天王"，"平安王"改为"太平王"，"乃是与上帝之子相似"改为"成（诚）如上帝之子"，批注"此麦基洗德就是朕"，引用天父圣旨"禾王

---

① 《钦定前遗诏圣书·约翰上书》，罗尔纲、王庆成主编：《中国近代史资料丛刊续编·太平天国》（一），桂林：广西师范大学出版社，2004 年，第 346 页。

作主救人善"一句"作今日下凡作主之凭据"。① 洪秀全在一道诏旨中也说:"朕妻朕子爷妈带,麦基洗德实朕全。"② 于是洪秀全把自己附会成了麦基洗德。

其二,依据《圣经》论证太平天国立国和暴力革命的合法性。洪秀全主要是附会《新约·启示录》的内容,宣称《启示录》中预言的千年王国已经诞生,就是太平天国,上帝、基督也已下凡,自天上降下之新耶路撒冷就是天京。1854 年 6 月来访的英使团曾引用《新约》卷 1《马太传福音书》中的上帝"叫日头照好人也照歹人"一句宣称上帝博爱宽恕,否认太平天国的妖魔观。洪秀全同样以《马太传福音书》第 10 章第 34 节中耶稣所说"莫想朕临在地使太平也,我来非立太平,乃使刀也"一句作为反驳西人的依据,他批注:"今爷哥下凡斩邪留正,验矣,钦此。"③ 为了表明太平天国立国的合法性,1861 年 3 月 7 日洪秀全发布诏旨更改国号为"上帝天国",以符"万古孝敬爷之纲常";20 多天后,又改国号为"天父天兄天王太平天国",以符"爷哥朕幼坐天堂",将治国理政视同儿戏。④

其三,根据太平天国的避讳制度、现行法令和礼仪纲常,删除、修改《圣经》经文,有的内容甚至重新撰写。如为独尊上帝,次尊基督和天王,凡《圣经》中僭皇称帝之处俱用"侯""侯长"等词替代,"火""华""耶稣基督""君""王""主""国""京"等词亦须避讳,基本与 1861 年夏颁行的《钦定敬避字样》中的规定一致。对于原版

---

① 《钦定前遗诏圣书·圣差保罗寄希伯来人之书》,罗尔纲、王庆成主编:《中国近代史资料丛刊续编·太平天国》(一),桂林:广西师范大学出版社,2004 年,第 323 页。按,洪秀全自称"禾王",当是从其名字中解析而来。

② 《眼见天日主乾坤诏》,太平天国历史博物馆编:《太平天国文书汇编》,北京:中华书局,1979 年,第 58 页。

③ 《钦定前遗诏圣书·马太传福音书卷一》,罗尔纲、王庆成主编:《中国近代史资料丛刊续编·太平天国》(一),桂林:广西师范大学出版社,2004 年,第 125 页。

④ 《天王改太平天国为上帝天国诏》《天王永定印衔诏》,罗尔纲、王庆成主编:《中国近代史资料丛刊续编·太平天国》(三),桂林:广西师范大学出版社,2004 年,第 99—100、103—105 页。

《圣经》中参照清朝官员名称翻译的地方，均以太平天国的官职名称取代，还有一些改动是为符合太平天国的习惯用语，如"菩萨"改为"该杀"，"出恭"改为"运化"，等等。总体来看，洪秀全对《圣经》的修改，也为我们进一步了解洪秀全的思想及太平天国的宗教提供了一个视角。

经过洪秀全大刀阔斧的修改，原版《圣经》已面目全非，有很多内容是洪秀全重新编写、杜撰的，《圣经》的内容已不连贯、不通顺、不完整。更为关键的是，在西方人眼中，《圣经》被基督徒奉若至高权威，它的神圣性被洪秀全玷污了。1861 年春派驻南京的英国翻译官富礼赐愤愤地说："如果教皇有权管制的话，早就把他烧死了"，"他对《圣经》作了全新阐释，而我们的注解都得不到他的认同。他会在最好的《圣经》版本旁用朱笔乱批一通，注上他的圣意，把书全弄坏了"。① 但洪秀全完全不理会这些。《圣人约翰天启之传》的最后一段话说："我证诸闻此书预言之人，若有人敢添一句，上帝必添之如书内所录之苦难。后有人敢取去此书之预言，上帝必除之生命之书［树］，又逐之出圣城，并除之于书所录之福也。"② 这段话论说的是《圣经》神圣不可改。可洪秀全仍然按照自己的政治需要，以自己的误解误读和附会作为依据，以自己颁行的《天父圣旨》《天兄圣旨》及其他以上帝命洪秀全下凡作主为主题的天父天兄天王言论为证言，自说、自话、自证，难以自圆其说。

在西方人眼中，洪秀全狂妄、自负、欺诈，无可救药。但在洪秀全眼中，西方人同样可恨可憎，荒唐可笑。他对《圣经》的批注中不乏"若误解""后徒因何误解""尔偏误解""信如尔解""今何误认""缘

---

① ［英］托马斯·布莱基斯顿：《江行五月》，马剑、孙琳译，北京：中国地图出版社，2013年，第 41 页。

② 《钦定前遗诏圣书·圣人约翰天启之传》，罗尔纲、王庆成主编：《中国近代史资料丛刊续编·太平天国》（一），桂林：广西师范大学出版社，2004 年，第 369 页。

何圣徒不知欢喜""缘何不信"等语，"后徒""圣徒"当然是指西方基督教的信徒，洪秀全直白地表达出对他们的训斥、不满、奚落。总之，洪秀全认为是基督徒理解错了，他的教义则准确无误。[①] 上帝教和基督教的对立是根本性的，无论怎样据理力争，彼此很难说服对方认同自己，反而很可能在这种谁是正统的争论中激化矛盾，酿成事端。事实证明，洪秀全修改《圣经》的举动没有给上帝教教义增加说服力，反而使太平天国在西方舆论中被彻底孤立了。洪秀全对此全然不觉，对他来说，"天父"当年的一项最高指示已经完成了，上帝教的经典《圣经》已正式和基督教的经典《圣经》相剥离。当不断遭到外国传教士的质疑和抗议时，洪秀全后来有些不耐烦，他干脆直截了当地回答："约书不好些当去""朕来乃是成约书，征验福音在斯乎！"[②] ——这是上帝的旨意！

早期来访的传教士大多对太平军的态度友善、士气高涨、纪律严明和秩序井然表示了一定好感，但他们通过各自的亲身观察和体验，以近乎相同的笔墨，向西方社会传达了太平天国宗教的黯淡前景。不过双方在包括宗教问题的试探性接触上，还远没有达到让传教士完全心灰意冷的地步。就在洪秀全紧锣密鼓地着手太平天国意识形态建设的同时，新

[①] 若洪秀全对西方基督教徒的指责并不缘起于罗孝全、艾约瑟等传教士的再度集中来访和发生争论，那他在批注中所针对的"圣徒"主要应是 6 年多前频频到访的西方使节和传教士。因为在 1854 年 6 月英国使团离去后的数年间，西方传教士和外交官几乎没有再和太平天国发生过直接接触。只有 1858 年 12 月 29 日英国特使额尔金（James Bruce, Earl of Elgin）率舰沿江东返时经过南京，派随员威妥玛（T. F. Wade）、李泰国（H. N. Lay）、俄理范、伟烈亚力等上岸与太平天国当局会晤，但他们没有见到洪秀全。这里不能忽视的是洪秀全族弟洪仁玕 1859 年 4 月来到南京后对洪秀全思想的影响，洪仁玕在流亡香港期间正式加入基督教会，接受过系统的基督教训练，作为布道师和传教士助手为教会服务多年，和韩山文、理雅各（James Legge）等牧师过从甚密，已是一名比较纯正的基督徒。洪仁玕的思想和洪秀全有明显差异，他来到南京之初曾试图以委婉含蓄的方式修正上帝教教义，影响洪秀全的宗教思想。1860 年 8 月访问南京的花雅各（James L. Holmes）曾就宗教问题向洪秀全提出书面质询，林绍璋不敢转呈，但必对洪有所转述，可以想见花雅各的意见对洪秀全影响不大。

[②] 《天王赐通事官领袖接天义罗孝全诏》，罗尔纲、王庆成主编：《中国近代史资料丛刊续编·太平天国》（三），桂林：广西师范大学出版社，2004 年，第 105 页。

一波西方传教士到访太平天国辖境的风潮悄然而生。这在时间上似是巧合，事件之间或无直接的因果关系，但因双方争执骤起，辩论激烈，干系重大，切实影响到了洪秀全后期的思想。

1860 年夏，太平军攻取苏州，相继克复苏南各地，与上海近在咫尺。曾经正式受洗入教并在香港教会服务多年的洪仁玕在太平天国主持朝纲使传教士们重新燃起了希望。一些传教士投石问路，率先访问苏州，先后同李秀成、洪仁玕会晤。返回上海后，他们的报道均毫不掩饰对太平军的好感。在西方社会与太平天国隔绝了这么长时间后，在西方媒体众口一词的攻讦声中，突然有人公开为太平军辩解，势必引起西方教会对太平天国的兴趣升温。各新教差会在上海召开联席会议，大多数人认为应该到太平天国辖境去传播福音，进而同化太平天国的宗教。

1860 年 8 月 8 日，美国南浸会传教士花雅各访问南京，盘桓一周，于 8 月 15 日东返，其间和负责接待他的章王林绍璋在谈话中出现了严重分歧，并请林转呈洪秀全一份关于宗教的书面问题，要求洪秀全回答。林绍璋不敢呈送，又退给了他。10 月 13 日，洪秀全的宗教启蒙老师、美国传教士罗孝全抵达南京，下榻干王府。11 月 12 日拜见天王——罗孝全是唯一一位见过洪秀全的外国人，并同洪秀全进行了谈话。之后，罗孝全和洪秀全采用信函的方式就宗教问题进行了长期辩论。洪秀全还专门给罗孝全下诏旨，苦口婆心地感化他，甚至希望罗孝全成为他的使徒，去西方国家传播上帝教：

> 孝全认得尔主、尔神、尔爷、尔哥来否？西洋同家人暨众圣徒认得尔主、尔神、尔爷、尔妈、尔哥、尔基督、尔先师、尔太嫂来否？天上地下有天国、天京、天朝、天堂，上帝天国天堂降临人间，举世尽归爷哥，其国靡暨，醒否？信否？心静有福，福至心灵，醒信福祉矣！朕愿天父上帝暨太兄基督时常眷庇，祝福尔们永平安焉。好醒矣！好信矣！基督圣旨云：

"在人前不认朕者，朕在天父之前亦不认识他也。"天父上帝
海底量，今认得爷哥仍未迟也。孝全西洋同家人，识得朕心
否？朕今钦赐各项诏书，尔等细认，朕诚上天否？上帝圣旨：
"尔们认得禾救饥，乃念日头好上天。"醒否？信否？醒信福
祉矣！忠上加忠，义上加义，将再见尤大之情矣！福祉靡既
矣！钦哉。①

　　罗孝全当然不会动摇。就在双方论战正酣之时，1861 年 3 月 21 日，
英国伦敦布道会牧师艾约瑟来访南京，此行他主要是想订正太平天国宗
教的错误，随即加入到了罗孝全一方。艾约瑟通过幼赞王蒙时雍将自己
撰写的《上帝有形为喻无形乃实论》呈送给洪秀全。洪秀全阅后，将
题目改为《上帝圣颜惟神子得见论》，对正文删改，文末以七言诗批
注，而后退给了艾约瑟。争论的焦点是上帝是否有形，艾约瑟引用《新
约·约翰福音》第 1 章第 18 节说："未有人见上帝，惟独生子在父怀者
彰明云。"洪秀全批注："上帝最恼是偶像，爷像不准世人望。基督暨
朕爷亲生，因在父怀故见上。爷依本像造坦盘，尔们认实亦可谅。前朕
亲见爷圣颜，父子兄弟无惝恍。爷哥带朕坐天朝，信实可享福万
样。"② 为示郑重，洪秀全以包括"西洋同家众弟妹、众使徒"在内的
"中西一体众臣庶选民"为受诏人，在 3 月 28 日下发《太平天日今日
是诏》，29 日下发《天王万方齐认作爷男诏》，30 日下发《天王敬哥如
爷理本当诏》，以训诫和命令的口吻要求齐遵爷哥旨意，即天父、天兄

　　① 《天王赐通事官领袖接天义罗孝全诏》，罗尔纲、王庆成主编：《中国近代史资料丛刊续编·
太平天国》（三），桂林：广西师范大学出版社，2004 年，第 105 页。
　　② 《天王洪秀全手批艾约瑟撰上帝有形为喻无形乃实论》，太平天国历史博物馆编：《太平天国
文物》，南京：江苏人民出版社，1991 年，第 12 页。

之圣旨。① 艾约瑟还不甘心，又陆续送给洪秀全一些书籍和文章，洪秀全似乎有些厌烦，他回复说："因朕视力不好，不能一一批改你所呈文书的错误。没有见过上帝，就不要讲上帝没被世人见过，在丁酉年，我被天父接上天堂，天父授命朕斩杀蛇魔。"② 4 月 2 日，艾约瑟带着失望离开了南京。

于同期先后访问南京的传教士还有：1860 年 11 月 18 日和 1861 年 4 月 14 日两度来访的英国伦敦布道会杨笃信、1861 年 2 月 8 日来访的英国伦敦布道会慕维廉、1861 年初来访的美国圣公会施约瑟（S. Schereschewsky）、1861 年 4 月来访的英国安立甘会霍布森（J. Hobson）、1861 年 12 月来访的英国循道会郭修理（J. Cox），以及美国监理会林乐知（Young J. Allen）、美国长老会麦嘉缔（D. B. Mccartee）、德国传教士罗存德（W. Lobscheid），等等。他们都抱着在太平天国境内开拓传教事业并修正太平天国宗教的目的乘兴而来，却都无功而返，败兴而归。在南京滞留时间长达 15 个月的罗孝全，也于 1862 年 1 月 20 日悄悄离开。这些传教士离开后大致有一个共同点，即转变之前对太平天国的同情和憧憬，开始对太平天国、洪秀全和上帝教大肆谩骂、诋毁，对太平天国的宗教和政治前景表示绝望。罗孝全指斥洪秀全："他是一个狂人，没有任何有组织的政府，根本不配做一个统治者"，太平军则"是一群强盗，必须受到外国人的剿杀"。③ 艾约瑟咒骂洪秀全："大多数在中国的欧洲人和大多数当地人，认为他是一个骗子，最坏的欺骗者。但是，对我说，更可能的是，他似乎被他自己的梦幻欺骗了。

---

① 太平天国历史博物馆编：《太平天国文书汇编》，北京：中华书局，1979 年，第 56 页；罗尔纲、王庆成主编：《中国近代史资料丛刊续编·太平天国》（三），桂林：广西师范大学出版社，2004 年，第 100—103 页。

② Jane R. Edkins, *Chinese Scenes and People: With Notices of Christian Missions and Missionary Life in a Series of Letters from Various Parts of China*, London: James Nisbet and Co., 1863, pp.294–295.

③ 《罗孝全牧师的一封信》，罗尔纲、王庆成主编：《中国近代史资料丛刊续编·太平天国》（九），桂林：广西师范大学出版社，2004 年，第 304 页；S. Y. Teng, *The Taiping Rebellion and the Western Powers*, Oxford: Oxford University Press, 1971, p.199.

太平天国再研究

他从来没有从这种不健康的心理状态中恢复过来。"① 这些论调出现在英国官方与太平天国谈判破裂之后，在社会舆论上助长了西方朝野呼吁攻打太平军的声势。

太平天国与西方传教士之间的交往是当时中西文化碰撞的一个侧面。传教士们打着正本清源的旗号，试图把上帝教纳入正统基督教的轨道，太平天国本身虽然基于上帝信仰认可基督教，表现出对传教士的友善，但洪秀全根本不可能容许他人对上帝教改弦易辙。从这个方面说，传教士与太平天国关系的破裂具有必然性。太平天国和传教士关系的决裂，也使西方社会舆论一致地对太平天国的前景表示绝望。

传教士的压力似乎转变为洪秀全建设上帝教理论体系的动力。洪秀全认为很有必要尽快正式确立上帝教独有的宗教经典。1861 年 3 月 28 日的诏旨称："苦诏普天进窄门，爷哥下凡今处分"，"太平天日今日是，福音征验久传先。窄门在爷哥圣旨，信者得救福无边"。3 月 29 日的诏旨称："爷降洪雨永约霆，洪日出天早排着"，"三七二十一真主，爷约天霆今显迹。天霆即是日弯弯，爷初结约今无失"，"今蒙爷哥恩下凡，旧前约外真约添。爷哥圣旨乃真约，齐遵圣旨莫二三"。3 月 30 日的诏旨称："爷哥下凡立真约，上天窄门齐寻着"，"欲求永福进窄门，循天口生习天学"。② 自此，洪秀全正式确立了太平天国独有的宗教经典的名称——《真约》。《真约》与《旧约》《前约》共同构成了上帝教的经典，其中《真约》的地位最尊崇，是核心经典，是上帝与洪秀全的最新结约，并且洪秀全与基督一道下凡。洪秀全在诏旨中多次将《真约》比喻为"窄门"（在《新约》和《天路历程》中指进入天

<hr>

① Jane R. Edkins, *Chinese Scenes and People: With Notices of Christian Missions and Missionary Life in a Series of Letters from Various Parts of China*, London: James Nisbet and Co., 1863, p.293.

② 太平天国历史博物馆编：《太平天国文书汇编》，北京：中华书局，1979 年，第 56 页；罗尔纲、王庆成主编：《中国近代史资料丛刊续编·太平天国》（三），桂林：广西师范大学出版社，2004 年，第 101、103 页。

堂之门，引申为永生之门，《圣经》和《天路历程》是洪秀全最爱读的书）。① 也就是说，信守上帝与洪秀全新践之《真约》的教义，才能使人们找到进入天堂的"窄门"。

《真约》取代《真天命诏书》《真命诏旨书》等名称，成为太平天国宗教典籍的新名称，其具体内涵仍是一个泛称。1861 年 3 月刊印的《钦定士阶条例》对《真约》的概念作了明确说明："拟文士子所习之经，须钦遵圣诏，习理《旧约》《前约》《真约》诸书。《旧约》即《旧遗诏圣书》，《前约》即《新遗诏圣书》，《真约》即《天命真圣主诏旨书》，以及钦定《天条书》《三字经》等，皆宜时时攻习，以悟天情。"② 可知《真约》即《天命真圣主诏旨书》，泛指记述上帝命洪秀全下凡作主之书。在太平天国印书中，符合这一主题的有：《天命诏旨书》（1852 年）、《天父下凡诏书》（第一部，1852 年）、《天父下凡诏书》（第二部，1853 年）、《天父上帝言题皇诏》（1853 年）、《天父诗》（1857 年）、《天父圣旨》（1860 年）、《天兄圣旨》（1860 年）、《王长次兄亲目亲耳共证福音书》（1860 年）、《太平天日》（1862 年）。在这些书中，《天父诗》大多收录洪秀全的旧诗作，唯《天父圣旨》《天兄圣旨》《王长次兄亲目亲耳共证福音书》《太平天日》四部是洪秀全1860 年以后新编订的。关于天父天兄下凡传言的《天父圣旨》《天兄圣旨》，系由专人所作记录整理而来。《王长次兄亲目亲耳共证福音书》是天王胞兄洪仁发、洪仁达所献制。《太平天日》的主要内容已诏明于戊申年（1848）冬。所以洪秀全编订《真约》的工作量要小于修改《圣经》，他开展宗教建设的主要精力主要还是放在了修改《圣经》上。在《真约》所包含的书籍中，《太平天日》的地位最为重要，是各类书

---

① 《艾约瑟牧师的报道》，罗尔纲、王庆成主编：《中国近代史资料丛刊续编·太平天国》（九），桂林：广西师范大学出版社，2004 年，第 232 页。

② 《钦定士阶条例》，太平天国历史博物馆编：《太平天国印书》（下），南京：江苏人民出版社，1979 年，第 755 页。

籍之核心。① 它主要记载了洪秀全升天被上帝册封为太平天子，以及洪秀全等人早年活动的事迹，汇集了上帝教的所有核心教义，是阐述洪秀全地位和权威的理论经典。1862 年《太平天日》的正式刊印，标志着《真约》的最终成型。

洪秀全下决心完善上帝教教义和宗教经典也与解决内部的意识形态分歧有关。内部分歧中的关键人物是洪秀全的族弟洪仁玕。洪仁玕的宗教思想和洪秀全有明显区别，他在总理朝政的最初一二年间，试图以含蓄的方式用正统基督教影响上帝教，有意识地突出耶稣的地位，修订和补充被洪秀全忽略或曲解的《圣经》内容。比如，关于"三位一体"的教义，洪仁玕在《资政新篇》中就明确讲："夫所谓上宝者，以天父上帝、天兄基督、圣神爷之风，三位一体为宝。"对于上帝和基督的关系，洪仁玕指出："盖上帝为爷，以示包涵万象；基督为子，以示显身，指点圣神上帝之风亦为子，则合父子一脉之至亲，盖子亦是由父身中出也，岂不是一体一脉哉！总之谓为上帝者，能形形，能象象，能天天，能地地，能始终万物，而自无始终，造化庶类，而自无造化，转运四时，而不为时所转，变通万方，而不为方所变。可以名指之曰'自有者'，即大主宰之天父上帝，救世主如一也。盖子由父出也，视子如父也。"② 这已经大不同于洪秀全"父是父，子是子"的论说了。

最初访问苏州和南京的西方传教士也是应洪仁玕之邀而来，他们寄

---

① 洪仁玕曾对杨笃信牧师讲，洪秀全真诚地信奉上帝，并且是《圣经》的忠实读者，《圣经》和《天路历程》是他最珍爱的两部书。可知在洪秀全看来，《圣经》和《天路历程》地位相当。《天路历程》的作者是 17 世纪英国的清教徒班扬，他因拒奉国教被囚禁 12 年。《天路历程》是其在狱中所作，班扬借托梦形式描写了一位基督徒历尽磨难，最终寻找到"窄门"的故事。这和洪秀全借丁酉异梦说事的手段相仿，也与洪所提倡的坚守信仰才能登上天堂之门的观点相符。另，《太平天日》原名《天启履历》（参见王庆成：《太平天国的文献和历史——海外新文献刊布和文献史事研究》，北京：社会科学文献出版社，1993 年，第 85—86 页），和《天路历程》书名相似，可见洪秀全把《太平天日》的重要性等同于《天路历程》。结合《太平天日》所阐述的上帝教教义之重要性，《太平天日》应是《真约》的核心论作。

② 《资政新篇》，太平天国历史博物馆编：《太平天国印书》（下），南京：江苏人民出版社，1979 年，第 680—681 页。

希望于身居要职的洪仁玕能够纠正太平天国宗教的错误。艾约瑟、杨笃信、花雅各等传教士应邀访问南京后同洪秀全就宗教问题发生争辩是洪仁玕意料之外的，洪秀全事后势必迁怒于此事的"始作俑者"洪仁玕。洪仁玕原本曾对传教士们表态："如果传教士来南京，将为他们修建教堂，并允许他们按照自己的方式、观点来传教和工作。"[①] 他还将此写进《资政新篇》，提出准许传教士入境"教导我民"。[②] 当杨笃信牧师到来后，洪仁玕还为他向洪秀全请求颁发了《宗教自由诏》，准许各派传教士入境布道，军民务须礼待不能加害。[③] 洪仁玕使传教士看到了希望。这正是太平天国后期传教士掀起新一轮来访热潮的一个重要原因。可是随着正统之争的发酵，以及面对洪秀全就上帝教教义所坚持的强硬态度，洪仁玕只能知难而退。到 1861 年 3 月，洪仁玕的态度发生了明显转变。慕维廉牧师到来后，洪仁玕委婉地拒绝了他请求在南京及其周边乡村布道的事宜，并表示天王不欣赏依赖外援传教的想法，前来布道的人不要在这件事上求助于他。[④] 1861 年 12 月，英国循道会传教士郭修理来访，洪仁玕则直接告知他："传教士们不应当到这里来，因为彼此教义不同，而天王除了自己的教义外，不允许有别的教义存在。"[⑤]

　　洪仁玕借助传教士的力量来影响上帝教的努力是失败的。他自己在总理政务的初期，也曾就宗教问题和洪秀全产生分歧。洪仁玕所作《资

---

　　① 《艾约瑟牧师的报道》，罗尔纲、王庆成主编：《中国近代史资料丛刊续编·太平天国》（九），桂林：广西师范大学出版社，2004 年，第 233 页。

　　② 《资政新篇》，太平天国历史博物馆编：《太平天国印书》（下），南京：江苏人民出版社，1979 年，第 682 页。

　　③ 《杨笃信牧师的小册子》，罗尔纲、王庆成主编：《中国近代史资料丛刊续编·太平天国》（九），桂林：广西师范大学出版社，2004 年，第 263 页。按，该诏旨中译本见 Franz Michael and Chung-li Chang eds., *The Taiping Rebellion: History and Documents*, Vol. III, Seattle: University of Washington Press, 1971, pp.926-928.

　　④ 《慕维廉牧师的一封信》，罗尔纲、王庆成主编：《中国近代史资料丛刊续编·太平天国》（九），桂林：广西师范大学出版社，2004 年，第 246 页。

　　⑤ S. Y. Teng, *The Taiping Rebellion and the Western Powers*, Oxford: Oxford University Press, 1971, p.181.

政新篇》的手稿原有上帝纯灵的内容，但在呈送洪秀全审阅时被删。[1] 在他的另一本《开朝精忠军师干王洪宝制》中，洪仁玕称天王丁酉升天是"魂见天父"，否认洪秀全所说的与天父以肉身相见，否认天父有具体形象。[2] 在许多非公开的场合陈述自己的观点时，洪仁玕曾表示他不相信东王异象，对于称东王为圣神风、劝慰师也持有异议，认为天王对这些《圣经》名词的理解不够充分，天王对基督神性的看法是有缺陷的。洪仁玕还表示他对三位一体教义的观点与正统基督徒普遍所持的观点是一致的，等等。[3] 对于洪秀全修订《圣经》一事，洪仁玕从未在任何场合表态，但在他的作品中从没有使用过《钦定前遗诏圣书》和《钦定旧遗诏圣书》中的专有名词，引用《圣经》经文也是另据其他版本的内容，这可以从侧面反映出洪仁玕对洪秀全擅改《圣经》持保留意见。

但是，洪仁玕在修正太平天国宗教方面的努力明显是有限度的。他在正式刊行的书籍中所阐述的正统基督教教义比较曲折隐晦，所采用的方式方法比较温和含蓄，主要是为了淡化洪秀全的反感，避免和洪秀全发生直接冲突，这与西方传教士的公开责难明显不同。洪仁玕希望以这种比较暧昧的态度修正太平天国的宗教教义，其初衷无疑具有积极性。首先是通过纠正太平天国宗教的错误，调整太平天国的意识形态，淡化、缩小上帝教和基督教之间的分歧，以此来实行与外国人修好的对外政策。其次是洪仁玕根据自己流亡上海和香港的经历，认为基督教是西方文明的象征，而西方国家强大的主要原因是信奉基督教。这一点洪仁玕在《资政新篇》中曾着重分析，他采取的宗教改造也包含着借基督

---

① 《艾约瑟牧师的报道》，罗尔纲、王庆成主编：《中国近代史资料丛刊续编·太平天国》（九），桂林：广西师范大学出版社，2004年，第233页。

② 《开朝精忠军师干王洪宝制》，太平天国历史博物馆编：《太平天国印书》（下），南京：江苏人民出版社，1979年，第707页。

③ 《艾约瑟牧师的报道》，罗尔纲、王庆成主编：《中国近代史资料丛刊续编·太平天国》（九），桂林：广西师范大学出版社，2004年，第230—231页。

教实现富国强兵的爱国情怀。但是，太平天国是以宗教起家和立国的，洪仁玕深知如果将上帝教同化为基督教会招致什么样的严重后果，他修正上帝教的根本动机与西方传教士泾渭分明。洪仁玕是希望在洪秀全认可的前提下，对太平天国的意识形态做一些枝节性的调整，以打破上帝教封闭僵化的宗教体系，而不是做颠覆性的改革，去否定洪秀全下凡作主的神学理论依据。基于此，当面对原则性分歧时，洪仁玕始终会调整自己的观点来适用上帝教教义，和洪秀全保持同调，并不失时机地替洪秀全辩解。传教士对洪仁玕的态度非常失望，艾约瑟曾说："干王对于他那位狂热的亲戚（洪秀全）与欧美基督教徒在神学理论上相异的要点十分了然。他的谨慎不允许他从事激进的改革"，"受过新教神学良好训练的洪仁玕被迫顺从其亲戚专横的意识，后者被看作是受命于天"。[1] 杨笃信牧师则因洪仁玕谨慎暧昧的态度认为他对基督教教义的理解存在缺陷。第一，洪仁玕关于"三位一体"之观念有误，虽然他对基督和圣灵的神性很清楚，但却想用辩论和比喻的理性方法来解释其义，而此义必须用信仰去接受。第二，洪仁玕将一星期的第七日称作"安息日"，而不是"主日"。该日应以崇敬的心情、清洁的身体去礼拜天父，感谢他赋予一切的宽恕，以及救世主、长兄的赎罪、拯救之德。第三，洪仁玕似乎相信天王的幻觉。[2] 洪仁玕对洪秀全的顺从迁就从本质上说是愚忠，这是外国传教士不能理解的。

毕竟上帝教是太平天国的精神支柱和立国根本，洪秀全根本不容许他人置喙。洪仁玕曾明确对艾约瑟表示：天王不允许任何人对上帝教提出质疑，当他（洪仁玕）提出异议时，天王便不高兴，而且天王对上帝持唯物的观点，在此问题上不允许有和他相左的观点。[3] 可以想见洪

① Jane R. Edkins, *Chinese Scenes and People: With Notices of Christian Missions and Missionary Life in a Series of Letters from Various Parts of China*, London: James Nisbet and Co., 1863, p.291, 306.

② ［美］邓元忠：《美国人与太平天国》，台北：华欣文化事业中心，1983 年，第 108—109 页。

③ 《艾约瑟牧师的报道》，罗尔纲、王庆成主编：《中国近代史资料丛刊续编·太平天国》（九），桂林：广西师范大学出版社，2004 年，第 230、235 页。

太平天国再研究

仁玕的思想歧异曾引起洪秀全不悦。洪仁玕很快意识到自己在修正宗教方面难有作为，此后便出于愚忠和畏惧，越来越服从于维护天王权威的教义，甚至逐渐被洪秀全的思想同化，阻遏和束缚了自己思想的发展。到了后期，洪仁玕的宗教思想更多地表现出与先前思想的抵牾，他不但把洪氏父子奉若神明，表示相信天王升天异梦，而且言必提天父天兄下凡、天父天兄圣旨。在他被俘后于狱中所写的两件"亲供"、五件"问供"以及绝命诗中，没有彰显任何如《资政新篇》那样富有新意的近代化思想的文字，反而充满了华夷有别的攘夷思想，如"春秋大义别华夷""志在攘夷愿未酬"。这体现了洪仁玕在经历了血雨腥风的残酷政治磨炼后对西方文明认识的转化和他本人思想的蜕变。[1]

以洪仁玕为代表的太平天国内部的宗教思想分歧，是洪秀全下定决心加快修改、出版《圣经》，明确太平天国独有宗教经典的一个推动力。大概在同时期，洪仁玕在太平天国的政治境遇开始滑坡：1861 年 2 月 5 日，幼天王降诏，宣布内外本章嗣后免盖干王印。2 月 10 日，他又受诸王排挤，奉诏出京解安庆之围。是岁冬，因安庆失守事，洪仁玕被革去王爵、军师，降为"又副军师"。罗孝全出走后，洪仁玕受到牵连，被剥夺主管对外事务的权力，至此几近下野。此后虽官复原职，但已不再拥有实权。可以说，洪仁玕的思想歧异和他邀请而来的传教士就宗教问题与天王洪秀全发生争执，是洪秀全开始对洪仁玕冷落和失去信心的一个重要原因。

后期的洪秀全，对外要与西方传教士争正统，对内要统一太平天国的意识形态，宗教工作耗费了他的大量心血，占用了他的大多数时间。洪秀全修订而成《旧约》《前约》，创作而成《真约》，使上帝教拥有了独立的宗教经典，打破了西方传教士试图同化上帝教的幻想，使上帝教

---

① 《洪仁玕亲书诗句》，罗尔纲、王庆成主编：《中国近代史资料丛刊续编·太平天国》（二），桂林：广西师范大学出版社，2004 年，第 417—419 页。

脱离了基督教的范畴，具有一定现实意义。问题的关键是洪秀全专注宗教事务的工作不切实际、不合时宜、得不偿失。上帝教对太平天国是一把双刃剑。前期本土化和中国化的上帝教聚拢了反清力量，统一了人们的思想，激发了太平军征伐江山的豪情壮志，从而使金田起义由星星之火在短短两三年的时间里成燎原之势，席卷大半个中国。但是如果一味地死守和照搬教条，不能因时制宜，结合实践不断检验、调整和修改，上帝教教条就会缺乏内在的平衡机制。当定都天京，占据大片疆土，面对政权统治的问题时，上帝教作为统治地位的意识形态，指导庞杂巨量的政务决策时，就越发地暴露出它的弊端。比如上帝教教义自身抵牾，难以自圆其说，天父天兄下凡和天王权力的冲突，天父天兄下凡传言神话的破灭，这些上帝教的非理性色彩都使前期孕育的宗教激情逐渐丧失原先具有的感召力，进而动摇人们对上帝的信仰。

到后期，太平天国面临的主要矛盾是解决内忧外患的现实危机：内部的权力倾轧、党争日炽、各自为政、吏治腐败、军心涣散、士气不振、民心背离、经济凋敝、粮食匮乏，外部的清军围困、列强助剿。可是洪秀全置这么多棘手的现实问题于不顾，沉迷于空洞乏味的宗教说教，几乎全身心地投入其中，他"轻视与宗教无关的大多数政务，说它们是'凡间的事'，不是'天事'。对属于'凡间'一类的奏章和请折，他常常仅稍加浏览就批复了，并没有仔细地审阅"。[1] 在现存洪秀全后期的诏旨中，除 1860 年 11 月 2 日《天王谕苏省及所属郡县四民诏》提到"体恤民艰，于尔民应征钱漕正款，令该地佐将酌减若干"外，[2] 其他"所言皆天话、梦话，并无一语及人间事"。[3] 到 1861 年 3 月以后，

---

① 《艾约瑟牧师的报道》，罗尔纲、王庆成主编：《中国近代史资料丛刊续编·太平天国》（九），桂林：广西师范大学出版社，2004 年，第 235 页。

② 罗尔纲、王庆成主编：《中国近代史资料丛刊续编·太平天国》（二），桂林：广西师范大学出版社，2004 年，第 79 页。

③ 陈庆甲：《金陵纪事诗》，太平天国历史博物馆编：《太平天国史料丛编简辑》（六），北京：中华书局，1962 年，第 402 页。

洪秀全宣布他从此不用亲自料理政务，把朝政交给幼天王、幼西王、幼东王等一帮孩子管理，这种偏执、荒唐和不切实际的做法只能使太平天国错失扭转时局的时机，导致危机愈来愈严重。至于其所说所言，也不过是老调重弹，自说自话，连篇累牍地强调他本人受命于天，下凡做真命天子的权威和神性，寄希望于以维系上帝信仰来收拾人心，指望前期的奇迹再现。但太平军对这些早已熟知于心，其中并没有任何真正振奋人心的内容，根本起不到扭转颓势的实际作用，反而加剧了人们的反感和轻蔑。因此，当太平天国内部的思想在名义上、理论上得到所谓统一的同时，实质上却是得不偿失。

（四）传播

太平天国十分重视上帝教的传播。因为上帝教既是太平天国的指导思想，又是立国之本，所以传播拜上帝思想的工作既是宗教活动，又是法令规定的政治活动。其要求必严，推行力度必大，涉及范围颇广，如太平军克杭州后"讲道理"，"垒土成台作讲堂，堂下万人来听讲"，[①] 这是有组织有准备的活动。

"讲道理"是一种聚众宣讲的口头宣传形式。在太平军中和各占领地区，"讲道理"的实践一直延续到后期。"讲道理"的内容均以宗教思想宣传为始，宣传天父天兄天王莫大功劳莫大权威，所讲主题虽各有侧重，"所为之事既不同，所讲之言亦互易"，[②] 但都会和宣讲拜上帝思想结合起来，在实践中则基本是综合性内容的演讲。这或与太平天国没有专门的神职人员，由官员代为管理宗教事务有关，"天朝凡讲天情道

① 丁葆和：《归里杂诗》，太平天国历史博物馆编：《太平天国史料丛编简辑》（六），北京：中华书局，1962年，第462页。

② 张德坚：《贼情汇纂》，中国史学会主编：《中国近代史资料丛刊·太平天国》（三），上海：神州国光社，1952年，第266页。

理者，皆是官长依圣诏所宣也"。① 参加太平军的英国人吟唎曾亲历
"讲道理"的场面，他回忆说："全体兵士人民、妇女婴孩，每月聚会
一次，于旷地搭起天篷，建立讲坛，听取王或官长的讲道理，其内容系
关于纪律、军事、民事和社会行政问题等。"② 1854 年 12 月，太平军派
去调查上海小刀会的官员在一次公开演说中谈到太平天国"克期可以统
一区宇"的政治形势、"崇奉一上帝，敬信耶稣"的宗教教义、"摈除
偶像，毁荡庙宇""舍弃鸦片，戒色断酒""应守十诫"的政令宣传，
以及"相劝为善"的道德期许。③ 这也是一次综合性的"讲道理"。当
然也有专门进行宗教思想宣传的情况。

因为大多数太平军将士和普通百姓识字不多，文字宣传形式难以奏
效，"讲道理"起到了一定的激励士气和思想动员的功用。太平军早期
信仰坚定、令行禁止、军纪严明，与思想教育工作做得较好有一定关
系。随着太平军战局恶化，军纪松弛，行政败坏，"讲道理"的威信也
逐渐下降，不再为人们所信服。

文字宣传也是传播拜上帝思想的一种方式。太平天国实行严格的出
版统制政策，除太平天国官方刊印的"诏书"外，其他皆为妖书，须
焚烧，不得阅读和买卖收藏。太平天国设立专门的机构，大量刊刻印

---

① 《东王杨秀清答覆英人三十一条并质问英人五十条诰谕》，罗尔纲、王庆成主编：《中国近代
史资料丛刊续编·太平天国》（三），桂林：广西师范大学出版社，2004 年，第 19 页。

② ［英］吟唎：《太平天国革命亲历记》上册，王维周译，上海：上海古籍出版社，1985 年，
第 256—257 页。按，关于太平军中每月讲道理一次，有史料佐证。《寇难纪略》记乌青镇事："每月
朔，讲道理，董辄束帛披蟒，与诸贼列坐。"（皇甫元垲：《寇难纪略》，第 6—7 页，桐乡市图书馆
藏排印本。）

③ 《遐迩贯珍所载有关太平天国史料·太平天国新闻杂辑》，金毓黻、田余庆等编：《太平天国
史料》，北京：中华书局，1955 年，第 512 页。按，关于演说者的身份，英国传教士麦都思（Walter
Henry Medhurst）称："从他的语气和时常引证太平天国各种文书来看，他对书中的信条很熟悉，并
受过教派的深度训练。若非长期追随太平军，一个中国人不可能讲出这样的话。"（"To the Editor of
the North-China Herald," *The North-China Herald*, Vol. Ⅳ, No.177, Dec.17, 1853, p.78.）吟唎认为："那个
在聚会演说的人，大概就是天王派到会党去的教师之一。"（吟唎：《太平天国革命亲历记》上册，
王维周译，上海：上海古籍出版社，1985 年，第 132 页。）

书，并在军中民间广为散发。在军中，《天条书》载十款天条、赞美经及各类礼拜奏章，散播最广，"初犹每馆一本，既则人各一本，胁令被掳之人朝夕诵读，……然乡愚多不识字，其令终格不行，遂责识字者诵习口授之"，并严厉规定"凡兄弟俱要熟读赞美、天条，如过三个礼拜不能熟记者，斩首不留"。① 此外，洪秀全还要求全军将士熟读《天命诏旨书》《旧遗诏圣书》《新遗诏圣书》，"讲解分明，互相开导，俾人人共识天情，永遵真道"。② 在南京，太平军"布散伪书，令人诵读"，③ 但凡百姓纳贡，太平军也常以颁行的书籍相赠。西方外交官和传教士来访，太平天国也会赠送印书及文书，目的是让对方熟悉太平天国的宗教、律法和各项制度，主要还是为了宣传拜上帝思想。国内的许多太平天国文献，正是由中国学者在海外发现并传回国内的。可是，散发书籍，读众有限，读书人不屑读之，老百姓不能读之，外国人读后针锋相对，宗教传播的成效不大。

"布告安民"是另一种文字宣传形式，但如"讲道理"一样，基本是以宗教说教为始、为由，敦促百姓"急崇真道""敬拜上帝""恪守天教"。严格来说，这更像是政令铺陈，简单、生硬、强制，缺少阐释，与单纯宗教思想的说教有所区别。

太平军既是太平天国的将士，又是上帝教的信徒，每一名太平军官兵都必须熟悉上帝教的基本教义。因此，接受宗教仪式的训练、定期参加宗教仪式、加强宗教思想学习是太平军的宗教权利，更是一种必须遵守和履行的政治义务。上帝教的宗教礼仪名目繁多，主要有洗礼和礼拜两种。洗礼和圣餐礼是基督教的圣事，太平军沿袭了洗礼，但没有圣餐

① 张德坚：《贼情汇纂》，中国史学会主编：《中国近代史资料丛刊·太平天国》（三），上海：神州国光社，1952 年，第 261、229 页。

② 《天情道理书》，太平天国历史博物馆编：《太平天国印书》（下），南京：江苏人民出版社，1979 年，第 528 页。

③ 涤浮道人：《金陵杂记》，中国史学会主编：《中国近代史资料丛刊·太平天国》（四），上海：神州国光社，1952 年，第 661 页。

礼。杨秀清曾以"每餐感谢上帝，朝夕祈祷"回答英国人关于太平军是否有圣餐礼的提问。① 可见太平天国官方并不知道基督教圣餐礼是为纪念耶稣而设的真正内涵，但洪仁玕认为太平天国没有圣餐礼的原因是圣餐礼需进食面饼和葡萄酒，而太平天国的法律严禁私人饮酒。② 上帝教的洗礼始于洪秀全、李敬芳等人依据《劝世良言》的自我领悟，结合了基督教的注水洗礼和浸礼，改基督教由神父或牧师象征性地在额头滴水为主礼者洒水于头，受众以水洗胸以示洗净内心，同时有设神案、置明灯、诵念《悔罪奏章》、焚化奏章、饮茶、供奉牲馔等环节。这是中西合璧，兼改造了天地会的拜会仪式和民间的祭祖敬神仪式，别具一格。太平军兴后，接受洗礼的入教仪式同时成为正式加入太平军的参军仪式，一直延续至后期，《天条书》载："当天跪下，求皇上帝赦罪，或用口祷，或用疏奏。祷告毕，或用面盆周身洗净，在江河浸洗更妙。"③

　　基督教以星期日为耶稣复活升天日，举行礼拜纪念，上帝教沿袭七日礼拜之说，但内涵不同。上帝教以上帝六日造天地山海人物，第七日完工安息，《天条书》载"七日礼拜颂赞皇上帝恩德"。④ 初期礼拜仪式相对简单，定都天京后形成了一整套严格的程序。在基层军营，礼拜前一日插礼拜旗及鸣锣通知，礼拜当天各馆官兵三更起身盥洗，鸣锣为号，环坐一堂。堂内点两盏灯，方桌上供茶、肴、饭，桌上摆放花瓶或帽筒，插黄绸令旗，桌前竖立书"奉天令"三字之竹板，各馆头目和

　　① 《东王杨秀清答覆英人三十一条并质问英人五十条诰谕》，罗尔纲、王庆成主编：《中国近代史资料丛刊续编·太平天国》（三），桂林：广西师范大学出版社，2004年，第20—21页。
　　② 《艾约瑟牧师的报道》，罗尔纲、王庆成主编：《中国近代史资料丛刊续编·太平天国》（九），桂林：广西师范大学出版社，2004年，第232页。
　　③ 《天条书》（太平天国手写本），罗尔纲、王庆成主编：《中国近代史资料丛刊续编·太平天国》（一），桂林：广西师范大学出版社，2004年，第3页。
　　④ 《天情道理书》，太平天国历史博物馆编：《太平天国印书》（下），南京：江苏人民出版社，1979年，第516页；《天条书》（太平天国手写本），罗尔纲、王庆成主编：《中国近代史资料丛刊续编·太平天国》（一），桂林：广西师范大学出版社，2004年，第5页。

书手坐中间，其他散座两边。仪式开始，众人念《赞美经》，念毕，众人闭目面南而跪，由书手读《悔罪奏章》。念毕焚化，众人同时一跃而起，齐喊"杀尽妖魔"，礼毕。到后期，为礼拜仪式专门设有"天父堂"，具体程序大致与前期相同。礼拜是太平天国最为重视的宗教礼仪，仪式隆重且严肃，礼拜之时如有迟到、不至或嬉戏者必杖责数百，三次无故不至，就要斩首。上帝教还有朝晚吃饭之前礼拜上帝的仪式，需在念完《赞美经》后念《朝晚拜上帝奏章》和《食饭谢上帝奏章》。各类礼拜奏章均有固定格式，但文字时有变动。除这些固定举行的礼拜仪式外，每逢生日、满月、婚嫁、建造、生病、死亡等，也会用牲馔茶饭敬拜上帝，按照《天条书》中的格式缮写奏章，念完焚化。太平天国的礼拜仪式与基督教的礼拜还有一些不同，比如上帝教不以十字架为宗教标志，尊崇中国传统的龙凤图腾标志；上帝教以猪肉敬拜上帝，而犹太人认为猪是不洁的。这些都彰显了上帝教浓厚的乡土特色。

以严格有序和本土化的集体性宗教仪式传播拜上帝思想，迎合了教众的现实需求，强化和坚定了教众尊崇上帝的信念，加强了对教众的宗教思想教育，这根本上也是一种政治教育。太平天国独特的宗教仪式在加强太平军凝聚力和提高太平军战斗力方面起到了重要作用。但是到太平天国后期，因局势动荡，盲目扩军，管理松懈，洗礼和礼拜等宗教仪式逐渐流于表面形式。

太平军既是一个军事组织，也是宗教团体，因此在太平军中宗教仪式也是政治训练。但在民间，宗教仪式不适用于"外小"，而其他思想传播的方式成效不著。为尽快全面确立上帝信仰，太平天国以法令形式，按照自己的宗教思想改造现实社会，大刀阔斧地在民间推行移风易俗的社会政略，拜上帝思想与传统民俗风情产生激烈碰撞。社会改造属于社会治理的范畴，太平天国的各项社会改造政策无不体现着上帝教的宗教思想意义，故此处仅就太平天国各项社会政策的思想源流，拜上帝思想与传统民俗民情的冲突作一概述。

第一，废止偶像崇拜、祖先崇拜和孔子崇拜。毁灭偶像运动贯穿太平天国始终。上帝会初始，冯云山只是号召信徒弃拜偶像。洪秀全二次入桂后，亲自领导捣毁象州甘王庙，此后毁灭偶像的手段越来越激烈。太平军兴后，随着战争时空不断流转，太平天国没有精力也没有时机完全贯彻此政策。定都天京后，该运动声势浩大，所占各地均见捣毁偶像、烧拆寺庙以及禁民间僧道法事、敬神祭祀等。1860 年以后太平军奄有苏浙之地，运动达到高潮，江南一带以佛教为主体的宗教文化、民间信仰元气大伤，名胜古迹也遭受空前浩劫。太平天国毁灭偶像主要是从独尊上帝的教义出发。上帝教以佛教的阎罗王、菩萨等为妖魔，以木石泥团纸画偶像为死妖，因此，佛、道等在必禁之列。民间社会对此普遍抵触，修斋建醮等行为悄然复生，太平军内部有的将领也拜佛烧香。

禁祖先崇拜和孔子崇拜也是为独尊上帝。儒家的孝亲观念是宗法社会的社会心理，在民间根深蒂固。明清之际耶稣会传教士为避免同此习俗冲突，采取了通融的态度，由此引发了所谓礼仪之争。太平天国禁祖先崇拜，与民间传统习俗的冲突便以更为激烈的形式展现出来。孔子是两千多年来中国思想界的绝对权威。洪秀全反孔思想的萌生，也是从禁拜偶像的角度出发。然而，因洪秀全个人与儒学的命运纠葛，他虽然否定了孔子的至尊地位，把孔子崇拜视作偶像崇拜加以打压，甚至在定都后开展焚禁古书运动，但他对孔子的学说以及孔子本人不无尊重。也就是说，洪秀全反孔思想的根源并不在反对孔子学说，而是要打倒孔子作为中国社会精神象征的权威地位。

第二，变更岁令时节。为了表示奉天承运，太平军重定正朔，颁行天历，斥清时宪书为"妖朝历"，严禁所占地区的百姓尊奉清朝正朔。太平天国虽然保留了春节、中秋等重要的传统节庆名目，但强制百姓必须按照天历过节。但天历并不比旧历完善，干支纪日误算一天，造成天历节庆与农历岁时令节不在同一天。太平天国还查禁与春节等传统节日有关的习俗，如过年期间请土地神、送灶神、画门神、贴春联、写

"福"字等"凡情歪例"。① 至于那些违犯禁令的军民百姓，只有被当作"妖邪"处以极其严厉的刑罚。太平天国后期，有些地方的太平军已默许百姓按旧历过年。

太平天国还自创法定的"天历六节"。1859 年 11 月 16 日，为"同伸孝敬爷哥之虔，无忝为子为弟之道，共抒铭刻代赎之念，克尽感功感德之心"，使"真道天情，家喻户晓"，洪秀全颁布《天历每四十年一斡旋诏》，确立"每年正月十三是太兄升天节，二月初二是报爷节，二月二十一日是太兄暨朕登极节，三月初三是爷降节，七月二十七日是东王升天节，九月初九日是哥降节"，"天历六节"须于每年天历之首注明，该月日顶头，以示郑重。这六个节日既是宗教性节日，但更多的是政治性节日，具有政治纪念意义。洪秀全在同年 11 月 23 日的《天历六节并命史官作月令诏》中对六个节日的内涵作了解释。洪秀全强调"首重孝顺爷""二重恭敬哥""三重识东王"，表面上是宣传上帝教教义，特别是通过一系列恢复杨秀清名誉的举措来维护教义的完整和延续，实际目的则是渲染洪秀全真命天子的地位，维护天王的统治权威。②

天历六节除太兄升天节（基督教称"受难节""耶稣受难瞻礼"）、太兄暨朕登极节（基督教称"升天节""耶稣升天瞻礼""主升天节"）与基督教对应，其他都是洪秀全根据上帝教教义和太平天国重大事件自创的，上帝教也没有基督教的圣诞节、复活节、万圣节等重要节日。或许对洪秀全来说，耶稣受难和升天远比耶稣诞辰更具现实政治意义。这也反映了上帝教不同于基督教，也有别于中国民间宗教的特性。另外，天历六节中有三个节日与耶稣基督有关，洪秀全明确提出次尊基督，有别于既往一味强调天父至尊的教义，反映了洪秀全在与西方

① 张德坚：《贼情汇纂》，中国史学会主编：《中国近代史资料丛刊·太平天国》（三），上海：神州国光社，1952 年，第 229 页。

② 以上引文见《太平天国辛酉十一年新历》所附两道诏旨，太平天国历史博物馆编：《太平天国印书》（下），南京：江苏人民出版社，1979 年，第 720—723 页。

基督教的正统之争中宗教思想的变化。当然也可能与 1859 年 4 月洪仁玕来到南京后，洪秀全吸纳了他的宗教建议有关。

不过，天历六节很可能没有实际推行，没有任何史料记载太平天国如何庆祝天历六节。在太平天国辛酉十一年的新历中，天历六节虽然被收入历书，但没有按前诏之命月日顶头，此举只能是洪秀全授意而为，很可能是因庆祝六节不具可操作性而被迫搁置。毕竟七日礼拜及传统节日、各王生日等重大节庆活动已经耗用了大量时间和精力，也或是像更改国名一样，天历六节不被诸王认可，推行受阻。

第三，易习俗，禁流弊。定都天京后，太平天国设立绣锦衙、典角帽衙，开始建立比较完整统一的服饰制度，严禁清朝服饰；晓谕民间，禁女子穿裙、男子戴毡帽；此外还推行蓄发令，不准剃发。

太平天国初期，为适应流动作战，太平军对军民严别男女，取消家庭，划分男行女行，即便是夫妻之间发生关系，也意味着"变妖"，属必死之罪。这一规定完全出于太平天国领导人的个人好恶和适应现实局势的需要，没有任何宗教思想的根源。最初或有严明军纪的作用，但却违背人性常情，太平军内部和民间均怨声载道。太平天国领导人一面严厉推行禁欲主义，一面自己实行多妻制，声称娶妻多少是天定，即天父给予的特权，这种说教自然不能服众。面对内外压力，1854 年 9 月 29日，杨秀清假天父圣旨下令铺排众弟妹团聚成家，[1] 但仍然主要局限在一定级别以上的军官才可成婚，民间社会则完全放开，而民间婚礼因太平天国禁沿袭旧俗而冷冷清清，到后期，随着时局变化，婚礼旧俗又有复现。

《天条书》中包括丧葬条规："升天是头顶好事，宜欢不宜哭。一切旧时坏规矩尽除，但用牲馔茶饭祭告皇上帝。"[2] 另规定："所有升天

---

① 王庆成编注：《天父天兄圣旨》，沈阳：辽宁人民出版社，1986 年，第 111—112 页。
② 《天条书》（重刻本），太平天国历史博物馆编：《太平天国印书》（上），南京：江苏人民出版社，1979 年，第 152 页。

之人，俱不准照凡情歪例，私用棺木，以锦被绸绉包埋便是。"①

太平天国宣布："振方新之国运，人尽归真；革已敝之颓风，俗皆改旧。……凡普天之下，有不合乎规条越乎礼义者，均我天朝所深恶而痛恨者也。"② 在太平天国所占地区，与之相对应的一切社会现象，或以《天条书》，或以《太平条规》，或以谕令的形式严加禁绝，但最终还是因太平军自身的腐败及时局不稳导致旧时流弊复生且占据了上风。应当承认，太平天国禁吸食鸦片、禁酒、禁聚众赌博、取缔娼妓的政策具有积极意义，但也要看到太平天国官方推行移风易俗的社会改造政略，其主观目的是基于意识形态的考虑，确立上帝信仰权威，实现意识形态的一元化。

(五) 流变

在洪秀全的早期思想中，拜上帝思想是主导层面。就上帝教本身来说，拜上帝思想在广西地区的成功传播主要得益于它本土化的宗教思想迎合了人们畏祸求福、入教避劫的现实需求，符合中国农民的务实性格，从而激发了人们对未来均匀饱暖美好生活的热切向往。独尊上帝的信仰还统一了造反者的思想意识，加强了组织纪律性，强化了他们推翻旧秩序旧权威的信心和决心。在起事者眼里，无所不在无所不能的上帝，是主宰一切的独一真神，完全可以庇护他们生享天福，死升天堂，义无反顾地投身打江山的事业。拜上帝思想在广西地区的传播和发展还与当时广西激烈的社会矛盾和冲突有关。为寻求庇护，像客家人这样的弱势群体纷纷聚拢在上帝旗帜下，而客家人原本就在由广西土著控制的

---

① 张德坚：《贼情汇纂》，中国史学会主编：《中国近代史资料丛刊·太平天国》(三)，上海：神州国光社，1952 年，第 229 页。

② 《国宗提督军务韦石革除污俗禁娼妓鸦片黄烟诲谕》，太平天国历史博物馆编：《太平天国文书汇编》，北京：中华书局，1979 年，第 89—90 页。

地方宗教资源中处于被排斥的地位，与原有的宗教习俗联系较浅，所以容易接受新的信仰。另外，太平天国前期以法令的形式严格规定了每一位太平军成员拜上帝的义务，通过集体性、周期性的宗教仪式，如参加洗礼、七日礼拜，强化宗教教育和宣传，还打破了作为宗法社会基本结构单位的家庭，也有利于减缓新思想在传播过程中遇到的传统社会的文化阻力。

上帝信仰激发出的排山倒海般的精神力量，使太平军在打江山过程中无所畏惧，至死不渝。定都天京后，太平军总兵力不过十万，却北伐、西征、东讨，行迹遍及十八省，攻克600余城。就思想传播所起到的组织和动员成效来讲，在太平天国前期，拜上帝思想无疑获得了巨大成功。

无论是清朝的统兵大员，还是地方士子文人，他们都看到了宗教对太平军士气的影响。起初主持广西军务的钦差大臣赛尚阿就此向朝廷奏报心中疑惑："所过地方向有愚民陆续煽聚。一经入会从逆，辄皆瞀不畏死，所有军前临阵生擒及地方拿获奸细，加以刑拷，毫不知所惊惧及哀求免死情状，奉其天父天兄邪谬之说，至死不移。睹此顽愚受惑情形，使人莫可其哀矜，尤堪长虑。"[1] 文人陈徽言说："（太平军）或临阵，或患病，举凡一切事，皆对天祈祷，口喃喃'求天父默佑，所谋遂意'，祝毕，赴汤蹈火，在所不顾。"[2] 宗教思想只是太平天国前期迅猛发展的一项重要因素，此外还与太平天国领导层上下一心，军事指挥得当，军纪严明等有直接关系。

天京事变之后，特别是到了太平天国进占苏南和浙江地区后的几年间，信仰危机日渐显露，太平军中的宗教热情逐渐减弱，连洗礼、七日

---

① 《赛尚阿等奏洪秀全并非朱九涛广西亦无李丹折》（咸丰元年九月二十三日），中国社会科学院近代史研究所近代史资料编辑室编：《太平天国文献史料集》，北京：中国社会科学出版社，1982年，第315页。

② 陈徽言：《武昌纪事》，中国史学会主编：《中国近代资料丛刊·太平天国》（四），上海：神州国光社，1952年，第601页。

礼拜这样的固定性宗教仪式也虚以应付，流于形式，最终信仰危机全面爆发，叛降事件屡屡发生。

太平天国后期宗教意识的淡薄、信仰危机的爆发，主要原因是拜上帝思想自身长期缺乏内在的平衡机制，具体可归纳为三点：

第一，上帝教的教义日趋空洞僵化。作为指导太平军思想的意识形态，它必须顺应时势发展，切合实际，不断丰富和发展内涵，关心呵护信众。可是洪秀全晚年耗尽精力所做的宗教工作不过是推行个人崇拜，强化渲染他自己君权神授、奉命下凡的真命天子地位。对一般的太平军而言，"父子公孙""爷哥朕幼"的空洞说教已经全然不提军兴之时的利益许诺和蓝图构建，丝毫没有新意，难以继续产生吸引力。而洪秀全至终也没有找到问题的症结，他自我陶醉，反复絮叨陈旧的宗教情节，一味信识"天功"，把太平军将士流血牺牲换来的功业（如攻克南京、苏州）说成是天父天兄大显权能，说成是他在梦中得天父天兄相助轻易而得。这不但忽视群众利益，而且蔑视群众力量，脱离现实，使太平军将士寒心、反感，人们再也不肯继续无怨无悔地为洪家天下卖命。

第二，某些教义自身严重抵牾。上帝教教义的一个致命的缺陷是宗教与世俗关系混淆，集中表现在天父、天兄下凡传言与洪秀全绝对权威的冲突。杨秀清、萧朝贵代天父、天兄传言的神圣身份，有着互相印证各自神性的意义，而洪秀全兢兢业业致力打造的是自己的神性，却在现实中受到杨秀清和萧朝贵的权力制约，彼此间的矛盾非以血流漂杵惊心动魄的内讧事件来解决不可。可是无论哪一方获得胜利，都会暴露上帝小家庭宗教思想的破绽。可以想见作为天父化身的杨秀清之横遭劫难，给太平天国上下带来的心理震撼。洪秀全在天京事变后很快意识到上帝教教义的漏洞，但他在困境中无法找到正确处理宗教与世俗关系的方法，只好不断神化自我，妄图重整一盘散沙的太平天国山河。已故的杨、萧成为洪秀全的两颗棋子，杨秀清由"东孽"顷刻间被褒为"东升"，并且神格一再提升。实质上，造神运动已经违背了上帝教独尊上帝的核心教义，洪秀全的抱残守缺、出尔反尔，让太平天国军民逐渐从宗教的麻醉作用中清醒过来，认清了上帝的虚幻。

第三，吏治腐败、内部政争和人心离散、信仰危机互为因果。太平天国始终渲染天父权能，声称："我们今日天父天兄作事，欲使妖魔生即生，欲使妖魔死即死，略显权能，即可扫荡妖氛，四海升平。"① 洪秀全更是谈天说梦，一味靠天，自信"朕睡紧都做得王，坐得江山"。② 但是，现实是严峻和残酷的，太平军起兵几年后，非但"清妖"未灭，都城天京却屡被围困，局势凶险，上帝许诺的小天堂迟迟不能兑现，"天国迩来"未来，"太平一统"未至，洪秀全只能宽慰信众"天下太平漫漫来"。③ 实际也是自我安慰。这不能不使人们对上帝信仰产生疑虑。宗教虚幻无法满足人们的切实利益，人们转而投机现实，私欲膨胀，醉心升迁，政争日炽，无法从容应对严峻的政治军事形势，加剧了危机，动摇了太平天国的根基。太平军初期兵少而战力强，后期兵众而战力弱，只能以众敌寡，靠大兵团阵地战维系战局，这与拜上帝思想的弱化有着直接关系。

与在太平军中传播的相对奏效相比，拜上帝思想从闭塞落后的广西山区长歌涌进繁华锦绣的江南平原后，在民间社会遇到了极大的阻力。江南地区的社会矛盾、社会冲突虽有一定激化，但远不像广西那样已达到一触即发之势。拜上帝思想原来在广西地区客家群体中异乡传教、家族皈依的传播方式并不适用于江南地区。江南地区受儒家传统文化影响深远，区域环境开放，思想意识正统，同时民间祀鬼祭神之风久盛不衰，祠庙遍布。江南民众视上帝教为西洋邪教，不愿割舍旧俗而认同异

---

① 《天情道理书》，太平天国历史博物馆编：《太平天国印书》（下），南京：江苏人民出版社，1979 年，第 521 页。

② 《天王收得城池地土梦兆诏》，罗尔纲、王庆成主编：《中国近代史资料丛刊续编·太平天国》（三），桂林：广西师范大学出版社，2004 年，第 74 页。

③ 《万国来朝及敬避字样诏》，太平天国历史博物馆编：《太平天国文书汇编》，北京：中华书局，1979 年，第 61 页。

端，大多抱有恐慌和避难的心态，拜上帝思想失去了如广西那样有利的社会环境、群众基础和文化认同。太平天国不是尊重和协调拜上帝思想与民俗的差异，而是雷厉风行地全面推行移风易俗的社会改造政略，斥偶像、孔子、祖先，蓄发易服，变岁时节令婚丧礼法，焚禁古书，无视民俗的稳定性，以偏激手段打压本土文化，试图隔绝现实与传统生活方式及观念的联系。其结果引发了社会动荡，激发了社会各阶层民众的反对，导致拜上帝思想失去了在江南民间传播的空间和基础。

太平天国拜上帝思想落败的又一重要因素是最终失去了知识分子群体的支持与合作。拜上帝思想的宣教力严重不足，没有指出拜上帝的本土性实质。在后期，宗教宣传的宗旨基本以为军事服务为中心，造成百姓的普遍反感。民间社会仍视其本质为"洋教"，为"异端"，不具正统性。上帝教缺少在民间社会生存和发展的基础。在太平天国治下的百姓因宗教相异而对太平天国政权产生浓烈的排斥心理当在情理之中，所以有江南士子诅咒太平军如此玩弄亵渎神灵，必遭上天"加怒"，"显示恶报"。① 民众对上帝教的极端认知，主要是基于拜上帝思想同基督教思想同宗同源的相似性，其实也是拜上帝思想的传播效力严重不足所致。所以拜上帝思想在民间社会的传播除遭遇被视作"叛逆"的政治阻力之外，又增添了被视作"异端"的文化上的心理障碍。这就注定了在太平天国败亡后，上帝教也随之消失的命运，它独特的宗教要旨并

---

① 潘钟瑞：《苏台麋鹿记》，中国史学会主编：《中国近代史资料丛刊·太平天国》（五），上海：神州国光社，1952 年，第 273 页。

没有在中国社会留下一丝痕迹。①

　　总体来讲，拜上帝思想的传播成效有明显的前后期和城乡地域差异。在前期，无论是在军中还是民间，拜上帝思想因其本土化、务实性得到广泛传播，这是太平天国前期迅猛发展的重要原因。在后期，拜上帝思想在军中的传播逐渐流于形式，太平军将士的理想和锐气悄然蜕变；而在民间则遇到来自传统思想文化和旧俗民情的顽固阻力，拜上帝思想因其僵化空洞和自身流弊，以及传播手段激进，激发了民众对立，最终遭到严重挫败，加重了太平天国的政局、战局危机。反之，太平天国的战争局势也影响到拜上帝思想的传播成效。拜上帝思想在江南地区的传播成效不大，与后期太平天国时局动荡，民众大多处于观望徘徊的心理状态有直接关系。在太平军控制力较强的城市，拜上帝思想传播尚算勉强，而在广大乡村地区，太平军的各项禁令基本没有产生实质性效果，这说明拜上帝思想根本没能在民间社会立足。太平天国战争之后，民间社会的生活实况很快便恢复到了昔日旧貌。从某种意义上说，拜上帝思想丧失信众，即意味着太平天国失去民心。

　　洪秀全若能采纳洪仁玕的宗教改造思想，对上帝教教义做出相应的

---

　　① 战后，由于受政治和主流话语的影响，人们对太平军的形象记忆一直是负面的，直到战争结束后近十年，苏州百姓仍对咸同兵燹心有余悸，有人还看到太平军"阴兵""夜闹通宵，鬼火磷磷"，"火光中有兵马人影……开枪炮并击铜锣，竟莫能息"。[《苏城阴兵谣言》，《申报》，同治十二年二月初六日（1873年3月4日），第2版。] 但人们对拜上帝思想的认知则相当匮乏，甚至干脆等同于基督教，称之为"鬼叫"（洋鬼之教）。30年后，反洋教斗争风起云涌，人们反过来又利用对上帝教的恐惧心态煽动对洋教的仇视。1891年的一份名《鬼叫该死》的揭帖说："自道光末年起，广东广西鬼叫就多，长毛贼洪秀全、杨秀清、石达开就是鬼叫大头目，一反就闹乱遍天下，几十年才得斩尽杀绝。你们年轻人不晓得长毛反的情形，你们问问年老人看，长毛贼从前发的书是鬼叫不是呦！问问他那书都是天父天兄那些猪屁不是呦！问问他不论老少男女都喊兄弟姊妹们不是呦！问问他有伦常未有呦！问问他烧庙宇劈菩萨不是呦！问问他在江南浙江与官兵打仗，他那羊枪羊炮那里来的呦！问问咸丰初年长毛到处反，咸丰九年鬼子就由广东反进京城，如何两下齐动手呦！你们问问想想，就晓（得）鬼王派鬼叫头来传叫，无非是煽惑人里应外合，好谋中国的江山那个奸计了。"（王明伦选编：《反洋教书文揭帖选》，济南：齐鲁书社，1984年，第198—199页。）可见当时人们仅记得"天父天兄""烧庙宇劈菩萨""都喊兄弟姐妹"等拜上帝思想的零星内容，对上帝教知之甚少。而把曾屡和列强作战的太平军视为洋人同党，可能也是当时社会舆论的普遍认知。

改良，不失时机地淡化上帝教与传统文化、正统基督教的分歧，避免拜上帝思想与它们发生直接公开的冲突，使拜上帝思想能更好地适应当时的中国社会——采取循循善诱、潜移默化的宗教传播方式，而不是以强制手段生硬灌输，推行禁令，暴力割裂并摧毁传统，那么太平天国的局面或许能有所改变。

还有一种观点认为，上帝教是当时先进的中国人向西方学习的产物，这也应该辩证地看待。一方面，如果把太平天国置于18—19世纪西学东渐的长时段历史视野中，上帝教的确是在中西文化交流和碰撞的大背景下产生的，或者说是一百余年持续的西潮东进所引发的中国变局中的一个大浪潮，这一点具体表现为上帝教的外在不无新意的基督教形式。另一方面，如果仔细辨识洪秀全接触西学的具体经历和他的思想特征，我们发现洪秀全对西学的探索主要局限在宗教领域，洪秀全所阅读的西方著作只有《圣经》《天路历程》等宗教典籍，起事立国后，洪秀全接见过的外国人只有自己昔日的启蒙老师罗孝全。其十余年宗教实践和政治实践所反映的主流思想还是儒家传统思想，并无多少富有时代新意的内容。辛亥时期的革命者以及后人对洪秀全的缅怀，主要是出于对他反清思想的尊崇，而非纪念他的宗教思想。所以说，洪秀全向西方学习的视野相当有限。与之相比，他的族弟、写出了崭新的近代化改革方案《资政新篇》的洪仁玕，才是太平天国时代真正向西方学习的代表人物。

第二篇　新天地新世界：太平军的统治

太平军以金田为起点迅猛发展，出广西、攻湖广、战两江，两年又两个月，转战六省，跋涉数千里，一路势如破竹，最终攻克东南第一都会南京。不久太平天国宣布定都于此，命名天京，以定都为标志，结束了流动作战的状态，形成了与清政府南北对峙的局面，又分兵北伐、西征、东讨，进入以天京为中心开疆拓土的新时期，军事上总体呈上升态势。

建都南京在战略上利大于弊。太平军放弃流寇式作战，开拓和经营后方基地，这是必要和正确的转变。随后，天京中央政权日臻完善，地方政权相继建立，兵员、粮饷得以持续补充，为反清战争提供了保障。相反，在北方清军防御严密的情势下，太平军若继续流动作战，向河南及北京挺进，难保就一定能取得胜利，也未必不会发生失误。建都南京不意味着偏安一隅。至于建都后太平天国领导层所犯的失误，与建都战略本身没有必然联系。因为他们可以在南京避免失误，逐步发展，巩固和扩大胜利，直至推翻清廷。当然，此后为保障天京安全及供给牵制着太平军相当的机动兵力，这一弊端很难避免。

两大军事集团的相争相斗，力量消长，实质上是两个社会系统的相互关联和相互作用，讲究天时、地利、人和。清朝统治腐败，面临内忧外患，清军指挥混乱，军纪败坏，不得"天时"。清政府为镇压太平军，在两年多的时间里先后更换、委派九任钦差大臣，调集各省绿营兵丁十余万人，耗银两千两百余万两，这些均未能挡住太平军进军的步伐。南京是六朝古都，东南第一大都会，扼长江天堑，人文荟萃，工商发达，是清政府的财源地，太平军以此为都，得"地利"之便。从金田至南京，太平军所过之境，攻占大小城池近四十座，能战兵力从三千人扩充至约十万人，这与沿途百姓的积极响应和支持密不可分，太平天国以得"人和"而兴。在政治大对决中，人心向背历来是一个至关紧要的因素。太平天国之崛起与其领导层上下一心、精诚团结、军事指挥得当，太平军军纪严明等有直接关系。连清方人士也清楚地看出，"夫首逆数人起自草莽结盟，寝食必俱，情同骨肉，且有事聚商于一室，得计便行，机警迅速，故能成燎原之势"。[①] 这一叙述大致勾勒出了太平天国书生和草莽结合、思想信念统一、组织严密、战略战术得当等迅猛发展的内部原因。

同时，太平天国开始面临完善政权建设和统治基层社会的新问题——如何坐得住江山，如何坐得稳江山。本篇分别从政治、经济、文化、社会等方面讨论太平军的统治政策及实效，探讨太平军"何以盛"的问题，并分析其中的弊端或局限。

一　天下一家：统治思想与统治方略

洪秀全的思想是太平天国制定内外政略的指导思想和理论基础，它实际影响并主宰了太平天国的历史进程。前辈学者关于洪秀全的思想研

---

① 张德坚：《贼情汇纂》，中国史学会主编：《中国近代史资料丛刊·太平天国》（三），上海：神州国光社，1952 年，第 172 页。

究在理论和实证方面已经做出有益且深入的探索。① 不过，洪秀全构划的理想社会的具体特征是什么，实际构建的太平天国样貌又是什么，太平天国统治方略的实效及其与太平天国兴亡的关系又如何，这些重要议题尚有进一步研究的空间。与以往杀富济贫、攻城劫狱的农民造反相比，洪秀全等人自确立反清思想后的宗旨就是打江山，并且构建了自己独特且具体的改造中国社会的思想和政略。不仅如此，太平天国前后18 年（1850—1868 年），兵锋所至遍及十余省、六百余城，建立了与清廷南北对峙的政权，并将其理想的统治模式在占领区付诸实践。如亲历战争的常熟秀才龚缙熙（号又村）所说，太平军至，"粮额也要变，文体也要变，风俗也要变"，② 真是翻天覆地。当然，具体问题尚须具体分析，这不仅要求分析太平天国的领导人是怎么思考的，还要讨论政策是如何具体实践的，从思想到政策再到实践，做到主观和客观相统一，才能客观理性地总结和评说太平天国运动在思想史上的意义和局限。

（一）大同社会的理论构想和实践

在太平天国前期，拜上帝思想衍生出的"天下一家"思想非常突出，是洪秀全的主导思想，是构划太平天国统治方略的"总纲"，但随着时间推移而逐渐淡薄。中国古代无论是思想家还是民间均有"天下一

---

① 参见沈元：《洪秀全和太平天国革命》，《历史研究》1963 年第 1 期；王庆成：《论洪秀全的早期思想及其发展》，《历史研究》1979 年第 8—9 期；王庆成：《太平天国的历史和思想》，北京：中华书局，1985 年；夏春涛：《天国的陨落——太平天国宗教再研究（增订版）》，北京：中国人民大学出版社，2016 年；崔之清、胡臣友：《洪秀全评传》，南京：南京大学出版社，1994 年；姜涛、卜修跃：《中国近代通史》第 2 卷，南京：江苏人民出版社，2009 年；朱从兵：《太平天国文书制度再研究》，合肥：合肥工业大学出版社，2010 年；华强：《太平天国军事经济思想检讨》，《军事历史研究》1989 年第 4 期。太平天国与儒学的关系也曾是热门议题，王庆成先生有深入研究。参见王庆成：《太平天国的文献和历史——海外新文献刊布和文献史事研究》，北京：社会科学文献出版社，1993 年，第 379—398 页。
② 龚又村：《自怡日记》，罗尔纲、王庆成主编：《中国近代史资料丛刊续编·太平天国》（六），桂林：广西师范大学出版社，2004 年，第 113 页。

家"的说法。儒家经典中就有"四海之内皆兄弟"（《论语·颜渊》）、"四海之内若一家"（《荀子·王制》）、"故圣人耐以天下为一家，以中国为一人者"（《礼记·礼运》）等记载，王阳明也有"天下一家"的政治理想。"天下一家"是儒家天下观的主要内涵。到明清时期，随着西方传教士来华，他们带来了外域的一手信息，虽然传统天下观的指称范围被极大地拓展，但并没有改变传统文化特别是儒家学说的思想内核——"协和万邦"（《尚书·尧典》）。鸦片战争结束后的十年间，中国积贫积弱积弊的状况继续恶化，吏治窳败，土地与人口问题激剧，天灾人祸，内外交困，民变蜂起，越来越多的人对社会现状不满，渴求"太平"光景。

"天下一家、共享太平"的教义成为洪秀全设计未来社会的理论基础。洪秀全早期以"原道"为题的三篇宗教作品均谈到了这一思想。《原道救世歌》讲"天父上帝人人共，天下一家自古传"，"普天之下皆兄弟，灵魂同是自天来。上帝视之皆赤子，人自相残甚恻哀"；《原道醒世训》讲"皇上帝天下凡间大共之父也……行见天下一家，共享太平。几何乖离浇薄之世，其不一旦变而为公平正直之世也"；《原道觉世训》讲"天下总一家，凡间皆兄弟"，"皆禀皇上帝一元之气以生以出，所谓一本散为万殊，万殊总归一本"。[①] 这里所提"天下一家""人皆兄弟"的概念，显然吸收了梁发《劝世良言》关于上帝是大众魂父的阐述，因为中外关于"天下一家"思想的论说具有共性，才加深了洪秀全对此观念的认同。[②] 不过《劝世良言》和《圣经》所渲染的上帝的父性，所宣传的世人皆是上帝之子，仅是喻指上帝与世人之间一种形而上的伦理关系，并非从生育灵魂的角度来立论，洪秀全无法理解内中

---

① 太平天国历史博物馆编：《太平天国印书》（上），南京：江苏人民出版社，1979年，第10、11、15、16、17页。

② 参见梁发：《劝世良言》，中国社会科学院近代史研究所近代史资料编辑组编：《近代史资料》总39号，北京：中华书局，1979年，第1—141页。

玄妙，只能以俗世的人伦血缘关系理解，并设计了"大家庭"和"小家庭"。

上帝大家庭之说主要铺陈"天下一家""人皆兄弟""民胞物与"等理念，大力渲染己方阵营内部的手足之情，并试图按照这种理念营造理想的大同社会。洪秀全早期十分重视宣传大家庭观，这是太平天国前期势头强劲、发展迅猛、群众情绪高涨的重要思想原因。不过，《劝世良言》和《圣经》宣传的博爱观念是无区分的普世情怀，洪秀全则对上帝子女的身份做了明确界定。《原道觉世训》言："敬拜皇上帝，则为皇上帝子女，生前皇上帝看顾，死后魂升天堂，永远在天上享福，何等快活威风。溺信各邪神，则变成妖徒鬼卒，生前惹鬼缠，死后被鬼捉，永远在地狱受苦，何等羞辱愁烦。"[1] 即以是否信奉上帝作为是否是上帝子女的准绳，上帝大家庭是有原则有限度的开放。

上帝小家庭是大家庭中的特权阶层、贵族群体。为了调整内部权力结构，稳定人心，洪秀全等人又建构了"上帝小家庭"，包括天父、天兄、二兄（洪秀全）、三兄（冯云山）、四兄（杨秀清）、五兄（韦昌辉）、帝婿（萧朝贵）、天母、天嫂、天妻、天儿以及以"洪宣娇"为代表的"众小妹"，其中在俗世者构成了上帝会的领导核心层。所谓"独尊上帝"的教义，实际上是"至尊天父"：一是上帝已演变为全新形象的天父，"天父"是大众魂父，地位比肉亲尊崇，他有血有肉、有儿有女、有妻有妾有小家庭，已经不是基督教里三位一体无形之上帝了，而是中国传统社会大家族里的长者、家长；二是上帝小家庭的其他成员，尤其是人间之王洪秀全，也必须是世人尊崇的对象，具有了神格神性神权。强调天父神圣地位的独一性，本质上是在维护和宣扬洪秀全的核心地位，却更多地彰显了上帝教多神崇拜的实况。洪秀全在打倒了

---

① 《原道觉世训》，太平天国历史博物馆编：《太平天国印书》（上），南京：江苏人民出版社，1979年，第22页。

全部偶像后，又经造神运动树立了诸多非木石泥团纸画形态的偶像。这实际违背了"一神论"，以致后来西方社会一致认为太平天国起源于欺诈和妄说，其宗教完全是一个骗局。[1]

　　洪秀全等人也按照核心教义的构想着手政权建设，重申"小天堂"（"人间天国"）口号以激励将士征伐江山。1851 年 6 月 11 日，萧朝贵代天兄在象州传言，鼓舞士气："各各尽忠报国，得到小天堂，自有大大封赏。"[2] 同年 8 月 15 日，洪秀全在茶地的突围诏中再次申明"总要个个保齐，同见小天堂威风"。[3] 这里的"小天堂"还只是朦胧的抽象的政治设想。但到永安建政期间，1851 年 11 月 7 日，洪秀全就明确了在小天堂里划定功勋等臣以及具体的封赏办法，"俟到小天堂，以定官职高低，小功有小赏，大功有大封，各宜努力自爱"；12 月 4 日颁诏："上到小天堂，凡一概同打江山功勋等臣，大则封丞相、检点、指挥、将军、侍卫，至小亦军帅职，累代世袭，龙袍角带在天朝。"[4] 这就确定了小天堂里的具体封赏标准，使"天下一家"教义的具体蓝图——"小天堂"构想，超逾了宗教范围，显示出鲜明的现实政治和社会内容，将宗教思想与政权建设明确结合起来。"小天堂"中等级制和世袭制的政治构建，在一定程度上背离了"天下一家"教义原始朴素的平等平均内涵，这是太平天国在现实政治中建造等级森严的礼制社会的思想肇端。虽然在当时情形下鼓舞了军心士气，但长远来看却刺激了太平军享乐思想的蔓延，滋生吏治流弊，动摇根基。

---

　　[1]　参见 Prescott Clarke and J. S. Gregory eds., *Western Reports on the Taiping: A Selection of Document*, London: Groom Helm Ltd., 1982, pp.144–145, 163–164; Thomas Taylor Meadows, *The Chinese and Their Rebellions, Viewed in Connection with Their National Philosophy, Ethics, Legislation, and Administration*, Stanford, CA: Stanford University Press, 1953, p.440。

　　[2]　王庆成编注：《天父天兄圣旨》，沈阳：辽宁人民出版社，1986 年，第 89 页。

　　[3]　《行营铺排诏》，太平天国历史博物馆编：《太平天国文书汇编》，北京：中华书局，1979 年，第 32 页。

　　[4]　《令各军记功记罪诏》《谕兵将立志顶天真忠报国到底诏》，太平天国历史博物馆编：《太平天国文书汇编》，北京：中华书局，1979 年，第 34、35 页。

起事之初，洪秀全宣称将建立"小天堂"。"小天堂"的概念有广义和狭义之分，广义指太平天国，狭义指太平天国都城。从永安所发诏旨的内容看，小天堂的地点当是实指某个地方，应排除永安小城；从后来的军事实践分析，太平军久围之桂林、长沙，猛击之武昌、南京，欲征之河南诸地，均有可能曾是太平军欲建设小天堂的地方，小天堂的具体位置应随太平军战略的转变而发生变化，至定都天京，天京便成为"小天堂"。然而洪秀全并不安于"以江南为业"，不久又有迁都河南的念头。杨秀清借天父传言，严厉谴责迁都之议是"变妖"，最终予以否决。杨秀清还授意何震川等文臣撰写《建天京于金陵论》41 篇，大造舆论，论证南京有帝王之气，为永固之基。[①] 这些论文曲折地反映了洪、杨建都之争及其最终的解决。

在 1851 年颁行的《太平礼制》中，洪秀全设计了尊卑有别、等级森严的礼治秩序，构建了一个上自天王下至普通士兵的庞大官僚体系。也就是说，在理论上，拜上帝的信徒都是兄弟姐妹，都是上帝子女，但在实际生活中，每个人各有名分，上下尊卑，泾渭分明，其社会地位的高低完全取决于是否为官、官职大小及资历深浅。

1853 年定都天京后，洪秀全继续从传统儒家思想和西方基督教思想中发掘材料，丰富和深化了"天下一家"的思想内涵，并以此酝酿统治方略。首先，继续大力宣扬宗教层面的内涵以加强内部团结，同时争取国外力量的支持。因上帝有好生之德，灵魂俱是上帝所生，故"四海之内皆兄弟，共成一家"，"四海皆兄弟"，"胞与为怀"，"异域异方，尽是胞与之地"，"万国一体，情同手足"。[②] 这里的"天下"包涵中外，

① 《建天京于金陵论》，罗尔纲、王庆成主编：《中国近代史资料丛刊续编·太平天国》（一），桂林：广西师范大学出版社，2004 年，第 30—51 页。

② 参见太平天国历史博物馆编：《太平天国印书》（下），南京：江苏人民出版社，1979 年，第 458、528 页；太平天国历史博物馆编：《太平天国印书》（上），南京：江苏人民出版社，1979 年，第 108、111 页；罗尔纲、王庆成主编：《中国近代史资料丛刊续编·太平天国》（三），桂林：广西师范大学出版社，2004 年，第 18 页。按，"胞与为怀"语出北宋张载《西铭》。

但不包括敌对阵营。其次，强调"爱人如己"，如《天情道理书》教导关爱弱势群体，"兄弟姐妹皆是同胞，共一魂爷所生"，要"安老怜幼恤孤"，"斯不失休戚与共痛痒相关之义"；《行军总要》指出为佐将者，要爱护百姓，体恤士卒，"本营兄弟总要小心提理，念同魂父所生，视为骨肉一样"。① 最后，1853 年底，将农民对土地的渴求和均匀饱暖的愿景写进了《天朝田亩制度》，重新设计基层社会民众的社会经济生活。至此，"天下一家"的理论构想已经非常细化具体，从宗教说教到现实铺陈，从经济秩序到政权组织，从内政到外交，不再是抽象的宗教概念，而是描绘了一幅国家统治的理想蓝图。

"天下一家"的思想无疑具有积极意义。洪秀全呼吁世人独尊上帝，共享太平，钦慕"公平正真"的古代大同社会。因此他定国号为"太平天国"，设计了"无处不均匀，无人不饱暖"的《天朝田亩制度》。可见"太平"是其首要的政治理想特征，"均匀饱暖"是其心目中理想的社会经济生活特征，这正是几千年来身处社会底层的农民群体强烈追求的美妙愿景。从秦末的陈胜、吴广起义，到明末的李自成起义，不少农民军提出了均贫富、等贵贱的口号，均田的思想和方案也一直是历代思想家们思考的重要课题。洪秀全把农民朴素原始的平等平均思想发展到一个新的高度，并扩展到社会生活领域，提出了一些进步主张，如爱护百姓和士兵，天下婚姻不论财，凡分田照人口不论男妇，关注民生等。② 在太平天国前期，"天下一家"的思想成为太平军将士征伐江山的精神源泉，对太平天国的迅速崛起和蓬勃发展起到积极作用。

---

① 参见太平天国历史博物馆编：《太平天国印书》（下），南京：江苏人民出版社，1979 年，第 528、568 页。

② 洪秀全关注民生的思想一直持续到后期。1860 年占领苏州后，洪秀全颁布《减赋诏》，声称体恤民艰，令各地佐将酌减应征钱粮赋税［《天王谕苏省及所属郡县四民诏》，罗尔纲、王庆成主编：《中国近代史资料丛刊续编·太平天国》（三），桂林：广西师范大学出版社，2004 年，第 79 页］。太平天国失败前夕，洪秀全还专门颁诏告诫地方守将对辖境百姓万勿压迫（"A Voice from Soochow," *The North-China Herald*, Vol. XIV, No.676, Jul. 11, 1863. pp.110–111）。

故而，在金田起义时仅拥有万余能战部队的太平军在短短两三年间横扫长江以南。

但上帝教教义本身有自相抵牾之处。如洪秀全对上帝小家庭和大家庭之间的关系、上帝小家庭成员和大家庭成员的关系无法做出圆满解释：都是上帝子女，上帝一视同仁，为何有亲疏之分？为何有尊卑等级之别？洪秀全只能生硬地为天父塑造子女妻妾，说天兄耶稣也有妻有子，把自己说成是天父次子，不但在天上娶妻生子，在凡间也有妻有子，甚至还把杨秀清说成是天父和天妈所生。对于普通信徒，洪秀全指出他们的灵魂和肉体分别来自上帝和肉亲。为了突出自己的特殊地位，洪秀全说自己的灵魂和肉体均来自天父、天妈，把自己的生母李氏说成是"天上另一位亚妈"，仿照耶稣降世故事，说自己由李氏"肚肠而生，以便入世"，这样李氏成了天父的小妾，可洪秀全无法解释他的生父洪镜扬是怎么一回事。① 这些说法把基督教经典教义改得面目全非，不但洪秀全自己越说越乱，这种牵强附会连太平天国有的"老兄弟"也不信服。②

"天下一家"构想最大的问题是自身的矛盾无法解决。既要建设一个均匀饱暖，同沐上帝恩泽，洋溢着手足亲情的太平盛世，又在现实中导致"天国"内部两极分化、吏治腐败、苦乐不均。那么，上帝的公正严明又体现在哪里？既然太平天国权力中心逐渐淡忘了追随者的利

---

① 《钦定前遗诏圣书·圣人约翰天启之传》，罗尔纲、王庆成主编：《中国近代史资料丛刊续编·太平天国》（一），桂林：广西师范大学出版社，2004年，第358—359页。

② 太平天国前、后期都有人对上帝教教义提出质疑。法国传教士葛必达于1853年12月访问南京时，同一位广西老兄弟谈论宗教问题。他询问："那你是否相信洪秀全就像你们刊行的书中所说的那样，的确是上帝之子、耶稣胞弟？"广西人回答："不，上帝纯灵，不可能像常人那样拥有妻子儿女；我们仅相信下述事实，即上帝本人派他的儿子耶稣基督来到世间拯救人类，同样，也正是上帝赋予了洪秀全在世间铲除偶像崇拜的使命。"（"A Letter by the French Jesuit Missionary Fr Stanislas Clavelin," in Prescott Clarke and J. S. Gregory eds., *Western Reports on the Taiping: A Selection of Documents*, London: Groom Helm Ltd., 1982, p.103.）1860年，艾约瑟曾向洪仁玕问及他对东王异象的看法，洪仁玕明确表示不信。（"A Report by Joseph Edkins," in Prescott Clarke and J.S. Gregory, eds., *Western Reports on the Taiping: A Selection of Documents*, London: Groom Helm Ltd., 1982, p.241.）

太平天国再研究

益，仅关心极少数统治层的利益，那上帝教的构想自然如镜花水月、太虚幻境，难以继续汇聚人心。

如太平天国的妇女政策表现出类似矛盾。根据"天下一家"的理论，女性与男性同为上帝子女，但妇女在太平天国的活动（做官、参军、科考、婚姻、家庭）空间极有限。洪秀全有非常浓重的男尊女卑思想，他给妇女制定了许多清规戒律，在《天条书》《幼学诗》《天父诗》《太平礼制》《太平条规》《天情道理书》等太平天国官书中多有记载。洪秀全等首义诸王在起事之初就实行多妻制，后期又在高官中普遍推行，并说成是上帝的旨意。① 于是造成了一边是妻离子散，怨女旷夫，另一边却是妻妾成群的两极现象。是否为官决定能否娶妻，官职高低决定娶妻多少，一夫一妻的"龙凤合挥"制仅适用于低级官员人等。"合挥"是低级官员等被准许到女馆索取配妻并带其随军的凭证，无职者不能携配偶，与我们今天的结婚证书有一定区别，它的推行初衷是在婚姻解禁之后限制随军眷属的数量，对男女婚嫁实施有效监控，还谈不上维护女性权益。② 在强行婚娶和多妻制的背景下，女性依附于为官者，变相成为男性的奖赏，没有独立的人格和尊严，也就没有爱情和平等可言。事实证明，洪秀全想要建立的是一个男尊女卑、男外女内、纲常伦理分明、女性完全依附于男性的男权社会。

又如太平天国的对外政策。在初期，太平天国与列强进行接触时，一方面亲切地称呼洋人为"洋兄弟"，主张互通有无；另一方面却沿袭传统的夷夏观念。在洪秀全等人的天下观里，外国人既是"夷弟"，也是宗藩属国（"番邦"）的臣民，宗教和俗世的观念混为一谈。尽管太平天国表达出对"洋兄弟"友善的态度，来访的西方人自己也承认这

---

① 参见 Franz Michael and Chung-li Chang eds., *The Taiping Rebellion: History and Documents*, Vol. Ⅲ, Seattle: University of Washington Press, 1971, pp.984-985。

② 参见夏春涛：《太平军中的婚姻状况与两性关系探析》，《近代史研究》2003 年第 1 期。按，1954 年在浙江绍兴三秀庵墙壁内发现的两件"合挥"实物（现藏浙江省博物馆）和太平军一件家册（现藏大英博物馆）上有"配妻""恩配"字样。

一点，但它奇特的国际观念很难被西方各国理解和接受，并在外交礼仪和外交文书上与列强发生冲突。1853 年 4 月，英国公使文翰（S. G. Bonham）率队来访，翻译密迪乐（T. T. Meadows）先行接洽，被喝令下跪，密迪乐断然拒绝。北王韦昌辉警告他："天王即真主，是天父次子，天下之人均须服从并追随天王；真主既是中国之主，亦是尔等之主。"文翰拒绝会晤，双方不欢而散。[1] 同年 12 月，法国公使布尔布隆因座次位置和顶天侯秦日纲争执不下，又因抗议北王韦昌辉言语傲慢，以及模仿中国公文格式而激怒了韦昌辉，被勒令离境。1854 年 5 月，美国公使麦莲希望能与东王杨秀清会晤，因函文使用"照会"被接待官员拒绝转呈，未曾上岸就离开了天京。随后，英国第二个使团麦华陀和莱文·包令一行，就文书称谓和格式同杨秀清进行书面辩论，亦悻然而去。

（二）皇权思想的发展与礼制的构建

与太平天国统治方略直接相关的是洪秀全的拜上帝思想和皇权思想。两者一以贯之，存在交叠，一直延续演变，但在不同时期主要的表现形式和特点不同。特别是中期以后，皇权思想逐步跃升为洪秀全的主导思想且日益浓厚。

皇权至上、忠君爱国、三纲五常是儒家政治教化的核心内容。洪秀全所受的儒学教育和道德教化使他内在的传统思想要素居于主导地位。可是洪秀全坎坷的科考经历和艰难的生活阅历强化了他的抗争意识，以致其传统的主流思想退居次要，代之以逆反心理，逐渐形成了反清思想。之后，反清思想和宗教思想、皇权思想相互融合，形成了洪秀全错

---

[1] Thomas Taylor Meadows, *The Chinese and Their Rebellions, Viewed in Connection with Their National Philosophy, Ethics, Legislation, and Administration*, Stanford, CA: Stanford University Press, 1953, pp.257, 260, 262, 269–273.

综复杂的思想结构。历史上新旧王朝更迭易主的现象屡见不鲜，无论以何种形式实现，包括农民战争推翻前朝，替换的不过是一家一姓之皇位，传统社会等级森严的礼治秩序都无一例外地被新朝重新建立。洪秀全也形成了这种替换意识，只是他比历代农民军领袖的皇权意识更为完整，且具有鲜明的神权与皇权结合的思想特征。

在不同的人生阶段，洪秀全皇权思想的表现形式不同。在早年，科举出仕的功名意识是他皇权思想的最初源头。接受拜上帝思想之后到反清思想形成之前，宗教救世主意识曲折地表达了他的皇权思想。金田起义之前，洪秀全皇权思想急剧发展，通过宗教救世思想宣传皇权神授。在丁酉升天神话中，皇上帝赐给洪秀全"宝剑一柄，用以斩除魔鬼"，"印绶一个，用以治服邪神"，"金黄色的美果一枚，秀全食之，其味甜美"，这些分别象征暴力、权力和荣华富贵的天物，表达了皇权神授的天命观。[1] 洪秀全等人还编造了洪秀全是上帝次子、耶稣胞弟，奉命下凡救世的神话，甚至连洪秀全的名字也是上帝所赐，以符"禾乃人王"（秀全）之意。[2] 总之，洪秀全的一切皆天授，实现了反清思想、宗教思想和皇权思想的对接。

起事立国之后，从梦幻到现实，洪秀全的皇权意识随着帝王生活方式的践行而不断强化。特别是 1853 年定都天京以后，洪秀全等人盲目乐观，认定残妖必灭，天下底定，可以宽心逍遥，其皇权思想逐步化为实践行动，并主导太平天国政权组织的构建。1856 年天京事变后，洪秀全收回天王专制实权，皇权思想迅速膨胀，和宗教思想深入融合后成为洪秀全思想结构的主导层面。宗教思想为皇权思想和反清思想提供了理论和神学依据，反清思想逐渐处于服务皇权思想的次要地位。

---

① 《韩山文的半年度报告》（1853 年 7 月—1854 年 1 月），瑞士巴塞尔巴色会档案馆藏，档案号：A-1.2（1853），47。

② 半窝居士：《粤寇起事记实》，太平天国历史博物馆编：《太平天国史料丛编简辑》（一），北京：中华书局，1961 年，第 7 页。

在政权建设中，洪秀全的皇权思想主要体现在建立并完善天王专制政体和等级制的官僚体系。

其一，在典章制度上明确划定了天王和各王之间不可逾越的君臣关系。天王说"天下万国朕无二"，[①] 东王杨秀清也把自己置于"辅臣"的地位，称"君使臣以礼，臣事君以忠"，[②] 君臣职分已定，即便杨秀清后来要称"万岁"，也须天王亲封。

其二，为确保其至高无上的权威，洪秀全建构了一套繁苛森严的官爵体系和礼仪制度。上至天王，下至两司马，从府邸、官印、仪卫、称谓到冠服、旗帜、文书、婚姻，均按职爵大小严格区分，如有冒犯，斩首不留。太平天国将世袭的思想和制度写进了旨准颁行的许多文件中，明文固定。《天朝田亩制度》开篇即规定："功勋等臣世食天禄，其后来归从者，每军每家设一人为伍卒，有警则首领统之为兵，杀敌捕贼，无事则首领督之为农，耕田奉上。"[③] 可见全体社会成员的地位并不平等，更没有近代意义上的民主权利。

其三，在权力运作上，天王拥有处理军国大事的决策权和最后决定权。《天朝田亩制度》从理论上划定了君臣各自的权限："凡一军一切生死黜陟等事"，"或各家有争讼"，"凡天下每岁一举"，"凡天下诸官三岁一升贬"，均须层层上禀，"天王降旨，军师遵行"。[④] 在理论上设计的政体是君主专制和军师负责制。在实际运作中，杨秀清形式上也对

---

① 《贬直隶省为罪隶省诏》，太平天国历史博物馆编：《太平天国文书汇编》，北京：中华书局，1979 年，第 41 页。

② 《天父下凡诏书》（二），中国史学会主编：《中国近代史资料丛刊·太平天国》（一），上海：神州国光社，1952 年，第 49 页。

③ 《天朝田亩制度》，太平天国历史博物馆编：《太平天国印书》（上），南京：江苏人民出版社，1979 年，第 409 页。按，不但男子的官爵可以世袭，女官亦可世袭，甚至女子可承袭男子官爵，"女官亦有恩赏各职，如夫为检点，被官兵所歼，其妻女亦封为检点伪职，间有封恩赏丞相者"。张德坚：《贼情汇纂》，中国史学会主编：《中国近代史资料丛刊·太平天国》（三），上海：神州国光社，1952 年，第 110 页。

④ 《天朝田亩制度》，太平天国历史博物馆编：《太平天国印书》（上），南京：江苏人民出版社，1979 年，第 409—413 页。

天王表示尊崇，凡献天历、兴造宫殿、明定朝帽制度、议定职官、处决罪犯、调兵出师，有关朝内军中的重大国策、司法、军事、典制、吏治等，杨秀清均具本奏请洪秀全"旨准"。

问题在于宗教与世俗权力交杂冲突，权力结构不稳定。太平天国政教合一，其政治军事组织兼具宗教组织性质，核心领导层成员兼具宗教和世俗双重身份。洪秀全借宗教烘托君权，无论是在世俗还是在宗教上，他都是名义上的最高统治者，但实际权力却都受到天父代言人、天父第四子、左辅正军师东王杨秀清的严重挑战，父子君臣关系在宗教和俗世间不时倒错。洪秀全迫于客观局势，只得与杨秀清妥协，深居后宫，伺机而动，事实上形成了"虚君制"的二元权力架构。但洪秀全追求的政治体制仍然是以天王为核心的君主专制，不存在一个体现了所谓农民民主主义的"虚君制"理念。

皇权思想泛滥导致领导层持久不息的权力斗争，引起了严重内耗和分裂，极大地削弱了太平天国自身实力，即便是在强敌环伺、兵临城下的险恶环境里也从未停歇。后来天京事变爆发，朝内政争日炽，地方内讧成风，中枢权力结构不断重组。归根结底，皇权主义思想和君主专制的政体是造成这些症结的制度性渊薮。

另外，为营造一个等级森严的礼法社会，洪秀全汲取传统儒学的礼治思想、人伦思想来加强军民的思想教化。

第一，强调礼义人伦。洪秀全在《天父诗》中讲："子不敬父失天伦，弟不敬兄失天伦，臣不敬君失天伦，下不敬上失天伦。"[1] 天伦原指血亲关系，基于"天下一家"，洪秀全将所有的人伦关系称作"天伦"。而五伦之中，太平天国首重孝亲，宣称"人伦有五，孝弟为

---

[1] 《天父诗》，太平天国历史博物馆编：《太平天国印书》（下），南京：江苏人民出版社，1979年，第644—645页。

先"。① 因为世人除俗世之肉亲，还有赐予宝贝灵魂之上帝，即"魂爷"
"天父"。首重孝亲，等同于首孝上帝；敬重上帝，当然也要敬重上帝
次子洪秀全。因此太平天国有"移孝作忠"之说，洪秀全讲："敬天一
定会敬主，敬主方是真敬天。天生尔主为尔主，敬天敬主两相
连"，②"报效天王，即是诚心敬天父与天兄也"。③ 这样便由孝亲、敬天
推及敬主，实现了忠孝两全、忠孝为先。历代统治者均自称以孝治天
下，而孝和忠是贯通的，在必要的时候孝还要让位于忠，这有利于将人
们的思想行为固定在礼义人伦中。

第二，敦促习"礼"。《礼记》讲"辨君臣上下长幼之位，别男女
父子兄弟之亲"（《礼记·哀公问》），具体化为儒家的三纲五常说。
《幼学诗》中有 16 首诗分别阐释了朝廷、君、臣、家、父、母、子、
媳、兄、弟、姐、妹、夫、妻、嫂、婶，从社会到家庭再到个人，各种
社会角色的行为准则和道德规范，即"道"；又概括出"总要君君臣
臣、父父子子、夫夫妇妇"的"三纲"。④ 太平天国还敦促臣民习
"礼"："抑知礼之用，和为贵，为上者不可以贵凌贱，不可以大压小，
为下者不可以少陵长，以卑逾尊，务宜以礼自持，以和相接，方不失为
天国之良民。"⑤ 其中"礼之用，和为贵"出自《论语·学而》。可知太
平天国沿袭儒家"礼"的思想，以推行礼教，维护礼制，实现礼治。

第三，灌输禁欲、坚耐的观念。太平天国的礼仪制度维护极少数人

① 《太平救世歌》，太平天国历史博物馆编：《太平天国印书》（上），南京：江苏人民出版社，
1979 年，第 144 页。

② 《天父诗》，太平天国历史博物馆编：《太平天国印书》（下），南京：江苏人民出版社，
1979 年，第 621—622 页。

③ 《太平救世歌》，太平天国历史博物馆编：《太平天国印书》（上），南京：江苏人民出版社，
1979 年，第 142 页。

④ 《王长次兄亲目亲耳共证福音书》，太平天国历史博物馆编：《太平天国印书》（下），南京：
江苏人民出版社，1979 年，第 714 页。

⑤ 《天情道理书》，太平天国历史博物馆编：《太平天国印书》（下），南京：江苏人民出版社，
1979 年，第 529 页。

的权利，金字塔式的社会结构底层是绝大多数卑贱的人。为消弭广大军民的抵触情绪，太平天国号召大众坚耐："眼前荣光一阵烟，坚耐享福万万年"，"欲享天堂真实福，须从克己苦修来"，"成人不自在，自在不成人。越受苦，越威风"，等等。① 洪秀全假上帝之命，强调天命，"贫穷富贵皆皇上帝赐定"，"总之富贵天排定"，"富贵功名天分定"，② 甚至"兄弟聘娶妻妾，婚姻天定，多少听天"。既然都是"天命"，人们理应依礼行事，不得越雷池半步，否则就是犯了逆天之罪，要受酷刑。③

曾国藩在《讨粤匪檄》中攻击太平天国灭绝人伦，废弃礼法名教："自其伪君伪相，下逮兵卒贱役，皆以兄弟称之。谓惟天可称父，此外凡民之父，皆兄弟也；凡民之母，皆姊妹也"，"举中国数千年礼义人伦、诗书典则，一旦扫地荡尽。此岂独我大清之变，乃开辟以来名教之奇变，我孔子、孟子之所痛哭于九原。凡读书识字者，又乌可袖手安坐，不思一为之所也"。④ 这段话引起了广大读书人的共鸣，纷纷投入捍卫名教礼法的斗争中。实际上，太平天国不但强调礼义人伦，而且以礼制治国，曾国藩抓住了太平天国统治方略的破绽，但对太平天国的政治观察又不免流于片面。礼治秩序的重建，意味着太平天国"四海皆兄弟""胞与为怀"的宗教思想徒具宣传意义。太平天国试图以宗教层面虚拟的手足亲情化解现实俗世中人类的等级贫富矛盾，虽然值得称道，却只是空想。即便是宗教意义上的平等宣传，如同享拜上帝的权利，在现实社会中也不能完全保证，太平天国的洗礼、礼拜仪式严格区分与众的身份地位。在洪秀全眼里，上帝子女本身也要依其素质、能力和品性

① 《天情道理书》，太平天国历史博物馆编：《太平天国印书》（下），南京：江苏人民出版社，1979 年，第 523、532、533 页。

② 太平天国历史博物馆编：《太平天国印书》（上），南京：江苏人民出版社，1979 年，第 154、390、404 页。

③ 《东王杨秀清答覆英人三十一条并质问英人五十条诰谕》，罗尔纲、王庆成主编：《中国近代史资料丛刊续编·太平天国》（三），桂林：广西师范大学出版社，2004 年，第 20 页。

④ 曾国藩：《曾国藩全集》第 14 册《诗文》，长沙：岳麓书社，2011 年，第 140 页。

划分为不同等级。《天条书》明确说："皇上帝天下凡间大共之父也，君长是其能子，善正是其肖子，庶民是其愚子，强暴是其顽子。"[1] 而兄弟姐妹的范围限定在己方阵营内部，敌对阵营的"妖魔"不是兄弟姐妹，没有作为上帝子女的权利。

皇权思想的发展与太平天国政制礼制的构建清晰地表现了洪秀全等人根本没有萌生近代意义上的平等观念。他们的平等平均思想受到传统儒家意识形态的羁绊，又局限于农民的私有意识，是初级朴素的，是有条件限制的，充其量是上帝子女可以一体享受皇上帝恩泽，在既定的人伦关系和等级阶层内部均匀饱暖，沐浴教化，共享太平盛世。而且，太平天国会根据形势，突出不同的观念。当需要鼓舞士气、动员民众的时候，就较多地宣传"天下一家"；当需要维系皇权时，就更多地宣传皇权、礼治、人伦道德。理论构想中朴素的平均平等思想和现实实践中的皇权思想，是太平天国统治方略难以调和的一对矛盾。

在两千多年的中国传统社会中，治乱兴替、王朝更迭屡见不鲜，但大都恢复了皇权与礼制，这是时代的局限；从衣食温饱到威风排场、荣华富贵，是农民对美好生活朴素通俗的理解，他们不可能使太平天国摆脱传统社会等级制度的"六道轮回"，这是阶层的局限。虽然皇权、礼制的建构与宣传在一定程度上有安抚人心、思想动员的教化功用，但这种思想使"天下一家"的理想信念趋于模糊，使政治信仰庸俗化、功利化，导致各级官员将士享乐思想的滋生蔓延，加剧了政治腐败。前期义无反顾、拓土开疆的理想和锐气在一片文恬武嬉、疲玩泄沓的社会氛围里悄然褪色。到后期，大小官员对升迁趋之若鹜，"动以升迁为荣，几若一岁九迁而犹缓，一月三迁而犹未足"，贪渎之风盛行。洪仁玕曾比较太平军前后期的士气变化："前此拓土开疆，犹有日辟百里之势，

---

[1] 《天条书》（重刻本），太平天国历史博物馆编：《太平天国印书》（上），南京：江苏人民出版社，1979 年，第 149 页。

太平天国再研究

何至于今而进寸退尺，战胜攻取之威转大逊于曩时"，[①] "即我天朝初以天父真道，蓄万心如一心，故众弟只知有天父兄，不怕有妖魔鬼。此中奥妙无人知觉。今因人心冷淡，故锐气减半耳"。[②]

（三）朝政建设的思想及付诸实施

1. 仿用、改良和自我创造的官爵体系

在上帝会时期，洪秀全等领导人就在宗教组织之外酝酿政权建设。可以说，上帝会宗教组织和领导核心层的最后形成奠定了未来太平天国政权的雏形。1850 年初，洪秀全在平在山登基称"太平王"。1850 年七八月间，上帝会金田总部向各基地发布团方令，并预定于 11 月 4 日（道光三十年十月初一日）金田团营。在此前后，上帝会的宗教组织已淡化，逐渐被草创的官制、军制替代。团营预备时期，以营为军事单位，以营长为长官，其下设诸职，如梁立泰"庚戌年七月在金田入营，八月封前营长东两司马"。[③] 金田立国之后，改以军为基本单位，设有军长、百长、营长、先锋长等职，分前后左右中。1851 年 8 月 15 日洪秀全在茶地发布移营诏，此时杨秀清、萧朝贵、冯云山、韦昌辉、石达开已分别就任中军、前军、后军、右军、左军五军主将，并已设有总制、监军、军帅、侍卫等官阶。[④] 此后不久，洪秀全封杨秀清、萧朝

---

① 《干王洪仁玕立法制谊谕》，太平天国历史博物馆编：《太平天国文书汇编》，北京：中华书局，1979 年，第 94 页。

② 《开朝精忠军师干王洪宝制》，太平天国历史博物馆编：《太平天国印书》（下），南京：江苏人民出版社，1979 年，第 703 页。

③ 张德坚：《贼情汇纂》，中国史学会主编：《中国近代史资料丛刊·太平天国》（三），上海：神州国光社，1952 年，第 126 页。

④ 《天命诏旨书》，中国史学会主编：《中国近代史资料丛刊·太平天国》（一），上海：神州国光社，1952 年，第 64 页。

贵、冯云山、韦昌辉四人分别为正副军师。① 军师制酝酿较早，早在1848 年 11 月 19 日萧朝贵就通过"天兄"传言的方式确定"太平时"的军师是冯云山、杨秀清、萧朝贵三人，此后还有过多次议论，② 但并没有立即实行。可见自团营起事至 1851 年 9 月太平军攻克永安前，太平天国的政权建制已粗具样态，包括以桃园结义形式为基础并附会基督教三位一体形式组建的领导核心体制、军师主将制、太平军军队编制、男营女营制度、圣库制度等。因尚为战地草创之政权，所及偏重于军制。

1851 年 9 月 25 日，太平军克广西永安州。这是太平军兴以来攻占的第一座城池。在永安与清军相持的半年时间里，天王洪秀全连发诏旨，大力加强和健全各项军政制度。其一，建立健全各级官制。洪秀全自称万岁，授予杨、萧、冯、韦自九千岁至六千岁之尊呼。③ 明确了军师以上，经监军、总制、侍卫、将军、指挥、检点、丞相直达军师的各中高级职官。④ 另据个人特长或所司职务，在一般职官系统之外另设职同官，有掌朝仪、侍卫、国医、殿前监斩官、典刑罚、典圣粮等职。12月 17 日，天王发布诏旨，分封军师为王，杨秀清为东王、萧朝贵为西王、冯云山为南王、韦昌辉为北王，所封各王俱受东王节制。及围长

---

① 《清实录》咸丰元年八月庚午谕："伪军师杨秀青（清）遍贴伪示，编造妖言，逼胁愚民，实堪痛恨。"（《清文宗实录》卷 40，北京：中华书局，2008 年影印本，第 40 册，第 42844 页。）

② 王庆成编注：《天父天兄圣旨》，沈阳：辽宁人民出版社，1986 年，第 5、63、96 页。

③ 《钦差大臣赛尚阿奏报探闻永安会首大概情形片》（咸丰元年九月初八日），中国第一历史档案馆编：《清政府镇压太平天国档案史料》第 2 册，北京：光明日报出版社，1990 年，第 378 页。

④ 《天命诏旨书》，中国史学会主编：《中国近代史资料丛刊·太平天国》（一），上海：神州国光社，1952 年，第 65—66 页。

沙，洪秀全补授左军主将石达开为翼王、五千岁。^① 至此，构建了天王领导，东王总理军政，诸王议事决策的行政体制，太平天国的官制体系大体上也完成了定位。其二，颁行《太平天历》，使用太平天国纪年。其三，编纂、刻印新书。重颁《天条书》，编纂《太平条规》《太平军目》，对太平军的兵制、纪律做出具体统一的规定；编写《幼学诗》《颁行诏书》《天父下凡诏书（第一部）》，修订《太平诏书》《天命诏旨书》，加强宗教宣传和思想教育。其四，重申严别男女之禁，颁布《严命犯第七天条杀不赦诏》。其五，建立奖惩记功制度，颁布《令各军记功记罪诏》《谕兵将立志顶天真忠报国到底诏》。其六，加强圣库制度，颁布《命兵将杀妖取城所得财物尽缴归天朝圣库诏》。其七，制定《太平礼制》。《太平礼制》是现存最早的一部太平天国印书，封面注明"太平天国辛开元年新刻"。它规定了上到小天堂后，从各王到两司马的森严等级，以及对其子嗣家族和姻亲都按尊卑等级规定了烦琐苛细的称谓和礼节，形成了一整套礼仪制度。另外袍服制式、文书制度也悉有定制。永安建政后，太平天国政权初具规模。永安时期建立起来的各项制度，是此后太平天国政权建设的主线和基础，十多年里，虽然具体样态时有变更，甚至错综复杂，但仍能从永安时期所定制度中寻出端倪。

1853年3月太平天国定都天京后，其官制、军制、礼制等各项制

<hr/>

① 《永安封五王诏》，太平天国历史博物馆编：《太平天国文书汇编》，北京：中华书局，1979年，第35—36页。按，朱从兵先生认为，"太平天国早期历史的相关文献表明，洪秀全先封东西南北翼五王有一个先封东西南北四王后封翼王的过程"。参见朱从兵：《太平天国"翼王"爵号诞生考——对永安封五王诏的质疑》，《广东社会科学》2012年第2期。张汝南《金陵省难纪略》记载了太平天国先封四王后封翼王的经过："贼在修仁、荔浦时，止天贼及东西南北四贼旗号而已。翼贼伪天官正丞相，秦日纲伪天官副丞相。及围桂林，天贼下诏封翼贼为伪左军主将翼王，羽翼天朝，日纲始转正。"［张汝南：《金陵省难纪略》，中国史学会主编：《中国近代史资料丛刊·太平天国》（四），上海：神州国光社，1952年，第707页。］早期清廷前线的征剿大吏也一直只知四王，而不知有翼王，这说明石达开的影响在当时还不够大。现知《永安封五王诏》系据壬子二年原刻本《天命诏旨书》所录，也存在再刻之时洪秀全对早期太平天国历史做了人为安排和重构的可能，所谓《永安封五王诏》有可能是对既成事实的确认，"又褒封达胞为翼王，羽翼天朝"一句或为补增。

度日趋完备。其一，东王府代行中央权力。杨秀清自 1848 年 4 月假代"天父"传言，通过与萧朝贵合作，发展势力，超越冯云山，跻身上帝会权力核心层。茶地移营时规定，一切行营铺排，宜听中军主将令。永安封王后，所封各王，俱受东王节制。太平天国实行军师负责制，军师为"朝纲之首领"，于是杨秀清总理太平天国军政大权，原来以天朝宫殿为基础的"天朝"——中央政府，其职能权限转移到"九重天府"——东王府。东王府设六部，职官甚多，效率极高，负责处理太平天国日常事务，政务文件"层层转达，而毫无窒碍，曾于一日之内发谕至三百件之多"。太平天国"一切号令，皆自伊出"，"刑赏生杀，伪官升迁降调，皆专决之"，天王唯"画诺而已"，[①] 天王府所属数千朝内官成为仅供天王役使的服务性官员，王权和相权之间涌动着冲突的暗流。其二，职官制度逐渐完备。定都之后，王爵之下丞相之上增设"侯"爵，军师、主将、丞相以下为官职，有正职、职同、恩赏之别，即使同级，也以名序或数字前后而分高下。各王之下及其他朝内正职官下均有种类繁多、人数不等的属官。为管理天京军民事务，还设有"衙"等管理机构，主管官员为天朝典官。另设有女官，分天王和诸王府女官、女营和女绣锦营女官。太平军的编制仿照《周礼》，以军为单位，理论上讲，每军自两司马至军帅的正职军官有 656 人，伍长伍卒 12500 人，军帅以上有监军统率，总制指挥作战，另设典官。职官和典官均有数额不等的属官、属员。除陆营外，还有土营、水营、女营、诸匠营和百工衙等。其三，建立官员铨选制度、考试制度、招贤制度。太平天国对官员的铨选，起初主要采取保举法，由各级官员保举，逐级呈报东王定夺。其中军功是主要标准，血缘、地缘亦有相当考量。太平天国的考试制度废除了门第、出身等限制，分县、省、京三级，不用四书五经，试

---

① 张德坚：《贼情汇纂》，中国史学会主编：《中国近代史资料丛刊·太平天国》（三），上海：神州国光社，1952 年，第 45、102、192 页。

题出自《圣经》《天命诏旨书》等。科举之外，还倡招贤之举。其四，形成了等级森严的礼仪制度。定都后，诸王大兴土木，建造豪华的宫殿、王府。洪秀全以原两江总督署为天朝宫殿（俗称天王府），两度兴工，穷极壮丽。各王深居简出，仪仗排场，等级有差，专门设典天舆、典天马等职掌管仪仗。自天王至两司马，坐轿颜色、轿夫人数均有严格规定。杨秀清出行时，仪仗煊赫，千数百人，甚至需拆毁两边民宅以拓宽道路，如赛会状，"出则贼众千余人，大锣数十对，龙凤虎鹤旗数十对，绒采鸟兽数十对，继以洋绉五色龙，长约数十丈，行不见人，高丈余，鼓乐从其后，谓之'东龙'。乐已，大舆至，舆夫五十六名，舆内左右立二童子，拂蝇捧茶，谓之仆射，舆后伪相，伪指挥二人，以次侍见"。① 诸王、各官出行，下级官员兵士百姓均须遵从回避制，"凡东王、北王、翼王及各王驾出，侯、丞相轿出，凡朝内军中大小官员兵士如不回避，冒犯仪仗者，斩首不留"，"凡各尊官自外入，卑小官必须起身奉茶，不得怠慢"。称呼礼、冠制、袍服自天王、诸王至各官、女官及他们的子女都分别有等级严格的区别。天朝袍服有黄龙袍、红袍数种，绣龙数目自天王绣九条至侯、丞相为四条，检点素黄袍，指挥至两司马素红袍。靴均方头，天王、东王、北王为黄缎靴，绣金龙，翼王、燕王、豫王素黄靴，侯至指挥素红靴，将军以下皆皂靴。太平天国在服饰上禁止百姓用红黄两色，"红黄二色，为天朝贵重之物"，② 民间仅准红色包头，犯者斩。另有严格繁复的避讳制度，主要反映了太平天国的宗教思想、政治观念以及意识形态。早期仅"天父""皇上帝""爷火华"等宗教字眼须避讳。定都后，诸王名讳均须改字避讳，到1862年颁布《钦定敬避字样》，须避讳字、词共80余处，包括宗教避讳字、

① 谢介鹤：《金陵癸甲纪事略》，中国史学会主编：《中国近代史资料丛刊·太平天国》（四），上海：神州国光社，1952年，第668页。

② 张德坚：《贼情汇纂》，中国史学会主编：《中国近代史资料丛刊·太平天国》（三），上海：神州国光社，1952年，第223、230页。

迷信避讳字等几类。

天京事变后，面对危局，天京政府曾多次对政权建制进行调整、补充。但屡经改政，官爵制度、人事制度、礼仪制度愈加复杂僵化，权力外移，政权运作失灵，直至 1864 年天京被湘军攻陷，太平天国中央政权覆灭。后期太平天国的改政已称不上朝政建设，但为完整梳理太平天国政权及各项制度发展变化的脉络，尚需对这期间的朝政变动做一概述。其一，军师制的名存实亡和君主专制的强化。太平天国的政治体制一开始就是君主制，天王具有处理军国大事的决策权。但天王权威在世俗间先后受到东王、北王觊觎，在宗教上又受"天父""天兄"掣肘。直到天京事变，首义诸王或死或走，洪秀全宣布"主是朕做，军师亦是朕做"，[①] 才强化了以天王为国家元首的君主制政治体制。至后期所封洪仁玕、李秀成等军师，名为政府首脑，实际变为一种荣誉封号。其二，改变中央机构。一改前期天王府不设六部的情况，增设掌率协助天王管理庶政，改六官丞相为六部官，分别承担一部分政务。其三，两度更改国号。其四，广授官爵，滥封诸王，官吏铨选制被破坏。在前期的燕、豫、侯三爵之上增加了义、安、福三爵，又新设天将、统管、尽管、神策、朝将、护京神将、神使，新设官爵之下相应增设大量属官，丞相及丞相以下职官渐趋卑微，后期仍然设有职同官，还新创爵同官。

根据从早期到后期太平天国政权建制的基本内容和发展脉络，我们可以梳理出洪秀全和太平天国在朝政建设方面的主要思想内容。洪秀全等太平天国领导人向往上古三代的大同之世，他们受限于自己的见识经历，只好从儒家经典中寻找符合自己理想的国家制度。《周礼》是儒家最理想的礼制模式，太平天国首次把《周礼》记载的官爵制度运用于实践，但主要是采用了周官制中的军制和乡官制，"乃会万民之卒伍而

[①] 《王长次兄亲目亲耳共证福音书》，太平天国历史博物馆编：《太平天国印书》（下），南京：江苏人民出版社，1979 年，第 714 页。

用之，五人为伍，五伍为两，四两为卒，五卒为旅，五旅为师，五师为军，以起军旅"（《周官·地官司徒·小司徒》），据此设置了军帅、师帅、旅帅、卒长、两司马、伍长等职。军队和乡官基层政权均以军为单位，每军 13156 人，或每军统 13156 家（理论上如此，实际情况则缺编甚多）。太平天国的各类典官和后宫女官多袭用《周礼》，有的直接采用其中的职事官名目，如御、春人、宰夫、浆人、传等，有的是取周礼六官各篇中"掌炭、司戈、典丝"等职事中的"掌""典"等动词，加上所管具体职事，构成太平天国的"典天舆""典东舆""掌朝仪""掌书"等官名。典官制是仿《周礼》变通而成，凡各行各业均设主司机构，反映了农耕社会的政治诉求，是太平天国官爵制的一大特色。太平天国以天地春夏秋冬编号丞相，后嬗变为"六部官""六部僚"，[①] 均借鉴于《周礼》以六官建立官制，掌理国事。太平天国的官制还借鉴了其他儒家经典，如《礼记·礼运》等篇记有五行（金木水火土）、四时（春夏秋冬）、五色（即五方，东西南北中）之句，太平天国亦将之纳入官制。仿用、改良和借鉴古书中的记载，并将之运用于政治实践，体现了洪秀全在早期作品中描述的上古大同社会的理想信念，是儒家思想的一个体现。沿袭、恢复《周礼》理想之官制，在一定程度上也体现了洪秀全等人开创新朝的"天命观""正统观"。但这只是一种借用，不能掩盖太平天国官制、军制的独特性和创造性。张德坚说其"妄托古制，沿其名而悖其义"，[②] 汪士铎说"官制皆仿《周礼》"，"大抵所学者《诗》及《周礼》二经"，[③] 其实都存在一定误解。

[①] 六部僚，太平天国后期对诸王之加衔。部名沿用旧六部名，在"僚"字前冠以天、地、春、夏、秋、冬定名，吏部称天僚，户部称地僚，礼部称春僚，兵部称夏僚，刑部称秋僚，工部称冬僚。每部设正、又正、副、又副各一人，共 24 人。各部僚皆王爵兼任，地位甚高，如吏部正天僚干王洪仁玕、吏部副天僚英王陈玉成等。

[②] 张德坚：《贼情汇纂》，中国史学会主编：《中国近代史资料丛刊·太平天国》（三），上海：神州国光社，1952 年，第 77 页。

[③] 汪士铎：《汪悔翁乙丙日记》卷 2，民国二十五年（1936）铅印本，第 9 页，北京大学图书馆藏。

太平天国的王、侯、丞相、检点、指挥、将军、总制、监军、侍卫、仆射、尚书、承宣等职爵，在秦汉以来的历代官爵制度中皆有渊源可考。如丞相一职，自明代胡惟庸事件后废止，清袭明制，亦不设，太平天国恢复丞相，显然有以汉族旧制否定清制之意。后期太平天国增设的官职，如参政、参军、护军、提点、稽勋、校尉、武尉、侍官、编修、总裁等，亦出自历代官制。太平天国移植的历代官爵名称，大多是中高级武官，可见是受战争环境影响而为服务于军事。太平天国官制虽有文武不分的特点，实际还是重武轻文，带有浓厚的军事色彩，几次官制的调整和充实，主要也是为激励将士，服务于军事斗争。另外，有的官职虽借鉴其名，但其本义和权限已大不相同，如丞相之职，前期设24员，服务于军师，若非外派出任兵事，并无实权，仅具其名。总制之职，明嘉靖年间改总督，为地区最高军政长官，而太平天国总制仅是名义上的郡（府）长官，冠以五行编号，这些均表达了太平天国故意睥睨贬低前制之意。

戏剧、平话小说也为农民阶层所熟悉。太平天国设军师主管军国大事，不是仿用历代官制，而是采自民间脍炙人口的小说故事。《三国演义》《水浒传》《隋唐演义》《大明英烈传》和当时流行的其他稗官演义，塑造了诸葛亮、吴用、徐懋功、刘伯温等作为智慧化身并执掌兵权的军师形象，而这些人恰是农民军熟悉并崇拜的，所以李自成、张献忠、洪秀全都设置"军师"。太平天国设军师，既是历代农民起事政权的共性，也是为与前代的宰相、丞相等类官称相区别。

太平天国还自创了许多官爵名目，如义、安、福、燕、豫、侯六爵，均冠以"天"字；各王爵衔号中均有"顶天扶朝纲"字样；还有以血缘定名的非官爵名目，如国宗、王宗；按机构或职能定名的，如总圣库、参护、大旗手、巡河道等；翼王远征军中设置有元宰、宰制、宰辅、大中丞、大柱国、经略、军略、渠帅、元戎、统戎、参戎、佐旗、总领等数十种新官名，这些全不用太平天国官制，属于翼王自创。但是，大部分自创官名，仍能从历代官制中找到痕迹。太平天国设经政司、金政司，可能是古代军政司的变通；同检很可能是将点检、都督同知合二为一；监尉、仆尉可能由古代的校尉、都尉变易而来；翼王远征军中的大中丞、统戎、参戎可能分别来源于巡抚、统领、参将。也就是说，尽管太平天国的领导人希望按照自己的理想开创新朝，但仍不能完全摆脱传统思维定式，他们不自觉地在创造制度中沿袭了旧制度，吸收了旧文化。

后期洪秀全设置了"天将""神策朝将""护京神将""神使"等官爵名目。① "神使"一词出自《圣经》，其他各词不见于基督教经典。这些词的本义与中国民间宗教文化中的"天兵天将"相似，与基督教教义没有明显关系。洪秀全在《钦定前遗诏圣书·马太传福音书卷一》中批注："天兵天将是星宿，降世为人则自天坠地矣"，在《圣人约翰天启之传》中批注："天将天兵是天星，坠地者隐诏降世诛妖"，② 《天王收得城池地土梦兆诏》中有"朕见无数天兵将""无数天将天兵扶住朕身""重重天将天兵护卫服事""无数天将进贡爷哥朕""朕见天将天使奏朕收得城池地土"等句，③ 《王长次兄亲目亲耳共证福音书》中有"恩差天将天兵接真圣主天王转天""天将天兵扶朕上舆"等句，④ 天京城破前洪秀全还在讲"朕之天兵多过于水"。⑤ 洪秀全所说的天将天兵显然是指被天父指派下凡护卫天王的"天使"，他在俗世间设置类似职爵，旨在借宗教教义维护天王权威。而洪秀全的宗教思想本身就掺杂着

① 参见太平天国历史博物馆编：《太平天国文书汇编》，北京：中华书局，1979 年，第 46、50、59 页。

② 《钦定前遗诏圣书》，罗尔纲、王庆成主编：《中国近代史资料丛刊续编·太平天国》（一），桂林：广西师范大学出版社，2004 年，第 142—143、354 页。

③ 《天王收得城池地土梦兆诏》，罗尔纲、王庆成主编：《中国近代史资料丛刊续编·太平天国》（三），桂林：广西师范大学出版社，2004 年，第 74 页。

④ 《王长次兄亲目亲耳共证福音书》，太平天国历史博物馆编：《太平天国印书》（下），南京：江苏人民出版社，1979 年，第 711 页。

⑤ 《忠王李秀成自述》，罗尔纲、王庆成主编：《中国近代史资料丛刊续编·太平天国》（二），桂林：广西师范大学出版社，2004 年，第 386 页。

中国传统民间文化要素，因上帝教自成体系，从根本上讲，这些职爵的设置还是源自洪秀全的宗教思想。太平天国政教合一，如同六爵以"天"冠之，"天将""神将""神使"等名目均是宗教政治化的产物。像这样带有宗教色彩的职爵名目，在中国农民战争史上颇具特色。

官制是政权的架构，是政权建设的关键。概括而言，太平天国的官爵制度之思想渊源主要有四类：古书《周礼》及其他儒家经典、历朝历代官爵旧制、戏曲和平话小说之描述、自造官爵（包括上帝教宗教思想指导下的官爵设计）。

太平天国吸收了千百年来农民关于政权建设的理念文化，汲取了历朝历代的官爵旧制，并在实践中创立、改良和完善了职官体系。如一改历朝历代以职官为主体的官制，而以爵官为主体，爵官包含职官、勋官和散官；创造了一个繁杂多等，带有浓厚宗教色彩的官爵名目体系，并创制了严格有序的"太平礼制"。这说明洪秀全等人创造的新朝，既不同于历史上由农民起事所建立的政权，更力图与历朝历代的王朝政权加以区别，充分体现了洪秀全等人力图对政权建设革故鼎新的创造思想，从而建立起了以往历次农民运动所不能实现的相对完备、规模空前的政权。

但是在政权建设和职爵制度的制定上，太平天国始终难以完全突破前朝旧制，愈加繁杂无序。首先，受领导人个人阅历和知识眼界的局限，他们始终无法摆脱宗法社会思想的支配。洪秀全毕竟是历经几十年儒学思想教化的小知识分子，他无力超越传统儒家文化的社会环境，更不可能超越自己既定的思维模式。所以洪秀全一面批判儒学，号召民众推翻旧制度；一面又在儒学中寻找维系"天国"统治的思想资料，为建设新朝统治秩序，把儒学的思想行为衍化为太平天国的道德伦理。其次，试图建立的是小农的政治理想国。太平天国的官爵制度主要适应了农耕社会封闭的经济形态，但随着战争的进行，占领区的扩大，人口的增多，机构的庞杂，事务的繁重，就愈发暴露出自身的弱点。比如为激励农民、满足农民欲望而衍生的烦琐庞杂的官制，广设名目，官爵不分，官阶官职混淆，又缺少察举，全凭上级意念行事，缺乏法制理念，愈加滋长追求名利的功利心态，从而导致太平天国后期官僚化严重。又如体现了《周礼》规定的宗法思想和分封思想。宗法制度的核心是世袭制，农民希望通过世袭将既得利益固定化，以致所有官爵有定位而无升降，只得不断增添官爵，以满足需求。《太平礼制》即是强化"天国"世袭制、等级制的法律文件。分封诸王，列土分疆，军政合一，文武不分，这些都说明太平天国领导人在政权建设问题上的认识是粗浅和幼稚的。第三，借上帝教的宗教思想宣扬和维护领导集团的家族宗族统治，太平天国的官爵制度在一定程度上也是上帝教宗教思想政治化的产物。总之，太平天国领导人无法突破传统时代的政权体制，也没有能力构造新的政权组织。

2. 颁行并强制执行新历法

1848 年，冯云山在桂平狱中初制天历。[①] 至永安，为与封王建政相适应，冯云山与卢贤拔等人反复推堪审定，由杨秀清领衔上奏天王旨准，于天历壬子二年正月初一日（咸丰元年十二月十四日，1852 年 2 月 3 日）颁行天历。

在传统时代，王朝正朔是政权存在的重要标志之一。在清代，藩属国也要奉宗主国之正朔。太平天国废用清朝历法，实行新历法，具有一定的政治影响。清朝主持征剿的钦差大臣赛尚阿对此十分震惊，他奏称："（壬子二年正月）二十八日，弁兵捡回逆书一本，居然妄改正朔，实属罪大恶极。"[②] 张德坚惊呼："蠢尔狂寇，竟至更张时宪，此尤黄巾、赤眉所不为，黄巢、闯、献所不敢也"，"居然定伪时献书颁行贼

---

① 《天历每四十年一斡旋诏》，太平天国历史博物馆编：《太平天国文书汇编》，北京：中华书局，1979 年，第 46 页。

② 奕訢等：《钦定剿平粤匪方略》卷 10，《续修四库全书》史部纪事本末类，第 403 册，上海：上海古籍出版社，2002 年，第 202 页。按，这应是太平天国壬子二年新历。

境……贼教动以尊天为名，如是行为，直欲强行天道而就其伪法，逆天渎天，罪大恶极"。[1]

过去常以太平天国废止旧历中的宜忌、吉凶、神煞等褒赞其反对迷信和解放思想的积极意义。实际上，"其余从前历书，一切邪说歪例，皆妖魔诡计，迷陷世人，臣等尽行删除。盖年月日时皆是天父排定，年年是吉是良，月月是吉是良，日日时时亦总是吉是良，何有好歹，何用拣择？凡人果能真心虔敬天父上主皇上帝，有天看顾，随时行事，皆大吉大昌也"。[2] 这里的"邪说""妖魔"正是与上帝教中"真道""上帝"相对的概念。太平天历废止旧俗，充分彰显太平天国力求在政权建设的方方面面确立独尊上帝的局面。但过分追求复古和形式上的平匀圆满，强调"太平天日平匀圆满，无一些亏缺"，"天朝万事满足，不准丝毫欠缺"，[3] 以及天历中的若干改字，如"丑"改"好"，"亥"改"开"，"卯"改"荣"等，既体现了太平天国政权建设思想中的传统中国文化要素，同时也是上帝教追求"天人合一"思想的体现。

3. 强烈的反满思想

太平天国明确表达了"反满"思想，不仅见诸文献，而且付诸行动。早期太平军转战湘桂途中发布的《奉天诛妖救世安民谕》《奉天讨胡檄布四方谕》《救一切天生天养中国人民谕》三篇檄文，浓缩和彰显了浓厚的反满思想。这三篇文告以《颁行诏书》为题汇集成册，列入"旨准颁行诏书总目"，一再刻印宣传，说明太平天国一直认同文告宣传的思想内容。三篇檄文虽然都不同程度地宣传反满，但其主要论点集中在第二篇《奉天讨胡檄布四方谕》。全文罗列满洲人罪恶数十条：变

---

① 张德坚：《贼情汇纂》，中国史学会主编：《中国近代史资料丛刊·太平天国》（三），上海：神州国光社，1952 年，第 168 页。

② 《东王杨秀清等献天历本章》，太平天国历史博物馆编：《太平天国文书汇编》，北京：中华书局，1979 年，第 165 页。

③ 张德坚：《贼情汇纂》，中国史学会主编：《中国近代史资料丛刊·太平天国》（三），上海：神州国光社，1952 年，第 168 页。

易中国（汉人）发式衣冠；淫乱中国女子（满汉通婚）；改变中国制度，造为妖魔条律；胡言胡语（京腔）惑中国；不恤百姓；纵贪为虐；严刑峻法等。侮指满人为"乃一白狐一赤狗交媾成精"，宣布"胡虏有必灭之征。三七之妖运告终，而九五之真人已出"，表示"誓屠八旗，以安九有"，号召天下义士"执守绪于蔡州，擒妥欢于应昌，兴复久沦之境土，顶起上帝之纲常"，以期"肃清胡氛，同享太平之乐"。①

太平天国领导人的反满思想主要有以下来源。一是客家人对民族压迫和民族反抗的历史记忆。迫令削发编辫，改变衣冠服饰，曾是令汉族男子痛心疾首的历史记忆。客家人对外族的入侵，要比一般的汉人更有感触。洪秀全的家乡广东花县花山一带是南明抗清的最后基地之一，据传洪秀全、冯云山的先人曾应召从祖籍嘉应州迁至花县参加客家起兵反清。因此洪秀全等人强烈的反满意识可能与其客家人出身的背景有一定关系。二是洪秀全深受儒家思想熏陶，继承了儒家文化中的"华夷之辨""中华正统"思想。这种思想是汉人反对异族征服与压迫的思想武器，自先秦以来，一直为汉人精英所传递。其实，"华夷之辨"蕴含的大汉族主义是儒家民族观中的糟粕。三是两广地区是以"反清复明"为宗旨的天地会长期活跃的地区，上帝会兴起后又与天地会屡有接触，洪秀全早期思想受其影响。天地会宣传的反清思想本质上仍是世俗化的"华夷之辨"。四是上帝教宗教思想的反映。在三篇檄文中，太平天国以一种极为夸张和激烈的语言表达自己的反满姿态，不惜诋毁满洲人的种族起源，指斥满人为"满妖""蛇魔""鞑靼妖胡""满洲妖魔""妖怪"，首次明确把《原道觉世训》中提出的上帝对立面"阎罗妖"与满洲统治者、满人等同起来，列为上帝教"斩邪留正"的对象。太平天国把颠覆清朝的政治目标说成是为上帝收复失国，替天行道，还在檄文

① 太平天国历史博物馆编：《太平天国印书》（上），南京：江苏人民出版社，1979年，第108—110页。

中将上帝真神附会为中国、中华、神州等概念。也就是说,"反满"虽然是太平天国的民族思想和政策,但同时也带有浓厚的宗教色彩。

太平天国强烈声讨满洲统治者的民族压迫,表达了处在社会底层的贫苦农民要求颠覆旧秩序的心声。反满思想成为太平天国造反的思想源流之一,对太平天国的发展起到了一定作用。太平天国领导者希望以"反满"相号召,推动反清大业,广泛赢得汉人各阶层的支持,也在情理之中。但它的反满思想存在局限。一是具有狭隘的大汉族主义和愚昧的民族等级思想。《救一切天生天养中国人民谕》讲:"以中国制妖胡,主御奴也,顺也;以妖胡制中国,奴欺主也,逆也。"[①] 可见太平天国的反满并非是要争取民族平等,而是在推翻满洲统治的基础上实现汉族压迫满族的一种新的民族压迫形式。二是带有偏激浓郁的宗教色彩和狂热的民族复仇情绪,这显然不能引起深受儒学正统思想熏陶的士绅阶层的共鸣。清朝经过二百多年的统治,统一多民族国家早已成形,满族已经实现了中华意识的文化转型,19 世纪中叶满汉仇雠的意识在当时社会矛盾激化的社会环境中虽有抬头(天地会活动兴起),但已不可能再像清初那样形成气候。一些宣传反满思想的文书在内容上也存在明显错误。比如在《奉天讨胡檄布四方谕》中说"满洲造为京腔","予总料满洲之众不过十数万,而我中国之众,不下五千余万",在《贬妖穴为罪隶论》中说北京、直隶"在中夏之北,其地苦寒,妖多而人少","北方之地,风沙无际,寒暑过严",这些常识性错误自然会降低所宣传的反满思想的说服力。[②] 三是反满不是单纯的政治策略、政治口号,而是直接落实为长期的暴力屠满行动,太平军在江宁(南京)、京口(镇江)的战役中均有屠戮满洲妇孺的事情。但到后期,洪秀全、李秀

---

① 太平天国历史博物馆编:《太平天国印书》(上),南京:江苏人民出版社,1979 年,第 112 页。

② 太平天国历史博物馆编:《太平天国印书》(上),南京:江苏人民出版社,1979 年,第 443、449 页。

成对满人的暴力政策已有调整，不再把满人一概视作"妖魔"，如1861年李秀成破杭州，"奏准天王，御照降下，准赦满人"，"各获有满人落在营中者，不准杀害"。[1]

《清史稿》将太平天国"严种族之见，人心不属"列为其败亡的原因之一，[2] 究其根源，实是极端的反满思想没有触发社会精英阶层的共鸣，没有获得士绅群体的支持。扫荡八旗驻防地区满人的暴力行径，杀戮太过，造成社会恐怖，疏远了民众。而对后世来说，太平天国的反满思想为孙中山等革命党人提供了一条反清的思路。孙中山崇奉洪秀全为革命先驱，提出"驱除鞑虏，恢复中华"，后来又审时度势，改行五族共和、三民主义。

4. "政教皆本天法"的法制思想

建都天京后，杨秀清在《太平救世歌》的序言中说："除妖安良，政教皆本天法；斩邪留正，生杀胥秉至公。"[3] 这是太平天国领导人第一次正式提出"以法治国"的指导思想。中国古代不乏"以法治国"的论说，如"秉权而立，秉法而治"（《商君书·壹言》）、"事断于法"（《慎子·君人》）等，但农民起事政权提出这个思想的还很鲜见。

太平天国的法制思想和实践经历了一个嬗变过程。上帝会时期，洪秀全和冯云山仿基督教《旧约·出埃及记》中的"摩西十诫"，制定了"十款天条"，这只是用作道德规范的宗教条规，却成为后来太平天国法律文本的雏形。永安建政，太平天国正式刊刻《天条书》，把原有的宗教戒律转化为战时的军纪国法。太平天国明确宣布："天朝政例皆从

---

[1] 《忠王李秀成自述》，罗尔纲、王庆成主编：《中国近代史资料丛刊续编·太平天国》（二），桂林：广西师范大学出版社，2004年，第376页。

[2] 赵尔巽等：《清史稿》第42册《洪秀全传》，北京：中华书局，1977年，第12966页。

[3] 《太平救世歌》，太平天国历史博物馆编：《太平天国印书》（上），南京：江苏人民出版社，1979年，第141页。

上帝十款天条礼制，总依斩邪留正之律也。"① 虽然《天条书》没有提出违犯的处罚规定，但其中的各项犯"天条"行为必在严禁严惩之列。同时期洪秀全颁发的一系列诏旨，如《谕众兵将遵天令诏》《命兵将杀妖取城所得财物尽缴归天朝圣库诏》《严命犯第七天条杀不赦诏》《严禁私藏私带金宝诏》等，实际补充了《天条书》的刑罚内容。洪秀全在永安发布的诏令和规定，大多是为严肃军纪，其基本内容被收入《太平条规》，包括《定营规条十要》和《行营规矩》各十条。《行营规矩》中有六条是群众纪律，如不得毁坏民房、不得掳掠财物、不得捉挑夫、不得枉杀老弱等，有利于争取民心、密切军民关系。此外，洪秀全还下令编纂《天命诏旨书》，辑录天父天兄下凡圣旨及天王诏旨，"庶使通军熟读记心"，"亦无非使尔等识法忌法之意"。② 这说明，太平天国早期的"天法"包括了《天条书》《太平条规》以及太平天国的各项诏令、告示，它们构成了太平天国初期具有浓厚宗教色彩和战时特点的法律体系。

定都天京之后，太平天国在原有法律形式的基础上，制定了《太平刑律》62 条。《太平刑律》共录 8 类罪名：通敌谋反罪、侵害百姓罪、违反教规罪、不敬长官罪、贪污渎职罪、奸淫及烟毒罪、斗殴及赌博罪、传播邪说罪。③ 其中，违反军纪、侵害百姓的刑律有 26 条，足见太平天国领导人高度重视整肃军纪。《太平刑律》仍然是偏重于以法治军，以"奉天诛妖""斩邪留正"的宗教思想为立法原则，这是由战争的客观环境决定的，但它也同时具有了立国治民的性质，这对于推动政权建设曾起到积极作用。随着以天京为中心的大片根据地的建立，法制

---

① 《东王杨秀清答覆英人三十一条并质问英人五十条诰谕》，罗尔纲、王庆成主编：《中国近代史资料丛刊续编·太平天国》（三），桂林：广西师范大学出版社，2004 年，第 19 页。

② 《汇编天命诏旨书诏》，太平天国历史博物馆编：《太平天国文书汇编》，北京：中华书局，1979 年，第 38 页。

③ 张德坚：《贼情汇纂》，中国史学会主编：《中国近代史资料丛刊·太平天国》（三），上海：神州国光社，1952 年，第 227—232 页。

建设上的事务也大量增加，原有的枷、杖、死三种刑罚已不能适应日益增多且性质复杂的案件处理，于是在1853年增设了"奴刑"。奴刑包括三种类型：革职为奴（名誉上成为最卑贱的人）、奴落监牢（监禁）、拘禁并罚使劳作。从《天父圣旨》看，很多高级官员曾被"黜为奴"。我国自唐宋以来，有枷、杖、徒（奴）、流、死五种传统刑罚，而太平天国有四种（流刑因战争而不具可行性），可知太平天国的刑罚主要沿袭了历史传统。

太平天国法制思想的主要来源有二。一是传统中国的刑法思想。在传统中国社会，君权至上，法自君出，一方面需要制定严刑峻法维护皇权专制统治、等级制、世袭制和儒家伦理道德，另一方面需要设置包括枷、杖、徒、流、死五刑和其他非正刑的各种刑罚来惩治犯罪。洪秀全自幼熟读经书，受传统刑法思想影响。在1852年刊刻的《幼学诗》里，洪秀全就反复强调君权至上的法制思想，如"天朝严肃地，咫尺凛天威，生杀由天子，诸官莫得违"，他还提出了一系列宣扬三纲五常伦理思想的行为准则，如"君道""臣道""父道""子道""夫道""妻道"。[1]《天朝田亩制度》规定在审判制度上，"天王乃降旨主断，或生或死，或予或夺，军师遵旨处决"。[2] 到后期，洪秀全颁刻了《钦定制度则例集编》（现佚失），进一步加强法制建设，颁布的其他属于刑律方面的诏旨仍在极力宣扬君权神授、皇权世袭、生杀由天子等思想。

二是宗教思想，它是太平天国法制思想的主体。法制建设与宗教结合是太平天国法制思想的一个特点。"斩邪留正"是上帝教的教义之一。在《百正歌》《原道醒世训》等早期宗教作品中，洪秀全吸收儒家传统文化，从独尊上帝的教义出发，阐释"正"与"邪"的区分。先

① 《太平救世歌》，太平天国历史博物馆编：《太平天国印书》（上），南京：江苏人民出版社，1979年，第59—64页。

② 《天朝田亩制度》，太平天国历史博物馆编：《太平天国印书》（上），南京：江苏人民出版社，1979年，第410—411页。

是树立"正人"的准则，再是恢复"公平正直"之世的理想，重点在于释"正"；而后在《原道觉世训》《太平天日》中转向释"邪"，一步步把"邪"的目标指向了作为"阎罗妖"的清朝皇帝。因此"斩邪"成为太平天国法制建设的基本思想。太平天国的很多法令都具有宗教形式，或者是为了维护上帝教教义，如昔日的宗教戒律"十款天条"变为作为太平天国刑律的重要成文法《天条书》，其前四条均与拜上帝有关："崇拜皇上帝""不好拜邪神""不好妄题皇上帝之名""七日礼拜颂赞皇上帝恩德"。[①] 太平天国规定"凡兄弟俱要熟读赞美、天条，如过三个礼拜不能熟记者，斩首不留"。[②]《太平刑律》里关于违反教规罪的规定多达 11 条。

太平天国的法制思想存在严重局限。首先，洪秀全更多地吸收了传统思想文化的糟粕，以法制建设服务于皇权，维护等级制、世袭制和君主专制。其次，具有浓厚宗教色彩的法制思想，使太平天国领导人逐渐沉迷于宗教狂热而无法推动法制建设的进一步发展。如"斩邪"的基本思想渗透在军事斗争的敌我立场和道德行为的是非观念里，把国家法律必须惩治的各种犯罪，特别是政治立场中敌对的"邪"，与人们社会生活中不道德行为的"邪"混为一谈，混淆敌我和是非、罪与非罪的界限，从而导致太平天国在法律执行上极大地扩张了打击的覆盖面，转变为主要施于内部的酷刑苛法，造成许多冤假错案，也形成了太平天国律法存在量刑过重、无轻重过失之区别、无民事刑事之区分的特点。[③] 最后，缺少必要的法律制定和执行监督。洪秀全、杨秀清完全按

---

① 《天条书》（太平天国手写本），罗尔纲、王庆成主编：《中国近代史资料丛刊续编·太平天国》（一），桂林：广西师范大学出版社，2004 年，第 5—6 页。

② 张德坚：《贼情汇纂》，中国史学会主编：《中国近代史资料丛刊·太平天国》（三），上海：神州国光社，1952 年，第 229 页。

③ 《太平刑律》62 条中有 46 条属于极刑，包括 43 条斩首、3 条点天灯或五马分尸。后来虽设"奴刑"，但总体上死刑无较多减少。张德坚也认为"毛细之过，笞且不足，贼辄律以斩首……尤以伪律为至酷耳"。见张德坚：《贼情汇纂》，中国史学会主编：《中国近代史资料丛刊·太平天国》（三），上海：神州国光社，1952 年，第 227 页。

照个人主观臆断，"出一言是命"（"命"即"法"），① "只有人错无天错，只有臣错无主错"，② 轻率、随意地下达和执行法令，难免造成不合时宜或不公。例如《天父圣旨》记载了 1854 年 3 月 2 日东王杨秀清以天父下凡处理镇国侯卢贤拔、秋官又正丞相陈宗扬犯夫妻同宿罪之事，陈宗扬夫妇被判斩首，而卢贤拔（杨秀清之表兄）仅被革职羁押。杨秀清自己后来也觉得执法不公，"不惟不足以服朝官，尤恐不足以服天下"，十几天后，假天父之口命女官杖责自己五十板，以塞众口。③ 从《天父圣旨》看，杨秀清在定都天京后逐渐独揽了立法权和司法权，"生杀由天子"变成"生杀由东王"，杨秀清可以随意处罚高级官员为"奴"，也可以肆意使用法律排斥异己、打击政敌。

在前期，太平天国法制思想和实践的发展，在推动政权建设和起事壮大方面曾起到了积极作用，但正因为存在上述严重弊端和局限，在很大程度上加剧了太平天国政权内部的离心倾向。太平天国后期，像李秀成、陈玉成也认识到法制建设存在问题。李秀成曾上书洪秀全"定制恤民，申严法令，肃正朝纲，明正赏罚，依古制而惠四方，求主礼而恤下，宽刑以待万方"，洪秀全不许。④ 陈玉成曾给洪仁玕写信，要求"请定章程，以救时弊，其所议赏罚之法，致为森严"，深得洪仁玕赞同。⑤ 洪仁玕在总理朝政的最初两年，根据自己在香港、上海等地学习游历所得的关于西方资本主文化的见闻，汲取了中国历史上"以法治国""教法并行"等传统思想精华，针对太平天国法制建设的时弊，撰

---

① 《天命诏旨书》，太平天国历史博物馆编：《太平天国印书》（上），南京：江苏人民出版社，1979 年，第 117 页。

② 《天父诗》，中国史学会主编：《中国近代史资料丛刊·太平天国》（二），上海：神州国光社，1952 年，第 484 页。

③ 王庆成编注：《天父天兄圣旨》，沈阳：辽宁人民出版社，1986 年，第 107—109 页。

④ 《忠王李秀成自述》，罗尔纲、王庆成主编：《中国近代史资料丛刊续编·太平天国》（二），桂林：广西师范大学出版社，2004 年，第 354 页。

⑤ 《干王洪仁玕立法諠谕》，太平天国历史博物馆编：《太平天国文书汇编》，北京：中华书局，1979 年，第 94 页。

写、刊布了《资政新篇》《立法制诰谕》《开朝精忠军师干王洪宝制》等一系列文件，其中有不少是关于法制建设的内容，提出了改革法制的系统主张。洪仁玕倡议学习西方以改革太平天国法制，代表着当时中国先进的法制思想。可惜的是，洪仁玕的近代化法制思想，在当时的太平天国缺少实施的土壤。在后期太平天国领导集团普遍的安富尊荣、权力倾轧、内忧外患的环境中，洪仁玕的这种励精图治实际只是一次短暂的无奈尝试。他不可能挽狂澜于既倒，在政治上很快失势之后，只能迁就于这种蜕变狂潮，愚忠思想指引他趋同于洪秀全偏执狂热的宗教思想。

洪秀全的思想之发展演变是洪秀全、冯云山、杨秀清、萧朝贵、石达开等人，以及后期洪仁玕、李秀成等人集体思想的结晶，我们虽称之为洪秀全的思想，然实非其一人之思想。但是，作为太平天国的开创者、最高统治者和精神领袖，洪秀全几乎与太平天国的兴衰际遇相始终，他的思想对太平天国的历史命运产生了直接的实质性影响。前述太平天国统治方略，主要是洪秀全思想的直接反映。

拜上帝思想寄寓着洪秀全等人打江山、创新朝的政治理想，成为广大军民征伐江山和改造现实社会的思想武器。太平天国试图以不同以往的精神武器改造和武装民众，并将之作为制定统治方略的思想依据，这突破了既往农民起事主要依靠物质武器批判旧统治秩序的局面。太平天国形成了具体系统的统治思想和政略，但因其空想或内容相悖而难以维系。可是它描绘了较前制更为完美良善的愿景，与同时期劫富济贫、打家劫舍的天地会相比，显然属于高下迥异的两个层级；而形成如此系统完整的统治方略，且其在占领区十数年的统治中，既沿袭旧制，又推陈出新地付诸实践，也是历代农民起事所不及的。

洪秀全等人强制推行外在形式不无新意的拜上帝思想，在主观上力图摒弃旧制、开创新朝，虽然创制了名目繁多的官制、军制，移风易俗，反孔非儒，建立了各种政治和宗教规范，但本质上并不具有新的思想内涵，它们仍然根植于传统社会的思想文化，属于对传统社会政权组织零部件的小修小补。实际上，历代皇朝政体的主要部件，如君主专制、官僚制度、礼仪制度、等级制度、世袭制度，均在皇权思想和宗教思想的结合主导下，成为洪氏王朝改朝换代的制度性武器。

洪秀全致力于营建金字塔式的特权等级社会，以绝大多数的卑贱者来衬托极少数人（以两广客家老兄弟为核心的军事贵族阶层和后来的新兴军事贵族阶层）的尊贵。这样无论官僚体系多么盘根错节，庞大烦琐，万变不离其宗，它始终是天王及洪氏家族高居塔尖，各级王侯亲贵为层层塔楼，他人无法超越。所以"照旧"成为太平天国统治方略的一个特点。

事实证明，太平天国的统治方略根本没有表达近代意义上的平等思想。尽管太平天国宣扬芸芸众生都是上帝子女，彼此皆为兄弟姐妹、手足亲情，但在现实生活中，却又尊卑有别，长幼有序，必须在纪纲人伦的既定关系里安分行事，并且强力推行等级森严的礼仪制度，进而试图构建一个和谐太平的上帝大家庭。构想自身的矛盾使之无法顺利推行，却使洪秀全等人一度产生的农业宗法社会形态下原始朴素的平等平均思想愈加模糊、淡薄。可见，从思想到政策再到实践，太平天国始终也没有跳出传统的窠臼。

二　农村政治：乡官群体与基层统治

美国学者孔飞力（Philip A. Kuhn）先生对太平天国的乡村政治有一段经典表述：

> 太平军的控制很少能越过行政城市的城墙。在许多这样的

地区，太平军已经成功地把清代的地方行政长官赶出有城墙的城市，但却不能摧毁农村名流的地方团练集团，它们在官方的庇护下继续在乡村进行斗争……它们说明太平军实际上困守在城市中，而正统名流则控制着农村。①

孔飞力认为，在战争胶着状态下，太平军因被清军和团练打压而困守在城市，在农村社会的统治力量薄弱。罗尔纲、茅家琦等的通史著作，以及钟文典主编的各类专题史，大体上均认为太平天国在农村社会的统治薄弱。国内外学者的立论虽有差距，但太平天国在乡村地区统治薄弱，几乎成为学界关于太平天国乡村基层统治问题的共识。然而，过去学界集中于"制度"层面的研究，对乡官群体的关注也不够充分，本节则重点关注社会"治理"层面。

(一) 两极化的乡村政治实践

金田起义后，太平军和清军在多数地区处于拉锯战状态。定都天京后，太平天国改变了早期流动作战的方式，在所占地区着手建立各级地方政权，"皖楚江右沿江内外逆匪所陷各省府县，亦照旧设立伪郡县，如某府即伪立某郡总制，县即伪立某县监军，均给木刊伪戳"。② 清制，地方政权有省、道、府、县四级，太平天国改府为郡，实行省、郡、县三级地方政权制。省会设文将帅、武将帅各一，分别主持全省民政和军务，但天京中央政府一般会选派高级将领驻防省会，以军代政，省级官员实际成为驻军将领的属官。另还设有正副掌试、正副提考、正副巡河

① ［美］孔飞力：《中华帝国晚期的叛乱及其敌人：1796—1864 年的军事化与社会结构》，谢亮生、杨品泉、谢思炜译，北京：中国社会科学出版社，2002 年，第 200—201 页。

② 涤浮道人：《金陵杂记》，中国史学会主编：《中国近代史资料丛刊·太平天国》（四），上海：神州国光社，1952 年，第 642 页。

道、水师主将等官职。太平天国的郡即清制的府或直隶州，设总制，其权重于清知府、直隶知州，如杀戮人犯无须呈报上级；县设监军，相当于清知县、同知、州同，直接管辖各级乡官。小县也有不设监军而直辖于总制的，于各军帅中择一人为总军帅，行监军事。各县乡官，"统于监军，镇以总制"，"各军刑政由军帅议定，乃禀监军以达于总制"，"狱讼钱粮，由军帅监军区画，而取成于总制"。[①] 1860 年后，太平天国先后开辟了苏南和浙江两片相对稳定的控制区，并开始在占领区较为普遍稳定地推行具有自身政治宗教特色的乡村政治，其核心内容是践行乡官制度。也就是说，1853 年夏秋之时，乡官制度开始设立，1860 年以后，乡官政权在基层社会普遍建立。

太平天国的地方政府分为地方军政当局（"太平军当局"）和乡官基层政府（"乡官局"）。在前期，总制和监军皆是驻省高级统兵大员委派的"守土官"。后期，由于滥施恩赏，官制演变，层次叠加，丞相以下已成卑官，各郡县坐镇、佐将多为具有高级爵位的军事贵族，甚至一个乡镇的守将即为王爵，如湖州南浔镇守将为庆王秦日庆，[②] 吴江平望镇守将为仅次于王爵的义爵——英天义万国安。[③] 军政府凌驾于守土官之上，取代原总制、监军总理地方民政事务，迫使郡县行政组织在太平天国政治权力系统中被边缘化为乡官基层组织，明显的表现是后期总制、监军不再驻城办公，而是在城外或市镇另辟官局，如杭州朱春的监军衙门设在艮山门外，[④] 无锡监军华二设局堰桥镇，金匮监军黄顺元设

① 张德坚：《贼情汇纂》，中国史学会主编：《中国近代史资料丛刊·太平天国》（三），上海：神州国光社，1952 年，第 108—109 页。

② 光绪《乌程县志》卷 36《杂识四·湖滨寇灭纪略》，第 20 页 b。按，陈根培《湖滨寇灭纪略》误作"庆王秦日宝"。庆王名衔，见王定安：《求阙斋弟子记》卷 10《贼酋名号谱》，光绪二年（1876）北京龙文斋刻本，第 30 页 a，北京大学图书馆藏。

③ 《吴江黄熙龄日记》，咸丰十一年七月初二日记事，无页码，苏州大学图书馆藏稿本。

④ 张尔嘉：《难中记》，中国史学会主编：《中国近代史资料丛刊·太平天国》（六），上海：神州国光社，1952 年，第 641 页。

局东亭镇。①

乡官制度是以居户为基本单位的准军事化社会组织。太平军制源出《周礼》,乡官制度仿太平军制,编制、番号、称谓大致相同,"凡制军,万有二千五百人为军。王六军,大国三军,次国二军,小国一军,军将皆命卿。二千有五百人为师,师帅皆中大夫。五百人为旅,旅帅皆下大夫。百人为卒,卒长皆上士。二十五人为两,两司马皆中士。五人为伍,伍皆有长"(《周礼·夏官司马》)。然实施乡治,以乡人治乡,历代均未成行,只有太平天国始将之付诸实践。

关于乡官编制,《天朝田亩制度》规定:"凡设军,每一万三千一百五十六家先设一军帅,次设军帅所统五师帅,次设师帅所统五旅帅,共二十五旅帅;次设二十五旅帅各所统五卒长,共一百二十五卒长;次设一百二十五卒长各所统两司马,共五百两司马;次设五百两司马所统五伍长,共二千五百伍长;次设二千五百伍长各所统四伍卒,共一万伍卒。通一军人数共一万三千一百五十六人。"② 按照《天朝田亩制度》的规定,基层一军(行政单位)共乡官3156人,旅帅以上中高级乡官31人,百长、两司马和伍长组成的低级乡官共3125人。如果按理论进行地方编制,考虑到各县人口多寡不一,"每一州县分三军五军不等",③ 以三军计,一县乡官至少有万人。即便实际编制不能以理想户数整齐划一,乡官基数仍然可观,如绍兴"设乡官二百余处",④ 常熟、

---

① 施建烈、刘继增:《纪(无锡)县城失守克复本末》,中国史学会主编:《中国近代史资料丛刊·太平天国》(五),上海:神州国光社,1952年,第254页。

② 《天朝田亩制度》,太平天国历史博物馆编:《太平天国印书》(上),南京:江苏人民出版社,1979年,第412—413页。

③ 张德坚:《贼情汇纂》,中国史学会主编:《中国近代史资料丛刊·太平天国》(三),上海:神州国光社,1952年,第94页。

④ 鲁叔容:《虎口日记》,中国史学会主编:《中国近代史资料丛刊·太平天国》(六),上海:神州国光社,1952年,第802页。

昭文"两邑大小乡官，约共二千有零"，① 海宁、海盐一带乡官局遍布。

关于乡官的佐理人员，《天朝田亩制度》规定："凡一军典分田二，典刑法二，典钱谷二，典入二，典出二，俱一正一副，即以师帅、旅帅兼摄。"② 均田制和圣库制均未在农村社会实行，所以典分田、典钱谷当不会设立，其他各职也未见诸史料。但乡官政权确有人数不等的佐理人员协助乡官办理日常乡政，如安徽潜山有"听使"，常熟、昭文有"局差""差役""书记"，吴江有"护将""书差"，这些职称或为时人随意称述，未必有统一名目。在湖州双林镇，军帅局中"分曹任事，有司账、接客、支发、发审等名"，③ 这些是实在名称，是沿用清时乡政佐理人员的旧称，各地是否相同，尚难考证。有的地方，军帅有副员。④

关于乡官的选任方法，《天朝田亩制度》规定："凡天下每岁一举，以补诸官之缺。举得其人，保举者受赏；举非其人，保举者受罚。其伍卒民有能遵守条命及力农者，两司马则列其行迹，注其姓名，并自己保举姓名于卒长；卒长细核其人于本百家中，果实，则详其人，并保举姓名于旅帅；旅帅细核其人于本五百家中，果实，则上其人，并保举姓名于师帅；师帅实核其人于本二千五百家中，果实，则上其人，并保举姓名于军帅；军帅总核其人于本军中，果实，则上其人，并保举姓名于监军；监军详总制，总制次详将军、侍卫、指挥、检点、丞相，丞相禀军师，军师启天王。天王降旨调选天下各军所举为某旗，或师帅，或旅帅，或卒长、两司马、伍长。凡滥保举人者，黜为农。凡天下诸官三岁

---

① 汤氏：《鳅闻日记》，罗尔纲、王庆成主编：《中国近代史资料丛刊续编·太平天国》（六），桂林：广西师范大学出版社，2004年，第338页。

② 《天朝田亩制度》，太平天国历史博物馆编：《太平天国印书》（上），南京：江苏人民出版社，1979年，第409页。

③ 民国《双林镇志》卷32《纪略·杂记·兵燹记》，第13页a。

④ 《恋天福董顺泰给左一副军帅徐宗瑄等钧谕》，罗尔纲、王庆成主编：《中国近代史资料丛刊续编·太平天国》（三），桂林：广西师范大学出版社，2004年，第120页。

一升贬，以示天朝之公。凡滥保举人及滥奏贬人者，黜为农。"① 《天朝田亩制度》规定的理想化的铨选方式是由低级官员向高级官员直至军师、天王逐级"保举"，"遵守条命及力农者"为乡官，"每岁一举，以补诸官之缺"，具体操作程序多达14道，还配备有严厉的滥保滥奏惩罚条例。但如此烦琐的保举法在战事频仍的现实中很难完整地付诸实施，因此保举程序的简化和变通成为必然，保举法的变通形式一是下级乡官保举上级乡官，一是在民间公举，"民"一般局限于当地有名望、有财力者。"公举"是传统中国乡村社会常见的推举管事人的办法，如清制规定"牌头、甲长、保正，皆令士民公举诚实、识字、有身家者充之，限年更代"。② 太平天国以公举法铨选乡官，既是对理论规定的灵活变通，也反映了太平天国地方行政对前朝乡治传统的继承和延续。在当时的历史条件下，乡官体制不存在所谓"人民公举"或"民主公举"的民主自治性质。

总体上看，乡官的选任方式主要有保举、公举、直接委任、主动投效和他人推荐等。经地方公举、保举和政府直接委派出任乡官的一般是当地有声望者、熟习地方事务者及投诚进贡者。通过主动投效和他人推荐的方式可出任乡官，也可为乡官局中佐理人员。《天朝田亩制度》还有乡官可以世袭的规定："凡天下官民，总遵守十款天条及遵命令尽忠报国者则为忠，由卑升至高，世其官；官或违犯十款天条及逆命令受贿弄舞弊者则为奸，由高贬至卑，黜为农。"③ 张德坚也记："贼兼许以子孙承袭，世传不替。"④ 世袭制和《天朝田亩制度》规定的官吏"三岁

① 《天朝田亩制度》，太平天国历史博物馆编：《太平天国印书》（上），南京：江苏人民出版社，1979年，第411页。
② 李文治编：《中国近代农业史资料》第1辑，北京：生活·读书·新知三联书店，1957年，第3页。
③ 《天朝田亩制度》，太平天国历史博物馆编：《太平天国印书》（上），南京：江苏人民出版社，1979年，第411页。
④ 张德坚：《贼情汇纂》，中国史学会主编：《中国近代史资料丛刊·太平天国》（三），上海：神州国光社，1952年，第94页。

太平天国再研究

一升贬"及不定期随时举行的考察制在一定程度上相矛盾，乡官世袭事实上很难实行，其任免亦由地方当局决定。

乡官之名，张德坚《贼情汇纂》释曰："乡官者，以其乡人为之也。"[1] 所以乡官的选任首先要符合本土化标准；依《天朝田亩制度》理想化的规定，选任乡官的主要标准是"遵条命及力农者"。这个标准说明太平天国的初衷可能是准备向包括农民在内的较广泛的社会阶层开放基层政权。根据后期太平天国乡官仍有大量"编户穷民"充任的事实，[2] 此初衷在乡政实践中未曾改变，发生变异的是乡官的选任标准。

关于乡兵制度，《天朝田亩制度》规定基层政权组建地方武装乡兵，维护社会治安，"每军每家设一人为伍卒，有警则首领统之为兵，杀敌捕贼；无事则首领督之为农，耕田奉尚"，"凡天下每一夫有妻子女约三四口或五六七八九口，则出一人为兵"。[3] 依理想方案，维持地方倚靠乡官统领乡兵。乡兵是国家军事系统中的地方武装，它与太平军在理论上的不同是乡兵从属于地方政权系统，不是由太平天国中央政府直接管控。乡兵也与团练乡勇不同，它有正式、固定的人员编制，领导权归于地方政府，民众参加乡兵属义务兵役。实际情况是太平天国的地方武装主要有三类：一是招抚团练照旧存在；二是乡官局中的局差、差役；三是自立自办团练。理想方案中的乡兵制度与实践中的乡勇在性质和组织上均有不同，但两者在类型上又极为相似，如以"寓兵于农"为组织原则，以"杀敌捕盗"为现实功用，所以太平天国关于乡兵制度的执行偏差可能是被地方团练的社会实际同化所致。在燕王秦日纲的一份诲谕中有"凡尔四民，须要醒醒，不必多生恐惧，况各郡县业已团

---

① 张德坚：《贼情汇纂》，中国史学会主编：《中国近代史资料丛刊·太平天国》（三），上海：神州国光社，1952年，第94页。

② 龚又村：《自怡日记》，罗尔纲、王庆成主编：《中国近代史资料丛刊续编·太平天国》（六），桂林：广西师范大学出版社，2004年，第116页。

③ 《天朝田亩制度》，太平天国历史博物馆编：《太平天国印书》（上），南京：江苏人民出版社，1979年，第409、413页。

集乡兵，即有些少残妖拦入，何难一时扑灭"之辞。① 洪秀全在 1858 年颁答天豫薛之元镇守天浦诏中令其在江浦、浦口"团练乡兵，以资防堵"。② 太平天国最高层已把"乡兵"与"团练"混淆，背离了理想方案，乡兵制度在具体执行上出现异化，与决策层主观意识的变动有关。

关于乡官的职能，按《天朝田亩制度》的规定，有分田、管理国库、负责社会生活和农业生产活动、开展教育、主持宗教仪式、管理诉讼、保举和保升奏贬官员、统率乡兵等。实际上，除分田和管理国库未曾实行，凡乡村社会军、政、教一切事务，无不经由乡官执行，主要包括安民造册、招辑流亡、管理诉讼、兴办团练、保障农业、兴修水利、举行科举考试、开展宗教文化教育、传递文书情报、经办慈善事业、治理土匪民变、推行制度法令等，而尤以征收国家赋税、供应军需物资的职责最为繁重、紧要。

乡村政治的实践成效主要表现为两极：一类情形是乡官行政致力于维护地方社会稳定。如 1862 年 3 月，乾天义李恺运奉命代济天安黄和锦守无锡，黄闭城不纳，李众鸣锣开枪，黄派队出城，双方几起内讧，此时幸有"锡监军华二、金监军黄顺元各带局勇至城，彼此缓颊，得无害。并求李逆拨众暗防黄逆动身掳掠，一面招乡民数百人，执香至东门，送黄逆之行。而黄逆禁众掳掠，仅烧伪串而走，两监军当允李逆造还，遂寝其事"，③ 一场干戈得以化解。无锡有无赖冷阿听，"适黄塘不靖，遂黑衣窄袖持刀装野长毛状，入邻女家奸污"，被邻家女告至监军华二处，华二立即拘捕并处死冷阿听，大快民心。④ 苏州太平军一次途

① 《燕王秦日纲命四民急崇真道毋受妖迷诲谕》，太平天国历史博物馆编：《太平天国文书汇编》，北京：中华书局，1979 年，第 116 页。

② 《天王洪秀全命薛之元镇守天浦省诏》，太平天国历史博物馆编：《太平天国文书汇编》，北京：中华书局，1979 年，第 45 页。

③ 佚名：《平贼纪略》，太平天国历史博物馆编：《太平天国史料丛编简辑》（一），北京：中华书局，1961 年，第 282 页。

④ 张乃修：《如梦录》，罗尔纲、王庆成主编：《中国近代史资料丛刊续编·太平天国》（四），桂林：广西师范大学出版社，2004 年，第 391 页。

太平天国再研究

经湖州乌镇，军帅董沧洲"虑兵□扰害"，请示献天豫何培章、髻天侯魏永和，他自己与魏亲自"执旗立于北栅太师桥"，何培章"立于西栅通济桥"，"大□扬□促令飞骑而过，无一上岸者，此董之力也"。① 董因立政严明，"主长毛局事，贼甚信任，凡地方小船、地棍鏖诈及盗贼劫掠诸事，只须董一言，无不立决枭示，四境肃然"，太平军尊称其为"董老班"。② 吴县军帅许玉庭"初意尚为保护民生起见，民无怨詈"，"贼至香山，所过已贡地方，仍行掳掠。许玉庭以贼藩令旗出，喝退之"。③ 正是有的乡官力行维护地方稳定的政治职责，才使部分太平天国辖区呈现"设乡官理民务，贼兵有不法者，乡官得而治之，地方粗安"的良性政局。④

但太平天国占领区更多的情形是另一种极端：乡官政治激化了社会矛盾，造成社会失控，激发民变。民变的形式通常是"拆毁官局，殴杀乡官"。造成民变的直接原因如从乡官身上分析，基本可概括为"苛粮""苛费""苛政"，即浮收粮米、苛敛捐费、为政暴虐。反抗乡官苛粮的典型案例如 1861 年春，浙江嘉善乡民因监军顾午花"贪酷旧规，以零尖插替浮收"，"裂其尸为四五块"。⑤ 反对乡官苛费的典型案例如 1860 年 12 月，安徽贵池龙舒河等处百姓痛恨旅帅吴彩屏"作威苛费，执而投诸深洞之中"；⑥ 又如 1861 年 5 月，吴江莘塔陈思村有乡官陆岳

① 佚名：《寇难琐记》，南京大学历史系太平天国史研究室编：《江浙豫皖太平天国史料选编》，南京：江苏人民出版社，1983 年，第 151 页。

② 沈梓：《避寇日记》，罗尔纲、王庆成主编：《中国近代史资料丛刊续编·太平天国》（八），桂林：广西师范大学出版社，2004 年，第 154 页。

③ 蓼村遯客：《虎窟纪略》，《太平天国史料专辑》（《中华文史论丛》增刊），上海：上海古籍出版社，1979 年，第 25 页。

④ 沈梓：《避寇日记》，罗尔纲、王庆成主编：《中国近代史资料丛刊续编·太平天国》（八），桂林：广西师范大学出版社，2004 年，第 195 页。

⑤ 沈梓：《避寇日记》，罗尔纲、王庆成主编：《中国近代史资料丛刊续编·太平天国》（八），桂林：广西师范大学出版社，2004 年，第 45 页。

⑥ 李召棠：《乱后记所记》，中国科学院近代史研究所近代史资料编辑组：《近代史资料》总 34 号，北京：中华书局，1964 年，第 186 页。

亭"勒派红粉（火药），众人持械斩死"。① 反抗乡官苛政的典型案例如 1862 年 12 月，苏州吴县师帅许一亭因"傲慢虐民，民皆恶之"，被不明男子十余人剖腹挖心而死，时人评之"暴慢致死"。② 有相当数量的乡官中饱私囊，借以肥家，基层官场贪墨成风，"各伪职既得贼势，衣锦食肉，横行乡曲，昔日之饥寒苦况，均不知矣"，③ "伪乡官以钱为命，平日胁取民间，盈千累万，尽充囊橐，不知为后日计"。④

　　造成两类截然不同的农村政治形态的原因，应从乡官群体和太平军当局两个方面分析。当时奉命采集"贼情"的张德坚认为太平天国占领下的乡村秩序如何，"此则视乡官为何如人耳"。⑤ 简又文对此观点有所补充，他认为"乡治之善恶之关键，完全视乎各郡邑守将之仁暴及乡官之好歹以为断"，⑥ 也就是说，能否实现良性政治运作，除乡官方面的因素外，还受坐镇、佐将意志及能力的影响。

（二）乡村政治实践的失败

1. 乡官群体的身份背景

　　由于太平天国乡官数量大、地域分布广，无法进行完全统计；又因史料记载缺失或叙述笼统、模糊、不一，增加了精确量化分析的难度。本节统计的 19 世纪 60 年代太平天国乡官 231 人，是文献中乡官身份和

---

① 柳兆薰：《柳兆薰日记》，《太平天国史料专辑》（《中华文史论丛》增刊），上海：上海古籍出版社，1979 年，第 182 页。

② 蓼村遁客：《虎窟纪略》，《太平天国史料专辑》（《中华文史论丛》增刊），上海：上海古籍出版社，1979 年，第 46—47 页。

③ 佚名：《平贼纪略》，太平天国历史博物馆编：《太平天国史料丛编简辑》（一），北京：中华书局，1961 年，第 267 页。

④ 倦圃野老：《庚癸纪略》，罗尔纲、王庆成主编：《中国近代史资料丛刊续编·太平天国》（五），桂林：广西师范大学出版社，2004 年，第 325 页。

⑤ 张德坚：《贼情汇纂》，中国史学会主编：《中国近代史资料丛刊·太平天国》（三），上海：神州国光社，1952 年，第 275 页。

⑥ 简又文：《太平天国典制通考》上册，香港：简氏猛进书屋，1958 年，第 483 页。

事迹记载较详者，以此为样本进行分析，同时结合史料对各地乡官身份进行宏观综述，或可较准确地把握乡官的主要身份背景，以及各身份类别在乡官等级体系中的分布（见表2-1）。

表2-1　19世纪60年代太平天国231名乡官的身份　单位：人

身份		职务							
		总制	监军	军帅	师帅	旅帅	卒长	两司马	不明
地方包税人的可能性身份	清朝官员	5	6	3	2				
	团首	4	1	7		1			3
	士子　绅衿	6	14	12	9	4			11
	地主　富户	2	2	11	6	4			7
	地保　里正 乡董　图董 吏役　圩甲	3	9	12	8	6			5
地方包税人的可能性身份	游民 流民 无赖			4	5	3			4
杂业		4	1	4	9	2	3		4
贫民　农民						1			3
商人/商贩		3	5	5	4			1	3
总计		27	38	58	43	21	3	1	40
		231							

注：本表不是严格的阶层区划，乡官身份也可能出现彼此交叠和身份转换的现象，仅据史料归纳相对集中的身份。部分地方人士虽未担任乡官名目，或拥有总制以上官衔，但由于其出于本土，又任职于本土，实际具有乡官的职责和性质，仍将之视作乡官；有的人可能在清朝拥有多重身份，以其主要的经常性角色予以认定；有的人在太平天国供职，后有升迁，以其始任职务为准。身份类型中的"杂业"有伙计、道士、木工、拳教师、阴阳先生、水手、挑夫、郎中、船工、家奴、胥僧、佣工、乡勇、栅夫等；"商人/商贩"有屠户、织席、米商、药商、酒商、业织机、丝商、绸缎商、业豆腐、渔商等。本表统计的乡官职务，旅帅及旅帅以上的中上层乡官187名，约占统计对象的81%。

太平天国中上层乡官的身份背景主要为拥有地方行政经验的社会旧

势力，包括地方精英、旧政府县级以下公务人员。表中统计有此类人士 137 人，占所统计中上层乡官总数的 73.26%。

史料对乡官身份的概述或详记，大多是关于稍有权柄或声名素著的中上层乡官的，高级乡官习惯上倾向于由精英分子和熟识地方事务的旧势力出任；低级乡官的身份、事迹、能力及所承担的社会职责、产生的社会影响均不足以引起当时人的充分关注而成为笔录的重点对象。但乡官基数庞大是客观事实，不能以中上层乡官的主要身份背景判断整个乡官群体的成分。特别是低级乡官职位众多，不可能像中高级乡官那样主要由地方精英和旧政府公务人员出任。传统社会具有一定读书写字能力的人是少数，而在市镇、农村，士子文人所占比例较城市为少。所以低级乡官主要由下层社会人士出任的论断当是客观事实。拥有下层社会身份背景的乡官在乡官总体比例上占优势，显示了太平天国基层政权的相对开放性。

乡官身份的主要分布形态具有相对性。中上层乡官职位也并非完全是下层社会人士的禁区。据统计，下层百姓获总制以上（相当于清知府以上）官衔的就有 7 例：常熟文军政司汪可斋（"书伙"），耕天福听殿刑部尚书汪心耕（药铺帮工），吴江军政司陶云亭、庄东甫、徐绩卿（小商人），无锡城天福樊玉田（"驾船为业"），奉化文军政司萧湘澧（船工）；获监军（相当于清知县）官衔的下层百姓有 6 例：常熟监军汪胜明（"织席粗民"）、金匮监军黄顺元（猪贩）、无锡监军华二（米贩）、山阴监军马某（"家奴"）、奉化监军戴明学（小店主）、镇洋监军韩吉（"业豆腐"）。这是他们在清朝社会根本无法获取的政治身份。地方精英和原政府旧势力也有可能出任中低级乡官，如常熟某些地区乡官的身份格局是"军帅请当地有声价者充当，师帅以书役及土豪充当，旅帅卒长以地保正身伙计分当。惟两司马、伍长硬派地着中殷实者承值"。① 地保可能充当卒长，家境殷实的有产者也可能任低级职位的两司马或伍长。在江西安福，"择邑之举人生监，皆以军、师、旅帅、司马各职污之"，② 士人也会任卑微的两司马之职。像秀水县王聘夫"曾考童生"，是小知识分子，任"右营副总理"，"兼管伪百长军务"；沈健夫"邑庠生"，任"右营副总理"，"兼管伪百长军务"，均是低级乡官。③

像士子绅衿、地主富户、地保里正等经常在地方社会管理中扮演政府"包税人"的角色，作为政府联络民间的纽带。担任太平天国中上层乡官的主要是从旧社会结构中分化出来的这部分人。他们在旧政权坍塌、政无所归的时局下倒向新政权。太平天国因缺乏地方行政经验，只好与原地方社会势力维系合作，照搬旧模式以供应庞大开支。昔日"包税"工作中的腐败现象在新政权基层赋税事务中延续乃至恶化，甚至激发民变。

表2-2　太平天国占领区民变抗争对象之乡官代表名录

姓名	职务	涉及民变	身份属性	心态类型	资料来源
叶某	不明	1860年常昭何村反兼收	不明	不明	《鳅闻日记》，第325页
严朗三	帮局	1860年常昭王市反兼收	富户	谋私投机	《鳅闻日记》，第325、326、340页
钱春	军帅	1860年常昭恬庄反贪腐	米商	谋私投机	《庚申（甲）避难日记》，第209页

① 顾汝钰：《海虞贼乱志》，中国史学会主编：《中国近代史资料丛刊·太平天国》（五），上海：神州国光社，1952年，第370页。
② 邹钟：《志远堂文集》卷6《段登云议恤记》，光绪十二年（1886）济南德华堂刻本，第3页a，北京大学图书馆藏。
③ 鹤樵居士：《盛川稗乘》，太平天国历史博物馆编：《太平天国史料丛编简辑》（二），北京：中华书局，1962年，第200页。按，像某营总理、某营协理等职仅在吴江土豪王永义、沈枝山控制的盛泽镇出现，像"总巡""总督""小董"仅在徐佩瑗控制的永昌地区存在，这些职位当是地方垄断势力自立名目，相当于中低级乡官。

姓名	职务	涉及民变	身份属性	心态类型	资料来源
王某	参赞	1860年太仓反租粮兼收	秀才	谋私投机	《劫余灰录》，第160页
吴彩屏	旅帅	1860年贵池反贪腐	不明	谋私投机	《乱后记所记》，第186页
陈某	旅帅	1860年吴县甫里抗租	不明	不明	《野烟录》，第176页
程某	师帅	1860年昆山抗粮	无赖	谋私投机	光绪《昆新两县续修合志》卷28、51
顾午花	监军	1861年嘉善反浮收	举人	委曲求全	《避寇日记》，第45页
袁某	不明	1861年嘉善反浮收	举人	委曲求全	《避寇日记》，第45页
顾某	旅帅	1861年常昭抗役	不明	不明	《漏网喁鱼集》，第52页
郁秀	不明	1861年吴县反掳掠	差役	谋私投机	《虎窟纪略》，第30页
俞儒卿	不明	1861年常昭反兼收	局董	委曲求全	《自怡日记》，第65页
须某	旅帅	1861年常昭翁庄抗粮	不明	不明	《自怡日记》，第67页
陆岳亭	不明	1861年吴江莘塔抗税	吏胥	谋私投机	《柳兆薰日记》，第182页
董沧洲	军帅	1861年湖州乌镇抗税	富商	谋私投机	《寇难琐记》，第153、156页
皇甫某	师帅	1861年常昭反租粮兼收	不明	谋私投机	《海虞贼乱志》，第371、383页
陶柳村	将军	1861年常昭抗税	地保	谋私投机	《自怡日记》，第41、69页
王某	旅帅	1861年常昭反贪腐	僧人	谋私投机	《自怡日记》，第69页
高某	军帅	1861年常昭抗税	不明	不明	《自怡日记》，第69页
周富荣	军帅	1861年常昭反浮收	帮工	谋私投机	《海虞贼乱志》，第371页
徐某	师帅	1861年常昭梅塘抗粮	不明	不明	《鳅闻日记》，第355页
潘竹斋	师帅	1861年常昭汤家桥抗粮	不明	谋私投机	《鳅闻日记》，第324、355页
金云台	师帅	1861年常昭王市抗粮	酒商	谋私投机	《鳅闻日记》，第341、355页
马全	旅帅	1861年常昭反浮收	吏胥	谋私投机	《鳅闻日记》，第355页
归二	军帅	1861年常昭反浮收	富户	谋私投机	《鳅闻日记》，第355页

姓名	职务	涉及民变	身份属性	心态类型	资料来源
李木狗	旅帅	1861 年常昭抗粮抗租	无赖	不明	《庚申（甲）避难日记》，第227 页
徐茂林	师帅	1861 年常昭抗粮抗税	土棍	谋私投机	《鳅闻日记》，第 316、356 页
朱又村	师帅	1861 年常昭南乡反浮收	官绅	委曲求全	《自怡日记》，第 116、117 页
江某	师帅	1862 年常昭反浮收	不明	不明	《自怡日记》，第 94 页
某	监军	1862 浙江玉环反勒派	不明	不明	《辛壬寇记》，第 374 页
徐孝治	旅帅	1862 年诸暨抗税	不明	不明	《太平天国文书汇编》，第 204 页
朱不登	百长	1862 年浙江秀水反贪腐	不明	谋私投机	《避寇日记》，第 147、148 页
许一亭	师帅	1862 年苏州吴县反贪腐	不明	谋私投机	《虎窟纪略》，第 46、47 页
金三	师帅	1863 年湖州乌程反贪腐	博徒	谋私投机	光绪《乌程县志》卷 36

注：清时，常熟、昭文二县合城而治，统称"常昭"；资料版本同正文引征。

在目前所见的民变中，有 34 起民变的抗争对象具体明确到乡官个人，且他们中的大多数在史料中留有姓名和较详的事迹（见表 2-2）。在 20 名身份较明确的乡官代表中，有 12 人出身士子绅衿、地主富户、吏胥差役、地保里正之类拥有地方行政经验的社会旧势力。

乡官群体的身份形态可能会对民变形成产生影响。首先，加入太平天国基层政权的地方精英、旧政府公务人员和游民无赖者作为传统社会"包税人"的角色在新政权中得到沿袭，传统社会经济秩序难以克服的痼弊和基层施政者的不良行政作风可能在新政权占领区复现，从而引发民变。据表 2-2，在 34 名"天国"民变抗争对象之乡官代表中，有 20人有较明确的身份属性，结合表 2-1 的身份分类，有 16 名乡官拥有地方包税人的可能性身份，在相对统计范围内占统计对象的半数或半数以上。通过对作为民变抗争对象的乡官代表身份进行归纳，可以比较直观地看出乡官成分与民变之间的可能性关联。但这一联系不具必然性，在20名身份较明确的民变对象代表中，有4人出身"杂业"（帮工、僧人）或"商贩"（酒商、米商），没有"包税人"的可能性身份。

其次，基层政府组织构成的复杂性可能导致基层社会内部的矛盾愈演愈烈。海宁、海盐地区乡官的行政实践就是典型，乡官与士绅之间以及乡官之间尔虞我诈的权、利之争几成常态，海宁师帅高来来因财逼死乡绅朱佳老和附生许琴凡；海盐军帅黄八十因嫉恨归应山家世财富，以"莫须有"的罪名杀之。[①] 在绍兴，"乡官既得贼势，乡官者又仇于乡官，由是各报私仇，横行乡曲"。[②] 乡官之间、乡官与民众之间、乡官与太平军之间错综复杂的矛盾关系必然影响地方政权的运作，从而引发诸如行政腐败、残酷、基层组织紊乱之类的问题，这是民变抗争的重要内容。

最后，乡官的身份背景与乡官加入基层政权的心态类型有密切关系。身份背景不同，利益诉求和政治抱负也不尽一致。一般而言，地方精英加入乡官政权的主流心态是委曲求全以保身家，此种心态易致惰政；旧政权势力及游民阶层加入乡官政权的主流心态是投机谋私，此类心态易致行政腐败。两种乡村政治实践的结果均可能诱发民变。

很难从意识形态层面缜密地构建乡官成分与民变之间的直接联系。据统计，常熟、昭文二县师帅及师帅以上高级乡官27名，其中杂业、商贩、游民无赖之类社会下层出身的有15名；中低级乡官大多为"乡间无赖及狡猾之人"[③] 和"编户穷民"[④]。常熟首任监军汪胜明"卖席出

① 海宁冯氏：《花溪日记》，中国史学会主编：《中国近代史资料丛刊·太平天国》（六），上海：神州国光社，1952年，第679、701页。

② 古越隐名氏：《越州纪略》，中国史学会主编：《中国近代史资料丛刊·太平天国》（六），上海：神州国光社，1952年，第769页。

③ 陆筠：《海角续编》，北京：中华书局，1959年，第124页。

④ 龚又村：《自怡日记》，罗尔纲、王庆成主编：《中国近代史资料丛刊续编·太平天国》（六），桂林：广西师范大学出版社，2004年，第68页。

身"，被时人视作"城中最有权者"，"各军解粮须经其手"，于1861年11月高升；汪可斋本"书伙"出身，[1] "逃难至吴塔"，为曹和卿推荐至局任事，官至参军、文军政使司。[2] 可见在常昭基层政府中社会下层成员较有优势。按照阶级分析论的说法，社会下层成员应代表下层民众的阶级利益，而史料所载常昭地区在太平天国占领的短短两三年间至少发生了数十起民变。相反，像永昌、盛泽、周庄、乌镇、平望、严墓这些地区，地方社会旧势力无论是数量还是权力均在基层政府中占有绝对优势，却鲜见民变发生。这说明针对基层政府官员的民变并非主要出于意识形态分歧和阶级立场不同，更可能是源自不同等级群体间的利益之争。

2. 乡官群体的心态类型

加入基层政权的乡官群体，以积极性划分可以分为两类：主动投靠和被迫胁入。

游民无赖、小商贩、杂业人员等社会下层成员，他们既不似农民那样封闭保守，又富有社会经验，广见识，善投机，社会适应力强，在某种程度上符合与太平天国合作的条件，部分人表现出主动投靠的积极性。但他们加入乡官政权的动机多不纯正，往往为求富贵或进身之阶曲意逢迎，费尽心机牟取职务，"夤缘入卡甘为贼用"。[3] 浒浦水手吴士良"以白金二百两属周富荣谋为师帅"；[4] 常熟拳教师陆炳南"夤缘土奸受伪职之钱伍卿"做师帅；[5] 常熟"无业者欲做伪官，争谋不易到手，盖

---

① 龚又村：《自怡日记》，罗尔纲、王庆成主编：《中国近代史资料丛刊续编·太平天国》（六），桂林：广西师范大学出版社，2004年，第116、73、80、115页。

② 佚名：《蠡湖乐府》，中国科学院近代史研究所近代史资料编辑组编：《近代史资料》总34号，北京：中华书局，1964年，第168页。

③ 林大椿：《粤寇纪事诗》，太平天国历史博物馆编：《太平天国史料丛编简辑》（六），北京：中华书局，1963年，第444页。

④ 沧浪钓徒：《劫余灰录》，太平天国历史博物馆编：《太平天国史料丛编简辑》（二），北京：中华书局，1962年，第145页。

⑤ 龚又村：《自怡日记》，罗尔纲、王庆成主编：《中国近代史资料丛刊续编·太平天国》（六），桂林：广西师范大学出版社，2004年，第116页。

患其亏空无偿，获财逃去"。① 这些人素质不高，更无远大抱负，从政后易成劣政。在酿成民变的 34 名乡官中，有 8 人属于无赖游民和杂业人员，他们加入太平天国基层政权的心态均为"谋私投机"。

从旧社会结构中分化出来的一部分中小地主、士子文人和低级公务人员因在清朝遭受冷遇，与旧政府存在离心倾向。太平军至，他们以较高的政治热情加入太平天国，欲借新平台施展抱负。就像袁甲三在奏报中所说："现任职官甘为贼用，自属法无可贷，至本地绅民，固多被逼胁从，亦难保必无甘为贼用之人。"② 江西官员李恒记道："绅庶士民……甘心从逆，屈身献媚，或躬为向导，引贼入境，或代贼守御，抗拒官兵，或搜刮民财，为贼敛费，或逼勒民人，为贼助势，或探刺官军消息，来往贼营，或阻挠地方团练，横施凶狠，此等刁顽之徒亦复不少。"③ 这类人中有为新政权献身者。江西龙泉举人张谦任乡官，被俘，临死犹云"遗臭千秋首不回"。④ 1858 年 11 月，翰林郝学英、翰林陈绍平、举人程胜元、军帅程福堂、师帅储雁才等投入湘军李续宾营中，与太平军"暗通消息"，行迹败露全部被杀。⑤ "天试进士"育才官胡万智守兴国，城陷时，"身受数刃，犹呼天父东王洪恩，当以死报"。⑥ 温州玉环厅生员王玑"引台匪朱子文等数百人直抵厅城"，为太平天国战

① 汤氏：《鳅闻日记》，罗尔纲、王庆成主编：《中国近代史资料丛刊续编·太平天国》（六），桂林：广西师范大学出版社，2004 年，第 338 页。

② 《都察院左副都御史袁甲三奏陈皖省北路吃重请旨迅赐筹划折》（咸丰四年十月十六日），中国第一历史档案馆编：《清政府镇压太平天国档案史料》第 16 册，北京：社会科学文献出版社，1994 年，第 92 页。

③ 李恒：《宝韦斋类稿》卷 5《议覆吴守禀准奉靖义三县绅士被贼污名立案不究详》，光绪六年（1880）武林赵宝墨斋刻本，第 10 页 b，北京大学图书馆藏。

④ 刘绎：《存吾春斋诗钞》卷 9《听周镇军谈龙泉杀贼》，同治年间刻本，第 21 页 a，北京大学图书馆藏。

⑤ 《官文致李续宜》（咸丰八年十月二十六日），劳柏林整理：《三河之役——致李续宾兄弟函札》，长沙：岳麓书社，1988 年，第 20 页。

⑥ 张德坚：《贼情汇纂》，中国史学会主编：《中国近代史资料丛刊·太平天国》（三），上海：神州国光社，1952 年，第 73、105 页。

死。① 他们虽主动加入太平天国，内心却也可能存在借"天国"之政扬自己之志的抱负情结，而且"甘心从逆"的政治热情背后也不排除"讹索其乡人，掳掠郡县村镇，以各肥其私橐"的心态。② 1854 年考中太平天国举人的鄞谟在西里军帅任上为所欲为，但他最终却为太平天国献身，"营勇以乱箭射毙"。③ 故不能以政治忠诚作为政治实践评判的唯一标准。

多数主动投向太平天国的地方社会旧势力怀有谋私之心，或为资财，或为权势，"恐受制于人"，④ "从中取利藉贼凌人"。⑤ 盛泽土豪王永义、沈枝山主动投诚纳贡，"恐贼众诛求科派，后难为继，若不出面，又恐无权失势，不能号令一乡"。⑥ 桐乡秀才曹霭山主动入局办事，"盖欲免于局人之收括而将以收括人也"。⑦ 有很多穷困失意的士子竭力钻营，力求一职，绍兴立乡官，"庠序之士亦争出恐后，绛帻黄袍，意气傲睨自得，及下令试士，奔赴者数百人，语秽逆不忍闻；而某涕泣行贿于其党以求官，父死祭告以为荣"；⑧ 在石门，士子文人"有夤缘贼酋幸而得之，以快其搏噬者"。⑨ 还有人为得不到一官半职大为恼火，在黄岩，"河头武童林崇有随至黄岩共议，议定设乡官，崇有不得与，愤

① 光绪《玉环厅志》卷 14《杂记》，第 14 页 b—15 页 a。

② 曾国藩：《曾国藩全集》第 20 册《家书之一》，长沙：岳麓书社，2011 年，第 288 页。

③ 胡潜甫：《凤鹤实录》，中国史学会主编：《中国近代史资料丛刊·太平天国》（五），上海：神州国光社，1952 年，第 21 页。

④ 光绪《乌程县志》卷 36《杂识四·湖滨寇灭纪略》，第 21 页 a。

⑤ 方宗诚：《柏堂集续编》卷 21《应诏陈言书》，《清代诗文集汇编》编辑委员会编：《清代诗文集汇编》第 672 册，上海：上海古籍出版社，2010 年，第 394 页。

⑥ 鹤樵居士：《盛川稗乘》，太平天国历史博物馆编：《太平天国史料丛编简辑》（二），北京：中华书局，1962 年，第 190 页。

⑦ 沈梓：《避寇日记》，罗尔纲、王庆成主编：《中国近代史资料丛刊续编·太平天国》（八），桂林：广西师范大学出版社，2004 年，第 101 页。

⑧ 贾树诚：《贾比部遗集》卷 2，光绪元年（1875）安越堂刻本，第 16 页 a，北京大学图书馆藏。

⑨ 光绪《石门县志》卷 11《丛谈》，第 89 页 a。

甚，禀贼酋侍王，给以恩赏将军，令头裹黄帕，袍褂皆用大红，得意而归"。①

在激发民变的乡官代表中，有 12 人属于拥有地方行政经验的社会旧势力，其中 8 人出任乡官怀有谋私投机心态。典型者如太仓秀才王某，"自诣贼中参赞，黄巾裹首，跨马而归"，以为荣耀之至，孰料在 1860 年 12 月太仓民变风波中，"至浮桥镇，乡民杀之，裂其尸，投其首于海"。②

部分地方精英和旧政府公务人员主动加入太平天国基层政权，具有破坏型心态，意在窥伺时机，蓄谋内应。在象山，"凡充乡官者，多端人正士"，"诸君亦思以身保民，再图后效"；③ 安徽桐城东乡团首周如海为军帅，"假贼权镇乡邻，威土寇，则寇不我疑，乃得阴行其志"，"假伪命建旆周家潭，出公羡三万金，备器械，分壁马鞍山、黄蘗岭，寇惧不敢入"。④ 持此心态的乡官无心顾及良性政治，多在战局不利时反戈一击，使太平天国基层政权内伏随时倾覆的危机。

被迫胁入的乡官主要是士绅阶层及地主富户等有家财名望者。他们慑于太平军的压力，怕"辞则招害"，⑤ 不得已委曲求全，"有出资求免再三，力竭而为之者"，⑥ 多是持"欲保全身家受其伪职"⑦ "因留恋家

---

① 叶蒸云：《辛壬寇纪》，罗尔纲、王庆成主编：《中国近代史资料丛刊续编·太平天国》（五），桂林：广西师范大学出版社，2004 年，第 369 页。

② 民国《太仓州志》卷 28《杂记下》，第 18 页 b；佚名：《避兵日记》，第 29 页，太平天国历史博物馆藏抄本。

③ 王蒔惠：《咸丰象山粤氛纪实》，罗尔纲、王庆成主编：《中国近代史资料丛刊续编·太平天国》（五），桂林：广西师范大学出版社，2004 年，第 209 页。

④ 陈澹然：《江表忠略》卷 16，光绪二十六年（1900）长沙刻本，第 13 页 a，北京大学图书馆藏。

⑤ 龚又村：《自怡日记》，罗尔纲、王庆成主编：《中国近代史资料丛刊续编·太平天国》（六），桂林：广西师范大学出版社，2004 年，第 50 页。

⑥ 光绪《石门县志》卷 11《丛谈》，第 89 页 a。

⑦ 方宗诚：《柏堂集续编》卷 21《应诏陈言书》，《清代诗文集汇编》编辑委员会编：《清代诗文集汇编》第 672 册，上海：上海古籍出版社，2010 年，第 394 页。

产佯为应承"① "设策以保乡党"② 之类的消极心态，政治立场不坚定，"保家之念益亟，遂与贼通，转而念贼万一败，将不免事后之祸，乃营首鼠之计，往来于官与贼之间"。③ 被迫胁入者加入基层政权，可能出现贪污中饱或消极怠工的现象。

此外，存在心态类型转化的现象。有人初始表现出的积极性可能随时局变化、时间推移而逐渐消磨，像秀水乡绅董春圃初为乡官时非常积极，"尚未开印，因书红笺帖于十五日请各店家饮开印酒"，后却因不堪索派，"累遭拷掠"，"乃告退"，辞去师帅之职。④ 也有乡官从消极被动转变为积极主动，"不知不觉遂甘为贼用而不辞"，⑤ "乡官有投附者，有胁从者，有始胁从终附者"。⑥

谋私投机和委曲求全是太平天国乡官群体的主流心态。乡官的消极心态危害极大，一方面容易形成基层官员的惰政和劣政，诱发民变，加剧民众与太平天国的离心倾向。表2-2所列34名乡官代表，除心态类型不明者外，其他24人的心态均可归入委曲求全和谋私投机两类，这项统计说明乡官心态与民变之间存在可能性关联。另一方面削弱了太平天国基层政权，加速了"天国"败亡。嘉兴秀才江梦兰投附太平天国后由乡官属史升任豫爵，他在1862年6月对时局的阐述是当时太平天国政权中士绅心态的生动写照："去年看来，长毛正在上锋，尽可做得；

① 涤浮道人：《金陵杂记》，中国史学会主编：《中国近代史资料丛刊·太平天国》（四），上海：神州国光社，1952年，第642页。

② 张德坚：《贼情汇纂》，中国史学会主编：《中国近代史资料丛刊·太平天国》（三），上海：神州国光社，1952年，第275页。

③ 潘遵祁：《西圃集·文集》卷4《许绳武传》，光绪年间刻本，第12页a，北京大学图书馆藏。

④ 沈梓：《避寇日记》，罗尔纲、王庆成主编：《中国近代史资料丛刊续编·太平天国》（八），桂林：广西师范大学出版社，2004年，第184、227页。

⑤ 张德坚：《贼情汇纂》，中国史学会主编：《中国近代史资料丛刊·太平天国》（三），上海：神州国光社，1952年，第302页。

⑥ 吴仰贤：《小匏庵诗存》卷5，光绪四年（1878）刻本，第16页a，北京大学图书馆藏。

今年看来，长毛日衰，做不得也。"① 所以他随时准备携家眷迁避下乡。一位获得高等爵位的地方士子在形势恶化时的表现尚且如此，那些人数众多，一心想谋私投机的基层乡官，恐怕早就打算各顾身家了。

3. 太平军当局的主观作为

基层组织队伍建设的重点是教育和培养，其次是有效健全的监督和奖惩机制。缺乏政治监督的确给基层行政运作造成了困难，"惟是以伙伴每相吞噬，贼首闻之亦不究焉"，②"长毛无甚法令，其为伪官及到某处设馆子者皆可用钱捐而得之，与咸丰末造仕途升转之情仿佛，而更容易翻变者如是"。③ 教育、监督机制的建设和完善绝非朝夕之功，但保证官员素质首先应严控铨选标准，这是短期内可以做到的。

据目前所见资料，中高级乡官主要由太平天国军政当局直接委任。所统计的 231 名乡官中，具有旅帅及旅帅以上"明确"乡官名目的有155 人，其中由太平军当局或上级官员直接委任的 129 人，公举或保举者 6 人，不明者 20 人。当局或上级委任乡官的情况占绝大多数。在史料中常见"勒令""札传""逼迫""逼勒""逼受""派授""招募""奉派""受派""强派""令为""授为""改派"等字眼，可见太平军当局对乡官拥有绝对的人事任免权。太平军当局直接委任乡官的标准有二：或"须熟习地方者为之"；④ 或是拥有一定财富，"胁田亩多者充伪官"，"择所贡多者给予乡官执照"。⑤ 太平天国选择有行政经验者，

① 沈梓：《避寇日记》，罗尔纲、王庆成主编：《中国近代史资料丛刊续编·太平天国》（八），桂林：广西师范大学出版社，2004 年，第 124 页。

② 柯超：《辛壬琐记》，中国社会科学院近代史研究所《近代资料》编辑室编：《太平天国资料》，北京：知识产权出版社，2013 年，第 184 页。

③ 沈梓：《避寇日记》，罗尔纲、王庆成主编：《中国近代史资料丛刊续编·太平天国》（八），桂林：广西师范大学出版社，2004 年，第 88 页。

④ 余一鳌：《见闻录》，太平天国历史博物馆编：《太平天国史料丛编简辑》（二），北京：中华书局，1962 年，第 125 页。

⑤ 张德坚：《贼情汇纂》，中国史学会主编：《中国近代史资料丛刊·太平天国》（三），上海：神州国光社，1952 年，第 267、273 页。

或在地方上略有威望者，或敢于做事者，负责征收赋税，有助于满足太平军当局持续大量的物资需求；而更乐于以富者出任乡官，暗含一旦征收不足可通过对富户、地主的经济剥夺弥补亏空的盘算，时人对此亦有洞察，"某处富户可充乡官，倘遇差徭，有财应抵，亏缺粮饷，可使赔偿，故长毛乐从其请"，[①] "惟两司马伍长硬派地着中殷实者承值，凡有役赋不完结者，都责任他身上"。[②] 当时有人就认为乡官选拔"不论贤，不论能，但呼富人强趋承"，[③] 其他诸如品行道德、行政能力等均不列入重点考察内容，唯富有程度及对地方事务的了解程度成为太平军当局量人的首要指标。

"唯财是举"的选拔标准严重降低了太平天国基层官员队伍的整体素质，乡官追敛财富之恶习流于官场，甚至激起反贪腐和反浮收勒派的民变。刻意强调乡官的经济背景，也造成地方精英、士绅阶层的恐慌，他们时刻担忧自己的经济地位被剥夺，还有可能激发乡官额外苛敛以备不时之需的心态。再者，太平天国基层官场腐败是后期太平天国政治腐败的映象。太平天国奉行功名"宽取"的录取原则，又执行基层官职"宽用"的铨选标准，因"滥"而造成基层官员队伍鱼龙混杂；加之太平天国缺乏有效的监督机制，助长了乡官的腐败行为。太平天国基层官僚体系整体素质不高，特别是乡官不良行政引发诸多民变，如从太平天国主观方面进行责任认定，铨选机制的宽取和滥用是主要方面。

太平天国对农村建设盲目的另一个表现是"竭取强求"。在战时，农村政治的中心是战略物资获取，本无可厚非，但太平军当局不懂得开源节流的道理，既不投入相当精力致力恢复、保障和促进农业生产以广

---

① 汤氏：《鳅闻日记》，罗尔纲、王庆成主编：《中国近代史资料丛刊续编·太平天国》（六），桂林：广西师范大学出版社，2004 年，第 337 页。

② 顾汝钰：《海虞贼乱志》，中国史学会主编：《中国近代史资料丛刊·太平天国》（五），上海：神州国光社，1952 年，第 370 页。

③ 林大椿：《粤寇纪事诗》，太平天国历史博物馆编：《太平天国史料丛编简辑》（六），北京：中华书局，1963 年，第 444 页。

开财富之源，又不精兵简政、缩减财政以节省开销，一味榨取乡村经济资源。太平军当局无节制的需求和有限的农村资源之间的矛盾只能强迫乡官周转缓解，"凡贼有取求，多下乡官局"，[①] "营中日用一切，均乡官供之，不自取求"。[②] 一旦不能满足，甚或暴力相逼，"伪乡官中有征粮不清，或遇他事而为贼监禁者，其监禁之处曰黑牢"；[③] "征比司马、百长、粮户甚严，横行鞭挞，日夜不停"；[④] "责令办粮及军中需用各物，伪文一下，迫不可待，少不如意，则执乡官杀之"。[⑤] 此类动辄鞭笞、监禁、无端杀害乡官的情形在太平天国败亡前已司空见惯。政治恐怖犹如阴霾笼罩乡官心头，他们不堪重负便会采取相应对策。有的选择逃离太平天国占领区，"里中又挨户逼迫，虽罄其所有，仍不敷其欲，乡官有挈家而逃者"，于是影响到太平天国对乡村资源的占有，"贼愈乱窜，乡官逃避，钱粮愈无济解"。[⑥] 有的乡官绝望自尽，如常熟黄家桥镇旅帅黄德方"自食生洋烟寻死"，[⑦] 常熟周行桥旅帅程某，"忠厚懦夫，畏胁自缢"。[⑧] 大多数乡官则虚与委蛇，以待时变，把太平军征粮收税的压力转嫁到平民百姓身上，致使民怨沸腾。一旦有合适的时机和有力的领导，以农民为主体的民变队伍就会被组织起来，因此乡官成为民变抗争的直接对象。

---

① 光绪《宜兴荆溪县新志》卷5《武事·咸丰同治年间粤寇记》，第11页b。

② 民国《双林镇志》卷32《纪略·杂记·兵燹记》，第13页a-b。

③ 曾含章：《避难记略》，罗尔纲、王庆成主编：《中国近代史资料丛刊续编·太平天国》（五），桂林：广西师范大学出版社，2004年，第350页。

④ 佚名：《庚申（甲）避难日记》，罗尔纲、王庆成主编：《中国近代史资料丛刊续编·太平天国》（六），桂林：广西师范大学出版社，2004年，第247页。

⑤ 张德坚：《贼情汇纂》，中国史学会主编：《中国近代史资料丛刊·太平天国》（三），上海：神州国光社，1952年，第273页。

⑥ 柯悟迟：《漏网喁鱼集》，北京：中华书局，1959年，第54、90页。

⑦ 佚名：《庚申（甲）避难日记》，罗尔纲、王庆成主编：《中国近代史资料丛刊续编·太平天国》（六），桂林：广西师范大学出版社，2004年，第233页。

⑧ 汤氏：《鳅闻日记》，罗尔纲、王庆成主编：《中国近代史资料丛刊续编·太平天国》（六），桂林：广西师范大学出版社，2004年，第351页。

(三) 地方政治建设的思想特点

太平天国地方政治建设有三个思想特点。

其一，改造的理想与照旧行政相矛盾。乡官制度来源于《周礼》，所谓恢复古制，实际是对现行社会秩序的否定。乡官制度的一些具体规定也有一定进步性，如由低级乡官保举高级乡官，并配置严格的保升奏贬制度，程序虽然繁复，很难施行，所见保举实例不多，但在理论上体现了一定的公平、公正。由于战争的社会环境，以及政权建制本身不完善，乡村政治的理想体制并不完全适用于现实社会。太平天国当局结合实际做出了部分变通，以保障乡官制度的全面推行。乡官的编制和多渠道选任办法、乡兵制度均是对《天朝田亩制度》理论规定的变通。另外，太平天国也有革除社会旧弊的尝试，尽管成效不著，如在政策层面严禁浮收、勒折。这些改造举措均是太平天国在地方社会事务中对"传统"和"理论"的"变通"之举，正因如此，太平天国才能首次在现实社会建立起具有军、政、教合一特征的乡官体制。但受主客观条件限制，太平天国基层组织在本质上沿袭了清朝旧制，仅是对清朝旧章加以变通。从这个层面说，太平天国只是在占领区实现了政权的易手，并不能实现新旧社会的转型交替。

其二，"一切服从、服务于军事"。相比于省、郡、县级地方政权建设，基层政权的乡官制度在太平天国占领区相对健全、完善。就客观原因来说，由于太平天国频仍浩繁的物质需求，太平军当局几乎将所有地方行政工作都纳入为获取经济资源服务的轨道，形成了"一切服从、服务于军事"的战略思想。太平军每占一地，都面临着安民造册、征收赋税等繁重任务，这些只能依靠乡官完成，而"唯财是举"的乡官选拔标准体现了太平军的这一战略思想。太平天国对农村建设盲目的另一个表现是"竭取强求"，其根源也是"一切服从、服务于军事"的思想。一味依靠乡官的中介作用榨取乡村经济资源。一旦不能满足，甚或暴力相逼。

其三，以加强中央集权作为处理中央和地方关系的核心思想。太平天国前期，太平军令行禁止，连诸王都被分而治之，没有自己的私人武装集团和势力范围。太平天国中央对各地军队的控制相对有力。到后期，由于权力格局的变动，中央政权在分裂和内讧中被极度削弱，洪秀全掌控不了复杂的政局，加之政争日炽，领军将领各领"分地"，拥兵自重，各自为政，掣肘中央，不听调派。洪秀全滥施爵赏、分封诸王，借上帝教神化和加强天王专制的一系列举措，虽然适得其反，难有成效，但主观意愿还是为加强中央集权。

尽管太平天国以乡官制度为核心的乡村政治实践最终流于失败，但应该正视太平天国的政治权力曾突破城市，活跃于乡村社会的事实。太平军通过普及乡官制度将乡村社会管理纳入政权系统运行轨道：按太平军制改传统乡村社会乡、都、图三级社会组织单位为军、师、旅、卒、两、伍六级基层行政组织；吸纳中小士绅等进入政治权力系统，授予乡官官职，建立县以下市镇乡村基层政府，使太平天国政治权力的触角伸入乡村社会，试图以此颠覆传统行政体制——"皇权不下县"，削弱和破坏士绅、宗族、乡约对乡村经济、政治、思想方面的控制，实现政治权力对地方社会资源的占有。

国内学者普遍从主客观因素两个方面论断太平天国在乡村的统治薄弱。一方面战争的客观背景使太平军的统治重心在城市，争夺城市，占有财富，故介入乡村的力量小、付出的精力少；另一方面是因为太平天国的制度具有空想性，脱离现实，不合实际，难以施行。① 国内学者虽

---

① 当时参加镇压太平军的外国侵略者戈登说："其实太平天国算不了甚么国家，他们只是占据了城市，而让乡村的人们自己管理自己。"（《戈登发表的苏州杀降的经过》，王崇武、黎世清编译：《太平天国史料译丛》第1辑，上海：神州国光社，1954年，第94页。）这代表了当时人对太平天国的一类印象。

突出了主观因素，但阐述不完全符合历史实际。除土地制度外，《天朝田亩制度》所构想的乡村政略大多是变相实施了的。乡官制度、乡兵制度、司法制度、宗教文化和社会生活领域的规定均经改良而实践。其中，乡村政治的核心是乡官制度，虽然有的具体程序很难贯彻执行（如编制、选任、乡兵），但乡官制度得到了普遍实施，并且与朝内官、军中官和守土官互补，构成了太平天国职官体制不可或缺的部分，为支撑后期太平天国战争发挥了一定作用。

基于上述研究，导致太平天国在乡村统治薄弱的关键原因是缺少有效的治理，治理不当，使太平军对农村社会原本强大的介入力量逐渐被清军、团练、土匪、民变等对抗势力瓦解。从史实看，太平军起初介入乡村的力量强大，处理团练，镇压民变，推行政略，征收赋税，移风易俗，做了很多事情。学界大都忽略了太平天国努力控制乡村、介入乡村并治理乡村的事实，这在评判太平天国战略得失时是一项重要标准。

三　着佃交粮：辖境内社会经济秩序

太平天国的经济秩序，特别是农村经济秩序的建立与运转亟待深入研究。本节拟在梳理洪秀全经济思想渊源、太平天国经济措施演变的基础上，以太平天国在苏浙农村的钱粮征收为线索，考察其统治时期的农村社会经济秩序与军民、官民关系，系统研究太平天国在社会经济方面"破旧"而无法"立新"的历史教训，以期进一步深化对太平天国运动局限性的认识。

（一）从"空想"到"照旧"

1. 洪秀全经济思想的渊源

洪秀全的经济思想和他的宗教思想、政治思想一样，是在历史和现实的多重因素作用下形成的。我们既可以从基督教思想中找到源流，也能从儒家文化中发现端倪；既可在历代农民战争实践中找到承袭，也能在现实政治活动中看出相似之处。洪秀全继承了前代有益于发动起事和维护其统治的经济思想，但也有所变易和创新。大致而言，太平天国的经济思想经历了一个从空想返回现实再到无序的历史演变，反映了太平天国从军兴到发展再到覆亡的历史进程。

（1）受到基督教思想的启迪。

首先是天王私有的思想观念可以比附上帝私有。《劝世良言》和《圣经》是洪秀全接受基督教训练的教科书。他接受了基督教关于上帝是造物主的观点，在《原道觉世训》中大谈皇上帝"当初六日造成天地、山海、人物"之功，"予想夫天下凡间，人民虽众，总为皇上帝所化所生，生于皇上帝，长亦皇上帝，一衣一食并赖皇上帝。皇上帝天下凡间大共之父也，死生祸福由其主宰，服食器用皆其造成。仰观夫天，一切日月星辰雷雨风云莫非皇上帝之灵妙；俯察夫地，一切山原川泽飞潜动植莫非皇上帝之功能"。① 既然皇上帝有造物和创世之功，且权能无限、地位至高，人的宝贝灵魂亦"皆禀皇上帝一元之气以生以出"，世间人所用所享乃皇上帝所赐，"一丝一缕荷上帝，一饮一食赖天公"，② 那么世间一切在归属上理应由皇上帝所有，世人理应感恩并效

---

① 《原道觉世训》，太平天国历史博物馆编：《太平天国印书》（上），南京：江苏人民出版社，1979 年，第 18—19 页。

② 《原道救世歌》，太平天国历史博物馆编：《太平天国印书》（上），南京：江苏人民出版社，1979 年，第 10 页。

忠于皇上帝。一切生产生活资料归属上帝大家庭的家长所有，对上帝子女来说，是"上帝大家庭公有制"；对上帝来说，实质上是"上帝私有制"。《天朝田亩制度》明确提出："盖天下皆是天父上主皇上帝一大家，天下人人不受私，物物归上主，则主有所运用，天下大家处处平匀，人人饱暖矣"，并强调"此乃天父上主皇上帝特命太平真主救世旨意也"。[①] 在上帝教教义中，天王乃上帝次子，受命于天，下凡救世，因此，上帝私有即天王私有，归属上帝即归属天王。"天下人人不受私，物物归上主"的思想，成为太平天国初期经济制度和政策的指导思想。虽然太平天国的经济政策随着战争实际不断嬗变，但洪秀全这一经济思想根深蒂固，且在他的思想结构中结合皇权思想，成为不断强化的思想层次。

其次是朴素的平等平均思想也受基督教知识启发。在《圣经》中有按照人口多寡分配土地的事例。《旧约·民数记》第 26 章第 52—56 节，耶和华晓谕摩西说："你要按着人名的数目，将地分给这些人为业。人多的，你要把产业多分给他们；人少的，你要把产业少分给他们；要照被数的人数，把产业分给各人。虽是这样，还要拈阄分地。他们要按着祖宗各支派的名字承受为业。要按着所拈的阄，看人数多、人数少，把产业分给他们。"《旧约·民数记》第 33 章第 54 节，耶和华再次晓谕摩西："人多的，要把产业多分给他们；人少的，要把产业少分给他们。拈出何地给何人，就要归何人。你们要按宗族的支派承受。"洪秀全曾在罗孝全教堂潜心钻研《圣经》，又获赠《圣经》译本，上述内容自会引起他的注意。《天朝田亩制度》规定了分田办法："凡分田照人口，不论男女。算其家口多寡，人多则分多，人寡则分寡，杂以九等，

---

① 《天朝田亩制度》，太平天国历史博物馆编：《太平天国印书》（上），南京：江苏人民出版社，1979 年，第 410 页。

如一家六人，分三人好田，分三人丑田。"① 分田原则和述说语法均与
《圣经》相似。在《圣经》中还有按拈阄和按宗族的分地思想。拈阄有
一定随机性，但体现了相对公平，划分宗族支派体现了世袭思想，这两
种矛盾的思想均被太平天国继承下来。可是太平天国的理想方案要比
《圣经》的记载更为具体详细，更加具有朴素的平等平均色彩。另外，
洪秀全经济思想的一定平等性是建立在宗教平等的基础之上的，也就是
上帝教受基督教平等观念的启发而产生并大力宣扬的"天下一家""四
海兄弟""小天堂"的理念，即人人都是上帝子女，上帝子女都有敬拜
上帝的权利和义务，均可共享上帝福泽，享用上帝财物。洪秀全反对现
实社会"相陵相斗相夺相杀"，"世道乖离，人心浇薄，所爱所憎，一
出于私"，② 他对上古大同社会的愿念改头换面为"天国迩来"的"小
天堂"理想，"小天堂"自然如"公平正直"的大同社会一般。可见洪
秀全的平等平均思想不是直接表现以政治诉求，而是通过宗教神学的说
教形式曲折隐晦地推导出来。上帝私有的宗教思想是洪秀全平等平均思
想的论说基础。洪秀全的平等平均思想，在经济层面建立在天王和太平
天国特权阶层私有制的基础之上，在宗教层面则是建立在上帝小家庭和
其他家庭成员不平等的基础和前提之上。建立在私有和宗教神学基础上
的平等平均自然不是真正的平等平均观念。洪秀全的平等平均思想受到
儒家意识形态的羁绊，带有农民私有意识的局限，是对清代中叶以来社
会堕落和吏治败坏的强烈控诉，是对以农民阶层为主体的下层民众反对
剥削和压迫、向往均匀饱暖生活的直观反映。其本身仅是限定在特定时
代和特定阶层的较为初级、朴素，且在不断淡化的思想形态，不具有近
代意义上的平等平均思想的内涵实质。

---

① 《天朝田亩制度》，太平天国历史博物馆编：《太平天国印书》（上），南京：江苏人民出版
社，1979 年，第 409 页。

② 《原道醒世训》，太平天国历史博物馆编：《太平天国印书》（上），南京：江苏人民出版社，
1979 年，第 15—16 页。

（2）受到儒家思想的熏陶。

儒家学说中有关经济的某些阐述是洪秀全设计新世界经济关系的重要原材料。洪秀全在早期作品中论证皇上帝的造物和创世之功时，借用了儒家经典："孔伋曰：'天命之谓性。'《诗》曰：'天生蒸民。'《书》曰：'天降下民。'"正因为契合儒家经典，中外一体，才当共拜上帝，感恩上帝。孔子同样提出过要敬天："天何言哉，四时行焉，百物生焉，天何言哉！"（《论语·阳货》）在论证一切生产生活资料皆赖上帝所赐时，洪秀全这样借用："孟轲云：'天油然作云，沛然下雨，则苗浡然兴之矣。'周诗云：'天上同云，雨雪雰雰，益之以霡霂，既优既渥，既沾既足，生我百谷。'"① 儒家经典说世间万物皆"天"所赐，洪秀全认为万物之属理应归于上帝，而非世人之私产。洪秀全结合了对往古盛世的怀念和对虚幻天国的憧憬这两种理想，构想了改造社会的经济方案——平等平均主义，这些均受到了儒家经典的启发。他在论证"天下一家"的观念时，大段借用《礼记·礼运》："是故孔丘曰：'大道之行也，天下为公，选贤与能，讲信修睦。故人不独亲其亲，不独子其子，使老有所终，壮有所用，幼有所长，鳏寡孤独废疾者皆有所养。男有分，女有归。货恶其弃于地也，不必藏于己；力恶其不出于身也，不必为己。是故奸邪谋闭而不兴，盗窃乱贼而不作，故外户而不闭，是谓大同。'"② 上古大同之世给人以启迪和鼓舞，为洪秀全、康有为、孙中山等近代仁人志士所追捧，但力求在生产力发展水平极低的条件下实现无私的公有制，显然是一种乌托邦精神。

中国的平均思想由来已久。孔子认为社会矛盾的根源在于："丘也闻有国有家者，不患寡而患不均，不患贫而患不安，盖均无贫，和无

---

① 《原道觉世训》，太平天国历史博物馆编：《太平天国印书》（上），南京：江苏人民出版社，1979 年，第 17 页。

② 《原道醒世训》，太平天国历史博物馆编：《太平天国印书》（上），南京：江苏人民出版社，1979 年，第 16 页。

寡，安无倾。"（《论语·季氏》）其中，"均无贫"和《天朝田亩制度》提出的"无处不均匀，无人不饱暖"，其思想精髓一致。如土地的分配方法，《天朝田亩制度》规定"杂以九等"，"好丑各一半"，与《周礼》的记载相近。《周礼·地官司徒·小司徒》记："以土均之法，辨五物九等，制天下之地征。"《周礼·地官司徒·遂人》载："辨其野之土，上地、中地、下地，以颁田里。"《天朝田亩制度》记载的农隙治事、"鳏寡孤独废疾"皆有所养等具体办法也是参照《周礼》修订而成，但剩余产物归公和圣库制度则是太平天国的创举。关于生活资料的分配方法，《天朝田亩制度》规定"凡天下树墙下以桑，凡妇蚕绩缝衣裳。凡天下每家五母鸡，二母彘，无失其时"。孟子说："五亩之宅，树墙下以桑，匹妇蚕之，则老者足以衣帛矣。五母鸡、二母彘，无失其时，老者足以无失肉矣。"（《孟子·尽心上》）孟子还主张复井田制，均土地。这些主张均在《天朝田亩制度》中直接体现出来。孟子还认为"七十者衣帛食肉，黎民不饥不寒，然而不王者，未之有也"（《孟子·梁惠王上》），作太平盛世之王，也是洪秀全追求的皇权理想。洪秀全7岁入塾，饱读诗书，他的思想与儒家思想的雷同之处显然不是巧合，而是从儒家经典中汲取了营养。

（3）融合了历史和现实的平等平均思想。

历史上的农民起事不乏提出"平均"口号者。唐末王仙芝起事，自称"天补平均大将军兼海内诸豪都统"；五代南唐黄梅县民诸佑组织起事时，以"使富者贫，贫者富"相号召；北宋王小波、李顺起事，提出"均贫富"；南宋钟相、杨太起事提出"等贵贱，均贫富"，将政治诉求和经济要求结合在一起；明末农民战争第一次明确提出平均土地的"贵贱均田之制"和"均田免粮""三年不征"的口号。1853年初，太平军自武昌沿江东下，所过州县，遍贴告示，谓"将来概免租赋三年"，"江山一统，普免三年钱粮"① 和"薄赋税，均贫富"；② 首战安徽时，又发布"将均田以赈贫穷，开科以举贤俊"的布告。③ 这说明太平天国在定都天京前已经开始酝酿解决土地问题，但没有形成具体的政策。此类口号可以看出太平天国对历代农民运动平等平均思想的继承。类似宣传几乎为历史上农民起事的通例，尤其是在进军途中辗转流离，太平天国未必会设想到宣传口号的兑现问题，它们的提出及宣传具有很大的随意性和功利性。至颁布《天朝田亩制度》之前，明确了"均田"的具体方案，又在天京城内进行实验，太平天国的平等平均思想发展到顶峰。

还有一些主张经世致用的思想家，他们的论说可能也为洪秀全的思想从批判旧世界发展为设计新世界提供了有益素材。黄宗羲主张"复井田"，"每户授田五十亩"，提出"均赋税"，"重定天下之赋，必当以下下为则"（《明夷待访录·田制》）。顾炎武认为"垦田均田之制，有足为后世法者"（《日知录·后魏田制》）。与洪秀全生活时代相近的吴铤作有《均田限田》一文，提出"限民田无得过五十亩"。洪秀全的思想与这些学者的"均田均赋"思想有一定相通之处。

现实社会中的现象对洪秀全的经济思想也有一定影响。在广西的会党起事头目中，有不少人以"米饭主"的形式出现，他们收容饥寒交迫的流民，给以衣食，这种统一供给衣食的分配形式和太平天国的圣库制度有些相似，但两者的思想原则不同，圣库制建立在人无私财、一切归公的基础之上。天地会在两广地区十分活跃，以天为父，以地为母，歃血为盟，结为兄弟，这种组织形式给洪秀全提供了鲜活的感性材料。

---

① 张德坚：《贼情汇纂》，中国史学会主编：《中国近代史资料丛刊·太平天国》（三），上海：神州国光社，1952年，第271、299页。

② 《吉尔杭阿陈时事禀》（1854年3月），太平天国历史博物馆编：《吴煦档案选编》（一），南京：江苏人民出版社，1983年，第129页。

③ 李召棠：《乱后记所记》，中国科学院近代史研究所近代史资料编辑组：《近代史资料》总34号，北京：中华书局，1964年，第180页。

民间广为流传的野史小说，洪秀全也喜欢阅读，如《水浒传》描绘的兄弟义气、肝胆相照、荣辱与共、替天行道的场面，可能对他有较大吸引力。而鸦片战争后，两广地区吏治败坏、民不聊生的客观现实，必然刺激了洪秀全追求平均平等社会思想的萌生。上述源头多样的素材，透过洪秀全艰苦的人生阅历和社会实践，最终在宗教思想的触发和整合下，构建了理想社会的模型。

2. 经济思想与措施的演变

太平天国经济思想的演变具体体现在其经济制度或政策的变动之中，以下主要对圣库制度、《待百姓条例》、贡役制度、《天朝田亩制度》、照旧交粮纳税等文件或制度作一概述。

（1）财物归公的圣库制度。

圣库制度是太平天国创立的第一个经济制度，历史上没有前例，在儒家典籍中也不见记载，洪秀全应该是根据《圣经》的相关内容自我创造的。《新约·使徒行传》第 2 章第 44—45 节记："信的人都在一处，凡物公用，并且卖了田产、家业，照各人所需用的分给各人。"第 4 章第 32—35 节记："那许多信的人都是一心一意的，没有一人说他的东西有一样是自己的，都是大家公用。使徒大有能力，见证主耶稣复活，众人也都蒙大恩。内中也没有一个缺乏的，因为人人将田产房屋都卖了，把所卖的价银拿来，放在使徒脚前，照各人所需用的，分给各人。"1850 年夏秋金田团营之时，"各教徒已感觉有联合一体共御公敌之必要。彼等已将田产屋宇变卖，易为现金，而将一切所有缴纳于公库，全体衣食俱由公款开支，一律平均。因有此均产制度，人数愈为加增，而人人亦准备随时可弃家集合"。① 后来上帝会将其规范为圣库制度，下令按照统一模式施行，即财物上一切归公，人无私有；供给上实

---

① ［瑞典］韩山文：《太平天国起义记》，简又文译，中国史学会主编：《中国近代史资料丛刊·太平天国》（六），上海：神州国光社，1952 年，第 870 页。

行平均主义；社会组织上拆散家庭，严别男营女营，"有不遵者即依例逐出"。① 从内容上看，圣库制度和《圣经》的记载颇为相似。由于对太平军及其家属实行供给制，太平军不用担心衣食，无牵挂随营家属的后顾之忧，专心杀敌，增强了凝聚力。有不少学者称之为"军事共产主义"。这里要注意的是，"不许私藏金银财物"有一定限额，诸多记载证明个人可以持有五两以下的货币。定都后，天京更加严厉地实行男女别营，城中圣库及其各种衍生机构应运而生。在"天朝"设立了"总圣库""总圣粮"，设有各种典官任事，如"典圣粮"管理粮米收纳支放，"典买办"专管日用百货的采购收支，"典油盐"负责浇造油烛并经理油坊盐栈等。各种货物集中调拨，原有的私营店铺一概取缔。

圣库物资的重要来源有初期上帝会会众的集资，缴获的清方战利品，各处百姓的贡献，派大捐、打先锋所得的财物，赋税收入，以及百工衙的生产品。百工衙和诸匠营取代了私营手工业而成为圣库物资的重要来源之一。太平天国将手工业工人按行业和技能分别编入百工衙和诸匠营，设立典官组织生产。现有史料记有天朝百工衙九类三十九种，诸匠营有土营、金匠营、木营、织营、金靴营、绣锦营、镌刻营，初期效率颇高，"百工技艺，各有所归，各效其职役，凡军中所需，咄嗟立办"，"各储其材，各利其器，凡有所需，无不如意"。② 但这类建立在小农私有经济基础上的国家公营，违背了经济发展的客观规律，阻遏了商品经济的发展，挫伤了手工业工人的积极性，不能长久维系。不到一年的时间，规模较大的织营、木营、瓦匠营等就出现了严重逃亡现象，甚至哗变。太平天国的营、馆和圣库制度使原有的城市生活被彻底破

---

① 《干王洪仁玕自述》，罗尔纲、王庆成主编：《中国近代史资料丛刊续编·太平天国》（二），桂林：广西师范大学出版社，2004年，第409页。

② 张德坚：《贼情汇纂》，中国史学会主编：《中国近代史资料丛刊·太平天国》（三），上海：神州国光社，1952年，第117、139页。

坏，原本具有多重社会经济职能的大都市变成了一座大军营。① 逐渐瓦解圣库制的则是天京城的粮食危机和物资匮乏，家庭生活的恢复，以及太平天国内部逐渐泛滥的享乐思想。后期，诸王官员贪图享乐、私蓄钱财、追逐权势，圣库制已名存实亡。

（2）《待百姓条例》与贡役制。

1853 年 4—5 月间，太平天国中央政府颁布了第一套系统的社会改造方案《待百姓条例》，条例原文已佚失，今存三种转述本：

其一，"上元锋镝余生"所作《金陵述略》："内有传（待）百姓条例，跪听称（诡称）不要钱漕，但百姓之田皆系天王之田，每年所得米粒全行归于天王收去。每月大口给米一担，小口减半，以作养生之资。所有少妇闺女俱备天王选用。店铺买卖本利皆系天王之本利，不许百姓使用，总归天王。如此魂得升天，不如此即是邪心，即为妖魔，不得升天，其罪极大。云云。间有长发贼传人齐集设坛讲道，令人静听，亦即仿佛此等言语。"②

其二，1853 年 6 月 29 日顺天府丞张锡庚所奏呈"难民所述贼情"："逆匪所刻妖书逆示颇多，省中现有续诏书、诏义诰等，文理不通，辞极狂悖。内有待百姓一条例，诡称不要钱漕。但百姓之田终年所得米粒全行归天王收云，每年每大口给米一石，小口减半，以作养身。所生男女亦选择于天王，铺店本利亦归于天王，不许百姓使用。如此则魂得升天，不如此即是邪心，即为妖魔，不得升天，其罪极大。云云。间有长发贼传人齐集，谓之讲道，即仿佛此等言语。"③

---

① 《北华捷报》第 178 期，1853 年 12 月 24 日；《北华捷报》第 204 期，1854 年 6 月 24 日。

② 《金陵述略》，金毓黻、田余庆等编：《太平天国史料》，北京：中华书局，1955 年，第 505 页。按，《北华捷报》译载了《金陵述略》，文前的"编者按"说："尽管是匿名的，士人仍皆知是前松江知府洪玉珩所作。他在南京曾被太平军俘虏，后来得以逃脱。"（《北华捷报》第 159 期，1853 年 8 月 13 日）

③ 《张锡庚奏呈逃出难民陈述敌情原文并请将其寄交各统兵大员折》（咸丰三年五月二十三日），中国第一历史档案馆编：《清政府镇压太平天国档案史料》第 7 册，北京：社会科学文献出版社，1993 年，第 308—309 页。

其三，佚名《金陵被难记》："所刻妖书逆示颇多，如书诏文诰之类，极狂悖，极不通。内有百姓条例，诡称不要钱漕，但百姓之田，皆系天王之田，收取子粒，全归天王，每年大口给米一石，小口减半，以作养生。所生男女，亦选择归天王。铺店照常买卖，但本利皆归天王，不许百姓使用。如此魂得升天，否则即是邪心，为妖魔，魂不得升天，其罪极大。间有长发传集多人，讲说此等语，令静听，谓之讲道。"①

三个版本所记内容大同小异，唯分配标准有出入。综合比照，"每年大口给米一石"（约合每月 10 斤）连基本的生计也无法维系，似是清方刻意歪曲；"每月大口给米一担"（约合每月 120 斤）则比较宽绰。关于天京粮食的供应数量，曾在天京生活过的谢介鹤说："贼出入城，发粮无数，来取者即与之，既有名数可稽，始议每日发米数。男馆如泥木匠一斤半，各伪衙一斤四两，各匠一斤，牌尾半斤。"②男馆普通工匠每月分粮 30 斤，泥水匠、木匠可分 45 斤，连老弱也可分 15 斤，都超过每月 10 斤之数。张德坚探报："惟礼拜钱及粮米油盐一律皆有定制：伪官每人每七日给钱百文，散卒半之，每二十五人每七日给米二百斤，油七斤，盐七斤而已。"③按 1854 年的标准，此时正值天京粮荒，每人每月还给粮约 34 斤。条例规定的 120 斤"养生之资"不仅是口粮，还应包括其他一切日常生活开支。此时，太平天国无斗斛之量，皆按斤两计算，故《金陵述略》记之为"担"而非"石"。现藏英国大英博物馆的《金陵述略》，在每一段记述后均有另一位熟悉南京情形之人所作的按语，或注明"断无其事"，或订正实情，相对严谨客观，在记《待

---

① 佚名：《金陵被难记》，中国史学会主编：《中国近代史资料丛刊·太平天国》（四），上海：神州国光社，1952 年，第 750 页。按，此书是清廷以"从贼中逃出"者亲历之"被害情形"制作的政治宣传品。

② 谢介鹤：《金陵癸甲纪事略》，中国史学会主编：《中国近代史资料丛刊·太平天国》（四），上海：神州国光社，1952 年，第 656 页。

③ 张德坚：《贼情汇纂》，中国史学会主编：《中国近代史资料丛刊·太平天国》（三），上海：神州国光社，1952 年，第 277 页。

百姓条例》之处写有"按此皆有之",也就是说据其见闻经历,此记载是真确的。综合来看,《金陵述略》关于粮食分配数额的记载应该可靠,其他两种当是篡改。三种版本中,《金陵述略》是洪玉珩所作的原始记载;张锡庚订正错字,改"月"为"年",以难民所述为名上奏;《金陵被难记》又据张锡庚奏写成。条例的全名,应依《金陵述略》和张锡庚奏折所作《待百姓条例》。

条例原文自然比转述的更加详细。通过转述本仍可看出太平天国定都初期社会经济政策的大致内容。条例主要有四点内容:一是废除征收钱漕的租赋制度——"不要钱漕";二是否定地主和农民土地所有制——"皆系天王之田";三是否定私营工商业——"皆系天王之本利";四是对全部生产生活资料实行供给制。其中第二、三、四直接体现了朴素的"公有"理想。太平天国的公有思想带有强烈的宗教色彩,是由"皇上帝天下凡间大共之父"推导而来,结合"移孝作忠""受命于天"的思想,把公有、上帝有和国有、天王有的思想杂糅起来,形成了"公有—国有—王有"三位一体的指导思想。从本质上讲,其公有思想是朴素的、低级的,也可以说成是上帝私有和天王私有,没有超越帝制时代"普天之下,莫非王土,率土之滨,莫非王臣"的皇权思想。①

对全部生产生活资料实行供给制,即前述圣库制度。规定"每月大口给米一担"的较高配额,和只按年龄、不分男女的分配原则,构建了均匀饱暖、公平正直、人人无私的美好的制度蓝图,但又强调土地、女子、财富"总归天王",宣扬了天王至上的专制和皇权思想,造成思想阐释上的矛盾。半年多后正式颁布的《天朝田亩制度》以"天下人人不受私,物物归上主,天下大家处处平均,人人饱暖"为指导思想,同

---

① 《关于太平天国三件告谕的考释》,郭存孝:《太平天国史论笔记》,北京:线装书局,2011年,第236页。

时宣传"世食天禄""功勋等臣"等特权思想，这与《待百姓条例》近乎一致。《待百姓条例》以张贴布告和"讲道理"的简单形式先行晓谕民众。可以说，《待百姓条例》是《天朝田亩制度》的先声和精简本。

太平天国起初设想大力推行此例，故《待百姓条例》传播较广。张德坚《贼情汇纂》、曾国藩《讨粤匪檄》都提到了条例中的内容。在民间亦有反馈，如安徽黟县文人黄德华在诗中标注："贼谓之曰：'天下之田皆天王之田，天下之货皆天王之货。'"① 南京人伍承组避难安徽宣城陵阳山中，作《山中草》诗，其中就有"万物难私归上帝"一句，注云："贼谓凡人所有皆天父所有，故必以进贡。"②

其中，取缔私营商业，在思想上是基于"天下人人不受私，物物归上主"的宗教教义，太平天国的领导人认为，"凡物皆天父赐来，不须钱买"；③ 在政治上是因为天京的特殊地位，"天京乃定鼎之地，安能妄作生理，潜通商贾"；④ 从军事防御的角度考虑，天京被清军围困，为防止敌人潜入而禁止商贩出入，有一定必要。可是对于地方，1853 年 6 月，杨秀清重新颁发《安抚四民诰谕》，宣布："士农工商各力其业。自谕之后，尔等务宜安居桑梓，乐守常业，圣兵不犯秋毫，群黎毋容震慑，当旅市之不惊，念其苏之有望。"⑤ 当时天京城内已经废除私营工商业，就无所谓"士农工商各力其业"，重新颁发此谕显然是针对京外

① 黄德华：《琐尾吟》，南京大学历史系太平天国史研究室编：《江浙豫皖太平天国史料选编》，南京：江苏人民出版社，1983 年，第 314 页。

② 伍承组：《山中草》，太平天国历史博物馆编：《太平天国史料丛编简辑》（六），北京：中华书局，1963 年，第 419 页。

③ 张汝南：《金陵省难纪略》，中国史学会主编：《中国近代史资料丛刊·太平天国》（四），上海：神州国光社，1952 年，第 716 页。

④ 马寿龄：《金陵癸甲新乐府》，中国史学会主编：《中国近代史资料丛刊·太平天国》（四），上海：神州国光社，1952 年，第 735 页。

⑤ 《东王杨秀清西王萧朝贵安抚四民诰谕》（癸好年五月初一日），太平天国历史博物馆编：《太平天国文书汇编》，北京：中华书局，1979 年，第 111 页。按，此谕最先发布于癸好三年二月初十日（1853 年 3 月 15 日），即太平军破南京前四日。见中国史学会主编：《中国近代史资料丛刊·太平天国》（二），上海：神州国光社，1952 年，第 692 页。

新占领的地区。尔后，石达开在安庆、胡以晃在庐州、罗大纲在镇江等地均发布了类似的告示，要求士农工商各安其业。因此天京以外的地区实际并未取缔私营商业，而是设卡收税，颁发凭照，开辟专门的商业区——买卖街。后期苏南和浙江的部分地区商业繁荣，有的地方政府保护和鼓励私营商业，很多市镇乡村"流民雨集，百货云屯，盛于未乱时倍蓰"，① 对外贸易也比较活跃。而在天京，为解决物资匮乏，1853年底，太平天国开始有限度地恢复商业活动，采取创办官营商业和在城外开辟买卖街的办法，1855年初开始逐渐恢复家庭生活，所需日众，天京城内也逐渐恢复了商业活动。

对于废除钱漕的租赋制度，1853年8月，太平军在西征途中就向民众宣布："我天朝断不害尔生灵，索尔租税，尔等亦不得再交妖官之粮米，再为妖官之仆隶。"② 不要钱漕，维系军需和政权运作只能代之以"贡役"，即令百姓进贡钱粮、服徭役。贡献额由贡献者自定，负担相对较轻，进贡也是民众对太平天国政治归顺的标志，前期它的政治意义凸显，经济意义为次。广大民众争相纳贡，以求换来一乡平安，"一乡之人皆若狂"。③ 除了令民贡献，太平军还有"打先锋"（掳掠）、"派大捐"和强行接管公私财物等手段，前期主要是针对缙绅富户地主。但是贡献政策没有统一的标准，仅靠一次性收贡，无法满足太平军长期战争的需求，面对粮食供应不足，往往出现收贡数额和次数的失控，以及太平军不注意征贡地区负担的均衡（如在近水地方多征，偏远地区漏征），引起百姓不满，到1854年，占领区的民众已不再愿意主动进贡。

为解决供给，太平军"打贡"（强索钱米）、"打先锋"、"派大

---

① 王韬：《弢园文新编》，上海：中西书局，2012年，第198—199页。
② 《关于太平天国三件告谕的考释》，郭存孝：《太平天国史论笔记》，北京：线装书局，2011年，第236页。
③ 李召棠：《乱后记所记》，中国科学院近代史研究所近代史资料编辑组编：《近代史资料》总34号，北京：中华书局，1964年，第181页。

捐"，激化了与民众的矛盾。圣库制度逐渐不敷供应，废除私营商业导致供给困难，天京城出现了粮食物资危机，军中补给困难，战争危机也逐渐加重，形成了一连串的恶性循环。1853 年 9 月，安徽安庆等地发生大规模民众哗变。引发此次变乱的主要原因是"皖省民情顽悍，以太平宗教法制之不相习也"。① 宗教法制之文本很有可能是《待百姓条例》。到 1854 年 5 月，杨秀清在诰谕中承认导致天京民众"嗟怨"的原因是"在尔民人，以为荡我家资，离我骨肉，财物为之一空，妻孥忽然尽散"。② 此时，《待百姓条例》的实践已濒临破产。这就迫使太平天国领导人不得不考虑停止过激政策，在天京以外地区基本接受和承认清朝的生产关系、社会关系和主要制度。1854 年夏，"士农工商各力其业"的"照旧交粮纳税"政策正式出台，即承认现存的土地制度和赋税政策。各地方当局相继宣布遵行。这一经济政策一直延续至后期。③ 田产均耕的"土地革命"只能被搁置。太平天国的经济理想从空想返回现实的转变，稳定了占领区的社会秩序，安抚了人心，保障了供给，可以说是一种合理的思想"倒退"，是太平天国经济思想走向成熟的良性演变。

（3）《天朝田亩制度》的理想与空想。

1853 年 12 月，太平天国正式颁布《天朝田亩制度》。该文献全文仅 3428 字，内容却颇为丰富，举凡田产均耕、基层社会组织、官吏铨选与黜陟、司法、思想文化教育等方面均做了设计，几乎囊括了社会经济生活的方方面面。《天朝田亩制度》是洪秀全的旨意，是洪秀全自拜

---

① 凌善清：《太平天国野史》，扬州：江苏广陵古籍刻印社，1993 年，第 324 页。

② 《东王杨秀清劝告天京人民诰谕》，罗尔纲、王庆成主编：《中国近代史资料丛刊续编·太平天国》（三），桂林：广西师范大学出版社，2004 年，第 17 页。

③ 张德坚：《贼情汇纂》，中国史学会主编：《中国近代史资料丛刊·太平天国》（三），上海：神州国光社，1952 年，第 203—204 页。按，这是杨秀清、石达开等实务派影响洪秀全之思想的表现。后期李秀成亦主张在苏浙基层继续推行"照旧"政策。参见《忠王李秀成自述》，罗尔纲、王庆成主编：《中国近代史资料丛刊续编·太平天国》（二），桂林：广西师范大学出版社，2004 年，第 354 页。

上帝以来思想发展的结晶和高峰。《天朝田亩制度》与半年多前颁发的《待百姓条例》一脉相承，《制度》以《条例》为基础，《条例》是《制度》的简本，《制度》列入"旨准颁行诏书总目"，是《条例》的具体化、法律化和制度化。两者虽然都是综合性的社会改造方案，但侧重点各有不同，《制度》的核心是田产均耕，故因此命名；《条例》的核心是废除私营工商业。

太平天国起初有依《条例》全面推行的设想，大力宣传，并将部分内容在天京城内付诸实验。未及两月，杨秀清重新颁发《安抚四民诰谕》，宣布"士农工商各力其业"，就在理论上宣告天京以外的地区停止实践"田产均耕"和"废除私营"。到是年底，太平天国又为何颁布主旨思想与《待百姓条例》近乎一致的《天朝田亩制度》呢？主要在争取民心，名义上践行诺言。明确待到太平一统之时还会按此蓝图推行。太平天国于1860年又重刻《天朝田亩制度》，主要也是意在表达这层意义。①

《天朝田亩制度》的核心内容是关于土地制度的论述。解决土地问题的指导思想是："凡天下田，天下人同耕，此处不足则迁彼处，彼处不足则迁此处。"按此原则，把天下田平分给天下人。首先按田亩产量划分土地，"凡田分九等"，含上中下三级，即三级九等。其次确定了分田的方法，"凡分田照人口，不论男妇。算其家口多寡，人多则多分，人寡则分寡，杂以九等，如一家六人，分三人好田，分三人丑田，好丑各一半"，"凡男妇每一人自十六岁以上，受田多逾十五岁以下一半，如十六岁以上分上上田一亩，则十五岁以下减其半，分上上田五分，又

---

① 重刻本《天朝田亩制度》仅按当时的官制对文献原文做了修改，其他基本未变。另外还有两种可能的原因：其一，洪秀全依然寄希望于虚幻的上帝和空想的土地制度来解决现实存在的问题，宣扬"物物归上主"的思想，维护天王私有制和洪氏家天下；其二，在《资政新篇》刊印后仅一年左右的时间，重刻《天朝田亩制度》是为了补充《资政新篇》对土地制度记载的缺失。这也反映出洪秀全学习西方思想的局限。他虽认可《资政新篇》的某些建议，但并非真的设想推行这一方案，还是沉迷于自己救世"老药方"。

如十六岁以上分下下田三亩，则十五岁以下减其半，分下下田一亩五分"。此外还设置官员专门负责分田，"凡一军典分田二"。①

为使社会经济生活整齐划一，该制度试想在民间采用太平军编制，每 13156 家为一军，以 25 家组成的"两"为社会基本单位，设国库和礼拜堂各一，由两司马管理。凡产品分配、生活物资分配、社会生活和生产、宗教和教育，均以"两"为单位。如产品分配，"凡天下树墙下以桑，凡妇蚕绩缝衣裳。凡天下每家五母鸡，二母彘，无失其时。凡当收成时，两司马督伍长，除足其二十五家每人所食可接新谷外，余则归国库。凡麦、豆、苎、麻、布帛、鸡、犬各物及银钱亦然"。如物资分配和管理，"但两司马存其钱谷数于簿，上其数于典钱谷及典出入。凡二十五家中设国库一，礼拜堂一，两司马居之。凡二十五家中所有婚娶弥月喜事俱用国库，但有限式，不得多用一钱。如一家有婚娶弥月事给钱一千，谷一百斤，通天下皆一式，总要用之有节，以备兵荒"，"凡天下每一夫有妻子女三四口或五六七八九口，则出一人为兵。其余鳏寡孤独废疾免役，皆颁国库以养"。如社会生活和生产，"凡天下婚姻不论财。凡二十五家中陶冶木石等匠，俱用伍长及伍卒为之，农隙治事。凡两司马办其二十五家婚娶吉喜等事，总是祭告天父上主皇上帝，一切旧时歪例尽除"。如宗教和思想文化教育，"其二十五家中童子俱日至礼拜堂，两司马教读旧遗诏圣书、新遗诏圣书及真命诏旨书焉。凡礼拜日，伍长各率男妇至礼拜堂，分别男行女行，讲听道理，颂赞祭奠天父上主皇上帝焉"。

除此以外，《天朝田亩制度》对兵农合一的基层政权组织结构，各级官员的铨选、升黜、奖惩，司法制度和程序，均做了若干安排。

太平天国根据宗教神学原则，提出了统治方略的指导思想："盖天

---

① 《天朝田亩制度》，太平天国历史博物馆编：《太平天国印书》（上），南京：江苏人民出版社，1979 年，第 409—410 页。

下皆是天父上主皇上帝一大家，天下人人不受私，物物归上主，则主有所运用，天下大家处处平匀，人人饱暖矣。此乃天父上主皇上帝特命太平真主救世旨意也"，"务使天下共享天父上主皇上帝大福，有田同耕，有饭同食，有衣同穿，有钱同使，无处不均匀，无人不饱暖也"。太平天国设想按照朴素的平等平均思想重塑中国社会，创建一个田产均耕、均匀饱暖、平等友爱、亲如一家的人间天堂，这幅理想生活的蓝图满足了广大农民对土地的渴求和对均匀饱暖生活的愿望，值得称赞。但是另一方面，该文献带有浓厚的皇权思想，它并不否认上下尊卑和等级世袭，还保留了传统的官僚体制、宗族家长制、天王君主专制，鼓吹宗教神权思想和天命观。制度开篇开宗明义："功勋等臣世食天禄，其后来归从者，每军每家设一人为伍卒，有警则首领统之为兵，杀敌捕贼；无事则首领督之为农，耕田奉上。"将所有社会成员划分为"功勋等臣"和"后来归从者"两大类，规定前者"世食天禄"，而后者有参军、农作、奉上的法定义务。可见，田产均耕、财富均分和平均消费的制度，只是为"后来归从者"（即普通百姓）专门定制的。与特权群体相比，全体社会成员的地位和权利并不绝对平等。这是核心思想上的自相矛盾之处。

在具体内容的设计方面，该文献或自相矛盾，或缺乏可操作性，或不合实际，存在严重的理想进步性和现实落后性之间的矛盾。

在土地制度方面，太平天国曾郑重声明"田产均耕一事是也。人人皆是上帝所生，人人皆当同享天福，故所谓天下一家也"。[①] 对农民来说，"田产均耕"比《待百姓条例》的"百姓之田皆系天王之田"更具吸引力。农民的根本问题是土地问题。《天朝田亩制度》规定了均田的原则和方法。"田产均耕"的第一要义是否定地主和农民的土地私有

---

① 《东王杨秀清答覆英人三十一条并质问英人五十条诰谕》，罗尔纲、王庆成主编：《中国近代史资料丛刊续编·太平天国》（三），桂林：广西师范大学出版社，2004年，第20页。

制，而否定和废除传统土地所有制，是近代中国社会变革的关键课题。"田产均耕"的思想后来被孙中山和中国共产党人继承并发扬。但《天朝田亩制度》试图建立土地公有制或国有制，其实质是天王私有制，即土地的所有权属于天王，这实际剥夺了自耕农原有的小份额土地所有权，废除了连同农民私有在内的土地私有制，农民只有耕种的义务，没有占有的权力。《天朝田亩制度》旨在建立一个以小农经济为主体的理想社会，但在实践中太平天国领导人追求的首要目标是完成改朝换代的王朝战争，因此承认现存生产关系的"照旧交粮纳税"政策出台并长期实行是客观所需。而太平天国中央政权在定鼎天京后，对农民切身利益的关切确实表现得不再像早期那么强烈，却以法律的形式标明农民低等的社会地位。在《天朝田亩制度》中，共有 6 处关于官员有过"黜为农"或"贬为农"的规定。[①]

《制度》和《条例》都强调分配的均等，即按人口平均分配，只是平分的对象已由粮食变为土地，这表现出《制度》对《条例》的继承和发展。在分田对象上，《制度》还明确规定"不论男妇"，开创性地把女子纳入分田人口，这是对古代均田制只限定男子的突破。但在具体的分田方法上存在不少难以克服的弱点，如把土地分为"三级九等"不合实际。《制度》把上上田的划分标准定为每亩产量 1200 斤，把下下田定为每亩产量 400 斤，无论是在北方还是江南，实际都达不到如此高的产量。我国幅员辽阔，人口众多，各地区的土地和人口情况复杂，"好丑各半"和"此处不足则迁彼处，彼处不足则迁此处"的分配办法难以实行。《制度》只讲按年龄一次性分田，没有说明年岁长足以后的补分、新生人口的补分、死亡人口的还田，以及是否再分、何时再分等情形。而且《制度》根本没有考虑人口滋长、耕地减少和不足的现实

---

① 《天朝田亩制度》，太平天国历史博物馆编：《太平天国印书》（上），南京：江苏人民出版社，1979 年，第 411、412、413 页。

问题。所以，现实中根本无法保证每个人都均田均质等量。

在产品和物资分配制度方面更具空想性。《待百姓条例》规定生产生活资料全部征收，统一分配；《天朝田亩制度》则规定收成之时，除留足每25家每人吃至接新谷时的粮食外，其余一律上交国库，即"剩余归公"。这是一个从完全公有到以"两"为单位的农村公社式公有制经济的原则性变化。其他农副产品及银钱亦按此法。而社会生活中"两"的婚丧嫁娶费用及"鳏寡孤独废疾"等弱势群体的生活花销均由国库按照统一标准开支。这是政府为营建均匀饱暖理想社会所做的努力，体现了对社会弱势群体的关怀，也有着防止贫富分化再现和土地财富再集中的初衷。但"通天下皆一式"的分配模式，不区分劳动性质、勤惰多寡、干好干坏、干多干少，一律按人头平均，挫伤了农民的生产积极性和创造性。"剩余归公"导致农民没有剩余资金扩大再生产，只能按照原来的规模和政府规定重复生产。这在生产力水平低下的农业社会，在劳动力不等情况下，显然会影响生活水平的提高、社会财富的增加和社会生产力的发展。

《制度》设计的以25家为基本单位进行统一标准的社会生活和生产，按人口分田到户，农民按户种田，每户"树墙下以桑，凡妇蚕绩缝衣裳"，"每家五母鸡，二母彘"，这显然是按传统中国农村男耕女织的家庭经济模式设计的，实行农业和家庭手工业相结合，是一个自给自足的封闭的自然经济形态。在"剩余归公"的经济原则下，没有交换流通、资本积累和商品经济，只有通过政府的调控和再次分配，维系温饱的小农经济。这在19世纪50年代商品经济繁荣的中国江南地区，在西方工业革命飞速发展的世界大势之下，洪秀全和太平天国却怀着恢复上古大同社会的情愫，将小农经济固定化和绝对化，违反了经济发展的客观规律。而且分配制度的某些具体内容不切实际，例如机械地规定每家拥有五母鸡、二母猪，却没有考虑禽畜的死亡和再分配以及解决其自身繁殖的问题；再如无视各地农业结构和农业资源的差异，搞单一的粮食生产，这在以林、牧、渔业为主的地区难以实行；取消一切私财和私营工商业，太平天国却发行货币和准许货币流通。

《天朝田亩制度》明确了"田产均耕"和"剩余归公"两项主要内容。这些经济主张，一方面说明太平天国曾反映了农民的诉求；另一方面，作为运动主要参加者的是农民，他们被束缚在个体农业经营的小生产基础上，强行取消私有、变革生产关系，这就决定了他们对理想社会的追求最终成为空想。

《天朝田亩制度》是一个综合性的统治方略，不仅包括对农民问题、农村问题和土地问题的规划，还包括政权建设、社会生活、宗教思想等各方面。由于事无巨细，才导致"它愈是制定得详尽周密，就愈是要陷入纯粹的幻想"。[①] 其中土地制度根本无法施行，其他凡基层组织、宗教、司法、教育、社会生活等内容也只能变相操作。《天朝田亩制度》的理想与实际相距甚远，表面上反映了农民的愿望，但有一个深刻教训：任何美好的理想，如果在不具备实施条件的情况下推行，只能变为空想。《待百姓条例》初颁之时还曾在社会上轰动一时，其中大部分内容在天京城内强制推行，"不要钱漕"的贡役制还推广到地方。《天朝田亩制度》虽然颁行，但刊印量极少，社会影响极小。曾国藩的机密幕僚张德坚负责全面采集"贼情"，也没有看到制度的文本，他甚至怀疑太平天国是否真正刊行过这一文件："凡贼中伪书首一章必载诸书名目，末一条即系伪《天朝田亩制度》，应编入'贼粮'门内。惟各处俘获贼书皆成捆束，独无此书，即贼中逃出者亦未见过，其贼中尚未梓行耶？"[②] 首先，当时太平天国中央政府已向世人宣布"士农工商各力其业"，各地方当局相继宣布遵行，那么田产均耕只能搁置。其次，由于

---

① 恩格斯：《社会主义从空想到科学的发展》，《马克思恩格斯选集》第3卷，北京：人民出版社，1972年，第409页。

② 张德坚：《贼情汇纂》，中国史学会主编：《中国近代史资料丛刊·太平天国》（三），上海：神州国光社，1952年，第260页。

战争的环境、自身政局不稳和土地分配上的复杂情况，制度本身缺乏可操作性。最后，《待百姓条例》推行受阻，迫使太平天国领导人考虑废止过激政策，使空想让位于现实。

该制度初颁之时，它很可能仅是少数上层人士才得见的内部文件。也就是说，在1853年底，太平天国颁布《天朝田亩制度》时已经决定暂时不予施行了。《天朝田亩制度》目前所见有天历癸好三年、甲寅四年、庚申十年以后刊行的三个版本。1860年，洪秀全旨准颁行《钦定制度则例集编》（现已佚失），其中田赋制度规定，"男子十六岁以上，每丁耕田十亩"，[①] 这是《天朝田亩制度》中平均分配土地方案的延续。在"照旧交粮纳税"已成为太平天国经济国策并广泛推行的情况下，洪秀全重印《天朝田亩制度》，并重申"田产均耕"，除了因其中宣扬的"天下人人不受私，物物归上主"的经济原则和"天王主断"的专制政体符合洪秀全的核心思想，也是旨在借此聚拢人心，激励士气。《天朝田亩制度》在诞生之前已然在实质上搁浅，在实践上失败。

农民支持太平天国是希望换来太平天国对他们占有土地和减轻赋税负担想法的满足。可是《天朝田亩制度》的简本《待百姓条例》一经传播，"被惑乡民方如梦觉，然此令已无人理，究不能行，遂下科派之令"。[②]《制度》规定的"田产均耕"废除了连同农民在内的土地私有制；"剩余归公"使农民劳动所得一切剩余财产无偿上交国家所有，从这一点上说，《待百姓条例》规定的"不要钱漕"反而更得人心。然《条例》已被百姓认为"无人理"而遭抵制，甚至酿成变乱，何况更为系统翔实的《制度》。农民不能从太平天国获取现实经济利益，因此《天朝田亩制度》没有起到应有的动员、组织和指导作用。它对后世的

[①] 谢绥之：《燐血丛钞》，《太平天国史料专辑》（《中华文史论丛》增刊），上海：上海古籍出版社，1979年，第406页。

[②] 张德坚：《贼情汇纂》，中国史学会主编：《中国近代史资料丛刊·太平天国》（三），上海：神州国光社，1952年，第275页。按，"无人理"是指"没有人性天理"，不作"无人理会"解。

理论意义和启示意义远大于对当世的影响。

洪秀全的思想之核心是"敬拜上帝，开创新朝"。上帝教教义包含了"诛灭清妖"的内容，创建新朝也以推翻清朝为前提，建都天京后，洪秀全等人自认为残妖殆尽，太平一统将至。那么"推翻清朝"便不再处洪秀全思想之首位。这八个字是太平天国自始至终贯行的纲领，明确了太平天国运动的性质和根本目标，指导太平天国运动实践（包括反清和制定一系列政策、制度，旨准颁行文书等）。它的主旨思想被写进了"天国"大部分文献，为绝大多数太平军官兵所熟知，成为太平军将士的精神动力。关于"敬拜上帝"，1854 年夏杨秀清在给英国来使的回函中明确表示："本天国自起义兴师以来，所行所为，皆遵天父、天兄圣旨"，"一切礼仪制度，荷蒙天父时时劳心，下凡教导"。[①] 即以天父天兄圣旨为太平天国施政大纲。关于"开创新朝"，洪秀全在走上反清道路后特意强调："我们可以仍说反清，但不可再说复明了。无论如何，如我们可以恢复汉族的山河，当开创新朝。"[②] 后期洪仁玕也强调"开新朝必颁新政"。[③]

太平天国实行"旨准颁行诏书"制度，很多印书以"诏书"形式颁行，文末有"钦此"二字，表明是洪秀全的旨意；还有印书以"钦定""钦命"为题，以"制度""条例""章程"等冠名，具有法定意义。但它们只是反映纲领、服务纲领的具体的政策或制度，受纲领影响和制约，不能称之为"纲领"。《天朝田亩制度》亦同。它并没有真正指导太平天国运动实践，反而脱离了实践，为实践所否定。如果《天朝田亩制度》是太平天国的纲领，那后期颁发的《钦定制度则例集编》，

① 《东王杨秀清答覆英人三十一条并质问英人五十条诰谕》，罗尔纲、王庆成主编：《中国近代史资料丛刊续编·太平天国》（三），桂林：广西师范大学出版社，2004 年，第 18 页。

② ［瑞典］韩山文：《太平天国起义记》，简又文译，中国史学会主编：《中国近代史资料丛刊·太平天国》（六），上海：神州国光社，1952 年，第 872 页。

③ 《开朝精忠军师干王洪宝制》，太平天国历史博物馆编：《太平天国印书》（下），南京：江苏人民出版社，1979 年，第 700 页。

亦被列入"旨准颁行诏书总目",其中囊括了土地制度在内的各项典制,岂不是更应被称作"纲领"吗?《天朝田亩制度》和后期颁发的《资政新篇》所体现的制度空想性,脱离实际,无法推行,是学界长期热议的问题。学界虽突出了太平天国统治方略失败的主观因素,但这不单是"制度"问题,更多的是"统治"和"治理"问题。因为照旧交粮纳税、任用地主胥吏等出任乡官,才更有利于解决军饷和实现统治区安定,从而有利于纲领实现。

太平天国的纲领性文献是什么?这应符合太平天国纲领,并结合运动实践,就是反映天父天兄下凡和洪秀全神性的一系列太平天国印书——太平天国统称《真约》的各种书籍。如前所述,符合这一主旨的有:《天命诏旨书》(1852年)、《天父下凡诏书》(第一部,1852年)、《天父下凡诏书》(第二部,1853年)、《天父上帝言题皇诏》(1853年)、《天父诗》(1857年)、《天父圣旨》(1860年)、《天兄圣旨》(1860年)、《王长次兄亲目亲耳共证福音书》(1860年)、《太平天日》(1862年)。

(4)"照旧交粮纳税"的变异。

在战时体制下,为维系庞大军队和行政系统的粮饷供应,太平天国主要依靠攻陷城池、接收官库,没收官绅浮财和民众进贡,这些均非长久之计。贡献政策也因没有法定统一的次数和量额标准而逐渐遭到民众抵制,甚至激发民变,如1853年9月安庆之变、1854年4月湖北应山乡民反掳掠行动和1854年6月安徽黟县民众抗粮。[①] 如此一来,太平军更难征到军饷。到1854年初,天京城的浩繁开支已使太平天国力不从心。4月,城中存粮"仅存十余万石",按张德坚估算,以城中五十万人计,"每月应发米十七万石有奇",则圣库存米不敷一月之用。至6

---

① 同治《应山县志》卷21《兵荒》,第11页;佚名:《黟难全志》,南京大学历史系太平天国史研究室编:《江浙豫皖太平天国史料选编》,南京:江苏人民出版社,1983年,第295页。

月，太平天国下令"一概吃粥"。① 先是"于闰七月二十七日赶女人八九万出城，至乡圩割稻"，后来"城中男馆于闰七月亦不发米，悉使出城割稻自食"。② 圣库供给制难以为继。

与此同时，在个别地区，太平军当局已对贡献钱粮采取了变通方式，即按亩限额输捐。1853 年 7 月，太平军在江西南昌附近实行"计亩征粮"；③ 同年 8 月，在安徽太平府近城各乡邀乡老数人，令"每亩交纳粮稻卅斤"。④ 太平天国中央政府提不出新的赋税制度以因应粮荒危机和贡役制的执行困局，只能顺应时势，选择"照旧交粮纳税"。1854 年夏初，杨秀清、韦昌辉、石达开"为征办米粮以裕国课事"，上奏天王："建都天京，兵士日众，宜广积米粮，以充军储而裕国课。弟等细思安徽、江西米粮广有，宜令镇守佐将在彼晓谕良民，照旧交粮纳税，如蒙恩准，弟等即颁行诰谕，令该等遵办，解回天京圣仓堆积。"洪秀全旨准，批示"胞等所议是也，即遣佐将施行"。⑤ 至此，"照旧交粮纳税"政策出台。

安徽是太平天国建政较早、统治较为稳固的地区。"照旧"令下达，各地纷纷遵办，1854 年 8 月，潜山县"征地丁银"，12 月"征粮米"；⑥ 铜陵县"顷复限于八月初一日征收钱米"。⑦ 也就是说，迟至

---

① 张德坚：《贼情汇纂》，中国史学会主编：《中国近代史资料丛刊·太平天国》（三），上海：神州国光社，1952 年，第 278—279 页。

② 谢介鹤：《金陵癸甲纪事略》，中国史学会主编：《中国近代史资料丛刊·太平天国》（四），上海：神州国光社，1952 年，第 665 页。

③ 邹树荣：《蔼青诗草》，中国社会科学院近代史研究所《近代史资料》编辑室编：《太平天国资料》，北京：知识产权出版社，2013 年，第 69 页。

④ 《忆昭楼时事汇编》，太平天国历史博物馆编：《太平天国史料丛编简辑》（五），北京：中华书局，1962 年，第 382 页。

⑤ 张德坚：《贼情汇纂》，中国史学会主编：《中国近代史资料丛刊·太平天国》（三），上海：神州国光社，1952 年，第 203—204 页。

⑥ 储枝芙：《皖樵纪实》，罗尔纲、王庆成主编：《中国近代史资料丛刊续编·太平天国》（五），桂林：广西师范大学出版社，2004 年，第 37、38 页。

⑦ 《曹蓝田与邓太守书》，太平天国历史博物馆编：《太平天国史料丛编简辑》（六），北京：中华书局，1963 年，第 53 页。

1854 年秋冬，天京的粮荒应有缓解。解决粮食危机是太平天国采取"照旧交粮纳税"政策的根本原因，也应是直接原因，但直接原因中还包括太平天国政府稳定社会秩序的思想动机。当时民变频发，团练攻城略地，民众抵触情绪颇高，连天京也出现了波动，杨秀清遂于 1854 年 5 月颁《劝告天京人民诰谕》。"照旧"可以方便和保障财政收入，也可以安抚人心和稳定统治。

（二）苏浙农村的社会经济秩序

1. 苏南农村的社会经济秩序

至 1855 年，"照旧交粮纳税"政策已在太平军主要活动的湖北、安徽、江西三个省份的部分地区有所落实。但受战争环境制约，太平军对乡村控制相对薄弱，在与清军进行拉锯战的过程中，始终难以打破缺粮乏饷困境，遂惯于采取强制征收的极端手段——"打贡"，来获取经济资源。

太平天国前期，湖北、江西基地旋占旋失，安徽基地战事频仍，统治区域极不稳定。1860 年后，太平军东征，开辟了苏福省和浙江天省两片比较稳定的基地，遍立乡官、设乡官局，加强对乡村地区统治。清江苏布政使司辖下苏常松太四属和浙江布政使司辖下杭嘉湖三属，即狭义的江南地区，成为太平天国主要控制区。太平天国有了新的财赋之地，也有了重新振作的气象。作为太平天国后期最重要的军事统帅之一，忠王李秀成为稳固统治，决计"依古制而惠四方"，[①] 承袭清朝赋税旧制。按清制，田赋主要是地丁银和漕粮。地丁银一年两次征收，分上忙、下忙，上忙自农历二月至四月，下忙自农历八月至十一月，农历五月至七月为停忙。漕粮征收自农历十月开始，十一月兑完，通常在次

---

① 罗尔纲：《李秀成自述原稿注（增补本）》，北京：中国社会科学出版社，1995 年，第 160 页。

太平天国再研究

年初依次起运。① 太平天国仿行清制，田赋征收分上忙、下忙或春纳、秋纳（1860 年前多有此称），粮赋起征一般也在农历十月，次年初将征收到的钱粮起运天京或地方政治中心。如 1861 年 1 月，句容太平军"筑坚大石垒于宝堰，运苏州之粮屯储垒中以济上江"；② 1863 年 2 月，"听王运粮至南京，船百余号"。③ 虽然漕运因战乱废止，但田赋征收模式续存。以征收钱漕为媒介，太平军在旧有经济关系基础上建立社会秩序，即佃户交租，地主交粮，粮由租出。当然在实践中也存在因地制宜、因时制宜的若干新特质，由佃户代替地主交粮的"着佃交粮"政策便是其一。但清朝税政本已积弊甚深，④ 太平天国"照旧"采纳清制，就不得不面临农村地区既有的恶劣社会生态。能否应对社会危机，缓和社会矛盾，成为考量新政权统治水平的准绳。现以征收钱粮为线索分别对苏福省辖境 4 郡 26 县的社会经济秩序作一考析。

（1）苏州地区的租赋政策和实践。

1861 年长洲县开始招徕流亡地主回乡收租，"令各乡官设局照料，毋使归来业户，徒指望梅"。⑤ 是年夏，太平军当局要求地主收租交粮。

---

① 参见《光绪朝清会典》卷 18，北京：中华书局，1991 年影印本，第 152 页下栏；《钦定六部处分则例》卷 25，沈云龙主编：《近代中国史料丛刊》第 34 辑第 332 册，台北：文海出版社，1969 年，第 541 页。

② 光绪《续纂句容县志》卷 19 下《兵事月日表》，光绪三十年（1904）刊本，第 27 页 b。

③ 沈梓：《避寇日记》，罗尔纲、王庆成主编：《中国近代史资料丛刊续编·太平天国》（八），桂林：广西师范大学出版社，2004 年，第 160 页。

④ 清代江南地窄人稠，田赋之重甲于天下，且为漕务积弊最甚之区，浮收勒折水平高，额征之粮往往经三倍浮收，又有大、小户之分，民不堪命。参见《礼部右侍郎曾国藩奏为备陈民间疾苦仰副圣主爱民之怀事》，咸丰元年（1851）十二月十八日，军机处录副奏折，档号：03-4185-009，中国第一历史档案馆藏。江南又多世家大族，土地兼并现象严重。江南农村普遍流行永佃制，佃农向地主缴纳一定费用，可以取得或典到田面权即土地使用权，地主则占有田底权即土地所有权。永佃制下农民持有田面权，便不肯轻易"易主"或离开土地，为生存不得不忍受苛重的地租盘剥，反而便于地主增加租额，提高折价。因此农民抗租暴动频生。这些问题延续有清一代，而在道咸之际呈爆发之势。

⑤ 《珽天安办理长洲军民事务黄为委照酌定租额设局照料收租事给前中叁军帅张等札》，罗尔纲、王庆成主编：《中国近代史资料丛刊续编·太平天国》（三），桂林：广西师范大学出版社，2004 年，第 155 页。

但因当地土豪徐佩瑗垄断，改由乡官局或另立收租局代替地主收租，"徐设局五，逼业主将租簿送到局中，局反造田单，仍着原催发出二成租米，徐与业两分之"。① 收租局具有半官方性质，并在相当范围内存在。李鸿章奏报："凡长、元各乡已经克复者，秋禾可望丰收。因苏城沦陷后，各佃租籽或由土豪代收，或由伪职征取。"② 长洲地租确为土豪代收，吴县、元和地租则归乡官征取。

因地主逃亡、佃农抗租，赋无所出。1861 年初，常熟、昭文太平军当局决定"着佃起征田赋"，改地主交粮为佃户交粮。③ 佃农在交粮之后，仍有交租义务。不久，乡绅钱伍卿、曹和卿等创议设收租局代业收租，令地主到局自取佃租，④ 得到当地守将钱桂仁认可。因此太平军当局在 1860 年秋冬颁布的几份"业户不得收租"布告，乃是针对地主私设租局收租或自行收租的行为。过去常将太平天国明令"业户不得收租"的初衷，误解为支持农民占有土地。后来，太平军当局颁布田凭（土地证）政策，实际也是针对地主不经报官备案私自收租，但地主对领凭收租反应不甚积极，招业收租成效不佳。⑤ 1861 年春夏间，常熟、昭文基本以"着佃交粮"、代业收租和招业收租并举的方式确立了基层

① 佚名：《蠡湖乐府》，中国科学院近代史研究所近代史资料编辑组编：《近代史资料》总 34 号，北京：中华书局，1964 年，第 172 页。

② 《署理两江总督李鸿章陈明租捐丈田清理民房情形片》，同治四年（1865）六月初一日，军机处录副奏折，档号：03-4872-048，中国第一历史档案馆藏。

③ 柯悟迟：《漏网喁鱼集》，北京：中华书局，1959 年，第 50 页。

④ 曾含章：《避难记略》，罗尔纲、王庆成主编：《中国近代史资料丛刊续编·太平天国》（五），桂林：广西师范大学出版社，2004 年，第 352 页。

⑤ 陆筠《给田凭》诗曰："田地抛荒心地宽，不愁银米未清完。租凭催领何人领，愿吸西风饿与看。"（陆筠：《海角悲声》，第 12 页，南京图书馆藏抄本）太平天国规定"报满二百亩者，载入大户"，"将来作大户勒捐"［汤氏：《鳅闻日记》，罗尔纲、王庆成主编：《中国近代史资料丛刊续编·太平天国》（六），桂林：广西师范大学出版社，2004 年，第 353 页］，所以大地主不肯出面领凭。但史料所载"各业户俱不领凭"［佚名：《庚申（甲）避难日记》，罗尔纲、王庆成主编：《中国近代史资料丛刊续编·太平天国》（六），桂林：广西师范大学出版社，2004 年，第 227 页］，亦不完全属实。根据太平天国历史博物馆所藏田凭、完粮执照、预知由单等实物公据，其中大多数田数较少（10 亩以下），发放对象应为自耕农。但仍有一些田数在几十亩以上的公据，说明有小地主承认了新政权的统治秩序。

经济秩序。

昆山、新阳地处苏、松、沪战略要地中间地带，清军和太平军拉锯频繁。《让斋诗稿》记 1860 年 12 月太平军"打先锋"情形："长毛数千自昆山而下，焚掠各大户及典当大户，烧毁二三家，小户开门者不打，闭户者立即打破。"[①] 1861 年夏，青浦守将郅天福张某到昆山跨界征粮，竟未征得昆山太平军当局同意，引发张德勤、徐秀玉领导的抗粮事件，[②] 可见社会秩序尚未稳定。至晚到 1862 年秋，昆山、新阳已有"准业主收租"之例。[③]

吴江、震泽活跃着多股政治势力，该地区钱粮征收夹杂各派错综复杂的矛盾斗争。黎里是"着佃交粮"并设收租局代业收租。[④] 盛泽被嘉兴太平军汪心耕和盛泽土豪王氏共同掌控。盛泽土豪多兼乡官，出于自身利益考虑，一直执行代业收租，"每亩每月收钱一百十文，闻收十个月，除完粮、局费外，给还业主"。[⑤] 周庄为枪船首领费玉成、费金绥父子势力范围，亦设局代业收租。[⑥] 1861 年初，同里镇欲设局收租，吴江监军钟志成出面阻挠，其事遂不行。于是凡向政府报明田数、领取田凭的地主，仍可取得收租权利。据现存潘叙奎荡凭，潘叙奎在北原圩有湖荡 14 亩，吴江当局发其荡凭，"仰该业户永远收执，取租办赋"。潘叙奎荡凭的编号是第 375 号，其上印有"所有各邑田亩，业经我忠王操

---

① 归庆柟：《让斋诗稿》，第 32 页，南京图书馆藏稿本。

② 光绪《昆新两县续修合志》卷 51《纪兵》，第 30 页 a-b；光绪《昆新两县续修合志》卷 28《忠节下》，第 11 页 a-b。

③ 龚又村：《自怡日记》，罗尔纲、王庆成主编：《中国近代史资料丛刊续编·太平天国》（六），桂林：广西师范大学出版社，2004 年，第 114 页。

④ 光绪《黎里续志》卷 12《杂录》，第 18 页 a。

⑤ 柳兆薰：《柳兆薰日记》，《太平天国史料专辑》（《中华文史论丛》增刊），上海：上海古籍出版社，1979 年，第 152 页。另，《盛湖志》载"至冬设局收田租，尽伪官为之"（民国《盛湖志》卷末《旧事》，第 3 页 a）。

⑥ 光绪《周庄镇志》附《贞丰里庚申见闻录》卷上，第 6 页 b—7 页 a。

劳瑞心，颁发田凭"之语，这是普遍颁发的明证。^① 太平军在吴江、震泽推行清朝赋税政策的矛盾焦点，在于由地主收租还是设收租局代收，反映了太平天国政治势力与地方社会势力之间的斗争，但总体上看，双方冲突尚不激烈。

东山于 1861 年 3 月被太平军占领，有乡绅赴苏州太平军将领熊万荃处进贡，熊乃令土著为乡官，为太平军征贡。5 月，答天豫喻某设馆征钱粮，似有推行清朝赋税政策的迹象，^② 但在 1862 年 8 月，有英国商人经过东山，目睹太湖监军叶惠凡"率领长毛八百余名挨户逼掠"，"洞庭东山居民乏米已久，杂粮为食"。^③ 可见太平军在东山建政一年半后，维持着清朝赋税政策和贡献政策并存的局面。

除个别县份，苏州地区以清朝赋税旧制为主的社会经济秩序在 1861 年春夏间得以初步确立。田赋征收主要是佃户交粮和地主完粮并行，地租征收则有收租局代收、乡官局代收和地主自收等途径。佃农在完粮后仍须向地主交租。

（2）常州的赋租总局及秩序变动。

武进、阳湖同城而治，为常州治所。1860 年 5 月 26 日，太平军东征大军破常，李秀成张贴诰谕安民。据从常州逃难出城的私塾先生张绍良目睹，常州四乡未有大波动，"抵焦垫镇，市中极形热闹。……饮茗后即赴新安，至镇，其热闹十倍于从前，茶酒点心店俱形济济"。租佃关系也未改变，张绍良逃至新安镇，佃户刘五留其居住良久，张甚感激，于是议定"从今后刘五在日，租钱减半，以报其德"。^④ 可见太平军破城数月后，常州近郊的土地制度和租佃关系仍照旧维持。1861 年 6

---

① 《冀天义程发吴江县潘叙奎荡凭》，太平天国历史博物馆编：《太平天国文物》，南京：江苏人民出版社，1992 年，第 15 页。

② 光绪《太湖备考续编》卷 1《记兵》，第 21 页 a–b。

③ 《上海新报》第 67 号，1862 年 8 月 14 日，第 1 版。

④ 张绍良：《蒙难琐言》，无页码，苏州大学图书馆藏稿本。

　　　　　　　　　　　　　　太平天国再研究

月，江苏巡抚薛焕会同七邑绅士设团练局于江北之靖江，"遣勇密约乡官"暗中转输太平天国赋税于团练，"武、阳乡官皆应"，[①] 侧面说明武、阳地区太平军当局已起征田赋。

1861 年 2 月，无锡、金匮太平军守将黄和锦出示招募书吏，"循旧章按户完粮收租"，又据部分土地地主缺失的实际，"分业田（佃）收租完粮，令民自行投柜"，即执行地主完粮和佃户交粮并行之策。[②] 黄和锦委派绅董成立官方性质的赋租总局，"总理在城银漕租务"。[③] 赋租总局又叫租粮总局，在常州等地普遍存在。[④] 同年 11 月，无锡、金匮的赋租总局照足额代地主向佃户收租，引发抗租事件，赋租总局遭"各佃户聚众拆毁而废"。当局遂调整政策，由"各业自行到乡收租"。[⑤]

1861 年春，江阴乡绅章型"闻各镇议收租复业"。不久，"流寓江北者憔悴日甚，或回南将田亩售与农佃"，说明土地所有权仍在原地主手中，收租权利相应地被保留下来。江阴各类势力相互攻伐，无论太平天国主观意愿如何，客观环境限制了新政权的作为。太平军当局既设局收粮，又征贡勒派，甚至有的地方"全村被焚"。[⑥] 江阴地区社会经济秩序尚不稳定。

1860 年 9 月，宜兴、荆溪太平军守将汤惟攸出示安民，促令贡献，设乡官，发门牌。1861 年春，刘佐清代之，"约束部下不令出城，但令乡间纳粮，索粮册，莫肯出。或得志书一，献之，悉其田额。遂令各区

① 光绪《武阳志余》卷 5《兵事·王铭西寇变纪略》，第 23 页 a。
② 佚名：《平贼纪略》，太平天国历史博物馆编：《太平天国史料丛编简辑》（一），北京：中华书局，1961 年，第 276、279 页。
③ 《济天义委办锡金在城赋租总局经董薛知照》，罗尔纲、王庆成主编：《中国近代史资料丛刊续编·太平天国》（三），桂林：广西师范大学出版社，2004 年，第 111 页。
④ 王德森：《岁寒文稿》卷 3《先世遗闻》，1928 年王氏市隐庐刻本，第 21 页 b，北京大学图书馆藏。
⑤ 佚名：《平贼纪略》，太平天国历史博物馆编：《太平天国史料丛编简辑》（一），北京：中华书局，1961 年，第 279、281 页。
⑥ 章型：《烟尘纪略》，章仁基等编：《江阴章氏支谱》卷 10，光绪五年（1879）刻本，第 22页 a，南京图书馆藏。

献册，按户征搜，莫得遁隐"。宜、荆太平军当局循清朝旧章完粮，初步确立起社会经济秩序。然而宜、荆为各路太平军往来必经之地，"资应之费皆按亩苛派"，甚至"取民田麦为粮"，有直接与民争粮的现象。①

大体而言，1861 年春夏间，太平军在常州各地不同程度地推行清朝旧有赋税政策。但由于地主团练困扰，② 以及太平军各部队为争夺地盘互相侵扰，总体施政水平不尽如人意。

（3）松江社会经济秩序的局部确立。

松江大部分地区属于拉锯战战场，太平军在华亭、娄县、奉贤、南汇、金山、川沙 6 县进出数次，前后占据时间总计不过 4 个月。而为支援太平军三次攻伐上海之役，征贡勒派在松江各县屡见不鲜。唯青浦一县，太平军设治约两年，赋税政策得以初步推行。在黄渡镇，1860 年 11 月，荷天安麦冬良"使差役下乡，按田造册，居然征赋"。③ 松江各地地主逃亡较多，或迁上海，或避江北，青浦当局只能让佃户交粮。医生陆懋修曾议及松江征粮情况："既得各县地粮征收之册，得以按亩计数，着佃追完。"④ 李鸿章在战后因华亭、娄县、青浦"清粮尚未竣事，在官册籍不全"，"暂时变通"，"仿照贼匪办法"，"着佃完粮"，⑤ 说明太平天国执行的是"着佃交粮"政策。"着佃交粮"滋生了佃农抗租心态，有自号"夫斋旧主人"的松江人称："有平日严于课租者，避地时诸佃不纳。"⑥

---

① 光绪《宜兴荆溪县新志》卷 5《武事·咸丰同治年间粤寇记》，第 11 页 b、13 页 b—14 页 a。

② 薛绍元：《武阳团练纪实》卷 2，光绪十二年（1886）刻本，第 28 页 a，南京图书馆藏。

③ 民国《黄渡续志》卷 7《兵事·纪粤匪事》，第 41 页 a。

④ 陆懋修：《窬翁文钞》卷 2《收复苏松间乡镇私议》，光绪二十三年（1897）刻本，第 7 页 a，北京大学图书馆藏。

⑤ 《署理两江总督李鸿章陈明租捐丈田清理民房情形片》，同治四年（1865）六月初一日，军机处录副奏折，档号：03-4872-048，中国第一历史档案馆藏。

⑥ 夫斋旧主人：《庚申纪事》，中国科学院历史研究所第三所编：《近代史资料》总 6 号，北京：科学出版社，1955 年，第 50 页。

（4）1860—1861 年太仓闹粮风波。

1860 年 9 月 28 日，太平军占领太仓城后，宣布推行"计亩造册，着佃收粮"。[①] 太仓某书生《避兵日记》记 1860—1861 年间太仓事甚详。1860 年 12 月 31 日，太平军当局正式征赋，"每亩收钱一千，米一斗"，但引发暴动。1861 年 1 月 5 日记："浮桥一带合同十七图分追杀长毛，为师帅者已杀去四人。" 1 月 6 日记："六湖时思庵一带杀去乡官不知凡几，有投之于火者，有牵之于厕者。" 1 月 9 日记："沙溪镇有公馆，蹂躏不堪，由此一闹，反为不美。" 沙溪公馆为沙溪军帅韩岌的乡官局。此乱发生于开征粮赋后不久，自然与收粮有关，但根本乱因是地租问题。《避兵日记》记："伪太仓县姓余，伪镇洋县姓丁，余其姓者因租价太贵，激成浮桥之变，被丁其姓者参禀。" 可见"浮桥之变"肇因于"租价太贵"，即太平军在征粮时，兼代地主向佃户征收高额地租，导致佃农将矛头纷纷指向基层政府。经过一番波折，1861 年 1 月 12 日，"长毛设局收粮"，征收方式仍是"着佃交粮"，但不再兼代地主收租，于是"乡人均乐为输纳，业田者从此休矣"。是年 2 月，苏州方面派陆姓钦差赴太仓理事，从《避兵日记》称其"六桓伯"且表示"殊出意外"来判断，此人的身份应是乡绅。2 月 22 日，陆钦差出示"业田者依旧收租，收租者依旧完粮"，以法令形式确认原地主土地所有权。[②]

结合前文分析，以《中国近代史资料丛刊·太平天国》《中国近代史资料丛刊续编·太平天国》和《太平天国史料汇编》为基础史料来源，据其中与苏南相关的 153 份太平天国文书档案，可明确苏福省各郡何时占领、何时安民、执政时间长短等状况；据其中 52 种时人笔记日记，可明确苏南地区政策执行水准、执行时间长短、乡民反应等状况。

---

① 光绪《太仓直隶州志》卷 22《兵防中·纪兵》，无页码。
② 佚名：《避兵日记》，第 27—32 页，太平天国历史博物馆藏抄本。

在对有关蓄意污蔑太平天国之词加以分辨基础上做出量化考察，可大致厘清太平天国辖境苏南农村社会经济秩序的一般状况，详见表2-3。

表2-3　太平天国苏南农村社会经济秩序量化评估

	评估项	苏州	常州	松江	太仓	总分
1	1860年下半年占领府城，各县相继攻克，为东征首批战果	5	4	3	4	16
2	攻取伊始即能编立门牌，申明军纪，赈济难民，出榜安民	4	3	2	4	13
3	招抚或镇压团练，建立各级乡官基层政权	5	2	2	4	13
4	太平军当局勤政廉明，招贤纳士，致力社会稳定	4	3	2	3	12
5	"照旧交粮纳税"，推行轻徭薄赋政策，粮赋额较清制降低	4	3	2	5	14
6	收赋未见浮收等弊，基层官场廉明，实际征收额较清朝征收低	2	2	2	2	8
7	合理、适度、适当地处理业佃关系和租佃事务以保障地租	1	1	1	1	4
8	捐费、杂税名目、额度限制在民众可承受范围内	1	1	1	1	4
9	扶植和保护民间商业，市镇商业经济有所起色	5	3	1	4	13
10	社会经济政略一以贯之，未有反复，安民后未见"打贡"害民	4	2	1	3	10
11	乡民积极响应，按时交粮纳税，未见抗粮抗租暴动	1	1	3	1	6
12	未见地主团练襄助清军反攻之事	3	1	1	4	9
13	设治建政时间较长，统治时间在三年以上	5	4	1	3	13
	总分	44	30	22	39	135

说明：评估项1考察占领时间，评估项2考察安民时间，评估项3—9考察具体政策，评估项10、13考察执行时间长短，评估项11—12考察乡民反应。得分按与评估项符合程度划为五阶：一为失败（最差），1分，与评估项完全不符合；二为比较失败（较差），2分，除个别地区个别事例外，与评估项基本不符合；三为及格，3分，部分符合评估项，但仍有一定差距；四为比较成功（良好），4分，与评估项基本符合，但个别地区存在个别问题；五为成功（优秀），5分，与评估项完全符合。

据纵向得分比较，在苏南辖境，社会经济秩序稳定程度自高至低依次为苏州、太仓、常州、松江。苏州和太仓总分及格，尚未到达比较成功（良好）的分值；常州、松江未及格，常州为比较失败（较差）分阶，松江最差。评估项5—11直观反映太平天国施政水平及基层反馈，苏州18分，常州13分，松江11分，太仓17分，均未及格（21分）。

据横向得分比较，苏南各郡总分达到及格（12分）及以上的有7项，约占评估总项数的53.8%，除评估项1外，其他各项均未达到比较成功（良好，16分）分值。项1—5、13总分均在及格以上，说明太平军怀有确立善治的初衷，并在设治建政之初具有一定的基层介入能力。但项5—11中，除减赋政策和商业两项合格外，与农业、粮食相关的其他各项得分均在及格及以下。

全表52个指标总计135分，未能及格（156分）。显然，无论是从局部还是整体上看，太平天国在苏南的基层统治状况都不容乐观。

2. 浙江农村的社会经济秩序

1860年5月15日，东征太平军在天京集结出发，6月15日攻克嘉兴府城，突入浙江。1861年9月，李秀成从湖北回师，联合乃弟侍王李世贤倾全力经略浙江。1861年12月，太平军再克省城杭州，建立浙江天省。至1864年8月湖州被左宗棠率军攻克，太平天国政权在浙江存续近三年。其统治重心是嘉兴、杭州、湖州及浙东的金华、绍兴，统治方略大致仿照苏福省，即在思想文化和社会生活领域厉行改革，同时在广大农村地区设立乡官，征粮纳税，以经营持久稳固的基地。

（1）嘉兴"阶梯式"社会经济秩序。

1861年，嘉兴太平军当局揭开推行清朝赋税旧制的序幕。是年夏，

"有征银之令，其秋又分上下芒（忙）之期，始令民间编田还粮之举"。① 田赋征收途径多轨并存：一是由乡官局代地主收租，从地租中扣除田赋捐费，余归地主。如秀水军帅陈晋甫"征收各业田租，设立田捐局"。② 二是着佃户交粮。嘉兴地主吴仰贤在《新乐府·粮归佃》中说："小民私计吾代纳赋，官必余喜不问租也，于是反客为主，抗租之风炽而田主坐困矣"，又注"禾中向有租田当自产之谚"。③ 嘉兴佃农像苏南一样，被激发了获得土地所有权的欲望。当局仍保留地主追完地租、追认田产的权利，如1861年8月，濮院镇关帝庙、观前等处贴出"规条"：佃农待他日地主返乡，仍需还租，不得抗欠，"被难之后倘有房屋、货物、田产，准归原主识认收管，□□侵占者立究"。④ 产权确认后，地主理当完粮，佃农仍须交租。

归王邓光明长驻石门，该地政策具有较强连续性。现存的石门338件240户太平天国发花户漕粮预知由单，发放时间在1861年至1863年。其上所记田地数在20亩以上者共18件，其中田数最多的是朱皆备，合计71.88亩。⑤ 又据石门发现的100多件田凭，田地面积高于20亩的有5件，其中最多的是汤奇高，两张田凭合计37.6亩。浙江人多地少，有田20亩即为地主。考虑到存在一户拥有多张预知由单或田凭的情况，石门当局向地主发放田凭和漕粮预知由单的总件数实际高于上述数字。⑥ 1861年，石门某师帅明确要求地保胡士毫征收钱粮"仍照旧

---

① 沈梓：《避寇日记》，罗尔纲、王庆成主编：《中国近代史资料丛刊续编·太平天国》（八），桂林：广西师范大学出版社，2004年，第152页。

② 鹤樵居士：《盛川稗乘》，太平天国历史博物馆编：《太平天国史料丛编简辑》（二），北京：中华书局，1962年，第198页。

③ 吴仰贤：《小匏庵诗存》卷5，光绪四年（1878）刻本，第17页a-b，北京大学图书馆藏。

④ 沈梓：《避寇日记》，罗尔纲、王庆成主编：《中国近代史资料丛刊续编·太平天国》（八），桂林：广西师范大学出版社，2004年，第56页。

⑤ 郭若愚编：《太平天国革命文物图录补编》，上海：群联出版社，1955年，第66页。

⑥ 浙江省博物馆、浙江省社会科学研究所历史研究室编：《浙江太平天国革命文物图录》，杭州：浙江人民出版社，1984年，第50、51页。

章所办"。①

1861 年 7 月，符天福钟良相于桐乡辖境颁行"规条十三则"及招贤布告，其中有"招业回乡"并"租户仍将该还钱米缴还原主"等条。不久，桐乡起征田赋，有两县吏陈某、张某"献册于贼，故得按籍而稽，无敢匿者"，"即按册额收，以旧典肆为仓局"。② 遂以地主收租完粮为主要途径确立基层经济秩序。

1860 年 11 月，举人顾午花向嘉善守将陶金会进谏时说道："进贡事小，办粮事大。嘉善风俗，取租办赋。"即请太平军发告示，"着乡民赶紧耆米还租，然后业户取租办赋"。③ 至 1861 年春，嘉善已全面推行清朝赋税旧制。④

太平军于 1861 年 4 月 17 日攻克海盐。据 1861 年海盐当局发粮户易知由单，是年粮额为"每亩一斗正"，中盖"免灾外每年实完四升正"朱色条戳，即因灾蠲免六成。《颜令占祭粮户易知由单》注明完纳粮米"二石八斗七升"，《颜一善粮户易知由单》注明完纳"五斗四升五合"，可推算他们拥有的田亩数分别为 71.75 亩和 13.625 亩。"颜令占祭"应是颜姓祭田，太平天国承认这 71.75 亩祭田为颜姓私产，允许颜姓收租、完粮。颜一善亦是地主。⑤ 同时，太平军当局的横征暴敛和

---

① 《僚天福统下正北乡左营师帅给东一图地保胡士毫旅帅胡作舟勘醒》，罗尔纲、王庆成主编：《中国近代史资料丛刊续编·太平天国》（三），桂林：广西师范大学出版社，2004 年，第 109 页。

② 光绪《桐乡县志》卷 20《杂类志·兵事》，第 8 页 b；皇甫元垲：《寇难纪略》，第 6 页，桐乡市图书馆藏排印本。

③ 赵氏：《赵氏洪杨日记》，罗尔纲、王庆成主编：《中国近代史资料丛刊续编·太平天国》（八），桂林：广西师范大学出版社，2004 年，第 272—273 页。

④ 光绪《嘉善县志》卷 35《外纪》，第 30 页 a。

⑤ 《朗天义户司员佐理嘉海民务章发颜令占祭粮户易知由单》《朗天义户司员佐理嘉海民务章发颜一善粮户易知由单》，太平天国历史博物馆编：《太平天国文物》，南京：江苏人民出版社，1992 年，第 3、4 页。

当地乡官浮收舞弊，激起菜农沈掌大暴动，万余农民卷入其中。[①]

当时除清军、团练和太平军等势力外，还有打家劫舍的土匪，破坏性极大。各股势力在平湖县频繁攻伐，对海滨重镇乍浦的争夺尤为激烈。1862 年 5 月，数万白头土匪"踞平湖之东境，时贼无见粮，觅食村落，居民不能堪，乃流离四散，自徐埭以东数十里无人烟"，[②] 平湖无秩序可言。

嘉兴地区普遍在 1861 年春夏间推行清朝赋税政策，但各县执行水平存在差异。石门、桐乡二县水平较高，嘉兴、秀水、嘉善次之，平湖、海盐较差。从空间上看，嘉兴地区政略执行水平呈现由西向东三级阶梯式的降低趋势。

（2）以贡献政策为主流统治方式的地区。

太平军攻占浙江大部分府县已是 1861 年秋冬，该年度冬漕征收此时因战乱告停。一般情况下，太平军当局很难在设治第一年即确立社会经济秩序。局势不如杭州、嘉兴稳定的其他各地，推行清时赋税政策的行动更为迟滞。若以收赋取代征贡为标志，杭州、湖州所属各县有 1—2 年的施政时机；绍兴和金华部分地区在 1862 年秋冬有过一次机会，但 1863 年 2 月，两地相继失守，1862 年征粮工作没有完成；宁波、严州、处州、台州的大部分地区在 1862 年底征粮前已失守，基本没有推行时机。

太平军攻占杭州的第二年（1862）"开仓收漕"。[③] 杭州所属海宁虽在 1862 年 11 月开仓征粮，但随即就有"关住水栅，捉船掳人"之举。海宁政局动荡，既有都司王辅清的团练威胁，又有枪船和"盖天王"

① 参见浙江采访忠义总局编：《浙江忠义录》卷 5《沈掌大传》，同治六年（1867）刻本，第 12 页，北京大学图书馆藏；海宁冯氏：《花溪日记》，中国史学会主编：《中国近代史资料丛刊·太平天国》（六），上海：神州国光社，1952 年，第 680 页。

② 光绪《平湖县志》卷 5《武备·粤匪之变》，第 42 页 b。

③ 张尔嘉：《难中记》，中国史学会主编：《中国近代史资料丛刊·太平天国》（六），上海：神州国光社，1952 年，第 641 页。

等土匪武装肆扰，饥民聚至万余，菜农沈掌大起事亦波及海宁，社会失控成为常态。[1]

湖州各县战乱不止，社会经济破坏程度较大。本是丝业重镇的归安县南浔镇沦为太平军、清兵、枪船武装相互攻伐的战场。湖属长兴被划界而治，西南一带由驻守城中的襄王刘官芳掌管，东北一带归夹浦天将胡先奎掌管，各索门牌、厘捐、杂税，百姓畏避，"往往数十里不见人烟"，[2] 没有确立基层秩序的条件。

1862年10月，绍兴在朝将周文嘉主持下，曾有推行清朝赋税政策之议，"约以三分归佃者，以三分作兵粮，以四分归田主"。但这仅是粗略划定赋额比例，对税收流程未作规范，不免带有政府强制克剥的色彩。随后太平军又有"打贡"之举，来王陆顺德率万余人"大掠于乡"，"自东而西，周历各村镇，虽海中亦不得免，而山阴下方桥尤惨"。[3] 可见绍兴太平军仍有以"打贡"获取物资的习惯。

金华是李世贤预设的浙江天省统治中心，但他常年出征在外，地方政务悉委佐将，社会建设政绩不佳。现存17件东阳县太平军公文底稿，反映出各式各样的社会冲突：有搬公粮挑夫被掳未释，有新投士兵为买牛肉吼吓索诈乡民，有匪徒入室抢掳衣皿，有乡民殴毙搬粮士兵，有新兵到家勒索迫卒长吴明谨辞官，有兵将严刑勒商致其破家，有官员纵容掳人勒索，有恶霸倚势拿人私刑诈财，有义乌士兵越境滋扰，有契天福梁某急令民夫运粮，有兵将越境设卡采办米粮征发徭役，有恶霸利用空契骗占土地。[4] 种种事端证明东阳社会秩序不稳定。李世贤在给东阳守

---

① 海宁冯氏：《花溪日记》，中国史学会主编：《中国近代史资料丛刊·太平天国》（六），上海：神州国光社，1952年，第706、708、711、717页。

② 胡长龄：《俭德斋随笔》，中国史学会主编：《中国近代史资料丛刊·太平天国》（六），上海：神州国光社，1952年，第760—761页。

③ 王彝寿：《越难志》，罗尔纲、王庆成主编：《中国近代史资料丛刊续编·太平天国》（五），桂林：广西师范大学出版社，2004年，第153—155页。

④ 罗尔纲、王庆成主编：《中国近代史资料丛刊续编·太平天国》（三），桂林：广西师范大学出版社，2004年，第134—142页。

将陈恩的密札中说："各处土匪四起，嵊邑周某禀单前来，言西者极多土匪，非十万精兵不足以平之。"所谓"土匪"当指白头民团。李自忖民团屡剿不灭，"皆因兄弟杀人放火，势逼使然，非尽关百姓之无良"。他还嘱咐陈恩"从今以后，宜加意爱民，使民不以我为仇"。[①] 这份密函和上述事例反映了东阳地区军民关系紧张及社会秩序失控的严重状况。

综上，结合基础史料中与浙江相关的132份太平天国文书档案和47种时人记载，可大致对太平天国浙江主要统治区——浙西杭嘉湖及与之毗邻的浙东绍兴农村社会经济秩序做出量化评估（见表2-4）。金华、宁波、严州、处州、台州各郡因政局动荡，不列入量化考察范围。

表2-4　太平天国浙江农村社会经济秩序量化评估

	评估项	嘉兴	杭州	湖州	绍兴	总分
1	1860年下半年占领府城，各县相继攻克，为东征扩大化战果	5	3	2	2	12
2	攻取伊始即能编立门牌，申明军纪，赈济难民，出榜安民	4	4	2	3	13
3	招抚或镇压团练，建立各级乡官基层政权	4	3	2	3	12
4	太平军当局勤政廉明，招贤纳士，致力社会稳定	4	4	3	3	14
5	"照旧交粮纳税"，推行轻徭薄赋政策，粮赋额较清制降低	2	3	2	1	8
6	收赋未见浮收等弊，基层官场廉明，实际征收额较清朝征收低	1	1	1	2	5
7	合理、适度、适当地处理业佃关系和租佃事务以保障地租	2	2	1	2	7

---

① Letters from Frederick Harvey to F. W. A. Bruce, September 24, 1862, F. O. 288/326, The National Archives(United Kingdom) . A Confidential Letter from Li Shixian, F. O. 288/296, The National Archives(United Kingdom) .

　　　　　　　　　　　　　　　　　　　太平天国再研究

	评估项	嘉兴	杭州	湖州	绍兴	总分
8	捐费、杂税名目、额度限制在民众可承受范围内	2	1	1	2	6
9	扶植和保护民间商业，市镇商业经济有所起色	4	3	2	2	11
10	社会经济政略一以贯之，未有反复，安民后未见"打贡"害民	3	2	2	1	8
11	乡民积极响应，按时交粮纳税，未见抗粮抗租暴动	2	3	2	2	9
12	未见地主团练襄助清军反攻之事	2	1	1	2	6
13	设治建政时间较长，统治时间在三年以上	4	4	2	1	11
	总分	39	34	23	26	122

据纵向得分比较，在浙江辖境，社会经济秩序稳定程度自高至低依次为嘉兴、杭州、绍兴、湖州。嘉兴共得 39 分，勉强及格。杭州、湖州、绍兴均未及格，杭州、绍兴处于比较失败（较差）状态，湖州则处于失败（极差）状态。在反映施政水平及基层反馈的 5—11 项上，四郡均未达及格标准。总体上看，在社会秩序稳定程度、赋税政策推行水准方面，嘉兴一般，杭州、绍兴次之，湖州最差。

据横向得分比较，浙江各郡总分达到及格（12 分）及以上的仅有前 4 项，约占评估总项数的 30.8%。这 4 项反映了太平军设治建政之初积极的主观意识和作为，但 5—11 项总分均不及格。

全表 52 个指标共得 122 分，未达 156 分的及格线。很明显，浙江施政水平尚不及苏南，整体情况较差。

3. 太平天国社会经济政策的特质及局限

太平军开辟苏南、浙江基地之初，编立门牌、举官造册、征粮纳税，投入农村基层政权建设的力量很大。借旧制恢复社会经济秩序，是太平天国"依古制"战略的重要内容，但政策执行受实际情况制约。"着佃交粮"成为太平天国的一项权宜之计，但不是持之以恒的固定政策。由于相近的社会生态，这项政策在苏南各县和浙江部分地区相继推行，赢得佃农的热烈反响与高度期待，也在执行伊始使太平天国取得实际收益。在常熟，"乡农各佃既免还租，踊跃完纳，速于平时，无敢抗欠"；① 在太仓，"长毛设局收粮……乡人均乐为输纳，业田者从此休矣"。② 但"着佃交粮"未改变地主土地所有制和租佃关系，无论是招业收租、地主领凭收租，还是乡官局、收租局代业收租，都是在保护地主收租权利。太平天国推行有利于地主的政策，原因不在于政权的性质，而是利用地方士绅恢复社会秩序的政策重心使然，其目的是满足军需供给和其他各项开支。毕竟与农民相比，从地主身上可以获取更多财富。主持苏州长洲军民事务的玕天安黄某颁布告示："姑着各佃户代完地粮，俟业户归来，照租额算找。其在乡业户，仍自行完纳，照旧收租，不准抗霸。"③ 该布告以法令形式明确了地主回乡后收讨地租的权利，还表明"着佃交粮"只是"姑着"之例。为鼓励地主还乡，常熟当局于1861年夏推行田凭政策，以实据形式确保地主收租权。可见"着佃交粮"政策实质仍是"照旧交粮纳税"，其初衷绝非有意变革旧

---

① 汤氏：《鳅闻日记》，罗尔纲、王庆成主编：《中国近代史资料丛刊续编·太平天国》（六），桂林：广西师范大学出版社，2004年，第339页。

② 佚名：《避兵日记》，第29页，太平天国历史博物馆藏抄本。

③ 《玕天安办理长洲军民事务黄酌定还租以抒佃力告示》，太平天国历史博物馆编：《太平天国文书汇编》，北京：中华书局，1979年，第145—146页。

有的土地与赋税制度，更不是通常认为"耕者有其田"的"土地革命"。①地主归顺、还乡后，清代社会经济秩序常态便会复归。

太平军对农村地区的占领以征收钱粮军饷为主要目的，故因循旧有社会经济秩序，倚仗地方旧势力充任乡官、继续负责维持治安并扮演"包税人"角色，成为新政权获取赋税的一条捷径。在苏南和嘉兴大多数地区，以地主完粮、佃户缴租为主要特征的社会经济秩序，在太平军设治次年即1861年春夏间得到初步确立；在浙江杭州、绍兴部分地区，清朝旧有赋税政策也在太平军设治次年即1862年秋冬间有一定程度推行。

但是，这是太平天国政权和地方社会势力之间达成的妥协，没有充分照顾农民的利益。太平天国基层统治存在政策混乱与征赋过重两大局限，加重了农民的经济负担，招致农民反对，也直接导致太平天国农村经济秩序构建的失败。

其一，就政策自身而言，太平天国地方政府不当干涉业佃关系和租佃事务，并且难以彻底放弃贡献政策，直接损害了包括佃农在内的农村各阶层利益。广大佃农原本对太平天国期待很高，指望在太平天国治下

①　1862年4月，吴江监军钟志成突然在同里镇推行田凭政策，"提各乡卒长给田凭，每亩钱三百六十，领凭后概作自产"[倦圃野老：《庚癸纪略》，罗尔纲、王庆成主编：《中国近代史资料丛刊续编·太平天国》（五），桂林：广西师范大学出版社，2004年，第320页]。不少学者据此认为太平天国在"着佃交粮"后进一步确认佃农的土地所有权。实际上，首先这项政策不具普遍性，仅限于同里镇，在吴江不少地区仍推行照旧交粮收租，如地主柳兆薰所在的芦墟镇。其次，它具有临时性，是在地主对田凭政策态度漠然的情况下，太平天国为收到田赋而采取的临时举措，所以同年12月北观又设收租局。最后，该令旨在惩罚不响应政策的地主，类似常熟当局"不领凭收租者，其田充公"[佚名：《庚申（甲）避难日记》，罗尔纲、王庆成主编：《中国近代史资料丛刊续编·太平天国》（六），桂林：广西师范大学出版社，2004年，第227页]。这种零星的土地产权转移现象昙花一现，仅是使社会上暂时增加一些产权有争议的自耕农，不具有社会变革的意义，反而从侧面反映出太平天国地方当局缺乏长远的战略眼光。这种以行政命令随意转移土地所有权的手段，很容易造成政治稳定后租佃关系和土地关系的混乱，引发社会纠纷。例如在吴江县，地主归乡重新登记田籍时，便滋生出"业佃相混两报"的现象。参见《柳兆薰日记》，《太平天国史料专辑》（《中华文史论丛》增刊），上海：上海古籍出版社，1979年，第327页。

"可不纳佃租，不完官粮"，^①结果佃农交粮后还须交租。佃农不纳租，地主就不能完粮，地主不缴粮，田赋就落空，所以政府干预和规范地租是因果关系。但失误在于太平天国此后不当干涉地租事务，"着佃交粮"和代业收租、招业收租多轨并行。其实佃户心态很明确，完粮则不交租，几乎形成思维定式。

此外，受战乱和佃农抗租影响，太平天国辖境不少地方租额大幅减少。有些地方的太平军政权也采取过限租措施。但佃农认为政府食言在先，并且规范地租实际不利于佃农从地主那里再获取更多利益。^②对于地主富户，太平天国前期通过强制手段剥夺其财富，后期又限制地租，这些措施都会让地主认为政府意欲剥夺其收租权利或是侵吞其租籽。在太平军当局认可下，地租额被限制在较低水准，地主生活窘困，"业户二年无租，饿死不少"，^③"将田亩售与农佃，价愈贱而售愈难"。^④田赋和地租比例严重失调，必然使地主这一交粮纳税并沟通官民的中间环节与太平天国离心离德，加剧财政危机。

政策混乱削弱了业、佃双方对新政权的政治认同，促成了他们在反对兼收租粮抗争中的联合行动。仅 1861 年，就有十数起农民暴动直接肇因于太平军"兼收租粮"。虽然太平天国禁毁偶像、反孔非儒、变动婚丧礼法等措施也是招致下层民众排斥的重要原因，但抗争矛头大多指

---

① 《安徽巡抚福济奏陈通筹皖省全局请旨迅速饬拨皖省军饷折》（咸丰四年二月初四日），中国第一历史档案馆编：《清政府镇压太平天国档案史料》第 12 册，北京：社会科学文献出版社，1994 年，第 425 页。

② 在太平天国战争前，农民迫使政府或地主让步的事例很多。参见《两江总督璧昌江苏巡抚李星沅奏为严惩土棍等聚众抗租打毁业户事》，道光二十六年九月二十九日，军机处录副奏折，档号：03-4072-050，中国第一历史档案馆藏；《浙江巡抚吴文镕奏为审拟石门县民倪锡淋等抗粮闹漕拒捕致毙兵役乡勇一案事》，道光三十年二月二十七日，军机处录副奏折，档号：03-3910-005，中国第一历史档案馆藏。

③ 龚又村：《自怡日记》，罗尔纲、王庆成主编：《中国近代史资料丛刊续编·太平天国》（六），桂林：广西师范大学出版社，2004 年，第 114 页。

④ 章型：《烟尘纪略》，章仁基等编：《江阴章氏支谱》卷 10，光绪五年（1879）刻本，第 22页 b，南京图书馆藏。

向太平天国经济政策。

基层统治水平也与施政者自身素质有关。除苏南、嘉兴外，浙江各地主要由李世贤部下攻克，守将多为惯于征贡的中小新贵，加之李世贤因戎马倥偬对基层行政缺少必要监管，导致惠民政策执行力度弱，而贡献政策与清朝旧税制间杂错出。这也与后期太平军成分变化、军纪趋坏有关。由于地盘扩大、"老兄弟"锐减，清朝降兵或土匪游民出身的"新兄弟"比例激增，他们纪律松懈，不服管束，常有烧杀掳掠之事。

在缺乏统治经验的朴实造反者看来，自己打江山，自己坐江山，享有特权和财富是天经地义的事，临时、无定期的贡献政策作为固定税收的补充，无疑是一种简单便捷的方式。一旦建立秩序的尝试失败，有些太平军将领便会放任自流，重蹈恶性征收覆辙，"贼愈乱窜，乡官逃避，钱粮愈无济解；贼愈穷蹙，四野掳掠，民愈逃避，贼愈打先锋"。[1] 基于军事掠夺的贡献政策，结果只能是破坏。

太平军征贡、掳掠或屠戮强化了农民的对立情绪。宁波镇海志天燕何文庆屠小港，太平军插旗为界，自小港至王瓦根境尽屠之。[2] 次年清军攻镇海，利用农民的仇恨心理，号召大批乡勇助阵，一时聚众数万人，终克镇海。[3] 不少太平军地方政权也因民团而覆，如"台郡之克，全藉民团"，[4] 宁波的"白头军"亦使太平军付出惨重代价。[5] 太平天国深陷民众反抗的泥淖，自食苦果。

其二，在征收量额上，沿用清朝旧制势必导致漕弊故态复生、赋费

---

① 柯悟迟：《漏网喁鱼集》，北京：中华书局，1959年，第90页。

② 光绪《镇海县志》卷37《杂识》，第24页a-b。

③ 《署江苏巡抚李鸿章奏为浙贼复陷慈溪经副将华尔督兵克复华尔旋即中枪伤亡宁郡防守吃紧新署道史致谔已入城布置事》，同治元年闰八月中，军机处月折档，故枢003220/603000303-013，台北故宫博物院藏。

④ 《浙江巡抚左宗棠奏报台州宁波温郡渐就肃清现筹办理情形折》（同治元年六月二十六日），中国第一历史档案馆编：《清政府镇压太平天国档案史料》第24册，北京：社会科学文献出版社，1999年，第447页。

⑤ Arthur E. Moule, *Half a Century in China: Recollections and Observations*, London, New York and Toronto: Hodder and Stoughton, 1911, p.55.

均重；太平军扩充造成的军需压力与部分官兵的腐化与娄索，更加速了这一进程。太平军需要设官征钱粮，由地保、胥吏之类充当乡官，这类乡官投效太平天国多抱有谋私投机或委曲求全心理，极易滋生腐败、懒政惰政。且太平军当局对乡官群体缺少必要监管，为了征收钱粮，仅以富有程度和对基层事务熟识程度作为选官标准，无怪乎浮收舞弊等制度旧弊表现非常突出。缺乏理性和革新的社会经济政略，无法从根本上抗拒旧秩序框架干扰，只能循前例陷入新的恶性轮回。①

在常熟、昭文，军帅夏晓堂、严逸耕征粮，"俱用两县衙门前房科吏役，素办钱粮等辈为书记，惯于办事，一概规例，皆其指教"。② 嘉兴桐乡佐将"因引用故衙门吏胥，一切皆仍旧章，每亩粮额一斗五升六合，仍用零尖、插替、跌斛诸浮收陋规，合计每石米须完二石之数"，③ 1.56斗应浮收至3斗以上。桐乡县清朝粮赋正额"每亩原征米一斗一合六勺"，④ 按3倍浮收，漕粮在3.5斗左右，⑤ 桐乡太平军所征粮额已和清朝统治时期大致相当。曾经当过衙门书吏的俞湖将咸丰十年冬漕花户册献与海宁太平军首领蔡元隆，博得其信任，遂受命协助当地监军收粮，"漕赋倍加，需索尤意外"，⑥ 可见不乏浮收之情。在袁花镇，"米以秤作数，如不送秤手钱，强折米无算"，"秤手钱"即给粮差

① 传教士艾约瑟访问南京时观察到，太平天国中许多人的确希望建立一个公平高效的政府体系，并表达出强烈渴望，但是他们甚至连一个省的秩序也无法维持，他们没有技巧来执行它。参见 Joseph Edkins, "Narrative of a Visit to Nanking," in Jane R. Edkins, *Chinese Scenes and People: With Notices of Christian Missions and Missionary Life in a Series of Letters from Various Parts of China*, London: James Nisbet and Co., 1863, p.305。

② 汤氏：《鳅闻日记》，罗尔纲、王庆成主编：《中国近代史资料丛刊续编·太平天国》（六），桂林：广西师范大学出版社，2004年，第338页。

③ 沈梓：《避寇日记》，罗尔纲、王庆成主编：《中国近代史资料丛刊续编·太平天国》（八），桂林：广西师范大学出版社，2004年，第164页。

④ 光绪《桐乡县志》卷7《食货志下·减赋》，第26页a。

⑤ 《署理浙江巡抚左宗棠奏为复查杭嘉湖三属漕粮及核减浙东各属地丁事》，同治二年十二月初四日，朱批奏折，档号：04-01-35-0086-004，中国第一历史档案馆藏。

⑥ 民国《海宁州志稿》卷40《杂志·兵寇》，第27页a。

之贿赂，种种舞弊，加以天灾，使民情大困，"除完漕种子外，皆无过岁粮"。[1] 据表2-5，在太平军刚刚设治的1861年，上述地方所征粮赋、地丁银和田赋总额都接近或高于清朝征收值，又经浮收，数目更加膨胀。因不少地区执行"着佃交粮"，由佃农负担田赋、杂费，旧弊复生加重他们的负担，佃农领导和参加的抗粮暴动频发。

表2-5　1861年太平天国与清政府每亩稻田田赋地租比较

地名		粮赋（斗）	地丁银（文）	每石折价（文）	田赋合计（斗/文）	地租（斗）	捐费合计（每亩文）	主要资料来源
常熟	太平天国	3.7	600	2400	8.46/2030	1	990	汤氏：《鳅闻日记》，第339页；龚又村：《自怡日记》，第65、81—84页
	清朝	2.5	130	6340	2.71/1715	10—15		光绪《常昭合志稿》卷10《田赋志》，第20页a
长洲	太平天国	2	96	2400	3.6/864	6—9	192	《玳天安办理长洲军民事务黄酌定还租以抒佃力告示》，第155页；龚又村：《自怡日记》，第81页
	清朝	3.75	219	6340	4.1/2597	10—15		光绪《苏州府志》卷14《田赋三》，第47页a-b

---

① 海宁冯氏：《花溪日记》，中国史学会主编：《中国近代史资料丛刊·太平天国》（六），上海：神州国光社，1952年，第707页。

地名		粮赋 （斗）	地丁银 （文）	每石 折价 （文）	田赋合计 （斗/文）	地租 （斗）	捐费合计 （每亩文）	主要资料来源
吴县	太平 天国	1.75	250	3000	2.58/775	4—5	550	蓼村遁客：《虎窟纪略》，第 26、38 页；倦圃野老：《庚癸纪略》，第 316 页
	清朝	3.44	258	6340	3.85/2439	10—15		民国《吴县志》卷 45《田赋二》，第 2 页 a、19 页 b
吴江	太平 天国	1.8	550	4000	3.98/1590	7—8.4	908	黄熙龄：《吴江黄熙龄日记》，苏州大学图书馆藏稿本，第 43 页；柳兆薰：《柳兆薰日记》，第 195、220 页
	清朝	3.61	173	6340	3.88/2462	10—15		乾隆《吴江县志》卷 13《田赋》，第 27 页 a
镇洋	太平 天国	1	1000	2400	5.17/1240	5—7.5	600	佚名：《避兵日记》，第 28、29 页；柯悟迟：《漏网喁鱼集》，第 69 页
	清朝	2.94	336	6340	3.47/2200	10—15		光绪《太仓直隶州志》卷 20《赋役下·田赋》，无页码

太平天国再研究

地名		粮赋（斗）	地丁银（文）	每石折价（文）	田赋合计（斗/文）	地租（斗）	捐费合计（每亩文）	主要资料来源
嘉兴	太平天国	2.6	400	7000	3.67/2585	6—8	455	沈梓：《避寇日记》，第 164 页；许瑶光：《谈浙》，第 578 页
	清朝	1.41	138	6340	1.63/1032	10—15		光绪《嘉兴府志》卷 21《田赋一》，第 15 页 a-b
桐乡	太平天国	1.56	900	7000	3.99/2792	1—2	665	佚名：《寇难琐记》，第 154 页；沈梓：《避寇日记》第 164 页
	清朝	1.02	118	6340	1.21/765	10—15		光绪《嘉兴府志》卷 22《田赋二》，第 19 页 a
嘉善	太平天国	1.65	520	6000	3.38/2030	5—6	650	沈梓：《避寇日记》，第 45 页
	清朝	1.93	173	6340	2.20/1397	10—15		光绪《嘉兴府志》卷 21《田赋一》，第 35 页 a-b
海盐	太平天国	1	700	6000	2.17/1300	4—5	2700	《粮户易知由单》，上海图书馆藏；海宁冯氏：《花溪日记》，第 708—709 页
	清朝	1.07	126	6340	1.27/804	10—15		光绪《嘉兴府志》卷 21《田赋一》，第 44 页 b

地名		粮赋 （斗）	地丁银 （文）	每石 折价 （文）	田赋合计 （斗/文）	地租 （斗）	捐费合计 （每亩文）	主要资料来源
平湖	太平天国	3	750	10000	3.8/3800	4—5	3500	沈梓：《避寇日记》，第 187 页
	清朝	1.12	157	6340	1.37/867	10—15		光绪《嘉兴府志》卷 22《田赋二》，第 1 页 a
石门	太平天国	1.63	150	13000	1.75/2269	1.6	450	光绪《石门县志》卷 11《丛谈》，第 89 页 a；佚名：《寇难琐记》第 175 页
	清朝	1.23	139	6340	1.45/919	10—15		光绪《石门县志》卷 3《田赋》，第 46 页 b
诸暨	太平天国	0.25	39	10000	0.29/288	4.5	1575	何桂笙：《劫火纪焚》，第 5 页；《恋天福董顺泰劝谕》，上海博物馆藏
	清朝	0.07	87	6340	0.21/132	10—15		宣统《诸暨县志》卷 16《田赋》，第 25 页 b；《军帅许给师帅徐札》，上海博物馆藏
乌程	太平天国	2	520	10000	2.72/2720	3—5	2000	皇甫元垲：《寇难纪略》，第 7、8 页；《乌程花户沈德擎漕粮执照》，浙江省博物馆藏
	清朝	1.81	229	6340	2.17/1377	10—15		光绪《乌程县志》卷 25《田赋》，第 3 页 b

地名		粮赋（斗）	地丁银（文）	每石折价（文）	田赋合计（斗/文）	地租（斗）	捐费合计（每亩文）	主要资料来源
海宁	太平天国	0.53	115	7000	0.69/486	5	2100	海宁冯氏：《花溪日记》，第700—709页；沈梓：《避寇日记》，第193页
	清朝	0.71	135	6340	0.92/585	10—15		民国《海宁州志稿》卷9《田赋》，第20页b
太平	太平天国	0.2	60	7000	0.29/200	5	1750	叶蒸云：《辛壬寇纪》，第369、374、375页
	清朝	0.2	83	6340	0.33/210	10—15		光绪《太平续志》卷2《赋役》，第15页b—16页a

说明：清朝粮米每石折价6340文依《漏网喁鱼集》（第36页）记1859年常熟数。银钱比价依彭凯翔《清代以来的粮价》（上海：上海人民出版社，2006年，第173页）估算的1556文。如有随田附征杂费，则计入"田赋合计"，不计入"捐费"。江南地租情况复杂，依陶煦《重租论》（赵靖、易梦虹主编：《中国近代经济思想资料选辑》上册，北京：中华书局，1982年，第383—385页）和金文榜《减租辨》（盛康编：《皇朝经世文续编》卷37，光绪二十三年（1897）思补楼刊本，第53页，北京大学图书馆藏），并结合清刑部档案所藏嘉庆年间苏浙各地租额抄件估算，每亩约10—15斗。

太平天国前期有过争取民心的减赋行动。1856年石达开奉命经营江西，"减税至半额"，"以故深得民心"。[1] 据当时一位书商描述，"太平天国在安徽的田赋和关税率都比清政府通行的为低"。[2] 后来开辟苏

---

[1] "Dominion of the Taiping Dynasty in Nganhwui and Keangse," *The North-China Herald*, Vol.Ⅶ, No. 323, Oct.4, 1856, p.38.

[2] "To the Editor of the 'NORTH-CHINA HERALD'," *The North-China Herald*, Vol.Ⅶ, No.316, Aug.16, 1856, p.11.按，太平天国在芜湖设有芜湖海关。

福省，此理念得到延续。洪秀全《减赋诏》称："朕格外体恤民艰，于尔民应征钱漕正款，令该地佐将酌减若干。尔庶民得薄一分赋税，即宽出无限生机。"① 据表 2-5，仅从田赋正供（粮赋和地丁银）看，太平天国的减赋方略在苏南有一定程度执行，长洲、吴县等地田赋合计均较清制低；但有的地区如常熟、嘉兴，田赋正额仍然高于清制。清朝征漕有浮收勒折之弊，太平天国亦然。清朝在正赋之外有名目繁多的苛捐杂税，以厘金、军需捐为主，按田起捐类较少。太平天国则有种类多、数额大的随田附征杂费。据表 2-5，在长洲、吴江，随田派征杂费使原本较低的赋额接近或超过清制。在浙江，1861 年嘉兴、桐乡、平湖、石门、诸暨、乌程等地征收的粮赋额均超过清制，嘉善、海盐、海宁、太平所征赋额则接近清制。在海盐、平湖、诸暨、乌程、海宁、太平等地，捐费杂税开支甚至超过每亩田的正赋。随着太平军的膨胀与腐化，单靠田赋已无法支撑开支。各地遂不时摊派捐费，征发徭役，仅常熟、昭文就有按户、按亩征派的数十种捐费。这还未计入供应费、军需捐、路凭、船凭、剃头凭、特捐、卡税、日捐等随意征、随时征、反复征的税项。轻税薄赋政策终被竭泽而渔式的强征苛敛取代。失望、不满情绪逐渐累积为铤而走险的冲动，经济问题遂变成政治问题，太平天国与农民的关系日趋复杂和紧张。

综合考察太平天国在江南地区的短暂统治，其社会经济政策有历史贡献。太平天国以"开创新朝"、建立"新天新地新世界"相号召，② 在农村颇有作为。一个重要举措是，1862 年 7 月 9 日，苏、松、嘉、湖四属太平军分兵各路同时行动，会剿枪船匪帮，这是过去江浙两

---

① 《天王谕苏省及所属郡县四民诏》，罗尔纲、王庆成主编：《中国近代史资料丛刊续编·太平天国》（三），桂林：广西师范大学出版社，2004 年，第 79 页。

② 《韩山文的半年度报告》（1853 年 7 月—1854 年 1 月），瑞士巴塞尔巴色会档案馆藏，档案号：A-1.2（1853），47。

省地方大员们做不到的。① 太平天国时，苏州乡官特意捐建题写"民不能忘"四字的汉白玉牌坊，破城后，李鸿章责问："阊门外白石牌坊何以建于伪忠王耶?"乡绅答因太平天国减粮。直到清朝应当地乡绅之请下令"免四成之赋"，歌颂忠王的牌坊才被毁去。② 清政府战后在江南推行减赋，正是太平天国刺激使然。③ 但太平军占领江南初期的积极状态没有长久切实保持下去，轻徭薄赋政策变得十分脆弱，最终夭折。

在当时形势下，太平天国原本有两条出路可选。其一，全面推进"着佃交粮"，继续剥夺地主富户的资财，将田地分给农民。从"着佃交粮"伊始农民反馈情况看，虽然不少地区的正税较清朝旧制更高，但因为这一政策可能免去地租负担，农民仍然踊跃完纳，使新政权的田赋得到保障，说明该政策具有一定可行性。但也意味着基层政权结构大换血，乡官等基层治理队伍亦须改革。太平天国无意且实际亦无力践行此项根本之计，遂使干预租佃关系和业佃事务的代业收租、招业收租政策与"着佃交粮"并行，导致佃农因完粮后还要交租而被激怒，反抗甚剧。其二，允许并保护地主收租，同时减赋限租、调和贫富。这一折中之策在太平军辖境个别区域内曾经得到过实践。例如吴江地主柳兆薰所在的芦墟镇，经太平军当局认可，地主自定租额，降至7斗左右，"诸佃踊跃而来"、"还租纷纷"，柳兴奋地称"在目前世界已为极盛矣"，"余已愿满"。年底即有地主到芦墟乡官局完粮，柳亲眼目击"长毛催

① 太平军的努力终因腐败受挫，某些枪船头目通过向太平军将领行贿，再操旧业。直至1873年清廷还在为枪船滋扰地方大伤脑筋。参见《浙江巡抚杨昌濬奏为试用知府林祖述等拿获枪匪案内尤为出力请酌量保奖事》，同治十二年六月二十日，军机处录副奏折，档案：03-4777-129，中国第一历史档案馆藏。

② 沧浪钓徒：《劫余灰录》，太平天国历史博物馆编：《太平天国史料汇编》第16册，南京：凤凰出版社，2018年，第7153页。

③ 《曾国藩李鸿章奏为苏松太三属岁征浮额积弊太深请比较近来完数酌减定额等事》，同治二年五月十一日，军机处录副奏折，档案：03-4846-045，中国第一历史档案馆藏；《闽浙总督左宗棠奏为议减杭嘉湖三属漕粮事》，同治三年十月二十六日，朱批奏折，档案：04-01-35-0288-052，中国第一历史档案馆藏。

督光景，别有世界，局中人如蚁聚"，一向敌视太平天国的他遂改口尊称太平军为"毛公"。①

可见，只要把租额限制在佃户支付能力范围内，佃户还租即会顺利；地主虽然没有收到全租，但完粮之后尚有盈余，也能满意；减赋限租政策顺利实践，政府田赋收入就有切实保障。这的确是一项对业、佃与政府三方都有利的政策，可惜仅是吴江县芦墟镇、同里镇的个别案例。据表2-5地租一项，在更多地区，地租额被限制在极低水平，普遍相当于清朝统治时期的1/3或更低，而赋由租出，地租没有保证，田赋也必然没有着落。在后来的实践中，太平军当局重赋苛敛，使很多地主生路断绝；同时又倚任此辈为乡官，利用他们把持基层政权，充当征收钱粮的工具。如此情形下，想要地主支持太平天国，无异于缘木求鱼。也就是说，太平天国要么在不改变旧制度前提下取代现存权力机构，要么动员农民推翻旧士绅而彻底颠覆现存制度，但它均未做到。不合理的社会经济政策，将地主与佃农都推到了自己的对立面，太平天国赖以维系统治的社会基础被严重削弱。② 社会经济秩序紊乱和由此造成的粮饷危机形成恶性循环。在某种程度上，太平天国因粮而亡。当时在上海的外国观察者认为："如果不是太平军因粮食断绝出现普遍的饥荒，他们的都城即便能被轰塌，恐怕我们也只能和几个月前的几次攻城以失败而告终的结局一样。"③ 丧失了赖以生存的经济基础，"天国"陨落在所

---

① 《柳兆薰日记》，《太平天国史料专辑》（《中华文史论丛》增刊），上海：上海古籍出版社，1979年，第159、161、191、222页。

② 1860年8月，传教士杨笃信在苏州访问时询问一位百姓的立场，他说："清朝皇帝或者洪秀全坐江山，都与我们无关紧要，只要他们能让老百姓吃得上饭，平安活下去就好。"杨笃信说"这是大多数老百姓的共识"。Letter from Griffith John to Tidman, August 16, 1860, Box 6 Folder 2 Jacket C, Council for World Mission, Archives of the London Missionary Society, South China, SOAS, University of London.可是到1861年12月，访问南京后的传教士郭修理总结说："太平天国对民法和境内的民生都漠不关心。"参见 "Journal of Rev Josiah Cox," in Prescott Clarke and John S. Gregory, eds., *Western Reports on the Taiping: A Selection of Documents*, London: Groom Helm Ltd., 1982, p.313。

③ "Retrospect of Events in the North of China During the Year 1864," *The North-China Herald*, Vol. XVI, No.755, Jan.14, 1865, p.6.

太平天国再研究

难免。

太平天国提不出新的社会改造方案，难以突破前朝旧制，各项措施却愈加繁杂无序，不胜其滥。太平天国虽有后方基地，但将战略重心置于"取民"，既不致力于恢复和保障农业生产以开财源，又不精兵简政以节流，一味依靠乡官榨取资源，以致狭蹙的辖区民穷粮尽。不重视发展农业生产以支援军需，也是绝大多数旧式农民运动的常见问题。太平天国领导层淡忘了农民的利益，《天朝田亩制度》"天下一家"理论构想也就难以继续汇聚人心。归根结底，太平天国没有真正解决农民的土地问题，没有真正打破旧土地制度对农民的束缚并动员农民，也就无法建立稳固的基层政权，找到走出农民战争失败宿命的新路。

正因如此，太平军在江南始终处于单纯的军事占领状态，在广大农村地区统治基础薄弱。政策偏激、地方失序、激变良民，更严重破坏基层农村的战略腹地功能，一旦太平天国丢失各个城市据点，就会迅速走向瓦解。继因中外联剿失去"天时"、安庆失陷失去"地利"后，太平天国丢掉"人和"这根救命稻草，注定在与湘军的军事决战中败亡。湘军仅用半年多时间就将苏南和浙江攻陷即为明证，太平天国很快在"中兴"表象下倾覆。

四　反孔非儒：文化与知识分子政策

太平天国在树立拜上帝思想文化的同时，还欲图摒弃旧的文化思想和破除民众对旧文化权威人物的迷信。例如，洪秀全致力于颠覆孔子作为思想文化权威的地位，但儒家思想的内核却被他予以继承和保留。儒家思想与基督教思想、民间宗教思想共同构成了太平天国意识形态的主要源头。正是儒家思想和民间宗教思想对洪秀全的影响，才使拜上帝思想具有了本土化特征，成就了一个中西合璧的新式宗教。

孔子是儒家学说的创始人。自汉武帝接受董仲舒的建议，"罢黜百家，独尊儒术"以来，孔子被尊奉为"至圣先师"，成为两千多年来中国思想界的绝对权威，儒家学说则上升为历代王朝的统治思想，成为中国社会的精神象征。两千多年来，儒家孔学被定为一尊，其感召力不仅主要体现于作为中国文化载体的士大夫阶层，而且潜移默化地影响了一般民众的日常生活、风俗习惯和思想观念，渗透到不同阶层、不同族群、不同文化背景的人们的思想行为之中。明清之际，基督教在中国的传播屡屡受挫，主要原因就在于儒学对中国社会的深刻影响。鸦片战争之后，在不平等条约和坚船利炮的庇护下，基督教在华传播的沉寂局面很快被打破，孔子的权威和思想受到了前所未有的挑战。洪秀全接触基督教，自创上帝教，形成拜上帝和反孔非儒的思想，正是这场西学东渐历史变局中的一波惊涛骇浪。当然，洪秀全反孔非儒的思想并非一成不变，而是经历了一个由早期温和、定都后激进到中后期趋缓的历史过程。

（一）早期温和的态度

在 1837 年洪秀全的升天异梦中，"衣皂袍之老人（天父）斥责孔子，谓其于经书中不曾清楚发挥真理。孔子似自愧而自认其罪"。[①] 这种指责还称不上真正意义的反孔，只能说是受前三次科场失意刺激，洪秀全对儒家孔学产生的一种逆反心理，而此类逆反心态的发端可能更早。1843 年拜上帝后，为尊崇独一真神皇上帝，洪秀全将私塾中的孔

---

① ［瑞典］韩山文：《太平天国起义记》，简又文译，中国史学会主编：《中国近代史资料丛刊·太平天国》（六），上海：神州国光社，1952 年，第 842 页。

子牌位撤去，这可以视作他行动上反孔的开始。

洪秀全自幼熟读经史，与其他很多读书人一样，为光耀门楣热衷科举，曾先后四次赴考，在思想上深受儒学影响，奉之为金科玉律。洪秀全早期的宗教作品，如《百正歌》《原道救世歌》《原道醒世训》《原道觉世训》，均以正面人物来称引孔孟及其他儒家道统人物，还大量援引《论语》《诗经》《尚书》《礼记》《孝经》《孟子》等儒家经典中的语句，来佐证拜上帝思想的本土性、正统性。1847 年底到 1848 年初之间洪秀全创作的《原道觉世训》，为了论证"天下一家"的思想征引儒家典籍："孔伋曰：'天命谓之性。'《诗》曰：'天生蒸民。'《书》曰：'天降下民。'昭昭简编，洵不爽也。此圣人所以天下一家，时勤民吾同胞之怀，而不忍一日忘天下。"① 1852 年永安时期，太平天国将这些早期作品合辑为《太平诏书》，仍然保留了正面称引儒家人物和典籍的文字。说明直到此时，洪秀全还是公开认同儒家学说的思想价值。上引《太平诏书》中的《原道觉世训》甚至间接称孔子为"圣人"。在永安封王的诏旨中，洪秀全公开表示"天父是天圣父，天兄是天圣主，天父天兄才是圣也。继自今，众兵将呼称朕为主则止，不宜称圣，致冒犯天父天兄也"。② 连洪秀全本人都不能称"圣"，间接称孔子为"圣人"显然是校订时的遗漏，到定都后刊印《太平诏书》修订本时，上引内容则被完全删除。

从独尊上帝和禁拜偶像的教义出发，太平天国在行动上反孔又是一种必然。《原道觉世训》云："皇上帝亲口吩咐摩西曰：'我乃上主皇上帝，尔凡人切不好设立天上地下各偶像来跪拜也。'今尔凡人设立各偶像来跪拜，正是违逆皇上帝旨意"，"明明有至灵至显之真神，天下凡

① 《原道觉世训》，太平天国历史博物馆编：《太平天国印书》（上），南京：江苏人民出版社，1979 年，第 17 页。
② 《永安封五王诏》，太平天国历史博物馆编：《太平天国文书汇编》，北京：中华书局，1979 年，第 36 页。

间大共之天父，求则得之，寻则遇著，扣门则开，所当朝朝夕拜而不拜，而拜无知无识之木石、泥团、纸画各偶像，有口不能言，有鼻不能闻，有耳不能听，有手不能持，有足不能行之蠢物，抑又愚矣"。① 孔子是士大夫阶层顶礼膜拜的偶像，不止孔子，"天地君亲师"都是世人崇拜的偶像，在洪秀全看来当然要反对。

孔子在中国社会的思想权威地位也是洪秀全不能容忍的。"诏明于戊申年（1848）冬"的《太平天日》载，上帝斥责孔子："尔因何这样教人糊涂了事，致凡人不识朕，尔声名反大过于朕乎？"假上帝之口怒斥孔子声名大于上帝，也是洪秀全的隐衷。因此要想树立上帝信仰，必须扳倒孔子的权威地位。所以洪秀全对孔子的批判态度较之前有所加强，《太平天日》记："天父上主皇上帝即差主同天使追孔丘，将孔丘捆绑解见天父上主皇上帝。天父上主皇上帝怒甚，命天使鞭挞他。孔丘跪在天兄基督前再三讨饶，鞭挞甚多，孔丘哀求不已。"但孔子和"阎罗妖"不一样，尚不是敌我矛盾，故"天父上主皇上帝乃念他功可补过，准他在天享福，永不准他下凡"。②

金田团营时期，萧朝贵是太平天国权力舞台上活跃的主角。他对文化和读书人的偏见在一定程度上推动了太平天国焚禁古书政策的出台。1848 年 12 月，"天兄"下凡指示洪秀全："孔丘被天父发令捆绑鞭打，他还在天父面前及朕面前跪得少么？他从前下凡教导人之书，虽亦有合真道，但差错甚多。到太平时，一概要焚烧矣。孔丘亦是好人，今准他在天享福，永不准他下凡矣。"③"天兄"的指示与《太平天日》所记内容相仿，但增加了"到太平时，一概要焚烧"，即确定了未来太平天国焚禁古书的文化政策。但是金田起义后太平天国并没有立即施行这一政

---

① 《原道觉世训》，太平天国历史博物馆编：《太平天国印书》（上），南京：江苏人民出版社，1979 年，第 19、20 页。

② 《太平天日》，太平天国历史博物馆编：《太平天国印书》（上），南京：江苏人民出版社，1979 年，第 38—39 页。

③ 王庆成编注：《天父天兄圣旨》，沈阳：辽宁人民出版社，1986 年，第 7 页。

策，有记载称：太平军自广西攻入湖南，"自孔圣不加毁灭外，其余诸神概目为邪。遇神则斩，遇庙则烧"。① 在进军湖南的途中，杨秀清、萧朝贵联名发布的《奉天诛妖救世安民谕》公开号召"名儒学士""各各起义，大振旌旗"。② 反孔行动被搁置，除主要受困于流动作战的客观环境，还有军兴初期为笼络士子人心、减少进军阻力起见，还可能因为杨秀清等反对文化恐怖政策的主政者的干预。萧朝贵在1852年9月就战死在长沙城外了。太平军攻克武昌后，当时在城内教书的张汉记载："城内庙中神像尽烧毁，惟圣宫牌位，不敢毁伤，伪东王具衣冠谒圣，行三跪九叩礼。"③

在定都天京前，洪秀全从独尊上帝的角度出发，否认孔子在思想界的至尊地位，反对包括孔子在内的一切偶像崇拜，但他在思想上并不否认儒家学说，在著述中多有援引儒家典籍，对孔子也不失敬重，在反孔行动上也有所节制。总体来说，洪秀全对孔子和儒学的态度相对温和。但是在太平天国早期，已确立了焚禁古书的政策基调，在太平军中逐渐形成了轻视文化和读书人的氛围。在武昌，一边是杨秀清忙着谒孔，另一边太平军士兵却将"书卷抛掷满地，沟渠秽坑，无处不有"，时人慨叹："书卷飘零满路隅，行人来往共嗟吁，早知扫地斯文尽，悔不当年覆酱瓿。"④ 这似乎已在预兆反孔政策的正式出台了。

---

① 《粤匪犯湖南纪略》，罗尔纲、王庆成主编：《中国近代史资料丛刊续编·太平天国》（五），桂林：广西师范大学出版社，2004年，第9—10页。

② 《颁行诏书》，太平天国历史博物馆编：《太平天国印书》（上），南京：江苏人民出版社，1979年，第108页。

③ 江夏无锥子：《鄂城纪事诗》，中国社会科学院近代史研究所《近代史资料》编译室主编：《太平天国资料》，北京：知识产权出版社，2013年，第38页。

④ 江夏无锥子：《鄂城纪事诗》，中国社会科学院近代史研究所《近代史资料》编译室主编：《太平天国资料》，北京：知识产权出版社，2013年，第37—38页。

（二）定都后的激进运动

1853 年太平天国定都天京，焚禁古书政策正式出台，"凡一切孔孟诸子百家妖书邪说者尽行焚除，皆不准买卖藏读也，否则问罪也"；[①]"凡一切妖书如有敢念诵教习者，一概皆斩"；"凡一切妖物妖文书一概毁化，如有私留者，搜出斩首不留"。[②] 太平天国官方明确宣布孔子、孟子为"妖"。太平军在南京城内大举焚禁古书、捣毁文庙，时人有"焚孔孟书""污秽圣庙""拆毁圣庙"诗为证。[③] 有人目睹了天京搜禁"妖书"的情况："搜得藏书论担挑，行过厕溷随手抛，抛之不及以火烧，烧之不及以水浇。读者斩，收者斩，买者卖者一同斩。书苟满家法必犯，昔用撑肠今破胆。文章浩劫古原有，贤圣精灵自不朽，卜筮之书并泯灭，窃恐祖龙笑其后。"[④] 与此同时，太平天国刊行《太平诏书》修订本，删除了原书中正面称赞古人和援引古书的内容，"诗云子曰"均改作"古语云"。同年，洪秀全还编写、刊行了幼儿启蒙教育读本《三字经》，从拜上帝的角度对中国历史做了重新诠释，一改尊奉褒赞历代帝王将相的传统史观，指出自秦汉以来，上帝真道业已失传，中国进入黑暗时代。这其实是为排斥一切古人古书提供历史理论依据。

从主观上讲，定都天京，洪秀全自以为半壁江山到手，残妖殆尽，实现太平一统为期不远，执政理念有意识地从"打江山"向"坐江山"转变。所以有必要尽快确立新的具有统治地位的意识形态，以激进强制

---

① 《诏书盖玺颁行论》，太平天国历史博物馆编：《太平天国印书》（下），南京：江苏人民出版社，1979 年，第 464 页。

② 张德坚：《贼情汇纂》，中国史学会主编：《中国近代史资料丛刊·太平天国》（三），上海：神州国光社，1952 年，第 232 页。

③ 《山曲寄人题壁》，太平天国历史博物馆编：《太平天国史料丛编简辑》（六），北京：中华书局，1962 年，第 386、389 页。

④ 马寿龄：《金陵癸甲新乐府》，中国史学会主编：《中国近代史资料丛刊·太平天国》（四），上海：神州国光社，1952 年，第 735 页。

的运动来隔绝人们在思想上与传统意识形态的接触和联系，这无疑是一种快捷的方式。从客观上讲，太平军兵锋直抵文章锦绣之乡的江南，上至士大夫阶层（包括一般读书人），下至普通民众，均对这些以"洋教"武装起来的叛乱者，有先天的排斥或敌视情绪。首先，洪秀全虽然承认五伦关系的存在，并且十分强调儒家的礼治人伦思想，但他又特别强调其中的兄弟一伦，渲染"天下一家"，认为这一点可以争取下层社会的支持，但士子阶层却大肆攻讦太平天国弃绝五伦。汉阳生员马姓选择在太平军"讲道理"时的盛大场合痛斥太平军"五伦俱绝""真无用之狂贼"的宣言，是一篇民间版的《讨粤匪檄》。① 其次，儒家思想强调华夷之辨，渲染夷夏之防，而上帝教以基督教为外衣，使士人以为太平天国以夷变夏，"窃外夷之绪，崇天主之教"，碍难接受。洪秀全一再著书立说，标榜拜上帝并非"从番"，但缺少学理阐释和现实关怀。最后，儒家宣传天命，但也重人事，尚理性，以人为本，"子不语怪力乱神"，"敬鬼神而远之"，上帝教却把鬼魂幽灵搬来人间。儒家礼治强调尊卑有序、君臣有别，洪秀全举兵造反，在士大夫眼里是"叛逆""反贼"。曾国藩在《讨粤匪檄》中就刻意弱化太平天国的反满思想，大肆攻讦其反孔思想，强化拜上帝思想和儒家思想的对立。显然，上帝和孔子在外在形式上分别被赋予了不同的意识形态内涵，这场上帝教和儒教之间的思想文化之争，已经升级为"正统"和"异端"的政治议题之争。定都之后的洪秀全很自然地会祭起政治大旗来祛除士绅阶层的理论依据，以达到彻底、迅速否定孔子儒学权威的目的。

尽管洪秀全在理论上也做了一些工作为焚禁古书运动摇旗呐喊，但他没有也不可能彻底否定儒家学说的存在价值和思想影响。作为居于主流意识形态地位已有两千多年的中国传统思想文化，儒家学说已经渗透

① 张德坚：《贼情汇纂》，中国史学会主编：《中国近代史资料丛刊·太平天国》（三），上海：神州国光社，1952 年，第 312 页。

到中国社会各个阶层，包括洪秀全本人的思想深处。太平天国采取的简单粗暴的激进政策，更多的是建立在非理性宗教狂热基础上的，以含混的宗教语言向民众生硬牵强地灌输其"顺天"的正统性和"伐暴"的正义性，从来没有深入地从理论角度批判过孔孟之道。这很难在民间社会获得真正持续的思想认同，因此民间社会对太平天国的政治归顺，也很难升华至政治认同的程度。最终，洪秀全砸碎的只是孔子牌位，却保留了儒家文化的灵魂。

定都之后太平天国刊刻的官书，虽不再像以前那样直接称引古人古书，但不少词句追根溯源仍出自儒家典籍，如修订本《太平诏书》，其中的《原道救世歌》中有"天道祸淫惟善福"一句，语出《尚书·汤诰》中的"天道福善祸淫，降灾于夏，以彰厥罪"；"父兮生我母鞠我，长育劬劳无能名，恩极昊天难报答，如何孝养竭忠诚"一句，显系转述《诗经·小雅·蓼莪》中的"父兮生我，母兮鞠我。拊我畜我，长我育我，顾我复我，出入腹我。欲报之德。昊天罔极"。类似的例子有很多。又如洪秀全强调礼义人伦，重忠孝，敦促军民习礼，灌输禁欲、坚耐和安贫乐命的观念，崇尚皇权，维护礼制，宣扬等级世袭，这些从本质上还是儒家的三纲五常伦理思想。洪秀全宣讲纲常伦理的代表作是1852年刊行的《幼学诗》和1857年刊刻的《天父诗》，儒家的道统、伦常体现得淋漓尽致。洪秀全接受和肯定儒家的内核思想，与他长期熏陶于儒学的阅历密切相关。可以说，定都天京后太平天国的反孔运动，主要是形式上而非内容上的反孔，是行动上而非思想上的反孔。洪秀全致力于颠覆的是孔子作为中国社会思想权威的地位，而非早已被国人视作国粹的儒家孔学。

(三) 中后期反孔趋缓

定都天京后，杨秀清试图干预焚禁古书运动，借"天父"之口发表意见："天命之谓性，率性之谓道，以及事父能竭其力，事君能致其身，此等尚非妖话，未便一概全废。"① 1854 年，在杨秀清授意下刊刻的《天情道理书》，收录了杨秀清褒奖"天国"将士诗 51 首，反复称许关羽、张飞、赵云等三国人物的忠勇，体现了杨秀清对儒家忠孝节义思想的认同。杨秀清出身寒微，他接受儒家文化的渠道主要限于民间广为流传的《三国演义》《水浒传》《杨家将》等小说故事。仅仅基于这点朴素的文化认同，杨秀清却能时常谦虚地尊重文化和读书人，他曾对手下说："五岁丧父母，养于伯，失学不识字，兄弟莫笑，但缓读给我听，我自懂得。"② 杨秀清反对排斥一切古人古书的态度，与洪秀全、萧朝贵主要是策略分歧，实现独尊上帝的根本意愿却是一致的。这种态度在当时环境下显然更为妥善和切合实际。

定都一年后，各项激进的政策均带来了极大的负面影响。杨秀清不得不改弦易辙，就文化恐怖政策上奏天王，请旨"删书""留书"，停止"焚书""禁书"。1854 年 3 月 2 日，"天父"配合杨秀清的奏请，正式下令："前曾贬一切古书为妖书。但四书十三经，其中阐发天情性理者甚多，宣明齐家治国孝亲忠君之道，亦复不少。故尔东王奏旨，请留其余他书。凡有合于正道忠孝者留之，近乎绮靡怪诞者去之。至若历代史鉴，褒善贬恶，发潜阐幽，启孝子忠臣之志，诛乱臣贼子之心。劝惩分明，大有关于人心世道。再者，自朕造成天地以后，所遣降忠良俊杰，皆能顶起纲常，不纯是妖。所以名载简编，不与草木同腐，岂可将书毁弃，使之湮没不彰？"③ 洪秀全遂令臣下删改"六经"，"遍出伪示，云俟删定颁行，方准诵读"。洪秀全还亲自删改《诗经》，下诏说："今特诏左史右史，将朕发出诗韵一部，遵朕所改，将其中一切鬼话、怪

① 张德坚：《贼情汇纂》，中国史学会主编：《中国近代史资料丛刊·太平天国》（三），上海：神州国光社，1952 年，第 327 页。

② 张汝南：《金陵省难纪略》，中国史学会主编：《中国近代史资料丛刊·太平天国》（四），上海：神州国光社，1952 年，第 705 页。

③ 王庆成编注：《天父天兄圣旨》，沈阳：辽宁人民出版社，1986 年，第 103 页。

话、妖话、邪话一概删除净尽，只留真话、正话。抄得好好缴进，候朕披阅刊刻颁行。"① 删改后颁行的儒家经书又被太平天国宣称"孔、孟非妖书"，② 其对孔子的态度也有变化，"谓孔某向本在天堂，忽逃下凡间，变妖惑人，所以天父大怒，今已捉上高天，罚他种菜园了"。对孔子的性质做了折中处置。与萧朝贵时期"天父"准许孔子"在天享福"相比，罚孔子种菜，强制从事劳动改造，说孔子"变妖惑人"，明显要更进一步，严厉得多。可见洪秀全并未完全给孔子"平反"。对于删书颁行一事，删书局确有动作，参照太平天国避讳制度，以"独一真神唯上帝"为删书标准，"始以四书五经为妖书，后经删改准阅，惟《周易》不用，他书涉鬼神丧祭者削去，《中庸》'鬼神为德'章，《书·金滕》《礼·丧服》诸篇，《左传》'石言神降'俱删，《孟子》'则可以祀上帝'，上帝上加皇字，《诗》'荡荡上帝''上帝板板'，皆加皇字。《论语》'夫子'改孔某，'子曰'改孔某曰"。③ 但太平天国始终没有正式将删改后的儒家典籍镌刻颁行，或见洪秀全消极拖宕的态度，亦见洪与杨秀清就反孔问题并未完全达成一致。虽然大规模集中焚书运动告一段落，但太平天国对儒家典籍和孔子学说的禁令并未废止，严厉的思想监控政策在法律层面没有太大改观。两年多后，杨秀清死于天京内讧，他没有改变太平天国文化政策的主要特征。

后期洪秀全对儒家的公开态度较前期已经趋于缓和。一是政策趋缓已是既成事实。二是过激的文化政策引起士大夫阶层的普遍抵制，激发士变，碍难施行。清代中叶社会上反满思想有所回潮。起事之初，太平天国布告天下，即以兴汉灭满相号召，那些有反满心态的读书人原本会

---

① 张德坚：《贼情汇纂》，中国史学会主编：《中国近代史资料丛刊·太平天国》（三），上海：神州国光社，1952 年，第 190 页。

② 佚名：《金陵纪事》，太平天国历史博物馆编：《太平天国史料丛编简辑》（二），北京：中华书局，1962 年，第 47 页。

③ 张汝南：《金陵省难纪略》，中国史学会主编：《中国近代史资料丛刊·太平天国》（四），上海：神州国光社，1952 年，第 719 页。

或可以对此产生共鸣，可是这些人反满而不反孔，坚实崇奉名教。太平天国激进的文化政策一出台，这部分人便望而却步了。三是后期辅政的洪仁玕、李秀成对洪秀全的影响。李秀成出身寒苦，接受儒学熏陶的渠道之一也是民间广为流传的《三国演义》《封神演义》《水浒传》等历史故事，他对星象、术数、天命、阴阳五行甚感兴趣，崇尚古制，曾上书洪秀全"依古制而惠四方"，以礼治国。洪仁玕自幼读书，醉心于科举功名，又屡试不售，与洪秀全经历相仿，他在香港教会时曾帮助理雅各牧师翻译儒家典籍。来到天京后，洪仁玕在其著述中曾言"本军师自幼习举子业"，"本军师生长儒门"，以身示范不必与儒学划清界限。他在 1861 年洪秀全旨准颁行的《钦定英杰归真》中大量称引朱熹、程颢、程颐、张载等儒家人物，直引《诗经》《尚书》，甚至是之前禁用的《周易》中的原话。此书既为"钦定"，必经洪秀全删改后旨准颁行，说明此时正面称引古人古书已不再犯忌讳。同年，由洪仁玕等拟写、洪秀全旨准颁行的《钦定士阶条例》引用"天父"当年所言"孔孟之书不必废，其中有合于天情道理亦多"，声称："既蒙真圣主御笔钦定，皆属开卷有益者。"[1] 确认经天王删改好的儒家典籍不是妖书。1860 年刊印的《天父圣旨》和 1862 年刊印的《太平天日》，保留了"天父"称孔子"功可补过"，"天兄"称孔子"亦是好人"，"准他在天享福"，称儒家书籍"亦有合真道"等内容，不再提孔子曾"变妖"的前科。

后期洪秀全对孔孟儒学的公开态度有所缓和是无奈之举。洪仁玕、李秀成等人并不能真正左右洪秀全。洪秀全的真实意志仍然相当激进。其子洪天贵福被俘后回忆："前几年，老子写票令要古书，干王乃在杭州献有古书万余卷。老子不准我看，老子自己看毕，总用火焚。……自我登基之后，写票要四箱古书，放在楼上。老子总不准宫内人看古书，

---

① 《钦定士阶条例》，太平天国历史博物馆编：《太平天国印书》（下），南京：江苏人民出版社，1979 年，第 746 页。

且叫古书为妖书。"① 可见后期未经太平天国官方删改修订的儒家典籍仍被列为禁书，太平天国对儒学的禁令未做名义上的易动。故在领有苏南、浙江之初，太平天国还是大举毁坏古书、捣毁文庙。在苏州，"书之遭劫甚矣"，"即如书籍，贼皆无所用，邺架曹仓，亦何妨庋之高阁，而或抛散一帙，或抽弃一册，甚至顺风扯去，片片飘扬，灰尘溷厕中，时有断简残编，见之欲哭"。甚至山塘买卖街卖糖豆者用宋版书书页作包纸，有士子见之，每日买豆数十包，因此保全了近百页宋版书。② 在吴江，地主柳兆薰父子不忍孔孟典籍被践踏，花了一年时间，收理"残经字纸，极秽亵破碎者"，"焚晒洗净，易于狼藉"。③ 在浙江乐清，"贼见书籍案卷计账，辄用以拭秽，或毁裂而践踏之，甚则投之溷厕"。④ 时人常将太平天国的文化政策和秦始皇的焚书坑儒相提并论，常熟柯悟迟讲："书籍字画，可谓罄洗一空。毁损以外，尚可填山塞海。最可惜者，字画必遭裂碎，书籍不全，我恐焚书坑儒之后，未有如是之大劫也。"⑤ 苏浙地区的许多文庙、书阁以及名胜古迹大多荡然无存。贮藏《四库全书》的扬州文汇阁、镇江文宗阁、杭州文澜阁均毁于战火，藏书大部分散失。常熟顾氏诒闻阁"毁烬之余，楼上所藏尚有数百卷，狼藉地下秽处者，不可胜数，贼欲尽付一炬"。⑥ 宁波范氏天一阁也遭毁灭，所藏珍贵图书典籍和文物均遭浩劫。应指出的是，此次文化浩劫的责任除了太平军毁弃古书，还有清军、团练、匪盗等的烧杀

①《洪天贵福亲书自述》，罗尔纲、王庆成主编：《中国近代史资料丛刊续编·太平天国》（二），桂林：广西师范大学出版社，2004年，第425页。

②潘钟瑞：《苏台麋鹿记》卷上，中国史学会主编：《中国近代史资料丛刊·太平天国》（五），上海：神州国光社，1952年，第285页。

③柳兆薰：《柳兆薰日记》，《太平天国史料专辑》（《中华文史论丛》增刊），上海：上海古籍出版社，1979年，第178、220页。

④林大椿：《粤寇纪事诗》，太平天国历史博物馆编：《太平天国史料丛编简辑》（六），北京：中华书局，1963年，第456页。

⑤柯悟迟：《漏网喁鱼集》，北京：中华书局，1959年，第51页。

⑥柳兆薰：《柳兆薰日记》，《太平天国史料专辑》（《中华文史论丛》增刊），上海：上海古籍出版社，1979年，第221页。

掳掠。

后期苏浙太平军过激的反孔声势很快便被尊孔读经的回潮所掩盖。从科举考试的题目看，早期太平天国虽然沿用传统的八股文、试帖诗作，但所拟题目是依据拜上帝之教义，后期很多地方考题却出自"四书""五经"等。如1861年常熟县试题为《足食足兵》（《论语·颜渊》）、《赋得"偃武修文"得"修"字》（《尚书·武成》）；昭文县试题为《先之劳之》（《论语·子路》）、《赋得"礼门义路"得"义"字》（《孟子·万章下》）；桐乡试题为《君君臣臣》（《论语·颜渊》）；吴县试题为《道之大原出于天》（《汉书·董仲舒传》）；吴江试题为《大孝终身继有虞》（《孟子·万章上》）、《孝弟力田论治安策》（《汉书·文帝纪》）。有的试题是上帝教教义和儒家典籍的结合，如1861年苏福省省试题目为《天父有主张，天兄有担当，积善之家必有余庆论》，"积善之家，必有余庆"是《周易》里的名句。1861年，常熟昭文太平军当局还公开组织应试者拜孔，"欲送入学，而学宫已毁，像亦无存，乃具纸位望空拜之"；[1] 1862年又准备"重建圣庙，以重斯文"；[2] 终使"文庙火而复新"。[3] 地方上的尊孔读经回潮主要是地方军政将领致力于恢复传统社会经济秩序的结果，如常熟守将钱桂仁重用曹和卿和钱伍卿，无锡守将黄和锦重用厉双福，嘉善守将重用顾午花，这些人大多是地方士绅的代表者。这既是太平天国后期拜上帝思想淡化的表现，也与忠王李秀成倡导传统秩序以及洪秀全对孔子儒学态度趋缓有一定关系。太平天国占领区文化政策的调整和变化有着深刻的思想原因，还是前面说的两千多年儒家学说作为传统文化的核心，思想体系根

---

① 汤氏：《鳅闻日记》，罗尔纲、王庆成主编：《中国近代史资料丛刊续编·太平天国》（六），桂林：广西师范大学出版社，2004年，第346页。

② 龚又村：《自怡日记》，罗尔纲、王庆成主编：《中国近代史资料丛刊续编·太平天国》（六），桂林：广西师范大学出版社，2004年，第92页。

③ 周鉴：《与胞弟子仁小崔书》，罗尔纲、王庆成主编：《中国近代史资料丛刊续编·太平天国》（八），桂林：广西师范大学出版社，2004年，第345页。

深蒂固、社会影响庞大深刻，特别是在太平天国主要占领区，文化发达、人文荟萃的江南地区，这种优势尤为突出；太平天国的领导者们，无法形成全新的思想意识，不可能从思想上完全摆脱儒家文化的制约。他们虽然具有变革旧文化旧秩序的热情和勇气，但没有思想变革的决心和耐心，在宗教热情冷却后，伴随着拜上帝思想的空洞、苍白，只能自然而然地回归主流意识形态，为传统思想观念所同化。

从早期到后期太平天国文化政策的调整和对待孔子儒学的思想变化看，"反孔"构成了太平天国文化政策的主要特征，尚需具体事项具体分析：对孔子、孟子等儒家道统人物，洪秀全曾一度贬斥为"妖"，但很快修正，基本上持适度批判的态度；对儒家学说，洪秀全自始至终都没有像修订《圣经》那样从理论的角度进行深入批驳，而是在很大程度上予以接受和肯定；对儒家典籍，虽有从"焚禁"到"删改"的政策幅度上的调整，但禁令延续始终。因此，太平天国的"反孔非儒"，反对的只是孔子和儒家学说的思想权威地位，表现为对孔子牌位、孔庙、孔学典籍等实物形式上的禁毁政策，其本质上并不反对儒家思想。

（四）取士招贤之制

太平天国除开科取士招徕人才外，另有招贤之制，但成效不佳。除了政治偏见、宗教歧视、文化隔阂等因素外，使用而不重用，是导致知识分子望而却步的一个重要原因。

从曾国藩的《讨粤匪檄》在士子文人中产生巨大震撼和号召看，文化反感是士子文人走向太平天国对立面的一方面因素。太平天国科举取士及招贤的制度化尝试虽有较大进展，但仍未能获得知识分子的广泛响应，与湘军阵营人才济济（包括通晓西学的李善兰、徐寿、华蘅芳等人）相比，太平军中的知识分子鲜有声名著闻者。李秀成被俘后称

"官兵用读书人，贼中无读书人"是太平天国的一大缺憾。[1] 时人通过观察也认为："贼中无读书练达之人，故所见诸笔墨者，非怪诞不经，即粗鄙俚俗，此贼一大缺陷，盖天之所不与也。"[2] 未得天下士子之心，在一定程度上招致了太平天国的最终败亡。

五　移风易俗：民俗民习的社会改造

移风易俗运动贯穿太平天国运动始终。在前期，太平天国没有稳定的统治区，多数地区处于拉锯战状态，移风易俗运动限于过境地区、进军途中或局限在天京、安庆等主要据点城市，政策执行亦不够有力。1860年后太平军占领苏南及浙江大部分地区，普遍建立了乡官政权，征钱粮以确保军饷，同时也有了在基层社会较为普遍稳定地践行社会政略的前提和基础。洪秀全打着上帝的旗号在宗教迷信中为加强皇权寻觅理论依据，在强化基层统治上表现为普遍践行"独尊上帝"教义的社会改造运动。

上帝教的具体信条在太平天国十几年的兴亡变迁中不断变化、修订，直到1862年，已诞生十几年的上帝教，作为宗教的各项要旨在内外因素的推动下才得以完备和成熟起来。因此，上帝教的完备和成熟，以及在苏浙占领区以教义为主导较为普遍系统地践行基层治理方略，均是在太平天国的后期，且几乎与太平天国的衰亡同时期，这也印证了太平天国的基层统治方略从思想到政策再到实践的全面告败。上帝教的主

---

① 《李秀成自述别录》，中国史学会主编：《中国近代史资料丛刊·太平天国》（二），上海：神州国光社，1952年，第844页。

② 陈徽言：《武昌纪事》，中国史学会主编：《中国近代史资料丛刊·太平天国》（四），上海：神州国光社，1952年，第600页。

要教义以及与之对应的统治方略有三个层面的内容：一是宣扬天下一家，向往公平公正正直之社会，但同时严判尊卑，在现实社会中构建等级森严的礼制和金字塔式的社会结构；二是独尊上帝独一真神，贬斥其他一切异教神为邪神、为妖魔；三是号召斩邪留正，杀尽妖魔。至于所诛之妖魔有三类：诛"死妖"，扫荡邪神偶像，由是掀起了激烈的毁灭偶像运动；救"生妖"，驱邪念，脱鬼成人，由是在民间掀起了移风易俗的社会改造运动；诛"清妖"，推翻清廷。这些教义的核心内容可概括为"拜上帝"。

（一）社会改造

太平天国在江南民间推行移风易俗的社会政略，其主旨思想一是在辖境内确立独尊上帝的局面，用上帝信仰来统一人们的思想，规范人们的行为，正如洪秀全所说："勗哉四民！既列版图，各宜遵守条命，信寔认真，克守天教。"[1] 过去传教士批评洪秀全后期完全沉湎宗教，谈天说地，不能自拔，"轻视与宗教无关的大多数政务，说它们是'凡间事'，不是'天事'"。[2] 这在一定程度上忽视了上帝教是太平天国施政大纲的前提。对于一个政教合一的政权，重视宗教事务，本身也是政务工作的题中之义。后期狂飙式的社会改造运动几乎与洪秀全开始偏执于宗教同期，实际就是太平天国将洪秀全的宗教思想普遍实践于现实基层社会的结果，也就是说，洪秀全是这场运动的主导者和发起人。其主旨思想二则是为扭转乖离浇薄、尔虞我诈、颓废奢靡的社会病态，建立一个风俗淳熙、人心正直的"新天新地新世界"。洪秀全早期即痛斥"不

---

[1] 《天王谕苏省及所属郡县四民诏》，罗尔纲、王庆成主编：《中国近代史资料丛刊续编·太平天国》（三），桂林：广西师范大学出版社，2004年，第79页。

[2] "A Report by Joseph Edkins," in Prescott Clarke and John S. Gregory eds., *Western Reports on the Taiping: A Selection of Documents*, London: Groom Helm Ltd., 1982, p.246.

正"，要求守天诫，习善正，弃奸邪，心仪传说中的古代大同社会。在此背景下，民间社会，特别是江南地区，风土人情饱受了一次史无前例的冲击。

概括而言，太平天国移风易俗的社会改造主要包括四项内容：禁偶像崇拜，禁流弊恶习，变更岁令时节、婚丧旧俗，改造教育和艺术。

1. 禁偶像崇拜

太平天国毁灭偶像主要是从独尊上帝的教义出发，是为确立上帝信仰扫清障碍，至于运动本身并不具有反迷信的意义。江南地区佛教盛行，梵宇古刹蔚为大观。太平天国以"土、木、石、金、纸、瓦像"为"死妖""死妖魔"，寺庙为"妖庙"，"见庙即烧，神像即毁"。[①] 太平军还竭力拆毁寺庙，以满足府邸兴建所需建材。在南京，"贼遇庙宇悉谓之妖，无不焚毁。姑就金陵言，城外则白云寺、灵谷寺、蒋侯庙、高座寺、天界寺、雨花台亭、长干塔、吕祖阁、天后宫、静海寺，城内则鹫峰寺、朝天宫、十庙等处，此犹其最著者，至无名寺观则指不胜屈，间遇神像无不斫弃，噫，天降大劫，岂神亦难逃耶！"[②] 长干塔即著名的报恩寺琉璃塔。时人评说："城南四百八十寺，所存尚数十处，而牛首、天阙为最绝，兵燹后无复孑遗。此一劫，千年所罕也。"[③] 太平军占据苏南和浙江后，文化碰撞尤为剧烈，太平天国采取了更为严厉激烈的手段，毁灭偶像运动达到一个新的高潮，在大多数占领区均有太平军拆毁焚烧庵、观、寺、庙的实例。与此同时，太平军严禁民众信奉"邪神"。绍兴太平军当局的惩罚极厉，"擅拜妖神者斩"；[④] 会稽一老妪

---

① 张德坚：《贼情汇纂》，中国史学会主编：《中国近代史资料丛刊·太平天国》（三），上海：神州国光社，1952年，第315页。

② 佚名：《粤逆纪略》，太平天国历史博物馆编：《太平天国史料丛编简辑》（二），北京：中华书局，1962年，第31页。

③ 欧阳兆熊、金安清：《水窗春呓》，北京：中华书局，1984年，第47—48页。

④ 王彝寿：《越难志》，罗尔纲、王庆成主编：《中国近代史资料丛刊续编·太平天国》（五），桂林：广西师范大学出版社，2004年，第144页。

因念阿弥陀佛，被太平军割去两耳，时人并闻有"挖目割舌劓鼻者"。① 此类事例颇多。在此政策下，僧人纷纷还俗、逃亡甚至死难，"贼禁人间僧道追荐，不许奉佛敬神"，② "既成者还其俗，焚其书"，③ "僧尼被害者亦多，于是尽改俗装，归男女馆乃免"。④ 也有不少记载称太平军逢僧即杀，尚不确证，但僧道人数锐减是事实，秀水濮院镇沈梓之姐，"六七之期，拟邀僧礼佛"，"弗能齐集而止"。⑤ 江南以佛教为主体的宗教文化元气大伤，时人慨叹："三教俱废。"⑥

但在经历了这场暴风骤雨式的禁毁偶像运动后，随着太平天国的败亡，民间的宗教信仰习俗很快复兴（但相比于战争前的盛况，还是减色不少）。个中原因值得思考。一是太平天国偶像崇拜禁令的松动和执行的地域差异。后期太平军信仰逐渐动摇，部分占领区焚毁庙宇的政策有所松动，废止偶像崇拜逐渐弛禁，各项禁令在不同地区的推行情况并不一致，在同一地区也呈现多样性。有的太平军将领烧香拜佛，重修佛殿，召集僧道祈修，还有的信奉卜筮、星命。从形式上看，太平天国对异教的批判较 1860 年前已大为缓和。

二是地方社会势力对传统信仰习俗的保护。部分地方社会势力虽被太平天国吸纳入政权系统出任乡官或乡官佐员，但并不表示他们放弃传统习俗而认同于太平天国文化。在出任乡官的地方士绅周旋下，不少名

---

① 鲁叔容：《虎口日记》，中国史学会主编：《中国近代史资料丛刊·太平天国》（六），上海：神州国光社，1952 年，第 795 页。

② 沧浪钓徒：《劫余灰录》，太平天国历史博物馆编：《太平天国史料丛编简辑》（二），北京：中华书局，1962 年，第 162 页。

③ 洪仁玕：《资政新篇》，中国史学会主编：《中国近代史资料丛刊·太平天国》（二），上海：神州国光社，1952 年，第 536 页。

④ 江夏无锥子：《鄂城纪事诗》，中国社会科学院近代史研究所《近代史资料》编译室主编：《太平天国资料》，北京：知识产权出版社，2013 年，第 37 页。

⑤ 沈梓：《避寇日记》，罗尔纲、王庆成主编：《中国近代史资料丛刊续编·太平天国》（八），桂林：广西师范大学出版社，2004 年，第 37 页。

⑥ 汤氏：《鳅闻日记》，罗尔纲、王庆成主编：《中国近代史资料丛刊续编·太平天国》（六），桂林：广西师范大学出版社，2004 年，第 340 页。

刹保全，香火不绝。常熟乡绅曹和卿以留办难民局为名，出面保护兴福破山寺，又建议"各寺山田暂入难民局"，"俾名刹保全"。① 盛泽土豪沈枝山，初为乡官，秀水濮院镇横屋街有立关庵，向供曹武惠王（北宋大将曹彬）牌位神像，太平军欲拆之，沈出面干涉，"封起为施粥公所，不许拆毁"。② 吴县甫里镇有太平军十余人"因陈年墙硝可为药，毁保圣寺头门，坏哼、哈二将之像"，将欲毁十六尊罗汉像，"众皆忧惧，乡官贿之，乃他适"。③ 地方社会势力有意识地保护本土文化，或直接或间接地拒绝认同拜上帝信仰，并利用与太平天国官方的合作关系，使许多民间庙宇和名胜古迹侥幸逃过浩劫。④

三是民间社会对太平天国移风易俗政略的普遍抵制。以佛教为主体的民间宗教文化和风习世代相传，其信仰与仪式在民众日常生活中已成定式，思想根深蒂固。太平天国忽视传统民俗的稳定性，在政治局势尚不明朗的情况下，社会改造本就缺乏稳固安定的社会环境。太平军当局又以偏激的手段强制推行远远超出民众心理承受能力的社会改造，激起与传统民俗的强烈冲突。太平天国占领区的大部分民众仍然采取较隐蔽或以变相的方式执着于传统宗教活动，有的甚至公开进行。吴江地主柳兆薰在他的日记中就多次提到亲至庙庵中焚香、拈香、叩拜，时因庙中有驻军不便，只得在家中大厅陈设香烛"悬拜"；柳本人经常在家持诵宝训神咒，他的二儿子病重，"请紫云庵僧代诵金刚经一千卷，祈求病体能愈"；芦墟百姓尚有公开"敬神演剧"之举，有时"雅奏一日"不

---

① 龚又村：《自怡日记》，罗尔纲、王庆成主编：《中国近代史资料丛刊续编·太平天国》（六），桂林：广西师范大学出版社，2004年，第59页。

② 沈梓：《避寇日记》，罗尔纲、王庆成主编：《中国近代史资料丛刊续编·太平天国》（八），桂林：广西师范大学出版社，2004年，第208页。

③ 杨引传：《野烟录》，太平天国历史博物馆编：《太平天国史料丛编简辑》（二），北京：中华书局，1962年，第177页。

④ 有个别庙宇因名称侥幸得存，如苏州天后宫，"惟此宫该贼尚知畏惧，故未曾损坏"。蒋寅生：《寅生日记》，《太平天国史料专辑》（《中华文史论丛》增刊），上海：上海古籍出版社，1979年，第441页。

停，颇"有升平景象"。① 太平天国败亡后，虽然寺院古迹遭到毁灭性破坏，但民间的信仰习俗很快就恢复了原貌。这种民众对传统民间信仰的执着，有学者称其为感性经验型的"乡土意识"。② 民间社会的普遍抵制决定了太平天国禁令的最终失效。

禁祖先崇拜和孔子崇拜同样出于独尊上帝的需要。太平天国严禁祖先崇拜，强令毁木主坟茔和禁追祭祖先，但民间社会私下祭祖的活动却在秘密进行，在太平军新老士兵中的执行情况也不一。上帝和孔子是两类截然不同的文化代表，具有基督教外在形式的上帝教也因其基督教因素被时人认定为外洋邪教。传播拜上帝思想，必须隔绝人们同"正统思想"的联系。"反孔"成为太平天国文化政策的主要特征，太平天国在占领区大举毁坏古书、捣毁文庙。

2. 禁流弊恶习

一是禁烟。这里包括禁洋烟（鸦片）和禁黄烟（烟草），太平天国初期颁行的一份告示，分析了禁烟的原因："洋烟、黄烟不可贩卖吸食也。洋烟为妖夷贻害世人之物，吸食成瘾，病入膏肓，不可救药。黄烟有伤唇体，无补饥渴，且属妖魔恶习。倘有贩卖者斩，吸食者斩，知情不禀者一体治罪。"③ 从生理原因分析，吸烟有害健康；从宗教层面讲，吸烟是妖魔恶习，吸烟者是"生妖"之一，必当严禁。当时吸食鸦片是社会上一大恶习。太平天国虽始终厉行禁烟，但后期也有蔓延之势。

二是禁酒。1854 年初夏，杨秀清专门颁发禁酒令："照得酒之为物，最易乱人性情，一经沉酣，遂致改变本来面目，乘兴胡为，故我天父皇上帝最为深恶，降有圣旨，不准饮酒。是以前者我主天王仰体天

① 柳兆薰：《柳兆薰日记》，《太平天国史料专辑》（《中华文史论丛》增刊），上海：上海古籍出版社，1979 年，第 238、239、143、135 页。

② 参见程歗：《晚清乡土意识》，北京：中国人民大学出版社，1990 年，第 18 页。

③ 《国宗提督军务韦石革除污俗禁娼妓鸦片黄烟诲谕》，太平天国历史博物馆编：《太平天国文书汇编》，北京：中华书局，1979 年，第 90 页。

心，特降诏旨，谕令朝内军中人等，一概不准饮酒。本军师久经诰谕，严禁在案。……重究严禁以后，如再有饮酒者，定斩首不留。……尔等自当互相规劝，毋得涓滴沾唇，倘敢仍蹈前辙，一经有人拿获送案，除将吃酒人犯，遵旨斩首示众外，并将获犯之人奏封恩赏丞相，以奖其功。如知情不举，亦一体治罪，决不宽贷。尔等慎勿乘片时之兴，以致身首异处也。"[1] 足见太平天国官方对禁酒事极为重视。后期，官场应酬和军中犒赏均离不开酒，民间饮酒风习也被默许，禁酒令基本上成为一纸空文。[2]

三是禁赌。洪秀全在《原道救世歌》中将赌博列为"第六不正"，列举了赌博"暗刀杀人心不良""无所不为因赌起""不义之财鸩止渴"等危害。[3] 创立十款天条后，赌博等行为触犯第十天条"不好起贪心"。起事立国后，将赌博者划为19种"生妖"之一，并明文严禁："凡朝内军中如有兄弟赌博者斩首。"[4] 但是赌博之风在江南民间相沿成习，又有枪船武装运营赌场，遂致赌风大作。后期太平军中也深受熏染，赌博现象迅速滋蔓。

四是禁娼。洪秀全在《原道救世歌》中将淫乱列为"第一不正"，认为是万恶之首，"淫人自淫同是怪"，"人变为妖天最瞋"。[5] 后来亦明

---

① 《东王杨秀清通令朝内军中人等禁酒诰谕》，太平天国历史博物馆编：《太平天国文书汇编》，北京：中华书局，1979年，第88—89页。

② 有饮酒嗜好的官员不在少数。洪仁玕"声称自己没有酒就吃不下饭，请求特许饮酒，并迅即获得（天王）恩准"（Thomas W. Blakiston, *Five Months on the Yang-Tsze, With a Narrative of the Exploration of Its Upper Waters and Notices of the Present Rebellions in China*, London: John Murray, 1862, p.51）。李秀成胞弟李明成曾欣然收下英国翻译官富礼赐所赠6瓶美酒，两个月后意犹未尽，又恳求其代买同种酒数瓶，参见太平天国历史博物馆编：《太平天国文书汇编》，北京：中华书局，1979年，第316、320页。

③ 《原道救世歌》，太平天国历史博物馆编：《太平天国印书》（上），南京：江苏人民出版社，1979年，第13页。

④ 张德坚：《贼情汇纂》，中国史学会主编：《中国近代史资料丛刊·太平天国》（三），上海：神州国光社，1952年，第232页。

⑤ 《原道救世歌》，太平天国历史博物馆编：《太平天国印书》（上），南京：江苏人民出版社，1979年，第11页。

确为"生妖"之一。太平天国定都后颁布通告:"娼妓最宜禁绝也。男有男行,女有女行,男习士农工商,女习针指中馈,一夫一妇,理所宜然。倘有习于邪行,官兵民人私行宿娼、不遵条规者,合家剿洗,邻右擒送者有赏,知情故纵者一体治罪,明知故犯者斩首不留。"① 律令不可谓不严。在太平军重兵设防的城市,狎妓嫖娼近乎禁绝,但在乡间,特别是地方豪强照旧控制的地区却是另一番景象。太湖流域的妓船、赌场、戏棚连为一体,在枪船的保护下生意十分兴隆。这自然有太平天国政府官员的默许和纵容,其背后或有权色交易、权钱交易的发生。秀水县新塍镇色情业泛滥,"白龙潭停妓船二百余艘,琉璃窗,锦绣帐,箫管声细细,厌饫粱肉,长毛、富商出入其中,千金一掷"。忠殿左同检熊万荃就曾光顾这里的妓船,声色犬马,"局中请酒看戏,赏优伶一百元,又为妓女品兰赎身从良费五百元,共用千元"。② 1862 年夏,苏、松、嘉、湖太平军联剿枪船后,其所经营的娼、赌、毒各业随之一蹶不振,未受联剿波及的地区这些行当还很活跃。

五是禁戏。太平天国规定:"凡邪歌邪戏一概停止,如有聚人演戏者全行斩首。"③ 洪秀全将戏、优列入"生妖"。演戏最初是为奉祀神灵,后来演变为娱乐,经过长期发展,形成了戏曲艺术。因为戏曲内容多取材于历史故事、民间传说和神话小说,褒扬的忠孝节义者大多成为后世敬奉之神灵偶像,有的地方戏带有情爱情节,这与太平天国独尊上帝的意识形态相悖。太平天国推行禁戏政策,民间戏曲活动沉寂不少。后期太平天国官场奢靡泄沓之风弥漫,看戏也成为官场应酬和军中犒赏必不可缺的项目。有的太平军将领公开搭台唱戏,侍王李世贤专门豢养

① 《国宗提督军务韦石革除污俗禁娼妓鸦片黄烟诲谕》,太平天国历史博物馆编:《太平天国文书汇编》,北京:中华书局,1979 年,第 90 页。

② 沈梓:《避寇日记》,罗尔纲、王庆成主编:《中国近代史资料丛刊续编·太平天国》(八),桂林:广西师范大学出版社,2004 年,第 69、120 页。

③ 张德坚:《贼情汇纂》,中国史学会主编:《中国近代史资料丛刊·太平天国》(三),上海:神州国光社,1952 年,第 232 页。

伶人为其演剧。①

3. 变更岁令时节、婚丧旧俗

一是太平天国改正朔，颁行太平天历，严禁辖境百姓使用旧历。太平天国所奉行的太平天历，是咸丰元年十二月十四日（1852年2月3日）在永安颁行的，洪秀全以是日为正月元旦立春。天历的特点是内容至为简明，继承了干支纪年纪月纪日的古法，以二十八宿记礼拜，不依阴历合朔望。以二十四节气为依据，每月一节、一气。节为月首，从初一开始，大月十六日（立春、清明、芒种、立秋、寒露、大雪六节），小月十五日（惊蛰、立夏、小暑、白露、立冬、小寒六节）。气为月中，大月从十七日开始（雨水、谷雨、夏至、处暑、霜降、冬至六气），小月从十六日开始（春分、小满、大暑、秋分、小雪、大寒六气），都是十五日。天历并将旧历中预言福祸休咎、吉凶宜忌的迷信尽行删除。这些去旧更新、简单易行的做法无疑具有一定创造性。但天历废止置闰，以《尧典》中366日的过大数据作岁时，机械地定大月（单月）31日，小月（双月）30日，实际一年比地球绕太阳一周约多3/4日，4年即多3日，40年约多30日。为解决这个问题，初定每40年一加，每月33日，"取真福无边，有加无已之意"，这样到41年就约多60日，冬至、大寒、小寒、立春等节气也错误近60日。1859年洪仁玕到天京后有改历之举，奏请"每四十年一斡旋，斡之年每月二十八日，节气俱十四日平均"，而此法仍使节气在128年后差1日。此外，天历的纪日干支、日宿比清时宪书错前一日，礼拜之期也比西历的星期日提前一日。这就导致天历的岁时令节与时宪书并不在同一天，非但没有实现太平天国"便民耕种兴作，亦属天情真道不可少"的将天历服

---

① 李圭：《思痛记》，中国史学会主编：《中国近代史资料丛刊·太平天国》（四），上海：神州国光社，1952年，第488页。

务于农业生产的初衷，反而造成了民众生产生活的极大不便。① 这就注定太平天国变易民间岁时风俗以达破旧立新的主观愿望会在民间碰壁。时人评述天历："彼昏不知天有常，欲废畴人旧时术。躔离朔望皆参差，上弦月满望转亏，搔首望天心迟疑。……不遵时宪乱旧章，小民谁肯相依附。小民不识造物功，但知圣清正朔四裔通。盈虚消息符天象，授时成岁无不同。"②

在太平天国境内，春节、中秋节均须按照天历来过，旧历过年送灶神、画门神、贴春联、贴倒"福"、请土地神、祭祖等一切民间习俗均被取缔。犯禁的军民百姓或被杖、被枷，或被杀。但民间还是有百姓甘冒生命危险，以旧历和习俗过年。不过窘迫冷清，已非昔年光景。太平军严禁祖先崇拜，清明祭祖被严禁。中秋节因按天历，当天月亮并不满盈，1860 年，苏州太平军欢庆中秋，"见月至不圆也，率众射之"。③ 民间社会普遍拒绝认同天历，除了天历自身的缺陷，还有政治原因，"民间田产契券，但书甲子纪年，悉虑克复之后，不可示人"。④

二是变更婚丧习俗。太平军初期以军事编制划分男行女行，取消家庭，虽夫妇不得同居，毋论婚嫁。从高官到普通士卒、百姓，因男女关系丧生者不在少数。从宗教角度讲，太平天国将男女大防用"天下一家"的宗教教义进行解释，《天条书》有"第七天条不好奸邪淫乱"，注解："天下多男人，尽是兄弟之辈，天下多女人，尽皆姊妹之群。天

<hr>

① 《天历每四十年一斡旋诏》，太平天国历史博物馆编：《太平天国文书汇编》，北京：中华书局，1979 年，第 47 页。

② 林大椿：《粤寇纪事诗》，太平天国历史博物馆编：《太平天国史料丛编简辑》（六），北京：中华书局，1963 年，第 446 页。

③ 蓼村遯客：《虎窟纪略》，《太平天国史料专辑》（《中华文史论丛》增刊），上海：上海古籍出版社，1979 年，第 37 页。

④ 沧浪钓徒：《劫余灰录》，太平天国历史博物馆编：《太平天国史料丛编简辑》（二），北京：中华书局，1962 年，第 143 页。按，实际上，在太平天国统治较为稳定的地方，仍有民间契约文书以太平天国纪年，如安庆市老峰镇鲁氏家族档案中的一份"太平天国己未九年"田契，安徽望江县还曾发现两件有"太平天国"纪年的农民卖地契。

堂子女，男有男行，女有女行，不得混杂。凡男人女人奸淫者，名为变怪，最大犯天条。"[1] 以兄弟姊妹亲情衡量男女关系显然不能服众。非但"奸淫"，无论是夫妻生活，还是两情相悦，只要男女发生了性关系，一律处死，甚至"丢邪眼，起邪心向人"也是犯天条之罪。太平天国严别男女的现实意义是方便了战时管理，一方面使男子无后顾之忧，安心作战，一方面可肃正军纪，严防奸淫。可是这有悖于人性常情，军中、民间的不满和抵触情绪日益高涨，夫妻冒死同居及将士逃亡事件时有发生，鸡奸（同性恋）现象蔓延。遂至1854年9月底杨秀清假"天父"传言废止完全取消家庭的过激法令，准许为官者婚配。军中设婚娶官专司此事，推行龙凤合挥制度（结婚证）。1860年以后，太平军婚娶江南民女，大体入乡随俗，沿袭当地旧俗。在民间，因太平军所禁，婚礼习俗一般从简从速，"不敢筵宴"，不穿传统结婚礼服，但个别地方的太平军已默许民间按旧俗婚娶。太平天国的葬礼不准私用棺木，以锦被绸绫包埋便是。洪秀全死后即以绣龙黄袍裹尸。

三是留发易服。留发易服是太平天国开创新朝的政治象征之一，也是太平天国领导人强烈的汉民族意识的反映。起事之初，即废除清朝的朝冠朝服，斥清朝衣冠为"妖装"，凡穿补服、戴顶帽者，不问即杀。定都天京后，为宣示正统，太平天国的服饰制度逐渐完善。朝冠先为风帽，后代之以角帽。朝服为长袍、马褂。袍服沿袭明代，上衣连下裳，窄袖无领，不系腰带。中下级军官一律扎黄巾，小袖短衣，大脚裤，长绸扎腰，外套袍服马褂。士兵扎红巾，故民间称之为"红头"，穿背心号衣，前后各缀黄布，写有"太平""圣兵"，下穿大脚裤。靴、鞋亦有定制，两广老兄弟多喜赤脚。在民间，太平军严禁女子穿裙，男子戴毡帽。与此同时，太平军大力推行蓄发之令，一律不准剃发，或将头发

---

① 《天条书》（太平天国手写本），罗尔纲、王庆成主编：《中国近代史资料丛刊续编·太平天国》（一），桂林：广西师范大学出版社，2004年，第6页。

盘辫挽髻于顶，或披肩，故太平军又有"长毛"之称。

对太平天国来说，留发易服是民众政治归顺的重要象征之一。但对百姓来说，变易衣冠发式却给他们的日常生活带来不便，因为太平天国并未推翻清王朝，仅是实现了政权对峙，面对变化莫测的政局，占领区民众往往左右为难：出境须剃发，回乡须蓄发；否则出则"通贼"，入则"通妖"，稍不留意即因"发"丧生。民间剃发的习俗被双方政权强制赋予政治内涵，但民众剃发的心态未必有明显的政治对立意识。一则剃发已成为民俗，恢复汉族衣冠发式并不是民间社会的共识，林大椿《禁剃发诗》讲"人人摩顶复伐毛，二百余年久归顺"；① 二是剃发成为生理习惯，留发之风"相习已久，暑天留发，尤蓬蓬腾热，势有难堪"。② 最关键的还是发式变动可能带来的杀身之祸使民众望而生畏，1863 年 2 月嘉兴陡门先是传言清军破绍兴，"百姓长发用铗箸绞拔"，后又传言绍兴清军已退，太平军复出城掳新剃头者，百姓"闻者皆股栗"。③ 对于太平天国留发易服的法令，军中执行得力，在民间则反响不一，士大夫、官僚普遍抵制，有的团练头目首鼠两端，普通民众基本上还是在严刑峻法面前妥协，像乌程、桐乡"附近各镇，俱已依令，勉强从之"。④ 但太平天国简单粗暴的执行手段，以及服饰制度本身具有不合时令、未能整齐划一和沿用满人"长袍马褂"的弊病，必然加剧民众的抵触心理。这也与变幻莫测的战局息息相关，服饰、发型已不单纯是改造民俗的范畴，而是成为政治立场的重要标志。

---

① 林大椿：《粤寇纪事诗》，太平天国历史博物馆编：《太平天国史料丛编简辑》（六），北京：中华书局，1963 年，第 448 页。

② 佚名：《寇难琐记》，南京大学历史系太平天国史研究室编：《江浙豫皖太平天国史料选编》，南京：江苏人民出版社，1983 年，第 155 页。

③ 沈梓：《避寇日记》，罗尔纲、王庆成主编：《中国近代史资料丛刊续编·太平天国》（八），桂林：广西师范大学出版社，2004 年、第 193、186 页。

④ 佚名：《寇难琐记》，南京大学历史系太平天国史研究室编：《江浙豫皖太平天国史料选编》，南京：江苏人民出版社，1983 年，第 155 页。

4. 改造教育和艺术

在教育方面，太平天国编印了《三字经》《幼学诗》等启蒙读本，设置育才官、育才书院，教授各官子弟读书。对一般太平军子弟、青少年及女性，主要采取讲道理、讲圣书等形式，进行宗教思想教育和政治教育。定都天京后，太平天国设立镌刻衙（后改镌刻营）、刷书衙，雕刻、印刷了大量书籍文告。其中，《旧遗诏圣书》《新遗诏圣书》《天命诏旨书》《御制千字诏》《三字经》《幼学诗》等皆作教本使用。太平天国的教育思想是以宗教思想教育为主要内容，体现了教育服务于战争、服务于政治的宗旨。在文体文风上，太平天国的领导人喜欢通俗朴实的诗歌体，不少诏旨、诰谕、通告、印书都用诗歌体写成。太平天国还提倡通俗易懂、朴实明晰的文风，洪秀全强调："一切鬼话、怪话、妖话、邪话一概删除净尽，只留真话、正话。"[1] 像《天情道理书》"语句不加藻饰，只取明白晓畅，以便人人易解"，[2] 便利了官方向普通士兵和下层民众进行思想教化，扩大了"天国"文书的宣教力。在文艺改造方面，定都之后，太平天国成立了专门负责绘制壁画等事务的机构——绣锦衙，并从各地招募画士、画工来天京从事大规模的绘画创作，这在中国绘画史上是罕见的。太平天国最富特色的艺术形式是壁画艺术，王府馆衙"门扇墙壁，无一不画"，[3] 在社会上蔚成风气。壁画题材以山水花鸟和吉祥瑞物为主体，既继承了中国传统花鸟画（壁画和卷轴画）的艺术风格，又带有显著的民间绘画艺术特色，另喜绘飞禽猛兽、劳动景象、战斗场景等内容。现存壁画遗迹中，南京堂子街某王府的壁画颇具代表性。太平天国的壁画艺术反映了如下思想特征：融汇民

---

① 张德坚：《贼情汇纂》，中国史学会主编：《中国近代史资料丛刊·太平天国》（三），上海：神州国光社，1952年，第190页。

② 《天情道理书》，太平天国历史博物馆编：《太平天国印书》（下），南京：江苏人民出版社，1979年，第515页。

③ 涤浮道人：《金陵杂记》，中国史学会主编：《中国近代史资料丛刊·太平天国》（四），上海：神州国光社，1952年，第619页。

间绘画的艺术形式，通俗易懂，摒弃佛道教化，以自然界为主题，题材新颖，美观健康；出于反对偶像崇拜，不绘人物是一般原则，但后期出现了描绘劳动、作战的现实主义作品；带有浓厚的等级色彩，门画内容等级森严，不得僭越，主要用来装饰府第馆衙，不普及于寻常人家。

太平天国在民间大力推行移风易俗的社会改造运动，蕴涵着独特的政治和宗教思想。首先是为确立独尊上帝的局面扫清障碍，旨在实现意识形态的一元化，确立上帝信仰权威，从而实现民众同传统思想文化和旧时民风民俗民情的彻底决裂。其次是向世人宣示奉天承运，王朝正统，体现了太平天国对旧政权、旧制度和旧文化的逆反心态。最后是旨在挽救世道人心，扭转乖离浇薄、尔虞我诈、颓废奢靡的社会病态，依照憧憬的模式建立一个风俗淳熙、人心正直的理想社会。自明末以来，江南地区奢靡之风滋长，迷恋声色和崇拜富贵的社会风气蔓延。太平天国为"革已敝之颓风，俗皆改旧"，"革除恶习，禁遏浇风"，[①] 厉行查禁黄、赌、毒等流弊恶习，提出系统的基层治理方略，并收到了一定成效，这无疑值得称道。不过，单纯指斥社会流弊有"蛊惑人心败坏风俗"的危害，似乎有些狭隘，太平天国并没有看到鸦片泛滥、赌风蔓延，以及娼妓现象背后的社会政治因素，归根结底还是统治腐败和民不聊生。

太平天国移风易俗的基层治理方略受到了主客观因素的制约：一是与世代相传的传统民风民俗和根深蒂固的民间文化相违背，有的思想和举措明显荒诞且违背人之常情，严重脱离民众，远超百姓的心理承受力。二是传统风俗文化具有一定惯性，即所谓民族心理定式或民俗稳定性，欲图改变，绝非朝夕之功，需经过一个循序渐进、潜移默化的过程。太平天国并没有缓和这一矛盾，反而运用简单粗暴和偏激的手段，

---

① 《国宗提督军务韦石革除污俗禁娼妓鸦片黄烟诲谕》，太平天国历史博物馆编：《太平天国文书汇编》，北京：中华书局，1979年，第89—90页。

太平天国再研究

强制推行不合实际的新政，缺乏可操作性，容易引发人们的抵触情绪，结果欲速而不达，造成了社会的激烈震荡，伤害了民众情感，进一步削弱了太平天国的政权基础。三是拜上帝思想坚决拒绝认同基督教是正宗，却又无情打击本土的思想文化。而与广西地区不同的是，江南地区儒家传统文化浓厚，民众的正统观念、忠贞观念根深蒂固，这就使上帝教被江南民间社会视作"洋教""异端"，缺少在民间社会生存和发展的基础。政治上、宗教上的偏见，是太平天国改造民间社会的一个先天性障碍。四是战争的客观环境牵制了太平军的主要力量，耗费财力、分散兵力、牵扯精力，在正常的社会秩序尚未完全恢复之前，太平天国没有也不可能把主要精力置于社会改造之上，而且单纯依靠严刑峻法和思想教化推行社会改造，无异于隔靴搔痒。五是随着太平天国官场奢靡泄沓之风蔓延，吏治腐败现象滋长，军纪日渐松弛，宗教意识形态淡化，安富尊荣的享乐思想泛滥，太平军将士的理想和锐气悄然褪色。特别是盲目扩军，招募了大量清军降卒和各地游民无赖，他们桀骜不驯，散漫成性，不服管束，有的太平军将领自身也渐染疲玩泄沓之习。加上乡官的消极敷衍，枪船武装和团练势力首鼠两端，客观上也加大了社会改造的难度。在部分地区，太平天国社会改革的政令基本失效，如江西湖口的乡村地区，"贼禁民间不许饮酒，不许吃烟，不许戴帽笠，不许带衣领，不许妇人穿红著绿，但乡下尚未大变"。[①] 这从侧面反映了太平天国基层统治的脆弱性。最终，太平军当局对民间习俗基本上持妥协或默认态度，多数禁令或被传统习俗同化，或在地方社会抵制下弛禁。

总体上看，太平天国在所占地区强制推行移风易俗的社会改造运动，猛烈冲击了历代王朝尊崇的官方意识形态，动摇了清朝统治的思想基础。但是洪秀全在基层统治思路上缺少对战略全局客观清醒的认识，

---

① 张宿煌:《备志纪年》，罗尔纲、王庆成主编:《中国近代史资料丛刊续编·太平天国》(五)，桂林:广西师范大学出版社，2004年，第135页。

激进、暴力的社会改造运动，体现出以自我为中心孤立行政的思想，招致各阶层的普遍反对，加剧了社会动荡，导致拜上帝信仰无法在民间立足。下面便以"天历春节""丧葬改革"和"慈善组织"三个具体案例进一步透视太平天国移风易俗社会改造运动的成败利钝。

（二）天历春节

春节，又称农历新年、元旦，即大年初一，是我国民间古老、喜庆和隆重的第一大传统节日，也是我国宝贵的民俗文化资源。天历新年是太平天国变革传统民俗的一次尝试。太平天国运动爆发后，太平军严禁所占地区的百姓按照旧历过年，采取了一系列举措。

太平天国在定都天京后的第一个春节，大力整饬旧有民俗，"咸丰四年甲寅，正月元旦，金陵城中女馆，着裙共相庆贺，伪女官觉拿去，或杖或枷锁，目为妖。牌尾间有庆贺，为贼所觉，亦多受杖，时贼营十二月二十四日也"。① 到了太平天国后期，太平军打击旧有民俗的举措仍然严厉。据史料记载，咸丰十一年十二月二十四日（1862 年 1 月 23 日），桐乡县濮院镇百姓按照旧历"是夜送灶，始闻有爆竹声。镇有送灶者被长毛拉去，谓仍用妖朝历"。二十八、二十九日，"镇人有请土地者，长毛拉去，言投妖，欲杀之，出钱乃免"。三十日晚上，太平军巡行街道，"欲觅民间请土地及祭祖者拉以去，镇人知之，乃闭门而祭。柳岸沈玉珂茂才家方祭祖，贼入，拉其兄某欲杀之，有某姓者入劝，遭其捶辱。后有赌匪与贼善者送洋六元，乃释之。有圩者住香熟庵前，方祭祖，贼敲门入，登筵大嚼而去，如是者非一处"。② 又记：同治元年

---

① 谢介鹤：《金陵癸甲纪事略》，中国史学会主编：《中国近代史资料丛刊·太平天国》（四），上海：神州国光社，1952 年，第 659 页。
② 沈梓：《避寇日记》，罗尔纲、王庆成主编：《中国近代史资料丛刊续编·太平天国》（八），桂林：广西师范大学出版社，2004 年，第 89—91 页。

正月初一（1862年1月30日），桐乡县濮院镇有棺材铺老板王姓者因按旧历过年，被锁敲锣迎四栅，游街示众。令其自喊曰："有人过年者，与我一体带械！"以警戒乡民。[1] 柯超在《辛壬琐记》中记载太平军在浙江慈溪等地严禁按旧历过年，曾下令："不准仍照旧历，不准缨帽拜祖。"[2]

可见，太平天国打击旧有民风民俗的力度极大，不仅取缔按旧历过春节的行为，甚至与春节有关的一切传统习俗也被查禁。

在太平天国统治区内，旧历新年，在饱受太平军暴风骤雨般的摧折后，已非昔日光景。据载：濮院镇"俗例于廿三、廿四作醉司命之举，爆竹声比户相闻，是时（咸丰十年岁末）里井无炊烟，风景凄然"。[3] 又据蓼村遁客记载：咸丰十一年元旦（1861年2月10日），吴县百姓"不拜贺，不宴客，民间不换衣冠，不贴春联，无一新年景象"。[4] 常熟秀才龚缦熙在日记中记载：同治元年元旦，"贺岁多不衣冠，恐招贼怪也"，"唯新正神祠佛宇荒废者多，纸锭价昂，人不滥用，烧香者寥寥，虽有奉三元斋者而卷不悬灯，拜年者亦不恒遇，声稀爆竹，帖少宜春，迥非昔年光景"，"自贼踞吾吴，十家九破，往年家家画米囤，贴门神，拜年贺寿，一例删除。但见野田鹊噪，雪屋雀巢"。[5] 按照传统农历和习俗辞旧迎新的春节，在太平天国的森严禁令下，已经变得冷冷清清，凄凄惨惨。

尽管在严禁之下，民间还是有百姓甘冒生命危险，过旧历春节。咸

① 沈梓：《避寇日记》，罗尔纲、王庆成主编：《中国近代史资料丛刊续编·太平天国》（八），桂林：广西师范大学出版社，2004年，第95页。

② 柯超：《辛壬琐记》，中国社会科学院近代史研究所《近代史资料》编译室主编：《太平天国资料》，北京：知识产权出版社，2013年，第176页。

③ 沈梓：《避寇日记》，罗尔纲、王庆成主编：《中国近代史资料丛刊续编·太平天国》（八），桂林：广西师范大学出版社，2004年，第48页。

④ 蓼村遁客：《虎窟纪略》，《太平天国史料专辑》（《中华文史论丛》增刊），上海：上海古籍出版社，1979年，第28页。

⑤ 龚又村：《自怡日记》，罗尔纲、王庆成主编：《中国近代史资料丛刊续编·太平天国》（六），桂林：广西师范大学出版社，2004年，第86—87、88、90页。

丰十年除夕夜（1861年2月9日），濮院镇"镇上尚有灯笼火往往四栅讨账者"，沈梓家"独举炊耳"，"与老母剪烛啖除夕饭"。① 无锡寺头镇，私塾教师张乃修家，"年节窘迫殊甚，除夕，买肉半斤、鱼两条以泣祭先祖，凄凉之况，殆不能堪也"。② 尽管两者家境凄惨，但仍然在除夕夜共进年夜饭，以为庆贺。与两者相比，此时家境尚好的龚缦熙也记下了他在1862年与家人共度春节的情景："元旦……见丐索年糕，声喧话好。……次日家锦章叔子文蓉小聘，邀予书柬，与……拇战尽欢。初三日，……鸡豚鸭卵俱出槽床，他如熏鱼等味并是仙品……"③ 由乞丐索取年糕可见是时过年当地尚有食年糕的习俗。对比沈梓和张乃修的惨状，"奢侈"过春节的龚缦熙成了太平军严厉禁令下的漏网之鱼。

太平天国严禁百姓按旧历过年，并不意味着没有自己的"春节"和新年节庆。在天历新年这天，太平天国境内的军民依然要辞旧迎新，在中国延续了几千年的传统民俗节庆呈现出前所未有的情景。

太平军过天历新年，仍然像过去过旧历春节一样，热闹非凡。咸丰二年十二月初四日（1853年1月12日），太平军攻陷湖北省城武昌。十二月二十五日（1853年2月2日），太平军在武昌欢度天历壬子二年除夕。据陈徽言回忆，太平军大小将领和女官纷纷向天王和天王嫔妃贺岁，所献礼物"皆铺黄纸案上，罗列巨碗，所盛蔬肴饼果，务期丰满，使二人异之，鼓吹前导"，太平军各营将士"给猪一头，钱数贯，为度岁之需，亦间有给牛羊者"；天历元旦，各官再往天王府（原湖北巡抚衙门改建）拜年，"皆著梨园衣甲；是处金鼓鞺鞳，楚垣俨然一大剧

① 沈梓：《避寇日记》，罗尔纲、王庆成主编：《中国近代史资料丛刊续编·太平天国》（八），桂林：广西师范大学出版社，2004年，第48页。
② 张乃修：《如梦录》，罗尔纲、王庆成主编：《中国近代史资料丛刊续编·太平天国》（四），桂林：广西师范大学出版社，2004年，第389页。
③ 龚又村：《自怡日记》，罗尔纲、王庆成主编：《中国近代史资料丛刊续编·太平天国》（六），桂林：广西师范大学出版社，2004年，第86—87页。

场。城内爆竹如雷，街巷地上爆竹纸厚至寸许"。① 武昌城内洋溢着一片喜庆喧闹的气氛。

咸丰四年正月初七日（1854 年 2 月 4 日），为太平天国甲寅四年正月元旦，太平天国在天京大摆庆功宴。据谢介鹤亲见："天大雪，未明诵赞美声振天地，贼亦飞刺相庆贺，见面不跪不揖，但曰高升而已。"②

太平军进占苏、浙后，推广太平天历，军民按天历过年，有的地方场面隆重，奢华铺张，甚至许多旧历新年的民间习俗也得到了一定程度的恢复。

1861 年底至 1862 年初，浙江嘉兴一带"大寒冰冻，舟楫不通，雪高积不消……平地三尺有余，天气严寒，滴水成冰"。可是罕见的严寒天气仍然不能阻隔太平军过天历新年的喜庆气氛。据沈梓日记记载，濮院镇太平军在天历壬戌十二年元旦（1862 年 2 月 10 日）前出告示晓谕百姓："三日后为岁朝令节，街道打扫净洁，有不打扫者违令即究。"第二天，"镇人皆敲冰扫雪"。除夕夜，嘉兴屠镇太平军军帅汪某令太平军"各执兵器出巡"，百姓"各店家燃通宵巨烛，放爆竹……不许闭门高卧"。元旦，盛泽镇军民也"满堂丝竹，灯烛辉煌"。③

但当时太平天国面临严峻的军事形势，清政府开始与英法等国组成洋枪队进攻苏浙一带的太平军。随着太平天国对各地控制力削弱，太平军当局已无暇控制民间百姓的旧有习俗，甚至出现百姓一年要过两个春节的奇怪现象。旧历春节在前，新历春节在后，当然百姓过新历春节很可能是出于无奈。有的太平军辖境内，还出现了军民各过各节的怪状。

前文已述嘉兴各地军民迎度壬戌十二年天历春节的情况。但在此

---

① 陈徽言：《武昌纪事》，中国史学会主编：《中国近代史资料丛刊·太平天国》（四），上海：神州国光社，1952 年，第 597 页。

② 谢介鹤：《金陵癸甲纪事略》，中国史学会主编：《中国近代史资料丛刊·太平天国》（四），上海：神州国光社，1952 年，第 659 页。

③ 沈梓：《避寇日记》，罗尔纲、王庆成主编：《中国近代史资料丛刊续编·太平天国》（八），桂林：广西师范大学出版社，2004 年，第 99—100 页。

前，嘉兴濮院镇的百姓又在当地守将顶天豫张镇邦的默许下，度过了旧历春节。《避寇日记》载：张镇邦在旧历除夕那天，叮嘱部下"今日百姓过年，不许出门闹事"，并亲自带兵巡查街巷。"除日有老妪送子忤逆者，张谓之曰：'今天系尔等除夕，大家欢喜过年，何容告状？'其诙谐谈笑，动中事宜类如此"。[①] 可见当时太平军强制推行天历新年的措施在地方上已经松动，民间百姓按照旧历过新年的习俗开始复苏。

后期，太平军内部也出现了分化，太平军欢度天历新年时，过去旧历的习俗重新出现。

曾身陷太平军的顾深回忆：壬戌年的天历新年，嘉兴平湖县太平军"先除夕三日，杀牛猪鸡鱼等，洒扫庭除，糊窗悬画。嘱余写对，字句随意结撰，行楷不拘，每写一字，江北贼围绕而看，或为余伸纸，或为余磨墨。……写对毕，又写拜年帖，上写'刘生顺顿首拜贺新禧'"。天历十二月二十九日，麻天安有文书至，赐给刘生顺、何德友"鸡两只，肉廿斤，烛廿斤，大香二斤"。天历除夕，太平军"各人赠钱一百文，这是麻天安所给新兄弟压岁钱也。晚饭每桌八簋，殊丰盛，旨酒佳肴，彩杯象筷……于是金鼓喧天，通宵爆竹。黄昏时，老刘又给众兄弟茶食，每桌十样，极精致，又各与钱一百文，与余五色镶鞋一双"。元旦新年，太平军"各各鸡鸣而起，盥漱毕，即到天福堂上，整备敬天福礼，燃大烛如臂，猪头三牲，大菜八簋，四海味，糖食八碟，威仪更加整肃，先打锣鼓三通，点了高升，然后朗诵，诵毕又打三通"，而后集体向首领称贺，呼高升，首领亦逊谢，口呼大家高升，然后各散。新年期间，"三日内城门不开，新弟兄亦不作生活，每食八簋，除清晨敬天福外，惟打锣赌博而已"。[②] 在严酷的战争环境和军事危机下，仍然如

① 沈梓：《避寇日记》，罗尔纲、王庆成主编：《中国近代史资料丛刊续编·太平天国》（八），桂林：广西师范大学出版社，2004 年，第 183 页。

② 顾深：《虎穴还生记》，中国史学会主编：《中国近代史资料丛刊·太平天国》（六），上海：神州国光社，1952 年，第 740—741 页。

此铺张浪费，奢侈挥霍地过年，已经是一个政权没落衰败的预兆。

太平天国天京城陷后，太平天历的命运也走到了尽头。天历新年与几千年世代相传的传统民风民俗和根深蒂固的民间文化相违背，发生了激烈冲突，必然会遭到广大民众的不满和反抗。当时的太平天国，仅仅守卫着南京、苏州、杭州等几个大的城市，缺少腹地支撑，对基层乡村尚且缺少有效控制，后来又面临清军和外国军队的联剿，已是内忧外患，风雨飘摇。太平天国并没有积极缓和同传统民俗的矛盾，反而运用暴力武器和残酷刑罚，强制推行不契合实际的天历，结果造成社会激烈震荡，进一步削弱了太平天国的民众支持。与几千年中国历史比起来，在中国局部地区强制推行了十几年的天历新年并不算漫长。可是，天历新年作为太平天国变革民间传统习俗的一个尝试，作为一种留给后人的奇特的民俗资源（也可以称作一种变异的怪状），是值得关注和思考的。

（三）丧葬改革

孔子说："生，事之以礼；死，葬之以礼，祭之以礼。"（《论语·为政》）洪秀全反驳说："死生灾病皆天定，何故诬民妄造符？作福许妖兼送鬼，修斋建醮尚虚无。自古死生难自保，岂能代祷保无辜？"[1] 洪仁玕反驳说："伪孝于死后，真不如孝之于生前为实事耳！"[2] 孔子思想成为后世儒家正统，孝道思想成为后世厚葬的依据。上述观念的对立，成为太平天国在所占地区推行丧葬改革的原动力。苏福省作为后期太平天国最重要的生命补给线和较为完整的战略基地，也是太平天国社

---

① 《原道救世歌》，太平天国历史博物馆编：《太平天国印书》（上），南京：江苏人民出版社，1979 年，第 12 页。

② 《钦定军次实录》，太平天国历史博物馆编：《太平天国印书》（下），南京：江苏人民出版社，1979 年，第 789—790 页。

会改造最后宣告失败的地方。对它的研究，对还原太平天国社会风貌和探究太平天国社会改造失败的原因均比较重要。

1. 天堂路通，三尺白绢

1860 年 6 月 2 日，忠王李秀成奉命东征，攻克江苏省会苏州，设立苏福省。[①] 苏福省新立，李秀成遵从天王旨意，颁行各种移风易俗的政策，其中即包括洪秀全大力推行的丧葬制度。

生长在广东花县（今广州花都区）官禄㘵村的洪秀全，从小目睹客家农村特有的丧葬礼俗：乡民临死前，他的儿子、儿媳会到附近水塘或者小溪取水为他净身，在取水前，首先要放下一把"买水钱"。"买水"回来后，儿女为其用水抹身，反复三遍。死者往往用白布裹身入殓，也有由出嫁女在棺内放置白布，称为"眠席"的习俗。在粤北、粤东地区，也不乏有人选择用火葬的办法。

1847 年，洪秀全在广州罗孝全的礼拜堂学习基督教神学理论。在那里，他第一次了解到在他"死"去的两日中，与他多次相见的"天兄"是这样登入天堂的：门徒约瑟用香水洗净耶稣尸身，然后用干净的细麻布裹好，将他安葬在新墓——一个从山壁凿出的石磐里，又用大石头挡在墓门口。基督教的"终缚礼"深深地震撼了这位 33 岁的年轻人，没想到它竟与客家农村的丧葬习俗有如此众多的相似之处！

在金田起义后的千里转战中，数万太平军将士长眠于进军途中，其中包括南王冯云山和西王萧朝贵，他们一缕破席，三尺白绢裹身，便是入土的行头。定都天京后，洪秀全重刻《天条书》，其中包括丧葬条

---

① 关于苏福省建立的时间，学界存有争议。太平军占领苏州后应即建立苏福省。因为太平天国攻破省府后即宣布建省的例子很多，建省并不代表占据了该省的全部地区，也不代表省会苏州便是苏福省，而是要宣布对这个省拥有统治权，先建省会以待日后收取全境。比如破安庆则建立安徽省，破九江则建立江西省，破武昌则建立湖北省，破江浦则建立天浦省。据龚缵熙《自怡日记》咸丰十年四月十二日（1860 年 6 月 1 日）载："贼据城后，遍构城廓，改苏郡为苏福省，伪忠王守之。"[龚又村：《自怡日记》，罗尔纲、王庆成主编：《中国近代史资料丛刊续编·太平天国》（六），桂林：广西师范大学出版社，2004 年，第 27 页。按，龚缵熙错记一天，太平军大队入城应在次日。] 说明太平军攻入苏州当天即宣布建省。

规："升天是头顶好事，宜欢不宜哭。一切旧时坏规矩尽除，但用牲馔茶饭祭告皇上帝"，[①] "凡军中兵士打仗升天，此是好事，不准哭泣。缘是人有志顶天，已随天父到大天堂享万年之福，何用哭也！凡军中兵士无故升天，亦是好事。所有升天之人，俱不准照凡情歪例，私用棺木，以锦被绸绫包埋便是"。[②] 稍后在《天朝田亩制度》中规定："凡二十五家中所有婚娶弥月喜事，俱用国库，但有限式，不得多用一钱。如一家有婚娶弥月事给钱一千，谷一百斤，通天下皆一式，总要用之有节，以备兵荒。"[③] 圣库拨出的这一千钱，又哪里够置办丧事的呢？殊不知，当时棺木已达"廿一洋一千""调度洋□一千"的价格了。[④] 这成了使传统丧葬习俗无法存在下去的物质限制。太平天国还宣称："振方新之国运，人尽归真；革已敝之颓风，俗皆改旧。……凡普天之下有不合乎规条越乎礼义者，均我天朝所深恶而痛恨者也。"[⑤] 苏福省的建立，无疑成了洪秀全试验人间天国理想的基地。

2. 激进的举措

太平军自占据苏州，至 1863 年 12 月 4 日郜永宽、汪安钧等 8 人刺杀慕王谭绍光、献城降清为止，苏福省共存在 3 年零 6 个月。太平天国

① 《天条书》（重刻本），太平天国历史博物馆编：《太平天国印书》（上），南京：江苏人民出版社，1979 年，第 152 页。

② 张德坚：《贼情汇纂》，中国史学会主编：《中国近代史资料丛刊·太平天国》（三），上海：神州国光社，1952 年，第 229 页。

③ 《天朝田亩制度》，太平天国历史博物馆编：《太平天国印书》（上），南京：江苏人民出版社，1979 年，第 410 页。

④ 1860 年，吴江柳兆薰赴族兄丧事，声称棺木"廿一洋一千，尚属楚楚"［柳兆薰：《柳兆薰日记》，《太平天国史料专辑》（《中华文史论丛》增刊），上海：上海古籍出版社，1979 年，第 157 页］；同年，浙江秀水濮院镇沈梓向其妻询问丧事如何处理，其妻曰："调度洋□一千买一棺木。"［沈梓：《避寇日记》，罗尔纲、王庆成主编：《中国近代史资料丛刊续编·太平天国》（八），桂林：广西师范大学出版社，2004 年，第 35 页。］

⑤ 《国宗提督军务韦石革除污俗禁娼妓鸦片黄烟诲谕》，太平天国历史博物馆编：《太平天国文书汇编》，北京：中华书局，1979 年，第 89—90 页。

苏福省所属郡县及镇守佐将如表2-6所示:[①]

表2-6　太平天国苏福省所属郡县及镇守佐将

	所属郡	镇守佐将	郡辖县
苏福省	常州郡	陈坤书、黄子隆等	武进县、阳湖县、无锡县、金匮县、宜兴县、荆溪县、江阴县、靖江县（未克）
	苏州郡	刘肇均、谭绍光等	长洲县、吴县、元和县、常熟县、昭文县、昆珊县、新阳县、吴江县、震泽县、东珊县
	太玱郡	蔡元隆等	镇洋县、嘉定县、宝珊县（未克）、崇明县（未克）
	松江郡	周文佳等	菁浦县、娄县（未克）、花亭县（未克）、尚海县（未克）、川沙县、南汇县、奉贤县、金珊县

　　太平军扫荡苏南三十余县，给繁华富饶、素有"人间天堂"之称的苏杭大地带来了翻天覆地之变。在移风易俗的政策之下，苏南地区的传统习俗被横加摧折。苏南地区民众的死亡之路也开始发生变化，棺木成为高昂而稀罕的珍品。

　　太平天国丧葬法令在苏福省的贯彻，主要表现在太平军对棺木的大破坏上。太平军攻克苏州后，开始大范围搜集、抢夺棺木。"沧浪钓徒"记载："先慈平日念佛，天竺进香。……被难日，寿木为贼掠去。"[②] 太平军抢夺的这些棺木另有用处，攻城时，"聚枢城下，积高数丈以越城"，这比费时费力地打造既单薄、安全系数又小的云梯好得多。可是太平军都来不及把棺木里的尸体弄出来，尸体竟成了固定"云梯"的工具，

---

　　① 太平军设立苏福省后，将原属清朝江苏省的常州府、苏州府、松江府和太仓州改为常州郡、苏州郡、松江郡和太玱郡。太玱的玱、尚海的尚、菁浦县的菁、金珊宝珊昆珊东珊的珊、花亭的花字等，均为太平天国为避讳而改字。

　　② 沧浪钓徒：《劫余灰录》，太平天国历史博物馆编：《太平天国史料丛编简辑》（二），北京：中华书局，1962年，第154页。

　　　　　　　　　　　　　　　　　　　　　　　太平天国再研究

"守陴者掷火烧之，骨肉灰烬，此目击其惨尔"。① 搜掠来的棺木竟能垒高至数丈，环城而攻，数量相当可观。②

太平军对木材的需求量极大。除了作战需要打造攻城器械，修建城防、船械，其领袖们还要修建大批奢华的建筑，以供享乐。随着兵员增加，柴薪的需求量也大增。破苏州后，太平军"伐各乡树木以及坟墓松、桧，掳船装载入城"，③ 所过之地，"年久数百里无树木，无瓦屋"。④ 没收棺木，正好在一定程度上弥补了太平军在木材上的匮乏。

太平天国规定，"人死用棺为犯天条，禁之严"，⑤ 下令"凡死者无分贵贱，以被裹尸而葬，不用棺木"，⑥ "死不用棺，用则为妖；香火不设，设则为邪；死为升天，享受天堂极乐，为莫大喜事，禁哭泣"。⑦ 棺葬成了"妖礼"，使用棺木就变成"通妖""变妖"的证据，自然要被处以极刑。除了被用作攻城的云梯，还有大批棺木被烧毁。太平军进攻松江时，"于近山焚杀殆尽，沿山方十里中，鸡犬无闻。凡坟墓村舍，掘毁无遗"。⑧ 时人记载太平军过境时放火，"风火俱烈，延烧十余里，至陆门以西而止。自辰至申方熄。……草地棺木被焚者不知凡几。塘南地方素多芦苇，贼亦停船放野火，共有数次，延烧数百亩，毁

① 沧浪钓徒：《劫余灰录》，太平天国历史博物馆编：《太平天国史料丛编简辑》（二），北京：中华书局，1962 年，第 155 页。

② 当时民间因为各种缘故停柩不葬，故坟地棺木多有；另外很多家庭为老者备有棺木。至于掘墓得棺，也是应有之事。

③ 蓼村遁客：《虎窟纪略》，《太平天国史料专辑》（《中华文史论丛》增刊），上海：上海古籍出版社，1979 年，第 37 页。

④ 余一鳌：《见闻录》，太平天国历史博物馆编：《太平天国史料丛编简辑》（二），北京：中华书局，1962 年，第 126 页。

⑤ 李滨：《中兴别记》，太平天国历史博物馆编：《太平天国资料汇编》第 2 册上，北京：中华书局，1979 年，第 89 页。

⑥ 《时闻丛录·孙亦恬金陵被难记》，太平天国历史博物馆编：《太平天国史料丛编简辑》（五），北京：中华书局，1962 年，第 79 页。

⑦ 杜文澜：《平定粤寇纪略》，太平天国历史博物馆编：《太平天国资料汇编》第 1 册，北京：中华书局，1980 年，第 316 页。

⑧ 王步青：《见闻录》，《太平天国史料专辑》（《中华文史论丛》增刊），上海：上海古籍出版社，1979 年，第 545 页。

居民住屋一所，棺木被焚者亦无算"。①

更为过激的举动，莫过于太平军对死者尸首的凌辱。1860 年 7 月 6 日，常熟龚绶熙在日记中写道："闻王巷浜张约园上舍荫槐家被贼焚掠，甚至新停三柩被劈戮尸，恐藏银也，其丧心昧良如此。"② 12 月 14 日，他又记道："若丁常博凤池死未终七，被贼撬棺戮尸。"③ "沧浪钓徒"记道："城中女柩无一不发，盖利其首饰；男柩则否，兼有误开，曾见眯头有伟人字样，贼作孺人而开也。"④ 太平军"撬棺戮尸""劈棺戮尸"，不仅有辱尸身，更激起生者强烈的愤怒和抵制。时人作《发停棺》诗痛骂："贼来劈棺如儿戏，众棺齐开见残骸；剑芒凛凛照夜台，搜索冠裳与簪珥。可怜白骨刀下蒌，阴云惨淡阴风悲；有罪无罪谁得知，生保首领死戮尸。戮尸心何忍，暴露蟠蛇蚓，孝子慈孙徒悲悯。"⑤

太平天国摒弃多神崇拜、偶像崇拜，佛教在被禁之列。丧葬做佛事的习俗也在被禁之列。太平军入苏南、浙江后，驱赶僧众，烧毁寺院，禁做佛事。有人评论道："民间死丧佛事都不敢举，虽属渺茫之事，然□家有无，所以歆动孝子，聊伸追报之情者，亦不可废。从宜从速，王道本于人情，圣人所弗禁也。相沿已久，岂能遽废？……真有'文武衣冠异昔时'之叹。"⑥

太平天国还禁止丧家穿丧服。1861 年常熟县试，太平军"先期出

---

① 沈梓：《避寇日记》，罗尔纲、王庆成主编：《中国近代史资料丛刊续编·太平天国》（八），桂林：广西师范大学出版社，2004 年，第 157 页。

② 龚又村：《自怡日记》，罗尔纲、王庆成主编：《中国近代史资料丛刊续编·太平天国》（六），桂林：广西师范大学出版社，2004 年，第 30 页。

③ 龚又村：《自怡日记》，罗尔纲、王庆成主编：《中国近代史资料丛刊续编·太平天国》（六），桂林：广西师范大学出版社，2004 年，第 52 页。

④ 沧浪钓徒：《劫余灰录》，太平天国历史博物馆编：《太平天国史料丛编简辑》（二），北京：中华书局，1962 年，第 155 页。

⑤ 林大椿：《粤寇纪事诗》，太平天国历史博物馆编：《太平天国史料丛编简辑》（六），北京：中华书局，1963 年，第 455 页。

⑥ 佚名：《寇难琐记》，南京大学历史系太平天国史研究室编：《江浙豫皖太平天国史料选编》，南京：江苏人民出版社，1983 年，第 166 页。

示，令禁毡冠、缨结、眼镜、折扇，亲丧不必成服，尽准入场，有缟素入馆者斥之"。① 常熟人汤氏在逃难时看到太平军的庆吊之礼，也发出"亦有庆吊之礼，与常人全异"的感叹。②

太平军入苏州，为了清理尸体，发给元和县书吏等人凭照，设立"收尸局"，③ 又分设数局，组织人员收埋尸体。他们"每日晨出午归，未出酉归。报云：'今日在某某处收埋男尸几名，女尸几口，合计若干，汇入总册'"，"敷衍至匝月而局方撤，约计掩埋总数，凡四万五千余奇"。④ 如此庞大的尸群，只能就地掩埋。

太平军摧垮了苏南地区延续上千年的棺葬产业，棺木数量大幅下降，价格大涨，甚至富豪士绅也是一棺难求。龚缙熙记 1860 年 11 月 11 日长女缢死情形云："人来言黄婿被掳，长女缢死桂树下，……自悔联姻城内，致此惨变，死无棺敛，葬无冢埋，予愧慈父矣，尚忍言哉。"⑤ 吴江柳兆薰 1861 年 1 月 6 日往探族兄丧事，发现"虽因时事艰难，一应减省，然杂乱无章，未免俭不中礼，惟棺木生江处办。廿一洋一千，尚属楚楚。……诸事草草，不成体统"。1 月 13 日柳兆薰探其妹夫之丧，"视匠治樏，木色极干，当今此货已不易得也"。⑥

英国人吟唎曾这样描述当时苏福省的丧葬制度："一切佛教的丧礼

① 龚又村：《自怡日记》，罗尔纲、王庆成主编：《中国近代史资料丛刊续编·太平天国》（六），桂林：广西师范大学出版社，2004 年，第 63 页。

② 汤氏：《鳅闻日记》，罗尔纲、王庆成主编：《中国近代史资料丛刊续编·太平天国》（六），桂林：广西师范大学出版社，2004 年，第 331 页。

③ 收尸局的前身，应是 1853 年太平天国成立的掩骨衙。据载："贼于九、十月间忽传伪令，城内不准埋尸，设掩骨衙，有死人则令女馆抬至城外埋之。"［佚名：《粤逆纪略》，罗尔纲、王庆成主编：《中国近代史资料丛刊续编·太平天国》（四），桂林：广西师范大学出版社，2004 年，第 69 页。］

④ 潘钟瑞：《苏台麋鹿记》，中国史学会主编：《中国近代史资料丛刊·太平天国》（五），上海：神州国光社，1952 年，第 283—284 页。

⑤ 龚又村：《自怡日记》，罗尔纲、王庆成主编：《中国近代史资料丛刊续编·太平天国》（六），桂林：广西师范大学出版社，2004 年，第 48—49 页。

⑥ 柳兆薰：《柳兆薰日记》，《太平天国史料专辑》（《中华文史论丛》增刊），上海：上海古籍出版社，1979 年，第 157、159 页。

和一般中国人的祭祀旧俗全都被严加禁止。他们建立了基督教的殡葬仪式。"①

可是事情远非想象的那般容易。早在太平军开辟苏福省的数年前，就有不少官宦士绅吹响"捍卫礼教"的号角，宣称"为孔子孟子而战"。面对禁止棺葬的法令，他们批评太平天国灭绝血亲人伦，搅扰故去者灵魂的安息之所，结成一股巨大的反作用力，将传统文化习俗的惯性，发挥到最大化，以对抗太平军。1853 年 1 月 18 日，武昌阅马场，一位姓马的汉阳生员高声叫骂："试问自有人即有五伦，尔贼头于群丑皆称兄弟，是无君臣；父子亦称兄弟，姑媳亦称姊妹，是无父子；男女分馆不准见面，是无夫妇；朋友弟兄离散，是无朋友兄弟，可谓五伦俱绝。"② 该生旋即被太平军五马分尸。南京曾有一位读书人特意做诗讥讽太平天国的丧葬法令："煌煌诰谕满城郭，无用衣衾与棺椁。灵魂既登极乐界，皮囊无碍填沟壑。始言此辈无伦常，继思此语非荒唐，偷生不及坐地狱，得死真是升天堂。"③

苏福省开辟后，双方矛盾演化为一场文化对抗。苏福省的士绅百姓，宁愿以死的代价来获取死后入棺的待遇，也不愿把亲人尸骨直接入土。"沧浪钓徒"的母亲临死前得知自己还有一口棺材寄托躯体，"乃喜，而谓子妇曰：'吾可以终于此矣。'且自知时日，寿衣脱手，遂瞑目也"。④ 除了冒死使用棺葬，其他一切旧时丧礼，都在不同程度上悄然进行着。吴江柳兆薰的二儿子死，丧事极其复杂，殓尸、成服、还

① [英] 呤唎：《太平天国革命亲历记》上册，王维周译，上海：上海古籍出版社，1985 年，第 254 页。

② 张德坚：《贼情汇纂》，中国史学会主编：《中国近代史资料丛刊·太平天国》（三），上海：神州国光社，1952 年，第 312 页。

③ 马寿龄：《金陵癸甲新乐府》，中国史学会主编：《中国近代史资料丛刊·太平天国》（四），上海：神州国光社，1952 年，第 740 页。

④ 沧浪钓徒：《劫余灰录》，太平天国历史博物馆编：《太平天国史料丛编简辑》（二），北京：中华书局，1962 年，第 154 页。

山、举殡、停枢、出殡等步骤一应俱全。①"妖僧""妖道"也开始出来活动。龚缙熙送其从妹出殡，"时僧道同坛，偕诗友高勿斋、刘怡然等听笙歌，品肴馔，继以斗牌"。②

尽管有人会把上述史料记载视为"地主文人"所作，只能代表极少数人，但是，须知，在传统社会中，"士农工商"构成了一个完整的共同体，士人缙绅往往是社会习俗的代表者，他们的行为势必影响更多的人。当然，普通人、无辜者曝尸野外，更是显示了激进举措给普通百姓带来了何等残酷的命运。

3. 累累白骨的命运

在太平天国丧葬制度的冲击下，苏福省的百姓饱受"无棺""棺贵"的折磨。这种现象的出现，不单纯是由于太平天国过激的举措，也与当时战争频繁、苏南地区人口大流失密切相关。据载，太平军破苏州后，分查户口，编造清册，偌大府城仅剩"八万三千余口"。③有学者研究，苏福省覆灭后，除宜兴、荆溪、武进、阳湖四县未知，其他各县人口共减少704.5万，约占苏福省开辟时人口总数1072万的65.7%。④

人口流失的第一个原因是战争。战场上双方的损耗在所难免，甚至包括双方对贫民的杀戮。但恐惧造成的人口流失，要远远大于战争本身损失的人数。苏南官宦、士绅、百姓出于对太平军的恐惧，很多人选择自杀一途。男丁怕被掳去从军，妇女怕丧失贞节，纷纷投水。美国传教士高第丕（T. P. Crawford）等人于1860年访问苏州时，有人记下苏州惨景："河中不断飘浮着大批死尸，两岸村落残破无遗……他们在行进

---

① 柳兆薰：《柳兆薰日记》，《太平天国史料专辑》（《中华文史论丛》增刊），上海：上海古籍出版社，1979年，第241—242页。

② 龚又村：《自怡日记》，罗尔纲、王庆成主编：《中国近代史资料丛刊续编·太平天国》（六），桂林：广西师范大学出版社，2004年，第121页。

③ 潘钟瑞：《苏台麋鹿记》，中国史学会主编：《中国近代史资料丛刊·太平天国》（五），上海：神州国光社，1952年，第275页。

④ 参见谢世诚、伍野春、华国梁：《太平天国苏福省人口初探》，《学海》1993年第3期；曹树基：《太平天国战争对苏南人口的影响》，《历史研究》1998年第2期。

中碰到的死尸越来越多，肿胀而腐烂，一幅令人作呕的景象简直无法形容。那些在水面上飘浮着赤裸的尸体上却见不到伤痕，几经探询才知道了事情的真象：太平军占领苏州之后，八万居民寻了短见。当船临近目的地时，河中的死尸竟然多到无法行船。"① 长洲潘钟瑞曾描述苏州破城后民众自杀的情况："虽士民之巷战、骂贼、不屈被害者，诚不可以数计；至于骈首接踵，相与枕藉而亡，河为之不流，井为之埋塞，实皆自尽以殉，而妇女犹多。"② 恐惧造成的人口流失还包括苏南地区的民众纷纷涌入上海，逃难苏北。③

饥饿是人口大量死亡的又一原因。1861 年，吴江县同里镇"自去年秋间，里中设施粥局，留养难民，每口给票，朝暮发粥四碗，日渐增多……主其事者从佺勤补等几人，劝捐接济。然所费浩繁，一年已万余金，恐难持久"。④ 1862 年，松江"两月以来，兵威大振，而登城四望，烟火萧条，散者归聚无期，存者栖身无所，南北乡开耕之田，十仅二三，饥民嗷嗷，日甚一日。八口之家，一日三四百文，方可图一饱"。⑤ 上海钱门塘乡"自壬戌四月至癸丑（按，当为癸亥，同治二年）已逾一年，田率污莱，数百里无人烟，土著之人幸存者十之二，劳苦病饿致死者大半，被掳及转徙死者居一"。⑥ 在常州，"人无影踪，地断炊

---

① ［美］L. S. 福斯特：《访问太平天国》，张广学译，杜文凯编：《清代西人见闻录》，北京：中国人民大学出版社，1985 年，第 171—172 页。

② 潘钟瑞：《苏台麋鹿记》，中国史学会主编：《中国近代史资料丛刊·太平天国》（五），上海：神州国光社，1952 年，第 276 页。

③ 参见邹依仁：《旧上海人口变迁的研究》，上海：上海人民出版社，1980 年；［美］R. J. 史密斯：《十九世纪中国的常胜军：外国雇佣兵与清帝国官员》，汝企和等译，北京：中国社会科学出版社，2003 年。

④ 倦圃野老：《庚癸纪略》，罗尔纲、王庆成主编：《中国近代史资料丛刊续编·太平天国》（五），桂林：广西师范大学出版社，2004 年，第 319 页。

⑤ 姚济：《小沧桑记》，中国史学会主编：《中国近代史资料丛刊·太平天国》（六），上海：神州国光社，1952 年，第 507 页。

⑥ 民国《钱门塘乡志》卷 12《杂录志·灾祥轶事》，见《中国地方志集成·乡镇志专辑》第 4 册，上海：上海书店出版社，1992 年，第 68 页。

烟，新丧不敢出棺，出必倾尸而食"。①

战争往往与瘟疫结伴而来。我们试看灾情较为严重的几个地方。1860 年秋冬之间，吴县"大瘟疫，死者甚多。难民饿死、冻死者充满道路。盖自四月以至十一月，或杀死，或缢死，或死于水火，或死于病疫，人民几去其半"。② 1862 年，常熟"夏秋以来，无家不病，病必数人，数人中必有一二莫救者"。③ 同年，松江地区"自七八月以来，城中时疫之外，兼以痢疾，十死八九。十室之中，仅一二家得免，甚至有一家连丧三四口者"。④ 由表 2-7 可见，这场瘟疫几乎蔓延于苏福省的所有地方。

表 2-7　咸同之交太平天国苏福省各郡县瘟疫情况表⑤

郡名	县名	咸丰十年	同治元年	同治二年
苏福省	武进县			
	阳湖县			
	无锡县	六至八月，疫气盛行，死亡相藉		
	金匮县			
	宜兴县		疬疫迭起	
	荆溪县		疬疫迭起	
	江阴县			

（常州郡）

①　柯悟迟：《漏网喁鱼集》，北京：中华书局，1959 年，第 79 页。

②　蓼村遁客：《虎窟纪略》，《太平天国史料专辑》（《中华文史论丛》增刊），上海：上海古籍出版社，1979 年，第 27 页。

③　龚又村：《自怡日记》，罗尔纲、王庆成主编：《中国近代史资料丛刊续编·太平天国》（六），桂林：广西师范大学出版社，2004 年，第 108 页。

④　姚济：《小沧桑记》，中国史学会主编：《中国近代史资料丛刊·太平天国》（六），上海：神州国光社，1952 年，第 513 页。

⑤　按，咸丰十一年苏福省各地瘟疫情况暂缺。该表数据参照李文海等：《近代中国灾荒纪年》，长沙：湖南教育出版社，1990 年；张剑光：《三千年疫情》，南昌：江西高校出版社，1998 年；以及台北成文出版社出版的《中国方志丛书·华东地方》相关地方志。

郡名	县名	咸丰十年	同治元年	同治二年
苏福省 — 苏州郡	长洲县		霍乱	
	吴县	秋冬间，大瘟疫，死者甚多	夏秋之交，大疫	
	元和县		霍乱	
	常熟县	五至七月，时疫兴起，死亡相继	子午痧流行，无家不病，病者必有一二人莫救	六月，疫气大作，病者半日不治
	昭文县			
	昆珊县		八月，痧疫大行，有全家病殁者	
	新阳县		秋八月，痧疫大行	大疫，尸骸枕藉
	吴江县		时疫流行，名吊脚痧，日死数十人	八月，各处时疫流行，死者甚多
	震泽县			
	东珊县			
太玱郡	镇洋县			
	嘉定县		五月，大疫	大疫，夏，河水生五色虫
松江郡	菁浦县		夏，大疫	
	尚海县（未克）		五月，大疫 死于霍乱者数百人	二月，大疫
	川沙县		五月，大疫	二月，大疫
	奉贤县			二月，大疫
	南汇县		五月，大疫	二月，大疫
	金珊县		夏秋，大疫	

　　由表 2-7 可知，自咸丰十年（1860）至同治二年（1863），太平天国苏福省控制的 24 个县中，有 16 个县发生了瘟疫。因资料所限，实际

爆发瘟疫的地区当不止 16 个县，其覆盖面实际上囊括了苏福省的大多数地区。有学者论证，苏福省开辟时，所辖各县约有人口 1072 万。[①] 按照"这次瘟疫的疫病死亡人口所占比率大约在 8%—15%"的估计，[②] 苏福省约有 85.76 万—160.8 万人死于这场灾难。洪秀全将"福"字赐给苏南地区，希望能给太平天国带来福气，"陪辅京都军用丰"，"永远裕爷爹爹朕京需万万年"，[③] 可惜"上帝"撞上了"瘟神"。

于是相距天京并不遥远的苏福省，因为人口大量死亡，呈现出别样的景象：

> （苏州）遗骸遍道，浮胔满河。时天晴，炎气熏蒸，臭秽难闻，好善者方以芦席裹之，埋以土。过善人桥，见一尸仰卧河滨，一蒙茸肥犬啮其股；一尸横岸草间，覆以败席，上露发蓬松，下露足弓鞋，宛然古诗：发纷纷兮置渠，骨籍籍兮亡居。思之惨绝。[④]

> （无锡、金匮）惟米珠薪桂，终难周全，冬春之饥寒交迫，夏秋之暑湿熏蒸，病死无数，非独殓无棺木，葬亦开千人坑埋之。且夫役扛尸，尝以两尸为一扛，甚至有未气绝者，夫役曰："带去"。或能言未死者，则曰："早晚一样"，竟带去埋之。[⑤]

---

① 参见谢世诚、伍野春、华国梁：《太平天国苏福省人口初探》，《学海》1993 年第 3 期。按，该数字未将宜兴、荆溪两县人口计入在内，苏福省实际人口要大于 1072 万。

② 参见余新忠：《清代江南的瘟疫与社会：一项医疗社会史的研究（修订本）》，北京：北京师范大学出版社，2014 年，第 284—288 页。

③ 《幼主谕忠王李秀成诏》，罗尔纲、王庆成主编：《中国近代史资料丛刊续编·太平天国》（三），桂林：广西师范大学出版社，2004 年，第 69—70 页。

④ 蓼村遁客：《虎窟纪略》，《太平天国史料专辑》（《中华文史论丛》增刊），上海：上海古籍出版社，1979 年，第 19 页。

⑤ 佚名：《平贼纪略》，太平天国历史博物馆编：《太平天国史料丛编简辑》（一），北京：中华书局，1961 年，第 304—305 页。

千人坑里，无论是死者，还是气息尚存者，都将成为累累白骨。让洪秀全失望的是，虽然不许选择棺葬，但是人们也没有选择三尺绸绢。

4. 贫弱的"天国"

江南丝绸锦绣之乡，人们准备三尺绸绢，要比预备敦实昂贵的棺椁更加便捷；再加上人口大量流失，使太平天国的丧葬法令在客观上有了生存的空间。但是，在当时的情况下，即便是由教士祷告、诵念圣经，再用红、黄绸缎包裹遗体的简单步骤，也显得过于复杂、奢侈，终不如曝尸荒野经济方便。敢于冒死寻求棺木的人，大都属于少数有钱的士绅阶层，普通百姓并不具有这样的条件；政府也困于财政，无法过多关注社会改革。因此棺葬和绸绢葬都不具备实行下去的经济环境。

社会经济条件的限制，要归因于战乱的社会局势和贫弱的政府。战乱的环境，造成财富的大量流失。人口的流失本身就是财富丧失的一种表现，因为人口意味着赋税。战争还需要支付军费，后期太平天国仅李秀成、李世贤、杨辅清等几个统兵大将手下就有百万大军，维系浩大的军容，需要饷银。清政府镇压太平天国的军费开支，仅 1851 年至 1853 年户部支出就近 3000 万两，以此推之，14 年合 1.4 亿两以上。① 此外，从 1853 年至 1864 年，全国厘金平均岁入 1000 万两，合 1.1 亿两。② 两项合计军费约 2.5 亿两以上，加上镇压其他起事，实际开支不会低于 3 亿两，约计每年开支 2000 万两，而当时清政府每年的岁入不到 4000 万两。这个数字已占到清政府每年财政收入总数的一半以上。太平天国以江南数地抗拒清王朝，军队数量甚至大于清王朝的军队总数，③ 它的军

---

① 参见《祁寯藻等奏陈度支万分窘迫请饬军营大臣迅图藏事折》（咸丰三年六月十六日），中国第一历史档案馆编：《清政府镇压太平天国档案史料》第 8 册，北京：社会科学文献出版社，1993 年，第 40 页。

② 参见罗玉东：《中国厘金史》上册，上海：商务印书馆，1936 年，第 22 页。

③ 鸦片战争前夕，清王朝约有八旗兵 20 万，绿营兵 60 万，共计常备军 80 万。至 1864 年夏，湘军系统总兵力约计 30 万，其中曾国藩直辖部队 13.2 万人。所以清王朝可以用于镇压太平军的总兵力约在 100 万以上，且分布在全国各地。

需开支一项，绝不会低于清政府的军费开支。另外，后期太平天国除去诸多王爵，还有诸多其他爵衔，维系这么庞大的官僚体系所费甚巨。

造成太平天国丧葬制度宣告失败的政治因素，还有太平天国低效的政权建构。首先是太平天国地方控制的脆弱性。控制着太平天国经济命脉的地方基层势力，由富绅、胥吏、土豪这些旧政权下把持村社事务的人组成。政治上的投机，决定了他们很难帮助太平军建立起较为稳固的基层政权。当太平军在城市的斗争遇到困难的时候，乡官们往往会换上清朝的袍服，配合清军和地方团练恢复过去的社会秩序。

实际上，太平天国对城墙内部的控制，也并不稳固。

表2-8 太平天国苏福省主要郡县占据时间表

郡名	县名	首占时间	首失时间	再占时间	再失时间	三占时间	三失时间	总时间
常州郡	常州郡	1860.5.26	1864.5.11					4年
	武进县	1860.5	待考					约4年
	阳湖县	1860.5	待考					约4年
	无锡县	1860.5.30	1863.12.12					3.5年
	金匮县	1860.5.30	1863.12					3.5年
	宜兴县	1860.6.2	1864.3.2					3.5年
	荆溪县	1860.6.2	1864.3.2					3.5年
	江阴县	1860.6.2	1860.6.8	1860.7.4	1860.10.17	1860.12	1863.9.13	3年
苏州郡	苏州郡	1860.6.2	1863.12.4					3.5年
	长洲县	1860.6	1863年底					3.5年
	吴县	1860.6	1863年底					3.5年
	元和县	1860.6	1863年底					3.5年
	常熟县	1860.9.16	1863.1.16					2.5年
	昭文县	1860.9.16	1863.1.17					2.5年
	昆珊县	1860.6.15	1863.6.1					3年
	新阳县	1860.6.15	1863.6.1					3年

郡名	县名	首占时间	首失时间	再占时间	再失时间	三占时间	三失时间	总时间
苏州郡	吴江县	1860. 6. 13	1863. 7. 29					3 年
	震泽县	1860. 6. 13	1863. 7. 29					3 年
	东珊县	1861 年春	待考					约 2.5 年
太玱郡	太玱郡	1860. 6. 17	1860. 6. 26	1860. 9. 28	1863. 5. 2			2.5 年
	镇洋县	1860. 9. 28	1863. 5. 2					2.5 年
	嘉定县	1860. 6. 22	1860. 6. 26	1860. 7. 22	1862. 5. 1	1862. 5. 26	1862. 10. 24	2.5 年
松江郡	松江郡	1860. 7. 1	1860. 7. 16	1860. 8. 12	1860. 8. 17			20 天
	菁浦县	1860. 6. 30	1862. 5. 12	1862. 6. 9	1862. 8. 10			2 年
	川沙县	1862. 1. 18	1862. 6. 1					4 个月
	南汇县	1862. 1. 17	1862. 5. 28					4 个月
	奉贤县	1862. 1. 16	1862. 5. 21	1862. 6. 3	1862. 6. 7			4 个月
	金珊县	1862. 3. 14	1862. 4. 11					1 个月

　　被太平天国列入苏福省的 30 个县中，有靖江、宝珊、崇明、娄县、花亭、尚海 6 个县从未被太平军占领过，只是名义上的苏福省辖区。通过表 2-8 我们发现，太平军两次攻取松江，前后控制郡城只有 20 天；对川沙、南汇、奉贤、金珊等县的控制只有几个月的时间，控制时间最长的常州、苏州，也不过三四年的时间。还有一些地区，像嘉定、江阴，基本上是太平军与清军的拉锯地区，太平军曾在嘉定、江阴三进三退。菁浦、松江、太玱，太平军也是两进两退。太平军对苏福省各郡县的争夺如此激烈，对农村地区的控制则更为薄弱。在政权频繁交替的政治环境中，又怎能保证丧葬法令在农村人口占多数的辖境里贯彻下去呢？

　　太平天国低效的政权建构，还表现在太平天国领导人和政府对丧葬法令的贯彻不力。李秀成作为苏福省最高军政长官，他本人对丧葬禁令的破坏是极为严重的。太平军攻克江苏丹阳，江南提督帮办军务张国梁落水而亡，李秀成"差官寻其尸首，用棺收埋在丹阳宝塔根下"。[1] 进克苏州，江苏巡抚徐有壬自杀，李秀成"以枋枋（方柱形木材，棺材的一种）殓之，埋于池侧"。[2] 攻克杭州，巡抚王有龄自尽，李秀成"用棺木载之，将其依［衣］帽朝服一应归还，放其木内，令其部将亲自看守于他"，还"将省内难民一一安抚。在城饿死者发薄板棺木万有余个，费去棺木钱财式万余千"。[3] 上行下效，无锡太平军竟然做起倒卖棺木的生意，"以人家做好棺材或漆好棺材俱卖于人；甚至厝棺未葬者，亦将死人倒出，以棺卖于人，无所不至"；常熟一旅帅黄德方"因长毛催逼太紧，自食生洋烟寻死"，"福山佘大人赏结［给］买棺钱贰十千文"。[4] 浙江屠镇太平军地方政府因"死者数千人"，"买松板作棺木殓之"。[5] 由此可见，太平天国丧葬法令失效的一大原因不是政策过于激进、手腕过于血腥，而是政策不到位、执行力度不够大。

5. 文明丧葬之风开启

1644 年，八旗马队进入山海关，多尔衮下剃发令，有多少人为了不剃发留辫而掉脑袋。两百多年后，辛亥革命一声枪响，又有多少人为留住祖宗的发辫而丧命。这一切都需要时间，需要力度。在社会经济大衰退、政局严重不稳定的情况下，仍然有不少人冒死寻求棺木。因此有人把太平天国丧葬制度乃至整个移风易俗改革失败的原因归于传统风俗文化的惯性。但人们忽视了中国民俗在某种程度上也具有相当大的变异性，比如旧俗的消亡。尤其是 19 世纪六七十年代的中国，正处于一个

---

① 《忠王李秀成自述》，罗尔纲、王庆成主编：《中国近代史资料丛刊续编·太平天国》（二），桂林：广西师范大学出版社，2004 年，第 368 页。

② 沧浪钓徒：《劫余灰录》，太平天国历史博物馆编：《太平天国史料丛编简辑》（二），北京：中华书局，1962 年，第 160 页。

③ 《忠王李秀成自述》，罗尔纲、王庆成主编：《中国近代史资料丛刊续编·太平天国》（二），桂林：广西师范大学出版社，2004 年，第 377、378 页。

④ 佚名：《庚申（甲）避难日记》，罗尔纲、王庆成主编：《中国近代史资料丛刊续编·太平天国》（六），桂林：广西师范大学出版社，2004 年，第 218、233 页。

⑤ 沈梓：《避寇日记》，罗尔纲、王庆成主编：《中国近代史资料丛刊续编·太平天国》（八），桂林：广西师范大学出版社，2004 年，第 89 页。

大变革时期，民俗的变异和旧俗的消亡表现得尤为明显。

从太平天国到中华民国，这一时期的政治变动异常剧烈（比如其间的戊戌变法、义和团运动和清末新政），社会生活领域的变化是十分明显的。服饰、语言、风俗，现代社会生活中的一切，留给中国人的几乎都不是我们祖先曾经拥有的东西。就我们讨论的丧葬这一方面，晚清王朝的丧葬礼俗先是受到太平天国的冲击，随之是西学东渐的影响，其内容日趋简化。辛亥革命后的南京临时政府和北京政府加大在社会习俗方面的改革力度，在丧葬习俗方面进行了较为深刻全面的变革。

民国肇始，新成立的南京临时政府，将清王朝丧葬制度加以废除，使传统丧葬礼俗发生了巨大变化。对清代颁行的凶礼，除紫禁城里的逊清小朝廷，举凡皇帝丧仪、皇后丧仪、贵妃等丧仪、皇太子皇子等丧仪、亲王以下及公主以下丧仪、醇贤亲王及福晋丧仪以及品官丧礼等均一概废止，仅有士庶丧礼仍有保存。③南京临时政府还试图对丧服和丧礼进行改良，但由于南京临时政府存在时间比较短，政府所孕育的活力没有完全发挥出来，便倏然消逝在历史长空中。可是辛亥革命的直接产物南京临时政府，最终使新式丧礼具有了合法的地位，为以后民国政府继续推行新式丧礼奠定了基础。

民国初年，民间丧葬礼仪开始发生变化，例如在北京，"效西俗者，则以黑纱缠臂为服，一扫历来斩衰期功缌麻之制"。④在丧礼仪式上，"男女可暂用旧式丧服，亦可仍用平时礼服，惟男子左臂围以黑纱，女子胸际缀以黑纱结"。⑤除此之外，刊登讣告、设立吊唁处、送花圈挽联等礼节也开始流行，与今天无异。

这些丧葬方面破旧立新的举措，往往体现出不中不西、中西结合、新旧交错的时代特征，最终促使中华民国北京政府在丧葬改革方面推出新政，其最初举措就是军葬、国葬制度的确立。1913 年，北京政府颁布《海军丧礼条例》和《战场收拾及战死者埋葬规则》，其内容比清代的品官丧礼节俭许多。1916 年 12 月 18 日，北京政府又公布《国葬法》，其中规定对有特殊功勋的人，可举行国葬典礼，有关机关团体和各界人士分别以下半旗或佩黑纱的方式表示哀悼。

北京政府时期，政府倡导引进新风，改良旧俗，社会上的新派人士积极鼓吹、推行。当时丧葬改革最为显著的形式是开追悼会。追悼会是一种新生事物，北京政府礼制馆编定了有关追悼会的条例，规定追悼会仪式秩序为：（1）摇铃开会；（2）奏哀乐；（3）献花果；（4）奏风琴，唱追悼歌；（5）述行状；（6）读哀祭文；（7）奏哀乐；（8）行三鞠躬礼；（9）奏风琴，唱追悼歌；（10）演说；（11）奏哀乐；（12）家属答谢，三鞠躬；（13）闭会。

北京政府礼制馆还编写了新丧礼礼节，其中部分吸收了西式礼仪，"吊丧来宾男子左腕围黑纱，女子胸际缀黑纱结；吊仪除挽联、挽幛、香花外，还有花圈；讣文除通告戚友、宗族外，并可登载日报；灵前供奉亡人照影、陈列香花等件；吊奠用鞠躬礼取代跪拜；丧礼以肃静为主，不用鼓乐；衣衾、棺椁之事宜称家之有无，量力行之；官吏居丧，其服制与人民无异"。① 北京政府丧葬改革的力度并不激进，加上与当时社会喜好"文明风气"的氛围相呼应，因而取得了比较良好的社会效果。这个新丧礼方案是一个过渡性方案，但是在民间产生了一定影响，上海甚至开始出现殡仪馆和火葬现象。

1927 年，南京国民政府成立。中国经过长达数十年的纷争动荡，终于实现了形式上的统一。南京国民政府加大了在丧葬方面的改革力度。第一，颁布《国葬法》。1930 年 10 月 7 日，立法院公布《国葬法》。第二，制定追悼会制度。国民政府规定，对有功德于社会国家者，

---

① 参见邓子琴：《中国风俗史》，成都：巴蜀书社，1987 年，第 344 页；严昌洪：《民国时期丧葬礼俗的改革与演变》，《近代史研究》1998 年第 5 期；民国《合江县志》（1929 年印）、《重修丰都县志》（1927 年印），丁世良、赵放主编：《中国地方志民俗资料汇编·西南卷》（上），北京：书目文献出版社，1991 年，第 157、247 页。

在举行国葬、公葬或私葬的时候，可集众举行公祭。[1] 第三，制定新丧礼。南京国民政府制定了《礼制案》，其中《丧礼草案》的附则中规定：（1）殓服：礼服或军服，附身以衾为限，不得用金玉、珍玩；（2）丧服：白衣、白冠；（3）旧俗所用僧道建醮，一切纸扎冥器、龙杠、衔牌及旗锣伞扇等一概废除；（4）纪念死者可用遗像，如用神主，题主旧礼应即废除；（5）丧事从俭，奠仪、挽联、挽幛、赙仪、花圈为限，锡箔、纸烛、纸盘、冥器等物，一概废除。草案充分体现了"专注矫正奢侈，破除迷信，提倡质朴"的精髓。[2] 另外，1935年3月国民党中央民众训练部制定的《倡导民间善良习俗实施办法》和1936年10月行政院公布的《公墓暂行条例》中都提出了火葬的内容。虽然终民国时代，火葬制度都没有真正建立起来，但以政府条例的形式做出规定，已经是大的突破。第四，公墓制度的推行。1929年4月，政府颁布《取缔停柩暂行章程》，规定所有厝棺和田亩内之坟墓均迁葬公墓。取缔停柩，设立公墓，对改善城市环境、合理利用土地资源都有十分重要的意义，同时也为进一步变革丧葬习俗奠定了基础。第五，反对厚葬久丧，提倡薄葬短丧。新生活运动促进会还专门制定了一个关于丧礼改革的规定，其中包括丧家不设酒令、讣告不得乱发、诵经斋者时间不得过长、举殡废除不必要的仪仗等条例。

辛亥革命后的南京临时政府、北京政府和南京国民政府，都在不同程度上对丧葬礼俗进行了改革。虽然在新旧丧葬礼俗并存的情况下，旧丧的普遍情况并没有得到根本性扭转。但是，新丧的可行性已经深入人心，"新的丧礼观被部分人接受，并不断向民间渗透，它最终必将引起

---

① 《醴陵县志》（1948年印），丁世良、赵放主编：《中国地方志民俗资料汇编·中南卷》（上），北京：书目文献出版社，1991年，第499页。

② 《巴县志》（1939年印），丁世良、赵放主编：《中国地方志民俗资料汇编·西南卷》（上），北京：书目文献出版社，1991年，第38页。

太平天国再研究

丧葬礼俗普遍的和根本性的变革",① 必将成功过渡到具有现代特征的新式丧礼上。从这一点来说，辛亥革命后民国政府的丧葬改革是成功的。直到现代，人们已然普遍接受了火葬这一曾经被人们认为对灵魂和肉体有极大摧残的殡葬形式，甚至有人欣然选择把自己的骨灰撒入山川河流。

虽然辛亥革命后的中国，仍然军阀割据，战乱不断，但是辛亥革命在全国范围内的胜利和后来南京国民政府形式上的统一，都为丧葬改革在全国范围内的推行提供了有利条件，要比局促于狭小地带、四面强敌环伺的太平天国情况好得多。太平天国丧葬法令失效，究其主要原因乃是政权不巩固，社会不稳定，政策不到位且执行力度不够大。民国政府丧葬改革的手段相对于太平天国更加委婉，注重循序渐进，不似太平军法令的冷酷荒诞，也在一定程度上避免了与传统风俗文化的激烈冲突。但民国政府改革的力度丝毫不减，历届民国政府都给予丧葬改革以法律保证，确保丧葬改革的实施。不但政府官员提倡、实践，民众也自发组织起许多民间风俗改良团体，配合政府推行丧葬改革。太平天国丧葬改革的失败和辛亥革命后民国政府丧葬改革的相对成功，不但证明改革成功与否的主要原因要归于政治层面的因素，还为我们展现了辛亥革命在传统中华帝国的崩溃期，对近代中国社会的再建和社会风俗改革方面的重大影响。

（四）慈善组织

战时、灾时慈善事业浡然兴之。慈善事业也是太平天国辖境内社会风情的一类面相。过去我们不断强化太平天国的"破坏性"与民间慈善组织"社会救济"的对立，强调太平天国战争对民间慈善事业毁灭

---

① 梁景和：《近代中国陋俗文化嬗变研究》，北京：首都师范大学出版社，1998年，第191页。

性破坏的客观事实，却忽视了太平天国对民间慈善组织的真正态度以及造成慈善事业瘫痪的深层原因到底是什么。

1. 积极介入医疗公共卫生事务

近代民间慈善组织的兴起与政府在社会救济和公共卫生事业方面低下的行政效率密切相关。太平天国作为新兴政权，从未放弃过对重建正常社会秩序主导权的争取，尤其重视城乡医疗公共卫生事务。

（1）建立医生队伍。

太平天国定都天京后，除完善朝内、军中医疗卫生系统，还"分设各街道医生至六十人，并职同军帅"，[①] 为百姓接种牛痘。[②]

太平天国重视医疗队伍的建设。北王韦昌辉曾下令招访良医："类如大小方脉、内外专科、眼科、妇科以及专理小儿急慢惊风等症……凡有精通医理能治各项病者，即宜应命前来。"[③] 这一时期，江南名医杨斐成、哈文台、宋耕堂、王震田等皆为太平军效力。

（2）消除病害。

东王杨秀清曾动员天京军民捕捉老鼠、臭虫。据记载："又传伪令，要每女馆送小老鼠数对，臭虫数对［送］于伪府"，[④] "每夜间向女馆出令，或交活鼠一个，或交蜜虫一对，或每馆交泥丸一斛"。[⑤]

在乡村，太平天国还设立乡兵，其职能之一是"日间管理各户，洒

---

① 张德坚：《贼情汇纂》，中国史学会主编：《中国近代史资料丛刊·太平天国》（三），上海：神州国光社，1952年，第105页。

② ［英］呤唎：《太平天国革命亲历记》上册，王维周译，上海：上海古籍出版社，1985年，第167页。

③ 《北王韦昌辉招延良医诫谕》，罗尔纲、王庆成主编：《中国近代史资料丛刊续编·太平天国》（三），桂林：广西师范大学出版社，2004年，第13页。

④ 张汝南：《金陵省难纪略》，中国史学会主编：《中国近代史资料丛刊·太平天国》（四），上海：神州国光社，1952年，第661页。

⑤ 汪堃：《盾鼻随闻录》，中国史学会主编：《中国近代史资料丛刊·太平天国》（四），上海：神州国光社，1952年，第397页。

扫街渠，以免秽毒伤人"。①

在军中，"凡营盘之内俱要洁净打扫，不得任意运化作践，有污马路，以及在无羞耻处润泉（小便）"。②

咸同之交，一场大瘟疫正在流行。太平天国领导人重视去除病害、保持卫生，意在建立正常稳定的城乡环境秩序。

（3）重视医疗卫生机构的建设。

太平天国曾设立医馆、能人馆等机构，为士兵、百姓看病。后来洪仁玕在《资政新篇》中也明确提出"兴医院以济疾苦"，③ 得到洪秀全的赞同。虽然具有现代特征的医院最终未能建立起来，我们仍然可以看出太平天国最高层对建设医疗卫生机构的积极态度。

民间慈善组织的建立，并不单纯地出于解决迫切的社会问题这一目的，如惜字会与其特殊的宗教信仰（文昌帝君信仰）紧密相关，清节堂则与教化守节有关。太平天国重建城乡卫生秩序的努力，本质上是为加强政府对地方社会的渗透和控制。两者的信仰存在冲突，动机也有差异，但在维护城乡环境、改善民众卫生条件这层客观效应上，具有一致性。因此，太平天国和民间慈善组织的"社会功用"并不存在根本抵牾，这就决定了太平天国对慈善组织政策的可变性。

2. 太平天国统治区的"慈善"事业

太平天国对民间慈善组织并不完全持取缔的态度。前期，太平天国并没有开辟持久有效的战略基地，政府对慈善事业的态度也不甚明朗。1860年后，在太平天国统治区，民间慈善组织的发展并非完全停滞。

---

① 洪仁玕：《资政新篇》，太平天国历史博物馆编：《太平天国印书》（下），南京：江苏人民出版社，1979年，第689页。

② 张德坚：《贼情汇纂》，中国史学会主编：《中国近代史资料丛刊·太平天国》（三），上海：神州国光社，1952年，第228页。

③ 洪仁玕：《资政新篇》，太平天国历史博物馆编：《太平天国印书》（下），南京：江苏人民出版社，1979年，第688页。

表 2-9　太平天国统治区建立的慈善组织

类别	创建年份	地点	善堂名称	创建人身份
育婴堂	1862	浙江湖州剡源乡	保婴会	不明
清节堂	1862	江苏苏州昭文县	清节堂	民办
施棺类善堂	1860	浙江嘉兴乌青镇	葬会	民办
	1860	江苏苏州吴县	志德堂	民办
	1862	浙江杭州海宁县	永善堂	民办
	1863	江苏苏州余家湖	存仁堂	民办
综合性善堂	1863	江苏常州江阴县	宝善堂	民办

资料来源：参照梁其姿《施善与教化——明清的慈善组织》（石家庄：河北教育出版社，2001年）附表整理而成。

由表 2-9 可知，在太平天国统治下的乡村地区，慈善组织仍有一定发展，民办善堂还存在一定的生存空间，但已不可与社会秩序的安定期相比。这说明，慈善组织虽然发展滞缓，但太平天国政府并未对其施加强制取缔的行政法令。

太平天国实行"禁棺"政策，严禁百姓使用棺木。但据表 2-9，各地相继建立了一些施棺类善堂，一方面反映出战争、瘟疫、饥饿、恐慌造成了大量的人口流失；另一方面反映出太平天国对地方社会控制的薄弱，太平天国地方政府对这类"违法"善堂尚无暇顾及。

在主要占领城市，太平天国相继建立起各类独具特色的救济组织，政府打破过去"官督民办"的模式，独揽城市"慈善"事业。

在天京，"禀设老民残废馆。……旋于东北两城设立数十馆，每馆二十五人，自拟一馆长，并无长毛老贼杂处，每日藉拾字纸、打扫街道为事……嗣后合城皆有此馆，共约有三千人，贼并逐日发米谷，每人约三四两"。[①] 所谓"老民残废馆"实际上就是"牌尾馆"。牌尾馆老人所

_____

① 涤浮道人：《金陵杂记》，中国史学会主编：《中国近代史资料丛刊·太平天国》（四），上海：神州国光社，1952 年，第 621 页。

　　　　　　　　　　　　　　　　　　太平天国再研究

需的生活用品皆由圣库供给，老人们也为政府做事。这类"养老院"性质的抚恤机构完全是官办的。另外，牌尾馆老人从事的"拾字纸"工作，一定程度上具有民间慈善组织惜字会的活动特征。但太平天国反对多神崇拜，奉天父上帝为独一真神，其他一切神灵均被视作妖魔，文昌信仰在被禁之列。太平天国允许老人拾字纸，或是因为对这类活动背后的信仰不甚了解，或可反映出太平天国文化政策的转变。

太平天国政府还严禁溺婴，"不得已难养者，准无子之人抱为己子，不得作奴视之。或交育婴堂"。[1] 据《金陵杂记》载："伪育材官前伪封为育婴官……令通文理者教（孩童）习读该逆所撰妖书。"[2] 太平天国有自己官办的育婴堂。

城市中的女馆制度实际具有一定的救济妇女的"清节堂"或"恤嫠会"性质。太平天国初期分男营、女营，后又扩大女馆，女子从事拾柴割麦、挑挖壕沟、抬埋尸体等工作。

1853年太平天国成立掩骨衙。据载："贼于九、十月间忽传伪令，城内不准埋尸，设掩骨衙，有死人则令女馆抬至城外埋之。"[3] "女馆"也承担起一些"助葬"的善行。

这些具有社会救济性质的组织完全是官办的，甚至是完全政治化的机构。后来在苏州等大城市又出现了一些官民合办的慈善组织，如收尸局。太平军攻破苏州，庞大的尸群无法处理，太平天国只好借助地方社会力量，"城中设收尸局数处，皆苏人自备资斧，雇用土工扛夫以作善举者也"，"收尸局之设，元和县书吏实始创议，纠集十二人联名具呈，

① 洪仁玕：《资政新篇》，太平天国历史博物馆编：《太平天国印书》（下），南京：江苏人民出版社，1979年，第689页。

② 涤浮道人：《金陵杂记》，中国史学会主编：《中国近代史资料丛刊·太平天国》（四），上海：神州国光社，1952年，第621页。

③ 佚名：《粤逆纪略》，太平天国历史博物馆编：《太平天国史料丛编简辑》（二），上海：中华书局，1962年，第40页。

情愿自办，惟请发给凭照，于是分设数局，号曰'奉令掩埋'"。①

官方设立的救济机构如牌尾馆、女馆，随着家庭结构的恢复而渐渐消亡，官民合办的一些慈善组织最终也是昙花一现，苏州收尸局的人员在尸体基本掩埋完毕后，"敷衍至匝月而局方撤"。②

尽管如此，太平天国在中后期对地方慈善事业的主流态度仍然是积极的。洪仁玕在《资政新篇》中提到："倘民有美举，如医院、礼拜堂、学馆、四民院、四疾院等，主则亲临以隆其事，以奖其成，若无此举，则诏谕宣行，是厚风俗之法也。"③ 可见太平天国号召地方兴办慈善事业。因此我们不能以客观结果不令人满意而忽视太平天国的这种态度，甚至否认太平天国政府曾经做过的尝试。

3. 太平天国时期民间慈善事业发展滞缓的原因

太平天国初期高度集中的圣库供给制蕴含着太平天国的政治和宗教特色，相应地形成了管理地方社会的一套组织制度和行政政策。太平天国政府一方面以移风易俗的社会改革宣扬奉天、正统，一方面力图取代地方社会精英对基层社会的政治和思想渗透以建立稳定可靠的后方基地。

因此，地方社会精英阶层宣扬教化的重要工具——慈善组织，在太平军控制力较强的城市中基本被代以太平天国独具特色的官办"慈善"事业——具有一定社会救济性质的政治机构。以救济青年寡妇为主要目的的清节堂、恤嫠会等善堂及善会自然被太平天国管理、组织妇女的"女营""女馆"取代；施棺类善堂因违背太平天国严厉的禁棺令被迫关闭，助葬类善堂的社会功用则被"女馆""牌尾馆""掩骨衙"等机

---

① 潘钟瑞：《苏台麋鹿记》，中国史学会主编：《中国近代史资料丛刊·太平天国》（五），上海：神州国光社，1952年，第283页。

② 潘钟瑞：《苏台麋鹿记》，中国史学会主编：《中国近代史资料丛刊·太平天国》（五），上海：神州国光社，1952年，第284页。

③ 洪仁玕：《资政新篇》，太平天国历史博物馆编：《太平天国印书》（下），南京：江苏人民出版社，1979年，第680页。

构的部分职能取代；育婴堂、普济堂、栖留所、药局等慈善机构大部分因与官方取消私有的社会组织制度相抵牾而被收归"国有"。

太平天国时期的慈善组织呈现出进一步延续清中叶以来"官僚化"的趋势。但是太平天国不仅是简单地积极介入慈善事务，还力图在占领区取代原有的具有社会救济功用的民间慈善组织。民间慈善组织在弊端百出的公有供给制度束缚下，无法对政府低下的效率予以有效弥补，丧失了在城市中生存的空间。家庭结构恢复后，政治化慈善机构逐渐衰落，但长期以来被破坏的政府督导与民间承办的互惠关系无法重建，民间发展慈善事业的激情被压制。

乡村社会慈善事业发展滞缓的原因，与太平天国薄弱的地方控制有关。实际上，太平天国地方政府面临的问题不仅是控制力薄弱，甚至在某些地区还出现"社会失控"现象。太平军攻破苏州，约有八万人自杀。① 从城破到重建秩序，存在一段时期的"社会失控"，主要原因是恐惧造成民众大批自杀。苏州清节堂的寡妇大部分逃亡江北，留守的则有不少人选择自杀保节。② 在"社会失控"状态下，民间慈善组织的重建或维系极为困难。

太平天国作为新兴政权，从未放弃对重建正常社会秩序主导权的争取。在主要占领城市，太平天国相继建立起各类独具特色的救济组织，打破过去"官督民办"的模式，独揽城市"慈善"事业。考察太平天国时期民间慈善事业发展滞缓的原因，不能以"战乱"一言以蔽之，还要注意到民间慈善组织与太平天国社会组织制度的冲突、"战乱"造成的"社会失控"等因素。

---

① ［美］L. S. 福斯特：《访问太平天国》，张广学译，杜文凯编：《清代西人见闻录》，北京：中国人民大学出版社，1985 年，第 171—172 页。

② 参见梁其姿：《施善与教化——明清的慈善组织》，石家庄：河北教育出版社，2001 年，第219 页。

（五）妇女家庭

1. "男女平等"

长期以来，妇女解放、男女平等的说法成为评判太平天国妇女地位的主流观点。范文澜先生曾高度评价太平天国的历史意义，认为"它是中国历史上第一次提出政治、经济、民族、男女四大平等的革命运动"。[①] 就太平天国提倡男女平等的思想依据，学界追溯到洪秀全早期的宗教作品《原道醒世训》，其中言："天下多男人，尽是兄弟之辈，天下多女子，尽是姊妹之群。"[②] 这句话单从字面意义上说，可作"兄弟姐妹，情同一家"解。实际是从上帝教"天下一家"理论引申而来，《原道救世歌》云："开辟真神惟上帝，无分贵贱拜宜虔。天父上帝人人共，天下一家自古传"，"普天之下皆兄弟，灵魂同是自天来。上帝视之皆赤子，人自相残甚恻哀"。[③]《原道觉世训》讲："天下总一家，凡间皆兄弟"，"皆禀皇上帝一元之气以生以出，所谓一本散为万殊，万殊总归一本"。[④] 这里讲的是宗教意义上上帝与世人之间的虚拟血缘关系，侧重点本不在阐发男子与女子的地位是否平等。正因上帝乃天下凡间大共之父，世人均应负有拜上帝的义务和享有拜上帝的权利。其中"无分贵贱拜宜虔"的意思是，无论世人是贵是贱，敬拜上帝均宜虔诚。这恰恰说明洪秀全承认世俗社会存在尊卑贵贱，与起事立国后推行等级森严的礼制实践相一致。

[①] 范文澜：《中国近代史》上编第一分册，北京：人民出版社，1951年，第186页。

[②]《原道醒世训》，太平天国历史博物馆编：《太平天国印书》（上），南京：江苏人民出版社，1979年，第15页。

[③]《原道救世歌》，太平天国历史博物馆编：《太平天国印书》（上），南京：江苏人民出版社，1979年，第10、11页。

[④]《原道觉世训》，太平天国历史博物馆编：《太平天国印书》（上），南京：江苏人民出版社，1979年，第16、17页。

上述洪秀全的话吸收了基督教思想。《劝世良言》说："且世界上万国之人，在世人所论，虽有上下尊卑贵贱之分，但在天上神父之前，以万国男女之人，就如其之子女一般。所以论拜求天上神父者，不拘上下尊卑贵贱人等，惟以谢罪求免，感恩，垂怜，更求帮助善养宝贝灵魂之德而已"，"此言在神父之前，不论异民与如大之人，有受损割与未受损割之人，蛮夷与西氏亚之人，奴仆与家主各人，都不分别。惟独属于耶稣基督者，在宇宙之内，凡所有诸物，皆满足其心，遂其灵魂之志。故在世界之上，则以四海之内，皆为兄弟一般，并无各国之别。独由耶稣基督之恩，而作万物赐于诸人需用，因神天至公义者，不轻此而重彼，以全世界之人，皆一家也"。①《新约·加拉太书》第3章第26—28节记："你们因信基督耶稣，都是神的儿子。你们受洗归入基督的，都是披戴基督了。并不分犹太人、希腊人、自主的、为奴的，或男或女，因为你们在基督耶稣里，都成为一了。"所谓"男女平等"思想还受基督教"原罪平等"思想的影响。《劝世良言》说："所以古今之世，不论富贵贫穷贤愚之人，疾病死亡，诸般灾难，无有能逃脱之者。都因元始男女二人，固犯天条大律而至，即万类雌雄，故由恶欲交媾受孕而成胎。是以世上之人，一脱娘胎就有恶性之根。"② 本着赎罪的心态拜上帝，这种所谓平等的宗教权利更多的内涵是义务和责任。所以洪秀全在《原道醒世训》中说的话并不包含现代意义上的反对男尊女卑、主张男女平等的思想。

过去学界常以太平天国允许妇女从政，参军，参加劳动、教育和宗教活动，废止缠足，禁娼，禁女婢的实例，以及婚姻家庭生活的一些现象，来说明太平天国真正实行了男女平等和妇女解放。我们逐一对相关

---

① 梁发：《劝世良言》，中国社会科学院近代史研究所近代史资料编辑组编：《近代史资料》总39号，北京：中华书局，1979年，第38、135页。
② 梁发：《劝世良言》，中国社会科学院近代史研究所近代史资料编辑组编：《近代史资料》总39号，北京：中华书局，1979年，第2页。

问题进行分析。

太平天国的女官分统领女馆（女营）的军中官和在天朝宫殿等处供职的朝内官。定都初期，太平天国的女官多达6584人。① 女官主要负责管理女馆、绣锦女馆，以及打点各王府的杂役差使，并不参与军机要务，也很少有参加战斗者，而且很多人仅是职同、恩赏的虚职，她们的权力和地位在太平天国职官系统中无足轻重。除了以军功、血缘和地缘作为选拔官员的因素，1853年，太平天国在天京还组织了女子考试，专为选拔在各王府供职的女性文秘。江宁人傅（伏）善祥考取第一，出任东王府簿书，人称"女状元"，实际名不副实。这种考试不分层级、年份和科目，为一次性选拔，此后太平天国也再未组织过。与其像传言那样说是开"女科"，毋庸说是"女试"。1854年春，天京粮荒，大批民女被遣散出城或逃亡，后来太平天国又有限度地开放夫妻团聚和男女婚配，女馆规模骤减，女官数量也相应减少。太平天国的女官现象，一是严别男女政策和划分男行女行社会组织的必然产物，女行、女馆均须女官管理，男性多有不便，但总理天京女馆事务的最高官员还是男性，即天王近臣蒙得恩；二是与太平天国的内侍制直接相关，太平天国不用宦官（对阉割术一度不得要领），首义诸王府又不许有其他男性居住，故一律改为女性执事；三是战时状态下的抚恤政策产生了大量名誉女官，"女官亦有恩赏各职，如夫为检点，被官兵所歼，其妻女亦封检点伪职，间有封恩赏丞相者"。女官本身就是特权阶层，是等级制、世袭制的产物，这些女官"自至南京，无不锦衣玉食，出入鸣钲乘马，张黄罗伞盖，女侍从数十人，喧阗于道"，女性内部尚且如此，遑论男女之间了。②

---

① 张德坚：《贼情汇纂》，中国史学会主编：《中国近代史资料丛刊·太平天国》（三），上海：神州国光社，1952年，第309页。

② 张德坚：《贼情汇纂》，中国史学会主编：《中国近代史资料丛刊·太平天国》（三），上海：神州国光社，1952年，第110页。

因为女馆完全按照军事编制，又被称作"女营"，设总制、监军、军帅、卒长、两司马等职。起事之初，部分妇女配合男子作战，"临阵皆持械接仗"，定都之后，天京全城女营共 40 军 10 万人，[①] 主要负责后勤劳动，鲜有再出城作战者。因此，太平天国并没有成立专任作战的女军建制，参加作战者一般是从各女馆中临时抽调的。女性参战，是太平天国初期兵力不足情形下的一种临时举措。

与女性深居闺阁，倚附男权寄生相比，太平天国令妇女广泛参加后勤劳务和社会生产，有值得称道的地方，但这类表面现象绝不是妇女解放的标志。首先，从性质上看，征派妇女的形式属国家战时徭役，并非有意识地解放妇女参加社会劳动。其次，从强度上看，被征派的女性，从事削竹签、搓麻绳、盘粮、抬瓦、割麦、砍柴、掘壕沟、抬盐、收菜子、扫街道、做饭、盖房、挑煤等体力劳作，晨出暮归，又无薪酬，仅供口粮，不堪其苦，稍不如意，即遭督工鞭挞，以致时有逃跑、自杀、累死等情，劳动强度远超女性的承受力。若遇粮荒，曾为太平天国做出巨大牺牲和贡献的广大妇女竟被驱逐出城，由之自生自灭。这不是解放和平等，而是束缚和压迫。最后，从原因上看，妇女参加劳动，既是太平天国因劳力匮乏不得不为之举，也受客家、壮族、瑶族妇女的生产劳动习俗影响。客家由北方迁徙至南方，所处地理环境大多是荒山野岭，土地浇薄，仅靠耕种极难谋生。在客家社会，形成了男性一般外出经商，女性留家务农的家庭分工模式。广西壮族、瑶族的母系社会解体较晚，壮、瑶族妇女也是家庭耕作劳务的主力。妇女广泛参加劳动显然是广西妇女劳动习俗在太平天国的一种由此及彼、理所当然的承续。此外，妇女的地位不仅取决于她们是否承担社会生产劳动，还取决于是否获得社会的尊重和相应的待遇。在客家、壮族、瑶族社会里，女性在家

---

① 张德坚：《贼情汇纂》，中国史学会主编：《中国近代史资料丛刊·太平天国》（三），上海：神州国光社，1952 年，第 111、310 页。

庭的地位仍然比较低，同样受礼教束缚，是父权、夫权和族权社会的附庸。洪秀全在《天父诗》中讲"耕田婆有耕田样"，[①] 将劳动妇女视作理所当然的劳动工具。因此，把《天朝田亩制度》中所说的"凡分田照人口，不论男妇"[②] 理解为主观意志上旨在确立男女经济地位的平等，未免过于牵强。将广西社会妇女生产劳动习俗强行移植于缠足之风盛行的江南女性社会，既违背习俗，也属难以施行，驱使小脚女人耕种，已超出她们的身体条件。

传统社会的女子教育完全局限在家庭中，女性主要学习德、言、容、功等品质、知识和技巧。太平天国的女子在一定程度上摆脱了家庭的限制，可出而受教育，具有一定进步性，主要表现为"听讲道理"。在广场上，"贼官每于旷野处设高坐，手持白扇讲论，集男女共听，谓之讲道理。女官亦偶为之"。[③] 在礼拜堂里，"凡礼拜日，伍长各率男妇至礼拜堂，分别男行女行，讲听道理，颂赞祭奠天父上主皇上帝"。[④] 在女馆里，"在战地所俘得之妇孺，使其分住别馆，均给予衣食及教育"。[⑤] 在天京建育才书院，设育才官专职教育各官子女读书。洪秀全强调子女教育："养子养女非本事，教子教女真本事，爱子爱女就要教，不教子女有大误。"[⑥] 从女性教育的内容看，一是进行宗教思想、教义和教规的学习，教读《旧遗诏圣书》《新遗诏圣书》《真命诏旨书》

① 《天父诗》，太平天国历史博物馆编：《太平天国印书》（下），南京：江苏人民出版社，1979年，第605页。

② 《天朝田亩制度》，太平天国历史博物馆编：《太平天国印书》（上），南京：江苏人民出版社，1979年，第409页。

③ 江夏无锥子：《鄂城纪事诗》，中国社会科学院近代史研究所《近代史资料》编译室主编：《太平天国资料》，北京：知识产权出版社，2013年，第38页。

④ 《天朝田亩制度》，太平天国历史博物馆编：《太平天国印书》（上），南京：江苏人民出版社，1979年，第410页。

⑤ 《英国政府蓝皮书中之太平天国史料》，中国史学会主编：《中国近代史资料丛刊·太平天国》（六），上海：神州国光社，1952年，第892页。

⑥ 《天父诗》，太平天国历史博物馆编：《太平天国印书》（下），南京：江苏人民出版社，1979年，第633—634页。

等；二是进行伦理道德的教育，《天父诗》就是洪秀全教育后宫子女的读本，儿童启蒙教育读本《三字经》《御制千字诏》《幼学诗》等除灌输宗教思想外，着重教育纲常伦理思想；三是进行有关太平天国的法令、制度的教育，如要求熟记《天条书》。太平天国要求女性接受教育，并非特别针对女性，而是针对全体军民，本着"天下一家"的理论，兄弟姊妹均为上帝子女，理应同沐上帝教化，知晓天情，学习真道，独尊上帝，这是责任和义务，具有强制性，并没有反映现代意义上男女教育平等的思想。

相反，为了束缚女性，洪秀全反复灌输"三从四德""三纲五常""贞操节烈"的思想，并没有突破传统礼教的教育范畴。此外，有学者根据《天朝田亩制度》规定男女同在礼拜堂礼拜上帝，认为太平天国将圈在家庭中的女性解放出来，享有同等的自由。但《天朝田亩制度》并没有讲明男女可以同处一室接受教育，反而强调"分别男行女行"，至于如何分别，时人记载男女听"讲道理"时需先男后女，依次进行，"听者已倦讲未已，男子命退又女子"。[①] 事实上，太平天国强调在各种场合严别男女，在南京城外的买卖街，"各伪目妇女，俱骑马入市中买物，服饰华极。每入茶肆，但男女不准交谈"。[②] 所谓太平天国女性的行动自由，被限定在同性之间、某些特权群体内部（女官、官员家眷等），且时时受到各种伦理教条的束缚，而一般女性被严格限制在家庭内部。她们的活动空间相当有限。当然严别男女之令在天京尤为严厉，在地方上宣讲道理时，则很难做到男女不得混杂。

缠足是汉族女子特有的习俗，相沿数百年。定都之初，太平天国即

---

① 马寿龄：《金陵癸甲新乐府》，中国史学会主编：《中国近代史资料丛刊·太平天国》（四），上海：神州国光社，1952年，第736页。

② 赵烈文：《能静居日记》，罗尔纲、王庆成主编：《中国近代史资料丛刊续编·太平天国》（七），桂林：广西师范大学出版社，2004年，第168页。

下令禁止妇女缠足，"初至江宁，即传伪令，妇女不准缠足，违者斩首"，① 遂有"一日万家缠足放，四更百长竭情驱"的景象。② 该法令在客观上冲击了缠足陋习，有一定积极意义，但还要考虑到太平天国废止缠足的主观动机。时人记载："贼婆皆粤西溪峒村媪，赤足健步，无异男子。……已缠之足，忽去束缚，几不能移跬步，而贼党令挑抬，其呼号之惨可以想见。"③ "贼蛮婆皆大脚，驱妇女出城当差，谓江南女子脚小无用。有丧心献媚者，耸传伪令，着其放脚。妇女皆去脚带，赤足而行，寸步维艰，足皆浮肿，行迟又被鞭打。呼号之声，不绝于道。"④ 曾在天京生活过的马寿龄作有《禁裹足》诗一首："大者不能小，小亦不能大，斯理最易明，固然无足怪。天机本自然，人心弄狡狯，纤趾幻金莲，风俗嗟已败，相习既云久，用别斯养辈，无如赤足妇，相对惭形秽，出令戒缠足，违者遇之恚。轻或施以鞭，重且系以械，迁怒小过摘，报怨苦差派，鞋帮束脚松，鞋底触石坏，十指抵地行，奇痛胜蜂虿，趑趄又倾跌，此形实狼狈，臃肿又靸瘃，此病非癣疥，不敢怨今日，性命原草芥，只是恨当年，阿娘贻我害。"⑤ 士子文人或对太平天国充满敌意，叙事不免夸大，但类似记载在时人日记、笔记中俯拾皆是，所叙之事应大致与事实相当。由此可见，太平天国禁止缠足，一是受客家女子习俗之影响。参加金田首义的女子以客家人和壮、瑶等少数民族为主，性喜跣足健步，强迫江南女子解放已缠之足，

① 张德坚：《贼情汇纂》，中国史学会主编：《中国近代史资料丛刊·太平天国》（三），上海：神州国光社，1952 年，第 316 页。

② 佚名：《金陵纪事》，太平天国历史博物馆编：《太平天国史料丛编简辑》（二），北京：中华书局，1962 年，第 53 页。

③ 张德坚：《贼情汇纂》，中国史学会主编：《中国近代史资料丛刊·太平天国》（三），上海：神州国光社，1952 年，第 316 页。

④ 沈隽曦：《金陵癸甲摭谈补》，中国史学会主编：《中国近代史资料丛刊·太平天国》（四），上海：神州国光社，1952 年，第 681 页。

⑤ 马寿龄：《金陵癸甲新乐府》，中国史学会主编：《中国近代史资料丛刊·太平天国》（四），上海：神州国光社，1952 年，第 731—732 页。

忽视了地域文化差异，超出了江南女性的心理和身体承受力。二是直接动机是为更多地征派女性徭役，以解决后勤供应和各类劳作的人手不足问题。三是此举简单粗暴，非但没有保护女子的身体不受摧残，反而因放足后立即强制她们从事户外劳动而加剧了其痛苦。事实证明，太平天国禁止缠足并没有上升到近代妇女解放的思想高度，当遇到江南社会的阻力后，太平天国迅速调整政策，对裹足的禁令逐渐松弛，从侧面证实了这一论断。

前文对太平军禁娼做了概述，客观上有利于树立良好的社会风习，但其直接主观目的不是挽救失足女性和禁止摧残女性身心的恶习，而是从宗教、反对淫乱和净化社会风气的角度出发。后期禁娼令弛禁，太平军也有狎妓嫖娼者，部分占领区色情业泛滥。

中国历代王朝盛行蓄养奴婢，或为服务官方的官奴，或为侍奉绅富的私奴，地位低下，处境恶劣。太平天国在《天朝田亩制度》中规定，"凡天下婚姻不论财"；① 洪仁玕在《资政新篇》中建议："准富者请人雇工，不得买奴"，"不得已难养者，准无子之人抱为己子，不得作奴视之"。② 这里明确否定买卖婚姻，禁止买奴做工和买子作奴，但没有明确宣布废除奴婢制度。而且《天朝田亩制度》颁布时，太平天国在推行隔绝男女和拆散家庭的政策，根本不允婚配，《资政新篇》则完全没有施行，文本和现实严重脱节，无法说明在现实中太平天国没有奴婢现象存在。太平天国废弃宦官制度，诸王府都大量使用女性服侍诸王饮食起居、处理事务，天王府内除天王父子外，没有一个男性，"有 1000

---

① 《天朝田亩制度》，太平天国历史博物馆编：《太平天国印书》（上），南京：江苏人民出版社，1979 年，第 410 页。

② 洪仁玕：《资政新篇》，太平天国历史博物馆编：《太平天国印书》（下），南京：江苏人民出版社，1979 年，第 689 页。

名妇女侍候他们",① "伪王娘以下备媵妾者一千二百余人"。② 各级馆衙也由妇女承担杂役,各级女官还配有"女使",这些女子与过去的奴婢无异,时人记载:"各贼馆中,贼妻亦时相往来,间有乘马者,亦有小女子服事如婢女然。"③ 后期洪仁玕、李秀成、陈玉成、李世贤诸王均广蓄男优和女乐,或搭戏台演戏,或奏乐助兴。女子有时直接成了慰问、馈赠、奖赏的礼品,洪秀全封苗沛霖为奏王,"恩赐王娘数名,不日英王专员护送前来"。④ 女馆中的女性也时常供有功将士自择,这类女性完全没有了人格和尊严。后期有买卖奴婢的现象。常熟太平军头目"收雇贫妪穷女,用作奴婢"。⑤ 秀水太平军掳掠女子,与枪船交易,面目端好者计卖二十四元。⑥ 事实证明,太平天国非但没有禁止蓄养奴婢,反而大量使用女婢。

曾有学者认为,太平天国准许寡妇再嫁,是对传统社会伦理道德和女性"贞节观"的一种冲击,具有妇女解放的历史意义。太平军首领在天京"讲道理"时公开宣称:"尔辈生逢太平日,举足便上天堂梯,夫死自有夫,妻死自有妻。"⑦ 时人记天京事:"寡妇频言与丈夫,柏舟节义笑

① 《霍布森牧师的一封信》,罗尔纲、王庆成主编:《中国近代史资料丛刊续编·太平天国》(九),桂林:广西师范大学出版社,2004年,第287页。

② 李圭:《金陵兵事汇略》,罗尔纲、王庆成主编:《中国近代史资料丛刊续编·太平天国》(四),桂林:广西师范大学出版社,2004年,第260页。

③ 佚名:《避难纪略》,《太平天国史料专辑》(《中华文史论丛》增刊),上海:上海古籍出版社,1979年,第66页。

④ 《余定安再上筹天义梁扶殿左一同检刘禀申》,太平天国历史博物馆编:《太平天国文书汇编》,北京:中华书局,1979年,第236页。

⑤ 汤氏:《鳅闻日记》,罗尔纲、王庆成主编:《中国近代史资料丛刊续编·太平天国》(六),桂林:广西师范大学出版社,2004年,第331页。

⑥ 沈梓:《避寇日记》,罗尔纲、王庆成主编:《中国近代史资料丛刊续编·太平天国》(八),桂林:广西师范大学出版社,2004年,第72页。

⑦ 马寿龄:《金陵癸甲新乐府》,中国史学会主编:《中国近代史资料丛刊·太平天国》(四),上海:神州国光社,1952年,第736页。

为迁。"① 安徽桐城太平军处死一张姓罪犯,"命将张妻另为择配"。② 可见太平天国并没有严禁寡妇改嫁。在客家地区,寡妇改嫁称"二婚亲",改嫁妇女称"再醮之妇",虽然不如初婚受重视,但寡妇再嫁是一种被族群、被社会包容的比较普遍的现象。壮族和瑶族妇女在婚姻中也有较多自主权,如壮族女性就可以"外嫁""招夫"和"转房"。将客家女性及广西少数民族允许寡妇再婚的习俗带入太平天国,是一种对地域文化的客观承袭,而非主观自觉意识。洪秀全和太平天国从未颁布过任何干预寡妇婚姻的法令,但洪秀全将"人娶妻而死,其妻改嫁他人"称作"凡情",③"凡情"常与"歪例"连用,与"天情""真道"对立,洪秀全说,"凡情丢却尽,方得上天堂",④ 表达了他反对寡妇再嫁的态度。而且,洪秀全连篇累牍地向女性灌输"三从四德"和贞节思想,《幼学诗》称,"女道总宜贞,男人近不应,幽闲端位内,从此兆祥祯";《天父诗》称,"各人有各人夫妻,不准混杂乱些须,些邪该斩单留正,天法不饶后悔迟";《太平礼制》称,"妇人以贞节为贵者也";《天情道理书》称,"孝子忠臣兼节妇,女男同庆得超升";《幼学诗》高度颂赞古代"节妇断臂"故事:"被牵将手断,节烈真堪诵。"⑤《太平礼制》规定,丞相妻至军师妻加称"贞人",中高级女官也称"贞人",此谓即强调女性贞操为上。一面是男子公然大搞多妻制,一面是强调女

① 佚名:《金陵纪事》,太平天国历史博物馆编:《太平天国史料丛编简辑》(二),北京:中华书局,1962年,第53页。按,柏舟节义指夫死不嫁的操守。

② 许奉恩述,方濬颐记:《转徙余生记》,中国史学会主编:《中国近代史资料丛刊·太平天国》(四),上海:神州国光社,1952年,第508页。

③ 《钦定前遗诏圣书·马太传福音书卷一》,罗尔纲、王庆成主编:《中国近代史资料丛刊续编·太平天国》(一),桂林:广西师范大学出版社,2004年,第140页。

④ 《天条书》(重刻本),太平天国历史博物馆编:《太平天国印书》(上),南京:江苏人民出版社,1979年,第33页。

⑤ 参见太平天国历史博物馆编:《太平天国印书》,南京:江苏人民出版社,1979年,第63、64、543、618、673页。

子严守贞操，民谣云："大小贞人共一床，模模糊糊过时光。"① 妇女守寡现象也常见，"乱点出征征不返，贞人远望在高楼"。② 太平天国的女性受到"礼制"束缚，在诸多清规戒律的限制下，男女隔绝，她们的活动空间被限定在后宫、女馆或家庭，正常的异性接触也被严禁，更不要奢谈寡妇再嫁会成为一种普遍现象。丁酉年病危时，洪秀全就嘱咐其妻赖氏在他身死之后，"尔不可嫁""依兄勿嫁"，③ 只是受族群和地域习俗的影响，洪秀全并未严令禁止。

太平天国的女性在婚姻家庭中地位十分卑下。定都之初，太平天国颁行的一份通告称："男有男行，女有女行，男习士农工商，女习针指中馈，一夫一妇，理所宜然。"④ 这里明确提倡一夫一妻制。当时太平天国严厉推行隔绝男女、拆散家庭的政策，虽夫妇不得同居，犯者立斩，连男性赴女馆省视母亲、探看妻女也受限制，"只宜在门首问答，相离数武之地，声音务要响亮，不得径进姐妹营中，男女混杂"。⑤ 在以军事编制取代家庭的情况下，所谓一夫一妻的倡议不过是空想。可是洪秀全等诸王不时在随军女子和地方民女中遴选后妃，定都后，每逢诸王寿诞，按例在城中女馆选美，分予诸王。

为平复军中将士和民间百姓日益高涨的嗟怨之声，洪秀全、杨秀清等将自己享有的特权归于上帝的安排，"谓天父怜各人劳心过甚，赐来

---

① 李光霁：《劫余杂识》，中国史学会主编：《中国近代史资料丛刊·太平天国》（五），上海：神州国光社，1952 年，第 314 页。按，"大贞人"即妻，"小贞人"即妾。

② 丁葆和：《归里杂诗》，太平天国历史博物馆编：《太平天国史料丛编简辑》（六），北京：中华书局，1963 年，第 463 页。

③ 《太平天日》，太平天国历史博物馆编：《太平天国印书》（上），南京：江苏人民出版社，1979 年，第 36 页。

④ 《国宗提督军务韦石革除污俗禁娼妓鸦片黄烟海谕》，太平天国历史博物馆编：《太平天国文书汇编》，北京：中华书局，1979 年，第 90 页。

⑤ 《天情道理书》，太平天国历史博物馆编：《太平天国印书》（下），南京：江苏人民出版社，1979 年，第 529 页。

美女"，①"兄弟聘娶妻妾，婚姻天定，多少听天"，② 这种说教没有任何说服力，只会有损于上帝权威。而上至侯爵、丞相，下至庶民，冒死同居之事时有发生。迫于内外压力，为安抚人心，1854 年 9 月 29 日，东王杨秀清以"天父"传言的形式，允准"铺排尔一班小弟、小妹团聚成家"。③ 原有夫妻得以团聚，为官未婚者可以择偶成婚。但这仍是局限在一定特权群体内部的强制性婚姻，普通士兵和庶民仍然没有资格娶妻。1855 年初，"贼令各伪官每人娶妇数名，许其自择。不从者甚夥"。④ 法国耶稣会传教士葛必达在天京观察到太平军庆祝集体婚礼的情况，"他们将城里的主要住宅按照功劳大小分配给来自广西和湖广的军人，让他们同所控制的无数年轻姑娘中的一人结婚。……成百的妇女由于不愿与这些冒险家共命运，宁可一死了之，就像南京当初被攻占时那样。她们有的上吊，有的投河，有的放火烧掉房子，把自己埋葬在废墟中"。⑤ 这种捆绑式婚姻是特权阶层身份和地位的象征。1860 年，洪秀全在《钦定前遗诏圣书》里批注："今上帝圣旨，大员妻不止。"⑥ 1860年冬，洪秀全颁发《多妻诏》，颁布了多妻制的具体实施细则：东王、西王各十一妻，南王至豫王各六妻，高级官员三妻，中级官员二妻，低级官员人等各一妻，明确宣布按照官职大小自高而低，依级递减，上多

① 谢介鹤：《金陵癸甲纪事略》，中国史学会主编：《中国近代史资料丛刊·太平天国》（四），上海：神州国光社，1952 年，第 658 页。

② 《东王杨秀清答覆英人三十一条并质问英人五十条诰谕》，罗尔纲、王庆成主编：《中国近代史资料丛刊续编·太平天国》（三），桂林：广西师范大学出版社，2004 年，第 20 页。

③ 王庆成编注：《天父天兄圣旨》，沈阳：辽宁人民出版社，1986 年，第 111—112 页。

④ 谢介鹤：《金陵癸甲纪事略》，中国史学会主编：《中国近代史资料丛刊·太平天国》（四），上海：神州国光社，1952 年，第 666 页。

⑤ 《耶稣会葛必达神父的一封信》，罗尔纲、王庆成主编：《中国近代史资料丛刊续编·太平天国》（九），桂林：广西师范大学出版社，2004 年，第 169—170 页；"A Letter from Fr S. Clavelin S. J.," in Prescott Clarke and J. S. Gregory eds., *Western Reports on the Taiping: A Selection of Documents*, London: Groom Helm Ltd., 1982, pp.176-177.

⑥ 《钦定前遗诏圣书》，罗尔纲、王庆成主编：《中国近代史资料丛刊续编·太平天国》（一），桂林：广西师范大学出版社，2004 年，第 316 页。

下少，切莫妒忌。①

总之，太平天国根本没有扫荡传统礼教，反而反复过度渲染，洪秀全等人在主观上没有萌发男女平等，妇女解放的自觉意识。

2. "为妇之道"

首先是反对淫乱。洪秀全十分痛恨奸淫女性和乱伦私通。他在《百正歌》中列举了桀、纣贪色，齐襄公淫妹，楚平王纳媳，唐宪宗纵妻，以致国乱身死的"不正"典例；《原道救世歌》以"第一不正淫为首"；《天条书》第七天条为"不好奸邪淫乱"。故太平天国严禁男女私通、淫乱，"贼禁止奸淫甚严，强逼者斩，男私通者，男女俱斩，各街俱有伪官巡查，如有犯者，听妇女喊禀，即时枭首示众。贼据省城，将及一月，而妇女尚能保全，因有此暴中之一仁也"，在客观上确有保护妇女的作用。②起事之初，鉴于各地会众多举家举族加入，为适应流动作战需要，太平天国严别男女，这里也有防止淫乱的思想因素。

《圣经》包含了反对奸淫、私通和乱伦的内容。例如《新约·马太福音》第19章第9节记："凡休妻另娶的，若不是为淫乱的缘故，就是犯奸淫了；有人娶那被休的妇人，也是犯奸淫了。"第18节记："耶稣说：就是不可杀人，不可奸淫，不可偷盗，不可作假见证。"洪秀全特别痛恨男女私通淫乱，他在钦定《圣经》时，凡遇男女私通行为，全部改为犯第七天条必杀。对于乱伦行为，《旧约·利未记》第18章第6节记："不可露骨肉之亲的下体，亲近他们。"第20章第10—21节明确记载凡乱伦者，"总要把他们二人治死，罪要归到他们身上"。对于为何严禁奸淫情事，《新约·哥林多前书》第6章第13、18—19节记："身子不是为淫乱，乃是为主"，"人所犯的，无论什么罪，都在身子以

---

① Franz Michael and Chung-li Chang eds., *The Taiping Rebellion: History and Documents*, Vol. Ⅲ, Seattle: University of Washington Press, 1971, pp.984~985.

② 江夏无锥子：《鄂城纪事诗》，中国社会科学院近代史研究所《近代史资料》编译室主编：《太平天国资料》，北京：知识产权出版社，2013年，第35页。

外；惟有行淫的，是得罪自己的身子。岂不知你们的身子就是圣灵的殿吗？这圣灵是从神而来，住在你们里头的"。《新约·马可福音》第7章第21—23节记："因为从里面，就是从人心里发出恶念、苟合、偷盗、凶杀、奸淫、贪婪、邪恶、诡诈、淫荡、谤讟、骄傲、狂妄。这一切的恶都是从里面出来，且能污秽人。"也就是说，淫乱污秽人之心灵，同时是触犯上帝的大罪。梁发在《劝世良言》中多次提到奸淫是罪恶："而惟识奸恶邪淫的罪是重。盖邪淫固是大恶，比之悖逆神天上帝，不肯尊崇之者，其恶之罪，不能胜数。"其反对奸淫的原因是："上不敬畏神天上帝，下不遵圣人之言。又不听善人劝教，无法无天，终日无所不为"，"女色诱惑人心，迷乱人志，令人颠颠倒倒，丧身灭德，败国亡家，种种恶逆，亦系因女色而致也"。[①]与《圣经》反映的思想几乎一致。洪秀全反对淫乱的思想显然吸取了基督教宗教思想，结合其内心根深蒂固的中国儒家传统文化那一套男女授受不亲、礼义廉耻、贞操节义、禁欲主义等伦理纲常，耶儒合流，从而强化了这类思想意识。洪秀全的主观出发点并非是为保护妇女。

其次是多妻制思想。洪秀全践行多妻制，主要是中国传统社会男权思想和皇权思想的体现，但《旧约·创世记》中也有多章提到娶妾的事例，如第28章第9节提到以扫"在他二妻之外，又娶了玛哈拉为妻"，第30章第15—30节记雅各纳妻子婢女为妾。这说明《旧约》不反对多妻。太平天国使用婢女首先是对传统的继承，然后是受到《圣经》的影响。《旧约·出埃及记》第21章第1—10节详细记载了女奴婢的使用期限、对待奴婢的态度和方式等内容。

最后是妇道思想。洪秀全给妇女制定了许多清规戒律，在太平天国官书中多有记载。其中以《幼学诗》最为典型。在太平天国立国之初

---

① 梁发：《劝世良言》，中国社会科学院近代史研究所近代史资料编辑组编：《近代史资料》总39号，北京：中华书局，1979年，第51、74页。

的 1852 年，洪秀全就颁行了《幼学诗》，包括 34 首五言诗，分为 27 道和 7 篇，其中有 8 首专为定位女性的伦理道德，分别是母道、媳道、姐道、妹道、妻道、嫂道、婶道、女道，将传统社会的伦理道德用直白的语言写进儿童的启蒙教育读物，反复灌输女性应恪守"三从四德"的思想，如"妻道在三从，无违尔夫主，牝鸡若司晨，自求家道苦"，足见洪秀全的男权思想。

洪秀全后宫女性的地位和角色在整个太平天国女性群体中具有代表性。定都之初，洪秀全颁布《严别男女整肃后宫诏》："咨尔臣工，当别男女。男理外事，内非所宜闻。女理内事，外非所宜闻。朕故特诏，继自今，外言永不准入，内言永不准出。"他还宣称"后宫为治化之原，宫城为风俗之本"，也就是指天朝后宫是太平天国治化风俗的表率，"天国"境内俱要效仿施行。[①] 后来刊刻的《天父诗》老调重弹："后宫各字莫出外，出外母鸡来学啼；后宫职份服事夫，不闻外事是天排。"[②] 意在营建传统社会男主外女主内的家庭结构。非但宫内外男女隔绝，即便是宫廷内部异性亲属之间也要严别。洪秀全赐给其子洪天贵福和女婿钟万信《十救诗》，包括妈别崽、姊别弟、哥别妹、嫂别叔、哥别婶、爹别媳、孙别婆、男别女、最紧喙、最紧心，实际是要求他们与女性严别的训言。[③] 洪天贵福 9 岁的时候就不准与母亲、姐妹见面，被迫趁天王坐朝时偷着去看望她们。后宫女子还常被当作奖赏恩赐给有功将士，幼主 9 岁时，天王就赐给他 4 个妻子。[④] 可见天朝后宫女性地位之卑微，活动空间十分有限。洪秀全在《天父诗》中着重强调后妃

---

① 太平天国历史博物馆编：《太平天国文书汇编》，北京：中华书局，1979 年，第 38 页。

② 《天父诗》，太平天国历史博物馆编：《太平天国印书》（下），南京：江苏人民出版社，1979 年，第 642 页。

③ 《幼主诏书》，太平天国历史博物馆编：《太平天国印书》（下），南京：江苏人民出版社，1979 年，第 798—799 页。

④ 《洪天贵福亲书自述》，罗尔纲、王庆成主编：《中国近代史资料丛刊续编·太平天国》（二），桂林：广西师范大学出版社，2004 年，第 433 页。

的言谈举止、伦理道德，其中有"十该打"诗：服事不虔诚，一该打；硬颈不听教，二该打；起眼看丈夫，三该打；问主不虔诚，四该打；躁气不纯静，五该打；讲话极大声，六该打；有喙不应声，七该打；面情不欢喜，八该打；眼左望右望，九该打；讲话不悠然，十该打。[①] 洪秀全脾气暴躁，甚至击踢怀有身孕的后妃。根据《天父诗》，他曾在后林苑内以"点天灯"的酷刑处死后妃。天王和后妃的关系已经逾越了人伦意义上的夫妻关系，也不是宗教意义上的兄妹关系，更像是主奴关系。

洪秀全的"为妇之道"思想，强化了传统社会女性的贞节操守思想和伦理道德观念，甚至较既往有过之而无不及。在《圣经》中我们也可以看到相似的表述，如《旧约·民数记》第 30 章第 3—16 节记载女子在家、出嫁、成为寡妇或被休时，向上帝许愿约束自己，这种约束被称作"摩西的律例"。《新约·以弗所书》第 5 章第 22 节记："你们作妻子的，当顺服自己的丈夫，如同顺服主。"《圣经》对妇女贞节的要求非常严格。《旧约·申命记》第 22 章第 13—30 节为"有关贞洁的条例"。《旧约·民数记》第 5 章第 11—31 节为"疑妻不贞的试验条例"。《新约·提多书》第 2 章第 4—5 节记载："好指教少年妇人爱丈夫，爱儿女，谨守、贞洁，料理家务，待人有恩，顺服自己的丈夫，免得神的道理被毁谤。"梁发在《劝世良言》中也连篇累牍地宣扬妇女服从丈夫，"为妇之道，以贞正为本。逊静品气，奉事翁姑，遵敬丈夫，顺服于礼，事之如主，宜有相爱相敬之心，共同尊崇神天，以资善义之德。"[②] 洪秀全很有可能吸收了基督教思想，儒家的女子"三从四德"观念在基督教典籍里找到了理论依据。

---

① 《天父诗》，太平天国历史博物馆编：《太平天国印书》（下），南京：江苏人民出版社，1979 年，第 574—575 页。

② 梁发：《劝世良言》，中国社会科学院近代史研究所近代史资料编辑组编：《近代史资料》总 39 号，北京：中华书局，1979 年，第 136 页。

综上，洪秀全妇女思想的形成，是耶儒合流的结果，但中国传统社会伦理纲常的思想烙印更深刻。正是中西思想的共鸣，加深了洪秀全内心中的伦理道德观念，也注定了太平天国的女性政策不可能冲破传统伦理思想的束缚。如果我们拘泥于历史表象，有意识地选择史料和历史片段推断在太平天国时代就已经实现了男女平等和妇女解放，那就无法解释后来近代中国妇女解放运动在黑暗中摸索着走过的艰难历史。太平天国没有近代妇女解放的思想，不宜过高估计。

六　应变十策：应对危机的政略实践

江南是太平天国建立较稳定统治并有力推行各项政策方略的地区。太平天国政府作为该区域的政治实体，在应对社会危机和基层统治方面均有不同程度的尝试和努力，主要采取了"应变十策"。因主客观条件限制，太平天国应对社会危机的成效不大，调控社会秩序的预期没有实现；但某些地区的太平天国地方当局在内忧外患的非常时期，仍能于社会建设领域有所建树，所以过去认为太平天国"重立不重建"的政权建设惯性也仅是相对而言的。政府调控和应对社会危机的政略实践，还是国家统治技术和社会战略的体现。太平天国的社会战略展现了太平天国时期国家与社会关系的特殊实态。

(一) 安民造册

1. 宣讲"道理"

"讲道理"是太平天国对士卒民众宣传教育的重要途径。在各占领

　　　　　　　　　　　　　　　太平天国再研究

地区，"讲道理"的实践经常而普遍。所讲内容主要有四：一是政治说教。宣扬奉天承运，号召民众投身反抗。二是宗教宣传。据清方探报，1853 年 11 月，太平军攻克安庆集贤关后，"高札木屋，宣讲伪书"。① 三是号召民众纳贡交赋。1861 年 10 月 23 日，硖石镇守将罗某至海宁袁花镇"设台讲礼，并催完银"；在常熟，1861 年 4 月 30 日，"各处师旅帅、司马、百长共有六七十人，齐来听长毛讲道理。各师、旅帅皆有馈献，或洋钱，或土"；② 1862 年 5 月 20 日，太平军的一位将领带百人"到镇讲道，无非要银"。③ 四是平抑民变。1861 年 3 月，常熟东乡梅塘医士王春园，因乡官派役逼索，盟约乡里，拆馆打官，守将钱桂仁亲至梅里书院安民讲道理，其事渐平。④ 四项内容的共同主旨均是为收拢民心，消弭变乱，稳定秩序。

随着太平天国统治方式的转型，"讲道理"的主旨也有变动，由初始的以政治说教和宗教宣传为中心，逐渐向以经济劝导为主过渡。所讲要旨不过劝谕民众进贡、交赋、纳税，所说所述已彰显"一切服从、服务于军事"的核心思想。随着太平军战局恶化，军纪松弛，行政败坏，"讲道理"的威信也逐渐下降，原本旨在安民却无法从根本上遏制勒贡和"打先锋"的泛滥，"讲道理"的承诺只是一纸空文，不再赢得民众信赖，其应对社会危机的功用愈加有限。

2. 出榜安民

"讲道理"是口传形式，"布告安民"则是文字形式。太平军每据

---

① 《工部左侍郎吕贤基等奏报收复集贤关及张熙宇等可否以功抵罪折》（咸丰三年十月初七日），中国第一历史档案馆编：《清政府镇压太平天国档案史料》第 10 册，北京：社会科学文献出版社，1993 年，第 423—424 页。

② 佚名：《庚申（甲）避难日记》，罗尔纲、王庆成主编：《中国近代史资料丛刊续编·太平天国》（六），桂林：广西师范大学出版社，2004 年，第 218 页。

③ 柯悟迟：《漏网喁鱼集》，北京：中华书局，1959 年，第 69—70 页。

④ 顾汝钰：《海虞贼乱志》，中国史学会主编：《中国近代史资料丛刊·太平天国》（五），上海：神州国光社，1952 年，第 372 页。

一地，都先"出示安民"，[①]"揭榜通衢"，[②]"为收拾人心计，大张晓谕"，[③] 甚至"通衢僻壤，俱有伪示"，[④] 极大地扩展了太平天国政治宣传和法令传播的空间。《太平天国文书汇编》收录安民布告 44 篇，其内容大致分三部分：宣扬正统、正义，申明太平军军纪；号召四民投诚进贡、编立门牌、举官造册、完粮交税；允诺严惩不法官兵，标榜建政决心，宣称对拒不归顺者进行武力震慑。"出榜安民"和"讲道理"均是太平天国为整肃治安，平抑社会危机做出的努力。但和"讲道理"一样，"出榜安民"的宗教教育和思想教育功能逐渐被为经济服务的现实功用取代，大肆倡言刍粮所出，不能不随时随地取给于民间，引起百姓普遍反感。

安民的另一种形式是发给地方安民旗。在苏州，商人陈孚益通过乡官吴某得安民旗一面，"上写'奉令招商'四字"，凡遇搜查皆"指旗而过"。[⑤] 在桐乡青镇，乡民进贡后，太平军当局"给小旗一方，书太平天国安民乡字样"。[⑥] 现存两面安民旗实物，均颁发于石门县，一面墨书"太平天国奉令安民"，[⑦] 一面上有"太平天国前军前营司马李奉令安民"字样。[⑧] 据此可知，安民旗主要有两类，一是通行凭据，一是维护治安的权力象征。在石门县，低级乡官两司马亦可持安民旗，说明安民旗发放之普遍。但安民旗的作用非常有限，特别是遇到过境太平军和"打先锋"的部队便可能失效，如湖州练市军帅沈国桢为阻止过境

---

① 光绪《富阳县志》卷 14《武备·兵事》，第 4 页 b；民国《龙游县志》卷 1《通纪》，第 15 页 a；民国《寿昌县志》卷 10《拾遗志·兵事·咸丰兵灾记》，第 15 页 a。

② 光绪《镇海县志》卷 37《杂识》，第 24 页 a。

③ 高昌寒食生：《劫火纪焚》，光绪十九年（1893）刻本，第 5 页 a，中国人民大学图书馆藏。

④ 柯超：《辛壬琐记》，中国社会科学院近代史研究所《近代史资料》编译室主编：《太平天国资料》，北京：知识产权出版社，2013 年，第 176 页。

⑤ 陈孚益：《余生纪略》，第 8 页 b，苏州图书馆藏稿本。

⑥ 光绪《桐乡县志》卷 20《杂类志·兵事》，第 10 页 b。

⑦ 浙江省博物馆等编：《浙江太平天国革命文物图录》，杭州：浙江人民出版社，1984 年，第 8 页。

⑧ 太平天国历史博物馆编：《太平天国文物》，南京：江苏人民出版社，1992 年，第 139 页。

太平军杀戮，"麾旗禁止"，却被太平军重伤而死。① 所以安民旗并不能从根本上遏制太平军的违纪行为。

3. 编户造册

进贡是民众对太平天国政治归顺的标志，太平天国随即进行的编查户口，分发门牌，选任乡官则是正式设治建政的标志。编户造册旨在掌握人口数量。首先这是政权统治确立的标志，太平天国不能只有政府、官员、军队、土地，而没有百姓；其次是便于选任乡官，征发徭役，建立地方武装和扩充太平军；最后是稳定社会秩序、维护社会治安，这是门牌制度的主要功用，"以备稽查户口而杜奸宄事"，② "给发门牌张挂，以免兵士滋扰"。③ 维护地方治安是门牌制度创建和实践的初衷，但随着战局恶化，吏治败坏，物资开销加剧，门牌制度的经济意义凸显：一是通过人口登记，掌握家庭贫富，以便派捐征税；二是收敛门牌费，由于太平天国占领区均有门牌之立，此项杂税成为太平天国财政的重要收入。

所谓"造册"就是根据门牌的登记和发放情况编造户籍册，常熟秀才龚缙熙曾在乡官局亲见"军、师、旅帅及卒长、司马麾下烟户门册"，"称子民某，开祖、父、母暨兄、弟、姊、妹、妻、女、子、妇几口，俱注年岁，向例所无；又簿填田产若干，以备收租征赋"。④ 另一类"造册"则是编造田册，与社会治安无关。

一般来说，编户造册工程浩繁，太平天国战事频仍，原本无暇全面推行，而实际执行情况却相当普遍，展现了太平天国政府在应对社会危

① 佚名：《寇难琐记》，南京大学历史系太平天国史研究室编：《江浙豫皖太平天国史料选编》，南京：江苏人民出版社，1983 年，第 158 页。

② 浙江省博物馆等编：《浙江太平天国革命文物图录》，杭州：浙江人民出版社，1984 年，第 138 页。

③ 《朗天安陈炳文劝嘉兴士民赶紧输粮纳贡钧谕》，罗尔纲、王庆成主编：《中国近代史资料丛刊续编·太平天国》（三），桂林：广西师范大学出版社，2004 年，第 72 页。

④ 龚又村：《自怡日记》，罗尔纲、王庆成主编：《中国近代史资料丛刊续编·太平天国》（六），桂林：广西师范大学出版社，2004 年，第 50 页。

机、恢复和稳定地方社会秩序方面的努力。从执行效果看，由于政治意义向经济职能的转变，门牌制度引起社会不满和抵触，激发民变等对立行为，降低了编户造册调控社会秩序的功效。现存不少空白门牌实物，说明当时清户工作还不彻底，[①] 如绍兴州山村即以村为单位缴纳门牌费，出售门牌后太平军当局不再干涉门牌制度的落实，[②] 由此可能出现只填写编号的空白门牌留世。

（二）招辑流亡

战争引发了大规模的人口迁移。维系相当数量的人丁户口，是新政权稳定统治基础的关键；迁移过程中产生的大量流民、饥民、灾民、难民也是社会治安的隐患，所以安辑难民成为政府预防和调控饥民暴动、流民滋事、灾民闹赈等社会危机的有效途径。

太平天国各地方政府普遍重视招辑流亡的工作。1857 年在安徽即已施行，潜山监军黄振钧"奉伪将帅张潮爵令寀天堂，诈称招抚流离"。[③] 太平军据守江南后更为普遍。吴江自 1860 年秋间设施粥局留养难民，持续一年有余，"每口给票，朝暮发粥四碗，日渐增多，日需白米四五石，加柴料工费。又有逃难过往之人住宿，给路凭资遣别处"。[④] 常熟当局也于同年 11 月专委乡绅钱伍卿"总理常昭难民局"，"六门盖造厂宇，留养难民，施衣赈粥"，[⑤] "延至年余，全活无数，功

① 浙江省博物馆等编：《浙江太平天国革命文物图录》，杭州：浙江人民出版社，1984 年，第139、140 页；太平天国历史博物馆编：《太平天国文物》，南京：江苏人民出版社，1992 年，第 86、87、96 页。

② 吴燮恺：《劫难备录》，第 7 页，绍兴图书馆藏抄本。

③ 储枝芙：《皖樵纪实》，罗尔纲、王庆成主编：《中国近代史资料丛刊续编·太平天国》（五），桂林：广西师范大学出版社，2004 年，第 39 页。

④ 倦圃野老：《庚癸纪略》，罗尔纲、王庆成主编：《中国近代史资料丛刊续编·太平天国》（五），桂林：广西师范大学出版社，2004 年，第 319 页。

⑤ 柯悟迟：《漏网喁鱼集》，北京：中华书局，1959 年，第 51 页。

德莫大"。①

　　浙江嘉兴、湖州等地也常见官民合办的抚恤局、施粥局等救济组织。在太平天国占领区，像收尸局、抚恤局、施粥局之类的社会救济组织往往缺乏生命力。各地抚恤局、施粥局存在时间大多不过二三月即趋于废弛。尽管救济组织的存在的确有利于改善民生，缓和社会矛盾，个别地区也成效颇著，但大多难以长久维系。太平天国战争时期，难民群体规模大，流动时间长、范围广，抚恤赈济工作所需人力、物力、财力浩大，只有政府强有力的统一调配才能做到赈济工作的有序铺排，也只有政府财政的强力支持才能使社会事业持续运作。但战时的太平天国政府很难达到这两个层面的要求，太平天国政府低效的政权建构和"积贫"的财政状况对救济事业的束缚也导致了太平天国基层治理方面的"困局"。

(三) 管理诉讼

　　司法公正有助于推进社会公平。太平天国占领区的民间听讼断狱之权一般由乡官直接掌管。在江阴，乡民"进状则告乡官，告军帅，信口而称天朝、称大人"；②在湖州双林镇，"民有争讼，由乡官理之，酋不与闻"。③也有地方守将经理诉讼的事例，如濮院镇守将顶天豫张镇邦"故武弁出身，善识民情，市井中有以小事入告者，随即坐堂听审，颇明允，不索讼费，以故日问公事，观者盈庭"。④太平天国政府对地方

---

　　① 汤氏：《鳅闻日记》，罗尔纲、王庆成主编：《中国近代史资料丛刊续编·太平天国》（六），桂林：广西师范大学出版社，2004年，第342页。

　　② 章型：《烟尘纪略》，南京大学历史系太平天国史研究室编：《太平天国史论考》，南京：江苏古籍出版社，1985年，第383页。

　　③ 民国《双林镇志》卷32《纪略·杂记·兵燹记》，第13页b。

　　④ 沈梓：《避寇日记》，罗尔纲、王庆成主编：《中国近代史资料丛刊续编·太平天国》（八），桂林：广西师范大学出版社，2004年，第183页。

司法的管理，特别是驻防佐将经理诉讼的案例，反映了太平天国政治权力向地方社会的扩张，故时人感慨太平天国治下"民有诉事者，杖责牢禁不少贷"，①"东南半壁已难安，法令居然到弹丸"。②

司法实践打破了《天朝田亩制度》关于诉讼案件层层审理、由下级向上级直至中央送达和裁决的理想规定，诉讼程序过于简化，缺少必要的监督和规范的审判环节；也没有系统的法律文本依据，主要依靠审理者的经验、旧法律常识和道德自律；而且司法权主要由基层乡官控制，乡官良莠不齐，素质不一，心态各异，司法公正与否全凭其主观意志决断。故造成两类截然不同的司法实态：湖州双林镇，"以塘桥垅总管堂前为行刑地，两年所杀可百人，皆凶恶之著名者，颇不冤滥"；③而像海宁袁花镇师帅高来来"杖势凶恶，无论士庶俱大链系之，彼竟南面，夜夜比审，必遂其所欲而后已"，④慈溪乡官"擅理词讼，桁扬鞭朴，俨若长官"。⑤更有甚者，因司法不公、基层官员贪腐激起民变，苏州吴县师帅许一亭因暴虐，于1863年2月2日夜，被不明人众杀死；⑥常熟和尚王某任旅帅，中饱私囊，1861年7月，"载宝在船，被南乡人砍死投尸华荡"。⑦

① 光绪《宜兴荆溪县新志》卷5《武事·咸丰同治年间粤寇记》，第11页b。
② 知非：《吴江庚辛纪事》，中国科学院历史研究所第三所编：《近代史资料》总4号，北京：科学出版社，1955年，第40页。
③ 民国《双林镇志》卷32《纪略·杂记·兵燹记》，第13页a。
④ 海宁冯氏：《花溪日记》，中国史学会主编：《中国近代史资料丛刊·太平天国》（六），上海：神州国光社，1952年，第701页。
⑤ 光绪《慈溪县志》卷55《前事·纪事》，第27页a。
⑥ 蓼村遁客：《虎窟纪略》，《太平天国史料专辑》（《中华文史论丛》增刊），上海：上海古籍出版社，1979年，第46—47页。
⑦ 龚又村：《自怡日记》，罗尔纲、王庆成主编：《中国近代史资料丛刊续编·太平天国》（六），桂林：广西师范大学出版社，2004年，第69页。

（四） 治理土匪

　　除那些主动配合和参加太平军的"土匪"外，太平天国治下大都进行了"清匪"行动，不仅在必要时动用军队剿办，还在基层政府立局差、巡查，在民间设团练、乡勇，负责缉盗捕匪。例如1862年1月，象山"南冲土匪某某辈，纠党数百"，守将张得胜"调劲兵三百、骑二十，令部下余逆统之"，"不费一金，遽夷大难"，土匪作鸟兽散，时人称之为奇。[①] 1863年1月，象山土匪赖大吉、蒋小麻等抢劫村民，被村民捕送官局，参天豫顾廷菁"欲以刑杀立威"，将其"就地正法"，"数十村同声称快"。[②] 1864年2月5日，海宁太平军会同袁花镇乡官局"领小卒千余，猝捕盗于马桥之长浜等处，纵火焚巢穴，获盗廿余人，皆斩之，盗劫始息"。[③]

　　太平军的治匪行动存在不足。一是在军事行动中有妄杀、枉杀百姓的现象。1861年12月，常熟太平军剿东北乡土匪，当大部队出动后，守将钱桂仁方"恐藉端纵掠，饬报无辜之家插旗免抄"，然为时已晚，"惜令到时已冲虹桥、柴角诸村，唯落后者幸免"。[④] 二是剿抚原则拿捏不准，未能区别对待参加者。如海宁"盖天王"的土匪队伍，参加者大部分为饥民、灾民，理应先行招抚；而不分胁从，一概剿灭，则把土匪中的普通成员推向绝境，死心塌地地跟着匪首亡命或潜伏，甚或降

---

　　① 王蒔蕙：《咸丰象山粤氛纪实》，罗尔纲、王庆成主编：《中国近代史资料丛刊续编·太平天国》（五），桂林：广西师范大学出版社，2004年，第209—210页。

　　② 佚名：《辛壬脞录》，中国科学院近代史研究所等编：《近代史资料》总34号，北京：中华书局，1964年，第199页。

　　③ 海宁冯氏：《花溪日记》，中国史学会主编：《中国近代史资料丛刊·太平天国》（六），上海：神州国光社，1952年，第709页。

　　④ 龚又村：《自怡日记》，罗尔纲、王庆成主编：《中国近代史资料丛刊续编·太平天国》（六），桂林：广西师范大学出版社，2004年，第82页。

清，继续为害地方。① 三是缺少善后政策，未见有太平军剿灭土匪后安抚民众的记载。

无论是前期不愿意主动联合土匪、会党等外部力量共同反清，还是后期在占领区不分良莠、不分主次地清剿土匪，均反映了太平天国自我孤立的心态和政略。太平天国以太平军控制城市，以乡官和地方武装维系乡村秩序的政略没有得到良好的收益，反而要为稳定乡村统治经常下乡清剿土匪、驱逐团练和迫敛赋税，牵制了大量人力、物力、精力，也造成后方基地失序。

（五）兴办团练

按《天朝田亩制度》的理想方案，维持地方倚靠乡官统领乡兵。乡兵是国家军事系统中的地方武装，它与太平军在理论上的不同是乡兵从属于地方政权系统，不是由太平天国中央政府直接管控。乡兵也与团练乡勇不同，它有正式、固定的人员编制，领导权归属地方政府，民众参加乡兵属义务兵役。

太平天国的地方武装主要有三类：一是照旧存在的招抚团练；二是乡官局中的局差、差役；三是自立自办团练。

后期太平天国在江南寻求与地方合作，实行招抚政策，李秀成本人及其部将均亲身实践。太平天国的招抚政策获得极大收益，江南团练多顺利易帜。

被太平天国招抚的团练不仅照旧维系地方，行政权亦有加强，重要表现是成立政府公务机构性质的"保卫局"。1862 年 2 月，湖州长兴潘顺天的枪船被太平军襄王刘官芳招抚，"于南阳墩改设伪人和局，其头

---

① 参见沈梓：《避寇日记》，罗尔纲、王庆成主编：《中国近代史资料丛刊续编·太平天国》（八），桂林：广西师范大学出版社，2004 年，第 213、227 页；海宁冯氏：《花溪日记》，中国史学会主编：《中国近代史资料丛刊·太平天国》（六），上海：神州国光社，1952 年，第 711、712 页。

目受职有差";次年 12 月,烈王江某占夹浦,"令乡官招集未出之枪划,仍于南阳墩设局,改人和为'保卫',而抽捐纳粮则如故";1864年 2 月,保卫局"设粥厂于鸿桥,收养难民"。[①] 长兴的"人和局""保卫局"均是由枪船团练局改组的类似乡官局的机构,不仅有武装保卫地方之责,还有征收赋税、社会救济之职。1860 年 6 月,吴江同里镇"设保卫局于财神堂,招勇百名",[②] "用枪船数十号,聚赌开场,演戏,局设东栅,兼管民间盗贼、词讼等事"。[③] 同年 10 月,无锡、金匮"各乡团局亦改为堂,以白旗易青旗,名曰保卫局。惟金匮荡口镇另设一局,与团局并立于三公祠,专办安民事务"。[④] 嘉兴地区也设保卫局,秀水新塍的枪船在 1862 年 9 月"假保卫局旗号而复出"。[⑤] 在团练势力照旧存在的地区,成立"保卫局"可能是普遍现象,保卫局的组织基础虽是旧有的团练局,但大多已经被太平军当局和地方势力合作改造,团练职权亦有扩大,这也是太平天国"立团""办团"政策的部分体现。也有地方将团练在清朝时的组织机构和成员全盘沿用,如象山贡生王芳棣自 1861 年 11 月"会同城中各绅富议,在姜毛庙设立保安局、练勇二百名保护地方",归降太平军后,王仍任"城中团董,日夜在保安局"。[⑥]

第二类具有维护社会治安职责的地方武装是乡官局中的局差,类似于旧官府衙役。在常熟、昭文,乡官局中"有无籍之徒,投身局中,伪

①　胡长龄:《俭德斋随笔》,中国史学会主编:《中国近代史资料丛刊·太平天国》(六),上海:神州国光社,1952 年,第 760、762 页。

②　倦圃野老:《庚癸纪略》,罗尔纲、王庆成主编:《中国近代史资料丛刊续编·太平天国》(五),桂林:广西师范大学出版社,2004 年,第 311—312 页。

③　知非:《吴江庚辛纪事》,中国科学院历史研究所第三所编:《近代史资料》总 4 号,北京:科学出版社,1955 年,第 46 页。

④　佚名:《平贼纪略》,太平天国历史博物馆编:《太平天国史料丛编简辑》(一),北京:中华书局,1961 年,第 273 页。

⑤　沈梓:《避寇日记》,罗尔纲、王庆成主编:《中国近代史资料丛刊续编·太平天国》(八),桂林:广西师范大学出版社,2004 年,第 156 页。

⑥　民国《象山县志》卷 9《史事考》,第 65 页 b—66 页 a。

充差役"，"头差"是"局差徐兆康"，监军公馆、军帅局由其防守，凡遇勒令捐银，避匿不出者，"立使局差徐兆康提拿拷问"，有擅自剃发者由其"锁住"治罪。1860 年 10 月，王市西田村发生反对太平军掳掠的群体事件，乡民将违纪士兵缚送军帅局，乡官"乃令局差送东圣堂汪胜明收去"，押解犯人亦由局差负责。① 海宁袁花镇乡官局也有局差之设，"羽党大盛，又用无赖子为局差，如狼虎一般"。② 绍兴有局差催捐，"各捐户一礼拜不缴，则催之以委员，再缓，则催之以局差，再缓，则令贼兵锁拿押缴"，时人确指"局差即向之府县役，需索无厌"。③"局差"之谓或为时人随意称述，未必有统一名目。同样是记常熟事，《自怡日记》载 1861 年 3 月有人控告乡官"私设租局"，"伪官饬役捆解"；又记 1862 年 4 月征收上忙银及各项杂税，"师发役五十名，以备追索"，这里称"役"而非"差"，但与上述"局差"为同一群体应无问题。④ 吴江监军钟志成属下有"护将"之职，有与上海通书者，"为护将所见，拘人勒财，以作犯法"；有士子不肯应试者，"着护将执锁封捉人"。⑤"局差""差役""护将"应都是同一类乡官佐员，负责地方治安、侦查、缉拿等事。这类人员数量不多，无定制，是维护治安的官方专职人员。

第三类地方武装是太平天国在占领区内自立自办的团练。苏州有

① 汤氏：《鳅闻日记》，罗尔纲、王庆成主编：《中国近代史资料丛刊续编·太平天国》（六），桂林：广西师范大学出版社，2004 年，第 318、325、324、321 页。

② 海宁冯氏：《花溪日记》，中国史学会主编：《中国近代史资料丛刊·太平天国》（六），上海：神州国光社，1952 年，第 699 页。

③ 王彝寿：《越难志》，罗尔纲、王庆成主编：《中国近代史资料丛刊续编·太平天国》（五），桂林：广西师范大学出版社，2004 年，第 147 页。

④ 龚又村：《自怡日记》，罗尔纲、王庆成主编：《中国近代史资料丛刊续编·太平天国》（六），桂林：广西师范大学出版社，2004 年，第 59、98 页。

⑤ 知非：《吴江庚辛纪事》，中国科学院历史研究所第三所编：《近代史资料》总 4 号，北京：科学出版社，1955 年，第 39、44、45 页。

"团练长"之设，桐乡赌棍周三曾将无赖钱四毛推荐给慕王做"团练长"。① 在常熟，1860 年 12 月，"曹和卿因招入城，见胡伪官，邀同见慊天燕钱桂仁，议及设勇防土匪与设局收漕事"；② 1861 年 5 月，常熟太平军当局公开"出示沿海一带集民团练"；③ 6 月，"钱伍卿由指挥升右十八参军，派留鹿园召募团练"；④ 8 月，"钱伍卿又使乡官召募民勇，分置福山塘，设局十处，直至恬庄"。⑤ 在海宁袁花镇，1861 年 10 月 12 日，太平军"鸣锣催开市，并勒镇人每十家出二人守夜，十家中张挂大灯，号'民团'二字，查察奸细，凡夜行过市，必传递而进，市人畏势，无一梗命者"；不久，"贼馆出伪示，欲镇人团练保守"；1862 年 12 月，"椿树下等处共数十里地方皆团练守夜"。⑥ 在湖州乌镇，1860 年 12 月，军帅董沧洲"集枪船环其门，名为团练"。⑦

理想方案中的乡兵制度与实践中的乡勇在性质和组织上均有不同，但两者在类型上又极为相似，如以"寓兵于农"为原则，以"杀敌捕盗"为功用，所以太平天国关于乡兵制度的执行偏差可能是被地方团练的社会实际同化所致。在燕王秦日纲的一份诲谕中有"凡尔四民，须要醒醒，不必多生恐惧，况各郡县业已团集乡兵，即有些少残妖拦入，何难一时扑灭"之辞。⑧ 洪秀全在 1858 年所颁《答天豫薛之元镇守天浦

① 沈梓：《避寇日记》，罗尔纲、王庆成主编：《中国近代史资料丛刊续编·太平天国》（八），桂林：广西师范大学出版社，2004 年，第 221 页。

② 龚又村：《自怡日记》，罗尔纲、王庆成主编：《中国近代史资料丛刊续编·太平天国》（六），桂林：广西师范大学出版社，2004 年，第 51 页。

③ 柯悟迟：《漏网喁鱼集》，北京：中华书局，1959 年，第 53 页。

④ 龚又村：《自怡日记》，罗尔纲、王庆成主编：《中国近代史资料丛刊续编·太平天国》（六），桂林：广西师范大学出版社，2004 年，第 67 页。

⑤ 汤氏：《鳅闻日记》，罗尔纲、王庆成主编：《中国近代史资料丛刊续编·太平天国》（六），桂林：广西师范大学出版社，2004 年，第 353 页。

⑥ 海宁冯氏：《花溪日记》，中国史学会主编：《中国近代史资料丛刊·太平天国》（六），上海：神州国光社，1952 年，第 690、691、708 页。

⑦ 皇甫元垲：《寇难纪略》，第 4、24 页，桐乡市图书馆藏排印本。

⑧ 太平天国历史博物馆编：《太平天国文书汇编》，北京：中华书局，1979 年，第 116 页。

诏》中令其在江浦、浦口"团练乡兵，以资防堵"。[1] 太平天国最高层已把"乡兵"与"团练"混淆，背离了理想方案，乡兵制度在具体执行上出现异化与决策层主观意识的变动有关。

太平天国自办团练是其政治权力试图深入乡村社会的体现。以"招抚"和"自立"的团练稳定社会秩序、平抑社会变乱的政策本身无分好坏，如果监管和改造得当，自然可以给太平天国带来实惠。但在时局动荡、政府行政能力不足的客观条件下，团练自身"抗官"和"害民"的特性凸显，且具有社会破坏性的团练组织镇压群情激愤的民变等群体事件，易致事态扩大。经招抚照旧存在的团练大多进行了暗中恢复和积蓄力量，徐图割据，联络清军，阴谋颠覆，直至公开反水的活动。太湖地区的枪船就是典型，担任过乡官的枪船头目无锡金玉山、严墓卜小二扬言屠杀太平军士兵为"剥毛皮"；[2] 曾做过练首的乡官，像何南山、王花大、姚福堂、周大统等均重操旧业，办团与太平军为敌。当时就有人认为"后来官兵之进，亦藉民团未散之力"，[3] 太平天国自食恶果。

（六）整饬军纪

太平军始终有严明军纪的原则，但其军纪实态表现为一正一反两极现象：一是军纪严明，一是军纪败坏。造成军纪形态差异的主要原因是后期太平天国立政无章、各自为政的涣散政局，而将领的主观能动性直接决定了太平军军纪实态的表现形式。主客观条件决定了太平天国整肃军纪与调控社会秩序的整体水平无论是在力度还是广度上均十分有限。

---

① 太平天国历史博物馆编：《太平天国文书汇编》，北京：中华书局，1979 年，第 45 页。

② 佚名：《平贼纪略》，太平天国历史博物馆编：《太平天国史料丛编简辑》（一），北京：中华书局，1961 年，第 268 页；万流：《枪船始末》，南京大学历史系太平天国史研究室编：《江浙豫皖太平天国史料选编》，南京：江苏人民出版社，1983 年，第 127 页。

③ 潘钟瑞：《苏台麋鹿记》，中国史学会主编：《中国近代史资料丛刊·太平天国》（五），上海：神州国光社，1952 年，第 301 页。

（七）保障农业

在战争年代，政府很难将保障农业生产与增加国家收入的关系维持到承平时期那样耐心和细致铺排的有效水平。有些太平军将领难能可贵地认识到保障农业的重要性。在杭州，太平军当局"发粟十万赈抚，借给籽种招垦"，[①] 各县监军亲自负责发放谷种事宜，"嗣因开仓，由仁、钱两伪监军派人凭归逆票来仓领米，分散城乡贼馆，并领谷下乡散"。[②] 又据杭州将军瑞昌等奏，忠王李秀成在苏州"时于胥、盘两门之外观看田稻"。[③] 侍王李世贤巡视东阳，"洞察民瘼"，发现师帅许公衡、旅帅汪熙坎辖地"囊橐俱空，粒食艰难"，立即令乡官"造册赴台叩领银两路凭，任往邻封采买种子"。[④] 有的地方政府还鼓励养蚕缫丝，怡和洋行的外商观察到"叛党正在尽一切努力鼓励蚕户"。[⑤]

还有太平军保护耕牛的记载。绍兴州山村乡民以牛进贡，被太平军将领陈某拒绝，"牛是不收的，汝乡下人耕种要用，可以带回"。[⑥] 李秀成在苏州下令"牛用耕田，有宰食者，杀无赦"，并"令人于各城门巡察，遇下乡打粮牵牛而归者，即抽刀断其鞭放去"；[⑦] 容闳在太平军中访察而得李秀成曾在苏州约法三章：一不许残杀平民，二不许妄杀牛

---

① 李应珏：《浙中发匪纪略》，南京大学历史系太平天国史研究室编：《江浙豫皖太平天国史料选编》，南京：江苏人民出版社，1983 年，第 228 页。

② 李圭：《思痛记》，中国史学会主编：《中国近代史资料丛刊·太平天国》（四），上海：神州国光社，1952 年，第 491 页。

③ 《寄谕曾国藩着侯李元度等到徽后照议办理攻剿广德等事》（咸丰十年七月二十三日），中国第一历史档案馆编：《清政府镇压太平天国档案史料》第 22 册，北京：社会科学文献出版社，1996 年，第 491 页。

④ 《东阳南门师帅许公衡旅帅汪熙坎等请谕禁越境滋扰上韵天福跪禀》，罗尔纲、王庆成编：《中国近代史资料丛刊续编·太平天国》（三），桂林：广西师范大学出版社，2004 年，第 141 页。

⑤ 严中平辑译：《怡和书简选》，北京太平天国历史研究会编：《太平天国史译丛》第 1 辑，北京：中华书局，1981 年，第 169 页。

⑥ 吴燮恺：《劫难备录》，第 6 页，绍兴图书馆藏抄本。

⑦ 潘钟瑞：《胥台麋鹿记》，咸丰十年四月二十七日记事，太平天国历史博物馆藏抄本。

羊，三不许纵烧民居。① 嘉兴守将朗天义陈炳文"传令不许杀牛"。② 早期石达开在江西抚州也有"禁止部下屠宰耕牛"的法令。③ 可见太平军保护耕牛的法令是持续、连贯的，并且在占领区广泛推行。

不少地区的太平军当局已经意识到保障农业生产的重要性，他们也在试图构建良性的物资获取渠道。但时局动荡，战局变幻莫测，经济秩序良性运转的外部环境难以维持，一旦政局稍有变动，有益的农业生产政策只得搁置。即便是少数地区在有良性施政愿望和能力的将领主持下出现了"秋收大稔"④"禾麦大熟"⑤"五谷丰而百货萃""三时之务不废"⑥ 的丰收景象，也难以持续发展。个别繁华地区一经挫折便无法扭转颓势，太平军当局也丧失再立再治的信心耐心，只能放任自流，重蹈恶性征收的覆辙，绍兴斗门、宜兴大浦均是如此。

（八）兴修水利

修筑堤坝，疏浚河道，是国之重举，在传统意义上被认为是国家有关农业生产、防洪、交通等事业的举措。江南水网密布，水利工程尤为重要。然自清中叶以来，江南河塘、海塘失修，稍有雨患，则江水漫溢成灾，庐舍漂没，海水倒灌内河，田禾损毁，民众受害匪浅。

---

① 容闳：《西学东渐记》，北京：生活·读书·新知三联书店，2011年，第49页。
② 沈梓：《避寇日记》，罗尔纲、王庆成主编：《中国近代史资料丛刊续编·太平天国》（八），桂林：广西师范大学出版社，2004年，第62页。
③ "Dominion of the Taiping Dynasty in Nganhwui and Keangse," *The North-China Herald*, Vol. VII, No. 323, Oct.4, 1856, p.38.
④ 张尔嘉：《难中记》，中国史学会主编：《中国近代史资料丛刊·太平天国》（六），上海：神州国光社，1952年，第641页。
⑤ 光绪《石门县志》卷11《丛谈》，第88页a。
⑥ 杨引传：《野烟录》，太平天国历史博物馆编：《太平天国史料丛编简辑》（二），北京：中华书局，1962年，第177、178页。

太平天国早期据守安徽，"督修河堤，以卫民田，故民不乏食"；[1] 后期据守江南，修筑江浙海塘成为太平天国占领区规模最大、涉及范围最广的公共工程。在无锡、金匮，1862 年 9 月，乾天义李恺运"奉伪令劝捐修茸海塘，使锡、金监军赶办"；[2] 在常熟南乡，1862 年 4 月，"定议筑海塘，造牌坊，修塘路及上忙条银每亩征钱七百廿"；[3] 在长洲，海塘捐"每亩捐二百零六文"；[4] 在吴县，1862 年 6 月，"忠酉令徐少蓬佩瑗督筑海堤"；[5] 在吴江，1862 年 2 月，"督理修塘伪董事十人至江开工，自夹浦桥起，至瓮金桥止，计程五十里，各派地段"；[6] 在嘉兴，太平军"累经派费修塘"；[7] 在海盐，1862 年 5 月，谨天义熊万荃"因海塘圮数百丈议修，将往海盐巡视海塘"；[8] 在海宁，1862 年夏秋海塘坍塌，李秀成催促修复，嘉兴当局随即令乡官筹措修塘所需木料；[9] 在绍兴，1862 年 6 月大雨，"西江之塘坏，湖水暴涨，田禾皆淹，伪官令有田者输钱以修之"。[10] 由常州至绍兴，太平天国占领区环长江三角洲

① 周振钧：《分事杂记》，太平天国历史博物馆编：《太平天国史料丛编简辑》（二），北京：中华书局，1962 年，第 20 页。

② 佚名：《平贼纪略》，太平天国历史博物馆编：《太平天国史料丛编简辑》（一），北京：中华书局，1961 年，第 287 页。

③ 龚又村：《自怡日记》，罗尔纲、王庆成主编：《中国近代史资料丛刊续编·太平天国》（六），桂林：广西师范大学出版社，2004 年，第 98 页。

④ 佚名：《蠡湖乐府》，中国科学院近代史研究所近代史资料编辑组：《近代史资料》总 34 号，北京：中华书局，1964 年，第 172 页。

⑤ 蓼村遁客：《虎窟纪略》，《太平天国史料专辑》（《中华文史论丛》增刊），上海：上海古籍出版社，1979 年，第 42 页。

⑥ 倦圃野老：《庚癸纪略》，罗尔纲、王庆成主编：《中国近代史资料丛刊续编·太平天国》（五），桂林：广西师范大学出版社，2004 年，第 320 页。

⑦ 沈梓：《避寇日记》，罗尔纲、王庆成主编：《中国近代史资料丛刊续编·太平天国》（八），桂林：广西师范大学出版社，2004 年，第 217 页。

⑧ 沈梓：《避寇日记》，罗尔纲、王庆成主编：《中国近代史资料丛刊续编·太平天国》（八），桂林：广西师范大学出版社，2004 年，第 120 页。

⑨ 海宁冯氏：《花溪日记》，中国史学会主编：《中国近代史资料丛刊·太平天国》（六），上海：神州国光社，1952 年，第 703 页。

⑩ 古越隐名氏：《越州纪略》，中国史学会主编：《中国近代史资料丛刊·太平天国》（六），上海：神州国光社，1952 年，第 770 页。

的沿海地带均有修复海塘的公共工程兴办，忠王李秀成委派苏福省天军主将汪宏建提理苏浙两省海塘经费筹措事宜，协同苏浙军政各方，取得阶段性成果。浙江海塘在听王陈炳文的主持下于1862年冬天"将次完竣"；苏福省应修海工也在忠谨朝将熊万荃的主持下"作速修筑"。①

兴修水利关乎国计民生，这在历史上几乎成为历代政府、民众应对自然灾害唯一有效的途径。尽管太平天国的宏大工程客观上确实有利于保障农业生产，有利于改善民众生活环境，却未能获得民间社会的良好反馈。一方面，海塘工程费用额外派加民间，民众负担增重。公共工程兴建的费用理应在政府税收工作完结后由财政统一拨款，但太平天国于正赋之外另立专项杂税，有的地方甚至"居停薪水，该地伪旅帅供给"，②或"役夫自食"，"掳农当差"，③这当然被民众视作横征暴敛。在海塘工程运作中，官方的参与和给民间社会的压力较以往明显增大，而政府财政支持的力度却大幅削减，像吴江修塘开工事宜也是政府催迫绅董执行的。

另一方面，公共工程的实际执行者是乡官，鉴于乡官素质，取得的成效也会因乡官主观能动性的不同发挥而有所不同。江浙海塘兴建伴生了诸多腐败和害民情形。如无锡、金匮的修塘工程有"劣生吴某为海塘伪经董，并募司事往各乡市肆勒捐。吴某酷慕贼装，黄绢帕首，出入乘马，敛资逾倍，与乡官分肥"；④绍兴修西江塘的费用"不过五千缗"，

---

① 《苏福省天军主将勋天义汪宏建命抚天预徐少蓬即将所收海塘经费造册呈缴并将银两解钧谕》，罗尔纲、王庆成主编：《中国近代史资料丛刊续编·太平天国》（三），桂林：广西师范大学出版社，2004年，第158页。

② 倦圃野老：《庚癸纪略》，罗尔纲、王庆成主编：《中国近代史资料丛刊续编·太平天国》（五），桂林：广西师范大学出版社，2004年，第320页。

③ 龚又村：《自怡日记》，罗尔纲、王庆成主编：《中国近代史资料丛刊续编·太平天国》（六），桂林：广西师范大学出版社，2004年，第98页。

④ 佚名：《平贼纪略》，太平天国历史博物馆编：《太平天国史料丛编简辑》（一），北京：中华书局，1961年，第287页。

而乡官"所敛逾十倍";[1] 海宁袁花镇乡官局负责供应修塘木材,"局匪及无赖子逞势图肥,不论士庶家冢墓木斫伐几尽,有裔孙先斫货卖,反被勒索不休";[2] 常熟太平军当局修建元和塘,伐树、掘墓、烧棺、毁田等害民之举颇多。因慑于太平军修塘滋事行为,有的地区消极怠工,极尽敷衍,像常熟征捐拓地工作完成后,各处乡官均想"借公便私","欲免抄扰","南北两路无人允筑,遽先动工";[3] 再如兴修嘉兴海塘一事,当地文人沈梓事初即断言乡官"率皆饱私囊,未必办公事","贼去则海塘无修筑之理"。[4] 原本利国利民之举,却因主事官员和执行者的不良行政而与太平军当局良好的主观愿望背道而驰,太平天国通过兴办公共事业应对社会危机的功效大为减弱。

(九) 减赋限租

洪秀全的《减赋诏》颁行后,随即在江南辖地引起反响。在常熟,"堂然伪天王黄榜,抚恤民困";[5] 在吴江,"奉天王诏至镇,军帅以下,一切受职人员迎接。黄旗数十对,前呼后拥,各店俱设香案,行人跪接,至公馆前悬挂诏辞,惟应天顺人安民完漕而已";[6] 在桐乡米局,

① 古越隐名氏:《越州纪略》,中国史学会主编:《中国近代史资料丛刊·太平天国》(六),上海:神州国光社,1952年,第770页。

② 海宁冯氏:《花溪日记》,中国史学会主编:《中国近代史资料丛刊·太平天国》(六),上海:神州国光社,1952年,第703页。

③ 龚又村:《自怡日记》,罗尔纲、王庆成主编:《中国近代史资料丛刊续编·太平天国》(六),桂林:广西师范大学出版社,2004年,第91—92页。

④ 沈梓:《避寇日记》,罗尔纲、王庆成主编:《中国近代史资料丛刊续编·太平天国》(八),桂林:广西师范大学出版社,2004年,第217页。

⑤ 柯悟迟:《漏网喁鱼集》,北京:中华书局,1959年,第50页。

⑥ 知非:《吴江庚辛纪事》,中国科学院历史研究所第三所编:《近代史资料》总4号,北京:科学出版社,1955年,第42页。

"中堂供天王诰命及诏书"。① 从实践上看，太平天国的减赋政策在苏南各县，特别是在苏州，有不同程度的执行。

太平军当局还有意识地规范和限制地租，干预租佃事务，在佃农抗租风潮的影响下，太平天国占领区的地租额有所减少，像青浦"未有粒米送仓"，"租籽不过十分之三"，② 锡金"大抵半租"，③ 诸暨"输租不过三分"，④ 会稽"自征半年租"，⑤ 等等。但租额的减轻主要还是佃农自发抗租的结果，像1861年12月，常熟各地"民情大变"，"慷天安到东乡安民，各处收租减轻，或一斗，或二斗，各有不同"。⑥ 这说明太平天国减租限租的政策主要是对既成事实顺水推舟的追认，有防止滋生抗租暴动的因素在内。

"减赋限租"体现了政府维护社会稳定，缓解社会各阶层矛盾的执政理念，但问题的关键在于太平天国将社会经济矛盾的焦点部分地从田赋转向了政府要求的地租。后期太平天国最重要的经济政略是对传统赋税征收方式的改易——"着佃交粮"。业主认为政府削弱了他们的收租权利，而租籽是他们的衣食之源，政府有意识地进行政治权力的限制，使业主产生逆反心理。拥有小份额土地的自耕农则为田赋附征杂费及高额繁复的杂税所困扰，经济负担不能得到缓解。佃农则认为政府限制地租的行为实属多余。因此太平天国政府的初衷并没有获得农村社会各阶层的认可和理解。

---

① 沈梓：《避寇日记》，罗尔纲、王庆成主编：《中国近代史资料丛刊续编·太平天国》（八），桂林：广西师范大学出版社，2004年，第103页。

② 姚济：《小沧桑记》，中国史学会主编：《中国近代史资料丛刊·太平天国》（六），上海：神州国光社，1952年，第458、464页。

③ 佚名：《平贼纪略》，太平天国历史博物馆编：《太平天国史料丛编简辑》（一），北京：中华书局，1961年，第279页。

④ 高昌寒食生：《劫火纪焚》，光绪十九年（1893）刻本，第4页b，中国人民大学图书馆藏。

⑤ 张大野：《微虫世界》，中国科学院历史研究所第三所编：《近代史资料》总6号，北京：科学出版社，1955年，第89页。

⑥ 佚名：《庚申（甲）避难日记》，罗尔纲、王庆成主编：《中国近代史资料丛刊续编·太平天国》（六），桂林：广西师范大学出版社，2004年，第227页。

（十）招贤之制

太平天国有招贤之制，李秀成在杭州"改抚署为招贤馆，大小文武官员皆准投入，或授以伪职，相待甚优"，[①] 又于"湖墅设招贤馆"。[②] 桐乡守将钟良相张榜招贤，"凡民间有才力可任使者，来辕禀明"，"一材一艺皆搜罗录用"，但招贤效果不佳，"善书记笔札者""民间豪杰""绿林好汉""江湖游士"尚有来投者，"通晓天文""熟悉风土民情""熟悉古今史事政事"的真正贤才则少之又少。[③]

"应变十策"概括而言均是政治性的，是太平天国应对社会危机的重要举措，其具体内容又可分为政治、军事、经济和文化四个方面：安民造册、招辑流亡、管理诉讼属政治领域；治理土匪、兴办团练、整饬军纪属军事领域；保障农业、兴修水利、减赋限租属经济领域；开科取士及招揽人才属文化领域。其中安民举措里的宣讲"道理"和出榜安民又可细归为思想舆论宣传；编户造册、招辑流亡及兴修水利的部分意义可细归入社会生活领域。可见"应变十策"的内容涉及政治、经济、军事、文化、思想舆论和社会生活等国家建设的方方面面，如果能在占领区全面系统推行，太平天国的后方基地建设也许会是另外一番局面。但这十类措施没有形成系统的政策制度，仅是占领区的某些时期地方政府应对社会危机时采取的较常见的办法，它们从来也没有全面系统地在某一个地区推行过。

即使在承平时期，政府能够做到十类举措同期有效进行也比较困

---

① 奕訢、朱学勤等：《钦定剿平粤匪方略》卷298，同治十一年（1872）刊本，第16页 a，国家图书馆藏。

② 张尔嘉：《难中记》，中国史学会主编：《中国近代史资料丛刊·太平天国》（六），上海：神州国光社，1952年，第641页。

③ 沈梓：《避寇日记》，罗尔纲、王庆成主编：《中国近代史资料丛刊续编·太平天国》（八），桂林：广西师范大学出版社，2004年，第57页。

难。战时的太平天国政府在缺少统一的政策支持、局势动荡不定、政局涣散的情形下仍能在社会建设的各个领域有所触及，并且在某些领域（如减赋、治匪、办团、兴修水利等）保持相对协调的步调，已属难得。只是在具体应对内容上未能根据自身所处的社会实际做到有的放矢，各个领域均有触及，却分散了社会建设的精力，没有抓住社会秩序紊乱的关键。

影响太平天国占领区社会秩序的主要危机是民变、民团和匪盗。团练和匪盗问题的形成主要与民众先天的敌对意识和战乱、天灾等相对不可变因素有关，而民变成因多具可变性，如关涉民众切身经济利益的田赋、地租、杂税是激发民众抗争的主要方面。所以政府应重点对此采取预防和调控，例如减赋限租、规范税收、治理腐败、严明军纪，而这些恰是太平天国未能做好的几个方面。

应对社会危机的政策有其各自失利的具体原因，从太平天国自身主观因素和社会现实客观因素两个层面可归纳应对效果不佳的共同原因。

就太平天国自身来讲，首先是政治层面的因素。低效的政权建构、各自为政的政局决定了太平天国政权不可能制定统一的应变国策，也不可能在占领区进行统一有效的政策部署和社会资源调配。贡役制统治模式的反复也使部分地方政府缺少良性行政的耐心，限制了太平天国政权与地方社会合作的程度。太平天国社会战略的直接执行者是乡官，但乡官素质参差不齐，心态各异，行政效率低下，如太平军当局严禁浮收的政令便因地方行政腐败而成一纸空文。应对民变等社会危机原有赖于地方武装，但临时组织起来的队伍战力不强，平抑社会变乱尚须由太平军负责；战争的深入牵制了大量太平军，因此在平抑社会变乱的行动中，太平军处于不敷调派和疲于应对的困境。

其次是经济层面的因素。战争的物资消耗导致太平天国"积贫"，使赈济灾民、兴修水利等公共工程缺少财政支持。为弥补经费不足，政府又将经济压力转嫁民间，引发社会危机。

最后是思想舆论层面。太平天国缺乏对舆论宣传和思想动员主动权的掌控，原本新辟以"讲道理"的口传形式引导舆论走向，这在文化水平整体较低的乡村地区本可以发挥更大作用。但太平天国的舆论宣传缺少政治和思想文化认同，宗教思想的宣传和阐释力度不够。

就客观现实而言，战事频繁，经济危机，天灾人祸，社会秩序破大于立，加剧了太平天国应对社会危机和调控社会秩序的难度。

学界普遍认为太平军在乡村社会控制薄弱，然而通过考察太平天国在占领区应对社会危机的政略实践，我们发现太平天国是以一种极为积极的姿态涉足地方事务。

第一，通过普及乡官制度管控乡村社会。史料中常见的太平天国设局祠庙的现象就反映了太平天国政治权力向乡村社会的渗透。如在江苏高淳，"大士庵为乡官聚议公所"。[①] 这既是因为民间祠庙具有公共性，同时，对太平天国基层政权来说，也有借行政权力打压多神崇拜和偶像，强行在民间植入拜上帝信仰的因素。然而这种无视江南民众祭祀风俗和心理承受能力的举动，必然激发民众对太平天国的对立情绪。

第二，不遗余力地干预敏感的业佃关系和动用军队镇压因租佃事务而起的佃农暴动。减租限租、设局收租、政府直接代业收租、给业户发租凭收租等政略过度干预了租佃关系。

第三，力图取代传统社会组织在社会救济和公共工程等领域的角色。这也是太平天国政治权力向地方社会渗透的重要表现。太平天国占领区的救济组织大多具有官办性，所谓"抚恤局""施粥局"亦带有政府临时事务机构的色彩，由官方掌控。政府在社会救济领域的角色完全变为政治督管，原有的政府督导扶持与民间承办的互利关系无法再建。

---

① 方濬颐：《转徙余生记》，中国史学会主编：《中国近代史资料丛刊·太平天国》（四），上海：神州国光社，1952 年，第 507 页。

第四，应对内部民变问题存在理性成分。太平天国应对民变有较明显的分类型分性质区别对待的原则：对抗粮、抗税、反对政府兼收租粮等影响政府财政收入的民变及相关个体行为，太平天国严禁和镇压的态度非常明确；但同时准许民间社会以合法抗议的形式监督政府行政和太平军军纪，这反映了部分地区太平天国地方当局对基层社会事务的进一步干预和介入。

第五，地方行政工作细化。比如"应变十策"之一的"安民造册"得以普遍执行，又如太平军驻防佐将直接干预和经理地方司法等，再如太平军剿枪船一事也充分体现了太平天国政治权力与地方社会势力的较量。剿灭枪船的联合行动获得了良好预期，"卒至以苏、松、嘉、湖遍地之赌局，遍地之枪船而受制于长毛一日之号令，杀者杀，掳者掳，逃者逃，散者散，匿迹销声之不暇"，"赌匪逃匿净尽，各镇各乡无枪船踪迹"。时人沈梓对太平军果断迅猛的行动极为感佩，他说："伪忠王以一土寇之号令一朝灭之而肃清，我朝大僚之与逆贼才智不相及且如此"，"余生三十余年，目不见赌，独有此时，窃叹长毛号令，清时地方官所不逮也"。①

在太平天国治下的广大乡村地区，乡村政治实践的主角仍然是"天国"政府官员和太平军。孔飞力在分析太平天国时期国家与社会的关系时，将绅权的扩张和"地方自治"视作传统国家崩溃的重要表现，② 但在太平天国战争时期，特别是在太平军主要活动和控制的江南地区，绅权却有异于帝国崩溃时期的总体态势，呈现出被"压缩"的另面镜像。

绅权被压缩的原因首先是乡官制度的束缚。对于纳入太平天国行政体系的中小士绅、知识分子，太平天国政权拥有人事任免和政治监督

---

① 沈梓：《避寇日记》，罗尔纲、王庆成主编：《中国近代史资料丛刊续编·太平天国》（八），桂林：广西师范大学出版社，2004年，第138—139、142—143页。

② ［美］孔飞力：《中华帝国晚期的叛乱及其敌人：1796—1864年的军事化与社会结构》，谢亮生、杨品泉、谢思炜译，北京：中国社会科学出版社，2002年，第221—229页。

权，试图将其从旧有的宗族、乡约体系中剥离出来，削弱其对乡村社会的影响；并制造政治壁垒，大多使其承担"书手"和征税工具的配角而不予实权，在具体行政过程中还特别注意"毋使军师帅当权"，士绅甚至"因长毛入局混杂"无议事之处。另外，对下层社会民众相对开放基层政权，一些下层人士可取得在清朝社会中无法逾越的身份，出任总制、监军等高级乡官，甚至可以获得地方行政体系的中高级位置。多数低级乡官由下层社会人士出任也是不争的事实，众多下级乡官职位不可能仅靠士绅和知识分子填充。大量非精英人士加入基层政权并获取地方管理权，以及太平天国对赋税、地租和租佃关系的进一步干涉、约束，实际也有可能削弱士绅对乡村社会的控制。其次，太平军对地主富户进行经济打压，削弱了绅权控制地方的经济基础。再次，太平天国占领区士绅数量总体呈下降趋势，他们或死或逃，或消极避世，无暇关注地方社会事务。最后，战后清政府和地方社会对"伪官"的清算运动，也使士绅阶层遭到不同程度的削弱。例如，太平天国战争之后，"富户及土匪地棍之曾充乡官者，则诱至而收其罚捐"，[1] 仅桐乡青镇一处便"罚捐各伪职伪董米二千五六百石"；[2] 安徽六安州韩钟灵因"甘受伪职，充公田三百五十石"；[3] 乌程监军费大熊任乡官期间"积三万余金"，城破后交巨资捐得免。[4] 当然，这些限制绅权的表现可能主要是客观作用而非主观意图。

太平天国失败后，清政府在意识形态领域的一系列举动有意识地继承江南绅权被压制的趋势，意在约束并重新压缩已被释放的绅权，[5] 激

---

① 左宗棠：《左宗棠全集》第 10 册《书信一》，长沙：岳麓书社，2009 年，第 494 页。

② 光绪《桐乡县志》卷 7《食货志下·蠲恤》，第 14 页 a。

③ 光绪《六安州志》卷 12《食货志七·积储》，第 13 页 b。

④ 光绪《乌程县志》卷 36《杂识四·湖滨寇灾纪略》，第 24 页 a。

⑤ 参见 Tobie Meyer-Fong, *What Remains: Coming to Terms with Civil War in 19th Century China*, Stanford, CA: Stanford University Press, 2013, pp.135–174；余治（寄云山人）：《江南铁泪图新编》，同治十一年（1872）刻本，第 37 页 b—43 页 a，北京大学图书馆藏。

发了国家权力与地方社会的新一轮角逐。庚子国变中,外部因素对清政府政治权力的极度削弱,扭转了政府在与地方社会角逐中的优势地位,清末十年民变、教案等群体性事件的大量涌现预示着绅权的爆发,清政府的最终覆亡也与清末新政时期政府权力在乡村社会的落败有一定关联。

七　中兴谋划:建构近代化治国方略

毛泽东在《论人民民主专政》中提出:"自从一八四〇年鸦片战争失败那时起,先进的中国人,经过千辛万苦,向西方国家寻找真理。洪秀全、康有为、严复和孙中山,代表了在中国共产党出世以前向西方寻找真理的一派人物。"[1] 长期以来,很多研究者引此为据,盛赞洪秀全是近代中国向西方学习的重要人物。美国学者马森(M. G. Mason)认为洪秀全等人是近代中国的改革者,"掀起了通过介绍西方思想与改革来'拯救'中国的第一次运动"。[2] 但严格来讲,太平天国时代向西方学习的代表性人物是洪秀全的同高祖族弟洪仁玕。1859 年 5 月,洪仁玕封王伊始,即将流亡期间开眼看世界的所见所思所感总结成稿,命名

---

① 毛泽东:《论人民民主专政》,《毛泽东选集》第 4 卷,北京:人民出版社,1991 年,第 1469 页。

② [美] M. G. 马森:《西方的中国及中国人观念(1840—1876)》,杨德山译,北京:中华书局,2006 年,第 102 页。

《资政新篇》，呈献洪秀全，条陈治国方略。[1] 这是一篇站在时代最前沿的文献，虽然洪仁玕的实际作为远不及同时代及稍晚的洋务派，但其思想要比洋务派先进得多。[2] 洪仁玕也因这样一篇只有 8600 余字的文献成为中国近代思想史上的一个标志性人物。后世对太平天国和洪秀全持严厉批判态度的人，对洪仁玕的评价却以正面居多，争议相对较小，很大程度上也是因为洪仁玕的《资政新篇》明确提出了"向西方学习"的时代主旨。

洪仁玕与《资政新篇》研究是太平天国史研究中的热点，[3] 既往研究多关注《资政新篇》与太平天国政权性质等问题。而洪仁玕的主要思想是什么？他有关世界的知识出自哪里？出身农民小知识分子的洪秀全何以会赞赏并刊布这份被后世认为代表近代文明的方案？太平天国群臣如何看待《资政新篇》？对于这些重要问题，还有待进一步深入讨论。回归文本本身的辨析，或能就先前一些颇有争议的问题做出新的回

---

① 洪仁玕于 1859 年 4 月 22 日行抵天京，5 月 11 日被洪秀全封为军师、干王，总揽百揆。据其回忆受封伊始的情形："予恐军心散乱，具本屡辞，蒙诏：风浪暂腾久自息。予作有履历及天文理势、《资政新篇》，各皆心服。毕竟武官众口沸腾，予见众将中惟陈玉成忠勇超群，乃保奏王爵，旨准封为英王。"《干王洪仁玕自述》，罗尔纲、王庆成主编：《中国近代史资料丛刊续编·太平天国》（二），桂林：广西师范大学出版社，2004 年，第 402 页。罗尔纲考证陈玉成封王在天历己未九年四月，故《资政新篇》作于此前不久，即洪仁玕封王之初。尽管《资政新篇》是洪仁玕到天京后拟议成文的方案，但他在香港、上海等地流亡时应该就有了比较成熟的思考，并且准备了一些文字素材。

② 参见李泽厚：《中国近代思想史论》，天津：天津社会科学院出版社，2004 年，第 21—23 页。

③ 张仲礼与其导师梅谷合编的《太平天国叛乱：历史与文献》（Franz Michael and Chung-li Chang eds., *The Taiping Rebellion: History and Documents*, Vol. Ⅲ, Seattle: University of Washington Press, 1971, pp.748-776）对《资政新篇》进行了英译和评介，开系统论述《资政新篇》之先河。夏春涛《从塾师、基督徒到王爷：洪仁玕》（武汉：湖北教育出版社，1999 年，第 243—248 页）利用当时公布的洪仁玕供词等新资料，对其人生轨迹和心路历程做了别开生面的研究，后在《天国的陨落——太平天国宗教再研究》（北京：中国人民大学出版社，2006 年，第 296—311 页）一书中，借助《资政新篇》进一步反思了太平天国的宗教性面相。崔之清等《洪秀全评传》附《洪仁玕评传》（南京：南京大学出版社，1994 年，第 465—489 页）对洪仁玕的思想结构做了比较详细的分析。近年也有学者关注洪仁玕、《资政新篇》与基督教神学思想的关系，如周伟驰《太平天国与启示录》（北京：中国社会科学出版社，2013 年，第 308—353 页）、仓田明子《十九世纪口岸知识分子与中国近代化——洪仁玕眼中的"洋"场》（南京：凤凰出版社，2020 年，第 149—184 页）等。

应，并重新评价《资政新篇》以及在 19 世纪 60 年代初期就较早把
"近代化"改革方案公之于世的太平天国运动。

（一）洪仁玕新思想的知识来源

洪仁玕早年与洪秀全有着相似的人生经历。他自幼服膺儒学，热衷
科考功名，但屡试不中，只好一面训蒙，一面应试。在洪秀全的影响
下，洪仁玕最早皈依上帝，又随洪秀全至广州罗孝全教堂问道，对洪秀
全几乎亦步亦趋。洪仁玕因迫于家庭压力，中途返回官禄㙍继续教书备
考，没有随洪秀全离乡传道。金田起义后，清政府大肆搜捕洪氏宗族，
洪仁玕这才不再犹豫，前赴广西追赶太平军，却为时已晚，只得四处藏
匿，开始了长达 8 年的流亡生活。[①] 在此期间，洪仁玕在新安布吉由传
教士韩山文施洗，加入巴色会，又以巴色会派遣的形式在伦敦会供职，
接受了系统正规的基督教训练，成为一名比较纯正的基督徒。[②] 除了曾
在上海、广州这两处商埠游历外，洪仁玕在香港生活近 5 年，服务于教
会，与传教士朝夕聚晤。他在《资政新篇》中列举了与之"相善"的
23 个洋人，其中除英国驻华外交官"米士"（密迪乐，T. T. Meadows）
和"威大人"（威妥玛，T. F. Wade）外，其余 21 人都是传教士，以
英、美籍为主。[③] 被伦敦会香港分会接纳后，洪仁玕起初任湛约翰

---

① 参见 Theodore Hamberg, *The Visions of Hung-Siu-Tshuen and Origin of the Kwang-Si Insurrection*, Hong Kong, 1854; Reprinted by Yenching University Library, 1935, pp.60–62。在《洪秀全之异梦及广西乱事之始原》一书正式发行前不久，韩山文向巴色会提交了与该书内容大致相同的报告，参见《韩山文的半年度报告》（1853 年 7 月—1854 年 1 月），瑞士巴塞尔巴色会档案馆藏，档案号：A–1.2（1853），47。

② 1857 年伦敦会向巴色会提了聘任洪仁玕的信函，参见《湛约翰致黎力基》（1857 年 1 月 24 日），瑞士巴塞尔巴色会档案馆藏，档案号：A–1.4（1858），1b。

③ 另有一位德国传教士"忘其名"，与洪仁玕相交颇密的麦都思（W. H. Medhurst）和夏士毕（Henry J. Hirschberg）也未列入名单。传教士姓名考释，参见 Franz Michael and Chung-li Chang eds., *The Taiping Rebellion: History and Documents*, Vol. Ⅲ, Seattle: University of Washington Press, 1971, pp.759–760。

（John Chalmers）的中文教师，后被任命为该会布道师，同时担任理雅各译注中国典籍的助理，开始广泛参与伦敦会的各种活动。洪仁玕在香港还结识了不少华人精英，包括近代中文报业的创始人之一黄胜、中国第一位留洋学医的毕业生黄宽、中国首位留美毕业生容闳、华人牧师何进善等。[①] 他还曾到监狱、医院布道，在英华书院教孩子学中国文史。[②] 全新的生活圈，使曾作为农民小知识分子的洪仁玕眼界大开。

洪仁玕所交往的传教士和香港华人精英，是晚清输入西学、传播新学的主体，他们传播的思想和知识包括基督教、西方文化和时兴的科学技术等内容，是洪仁玕了解和接受西学的一个重要渠道。洪仁玕自述，在上海"夷馆学习天文历数"，在香港"洋人馆内教书，学天文地理历数医道，尽皆通晓"。[③] 当时伦敦会在香港的英华书院和上海的墨海书馆积极开展出版事业，出版有大量基督教布道书籍、介绍西方自然科学和医学等知识的中文报刊书籍等。洪仁玕与藏书颇多又勤于著述的理雅各交好，两人建立起了一种亲密无间的私人友谊。理雅各说他对洪仁玕有对其他人不可能有的好感和尊敬之情，[④] 洪仁玕很可能对理雅各及其他传教士或伦敦会所藏书刊有所阅览。洪仁玕在《资政新篇》中关于各个国家和地区的介绍、各项制度和政策的建议，大多在《遐迩贯珍》

---

① 1860 年夏洪仁玕托艾约瑟给黄胜寄信，参见《干王洪仁玕致英国教士艾约瑟书》（天历庚申十年六月十一日），太平天国历史博物馆编：《太平天国文书汇编》，北京：中华书局，1979 年，第 313 页。黄宽与洪仁玕的交往，见《黄宽的信》（1857 年 5 月 8 日），伦敦，伦敦大学亚非学院图书馆藏，世界传道会伦敦会档案·华南，6-1-A。容闳与洪仁玕的交往，参见 Yung Wing, *My Life in China and America*, New York: Henry Holy and Company, 1909, p.108。何进善与洪仁玕的交往，参见《理雅各湛约翰致蒂德曼》（1857 年 1 月 14 日），伦敦，伦敦大学亚非学院图书馆藏，世界传道会伦敦会档案·华南，6-1-A。

② Carl T. Smith, *Chinese Christians: Elites, Middlemen, and the Church in Hongkong*, Oxford: Oxford University Press, 1985, p.82.

③ 《干王洪仁玕自述》，罗尔纲、王庆成主编：《中国近代史资料丛刊续编·太平天国》（二），桂林：广西师范大学出版社，2004 年，第 406、413、416 页。

④ 《理雅各湛约翰致蒂德曼》（1860 年 1 月 28 日），伦敦，伦敦大学亚非学院图书馆藏，世界传道会伦敦会档案·华南，6-2-C。

《六合丛谈》《美理哥合省国志略》等传教士著述中依稀可见。[①] 洪仁玕还亲眼目睹了香港的发展变化，耳濡目染了英国殖民者在香港移植的近代文明。对洪仁玕来说，香港社会就是近代世界文明的一个缩影。

可以说，在传教士身边作为基督教徒的经历，以及在当时中国接触西方信息最便利的香港和上海的学习、见闻，是洪仁玕获取新知识的主要信息源。通过栖身教会，洪仁玕涉猎了基督教以外的其他西学领域，由一名传统儒生小知识分子转型为讲求实务、热衷西学的早期新型知识分子。洪仁玕甫至南京，迅即呈献《资政新篇》，自称“恭录己所窥见之治法，为前古罕有者”。[②] “前古罕有者”正是该篇命名为“新”的寓意所在。倘若没有这段开眼看世界的流亡经历，洪仁玕绝对无法倡议《资政新篇》。

洪仁玕跋涉千里，蹉跎多日，历尽艰辛始抵天京。洪氏兄弟阔别重逢。洪秀全大喜过望，认定洪仁玕“志同南王，历久弥坚，确乎爷爷生定家军师，板荡忠臣，可为万世法”。[③] 早在流亡时期，洪仁玕就抱定潜心学习以待日后辅佐天王的决心。后来他坦言栖身香港“本为避祸隐身，并用意在夷人风土，并不为名利计”，“我想学了本事将来辅佐他，

---

① 比如《遐迩贯珍》1853年第1号（创刊号）“序言”介绍了新闻业，1854年第1号《补灾救患普行良法》介绍了保险制度，1855年第1号《近日杂报》介绍了邮政事业，1853年第2号的《火船机制述略》专题介绍了轮船功能和蒸汽机原理。《六合丛谈》第1卷第6号（1857年）刊登了韦廉臣执笔的《格物穷理论》，介绍了火车、邮亭、报纸和奖励发明，提出国家强盛的根本是探究“格物穷理”即科学技术。裨治文《美理哥合省国志略》第17卷《国政五·刑法监狱之制》介绍了美国刑法的缢刑、收监、罚银等。这些当时的华文报纸、书籍介绍的内容，与《资政新篇》中建言的许多内容相近。参见《遐迩贯珍》，上海：上海辞书出版社，2005年，第579—580、673—674、702—703、715页；《六合丛谈》，上海：上海辞书出版社，2006年，第604—606页；《美理哥合省国志略》，《近代史资料》编辑部编：《近代史资料》总第92号，北京：中国社会科学出版社，1997年，第60页。

② 洪仁玕：《资政新篇》，太平天国历史博物馆编：《太平天国印书》第16册，南京：江苏人民出版社，1961年影印本，第22页。

③ 《钦定英杰归真》，太平天国历史博物馆编：《太平天国印书》（下），南京：江苏人民出版社，1979年，第760页。

就回广东到香港洋人馆内教书"。① 在《资政新篇》开篇谕谕中，洪仁玕说："照得治国必先立政，而为政必有取资。本军师恭膺圣命，总理朝纲，爰综致治大略，编成资政新篇一则，恭献圣鉴。"② 可见撰此"大略"乃为"资政"，初衷即为洪秀全提供治国方略。

洪仁玕撰写《资政新篇》还有更深层次的意蕴。《资政新篇》"法法类"首先阐述立法的指导思想，即从世界发展大势和各国概况方面说明基督教的历史作用。洪仁玕指出英吉利为"最强之邦"，"由法善也"，花旗邦"礼义富足，以其为最"，两国"皆以天父上帝、耶稣基督立教，而花旗之信行较实，英邦之智强颇著"；日耳曼邦"信奉天父上帝、耶稣基督尤慎"；瑞邦（瑞典）、丁邦（丹麦）、罗邦（挪威）"纯守耶稣基督之教"；佛兰西邦"亦是信上帝、耶稣基督之邦"。他还列举俄国彼得一世改革的例子，说明学习外国邦法、技艺使国家走上振兴之路的道理："俄罗斯邦，其地最广"，"百余年前亦未信天兄，屡为英、佛、瑞、罗、日耳曼等国所迫，故遣其长子伪装凡民到佛兰西邦学习邦法、火船技艺"，"及归邦之日，大兴政教，百余年来，声威日著，今亦为北方冠冕之邦"。暹罗邦"与英邦通商"，"今亦变为富智之邦"。日本邦"与花旗邦通商"，"将来亦必出于巧焉"。接着，洪仁玕列举了反面例子，土耳其邦"不知变通，故邦势不振"，波斯邦"亦信妖佛焉，今虽名为波斯人，其地实归于别邦"，马来邦、秘鲁邦、澳大利邦、新嘉波、天竺邦等"皆信佛教，拜偶像，故其邦多衰弱不振"。而谈到中国时，洪仁玕慨叹："前之中国不如是焉，毫无设法修葺补理，以致全体闭塞，血脉不通，病其深矣"，"不过中国从前不能为东洋之冠冕，暂为失色，良可慨已"，告诫国人中国并非"东洋之冠"，并语重心长

<hr />

① 《干王洪仁玕自述》，罗尔纲、王庆成主编：《中国近代史资料丛刊续编·太平天国》（二），桂林：广西师范大学出版社，2004 年，第 413、416 页。
② 洪仁玕：《资政新篇》，太平天国历史博物馆编：《太平天国印书》第 16 册，南京：江苏人民出版社，1961 年影印本，第 1 页。

地警告："倘中邦人不自爱惜，自暴自弃，则鹬蚌相持，转为渔人之利，那时始悟兄弟不和外人欺，国人不和外邦欺，悔之晚矣。"① 后期太平天国政争内讧严重，这里的"鹬蚌相持，转为渔人之利"或是隐射当时人心冷淡，地方将领各自为政的涣散政局。

洪仁玕流亡期间开眼看世界的媒介是基督教，而基督教几乎无一例外地为西方国家所信奉。所以他认为各国兴衰与是否信奉（包括是否纯正信奉）基督教有着直接关联，提出学习并效法英美等先进的基督教国家。洪仁玕呼吁"扩充其制，精巧其技，因时制宜，度势行法"，倡言"乘此有为之日，奋为中地倡"，渴望中国也能走上富强之路，跻身世界强国之列，"与番人并雄"。② 在字里行间都渗透着洪仁玕强烈的忧患意识和自强意识，说明他在近代中国衰败沉沦的屈辱记忆中萌生了朦胧的近代民族国家的"爱国"意识。这里他要效忠的"国"已不仅仅是指太平天国，而是整个"中国""中邦"。

这种"爱国"意识的启蒙最早正源于洪仁玕在香港寄人篱下期间所受到的种种刺激，第二次鸦片战争中国战败的屈辱进一步增强了这种意识。1857 年 12 月，英法联军侵占广州，理雅各携洪仁玕到广州开设医院和礼拜堂。对于英军的侵略，理雅各兴奋地称"这是中国往日的悲哀，她无法抵御这些庞然大物"，"带着满足感四处奔走"，"有时我想象大英帝国站在山顶，自豪地鸟瞰这座由她的子孙建立起来的奢华城市"，并赞美指挥占领广州的额尔金是"伟大杰出的人物"。③ 传教士以英军的侵略为荣，这些言行为洪仁玕亲眼所见。尽管理雅各、湛约翰自称对洪仁玕十分尊重，理雅各甚至说洪仁玕是他唯一可以在散步时互相

---

① 洪仁玕：《资政新篇》，太平天国历史博物馆编：《太平天国印书》第 16 册，南京：江苏人民出版社，1961 年影印本，第 8—13、22 页。

② 洪仁玕：《资政新篇》，太平天国历史博物馆编：《太平天国印书》第 16 册，南京：江苏人民出版社，1961 年影印本，第 13、21 页。

③ James Legge, "The Colony of Hongkong," Nov. 5, 1872, *The China Review*, Vol. I, July 1872 to June 1873.

用手臂搂着对方脖子的中国人。①但在洪仁玕面前，传教士们不时流露出的殖民者的傲慢心态，深深地伤害了洪仁玕的自尊心，加之洪仁玕亲眼目睹了列强在华的侵略行径和广州人民强烈的排外运动，这势必进一步刺激了他的危机意识和忧患意识。所以洪仁玕对英国人并不抱好感，他说英国人是"骄傲成性"，在自述中称"有两个夷长理雅各、詹马士二人在那里，名为叫人学好，其实为他国中办事"，②可谓一语中的。

理雅各和湛约翰对洪仁玕去南京的动机均有观察。理雅各认为，在香港期间洪仁玕内心对太平天国的感情一直没有觉醒。这份感情可能饱含爱国心，甚至比爱国心更高级，当1856年英国和叶名琛进入战争状态时这种感情再次觉醒了，额尔金指挥占领广州的军事行动使这种感情更为炽烈。③洪仁玕不止一次委托理雅各向额尔金转交请愿书，他希望通过热心的请求使英国政府接受他的意见，不过理雅各并未帮忙。关于洪仁玕在信中表达的意见，湛约翰在报告中说洪仁玕想尽快说服南京的领袖和外国人合作。洪仁玕还一再向湛约翰表示前往南京修正太平天国宗教错误的强烈愿望。湛约翰认为，去南京向朋友们传播获得的先进知识是洪仁玕多年的愿望，只要洪到达太平天国领袖身边，就能从基督教和外国人的立场出发，纠正太平天国领袖的许多谬误。向太平天国传播多年来掌握的"先进知识"确是洪仁玕的夙愿。从他到达太平天国后所实行的改革看，纠正太平天国宗教谬误也是其既有想法，实现太平天国和英美列强的友好往来也表现为他的外交新思维。但这种强烈表白背后，其实是希望港英当局和传教士能够"放行"。在这之前，列强相继派公使团去南京访问，但英国政府采取所谓的"中立"政策，在当时

①　Lauren F. Pfister, "Some New Dimensions in the Study of the Works of James Legge(1815–1897): Part Ⅰ," *Sino-Western Cultural Relations Journal*, ⅩⅡ, 1990.

②　《干王洪仁玕自述》，罗尔纲、王庆成主编：《中国近代史资料丛刊续编·太平天国》（二），桂林：广西师范大学出版社，2004年，第412–413页。

③　James Legge, "Aids to Government, a New Collection of Essays, from The Heavenly Kingdom of Great Peace," *The Overland Register and Price Current*, Aug. 25, 1860.

并不允许传教士等非正式使节单独前往南京。① 洪仁玕的远行确需资助,湛约翰开始坚决不同意。经过反复"表白",湛约翰同意了洪仁玕的申请,并许诺今后 10 个月内每月发给他的家人 7 个鹰洋,背后的经济原因显而易见。不过湛约翰还是观察到,"他的宗教热情和爱国心联系在了一起"。② 因为洪仁玕"爱国心"的觉醒,他才会在《资政新篇》中表达出对波斯那样"其地实归于别邦,亦恬不为耻"的国家的痛心和羞耻。③ 这些最终促使他毅然投效太平天国。

(二) 太平天国版的英美式基督教国家治理方略

《资政新篇》分"用人察失类""风风类""法法类""刑刑类",洪仁玕对此分别做了阐述。

"用人察失类"置于诸策之首,因为"奉行者"的素质是立法的保障。这里主要讲"禁朋党之弊",防止君权下夺,所谏之策针对的是当时太平天国的现实政局。洪仁玕进一步指出世人失德的表现,强调立法在于尽快实现"兵强国富、俗厚风淳",呼吁改变"习俗迷人"的流弊,"亲见太平景象,而成为千古英雄,复见新天新地新世界"。④

"风风类"上接"用人察失类"所讲"习俗之迷人",进一步阐发如何改变人心风俗。他提出"厚风俗之法",包括民有美举,"主则亲临以隆其事,以奖其成,若无此举,则诏谕宣行";对于恶俗流弊,"则立牧司教导官,亲身教化之,怜悯之,义怒之,务去其心之惑,以

---

① 《慕维廉致蒂德曼》(1855 年 4 月 5 日),伦敦,伦敦大学亚非学院图书馆藏,世界传道会伦敦会档案·华中,2-1-A。

② 《湛约翰致蒂德曼》(1858 年 6 月 5 日),伦敦,伦敦大学亚非学院图书馆藏,世界传道会伦敦会档案·华南,6-1-B。

③ 洪仁玕:《资政新篇》,太平天国历史博物馆编:《太平天国印书》第 16 册,南京:江苏人民出版社,1961 年影印本,第 12 页。

④ 洪仁玕:《资政新篇》,太平天国历史博物馆编:《太平天国印书》第 16 册,南京:江苏人民出版社,1961 年影印本,第 2—4 页。

拯其迷也"。① 洪仁玕按不同的价值取向将世间之物划为三类："夫所谓上宝者，以天父上帝、天兄基督、圣神爷之风，三位一体为宝。一敬信间，声色不形，肃然有律，诚以此能格其邪心，宝其灵魂，化其愚蒙，宝其才德也。中宝者，以有用之物为宝，如火船、火车、钟镖（钟表）、电火表、寒暑表、风雨表、日晷表、千里镜、量天尺、连环枪、天球、地球等物，皆有探造化之巧，足以广闻见之精，此正正堂堂之技，非妇儿掩饰之文，永古可行者也"。相比之下，"中地素以骄奢之习为宝，或诗画美艳，金玉精奇，非一无可取，第是宝之下者也"。② 洪仁玕首先倡导弘扬上帝的教化功用（上宝），其次崇尚基督教国家的西学技艺（中宝），也就是畅想将骄奢蒙昧的中国社会改造为以上帝信仰为核心信仰的新社会。

与佛教、儒教相比，上帝信仰有着特殊优越的风俗教化功用，"皆不如福音真道有公义之罚，又有慈悲之赦，二者兼行，在于基督身上担当之也。此理足以开人之蒙蔽以慰其心，又足以广人之智慧以善其行，人能深受其中之益，则理明欲去而万事理矣。非基督之弟徒，天父之肖子乎！究亦非人力所能强，必得上帝圣神感化而然也"。在洪仁玕看来，西方社会之所以开蒙蔽、广智慧、理万事，技艺先进，在于得到了上帝信仰的感化，信伊斯兰教或佛教的国家则"多衰弱不振而名不著"。换言之，淳厚风俗，改变当下陈旧落后的社会风习，尊崇和信仰上帝的价值观是最重要的。既然如此，太平天国过去宣扬的上帝避讳便不合时

① 洪仁玕：《资政新篇》，太平天国历史博物馆编：《太平天国印书》第 16 册，南京：江苏人民出版社，1961 年影印本，第 4—5 页。

② 洪仁玕：《资政新篇》，太平天国历史博物馆编：《太平天国印书》第 16 册，南京：江苏人民出版社，1961 年影印本，第 5 页。传教士著述中有关于"三宝"的相似描述，见《东西洋考每月统记传》，北京：中华书局，1997 年，第 126—128、215—216 页。洪仁玕认为"上宝"可以推动"中宝"，可能受伟烈亚力、韦廉臣、慕维廉等牧师所写的科学与宗教关系的文章影响，见《六合丛谈》，上海：上海辞书出版社，2006 年，第 521—522、540—543、608—609 页。

宜，"上帝之名，永不避讳"理所当然。① 从社会风习的角度来探寻救世之道，洪仁玕和洪秀全表达了比较一致的看法，他们都找到了上帝信仰这一切入点。但洪秀全止步于宗教，而洪仁玕以此来探寻中国落后于西方的原因。洪仁玕崇尚和倡言的正是以上帝信仰为核心的价值观，这集中体现在"风风类"的论说中。那么如何推动形成并保障上帝信仰在移风易俗社会改造中的地位呢？这就须依靠立法，从而引入"法法类"来解答具体的实现方略。

"法法类"是《资政新篇》的主体，其内容约占全文一半篇幅以上。洪仁玕的法制思想具有中西合璧的特征，他认为立法服务于移风易俗，其目的是挽救世道人心，法治是手段，德治（纲常伦纪，教养大典）才是目的，人们有法可依，才不会走上歪路邪路。欲立法，有三个先行条件或原则。第一要"教法兼行"，将教育和立法结合起来，而不是单纯倚仗法。教虽以西学西艺为手段，但"教法兼行"的思想源于儒家。他在后面提到"以刑辅教""先德后刑"，也与董仲舒的说法基本一致。② 第二要慎"用人"，必须有"奉法执法行法之人有以主之，有以认真耳"，将法与德又一次联系起来。第三要善变通，律法"恐久而有差"，需"视乎时势之变通为律"，但"变"不是无原则的，"更当留一律以便随时损益小纪，彰明大纲也"，"盖法之质，在乎大纲，一定不易，法之文，在乎小纪，每多变迁"。③ "大纲"是宪法性法律，"小纪"是具体法例，"大纲"不可变，而"小纪"可变通。

　　① 洪仁玕：《资政新篇》，太平天国历史博物馆编：《太平天国印书》第 16 册，南京：江苏人民出版社，1961 年影印本，第 5—6、13 页。曾参加太平军的英国人吟唎也观察到《资政新篇》所揭示的太平天国这一宗教面相。参见 [英] 吟唎：《太平天国革命亲历记》上册，王维周译，上海：上海古籍出版社，1985 年，第 57 页。

　　② 董仲舒《春秋繁露》之《阳尊阴卑》云："大德而小刑"，"务德而不务刑"；《天辨在人》云："刑者德之辅"；《阴阳义》云："使德之厚于刑"。参见董仲舒：《春秋繁露》，曾振宇注说，郑州：河南大学出版社，2009 年，第 283、284、292、298 页。

　　③ 洪仁玕：《资政新篇》，太平天国历史博物馆编：《太平天国印书》第 16 册，南京：江苏人民出版社，1961 年影印本，第 7—8 页。

若如上述三条所述以达"法善"，洪仁玕认为中国还有可能兴盛。至于具体应立何法，洪仁玕提出了解世界各国的发展大势，"凡外邦人技艺精巧，邦法宏深"，所以应"柔远人之法"，学习西方先进。但学习西方不能无原则，洪仁玕一面批评"拘拘不与人交接"是"浅量者之所为"，鼓励对外交往，"宜先许其通商"，"惟许牧司等，并教技艺之人入内，教导我民"，但"不得擅入旱地，恐百姓罕见多奇，致生别事"，"不得毁谤国法"。① 这不同于以往的天朝式外交，是讲求主权和开放并重的外交新思维。通过介绍各国情势，洪仁玕的结论是："以上略述各邦大势，足见纲常大典，教养大法，必先得贤人，创立大体，代有贤能继起而扩充其制，精巧其技，因时制宜，度势行法，必永远不替。"② 纲常、教养是德，大典、大法是法，洪仁玕又一次把德和法结合起来，呼应上文提到的"教法兼行"。在洪仁玕看来，学习西方就是"因时制宜，度势行法"，他根据了解到的先进事物，草拟了29条具体法例。

关于政府统治秩序的规划有9条。洪仁玕提出这些举措本意在于整饬吏治和强化中央集权，建立一个政令通达、信息畅通、廉洁高效稳定的行政体系。其政改方案也体现了中西合璧的思想特征。如"朝廷考察"和设新闻官，专设台谏官职司监察，延续了中国历代相承的监察制度。新闻官虽换以新谓，且新增"专收十八省及万方新闻篇有招牌图记者"的职责，但实际职权与性质并未超出传统台谏之官的范畴。至于新闻馆、新闻篇、邮亭、书信馆、丈量官等则是新事物。③

---

① 1860年11月，在洪仁玕的斡旋下，杨笃信获得了《宗教自由诏》，该诏允许各派传教士入境布道，军民须予善待。原件佚失，英文本见 Franz Michael and Chung-li Chang eds., *The Taiping Rebellion: History and Documents*, Vol. Ⅲ, Seattle: University of Washington Press, 1971, pp.926~928。
② 洪仁玕：《资政新篇》，太平天国历史博物馆编：《太平天国印书》第16册，南京：江苏人民出版社，1961年影印本，第8、13页。
③ 洪仁玕：《资政新篇》，太平天国历史博物馆编：《太平天国印书》第16册，南京：江苏人民出版社，1961年影印本，第16页。

洪仁玕还介绍了美国的总统选举、议会制等西方民主政治制度。香港并没有英国本土的代议制，洪仁玕只能从传教士那里或"新闻篇"上了解到英美的一些政治制度，知之不深。出于对天王的忠诚，他也不可能建议太平天国实行英国的君主立宪制或美国的总统制。于此本毋庸苛求。直到 1875 年，郑观应才在《易言》中提出，泰西列国"其都城设有上、下议政院。……所冀中国上效三代之遗风，下仿泰西之良法，体察民情，博采众议"。① 至甲午前后，此论方在士人群体中流行，具有代表性的是 1894 年的《新政论议》主张"行选举""设议院"。② 相较而言，洪仁玕更加钦慕西方的物质文明。但他结合当时太平天国的政治情境，对其政治制度也做了一番设想。如主张学习美国的"暗柜"制，使"上下情通，中无壅塞弄弊者"。所谓"暗柜"，即投票箱、意见箱、检举箱之类。③ 洪仁玕在全篇最后的一段话颇值揣摩："恳自今而后，可断则断，不宜断者付小弟掌率六部等议定再献，不致自负其咎，皆所以重尊严之圣体也。或更立一无情面之谏议在侧，以辅圣聪不逮。"④ 其中建议集思广益，军师、掌率、六部可商讨国事呈报天王旨准，又立"无情面之谏议"监督君权，加上他一再提到设新闻官、新闻馆体察人心公议，对政权进行新闻舆论监督，这些方略虽有言犹未尽之感，但多少体现了一些朦胧的近代民主思想，甚至与英国议院制的行

---

① 郑观应：《易言·论议政》，夏东元编：《郑观应集》，上海：上海人民出版社，1982 年，第 103 页。

② 何启、胡礼垣：《新政真诠》，郑大华点校，沈阳：辽宁人民出版社，1994 年，第 103—180 页。

③ 洪仁玕：《资政新篇》，太平天国历史博物馆编：《太平天国印书》第 16 册，南京：江苏人民出版社，1961 年影印本，第 14 页。慕维廉《地理全志》下册《亚墨利加州全志·合众部志》提到美国的州长和总统选举："各以所推书姓名投于瓯中，毕则启瓯，视所推独多者立之。或官吏或庶民，不拘资格。退位之统领（州长），依然庶民。其总统领（总统）推择之法，与推择各部首领同。"参见慕维廉：《地理全志》，光绪九年（1883）上海益智书会刻本，第 110 页下，北京大学图书馆藏。

④ 洪仁玕：《资政新篇》，太平天国历史博物馆编：《太平天国印书》第 16 册，南京：江苏人民出版社，1961 年影印本，第 22 页。

政模式有点相似。

关于地方经济秩序的规划有 8 条。这些措施涉及兴办近代交通运输、银行、采矿、保险等，鼓励科技发明和保护发明专利，立官司理工商税收，与传统中国社会"重农抑商"的政策和贬斥"奇技淫巧"的态度形成了鲜明对比，构划了一个开放的资本主义社会的基本经济秩序，是《资政新篇》中最具时代气息的内容。

关于地方社会秩序的规划有 12 条。洪秀全提倡的社会改造，更多地侧重于破旧，即破除包括儒释道在内的偶像崇拜，洪仁玕则兼顾立新。洪仁玕所倡导的移风易俗的社会改造，旨在弘扬上帝教的价值观和伦理道德。他说兴士民公会、兴医院都是"仰体天父天兄好生圣心"，"仰体天父天兄圣心者题缘而成其举"；太平天国原来就厉行的"禁庙宇寺观"，"禁演戏修斋建醮"，"革阴阳八煞之谬"等措施被洪仁玕继承，目的也是要破除偶像迷信，确立独尊上帝的局面；"除九流"也以"此天父之罚始祖，使汗颜而食者"为依据。[①] 关于地方治理的建议，洪仁玕均认为是上帝教伦理要义的体现，与前述兴乡官、兴乡兵、立丈量官、兴市镇公司等政府统治、经济秩序建议，共同构成了太平天国社会治理的基本体系。由此，确立上帝教的信仰，既有助于实现政治上的"权归于一"和"上下情通"，也有益于为发展工商经济而提供充足的社会资源和劳力。

在"法法类"最后，洪仁玕对这一部分做了总结："一上所议，是'以法法之'之法，多是尊五美、屏四恶之法。诚能上下凛遵，则刑具可免矣。"[②] 也就是说，前述社会治理的立法建议，均是法治的具体方法，目的是弘扬上帝教的价值观和伦理道德。洪仁玕认为，若如此则

---

① 洪仁玕：《资政新篇》，太平天国历史博物馆编：《太平天国印书》第 16 册，南京：江苏人民出版社，1961 年影印本，第 17、19 页。

② 洪仁玕：《资政新篇》，太平天国历史博物馆编：《太平天国印书》第 16 册，南京：江苏人民出版社，1961 年影印本，第 20 页。

"刑具可免"，不用刑而国家大治，因此法治是为德治服务。

"刑刑类"是针对"不鲜顽民"的不得不用之法。宽刑，摒除酷刑，改良死刑，以刑辅教，避免不教而诛，以及"法法类"之"罪人不拿"（禁止株连）等，均是对"教法兼行"论的进一步阐述，体现了"上帝有好生之德"的"德治"色彩。受西方法制思想影响，洪仁玕在《资政新篇》中将"法法类"和"刑刑类"并列，"法法类"的 29 条法例涉及社会治理的多个领域。

从《资政新篇》的结构看，其主体部分"风风类""法法类""刑刑类"，分别代表了德、法、刑，洪仁玕的论说主要围绕三者关系展开。他在全篇最后得出结论："大率法外辅之以法而入于德，刑外化之以德而省于刑。"大致即"以法入德""以德省刑"，说明在三者中居核心地位的是德。于是我们便能理解洪仁玕在开篇奏陈"奏为条陈款列，善铺国政，以新民德"这一旨趣了。[①] 他细致入微地条陈款列、善铺国政，根本目的是"以新民德"。所以他才一再强调要建设的国家是一个"俗厚风淳""风俗日厚""尊五美屏四恶"的"新天新地新世界"。《资政新篇》提出的社会治理方略具有浓厚的宗教色彩，正是基于洪仁玕扎根于基督教来尝试构建太平天国社会治理的新方略。作为虔诚的基督徒，洪仁玕也希望在太平天国弘扬上帝的宗教伦理，于是倡议以上帝教信仰为核心的新道德来治理太平天国，这成为《资政新篇》一以贯之的主旨。

洪秀全创立了一个具有太平天国特色的"上帝之国"，洪仁玕则希望以英美式基督教国家为模板，将太平天国改造为一个先进富强的"上帝之国"。当然效法西方并不是无区别的学习，洪仁玕学习和接受的基督教知识属于英美新教，在对待西学的态度上必定会取法英美。但与佛

---

① 洪仁玕：《资政新篇》，太平天国历史博物馆编：《太平天国印书》第 16 册，南京：江苏人民出版社，1961 年影印本，第 2、22 页。

兰西（法国）"道不同也"。① 尽管正统基督教教义和上帝教格格不入，洪仁玕认为这无关紧要，共同的天父天兄信仰才是关节。英美既是新教国家，师法英美，学习和引进其精神和物质文明，以实现"天国"强盛，又何乐而不为呢？洪仁玕设计的这个国度的未来，既能对外开放，"柔远人之法"，允许外人通商、传教，"与番人并雄"；又能对内改革，兵强国富，风俗淳厚，拥有先进的治理体系。因此，《资政新篇》充分展现了洪仁玕向英美等"同道"之国学习、向其看齐的治国理念，绘出了一幅具有太平天国特色的基督教（上帝教）宗教意识形态和英美式的社会治理蓝图。洪秀全实现了拜上帝思想的第一次本土化、中国化，而洪仁玕则主张建立另外一种价值观，这种价值观既在基督教神学范畴之内，又不舍弃太平天国和上帝教的正统性，即实现了拜上帝思想的第二次本土化、中国化。

虽然彼此在宗教上有分歧，《资政新篇》的构划也杂糅了某些中国传统思想文化，但传教士们仍然认为这是几百年来传播基督教文明的一个标志性成果，是他们所传播的基督教国家治理方案在中国的一个翻版。洪仁玕曾把《资政新篇》的手抄本寄给与之相熟的传教士，湛约翰、晏玛太（Matthew. T. Yates）、裨治文等传教士均看过该书，理雅各、艾约瑟、杨笃信（杨格非）等传教士还迅速将其内容或全译或摘译为英文，向世界各国展示。②

---

① 一是因洪仁玕受英美新教影响大，法国人多信天主教，"其教多务异迹奇行而少有别"，"其教尚奇异，品学逊焉，人不与重"，所以国势渐衰，这是门户之见。二或因他不想也不敢效法法国"砍国王头式"的革命方式。故他对法国评价不高，称其"今似半强半美之邦"，直言"与弟无相识者，因道不同也"。洪仁玕：《资政新篇》，太平天国历史博物馆编：《太平天国印书》第16册，南京：江苏人民出版社，1961年影印本，第10—11页。

② 理雅各的介绍参见 James Legge, "Aids to Government, a New Collection of Essays, from The Heavenly Kingdom of Great Peace," *The Overland Register and Price Current*, Aug. 25, 1860。艾约瑟之翻译，见 *The North-China Herald*, Vol. XI, No.522, July 28, 1860; "Extracts from The New Work By Kan-Wang, Cousin of The Insurgent Chief," *The North-China Herald*, Vol. XI, No.524, Aug. 11, 1860; "Extracts from The New Work," *Supplement to The North-China Herald*, Vol. XI, No.525, Aug. 18, 1860.杨笃信的介绍参见"The Insurgents," *Supplement to The North-China Herald*, Vol. XI, No.522, July 28, 1860。

（三）洪秀全和太平天国高层的态度

传教士阅读的是《资政新篇》的手抄本，按他们的介绍或翻译，在刊行本《资政新篇》关于社会治理问题的建议书之前，另有 7 篇文章：《太平天国庚申十年新历序文》《用兵之道》《罪之教义》《诱惑之道》《赞美诗》《关于上帝》《祈祷文》。

《太平天国庚申十年新历序文》不存。艾约瑟和理雅各介绍说，序文批判占卜吉凶，主张沿用西方历法。1861 年刊行的洪仁玕所作《钦定英杰归真》，引用了《天历序》，对中国历代历法的差误、迷信进行驳斥，但未见沿用欧洲历法的文字，或被洪秀全删除。[①] 根据传教士记述，序文末还列举了"天历六节"和礼拜的九项原则。"天历六节"在 1859 年 11 月以"天王诏旨"的形式公布，具有法定意义，无须在《天历序》中赘述，关于礼拜的内容也被删除。[②]《用兵之道》（理雅各称为"军队四原则"），即《兵要四则》，专门论兵，不涉宗教，得以保留，改附于刊行本《资政新篇》正文之后，又收录于《干王洪宝制》。《罪之教义》《诱惑之道》《祈祷文》，均是宗教小论，对照英文版，即收录于《干王洪宝制》中的三篇文章，其中《诱惑之道》原标题为《克敌诱惑论》。[③] 这三篇文章主要讲基督教的"原罪"说和基督赎罪说，与上帝教"神人同形""天父天兄下凡"的核心教义并不相悖，得以保留。可见，《干王洪宝制》所载五篇文章，除开篇《颁新政诲谕》是即时新作，其他四篇都曾收录于手抄本《资政新篇》。艾约瑟提及《资政

---

① 《钦定英杰归真》，太平天国历史博物馆编：《太平天国印书》（下），南京：江苏人民出版社，1979 年，第 772—774 页。

② 《太平天国辛酉十一年新历》，太平天国历史博物馆编：《太平天国印书》（下），南京：江苏人民出版社，1979 年，第 720—723 页。

③ 《开朝精忠军师干王洪宝制》，太平天国历史博物馆编：《太平天国印书》（下），南京：江苏人民出版社，1979 年，第 700—708 页。

新篇》收入的数篇《赞美诗》来源于麦都思翻译为中文的《养心神诗》，1856 年，经王韬、洪仁玕修订改译为《宗主诗篇》。《赞美诗》在刊行本中被洪秀全删除，但《钦定军次实录》中有《赞颂诗章》一首和《谊谕民众》二首，经查均出自《宗主诗篇》。① 《关于上帝》论及"三位一体""上帝纯灵"和上帝是否可称"真神"的称谓问题，因违背上帝教教义，被洪秀全完全删除。洪仁玕告诉艾约瑟"天王已亲自修订了此书，并批准将他付印。他所修改的主要是论及上帝无形的段落。凡是提到上帝无形的文字都已被天王删除"，而且"天王不同意改变他已经习惯了的一直在天朝书籍和文件中沿用的措辞"。② 由手抄本比较刊行本，可知手抄本《资政新篇》同《干王洪宝制》一样，是单篇文章的结集，关于基督教的内容约占半数篇幅，宗教色彩非常浓厚。这些宗教内容在刊行本中几乎全被删除，或另行收录于《干王洪宝制》。目前所见《干王洪宝制》，藏剑桥大学图书馆，封面无纹饰、无刊刻年份，无"钦定"字样，无"旨准颁行"朱印，可能并没有得到洪秀全的正式认可，仅是作为洪仁玕的个人作品刊行。洪秀全删改后的《资政新篇》成了以介绍西方新知识和政策建言为主要内容的意见书。刊行本《资政新篇》之基督教色彩虽较手抄本被较大地弱化，但据前述，其仍能彰显建立以上帝信仰为核心价值观的旨趣，恰恰印证了《资政新篇》的这一宗教面相。

洪仁玕离港之际，曾向传教士许诺纠正太平天国宗教的错误，彻底实行与外国修好的政策。③ 因此，在主政之初，洪仁玕对上帝教教义的

---

① 《钦定军次实录》，太平天国历史博物馆编：《太平天国印书》（下），南京：江苏人民出版社，1979 年，第 783—785 页。

② "A Report by Rev. Joseph Edkins," in Prescott Clarke and J. S. Gregory eds., *Western Reports on the Taiping: A Selection of Documents*, London: Groom Helm Ltd., 1982, pp.243-244.

③ ［美］邓元忠：《美国人与太平天国》，台北：华欣文化事业中心，1983 年，第 97 页。

修订和补充是新政改革的重要内容。① 洪仁玕曾试图直接和洪秀全讨论宗教问题。如关于东王异象，洪秀全不允许对之提出质疑，当洪仁玕不相信东王异象并表示反对时，洪秀全便大为不快。再如关于基督的"神性"，洪仁玕的观点与正统基督徒一致，并认为洪秀全是错误的，其看法是有缺陷的。② 但洪秀全毕竟视上帝教为禁脔，绝不允许他人改弦易辙。出于对洪秀全的"臣道弟道"，洪仁玕在大多数时候只能以温和曲折的方式、谨慎暧昧的态度，尝试淡化、缩小上帝教与基督教的歧异。在与《资政新篇》几乎同时期撰写的《己未九年会试题》和大约在稍后的 1861 年刊行的《钦定英杰归真》《钦定军次实录》《钦定士阶条例》中，洪仁玕仍委婉、隐晦地保留了一些与洪秀全宗教思想相异的表述。可知他始终没有放弃上帝纯灵、三位一体、基督赎罪等基督教的中心教义。他虽然承认洪秀全所见幻象是上帝的启示，承认天父天兄天王下凡和《真约》的权威，但他对洪秀全的幻象的解释持保留意见，多次表述天王"魂见天父""魂尚高天""魂游天堂"而非肉体，他没有把杨秀清当作圣灵的直接表述，从未承认存在"天母""天嫂"和"上帝小家庭"。这是洪仁玕与天王关系相处的一种折中之道。

为了获得他那位脾气暴烈的族兄天王的认可和接受，洪仁玕只能苦口婆心地向洪秀全婉转地讲述这一切。洪仁玕的目的是在不触及太平天国正统性合法性的框架内实现基督教和上帝教的普遍价值观并存。在《干王洪宝制》以及日后洪仁玕创作的文章中，再也没有出现手抄本

① 洪仁玕在关于上帝观念、三位一体论和宗教仪式等方面试图对上帝教教义进行修订和补充。参见夏春涛：《天国的陨落——太平天国宗教再研究》，北京：中国人民大学出版社，2006 年，第 296—304 页。《资政新篇》此前多被视为近代化（现代化）的一环，夏春涛的研究也多次称赞《资政新篇》的"近代化"意义，但同时指出其宗教性质浓厚，说明其思路并非后世意义上具有世俗性的"近代化"。虽然启蒙思想、近代化概念和基督教神学在西欧是对立的，但新教传教士刻意将英美等国塑造为基督教国家以捆绑宗教和近代文明，而洪仁玕以基督教新教为媒介开眼看世界，他的主观意识已将纯粹的基督教国家和英美式的近代化道路等同起来。

② Prescott Clarke and J. S. Gregory eds., *Western Reports on the Taiping: A Selection of Documents*, London: Groom Helm Ltd., 1982, p.241.

太平天国再研究

《资政新篇》那样长篇大论"三位一体"的文字。刊行本《资政新篇》"风风类"最后有这样一段话："上帝是实有，自天地万有而观，及基督降生而论，是实有也。盖上帝为爷，以示包涵万象；基督为子，以示显身，指点圣神上帝之风亦为子，则合父子一脉之至亲，盖子亦是由父身中出也，岂不是一体一脉哉！总之谓为上帝者，能形形，能象象，能天天，能地地，能始终万物，而自无始终，造化庶类，而自无造化，转运四时，而不为时所转，变通万方，而不为方所变。可以名指之曰'自有者'，即大主宰之天父上帝、救世主如一也。盖子由父出也，视子如父也。"[1] 洪仁玕先是承认上帝与基督、圣神上帝之风为"实有"以及彼此间的父子关系，然后指出子由父出、视子如父、父子一脉。这已是比较委婉地解释"上宝""三位一体"论。至于上帝是否有具体形象，洪仁玕没有明说，但他言上帝"始终万物""转运四时""变通万方"，似暗指上帝纯灵。这段论说相对隐晦，且是为了说明"若讳此名，则此理不能彰矣"，试图纠正"上帝避讳"论，还未触及洪秀全的思想禁区，所以未被删除。至于明确讲出"三位一体为宝"一句则很可能是漏网之鱼。而"上帝之名永不避讳"这段话原在抄本"法法类"，送洪秀全审阅时，被移置于"风风类"末，显然是洪秀全为将《资政新篇》塑造为一篇比较纯粹的方略书而做的调整。过去有论者批判《资政新篇》的宗教色彩，既忽略了洪仁玕以宗教为媒介睁眼看世界的特殊经历，也对太平天国以宗教起家和立国的历史实际缺乏认识，不了解《资政新篇》作为太平天国新政改革的规划书同时承担着改造上帝教教义的重任。

　　洪秀全对《资政新篇》的手稿逐字审阅，加批阅31条。尔后下诏"此篇传镌刻官遵刻颁行"。对《资政新篇》的批阅、刊行反映了洪秀

---

[1]　洪仁玕：《资政新篇》，太平天国历史博物馆编：《太平天国印书》第16册，南京：江苏人民出版社，1961年影印本，第6—7页。

全思想的些许变化。其中，洪秀全表示认可的有 27 条，暂缓实行的 2 条，表示反对的 2 条。对洪仁玕所拟写的大部分建议表示赞同，说明后期的洪秀全并非一味地抱残守缺，故步自封。洪仁玕曾对艾约瑟说："引进欧洲的先进东西（如铁路、蒸汽机之类）的主张，尤其博得了天王的极大赞同。"[①] 而且对之有所弃取，说明洪秀全经过了认真思索。针对洪仁玕的"勿杀"论，洪秀全反驳说："爷令圣旨斩邪留正，杀妖杀有罪不能免也"，"爷诫勿杀是诫人不好谋害妄杀，非谓天法之杀人也"。针对洪仁玕提议设新闻官和准卖新闻篇（不别上下的使用新闻报道）或暗柜，洪秀全认为："此策现不可行，恐招妖魔乘机反间。俟杀绝残妖后行未迟也。"[②] 这几条提议明显与当时残酷的战争形势不相协调，反映了两人认识上的差异。在借鉴西方的态度上，洪秀全比清朝皇帝相对开放和包容，太平天国"用夷之道，还施于彼"的实践也几乎与清方阵营同步。[③] 但对世界大势和西学潮流的认知和兴趣，洪秀全还远不能和洪仁玕相比。他几乎逐条批阅了"以法法之"的 29 条建议，或赞同，或表示暂缓，其中只对"朝廷考察""兴保人物之例""准富者雇工并禁买卖人口""立丈量官"4 条不置可否，说明洪秀全对这些内容缺少足够的认识，并没有考虑清楚。对表示认可的内容，洪秀全也只是批示"钦定此策是也""此策是也""是也""是"，而绝大多数批"是"，从一个侧面反映了洪秀全对这些内容还比较陌生。[④] 我们只能说

---

① Prescott Clarke and J. S. Gregory eds., *Western Reports on the Taiping: A Selection of Documents*, London: Groom Helm Ltd., 1982, pp.245-246.

② 洪仁玕：《资政新篇》，太平天国历史博物馆编：《太平天国印书》第 16 册，南京：江苏人民出版社，1961 年影印本，第 16、21 页。

③ 樊昕整理：《赵烈文日记》第 2 册，咸丰十一年八月初九日，北京：中华书局，2020 年，第 640 页。

④ 参见夏春涛：《天国的陨落——太平天国宗教再研究》，北京：中国人民大学出版社，2006 年，第 309 页。洪秀全对其熟悉的宗教领域，从不吝惜文字，参见《天王洪秀全手批艾约瑟撰上帝有形为喻无形乃实论》，太平天国历史博物馆编：《太平天国文书》，南京：江苏人民出版社，1991 年，第 12 页。洪秀全批解《钦定前遗诏圣书》也反映出这个特点，参见罗尔纲、王庆成主编：《中国近代史资料丛刊续编·太平天国》（一），桂林：广西师范大学出版社，2004 年，第 111—369 页。

洪秀全通过《资政新篇》学习了解到这些反映时代潮流的新事物、新思想，对它们有所认可、不排斥，持包容开放的态度，但和发生思想转型尚不能同日而语。洪秀全在阅读时对一些提议萌生了可以施行或将来可以施行的想法，与立即引进甚或作为施政纲领，还不能对等起来。我们不宜过高估计洪秀全所能达到的思想高度。

关键问题是《资政新篇》与《天朝田亩制度》反映了洪仁玕和洪秀全对未来社会具体治理方略的不同取向。《天朝田亩制度》是洪秀全的主张。他设计的是一个理想化的古代大同模式的农本社会，取消一切私有财产和商业活动，"天下人人不受私"，"无处不均匀，无人不饱暖"。[①] 而洪仁玕在《资政新篇》中精心描绘的是一幅开放的工商社会的治理蓝图，在经济上提倡发展私有经济，学习资本主义经营方式和先进技术，允许贫富差别的存在。这两者在经济制度和经济生活方面的构建和规划是对立的。但洪秀全似乎没有意识到，更可能是不在意两份文件彼此间在具体构建和规划上的歧异。1860 年以后，太平军夺取了苏南和浙江大部分地区，洪秀全几乎在同期重新刊刻了《天朝田亩制度》和《资政新篇》。[②]《天朝田亩制度》仅据后期官制做了一些技术性修订，《资政新篇》仅据避讳制度以及宗教思想和对外观念变化做了个别字词的订正，在内容上基本没有变动。太平天国与传统农民起事不同的

---

① 《天朝田亩制度》，太平天国历史博物馆编：《太平天国印书》（上），南京：江苏人民出版社，1979 年，第 409、410 页。

② 《资政新篇》现存 3 本：剑桥大学图书馆藏本、牛津大学鲍德利图书馆藏本及上海文物保管委员会藏本。笔者曾比对英国藏两本原书，系同一版本。上海文管会刊本年代应该最晚。因现存 3 本《资政新篇》内容完全相同，仅是极个别用词不同，本节使用和辨析的是《太平天国印书》影印的上海文管会本。另据洪仁玕与艾约瑟在苏州之问答，《资政新篇》除天京刊本外，李秀成还答应在苏州印刷此书。可知《资政新篇》还有其他刊本，但均已佚失。因各本《资政新篇》封内上署"九年新镌"，过去均认定《资政新篇》初刻于己未九年，不确，洪仁玕对艾约瑟讲，1860 年 8 月初"天王已修订此书并批准付印"，可知此时还只有手抄本。见 Prescott Clarke and J. S. Gregory eds., *Western Reports on the Taiping: A Selection of Documents*, London: Groom Helm Ltd., 1982, p.244. 又据 1861 年 5 月 1 日赵烈文日记，他已看到《资政新篇》刊行本。参见樊昕整理：《赵烈文日记》第 2 册，咸丰十一年三月二十二日，北京：中华书局，2020 年，第 576 页。所以《资政新篇》初刻本正式刊行于 1860 年 8 月至 1861 年 4 月之间。

地方主要是它鲜明的拜上帝宗教意识形态，洪秀全更关心的是如何实现以他手创的上帝教控制国家的方方面面，即确立独尊上帝的一元意识形态。

在这个根本旨趣上，《资政新篇》和《天朝田亩制度》是一致的。第一，洪仁玕提出强化中央集权的制度设想，从"禁朋党之弊"到"由上而下权归于一"，包括颁布《立法制諠谕》，这和洪秀全毕生致力追求的权定于一尊的专制政体相吻合。第二，洪仁玕并没有提到西方政教分离的体制，也没有反对太平天国政教合一的制度。尽管他曾建议允许外国牧司入境传教，但这也是为使国人尽快独尊上帝，皈依上帝教，服从上帝统治。当洪秀全和洪仁玕意识到传教士来太平天国传播基督教教义可能对他们自己的拜上帝信仰造成危害时，便立即中止了之前的友好许诺。① 正因为认识不到西方基督教国家将国家利益与意识形态剥离的现实，洪仁玕才会认为只要太平天国调整对外政策、改变对外态度就可以获得列强的好感和支持。② 第三，洪仁玕与洪秀全均秉持摧毁传统宗教、反对偶像崇拜的思想。但在具体行为上，洪仁玕远不如洪秀全的态度激进暴力。洪仁玕建议，对庙宇寺观，不是或烧或毁了事，而是用之为医院、四民院、学馆、礼拜堂等公益事业，对僧道、九流，迫其归于正业，使之有益于民生实事。在对待儒学上，洪仁玕明确反对焚禁古

① 1861 年 2 月洪仁玕劝慕维廉暂缓在周边乡村布道，不要在这件事上求助他。"A Letter from Rev. W. Muirhead,"in Prescott Clarke and J. S. Gregory eds., *Western Reports on the Taiping: A Selection of Documents*, London: Groom Helm Ltd., 1982, pp.256–257. 1861 年 12 月洪仁玕告诉郭修理不要来这里传教，洪秀全不允许其他教义存在。S. Y. Teng, *The Taiping Rebellion and the Western Powers: A Comprehensive Survey*, Oxford: Clarendon Press, 1971, p.181.

② 洪仁玕后来改变了这一看法。天京沦陷前夕，洪仁玕对英国人纳里斯愤然表示从未遇到一个品性良好的外国人。"Statement of Patrick Nellis,"in Prescott Clarke and J. S. Gregory eds., *Western Reports on the Taiping: A Selection of Documents*, London: Groom Helm Ltd., 1982, p.415. 1862 年太平天国照会英国，声明"将为上帝光复全国疆土"，"碍难弃寸土于不顾"。J. J. O'Meara ed., *British Parliamentary Papers: China*, Vol.32, Shannon: Irish University Press, 1971, p.208.

太平天国再研究

书。[①] 第四，洪仁玕在《资政新篇》中通过介绍世界大势和比较各国历史，构建了拜上帝的世界历史观，而洪秀全在《三字经》等著作中塑造了拜上帝的中国历史观，他们在论证拜上帝与否与国家兴衰的关系上结论一致。

总之，《资政新篇》与《天朝田亩制度》在设计太平天国的根本制度方面有着脉络相承的关系，如中央集权、政教合一、独尊上帝。洪仁玕和洪秀全都设想建立一个以上帝教为核心信仰的富强国家，实现"天下共享天父上主皇上帝大福"，[②]"以顶天父、天兄纲常，太平一统江山万万年"。[③] 因此学习和借鉴西方一些先进的科学技术和制度因素是洪秀全完全允许的。这是一位农民知识分子出身的太平天国最高领袖何以会赞同洪仁玕那份崭新方案的根源所在。

过去有学者认为《资政新篇》丝毫不触及农民最关切的土地问题，故而不能得到农民的支持。洪仁玕在《资政新篇》结语部分特意表明，他所条陈的诸项建议是"古所无者""前古罕有者"，所以称之为"新"篇，以符"开新朝必颁新政"。[④] 为了突出这个特点，洪仁玕只能对"天国"大政有所取舍。《天朝田亩制度》虽然发行量很少，是少数上层人士才得见的内部文件，但它以"诏书"形式旨准颁行，以"制度"冠名，文末有"钦此"二字，表明乃是洪秀全的旨意。此文件又从未正式宣布废弃。土地制度既为《天朝田亩制度》的核心，洪仁玕自无复提之必要。其实，在洪仁玕设想效仿的资本主义社会中，农业、农村、农民和土地已不是社会的核心要素，但在像中国这样的农本大国，

---

① 《钦定英杰归真》，太平天国历史博物馆编：《太平天国印书》（下），南京：江苏人民出版社，1979 年，第 766、771 页。

② 《天朝田亩制度》，太平天国历史博物馆编：《太平天国印书》（上），南京：江苏人民出版社，1979 年，第 409 页。

③ 洪仁玕：《资政新篇》，太平天国历史博物馆编：《太平天国印书》第 16 册，南京：江苏人民出版社，1961 年影印本，第 13—14 页。

④ 《开朝精忠军师干王洪宝制》，太平天国历史博物馆编：《太平天国印书》（下），南京：江苏人民出版社，1979 年，第 700 页。

解决占人口绝大多数的农民问题及土地问题，是实现社会转型的前提。

有学者认为《资政新篇》是洪秀全授意洪仁玕所作，洪秀全的批示表明他基本接受了近代先进的思潮，《资政新篇》是继《天朝田亩制度》后太平天国的第二个纲领性文献，而且还准备付诸实施。甚至有人预言，如果太平天国不失败，将会走上资本主义道路。前文已述，《天朝田亩制度》不能称作太平天国事实上的纲领性文献。另外，这类判断不符合洪秀全的思想实际。洪秀全并不完全赞同《资政新篇》的方略，特别是在宗教要义上有令他反感的内容。洪仁玕在结语中说："因又揣知圣心图治大急，得策则行，小弟诚恐前后致有不符之迹，故恭录己所窥见之治法，为前古罕有者，汇成小卷，以资圣治，以广圣闻。"[1] 可见，洪仁玕虽是按制定"为邦大略""政治大略"（治国纲领）的初衷进行撰写，但乃因揣知天王图治之急情而作，"急欲载阳献曝"，[2] 或"有不符之迹"，仍需"恭献圣鉴"，由天王洪秀全裁定。他对洪秀全能否认同他的建议比较担心。因此他将这份文件定性为"方策"（建议书），也就是治国纲领的雏形。一份文献，具有纲领性，和成为"纲领"或"纲领性文献"性质不同。还不能将这份并不被洪秀全完全认

① 洪仁玕：《资政新篇》，太平天国历史博物馆编：《太平天国印书》第16册，南京：江苏人民出版社，1961年影印本，第22页。
② 《开朝精忠军师干王洪宝制》，太平天国历史博物馆编：《太平天国印书》（下），南京：江苏人民出版社，1979年，第701页。

同的建议书、参考文献上升到纲领或纲领性文献的地位。[①]

结合太平天国后期洪秀全膨胀的皇权思想和偏执的宗教思想，他在经国理政方面很难有革故鼎新的大作为。而《天朝田亩制度》宣扬的"国有"经济原则和"天王主断"的政体才符合洪秀全的兴趣。面对日益加剧的危机，洪秀全寄希望于曾在起兵之初宣传的患难与共的精神，以激励将士团结战斗，改变人心离散的危局。《天朝田亩制度》的"老药方"或许更有效。其中规定的"功勋等臣世食天禄"曾对"天国"官员士兵产生激励效应，"田产均耕"的宣传曾对农民起到动员作用。洪秀全重刻《天朝田亩制度》，立意是吸引、聚拢新附民众之心。重印《资政新篇》也无法表明洪秀全的思想发生了根本性转变。《资政新篇》学习英美的变革建议不可能引起以农民为主体的太平天国高层的足够兴趣和重视。

至于太平天国群臣，后期太平天国权力下移，渐成内轻外重之势。一些手握兵权的高级将领拥兵自重，各自为政，不时掣肘中央，成为推行新政的阻力。洪仁玕曾对容闳表示：他是孤立的，没有人支持他来付诸实施。诸王都出征在外。任何一项措施，都必须经过多数人同意后才能实行。在其他人回来以前，一切都不能决定。[②] 而洪仁玕根底浅、声

---

① "旨准颁行诏书"制度于天历癸好三年始行，于卷首列"书目"（"旨准颁行诏书总目"是天王洪秀全批准出版的"诏书"目录），钤"旨准"印。庚申十年末至辛酉十一年，"书目"制度逐渐废弃。"诏书"是宣示天父天兄天王之道的书，只有天父天兄天王幼天王和天父代言人东王发布的书，才能称为"诏书"。有些文献若以"钦定"为题，无论是否由个人署名发布，亦可视为典制，如《钦定制度则例集编》《钦命记题记》《钦定功劳簿章程》《钦定士阶条例》《钦定敬避字样》等。《资政新篇》既不是"诏书"，又未以"钦定"为题，只能说是洪仁玕以"天国"首辅身份以"诣谕"名义发布的一份重要文件。《干王洪宝制》《钦定军次实录》《钦定英杰归真》等书中均有干王"诣谕"，又经"钦定"，我们显然不能把它们称作太平天国的纲领性文献，何况洪仁玕的声望权势均无法和昔日的东王杨秀清相比。即使已获天王旨准颁行，也并非"诏书"。固然有天王批语，也未达到"钦定"的地位。换言之，《资政新篇》不是太平天国最高法意义上的"纲领性文献"。关于"诏书"和"旨准颁行诏书总目"，参见王庆成：《太平天国的文献和历史——海外新文献刊布和文献史事研究》，北京：社会科学文献出版社，1993年，第102—125页。

② Yung Wing, *My Life in China and America*, New York: Henry Holy and Company, 1909, p.110.

望低，又缺乏杨秀清的铁腕手段和权谋之术，不足以使上下一心，翕然从风。而且他是天王族弟，迅速擢拔，遭到朝内军中勋旧的嫉妒。洪仁玕对来访的英国领事官富礼赐说，一般有军功的王对他常待在天京都非常嫉妒，他甚至要被迫带兵出征，各王不尊重其权威，他欲实行改革而事事均受各王之牵制。① 像李秀成对洪仁玕"所编各书"，"皆不屑看"，遑论会支持洪仁玕推行新政了。② 李秀成在供词中对洪仁玕明显流露出不屑："封过后未见一谋"，"初来封长，又冇（没有）才情"。③ 洪仁玕失去拥有军队和地盘的地方实力派支持，其新政的推行便力不从心。上海之役失败后，洪仁玕在朝中的地位开始下跌，洪秀全对他也不再信赖。1861 年 2 月 5 日，洪仁玕被剥夺了首辅职位，几天后又被排挤出朝，奉诏出京催兵救援安庆。④ 后来在激烈的朝内政争中，洪仁玕出于对洪氏的忠诚和血缘亲情，一味迁就、服从天王，偏袒王长兄、次兄，与忠王李秀成、英王陈玉成等地方实力派矛盾愈深，派系斗争成了他后来政治生涯的主旋律。洪仁玕的新旧思想此消彼长，原先的闪光思想逐渐被忠君、迂阔、保守的思想取代，那些切中时弊、富有时代气息的政见逐渐被洪秀全的政治和宗教主张同化。面对积重难返的太平天国，洪仁玕主政之初那种革故鼎新的壮志豪情逐渐消散，《资政新篇》设计的美好蓝图被束之高阁成为必然。

19 世纪中叶，林则徐编译的《四洲志》、魏源的《海国图志》、徐继畲的《瀛寰志略》、姚莹的《康輶纪行》、梁廷枏的《海国四说》等，主要是从史地人文的角度介绍世界大势。这些早期的先进人物、代表作

---

① T. W. Blakiston, *Five Months on the Yang-Tsze, With a Narrative of the Exploration of Its Upper Waters, and Notices of the Present Rebellions in China*, London: John Murray, 1862, p.50.

② 《李秀成自述别录》，中国史学会主编：《中国近代史资料丛刊·太平天国》（二），上海：神州国光社，1952 年，第 845 页。

③ 《忠王李秀成自述》，罗尔纲、王庆成主编：《中国近代史资料丛刊续编·太平天国》（二），桂林：广西师范大学出版社，2004 年，第 389 页。

④ 《幼主命内外本章免盖干王印并任幼西王萧有和兼赍奏诏》，太平天国历史博物馆编：《太平天国文书汇编》，北京：中华书局，1979 年，第 76—77 页。

品、进步思潮，揭开了鸦片战争后近代中国向西方学习的序幕。然而在解答学习西方什么、学习西方哪些国家、为什么学习西方、怎样学习西方等问题上，早期的经世派没有做出系统回答。后来曾国藩、李鸿章、左宗棠兴办的洋务事业，以"自强"相标榜，其视野则局限在"师夷长技以制夷"的命题范畴。

比较而言，《资政新篇》倡言除旧布新、顺应时势，深刻系统全面地揭示了向西方（英美等"同道"之邦）学习、看齐的时代命题，所涉内容涵盖政治、经济、社会、外交、思想文化等方方面面，堪称当时国内最为先进的社会治理方略。毋庸置疑，《资政新篇》将近代国人向西方学习提升到了一个新的高度，代表了 19 世纪 60 年代之前中国人探索救国救民道路的最高水准。容闳到过天京，他盛赞洪仁玕"见闻稍广，较各王略悉外情，即较洪秀全之见识，亦略高一筹。凡欧洲各大强国所以富强之故，亦能知其秘钥所在"。① 富礼赐认为"在南京诸王之中，干王是独一无二的人物"。② 1861 年，曾国藩的机密幕僚赵烈文读过《资政新篇》后说："其中所言，颇有见识……观此一书，则贼中不为无人。志云：'知己知彼，百战百胜。'有志之士尚无忽诸。"③ 无论是"西体西用"，还是"中体西用"，都说明学习和借鉴西方，使中国摆脱积贫积弱积弊，是敌对阵营内有识之士的共识，是一种因应历史潮流的进步思潮。

即使是 19 世纪 70 年代之后的早期改良派，其思想之系统和深度也未必全然超越洪仁玕。直到 1898 年，洋务派张之洞的《劝学篇》，维新派何启、胡礼垣的《新政真铨》还在讨论中学、西学何为"体"，何为"用"的问题。当洋务派倡议修铁路、开矿藏时，顽固守旧者纷纷指责

① Yung Wing, *My Life in China and America*, New York: Henry Holy and Company, 1909, p.110.

② T. W. Blakiston, *Five Months on the Yang-Tsze, With a Narrative of the Exploration of Its Upper Waters, and Notices of the Present Rebellions in China*, London: John Murray, 1862, p.52.

③ 樊昕整理：《赵烈文日记》第 2 册，咸丰十一年三月二十二日，北京：中华书局，2020 年，第 576—577 页。

其破坏风水龙脉，而洪仁玕早就表达过"勿得执信风水""动言风煞"的意见。容闳评价太平天国："太平军一役，中国全国于宗教及政治上，均未获丝毫利益。其可称为良好结果者惟有一事，即天假此役，以破中国顽固积习，使全国人民皆由梦中警觉，而有新国家之思想。"① 所谓"新国家之思想"，主要是指《资政新篇》提出了全面系统的向西方学习的治理方略，这在中国历史上具有重要意义。

---

① Yung Wing, *My Life in China and America*, New York: Henry Holy and Company, 1909, p.122.

第三篇　民心的转向：民众的集体行动

　　农民的支持是太平天国政权建立初期取得成功的关键。它靠农民起家，坚持十数年，席卷大半个中国，使清王朝的统治一度风雨飘摇。但太平天国没有真正解决农民关心的土地问题，也就不可能在最广泛的范围里把广大农民动员起来。那么，太平天国与占领区内民众的关系（与非占领区的民众并未发生直接关系）如何呢？[①] 19 世纪 60 年代初，在太平天国的主要占领区江南，以抗粮、抗税和反对"兼收租粮"的抗租运动为主，农民集体行动反抗太平天国的数量、规模和烈度均达到了

---

　　① 这里所说的"民众"，是相对于"贵族"或"统治者"而言的，是指以平民层为主体、包括士阶层在内、不具官和绅身份的"百姓"。参见萧公权：《中国乡村：论 19 世纪的帝国控制》，张皓、张升译，台北：联经出版事业股份有限公司，2014 年，第 555—557 页。

一个高潮。① 这一现象说明，过去所谓民众响应和支持太平天国的常态实际具有阶段性和特殊性。从依靠农民到失去农民，最终被农民抛弃，这是太平天国的悲剧所在。

以往有关太平天国的研究，多关注太平天国对清王朝的反抗，包括前期民众的呼应以及太平天国与各地秘密结社、反清起事的关系，少谈（或不谈）民众对太平天国的反抗，对后期太平天国在各地的统治实况

---

① "集体行动"主要是指民众为维护自身利益或追求共同权益而聚集行动的行为，它具有自发性、突发性、合理性与违法性，抗争行为落后性，政治权力意识淡薄等基本特征。本篇将研究对象框定于带有自发性、突发性，特别是与清政府或清军没有直接组织联系的民变类别，其基本类型为抗粮、抗税等，这与团练明显不同。太平军对城市实行军事化管理，以乡村供养城市，在城市中鲜见民众哗变的案例，故本篇所说的集体行动一般是指市镇乡村民变。以目前掌握的太平天国研究的基本史料——《中国近代史资料丛刊·太平天国》（8 册）、《太平天国史料丛编简辑》（6 册）、《中国近代史资料丛刊续编·太平天国》（10 册）、《太平天国史料汇编》（40 册）、《清政府镇压太平天国档案史料》（26 册）等，以及其他重要的文人记载，共统计了 70 起民众自发的针对太平天国官方的抗粮抗税抗租行动。一方面受掌握史料的数量、类型所限，另一方面与战争本身造成的社会影响等因素有关，1860 年之前太平天国占领区的民变基本处于缺载状态。再者，数据的资料来源缺乏统计学要求的完整连贯性，因此这一统计属不完全统计，无法精准反映太平天国占领区民变的全部情形。此外，以《清实录》和时人记载为主要来源，对 19 世纪 40—50 年代清朝统治下苏南（苏州、常州、松江、太仓）和浙江地区的 104 起民变作参照和比对。关于清朝民变的统计也属不完全统计，一方面是史料缺载或漏载，另一方面与地方官欺饰不报和官方奏报、文人记载对报道大案特案的偏重有关。民变的发生有碍地方官考成，所以存在隐匿不报的情况。但是，已统计的民变实例，可以构成各时期民变的主体，能够勾勒出各类民变的比例、趋势和民变情形的大致轮廓，在一定程度上仍有助于宏观把握这一历史现象。这样，在空间上、时间上形成了该地域在鸦片战争之后民变事件的连接和连贯，以便对 19 世纪中叶在该区域所发生的民变进行系统分析。至于抗租斗争，并非都是针对官方的。一般来说，江南的抗租，是针对业户或租栈的过度盘剥甚至武装催租，属于阶层对抗，不是抗粮抗税斗争。在抗租、罢市等并非直接针对官府的纠纷或反抗中，在特定的秩序转化机制下，民间性质的纠纷和集体行动，往往很快转化为带有公共性的民变。参见［美］白凯：《长江下游地区的地租、赋税与农民的反抗斗争（1840—1950）》，林枫译，上海：上海书店出版社，2005 年，第 47—53 页。如果抗租斗争发展蔓延，严重影响社会治安，甚至其抗争对象部分指涉官方，官府不得不介入。这在 19 世纪中叶屡见不鲜。而那些完全不以官方为斗争指向的纯粹的刑事案件、治安事件或民事纠纷，则不是"民变"。

太平天国再研究

也较少关注。① 深入研究后期的这些情况有助于更深刻地揭示太平天国趋于衰落的真相。

一　政府应对原则和实践

太平军之兴起，根源在于清政府统治腐败，属官逼民反。然而，太平天国统治区也民变蜂起。本节通过关注太平天国统治区民变的历史样态、官方应对民变的举措及得失、民变的影响等问题，展现一幅在宏大政治叙事背景下地方社会发生危机的全景画，从而探讨太平天国衰败的教训，对源于民众的政权如何实现长治久安予以反思。

---

① 前辈学者对农民反抗太平天国的问题有所提及，多将此类现象附于太平天国某些政治、经济制度分析之后，作为制度消极影响的表现被简单提及，类型不外乎三种：一是作为太平天国经济制度局限的影响被提及。祁龙威《太平天国后期的土地问题》（《山西师范学院学报》1957 年第 2 期）在探讨太平天国土地制度时，提及部分太平天国统治区发生了农民抗粮抗租的斗争。曹国祉《太平天国杂税考》（《历史研究》1958 年第 3 期，第 43—54 页）也提到农民因不堪太平天国苛政起身抗捐的现象。二是作为太平天国地方行政制度局限的影响被提及。王天奖《关于太平天国的乡官和基层政权》[北京太平天国历史研究会编：《太平天国学刊》（二），北京：中华书局，1985 年，第 124—145 页]指出太平天国乡官强派浮收，激发了一些农民的反抗。三是作为纠正研究偏向的史实被提及。祁龙威《从〈报恩牌坊碑序〉问题略论当前研究太平天国史工作中的偏向》（《光明日报》，1957 年 5 月 23 日，第 3 版）和龙盛运《关于太平天国史研究工作中的偏向问题》（《光明日报》，1958 年 3 月 3 日，第 3 版）对治学态度及方法展开争论，提到了农民反对太平天国的暴动。此外，白凯《长江下游地区的地租、赋税与农民的反抗斗争（1840—1950）》有专目述及"民众对太平军的抵制与协助"，但关于"抵制"，实际全指民众参加团练的活动。按照美国学者孔飞力的研究，太平天国占领区针对太平军的军事行动，除了官军之外，还有民间的一些"堂""团""社"等名号的军事化组织，这实际是经过国家化的军事政治动员，不完全是民间力量。参见［美］孔飞力：《中华帝国晚期的叛乱及其敌人：1796—1864 年的军事化与社会结构》，谢亮生、杨品泉、谢思炜译，北京：中国社会科学出版社，2002 年，第 170—193 页。太平天国的赋税、典制是本篇研讨的相关内容，其扛鼎之作为郭毅生《太平天国经济制度》（北京：中国社会科学出版社，1984 年）和郦纯《太平天国制度初探》（北京：中华书局，1989 年），两书着重肯定了太平天国对传统社会经济秩序的正面变革意义。

（一）民变概说

据表 3-1，太平天国统治区内的民变呈现 19 世纪 60 年代高发、频发的时序分布特征。这一现象与太平天国江南统治区的社会生态关系密切。

表 3-1　太平天国统治区主要民变表

时间	地点	类型	事件大略	资料来源
1854.6	安徽黟县	抗粮	征粮甚重，百姓讨食，发兵烧杀，民溃散	《徽难全志》，第 295 页
1860.10	常昭	抗税	抗交门牌费，差监军巡查，劝民纳税	《鳅闻日记》，第 325 页
1860.10	常昭	抗税	焚屋打官，劝谕乡民，其事遂散	《鳅闻日记》，第 325 页
1860.10	常昭	反兼收		《鳅闻日记》，第 325 页
1860.11	常昭	反兼收	拆馆杀官，发兵下乡，后又不准妄杀	《鳅闻日记》，第 325—328 页
1860.12	常昭	抗税	捆缚乡官，当局将其游行示众，解赴苏州审问	《庚申（甲）避难日记》，第 209 页
1860.12	太仓	反兼收	击杀乡官，太平军镇压	《劫余灰录》，第 160 页；民国《太仓州志》卷 28《杂记下》，第 18 页 b；《避兵日记》，第 29、30、31 页
1860.12	常昭	反掳掠	发传帖，吃面结关帝社，鸣锣齐集，结局不明	《庚申（甲）避难日记》，第 211 页
1860.12	安徽贵池	抗税	乡官作威苛费，执而投诸深洞，太平军颇多烧杀	《乱后记所记》，第 186 页
1860.12	吴县	反兼收	殴打乡官，毁坏地主家，结局不明	《野烟录》，第 175、176 页

时间	地点	类型	事件大略	资料来源
1861	昆山	抗粮	聚众殴毙乡官，太平军擒获首事者并焚炙死	光绪《昆新两县续修合志》卷51《纪兵》，第30页a-b；卷28《忠节下》，第11页a-b
1861春	浙江嘉善	抗粮	杀举人顾午花、袁某，太平军焚烧劫掠	《避寇日记》，第45页
1861春	嘉善	抗粮		
1861.2	常昭	抗粮	烧官厅闸屋，收粮势松，当局勒限解款	《漏网喁鱼集》，第52页
1861.2	常昭	反兼收	聚众烧拆乡官宅，结局不明	《漏网喁鱼集》，第52页
1861.3	吴县	反掳掠	太平军掳掠三十余村，当局杀乡官差役平众怒	《虎窟纪略》，第30页
1861.3	常昭	抗粮	医士盟约乡里，后当局抚慰罚金，又带兵拘民	《海虞贼乱志》，第372页
1861.3	常昭	抗粮	拆馆打官，监军下乡讲道理，自后民渐肯完粮	《鳅闻日记》，第345—346页
1861.4	常昭	反兼收	平局遭劫，拿获首事三人，凑钱赔赋	《自怡日记》，第64—65页
1861.4	海宁	寻衅	贩盐起衅，聚数百，寻凶伤人，直逼太平军	《花溪日记》，第674—675页
1861.5	常昭	反兼收	众佃欲索租米哄闹，乡官局发勇擒拿	《自怡日记》，第65页
1861.5	常昭	反兼收	乡民毁局，当局欲打先锋，捕拿首事者	《自怡日记》，第66—67页
1861.5	常昭	抗粮	杀官毁局，结局不明	《自怡日记》，第67页
1861.5	常昭	反掳掠	守馆士兵被诱杀，太平军下乡焚烧，后又安民	《鳅闻日记》，第350页
1861.5	常昭	反兼收	毁局，定粮三等，南乡租粮并收，其他仅有粮局	《自怡日记》，第116、82页
1861.5	常昭	反兼收	毁局，结局不明	《避难记略》，第352页
1861.5	常昭	抗税	民众骇异攒骂，太平军烧杀	《海虞贼乱志》，第371页

时间	地点	类型	事件大略	资料来源
1861.5	太仓	抗粮	毁屋杀官，聚众抗议，太平军提兵进剿	《漏网喁鱼集》，第53页
1861.5	吴江	抗税	杀乡官，太平军打先锋，遇大雷雨而返	《柳兆薰日记》，第182页
1861.5	浙江湖州	抗粮	烧乡官屋、局，太平军打先锋	《寇难琐记》，第153、156页
1861.6	常昭	抗粮	拆毁乡官屋，击杀太平军，太平军发兵下乡，杀掠一空，后又安民	《庚申江阴东南常熟西北乡日记》，第433页
1861.6	常昭	反兼收	收军租，各佃杀太平军，发大队抄掠	《海虞贼乱志》，第371页
1861.6	浙江秀水	抗税	讲道理安民，查拿严墓掳掠士兵十余名	《避寇日记》，第51—52页
1861.7	常昭	抗税	将军劝捐被杀，局勇被戕八人，结局不明	《自怡日记》，第69页
1861.7	常昭	抗税	旅帅被南乡人砍死投尸华荡，结局不明	《自怡日记》，第69页
1861.7	常昭	抗税	拆焚乡官房屋，结局不明	《自怡日记》，第69页
1861.7	常昭	抗粮	乡民抗粮，太平军追杀劫掠	《鳅闻日记》，第352页
1861.7	常昭	抗粮	乡农鸣锣聚众，乡官、太平军击之	《海虞贼乱志》，第371页
1861秋	常昭	反掳掠	田夫聚众捉住三名士兵送城，当局捆解究治	《鳅闻日记》，第353页
1861.10	常昭	反掳掠	太平军抢掠，乡民反击，当局将小头目斩首	《海虞贼乱志》，第371页
1861.11	常昭	反兼收	农民不服，欲结党打局，当局出示"只收粮饷"	《鳅闻日记》，第354页
1861.11	常昭	抗粮	焚拆乡官屋、局，起事乡村，遭太平军焚掠	《鳅闻日记》，第355页
1861.11	常昭	抗粮		
1861.11	常昭	抗粮		

时间	地点	类型	事件大略	资料来源
1861.11	常昭	抗粮	将乡官支解破膛，坐卡监局太平军逃，后不明	《鳅闻日记》，第 355 页
1861.11	江阴	抗税	各图结约，杀乡官、太平军，结局不明	《庚申（甲）避难日记》，第 227 页
1861.11	无锡	反兼收	聚众拆毁总仓厅，后业户自行收租，大多半租	《平贼纪略》，第 278—279 页
1861.12	常昭	抗粮	数千农民，烧死乡官，当局痛剿，后又"赦粮"	《自怡日记》，第 81—82 页
1861.12	常昭	抗粮	烧屋杀官，太平军发兵抄掠	《庚申（甲）避难日记》，第 227 页
1861.12	常昭	反兼收	南路近日停收，当局安民，收租减轻	《庚申（甲）避难日记》，第 227 页
1861.12	常昭	抗粮	姜参军被困几死，太平军打先锋，俱遭焚掠	《鳅闻日记》，第 355—356 页
1861.12	常昭	抗粮	乡民杀乡官，太平军打先锋，后又"赦粮"	《自怡日记》，第 81—82 页
1861.12	常昭	抗粮	36 名常熟士子联名控诉师帅，当局定租粮之额	《自怡日记》，第 117、82 页
1861.12	无锡	反兼收	顾某聚众抗租，太平军弹压；乡官调停、还租	《平贼纪略》，第 281 页
1862.3	常昭	抗粮	乡民杀乡官，钱桂仁下令擒拿，被累者众	《自怡日记》，第 94 页
1862.3	常昭	抗税	乡民将旅帅父子俘虏并劫掠其家，结局不明	《庚申（甲）避难日记》，第 231 页
1862.3	浙江桐乡	反兼收	乡人不肯纳租，钟下令各镇均赔，后不明	《避寇日记》，第 109 页
1862.3	浙江秀水	反掳掠	太平军至乡掳掠，乡民联名上禀，后太平军退尽	《避寇日记》，第 107 页
1862.3	浙江慈溪	抗税	刘祝三等共谋抗争，太平军打先锋，被杀者众	《辛壬琐记》，第 184—185 页

时间	地点	类型	事件大略	资料来源
1862.3	浙江奉化	抗税	滥编门牌，与民起衅，太平军杀掠各村	光绪《奉化县志》卷11《大事纪》，第19页；光绪《忠义乡志》卷16《大事纪》，第16页
1862.4	浙江太平玉环	抗税	"索饭费"，与民起衅，乡民阻之；太平军杀掠	《辛壬寇纪》，第374页；光绪《玉环厅志》卷14《杂记》，第15页b
1862.5	嘉定太仓	抗粮	苛粮起衅，太平军大打先锋	《自怡日记》，第100页
1862.5	常昭	抗税	杀官烧屋，太平军下乡掳掠	《劫余杂录》卷下，第271页
1862.5	浙江诸暨	抗税	概不纳税，当局开列抗缴名单，谕令提拿究治	《太平天国文书汇编》，第204页
1862.9	浙江秀水	抗粮	乡民抗诉乡官，乡官被"械系累月"，后保出	《避寇日记》，第147—148页
1862.10	浙江秀水	反掳掠	百姓解违令士兵至嘉兴，满天义将六人枭首	《避寇日记》，第150页
1862.12	吴县	反虐政	师帅傲慢虐民，十余乡民杀之，当局态度不明	《虎窟纪略》，第46—47页
1863.2	吴江	反兼收	农民毁局，周庄费玉成遣人说合，放走董事	《庚癸纪略》，第322页
1863.11	浙江乌程	抗税	师帅苛求无度，乡民聚众沉于湖淹死。后不明	光绪《乌程县志》卷36《杂识四》，第23页a
1863.12	浙江桐乡	抗粮	乡民不完粮，当局杀七人，谕令打先锋未果	《避寇日记》，第227页

注：资料版本同正文引征；未在本节中出现过的文献，出自《江浙豫皖太平天国史料选编》（南京：江苏人民出版社，1983年）、《太平天国史料丛编简辑》（二）（北京：中华书局，1962年）等。

在战争中，在业户大量逃亡的情况下，为解决筹饷难题，一项新的应急政策在太平天国后期于主要占领区出台——"着佃交粮"。但同时，太平天国执行"招业收租"的政策，保留了流亡业主回乡后收取和追缴地租的权利，甚至由乡官局或另立收租局"代业收租"。"着佃交粮"的结果是佃农交粮又交租，"代业收租"的结果是业户的地租被政府征用或只能拿到很少的租额，"招业收租"的结果是业未来而民先变。从数量上看，反对"兼收租粮"的民变多达17起，约占民变总数的24%。太平天国三管齐下，不以实际，不分主次地施行三项政策，造成了传统业佃关系的混乱，伤害了业、佃双方对新政权的好感。"着佃交粮"执行的偏差导致太平天国统治区"人情大变"。[①]

而19世纪60年代也是太平天国拥有苏浙膏腴之地，开始着手恢复"业田者依旧收租，收租者依旧完粮"[②] 的传统社会经济秩序的主要时期。但传统社会经济秩序的旧弊也一并被恢复。由于太平天国军政当局缺乏地方社会管理经验，又无法在短期内培养出一支高素质的行政管理队伍，太平天国的乡官政治以改良清朝保甲、里甲的基层组织为基础，过多地倚仗地保、胥吏、衙役、团首之类的地方旧势力充当乡官。部分乡官在旧政权时"包税人"的角色，因被纳入常规政权机制而得到强化，又因不少乡官的投机心态和较低素质，以及太平天国缺少系统完善的监管、教育和奖惩机制，昔日官场之浮收舞弊、苛征厚敛、请托贿求种种邪风歪气在新政权基层事务中延续甚至恶化。从数量上看，至少有15起民变的起因直接与基层官员浮收舞弊和贪腐有关。

由于沿袭旧制，政策偏差，旧弊复生，民众对新政权革除传统社会痼疾和获取更多权益的期望破灭，滋生了起身抗争的逆反心理；传统中国农村社会的常见现象——民变，也基本依照清朝模样复制。"江南必反于漕"的预言，[③] 竟在太平天国治下上演。

太平天国统治区的民变在地域分布上则呈现苏南统治区多（53起）

① 佚名：《庚申（甲）避难日记》，罗尔纲、王庆成主编：《中国近代史资料丛刊续编·太平天国》（六），桂林：广西师范大学出版社，2004年，第227页。

② 佚名：《避兵日记》，第32页，太平天国历史博物馆藏抄本。

③ 冯桂芬：《均赋说劝绅·癸丑》，《显志堂稿》卷9，光绪二年（1876）冯氏校邠庐刻本，第23页a，北京大学图书馆古籍部藏。

而浙江统治区少（14 起）的特点。

太平军在浙江大部分地区设治建政的时间为 1861 年深秋和严冬，错过了是年征收漕粮的关键时期；建政伊始的浙江太平军当局也很难迅速有效地恢复传统社会经济秩序。而浙江部分地区，像严州、宁波、处州、台州，在据守第二年（1862）征收冬漕之前就已失守，根本没有恢复传统社会经济秩序的时机，太平天国政权对基层社会的干预较少。苏南大部分地区则拥有两个完整年度的政权建设期，传统社会经济秩序得到初步恢复。

浙江绍兴、金华、杭州、湖州的部分地区虽有 1—2 个完整年度推行传统社会经济秩序，但与苏福省各地佐将致力贯彻李秀成恢复地方秩序的政略不同，浙江多数地区的新统治者基本上习惯于践行太平军"老兄弟"的施政方式，致使统治模式没有完全超越贡役制水平。贡役制社会结构不易引发传统形式的民变，却易滋生政治敌对的民团。说到底，这与太平天国政权对浙江基层社会的干预介入较少较浅有关。

而 18 起抗税民变的比重之高，表明太平天国税制紊乱、繁重，后期腐败之风日炽，一应所需均摊派民间，民间不堪其扰；但发生在苏南地区的 11 起抗税类型的民变，数量多于浙江，从一个侧面说明苏南统治区比浙江统治区在由"打先锋"的贡役制向传统税收体制转型方面更为成熟。田赋、地租、杂税均是传统社会经济秩序的重要指标。这一现象典型地说明了太平天国传统社会经济秩序恢复水平的地域差异与民变多寡的关系。

广泛而频繁地引发激变四野的民变，实际是政治权力控制地方社会不当的直接反映。苏南民变多于浙江，从侧面反映了太平天国政治权力向苏南乡村社会的渗透和展现相对充分。这说明民变与太平天国统治深入基层的程度和干预介入基层的多少成正比例关系，即愈是太平天国统治深入基层的地区，民变的数量愈多，规模愈大，烈度愈强。

（二）应变原则

太平天国地方政府一般通过张贴布告的形式表明政府应对民变及相关类型个体行为的态度和原则，布告内容具有律例法令的性质和效力。

在常熟，1860 年 12 月 17 日，太平天国政府贴出告示，"要收钱粮。谕各业户、各粮户，不论庙田、公田、学田等俱要造册，收租、完粮。倘有移家在外，远去他方，即行回家收租、完粮，如不回来，其田著乡官收租、完粮充公，佃户亦不准隐匿分毫"。① 这份告示专门针对租赋事务颁发：一是针对业户拒不完粮，罚以田亩充公；一是针对佃户抵制官方兼收租粮，政府只表明"不准隐匿分毫"的态度，未明确具体处置办法。这份文告指列的情形主要应是个人的抗粮、抗租行为，却表明了政府应对相关类型民变的态度，也为应变政策提供了原始依据和参考。

1861 年 3 月，常熟太平天国政府的一份告示声称，对抗粮、抗租行为采取更加严厉的刑罚，"欲到处讲道，并禁剃头、霸租、抗粮、盗树，犯者处斩"。② 据此，组织这类民变的人原则上要被处以死刑。在同年 10 月编田造册的过程中，普遍存在业户隐匿田产和抗领田凭的现象，实际是民间的一种变相抗粮。为此太平天国政府再出告示，"勒令百长司马，细查田数，尽数补出，如再隐匿，察出二罪俱罚"。③ 这份告示较本年初颁布的法令在语气上有所缓和，对此类行为仅威慑说"二罪俱罚"，未提"斩首"。

从 1860 年冬至 1861 年秋，是常熟太平天国政府在该地区探索恢复

---

① 佚名：《庚申（甲）避难日记》，罗尔纲、王庆成主编：《中国近代史资料丛刊续编·太平天国》（六），桂林：广西师范大学出版社，2004 年，第 208 页。

② 龚又村：《自怡日记》，罗尔纲、王庆成主编：《中国近代史资料丛刊续编·太平天国》（六），桂林：广西师范大学出版社，2004 年，第 60 页。

③ 柯悟迟：《漏网喁鱼集》，北京：中华书局，1959 年，第 55 页。

传统社会经济秩序实践的开局。常熟地方政府对影响财政收入的抗粮抗租行为高度关注，以上所列告示有两份是针对租粮事务的专门性文件；另一份虽是综合性内容，但禁令的主要方面还是与"霸租"和"抗粮"有关，政府对此类现象明令禁止的原则和态度是明确的。

1861年10月，一份列有详细禁止事项和明确惩罚措施的综合性布告在常熟颁发："一农佃抗租，田亩充公；一业户领凭收租，欠缴钱粮解营押追；一兄弟藉公索诈，本人斩首；一居民容留妖类，面首刺字；一谋害乡官，毁坏局卡，罚打先锋；一勾引兄弟在外闯事，枷锁游街；一洋烟、旱烟吸者悔过，贩者罚银；一偷盗公私财物，权其轻重，罚做劳役；一布造谣言，照旧剃头，拿捉究治；一不领门牌，不遵法令，驱遣出境。"[①] 这是后期太平天国在稳定社会秩序方面内容比较全面的地方成文法。

在十款法令中，与民变相关的有三条：抗租"田亩充公"、抗粮"解营押追"和毁局殴官"罚打先锋"。前所列农佃抗租和业户抗粮可能包括个体行为，但"谋害乡官，毁坏局卡"自然属于集体暴动。该文件颁布的时间恰好是常熟太平天国政府清理田册的关键期。[②] 据表3-1，此时常熟已经历了1861年3—5月间的民变高峰（10次），并即将再次面临同年11—12月间的民变高峰（11次）。所以该文件的颁发主要针对的社会问题可能是与田赋地租事务有关的民变。

发布告示的洪姓太平军将领署衔"天朝九门御林开朝勋臣慎天义统

① 《常熟贺天侯洪布告十款》，罗尔纲、罗文起辑录：《太平天国散佚文献勾沉录》，贵阳：贵州人民出版社，1993年，第68页。
② 常熟太平天国政府在1861年农历八九月间推行田凭政策，见柯悟迟：《漏网喁鱼集》，北京：中华书局，1959年，第55页。

下贺天侯兼武军政司"。"慎天义"即常熟昭文守将钱桂仁,[①] 其部下所发文告应经钱桂仁允肯;这份布告除在常熟北乡张贴,在南乡亦有发现,经秀才龚缙熙证实:11 月 7 日,"见武军政洪□□示十款,如佃农匿田抗租,兄弟藉公索诈等项,本人处斩,田亩充公"。[②] 这说明十项法令的推行具有相当的普遍性和权威。因此,常熟太平天国政府应对民变的原则主要应以此文件为准。

具体而言,对抗租的佃农罚以"田亩充公",很明显是针对那些在业主缺失、官方代业收租的情形下,"着佃交粮"后不肯再纳田租的佃户。常熟太平天国政府并未像之前那样将"霸租"列为死罪,反映了政府在干涉租佃事务的程度上仍心存犹疑,政府在名义上仍是"代业"行事,公开以严刑镇压似有不妥,常熟政府对此可能已有一定认识。业户抗粮,影响田赋征收,与反租粮兼收的行为性质不同,政府可以直接对抗法者处以刑罚——"解营押追",即逮捕、拘禁。抗粮与反兼收等,如升级为"谋害乡官,毁坏局卡"的暴动,则要"罚打先锋",即掳掠。实际上,"毁局殴官"基本成为民变通式。当时有文人记载太平军"如遇乡民杀伪乡官,必出令打先锋,奸淫杀掠,无所不至,俟抢掠一空,然后插旗收令,再遣伪乡官下乡讲道理安民"。[③] 或可总结为,常熟太平天国政府应对民变暴动一般遵循"民变发生→打先锋→讲道

---

① 钱桂仁初为慷天燕,与详天福侯裕田同守常熟。经《庚申(甲)避难日记》和《自怡日记》证实,贺天侯洪布告发布时间为咸丰十一年九十月间,所以钱桂仁升"慎天义"当在此前。据《自怡日记》咸丰十一年八月二十日记事,钱"加又衔"[龚又村:《自怡日记》,罗尔纲、王庆成主编:《中国近代史资料丛刊续编·太平天国》(六),桂林:广西师范大学出版社,2004 年,第 74 页];又据《鳅闻日记》,咸丰十一年六月钱为"慷天安","八月初,城中钱逆又升伪衔"[汤氏:《鳅闻日记》,罗尔纲、王庆成主编:《中国近代史资料丛刊续编·太平天国》(六),桂林:广西师范大学出版社,2004 年,第 353 页],当指义爵。所以钱桂仁升"慎天义"的时间应在咸丰十一年八月。罗尔纲先生《太平天国史》记"壬戌十二年春,(钱)从慷天安改封慎天安,旋升慎天义"(罗尔纲:《太平天国史》第 4 册,北京:中华书局,1991 年,第 2682 页),似可商榷。

② 龚又村:《自怡日记》,罗尔纲、王庆成主编:《中国近代史资料丛刊续编·太平天国》(六),桂林:广西师范大学出版社,2004 年,第 79 页。

③ 陆筠:《海角续编》,北京:中华书局,1959 年,第 124 页。

理"的模式。

在长洲，1862年10月，太平天国政府曾专为租佃事务出告示，力图以行政手段调解和干预租佃关系，告示称："除委员率同各军乡官设局照料弹压外，合行出示晓谕。为此，谕仰在城在乡各业户、承种各佃户知悉，尔等各具天良，平心行事，均各照额还收，不得各怀私臆，无论乡官田产，事同一律。如有顽佃抗还吞租，许即送局比追。倘有豪强业户，势压苦收，不顾穷佃力殚，亦许该佃户据实指名，禀报来辕，以凭提究，当以玩视民瘼治罪。"① 这是在业户照旧收租的情况下，明确了政府对"顽佃抗还吞租"的态度，即"许即送局比追"，"送局"的执行者是业户，"比追"则由政府出面参与。告示还称政府特意"委员率同各军乡官设局照料弹压"，"弹压"的既然包括抗租事件，当然也包括抗粮抗税类型的民变，这表明长洲太平天国政府的"镇压"原则。

在桐乡，1861年8月，符天燕钟良相颁布安民告示，附列"规条十三则"，其中有"住租房、种租田者，虽其产主他徙，总有归来之日，该租户仍将该还钱米缴还原主，不得抗欠"之内容，禁止抗租。该告示亦在濮院镇关帝庙、观前等处张贴，已影响到秀水一带。②

在秀水，1862年4月，濮院镇右营师帅沈某出示，"禁恃强索诈、恃强卖买、欺骗、霸占、抗欠及假冒枪船等约十条左右，贴在大街之中"。③ "霸占"包括抗租，"抗欠"包括抗粮、抗税，这些均在政府严禁之列。

在石门，太平天国政府对抗租抗捐行为的态度在发给富户沈庆余的安抚劝谕中有所体现。1862年10月，石门守将邓光明颁给沈某护凭一

① 《琎天安办理长洲军民事务黄酌定还租以抒佃力告示》，太平天国历史博物馆编：《太平天国文书汇编》，北京：中华书局，1979年，第146页。
② 沈梓：《避寇日记》，罗尔纲、王庆成主编：《中国近代史资料丛刊续编·太平天国》（八），桂林：广西师范大学出版社，2004年，第56页。
③ 沈梓：《避寇日记》，罗尔纲、王庆成主编：《中国近代史资料丛刊续编·太平天国》（八），桂林：广西师范大学出版社，2004年，第112页。

张，"嗣后……或有强佃抗攦收租，纳捐不交，以致不能安业……仰该沈庆余放胆持凭即赴监军衙门控告。如监军不理，则必来城于四门击本掌率所设大鼓，自当详请追究，一洗沉冤"[①]。1863年2月，□天福李某、吏政书舒某颁发沈会谕，称"顽民欺懦，遂靡诈于多方。……荃赖弟等禀知，则弟等庶不至再为乡员所蒙蔽，刁顽所欺凌。……如果有胆投告，除此恶习，本爵等定当从重奖赏，决不食言"[②]。"顽民欺懦""刁顽所欺凌"可能均指佃户抗租，应对此类行为，政府鼓励业户放胆投告，许诺严查追究。此外，两份文书所列鼓励沈庆余投告的条目不只有佃户抗捐、抗租，还包括"不法乡员恃强借掇，任意苛捐，及土棍刁民、军中弟兄或以有妖朝功名，强勒索需，或以助妖粮饷，诈取银洋；或以在前清时曾受凌辱，欲复前仇；或有官兵往来，打馆滋扰"等内容，会谕也强调了"乡员知情，得从中而舞弊"的现象。其中，乡官贪腐、太平军勒派掳掠也是引发民变的重要原因，从中可以看出石门太平天国政府准许民间社会合法抗争的态度，有别于应对集体暴动的原则。

在海盐，两件政府颁给业户的辛酉年（1861）完粮易知由单印有"该粮户如敢挃交丑米，短缺放刁诬控，罪至反坐。各宜遵照严令，依限完纳，毋得迟误，自干罪戾"的字样[③]。"罪至反坐""自干罪戾"表明政府认为抗粮行为应置重刑。

嘉善富户赵某在1860年10月24日给其表弟晓秋的信中说："俟长毛三日后发告示，再议取租章程。以长毛之威，不怕租米不还也。"言

① 《殿前又副掌率邓光明发给石门沈庆余劝谕》，罗尔纲、王庆成主编：《中国近代史资料丛刊续编·太平天国》（三），桂林：广西师范大学出版社，2004年，第153页。

② 《匋天福李吏政书舒给沈庆余会谕》，罗尔纲、王庆成主编：《中国近代史资料丛刊续编·太平天国》（三），桂林：广西师范大学出版社，2004年，第164—165页。

③ 《朗天义户司员佐理嘉海民务章发颜令占祭粮户易知由单》《朗天义户司员佐理嘉海民务章发颜一善粮户易知由单》，太平天国历史博物馆编：《太平天国文物》，南京：江苏人民出版社，1992年，第3、4页。

外之意是预测太平天国有保护"业户取租办赋"的态度，①"长毛之威"指太平军以武力震慑佃农按限如数交租。根据嘉兴各县实际，嘉兴地区太平天国政府对抗粮、抗租行为的严禁态度是一致的。

在诸暨，1861年12月太平天国政府出示："分地产所出之息，为天朝维正之供，勿遣勿漏，致干匿税之诛；毋玩毋延，共免追比之苦。限十一月初十日扫数菁完，逾限倍征，同遵天父之麻命，相为天国之良民。如有隐匿，封产入公，如若迟延，枷号责比。"② 这里所说民间"玩延""匿税"的是国家"正供"，指粮赋。对抗粮，处以田产充公，相关人员枷号杖责的惩罚。同月，政府再次出示："业户固贵按亩输粮，佃户尤当照额完租。兹值该业户粮宜急征之候，正属该佃户租难拖欠之时，倘有托词延宕，一经追控，抗租与抗粮同办。"③ 抗租和抗粮同在政府惩办之列，虽未明确具体措施，但措辞相当严厉；诸暨地方政府接连针对租粮事务出示，并明令禁止抗租抗粮，似可说明在此前或同期发生了较大规模的抗租抗粮事件。

上述苏州、嘉兴、绍兴各太平天国地方政府颁行的文告，主要针对抗粮、抗租行为；对于抗捐税，政府也是一贯持禁止和严惩的态度，像1862年6月苏州太平天国政府颁布告示，责成所属各县佐将"先办田凭，次征上忙，再追海塘经费。次第举行，以纾民力；并勒限完纳，不准蒂欠"。④

但是，对以合法手段反对太平军掳掠和勒派、反对官员贪污舞弊等的抗争行为，太平天国政府所持态度较为平和。在许多太平军安民文告

---

① 赵氏：《赵氏洪杨日记》，罗尔纲、王庆成主编：《中国近代史资料丛刊续编·太平天国》(八)，桂林：广西师范大学出版社，2004年，第285、273页。

② 《恋天福董顺泰为令完粮以济军饷劝谕》，罗尔纲、王庆成主编：《中国近代史资料丛刊续编·太平天国》(三)，桂林：广西师范大学出版社，2004年，第119—120页。

③ 《忠天豫马丙兴谕刀鞘坞等处告示》，罗尔纲、王庆成主编：《中国近代史资料丛刊续编·太平天国》(三)，桂林：广西师范大学出版社，2004年，第125—126页。

④ 《苏福省文将帅总理民务汪宏建命抚天预徐少蓬裁撤海塘经费钧谕》，罗尔纲、王庆成主编：《中国近代史资料丛刊续编·太平天国》(三)，桂林：广西师范大学出版社，2004年，第149页。

中均有准许民众依法抗争的内容，如"业已严禁该兵士等一概不准下乡滋扰，倘有不遵，准尔子民捆送来辕，按法治罪"，"不准官兵滋扰以及奸淫焚杀。倘竟有不遵约束之官兵，准尔四民扭送该县，以凭究办"，"如有官员兵士以及不法棍徒吓诈生端，许该民人扭赴来营，以凭讯究，决不宽贷"，[1]"倘有不法官兵，下乡奸淫掳掠，无端焚烧者，准尔民捆送卡员，按依天法"，[2]再如上述嘉兴石门和苏州长洲的例子。太平天国政府对民间社会以合法抗议的形式监督和纠正太平天国行政弊端的行为持许可态度；也就是说，相对于集体暴动，太平天国更易接受以类似较温和的方式解决政府与地方社会的分歧，这种心态反映了太平天国地方行政有向良性统治方式转型的可能。而抗粮、抗捐税、反租粮兼收等类型民变及相关个体行为，影响政府财政收入，这却是关系太平天国支援对清战争生死攸关的问题；而且实践表明，上述行为几乎很少能维系在合法抗争的范畴内，一般在动员之初即具暴力性，太平天国对集体暴动则较多持以"打先锋"等形式的镇压态度。

总体来讲，太平天国的应变原则有对民变事件分类型、分性质区别对待的特点，对抗粮抗税一类和以合法手段反掳掠反贪腐一类区别对待，对集体抗议和集体暴动所持原则也不相同。最典型的是1856年翼王石达开部将赖裕新在江西发布的安民晓谕，文后附十条法令，五条申明军纪，准民"据实扭禀"，违纪官兵"论罪处斩"，即准许民众合法抗争；另五条劝谕百姓，最后一条称"凡某处乡民如有受妖蛊惑，顽梗不化、不遵谕、不识天，或纠乡愚，或作暗害侵抗我军者，及纵妖谋害我使者，定将该某城乡镇市尽行剿洗，鸡犬不留"，虽然主要针对团练，但民变也有"纠乡愚""顽梗不化""暗害侵抗"等类似行为，实际表

---

① 罗尔纲、王庆成主编：《中国近代史资料丛刊续编·太平天国》（三），桂林：广西师范大学出版社，2004年，第94、118、144页。

② 《忠诚一百六十二天将林彩新饬青岩四民急散团练痛改前非劝谕》，太平天国历史博物馆编：《太平天国文书汇编》，北京：中华书局，1979年，第159页。

明了政府应对各类社会变乱的态度。[①]

(三) 应变实践

太平天国应对民变的实践，可以呈现为表 3-2：

表 3-2　太平天国应对民变的实践

应变实践	剿	剿抚兼济		抚	不明	总数
		先抚后剿	先剿后抚			
民变数	37	1	0	18	14	70
百分比	52.9%	1.4%	0	25.7%	20%	100%
		1.4%				

结合表 3-2 与相关史实，可得出几点看法。

1. 太平天国的应变实践以剿为主

以镇压方式平息民变的比例为 52.9%，如将"先抚后剿"的 1 起案例计入，[②] 镇压比例达 54.3%；而以抚谕、妥协的方式平息民变的比例仅为 25.7%，即使将应变实践不明的案例全部计入"抚"列，其总和 45.7% 仍低于"剿"的事件比例。

关于太平天国应对民变多采"剿"策的原因，首先，江南地区传统文化氛围浓厚，江南民众对以"拜上帝"为立国基石的太平天国有强烈的排他性，在立国未稳、根基不固的情况下，乱世用重典，迫使太平天国选择高压政策对待民众的对立行为。其次，太平天国统治者缺少

---

① 《元勋殿左二十七检点赖裕新安民晓谕》，罗尔纲、王庆成主编：《中国近代史资料丛刊续编·太平天国》（三），桂林：广西师范大学出版社，2004 年，第 50—52 页。

② 见汤氏：《鳅闻日记》，罗尔纲、王庆成主编：《中国近代史资料丛刊续编·太平天国》（六），桂林：广西师范大学出版社，2004 年，第 345 页；顾汝钰：《海虞贼乱志》，中国史学会主编：《中国近代史资料丛刊·太平天国》（五），上海：神州国光社，1952 年，第 372—373 页。

地方行政经验，又受战争时局影响，没有足够的精力和耐心妥善处理突发事件，而镇压举措相对简单、直接。最后，太平天国民变主要是集体暴动，集体抗议的比例相对较少；事件规模大、烈度强，"毁局殴官"暴力性浓厚，社会影响亦大，很难激发执政者良性施政的愿望，也较难取得其他社会阶层的同情和支持。

此外，太平天国"剿"办民变的手段残酷。1862年3月，浙江慈溪富户刘祝三集众反抗，太平军提兵进剿，"周回二十里几无孑遗。刘屋被焚，血流倾亩，河水尽赤"。① 同年5月，常熟东乡抗捐抗税，太平军大队下乡，"被其数日杀人放火，大小俱杀，大害一方，共十余市镇"。②

太平天国以剿为主平抑民变的实践应予反思。民变的抗争诉求一般是经济型的，其性质与团练有着本质区别。但太平天国应对民变以"剿"为主，"打先锋""屠灭""掳人"，造成了恶劣的社会影响，导致民间社会逐渐形成太平军穷兵黩武的恐怖印象，刺激了民众的对立心态，不利于产生对新政权的认同。而相比于以剿为主，疲于应付，不如将应变重心向抚谕方向稍作倾斜，同时修省自身弊政，缓和社会矛盾，改良乡政，③ 恢复和发展战时生产，以稳定的社会经济秩序维系民心所向，从而保障战争所需的庞大经费和政权运作的各项开支。

2. 太平天国的应变实践不注重善后

无论剿或抚，在民变平息后，政府均应做出追根溯源、防微杜渐的

---

① 柯超：《辛壬琐记》，中国社会科学院近代史研究所《近代史资料》编译室主编：《太平天国资料》，北京：知识产权出版社，2013年，第185页。

② 佚名：《庚申（甲）避难日记》，罗尔纲、王庆成主编：《中国近代史资料丛刊续编·太平天国》（六），桂林：广西师范大学出版社，2004年，第235页。

③ 前期，太平军在江西所行乡政较为优良，其大致内容，经外国人采访整理为两篇新闻稿，发表于《北华捷报》，参见 The North-China Herald, Vol. Ⅶ, No.316, Aug.16, 1856, p.10; The North-China Herald, Vol. Ⅶ, No.323, Oct.4, 1856, p.38.然江西基地维系时间过短，良性施政未充分展现。而后期乡政的主要特点却是"对民法和境内的民生漠不关心"，见 Prescott Clarke and J. S. Gregory eds., Western Reports on Taiping: A Selection of Documents, London: Groom Helm Ltd., 1982, p.313。

姿态，对事件进行反思和善后。但在数十起民变的应变实践中，较少看到太平天国政府自我检省，修正弊端。在部分案例中，太平军的行动甚至有仇杀性质。1860年12月，安徽贵池乡官吴彩屏因作威苛费被乡民杀死，后其子告发，"引贼报仇，颇多烧杀"；[①] 次年（1861）春，浙江嘉善民变，监军顾午花被杀，"贼以顾为忠，复焚劫民间为顾复仇"。[②] 烧杀过后，太平天国政府几乎不可能再提出建设性举措，往往造成地方暂时的社会失控。

也有太平天国政府关注民变善后事宜的案例。例如在常熟昭文地区，有时镇压民变的行动结束后，守将钱桂仁会采取有限度的善后。1860年11月，王市变乱，钱桂仁发兵下乡，事平后，"众贼毛奉钱逆之令，不准妄杀"。又如1861年农历四月下旬，常熟鹿苑民变，钱桂仁"先发福山长毛黄逆到彼，于四下杀掠焚烧"，又亲率二千人后至，"见田野尸横数百，地方被掳成墟。乃责黄暴虐，自相争斗，扭禀苏城见伪忠王，即叱众送还民间之物，又使钱伍卿到彼安抚士民"。[③] 同年12月昭文柴角等处因"藉口加粮"又起民变，"城帅侯、钱发兵痛剿"，事平后"幸蹂躏各乡奉令赦粮"。[④]"讲道理"也可看作一类善后措施。如前述，常昭太平天国政府的某些应变实践确实遵循了民变发生后打先锋应对，事平后再讲道理安民的一般原则。

同样是在常昭地区，由于各处驻扎将领保留有相对独立的行动自由，应对民变的实践方法也不尽一致。像1861年12月常昭民变，丞相薛姓带三百人打先锋，"自花庄到海洋塘，俱遭焚掠"，"师帅土棍徐茂

---

① 李召棠：《乱后记所记》，中国科学院近代史研究所近代史资料编辑组编：《近代史资料》总34号，北京：中华书局，1964年，第186页。

② 沈梓：《避寇日记》，罗尔纲、王庆成主编：《中国近代史资料丛刊续编·太平天国》（八），桂林：广西师范大学出版社，2004年，第45页。

③ 汤氏：《鳅闻日记》，罗尔纲、王庆成主编：《中国近代史资料丛刊续编·太平天国》（六），桂林：广西师范大学出版社，2004年，第350页。

④ 龚又村：《自怡日记》，罗尔纲、王庆成主编：《中国近代史资料丛刊续编·太平天国》（六），桂林：广西师范大学出版社，2004年，第81—82页。

林竟率市中无赖，随贼下乡劫掠"，此事并未经钱桂仁首肯，也未见善后措施。① 另外，地方事务多由乡官直接处理，基层政府能解决的问题一般不再上禀于太平军军政当局，同年7月陈塘坝乡农聚众反对官员浮收，乡官周某、陈某带听差数十，坐卡太平军将领鲍某亦带兵镇压，"各农散走"。事后太平军进行报复，"文生唐清如与侄省亲路遇被获，关锁黑牢，罚银百两始得释放"，"伪职声势加倍利害"。② 因民变规模不大，乡官联同坐卡将领直接将其镇压，事情未必会惊动钱桂仁。多数情况下，民变的结局以太平军镇压、百姓溃散告终，少见太平天国政府处理涉事官员，严谕革除流弊，恢复和发展生产的善后举动。

清朝律例规定对酿成民变的涉事官员严厉制裁，如"州县官员贪婪苛虐，平日漫无抚恤，或于民事审办不公，或凌辱斯文，生童身受其害，以致激变衿民，罢市、罢考，纠众殴官者，革职提问（私罪）。……不知情者仍照失察属员贪劣例议处"。③ 当然，受到惩办的主要是知府、知县等中下级官员，鲜见高层官员因民变受到处分，但规范的问责、追责机制在当时已算可贵。仅就善后政策得失评价，惩办涉事官员对改善吏治、监督地方行政和预防民变再生有积极作用。太平天国同样有处置涉事官员的例子。1861年3月为平息吴县民变，苏州太平军当局杀乡官局差郁秀以平民愤；④ 同年6月常熟民变，钱桂仁、曹和卿、钱伍卿等下乡安民，撤换涉事军帅、旅帅；⑤ 10月常熟先生桥镇有

① 汤氏：《鳅闻日记》，罗尔纲、王庆成主编：《中国近代史资料丛刊续编·太平天国》（六），桂林：广西师范大学出版社，2004年，第356页。

② 顾汝钰：《海虞贼乱志》，中国史学会主编：《中国近代史资料丛刊·太平天国》（五），上海：神州国光社，1952年，第371页。

③ 文孚纂修：《钦定六部处分则例》卷15，沈云龙主编：《近代中国史料丛刊》第34辑332册，台北：文海出版社，1969年，第358页。

④ 蓼村遁客：《虎窟纪略》，《太平天国史料专辑》（《中华文史论丛》增刊），上海：上海古籍出版社，1979年，第30页。

⑤ 佚名：《庚申（甲）避难日记》，罗尔纲、王庆成主编：《中国近代史资料丛刊续编·太平天国》（六），桂林：广西师范大学出版社，2004年，第221页。

鲍姓将领率太平军抢掠，乡官声诉至城，钱桂仁杀鲍姓手下头目宣某塞责。[①] 但这些主要是政府为尽快平息事端而采取的安抚手段，并非旨在"善后"。

3. 太平天国的应变实践过分干涉租佃事务

17 起反对租粮兼收的民变反映了佃农对政府过度干涉租佃事务的不满，其中政府对 7 起事件采取了镇压举措。1861 年 12 月，无锡安镇顾某聚众抗租，太平军"使伪乡官引导至乡弹压"，焚掠村落，经乡官斡旋，佃农同意"一律还租"。这是太平天国政府以武力干涉租佃事务的典例。[②] 1861 年 1 月初太仓的一起事例表明了当地政府干涉租佃事务的根本目的。一场反对租粮兼收的民变风波过后，镇洋县监军丁某请求处分涉事官员，上禀弹劾太仓监军余某因征收"租价太贵"激发民变，但太平军当局的处理却是将上书的丁姓监军撤职、监禁、罚银，余某竟安然无恙。[③] 从严惩丁某的结局看，丁某在弹劾同僚的案件中，所持立场有可能是反对政府"兼收租粮"，而"兼收租粮"以及高定租价，正是太平天国驻太仓佐将的主张。由定"租价太贵"可知太平军当局干涉租佃事务除标榜的"俾业佃彼此无憾，以昭平允"[④] 的良善初衷外，似有挪用或窃占代业所收地租的经济意图。太平天国内部除丁监军可能对代业收租政策有异议，当时还有有识乡官不赞同由官方代收地租。旅帅李庭钰儒生出身，他曾在辛酉年（1861）冬劝谏上司师帅朱又村"勿收租，让业户自收"，时人称之为"庸中佼佼者"，赞其"读书明理，尚未丧厥良心，故人称其平允"。可惜他位卑言轻，谏言未能得到

① 顾汝钰：《海虞贼乱志》，中国史学会主编：《中国近代史资料丛刊·太平天国》（五），上海：神州国光社，1952 年，第 371 页。

② 佚名：《平贼纪略》，太平天国历史博物馆编：《太平天国史料丛编简辑》（一），北京：中华书局，1961 年，第 281 页。

③ 佚名：《避兵日记》，第 29、30、31 页，太平天国历史博物馆藏抄本。

④ 《延天安办理长洲军民事黄为委照酌定租额设局照料收租事给前中叁军帅张等札》，罗尔纲、王庆成主编：《中国近代史资料丛刊续编·太平天国》（三），桂林：广西师范大学出版社，2004 年，第 157 页。

上级重视。①

太平天国在政权认同未彻底形成之先，以脆弱的政治权力过度干涉租佃关系等社会性事务，则是地方行政经验不足的表现，也是在战争背景下太平天国政治权力急欲深入和控制乡村社会的反映。

4. 太平天国的应变实践区分事件类型和性质

太平天国政府普遍对合法的集体抗议持准许态度，对集体暴动多行镇压；对以合法手段反对官员贪腐和反对太平军掳掠的民变一般能做到以抚谕为主，但对抗粮、抗税等传统类型民变，因其可能直接或间接影响政府财政，应变手段相对严厉。准许合法集体抗议的原则和实践是对一味严禁和镇压民变的逆反，这体现了太平天国政府在处理地方社会事务时的"变通"原则，是太平天国应对社会变乱的一类经验。大量旨在安民和准许民众合法抗争的布告表明了政府改良地方行政、力求稳定社会秩序的态度。

太平天国政府准许合法抗争，不代表支持和鼓励此类行为。1860年10月某日，常熟王市田村农夫数人捉住抢劫宣淫的太平军士兵，请乡官捆缚入城问罪。乡官"禀贼首以众兄弟屡到乡间搅扰，百姓难以生活，将不能捐输进贡"，而负责接待的太平军将领却以"新到长毛，不服约束，且言那一朝不杀人，不放火，使百姓自行躲避"之语敷衍回复。②

清政府原则上不准许任何形式的集体行动，并制定了相当严厉的惩治民变条例。③ 太平天国也有惩治民变参加者及相关行为个体的刑罚，只是未能形成统一标准的成文法。在常熟，"治民抗粮违令诸罪"有

---

① 龚又村：《自怡日记》，罗尔纲、王庆成主编：《中国近代史资料丛刊续编·太平天国》（六），桂林：广西师范大学出版社，2004年，第117页。

② 汤氏：《鳅闻日记》，罗尔纲、王庆成主编：《中国近代史资料丛刊续编·太平天国》（六），桂林：广西师范大学出版社，2004年，第321页。

③ 《光绪钦定大清会典事例》卷771，"刑部·兵律军政·激变良民"，《续修四库全书》史部政书类，第809册，上海：上海古籍出版社，2002年，第474—475页。

"黑牢""水牢""火牢"监禁之刑,对抗捐者"锁局追比"。① 在秀水,对抗粮者亦判监禁,"伪乡官及阿桂以空屋列木为栅作牢房,凡乡人欠粮者械系之"。在桐乡,抗粮抗捐处以杖责,"不缴则执而杖之"。② 在诸暨,隐匿者除处以"枷号责比",还要"封产入公"。③

5. 太平天国的应变实践存在内部分歧

政府对民变的处理得失与施政者的个人素质、行政能力和主观能动性的发挥有关。不同施政者应对民变的倾向不同。像陈炳文、钱桂仁、邓光明、周文嘉、钟良相等太平天国的新兴军事贵族,主张地方合作,恢复传统社会经济秩序,他们对民变等社会危机的处置相对理性。时人对钱桂仁行政的反响较好:"用下安抚字,渐觉其不宜焚杀,每逢民变,必先善治,大异于众贼目所为。"④ 这是钱桂仁应对民变的一般情况。确如时人所讲,钱桂仁对动用军队镇压民变非常谨慎,1860 年 10 月东乡各处出现民变,乡官"磨拳擦掌,连夜入城见伪主将钱,请兵下乡剿灭乱民",孰料钱不肯轻动刀兵,"反怪乡官办理不善。但著本处乡耆具结求保,愿完粮守分等语。又给下安民伪示,劝谕乡民。其事遂以解散"。⑤ 钱桂仁还常派员以"讲道理"的形式安抚民众,有时也亲身实践,并对群情激愤的民众做出政策上的让步,如 1861 年 12 月常熟民变,"慷天安到东乡安民,各处收租减轻"。⑥ 但是钱的行政作风也时有

① 汤氏:《鳅闻日记》,罗尔纲、王庆成主编:《中国近代史资料丛刊续编·太平天国》(六),桂林:广西师范大学出版社,2004 年,第 349、352 页。

② 沈梓:《避寇日记》,罗尔纲、王庆成主编:《中国近代史资料丛刊续编·太平天国》(八),桂林:广西师范大学出版社,2004 年,第 160、227 页。

③ 《恋天福董顺泰为令完粮以济军饷劝谕》,罗尔纲、王庆成主编:《中国近代史资料丛刊续编·太平天国》(三),桂林:广西师范大学出版社,2004 年,第 120 页。

④ 汤氏:《鳅闻日记》,罗尔纲、王庆成主编:《中国近代史资料丛刊续编·太平天国》(六),桂林:广西师范大学出版社,2004 年,350 页。

⑤ 汤氏:《鳅闻日记》,罗尔纲、王庆成主编:《中国近代史资料丛刊续编·太平天国》(六),桂林:广西师范大学出版社,2004 年,第 325 页。

⑥ 佚名:《庚申(甲)避难日记》,罗尔纲、王庆成主编:《中国近代史资料丛刊续编·太平天国》(六),桂林:广西师范大学出版社,2004 年,第 227 页。

不一，像 1861 年 5 月莘庄乡民毁局，"钱伪帅领伪官甘姓、侯姓至莘庄拿办土匪，欲冲数村，师、旅诸帅恐玉石俱焚，哀求始罢。访获周姓二人，熬审毁局一案，随带回城，讯明无辜，准赎，费数百金始释"。[①] 同年 11 月，周巷桥民变，"城毛大怒，令统下尽往吵掠，四面波及数里，横塘一带民宅都空"。[②] 次年（1862）3 月，小市桥镇民变，"城帅（钱）又下兵擒土匪，二图半大打先锋，玉石不分，被累者众"。[③] 钱桂仁应对民变的不一致可能与抗争力量大小、民变影响、战争时局、太平军机动兵力多寡等实际情况有关。

在太平天国内部，两广"老兄弟"成为地方军事贵族后，习惯于沿用贡役制统治模式，动辄"打先锋"，像谭绍光、陈坤书、黄文金这些人对待社会变乱常以镇压为主。但即便在"老兄弟"身上也能发现太平天国统治方式向良性转型的迹象，如堵王黄文金嗜杀，人称"老虎"，然面对芝塘镇的乡勇，竟能讲出"来者非真妖，农民耳，若杀尽耕作无人"的话；慕王谭绍光接受乡官徐蓉舟的劝谏，吸取之前"几致民变"的教训，"使民依旧耕田"，"所掳百姓尽行释回"。[④]

应对反租粮兼收民变，太平天国内部有不同意见。士绅大多是土地拥有者，无论何种类型的抗租暴动均会损害业户利益，所以像曹和卿、钱伍卿之类加入太平天国政权的地方精英则力主严禁。曹和卿是 1861 年 3 月设立半官方性质的租局代业收租的始作俑者；4 月"平局遭土匪之劫"，曹和卿派乡勇拿获为首三人审讯，最终"各佃凑钱赔赃，并起

① 龚又村：《自怡日记》，罗尔纲、王庆成主编：《中国近代史资料丛刊续编·太平天国》（六），桂林：广西师范大学出版社，2004 年，第 66—67 页。

② 顾汝钰：《海虞贼乱志》，中国史学会主编：《中国近代史资料丛刊·太平天国》（五），上海：神州国光社，1952 年，第 371—372 页。

③ 龚又村：《自怡日记》，罗尔纲、王庆成主编：《中国近代史资料丛刊续编·太平天国》（六），桂林：广西师范大学出版社，2004 年，第 94 页。

④ 顾汝钰：《海虞贼乱志》，中国史学会主编：《中国近代史资料丛刊·太平天国》（五），上海：神州国光社，1952 年，第 358、381—382 页。

事各图办上下忙银各三百，外加二百六十文以赔夏赋"；① 5月，"吴塔、下塘、查家浜之伪局，被居民黑夜打散，伪董事及帮局者皆潜逃"，曹对此怀恨在心。②

虽然士绅出身的乡官力主严禁民变，但他们对太平军"打先锋"的应变行动并不认同，这不仅造成一方百姓生灵涂炭，乡官自家的生命财产也难保全。所以常见太平军下乡镇压民变时，"本处乡耆具结求保"、③"老人保得日前杀乡人之辈当以首级奉献"、④"各军师旅兜率耆民，情愿赔偿庙宇求免"、⑤"旋为乡官调停"⑥的现象。常熟乡绅钱伍卿"一时名声甚大，伪主将钱畀以重权，颇见合机信任，众长毛亦畏服"，但他也是太平军"打先锋"的受害者，1862年5月常昭东乡民变，太平军骆国忠部下乡掳掠，过东徐市，将钱伍卿家"所藏蓄掳掠一空"，"伍卿哭诉于钱贼（钱桂仁），罚骆跪过一夜，由是怀怨"。⑦ 所以"每逢乡民生事，贼欲动怒，皆赖其（钱伍卿）调停解散，屡免焚杀之祸"。⑧ 严办为首者和祸及一方的应变实践存在根本区别，应变效果也大相径庭。一般来说，本土基层官员对太平军当局"打先锋"的应变方式持抵制态度。

某些太平军官员对武力镇压民变存有异议。1861年4月，常熟太

---

① 龚又村：《自怡日记》，罗尔纲、王庆成主编：《中国近代史资料丛刊续编·太平天国》(六)，桂林：广西师范大学出版社，2004年，第64—65、116页。

② 曾含章：《避难纪略》，罗尔纲、王庆成主编：《中国近代史资料丛刊续编·太平天国》(五)，桂林：广西师范大学出版社，2004年，第352页。

③ 汤氏：《鳅闻日记》，罗尔纲、王庆成主编：《中国近代史资料丛刊续编·太平天国》(六)，桂林：广西师范大学出版社，2004年，第325页。

④ 佚名：《避兵日记》，第29页，太平天国历史博物馆藏抄本。

⑤ 柯悟迟：《漏网喁鱼集》，北京：中华书局，1959年，第52页。

⑥ 佚名：《平贼纪略》，太平天国历史博物馆编：《太平天国史料丛编简辑》(一)，北京：中华书局，1961年，第281页。

⑦ 陆筠：《劫余杂录》，近代史资料编辑部编：《近代史资料》总105号，北京：中国社会科学出版社，2003年，第271页。

⑧ 汤氏：《鳅闻日记》，罗尔纲、王庆成主编：《中国近代史资料丛刊续编·太平天国》(六)，桂林：广西师范大学出版社，2004年，第346页。

平天国政府出示，"禁剃头、霸租、抗粮、盗树，犯者处斩"，时人称"然其所统官员……任佃农滋事……万事借天欺人，与示正大反"。"任佃农滋事""与示正大反"说明这部分执行官员对佃农抗粮、抗租有所放任。同年5月常熟南乡发生反租粮兼收民变，竟有"埋轮之使，犹倡免租之议"。① 这是目前所见唯——则确切记载太平天国官员主张免除地租的史料。"埋轮之使"指上级派出巡查的官员，他提议"着佃交粮"的佃农应免交地租，但其官爵和社会地位似不高，这一主张未在常昭地区产生影响。还有官员倾向于从宽处理参与民变者，像1861年5月常熟佃农洗劫乡官局，"屋庐多毁，器物掠空"，政府拿获为首三人监禁，准备严惩，几天后就有"徐局勇首顾大山来调停劫局案"，"所获三犯释回"；② 1863年2月，吴江同里镇棟花塘农民捣毁收租息局，扣押董事十余人，"周庄费姓遣人说合，得放回家"，以协商方式解除了危机。③ 然类似现象未成气候，没有对太平天国应对民变的主流实践产生影响，大多数基层官员一旦握有权柄，"困于子女玉帛……酒食盘游，无复斗志"，④ "衣锦食肉，横行乡曲，昔日之饥寒苦况，均不知矣"。⑤

(四) 民变影响

民变作为一类社会变乱现象，具有社会破坏性，会对社会产生影

① 龚又村：《自怡日记》，罗尔纲、王庆成主编：《中国近代史资料丛刊续编·太平天国》(六)，桂林：广西师范大学出版社，2004年，第60、65页。
② 龚又村：《自怡日记》，罗尔纲、王庆成主编：《中国近代史资料丛刊续编·太平天国》(六)，桂林：广西师范大学出版社，2004年，第64—65页。
③ 倦圃野老：《庚癸纪略》，罗尔纲、王庆成主编：《中国近代史资料丛刊续编·太平天国》(五)，桂林：广西师范大学出版社，2004年，第322页。
④ 谢绥之：《燐血丛钞》，《太平天国史料专辑》(《中华文史论丛》增刊)，上海：上海古籍出版社，1979年，第416页。
⑤ 佚名：《平贼纪略》，太平天国历史博物馆编：《太平天国史料丛编简辑》(一)，北京：中华书局，1961年，第267页。

响。这里主要讲太平天国统治区的民变对太平天国的影响。

1. 削弱了太平天国的统治力量

首先，削弱了基层政权。太平天国在乡村的统治主要倚靠乡官政权，民变对乡官的打击，削弱了基层政权，增加了太平天国的后顾之忧。如 1860 年底、1861 年初太仓地区的太平天国基层政权为民变风波付出了惨重代价，"乡官被杀者共有四五人，六湖一人，浮桥二人，闸上一人，时思庵一人"，横泾乡官二人逃去，参赞胡某"惧祸潜逃"，参赞王秀才被乡民杀死。①

其次，减少了财政收入。民变影响到税收工作的正常进展，太平天国政府征收田赋和地丁银的日期往往因民变推迟，支援各地战事的物资运输也常因民变发生未能如数收齐粮食而停滞；粮食暴动直接影响赋税数额和征收效率，抗粮和反对租粮兼收的民变有时会迫使政府采取减赋减租的让步。太平天国应对民变多行剿策，"打先锋"的镇压方式不仅无助于保障财政收入，反而造成民众流亡、土地抛荒、经济凋敝、无赋可征，出现粮食危机，直接影响战局，引发一系列连锁反应。

最后，牵制了军事力量。太平天国招抚的地方团练并没有在有效应对民变方面发挥显著作用，大多数情况不得不依靠太平军下乡镇压或威慑而使整起事件趋于终结。太平天国在乡间几不驻兵，武力应对民变的太平军部队需在城中不时抽调，这样太平军常出现不敷调派和疲于应付的现象。所以在政府以镇压举措有效平抑民变的背后，反映出政府财力耗费、行政精力牵扯和太平军兵力分散的实质。

2. 民心渐失

太平天国以"自我"为中心，践行旨在获得经济利益的政略，结果孤立了自我。农民们原本对太平天国寄予很高的期望，但兼收租粮之

---

① 民国《太仓州志》卷 28《杂记下》，第 18 页 b；佚名：《避兵日记》，第 29 页，太平天国历史博物馆藏抄本。

令一出，遂表露出失望，甚或起身反抗。

然后是政府应变不当。太平天国立足江南未稳，根基不深，政治权力不固，正当广施恩惠、收拢民心之时，却屡以武力镇压民变，过于轻率，极易给民众留下穷兵黩武的印象，增加社会恐怖氛围。1861 年 7 月常熟乡民抗粮，太平军当局出动千余兵力追杀抗粮之民，逃避江干者淹死无数，随即劫掠市村五处，时人称"乡人从此心死"。[①] 在湖州，同样因太平军动辄"打先锋"，波及无辜，"自是人始知贼不足恃，乃相率迁徙，或东向，或南向，或为浮家泛宅"，不愿再做"天国"之民。[②] 还有人因集体抗议太平军掳掠未能得到政府积极回应而表示失望，"贼中反复无信，法度荒谬可知"。[③] 太平天国政府应对民变的怠政倾向和武力行政倾向，影响了新政府的权威。在镇压民变之后，政府不但缺少有效的善后举措，而且重蹈勒派苛费的旧辙，周而复始，弄得民穷粮尽。从清朝统治区的民变配合和支援太平天国，到太平天国激发并镇压自己统治区的民变，深刻反映了太平天国从"得民心"到"失民心"的历史流变。表面上看，太平天国以武力镇压民变换来了一方秩序的暂时安定，实是自我削弱统治基石，得不偿失。镇压举措的"高效"是相对的。后期太平天国"人心冷淡"的现实，不仅是在军中、朝内，在民间亦是如此。

3. 在某种程度上，统治区风起云涌的民变宣告了太平天国社会战略的失败

民变的兴起主要是民间社会对太平天国社会战略的回应，包括针对田赋制度承袭清朝旧制旧弊以及在恢复传统社会经济秩序时的局限、针对乡村政治的腐朽和社会不公正、针对太平军的违纪行为等。

[①] 汤氏：《鳅闻日记》，罗尔纲、王庆成主编：《中国近代史资料丛刊续编·太平天国》（六），桂林：广西师范大学出版社，2004 年，第 352 页。

[②] 光绪《乌程县志》卷 36《杂识四·湖滨寇灭纪略》，第 23 页 a。

[③] 汤氏：《鳅闻日记》，罗尔纲、王庆成主编：《中国近代史资料丛刊续编·太平天国》（六），桂林：广西师范大学出版社，2004 年，第 321 页。

民变风潮是太平天国社会战略失利的直观反映，民变打乱了太平天国全面推行社会战略的步伐，造成秩序紊乱，迫使太平天国政府回到恢复和稳定社会秩序的初始工作中。同时，社会战略的失利意味着太平天国在社会控制层面受挫。在太平天国统治区，民变与团练、盗匪、腐败、内讧等不安定因素愈演愈烈，各群体、各阶层之间的矛盾尖锐化，社会失控加剧，太平天国的内溃之势已萌生于军事溃败之先。社会战略的失败，预示着"天国"陨落的命运。

　　于是可以解释为什么19世纪60年代的太平天国会在迅速发展的态势中瞬间倾塌。这里有太平军自身意志蜕变的因素，时人总结"天国"覆灭之因："故世谓发逆之亡，亡于苏州；盖恋恋于此，即怀安之一念足以败之矣。噫！夫差以来，前车几复矣。"[①] 其二，军事战略原因，即洪仁玕的"长蛇理论"——"徒以苏、杭繁华之地，一经挫折，必不能久远"。[②] 然太平天国坐拥苏浙两省膏腴之地，国祚不常的根本原因还在于自身社会战略的失败。由于太平天国违背社会经济发展的客观规律，既丧失民心，激发民变，又无粮可征，影响军队战力，最终兵困民贫，陷入失败的深渊。

二　常昭的抗粮抗税风潮

　　太平天国占领区民众的抗粮抗税反抗行动，以后期苏南的常熟、昭文地区最为典型和突出。

---

　　① 潘钟瑞：《苏台麋鹿记》，中国史学会主编：《中国近代史资料丛刊·太平天国》（五），上海：神州国光社，1952年，第302页。
　　② 《干王洪仁玕自述》，罗尔纲、王庆成主编：《中国近代史资料丛刊续编·太平天国》（二），桂林：广西师范大学出版社，2004年，第412页。

（一）统治方式转型的偏差

    长期不具和平建设环境是制约太平天国统治方式演进的瓶颈。因此，太平天国在较长一段时间内获取物资补给的主要方式是临时性、无定期的"贡役"制。定都天京后不久，太平天国中央政权面对"建都天京，兵士日众"的实际，有意识地转变和拓宽经济来源的渠道。1854年夏，"照旧交粮纳税"政策正式出台，[①] 并相继在安徽、江西和湖北辖区推行。但由于受战争环境制约，除安徽部分地区，太平军在湖北和江西并没有获得长期推行传统社会经济秩序的条件。而粗放粗暴式的获取经济资源的手段主要针对官绅富户且不具常规性，这恰恰减少了与普通民众特别是农民的接触频度，因此鲜见集中爆发抗粮抗税之类的反抗行动。1853年9月，安徽民众的反抗事件迫使东王杨秀清两次派翼王石达开赴安庆抚民易制。[②] 1854年6月，发生在安徽黟县的反抗事件起因于白检点征贡甚重，百姓无食。[③] 杨秀清曾在诰谕中承认"在尔民人，以为荡我家资，离我骨肉，财物为之一空，妻孥忽然尽散"。[④] 可见前期的民变主要肇因于太平天国的贡役制政治，相应的民众反抗类型则多为反掳掠行动。但是由于前期太平天国领导集团尚能采取因时制宜的修正举措，以及太平军军纪实态整体尚可，民变的数量较少。除此之

---

    ① 张德坚：《贼情汇纂》，中国史学会主编：《中国近代史资料丛刊·太平天国》（三），上海：神州国光社，1952年，第203—204页。

    ② 凌善清：《太平天国野史》，扬州：江苏广陵古籍刻印社，1993年，第324页。

    ③ 佚名：《徽难全志》，南京大学历史系太平天国史研究室编：《江浙豫皖太平天国史料选编》，南京：江苏人民出版社，1983年，第295页。

    ④ 《东王杨秀清劝告天京人民诰谕》，罗尔纲、王庆成主编：《中国近代史资料丛刊续编·太平天国》（三），桂林：广西师范大学出版社，2004年，第17页。

外，前期抗粮抗税较少还与太平军所征赋税额较低、税种较少有一定关系。①

19 世纪 60 年代，太平天国的政治、军事重心渐向东线战场转移，确立了东征苏杭、攻取上海的战略部署，先后占领了苏南及浙江大部分地区。各占领区之间形成了有机结合，特别是加强了对乡村地区的管理，较为普遍稳定地践行以乡官制度为核心的乡村政治。太平天国地方政府分离为以军事贵族掌控的地方军政当局（"太平军当局"）和以乡官为主要构成的地方基层政府（"乡官局"）并存的格局。太平天国也因苏浙清军的暂时溃退和东西两条战线的保守势态获得了一段相对稳定的建设时期来实践各项政略。

苏南各县为太平军东征后第一批攻占的疆土，主要为忠王李秀成所部开辟，李本人立意在此推行"依古制而惠四方"的地方建设，② 通过恢复传统社会经济秩序，寻求稳定的社会环境和争取广泛的社会合作，此即表现为太平天国统治方式由贡役制向传统社会经济秩序的转型。传统社会经济秩序主要包含三方面的内容：土地赋税、地方行政和社会关系。因此问题的关键在于太平天国能否解决传统社会经济秩序下的官业佃矛盾、地方行政腐败和社会不公正等问题。一般来说，传统社会经济秩序在太平军设治后的第二年即 1861 年得到初步恢复，传统形式的抗粮抗税等抗争行动随之而生。

苏南的常昭地区则是民众抗粮抗税的多发区，其数量之多，规模之

---

① 如咸丰三年七月，太平军在安徽太平府近城各乡邀乡老数人，令"每亩交纳粮稻卅斤"，约合 2 斗，赋额低于清制和后期太平天国在大多数辖区的田赋［《忆昭楼时事汇编》，太平天国历史博物馆编：《太平天国史料丛编简辑》（五），北京：中华书局，1962 年，第 382 页］，前期也少见固定、成体系的捐费类别。

② 罗尔纲：《李秀成自述原稿注（增补本）》，北京：中国社会科学出版社，1995 年，第 160 页。

大，烈度之强，在太平天国辖区尤为突出。①

1860年9月16日，太平军东征大军黄文金部攻占常熟、昭文，忠王李秀成随即派钱桂仁与侯裕田同守常昭，婴城固守，设治建政，但侯"系文职，不理军务，唯钱伪帅操兵农之权"，② 故常昭实权为钱所有。1863年1月，钱桂仁离开常昭赴苏州进见李秀成，1月17日，钱部将骆国忠举城投降李鸿章。从时间上看，太平天国据有常昭28个月，统计有20次较大规模的抗粮抗税行动（较小规模的尚不计入内），平均几乎每个月即发生1次。1861年是太平天国治下常昭地区抗粮抗税行动的一个典型年份。这一年共计有14次较大规模的行动，约占总数的70%，是抗粮抗税次数最多的年度。常昭守将钱桂仁是太平天国新兴军事贵族，主张地方合作，重用士绅曹和卿和钱伍卿，致力于恢复传统社会经济秩序，故常昭地区是传统社会经济秩序初步恢复较早的地区，太平天国地方政府对基层社会的干预介入也比较广泛深入。

1. 兼收租粮

太平天国开辟苏南基地，主要是军事占领，以征收钱粮（军饷）为主要目的。这与和平时期的统治有着明显区别。故为解决筹饷难题，太平天国在江南首先推行的仍是"照旧交粮纳税"，即由农民交租，地主交粮，粮由租出。1860年10月，太平军在占据常昭的第二个月，即

---

① 记太平天国时期常熟、昭文事的资料主要有14种：汤氏《鳅闻日记》、佚名《庚申（甲）避难日记》、柯悟迟《漏网喁鱼集》、龚绍熙《自怡日记》《粤匪陷虞实录》、曾含章《避难纪略》、顾汝钰《海虞贼乱志》、徐日襄《庚申江阴东南常熟西北乡日记》、陆筠《劫余杂录》《海角续编》《海角悲声》、谭嘘云《常熟记变始末》《守虞日记》和周鉴《汝南一家言》。这些文献均为当地人记当时当地事，为亲历者亲见亲闻之笔录；其作者多为小知识分子，立场虽反对太平天国，但尚不至于蓄意歪曲和过度丑化；其中有8种文献对民众抗粮抗税有记载，8位作者同时记录此类现象，这说明民众抗粮抗税在常昭地区为当时人共同关注的焦点。但在记太平天国事的文人笔记、日记中，论记事之详均不及沈梓《避寇日记》和《柳兆薰日记》——记吴江事的史料还有王元榜《庚癸纪略》和黄熙龄《黄熙龄日记》（苏州大学图书馆藏稿本）。以上资料均对民众抗粮抗税有所记载，却远不及常昭频多，也可证明嘉兴、秀水和吴江实际发生的抗粮抗税少于常昭。

② 龚又村：《自怡日记》，罗尔纲、王庆成主编：《中国近代史资料丛刊续编·太平天国》（六），桂林：广西师范大学出版社，2004年，第51页。

"著乡官整理田亩粮册，欲令业户收租"。这一计划因农民抗争受阻，"无奈农民贪心正炽，皆思侵吞。业户四散，又无定处，各不齐心"。① 在业户逃亡、农民抗租、太平天国无法正常收取田赋的情况下，"着佃交粮"政策出台。同年 12 月 24 日，常熟军帅王万出示："查造佃户细册呈送，不得隐瞒，着各旅帅严饬百长司马照佃起征。"1861 年 1 月 30 日，"设局太平庵，着佃起征田赋"。② 由于相似的社会环境，"着佃交粮"相继在苏州、松江、太仓和嘉兴所属各县推行。太平天国实行"着佃交粮"的根本目的是快捷有效地获取经济物资，其初衷并非有意推行社会变革以改变传统的土地制度和赋税制度，所以"着佃交粮"政策的核心和实质仍是"照旧交粮纳税"，它是一项非常规化的权宜之计。

"着佃交粮"政策本身是没有问题的，它是当时社会经济条件下太平天国赋税政策转向的必然。这虽是无奈之举，但取得了实际成效。在常昭，"乡农各佃既免还租，踊跃完纳，速于平时，无敢抗欠"，"俱备洁净造米、银钱等物，赶限交纳"，③ "农民之力田者，窃利租不输业，亦依违其间"。④ 但农民认为的"既免还租"和"租不输业"仅是一厢情愿，转型的偏差在于太平天国地方政府在农民交粮之后进一步干预地租问题。而且在该政策执行之始，政府给农民造成了"着佃交粮而不交租"的假象，这在事后更易激起佃农自认为被欺骗的愤怒。1860 年 11月，常昭政府出示："着旅帅卒长按田造花名册，以实种作准，业户不

---

① 汤氏：《鳅闻日记》，罗尔纲、王庆成主编：《中国近代史资料丛刊续编·太平天国》（六），桂林：广西师范大学出版社，2004 年，第 325 页。

② 柯悟迟：《漏网喁鱼集》，北京：中华书局，1959 年，第 50 页。

③ 汤氏：《鳅闻日记》，罗尔纲、王庆成主编：《中国近代史资料丛刊续编·太平天国》（六），桂林：广西师范大学出版社，2004 年，第 339、354 页。

④ 徐日襄：《庚申江阴东南常熟西北乡日记》，中国史学会主编：《中国近代史资料丛刊·太平天国》（五），上海：神州国光社，1952 年，第 436 页。

得挂名收租。"① 是年冬，常昭太平军征粮，"花田每亩六七百文，稻田每亩三四斗，业户不得收租"。②

在太平天国无力且无意推行新的社会变革的情况下，按照传统社会治理模式，依靠地方士绅恢复和维系社会秩序，不失为简单有效的办法。最终经过深思熟虑，政府对业佃关系及相关的租佃事务做出决策，"着佃交粮"的附生品——"招业收租"和"代业收租"产生。"招业收租"即招还流亡业户回乡收租，"代业收租"即乡官局或收租局代替业户收租。

1861年常昭太平天国地方政府基本执行"着佃交粮"和"代业收租"的政策，佃农在交粮之后，仍要交租。同年9月，政府出示"业户呈田数给凭，方准收租"，业户不应，又有"各乡租米归粮局代收"之议。③ 同月，常昭太平军当局定策，既不立租局，也不归粮局，亦不等业户自收，"著乡官局包收"，但此议"佃户亦不服，故久无呈报之人"，"自八月初至九月中，终未议定。……到后竟成子虚画饼"。④ 11月，南乡各处征收田赋，有乡官局代收租粮，申参军监收、洪军政监收者；有设租局代收者，但均是要佃户交租的。12月，南乡"五师合租粮为一局"，设"租粮总局"，⑤ 有政府性质，租粮兼收。同月，因南乡

---

① 顾汝钰：《海虞贼乱志》，中国史学会主编：《中国近代史资料丛刊·太平天国》（五），上海：神州国光社，1952年，第370页。

② 曾含章：《避难记略》，罗尔纲、王庆成主编：《中国近代史资料丛刊续编·太平天国》（五），桂林：广西师范大学出版社，2004年，第341页。

③ 龚又村：《自怡日记》，罗尔纲、王庆成主编：《中国近代史资料丛刊续编·太平天国》（六），桂林：广西师范大学出版社，2004年，第73页。

④ 汤氏：《鳅闻日记》，罗尔纲、王庆成主编：《中国近代史资料丛刊续编·太平天国》（六），桂林：广西师范大学出版社，2004年，第353页。

⑤ "租粮总局"在其他占领区也存在。如在无锡，济天义黄和锦委派绅董成立"赋租总局"，"总理在城银漕租务"［罗尔纲、王庆成主编：《中国近代史资料丛刊续编·太平天国》（三），桂林：广西师范大学出版社，2004年，第111页］；又如昆山士绅王德森的父亲被太平军招至甪直总局办事，旋又令至张浦总局办事，王父托"粮长"张笠帆等"托病求免，遂远避之"（王德森：《岁寒文稿》卷3，民国十七年（1928）王氏市隐庐刻本，第21页，北京大学图书馆藏）。

莘庄师帅朱又村浮收粮米，激发士变，被从天京参加"天试"归来的36名常昭士子联名投禀控诉，"朱局（朱又村的师帅局）纷嚣"，"几岌岌其殆"，钱桂仁亲自出面定租粮之额，均含"租款"。1862年1月，莘庄局出示减租，"租米只一斗"。[①] 经1861年抗争高潮，农民反复抗争的结果是租额减少，确无不用交租的实例。[②]

乡民们原本对太平天国寄予期望，"愚民、贫民亦望贼来既可不纳佃租，不完官粮，并可从中渔利，则有望风依附者"，此令一出，"以贼之征伪粮如此之苛，佃田者已不堪命，而又欲假收租之说以自肥，真剥肤及髓矣"，佃农遂有"欲求仍似昔日还租之例而不可得"的失望情绪，甚或起身反抗，"攘臂而前"。参加反租粮兼收行动的佃农大多存在此类心理落差。于是乡民把对"饮恨业户收租之苛"的敌意转嫁至太平天国政府身上，以抗粮抗租的实际行动表达被政府愚弄的怒火。[③] 在1861年11—12月间爆发了几乎延及常昭全境、规模极大的抗争风潮，史料载："旬日之间，郭外之北，由西至东，四方农人，闻风相应，各处效尤，打死伪官，拆馆烧屋，昼夜烟火不绝，喊声淆乱。闻长毛来往不绝，市廛罢歇，阛阓阒寂，良民东迁西避。各处坐卡长毛，回城请剿。起事乡村，以致又遭贼兵焚掠。"[④] 有的农民在捉住收粮收租的乡官后，甚至以"支解破膛"或"绑缚剖腹，抽肠挂树"的血腥手段泄恨，[⑤] 可以想见农民对政府出尔反尔的愤恨。

---

① 龚又村：《自怡日记》，罗尔纲、王庆成主编：《中国近代史资料丛刊续编·太平天国》（六），桂林：广西师范大学出版社，2004年，第80—84、117页。

② 常昭太平天国政府没有制定统一的征收条例，各处所行办法往往不一，"一方有两价"的现象比较普遍［龚又村：《自怡日记》，罗尔纲、王庆成主编：《中国近代史资料丛刊续编·太平天国》（六），桂林：广西师范大学出版社，2004年，第81页］。

③ 曾含章：《避难记略》，罗尔纲、王庆成主编：《中国近代史资料丛刊续编·太平天国》（五），桂林：广西师范大学出版社，2004年，第352、341页。

④ 汤氏：《鳅闻日记》，罗尔纲、王庆成主编：《中国近代史资料丛刊续编·太平天国》（六），桂林：广西师范大学出版社，2004年，第355页。

⑤ 顾汝钰：《海虞贼乱志》，中国史学会主编：《中国近代史资料丛刊·太平天国》（五），上海：神州国光社，1952年，第371页。

业佃关系的混乱，成为乡民和太平天国政府矛盾的焦点。"着佃交粮"的结果是佃农交粮又交租，限制和规范租额的政府行为也被佃农当作多余之举，因为通过自己的努力——抗租，他们实际可以迫使业主采取更多的让步。"代业收租"的结果是业户的地租被政府征用或只能拿到很少的租额，业主认为政府在有意识地削弱他们收租的权利，甚至怀疑官方有侵吞租籽的动机。"招业收租"的结果是业未来而佃先变。由是激发了业佃两个阶层联合的抗争行动。

太平天国不遗余力地干预辖区敏感的业佃关系和租佃事务，一方面是战争背景下为了保障粮饷；另一方面也是地方行政经验不足的表现。一般在抗租事件未发展为危害社会治安的大案之前，清政府似乎倾向于在业佃之间扮演居间调停的角色，对处理租佃事务较为谨慎。太平天国这一统治方式转型的偏差，激化了本已极端复杂的社会矛盾，以致民众抗争的烈度、规模超逾清朝。在常昭较大规模的抗粮抗税行动中，有 6 次直接肇因于政府兼收租粮，约占总数的 30%；在 1861 年发生的抗粮抗税行动中，有 4 次肇因于此，占该年度行动总数的 29%；此外，不少"抗粮""反浮收"行动，实际也包含着民众对租粮征收方式的不满情绪。

2. 漕弊复生

清代江南浮收勒折之重，往往高出漕粮正额之三倍；大、小户之分，更是体现了社会不公正。每值征漕，"州县仍如饿虎出林，绅衿如毒蛇发动，差役如恶犬吠村"，[①]"吏役四出，昼夜追比，鞭朴满堂，血肉狼藉"，[②] 民不堪命，闹漕之案迭起不穷。太平天国意识到漕弊之害，采取了简化易知由单、严禁浮收勒折、遇灾蠲缓以查核实情为准等举措，力图摒除漕弊。但太平天国选任的乡官没有也不可能解决地方行政

---

① 柯悟迟：《漏网喁鱼集》，北京：中华书局，1959 年，第 95 页。
② 《曾国藩奏为备陈民间疾苦仰副圣主爱民之怀事》，咸丰元年十二月十八日，军机处录副奏折，档号：03-4185-009，中国第一历史档案馆藏。

腐败的问题，反而因上层官僚群体的腐败加剧了基层政权腐败。昔日漕弊故态复生，尤以常昭占领区突出。

昭文军帅夏晓堂、严逸耕等，"俱用两县衙门前房科吏役，素办钱粮等辈为书记，惯于办事，一概规例，皆其指教"，征收粮赋，"所开田数中，多蔽逆私收肥己。乡官侵吞余利，犹得美产，托言垫赔经费，抵补亏欠"。龚缙熙记1862年1月常熟南乡征粮，"粮居二斗二升，每斗二十五斤，加作三斗七升"，浮收高出原额70%；记师帅朱又村粮局收粮所用量器有"兑斛""收斛"大小之别；1862年收粮时"官斗加五"，"斛身加三"，遂致原本"上田每亩粮收二斗"，连租粮在内，"竟收至七斗"，根据上年冬常熟南乡"代业收租"的租额，"业主约归一斗"，"租米只一斗"，因此粮米约作六斗，浮收至原额三倍。[①] 这一数字已接近或超过清政府在该地区的漕粮正额浮收之数。[②] 因此在时人记载中多有常昭乡官"收银浮数""收漕过倍"之语，[③] 恐怕不全是蓄意诬蔑。在常熟、昭文，乡官浮收舞弊和基层官员贪腐引发诸多抗粮抗税行动，也是无可争辩的事实。

常昭抗粮抗税行动的时间分布和类型样态，在太平天国占领区具有典型意义，并不是说在太平天国其他辖区没有类似行动发生或行动没有特殊性，如反对租粮兼收的抗争同样在镇洋、吴县、无锡、桐乡、吴江

① 龚又村：《自怡日记》，罗尔纲、王庆成主编：《中国近代史资料丛刊续编·太平天国》（六），桂林：广西师范大学出版社，2004年，第338、83、82、117、120页。

② 曾国藩奏称："苏、松、常、镇、太钱粮之重，甲于天下。每田一亩，产米自一石五六斗至二石不等。除去佃户平分之数与抗欠之数，计业主所收，牵算不过八斗。而额征之粮，已在二斗内外。兑之以漕斛，加之以帮费，又须（各）去米二斗。计每亩所收之八斗，正供厂输其六，业主只获其二耳。"（《曾国藩奏为备陈民间疾苦仰祈圣主爱民之怀事》，咸丰元年十二月十八日，军机处录副奏折，档号：03-4185-009，中国第一历史档案馆藏。）所以，这些地区额征之粮经三倍浮收，一般情况约为正供六斗。《常昭合志稿》记清代常熟田赋额为三斗二升，战后李鸿章等请减苏松太钱粮，议定"实征米一斗六升五合（光绪《常昭合志稿》卷10《田赋志》，第20页a）。以三倍浮收计，常昭田赋战前约一石，战后约五斗。

③ 顾汝钰：《海虞贼乱志》，中国史学会主编：《中国近代史资料丛刊·太平天国》（五），上海：神州国光社，1952年，第371页。

等地发生，反对官员浮收和贪腐的抗争同样在嘉善、镇洋、秀水、吴县等地发生。这是因为后期太平天国主要占领区的社会生态虽有具体情形，但大致相似。在个别时段的个别地区，民众抗争的规模烈度甚至会超越常昭地区，如1860年至1861年太仓镇洋的抗粮风波声势甚大。1860年12月，镇洋启征粮赋，引发"浮桥之变"。1861年1月5日，"浮桥一带合同十七图分追杀长毛，为师帅者已杀去四人"；1月6日，"六湖时思庵一带杀去乡官不知凡几，有投之于火者，有牵之于厕者"；1月9日，"沙溪镇有公馆，蹂躏不堪，由此一闹，反为不美"。沙溪镇公馆应为沙溪镇军帅韩岌的乡官局。① 最后太平军出动千余兵力镇压暴动。1861年5月发生的抗粮，规模不亚于上年，"环集乡民，拆毁旅帅房屋数处"，"声锣四起，聚议抗拒，又延烧县境旅帅房屋"。② 在嘉善，举人顾午花早在1853年就因"帮官逼勒完银"引起公愤，乡民"群起拆屋"；③ 至太平军据城，顾午花故伎重演，即便身居监军高位，仍难逃厄运，"死尤酷，裂其尸为四五块"；陶庄举人袁某，"承伪命于陶庄收漕亦如此，翌年春间皆为乡人所杀"。太平军"复焚劫民间为顾复仇"，④ 后来酿成民团之乱，"东南诸乡鸣金聚集数万人，号白头兵，驱主事者，乘势谋复城池"。⑤ 不过从总体上看，常昭地区抗粮抗税行动多发频发且规模烈度大（详见表3-3），仍是"天国"统治区的一个典型。

---

① 光绪《太仓直隶州志》卷22《兵防中·纪兵》，无页码；佚名：《避兵日记》，太平天国历史博物馆藏抄本，第28页；曾含章：《避难记略》，罗尔纲、王庆成主编：《中国近代史资料丛刊续编·太平天国》（五），桂林：广西师范大学出版社，2004年，第341页。

② 柯悟迟：《漏网喁鱼集》，北京：中华书局，1959年，第53页。

③ 鹤湖意生生：《癸丑纪闻录》，《太平天国史料专辑》（《中华文史论丛》增刊），上海：上海古籍出版社，1979年，第501页。

④ 沈梓：《避寇日记》，罗尔纲、王庆成主编：《中国近代史资料丛刊续编·太平天国》（八），桂林：广西师范大学出版社，2004年，第45页。

⑤ 光绪《嘉善县志》卷35《外纪》，第30页a。

表 3-3　太平天国常昭占领区民众的抗粮抗税行动

时间		地点	类型	事情大略	资料来源
咸丰十年（1860）	10月	东乡塘坊桥	抗税	杀官毁局，不领门牌。钱桂仁仅着乡耆具结求保，差乡官宣讲道理，劝民纳税完粮	《鳅闻日记》，第325页
		东南何村	反兼收	因议收租，烧屋殴官。太平军劝谕完粮守分	《鳅闻日记》，第325、327页
	11月	王市	反兼收	催头何年年、沈大茂以收租激变乡农，戕杀乡官，土匪趁机抢掠。钱桂仁发兵下乡	《鳅闻日记》，第325—328页
	12月	西北乡黄家桥镇	抗税	军帅钱春收税索诈，被百姓缚住。当局将其革职游行，解赴苏州	《庚申（甲）避难日记》，第209页
咸丰十一年（1861）	2月	福山张市	抗粮抗税抗役	白茆守卡硬捉民夫解工，民情愤恨，烧毁官厅税房闸屋。太平军欲剿洗，乡官、耆民情愿赔偿、解款	《漏网喁鱼集》，第52页
	3月	东乡梅塘	抗粮抗役反掳掠抗税	东乡旅帅欲增钱粮，追比抗欠。医士王春园，因乡官派役逼索，并掳其子，盟约乡里，拆馆殴官。钱桂仁先派钱伍卿安抚，罚赂千金；又率兵下乡，拘农民具限期完赋	《鳅闻日记》，第345—346页；《海虞贼乱志》，第372—373页
	4月	南乡莘庄	反兼收	平局遭劫，屋庐多毁；众佃欲索还租米，局董被杀。乡勇拿获抗租为首者，曹和卿拟各佃凑钱。巡查官员倡免租之议	《自怡日记》，第64—65、65—67页
	5月	翁庄樊庄	抗粮	杀官打局。土人遭殃，钱伍卿召募团练	《自怡日记》，第67页
		吴塔下塘	反兼收	毁局殴官。曹和卿将租钱移作勇饷；钱桂仁定粮三等，因地而治	《自怡日记》，第82、116—117页；《避难记略》，第352页

时间		地点	类型	事情大略	资料来源
咸丰十一年（1981）	5月	东乡白茆	抗税	每亩办折红粉（火药）钱70文，民众骇异攒骂。太平军发队抄掠，杀首事者	《海虞贼乱志》，第371页
	6月	鹿园栏杆桥	反浮收反贪腐反掳掠	因奸淫妇女、侵吞钱款，太平军被杀。太平军下乡，杀掠一空；钱桂仁到鹿园安民，撤换乡官，诛杀违纪士兵	《庚申（甲）避难日记》，第221页；《庚申江阴东南常熟西北乡日记》，第433页
		陆家市	反兼收	收军租，各佃以完办银米无力再还租籽，夜持农具杀太平军。太平军发队杀掠	《海虞贼乱志》，第371页
	7月	东乡	抗税反贪腐	王和尚载宝在船，被乡人砍死；乡官被杀，皆缘派捐起衅	《自怡日记》，第69页
		南乡	抗粮	太平军西下青草沙，追杀抗粮滋事之民	《鳅闻日记》，第352页
		陈塘坝	反浮收	乡农以收银浮数，鸣锣聚众，被乡官及太平军镇压	《海虞贼乱志》，第371页
	11月	东乡王市	反兼收	兼收租粮，农民结党打局。太平军出示"只收粮饷"	《鳅闻日记》，第354页
		梅塘汤家桥王市南乡周行桥谢家桥恬庄柴角	抗粮抗税反浮收反贪腐	烧、杀乡官，首事者被处死，起事乡村，遭太平军焚掠	《鳅闻日记》，第355—356页；《自怡日记》，第81—82页；《庚申（甲）避难日记》，第227页；《海虞贼乱志》，第371—372页
		南乡	反浮收	常熟士子投禀控诉朱又村浮收。钱桂仁定租粮之额，朱局纷嚣，几致瓦解	《自怡日记》，第82、117页

时间		地点	类型	事情大略	资料来源
同治元年（1862）	3月	小市桥镇蔡家桥	抗粮	因追粮太苛激变。钱桂仁下令打先锋，被累者众	《自怡日记》第94页；《庚申（甲）避难日记》，第231—232页
	5月	东乡	抗税	因收捐钱太紧，乡民杀官。太平军下乡镇压	《庚申（甲）避难日记》，第235页；《劫余杂录》卷下（《近代史资料》总105号），第271页

注：（1）本表的统计口径结合表3-1进行调整，以史料记载中行动发生的时间、地点、主要领导者和参与者、抗争类型、事情大略和结局等要素相近者计为1次；又因此类行动具有自发性、突发性、旋起旋灭，彼此往往鲜有串联，故在史料记载中具有明显独立性的抗争行动，即便与其他行动有部分相似的元素，如发生在同一忙期或漕粮开征期间，也不宜合并统计；（2）"反兼收"即"反对租粮兼收"，属"抗粮"兼"抗租"的综合类型；"反浮收"属"抗粮"的一种具体形式；（3）资料版本同正文引征。

（二）农民经济负担的比对

太平天国统治方式转型的偏差，咸同之际灾荒瘟疫肆虐，银贵钱贱和物价飞涨引发的经济萧条等，是太平天国占领区以抗粮抗税为主要类型的民众抗争发生的共同社会生态，是比较宽泛的综合性因素。尽管由于常昭太平天国政府对基层社会的干预介入比较广泛深入，使常昭地区的抗粮抗税行动突出，但太平天国的乡村政治、灾疫和经济危机等要素很难进行量的细化和比较。在同等社会背景条件下，考究常昭民众抗粮抗税"频多"的分布特色——较清政府统治常昭时期和太平天国其他占领区，尚需充分考虑该地区的田赋、地租、捐费等具体的社会经济因素。

1. 常昭农民的常规经济负担

表3-4　太平天国治下常昭地区每亩稻田的田赋与地租

时间		漕粮（斗）	地丁银（文）	附征杂费	每石折价（文）	合计（斗/文）	田租（斗）	备注	资料来源
咸丰十年（1860）	十一月	糙米3	下忙200	外役费70文	2400	4.13/990	不明	各佃既免还租，踊跃完纳	《鳅闻日记》，第339页
	咸丰十一年三月	4	下忙160	局费解费200文	3000	5.20/1560	3	补征咸丰十年赋，租局补咸丰十年租	《自怡日记》，第63、116页
咸丰十一年（1861）	十一月	3.7	上忙300、下忙300	田凭1斗、局费0.5斗、经造费0.1斗、各乡官费0.2斗、其他110文	2400	8.46/2030	1	乡官局兼收租粮，东乡租或1斗或2斗	《自怡日记》，第65、81—84页；《庚申（甲）避难日记》，第227页
同治元年（1862）	九月	5.4	上忙720、下忙300	盐捐2升、解费140文、田凭50文	2700	10.08/2722	不明	以头限数据为准，乡官局不收租米	《自怡日记》，第98、117、120页

注：田租不明的情况即业主实际获得田租数额不明，包括私自收租或租局代收的情况；此表数据以实际执行情况为准，拟定、议定未行及乱收现象不计入内。

表3-5　太平天国战争前清制常昭地区每亩稻田的田赋与地租

县名	田类	漕粮（斗）	地丁银（两）	每石折价（文）	市场每石粮价（文）	银钱比价（文）	合计（斗/文）	折价合米（斗）	田租（斗）
常熟	上田	3.2	0.104	6340	2400	1556	3.46/2191	9.13	10—15
	中田	2.5/2.3	0.084/0.078	6340	2400	1556	2.71/1715 2.49/1580	7.15 6.58	
	下田	1.9	0.066	6340	2400	1556	2.06/1307	5.45	
昭文	上田	3.2	0.103	6340	2400	1556	3.45/2189	9.12	10—15
	中田	2.5/2.3	0.083/0.078	6340	2400	1556	2.70/1714 2.49/1580	7.14 6.58	
	下田	1.9	0.067	6340	2400	1556	2.06/1309	5.45	

注：每石折价6340文按《漏网喁鱼集》第36页记咸丰九年常熟事；市场粮价每石2400文按上述咸丰十年、咸丰十一年粮价，又《漏网喁鱼集》第35、36页记咸丰九年米价"平平"，咸丰十年正月"米平"；银钱比价以彭凯翔《清代以来的粮价》（上海：上海人民出版社，2006年）第173页对江南地区咸丰九年银钱比价的估计；折价合米即土地所有者为获取交赋所需铜钱须在市场上销售的米量；地租各不一致，按陶煦《重租论》和金文榜《减租辨》的估计，约每亩1—1.5石。清制常熟、昭文田赋分四则三等，具体数额参见光绪《苏州府志》卷14《田赋三》，第58页b、60页b；光绪《常昭合志稿》卷10《田赋志》，第20页a、21页a-b、22页a-页b。

分析表3-4、表3-5可知：

（1）仅从漕粮和地丁银分别规定的数额看，太平天国治下常昭的漕粮和地丁银已基本超过清朝。（2）考虑到清朝勒折之弊，太平天国则以市场实际粮价折算，不计清朝附征杂费份额（不明），以折色交赋，太平天国与清朝常昭地区每亩稻田的田赋总负担大略相当，或略高于清朝，约1500—2000文。（3）如以本色交纳，清时浮收约为原额的3倍，赋粮总额约6—10斗，在不考虑太平天国浮收，不算入清朝附征杂费的前提下，与太平天国治下常昭的田赋总额约5—10斗相当，而实际上太平天国常昭政府也存在恣意浮收的现象。（4）表3-5的"折价合米"一栏数字，表明土地所有者为交纳折色铜钱约1300—2000文，须在市场上销售5.5—9斗米不等，这个数字恰与"合计"一栏中交纳本色漕粮总额约 2—3.5 斗浮收 3 倍后的约 6—10 斗接近。所以无论是交纳本色还是折色，田赋负担大致相同。"折价合米"的米量与太平天国治下常昭田赋总额约 5—10 斗相近。上述四点均说明太平天国治下和清朝统治下常昭地区的田赋负担大致相当。(5) 清代田赋由土地所有者承担，佃农须向业主交纳地租，一般为每亩田产量的半数以上，有的地方甚至更多，如苏州"上农不过任十亩，亩入不过二石余……乃多者二十而取十五，少亦二十而取十二三",[①] 浙江余姚"每年业六佃四分租",[②] 所以真正关系佃农利益的是地租。常昭是"着佃交粮"推行普遍深入的地区，但三年来一直存在租局收租、乡官局兼收、业主领凭收租等情况，如咸丰十一年春佃户除补交咸丰十年漕粮 5.2 斗外，尚须交租局 3 斗租米，两者合计 8.2 斗；咸丰十一年冬南乡征粮，合租米 1 斗，佃户实际交粮 9.46 斗；东乡反兼收行动后，常昭守将钱桂仁亲往安民减租，各处仍要交租，或 1 斗，或 2 斗。故租粮合计，佃农实际已承担每亩近 1 石的负担，接近清时地租。

因执行"着佃交粮"，随田派征的捐费亦着佃交纳，按户、按日征收的杂费，佃农也多有负担。据 1862 年昭文县后营左师帅发汪添发上忙公费（可能为各杂费合计）收照公据，汪添发有"承种田" 4.95 亩，不是"自置田"，但他被政府称作"粮户"，可见是"着佃交粮"的佃户。[③] 汪需交纳上忙公费 17964 文，每亩 3629 文，这仅是上忙半年的公费，已经超过当年每亩田正赋总额折钱 2722 文之数近千文。[④] 此外，常昭地区还有数十种或固定或临时的捐费名目。清朝在正赋之外也有诸多

① 陶煦：《租核》，赵靖、易梦虹主编：《中国近代经济思想资料选辑》上册，北京：中华书局，1982 年，第 386 页。

② 李文治编：《中国近代农业史资料》第 1 辑，北京：生活·读书·新知三联书店，1957 年，第 72 页。

③ 郭若愚编：《太平天国革命文物图录续编》，上海：上海出版公司，1953 年，第 74 页。

④ 同治元年十一月二十五日（1863 年 1 月 14 日），常熟西北乡"刻下每亩粮折钱加各项要三千之数"［佚名：《庚申（甲）避难日记》，罗尔纲、王庆成主编：《中国近代史资料丛刊续编·太平天国》（六），桂林：广西师范大学出版社，2004 年，第 247 页］，可知该年常熟各乡田赋大致相当。

苛捐杂税。1856 年 1 月，"捐事纷纷。计一年来指捐、捐厘、捐亩、捐夫、捐赈米、捐艇炮、捐碾坊、捐军需、捐钞钱、捐树共十大捐，民不聊生"。[①] 1861 年 5 月 25 日，咸丰帝在上谕中切责地方官苛政，"江北粮台既有指捐、借捐、炮船捐、亩捐，而江南粮台又有米捐、饷捐、亩捐，漕河有炮船捐、堤工捐、饷捐，袁甲三军营有米捐。此外有船捐、房捐、盐捐、卡捐、板厘捐、活厘捐，所征甚巨，报解寥寥"。[②] 但这些捐费主要为厘金和军需捐，多数应由土地所有者承担或殷户富商摊派，田捐等类较少，具体明细已难考证。如不考虑未明因素，太平天国治下常昭农民的负担总额已接近或超过清朝，所以论断常昭占领区农民的经济负担相对繁重并不为过。

关于太平天国占领区的田赋与地租，由于地方史志与私乘笔记记载不全，无法反映其全貌，只能对部分地区部分年代的情况进行概览，见表 3-6。

以地域为主线，在太平天国占领区之间进行漕粮和田赋总额的比较。常昭地区各年度的漕粮指标均处高水平，1862 年次于金华浦江和嘉兴平湖，但浦江的情形似异常，且为太平军当局"创议"，具体实行情况不明；1860 和 1861 年度居首位。常昭田赋总额除 1862 年度略低于浦江县和嘉兴县，浦江情形已说明，嘉兴本色总额仅高常昭三升三合米；1860 和 1861 年度居首位。常昭在三年间以着佃交粮为重要征收方式，加上租额，佃农的常规负担在每亩 1 石米左右；长洲、吴江佃农的负担高时可达七八斗；嘉兴、平湖存在多种完粮纳租方式，且多变化，个别年份的个别地区（如 1862 年）佃农的常规负担已恢复到清时水准，约每亩 1—1.5 石。以上数据的比较是在不考虑各地粮米折价、银钱比

---

① 佚名：《咸同广陵史稿》，罗尔纲、王庆成主编：《中国近代史资料丛刊续编·太平天国》（五），桂林：广西师范大学出版社，2004 年，第 124 页。

② 《清文宗实录》卷 349，咸丰十一年四月甲戌，第 44 册，北京：中华书局，1987 年影印本，第 1155 页。

太平天国再研究

价及物价水平不同的基础上进行的。

常昭的米价在太平天国退出前没有超过每石万文（6000—8000文），① 再结合常昭地区三年间征收漕粮的折价每石保持在 2400—3000文之间，常昭农民的常规负担额与其他地区相比波动相对较小。吴江、嘉兴、秀水、平湖的粮米折价一直在高水平浮动，米价时常突破万文，漕粮和地丁银的浮动也较大。所以，从总体上看，常昭农民的常规负担一直较为稳定地保持在高水平上，是太平天国占领区最高的，或者说是最高的地区之一。

针对田赋额过高，或者增加，或者浮收舞弊，抗争行动的直接表现形式是"抗粮"，常昭地区抗粮和包含抗粮的综合类抗争较大规模者共有 9 次，比重高达 45%。1861 年 3 月梅塘医士王春园领导的抗粮行动，直接起因是"东乡伪旅帅暗嘱长毛增加钱粮"；② 同年 5 月，翁庄、樊庄乡民捣毁粮局，殴杀旅帅，③ 7 月南乡乡民"抗粮滋事"，④ 均与征收赋额增加有关。再如 1861 年冬恬庄百姓"杀旅帅李木狗，烧抢其屋"，"各处人情大变，为因粮米太重，南路近日停收"，粮米重显然是指赋额高。⑤

---

① 罗尔纲、王庆成主编：《中国近代史资料丛刊续编·太平天国》（六），桂林：广西师范大学出版社，2004 年，第 103、120、123、239、339、350 页；柯悟迟：《漏网喁鱼集》，北京：中华书局，1959 年，第 42 页；周鉴：《与胞弟子仁小崔书》，罗尔纲、王庆成主编：《中国近代史资料丛刊续编·太平天国》（八），桂林：广西师范大学出版社，2004 年，第 343 页。

② 汤氏：《鳅闻日记》，罗尔纲、王庆成主编：《中国近代史资料丛刊续编·太平天国》（六），桂林：广西师范大学出版社，2004 年，第 345 页。

③ 龚又村：《自怡日记》，罗尔纲、王庆成主编：《中国近代史资料丛刊续编·太平天国》（六），桂林：广西师范大学出版社，2004 年，第 67 页。

④ 汤氏：《鳅闻日记》，罗尔纲、王庆成主编：《中国近代史资料丛刊续编·太平天国》（六），桂林：广西师范大学出版社，2004 年，第 352 页。

⑤ 佚名：《庚申（甲）避难日记》，罗尔纲、王庆成主编：《中国近代史资料丛刊续编·太平天国》（六），桂林：广西师范大学出版社，2004 年，第 227 页。

表 3-6　太平天国占领区每亩稻田的田赋与地租

地名	时间	漕粮（斗）	地丁（文）	附征杂费	每石折价（文）	合计（斗/文）	田租（斗）	清制 粮（斗）	清制 丁（两）	资料来源
长洲	咸丰十年十月	0.6	96		2400	1/240	5—7.5（五成）I			《自怡日记》，第 50 页
	咸丰十一年十月	2					6—9（每石三成）III			《自怡日记》，第 81 页
	同治元年九月	3.4		局费1.2斗	2700		3.3（业自完田凭）II、2.5（佃代完田凭）II、7 I	3.75	0.141	《自怡日记》，第 120 页；《珽天安办理长洲军民事务黄酌定还租以抒佃力告示》，第 155 页
吴县	咸丰十年九月	3					4—5 III			《虎窟纪略》，第 26 页
	咸丰十一年三月（补咸丰十年）	1.75	250		3000	2.58/775	4—5 III	3.44	0.166	《能静居日记》，第 79 页；《庚癸纪略》，第 316 页
	咸丰十一年十月	2.3								《虎窟纪略》，第 38 页
吴江	咸丰十年十一月（黎里）	1.3（300文）			2300		4.5 IV	3.61	0.111	《柳兆薰日记》，第 156、160 页

地名	时间	漕粮（斗）	地丁（文）	附征杂费	每石折价（文）	合计（斗/文）	田租（斗）	清制		资料来源
								粮（斗）	丁（两）	
吴江	咸丰十年十一月（同里）	1.5	500		2300	3.67/845	5—6 IV	3.61	0.111	《庚癸纪略》，第316页；《柳兆薰日记》，第154页
	咸丰十一年十月（芦墟）	1.54	上忙270、下忙400		6000	2.67/1594	7—8.4 I			《柳兆薰日记》，第195、216、220页
	咸丰十一年九月（同里）	1.8	上忙350、下忙200（5升）	秤见折0.8斗	4000	3.975/1590	2—3（二成）V			《庚癸纪略》，第317、319页
镇洋	咸丰十年十一月	1	1000		2400	5.17/1240		2.94	0.216	《避兵日记》，第28页
	咸丰十年十二月	2斗（480文）		2400	2/480					《避兵日记》，第29页
嘉兴	咸丰十一年十一月	2.6	上忙200、下忙200		7000	3.17/2220		1.41	0.089	《避寇日记》，第164页
	同治元年十二月	4.8	3000	田捐365文	6000	10.41/6245				《避寇日记》，第187、160页

| 地名 | 时间 | 漕粮（斗） | 地丁（文） | 附征杂费 | 每石折价（文） | 合计（斗/文） | 田租（斗） | 清制 | | 资料来源 |
								粮（斗）	丁（两）	
嘉兴	同治元年（秀水）	4	640	田捐240文、零费50文	6000	5.57/3340		1.68	0.106	《避寇日记》，第187、160页
桐乡	咸丰十一年十一月	1.56	上忙约200、下忙700	茶费800文	7000	3.99/2792				《避寇日记》，第164页；《桐乡县志》卷20《杂类志·兵事》，第8页b、9页a；《寇难琐记》，第154页
	同治元年（青镇）	2		加耗200文	6000			1.02	0.076	《寇难纪略》，第7页
	同治二年十二月	2		田捐365文、局费400文						《避寇日记》，第227页
	同治二年十月（青镇）	2	520（2钱）	饷捐520文（2钱）	10000	3.04/3040				《寇难纪略》，第8页；《避寇日记》，第205页

地名	时间	漕粮（斗）	地丁（文）	附征杂费	每石折价（文）	合计（斗/文）	田租（斗）	清制 粮（斗）	清制 丁（两）	资料来源
嘉善	咸丰十二月	1.65						1.93	0.111	《避寇日记》，第 45 页
海盐	咸丰十一年	1						1.07	0.081	《海盐县粮户易知由单》（实物）
	同治元年十二月	3.5								《花溪日记》，第 708—709 页
平湖	咸丰十一年	3						1.12	0.101	《避寇日记》，第 187 页
	同治元年	7	750	田捐50文	10000	7.8/7800				
石门	咸丰十一年	1.63	150（1钱）		13000	1.75/2269	I	1.23	0.089	光绪《石门县志》卷11《丛谈》，第89 页 a
	同治元年	1.63	150（1钱）		13000	1.75/2269				
	同治二年	1.63	150（1钱）		13000	1.75/2269				
诸暨	咸丰十一年十月	上田0.25中田0.15下田0.1	上田0.025两、中田0.015两、下田0.005两		10000	上田0.29/288中田0.17/173下田0.11/108	4.5（三分）I	0.07	0.056	《恋天福董顺泰为令完粮以济军饷劝谕》，第119—120 页；《劫火纪焚》，第5 页（光绪十九年刻本）

地名	时间	漕粮（斗）	地丁（文）	附征杂费	每石折价（文）	合计（斗/文）	田租（斗）	清制		资料来源
								粮（斗）	丁（两）	
奉化	咸丰十一年十一月	2						0.12	0.065	光绪《剡源乡志》卷24《大事记》，第8页a-b
乌程	同治元年	1.81						1.81	0.147	《乌程花户沈德擎漕粮执照》（实物）
	同治元年（乌镇）	2		加耗200文						《寇难纪略》，第7、8页
	同治二年十月（乌镇）	2	520（2钱）	饷捐520文（2钱）	10000	3.04/3040				
海宁	同治元年十月（袁花镇）	0.53（75折）	115（0.076两）		7000	0.69/486		0.71	0.087	《花溪日记》，第707、708页
太平	咸丰十一年十一月	0.2	自田20/租田60		7000	0.23/160 0.29/200		0.20	0.053	《辛壬寇纪》，第369页
浦江	同治元年四月	10	3012（2两）		10000	13.01/13012		米麦合约0.3	0.022	光绪《浦江县志稿》卷5《兵防·民团剿贼纪略》，第7页a

太平天国再研究

注：以多数田类型作准，清制田赋出处见下：（1）光绪《苏州府志》卷14《田赋三》，第47页a-b、40页a-b。（2）民国《吴县志》卷45《田赋二》，第2页a、19页b。（3）乾隆《吴江县志》卷13《田赋》，第27页a。（4）光绪《太仓直隶州志》卷20《赋役下·田赋》，无页码。（5）光绪《嘉兴县志》卷21《田赋一》，第15页a-b、25页a-b、35页a-b、44页b。（6）光绪《嘉兴府志》卷22《田赋二》，第1页a、19页a。（7）光绪《石门县志》卷3《田赋》，第46页b。（8）宣统《诸暨县志》卷16《田赋》，第25页b。（9）光绪《奉化县志》卷7《户赋》，第14页a。（10）光绪《乌程县志》卷25《田赋》，第3页b。（11）民国《海宁州志稿》卷9《田赋》，第20页b。（12）光绪《太平续志》卷2《赋役》，第15页b—16页a。（13）光绪《浦江县志》卷11《赋税》，第21页a—24页a。

地租类型如下：Ⅰ业户完粮，所收田租总数；Ⅱ佃户交粮，业户补收租数；Ⅲ租局代业收租，业户完粮；Ⅳ官局代业收租，粮从内扣；Ⅴ着佃交粮，租局代业收租。

2. 一户自耕农家庭的捐费

除常规支出外，还有按户、按亩征派的数十种捐费（杂税）。在部分太平天国占领区，这类开支甚至超过每亩田的正赋与地租，如前述昭文县佃农汪添发须交之上忙公费。现分地区对史料中详细言明的捐费名目及数额进行统计，见表3-7。

表3-7　太平天国占领区的捐费

地区	地点	时间	名目	数额	资料出处
常昭	东乡王市	咸丰十年八月	门牌费	每户2600文	《鳅闻日记》，第317、323、339页
	东乡横泾	咸丰十一年三月	田捐	每亩50文	《漏网喁鱼集》，第52页
	西北乡黄家桥	咸丰十一年三月	红粉钱	每户1斤	《庚申（甲）避难日记》，第218页
	东乡王市	咸丰十一年三月		每亩100文	《鳅闻日记》，第347页
	东乡白茆	咸丰十一年四月		每亩70文	《海虞贼乱志》，第371页
	东乡支塘	咸丰十一年六月	供应费	每亩100文	《鳅闻日记》，第352页
	南乡吴塔	咸丰十一年六月	军需捐	约每亩300文	《自怡日记》，第68页

地区	地点	时间	名目	数额	资料出处
常昭	常昭各地	咸丰十一年五月	难民捐	约每户 1000 文	《海角续编》，第 128 页
	西北乡黄家桥	咸丰十一年六月		约每户 5000 文	《庚申（甲）避难日记》，第 223 页
	西北乡黄家桥	咸丰十一年七月	万民伞捐	约每亩 1 文	《庚申（甲）避难日记》，第 225 页
	西北乡黄家桥	咸丰十一年十月	盐捐	约每户每日 2 文	《庚申（甲）避难日记》，第 227 页
	南乡吴塔	咸丰十一年八月	盐捐	每斤 2 文	《自怡日记》，第 73 页
	南乡吴塔	咸丰十一年八月	礼捐（升职）筵所费	约每户 18 文	《自怡日记》，第 74 页
	东乡王市、东乡横泾	咸丰十一年九月	补领、更换门牌	每户 600 文	《鳅闻日记》，第 323 页；《漏网喁鱼集》，第 55 页
	西北乡黄家桥	咸丰十一年十二月	田凭费	每亩 125 文	《庚申（甲）避难日记》，第 229 页
	南乡吴塔	同治元年正月	海塘捐	每日亩捐 4 文	《自怡日记》，第 91 页
	南乡吴塔	同治元年三月	供应费	每亩 3 厘	《自怡日记》，第 98 页
	南乡吴塔	同治元年三月	免冲钱	每亩 645 文	《自怡日记》，第 98 页
	西北乡黄家桥	同治元年三月	礼捐（忠王生日）	约每户 0.6 两	《庚申（甲）避难日记》，第 233 页
	东乡横泾、六河	同治元年三月	房捐	每间屋每日 7 文	《漏网喁鱼集》，第 57 页
	西北乡黄家桥、东乡横泾	同治元年四月	田捐	每亩 720 文	《庚申（甲）避难日记》，第 235 页；《漏网喁鱼集》，第 58 页

地区	地点	时间	名目	数额	资料出处
常昭	西北乡黄家桥	同治元年五月	补领门牌	每户 1200 文	《庚申（甲）避难日记》，第 237 页
	东乡横泾	同治元年六月	海塘费学宫费	约每亩 0.4 两	《漏网喁鱼集》，第 71 页；《自怡日记》，第 92 页
	南乡吴塔	同治元年十月	红粉钱	每亩 60 文	《自怡日记》，第 124 页
	东乡横泾	同治元年十一月	硝磺费	每亩 700 文	《漏网喁鱼集》，第 74 页
	东乡横泾	同治元年十二月	贡费	每亩 100 文	《漏网喁鱼集》，第 78 页（被清军占后太平军再围城时）
	西北乡黄家桥	同治二年正月	贡洋	每亩 50 文	《庚申（甲）避难日记》，第 252 页（被清军占后太平军再围城时）
潜山		咸丰七年三月	田捐	每亩 375 文	《皖樵纪实》，第 39 页
		咸丰四年七月	报效米	约每户 400 文	《皖樵纪实》，第 37 页
庐江		咸丰十年	田捐	每亩每月 100 文	《见闻录》，第 125 页
吴江		咸丰十年八月	丁口捐	每人每日 35 文	《能静居日记》，第 68 页
		咸丰十年八月	路凭	每张 250 文	《能静居日记》，第 68 页
	同里镇	咸丰十年十月	门牌费	每户或 300 或 500 或 1000 不等	《庚癸纪略》，第 315 页
	同里镇	咸丰十一年五月	红粉钱	每亩米 1 斗	《庚癸纪略》，第 317 页
	同里镇	咸丰十一年五月	看稻钱	每亩每日 1 文	《庚癸纪略》，第 317 页
	同里镇	咸丰十一年五月	房捐	按太仓每间每日 7 文	《庚癸纪略》，第 317、318 页
	同里镇	咸丰十一年九月	红粉钱	每亩米 1 斗	《庚癸纪略》，第 319 页
	同里镇	同治元年四月	田凭费	每亩 360 文	《庚癸纪略》，第 320 页

地区	地点	时间	名目	数额	资料出处
嘉兴		咸丰十一年九月	红粉钱	每亩 50 文	《避寇日记》，第 69 页
		同治元年	房捐	每日每间 3 文	《避寇日记》，第 187 页
		同治元年	柴捐解费	每亩每日 0.5 斤，每斤折 3 文，解费每斤 1 文	《避寇日记》，第 187 页
		同治元年	海塘费	每亩 150 文	《避寇日记》，第 187 页
	嘉兴府属 7 县	同治元年	听王殿捐	每亩 150 文	《避寇日记》，第 187 页；《谈浙》，第 578 页
	王店镇	同治元年九月	礼捐（听王娘生日）	约每户 3500 文	《避寇日记》，第 151 页
秀水	濮院镇	咸丰十年十二月	门牌费	每张 200 文	《避寇日记》，第 45 页
	新塍镇	咸丰十一年十二月	门牌费	约每张 200 文	《避寇日记》，第 80 页
	盛泽镇	咸丰十一年十二月	门牌费	约每张 200 文	《避寇日记》，第 80 页
	秀水	同治元年	柴捐解费	每亩每日 0.05 斤，每斤折 3 文，解费每斤 1 文	《避寇日记》，第 187 页
	濮院镇	同治元年三月	礼捐（忠王生日）	约每户 50 文	《避寇日记》，第 115 页
	濮院镇	同治元年三月	供应费	约每日每户 0.5 文	《避寇日记》，第 115 页
	新塍镇	同治元年三月	礼捐（忠王生日）	约每户 20 文	《避寇日记》，第 115 页

地区	地点	时间	名目	数额	资料出处
秀水	濮院镇	同治元年六月	供应费	约每户 50 文	《避寇日记》，第 177 页
	秀水	同治元年九月	听王殿捐	约每亩 150 文	《避寇日记》，第 149 页；《谈浙》，第 578 页
桐乡	桐乡	同治元年	田捐	每亩每日 1 文	《桐乡发黄仁安田捐支照》（实物）
	桐乡	同治元年	田捐	每亩每月 200 文	《避寇日记》第 187 页（与上栏不一，存疑）
	桐乡	同治二年七月	田捐	每亩每日 1 文	《避寇日记》，第 211 页；《桐乡发胡加非田亩捐票》（实物）
	桐乡	同治二年	军需捐	每亩 2 钱 8 分	《何培章发倪鼎魁等捐缴军需由单》（实物）
	桐乡	同治二年	柴捐	每亩银 1 分	《何培章发秀文田捐柴捐执照》（实物）
湖州属县	桐乡青镇湖州乌镇	同治二年十月	柴捐	每亩银 2 分	《寇难纪略》，第 8 页
	长兴	同治元年五月	门牌费	500—2000 不等	《俭德斋随笔》，第 760 页
	乌程	同治元年	门牌费	米数斗至一二石不等	光绪《乌程县志》卷 36《杂识四·湖滨寇灭纪略》，第 21 页 b
吴县		咸丰十一年三月	红粉钱	约每亩 50 文	《虎窟纪略》，第 33 页
		同治元年五月	海塘费	每亩 200 文	《虎窟纪略》，第 42 页
		同治元年五月	田凭费	每亩 200 文	《虎窟纪略》，第 42 页
		同治元年五月	灶捐	每灶 100 文	《虎窟纪略》，第 42 页
长洲		同治元年九月	田凭费	每亩 8 升	《珽天安办理长洲军民事务黄酌定还租以抒佃力告示》，第 157 页

地区	地点	时间	名目	数额	资料出处
海盐		咸丰十一年五月	门牌费	约每张2000文	《花溪日记》，第679页
		咸丰十一年五月	丁口捐	每人每日20文	《花溪日记》，第679页
		咸丰十一年五月	灶捐	坐灶每灶每日100 行灶（船）每灶每日50	《花溪日记》，第679页
海宁	袁花镇	咸丰十一年八月	房捐	按嘉兴每间每日3文	《花溪日记》，第690页
	袁花镇	同治元年正月	进市费	每人5文	《花溪日记》，第700页
	袁花镇	同治元年四月	门牌费	约每张3500文	《花溪日记》，第703页
	袁花镇	同治元年十二月	红粉钱	约每亩50文	《花溪日记》，第708页
	袁花镇	同治二年三月	门牌费	约每张200文	《花溪日记》，第709页
		同治二年三月	剃头凭	每张26文	《避寇日记》，第193页
诸暨		咸丰十一年十月	门牌费	约每张1500文	宣统《诸暨县志》卷15《兵备志》，第17页a；《恋天福董给徐宗珆等钧谕》，第120页
		同治元年六月	礼捐（开印）	约每户50文	《前营前二军帅许给徐君连札》（2件），第150、151页
		同治元年六月	令箭印凭费	约每户10文	
		同治元年六月	买办货物费	约每户15文	

地区	地点	时间	名目	数额	资料出处
上虞		咸丰十一年十一月	田捐	每亩每年 200 文或 400 文	《旅帅杜发朱荣文等亩捐收执》（实物，3 件）
		同治元年七月	灶捐	每亩 200 文，经川辛工钱 20 文	《前营前旅帅兼管灶务事杜发赵阿昂灶课业户执照》（实物）
		同治元年九月	礼拜钱	约每亩 50 文	《上虞县袁安公局发严美堂严如松缴纳礼拜钱收照》（实物）
		同治元年	门牌费	约每张 3600 文	《右二军帅季发乡民金翰飞门牌费执照》（实物）
常州属县	阳湖	咸丰十年九月	灶捐	每灶每日 14 文	《能静居日记》，第 69 页
	阳湖	咸丰十年九月	门牌费	约 1500—6000 文	《能静居日记》，第 69 页
	无锡	咸丰十年五月	门牌费	数百至数千不等	《平贼纪略》，第 267 页
	无锡	咸丰十一年十月	田捐	每亩每日 1 文	《平贼纪略》，第 279 页
	无锡	咸丰十一年十一月	路凭	每张约 3000—4500 文	《平贼纪略》，第 280 页
溧阳		咸丰十年三月	田捐	每亩每日 1 文	光绪《溧阳县续志》卷 16《杂类志·纪闻》，第 13 页 b
		咸丰十年三月	门牌费	每张 1 元	光绪《溧阳县续志》卷 16《杂类志·纪闻》，第 13 页 b
镇洋		同治元年三月	房捐	每间每日 7 文	《漏网喁鱼集》，第 69 页
仁和	仁和	同治元年六月	出灰钱	每人每担折钱 200 文	《难中记》，第 638 页

地区	地点	时间	名目	数额	资料出处
石门		咸丰十一年七月	田捐	每亩 450 文	《寇难琐记》，第 175 页
太平	温岭镇	咸丰十一年十一月	门牌费	每张 600 文	《辛壬寇纪》，第 369 页
	温岭镇	同治元年二月	门牌费	约每张 600 文	《辛壬寇纪》，第 374 页
	温岭镇	同治元年三月	门牌费	约每张 600 文	《辛壬寇纪》，第 375 页
	温岭镇	同治元年三月	供应费	约每户 150 文	《辛壬寇纪》，第 375 页

注：资料版本同正文引征；数额不明的捐费不列入其中；前述随田派征的部分捐费已计入各地田赋总额，相同者不再列入。

像供应费、军需捐等随意征、随时征、反复征的项目无法完全列入；以实物形式征收的税种无法估值；厘金（卡税）、商业税（店铺捐、日捐）、特捐（大捐）、行人通过税（路凭、船凭、剃头凭）等针对性较强的税种没有列为计算捐费总额的项目。另外，姑且忽略表 3-7 所列捐费因不具普遍性和平均性造成的统计误差。

由于业户大量逃亡，在"着佃交粮"的地区，佃农成为按田起捐的主要征收对象；在照旧由业户完粮的地区，业主仍然负担大部分捐费；自耕农则不受政策影响，均须自己承担田赋和捐费。以一户仅拥有 5 亩田的小自耕农家庭统计，捐费总额虽无法精确，对它的估算仍具可行性和代表性。

在常熟、昭文，一户拥有 5 亩田的小自耕农，1860 年的捐费负担为 2600 文，1861 年为 4953 文，1862 年为 23763 文，其中门牌费以补领一次计，房捐以三间计，同时期同类别的捐费仅计一次且以低额计，田凭费已纳入田赋总额，不再列入，银钱比价为 1506。以常昭太平天国政府三年间征漕的稻米折价折算捐费合粮，1860 年为 1.08 石，1861 年为 2.06 石，1862 年为 8.81 石。依前述，三年的每亩田赋合粮分别为 4.13 斗、8.46 斗、10.08 斗，5 亩田的田赋总额合粮分别为 2.065 石、4.23 石、5.04 石。这户自耕农人家三年来为支付田赋和捐费，需在市场上每年支出的粮米分别为 3.15 石、6.29 石、13.85 石。

在嘉兴县，门牌费和 1861 年田捐数不明，未列入，门牌费暂以秀水县每张 200 文计算；田捐以嘉兴 1862 年每日每亩 1 文计算，1862 年田捐已列入表 3-6，不计。1861 年的捐费合计 2275 文，1862 年的捐费合计 11935 文，1861 年稻米折价 7000 文，1862 年折价 6000 文，所以嘉兴捐费合粮 1861 年为 0.33 石、1862 年为 1.99 石，加上 1861 年和 1862 年每亩田赋合粮 3.17 斗、10.41 斗，这户自耕农人家为完赋交税，1861 年需支出稻米 1.92 石，1862 年需支出 7.20 石。

在秀水县，1861 年田捐数额不明，以每亩每日 1 文计，1862 年海塘费不明，按嘉兴每亩 150 文计。1861 年的捐费折钱为 2025 文，1862 年合钱 2148 文，1861 年合粮 0.29 石，1862 年合粮 0.36 石。1861 年秀水每亩田赋总额合粮以嘉兴数 3.17 斗计，1862 年秀水每亩田赋合粮为 5.57 斗，所以 1861 年这户自耕农需支出粮 1.88 石，1862 年为 3.15 石。

在桐乡县青镇，加上海塘费和听王殿捐（均以 150 文每亩计）两项普捐，1862 年合田捐 3325 文，1863 年合 4084 文。1862 年粮价 6000 文，1863 年粮价 10000 文。所以 1862 年捐费折粮 0.55 石，1863 年捐费折粮 0.41 石。桐乡青镇 1862 年地丁银不明，以该地 1863 年 520 文计，田赋总额合粮约为 3.2 斗，1863 年田赋合粮 3.04 斗，所以这户自耕农完纳赋税，在 1862 年需支出粮约 2.15 石，1863 年为 1.93 石。

在吴江县同里镇，丁口税每人每日 35 文；在有关湖州和海宁、海盐的史料中也有"丁口捐"和"欲写人丁""又欲逼写三图人丁"的记载，但均不记具体情况。[①] 据《中国近代手工业史资料》对 17 类手工业工人工资水平的整理，清代中期苏浙地区的部分行业工人日工资只有

---

① 李光霁：《劫余杂识》，中国史学会主编：《中国近代史资料丛刊·太平天国》（五），上海：神州国光社，1952 年，第 320 页；海宁冯氏：《花溪日记》，中国史学会主编：《中国近代史资料丛刊·太平天国》（六），上海：神州国光社，1952 年，第 679、700 页。

五六十文。① 所以如此重额的丁口税绝不会长期执行，很可能是太平天国在田赋清册无存的情况下采取的临时性举措。仅以该户 5 口人征收 1 月计，合钱 5250 文，门牌费 500 文，路票钱不计，所以 1860 年吴江捐费合为 5750 文；1861 年吴江田捐数额缺记，按每亩每日 1 文，1861 年捐费额为 9540 文。1860 年稻米折价 2300 文，1861 年折价 4000 文，所以 1860 年捐费合粮 2.5 石，1861 年捐费合粮 2.39 石，加上每亩田赋分别为 3.67 斗和 3.975 斗，1860 年该户自耕农的经济负担总额为 4.34 石，1861 年的负担总额为 4.38 石。

表 3-7 数据表明，其他地区无论是捐费种类还是数额，均不及上列五地，而五地之中，以常昭捐费种类最多，数额最大。以田赋和捐费两项合计民众经济负担，在常昭地区，一户仅有 5 亩田的小自耕农家庭为完成政府规定的赋税，各年度需要在市场上售出的稻米分别为 3.15 石、6.29 石和 13.85 石，除 1860 年度低于吴江外，其他年度均高出各地不少。这里暴涨的数据虽不是一般常态，只是太平天国统治时期的极端状况，却表明了太平天国常昭占领区民众经济负担沉重并且逐年成倍暴涨的事实。本节的统计姑且认为尽以田地所产米谷缴纳赋税，略去还有以棉纺织、蚕桑等行业收入完纳田赋、捐费的复杂情形。据时人记载，当时农家"上等田可出糙米三石，下等半之"，中等田"每田可收粗米二石，舂出白米一石六斗，敷一人半年之食"，也就是说每个成人每日须食 1 升米，"磨粉为馍以代饭"。② 有 5 亩上等田，可产糙米 15 石。1860 年缴去 3.15 石，剩 11.85 石，可供 3—4 人一年之食，以全家 3 成人 2 幼孩共 5 口计，尚可度日；1861 年售去 6.29 石，仅剩 8.71 石米，最多

---

① 彭泽益编：《中国近代手工业史资料（1840—1949）》第 1 卷，北京：中华书局，1962 年，第 396—414 页；许涤新、吴承明主编：《中国资本主义发展史》第 1 卷，北京：人民出版社，1985 年，第 551、622、671 页。

② 赵烈文：《能静居日记》，罗尔纲、王庆成主编：《中国近代史资料丛刊续编·太平天国》（七），桂林：广西师范大学出版社，2004 年，第 121 页。

能供 3 人之食；1862 年则入不敷出。① 这些情况还完全没有考虑旱涝等自然灾害因素的影响。

　　针对捐费问题，抗争行动的直接表现类型是"抗税"。据统计，常昭抗税和包含抗税类型的较大规模的综合性抗争有 8 次，说明"捐费"也是引发民众抗争的一项因素。其中部分抗税行动的指向是捐费名目的增加，如 1861 年 5 月常昭东乡"因每亩办折红粉钱七十文"，激变良民；② 同年 7 月南乡陶柳村和东乡的抗税，"因劝捐事"，"皆缘派捐起衅"，这可能指新增税目。③ 也有抗税指向税额过高或征收方式不当，

---

　　① 因为捐费，不少家庭破家勉应，在时人日记中多有常昭地区"农力不支""佃农疲惫不堪""五谷俱贵，饿莩遍野""催征急迫，民不聊生""虽遇丰稔，民生不堪克剥"的记载 [龚又村：《自怡日记》，罗尔纲、王庆成主编：《中国近代史资料丛刊续编·太平天国》（六），桂林：广西师范大学出版社，2004 年，第 95、98 页；汤氏：《鳅闻日记》，罗尔纲、王庆成主编：《中国近代史资料丛刊续编·太平天国》（六），桂林：广西师范大学出版社，2004 年，第 350、353、355 页]，吴江柳兆薰记："日上徭役重兴，苛派骚扰，即不来打先锋，民亦不能有生计"，"惟吁天求免，且缓大劫为幸"[柳兆薰：《柳兆薰日记》，《太平天国史料专辑》（《中华文史论丛》增刊），上海：上海古籍出版社，1979 年，第 181、108 页]。但也不能置时人笔下完全对立的情形描于不顾，杨引传记吴县事："贼既设乡官以收粮，又立卡以收税，而民尚不甚病者，五谷丰而百货萃也。"[杨引传：《野烟录》，太平天国历史博物馆编：《太平天国史料丛编简辑》（二），北京：中华书局，1962 年，第 177 页]《南浔志》记："斯时石米贵至十二千以外，客米绝迹，农民上年粮租均免，尚不困乏。"（民国《南浔志》卷 45《大事记四·庚申粤匪据浔纪略》，第 5 页 b。）同样是《鳅闻日记》的作者，汤氏曾记常昭"至于乡农田家，市侩负贩，获稻纺织，服贾获利，尽可度日"[汤氏：《鳅闻日记》，罗尔纲、王庆成主编：《中国近代史资料丛刊续编·太平天国》（六），桂林：广西师范大学出版社，2004 年，第 330 页]。龚缙熙、汤氏和柳兆薰所记太平天国占领区"民生艰难"的具体时间分别是同治元年三月、咸丰十一年夏秋间和咸丰十一年四月。结合前述，咸丰十一年和同治元年的赋税已超出农民的承受力。而杨引传和汤氏关于占领区农民尚能度日的记载均是指咸丰十年太平军初占时，咸丰十年的赋税总额基本还在可承受范围内。《南浔志》所记"尚不困乏"是指同治元年三月至五月，太平军占南浔晚至咸丰十一年十二月，所以此时还在太平天国占领该地初期，因上年战事中断冬漕征收，"粮租均免"，赋税尚可。通过对太平天国各占领区田赋和捐费的统计，可见同常昭一样，其他地区农民的经济负担总额大都呈逐年上涨的趋势。也就是说，在太平天国据守初期，赋税较轻，普通农家衣食尚足，故时人有言："长毛初到苏即修贡完粮，颇称盛美。"[沈梓：《避寇日记》，罗尔纲、王庆成主编：《中国近代史资料丛刊续编·太平天国》（八），桂林：广西师范大学出版社，2004 年，第 158 页。]但随着战局恶化，任意苛派、加征重征的现象突显，农民的境遇也愈加险恶。
　　② 顾汝钰：《海虞贼乱志》，中国史学会主编：《中国近代史资料丛刊·太平天国》（五），上海：神州国光社，1952 年，第 371 页。
　　③ 龚又村：《自怡日记》，罗尔纲、王庆成主编：《中国近代史资料丛刊续编·太平天国》（六），桂林：广西师范大学出版社，2004 年，第 69 页。

如 1862 年 5 月 "东乡因收捐钱每亩七百太紧，杀去旅帅等数人，放火烧屋"，这既起因于捐钱七百数额过高，也或与收税 "太紧" 的方式有关。① 一般来说，抗税行动的形成是与捐费有关的多种因素共同影响的结果，可能同时带有参加者对捐费名目、税额及征收手段不满的情绪。

另外，一般而言，田赋捐费越重，引发的反抗应该愈多愈激烈，但常昭民众抗争行动的数量在 1861 年达到顶峰，而非苛政最大的 1862年。一方面，1861 年达到抗争高潮，是太平天国统治方式转型出现偏差的直观反映，也是民众对初步恢复的社会经济秩序不满的集中申诉。从整个太平天国占领区的情况看，针对田赋地租及相关问题的民众抗争，在高潮过后仍有不同程度的体现，但在规模、数量和频度上均有所下降，这主要是经过利益调整，各阶层暂时接受现实的结果：部分业户从避难地归乡，领凭收租，参与社会事务，如吴江芦墟地主柳兆薰的情况；② 业主依托租局 "代业收租"，如常熟南乡秀才龚绺熙的情况；③ 佃户在抗粮抗税后获得切实利益，如迫使太平天国 "乃出伪示，只收粮饷"；④ 或抗争受挫，佃户被迫承认现状，如 "各佃凑钱赔赃"，"土人乃不敢逞凶"；⑤ 或者佃户直接受益于太平天国的田赋政策，成为自耕农，实现角色转变，如吴江监军钟志成推行的田凭政策。⑥ 民众对现状的暂时忍耐，削弱了高潮过后再起反抗的力度，故 1862 年鲜见民众抗

① 佚名：《庚申（甲）避难日记》，罗尔纲、王庆成主编：《中国近代史资料丛刊续编·太平天国》（六），桂林：广西师范大学出版社，2004 年，第 235 页。

② 柳兆薰：《柳兆薰日记》，《太平天国史料专辑》（《中华文史论丛》增刊），上海：上海古籍出版社，1979 年，第 156—161、216—225 页。

③ 龚又村：《自怡日记》，罗尔纲、王庆成主编：《中国近代史资料丛刊续编·太平天国》（六），桂林：广西师范大学出版社，2004 年，第 80—84、117 页。

④ 汤氏：《鳅闻日记》，罗尔纲、王庆成主编：《中国近代史资料丛刊续编·太平天国》（六），桂林：广西师范大学出版社，2004 年，第 354 页。

⑤ 龚又村：《自怡日记》，罗尔纲、王庆成主编：《中国近代史资料丛刊续编·太平天国》（六），桂林：广西师范大学出版社，2004 年，第 65 页。

⑥ 倦圃野老：《庚癸纪略》，罗尔纲、王庆成主编：《中国近代史资料丛刊续编·太平天国》（五），桂林：广西师范大学出版社，2004 年，第 320 页。

太平天国再研究

粮和反兼收的行动，这类抗争却在其他年份占有相当的比重。当然这只是暂时的低迷状态，引发抗争的症结还存在。

另一方面，常昭太平天国政权在同治元年十一月二十八日（1863年1月17日）倾覆，此时正值同治元年征粮阶段，1862年度的田赋最重但实际征收没有完成，可能也会在一定程度上削减了与田赋相关的抗争数量。1862年3月小市桥和蔡家桥的抗粮显系政府追欠上年（1861）漕粮过苛所致，此外尚未见史料中有1862年其他抗粮行动的记载。虽然1862年征缴的各类税费分布在几个时段，并非冬漕这一个时段，但该年捐费所收是因房捐、海塘费、免冲钱这三类临时性大项的征收而暴涨的。这或说明，在农民心中，与常规经济负担（田赋和地租）有关的问题，要比非常规的捐费问题更加沉重和敏感，也更易激发群体性事件。

经比对分析，太平天国治下常昭地区农民的常规经济负担已接近或可能超过清时期。与其他太平天国占领区相比，常昭地区各年度的粮赋指标均处高水平，农民的常规经济负担也一直较为稳定地保持在高水准上。就现有数据统计太平天国各辖地的捐费总额，常昭地区捐费的种类最多，数额最大。可见赋税过重无疑是常昭地区抗粮抗税行动"频多"的重要原因。这说明，尽管洪秀全、李秀成等重视与民休息，推行轻徭薄赋的政策，但在太平天国占领的某些地区，仍存在"赋费（捐）均重"的现象。太平天国战后的1865年（同治四年），清政府在江南力行减赋减租等钱漕改革的实践，这从一个侧面说明在太平天国治下江南"赋重""漕弊"的状态未得到明显改观。学界经过长期争论，曾基本达成关于太平天国赋税制度"赋轻费重"的共识。于是过去长期认定的太平天国的赋额轻于清政府，或太平军治下农民的经济负担轻于清时期的论断还需做进一步讨论。与前辈学者的研究产生分歧的原因主要在于既往研究多误把个别时段、个别地区、个别将领主政下的个别情况作为普遍现象，没有对太平天国多数辖区的田赋、捐费和地租做一宏观考察。此外，以往研究过多地带有意识形态的烙印，集中表现在对资料的选择利用上更倾向于有利于太平天国的资料。例如，有不少学者根据《报恩牌坊碑》之序所记常昭地区民殷财阜、年丰人乐的盛世景象，认定碑序是普通百姓感怀太平天国"轻徭薄赋"政略的真实流露。① 但早就有学者考证碑序是钱桂仁等谀颂忠王的作品，其内容并不可信。②

与清政府时期的常昭地区相比，太平天国统治方式转型的偏差加剧了社会矛盾，且因农民的常规经济负担已接近或可能超过清时期，使太平军治下常昭民众抗粮抗税风潮的历史样态更甚于前朝。与同时期其他太平军占领区相比，常昭太平天国政府对基层社会的干预介入更为广泛深入，以及赋税水准相对最高，皆使该地抗粮抗税行动的数量、规模和烈度甚于他处。所以，19 世纪 60 年代太平天国基层统治存在的突出问题，包括重赋、苛税以及兼收租粮、漕弊复生等，共同成为频频促发该地区民众抗争的一副重性催化剂。

需要注意的是，不能割裂太平天国占领区的抗粮抗税风潮与清统治时期民众抗争的天然联系。清时，常昭地区由"银贵"引发的经济萧条、吏治窳败和社会不安定等现象较他处严峻恶劣，特别是常昭两县为江南漕务积弊最甚之区，粮户负担不均的现象极端严重，"银贵"导致农民副业所得锐减，而赋税负担因银钱比价而激增。两县的这些问题延续有清一代，在 19 世纪中期道咸之际呈爆发之势，抗粮抗租频发，抗争的规模已达到一定程度，并有相当的烈度和影响，时人惊呼："佃户之变，一至于此！"③

自清时期至太平天国，常昭地区延续了这种较他处严峻恶劣的社会生态。从这个角度讲，咸同之际常昭地区以十数次较大规模抗粮抗税行

---

① 常熟碑刻博物馆藏实物，参照北京大学图书馆古籍部藏《太平天国报恩牌坊碑序》拓本。

② 祁龙威：《从〈报恩牌坊碑序〉问题略论当前研究太平天国史工作中的偏向》，《光明日报》1957 年 5 月 23 日，第 3 版。

③ 佚名：《癸甲日记》，太平天国历史博物馆编：《太平天国史料丛编简辑》（二），北京：中华书局，1962 年，第 382 页。

动构成的民众抗争风潮可以看作闵元元、金德顺、金山桂等领导的1842 年（道光二十二年）和 1846 年（道光二十六年）这些大规模反抗高潮的延续和发展。[①] 19 世纪 60 年代太平天国占领区抗粮抗税风波迭起又可以看作政治权力和乡村社会对立关系天然的附生产物。只是原本在清朝体制下日益复杂化的租佃关系、土地关系等一系列社会问题，在政治权力的争夺者和新占有者那里因为统治方式转型的偏差而呈现愈演愈烈之势。[②] 也正因为此，太平天国占领区的民众抗争风潮既延续了清时期肇因于漕务积弊的抗粮、抗捐税、反浮收等传统类型，又滋生了诸如"反兼收"这样抗粮行动的新现象。所以，在清代制度沿革演进和19 世纪江南钱漕积弊这一较长时段的历史脉络中，常昭地区的民众反抗行动较江南其他区域"频多"的历史样态在太平天国占领时期也延续下来。

三 浙江的平民团练事件

太平天国据守江南后，江南地区的政治环境和社会生态发生了剧变，其占领区社会各阶层的政治流向主要表现为加入、接受和与之对立

---

① 参见《璧昌李星沅奏为审拟昭文县金德顺等县民肇衅生事拒捕致死眼线案等事》，道光二十六年九月初六日，军机处录副奏折，档号：03-4072-049，中国第一历史档案馆藏；《璧昌李星沅奏为审拟昭文县陈增呈近革书薛正安等揽纳糟粮浮收勒折一案事》，道光二十六年九月初六日，军机处录副奏折，档号：03-3825-041，中国第一历史档案馆藏；《璧昌李星沅奏为严惩土棍等聚众抗租打毁业户事》，道光二十六年九月二十九日，军机处录副奏折，档号：03-4072-050，中国第一历史档案馆藏。

② "着佃交粮"虽系"贼匪办法"，清朝地方政府"采用暂时变通之法"，在战后的苏南部分地区试行至 1865 年失败。李鸿章奏称："惟素来抗欠漕粮之绅户非其所愿，毁谤之兴，或由于此。"（《李鸿章陈明租捐丈田清理民房情形片》，同治四年六月初一日，军机处录副奏折，档号：03-4872-048，中国第一历史档案馆藏。）亦见政策本身在当时的社会条件下进行实践确有困难。

三种类型。包立身事件、沈掌大事件和"盖天王"事件是太平天国后期浙江占领区发生的三起平民领导的反抗太平军事件，所反映的民众与太平天国对立关系的内涵具有特殊性和说服力。它们与一般的团练不同，三位领导者均是平民出身，起事之因大都反映了民众求生求安的朴素初衷，即反对的基本是与民生相关的经济问题。① 这说明太平天国后期的基层统治出现了严重问题。这些平民领导的反抗事件也为认识民众与太平天国对立统一的关系实质提供了发人深省的案例。

（一）太平天国占领区的政治分化

概括而言，太平天国据守江南后，以行为类型划分，占领区民众的政治流向主要有三种：一是加入太平天国政权。民众加入太平天国政权可分为加入太平军、太平军当局和乡官基层政权。加入太平军的方式有主动投军和被掳入营。加入太平军当局的方式主要有科举考试、招贤、征派、举荐和自荐等。加入乡官基层政权的方式主要有保举、② 公举、③ 直接委任、主动投效和他人推荐等。民众加入太平天国政权的心态有积极和消极两类。积极者真诚拥护太平天国，希望借太平天国实现

① "团练"大致可以分为两类："官团"（由清朝官员组织或领导）和"民团"（由地方士绅主动组织）。"民团"虽然是民众与太平天国对立的一种情形，但多数不宜作为民众与太平天国对立关系的代表。因为民团一般具有与太平天国先天政治对立的性质——虽然对立的因由不完全是王朝秩序的衰落，还有地方传统社会秩序被破坏和乡土情结的滋长。民团与清朝官方、清军、官团存在一定的组织关联，它们的基本军事目标是击败来犯的太平军。

② 《天朝田亩制度》规定的理想化的铨选方式是由低级官员向高级官员直至军师、天王逐级"保举""遵守条命及力农者"为乡官。[《天朝田亩制度》，太平天国历史博物馆编：《太平天国印书》（上），南京：江苏人民出版社，1979年，第411页。]但这在太平天国战事频仍的现实中很难完整地付诸实施，因此保举程序的简化和变通成为必然，保举法的变通形式一是上级乡官保举下级乡官，二是在民间公举，"民"一般局限于当地有名望、有财力者。

③ "公举"是传统中国乡村社会常见的推举管事人的办法，如清制规定"牌头、甲长、保正，皆令士民公举诚实、识字、有身家者充之，限年更代"（李文治编：《中国近代农业史资料》第1辑，北京：生活·读书·新知三联书店，1957年，第3页）。太平天国以公举法铨选乡官，既是对理论规定的灵活变通，也反映了太平天国地方行政对前朝传统的继承和延续。

自己的政治抱负，这类人多在清朝统治下或怀才不遇，或生活窘迫，或身受不公，或趋时随众，对清朝统治存在离心倾向，如出任乡官的原江西龙泉举人张谦、[①] 出任监军的原吴江同里生员钟志成、[②] 出任育才官的"天试进士"胡万智，[③] 他们均为太平天国献出生命。消极者则多因形势所迫而无奈加入，如被掳入伍者为保全性命而留了下来，主动投军者不乏有为当兵吃粮而响应太平军招兵的；被迫科考出仕及征派入职的知识分子心态本就消极，主动加入的也有部分人心存投机和破坏心理；在乡官局中充当杂差、佐理、书手的大多是为衣食生存；出任乡官者有的是为保全身家或乡里，亦有投机谋私者或为一官半职或为中饱私囊；还有潜入太平天国内部蓄谋策反内应者，此属破坏型。加入太平天国政权后的心态可能因形势变化而变化，有的人可能因不得重用或建议不被采纳而无所事事、意志消沉，如安徽望江生员龙凤鹏"至江宁上书洪逆，不下数万言"，"使入诏书衙，任以佣书之役，或徒困辱之，终不得美职"，从此销声匿迹；[④] 也有士子初始为保全身家出任乡官，但逐渐"不知不觉遂甘为贼用而不辞"，[⑤] "有投附者，有胁从者，有始胁从终附者"。[⑥] 所以加入太平天国政权者的心态类型是相对的。被动加入太平天国政权和太平军者的心态自然有消极性，但主动加入者的心态也未必均是积极的。

① 刘绎：《存吾春斋诗钞》卷9《听周镇军谈龙泉杀贼》，同治年间刻本，第21页a，北京大学图书馆藏。

② 倦圃野老：《庚癸纪略》，罗尔纲、王庆成主编：《中国近代史资料丛刊续编·太平天国》（五），桂林：广西师范大学出版社，2004年，第315、320、327页。

③ 张德坚：《贼情汇纂》，中国史学会主编：《中国近代史资料丛刊·太平天国》（三），上海：神州国光社，1952年，第73、105页。

④ 张德坚：《贼情汇纂》，中国史学会主编：《中国近代史资料丛刊·太平天国》（三），上海：神州国光社，1952年，第328页；佚名：《粤逆纪略》，太平天国历史博物馆编：《太平天国史料丛编简辑》（二），北京：中华书局，1962年，第39页。

⑤ 张德坚：《贼情汇纂》，中国史学会主编：《中国近代史资料丛刊·太平天国》（三），上海：神州国光社，1952年，第302页。

⑥ 吴仰贤：《小匏庵诗存》卷5，光绪四年（1878）刻本，第16页a，北京大学图书馆藏。

二是接受太平天国政权。据史料载，地方百姓曾夹道欢迎太平军，表示归顺太平天国统治，如破南京后"前村箪食，后巷壶浆，俱给执照，并小红旗竖门口，门贴顺字，夜可毋庸闭户"；破常熟后"皆有奚为后我之说，土匪皆有箪食壶浆之心"。[1] 太平军破城后百姓家家贴"顺"字表示归顺的事例很多。[2] 太平军东征苏常所到之处，几乎均有耆老、乡绅、士子等有声望者代表地方纳贡，太平军则将进贡视作政治归顺的第一步。这类主动接受太平天国政权的行为，虽然有不堪清朝压迫、真心欢迎之属性，但也充斥着保全身家、保全乡里等消极心态，更直接体现了民间社会对太平天国的政治归顺——不同于政治认同（即支持和响应）。还有一类情形即民众被动接受太平天国统治，他们对政权更迭漠不关心，安于现状，明哲保身，很快在新政权统治下恢复日常生活。南京文人汪士铎借办团之难描绘了在社会分化浪潮中各阶层消极避世的心态："富者不出财，欲均派中户；贫者惜性命，欲藉贼而劫富家；中户皆庸人，安于无事，恐结怨于贼。"[3] 所谓"强者甘从贼以戕官，弱者甘安居以观变"正是时人对民众主动和被动接受太平天国政权的两

---

[1] 柯悟迟：《漏网喁鱼集》，北京：中华书局，1959 年，第 17、44 页。

[2] 在部分地区，太平军进据前夕，"伪历传来伪诏张，公然顺字贴门墙"［海虞学钓翁：《粤氛纪事诗》，太平天国历史博物馆编：《太平天国史料丛编简辑》（六），北京：中华书局，1963 年，第 378 页］；湖州乌镇百姓纷纷贴黄纸于门前，写"恭顺太平天国字样"（皇甫元垲：《寇难纪略》，第 2 页，桐乡市图书馆藏排印本）；太仓百姓"门首都贴顺字，悬烟户牌"（佚名：《避兵日记》，第 26 页，太平天国历史博物馆藏抄本）；江西丰城县"城中各户首俱用黄纸墨书顺字贴之。铺家招牌有顺字者，俱改去中一直，传闻贼匪令贴此字者可免也"（毛隆保：《见闻杂记》，杜德风选编：《太平军在江西史料》，南昌：江西人民出版社，1988 年，第 485 页）；湖北崇阳、通城"居民畏贼，多已蓄发，乐为贼用……官兵到境，无土人为之向导，无米盐可供买办，人心之坏，实堪痛恨"（曾国藩：《曾国藩全集》第 1 册《奏稿之一》，长沙：岳麓书社，2011 年，第 151 页）；江西铅山、弋阳百姓"贼未至则往迎之"［汪士铎：《汪悔翁乙丙日记》卷 3，民国二十五年（1936）铅印本，第 23 页 a，北京大学图书馆藏］；甚至战争暂未波及的苏北，"自高邮至淮安，望风瓦解，颇有先行输物投诚者，处处效尤"（符葆森：《咸丰三年避寇日记》卷上，第 10 页，南京大学图书馆藏抄本）。这些记载均表现了民众对太平天国的政治顺服，但政治认同的程度很难拿捏。

[3] 汪士铎：《汪悔翁乙丙日记》卷 3，民国二十五年（1936）铅印本，第 11 页 a，北京大学图书馆藏。

类行为相对准确的定位。①

三是与太平天国对抗。民众与太平天国的对抗分为消极和积极两类。消极的主要表现为自杀和逃亡，就地躲避和拒绝征召，逃避粮税等。民众迁徙避乱和自杀殉难的风潮是太平天国战时社会恐怖的两个重要反映。自杀的案例被《浙江忠义录》《江西忠义录》《两江采访忠义传录》《江南昭忠录》等官方表彰纪念名册和地方史志大量收录。举家迁徙几乎是太平军到来前民众求生的共同行为。民众以迁徙避难的形式同太平天国消极对抗的行为具有可逆性，如太平天国在占领区安民建政后，在"招敕流移"和"安辑难民"等调控社会秩序的政策感召下，部分外迁或在区域内部避世隐居的民众又返回故里，恢复日常。但每逢时局动荡或太平军"打先锋"（掳掠）时，又会引发新一轮的迁徙风波。当然那些与旧政权利益联系紧密的群体，他们的迁徙行为所体现的对抗性质，既是利益对抗又是明显的政治立场对立。

积极的对抗分个体行为和群体行为。个体行为如"骂贼"，如"绍兴百姓有以匿名帖诟詈发逆者"。② 士子文人的"骂贼"行为被较多地记录下来："吾儒生也，读孔孟书，有天地，有人伦，焉肯从汝行"，③"大清秀才岂为贼作幕乎"，④ 反映了"骂贼"文人真实的心理活动，这种行为背后是意识形态的对立。"骂贼"行为虽然具有主动性，但一般发生在与太平军相遇之时，隐含一定的被动性。而且，正面的语言冲突一般会立即引来杀身之祸，例如，武义"义伶牟菲春登场詈贼，被

① 《粤匪杂录》，太平天国历史博物馆编：《太平天国史料丛编简辑》（五），北京：中华书局，1962 年，第 36 页。

② 许瑶光：《谈浙》，中国史学会主编：《中国近代史资料丛刊·太平天国》（六），上海：神州国光社，1952 年，第 585 页。

③ 沈梓：《避寇日记》，罗尔纲、王庆成主编：《中国近代史资料丛刊续编·太平天国》（八），桂林：广西师范大学出版社，2004 年，第 260 页。

④ 光绪《黄岩县志》卷 38《杂志·变异》，第 24 页 a。

戕"。①"杀贼"行为则是一类积极主动的对抗行为。例如，江西新余县"民人刘腾芳欲怀匕首刺之（石达开），因党羽太多，未果"。② 女性亦有相当的角色，如"辛酉春，据城贼目陶姓者至镇招妓侑酒，有金娘者色伎双绝，见贼即裂眦怒，徒手欲搏之，众捽之下，欲加重刑"。③ 乍浦某"满婆"被太平军将领掳获，"处之楼上，将以为妻，满婆于黑夜为刺虎之举，伤及长毛头子，于是馆子中满婆皆就死"。④ 除骂、杀行为外，还有著书立说或口传太平军"劣行"，像余治的《江南铁泪图》虽为慈善性质，但也有为达效果，丑化太平军形象的一面；⑤《金陵被难记》即以作者"被害情形"现身说法，是典型的清方舆论宣传品。⑥

群体对抗事件一般有民团和民众抗粮抗税行动等。民众加入清军、官团后的行为不再为民众行为，属官方行为。在太平天国占领区发生的群体性反抗事件中，士阶层通常扮演发起人或领导者的角色，而平民一般在事件中仅提供体力支持。类似的合作模式基本是传统中国民众集体行动动员的一贯形式。太平天国时期的诸多民团，由平民出任团练领袖的案例极少。据郑亦芳统计，浙江团练领袖中有姓名、事迹可考者234

---

① 何德润：《武川寇难诗草·伪筵演剧》，谢兴尧编：《太平天国丛书十三种》，民国二十七年（1938）铅印本，第6页b，河南大学图书馆藏。

② 同治《新喻县志》卷6《武事》，第6页b。

③ 光绪《嘉善县志》卷35《外纪》，第30页a。

④ 沈梓：《避寇日记》，罗尔纲、王庆成主编：《中国近代史资料丛刊续编·太平天国》（八），桂林：广西师范大学出版社，2004年，第65页。

⑤ 余治（寄云山人）：《江南铁泪图新编》，同治十一年（1872）刻本，北京大学图书馆藏。按，《江南铁泪图》始著于同治三年（1864），同治十一年苏州宝文斋刻字铺重刊。《江南铁泪图》为现存鲜见的系统的战时图像资料，收录的42幅图形象系统地反映了太平天国在江南地区的政治、经济、文化和社会政策，以及战时江南社会和民众生活的一般状况。

⑥ 佚名：《金陵被难记》，中国史学会主编：《中国近代史资料丛刊·太平天国》（四），上海：神州国光社，1952年，第750页。

人，农民和工商阶层的平民领导者仅 11 人；[①] 广东团练领袖 79 人，工商阶层的平民领导者仅 1 人，无农民领导者；广西团练领袖 89 人，无平民领导者；湖南团练领袖 57 人，无平民领导者。[②] 但平民并没有被排斥在地方势力的领导层之外。安徽合肥解先亮和褚开泰的例子比较典型。解"少务农，为人佣工，以勇敢著名"，属于社会下层出身。1853 年太平军兵至庐州，"先亮乃倡首练团筑圩以庇乡人，一时号召云集，响应不下千人，屡与相持，贼不得逞，知县英翰常倚其众以办贼"，民团遂改官军，以后数年先亮凭借军功，"晋总兵衔副将"。解的同乡褚开泰"幼业耕，兼精货殖"，也是平民出身，后以办团起家，被官军吸纳，剿土匪、征捻军，"先后保花翎参将及从二品封典"。[③]

在太平天国占领区，同样有数支平民领导的地方反抗势力，最著名的是包立身团练、沈掌大团练和"盖天王"匪军，其规模均在万人以上。总体上讲，这三起大规模民众哗变的发生在浙江地区太平天国贡役制统治模式下具有必然性。

太平军到来之前的浙江，可谓"无地不团""无家不迁"，社会恐怖气氛弥漫，民众对太平军抵触情绪强烈。太平军对浙江的全面经略始于 1861 年 9 月下旬，忠王李秀成联合侍王李世贤倾全力取浙江。至是

---

① 经核查，《浙江忠义录》所载团练领导者明确为农民的有 10 人：秀水沈树屏、海盐沈掌大、黄岩孙仁秋、解广桂、李增华、童义显，诸暨包立身、石世传，新昌盛梦奎、潘虎亮；游民 1 人：归安俞鸾梧；共 11 人。总数与郑亦芳的统计一致。见浙江采访忠义总局编：《浙江忠义录》卷 5，同治六年（1867）刻本，第 7 页 a、10 页 a、12 页 a、21 页 a；卷 6，第 13 页 a、26 页 a、35 页 a-b，北京大学图书馆藏。江西省情况据《江西忠义录》卷 8《民人传》，死难平民 114 人，其中平民团练领导者 15 人：抚州金溪何义蕃，东乡张对喜父子，葵田黄志盛（佣工）、徐秉鲲、黄德旺；吉安庐陵易广祐兄弟（其兄为团总），安福周震乾，庐陵悟真（僧人）；饶州乐平王殿鳌，乐平张有福，万年饶希龙、饶育班父子（农民），饶州某（屠夫）。参见沈葆桢等修、何应祺等纂：《江西忠义录》卷 8《民人传》，同治十二年（1873）刻本，第 5—11 页，北京师范大学图书馆藏。15 位平民团首，只有 5 人能确定具体身份：2 农民、1 佣工、1 屠夫、1 僧人，其他 10 人具体身份不明。

② 参见郑亦芳：《清代团练的组织与功能——湖南、两江、两广地区之比较研究》，中华文化复兴运动推行委员会编：《中国近现代史论集》第 28 编第 33 集，台北：商务印书馆，1986 年，第 655—659 页。

③ 光绪《续修庐州府志》卷 49《武功传四》，第 16 页 a—17 页 a。

年秋冬，太平军已夺取了浙江绝大部分州县，并建立了"浙江天省"，这是继太平军东征建立"苏福省"后开辟的第二片相对完整的战略基地，是后期太平天国的主要占领区之一。但浙江大部分地区至1863年初被湘军左宗棠部相继攻陷，战争局势和政治环境不利，太平天国几乎没有恢复和践行传统社会经济秩序的时机。另外，除嘉兴外，浙江主要为李世贤部下所据，各地守将多为惯于征贡的中小新贵，缺少良性施政的主观倾向。与苏福省各地佐将致力贯彻李秀成"照旧"和"合作"的地方建设新思维不同，浙江地区的新统治者基本上习惯于践行贡役制施政方式，而李世贤本人也因戎马倥偬，对浙江各地的政略施行缺少必要的关注和监督。故太平天国在浙江的统治始终为民团势力所困扰，不少地区的政权亦被民团倾覆，如"台郡之克，全藉民团"，[①] 温州乐清、宁波象山、绍兴新昌、处州遂昌和缙云等地亦为民团所克。

按照过去阶级分析论的定性，包立身、沈掌大、"盖天王"三起民众反抗事件均为"地主团练"的反抗，但实际上与一般民团不同，他们聚众起事与清政府没有直接的组织联系；其领导者和参加者的主体均是平民，可以较为直观地反映普通民众的主张和诉求；而且有的政治敌对意识在初始阶段不甚显著，或具有体制内发生的普通抗议事件的特征，向团练的质变有其特殊的内外因素。[②]

---

① 《浙江巡抚左宗棠奏报台州宁波温郡渐就肃清现筹办理情形折》（同治元年六月二十六日），中国第一历史档案馆编：《清政府镇压太平天国档案史料》第24册，北京：社会科学文献出版社，1999年，第447页。

② 由于平民领导的民团"民"的性质浓厚，易把他们与太平军的战斗误解为"农民打农民"。简又文曾提出："岂其以太平军兵员多为农民出身，遂称之为农民革命乎？然攻灭太平军之反革命的湘军兵员又何尝不是湘乡一带之农民？分明是农民打农民也。"（简又文：《太平天国全史》上册，香港：简氏猛进书屋，1962年，绪言补注第3页。）清军和各地士绅领导的团练，其主体的士兵和团勇也都来自民众，在各政治力量的操控下，太平军和他们之间的战斗就会有政治立场、利益集团之间的根本性冲突，而绝大部分参加的民众是被组织起来的，组织者和领导者的利益诉求和政治诉求并不完全等同于绝大部分民众的诉求。因此，这种对抗就不能完全视为民众与民众的对立，更多的是领导者与领导者之间的对立。对于平民领导的反抗队伍，其领导者和主要参加者均出身于一般民众，他们的诉求相对一致，且在反抗中领导者和组织者所代表的利益未见明显异化，故平民领导的反抗队伍与太平天国的对抗可视作民众与太平天国统治层的对立，但不能视为民众与民众的对立。

（二）社会恐慌："以邪制邪"的包立身

包村，处浙江诸暨县城东北七十里，风景迤逦，"枫溪带其前，白塔湖环于后，林深箐密"，[1]"包姓聚族居之"。[2] 这里原本是一个声名不著、平静祥和的村落，却因咸丰同治之交发生的一场历时九个月、死伤数万人的悲烈战事而被推到历史的风口浪尖。

1. 包村之战

包立身，史料又作"立生""立胜"，年20余，[3]世居包村，识字无多。相传包立身曾遇一白首老翁传授其兵法及遁甲诸术，言天将降大任于他，若汉代之黄石公故事。立身自称受仙得道，常焚香默坐，预言吉凶，乡民称之"包神仙"。[4]

图 3-1　包立身像

---

① 佚名：《秦鬟楼谈录》，《清代野史》第 7 辑，成都：巴蜀书社，1988 年，第 260 页。

② 半窝居士：《粤寇起事记实》，太平天国历史博物馆编：《太平天国史料丛编简辑》（一），北京：中华书局，1961 年，第 16 页。

③ 关于包立身之年龄，史料记载其起事前后年二十余，但据采访调查所得包立身画像（见图3-1，1902 年村民后人寻得于九里洲余庆庵，《诸暨民报》据之影印），系一老者形象。考包村至今流传有太平军破包村后包立身未死而是出游四方的传说，传说与画像之长者形象或是体现了包村民众的愿望而已。

④ 对包立身"神仙"之说，时人多有非议。时任诸暨县令许瑶光指出："抑以农家子目不识诗书，又无势位名望资财足以雄视一方，招致乡里，乃云聚雾结，至数万人，群奉为神师，其中固有阴为之主持而驱策者也，岂果立生所能自为哉？"〔许瑶光：《谈浙》，中国史学会主编：《中国近代史资料丛刊·太平天国》（六），上海：神州国光社，1952 年，第 612—613 页。〕左宗棠奉命调查立身事迹，声称："传闻异词，未敢遽信其真可倚任。"〔《台州宁波郡县克复温郡渐就肃清折》（同治元年六月十六日），《左宗棠全集》第 1 册《奏稿一》，长沙：岳麓书社，2009 年，第 60 页。〕钱塘夏树桐指出："至包公，为人平平，无他异，不过诚信素孚，肯任事不怕死耳。世俗所传种种神奇，举不足信，盖围后以越人好诞信鬼、托言神仙以鼓励人心则有之，实非别有所挟持也。此言最确。陈昼卿观察所述，已多传讹；若白鲎仙人一说，尤惝恍纰缪。"〔包祖清辑：《义民包立身事略》，宣统三年（1911）铅印本，第 3 页 b。〕笔者认为，包立身实为文化水平不高但有野心的普通人，其成事必有谋士指点。

1861 年 10 月，太平天国侍王李世贤大军兵进浙江，破绍兴、诸暨，来王陆顺德在绍兴主政，先后命洽天义余某、余天安李某防守诸暨县城，并出榜安民，设立乡官，征收贡赋。在太平军大兵压境之时，包立身利用"邪术"托词誓师，自称"白鹤真人"传人，创办"白头军"，号"东安义军"，杀太平军乡官，拒编门牌，并指令乡勇捣毁乡官局，公然对抗太平天国。1861 年 12 月 4 日，太平天国墩天燕柳某派兵三千余进攻包村。是日，大雾四塞，包兵设伏，太平军"受伤者襁属于道"。[①] 立身初战告捷，发布檄文，号召乡民投身反抗。当时，诸暨、绍兴、萧山、富阳、金华、义乌等邻近府县的乡绅豪富及普通民众，约有数万，扶老携幼，纷纷进入包村避难，"远近归之者复日以千计"。[②] 1862 年 1 月 9 日，太平天国绍兴守将来王陆顺德派兵千余再攻包村。包兵坚壁不出，以逸待劳。太平军溃败，被俘三十余，伤亡百余人。1862 年 2 月 14 日，太平天国怃天豫余光前率兵四千攻包村。太平军败，亡四百余。2 月 23 日，太平天国见天安姚克刚、勔天福胡兴霖率两万众复来。太平军中伏再败，亡两千余。2 月 25 日，陆顺德率兵四万设伏于壁岭外，派百余人入包村诱战，立身识破其计谋，斩敌三十余，不追。太平军连番不胜，致函招抚，立身"斩使焚书以激贼"。[③] 3 月 25 日，陆顺德合杭州等地各部数万人，齐集包村。包立身邀古塘陈朝云所部民团"胜义军"来援。太平军伤亡万余人。4 月，江南省武将帅皎天福孟文悦与其弟镕天豫往征包村。包立身率千余人迎战，为流弹所中，被亲军救回，包兵大败。是时，陈朝云复援包村，太平军败，亡五千余人。5 月，太平天国"东调宁波，西调杭州，南调金华，集大队与抗"。[④] 6 月，侍王李世贤、戴王黄呈忠、梯王练业坤、首王范汝增、

<hr />

① 包祖清辑：《义民包立身事略》，宣统三年（1911）铅印本，第 21 页 a。
② 《暨阳东安包氏宗谱》卷 1《宗传难后弁言》，宣统二年（1910），第 18 页。
③ 《暨阳东安包氏宗谱》卷 1《立胜先生传》，宣统二年（1910），第 76 页。
④ 隐名氏：《越州纪略》，中国史学会主编：《中国近代史资料丛刊·太平天国》（六），上海：神州国光社，1952 年，第 770 页。

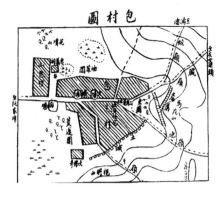

图 3-2　包村防御图

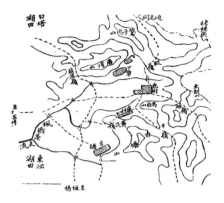

图 3-3　包村地形图

来王陆顺德五王率十余万太平军再次围困包村，从店口至高湖连营六十余里，立誓"不破包村不还"，① 太平军中甚至流传有"甘弃南京而破包村"之语，② 战斗异常激烈。6月2日，太平军佯装慈溪大梁山吴芳林乡团援兵，由亭子尖山冈攻占古塘。7月初，太平军又控制了腊岭、蛟岭，截断包村粮道。山阴军帅鲍古香佯装为太平军解送粮草，暗地却运米入村，被陆顺德发现，将其车裂。至此包村外围被太平军肃清。此时绍兴镇守佐将正总提绫天安周文嘉（后封"宁王"）率部来包村助战，他下令切断包村水源，村中大乱。7月27日清晨，太平军穴地道而出。包立身与其妹美英率亲军溃围而出，逃至马面山被围，最终鏖战不得脱，被太平军杀死。③ 据清廷善后统计，包村被太平军攻破后的死

———————————

①　王彝寿：《越难志》，罗尔纲、王庆成主编：《中国近代史资料丛刊续编·太平天国》（五），桂林：广西师范大学出版社，2004年，第150页。

②　包祖清辑：《义民包立身事略》，宣统三年（1911）铅印本，第9页a。

③　当时人认为包氏的组织是民团，包氏后人在重修宗谱时也自认是"乡团"，见《暨阳东安包氏宗谱》卷1《立胜先生传》，宣统二年（1910），第76页。关于包立身事，相关研究成果有严修：《太平军诸暨之战与包立身》，《光明日报》1962年12月19日，第4版；贾熟村：《浙江诸暨之包村包氏》，《太平天国时期的地主阶级》，南宁：广西人民出版社，1991年，第207—214页；王兴福：《根据地内镇压地主武装和包村之战》，《太平天国在浙江》，北京：社会科学文献出版社，2007年，第151—157页；James H. Cole, *The People Versus the Taipings: Bao Lisheng's "Righteous Army of Dongan"*, Berkeley: Institute of East Asian Studies, University of California, Center for Chinese Studies, 1981（柯慎思：《民众对抗太平军：包立生的东安义军》）。

亡者共有"一万四千七十七名",① 太平军也遭受重大损失。

包村之战,除去敌对双方在文化、信仰诸方面的剧烈冲突,还表现为一场战争技艺的强力交锋。

其一是战略方面。盛巽昌评价太平军包村之战的战略时说:"为了征服一个小小的包村,竟调动了十几万精锐,旷日持久,而不及其它,足见太平天国诸王们全凭头脑发热,意气用事,实在没有一点儿战略思想。"② 其实太平军围剿包村是完成平定浙江全境这一既定战略目标必要的一步,从实际军事行动看,是有准备、有计划的。尽管太平军因之付出的惨重代价与实际战略收益并不相符,但包村的危害性在太平天国控制区异常显著,包氏集团极大的危害与战事本身的战略意义不相冲突,不能因为其地战略收益相对较小而忽视其危害性,更不能因其具备强烈的自保性而使之成为太平天国政权辖区内的割据势力。当然,太平军完不顾及战略可行性以及因之可能产生的恶劣后果也是重要失策。

包立身起事时明确指出其战略意图在于:"今官军据衢上游,洋人扼宁下口,吾从中缀其兵势,恢复可冀也。"③ 而包氏集团也确实起到了这种牵制作用,"浙江丧乱之后,闽若豫尚能高枕者,实恃此区区一旅,为之牵制,不能远涉。……贼在当时,实有不能兼顾之势"。④ 时人评价太平军包村之战的战略说:"时吴越被陷之城,官军力图收复,

---

① 《护理浙江巡抚蒋益澧奏诸暨县包村殉难最惨倡首义民包立身一门节烈尤奇烈吁恳天恩饬部从优议恤折》(同治三年十二月十三日),包祖清辑:《义民包立身事略》,宣统三年(1911)铅印本,第1页b。按,据田野调查发现的一块民国"包村忠义祠碑"称"士卒妇孺随殉者十九万人",十月间"主客死者至三十万"。碑文所记或有夸大,但蒋奏所记仅指包村破时死亡之数。因战事迁延近一年,每次打仗,死亡者必须掩埋;立身经常率军出兵,死于他乡者甚多;加上非战争因素(如饥渴、病疫、自杀等)导致的死亡,以及考虑到包村的环境承载力,死难总计"数万"人应较合理。

② 盛巽昌:《太平天国文化大观》,南宁:广西民族出版社,2000年,第404页。

③ 镜澄氏:《包村纪事汇编》,南京大学历史系太平天国史研究室编:《江浙豫皖太平天国史料选编》,南京:江苏人民出版社,1983年,第262页。

④ 隐名氏:《越州纪略》,中国史学会主编:《中国近代史资料丛刊·太平天国》(六),上海:神州国光社,1952年,第770—771页。

围剿甚急，贼欲往援，而恐立生率众蹑后，势难遽退，决意攻破此村。"[1] 因此，太平军打包村，不是该不该打的问题，而是怎样打的问题，但太平军恰恰在战略的具体实施上犯有致命的错误。

太平军前三次征伐包村都是出动千余兵力的试探性进攻，后面才因数番之辱出动了数万兵力，最后一次能够出动十余万兵力的原因在于"（清军）方平复宁郡，败匪数十万退至诸暨，屯扎包村近地，金华贼首意欲复宁郡，而暨邑为浙东咽喉，暨不收则是扼其吭，而金、宁仍梗塞"。[2] 宁波失守，十余万太平军突围至诸暨，于是有了集中有生力量、派遣大兵团进攻包村的可能。这本是集中优势兵力歼灭敌人的有效战略，但攻打包村的前几战只出动少批队伍而未果，太平军已失去战机；此时浙江战局不利，大兵团攻打一处村落不但时机不对，更是战略运用上的失策。

包立身起事在历史上的独特性和闪光点，在于它是太平天国占领区规模较大、持续时间较长、斗争较为激烈、影响较为深远的农民自发反抗太平军的斗争。查其影响，太平军数次攻打包村，对太平天国东（上海战役）、北（天京保卫战）、南三线战场都造成了恶劣影响。上海战役关系太平天国东征战略的成败，而天京雨花台之战则关系到太平天国都城的命运。最直接的损害是导致南线浙江郡县的失守。太平军最后一次攻打包村期间（1862 年 5 月至 8 月），浙江郡县失守情况见表 3-8。

表 3-8　太平军最后一次攻打包村期间浙江郡县失守情况

郡名	县名	失守时间（同治元年，1862 年）
杭州郡 治所：钱塘县　仁和县	昌化县	四月二十四日（5 月 22 日）

---

① 半窝居士：《粤寇起事记实》，太平天国历史博物馆编：《太平天国史料丛编简辑》（一），北京：中华书局，1961 年，第 17 页。

② 包祖清辑：《义民包立身事略》，宣统三年（1911）铅印本，第 11 页 a。

郡名	县名	失守时间（同治元年，1862 年）
宁波郡 治所：鄞县	镇海县	四月初八日（5 月 6 日）
	鄞县	四月十二日（5 月 10 日）
	象珊（山）县	四月十二日（5 月 10 日）
	奉化县	四月十四日（5 月 12 日）
	义县（慈溪县）	四月十六日（5 月 14 日）
绍兴郡 治所：珊（山）阴县	新昌县	四月初四日（5 月 16 日）
	余姚县	七月初八日（8 月 3 日）
严州郡 治所：建德县	淳安县	四月二十八日（5 月 26 日）
温州郡 治所：永嘉县（清占）	乐菁（青）县	四月十九日（5 月 17 日）
台州郡 治所：临海县	仙居县	四月初三日（5 月 1 日）
	临海县	四月初九日（5 月 7 日）
	黄岩县	四月初十日（5 月 8 日）
	太平县	四月十一日（5 月 9 日）
	宁海县	四月十五日（5 月 13 日）
处州郡 治所：丽水县	缙芸（云）县	四月初十日（5 月 8 日）
	景宁县	五月十六日（6 月 12 日）
	芸（云）和县	五月十九日（6 月 15 日）
	菁（青）田县	六月十三日（7 月 9 日）
	松阳县	六月十九日（7 月 15 日）
	宣平县	六月二十二日（7 月 18 日）
	丽水县	七月十九日（8 月 14 日）

资料来源：该表参照郦纯：《太平天国军事史概述》下编第 2 册，北京：中华书局，1982 年；郭廷以：《太平天国史事日志》下册，上海：上海书店出版社，1986 年；华强：《太平天国地理志》，南宁：广西人民出版社，1991 年；中国第一历史档案馆编：《清政府镇压太平天国档案史料》第 24 册，北京：社会科学文献出版社，1999 年；浙江各府县相关地方志。

考太平天国浙江天省辖 9 郡 70 县，太平军最后一次攻打包村期间失陷 22 县及宁波、台州、处州郡城 3 座, 失陷比例高达 31.4%。这些城池的失陷主要是由左宗棠率新练湘军入浙造成的。在太平天国浙江最高统帅李世贤所部与左宗棠的湘军恶战于江山、衢州之时, 浙东、浙南各地大多失陷于兵力分散, 防守不足, 而此时太平军的十数万机动兵力却深陷包村泥潭, 不能脱身。曾有人这样评论说: "官军由嵊邑分道克余姚、上虞, 时贼在包村, 犹未回城也"[①], "贼之悍党俱萃于包村, 而左公遂由温、衢二州顺流而进取"[②]。

包村之战, 太平军损失惨重, 数万将士殒命一隅, 更为惨痛的教训是战略实施的失误导致浙江腹地空虚, 各地纷纷告警, 严重威胁太平天国全盘战局。正如时人所言: "黄雀已来蝉尚翳, 螳螂何事竟忘生", "桑榆未得东隅失, 应悔区区蛮触争"[③]。

其二是战术方面。太平军前几次攻打包村, 包立身或是利用太平军不明地形的弱点, 采取突击战术; 或是以逸待劳, 打伏击战。太平军屡败于此。

至太平军抽出有效兵力, 以数万之众围攻, 包村的地理优势逐渐消失, 转变为两个阵营短兵相接的阵地战。太平军步步为营, 深沟高垒, 作长围之困。最后一次攻打包村, 太平军的战术得到较高提升, 屡次使用战术诡诈。第一, 伪装。"伪员罗天义白其戎装, 诈称大梁援兵, 于五月六日从锭子尖抄入村后"[④], "削发效满装若援兵者以尝之"[⑤]。第二, 劫营。"(立身) 令各队长遍警营防, 各备战具, 以防劫营, 众阳诺而未深信, 顷刻贼果至。"[⑥] 第三, 炮击掩护与穴地攻城。太平军一

① 包祖清辑:《义民包立身事略》, 宣统三年 (1911) 铅印本, 第 22 页 b。
② 《暨阳东安包氏宗谱》卷 1《尚瀚公传》, 宣统二年 (1910), 第 68 页。
③ 包祖清辑:《义民包立身事略》, 宣统三年 (1911) 铅印本, 第 21 页 b、22 页 a。
④ 包祖清辑:《义民包立身事略》, 宣统三年 (1911) 铅印本, 第 11 页 b。
⑤ 包祖清辑:《义民包立身事略》, 宣统三年 (1911) 铅印本, 第 11 页 b。
⑥ 包祖清辑:《义民包立身事略》, 宣统三年 (1911) 铅印本, 第 3 页 a。

面以火炮明攻包村，一面另辟蹊径，"阴穿隧道而以金鼓声乱我（包村）"，①最终穴地而出。但太平军在战术应用上仍然暴露了明显的缺陷，主要表现在三个方面：第一，穴地攻城运用不足。太平军前几次攻打包村的战斗片面执着于相对落后的攻坚战术，使用穴地攻城的时机似显过晚。第二，攻坚拒援能力较差。大兵团进军，太平军在战事初期明显处于优势，但两番连败于包立身与陈朝云的夹击战术。可见太平军在攻坚打援的协同上存在问题。第三，战术机动相对滞后。一次，太平军攻包村以火牛阵冲锋，但包立身早已探知，并做好御敌准备，"牛群刚一进村，便被极高的一堆巨火吓回去了。这堆极高的火焰使牛群非常惊恐，它们掉头而逃，冲进尾随的太平军中，许多太平军便这样悲惨地被戳死了"。②前几次战斗，太平军的战术相对滞后，以致其战术系统多次被包立身攻破。

包村最后被攻破，从太平军方面说：首先，太平军最后一次进军，步步为营，先肃清包村外围，主次分明，稳扎稳打。通过消灭古塘陈朝云所部援军弥补了自己攻坚拒援能力差的弱点。其次，最后一次攻打包村，太平军的战术手段不落俗套，多次采取战术诡诈，如劫营、伪装、穴地等，放弃不计损失的强攻方案，战术交叉运用，使包村顾此失彼，疲于应对。最后，切中要害，断其命脉。用兵作战，粮草、水道至关重要。太平军断包村水源、粮道，使其民心浮动，不战自乱。从包村方面说，整个系统已形成恶性循环：第一，天灾。"天自五月起至七月秒竟无点雨"，③以致包村民众"析糠为糜，抔血而饮"。④第二，瘟疫。咸、

---

① 赵尔巽等：《清史稿》第 45 册，北京：中华书局，1977 年，第 13654 页。
② 《英国档案馆所藏有关太平天国的史料》（节选），王崇武、黎世清编译：《太平天国史料译丛》第 1 辑，上海：神州国光社，1954 年，第 29—30 页。
③ 《暨阳东安包氏宗谱》卷 1《何光公传》，宣统二年（1910），第 81 页。
④ 《暨阳东安包氏宗谱》卷 1《友孝公传》，宣统二年（1910），第 62 页。

太平天国再研究

同之交，江南爆发大瘟疫。[1] 包村"触尸秽，饮水毒，疫死什一"，[2] 当然包村瘟疫也与人口聚集过多造成的生存环境恶化有关。第三，有生兵力的削减。瘟疫、灾荒、战役造成包村兵力的损耗，"一战再战，兵已去其三四"，"众寡已殊"。[3] 第四，环境承载力不足。包村尺寸之地，人多地少，"村中结茅依树，鳞次栉比，几不漏天日"，[4] "席篷无隙，尺地如金"。[5] 人口众多与包村环境承载能力有限的矛盾，引发食物、房屋、田地不足，而生活条件的困苦又是疾病、瘟疫、民众离心倾向的诱因之一。第五，信仰的崩溃。包氏宗教体系初始发挥出的巨大能量，在战役和物资的消耗中濒临崩溃："包不得已更托奇术安众心，众亦疑信交集"，[6] "后知其说讹也，众皆失望"，[7] "人心瓦解，多出怨言，或切齿呼立身名，痛詈之"。[8] "疑信交集→众皆失望→人心瓦解"这一过程反映了包村军心民心随着战事的发展而发生的变化。另外，包立身任人唯亲，建立起包氏一姓的私人武装和极权政治，其他非包姓成员日久必然思变。包立身个人领袖魅力的下降导致信仰体系的坍塌，最终表现为包村攻防能力的锐减。第六，整体实力处于劣势。包立身起事正值太平军再破江南大营，席卷江浙之际，以数千之众、尺寸之地抵抗太平天国几个省的兵马，力量对比，处于劣势。其前几番的胜利只是暂时的，

---

① 参见余新忠：《咸同之际江南瘟疫探略——兼论战争与瘟疫之关系》，《近代史研究》2002年第5期。

② 包祖清辑：《义民包立身事略》，宣统三年（1911）铅印本，第15页b。

③ 王彝寿：《越难志》，罗尔纲、王庆成主编：《中国近代史资料丛刊续编·太平天国》（五），桂林：广西师范大学出版社，2004年，第150页。

④ 王彝寿：《越难志》，罗尔纲、王庆成主编：《中国近代史资料丛刊续编·太平天国》（五），桂林：广西师范大学出版社，2004年，第149页。

⑤ 包祖清辑：《义民包立身事略》，宣统三年（1911）铅印本，第15页b。

⑥ 包祖清辑：《义民包立身事略》，宣统三年（1911）铅印本，第16页a。

⑦ 沈梓：《避寇日记》，罗尔纲、王庆成主编：《中国近代史资料丛刊续编·太平天国》（八），桂林：广西师范大学出版社，2004年，第112页。

⑧ 王彝寿：《越难志》，罗尔纲、王庆成主编：《中国近代史资料丛刊续编·太平天国》（五），桂林：广西师范大学出版社，2004年，第150页。

而最终悲惨的结局则似乎并不出人意料。

2. 包氏集团的特性

按照美国学者孔飞力的研究，咸同之交的中国正处于"传统国家崩溃"期，统治者们再也无法沿着既有的路线重新组建一个统一而有效的政府。[①] 以包立身为首的包氏集团的特性，在一定程度上就反映出"传统国家崩溃"的某些征象。

（1）浓厚的"平民性"。

与其他乡团不同，包立身既非地方士绅，又非传统乡村名流，不是旧有秩序、制度的利益既得者。在当时和后来的文人笔记、野史中，多有立身"世业农"[②]"农家子"[③]"本村甿"[④]"村氓"[⑤]"家世力农"[⑥]的记载。美国学者柯慎思通过对"包立身家族和世系"的研究得出一个结论："包氏家族无论其大小，它都不是一个专门培养朝廷官员的传统意义上的家族。"[⑦] 包立身不仅务农，还从事行商行当，有记载称他

① ［美］孔飞力：《中华帝国晚期的叛乱及其敌人：1796—1864 年的军事化与社会结构》，谢亮生、杨品泉、谢思炜译，北京：中国社会科学出版社，2002 年，第 221—232 页。

② 赵尔巽等：《清史稿》第 45 册，北京：中华书局，2003 年，第 13653 页；包祖清辑：《义民包立身事略》，宣统三年（1911）铅印本，第 3 页 b、16 页 b；马新贻：《包立身传》，浙江采访忠义总局编：《浙江忠义录》卷 6，同治六年（1867）刻本，第 13 页 a。

③ 半窝居士：《粤寇起事记实》，太平天国历史博物馆编：《太平天国史料丛编简辑》（一），北京：中华书局，1961 年，第 16 页；俞樾：《春在堂随笔》，南京：江苏古籍出版社，2000 年，第 90 页；柯超：《辛壬琐记》，中国社会科学院近代史研究所《近代史资料》编译室主编：《太平天国资料》，北京：知识产权出版社，2013 年，第 190 页；沈蕙风：《眉庐丛话》，沈云龙主编：《近代中国史料丛刊续编》第 64 辑第 635 册，台北：文海出版社，1979 年，第 95 页；《暨阳东安包氏宗谱》卷 12《暨阳东安乡包氏重修宗谱序》，宣统二年（1910），第 1469 页；许瑶光：《谈浙》，中国史学会主编：《中国近代史资料丛刊·太平天国》（六），上海：神州国光社，1952 年，第 611 页。

④ 李慈铭：《越缦堂日记》第 5 册《孟学斋日记》甲集尾，扬州：广陵书社，2004 年，第 3108 页。

⑤ 仚厂：《寄轩杂识》，《中和月刊》1942 年第 3 卷第 6 期，第 128 页；《湖塘林馆骈体文〈吊包村赋〉》，包祖清辑：《义民包立身事略》，宣统三年（1911）铅印本，第 18 页 a、19 页 a；扪虱谈虎客：《近世中国秘史》，沈云龙主编：《近代中国史料丛刊三编》第 16 辑第 152 册，台北：文海出版社，1986 年，第 225 页。

⑥ 包友山：《包村义团记》，包永年编：《诸暨阮市包氏宗谱》，2003 年河清堂，第 384 页。

⑦ James H. Cole, *The People Versus the Taipings: Bao Lisheng's "Righteous Army of Dongan"*, Berkeley: Institute of East Asian Studies, University of California, Center for Chinese Studies, 1981, p.22.

太平天国再研究

"尝往来肩贩石灰",①可见其起身微末，很可能是一名自耕农。包立身的家世也不显赫，一家 17 口均在乡务农，亲属中较有身份的是其姑表兄弟冯仰山，身在佐杂班，仅是个未入流的小吏。②所以，基本上可以认定包立身及其家族属于平民阶层。

但他却是普通农民中的"特别者"，或可称之为"平民精英"。③包立身很可能系统地学习过一些民间盛行的巫术，大部分史料都认为他曾习奇门遁甲之术。利用邪术组织民众并不新奇，包立身起事的独特之处在于"以邪制邪"，他将抗争的矛头转向了同样以"邪术""异端"起家的太平军，足见其有一定的能力和谋略。而且包立身有政治野心，他自称"统领"，文告皆书甲子，不奉清朝正朔，刻意区别于奉札办团的团练。包立身还得到了一些中小知识分子的支持，《浙江忠义录》中记载的朱之琳、余观莹、傅观涛、沈方颐，均是士绅身份。但这些文人仅供驱使，大部分"文弱者亦挥戈从事"，④少数类似于幕僚者参赞军机则有之，统领大局、令行禁止的只有包立身一人。包村的武装是以包姓亲族为各营总制的私人武装集团，连负责军资器械的文局也设在其亲信包尚杰家中。所以"平民精英"包立身的领导地位是无可动摇的。

（2）强烈的"自保性"。

包立身起事，不同于一般乡团之"奉札办团"，包村既不奉清朝正朔，也不接受太平天国招抚，其目的在于自卫。立身起事之初，发布檄

---

①　宣统《诸暨县志》卷 15《兵备志》，第 17 页 b。

②　毛祥麟：《墨余录》，包祖清辑：《义民包立身事略》，宣统三年（1911）铅印本，第 16 页 b。

③　萧公权认为，广义的"普通百姓"的身份类别应该单列三类特别者——识字的平民、"特别的平民"、（官方用语的）"奸民"。所谓"特别的平民"，是指一些"具有不寻常的抱负、才能、精明或积极进取的人"，"这种人的社会地位，虽然看不出来与一般农民有什么不同，但是，他们对所在村庄或乡邻常常具有决定性的影响"。显然，包立身属于此类"特别者"。参见萧公权：《中国乡村：论 19 世纪的帝国控制》，张皓、张升译，台北：联经出版事业股份有限公司，2014 年，第 555—557 页。

④　赵尔巽等：《清史稿》第 45 册，北京：中华书局，2003 年，第 13653 页；包祖清辑：《义民包立身事略》，宣统三年（1911）铅印本，第 2 页 a。

文，宣誓起事之宗旨在于"因苍黎之属望，救水火于蒸民"。① 包立身希望通过家族、区域、宗法结成一条保卫桑梓的统一战线，檄文通篇没有攻击太平天国的反清思想，更没有表达对清王朝的忠诚。

正是由于包立身不与清朝政府合作的立场，时人言立身"有异志，不以朝廷为念"。② 李慈铭为其辩解道："其称壬戌十二年，以尚不知有同治之号，故从咸丰十一年数之，或言其意有异者，非也。"③ 包村之变出于桑梓之难，倘若没有太平之乱，包立身或无起事时机。但这不能否定包立身有野心，正是包村地处太平天国的控制区，包立身对清王朝的"叛乱性"才被对太平天国的"叛乱性"掩盖了。有史料记载："时客有谀立身者，尝以赵景贤之守吴兴相比例。立身谢客曰：彼为清朝耳！予守包村土地，为国为民，予无满洲守土责任也。……其文告皆书甲子，词意皆以独立为宗旨。"④ 又有记载称："包不愿称官"，"自号'先生'，建旗帜曰'东安义军'"。⑤

由于包氏集团强烈的"自保性"，包兵"唯严堵村口，终不肯出"。⑥ 不少文人嘲讽包立身"专一以守为计"，⑦ "乡愚寡识，恃险图存"。⑧ 然而真正的原因是包立身认为恃村自保比出村作战更有保障，他解释说："无论江浙俱陷，孤城难守，且入城则如困囹圄，粮草更易断绝，扼吭之势，恐无一人可逃也。"⑨

---

① 海宁冯氏：《花溪日记》，中国史学会主编：《中国近代史资料丛刊·太平天国》（六），上海：神州国光社，1952年，第702页。

② 李慈铭：《越缦堂日记》第5册，扬州：广陵书社，2004年，第3108页。

③ 包祖清辑：《义民包立身事略》，宣统三年（1911）铅印本，第18页a。

④ 包祖清辑：《义民包立身事略》，宣统三年（1911）铅印本，第6页b、7页a。

⑤ 包祖清辑：《义民包立身事略》，宣统三年（1911）铅印本，第14页b、15页a。

⑥ 王彝寿：《越难志》，罗尔纲、王庆成主编：《中国近代史资料丛刊续编·太平天国》（五），桂林：广西师范大学出版社，2004年，第147页。

⑦ 包祖清辑：《义民包立身事略》，宣统三年（1911）铅印本，第5页a。

⑧ 包祖清辑：《义民包立身事略》，宣统三年（1911）铅印本，第16页a。

⑨ 包祖清辑：《义民包立身事略》，宣统三年（1911）铅印本，第17页b—18页a。

（3）系统的"集团性"。

包氏集团属于太平天国的叛乱者，但与苏镜蓉、[①] 吴方临[②]等的士绅武装相比，包氏的"叛乱"更为系统，在共同的信仰体系下建立起严密的组织纪律。

第一，包立身建立了与太平天国上帝教对立的宗教体系。包立身本人，"持斋归教门有年，其教主曰白鹤真人"，[③] 另有"白玉蟾"[④] "白吼（犼）精"[⑤] 之说。但无论师系何人，包氏之教必有自己崇奉的名誉上的教主。包立身奉其为师，"托词誓师，谓斗岩之神梦告"，[⑥] "教以兵法，并遁甲诸术……不入田，屏酒肉，云遵其师教也"。[⑦] 这与洪秀全所梦上帝令其下凡斩邪留正的神话如出一辙，包氏之教职制度及组织（政教合一）亦与太平天国天父天兄的神教体系相类。

包氏之教还有自己的仪式。据载，包立身"作道士装，色纯白，左右侍者氅衣负剑……恒焚香默坐如枯禅"；[⑧] "白衣披发，步罡仗剑，喃喃诵咒语，若有所授，居而侦之，望见白气满山，包方舞蹈膜拜，若有见闻，而人不知也"。[⑨] 包村色尚白，除与太平军五行相对这层含义外，或与其教仪有关。包立身时有焚香坐禅，时有舞蹈膜拜（当系祭祀包

---

① 苏镜蓉，字品三，浙江黄岩人，清朝候补道员，1861 年在台州兴办民团对抗太平军，连克台州六县，受到清廷嘉奖。

② 吴方临，浙江上虞人，1862 年春在四明山大岚（今属余姚）组织民团对抗太平军，后在上虞双溪岭战斗中被太平军所杀。

③ 沈梓：《避寇日记》，罗尔纲、王庆成主编：《中国近代史资料丛刊续编·太平天国》（八），桂林：广西师范大学出版社，2004 年，第 103 页。

④ 王彝寿：《越难志》，罗尔纲、王庆成主编：《中国近代史资料丛刊续编·太平天国》（五），桂林：广西师范大学出版社，2004 年，第 146 页。

⑤ 包祖清辑：《义民包立身事略》，宣统三年（1911）铅印本，第 14 页 b。

⑥ 镜澄氏：《包村纪事汇编》，南京大学历史系太平天国史研究室编：《江浙豫皖太平天国史料选编》，南京：江苏人民出版社，1983 年，第 262 页。

⑦ 王彝寿：《越难志》，罗尔纲、王庆成主编：《中国近代史资料丛刊续编·太平天国》（五），桂林：广西师范大学出版社，2004 年，第 146 页。

⑧ 李滨：《中兴别记》，太平天国历史博物馆编：《太平天国资料汇编》第 2 册下，北京：中华书局，1979 年，第 836 页。

⑨ 包祖清辑：《义民包立身事略》，宣统三年（1911）铅印本，第 14 页 b。

师），这套仪式也具备了宗教特征。至于包氏之教是否有自己的经典，缺少记载。战时情况，应不完备，有记载称包立身有"兵书宝剑符箓"。[①] 包氏之教已颇具宗教雏形。与上帝教相比，包氏之教纯属土生土长的中国民间宗教，以师承关系为组织基础，云"俟桃花水发时，师徒及同门兄弟聚会"；[②] 发令必假神仙，以坐禅念咒、"日夕斋醮"、"卜晴雨休咎"[③] 等方式吸引下层民众。在战乱纷起的年代，符合百姓的求生欲望，又可形成暂时的群聚效应。于是，包村之民、来归之众群奉其为神师，"同居一村中，皆教党也"。[④] 正如许瑶光所言，包氏之教是"人自惑之而人自附之"，[⑤] 出于邪而制于邪，这也是太平军誓必灭之的原因之一。

第二，包氏集团有严密的组织纪律。在服饰装束方面，包村之众"戎装服饰皆以白"，[⑥] "相约剃发"，[⑦] 严格区别于太平军的服饰、发式，对抗之意明显；在组织机构方面，"以东、安、忠、义四字分四大营"，"有文案、支应等局"，[⑧] 以包姓亲族为各营总制，建立起私人武装集团；在防御建设方面，"村中累（垒）土为外城，编篱为内城"，[⑨] 广储军械，制造炮船，俨然独立王国。这样一个顽固的敌对势力，对太平天

---

① 陈锦：《勤余文牍》，《续修四库全书》集部别集类，第 1548 册，上海：上海古籍出版社，2002 年，第 641 页。

② 沈梓：《避寇日记》，罗尔纲、王庆成主编：《中国近代史资料丛刊续编·太平天国》（八），桂林：广西师范大学出版社，2004 年，第 103 页。

③ 陈锦：《勤余文牍》，《续修四库全书》集部别集类，第 1548 册，上海：上海古籍出版社，2002 年，第 641 页。

④ 沈梓：《避寇日记》，罗尔纲、王庆成主编：《中国近代史资料丛刊续编·太平天国》（八），桂林：广西师范大学出版社，2004 年，第 103 页。

⑤ 许瑶光：《谈浙》，中国史学会主编：《中国近代史资料丛刊·太平天国》（六），上海：神州国光社，1952 年，第 613 页。

⑥ 《暨阳东安包氏宗谱》卷 1《立胜先生传》，宣统二年（1910），第 76 页。

⑦ 杨德荣：《夏虫自语》，中国史学会主编：《中国近代史资料丛刊·太平天国》（六），上海：神州国光社，1952 年，第 783 页。

⑧ 包祖清辑：《义民包立身事略》，宣统三年（1911）铅印本，第 18 页 a-b。

⑨ 包祖清辑：《义民包立身事略》，宣统三年（1911）铅印本，第 4 页 a。

国的危害极大。在兵戎相见之前，包立身就屡屡杀戮太平军，李秀成之子、旅帅唐伟堂、乡官潘某、姚某均命丧其手。包氏集团对太平天国重建乡村秩序的努力形成极大威胁，这或是太平天国扫灭包村的动机和根本原因。

3. 起事之因

至于包立身起事之因，可从存世的两篇檄文中分析。这两篇檄文是包氏反抗太平天国的纲领性文献，现将其中宣传抗争的部分内容节录如下。

第一篇为《包立身讨粤匪檄文》：

> 今粤匪号称长毛者，自去冬寇浙西几千里，拥乌合逃亡之众，恣意焚掠，痛毒疮赤。所扰之境，骴骼膏刃，墟村荡烟，妇女被淫，老弱填壑，惨酷之状，直使天地变色，鬼神无权，虽穷其饕餮，蔑以方滋，加以毁弃庙社，蹂躏图书，污蔑谷米，破裂器皿，凡顽残凶拗之尤，擢发难数，列以汉角、唐巢、明末献、闯，有过之无不及者。缘其伪托天数以蛊党，肆行剥削以雠民，必使孑遗之荒墟，散窜之残黎尽归澌灭而后快，此真人人所椎心泣血，恨不能报复于旦夕者也……自倡义以来，屡挫贼锋……倘有反颜事仇，剥削乡庶，直狗彘之不如，为神人所共愤，当不如是耶？嗟乎！[1]

这篇檄文被保存在山阴包祖清所辑《义民包立身事略》中，该文署名"杭州王小铁撰"。关于孝廉王小铁（王堃）至包村访问事，《诸暨县志》《勤余文牍》《诸暨六十年掌故》均有记载，唯陈锦《勤余文牍》记王访问时间在 1861 年年底，也就是说这篇檄文的形成时间在

---

① 包祖清辑：《义民包立身事略》，宣统三年（1911）铅印本，第 25 页 b—26 页 a。

1861 年底至 1862 年初之间。① 这篇檄文揭示了包立身起事的主要原因：一是太平军军纪败坏；二是太平军灭绝文化、践踏风俗。

第二篇为《东安义军［统领包］为播告同仇齐心杀贼共襄义举事》：

> 照得天道足凭，逆贼有必亡之理；人心难昧，匹夫无不报之仇。蠢兹瘟毛，孽于粤土，煽惑邪教，纠结匪徒。前则祸延（被）三江，今则（乃）流毒二（两）浙。杀人父母，奸（淫）人妻女，掳（掠）人资财，烧人房屋，所到之处，如蝗螟靡有孑遗；所过之区，较虎豹更加残忍。不论工商农士，掳以当兵；无分老兵（叟）婴孩，遇之即杀。假安民为号，遍打先锋；藉设卡作奸，恣为劫掠。既索门牌之费，乃米捐亩捐灶捐之外，又加逐项之捐，虽空房犹纳征税；已逼进贡之资，而上户、中户、下户之内，复分九等之户，即乞丐亦纳钱谷。米业悉被封完，尚勒饥民供给；衣装皆为卸尽，仍将残命拷追。稍拂语言，便行杀害，即使款应（迎合），亦肆凶顽。商贩不得流通，处处塞为（适乃）死路；田地均行荒废，家家尽绝生机。至于糟蹋米粮，污秽书籍，僭称名号，惨害忠良。焚毁圣贤庙像，上犯神祇；颠倒朔望岁时，敢违天运；狠自同于枭獍，害更甚于豹（虎）狼。伊古闯、献，无比（此）凶顽；岂今人民，堪此荼毒。本统领［用是］特举义旗，以除

---

① 陈锦：《勤余文牍》卷 6《江东义民传》，《续修四库全书》集部别集类，第 1548 册，上海：上海古籍出版社，2002 年影印本，第 642 页。按，《义民包立身事略》收录的檄文最后标明"时咸丰庚申三月"，显误，太平军占领诸暨在咸丰十一年九月二十六日（宣统《诸暨县志》卷 15《兵备志》，第 16 页 a）。

暴寇，因苍黎之属望，救水火于蒸民。①

这篇檄文的形成时间较第一篇略晚，大约在 1862 年 4 月前不久，②此时包村民众已与太平军进行了数次较大规模的战斗，双方互有死伤。发布檄文的目的很明显是要深入煽动民众对太平军的仇恨情绪，鼓动更多的人加入反抗太平天国的斗争，当然也不排除有稳定人心的意图。所以檄文的言辞难免有不实之处，像"不论""无分""悉被""皆为""处处""均行""尽绝"这类绝对化的控诉，可能有所夸大。如补充兵源的方法，掳兵现象虽较普遍，但募兵制各地均有一定执行。檄文所称"不论工商农士，掳以当兵"，有所夸大。这篇檄文宣布了太平军十二大罪状：煽惑邪教；滥杀无辜；奸淫妇女；索贡劫掠；焚烧屋宇；肆意掳兵；横征暴敛；严刑酷法；灭绝文化；僭越名号；残害忠良；践踏风俗。十二大罪状可分三个方面：一是对太平军军纪败坏的控诉（滥杀无辜；奸淫妇女；索贡劫掠；焚烧屋宇；肆意掳兵）；二是对太平天国经济政策的控诉（横征暴敛）；三是对太平天国移风易俗社会改造的控诉（灭绝文化；践踏风俗）。这说明引发包氏起事的主要原因在于太平军的军纪和太平天国的社会经济政略。剩余煽惑邪教、严刑酷法、僭越名号、残害忠良等罪名，带有站在正统立场对异端邪说敌视之色彩，这应是包立身军中的知识分子对檄文修饰润色的结果。当时山阴秀才王彝寿对包村事多有所闻，他明确指出："立身、兆云，皆有讨贼

---

① 海宁冯氏：《花溪日记》，中国史学会主编：《中国近代史资料丛刊·太平天国》（六），上海：神州国光社，1952 年，第701—702 页。按，沈梓《避寇日记》也抄录了这篇檄文，见罗尔纲、王庆成主编：《中国近代史资料丛刊续编·太平天国》（八），桂林：广西师范大学出版社，2004 年，第254—255 页。两个版本大略相同，后者较前者的多字用 [ ] 补入，改字用（ ）改动。

② 《花溪日记》在同治元年三月处录有此文，《避寇日记》在 1862 年 4 月 4 日（同治元年三月初六日）记"在王孟英座中见屠甸寺寄来包公檄文"［沈梓：《避寇日记》，罗尔纲、王庆成主编：《中国近代史资料丛刊续编·太平天国》（八），桂林：广西师范大学出版社，2004 年，第 112、167 页]。

檄文。立身者为傅莲舟所作。……莲舟近在都中，已寓书索之。"① 傅莲舟，山阴诸生，后捐同知。②

　　两篇檄文相比，在语言上，第一篇檄文大幅压缩控诉太平军行径和渲染民众不满情绪的文字，加入众多典故，意在强调"正统""天命"，文学色彩浓重；第二篇则用较为朴实连贯、朗朗上口的语言指责太平军的劣政，宣誓起事之宗旨在于"因苍黎之属望，救水火于蒸民"，希望通过家族、宗法、地域结成一条保卫桑梓的统一战线。③ 在内容上，两篇檄文均有强调的自然是包立身起事的重要原因——太平军军纪败坏和破坏风习，而第二篇着重强调了第一篇几乎全部遗漏的经济因素，这对普通农民出身的包立身来说可能是重中之重的。在影响上，包立身对形成时间可能略早的第一篇檄文弃之不用或束之高阁，据《花溪日记》《避寇日记》《越难志》记载，第二篇檄文曾由诸暨传播至杭州海宁、嘉兴秀水和绍兴等地，影响范围较广。与第二篇檄文相比，第一篇檄文在经济方面缺少对农民、商人和其他平民阶层的现实关怀，也忽略了包村起事的领导者是一名普通自耕农的事实，而第二篇檄文更多地保留了包立身反抗的原始动机。

　　在檄文对太平天国苛政猛于虎的申诉中，没有发现田赋、地租方面的内容，而这两方面在传统经济秩序中占据主导地位。檄文发布于1862年4月之前，绍兴太平军当局公布田赋缴纳的明确原则"示征厘谷，约以三分归佃者，以三分作兵粮，以四分归田主"，④ 是在1862年

---

① 王彝寿：《越难志》，罗尔纲、王庆成主编：《中国近代史资料丛刊续编·太平天国》（五），桂林：广西师范大学出版社，2004年，第160页。

② 李慈铭：《越缦堂日记》第7册《桃花圣解盦日记》乙集，扬州：广陵书社，2004年，第4846页。

③ 尽管清朝方面"屡欲招致"，宁绍台道张景渠、内阁学士朱兰等曾以书币相款，县令陈其元、举人王小铁曾亲赴包村游说，包立身"均莫为应"（宣统《诸暨县志》卷15《兵备志》，第20页a）。他自称"统领"，也不同于"某团""团总"或"团长"。包村当然也不接受太平天国招抚。

④ 王彝寿：《越难志》，罗尔纲、王庆成主编：《中国近代史资料丛刊续编·太平天国》（五），桂林：广西师范大学出版社，2004年，第144页。

的 9—10 月间，而此时包村反抗事件已经结束，所属各县又在是年初冬和次年（1863 年）初春相继被清军攻陷，同治元年（1862 年）的田赋征收根本没有完成或迫于时局严峻而执行有限；[①] 咸丰十一年（1861年）的钱粮征收则因太平军迟至当年严冬方能稳定秩序而错过了粮食的夏秋熟收之季。从绍兴大部分地区的实际情况看，传统经济政策没能成为施政主流，所属地区基本维持贡役制的统治方式。在绍兴属县诸暨，传统经济秩序的恢复工作却较早地被提上日程，恋天福董顺泰的谕令明确区分了土地类型及相应的钱漕数额，田赋负担不重；[②] 另一平复业主对立情绪的举措则是诸暨当局在立政之初即肯保障土地所有者的收租权益，以告示的形式宣布"佃户尤当照额完租"，"倘有托词延宕，一经控追，抗租与抗粮同办"。[③] 基于上述原因，从诸暨及周边地区投奔而来的地主对太平天国土地田赋政策不满的诉说，包立身听闻的应该很少。在地租方面，包立身是自耕农出身，属于粮户，对田赋政策的关注自然多于地租。且包村位于一面东北—西南走向的大缓坡上，山多田少，多系自耕农耕种世代相传之水田，少地主，乏望族，这种地理环境和社会结构也决定了包村民众对地租政策的关注不多。在包村起事前后，即 1861 年冬，绍兴当局在事实上执行限制租额的政策，会稽县出示"凡有田者，得自征半年租"，[④] 这在客观上对佃农是有利的。绍兴的佃农又乘战乱之际通过抗租迫使业主进一步让步，"去冬（咸丰十一

---

① 现存 3 张上虞县佐将黄给业户完纳下忙银执照，均颁发于同治元年八月，见浙江省博物馆、浙江省社会科学研究所历史研究室编：《浙江太平天国革命文物图录》，杭州：浙江人民出版社，1984 年，第 109、110、111 页。

② 《恋天福董顺泰为令完粮以济军饷劝谕》，罗尔纲、王庆成主编：《中国近代史资料丛刊续编·太平天国》（三），桂林：广西师范大学出版社，2004 年，第 119 页。

③ 《忠天豫马丙兴谕刀鞘坞等处告示》，罗尔纲、王庆成主编：《中国近代史资料丛刊续编·太平天国》（三），桂林：广西师范大学出版社，2004 年，第 125—126 页。

④ 张大野：《微虫世界》，中国科学院历史研究所第三所编：《近代史资料》总 6 号，北京：科学出版社，1955 年，第 89 页。

年冬）向佃户收租如乞丐状，善者给数斗，黠者不理或有全家避去者"。[1] 因此，避难至包村的佃农不会带来太多关于"凶租"的信息。[2]

通过上述分析，田赋和地租不构成包村反抗的主要经济因素。所以，在包立身的第二篇檄文中，有大段的文字控诉的是太平天国捐费杂税之繁重。这场农民反抗运动的发生具有综合性的诱发因素，其中民众抗争的根源在于对太平军苛敛重税、军纪败坏和破坏风习等社会、经济方面已经或可能发生的不良行为所产生的社会恐慌。当时太平天国虽已占领绍兴府城及诸暨县城，但实际并未完成对广大乡村地区的建政工作，大部分社会经济政略还未及在包村及附近地方展开，包村民众的对立主要起源于恐慌而非切实感受。故包立身民团不仅与大多数团练创建之初具有的政治背景不同，也与太平天国占领区发生的诸多士绅领导的抗粮抗税行动不同，抗粮抗税起于民众对太平天国田赋捐费等经济政略的切身感受。

太平天国时期的浙江，雨骤风狂。以乡农包立身为首的包氏集团，严重阻碍了太平天国政治权力向乡村社会的渗透，太平军誓必灭之。于是，数次较大规模的征剿行动伴随着诸暨包村血淋淋的抵抗与屠杀而发生。包立身及其势力集团，拥有当时其他太平军敌对势力所不具备的特性，如浓厚的"平民性"、强烈的"自保性"和系统的"集团性"。通过这些特性，以包村一区和有别于其他地方精英的平民精英包立身为个案，透视中国社会结构正悄然发生着某些变化，如地方军事化趋势、乡绅阶层及绅权的扩大、平民精英势力的崛起、异端宗教团体的增多等，或可发现，传统中华帝国的崩溃已在小小的包村初现端倪。

---

① 范城：《质言》，罗尔纲、王庆成主编：《中国近代史资料丛刊续编·太平天国》（四），桂林：广西师范大学出版社，2004 年，第 420 页。

② "收凶租"是指地主对农民收租苛重。见《壁昌李星沅奏为审拟昭文县金德顺等县民肇衅生事拒捕致死眼线案等事》，道光二十六年九月初六日，军机处录副奏折，档号：03-4072-049，中国第一历史档案馆藏。

在太平天国战争期间，在地方上除包村包氏外，还存在众多敌对太平天国的"第四方势力"——除清政府、太平天国、西方列强三股政治势力以外的地方精英阶层。在太平天国战争波及的地方社会，地方精英阶层的政治取向有所变化：一是以赵景贤、① 谢敬、② 苏镜蓉等为代表的地方士绅，他们大多拥有功名，依靠清政府的力量兴办团练，坚决反对太平军；二是以徐佩瑗、③ 费玉④等为代表的骑墙派，名义上向太平天国进贡归附，实际持观望态度，投机于清政府和太平天国两大政治势力之间，最后随政治局势的明朗纷纷倒戈；三是以包立身为代表的"平民精英"，他们起身微末，为"保卫桑梓"而战，最后联合并跻身于地方精英阶层，对清政府和清朝军队的依赖性小；四是还有少数地方精英如"莲蓬党"首领何文庆，⑤ 政治立场虽较为倾向太平军，但"听封而不听调"，拥兵自重，对太平天国仍有一定危害，最终被清军及其他地方势力消灭。地方精英阶层中的这四股势力都拥有相当数量的军队，起事的规模较大，持续时间较长。但是，太平天国对地方精英阶层的政策是失败的。在地方精英阶层中，由于大部分人对太平天国持仇视立场，因此太平天国政权始终也没能建立起对地方社会的有效控制，却在一定程度上造成了社会失控。据采访调查，包村失陷一年多后，幸存者才敢进入村子清理战场，于村中心建"忠义祠"，立石屋五间叠放尸骨，题曰："十万人墓"（见图3-4，大跃进期间被毁，改建为公房），

① 赵景贤，字竹生，浙江湖州人，恩科举人，1853 年在湖州兴办团练对抗太平军，1861 年清廷赏封按察使衔。1862 年太平军破湖州，赵景贤被俘，后在苏州被杀。

② 谢敬，字仲逸，浙江余姚人，1858 年奉命办团镇压余姚十八局佃农起事，1862 年 10 月在与太平军的战斗中被俘被杀。

③ 徐佩瑗，字少蓬，苏州人，清朝监生，后捐道员。1860 年兴办枪船对抗太平军，后受太平军招抚，封为燕爵。1863 年徐佩瑗联络太平军将领钱桂仁、骆国忠阴谋叛变降清，事泄被杀。

④ 费玉，又作费阿玉，本名费秀元，又名费玉成、费玉存，世居苏州吴江南町村，迁居周庄。1860 年兴办枪船，后受太平军招抚，封镇天燕。费玉 1862 年病死，其子费金绶继领枪船，公开与太平军作战。

⑤ 何文庆，浙江诸暨人，借办乡团之名组织"莲蓬党"，1861 年 10 月响应太平军，封志天义，镇守镇海、绍兴等地，1863 年 3 月病死于萧山。

图 3-4　包村"十万人墓"遗址

包村"社会失控"达一年以上。可以说，第四方势力——地方精英阶层——的政治取向，是关系太平天国存亡的重要因素之一。

包村事件是农民反抗农民起事的一个发人深省的案例。包村强烈抵抗的原动力，出自当时民间长期存在的"长毛妖魔化"意识。太平军的"妖魔化"，既是受清政府政治宣传的影响，也是后期太平天国残酷的农村政治、太平军军纪废弛及破坏性严重的恶果。统治绍兴的来王陆顺德就是一位嗜杀成性的广西"老兄弟"，他根本无意在辖地推行良性政治，一味残暴施虐，致使民怨沸腾。据采访调查，陆顺德率太平军围包村时途经枫桥地界的孔村，见到乡民为先人孔毓豸所立的"进士牌坊"，视之为"妖"，下令屠村。经此一劫，枫桥孔氏后裔几近消亡。诸暨一带百姓对太平军比较仇视，至今还流传有"一副长毛相，迟早要杀头"的民谣，有的地方流传着嘲讽太平军军纪的谚语"发军如梳，官军如篦"。

此外，包立身事件从一个侧面反映了后期太平天国历史的发展变迁。太平军以五王十数万兵力围困包村一隅，历时九个月，是太平军战力严重下降的预警。陈玉成、李秀成曾以数万之众消灭湘军六千人，取

　　　　　　　　　　　　太平天国再研究

得三河"大捷",包村之战更是以众敌寡的大兵团阵地战的典例。但东安义军无论是战力、装备还是给养都远不及湘军。包村之战太平军虽勉强获胜,胜利的代价却是极大的,一年多后,不但浙江太平军全线溃败,其都城天京最终也被湘军攻破。

(三)反抗苛政:沈掌大及"盖天王"起事

沈掌大,《花溪日记》作"沈长大",嘉兴海盐县澉浦镇人,以"灌园为业",① 家"赤贫",② 是一位菜农,起事时已 61 岁;③ 光绪《海盐县志》在《殉难绅士兵民姓氏》中录其姓名,特意标明"民人"身份,以示不同,确属平民层。④ 与包立身事件略有不同,沈掌大事件完全属于基层反抗事件,反抗群体以农民为主体,其针对的也是太平天国基层政权。沈掌大先于 1861 年 6 月 18 日聚集千余乡民至澉浦乡官局质问乡官姚成初,恰遇黄湾数百乡民亦来控诉,遂共同毁拆局屋、捆缚姚成初,又沿途捉打乡官;至 6 月 20 日,反抗队伍已聚集万余,又配合清军攻打海盐通元、屿城,失利而回。6 月 25 日,太平军大掠澉浦,并索首事诸人,沈遂于 7 月 3 日挺身就擒被杀。

对于沈掌大起事的因由,《花溪日记》记载颇详,大致可分为四类:一是勒贡。1861 年 4 月,太平军二克海盐,据城固守,"五月贼匪勒贡渐横,通元黄八十从贼设局,向承办七图贡银共万余千,已民不堪命。海盐全县核办三万两,至四月初七日,又勒加万五千,并欲征银,

---

① 光绪《海盐县志》卷 18《人物传·孝义》,第 85 页 b;民国《澉志补录》,《人物》,第 32 页 a。

② 浙江采访忠义总局编:《浙江忠义录》卷 5《沈掌大传》,同治六年(1867)刻本,第 12 页 a。

③ 光绪《海盐县志》卷 18《人物传·孝义》,第 86 页 b;民国《澉志补录》,《人物》,第 32 页 b。

④ 光绪《海盐县志》卷 18《人物传·孝义》,第 91 页 b。按,既往研究提及沈掌大事的很少,仅王兴福《太平天国在浙江》、郦纯《太平天国制度初探》及少数几篇文章有所提及,定其出身为"反动地主""地主劣绅"。

每两七折价二千零五十"。二是征税。同年 6 月，"又欲分门牌，写人丁，每牌乙元四角，每人日征廿文，每灶日一百，行灶五十"，可知有门牌费、人丁税、灶捐三种名目。三是完粮收租。6 月 16 日，太平军当局用枪船恐吓，"追完田银，士农畏其虎势，无不输钱完纳，仍以咸丰十年串票发之，至十一日共完千余"，"间有业主趁势收租"。四是乡官贪酷。"茶院陈雨春……向办贡事，暗中指点，自谓可以瞒众，至征银事起，遂与奸书王竹川盘踞局中"，"归应山亦从贼，先设完银局于其宅，名陆泉馆"，"访得殷富者五人，札谕为师帅，办门牌……藉此图肥，于是道路以目，敢怒而不敢言"，"七老亦打造枪船帮办局事，并私打先锋"，"两局立班房于黑暗处，上下立栅，止容四人，常五六人入焉，大炼系之，吓解屿城，必得清缴而出，轻者推入马棚"。若是能徐图逐项征缴，民众或可勉强应付，但事局的恶化在于"五月初九日，竟将门牌、灶费及外庄田银尽行发动，初十日为始，毋延顷刻，间有业主趁势收租，亦借枪船恐吓，追取甚紧"，"士民无所控告"，民已不堪重负。[①]

由上，海盐农民反抗的原因可概括为太平天国经济政策的苛刻和乡官政治的贪酷。与包立身起事不同的是，沈掌大起事的根源在于民众对太平天国社会经济政略的切实感受。在上述内容中，民众更加痛恶太平天国的苛敛；乡官政治虽然贪酷，对变乱有促发性，但他们的作为也是执行太平天国经济政策的体现。所以其他史料简要记述沈掌大起事原因，或以"责民贡献，将按户搜刮"概括，[②] 或以"各乡焚掠殆遍，又设伪官苛敛民财"总结，[③] 基本是指经济因素。太平天国经济政策的四

---

① 海宁冯氏：《花溪日记》，中国史学会主编：《中国近代史资料丛刊·太平天国》（六），上海：神州国光社，1952 年，第 679 页。

② 光绪《海盐县志》卷 18《人物传·孝义》，第 86 页 a；民国《澉志补录》，《人物》，第 32 页 b。

③ 浙江采访忠义总局编：《浙江忠义录》卷 5《沈掌大传》，同治六年（1867）刻本，第 12 页 a。

太平天国再研究

个方面——勒贡、征税、完粮、收租，其中勒贡是引发海盐民众对立行为的关键，光绪《海盐县志》载："时有贼首号葵天豫来城安众，号召吏民，旋令县差高掌三邀人办事，诡言必不扰害地方。未几，责令四乡贡献，追呼无虚日。章贼复向南乡逼勒巨款，妇女悉脱簪珥以畀之，士民莫不饮恨。"①

完粮和收租不是引发海盐农民反抗的主要因素。虽然1861年春、冬太平天国海盐当局有试图恢复传统社会经济秩序的努力，但受主客观环境掣肘，海盐地区的田赋征收工作直到1863年1—2月间才得以全面展开，然执行情况不佳，传统社会经济秩序未能成为太平天国施政的主流。在沈掌大起事前夕的1861年5—6月间，太平天国官方的田赋地租政策还未正式出台，征收工作也未全面展开。事件爆发的另一导火索也属于经济因素，黄湾乡官局的强买行为引发民众不满，"适黄湾数百人彼因上日局中强买，亦来寻衅"，②这恰与沈掌大的抗争行动一起促动了整个事件的发展。

沈掌大的队伍最终被定位为"民团"，③虽名其为团，不过"持扁担、涂石灰为号"的普通百姓，④凭血气之勇愤而聚之。时人叹其愚昧："民无纪律……稍遇劲敌，各自逃生……百姓不听令，兵者凶器，岂有手执木棍田器而能克敌攻城耶？"⑤后人感其义勇，评价说："是役也，乡民既无军械，遽思制梃以当凶悍之寇，本非万全计。徒以忠义奋发，万众一心，虽肝脑涂地有所不顾，亦可以愧世之临难苟免与夫甘心从逆者矣。"⑥另外，沈掌大事件之初的政治色彩较弱，乡民的目的不

---

① 光绪《海盐县志》卷末《杂记》，第49页a-b。
② 海宁冯氏：《花溪日记》，中国史学会主编：《中国近代史资料丛刊·太平天国》（六），上海：神州国光社，1952年，第680页。
③ 民国《澉志补录》，《杂记》，第70页b。
④ 光绪《嘉兴府志》卷31《兵事》，第56页b；光绪《海盐县志》卷末《杂记》，第49页b。
⑤ 海宁冯氏：《花溪日记》，中国史学会主编：《中国近代史资料丛刊·太平天国》（六），上海：神州国光社，1952年，第683页。
⑥ 光绪《海盐县志》卷末《杂记》，第50页a。

过是想问罪于乡官姚成初，获得海盐太平军当局对民众经济负担的减免。事件爆发后，乡民接连捣毁、焚烧乡官住宅，斗争形式维持原始的毁局殴官，在和屿城镇的乡勇、枪船接仗前仅有一起命案，且事出有因，乃为地保康毛毛坚持"负钱缴贡"（即"勒贡"）怒而杀之。这些表征体现了类似于普通抗粮抗税等群体性事件的自发性、突发性、本土性、武装色彩较弱和斗争手段原始等特征；反抗队伍无编制、名号、经费，亦无基本的训练、军纪，常见未临阵而溃散或中途逃避，甚至有捉人以壮声势的情形，"余尽胁从，虽属老弱，亦被赶逐北行，众皆股栗，行走如蜉蝣"，[①] 抗争队伍掺杂着大量胁从者，真正对太平天国有政治敌对意识的人是少数。他们在被成功动员集聚后，抗争队伍又与黄湾反强买的队伍汇流，这些都弱化了它的"团练"特征。

沈掌大本人的初始动机仅是"闻贼局狠暴，心怀不平，欲集众毁其局"，斗争对象指向"狠暴"的乡官局，根本无意组建一支与太平军对垒的军事力量；事败被俘后，沈坚称起事"皆怨国贼狠暴"，即指太平军和乡官苛政。[②] 所以诸多史料记其为"义民"，"故赤贫，敛所不及顾，独义愤"，[③] "倡义"起事，实非为一家私利。[④] 但需要指出，沈掌大并非完全没有政治野心。沈虽出身平民，但他与包立身一样属"平民精英"，在事件前已经因其出色的表现赢得了乡邻的尊重，"少刚勇，好饮善斗"，[⑤] "性颇侠，有智勇，明逆顺……适该图地保将澉局银事与商"，地保有事亦请教于他，知其有声望，再看他以"逆顺"二法激怒

---

① 海宁冯氏：《花溪日记》，中国史学会主编：《中国近代史资料丛刊·太平天国》（六），上海：神州国光社，1952年，第682页。

② 海宁冯氏：《花溪日记》，中国史学会主编：《中国近代史资料丛刊·太平天国》（六），上海：神州国光社，1952年，第679、683页。

③ 浙江采访忠义总局编：《浙江忠义录》卷5《沈掌大传》，同治六年（1867）刻本，第12页a。

④ 光绪《海盐县志》卷18《人物传·孝义》，第86页a；民国《澉志补录》，《人物》，第32页a-b；光绪《嘉兴府志》卷57《海盐孝义》，第43页a-b。

⑤ 光绪《海盐县志》卷18《人物传·孝义》，第85页b；民国《澉志补录》，《人物》，第32页a。

乡人（"遍问业主"，"遍问各佃"，"先以逆挑之不动，继以顺嫌之"），也知确有领导能力。事件向带有政治对立性质的暴动转变，也与沈本人的野心滋长不无关系。在拆毁澉浦镇乡官局并惩罚乡官姚成初后，有人提议："明日寅刻，起身去打通元局，再攻屿城。"沈立即表示赞同："众等如此，亦我一县之福。"此时沈掌大还未与清军有任何联系。至 6 月 20 日乡民攻屿城被海盐监军章阿五率枪船击败，沈掌大才想起联络清军，力挽败局。清方立即派出水师营千总尹殿祥及陆营把总陈长瑞带兵三百、船十余艘为前锋，联合沈掌大共击屿城。[①] 综上，沈掌大起事主要缘于民众不堪忍受太平天国的经济重负。在各项经济负担中，太平军的勒贡是主要方面，民怨沸腾，沈掌大以此激之，终酿剧变。

"盖天王"起事同样是参加者因切实的生活所迫。1863 年 9 月，盐枭陈三丫头聚众起事。"盖天王"并非首领代号，而是起事队伍的精神象征，起事者于海宁黄湾三神庙聚议，推庙中三神像为王，"所谓盖天王者，庙中元武帝也"。至 10 月，民间就有"盖天王"在绍兴被清军招安的传闻。[②] 太平天国嘉兴和海宁当局对起事者展开抓捕，但成效不大。11 月，饥民愈聚愈多，"招集饥民，投者无算，共万余"，太平军"亦畏势不敢动"。[③] 直到太平天国统治结束，这股主要由饥民组成的地方势力仍然没有被彻底驱散。

"盖天王"的队伍常被称作"土匪"，但他们已经像团练那样有了

① 海宁冯氏：《花溪日记》，中国史学会主编：《中国近代史资料丛刊·太平天国》（六），上海：神州国光社，1952 年，第 679—680 页。

② 沈梓：《避寇日记》，罗尔纲、王庆成主编：《中国近代史资料丛刊续编·太平天国》（八），桂林：广西师范大学出版社，2004 年，第 218 页。按，这可能是土匪军队内部的分化，被招安者是倾向于清朝的一方，另一方则坚持以"起义军"的形式在太平天国占领区活动，至 1864 年 1 月太平军对"盖天王"全面讨伐，被俘者的供词仍然没有任何投向清军的迹象。

③ 海宁冯氏：《花溪日记》，中国史学会主编：《中国近代史资料丛刊·太平天国》（六），上海：神州国光社，1952 年，第 712、711 页。

明显的政治诉求，"公然旗帜"，① "于庙中起义"，② 斗争对象直指太平天国政府和太平军，"所行劫者或系土行、公估庄，及偕长毛合开山货行等，以及乡官司马、百长之家，皆系不义之财……兼有文书至乌镇伪文将帅何借粮，何亦畏而与之"；③ 1863 年 12 月 20 日，首领陈三丫头领众千余，与太平军战于袁花各镇，一路杀太平军 30 余人，一路"先焚烧市梢局卡，都宅乡官局焚烧尽，局匪先已逃亡"，又在朱字桥、花龙桥等处进攻太平军营垒。④ 故"盖天王"的队伍绝非一般打家劫舍的土匪，可以"民团""起事"视之。

"盖天王"事件是太平天国占领区农民因灾荒、饥馑起身反抗的典型案例。1864 年 1 月，太平天国桐乡当局逮捕了 3 名"盖党"，经军帅姚福堂审讯，录有如下供词："我等本良民，饥寒所迫，故为行劫之计……我等奉义而行，故所劫皆至公无私，本系饥民，不劫则死，死固分内事，子欲杀，则竟杀之可也；若根究主使，则天神也，不可得也；若诛党与，则随地皆在，不啻数万人，不可胜诛也。"⑤ 这篇"民不畏死奈何以死惧之"的慷慨陈词很难想象是出自被太平天国政府定性为"叛逆"的"盗匪"之口，但饥民的背景和为生存起身反抗的动机，实为这场起事增添了一些正义。

饥民的形成是因海水倒灌内陆以致土地无法耕种，"海塘圮后，禾

---

① 海宁冯氏：《花溪日记》，中国史学会主编：《中国近代史资料丛刊·太平天国》（六），上海：神州国光社，1952 年，第 711 页。

② 沈梓：《避寇日记》，罗尔纲、王庆成主编：《中国近代史资料丛刊续编·太平天国》（八），桂林：广西师范大学出版社，2004 年，第 228 页。

③ 沈梓：《避寇日记》，罗尔纲、王庆成主编：《中国近代史资料丛刊续编·太平天国》（八），桂林：广西师范大学出版社，2004 年，第 227—228 页。

④ 海宁冯氏：《花溪日记》，中国史学会主编：《中国近代史资料丛刊·太平天国》（六），上海：神州国光社，1952 年，第 713 页。

⑤ 沈梓：《避寇日记》，罗尔纲、王庆成主编：《中国近代史资料丛刊续编·太平天国》（八），桂林：广西师范大学出版社，2004 年，第 228 页。

田斥卤不能种植，居民不复粒食，因相从行劫，附之者日众"。① 盐贩的失业，《避寇日记》归因于太平军当局实行食盐公营专卖制度，导致盐贩无利可获，遂以劫掠为生。盐专卖制自古有之，盐政是国家大计，历朝政府十分重视，清政府亦如是。清朝盐法主要采取官督商办的形式，私盐屡禁不绝，而太平天国实行完全垄断，或由乡官日常经理，或设专职负责，食盐销售权收归地方政府。禁贩私盐，既可遏制国家财富流失，又可防止商人囤积居奇，从中牟取暴利，历代政府均以厉行，原就无可厚非。但食盐是民众的生活必需品，政府涨价专卖，代盐商牟利，非但一般商人无利可图，连普通百姓家的基本生活所需也深受影响，像常熟、昭文一带征收的"吃盐费"，② 全无公道，只能激化社会矛盾。

"盖天王"因"盐""食"起衅，这两项是民众最基本的生活需求，可见海宁和海盐太平天国政府连基本的社会安抚都没有做到。虽然整起事件反对太平天国的政治性显著，但不能掩饰民众投身反抗的朴素初衷，即求生存。与其他两起事件相比，由于这支队伍的组成基本上是在死亡线上挣扎的人，故"官逼民反"的色彩更加浓厚。

比照包立身、沈掌大和"盖天王"三起平民领导的武装起事肇因，无论是社会恐慌还是切实的苛政压迫，它们均反映了民众求生求安的朴素初衷，即反抗内容基本都是与民生相关的经济问题。虽然各事件的具体抗争内容因事件类型、发生地域、社会经济背景不尽一致，成因的侧重点也有所不同，但民众通过反抗的实际举动表达对太平天国社会经济政略的不满却是一致的，常见的抗争内容包括捐费、贡献等经济政策，以及政策实践的原则、方式和效果。从抗争对象分析，民众的主要抗争

---

① 沈梓：《避寇日记》，罗尔纲、王庆成主编：《中国近代史资料丛刊续编·太平天国》（八），桂林：广西师范大学出版社，2004年，第213、227页。

② 汤氏：《鳅闻日记》，罗尔纲、王庆成主编：《中国近代史资料丛刊续编·太平天国》（六），桂林：广西师范大学出版社，2004年，第350页。

对象是乡官，乡官政治的贪酷和无序——政策执行者的偏差，是这些反抗事件形成的共同因素，但太平天国的乡官政治主要还是侧重于体现太平军当局在经济政策方面的实践。可见，太平天国占领区的社会状况反而较旧有社会秩序有所退步，贡役制社会秩序和传统社会经济秩序并行的弊端不断暴露，在有的地区太平天国甚至连基本的民生维系都没有做到，激发了民众对太平天国社会经济政略的反抗。这说明，普通民众与太平天国的对立，主要是自身利益的对抗，而非政治立场的对立。所以，太平天国只要能维护好广大民众的利益，就能在长期的反清战争中争取到主动权。可惜太平天国在实践中犯下了严重错误。

以农民与太平天国的关系为例，它们之间的关系表现为对立统一的实质。太平天国的领导者并未真正深入持续地关注农民，因此没有得到全体农民的支持，造成农民的分化。在运动发展过程中，太平天国的领导者出于广泛社会动员、寻求地方合作的需要，部分地反映了农民的利益诉求。而农民获得土地的强烈要求，也没有以对太平天国的支持换来满足。太平天国对农民利益诉求的反映由前期至后期愈加淡漠，这是太平天国从"得民心"到"失民心"的一个重要原因。

太平天国为广大民众描绘并许诺了一个完备且美好的愿景，在一定程度上代表了广大民众的利益，以此广泛动员民众加入，其反抗规模、烈度均属空前，沉重打击了清王朝。但在长期战争条件下，太平天国的各项政策和措施、各级政权官员和各级太平军官兵的表现又可能背离了这些目标，引发了像包立身、沈掌大、陈三丫头这样的平民领导的政治性反抗事件。民众的反抗是民众不满情绪达于极点的宣泄，是社会动荡程度的重要衡量表。这些反抗传达着另面的历史信息，毕竟群众突破了抗粮抗税抗租之类的传统斗争模式，上升到权力诉求和政治倾覆的层级，已经对现政权忍无可忍，只能揭竿而起了。这说明太平天国后期的基层统治确实出现了不合理与暴力压迫的严重问题。最终，太平天国逐渐陷入同清军、团练、外国雇佣军和普通百姓同时作战的四面楚歌之境地，很快陷于倾覆。太平天国由兴起到倾覆的历史过程，由天下云集响应到民变蜂起的历史流变，深刻诠释了人心向背是一个政权能否长期延续发展的关键，正所谓"仁义不施而攻守之势异也"（贾谊《过秦论》），"其兴也勃焉，其亡也忽焉"（语出《左传·庄公十一年》）。当然太平天国最后的失败并不完全是由于农民造反，是内外因素合力作用的结果。

但是，如果因为存在部分民众对立或反抗的现象，我们就完全否定太平天国运动的历史作用则是偏颇的。对部分民众与太平天国的对抗，要具体分析对抗产生的原因，这里有民众对战争造成日常秩序破坏的恐惧，有生计水平下降甚至不能维持的不满，有对政治正统和传统忠孝、贞节观念的坚守，甚至还有基于乱世出英雄判断的投机。对太平天国后来的各项政略存在的问题以及军纪吏治方面的不良表现，一要考虑到战争的客观环境，二要考虑农民群体的局限及旧式农民运动的历史规律，三要考虑到太平天国前后期的变化。对这几个方面的总体衡量，还要把握清政府统治的合法性问题和历史发展的趋势。

四　人员构成及权力结构

从 19 世纪四五十年代的道光咸丰时期，到 60 年代初太平天国统治时期，江南民变愈演愈烈。江南民性素称温和，也部分趋于反抗，说明处此社会环境下的某些群体已经到了难以忍受不得不反的地步。

本节根据太平天国时期的时代特色，综合民变领导者和参与者的社会地位、从事职业、知识层次、存在状态各划分标准，对相关史料记载的人物常见身份类别进行归纳和分类。大致有如下几类：士阶层，指举人、贡生、监生、生员、革生、武生、童生等群体。边缘层，指无功名之儒生文人（正在读书应试的儒生，无功名的塾师、医生等）、庶民地主、庶民富户等群体，介于士民和平民之间。从明清时期到晚清、民国，由于社会经济的发展和社会结构的变化，士阶层对地方社会资源和权力的垄断被新兴群体突破，边缘层在传统社会秩序的稳定和延续方面扮演着积极角色。游民层在社会上代表了一个特殊而广泛存在的阶层，① 本书是指无稳定职业，史料未标明其他身份的群体，比如史料中常见的莠民、奸民、刁民、无赖、流棍、地棍等，流民、饥民、灾民、难民等。② 此外还有"农民""工匠""商贩"等阶层。在区分各阶层的具体身份类别时，只好认为"士阶层""农民层"、工商业者等阶层与"游民层"有着相对稳定的界限。这不会对民变人员构成的量化分析造成绝对影响。因为"游民层"的主体仍是其本意的身份属性，史料对民变人员游民身份的指涉也多以其本意为主，含混不清者是少数。当然，这里不是严格的阶层划分，可能存在身份类别重叠的情况，且各

---

① 毛泽东在《中国社会各阶级的分析》中称之为"游民无产者"（《毛泽东选集》第 1 卷，北京：人民出版社，1991 年，第 8 页）。

② 官方、士子和百姓对民变领导人可能有不同定位。如对抗领门牌事件，《鳅闻日记》的作者汤氏出身不高，他对参与者的身份描述比较中性，称之为"民人"［汤氏：《鳅闻日记》，罗尔纲、王庆成主编：《中国近代史资料丛刊续编·太平天国》（六），桂林：广西师范大学出版社，2004 年，第 325 页］，这种看法应与普通百姓接近。同样是抗领门牌事件，太平天国官方将"叠次抗违不缴"的姚黄等庄十余户人家称为"玩户"（太平天国历史博物馆编：《太平天国文书汇编》，北京：中华书局，1979 年，第 204 页）。地方史志则站在太平天国敌对的立场上，光绪《奉化县志》和光绪《忠义乡志》对村民沈国章抗缴门牌费的行为表示赞赏（光绪《奉化县志》卷 11《大事纪》，第 19 页 a-b；光绪《忠义乡志》卷 16《大事纪》，第 16 页 a-b）。即使是同一位作者对同一事件在不同时期也有不同评价。《自怡日记》的作者龚绪熙是个秀才，以教书为业，他在日记中对常熟士子联名投禀控诉帅朱又村一案有记载。1861 年 12 月 11 日的日记记："闻新进文者官统制，武者官□□，防后来试士裹足。不令留京，回籍包揽词讼，阴图局规怂人，捏浮收之弊，诬告乡官，朱局遂至被控。"朱又村是"同知衔西村之子"，官绅出身，龚对朱抱有支持和同情心态，将非正途出身的士子之举视作"诽谤"。但 1862 年 10 月 5 日的日记又改变语调："虽官斗加五而上不过三斗，乃五师合租粮为一局，竟收至七斗，至有三十六人之投禀；而朱又村之局几发丧其殆，上赊下馈，费及几千，向所剥削，惜亦无多留也。"此时龚又村可能对朱的为官为人有了进一步了解，士子投禀之事又被他视作正义之举。龚又村：《自怡日记》，罗尔纲、王庆成主编：《中国近代史资料丛刊续编·太平天国》（六），桂林：广西师范大学出版社，2004 年，第 82、116、117 页。

身份类别之间的界限本就不稳定，有的人可以实现身份转换，有的人兼有多重身份。所以本节仅涉及在记载民变的史料中常见的人物身份类别，观察哪些可以归入何种群体，不刻意强调身份类别的重叠部分和阶层界限。尽管记载民变的历史文献对事件领导人和参与者身份背景的描述存在局限，但是初步统计的结果所呈现的趋势和比例，符合这一时期主要史料所反映的社会发展基本走势，有助于加深对该时期民变宏观状况的了解。

（一） 领导人和参与者的量化分析

据本书统计，太平军治下江南的民变计 70 起，其中由士阶层和边缘层作为事件主要领导者的比重最大，占民变总数的 24.29%。因边缘层作为士阶层的延伸和扩展，两者间的界限存在交叠。实际上，史料记述对此很少区分，如 1854 年 6 月，安徽黟县抗粮事件的领导者为"各乡绅董"，史料没有说明"绅董"是否具有功名。[①] 鉴于晚清以来"士绅"内涵的模糊性，较可靠的方法是认为这次事件是由士阶层和边缘层共同领导。再如，1861 年 1 月，常熟昭文西北乡民众反太平军掳掠的行动，史料虽没有记载领导者的身份，但事件明显由前一日（1 月 30 日）太平军"穿陈益芳去"而起。陈益芳的身份是富户或有声望者，《庚申（甲）避难日记》的作者（蒙馆老师）称其家为"黄莺沙陈家宅"，太平军"烧其门槛烘火"，[②] 陈姓或在"边缘层"中。陈某被掳之事刺激到同等身份地位的人，他们感到生命财产受到太平军威胁，因此可能也是边缘层成员首先倡议行动。至于领导者有无功名，是否士子，

① 佚名：《徽难全志》，南京大学历史系太平天国史研究室编：《江浙豫皖太平天国史料选编》，南京：江苏人民出版社，1983 年，第 295 页。

② 佚名：《庚申（甲）避难日记》，罗尔纲、王庆成主编：《中国近代史资料丛刊续编·太平天国》（六），桂林：广西师范大学出版社，2004 年，第 211 页。

史料没有提及。又如 1862 年 3 月，浙江秀水民众上书抗争的例子，乡人联名上禀军帅 30 余次，请求严惩掳掠士卒。① "集体上书"是传统时代"士变"的主要形式之一。当然边缘层因具备文字书写能力，也可以领导上书，且事件本身波及范围较广，无法排除边缘层成员的领导。所以不妨把民变的士阶层领导者和边缘层领导者合而为一，作为知识分子群体看待。那么在太平军治下的江南乡村，除去不明身份的民变领导者，由知识分子领导民变的比例占 24.29%，远远高于游民层（8.57%）、农民（8.57%）和商贩（2.86%）。

平民层领导民变的比例合计为 20%，低于知识分子领导民变的比例。这证实太平军治下江南民变领导者的主体是由士阶层及边缘层文人构成的知识分子。一方面，这符合传统时代地方社会关系网络的基本特征，知识分子比平民层更适合、更有责任担负维护地方利益的职责；另一方面，作为纳税人和土地拥有者，他们的利益在战争中首当其冲；再者，作为刚刚从旧社会结构中分化出的群体，他们的反抗行动说明现有社会结构不稳定，至少在共同经济利益方面他们还未完全认同新政权。

太平军据守江南前 20 年间，同区域的 104 起民变的领导者，身份比例略有不同。除去不明身份的民变领导者，游民层作为主要领导者的比例占民变总数的 35.58%，居首位，远高于知识分子（17.31%）和农民（3.85%）、工商业者（3.85%）。该时期民变领导者的主体是游民层，或与鸦片战争后 20 年间游民层数量激增有关。这些人大多数依附于城乡经济寻求生存，逐渐成为社会不安定因素。而太平天国战争对江南社会经济冲击巨大，同时增加了社会流动，游民层在各阶层中流动性较强。由于太平天国实行对城市军事管制的政策，限制了这部分群体的生存空间，而乡村地区社会经济条件不及城市，且亦饱经战乱，不是游

---

① 沈梓：《避寇日记》，罗尔纲、王庆成主编：《中国近代史资料丛刊续编·太平天国》（八），桂林：广西师范大学出版社，2004 年，第 107 页。

民层首选的依附渠道，于是避乱外出和流动是他们战时优选。太平天国乡村基层政权对游民层的吸收和利用也可能造成游民层领导比例下降，没有离开故土的游民层选择依附或投效太平天国牟取利益不失为上善之道。①

　　19世纪40—50年代，知识分子领导的民变占江南民变总数的17.31%，高于农民和工商业者领导的民变比例之和。可见知识分子在民变的领导和动员中发挥了重要作用，并且保有较高的主动性和积极性。比太平军统治时期比例低，说明太平军治下知识分子参与民变的积极性增强。但太平天国统治时期知识分子在民变中的领导地位和他们领导民变的量不能作为"绅权"扩张的表现。一方面，他们本来就在传统地方社会事务中掌握主动权，领导民变是由他们的客观条件决定的；另一方面，正是因为知识分子的权利被压榨或形成利益冲突，他们才被迫出面抗争，抗争的目的是维护既得利益或要求合理权益，权力展现和扩张不是第一位。但知识分子主动领导地方武装，造成地方军事化，影响政治权力对地方社会的控制，则属另类情况。②

---

　　① 游民层和太平天国合作主要有三个渠道：一是加入枪船或团练，二是加入太平军，三是加入乡官基层组织（出任乡官或服务基层）。合作方式分主动投靠和被动应招。主动投靠如《漏网喁鱼集》载："是时各处有不守分之匪类，投入贼中，作为乡官，指点谁富谁贵"，"如有品节之人，悉皆隐避，而无赖之徒皆甘心从贼也"（柯悟迟：《漏网喁鱼集》，北京：中华书局，1959年，第48—49、52页）。《虎口日记》载："充乡官多市井无赖"［鲁叔容：《虎口日记》，中国史学会主编：《中国近代史资料丛刊·太平天国》（六），上海：神州国光社，1952年，第802页］。《桐乡县志》载："设立军帅、师帅等名目，招邑之无赖者充之"，"于是四乡博徒土棍及地保皆作伪乡官"（光绪《桐乡县志》卷20《杂志类·兵事》，第8页b、10页b）。《嘉定县志》载："各图保长除现年夫束承充外，半皆游民顶充，武断乡曲，遇事生风"（光绪《嘉定县志》卷8《风俗》，第6页a）。被动应招如《贼情汇纂》载："贼数十百人住于村内，一半日尚无举动，觅得此村此庄无赖之民，饮食而抚慰之，转令沟通富户奸细劣小，访问窖藏所在，许掘得分给"，"如医卜星相江湖技艺者流，漂泊无定，迁变不常，且无室家系恋，一入贼中，语言合拍，计划同心，未有不亲之信之，优礼以待之者"［张德坚：《贼情汇纂》，中国史学会主编：《中国近代史资料丛刊·太平天国》（三），上海：神州国光社，1952年，第272、295页］。

　　② 孔飞力认为团练是地方军事化和绅权扩张的表现，最终导致地方社会结构重组、传统名流解体。参见［美］孔飞力：《中华帝国晚期的叛乱及其敌人：1796—1864年的军事化与社会结构》，谢亮生、杨品泉、谢思炜译，北京：中国社会科学出版社，2002年，第217—232页。

两个时期农民和工商业者领导民变的比例均较低，特别是工商业者在两个时期领导民变的比例均不及 5%，显示这一群体在民变中的积极性不高或相对保守。通常情况下，只有在自身利益遭受直接损害时，如捐费多、非常规勒派等情形下，工商业者才会挺身而出。典型的案例是1861 年 6 月 19 日，嘉兴新塍商人反太平军勒派的罢市行动，"因长毛施天燕索金子三百五十两，新塍不能供故也"，直接激起商人们前所未有的愤怒。① 与三四十年后辛亥革命前商人群体自觉抗争意识的增强明显不同，传统时代真正由商贩铺户主动领导罢市的例子鲜见。商人罢市，有的是他们害怕受战乱波及而歇业闭店，《花溪日记》常见"罢市"之词，"长安、海宁二月廿六日罢市，嘉兴三月初一日罢市，俱迁逃一空"；"湖州、长安等处复罢市"；"当门紧闭罢市""花溪闻风亦逃亡罢市"；"因捉船闹事……罢市皆走"；"掳人罢市，渐掠乡里"。② 这些都是商人的紧急应对。还有商人偕同卷入民变的情形，如 1860 年，宁波鄞县抗税罢市行动波及千人以上，"一日街上喧哄，市民焚香，候考棚（团练公馆）外者不下千人。市民跪禀为巡夜索费，坊保带同乡勇向市中铺户强取巡费，街民不服，相率闭市"，③ 商人的行动比较明显地附从于市民（市镇之民）。

工匠和商人一样，在传统时代领导民变的事例不多。据统计，在太平军治下仅有 1 起工匠参与的民变。只有直接关涉生计，工匠才会被迫出来维护自身利益。工匠和商人的自觉抗争意识薄弱是长期以来传统社会结构模式以及由此形成的集体心态造成的。毕竟在两千余年的小农社会中，他们不是统治阶层关注的重点。传统社会结构在近世经历了大变动，社会经济的发展、工商阶层比重的扩大、思想的解放、新式行业组

① 沈梓：《避寇日记》，罗尔纲、王庆成主编：《中国近代史资料丛刊续编·太平天国》（八），桂林：广西师范大学出版社，2004 年，第 51—52 页。

② 海宁冯氏：《花溪日记》，中国史学会主编：《中国近代史资料丛刊·太平天国》（六），上海：神州国光社，1952 年，第 659、661、662、678、721、723 页。

③ 段光清：《镜湖自撰年谱》，北京：中华书局，1960 年，第 180 页。

织的形成，促生了 20 世纪初联合罢工、罢市的全国串联式工商运动，然而这种现代性在仅仅 30 多年前的咸同兵燹时期尚没有丝毫映现。

19 世纪 40—50 年代江南民变领导者身份类别比例的显著变化是游民层领导民变的比例超过知识分子而跃居首位。这可能是由鸦片战争后江南地区社会结构变动造成的。经太平天国战争，太平军治下民变领导者身份类别的比例重新回归传统时期的常态，即知识分子为领导主体，平民层次之，游民层又次之，反映了该时期民变领导形式、领导背景具有传统的延续性。但这一"常态"也仅是针对太平天国统治时期和江南区域而言，不具全国范围的代表性。

总体来看，两个时期的民变中，农民成为事件的参与主体，作为主要参与者的事件比例均在 85% 以上。以农民为主体的平民层在参与者的比例中占绝对优势，他们在民变中主要提供士阶层、游民层均无法提供的人力资源和体力支持。可以说在整个运动发展过程中，农民的付出是最多的。两个时期各阶层作为参与者的比例分布大致相同，农民是事件参与者的主体，其次依次为知识分子、游民层、工商业者。唯一存在的明显差别是在太平军治下的民变参与者中，"市民"群体异军突起，其作为主要参与者的事件比例为 25.71%，超过知识分子和游民层（均为10%）。这里的"市民"是相对于居住在乡村的"村民""乡民"而言的"市肆之民"，史料记载主要指居住在市、镇的"镇民""里民"，不是像欧洲社会那样随同资本主义经济发展起来的拥有市民权的"市民阶层"。

在 19 世纪 40—50 年代江南乡村民变之主要领导人与参与者的身份类别中，妇女、僧道、会党等构成的其他身份类别比例不小，作为主要参与者占 6.73%，作为主要领导者占 9.62%。妇女作为事件的主要领导者，往往被官府视作男性的怂恿而不予追究。在 1856 年嘉兴桐乡饥民攫食的集体行动中，还能看到妇女领导者的身影，"妇女幼孩千百成群，以为殷户莫可如何，长官亦难禁止"，最后官府"择为首之妇女惩办一人以警大众而此风遂息"。① 在太平天国统治时期，几乎未发现类似群体作为事件的主要领导者或参与者的情形：僧道有悖于太平天国宗教而被明令禁止；会党被同化收编，或自行其是，或与太平军敌对；妇女人口大量流失。但余治的《江南铁泪图》绘有一幅"携孤觅食节妇呼天"图，妇女可能还在咸同兵燹时期难民、饥民、流民抢米坐食等集体行动中扮演一定角色。②

(二) 知识分子在民变中的领导角色

在多数案例中，知识分子是主要领导人，农民是参与者的主体，两者组成相对稳定的联盟格局是保障民变有效动员并取得良好预期的前提。③

知识分子对经济生活的感触较为敏感，因为他们可能受到的压力和攻击是双向的。其一，更有可能作为有产者，特别是粮食的直接拥有者，因之常在文献中被记作"产户"，他们会在抢米暴动、饥民攫食、流民闹赈和佃农抗租运动中成为直接遭受攻击的对象。凡以业户、富户为抗争对象的案例均说明了这点。其二，更有可能作为土地拥有者和法定纳税人，在政府试图增加财政收入的时候，又往往表现出积极的抗官性。类似在夹缝中求安的处境在战争时期显著，使太平军治下的知识分子表现出较强的攻击性。这是太平军统治时江南知识分子作为主要领导者的事件比例较太平军据守江南前 20 年间有较大回升并跃居首位的一个重要原因。知识分子在民变中的双重角色使他们通过长期实践积累了

---

① 同治《桐溪记略》,《保卫乡里记》, 第 8 页 b。

② 余治（寄云山人）:《江南铁泪图新编》, 同治十一年（1872）刻本, 第 22 页 b—23 页 a,
北京大学图书馆藏。

③ 民变发生有动态的过程和动员机制, 参见寺田浩明关于明清时期法秩序中"约"的性质的
研究。[日] 寺田浩明:《权利与冤抑：寺田浩明中国法史论集》, 王亚新等译, 北京：清华大学出
版社, 2012 年。

丰富的处理地方社会事务的领导能力、应变经验。一般情况下知识分子在事件中拥有的关键性地位绝不仅是由于他们具有动员或指挥运动的文化知识，还有赖于他们对官场情况的熟识以及在长期斗争实践中形成的斗争技巧。正如萧公权所说，对抗现存政权体系的"叛乱"取得不同程度的成功所具备的条件之一是"运动得到绅士和文人提供的有力领导，他们为运动带来组织和技术"。① 太平天国时期也常见知识分子领导民众反抗清政府的案例。1853年太平军进军安庆，皖北各地"土匪蜂起，肆行抢掠，千百成群……其中兼有生监武举为首，拒捕杀人，良民惊扰"。② 粤西湘南一带，"有一阶半级者，即怙势与官抗，官不敢言催科事"。③

失意的知识分子，由于在科场和官场的抱负未得到全部满足，对政治和社会现实的不满情绪高涨，与处境相对较好的知识分子相比，他们在社会运动中更可能挺身而出担负领导角色。一是因为他们同样具备领导民变所必需的文化知识——尽管知识技巧可能不够成熟，社会位阶还不够高；二是因其感于前途黯淡、进身无望的苦闷与愤慨，较易转化为对现实政治的敌视。英国驻上海领事密迪乐对当时失意知识分子的观察颇具代表性："所有在省试落败的人均是无官阶的平民，他们与从未取得生员身份的数以万计的功名候选者，所拥有的可付诸实践的文化能力与当政官员无异。其中许多人冒着失去功名和遭受制裁的风险，扮演职业性煽动游说者的角色。这些人常为私利威胁和牵制地方官府。"④ 一旦这些人在民变中发挥作用，成功的可能性就会变大。太平军治下的江

① ［美］萧公权：《中国乡村：论19世纪的帝国控制》，张皓、张升译，台北：联经出版事业股份有限公司，2014年，第608页。

② 《工部左侍郎吕贤基奏报皖省股众蜂起拟暂驻宿州剿办折》（咸丰三年二月十八日），中国第一历史档案馆编：《清政府镇压太平天国档案史料》第5册，北京：社会科学文献出版社，1992年，第264页。

③ 李慈铭：《越缦堂日记》第6册《息荼庵日记》，扬州：广陵书社，2004年，第4472页。

④ Thomas Taylor Meadows, *The Chinese and Their Rebellions, Viewed in Connection with Their National Philosophy, Ethics, Legislation, and Administration*, Stanford, CA: Stanford University Press, 1953, pp.27-28.

南地区由士阶层和边缘层文人领导的民变案例均获得不同程度的有效动员或得到令人满意的结果。常熟东乡王春园领导的抗粮"从者千人"，"四乡闻风来聚，二万余人"，规模庞大。王春园的身份是"医士"，但他有"百亩田产"，[①] 又与监生绅董钱伍卿有交，绝非普通医生。[②] 事后王姓虽向常熟太平军当局请罪罚银，但"一图竟霸不完粮，乡官亦无奈何，终寝其事"。[③] 1862 年 2 月，台州太平县有"新河匪徒王玉兰聚众千余，将赴乐清，先经县城肆掠，城中大惊"，乡绅林振扬率乡民阻抑，监军林少筠飞禀台州守将李尚扬将王玉兰部调走。林振扬的身份是清朝武生。[④]

传统时代知识分子的失意，主要是由政治系统的输入和输出失衡所致。清政府通过限制生员名额，以减少知识分子的输入。但随着清代人口数量激增，平民上升或知识分子晋升的渠道被进一步窒碍，出现知识分子恶性壅塞的现象，"宿学硕儒，砥行立名，蹉跎而不得进，终于褴衫席帽，赍恨入棺"。[⑤] 有学者统计 19 世纪 50 年代经县试到会试的最终录取率仅为 1/6000。[⑥] 有限的名额及地域配额不公加剧了科考竞争，严重压缩了原本基数庞大的士子队伍垂直流动的政治空间，这在人文锦绣的江南地区特别突出。此外，科场舞弊"相习成风，恬不为怪"，"以故虽素负文名之帘官，取中亦鲜有佳卷，其精神全注条子故耳"。[⑦] 清

① 汤氏：《鳅闻日记》，罗尔纲、王庆成主编：《中国近代史资料丛刊续编·太平天国》（六），桂林：广西师范大学出版社，2004 年，第 345 页。

② 顾汝钰：《海虞贼乱志》，中国史学会主编：《中国近代史资料丛刊·太平天国》（五），上海：神州国光社，1952 年，第 372 页。

③ 汤氏：《鳅闻日记》，罗尔纲、王庆成主编：《中国近代史资料丛刊续编·太平天国》（六），桂林：广西师范大学出版社，2004 年，第 345 页。

④ 叶蒸云：《辛壬寇纪》，罗尔纲、王庆成主编：《中国近代史资料丛刊续编·太平天国》（五），桂林：广西师范大学出版社，2004 年，第 369、373、374 页。

⑤ 陆以湉：《冷庐杂识》，北京：中华书局，1984 年，第 137 页。

⑥ [美] B. A. 埃尔曼：《明清时期科举制度下的政治、社会与文化更新》，《国外社会科学》1992 年第 8 期。

⑦ 欧阳兆熊、金安清：《水窗春呓》，北京：中华书局，1984 年，第 24 页。

代中叶以后政府为筹备军饷，广开捐纳，"凡贡、廪、增、附捐银五千者，赏给军功举人，一体会试。监生曾经录科已取者自必文理通顺，亦应准其报效。其平人捐银三百两者，赏给军功附生，归入学册，准与科、岁等考"。[①] 时人评说："目今仕途壅塞，捐班捷径，小人拥挤，贤人屏退，其故何也？盖士人多贫，益发无力趋附。"[②] "异途"入仕之门大开，对安命于科举，寒窗苦读终生无悔的士阶层特别是贫寒子弟尤其不利。从这个层面说，人们通常认为的科举制度的"平等精神"确实值得质疑。科举式微、科场腐败必然加剧士子仕途困厄，取得功名或跻身仕途的希望渺茫又进一步促使他们利用自己的优势牟取私利，最常见的形式是包揽钱粮词讼，或与官互斗，或与官同流。19世纪中叶，江南地区领导和参与民变的知识分子的文化背景基本符合这一类型。

造成知识分子失意的另一种情形不是生员名额过少而是过于冗滥。生员名额过少会堵塞知识分子晋升渠道，过多则会直接产生生员入仕瓶颈，如宋代重文抑武格局下的士子泛滥。两种情形束缚的对象层次不一，范围不一，但都是在遏制纵向的政治流动。太平天国推行低门槛的科举实践，天京会试"准举、贡、生、监、布衣一齐入场，不拘新举子，亦借求才之意，诱进群儒"，[③] "无论何色人，上至丞相，下至听使，均准与考"，[④] "无虑布衣、绅士、倡优、隶卒，取中即状元、翰林诸科"。不仅选录标准宽泛，录取率也极高。1854年湖北乡试"入场未及千人，取中者八百余名"。[⑤] 同年安徽乡试"应试者二十七县，中举

---

① 赵烈文：《落花春雨巢日记》，太平天国历史博物馆编：《太平天国史料丛编简辑》（三），北京：中华书局，1962年，第23页。

② 柯悟迟：《漏网喁鱼集》，北京：中华书局，1959年，第27页。

③ 龚又村：《自怡日记》，罗尔纲、王庆成主编：《中国近代史资料丛刊续编·太平天国》（六），桂林：广西师范大学出版社，2004年，第68页。

④ 张汝南：《金陵省难纪略》，中国史学会主编：《中国近代史资料丛刊·太平天国》（四），上海：神州国光社，1952年，第721页。

⑤ 张德坚：《贼情汇纂》，中国史学会主编：《中国近代史资料丛刊·太平天国》（三），上海：神州国光社，1952年，第111、112页。

人七百八十五名"。1855年江西湖口县试，"十人取九，其不取者，贼谓有妖气"。① 1857年安徽乡试，仅潜山一县即"中伪文举人八十四名，伪武举人七十三名"。② 1861年钱塘、仁和县试"一榜尽取无遗"。③ 同年庐州全府考中翰林一百四十余名。④ 同年常熟、昭文县试，"试士多贡、监生员，共一百四人"，"常熟取进谭可大等廿五人，昭文取进吴载尧等廿五人"，录取比约占半数。⑤ 1862年桐乡县试，乌镇、罗头等处共有考生二十余人，"取进十九人"。⑥ 同年常熟、昭文录取范围竟扩大到"除不完卷者皆取进"。⑦ 与清代科举制对应试者的残酷淘汰比，太平天国"宽进"的人才选拔实践体现出了文化关怀和平等精神。但却难合实际，因为保持政权有效运作的官员数量毕竟是相对稳定的，太平天国在广施恩惠的同时，还面临着数量庞大的新兴士阶层的政治安置和经济开销问题。

太平天国前期通过科举取士获得的文人几乎全部进入政权系统为新政权服务，具体职务多为虚衔。《贼情汇纂·伪科目》记："会试元甲三人，取中者为状元、榜眼、探花，封伪指挥职。次甲无定数，取中者为翰林，封伪将军职。三甲亦无定数，取中者为进士，封伪总制职。"所封官职尚属中等，但冠以"职同"字样则为虚职。具体工作基本是

---

① 张宿煌：《备志纪年》，罗尔纲、王庆成主编：《中国近代史资料丛刊续编·太平天国》（五），桂林：广西师范大学出版社，2004年，第135页。

② 储枝芙：《皖樵纪实》，罗尔纲、王庆成主编：《中国近代史资料丛刊续编·太平天国》（五），桂林：广西师范大学出版社，2004年，第37、40页。

③ 张尔嘉：《难中记》，中国史学会主编：《中国近代史资料丛刊·太平天国》（六），上海：神州国光社，1952年，第641页。

④ 刀口余生：《被掳纪略》，中国社会科学院近代史研究所《近代史资料》编译室主编：《太平天国资料》，北京：知识产权出版社，2013年，第202页。

⑤ 龚又村：《自怡日记》，罗尔纲、王庆成主编：《中国近代史资料丛刊续编·太平天国》（六），桂林：广西师范大学出版社，2004年，第62、63页。

⑥ 沈梓：《避寇日记》，罗尔纲、王庆成主编：《中国近代史资料丛刊续编·太平天国》（八），桂林：广西师范大学出版社，2004年，第117页。

⑦ 龚又村：《自怡日记》，罗尔纲、王庆成主编：《中国近代史资料丛刊续编·太平天国》（六），桂林：广西师范大学出版社，2004年，第96页。

太平天国再研究

从事文书制度、宗教生活和教育事业的建设。《贼情汇纂》记1854年新士子派充教育官，"安徽乡试掌考官为伪天试状元武立勋，无副。湖北乡试正掌考官为伪翼试状元杨启福，副掌考官为翼试榜眼张友勋"。也有"先生"专司军中宗教教育和生活，"及充先生者令新掳之人诵习赞美天条书及一切伪书"。①《金陵癸甲纪事略》记新科士子派充文书官："杨在田，伪翼殿尚书，湖北人，伪天试翰林"，"傅少阶，伪殿前诏书，湖北人，伪天试会元"，"胡仁魁，伪殿前诏书，湖北人，伪天试翰林"。② 还有士子在天京担任高级教师，"令通文理者教习读该逆所撰妖书"。③ 虽然他们中也有人做到某殿尚书、簿书这类中等官职，但所在部门大多数是无实权的文职机构。当然也有部分读书人因得上司宠信参与地方民政事务，如《贼情汇纂》记"胡万智者，以伪育才官分踞湖北兴国州，自称天试进士，在伪东殿训读，授是职，大概如教习而位较尊，间亦任事"，"池州、黄州两郡，有天试翰林亦在于该处持印理民务"。④ 这种情况少之又少。且太平天国战事倥偬，地方政务悉委军方，民务官如乡官一样，多数扮演服务者和执行者的角色，实权难以衡量。

在太平天国前期，太平天国政权系统中的知识分子一般在基层充当书手、先生性质的掌书、书理职务。稍有才具者可能会进入天京诏书衙、诏命衙、删书衙等文职机构，有向诸王上书谏事的权责。如1853年9月，安徽望江军帅保举生员龙凤彄，龙氏父子"至江宁上书洪逆，不下数万言，内引周武、汉高为比"，"大约劝其勿浪战，婴城固守，

① 张德坚：《贼情汇纂》，中国史学会主编：《中国近代史资料丛刊·太平天国》（三），上海：神州国光社，1952年，第105、111、112、302页。

② 张汝南：《金陵省难纪略》，中国史学会主编：《中国近代史资料丛刊·太平天国》（四），上海：神州国光社，1952年，第677页。

③ 涤浮道人：中国史学会主编：《中国近代史资料丛刊·太平天国》（四），上海：神州国光社，1952年，第621页。

④ 张德坚：《贼情汇纂》，中国史学会主编：《中国近代史资料丛刊·太平天国》（三），上海：神州国光社，1952年，第105、112、211页。

以老我师，分股出掠，以牵我势，用安庆为门户，以窥江西"。谏书颇合兵法，然洪秀全不以为意，批寥寥数字曰："周武、刘邦是朕前步先锋，卿知否？"龙某不解所谓，"授伪承宣职"，"送入诏书衙学习"。从此销声匿迹。龙凤瓈的命运或许代表了当时进入太平天国政权系统的知识分子的命运，就像张德坚所记，"既至江宁，皆使入诏书衙，任以佣书之役，或徒困辱之，终不得美职"。[1] 即使是文书制度建设的核心，在前期也都局限在陈承瑢、何震川、卢贤拔、曾钊扬、李寿春这些"老兄弟"中，新科士子难有染指的身份。

　　太平天国后期由于政权建制冗叠，以及领导层处理外交、宗教文化和社会事务增多的需求，大量读书人作为专职"书手""先生""秘书"的角色被强化，充斥在政权系统的边缘，与政治晋升基本无缘。1861年太平天国中央政权颁布改革科举的《钦定士阶条例》，其中明确规定"京试元甲职同指挥；二甲首名传胪，职同将军，国士、威士职同总制；三甲首名会元，职同监军，达士、壮士职同军帅。省试约士、猛士及各郡提学拔取之杰士均职同师帅。至提学每年所取之俊士、毅士俱职同旅帅。郡试贤士、能士职同卒长。县试秀士、英士职同两司马。乡试信士、艺士职同伍长。俱免差役"。[2] 但"职同""恩赏"之类的前缀使官职地位大打折扣，基本没有实权。太平天国后期滥施爵赏，寒窗苦读名列三甲所得监军官衔却早已由守土官沦落为乡官一级，根本无法满足新兴士阶层的政治需求，而"俱免差役"的特权却为士子干预和包揽地方社会事务提供了机遇。不但政治上无所依归，到后来太平天国甚至直接取消天京会试考中达士（进士）留京的特权。1861年天京会试，常

---

　　① 张德坚：《贼情汇纂》，中国史学会主编：《中国近代史资料丛刊·太平天国》（三），上海：神州国光社，1952年，第114、328页；佚名：《粤逆纪略》，太平天国历史博物馆编：《太平天国史料丛编简辑》（二），北京：中华书局，1962年，第39页。

　　② 《钦定士阶条例》，中国史学会主编：《中国近代史资料丛刊·太平天国》（二），上海：神州国光社，1952年，第559—560页。

熟考中文进士三人，武进士六人，"防后来试士裹足，不令留京"，[①] 他们只能返回故里，命运未因高中皇榜而有较大改观。

在前后期都存在的现象是部分军中或地方当局的先生因服务于文化素质低劣的官员，他们"为之设策献谋"，"撰拟机密禀奏"而"与知军事"，"渐至柄用"，"似可渐操其柄"，甚至部分将官"悉任掌书裁处"。[②] 像安徽桐城秀才鄷谟 1854 年考中安徽乡试举人，命为西里军帅，"占民田、毁庙宇"，权倾一域。[③] 嘉兴陡门守卡太平军将领鲁某常出师于外，"其先生姚姓握重权"。[④] 新阳廪生孙启楸考中解元，"立解元公馆，引进其弟正斋名启椠者，为贼招致本地人为伪官，如军帅师帅旅帅之类，乐于从事者不少"，获得部分人事权。[⑤] 常熟曹敬原为廪贡生，虽未受职，但"把持贼事"，[⑥] 后考中太平天国博士（举人），民间称为"长毛绅士"，[⑦] 能"片言使狂寇回心，一乡德之"。[⑧] 汤氏记常熟文弱书生俱作"先生"，"饶有权柄"。[⑨] 但军中或官府中部分士子弄权的现象不能代表知识分子在太平天国的政治地位，他们在个别地方、个

① 龚又村：《自怡日记》，罗尔纲、王庆成主编：《中国近代史资料丛刊续编·太平天国》（六），桂林：广西师范大学出版社，2004 年，第 82 页。

② 张德坚：《贼情汇纂》，中国史学会主编：《中国近代史资料丛刊·太平天国》（三），上海：神州国光社，1952 年，第 172、294、295 页。

③ 胡潜甫：《凤鹤实录》，中国史学会主编：《中国近代史资料丛刊·太平天国》（五），上海：神州国光社，1952 年，第 21 页。

④ 沈梓：《避寇日记》，罗尔纲、王庆成主编：《中国近代史资料丛刊续编·太平天国》（八），桂林：广西师范大学出版社，2004 年，第 192 页。

⑤ 王德森：《岁寒文稿》卷 3，民国十七年（1928）王氏市隐庐刻本，第 21 页 a-b，北京大学图书馆藏。

⑥ 曾含章：《避难记略》，罗尔纲、王庆成主编：《中国近代史资料丛刊续编·太平天国》（五），桂林：广西师范大学出版社，2004 年，第 350 页。

⑦ 华翼纶：《锡金团练始末记》，中国社会科学院近代史研究所《近代史资料》编译室主编：《太平天国资料》，北京：知识产权出版社，2013 年，第 120 页。

⑧ 龚又村：《自怡日记》，罗尔纲、王庆成主编：《中国近代史资料丛刊续编·太平天国》（六），桂林：广西师范大学出版社，2004 年，第 69 页。

⑨ 汤氏：《鳅闻日记》，罗尔纲、王庆成主编：《中国近代史资料丛刊续编·太平天国》（六），桂林：广西师范大学出版社，2004 年，第 309 页。

别队伍中受尊重、握实权、逐私利，仍然不能获有相应的官职和法定权力，他们的权力只是其服务对象的临时性委托。

总体来看，尽管由于战争规模的扩大和元勋阶层的削减，常规用人需求日益增加，部分知识分子间接参与军机不可避免，但在太平天国覆灭前的政权系统中，知识分子的从属者和执行者的一般性角色仍在强化，仕途晋升渠道的壅塞并未因功名名额的增加而缓解。所以过去高度评价的太平军中读书人优厚的物质待遇和人格尊重不足以说明知识分子在太平天国拥有较高的政治地位。于是便可理解对太平天国抱有强烈好感并冒险亲赴天京建言献策的容闳为何不肯接受太平天国"义"的高等爵位，在改革建议未被接纳，以及认定太平天国无法革新复兴中国甚或不能成功的根本原因中，也包含了他知道"待遇"和"权力"在太平天国是两个完全不同概念的心态因素。同样出身草根的书生黄畹（有学者考证为王韬）在致逢天义刘肇钧洋洋数千言后悻悻离去，说明他也认识到太平天国难以赋予一介儒生施展才华的权力。当时的太平天国中央政府尚且事权不一，又怎能寄希望于一个管理苏州民务的地方军事贵族呢？

在社会分化中倒向太平天国的知识分子不但没有因太平天国相对优厚的物质关怀而打消诸如政治偏见、文化隔阂的戒备心态，浓厚的社会失落感又使他们在新政权建设中消极怠工或极尽敷衍。有史料称，获得功名或散职的文人无所事事，常吟诗作赋以消遣时光，"江宁、扬州才士被掳者最多，逆党肆虐，目击心伤，不敢明言，往往托诸吟咏，甚至以香奁诗为寓意者"，其中有"文章岂为科名设，气节都因衣食移"之句寓指文人对参加太平天国科考表示悔意。还有"文弱之士苟且偷生者暂图目前温饱，亦断不肯为设一谋，且有故意写字讹别者"。[①] 亦有借

---

① 张德坚：《贼情汇纂》，中国史学会主编：《中国近代史资料丛刊·太平天国》（三），上海：神州国光社，1952年，第316页。

诗讥讽而不惜性命者，有上元附生为洪秀全撰写寿联"一统江山七十二里半，满朝文武三百六行全"，遂被杀。[1]

对考中进士仍不给官职、不令留京的知识分子，他们的失落失望可想而知。1861年12月，36名常熟士子联名投禀控诉乡官师帅朱又村贪赃浮收的事件是太平天国知识分子政策弊端的集中体现。这36人中有3名为天京"天试"考取的新进士，其他33人为未中进士的举子。此次事件的领导者是太平天国士阶层中较高等级者，他们在地方上影响力较大，以致"城帅过听谤辞，定粮三等"，"朱又村之局几岌岌其殆，上赂下馈，费及几千，向所剥削，惜亦无多"，不但常熟当局主将出面办理，朱又村也得到应有惩罚。这些新举人在赴天京会试前即已表现出追名逐利和牵制地方的心态。1861年7月，钱桂仁邀新举子作"鹿鸣宴"，"共四筵，人浮于座，而举子以登第之荣起抽丰之见，乡官虽送贺仪，心犹未足，动欲强索陋规，不知办公之苦"，10月"天试"归来，他们"回籍包揽词讼，阴图局规怂人捏浮收之弊"，遂有12月之"士变"。[2] 其中内含士子之"私利"，及其与太平天国基层政府的私怨，但这不影响此次变乱在"公利"方面的正义性。1861年3月，常熟、昭文反对浮收勒捐的斗争，迫使昭文监军钱姓"下乡宣讲道理，压服人心"，王市"自旅帅以下，率领耆老乡民数百人，绕立台下听讲。贼心欢悦，以为向化，奖誉伪官，以诱士民。自后民渐肯完粮，四乡亦稍静息"。常熟太平天国当局宣讲道理的主要对象是"士民"，那自然是由

---

① 蒋恩：《兵灾纪略》卷下，同治三年五月二十六日记事，民国十四年（1925）"三公难记"铅印本，无页码，山西大学图书馆藏。《金陵被难记》有类似记载："天朝一统四十二里半，文武各官三百六十行"[《时闻丛录》，太平天国历史博物馆：《太平天国史料丛编简辑》（五），北京：中华书局，1962年，第80页]；《海角续编》记载："一统江山，五十七里又半，满朝文武，三百六行俱全"（陆筠：《海角续编》，北京：中华书局，1959年，第126页）。

② 龚又村：《自怡日记》，罗尔纲、王庆成主编：《中国近代史资料丛刊续编·太平天国》（六），桂林：广西师范大学出版社，2004年，第69、82、117页。

知识分子领导这场民变。① 同年 7 月，常熟陈塘坝的斗争也是反对乡官浮收，文生唐清如及其侄被关黑牢，罚银百两始得释放。② 1862 年 5 月，嘉定、太仓士子领导的"烧乡馆、杀土官、戕卡主"的民变也是因"苛粮起衅"。③ 据上述案例，知识分子在地方上扰乱社会秩序大多由于经济利益被地方政府侵害，他们对官府浮收特别敏感，而问题可能也与他们政治地位和经济权益的不匹配有关。

失意的知识分子回到地方参与地方行政，虽然没有直接成为太平天国政府官员，实际已进入太平天国政权系统或身处系统边缘。又因太平天国人才机制难使人尽其才，知识分子与太平天国之间的政治壁垒严重限制着他们垂直流动的政治空间，双方互动削弱，影响着政权系统的运作。还有一方面是在太平军治下缺少类似私塾、书院性质的知识分子自修素养和约束道德的文化场所，而当时的知识分子在思想上又很难认同耶儒杂糅的异端教义，这就进一步限制了太平天国与系统内部的知识分子展开文化对话的空间，也增加了引发不安定因素的可能。这里的情形还仅是就消极敷衍者而言，还有一些知识分子变消极心态为积极行动，编造口传（歌谣、诗词、谚语）或文字作品丑化太平天国，把自己的亲身见闻抑或道听途说渲染加工后传播给大众，不自觉地成为太平天国政治对手的宣传工具。地方社会对太平军先天恐慌的心理一定程度上与知识分子的信息传播有关。1853—1854 年间"诸匠营""百工衙"工人的集体逃亡与知识分子的鼓噪动员不无关系。这些机构原本就是"士绅富人多来隐于此"。④ 1854 年天京张继庚间谍案，有大量知识分子、军

---

① 汤氏：《鳅闻日记》，罗尔纲、王庆成主编：《中国近代史资料丛刊续编·太平天国》（六），桂林：广西师范大学出版社，2004 年，第 345—346 页。

② 顾汝钰：《海虞贼乱志》，中国史学会主编：《中国近代史资料丛刊·太平天国》（五），上海：神州国光社，1952 年，第 371 页。

③ 龚又村：《自怡日记》，罗尔纲、王庆成主编：《中国近代史资料丛刊续编·太平天国》（六），桂林：广西师范大学出版社，2004 年，第 100 页。

④ 张汝南：《金陵省难纪略》，中国史学会主编：《中国近代史资料丛刊·太平天国》（四），上海：神州国光社，1952 年，第 699 页。

官或士兵被张继庚及其同谋说降叛逃。由此可见失意知识分子的消极作用极大，也说明知识分子与太平天国貌合神离的关系给"天国"埋下了严重隐患。

（三）作为参与主体的农民阶层

农民阶层由于人数众多且大多身强体壮，又由于其较低的社会地位、文化水准和身处较恶劣的经济环境，习惯性地接受其他社会地位、文化和经济背景比其优越的阶层领导，为集体行动提供最基础的人力和体力支持。所以农民阶层几乎成为每一次民变不可或缺的参与者。但是农民阶层在民变中的重要性不能因其不具领导地位而被低估。

太平天国统治时期，民变由农民领导的典型案例是 1861 年昆山县珠溪镇农民张德勤、徐秀玉领导的抗粮。关于张德勤的身份类别，记载事件始末的光绪《昆新两县续修合志》仅称其为"义民"，未明确说明。但他肯定不具知识分子身份。《昆新两县续修合志》载："德勤慷慨负气，闻人谈古今忠孝辄悲感呜咽，及奸邪害正则目眦尽裂，两颧发赤，击案大叫，人以是笑而侮之。"可见其文化水平和社会地位不高，常为人欺侮。而乡官师帅程某"素无赖"，早先"与德勤不相能"，为青浦郡天福，"搜粮"至德勤家，以之为"粮户"，由此可知德勤更像是小自耕农出身，拥有少量土地。徐秀玉与德勤比邻而居，身份类别也可能是自耕农。① 两位可能出身"自耕农"的平民在这场事件中表现勇敢，组织人众，将乡官程某及其党羽尽数殴毙。被俘后二人死不肯跪，被处以火烧酷刑，"絮裹其身，灌油焚之珠溪城隍庙中，足焦灼，骂益厉，及胸腹爆裂，始绝，观者无不涕泣"。② 张德勤、徐秀玉的事充分

---

① 光绪《昆新两县续修合志》卷 28《忠节下》，第 11 页 a–b。
② 光绪《昆新两县续修合志》卷 28《忠节下》，第 11 页 b。

展现了农民领导者勇敢无畏的精神，也说明农民阶层一旦转换角色成为领导者，也会有高度的责任心、进取心，甚至以牺牲自我的献身精神去实现运动的价值。但不得不指出这起民变并没有取得预期抗粮不纳的效果，以惨烈的结局草草告终。事件的规模充其量不过数十人，根本没有良好的社会动员。在尽毙程某及其党羽后，"乡人虑后患咎德勤曰：'贼再至，吾属无噍类'"，张德勤只好以"公等且避，贼至吾自当之"的话宽慰乡民。[①] 民变的失败只能从农民领导者的自身素养和领导技巧寻找根由。

当然这仅是一般情况，也有农民单独领导民变获得成功的案例。1861 年 11 月，无锡设总仓厅于四城门外，代业收租，"因照足额，以至各佃户聚众折毁而废。后归各业自行到乡收租，大抵半租而已"。[②] 足额收租显然无损于业户利益，事件很可能是由佃农领导和参加的。

过去在论证农民参加集体行动的原因时，常把农民反抗和土地要素紧密结合起来。太平天国战争前，江南地区社会生态的一个重要特点是人地矛盾尖锐，即清代中叶以来人口的迅速增长与耕地面积的相对稳定之间的矛盾。该问题不仅表现在人多地少，还表现为土地集中和土地兼并。人地矛盾加剧，个体拥有的粮食不敷支配，生活水平下降，很可能以针对赋税问题的民变形式表现出来。在太平天国前相当长的一段时间内"土地/人口"的比例不断降低，而 19 世纪民变数量的时序变化呈持续增长的趋势。这一现象说明 19 世纪中叶全国范围内的民变高潮可能与人地关系的恶化有关。所以分析民变成因，需要考虑土地和人口比例这一可能的促发因素。

因太平天国时期江南地区的人口和土地数据缺失，可着重统计苏

---

① 光绪《昆新两县续修合志》卷 28《忠节下》，第 11 页 b。

② 佚名：《平贼纪略》，太平天国历史博物馆编：《太平天国史料丛编简辑》（一），北京：中华书局，1961 年，第 279 页。

太平天国再研究

州、常州、嘉兴、杭州、绍兴、宁波六府在太平天国战争前的人口和土地数据。这六府分别代表了苏南、浙西和浙东三个地理单元的概况，其中苏、嘉、杭三府又是19世纪60年代除都城天京外太平天国统治的核心区域，常州作为苏州的主要参照，绍兴、宁波作为浙东地区的代表，一并分析，或可较全面地推论太平天国时期的人地关系（见表3-9）。

表3-9　1860年江南地区人口与土地数据的估计

府名	县名	人丁基数（万）	人口基数（万）	基点年份	年均增长率	1860人丁（万）	1860人口（万）	战前田数（顷）	丁均田数（亩）	人均田数（亩）	资料出处
苏州	新阳	14	26	1820	6.5‰	18	34	5220	2.90	1.54	光绪《苏州府志》卷13，第9页a—b；卷14，第43页b—64页b
	元和	22	39	1820	3.2‰	25	44	5617	2.25	1.28	
	昭文	*26*	*46*	*1820*	*4.2‰*	*31*	*54*	*6352*	*2.05*	*1.18*	
	昆山	20	41	1820	3.4‰	23	47	5332	2.32	1.13	
	长洲	29	48	1820	5.2‰	36	59	6527	1.81	1.11	
	常熟	*38*	*65*	*1820*	*3.7‰*	*44*	*75*	*8015*	*1.82*	*1.07*	
	震泽	31	58	1820	1.1‰	32	61	6310	1.97	1.03	
	吴江	31	57	1820	2.5‰	34	63	5848	1.72	0.93	
	吴县	128	211	1820	10.5‰	194	320	4080	0.21	0.13	
	东山	—	—	—	—	—	—	129	—	—	
	全府	339	591	1820	6.2‰	437	757	53301	1.22	0.70	
常州	武进	—	—	—	5.1‰	39	67	4761	3.10	1.80	光绪《武进阳湖县志》卷2，第1、7页
	阳湖	—	—	—	5.1‰			7317			
	金匮	26	46	1830	2.0‰	28	49	6466	2.31	1.32	光绪《无锡金匮县志》卷8，第6、16页

府名	县名	人丁基数（万）	人口基数（万）	基点年份	年均增长率	1860人丁（万）	1860人口（万）	战前田数（顷）	丁均田数（亩）	人均田数（亩）	资料出处
常州	靖江（清占）	22	38	1838	5.1‰	25	43	5479	2.19	1.27	光绪《靖江县志》卷4，第12、22页
	荆溪	11	20	1882	5.1‰	32	56	6141	1.92	1.10	光绪《宜兴荆溪县新志》卷3，第3、7、9页
	江阴	56	98	1839	5.1‰	63	109	11225	1.79	1.03	光绪《江阴县志》卷4，第6、22页
	无锡	34	60	1830	1.3‰	36	62	6137	1.70	0.99	同金匮县
	宜兴	18	32	1882	5.1‰	53	92	8020	1.51	0.87	同荆溪县
	全府	248	430	1839	5.1‰	276	478	55546	2.01	1.16	《嘉庆一统志》
嘉兴	嘉善	16	28	1838	7.3‰	19	33	5670	2.98	1.72	光绪《嘉兴府志》卷20，第8页a—28页a；卷21，第6页a—44页b；卷22，第1页a—19页a
	平湖	19	30	1838	1.8‰	20	31	4431	2.22	1.23	
	桐乡	19	33	1838	4.4‰	21	36	4310	2.05	1.20	
	嘉兴	32	62	1838	5.9‰	36	71	8046	2.24	1.13	
	秀水	28	50	1838	7.7‰	33	59	5252	1.53	0.89	
	海盐	32	52	1838	6.7‰	37	60	5249	1.43	0.88	
	石门	21	38	1838	1.3‰	22	39	2929	1.33	0.75	
	全府	167	293	1838	5.3‰	188	329	35887	1.91	1.09	
杭州	余杭	—	13	1784	3.5‰	—	17	2283	—	1.34	民国《杭州府志》卷57，第5页b—28页b；卷59，卷60各页
	海宁	—	57	1784	4.5‰	—	80	6800	—	0.85	
	仁和	—	56	1784	2.6‰	—	68	4970	—	0.73	
	富阳	—	14（38）	1784	2.1‰	—	45	1832	—	0.46	
	临安	—	8（11）	1784	8.6‰	—	22	982	—	0.45	

府名	县名	人丁基数（万）	人口基数（万）	基点年份	年均增长率	1860人丁（万）	1860人口（万）	战前田数（顷）	丁均田数（亩）	人均田数（亩）	资料出处
杭州	钱塘	—	31（55）	1784	1.4‰	—	61	2520	—	0.41	民国《杭州府志》卷57，第5页b—28页b；卷59、卷60各页
	新城	—	11	1784	2.7‰	—	14	550	—	0.39	
	于潜	—	9（11）	1784	4.5‰	—	16	523	—	0.33	
	昌化	—	10（14）	1784	5.8‰	—	22	452	—	0.21	
	全府	—	266	1784	3.4‰	—	345	20912	—	0.61	
绍兴	新昌	—	13	1791	5.3‰	—	19	1974	—	1.04	乾隆《绍兴府志》卷13，第33页b—34b页；卷9，第8页a—11页b；各邑县志
	嵊县	—	33	1791	5.3‰	—	48	4461	—	0.93	
	上虞	—	18（34）	1791	5.3‰	—	49	3981	—	0.81	
	余姚	—	47（61）	1791	5.3‰	—	88	5959	—	0.68	
	会稽	—	27（52）	1791	5.3‰	—	75	4390	—	0.59	
	诸暨	—	96	1791	5.3‰	—	138	8088	—	0.59	
	山阴	—	100	1791	5.3‰	—	144	6253	—	0.43	
	萧山	—	69	1791	5.3‰	—	99	3866	—	0.39	
	全府	—	458	1791	5.3‰	—	660	38972	—	0.59	
宁波	慈溪	—	25	1870	4.0‰	—	38	4808	—	1.27	光绪《慈溪县志》卷12，第3、20页
	镇海	—	28	1910	4.0‰	—	37	4192	—	1.13	民国《镇海县志》卷6，第2、7页
	奉化	—	27	1901	4.0‰	—	37	4188	—	1.13	光绪《奉化县志》卷7，第3、14页
	鄞县	—	61	1786	5.4‰	—	91	8480	—	0.93	光绪《鄞县志》卷8，第3、10页

府名	县名	人丁基数（万）	人口基数（万）	基点年份	年均增长率	1860人丁（万）	1860人口（万）	战前田数（顷）	丁均田数（亩）	人均田数（亩）	资料出处
宁波	象山	9	17	1816	5.3‰	12	21	1599	1.33	0.76	民国《象山县志》卷11，第7、10页
	定海（清占）	—	36	1900	4.0‰	—	31	727	—	0.24	光绪《定海厅志》卷16，第3页；民国《定海县志》《舆地》，第18页
	全府	—	—		5.4‰	146	255	23994	1.64	0.94	—

注：1. 在清官方人口的统计数据中，多计丁的具体数目。关于"丁"的实质，何炳棣的研究认为清初"人丁"并非"人口"，仅是赋税单位，但从乾隆后期开始，人口调查的"丁"具备了人口统计的内涵。参见何炳棣：《明初以降人口及其相关问题研究（1368—1953）》，葛剑雄译，北京：生活·读书·新知三联书店，2000年，第28—41页。所以丁的增减幅度大致可反映人口趋势。该表的主要人口计算方法为：在同府各县中寻找两个共同的时间基点，并以此阶段人丁年均增长率推测基点年份到19世纪60年代前年均增长率；存在人口数据的地区以人口数据为准。计算公式：b=a(1+c)^t，其中 b 为阶段终点的人数，a 为阶段起点的人数，t 为由阶段 a 到 b 的年数，即 b−a，c 为人口或人丁年均增长率。

2. 有的地区无法在各县区间找到共同的时间基点，只能根据各自的具体情况计算，并结合曹树基《中国人口史》对清代中期苏、浙各府的年均增长率的估计，参见曹树基：《中国人口史》第5卷，上海：复旦大学出版社，2001年，第69—112页。有的地区没有其他时间作参照基点，只能以曹树基对各府年均增长率的估计为据，如绍兴全府、宁波的部分地区。

3. 有的县份，基础时间基点在19世纪60年代后，如宁波部分县区。对1860年人口数的估计结合太平天国战争期间人口的损失率和曹树基对年均增长率的估计上溯，公式为 b=a(1−d)(1+c)^(t−1864)，其中 b 为时间基点年份的人口数，a 为1860年人口数，d 为太平天国战争期间的人口损失率，c 为战后年均增长率的估计，t 为时间基点。1864年人口损失率参见《中国人口史》各章节及王树槐：《中国现代化的区域研究：江苏省，1860—1916》，"中央研究院"近代史研究所，1984年，第35—44、411—469页；李国祁：《中国现代化的区域研究：闽浙台地区，1860—1916》，"中央研究院"近代史研究所，1982年，第145—158页；Wang Yeh-chien, "The Impact of the Taiping Rebellion on Population in Southern Kiangsu," *Harvard Papers on China*, Vol. 19, 1965, pp.120−158。

4. 有的县份，府志、县志均无有用人口数据，如常州府武进、阳湖二县，根据《嘉庆一统志》所载嘉庆二十五年（1820）全府人口总数和年均增长率推得1860年全府人口数，再减去其他各县人口总数，推补该县1860年的人口数。

5. 方志所载有的县份的人口数和每户人口均数过低，如杭州、绍兴部分县区，根据邻近县同期的户、口比例各县户、口比例均数，对方志所载数据进行修正，在括号（）中标出，并以修正数据进行增长率、均田数等的计算。

6. 表中战前田数仅指"田"，不是田地山荡各类型土地的面积总和；有的田数方志不存，以各田则相加所得。

7. 官方的土地数据，是交纳土地税的单位数目，折亩、长期漏编和新垦辟田不起科等因素导致实际耕地数与官方数字存在差距。珀金斯（Dwight H. Perkins）认为官方的数据仅是实际田亩数的七八成。参见［美］珀金斯：《中国农业的发展（1368—1968）》，宋海文等译，上海：上海译文出版社，1984 年，第 310—315 页。尽管如此，官方的数据却是目前掌握的最为系统的土地数据，不需要就清中期田亩的数额做出准确判断，也无须确切观察清中期人均可耕地面积的变化曲线，而是要通过人均税亩的数目明确纳税人的实际承担，且各地区人均税亩的横向比较在反映人地关系的区域差异方面仍具参考价值。

8. 所有县份数据除参照府志外，均参照该地区不同年代的县志，但为篇幅计，不再列入"资料出处"栏。

　　根据对 1860 年江南 6 府 48 县人口和人均田数的统计，常熟、昭文二县人均田数在 48 县排名中分别为第 20 和第 11，尚处中前列。问题的关键是，据本书统计，19 世纪 40—60 年代常熟昭文地区发生的民变数量为江南各地之最。可见民变的形成与土地相关的因素（特别是人地矛盾）在地域分布上未有直接的关联。因此我们无法建构民变与土地因素之间直接的因果联系，所谓人地矛盾可能不会影响社会结构的稳定，进而在民变动员中发挥关键作用。但是因苏浙地区人均田数的普遍低水准和所属各县数据相差不大，[①] 以及该统计未能考虑其他类型土地的数量、质量和具体分布，仍然不能绝对否定这种关系的存在。从国家治理的角度讲，官僚集权体制下难以调解的官民矛盾，仍旧是该时期较大规模民变频生的一股重要推力。

　　此外，常熟、昭文地区人地关系的实际情况可能较其他地区更为糟

---

① 据上表，1860 年，在不考虑逃亡、自杀、死于战乱等非正常人口流失和因此造成的田地荒芜等因素的前提下，该区域的人均税亩均在 2 亩以下，其中人均 1 亩以下的县份居总县数的 55% 以上，人均 1.5 亩以上的仅 3 个县域。据梁方仲对清代顺治朝到嘉庆朝人均田地数的统计，江浙地区的人均田地数基本都在全国平均水平之下，且与全国平均水平的差距逐渐增大。参见梁方仲：《中国历代户口、田地、田赋统计》，北京：中华书局，2008 年，第 543—554 页。

糕。常昭是太平军东征较晚攻占的地区，苏州被陷后，"东南数百里内，遍地贼踪，仅有常熟、昭文二县，通江北一线之路"，[1] 该地成为民众避难江北的中转站，人口大量涌入。而常昭又是太平天国最早安民建政、招辑流亡和恢复传统经济秩序的地区之一。常昭也是清军复城最早的地区，"其失陷独后，其返正独先"。[2] 1863 年 1 月 17 日常昭守将骆国忠降清，后慕王谭绍光率部围城，1863 年 4 月城围解，流亡在外者又启归乡之程。据 1865 年清官方统计，战后常熟县成年男丁 213532 人，昭文县成年男丁 185571 人，人口不明。仅以人丁数参看，常熟、昭文二县的数据已经接近或超过同时期同属苏州府的吴县、长洲、元和、吴江等县人口，分别超过 10 年后嘉兴各县人口的半数以上，分别超过 20 年后杭州各县人口 3 倍以上。[3] 据表 3-9，常熟、昭文二县在1860 年人丁数分别为 44 万、31 万，人丁损失率分别为 52%和 39%，人口损失率大致与人丁损失率相当，低于曹树基关于战后苏州府平均人口损失率 65%的估计，即低于苏州府的平均人口损失量。[4] 而常昭人口主要是在太平军二次围城的百日相持战中遭到削减。也就是说太平军据守常昭期间，留存人口保持了相对多数。这在土地大量抛荒的情形下，对人地关系的缓解是不利的。因此过去可能过高地估计了战时常昭人口的流失程度。

　　而且常昭地区自清初时的土地状况就是"豪强兼并之家，膏腴满野"，"业田多者或一家而占数甲田，少者或数家而占一甲"。[5] 到太平天国统治时期，太平军当局致力于恢复传统社会经济秩序，很难对土地

① 佚名：《东南纪略》，中国史学会主编：《中国近代史资料丛刊·太平天国》（五），上海：神州国光社，1952 年，第 237 页。
② 谭嘘云：《常熟记变始末》，中国史学会主编：《中国近代史资料丛刊·太平天国》（五），上海：神州国光社，1952 年，第 404 页。
③ 光绪《苏州府志》卷 13《田赋二》，第 12 页 a-b、第 10 页 a—13 页 a；光绪《嘉兴府志》卷 20《户口》，第 12 页 a—28 页 b；民国《杭州府志》卷 57《户口》，第 5 页 b—28 页 b。
④ 参见曹树基：《太平天国战争对苏南人口的影响》，《历史研究》1998 年第 2 期。
⑤ 光绪《常昭合志稿》卷 7《户口·附历代徭役》，第 11 页 a。

兼并和集中的现状做出有效改善。首先是地主土地所有权被确认和保护，甚至出现土地的新集中、再集中。常昭当局一再要求业主报田、领凭、收租，传统社会经济秩序仅存在实践途径方面的反复。常熟乡绅曹和卿、钱伍卿均与太平军当局密切合作，像"里中巨擘"毛蓉江、"巨富"邹庆和、"腴田千顷"归二、"市中富户"严逸耕、"同知门第"朱又村、"父子监生、中产之人"徐裕田、"家道小康"朱正域等，及颇有"店业家财"的鱼涵泉都成为乡官，家业得以保存。出身"织席粗民"的监军汪胜明，出身"书伙"的文军政司汪可斋等得权后便积极兼并土地，聚拢财富。其次是政府继承和垄断了被没收土地的所有权。如"翁、庞、杨、王诸宦注明原籍田尽入公，伪官目为妖产，设局收租"，翁是大学士翁心存，庞是江南督办团练大臣庞钟璐，其在常熟故居田产阡陌，均被查抄。[①] 太平天国将没收的大量土地收归国有，主要用途是收租补需，未见重新分配土地的例子。此类土地的所有权实际只是发生了由前朝官绅、富户向新政权的转移。因此常昭地区人地关系长期紧张的状态可能在斯时并未有所舒缓。

　　过去农民响应和支持太平天国被认定为"农民"与"革命"关系主流的体现。魏斐德（Frederic Wakeman）、孔飞力、裴宜理（Elizabeth J. Perry）等主张从中国内部事件所引起的社会结构的变化和权力转化机制来探究中国近代史，这提供了一种较新的阐释模式。巫仁恕在研究明清时期城市民变时借鉴了查尔斯·蒂利（Charles Tilly）提出的"集体行动"（Collective Action）理论。[②] 如果我们对社会运动形态的解读不完全局限在阶级分析论框架下，而是立意将其视作一种社会变动现象，重点分析这类社会现象的生成机制，或可更为深入地认识历史上

① 龚又村：《自怡日记》，罗尔纲、王庆成主编：《中国近代史资料丛刊续编·太平天国》（六），桂林：广西师范大学出版社，2004年，第82页。

② 巫仁恕：《激变良民：传统中国城市群众集体行动之分析》，北京：北京大学出版社，2011年，第2页；Charles Tilly and Louise A. Tilly eds., *Class Conflict and Collective Action*, London: Sage Publications, 1981, p.17.

"农民"与"革命"的关系这一重要的传统议题。农民参加社会运动的原因，主要有自愿和被迫两种心态，通常是迫于环境和生存压力以及接受外界利益诱导两种情形的结合促使农民广泛参与抗争。在社会运动中也存在运动领导者及其追随者诉诸武力裹胁或恐吓农民提供人力资源的现象。农民参加社会运动要考虑农民层的主观愿望，两者之间的利益未必完全协同一致，应辩证地看待被裹胁进社会运动浪潮的农民的命运。无论是自愿还是被迫参加，农民在社会运动中的主要角色是传统的，他们主要是为社会运动输入体力和人力支持。虽然不宜夸大农民在社会运动中的决定性意义，但他们的付出是社会运动取得良好预期的基础条件。

五　动员组织及方式仪式

江南重赋、苛捐、佃租盘剥，以及官吏贪腐之弊，无疑是促发民众集体行动的重要内因，但集体行动必须经动员才能成形。[①] 集体行动的形成是复杂因素连续作用的结果，只有在系统、完整、有效的动员模式下才能完成其最终的形塑过程。本节对太平天国统治区民众集体行动动员过程的探讨限定于组织、方式、场所、仪式这四个动员模式的核心层面，并与太平天国占领江南前的集体行动相比较，分析太平天国统治区民众集体行动动员的特点，探讨集体行动形成的外部因素，即在"何以

---

① 如巫仁恕对明末清初城市与农村民变原因的比照，参见巫仁恕：《激变良民：传统中国城市群众集体行动之分析》，北京：北京大学出版社，2011年。如傅衣凌对太平天国时期清政府辖区民变原因的分析，参见傅衣凌：《太平天国时代的全国抗粮潮》，《明清社会经济史论文集》，北京：商务印书馆，2010年，第498—520页；傅衣凌：《太平天国时期江南地区农民的抗租》，《厦门大学学报（哲学社会科学版）》1986年第4期。如对辛亥革命前十年间民变成因之探讨，参见陈旭麓：《近代中国社会的新陈代谢》，上海：上海社会科学院出版社，2006年，第313—319页。

反"而外探讨"如何反"的问题。

（一）动员组织

在传统乡村社会中，以宗族、血缘为纽带的宗族组织或以社会关系为纽带的社会团体成为民众寻求安全的依托，也成为民变等社会变乱形成的动员基础。1860年10月，发生在常熟王市的农民集体行动起因于乡官局"叫租收米"，"乡农积忿已久，暗暗聚众，歃血祀神，四下相邀"，形成了类似于歃血为盟、异姓结拜的组织，使抗争规模迅速扩大至千余人。[①] 1861年3月，常熟东乡医士王春园也是以"盟约"的形式聚众万人，迫使常熟太平军当局就范。[②] 所谓"歃血""盟约"，意在建立动员民变、规范个体行动的组织，这类组织的存在时间短暂，往往与民变同生共灭，但对民变的动员过程和社会影响产生作用。

在太平天国统治区民众集体行动的动员过程中，几乎没有发现之前乡村社会常见的互助组织的影响力。这类互助组织往往以地缘关系相结合，曾在1853年江南民变高潮中发挥重要作用。例如是年松江金山沈掌得"起议团社，齐心吞租"；[③] 松江华亭、娄县"各乡佃户均纷纷结社，蓄意吞租"；[④] 太仓嘉定佃农"以抗租为名，赛神结会"；[⑤] 嘉兴嘉善浦六为首，"相与结社"，"扬言不还限米"。[⑥] "团""社"在乡村民

---

① 汤氏：《鳅闻日记》，罗尔纲、王庆成主编：《中国近代史资料丛刊续编·太平天国》（六），桂林：广西师范大学出版社，2004年，第325—326页。

② 汤氏：《鳅闻日记》，罗尔纲、王庆成主编：《中国近代史资料丛刊续编·太平天国》（六），桂林：广西师范大学出版社，2004年，第345页。

③ 光绪《当湖外志》卷8，第12页a。

④ 姚济：《荷全近录》，上海社会科学院历史研究所编：《上海小刀会起义史料汇编》，上海：上海人民出版社，1980年，第1145页。

⑤ 诸成琮：《桑梓闻见录》，上海社会科学院历史研究所编：《上海小刀会起义史料汇编》，上海：上海人民出版社，1980年，第1072页。

⑥ 鹤湖意意生：《癸丑纪闻录》，《太平天国史料专辑》（《中华文史论丛》增刊），上海：上海古籍出版社，1979年，第511页。

变中的出现，特别是在由佃农为主要领导者和参加者的抗租大案中运作，充分说明这一时期农民反抗斗争的动员模式走向了更高层次的形式。如果有理由认为1852年苏州吴江黎里镇陆孝忠、陆孝恩等"农民盟约"，倡言"还租只有五分，否则全欠"，① 是受益于乡村互助组织的力量，那么上述发生在太平天国占领区常熟王市和常熟东乡梅塘的反抗行动也有可能借助了同样的组织动员，因为两次行动均有农民"盟约"的信息。1861年11月发生在江阴顾山的民变，"各图结约，倘有长毛来打，各要相斗"，② 也有同样的理由认为这一动员模式借助了乡村社会的互助组织。海宁陈三丫头组织领导的武装队伍虽然最终发展为"匪军"，但起初不过是抗议太平军当局垄断盐利、严禁私盐，"自盐利归长毛以来，贩盐失业"，"盖天王系盐枭出身，其属皆盐枭"，③ 它的动员组织很可能是盐贩间的互助结社。

奇怪的现象是，此类"团""社"类型的乡村互助组织在1853年以后发生的民变中，其影响逐渐淡弱，可能与19世纪中期以后团练组织的再度兴盛有关。清代团练的基本功能包括治匪、防盗、禁赌等治安功能，也包括救济赈灾、地方公益，甚至还有教育乡民之类的社会福利功能。随着太平天国定都天京，战争波及范围不断扩大，具有综合性地方防卫功能兼社会服务功能的团练组织很有可能取"团""社"等互助组织而代之，并为民变提供组织基础和联络纽带。如1858年，绍兴余姚黄春生、黄来昌领导的十八局佃农起事，初始阶段即"以团练出费为名，抗租不纳"，④ 民变组织很可能直接吸纳了团练的组织基础。

---

① 柯悟迟：《漏网喁鱼集》，北京：中华书局，1959年，第15页。

② 佚名：《庚申（甲）避难日记》，罗尔纲、王庆成主编：《中国近代史资料丛刊续编·太平天国》（六），桂林：广西师范大学出版社，2004年，第227页。

③ 沈梓：《避寇日记》，罗尔纲、王庆成主编：《中国近代史资料丛刊续编·太平天国》（八），桂林：广西师范大学出版社，2004年，第213、227页。

④ 段光清：《镜湖自撰年谱》，北京：中华书局，1960年，第142页；光绪《余姚县志》卷12《兵制》，第22页 a-b。

太平天国占领区的部分民变也是以团练组织为动员组织基础，表现为直接吸纳和改造团练组织。太平天国时期江南各地几乎无处不团，乡村社会普遍保留现成的团练组织基础。太平军摧毁或安抚了大部分对新政权持敌对态度的团练，地方社会势力除可以保有一支对太平军当局不构成足够威胁的武装外，原团练成员散归于农。尽管如此，在短时间内，农民曾经共同建立的团练组织关系及团练互助合作意识不可能完全消解。一旦时事所需，有一定社会声望的人出面号召，直接吸纳和改造原有的团练组织为民变组织，而民众则会按照自身的习惯和经验起身响应。

1862 年 1 月 13 日，无锡安镇东市稍四图庄顾某领导的抗租为无锡太平军当局镇压。[①] 有学者因参加者以青布扎头为记，否认这起事件的民变性质，将其定性为"地主团练"，主要理由是锡金地区枪船头目金玉山所部也以青布扎头。[②] 清方团练多以白布扎头，意为与太平军五行相对，但也有以黄布、青布扎头者，如余姚谢敬的"黄头军"。扎青头的不一定就是金玉山的"青头军"，在宁波成立的中英混合军常安军、定胜军因以绿布扎头而称"绿头勇"或"绿勇"。[③] 金玉山当时为扬名、开化二乡军帅，尚未与太平军公开反目，若顾某为金之部下，何得先金而反？民变尚青可能是遵循当地的某种风俗习惯，抑或是顾为减少阻力采取的争取金的策略。顾某抗租之所以被后人误解为"枪船余匪"或"地主团练"，很可能是因为反抗的组织基础吸纳了乡村社会存留的团练组织或以团练为基础的社会关系。其实，区分民变和团练武装最简单的办法是观察事件本身与清政府或清军有无直接或现实的组织联系，是否明确具有推翻太平天国统治的敌对意识，无须考虑民变在动员模式中

① 佚名：《平贼纪略》，太平天国历史博物馆编：《太平天国史料丛编简辑》（一），北京：中华书局，1961 年，第 281 页。

② 董迟：《无锡太平军镇压安镇四图庄佃农抗租质疑》，《江苏师院学报》1979 年第 4 期。

③ ［美］R. J. 史密斯：《十九世纪中国的常胜军：外国雇佣兵与清帝国官员》，汝企和译，北京：中国社会科学出版社，2003 年，第 107 页。

的组织基础是否吸纳了昔日的团练组织。因为在当时的农村，每个成年男性几乎都有成为团丁、勇目的机会和可能。吸纳和改造团练组织及以团练为基础的社会关系，是太平天国统治区民变动员模式的一个特色。

民变动员模式的组织基础，事关动员成效。一般来讲，影响、规模越大的民变往往具有较为稳定的组织基础。太平天国占领区两起万人以上的民变就具备充分的组织动员。一起是 1861 年 3 月，常熟王春园领导的抗粮，"四乡闻风来聚，二万余人"；[①] 另一起是 1862 年 4 月，乡绅林振扬领导的针对太平军附天侯李小亨部"索饭费"（军费）的反抗，乡民聚众万余，成功将征贡掳掠的太平军驱逐出境。[②] 民变的生命力也与民变的组织规范性有直接关系。缺乏组织纪律性的民变，其结局往往旋生旋灭。《徽难全志》的作者坦言，1854 年 6 月安徽黟县民众抗粮失败的原因是"百姓原无纪律"。[③] 有的民变队伍甚至会与匪盗沦为一流，对当地百姓的生命财产造成危害。1860 年 10 月，常熟王市的民变终被滑吏匪徒利用，发展为一起抢劫大案，"附近依草附木者，亦混入抢劫，且要结良民，胁以弗出，出则烧其屋"，"四路往返如蚁，且半途互相争夺，喧哗震地。所抢只昨夜留落粗布铜锡杂物而已。日晡，已纤细靡遗矣"。至 11 月 28 日，一些别有用心的农民、匪盗又加入王元昌的团练沙勇，"托言归荡馆子，搜拿贼匪，借此抢夺"，"逞势打开邻近内室，局外良家，一并搜刮靡遗，将船载去。又欺压市民，擅取店货，强宿人家。与之理论，持刀吓人，谓此来保护百姓"。如此全无纪律，亦全无战力，太平军一至，"众皆争先逃溃，不可止遏。扯卸白布装束，抛弃手中器械，四散远窜，顷刻无影"，徒留无辜百姓蒙难，

---

① 汤氏：《鳅闻日记》，罗尔纲、王庆成主编：《中国近代史资料丛刊续编·太平天国》（六），桂林：广西师范大学出版社，2004 年，第 345 页。

② 叶蕣云：《辛壬寇纪》，罗尔纲、王庆成主编：《中国近代史资料丛刊续编·太平天国》（五），桂林：广西师范大学出版社，2004 年，第 374 页。

③ 佚名：《徽难全志》，南京大学历史系太平天国史研究室编：《江浙豫皖太平天国史料选编》，南京：江苏人民出版社，1983 年，第 295 页。

"赤白不分，逢着便杀".① 这种行事完全背离了反抗初衷，不但未达到叫停租米的目的，反而激起太平军的报复行动。此外，部分民变有沿途裹挟、逼人参与的情形。一些不愿参加的无辜百姓被迫陷于其中，如1862年5月，吴县横塘、横泾等处百姓"一路逼人从走"，"乡民愈聚愈众".② 在海盐菜农沈掌大的反太平军事件中也有"沿路并捉人帮打"的事实.③

　　随着商品经济的发展，社会流动性加大，原来相对封闭的生活空间被打破，在新形成的社会关系中，发挥整合作用的"团""社""会""党""帮""行""盟"等"拟制血缘组织"应运而生，明清以来传统社会民变动员的组织基础多有赖于此。④ 太平天国占领区的部分民变事件反映了对传统乡村社会民变组织模式的延续和继承。但也出现了一些新的特点，比如传统乡村社会民变中以社会关系为纽带的互助团体的组织形式相对淡化，代之以民变组织对19世纪中叶江南乡村团练组织关系及以团练为基础的社会关系的直接吸收和充分利用。该特点也决定了太平天国占领区民变的动员较同区域前历史阶段更为强劲。同时也应注意到民变动员组织的孤立性和自发性，使这些事件均各自保持相对独立，彼此缺少必要的串联，他们的活动仅局限于一乡一图，没有一致行动的意识，决定了民变旋生旋灭的命运。

---

　　① 汤氏：《鳅闻日记》，罗尔纲、王庆成主编：《中国近代史资料丛刊续编·太平天国》（六），桂林：广西师范大学出版社，2004年，第327、333、334、335页。
　　② 柯悟迟：《漏网喁鱼集》，北京：中华书局，1959年，第58页。
　　③ 海宁冯氏：《花溪日记》，中国史学会主编：《中国近代史资料丛刊·太平天国》（六），上海：神州国光社，1952年，第680页。
　　④ 参见岸本美绪：《明清交替と江南社会：17世纪中国の秩序问题》，东京：东京大学出版会，1999年，第2—10页。

（二）动员方式

在传统社会里，动员民变最简单的方式是鸣锣集众，这样的例子屡见不鲜。在太平天国占领区，鸣锣聚众同样是反抗动员的常规手段。1860 年 10 月，常熟塘坊桥有乡民打死经造，毁拆馆局，不领门牌，鸣金聚众。[①] 同年 12 月，常熟西北各乡乡民约定"倘有长毛穿人等情，鸣锣为号"。[②] 1861 年 2 月 22 日夜，常熟乡民鸣锣聚众，各束柴草，烧毁乡官局及税房闸屋。[③] 同年 3 月，常熟东乡王春园"聚众抗毛，鸣锣得千人"。[④] 4 月，海宁袁花镇冯家"族议如果局匪来拔，鸣锣集众以击之"。[⑤] 5 月，太仓乡民"锣声四起，聚议抗拒，又延烧县境旅帅房屋"。[⑥] 7 月，常熟陈塘坝"各农以师旅帅收银浮数，乃鸣锣集聚二三百人到西周市讲话"。[⑦] 12 月，无锡顾某聚众抗租，"鸣锣集众，拒贼于苏家桥安家坟"。[⑧] 1862 年 5 月，吴县横泾、横塘和太仓等地百姓鸣锣集众，拆毁乡官宅局。[⑨] 可见倚靠"鸣金"这一传统动员方式集聚民众是集体行动动员的重要方式。

① 汤氏：《鳅闻日记》，罗尔纲、王庆成主编：《中国近代史资料丛刊续编·太平天国》（六），桂林：广西师范大学出版社，2004 年，第 325 页。

② 佚名：《庚申（甲）避难日记》，罗尔纲、王庆成主编：《中国近代史资料丛刊续编·太平天国》（六），桂林：广西师范大学出版社，2004 年，第 211 页。

③ 柯悟迟：《漏网喁鱼集》，北京：中华书局，1959 年，第 52 页。

④ 顾汝钰：《海虞贼乱志》，中国史学会主编：《中国近代史资料丛刊·太平天国》（五），上海：神州国光社，1952 年，第 372 页。

⑤ 海宁冯氏：《花溪日记》，中国史学会主编：《中国近代史资料丛刊·太平天国》（六），上海：神州国光社，1952 年，第 673 页。

⑥ 柯悟迟：《漏网喁鱼集》，北京：中华书局，1959 年，第 53 页。

⑦ 顾汝钰：《海虞贼乱志》，中国史学会主编：《中国近代史资料丛刊·太平天国》（五），上海：神州国光社，1952 年，第 371 页。

⑧ 佚名：《平贼纪略》，太平天国历史博物馆编：《太平天国史料丛编简辑》（一），北京：中华书局，1961 年，第 281 页。

⑨ 柯悟迟：《漏网喁鱼集》，北京：中华书局，1959 年，第 58 页。

在传统时代信息传播渠道狭窄，电报、报纸等具现代性的信息载体还未在广大地区引起波澜。官方在漫长的时间里单纯倚靠告示的信息传播功能与民间社会产生互动，而民间社会横向的信息传播途径几乎被压缩在类似于茶馆这样极小范围的公共空间内。而在农村地区，此类公共空间的数量几乎为零。所以像锣鼓式的宣传动员工具，相较于城市，在信息更为闭塞的乡村地区发挥的效能更加突出，在数量庞大的乡村民变中经久不衰。不仅是在太平天国时期，直至清末十年的民变风潮中，仍然可见这一传统动员工具尚且保留着足够生命力。

"鸣锣"传达的信息不尽相同。一种情况是鸣锣仅是反抗发生的前提，目的就是聚众。未聚集前的民众并不了解信息传播者所要传达的信息，所以信息传播者在鸣锣集众的效果初步达成后，仍需通过口传或文字方式表达集体行动的信息，以获取民众对抗争内容的认同。另一种情况，鸣锣即传达反抗动员的信息，是开始抗争的标志。信息传播者事先已通过口传或文字途径将抗争信息传播出去，并已获得群众认同，鸣锣的象征已经由聚众获取信息资源转向实践信息所传达的要素，上述1860 年 12 月常熟西北乡的民变和 1861 年 12 月无锡安镇的民变就属于此类情形。对于后一种情况，应重视鸣锣对反抗参加者心态或情绪产生的鼓动作用，受众对鸣锣的认知已经超越"动员方式"，还有类似于冲锋号的行动指示。

以张贴匿名揭帖或散发传单等方式动员群众未必更加有效，在传统社会识字率极低的乡村地区，揭帖和传单等靠文字传播的方式很难及时有效地获得民众认同。揭帖和传单可能是使信息传播得更为广泛的渠道，但它们的信息必须经识字者口头加工才能传播给民众，然后又只能通过获取信息资源的民众口头传达给更多的群体，这就极大地增加了信息传播所需的时间，弱化了信息的准确性。而且"榜之通衢"的揭帖还要经受随时可能遭到破坏的风险，如毁帖、风雨等，信息源的中断意味着动员的部分失效。① 所以传统时代的民变相对孤立而不具一致行动的现象，与"鸣锣集众"的常规动员方式有关。锣音的传达范围有限，它只能随传播者的移动而扩大信息范围或改变传播方向，但它的传播功效和对受众的情绪触动相对于单纯的口头表达和揭帖、传单、歌谣等语言文字传播更有力度。

事实上很少会有集体行动通过单一的动员方式发动。浙江海盐菜农沈掌大动员民众反抗的案例比较成功：

> 当此士民无所控告之际，幸有义民沈长大住海盐之周图，性颇侠，有智勇，明逆顺，闻贼局狠暴，心怀不平，欲集众毁其局，恐无从者，适该图地保将澉局银事与商，沈暗称曰："今可激怒众人矣。"因谓曰："汝何不遍问业主愿完否？倘拂局中意，必解屿城。"保遍问，皆愿。沈意阻，复曰："既如此，业主必收租，再问各佃愿完租否？倘无力清还，业主控告局中，亦解屿城。"保又遍问，亦皆曰愿还。沈又曰："事势如此，汝遍约明日，必每家一人齐至澉局，问明乡官姚成初（子亦诸生），每亩当还几何？"佃等皆踊跃。沈果智者也，先以逆挑之不动，继以顺赚之，皆踊跃矣。虽其人向游荡，然此举不愧为智勇义全备矣。遂于（五月）十一日麋集千余人至澉城，适黄湾数百人彼因上日局中强买，亦来寻衅，各攘臂打入，捆缚姚成初，局屋毁拆，成初跪求释之。……及明，沈先

---

① 揭帖以市肆或要闹坊曲等人口密集区、人口流动区为最佳张贴位置，其形式也可能公开具名。传单有四处散发的例子，民变发动者主观上可能并不想完全保持其隐秘性。如道光二十七年（1847）嘉兴石门倪锡淋领导的反抗行动，"起意藉端约会抗粮……四处散贴传单，不许村民赴县完纳"，这完全是公开的传单动员。参见《浙江巡抚吴文镕奏为审拟石门县民倪锡淋等抗粮闹漕拒捕致毙兵役乡勇一案事》，道光三十年二月二十七日，军机处录副奏折，档号：03-3910-005，中国第一历史档案馆藏。

鸣锣，各处应之，沿路并捉人帮打，共聚万余人。①

所谓"遍问业主"和"遍问各佃"实际上是通过地保在乡村社会的权威，以口传的方式获取认同，达到"遍约明日必每家一人齐至澂局"的动员效果。在事件发生前或群众聚集前，乡民已经获得针对澂浦乡官局及乡官姚成初的动员信息，遂有 1861 年 6 月 18 日打局缚官之变。6 月 19 日天明时的再次动员又改用"鸣锣"的方式聚众，受众面大，有利于信息迅速传播并在短时间内达到动员效果。这里的"鸣锣"同时具有聚集群众和开始行动的双层内涵。口传与鸣锣两种方式的结合促成事件迅速地由千余人动员至万余人。除了两种基本动员工具，沈掌大还"相约各持扁担、涂石灰以为号"，② 这两样工具在乡村普遍存在，可以较大范围争取群众参与行动。同时，"扁担"和"石灰"也成为这支队伍的基本象征，达到凡见"持扁担涂石灰"者即可同行的动员效果，类似于某些民变立旗为号，如湖州归安钱蓉庄"约其乡数十圩，以白旗为号"；③ 宁波鄞县周祥千抗粮，"各建里社、神庙旗"。④ 直到沈掌大的反抗行动被太平军镇压时，起事队伍仍然只是"手执木器，饰白为号"。

1860 年 12 月，发生在常熟西北乡的民变是一起利用传单和鸣锣两种动员手段的典型案例："迩日各乡、各图俱发传帖，吃面结关帝社，要约同人，倘有长毛穿人等情，鸣锣为号，齐集击杀，同心协力，西乡处处皆然。"⑤ "传帖"可以在各乡、各图普遍散发，可见是传单。两种

① 海宁冯氏：《花溪日记》，中国史学会主编：《中国近代史资料丛刊·太平天国》（六），上海：神州国光社，1952 年，第 679—680 页。

② 光绪《海盐县志》卷末《杂记》，第 49 页 b。

③ 沈梓：《避寇日记》，罗尔纲、王庆成主编：《中国近代史资料丛刊续编·太平天国》（八），桂林：广西师范大学出版社，2004 年，第 258 页。

④ 光绪《鄞县志》卷 16《大事纪下》，第 30 页 b。

⑤ 佚名：《庚申（甲）避难日记》，罗尔纲、王庆成主编：《中国近代史资料丛刊续编·太平天国》（六），桂林：广西师范大学出版社，2004 年，第 211 页。

动员手段同时生效，传帖将动员信息散播出去，鸣锣动员群众迅速集合，实现"西乡处处皆然"的声势。太平天国占领区发生的几起民变虽然没有明确记载动员的工具或方式，但大多记录下动员的实际效果。如1854年6月，安徽黟县的抗粮，"各乡绅董相邀叫各都、各图百姓均要出来，与贼讨粮吃。……四乡已约定"。① 1860年10月，常熟王市的抗租，"暗暗聚众""四下相邀"。② 关于这次动员，同时采用人人相告的口承方式和较为隐秘户户相传的传单方式的可能性较大。参与王市抗租的群众起初即"约聚千余人"，后来参加者约有数千。单一的传单动员效率低于口传动员，乡村居民又多不识字，但传单的传播范围和所承载信息的可靠性较口传信息更有优势。两者结合才能取长补短，在短时间内达到动员效果。1861年11月，江阴顾山的民变是采用"各图结约"的方式，当是依靠文本动员。③ 同年秋冬间，常熟谢家桥乡民烧死军帅归二一家的反抗行动，规模达数千人，事发突然且进展顺利，其领导者一定在事前进行了充分周密的谋划和动员。④

没有歌谣直接运用于太平天国统治区集体行动动员的实例，但民间社会会通过歌谣传达不满信息，积聚对立情绪。在浙江诸暨包村包立身事件爆发前的绍兴民间，煽动性的歌谣诗作纷至沓来，社会舆论对新政权不利。《越难志》的作者王彝寿曾戏作"乡官""贵亲"二谣讽刺新贵，颇具代表性。⑤ 1861年8月，杭州一带流传着直接与太平军对立的

① 佚名：《徽难全志》，南京大学历史系太平天国史研究室编：《江浙豫皖太平天国史料选编》，南京：江苏人民出版社，1983年，第295页。

② 汤氏：《鳅闻日记》，罗尔纲、王庆成主编：《中国近代史资料丛刊续编·太平天国》（六），桂林：广西师范大学出版社，2004年，第325、326页。

③ 佚名：《庚申（甲）避难日记》，罗尔纲、王庆成主编：《中国近代史资料丛刊续编·太平天国》（六），桂林：广西师范大学出版社，2004年，第227页。

④ 汤氏：《鳅闻日记》，罗尔纲、王庆成主编：《中国近代史资料丛刊续编·太平天国》（六），桂林：广西师范大学出版社，2004年，第355页。

⑤ 王彝寿：《越难志》，罗尔纲、王庆成主编：《中国近代史资料丛刊续编·太平天国》（五），桂林：广西师范大学出版社，2004年，第156页。

鸾语:"呵呵呵,秋水到,灭长毛。"① 有些民间歌谣至今流传。歌谣在集体行动动员过程中的应用较少,主要是因为乡村地区居民文化水平普遍落后,对歌谣的认知有限,而具有一定文化背景的歌谣制造者又必须满足成为集体行动的实际参与者这样的条件。

除此之外,没有在记载太平天国统治区集体行动的史料中发现更高级别形式的动员工具和方式。由于太平军对城市居民实行军事化管理,使城市变相成为军营,贯彻一切围绕和服从于军事的原则,这便形成了以农村供给城市,穷农村之力支撑城市的格局。太平天国在乡村地区设税卡、置乡官,征办粮饷,加上太平军对乡村地区的军事控制比较薄弱,因此才发生了诸多乡村民变。从整体上看,与清朝统治时期江南民变动员方式有所不同,受乡村民变类型的局限,太平天国统治区集体行动依靠文本工具传播信息和动员群众的方式较为少见。

(三) 场所与仪式

民变的场所分为民变动员的场所和民变发生的场所。商议民变具体运作程序需要一定空间,由于民众集会易触动官方的敏感神经,民变动员所需的场所要么具有一定的隐秘性,要么具有合法性。寺庙、文庙、书院往往成为民众集会选用较多的场所。传统时代的江南地区,虽然人文荟萃,富庶繁华,但民间祀鬼祭神之风久盛不衰,祠庙遍布,"南人信鬼神,固沿习俗","神佛塑像,吴人敬奉如生",② "江南媚神信鬼,锢蔽甚深"。③ 被纳入国家祀典的寺庙为公共聚集提供了合法空间,可

---

① 沈梓:《避寇日记》,罗尔纲、王庆成主编:《中国近代史资料丛刊续编·太平天国》(八),桂林:广西师范大学出版社,2004 年,第 53 页。

② 潘钟瑞:《苏台麋鹿记》,中国史学会主编:《中国近代史资料丛刊·太平天国》(五),上海:神州国光社,1952 年,第 273 页。

③ 光绪《苏州府志》卷 3《风俗》,第 37 页 a。

以较大可能地排除官方、宗族和其他外界力量的干涉。数量繁多而又不在国家祀典之内的淫祠庙宇则可以尽量避开国家权力的视野，为民变动员提供相对隐秘而安全的活动场所。[①]

寺庙成为众多民变动员场所的另一个原因是它背后蕴含着民间信仰意识形态的强大诱导。明清以来江南庙会节庆盛行，民间迎神赛神的活动日渐多样化、频繁化，以赛神结会为活动内容的聚会频多，为民变动员提供了时间和空间上的机遇。而世俗化和人格化的民间诸神信仰在逐渐被大众接受、成为民众精神寄托的同时，也成为将民众对社会现实的不满情绪转化为抗议实践的主导型意识形态因素。民众可以通过占卜、请神、降神、抬神、模仿告阴司和遭冥诛等象征性仪式，以神权、阴间来监督和抗衡政权、阳间，满足民众发泄排压的心理，并进一步激化、激励群体情绪，强化抗议社会不公正现象的声势，最重要的是借助另类权威使升华了的抗议行动具有神秘性和合法性。

民众利用神权抗衡社会现实和世俗权力的典型案例是 1846 年昭文县的佃农暴动。先是佃农金山桂等"因贴无名榜帖于承吉庵墙，约众于（五月）二十一日滋事，以打凶租为名。然众情不无怀惧，共卜于是庵神前，或签或筶，叠遇大吉。党众分卜于他庙，亦无不大吉，众计乃合。然众心总参疑信，又共誓以所约之日，必遇天晴为天助。及至二十一日，红日东升，天无纤翳。众乃放胆鸣锣聚众，沿途胁迫附从"。后来反抗受挫，金山桂等被捕杀，又有金德润出面动员，"姑信妖术，以问鬼神。其术曰札童子，将五六岁孩童蒙眼稳坐，施符咒，使神凭是童，借童口言休咎，则曰天遣阴兵三千保护毋恐。众又祷于该处神庙，叠遇大吉，而兵差捉拿亦未及其他。众凶共信，果邀天助"，此术与广西民间盛行之降僮术无异。抗争结束后，官方因为当地神明"协助"

---

① Susan Naquin, *Peking: Temples and City Life, 1400–1900*, Berkeley: University of California Press, 2000, p.xxxi.

乱民不法，"以该处乡曲小庙神像，谅必为妖孽凭依，令将总管、周神、猛将、李王四像，缚解回城，暂置城隍庙路头堂，以示签笤惑众之咎。后至（道光）二十七年八月，官以众犯获者已多，乃令备鼓乐将神像送回该处庙中"。[①] 寺庙、偶像、神权、仪式成为沟通民变发生、发展和结束各个阶段的关键要素，充分体现了民间信仰、宗教权力在民众与世俗权力斗争中的重要性。官方为防止民众再次利用寺庙和当地的神灵信仰动员民变，不惜公开与神权对抗。另一个例子是在吴江陆孝中领导的反抗失败后，佃户们每天都会到庙里烧香焚烛，乞求上天惩罚官府，结果该庙被官方铲平。[②] 官方行为意在向民众表示国家权力高于一切，亦高于神权，这反而强化了民众对官方的敌对情绪。

而太平天国占领区发生的民变，其实际运作的场所并不完全符合这一传统模式。在统计的案例中，多数反抗实例没有明确记载集会动员的场所，反抗的领导者通过动员工具传达信息并号召民众，直接超越这一阶段，实现民变的发生。

利用寺庙、文庙等场所动员民变的案例大为减少，与太平天国毁灭偶像和反孔非儒的政策有关。偶像崇拜与太平天国奉上帝为独一真神的信仰冲突，故太平军所到之地在政策上严禁民众信奉"邪神"。

儒家经典和孔子权威在太平天国战争期间亦遭遇千年未有之劫。太平军大举焚禁古书、捣毁文庙。文庙多为府县学的所在地，常成为士子领导科场"士变"的聚集场所，乡村民变动员对文庙的利用不多见。

---

① 郑光祖：《一斑录》，罗尔纲、王庆成主编：《中国近代史资料丛刊续编·太平天国》（五），桂林：广西师范大学出版社，2004年，第411、414、415页。

② 《吴江黄熙龄日记》，咸丰五年二月初四日，无页码，苏州大学图书馆藏稿本。

图 3-5　寺庙焚烧神像毁坏①　　　　图 3-6　图书古玩尽委泥沙②

太平天国时期，三教几废，"僧道巫觋卦卜星相之流"或逃或死，③ 庙宇残破无存，这些都使传统社会民变赖以发生的场所和仪式遭到严重破坏，民变失去了动员的空间和合法性。

　　但是，部分民变依然继承了在动员场所方面的文化惯性。1854 年 6 月，安徽黟县的抗粮民众将集会的场所约定在北庄岭下，岭下有黟县福神祠。当太平军追上北庄岭，老幼妇女侥幸逃生。传说福神显灵，"有数老者与贼云，鸟枪数百根埋伏山坞中，候尔兵追去即出。贼听之即退

---

　　① 余治（寄云山人）：《江南铁泪图新编》，同治十一年（1872）刻本，第 23 页 b—24 页 a，北京大学图书馆藏。

　　② 余治（寄云山人）：《江南铁泪图新编》，同治十一年（1872）刻本，第 14 页 b—15 页 a，北京大学图书馆藏。

　　③ 张德坚：《贼情汇纂》，中国史学会主编：《中国近代史资料丛刊·太平天国》（三），上海：神州国光社，1952 年，第 112、326 页。

往城中而去。后查数老人，并无人知者，此是黟县福神也"。① 将百姓化险为夷的功劳归诸福神似乎虚妄，但既然侥幸活下来的人在事后相信神灵庇佑，那在民变动员时也可能对乞求福祉充满了希望。1860 年 10 月，常熟王市的抗租民众在动员时有"祀神"之举，举行仪式的场所以及民众所祀何神则不明确。② 1860 年 12 月，常熟西北乡的反"穿人"（即"掳人"）行动在史料中有较详细的动员工具、场所和仪式记载，各乡各图百姓"吃面结关帝社，要约同人"。③ 这说明当时在常熟有关帝庙尚存。关公信仰由来已久，明清时期已经发展为全国性信仰。作为忠义的化身，关帝与负责阴间司法审判的城隍神一样，常被民间视作抗衡官方、监督世俗的权威。"吃面"是"佛会"常见的仪式之一。《庚申（甲）避难日记》的作者就多次提到参加佛会吃面。④ 这说明村庙中的祭祀、缴费、吃面这套仪式在满足民众精神需求、提供人神沟通的空间的同时，也为民众提供了交流乡谊和参与公共事务的机会，这就为民变的信念支持、经费来源和动员集聚准备了较完整的条件。1861 年 3 月，常熟王春园"聚众抗毛，鸣锣得千人，集三官堂"。⑤ 三官堂在各地名号不一，有三官庙、三官殿、三元宫、三元庵之称，供奉道家天、地、水三官，称"三元大帝"，分别职司赐福、赦罪、解厄。三官信仰在清代以后比较普遍，在民众中有较大影响力。这些利用庙会节庆的场所和仪式动员民变的乡绅百姓，不能不说是内含着对传统民间信仰的眷

① 佚名：《黟难全志》，南京大学历史系太平天国史研究室编：《江浙豫皖太平天国史料选编》，南京：江苏人民出版社，1983 年，第 295—296 页。

② 汤氏：《鳅闻日记》，罗尔纲、王庆成主编：《中国近代史资料丛刊续编·太平天国》（六），桂林：广西师范大学出版社，2004 年，第 325 页。

③ 佚名：《庚申（甲）避难日记》，罗尔纲、王庆成主编：《中国近代史资料丛刊续编·太平天国》（六），桂林：广西师范大学出版社，2004 年，第 211 页。

④ 佚名：《庚申（甲）避难日记》，罗尔纲、王庆成主编：《中国近代史资料丛刊续编·太平天国》（六），桂林：广西师范大学出版社，2004 年，第 244、253 页。

⑤ 顾汝钰：《海虞贼乱志》，中国史学会主编：《中国近代史资料丛刊·太平天国》（五），上海：神州国光社，1952 年，第 372 页。

恋情节和对异端宗教的敌对情绪。

虽然大多数民变的动员场所可能与民间信仰无关，但其发生或终结的场所却在民间庙宇。1861年2月22日，常熟因各旅帅硬捉民夫解工修筑福山城，引发"毁烧龙王庙及左右官厅税房闸屋"的民变。[1] 同年5月，常熟南乡爆发反对租粮兼收的行动，众佃拆毁军帅邹庆和设于神祠之乡官局。[2] 同年6月，常熟陆家市有十余名太平军来催"军租"，夜宿篁多庙，各佃情竭，持农具进庙，太平军仅一人逃生。[3] 1862年5月6日，常熟何市上真殿处乡民杀旅帅等数人，放火烧屋。[4] 上真殿供奉真武大帝。1862年底，吴江同里镇棟花塘农民至北观收租息局中哄闹，将十余名董事擒去，殴打侮辱。[5] 北观乃翊灵道院之俗称，因在北秘圩得名，门额作"神院"，始建于元代，其内陆续建有大士殿、真武殿、汉寿亭侯殿、城隍庙等，供奉多神。[6] 1862年4月，常熟周贵德领导的平民武装也具有这个特点，周本人于4月5日在老吴市关帝庙前被捕杀。[7]

上述民变发生或终结的场所有一个共性，即曾经的民间祠庙，经太平军、乡官或乡绅改造为官方、半官方性质的公务机构。上述龙王庙、神祠、上真殿均是乡官局或政务机关的所在地，篁多庙、北观是收租局的所在地。而太平天国的基层政权有以民间祠庙庵观为行政公所的习

---

[1] 柯悟迟：《漏网喁鱼集》，北京：中华书局，1959年，第52页。

[2] 龚又村：《自怡日记》，罗尔纲、王庆成主编：《中国近代史资料丛刊续编·太平天国》（六），桂林：广西师范大学出版社，2004年，第65页。

[3] 顾汝钰：《海虞贼乱志》，中国史学会主编：《中国近代史资料丛刊·太平天国》（五），上海：神州国光社，1952年，第371页。

[4] 陆筼：《劫余杂录》，近代史资料编辑部编：《近代史资料》总105号，北京：中国社会科学出版社，2003年，第271页。

[5] 倦圃野老：《庚癸纪略》，罗尔纲、王庆成主编：《中国近代史资料丛刊续编·太平天国》（五），桂林：广西师范大学出版社，2004年，第322页。

[6] 民国《同里志》卷4《建志中·寺观》，第5页b—6页a。

[7] 顾汝钰：《海虞贼乱志》，中国史学会主编：《中国近代史资料丛刊·太平天国》（五），上海：神州国光社，1952年，第390、391、394页。按，周贵德的身份一说为"磨腐司"，一说为"海头"，"生长海隅，托身末业"，身处社会下层。

惯。如在江苏高淳，"大士庵为乡官聚议公所，距伪官之局十里"。[①] 在常熟，太平军分派统下头目散往各镇，"将庙中神佛移置别处，大殿改作天父堂，排书案，群毛执刀列两行"，俨然旧时衙门。[②] 在常熟南乡莘庄，百长胡长泰设卡三官堂，经改造，有望远之凉台，有审案之天父堂，有收税巡查之税卡，一应俱全，师帅王文仙设局西王庙，内设案桌。[③] 在常熟东乡横泾，"设局太平庵"。[④] 在无锡，"折（拆）寺观庐舍为伪官伪府"。[⑤] 在苏州，共设七局，城心一局设玄妙观（圆妙观），[⑥] 吴县"蠡墅西庵以枪船头目在此设局聚赌"，故未拆毁。[⑦] 在浙江宁海，设乡官局于崇教寺。[⑧] 在海宁袁花镇，师帅应玉轩设局司空庙。[⑨] 在慈溪西乡，"以三七市药王庙为军帅馆"，"以渔溪崇仁观为师帅馆"，"车厩崇德观、陆家埠永镇观都为贼卡"。[⑩] 这些机构均为乡官局或政务机构。具有税务机关性质的收粮局一般也设在民间祠庙，如常熟西北乡黄家桥镇在1861年5月23日傍晚有太平军五六人"为收米事作馆在城隍庙"，11月28日有太平军"设局城隍庙收租（粮）"，12

① 许奉恩述，方濬颐记：《转徙余生记》，中国史学会主编：《中国近代史资料丛刊·太平天国》（四），上海：神州国光社，1952年，第507页。

② 顾汝钰：《海虞贼乱志》，中国史学会主编：《中国近代史资料丛刊·太平天国》（五），上海：神州国光社，1952年，第372—373页。

③ 龚又村：《自怡日记》，罗尔纲、王庆成主编：《中国近代史资料丛刊续编·太平天国》（六），桂林：广西师范大学出版社，2004年，第49、65页。

④ 柯悟迟：《漏网喁鱼集》，北京：中华书局，1959年，第50页。

⑤ 佚名：《平贼纪略》，太平天国历史博物馆编：《太平天国史料丛编简辑》（一），北京：中华书局，1961年，第332页。

⑥ 潘钟瑞：《庚申噩梦记》，光绪十年（1884）长洲潘氏香禅精舍刻本，第20页a，北京大学图书馆藏。

⑦ 蓼村遁客：《虎窟纪略》，《太平天国史料专辑》（《中华文史论丛》增刊），上海：上海古籍出版社，1979年，第42页。

⑧ 陈懋森：《台州咸同寇难纪略》，罗尔纲、王庆成主编：《中国近代史资料丛刊续编·太平天国》（五），桂林：广西师范大学出版社，2004年，第184页。

⑨ 海宁冯氏：《花溪日记》，中国史学会主编：《中国近代史资料丛刊·太平天国》（六），上海：神州国光社，1952年，第672、687页。

⑩ 柯超：《辛壬琐记》，中国社会科学院近代史研究所《近代史资料》编译室主编：《太平天国资料》，北京：知识产权出版社，2013年，第186页。

月 8 日，"本镇收粮，设局城隍庙"。① 一些半官方性质的公务或公益机构也常设于民间祠庙，吴江同里北观设收租息局即是一例。常熟北郊破山之麓的兴福寺改设留养局，"各寺山田暂入难民局，以备薪蒸"。② 在嘉兴，"惟立关庵为赐粥局，关帝庙为漕粮局，水月庵为贼众过往寓所，得不毁"。③

　　"依庙设局"，原是江南地方善举的传统。在民间祠庙设立临时性的公务机构或处理公共事务也并非太平天国特有的政治行为。清政府在平息民变时，也会借用庙宇场所商议应对方略。如 1845 年 10 月，宁波奉化张名渊、汪佩绶等"聚众阻闹，挟制完粮减价"，④ 浙江巡抚梁宝常"谕之绅士会于城隍庙，均议投首"。⑤ 1852 年，宁波鄞县南乡周祥千领导乡民抗粮，知县段光清"设局城隍庙，邀诸绅士议减粮耗，罢红白封名目，一律征收"，民变乃息。⑥ 在两起案例中，城隍庙成为政府议论和组织平息民变的大本营。团练局也有设于城隍庙的例子，在籍侍郎庞钟璐"偕同邑官绅设局城隍庙，筹议防守"。⑦ 荒年缺粮时，官府也会设局城隍庙平粜，1802 年江西广信府玉山县和 1899 年山东福山县就有这样的例子，城隍庙成为政府临时处理公共事务的场所。⑧

　　政府公开借助民间信仰的场所为自己服务，有多重意图，或是宣扬

　　① 佚名：《庚申（甲）避难日记》，罗尔纲、王庆成主编：《中国近代史资料丛刊续编·太平天国》（六），桂林：广西师范大学出版社，2004 年，第 219、227、228 页。

　　② 龚又村：《自怡日记》，罗尔纲、王庆成主编：《中国近代史资料丛刊续编·太平天国》（六），桂林：广西师范大学出版社，2004 年，第 59 页。

　　③ 沈梓：《避寇日记》，罗尔纲、王庆成主编：《中国近代史资料丛刊续编·太平天国》（八），桂林：广西师范大学出版社，2004 年，第 197 页。

　　④ 《清宣宗实录》卷 421，道光二十五年九月庚辰，第 39 册，北京：中华书局，1986 年影印本，第 285 页。

　　⑤ 光绪《奉化县志》卷 11《大事纪》，第 16 页 b。

　　⑥ 光绪《鄞县志》卷 16《大事纪下》，第 30 页 b、32 页 a。

　　⑦ 光绪《常昭合志稿》卷 27《人物志六·国朝耆旧下》，第 48 页 a。按，《鲰闻日记》第 293 页亦有相似记载。

　　⑧ 同治《玉山县志》卷 10《杂类·祥异》，第 18 页 b；民国《福山县志稿》卷 3 之 2《官师传·李舒馨传》，第 14 页 a。

太平天国再研究

政府权威凌驾于神权之上，以压制民众的抵触情绪；或是向民众表现政治权力与神权的合作，传达"代天行事"的信息，进一步树立官方权威；或是单纯利用神明的力量获取更广泛而有效的动员。无论是清政府还是太平天国，对民间祠庙的利用有一个共同意图，即利用它的公共性。太平天国设局城隍庙收粮与"通衢大道设局收税名曰摆卡"[①] 存在同样的功效，两者均是人口流动和汇聚的重要场所，这有益于政治信息的传播并加大政治权威的宣传度。对清政府来说，利用神明稳定社会秩序的意图较明显。对太平天国基层政府来说，这几重意图均有不同程度的体现。但太平天国认为最为重要的一点应是基于拜上帝信仰，借行政权力的运作表示对偶像的蔑视、凌辱。因为太平天国"设局祠庙"是一种普遍现象，所以与清朝统治时期相比，更多的民变案例发生或终结在民间祠庙。然而这种无视江南风俗和民众心理的政治举动，必然激发民众对太平天国的排斥心理，甚至产生敌对情绪。从这个层面上说，太平天国占领区发生在民间祠庙的民变，除直接表达和发泄民众对太平天国基层政权和基层公职人员（乡官等）政治行为的不满之外，或许还有捍卫传统习俗、维护神明权威的心态。

在某种程度上，太平天国"设局祠庙"现象的背后可能还蕴含着政治权力向乡村社会扩张和渗透的尝试。太平天国为征办粮饷不遗余力地干预辖区敏感的业佃关系和租佃事务，而清政府似乎在有意识地与业佃关系保持距离，处理租佃事务时非常谨慎，这是传统社会"皇权不下县"的一个体现。两相比照，正因为太平天国一方面试图将政治权力的触角伸入乡村社会，另一方面却在乡村地区缺少有力的控制力量，引发了国家权力与地方社会的激烈角逐。所以太平天国占领区民变的数量、规模和烈度在相对短的时间内均超越了清朝统治下的同区域民变，并且持续进行了三四年的时间，在一定程度上可以称作江南民变的一个

---

① 黄侗：《义乌兵事纪略》，民国二十二年（1933）铅印本，第21页a，北京大学图书馆藏。

高峰。

若单讲漕政之弊，很难完整解读其复杂的形塑过程。毕竟，民变经领导者动员才能最终形成，民变动员模型的核心层面是动员的组织、方式、场所和仪式，这些为反抗行动之成形提供了最直接的外部因素，并可能对反抗行动的程度、规模和烈度产生影响。通过上述分析，与太平天国据守江南前20年间清朝统治下的同区域民变相比，太平天国统治区民变的各项要素既有前朝传统的延续性，又有战时太平天国自己的特殊性。原本在清政府统治下日益尖锐和复杂化的社会矛盾，在新政权建立后，由于主客观环境、传统和新兴因素的影响，呈现了愈演愈烈之势。该时期民变特征延续性与特殊性的结合，共同形塑了太平天国统治区民变这一特殊历史现象。

本篇旨在解决"革命政权内部为什么会发生民变"这一重要议题。太平天国高擎反清的猎猎大旗，成立了与清廷相抗衡的新政权，并延续十有余年。鉴于此，反抗清朝，理所当然地成为研究太平天国的主调。但是，太平天国统治区发生的民变展现了"反抗反抗者"的特殊现象。在"激变四野"的复杂态势下，太平天国与民众的关系日趋紧张，甚至形成对立。显然，太平天国既给民众带来"福音"希望，其施政的负面因素也给民众留下了深创巨痛。在某种程度上，统治区风起云涌的民变宣告了太平天国在社会控制层面的种种倒行逆施。各种不安定因素愈演愈烈，加剧了太平天国政权系统内部各阶层的离心倾向，官、绅、民的关系陷入结构性失调，进一步加剧了社会的失控和民心的违和。得人心者得天下，失民心者失天下，确乎是颠扑不破的真言！太平天国的内溃之势已萌生于兵败之先，"天国"陨落的命运已从日益频密的民变中得到了预示。一个政权，哪怕是兴起于草根民众的政权，要想长久维系，民心的所向和转向适为关键。在太平天国失败后，该区域的民众运动趋于沉寂，直至辛亥革命前十年全国民变风潮的到来。

第四篇　最终的败亡：政局与社会局势

太平天国在定都后相继发兵北伐、西征、东讨，势头强劲，在军事上达到鼎盛。湖南一寒士就1855年秋的局势预言说："是时武昌、南京属管之地，粤人出示安民，开科取士，禁头变服，按例征粮，农工商贾，各安其业，俨然有王者风。依大势看来，粤今乱清，犹昔清之乱明耳。"[①] 清政府面临的形势确实不容乐观，八旗、绿营遭到致命打击，湘军也是胜少败多，退缩至武昌和南昌等少数据点。但从整个战局来说，湘军牵制了太平军的主要机动兵力，双方进入了对峙相持状态，所占地盘犬牙交错，争夺激烈，攻守不时易势，同时双方均面临战线过长、粮饷难继、兵力不敷、久战力疲、人心浮动等困难，关键是看谁的战略战术得当，能否挺得住、少犯错。然而就在这关键时刻，太平天国内部爆发了一场惊心动魄、血流漂杵的内讧惨剧，这是一幕兄弟阋于墙而自隳长城的惨剧，以致战局逆转，内部积聚的各种矛盾逐渐暴露出来。但天京事变不是定都后的突发现象，不能简单归因于太平天国上层腐败或所谓政权封建化，还应看到长期以来太平天国权力格局的畸变和领导集团矛盾的滋长。此后，太平天国逐渐由战略防御转入战略退却。曾国藩、曾国荃兄弟和崛起的湘军屡战屡败，而又屡败屡战，屡败而不灭，最终攻陷了天京，结束了十余年的战乱纷争，成就了所谓"同治中

---

① 李汝昭：《镜山野史》，中国史学会主编：《中国近代史资料丛刊·太平天国》（三），上海：神州国光社，1952年，第10页。

兴"之功，却又埋下了另一番近代中国长达数十年祸乱局面的种子。

一　早期太平天国领导层的关系

1984年，王庆成先生在英国图书馆发现了《天父圣旨》《天兄圣旨》，并将缩微胶卷带回国内。其中《天父圣旨》仅存卷三，记天历甲寅四年（1854）正月二十七日至天历丙辰六年（1856）七月初九日天父约30余次下凡事；《天兄圣旨》存卷一、卷二，记戊申年（1848）九月至天历壬子二年（1852）三月间天兄120余次下凡的情况。它们"涉及金田起义和太平天国历史上许多重要的或有趣的史事，其中几乎每一件事都是我们过去不知道或不详细知道的"。① 因为《天父圣旨》只残存卷三，且记事时限在定都天京之后，我们只能通过《天命诏旨书》《天父下凡诏书》《天父诗》等其他文献了解杨秀清在太平天国早期代天父下凡传言的片段。而《天兄圣旨》现存完整，且据《天兄圣旨》记载，在金田起义前后的关键时期，举凡上帝会人事变动、洪秀全行踪、洪秀全家属安置、会众思想教育、会众奖惩、军师人选、私人生活、扯旗与称王时间、中枢决策、金田团营等，俱决于天兄（实际是萧朝贵），而洪秀全、冯云山只有俯首受命，杨秀清似乎处于配角地位。所以观察太平天国早期领导层成员彼此间的关系，可以以《天父圣旨》《天兄圣旨》为中心展开讨论。

---

① 王庆成：《〈天父圣旨〉、〈天兄圣旨〉和太平天国历史》，《近代史研究》1985年第2期。

（一）　上帝会众中的"代天言事"

　　早期太平军的迅猛进军，得益于首义诸王同仇敌忾，精诚团结。就连受曾国藩之命，主持湘军采编所采集"贼情"的张德坚也承认，"夫首逆数人起自草莽结盟，寝食必俱，情同骨肉，且有事聚商于一室，得计便行，机警迅速，故能成燎原之势"。[①] 纵观太平天国起事前后，以洪秀全、冯云山、杨秀清、萧朝贵为核心的领导集团的主流关系的确是团结合作，这从上帝会创始人洪秀全、冯云山承认上帝会大本营的地方实力派杨秀清、萧朝贵代"天父""天兄"传言的特殊身份即可看出。

　　1847 年 12 月，上帝会创始人冯云山被紫荆山士绅王作新捕拿，上帝会内部陷于危机。次年（1848）4 月，杨秀清假托天父下凡传言，安抚会众。同年农历六七月间，冯云山在被遣送回籍的途中脱归紫荆山，在得知洪秀全在广东后便匆匆前往寻找。[②] 作为上帝会创始人之一的冯云山既已知道杨秀清代天父传言之事而未曾当面揭穿他，基本表明杨秀清"人神相接"的身份得到了冯云山的默许。10 月，萧朝贵学步于杨秀清，迎天兄耶稣来到人间。令人奇怪的是，刚刚从广东返回广西的洪秀全在第一次和"天兄"对话时竟然立即承认了萧朝贵的这种地位。"天兄"与洪秀全的第一次对话发生在"天兄"首次下凡近两个月后的 11 月 19 日。《天兄圣旨》记载："天兄基督谕天王云：'洪秀全弟，尔认得朕么？'天王曰：'小弟认得。'"[③] 从此，原本声名不著的杨秀清、萧朝贵，脱颖而出，一跃成为上帝会的核心领导之一。

　　洪秀全承认萧朝贵代天兄传言的身份，也就意味着同时承认了杨秀

---

　　① 张德坚：《贼情汇纂》，中国史学会主编：《中国近代史资料丛刊·太平天国》（三），上海：神州国光社，1952 年，第 172 页。

　　② 王庆成：《金田起义记》，《太平天国的历史和思想》，北京：中华书局，1985 年，第 70—75 页。

　　③ 王庆成编注：《天父天兄圣旨》，沈阳：辽宁人民出版社，1986 年，第 3 页。

清的地位，洪秀全是经过权衡的。

其一，上帝会混乱分裂的状态急需结束。自冯云山被捕、洪秀全东去援救后，上帝会可谓内忧外患，外有王作新等团练武装的进攻，内有不少会众利用神灵附体大搞分裂，上帝会的这种混乱状态亟待结束。

当时在上帝会内部除了杨秀清、萧朝贵假借神灵附体，还有不少人也这样做。《太平天国起义记》记载："缘当众人下跪祈祷时，忽有人跌在地上不省人事，全身出汗。在此昏迷情状之下，其人似乎有神附体，口出劝戒，或责骂，或预说未来之事。"① 《天兄圣旨》多有"不准各星宿讲话""永不准妖宿作怪""永不准妖魔作怪""断服其不准再行乱讲"等语。② 这类妖魔、星宿降托传言的事情在上帝会内比较常见，直至金田团营时期尚存，在冯云山被捕、洪秀全东去的危险时刻，上帝会内部的分裂状况可想而知，"在兄弟中生出纠纷及有分裂之象"。③ 洪秀全返回紫荆山后，冯云山已远行，出于立即解决这种动荡状态的需要，急需扶植其中一二人确定为真言，辅佐于他，并避免引起更大的混乱。

其二，双方有结为同盟的可能。杨秀清、萧朝贵二人极有心计，他们一传天父言、一传天兄言，处处维护洪秀全的教主地位，时时捍卫上帝会的理论基石，萧朝贵在代天兄下凡伊始，便配合洪秀全演绎丁酉年（1837）升天的幻象，承认洪秀全奉天父之命下凡救世的优越身份。"诏明于戊申年（1848）冬"的《太平天日》，其中就有若干内容系据萧朝贵的天兄传言而来，把洪秀全原本比较简单朴素的丁酉年病中升天的幻象加以丰富和夸张，演变为洪秀全是上帝次子，奉命下凡做太平真主的神话。《太平天日》可以说是萧朝贵与洪秀全、"天兄"与"天王"

---

① ［瑞典］韩山文：《太平天国起义记》，简又文译，中国史学会主编：《中国近代史资料丛刊·太平天国》（六），上海：神州国光社，1952年，第866页。

② 王庆成编注：《天父天兄圣旨》，沈阳：辽宁人民出版社，1986年，第29、30、32、67页。

③ ［瑞典］韩山文：《太平天国起义记》，简又文译，中国史学会主编：《中国近代史资料丛刊·太平天国》（六），上海：神州国光社，1952年，第866页。

互相承认和配合的产物。所以，洪秀全承认萧的合法地位后，便"在萧玉胜家，常教杨宣娇（萧妻）读天父诗"，对萧朝贵的拉拢十分明显。① 杨秀清、萧朝贵选择代天父、天兄传言符合拜上帝的教义，而其他假托妖魔、星宿讲话的人便失去了合法性，注定要退出上帝会权力角逐的舞台，这也是杨秀清、萧朝贵的聪慧之处。尽管洪秀全有可能意识到杨、萧因身份特殊而凌驾于其他首领之上会对他将来的地位构成威胁，但在起事前夕的险恶环境中，求得生存发展才是首要事务，故其"乃按真理以审察各条而判辨各人之言孰真孰假。如此，乃证明杨秀清之言，谓：'此等辞句一部分是由上帝而来，一部分是从魔鬼而来的。'在此等神言中，其最重要而经秀全审判为真者，乃杨秀清、萧朝贵二人之言"。② 杨、萧利用天父、天兄为洪秀全谱写神话，洪秀全以教主身份承认杨、萧的地位，这是双方的配合和相互利用。

其三，杨秀清、萧朝贵的势力迫使洪秀全承认他们传言的合法性。杨秀清虽然"困厄难堪"，③ 但"常款接侠徒，以卖炭钱负竹筒入市沽酒，归而飨客。道上，时引声浩歌，有掉臂天门之慨"，④ 在紫荆山烧炭工人中颇具威望。1849 年 4 月 8 日，杨秀清跑到贵县代天父传言："高老山山令遵正，十字有一笔祈祈。"⑤ 意思即天父出令，千祈遵守。这说明杨秀清此时已获得上帝会其他地方会众的认可和支持，其势力并不局限在紫荆山区。萧朝贵拜上帝后，"到处邀人参加，一个串一个，

---

① 王庆成编注：《天父天兄圣旨》，沈阳：辽宁人民出版社，1986 年，第 4 页。
② ［瑞典］韩山文：《太平天国起义记》，简又文译，中国史学会主编：《中国近代史资料丛刊·太平天国》（六），上海：神州国光社，1952 年，第 866 页。
③ 《天情道理书》，中国史学会主编：《中国近代史资料丛刊·太平天国》（一），上海：神州国光社，1952 年，第 370 页。
④ 《桂平县志》（民国九年）卷 41，《太平天国革命时期广西农民起义资料》上册，北京：中华书局，1978 年，第 127 页。
⑤ 《天命诏旨书》，中国史学会主编：《中国近代史资料丛刊·太平天国》（一），上海：神州国光社，1952 年，第 59 页。

这样拜上帝会的人越来越多，需要吃用的经费也就越来越多了"，① 他在会内表现积极，"以是朝贵等笃信之，各往诸郡邑引人入会，从者颇众"。② 当时流传的民谣唱道："想吃龙眼不怕远，想吃仙桃不怕高；要想乾坤得扭转，快跟朝贵去六窑。"③ 萧朝贵还尽毁家中茅舍，邀约兄弟全家入会，民谣唱道："葡萄架上藤牵藤，朝贵串连来到村，百姓听说流眼泪，愿烧房屋双髻奔"，"十五十六月光明，朝贵好言动我心，放下柴篓扛枪炮，跟你朝贵当天军"。④ 他逐渐成为武宣、象州等地广大山民的领袖人物，会众称其"萧将军"。可见，萧朝贵在代天兄传言前，在会内已经具有一定的威望，并且具备相当的实力，他有进一步获取更高权力的可能和能量。杨秀清、萧朝贵具备传言的身份后，便立刻对会内其他派别和"神灵"发起进攻，最终获得胜利。洪秀全对他们传言身份的认可，是对既成事实的承认，不排除受杨、萧会内势力压力的可能。上述均是洪、冯、杨、萧假戏真做而和衷共济的主客观条件。正是因为洪秀全并不完全情愿地接受了权力格局的变动，才预埋了将来双方发生权力纷争的隐患。

　　杨秀清、萧朝贵代天父、天兄传言的身份确立后，迅速跻身上帝会的核心领导层，洪秀全逐渐转变为名誉天子，原本比较独立的宗教体系被杨、萧瓜分，上帝会的权力格局发生异动，为后来发生暴力血腥的内讧惨剧埋下了伏笔。

---

① 广西壮族自治区通志馆编：《太平天国革命在广西调查资料汇编》，南宁：广西壮族自治区人民出版社，1962 年，第 60 页。

② 《桂平县志》（民国九年）卷 41，《太平天国革命时期广西农民起义资料》上册，北京：中华书局，1978 年，第 128 页。

③ 太平天国历史博物馆编：《太平天国歌谣》，上海：上海文艺出版社，1962 年，第 117 页。

④ 太平天国历史博物馆编：《太平天国歌谣》，上海：上海文艺出版社，1962 年，第 115、116 页。

（二）洪秀全与密友冯云山创会立教

在杨秀清、萧朝贵分别取得代天父、天兄传言的身份之前，上帝会的权力系统比较简单。洪秀全在上帝会中处于最高领导地位，集宗教元首与政治元首于一身，是上帝会中唯一可以沟通神人的角色，"洪先生"在会众心中至高无上。

据洪仁玕回忆：

> 凡举监缙绅人等，各皆叹其威仪品概，故所至皆以身率教。凡东西两粤，富豪民家，无不恭迎款接，拱听圣训，皆私喜为得遇真命天子也。
>
> 常将此等天理物理人理，化醒众人，而众人心目中见我主能驱鬼逐怪，无不叹为天下奇人，故闻风信从。且能令哑者开口，疯瘫怪疾，信而即愈，尤足令人来归。[①]

洪秀全独尊地位的形成，与他的信徒和盟友冯云山的远见卓识及冯对洪秀全的赤诚忠心密不可分。

冯云山是上帝会的实际发动者和组建者，"前随天王遨游天下，宣传真道，援救天下兄弟姐妹，日侍天王左右，历山河之险阻，尝风雨之艰难，去国离乡，抛妻弃子，数年之间，仆仆风尘，几经劳瘁"。[②] 但他不居功，不争利，仍遥奉洪秀全为教主，上承洪秀全的宗教指示和行政决策，传达给各基地头目，再由各基地首领将上帝会最高指示传达给

---

① 《干王洪仁玕自述》，罗尔纲、王庆成主编：《中国近代史资料丛刊续编·太平天国》（二），桂林：广西师范大学出版社，2004年，第408、409页。

② 《天情道理书》，中国史学会主编：《中国近代史资料丛刊·太平天国》（一），上海：神州国光社，1952年，第371页。

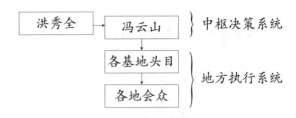

图 4-1　杨秀清、萧朝贵崛起前上帝会的权力格局

会众。一元架构的中枢决策系统，行政效率较高，有力地推动了传教等教务工作的顺利开展。冯云山的顾全大局，让洪秀全难以忘怀。以至于在冯云山故去七年后，洪秀全还念念不忘鼓励当时出任军师的族弟洪仁玕"志同南王，历久弥坚"，"板荡忠臣，可为万世法"。[①] 这里字字浸透着洪秀全对冯云山这位已故老战友的褒赞、感激和怀念。

但洪秀全与冯云山为决策中枢的一元架构模式，并非完全垂直，它是一种类垂直结构（如图4-1所示）。洪秀全在会中主要负责编写、阐发教义和宗教体系的创建及维护，冯云山主要负责统筹日常教务的指导、宣传和组织工作，二人分工合作。在这一权力架构模式中，洪秀全是名副其实的宗教元首和名誉上的政治领袖，冯云山则是上帝会政治上的实际决策者。

相比之下，洪秀全的实际权力不如冯云山，他在上帝会中枢决策体系中稍处边缘，而且洪秀全与冯云山之间并非完全没有矛盾。据《太平天日》记载："（道光二十四年）七月时候，主见表兄家苦，甚难过意，适与南王到田寮，语言有拂逆，主即回赐谷村，与南王冯云山、洪仁球、恤王洪仁正等议回东省。"[②] 此后，洪秀全返回花县，冯云山则转至紫荆山一带继续传教。洪秀全回乡后，冯云山之母、妻大为不悦，

---

　　① 《封干王诏》，太平天国历史博物馆编：《太平天国文书汇编》，北京：中华书局，1979年，第46页。

　　② 《太平天日》，中国史学会主编：《中国近代史资料丛刊·太平天国》（二），上海：神州国光社，1952年，第644页。

"因彼等满以为可从秀全处得知云山消息，但秀全偕其同出共履险途，而不与同归，又不知其概况"，逼得洪秀全再返广西寻人，未果。可见两家已生嫌隙。①此后，洪、冯二人分道扬镳，一别三载，互不联系，直到1847年8月27日，洪秀全、冯云山才再次在紫荆山相会。洪、冯二人发生冲突的原因，《太平天日》没有直言，或可推测洪秀全对自己既有的政治权力是不满意的。

但由于洪、冯二人精诚团结，洪秀全对冯云山较为放心，冯云山又具备高尚的品格和稳重的处事作风，尊重并礼让洪秀全，上帝会初创时期的类垂直领导体系仍然是相对安全、有效的。

（三）杨秀清与萧朝贵对上帝会元勋的打压

萧朝贵与杨秀清的合作关系是以双方共同利益为基础的。一方面，上帝会内部派系林立，有人利用其他神灵传言立威，反对天父、天兄教训，杨秀清、萧朝贵必须打败他们，巩固自己的地位，这是杨秀清、萧朝贵之间达成的默契。另一方面，杨秀清、萧朝贵策划自己成为天父、天兄的代言人，表现出极其强烈的权力欲，但他们只是出身紫荆山区以烧炭为业的贫民，约在1846年经冯云山劝说加入上帝会，属于上帝会的地方实力派，并非上帝会元勋。②所以他们只有合作，才能冲破由洪秀全、冯云山确立的权力格局的束缚，实现自己的政治抱负。因此，他们联合实施了两大阴谋。

① ［瑞典］韩山文：《太平天国起义记》，简又文译，中国史学会主编：《中国近代史资料丛刊·太平天国》（六），上海：神州国光社，1952年，第853页。

② 冯云山自1845年在紫荆山教人拜上帝，但这一年成绩不大，次年（1846）在黄泥冲曾玉珍家的帮助下，信者日众。《桂平县志》记："清道光二十六年，广东花县人洪秀全，与其同邑冯云山来紫荆山倡拜上帝会，秀清与萧朝贵、韦昌辉、石达开次第入会，相结为兄弟。"（《桂平县志》卷41，《太平天国革命时期广西农民起义资料》上册，北京：中华书局，1978年，第127页。）因此，杨秀清、萧朝贵"拜上帝"约在1846年。

一是击败会内主要反对派，打击赐谷王家和大冲曾家。贵县赐谷村是洪秀全、冯云山在广西传教的第一个落足点，是太平天国的最初发轫之所和活动基地。贵县赐谷村王盛均、王为正父子是洪秀全的表亲，是拜上帝的最早信徒，为上帝会的发展壮大做出了重要贡献，其资历、地位皆高于杨、萧，是杨、萧强有力的竞争对手。

杨、萧代天父、天兄传言伊始，"黄氏（因太平天国避讳"王"姓而改"黄"）有族人出言反对耶稣教训，且引人离道，此人即被逐出拜上帝会，其言即被认定为假的，为魔鬼附身而说的"。① 杨、萧对王家的打压在所难免。《天兄圣旨》记："有一天，黄二妹自外入厅，西王见有一妖跟人。西王奋身战妖，连战数场。"萧朝贵利用跳大神的本领，驱逐跟在黄二妹身后的妖魔，黄二妹其人即使不被视作妖魔，在上帝会中也再难翻身。也就是说，赐谷村王家曾是上帝会内部"代天言事"，欲与杨、萧抗衡，争相"扶主"的一支重要力量。

萧朝贵还利用天兄传言直接打压王家。1849 年 2 月 10 日，"天兄"谕王盛通"炼真去奸"，否则"难逃云中雪（刀）"。9 月 22 日，"天兄因贵县不信真道，乱语传扬，欲接天王归金田避吉"。11 月 11 日，"天兄""因黄玉绣有嗟怨之意"下凡批评王玉绣："现有天父上主皇上帝作主，尔们要三星回来作甚？三星避吉，是遵天父命也。"看来杨秀清也曾配合萧朝贵传天父言，要洪秀全离开贵县，杨、萧二人颇有挟天子以令诸侯的味道。1850 年 8 月 25 日，"天兄"谕天王："秀全，尔还去珠堂（贵县赐谷王家的称号）么？"洪秀全回答："小弟永不敢回踪矣。"第二天，天兄直接指斥"珠堂人多为妖惑"。同年 9 月 5 日，"天兄"竟讽刺挖苦洪秀全道："天下万郭又有几多帮手，又有珠堂扶得尔也。"洪秀全连忙表态："至珠堂，有好多人未醒，何能帮得手

① ［瑞典］韩山文：《太平天国起义记》，简又文译，中国史学会主编：《中国近代史资料丛刊·太平天国》（六），上海：神州国光社，1952 年，第 866 页。

　　　　　　　　　　　　　　　　　　　　　　太平天国再研究

也！"9月25日，"天兄""恐贵县兄弟为珠堂人诱惑，爰降临"。① 至此，赐谷王家一蹶不振，彻底被萧朝贵、杨秀清赶出政治角逐的舞台。至于珠堂人，王盛均、王盛通、王玉绣销声匿迹，王为正到天京后封"殿前丞相，副理机匠"，不过是个虚衔和管理织布工人的副手，② 王盛爵、王盛乾、王盛坤等也仅是负责后勤的闲散王亲。

大冲曾家的势力也比较大，资历较老，曾玉珍、曾云正、曾观澜、曾玉璟等都是拜上帝会的积极分子，他们大力支持冯云山传教并曾随同洪、冯到象州捣毁甘王庙，曾云正因"四处代传此情"（传教得力），被褒赞"大有功劳，故人多明醒"。③ 记录金田起义前上帝会史事的太平天国官书《太平天日》叙事至丁未年（1847）十一月，此时杨、萧还名不见经传，而《太平天国起义记》第一次出现杨、萧的名字是在1847年夏洪秀全二次入桂之时。④ 可见杨、萧的地位、资历远不及曾氏一族，他们与洪秀全的关系也不如曾家与洪的关系密切。

但曾家在杨、萧的排挤下逐渐淡出，有的随军至天京后默默无闻，还有不少人随军至江口圩即折返，不少曾氏族人甚至没有参加金田起义。⑤ 曾家曾直接被萧朝贵假天兄传言打压，1848年12月，洪秀全问"天兄"，"这个曾玉琚十分可恶，他既持（恃）横打黎添宽，今又想告黎添宽也"，"天兄"说："拿钱畀他买纸，难道还怕他么？左来左顶，

---

① 王庆成编注：《天父天兄圣旨》，沈阳：辽宁人民出版社，1986年，第3、13—14、15、20—21、56、64、73—74页。

② 1860年幼天王奉洪秀全命封"平在山勋旧"为义爵，王玉绣因此得封义爵，王为正封"天朝九门御林开朝王亲烈天义"，见金毓黻、田余庆等编：《太平天国史料》，北京：中华书局，1955年，第104—105页。王为正至天京后的官职，见谢介鹤：《金陵癸甲纪事略》，中国史学会主编：《中国近代史资料丛刊·太平天国》（四），上海：神州国光社，1952年，第674页。

③ 《太平天日》，中国史学会主编：《中国近代史资料丛刊·太平天国》（二），上海：神州国光社，1952年，第648页。

④ [瑞典]韩山文：《太平天国起义记》，简又文译，中国史学会主编：《中国近代史资料丛刊·太平天国》（六），上海：神州国光社，1952年，第857页。

⑤ 简又文：《金田之游及其他》，上海：商务印书馆，1946年，第24—25页。

右来右顶，随便来随便顶。"曾玉珺是冯云山在紫荆山的居停曾开文之侄。[1] 曾玉璟则不知何故被洪秀全题诗告诫："迷途既返速加鞭，振起雄心赶向前。尽把凡情丢却去，方能直上九重天。"[2] 据调查所得，曾玉璟参加金田起义随军进入永安，又回紫荆山接家眷，途中被清兵捕去，死于桂平狱中。杨、萧终于联手击败王、曾两大家族，成为上帝会中最大的实力派。

二是排挤、超越冯云山。萧朝贵假借天兄传言，出于个人利益的需要，采取支持洪秀全、捆绑杨秀清的策略，因此要实现自己的权力欲，唯有打压上帝会的创始人、第二号人物冯云山。

萧朝贵首先确立自己在世俗权力方面的地位，传天兄言："冯云山、杨秀清、萧朝贵俱是军师也。"他一跃成为与冯云山、杨秀清并列的军师，而且预埋了自己继续晋升的伏笔，"杨秀清、萧朝贵他二人是双凤朝阳也"。接下来，萧朝贵经过一段时间的实力积聚，公开向洪秀全、冯云山摊牌。他一方面直接贬斥冯云山，"云山，尔要放醒来，周时肚内打稿，真草扶尔二兄也"，"难道手指甲些事都要朕下来吩咐么"，并且否定了冯云山主张让萧朝贵、韦正二人到白塘、八洞等处教导兄弟的意见，指出"象州这事，现今最紧。尔两人计不及他。八洞、白塘，可宽可紧"；另一方面，他公开向洪秀全树威，迫使洪秀全说："这边帮手（冯云山等）不是十分帮手，秀清、朝贵乃真十分帮手"，"他人是学成、炼成，秀清、朝贵是天生自然也"。最后，萧朝贵用"天话"指示太平天国领导人的排名为"秀清、朝贵、云山、韦正、达开、日纲并玉书"，直接把冯云山由第二位降到第四位，最终实现超越冯云山的目标。[3] 立国之初，洪秀全分封五军主将，杨秀清为中军主将，萧朝贵为

---

① 王庆成编注：《天父天兄圣旨》，沈阳：辽宁人民出版社，1986年，第6页。

② 《太平天日》，中国史学会主编：《中国近代史资料丛刊·太平天国》（二），上海：神州国光社，1952年，第650页。

③ 王庆成编注：《天父天兄圣旨》，沈阳：辽宁人民出版社，1986年，第5、63—65、85页。

前军主将，已位列后军主将冯云山之前；永安封王，南王等诸王"俱受东王节制"，[①] 将这一权力格局的变动正式固定化。洪秀全或是出于政治考量和利益的交换，对杨、萧半遮半掩地夺权未做明显干预，而冯云山的确顾全大局，以"三兄"的身份默默接受了这一角色错位，甘居"四兄"和"妹夫"之后，使上帝会未因人事剧变而引发巨大波动。

（四）洪秀全与杨秀清、萧朝贵之间的互相利用

杨秀清和萧朝贵的崛起，经洪秀全认可。对洪秀全来说，与冯云山相比，杨秀清、萧朝贵有独特的利用价值。因为杨、萧可以代天父、天兄传言，让天父、天兄亲口确认洪秀全为"上帝次子""天兄胞弟"的神圣地位，在当时情况下，比冯云山著书说教更具说服力。杨、萧获取了洪秀全对他们地位的承认后，双方在宗教、人事、法纪、军政等方面着手合作，互相配合，但又存在潜在的矛盾，主要表现为"天父"（杨秀清）"天兄"（萧朝贵）的"神权"与天王的"世俗权力"之间的冲突。杨、萧崛起不但直接导致冯云山的地位下跌，还削弱了洪秀全至高无上的权力。因为杨、萧与洪不仅有君臣名分，还有一层宗教层面上父与子、兄与弟的关系。洪秀全虽是太平天国的最高元首，名义上掌握最终决策权，但当杨、萧托称天父、天兄下凡时，作为天父次子、天兄胞弟的洪秀全又不得不俯首听命、跪伏称臣。杨秀清、萧朝贵各自以"神""人"的双重身份交叉指挥的复杂格局，势必滋长二人的政治野心，也会激发"宗教神权"与"世俗政权"之间的矛盾。这种怪异的权力格局便为后来的权力纷争埋下了隐患，成为日后洪杨反目乃至彼此残杀的远因。

---

① 《永安封五王诏》，太平天国历史博物馆编：《太平天国文书汇编》，北京：中华书局，1979年，第36页。

据韩山文《太平天国起义记》记载，杨秀清每次代天父上帝传言时，"严厉肃穆，责人之罪恶，常指个人而宣传其丑行"，萧朝贵则"以耶稣之名传言，而其言则比秀清之言较为和蔼"。① 通过对比《天兄圣旨》和《天父圣旨》，萧朝贵在代天兄传言时，语气确实比杨秀清委婉谦和得多。

其实，萧朝贵的"谦和"仅是在塑造一种不同于天父的政治手段和氛围，在假象背后，隐藏着他专权跋扈、嚣张自负的一面。《天兄圣旨》多次记录下萧朝贵利用天兄传言挟制和戏弄洪秀全，公开揽权、邀功的事。

1850 年 9 月 2 日，"天兄"在金田下凡。"天兄"首先向洪秀全表功，说："秀全，妖魔左来想弄尔江山，右来想败尔江山，若不是朕天父天兄下来大作主张，尔诚难矣。""天兄"接着说："秀全，即尔由贵县下一事，尔看几多人飞打飞跳，都被人拿去。这回若不是朕天父天兄差发几多天兵天将，一路护送扶持，有这等安福乎？"洪秀全感恩戴德。"天兄"又转头为萧朝贵邀功，说："秀全，朝贵到贵县二次，有何功？"洪秀全回答："天兄，这两回小弟固托赖天父天兄救我，亦要妹夫行走。此便是妹夫莫大之功劳也。"在会众面前得到洪秀全的肯定后，"天兄"终于满意回天。② 萧朝贵还经常向洪秀全灌输"己分不可逼高。牡丹虽好，也要绿叶扶持"的傀儡政治思想。③

1850 年 9 月 5 日，"天兄"再次下凡，萧朝贵将公开邀功的行为发挥到极致。是时，洪秀全、冯云山等商定由萧朝贵、韦昌辉二人到白塘、八洞等处教导兄弟，并向天兄请示。"天兄"认为，"明晚朝贵、韦正二人到大居家，先差人去吊几个远方兄弟到来"。洪秀全不明所指，

① ［瑞典］韩山文：《太平天国起义记》，简又文译，中国史学会主编：《中国近代史资料丛刊·太平天国》（六），上海：神州国光社，1952 年，第 866 页。
② 王庆成编注：《天父天兄圣旨》，沈阳：辽宁人民出版社，1986 年，第 60—61 页。
③ 王庆成编注：《天父天兄圣旨》，沈阳：辽宁人民出版社，1986 年，第 38、41 页。

太平天国再研究

请天兄明示。"天兄"令其转问萧朝贵。萧朝贵说:"此必定是说吊象州这个妖魔降托李某也。"下午,"天兄"复下凡,开始逼迫洪秀全说出一番赞美和褒奖萧朝贵的政治宣言:

> 天兄曰:"秀全,当前朕话谁人想出?"
>
> 天王奏曰:"是朝贵妹夫想出也。"
>
> 天兄曰:"是他想出,他都做得事。"
>
> 天王奏曰:"天下万郭都靠秀清、朝贵二人,岂有不做得事!"
>
> ……
>
> 天兄曰:"秀全,朝贵有大过么?"
>
> 天王奏曰:"无也。秀清、朝贵,天父天兄降在他二人身,他二人分外晓得道理。朕从前曾对兄弟说曰:他人是学成、炼成,秀清、朝贵是天生自然也。"
>
> 天兄曰:"朕怕他有大条大胆,或行到路中辛苦,对尔面前称功道劳,就要打一百也。"
>
> 天王奏曰:"朝贵妹夫,瞒不得天兄,确是好人。天父亦曾称赞他曰:秀全,尔看尔妹夫这个样子。都知得他是好也。"①

"天兄"即萧朝贵,萧朝贵亦即"天兄"。因此,萧朝贵能领悟天兄的话语,并不足奇;但天兄夸赞萧朝贵的悟性,未免过于滑稽。更为荒唐的是,"天兄"说得很明确,现在为萧朝贵表功、邀功,目的是防止他日后会在洪秀全面前"称功道劳",不如请洪秀全现在就把风光给足萧朝贵。"天兄"的逻辑自相抵牾。

---

① 王庆成编注:《天父天兄圣旨》,沈阳:辽宁人民出版社,1986 年,第 62—65 页。

我们再看一下六年以后"威风张扬，不知自忌"的东王杨秀清"逼封万岁"的场景：

> 咸丰六年秋，东贼杨秀清欲夺洪秀全伪位。……杨逆假天父语问洪逆云：尔打江山数载，多亏何人？答云：四弟。杨云：尔既知之，当以何报？答以愿即加封。随出向众党云：嗣后均宜称东王为万岁，其二子亦称万岁。贼众诺，杨色稍霁，洪亦不转。[①]

> 一日，（杨秀清）诡为天父下凡，召洪贼至，谓曰："尔与东王均为我子，东王有咁大功劳，何止称九千岁？"洪贼曰："东王打江山，亦当是万岁。"又曰："东世子岂止是千岁？"洪贼曰："东王既万岁，世子亦便是万岁，且世代皆万岁。"东贼伪为天父喜而曰："我回天矣。"[②]

两相对照，萧朝贵除没有做"逼封万岁"的事，他与杨秀清对洪秀全的邀功、威逼，手段和口吻都异曲同工，有过之而无不及。1850年8月29日，广东高州上帝会派叶芸停、林大儒来金田总部汇报当地活动情况，洪秀全请天兄主断。"天兄"怒斥洪秀全："手指甲事都要朕天兄分断么？四处靠尔，要尔灵变处治。设秀清、朝贵不在身边，尔又将何以分发兄弟也？"洪秀全唯唯诺诺，回答说："小弟当前上高天时，天父天兄教了许多。今天父天兄下凡，又教了许多。至今还未曾十分灵变，算是无用。望天父天兄加赐聪明智识胆略也。""天兄"满意，说道："话是无用，亦算有用。"[③] 萧朝贵对洪秀全颐指气使，完全是一

---

① 涤浮道人：《金陵杂记》，中国史学会主编：《中国近代史资料丛刊·太平天国》（四），上海：神州国光社，1952年，第640页。

② 张汝南：《金陵省难纪略》，中国史学会主编：《中国近代史资料丛刊·太平天国》（四），上海：神州国光社，1952年，第703页。

③ 王庆成编注：《天父天兄圣旨》，沈阳：辽宁人民出版社，1986年，第58—59页。

太平天国再研究

副老子训儿子的架势，专权跋扈，无所顾忌。这反映出天父天兄与天王之间潜伏着矛盾和危机。或许是因为萧朝贵始终未能像杨秀清那样迈出夺取天王名器的步伐，抑或是由于过早战死，洪秀全才对他保留有一丝诚挚的且罕有的好感和怀念。

（五）韦昌辉与石达开的不同境遇

金田起义在韦昌辉家乡发动并非偶然，在某种程度上可以说是萧朝贵拉拢韦昌辉的结果。

首先，韦昌辉是萧朝贵亲手提拔并培养起来的。1849 年 3 月，洪秀全返回广东，萧朝贵乘机借天兄下凡题诗，拉拢韦昌辉及其父韦元玠："年宵花景挂满堂，玠人此钱自由当。为子监生读书郎，正人子前二萧凉。"同年 9 月 22 日，"天兄"下凡，令萧朝贵和韦昌辉去贵县接洪秀全、冯云山到金田。当时杨秀清也在场，他认为，"小弟不去接三星兄，理有未顺，抑恐三星兄怪小弟也"。"天兄"却当即拒绝了杨秀清的提议，命令道："秀清弟，尔且回家，但韦正、朝贵二人尚贵县可也。"萧朝贵为什么拒绝杨秀清同往贵县迎接洪秀全，《天兄圣旨》的记载给出了答案。萧、韦见到洪秀全后，

> 天兄谕韦正曰："韦正，尔呼朝贵为何乎？"
> 韦正时却未知何样称呼，语言迟出。
> 天王问天兄基督曰："天兄，韦正在高天与小弟们是同胞否？"
> 天兄曰："他同朕们总是共条肠也。"①

---

① 王庆成编注：《天父天兄圣旨》，沈阳：辽宁人民出版社，1986 年，第 14—15、16—17 页。

原来萧朝贵不允杨秀清同行的原因，是要越过天父和杨秀清，单独确立韦昌辉在上帝会的领导地位和在上帝小家庭中的"同胞"关系。至此，韦昌辉正式步入上帝会小家庭和太平天国核心领导层行列，成为萧朝贵的嫡系。

此后，萧朝贵还把上帝会大本营设在金田，多次安排韦昌辉处理重要事务。萧朝贵之所以如此器重韦昌辉，首先是因为他看中了韦家财富。1849 年 10 月 14 日，"天兄"下凡谕韦元玠："尔既识得破，晓得为顾三星乃、云山、秀清、朝贵等，便是积财于天也。尔子韦正肉身是尔生尔养，亦是尔子，但在高天论，又是朕老弟。尔不好看小他也。"① 萧朝贵一方面鼓励韦元玠献出财产支持起事，一方面进一步确定韦昌辉系天父之子的地位。后来《天情道理书》记载韦昌辉的功劳时说，昌辉"亦是富厚之家，后因认实天父、天兄，不惜家产，恭膺帝命"。② 萧朝贵以地位换金钱的交易是成功的（韦昌辉投身起事有其内在外在的原因）。

其次，韦昌辉是顺从萧朝贵的。在《天兄圣旨》中，韦昌辉的出场总是与萧朝贵在一起，凡遇重大事务，韦昌辉也总是站在萧朝贵的立场上。上帝会众打败周凤鸣的地方团练后，萧朝贵欲令大军班师，石达开、王玉绣坚决反对，出言顶撞"天兄"；"天兄"转问韦昌辉，韦则回答："小弟总是听天兄吩咐"，"现大军既毁破周凤鸣巢穴，他畏惧遁去，大军现宜回朝朝见太平王也"。《天兄圣旨》载：

> 伐（俄）而翼王、玉绣至前。天兄曰："韦正，达开，玉绣，现圣兵尔三人意见如何？"韦正奏曰："现大军既毁破周凤鸣巢穴，他畏惧遁去，大军现宜回朝朝见太平王也。"天兄

---

① 王庆成编注：《天父天兄圣旨》，沈阳：辽宁人民出版社，1986 年，第 18 页。
② 《天情道理书》，中国史学会主编：《中国近代史资料丛刊·太平天国》（一），上海：神州国光社，1952 年，第 371—372 页。

曰："尔说是也。"翼王、玉绣俱说不可班师。天兄厉声曰："据朕子爷在高天看来，都无些指甲事情。尔等何竟毫无胆识也？石福隆等家粮草将尽，尔还不知么？"翼王、玉绣二人奏曰："小弟二人在后顶起也。"天兄不答。转谕韦正曰："韦正，远处兵在本日暂且班师。有愿留者，分发一二十人在此。至近处兵，现停顿在此，待后天然后回归也。"韦正奏曰："遵命。"天兄曰："各宽草、放草，朕回天矣。"①

　　韦昌辉与石达开对"天兄"的态度对比鲜明，这也是萧朝贵大力提拔韦昌辉而冷落石达开的一个原因。此外，在"天兄"下凡时，韦昌辉还多次替萧朝贵充当打手，责罚会众，博取萧朝贵欢心。② 当然，在当时残酷的军事、政治斗争环境下，仅靠阿谀奉承是很难服众的，韦昌辉也确实不负众望，在金田团营中表现突出，为金田起义的成功发动

---

　　① 王庆成编注：《天父天兄圣旨》，沈阳：辽宁人民出版社，1986年，第31—32页。

　　② 1850年9月15日，"天兄"命打林大立，"韦正同以晃更番打五百"；1850年9月24日，"天兄"令打何连川，"命韦正用板打一百"。（王庆成编注：《天父天兄圣旨》，沈阳：辽宁人民出版社，1986年，第71、73页。）

做出了重要贡献。① 必须注意的是，韦昌辉与萧朝贵曾经存在的同盟关系，或也是后来杨秀清打压韦昌辉的原因之一。

石达开年仅 25 岁就指挥九江、湖口大捷，逼得曾国藩欲跳湖自杀，后又因收复武汉三镇，轻取江西 8 府 42 县，让曾国藩困守南昌一筹莫

① 韦昌辉在清政府镇压太平天国的早期奏报中多被认定为"匪首"，足见其在太平天国早期活动中的重要性。道光三十年十二月初八日，广西巡抚劳崇光与广西提督向荣奏称："该犯朱士俭系贼中其次头目，经贼首韦正派令，在平南一带纠人，是以尚未窜回等情不违。"（《劳崇光等奏进攻金田失利伊克坦布等战死折》，中国社会科学院近代史研究所近代史资料编辑室编：《太平天国文献史料集》，北京：中国社会科学出版社，1982 年，第 80 页。）道光三十年十二月二十日李星沅奏报："浔州府桂平县之金田村贼首韦政、洪秀全等私结拜弟会，擅帖伪号伪示，招集游匪万余，肆行不法。"（《李星沅等奏韦正洪秀全等擅帖伪号伪示正筹进剿折》，中国社会科学院近代史研究所近代史资料编辑室编：《太平天国文献史料集》，北京：中国社会科学出版社，1982 年，第 82 页。）咸丰元年二月十一日李星沅又奏："西匪韦政、韦元炌，东匪洪秀全即洪云山，传为逆首。"（《李星沅等奏覆广西会党情形并请续调云贵兵丁折》，中国第一历史档案馆编：《清政府镇压太平天国档案史料》第 1 册，北京：光明日报出版社，1990 年，第 223 页。）咸丰元年四月初十日清廷上谕称："贼首韦正、洪泉、冯云山、杨秀清、胡一洸、曾三秀等，既访得确实，知其习教伎俩，即当设法悬赏购线，使贼党自猜，攻剿更易得手。"（《寄谕李星沅等毋使东乡被困之股突围并悬赏购获首要韦正等》，中国第一历史档案馆编：《清政府镇压太平天国档案史料》第 1 册，北京：光明日报出版社，1990 年，第 395 页。）咸丰元年八月十六日，咸丰帝仍然认为："逆匪韦正、洪秀全、杨秀清、冯云山、萧朝贵等，现在分踞新圩及茶调地方及莫村等处。"（《谕内阁著将进剿新圩受伤之参将胡偆伸等分别恩赏并著赛尚阿相机剿办》，中国第一历史档案馆编：《清政府镇压太平天国档案史料》第 2 册，北京：光明日报出版社，1990 年，第 243 页。）咸丰元年九月初八日赛尚阿奏称："大股会匪自窜入永安之后，各路侦探间谍时常购募。惟该逆匪防范甚密，诡谲异常，多有被其戕害者。即探来之信，亦不甚划一。有谓伪太平王系胡以洸，一万岁洪秀全，九千岁冯云山，八千岁罗亚旺，七千岁范连得，六千岁韦正，伪左辅正军师杨秀清，伪右弼又正军师萧朝贵者。其伪号称为正天命天国，又称天觉。又有谓太平王仍系韦正者。冯云山穿道士衣，称伪军师，胡以洸又名胡二妹，均三十余岁。"（《钦差大臣赛尚阿奏报探闻永安会首大概情形片》，中国第一历史档案馆编：《清政府镇压太平天国档案史料》第 2 册，北京：光明日报出版社，1990 年，第 378 页。）咸丰元年九月二十三日赛尚阿等奏报："惟金田逆匪自称太平天国，确有历次所获供及伪示、伪印可凭。其匪首确系称太平王，惟其伪太平王究系韦正，抑系洪秀全，供词往往不一。"（《赛尚阿等奏覆遵查广西未有李丹朱九涛等人并报洪秀全等及剿办东西两省各股情形折》，中国第一历史档案馆编：《清政府镇压太平天国档案史料》第 2 册，北京：光明日报出版社，1990 年，第 408 页。）咸丰元年十月十五日，咸丰帝严令赛尚阿："务将贼首韦正、洪秀泉等设法诱擒，不可任其窜逸。"（《寄谕赛尚阿严饬将官合力进剿务将韦正洪秀全等设法诱擒毋使窜逸》，中国第一历史档案馆编：《清政府镇压太平天国档案史料》第 2 册，北京：光明日报出版社，1990 年，第 464 页。）到咸丰二年初，还有清方官员认为"太平王仍是韦正，朱九涛实有其人，并非洪秀全"。（姚莹：《中复堂遗稿续编》卷 1，《太平天国革命时期广西农民起义资料》上册，北京：中华书局，1978 年，第 210 页。）可见，直到太平军占据永安，清方还未弄清太平天国的真正领导人是谁，"洪大全"被俘后，清方才较为清楚、详细地了解到太平天国领导人的情况。

展而名噪一时。连左宗棠也畏惧他，曾谈及："贼目杨秀清等自相屠戮，现存者唯石逆狡悍著闻，素得群贼之心。其才智出诸贼上，而观其所为，颇以结人心、求人才为急，不甚傅会邪教俚说，是贼之宗主，而我之所畏忌也。"① 石达开率军远征福建时，曾国藩认为石达开所部"势乱而无纪，气散而不整，迥不似石逆往年情形"，但对石达开本人的能力，曾国藩仍强调"狡悍为诸贼之冠"。② 李秀成被俘后，曾国藩的机密幕僚赵烈文问他"逆首才能及各伪王优劣"，李"皆云中中，而独服石王，言其谋略甚深"。③ 太平天国官书《天情道理书》在记录韦昌辉、石达开的开国功绩时说："昌辉、翼王亦是富厚之家，后因认实天父、天兄，不惜家产，恭膺帝命，同扶真主，或位居后护，或职掌左军，剿灭妖氛，肃清海宇。"④ 韦昌辉在起事之初即声名显赫，就是这样一位被敌我双方都十分推崇，且与韦昌辉同是出身"富厚之家"的开国元勋石达开在太平天国早期的声望并不响亮，记事至 1855 年 8 月的《贼情汇纂》竟言石达开"铜臭小儿，毫无智识"。⑤

石达开在太平天国早期的重要活动中很少出场。《天兄圣旨》提到石达开的次数寥寥无几，可见萧朝贵与石达开关系之疏远，石达开所在的那帮村与王家所在的赐谷村均在贵县，这可能是因萧朝贵的宿敌赐谷村王家和石达开走动密切的缘故。

《天兄圣旨》唯一一次记载石达开发表言论是他顶撞"天兄"。1850 年 2 月，贵县六屇村发生上帝会与当地武装周凤鸣的战斗，上帝

① 左宗棠：《与王璞山》，《左宗棠全集》第 10 册《书信一》，长沙：岳麓书社，2009 年，第 226 页。

② 曾国藩：《石达开踪迹不明片》（咸丰八年十一月二十六日），《曾国藩全集》第 2 册《奏稿之二》，长沙：岳麓书社，2011 年，第 273 页。

③ 赵烈文：《能静居日记》，罗尔纲、王庆成主编：《中国近代史资料丛刊续编·太平天国》（七），桂林：广西师范大学出版社，2004 年，第 273 页。

④ 《天情道理书》，中国史学会主编：《中国近代史资料丛刊·太平天国》（一），上海：神州国光社，1952 年，第 371—372 页。

⑤ 张德坚：《贼情汇纂》，中国史学会主编：《中国近代史资料丛刊·太平天国》（三），上海：神州国光社，1952 年，第 48 页。

会取得胜利后，"天兄"下令班师。石达开、王玉绣、叶享才俱说不可班师。"天兄"不悦、不答。石达开坚持己见，出乎萧朝贵之意料。"天兄"被迫回天，只好采取折中方案处理。但萧朝贵没有就此罢休，四天后，"天兄"令刘文明、叶享才回贵县告诫石达开："不好信人挑唆也。"① 言外之意是警告他要和赐谷村王家（王玉绣等，为萧朝贵主要打击对象）保持距离。可见萧、石关系并不和睦。自此，石达开在萧朝贵的压制和孤立下，再未对"天兄"发表任何异议。

石达开本人在起事后的较长时间内不为人们关注，直到 1852 年 12 月他的名字才开始出现在清廷征剿大吏的奏报中。罗绕典等奏报清军"先后追至白箬铺，将贼围剿，杀一千余人，生擒二百有余，伪翼王亦经奸毙"。② 徐广缙向咸丰帝奏称："有坐轿贼目被兵勇长矛戳毙，割取首级，认明实系伪翼王石大剀。"③ 也正是在萧朝贵殒命长沙后，石达开的军事才华方得崭露，他在太平军全军被困长沙城南一隅的险境中，率孤军渡过湘江，在橘洲设伏大败向荣，占据宁乡、益阳、岳州，扭转了被动局面。从 1853 年开始，翼王石达开的声名开始在民间流传，赵烈文《落花春雨巢日记》1853 年 3 月 30 日记载："见抄录贼渠姓名：太平王洪秀泉，广东花县人，东平王杨秀清，西平王萧朝贵，南平王冯云山，北平王韦正，翼王石达开。"④

此外，太平天国以"左为上"为原则，如杨秀清的"左辅"要高于萧朝贵的"右弼"；初封五军主将时，石达开的"左军主将"级别应

---

① 王庆成编注：《天父天兄圣旨》，沈阳：辽宁人民出版社，1986 年，第 31、35 页。

② 《帮办军务罗绕典等奏报追剿敌众并探敌往宁乡逃去片》（咸丰二年十月二十三日），中国第一历史档案馆：《清政府镇压太平天国档案史料》第 4 册，北京：社会科学文献出版社，1992 年，第 52 页。

③ 《钦差大臣徐广缙奏报敌由西路窜逸官兵截击获胜并派兵赶紧追剿折》（咸丰二年十月二十六日），中国第一历史档案馆编：《清政府镇压太平天国档案史料》第 4 册，北京：社会科学文献出版社，1992 年，第 55 页。

④ 赵烈文：《落花春雨巢日记》，太平天国历史博物馆编：《太平天国史料丛编简辑》（三），北京：中华书局，1962 年，第 29 页。

高于韦昌辉的"右军主将"。洪秀全在东乡称"天王",是受命于"天父"旨意,"天父"在东乡下凡传言:"众小尔们要一心扶主,不得大胆。我差尔主下凡作天王,他出一言是旨是天命,尔们要遵,一个不顾王顾主都难",那么在东乡建立五军主将制及五军主将位阶次序的政治安排,也有可能是"天父"授意。[①] 只是,在后来的进军途中发生了一些不为人知的政治变动。或可推测,韦之地位超越石,以及石达开在太平天国早期声名不著,与萧朝贵和"天兄"对石的压制不无关系,这符合杨—石、萧—韦,彼此捆绑合作的政治格局。

(六) 杨秀清和萧朝贵之间的离合

金田起义前后上帝会和太平天国的军政大权主要是由杨秀清和萧朝贵以"代天言事"的方式处理,洪秀全、冯云山则以"避吉"的方式退居幕后,所以杨秀清和萧朝贵的关系在金田起义前后上帝会和太平天国权力关系网络中尤为重要。因为杨、萧各自都具有"神"和"人"的双重身份,他们各自在进行"神""人"角色转换时,另一方则需调整角色进行配合,如当杨秀清以"天父"的身份出现时,萧朝贵只能以"人"的身份受其节制,反之萧朝贵以"天兄"的身份出现,杨秀清也只好以"人"的身份受其节制,"天父""天兄"同时出现在教众面前发号施令的情况尚未发现。事实上,太平天国出现了"天父""天兄""天王"三个权力核心,这种特殊的权力格局决定了杨、萧之间既有合作又有矛盾。

1. 配合

长期以来,萧朝贵被认定为杨秀清最亲密的伙伴、最忠实的战友,

---

① 《天父诗》,中国史学会主编:《中国近代史资料丛刊·太平天国》(二),上海:神州国光社,1952年,第449页。

这主要是缘于二人在太平天国政治博弈和权力角逐的舞台上配合得天衣无缝，甚至是在一些极其细微的琐事方面。

1851年2月27日，"天兄"为处理洪秀全与后宫诸王娘的关系下凡，向韦昌辉下令："自今以后，各小姘有半点嫌朕胞弟，云中雪飞；有半点怠慢朕胞弟，云中雪飞。不拘那一个，凡有半点嫌朕胞弟及有半点怠慢朕胞弟者，尔一面奏明，不可隐也。"①杨秀清也为此事代天父传言："众小媳，他说尔这样尔就这样，说尔那样尔就那样，不使得性，不逆得他，逆他就是逆我天父，逆天兄也。"不久，"天父"再次下凡："众小媳，不是同尔校笑，尔们炼得好好，他不不知几好笑也。"继而，"天父"第三次下凡："众小媳，孝顺尔丈夫，服事尔二姊国母也一样。"②

洪秀全在起事初始已有众多妻子，③但此时他在后宫的绝对权威尚未完全树立，后宫甚至出现妃子嫌弃洪秀全的窘况。萧朝贵与杨秀清同时假借天兄、天父传言处理此事，可以说是共同干涉洪秀全私生活，插手后宫事务的典例。

萧朝贵与杨秀清在许多重要军政问题的处理上也大都极力配合。金田起义前后，上帝会内出现粮荒，人心浮动。1851年2月20日署理广

---

① 王庆成编注：《天父天兄圣旨》，沈阳：辽宁人民出版社，1986年，第79页。关于这条天兄圣旨，《天父诗》116也有记载："天兄耶稣在石头脚下凡圣旨：天兄曰：'咁多小姘有半点嫌弃怠慢我胞弟云中雪飞。'"[《天父诗》，中国史学会主编：《中国近代史资料丛刊·太平天国》（二），上海：神州国光社，1952年，第450页。]据王庆成考证，《天兄圣旨》所记"时在武宣三里"为"时在石头脚"之误，见王庆成：《〈天父圣旨〉、〈天兄圣旨〉和太平天国历史》，《近代史研究》1985年第2期。

② 《天父诗》，中国史学会主编：《中国近代史资料丛刊·太平天国》（二），上海：神州国光社，1952年，第449页。

③ 《北华捷报》报道，太平天国辛开元年二月，天王已有十五位王娘。（《北华捷报》第654期，1863年2月2日。）据《洪大全自述》，至永安，"洪秀泉耽于女色，有三十六个女人"。[《洪大全自述》，中国史学会主编：《中国近代史资料丛刊·太平天国》（二），上海：神州国光社，1952年，第778页。]在武昌，"选十余龄有殊色者六十人，即逼令入抚衙"。[陈徽言：《武昌纪事》，中国史学会主编：《中国近代史资料丛刊·太平天国》（四），上海：神州国光社，1952年，第597页。]据幼天王洪天贵福回忆，到天京城破时，"老天王有八十八个妻"。[《洪天贵福亲书自述之二》，罗尔纲、王庆成主编：《中国近代史资料丛刊续编·太平天国》（二），桂林：广西师范大学出版社，2004年，第425页。]

西巡抚周天爵奏称："连日探闻该逆现在情形，人众粮少，其心更很（狠）更急，是以各处抢掠，惟粮是务。"① 周天爵又在致赛尚阿的信中提到："（清军）断思旺墟之粮道，贼本口粮将绝，经佛子一梗，日食两碗稀粥。"② 为度过危机，杨秀清代天父下凡，"欲试我们弟妹心肠，默使粮草暂时短少"，谕令"众弟妹概行食粥，以示节省"；③ 萧朝贵配合"天父"，代天兄传言："尔众小果能修好炼正，食粥由天，不食粥亦由天。顺天者必昌。时时以大头妖为戒，天父定有大大荣光畀尔等也。"④

1851 年 8 月 6 日，清军乌兰泰、达洪阿等率军进攻新圩，太平军大败，士气下降，不少将士避战后退，畏敌情绪滋长。8 月 9 日午时，"天兄"下凡，但是《天兄圣旨》对这次下凡的内容没有记载，原因是"天兄劳心下凡。命不用抄录，不用详奏，待西王回朝，自有酌夺"。⑤《天命诏旨书》却对这次下凡的内容作了记载："辛开七月十三日，时在莫村。天兄耶稣大骂各为私，不公草（草，太平军中口语，即"心"），不忠草。"⑥ 天兄下凡很明显是为稳定军心。是夜，杨秀清至紫荆山茶地。二更，天父下凡传言："今我天父亲身下凡教导众小，见有众小不遵天命，场场行事，多有不同心，今天尔食何饭？为何事？差尔诛妖，何不同心？何不同力？何不同向前？天父讲过，自今以后，诛妖有一个小不去，有一个小临阵，真真莫道天不知。尔已知得认得天父

① 《周天爵奏报金田大黄江一带会众缺粮宜步步为营不可急战折》（咸丰元年正月二十日），中国第一历史档案馆编：《清政府镇压太平天国档案史料》第 1 册，北京：光明日报出版社，1990年，第 170 页。

② 《周天爵致赛尚阿信》（咸丰元年四月二十五日），中国社会科学院近代史研究所近代史资料编辑室：《太平天国文献史料集》，北京：中国社会科学出版社，1982 年，第 135 页。

③ 《天情道理书》，中国史学会主编：《中国近代史资料丛刊·太平天国》（一），上海：神州国光社，1952 年，第 367 页。

④ 王庆成编注：《天父天兄圣旨》，沈阳：辽宁人民出版社，1986 年，第 78 页。

⑤ 王庆成编注：《天父天兄圣旨》，沈阳：辽宁人民出版社，1986 年，第 91 页。

⑥ 《天命诏旨书》，中国史学会主编：《中国近代史资料丛刊·太平天国》（一），上海：神州国光社，1952 年，第 60 页。

有能，众小遵命，再逆者莫怪。各小真心放胆理天事也。"次日早晨，天父再次下凡："天降尔王为真主，何用烦愁胆心飞"，"真（众）小今知兄前苦，何不心雄战胜回，有志顶天忠报国，何尝临阵似屡屡"。① 两日之内萧朝贵与杨秀清联合利用天兄、天父权威，接连假托传言，批评、劝勉、鼓励将士，力争战局扭转，为太平军撤离紫荆山区，突围新圩，胜利转移，准备了条件。

萧朝贵、杨秀清二人配合默契，但也有意见不一的时候。1849 年 1 月 1 日，王玉绣、王盛通、王为政到鹏隘山请求洪秀全早登王位，"天兄"下凡传言："尔们今晚求天父上主皇上帝，总要求天父上主皇上帝准洪秀全早坐金龙殿。朕看尔们那个会求也。"② 萧朝贵对洪秀全是否登位的态度比较暧昧，一方面表示同意洪秀全"早坐金龙殿"，一方面又要三人转求"天父"意见。这说明萧朝贵、杨秀清在洪秀全此时是否可以称王的问题上有分歧。《天父圣旨》卷一、卷二无存，我们无法直接得知王玉绣三人转求"天父"的结果，但从《天兄圣旨》看，直至己酉年底、庚戌年初（1850 年初），洪秀全方得秘密穿起黄袍称"太平王"，在此之前"天兄"再未下达关于洪秀全称王登基的指示，可见这个问题可能由于"天父"的反对而被搁置。萧朝贵模棱两可的表态，既不开罪洪秀全，又尊重杨秀清的意见，把容易招惹麻烦的决定权转移给杨秀清，这是他在政治舞台上日趋成熟的表现。后来萧朝贵在此问题上的态度有所变化。1850 年 4 月 5 日，"天兄"下凡嘱咐洪秀全："秀全，尔穿起黄袍么？……要避吉，不可命外小见，根机不可被人识透也。"③ 萧朝贵多次要求洪秀全"避吉"，要求会众"谨口"，萧朝贵的态度由起初支持洪秀全早登王位，转变为劝洪秀全和会众不可操之

---

① 《天命诏旨书》，中国史学会主编：《中国近代史资料丛刊·太平天国》（一），上海：神州国光社，1952 年，第 61 页。
② 王庆成编注：《天父天兄圣旨》，沈阳：辽宁人民出版社，1986 年，第 12 页。
③ 王庆成编注：《天父天兄圣旨》，沈阳：辽宁人民出版社，1986 年，第 40 页。

过急。

二人的合作主要表现在政治方面的互相捆绑。萧朝贵不失时机地提高身价、夸大功劳，顺便提及天父代言人杨秀清，杨秀清也极力配合这一战略。1850 年 4 月 9 日，"天兄"下凡教导谭顺添："天兄曰：'双星脚起是谁人？'顺添奏曰：'是东王。'天兄曰：'禾乃是谁人？'顺添奏曰：'是东王。'天兄曰：'尔要认得他。高老托他口讲。天下万郭都要过他口也。'"萧朝贵给杨秀清增添了不少光彩。杨秀清在代天父下凡时有时也适当提及天兄及其代言人。1850 年 9 月 5 日，洪秀全对"天兄"转述"天父"的话："朝贵妹夫，瞒不得天兄，确是好人。天父亦称赞他曰：秀全，尔看尔妹夫这个样子，都知得他是好也。"[1] 可见杨秀清曾借天父之口夸赞萧朝贵。

除上述大冲曾家、赐谷王家和冯云山等上帝会元勋对杨、萧跻身权力核心构成威胁外，上帝会和太平天国内部一直存在的"异己"势力，反过来促成杨、萧联盟在客观上具有长久性。直到金田团营时期，仍然存在会众降托妖魔乱讲的事情。1850 年 9 月 5 日，"天兄"指示"吊象州这个妖魔降托李某"，9 月 12 日，李来得到，"天兄""欲拿李妖亲讯，断服其不准再行乱讲"。9 月 14 日，又有范世光"辩言乱真""口多""无礼"，经"天兄"重责，范世光依然"出言不顺"，不服天兄管教，再被杖责一百。[2] 至于范世光最后是否顺服，《天兄圣旨》没有记载，但是从中可以看出金田起义前夕仍有人对萧朝贵和天兄权威发起挑战。至于王家、曾家的残余势力和冯云山的影响力也一直存在，杨、萧不能不有所警惕。

---

[1] 王庆成编注：《天父天兄圣旨》，沈阳：辽宁人民出版社，1986 年，第 42、65 页。

[2] 王庆成编注：《天父天兄圣旨》，沈阳：辽宁人民出版社，1986 年，第 63、67、70 页。

2. 分歧

萧朝贵对读书人有轻蔑和排斥的一面。萧曾假托天兄传言试探洪秀全："他二人（杨、萧）又不识得多字墨，云山、韦正方扶得尔也。"洪秀全被逼无奈，只得承认："秀清、朝贵乃真十分帮手。"后来处理陈来案件，萧朝贵当着冯云山、陈玉书等读书人的面，挖苦讽刺陈来："尔读得诗书多，明白过朝贵。"① 在这类既有偏见的指引下，太平天国早期的文化政策偏激而荒诞。

洪秀全由于个人坎坷的读书经历，对孔子和儒学也不抱好感。1837年，洪秀全病中异梦的一个情境是：衣皂袍之老人（天父）斥责孔子，谓其于经书中不曾清楚发挥真理。孔子似自愧而自认其罪。② "天兄"后来也下凡指示洪秀全："孔丘被天父发令捆绑鞭打，他还在天父面前及朕面前跪得少么？他从前下凡教导人之书，虽亦有合真道，但差错甚多。到太平时，一概要焚烧矣。孔丘亦是好人，今准他在天享福，永不准他下凡矣。"③ 洪秀全与萧朝贵在对待儒家的态度上可谓不谋而合，二人合作的《太平天日》还丰富夸大了批判孔子的情节："天父上主皇上帝即差主同天使追孔丘，将孔丘捆绑解见天父上主皇上帝；天父上主皇上帝怒甚，命天使鞭挞他。孔丘跪在天兄基督前再三讨饶，鞭挞甚多，孔丘哀求不已。"④ 在萧朝贵战死长沙后，洪秀全依然继续执行

---

① 王庆成编注：《天父天兄圣旨》，沈阳：辽宁人民出版社，1986年，第64、83页。按，陈玉书，广西桂平老兄弟，"土豪"出身（《平桂纪略》卷1，《太平天国革命时期广西农民起义资料》上册，北京：中华书局，1978年，第134页），在金田起义前后排名列秦日纲之后、胡以晃之前，为早期太平天国领导层成员之一，但金田起义后其势逐渐没落，1861年驻防平湖时仅为"麻天安"，隶属李秀成、陈炳文，后亦未见封王记载［顾深：《虎穴还生记》，中国史学会主编：《中国近代史资料丛刊·太平天国》（六），上海：神州国光社，1952年，第736页］。从《天兄圣旨》看，陈玉书退出领导核心且不再受到重用，或是早期杨、萧代天指示并打压的结果。

② ［瑞典］韩山文：《太平天国起义记》，简又文译，中国史学会主编：《中国近代史资料丛刊·太平天国》（六），上海：神州国光社，1952年，第842页。

③ 王庆成编注：《天父天兄圣旨》，沈阳：辽宁人民出版社，1986年，第7页。

④ 《太平天日》，中国史学会主编：《中国近代史资料丛刊·太平天国》（二），上海：神州国光社，1952年，第636页。

"天兄"的文化政策。洪秀全下诏："当今真道书者三，无他，《旧遗诏圣书》、《新遗诏圣书》、《真天命诏书》也。凡一切孔孟诸子百家妖书邪说者尽行焚除，皆不准买卖藏读也，否则问罪也。"[①] 定都天京后，太平军焚书更甚，"搜得藏书论担挑，行过厕溷随手抛，抛之不及以火烧，烧之不及以水浇。读者斩，收者斩，买者卖者一同斩"。[②]

同样是出身贫苦，识字无多的杨秀清对这种文化恐怖政策可能早有异议，他或是考虑到天兄与天王在这一政策上的共识，或是考虑到与萧朝贵的关系，迟迟没有发难。太平天国定都天京后，杨秀清正式借天父之口下令：

> 前曾贬一切古书为妖书。但四书十三经，其中阐发天情性理者甚多，宣明齐家治国孝亲忠君之道，亦复不少。故尔东王奏旨，请留其余他书。凡有合于正道忠孝者留之，近乎绮靡怪诞者去之。至若历代史鉴，褒善贬恶，发潜阐幽，启孝子忠臣之志，诛乱臣贼子之心。劝惩分明，大有关于人心世道。再者，自朕造成天地以后，所遣降忠良俊杰，皆能顶起纲常，不纯是妖。所以名载简编，不与草木同腐，岂可将书毁弃，使之湮没不彰？[③]

杨秀清尊重文化和读书人的态度要比萧朝贵和洪秀全高明得多。洪秀全在天父和杨秀清的压力下，被迫成立删书衙，令卢贤拔、曾钊扬、何震川等删改《六经》，前之太平天国对文化扫地荡尽的政策终于宣告结束。

---

① 《诏书盖玺颁行论》，中国史学会主编：《中国近代史资料丛刊·太平天国》（二），上海：神州国光社，1952 年，第 313 页。

② 马寿龄：《金陵癸甲新乐府》，中国史学会主编：《中国近代史资料丛刊·太平天国》（四），上海：神州国光社，1952 年，第 735 页。

③ 王庆成编注：《天父天兄圣旨》，沈阳：辽宁人民出版社，1986 年，第 103 页。

太平天国曾有一场关于龙的长期论争，争论的双方便是"天兄"和"天父"。"天兄"曾对洪秀全说："星宿说及龙妖，尔还不觉乎？海龙就是妖魔头，凡间所说阎罗妖正是他，总是他变身，缠捉凡间人灵魂。尔当前升高天，同天兵天将战逐这个四方头红眼睛妖魔头，就是他。"① 洪秀全根据天兄"龙是妖"的指示，把一切龙概贬为妖。② 但是，龙自古就是皇家威严和神圣的象征，这种文化惯性很难改变，杨秀清对萧朝贵"贬龙"的态度不以为然。1853 年 12 月 26 日，杨秀清上奏天王："即如龙一事，前时我二兄概贬为妖，此必二兄诛妖心急而概贬之也。据小弟意见，或是宝贝龙方是龙，故金龙殿用之，服归（饰）器件用之，其余东海老蛇及一切妖蛇迷蒙人灵者方是妖也。"洪秀全同意他的意见："今而后天国天朝所刻之龙尽是宝贝金龙，不用射眼也。"③ 1854 年 3 月 2 日，"天父"下凡传言："以后天朝所画之龙，须要五爪，四爪便是妖蛇。"④ 杨秀清借"天父"进一步确定了他关于龙的政策的正确性与合法性。

太平天国与天地会的关系错综复杂，萧朝贵和杨秀清对天地会的态度即大不相同。⑤ 从实际行动看，萧朝贵对天地会的争取是积极的。萧

---

① 王庆成编注：《天父天兄圣旨》，沈阳：辽宁人民出版社，1986 年，第 5 页。

② 洪秀全曾命令龙必须"射眼"使用。所谓"射眼"，据张汝南《金陵省难纪略》载："东贼问洪贼云：'二兄谓龙是妖，今造金龙殿岂不是用妖么？'洪云：'我曾上高天，见天父有金龙殿，故我亦造金龙殿。'东贼云：'天父的殿乃是宝贝龙，今二兄的殿，莫非也是宝贝么？'曰：'然。'曰：'既是如此，天京城内莫非都是宝贝龙，别无妖龙么？'曰：'然。'自是龙目不插箭。"[张汝南：《金陵省难纪略》，中国史学会主编：《中国近代史资料丛刊·太平天国》（四），上海：神州国光社，1952 年，第 719—720 页。]

③ 《天父下凡诏书》（二），中国史学会主编：《中国近代史资料丛刊·太平天国》（一），上海：神州国光社，1952 年，第 51—52 页。可见"射眼"约在咸丰三年底被废除。

④ 王庆成编注：《天父天兄圣旨》，沈阳：辽宁人民出版社，1986 年，第 103 页。

⑤ 起事之初，洪秀全命令："凡三合会人们，如不舍邪弃旧而皈依真教，则不容收纳。"[韩山文：《太平天国起义记》，简又文译，中国史学会主编：《中国近代史资料丛刊·太平天国》（六），上海：神州国光社，1952 年，第 873 页。]后来大头羊张钊、大鲤鱼田芳等天地会首领降清，上帝会开始视其为妖，萧朝贵也受此影响，1850 年 6 月 2 日，"天兄"下凡指示："待等妖对妖相杀尽急，然后天父天兄自然有圣旨分发做事也。"（王庆成编注：《天父天兄圣旨》，沈阳：辽宁人民出版社，1986 年，第 45—46 页。）从后来的实际举动看，萧朝贵的这种态度又发生了变化。

朝贵率千余人北攻长沙，沿途扩军至万人，不断吸收天地会众加入。当时在湖南围堵太平军的江忠源说："（太平军）自入永安（永州）境上，土匪之迎贼，会匪之入党，日以千计。"[1] 曾国藩也向咸丰帝奏称："去年粤逆入楚，凡入添弟会者，大半附之而去。"[2] 杨秀清对天地会则一直存有偏见。1851 年底，杨秀清于永安颁布《奉天诛妖救世安民谕》，其中有"况查尔们壮丁，多是三合会党，盍思洪门歃血，实为同心同力以灭清，未闻结义拜盟，而反北面于仇敌者也"之语，[3] 公开批判天地会。杨秀清时代，太平天国始终未能密切配合、支援天地会在各地的反清活动，太平天国与天地会之间缺少有效的关系纽带。上海小刀会刘丽川请求天京方面派兵接应，杨秀清并不发兵，仅作口头许诺，声称"如果率众来归，必当奏请封加显爵，何去何从？希自谅之"。[4] 罗大纲倒是念天地会之情，"于仪征各码头置造皮蓬小船六百只，有冲水营直下，接连上海匪徒之信"，[5] 却被杨秀清调往西征，未能成行。太平天国丧失了规取苏、常、沪的一次大好时机。

3. 矛盾

陈来案是杨、萧关于天地会问题矛盾的集中体现，也是杨、萧关系

① 江忠源：《答刘霞仙茂才书》，罗尔纲、王庆成主编：《中国近代史资料丛刊续编·太平天国》（四），桂林：广西师范大学出版社，2004 年，第 247 页。

② 曾国藩：《严办土匪以靖地方折》（咸丰三年二月十二日），《曾国藩全集》第 1 册《奏稿之一》，长沙：岳麓书社，2011 年，第 72 页。

③ 太平天国历史博物馆编：《太平天国印书》（上），南京：江苏人民出版社，1979 年，第 107—108 页。按，《太平天国印书》所录据《颁行诏书》初刻本。《中国近代史资料丛刊·太平天国》和《太平天国文书汇编》也收录了这三篇檄文，系《颁行诏书》修改本，其中无"三合会"的内容。这份檄文虽是杨秀清与萧朝贵联名署衔，但实际是杨秀清授意文书人员所作，萧朝贵仅署名而已。在另一篇杨、萧联名颁布的重要檄文《救一切天生天养中国人民谕》中，有"上帝是本军师亲爷，亦是尔等亲爷"的话，这显然是站在杨秀清的立场上写的，杨秀清自称是上帝第四子，萧朝贵是"帝婿"而非上帝之子。

④ 涤浮道人：《金陵杂记》，中国史学会主编：《中国近代史资料丛刊·太平天国》（四），上海：神州国光社，1952 年，第 626 页。

⑤ 《忆昭楼时事汇编》卷 3，咸丰三年十月十五日接"丹徒县禀"，太平天国历史博物馆编：《太平天国史料丛编简辑》（五），北京：中华书局，1962 年，第 473 页。

不睦的表现：

辛开元年三月十八日，天兄劳心下凡，时在三里。天兄因陈来犯条瞒天，当严治其罪，爰于未时降临。先叫南王吊陈来来。南王奏曰："遵命。"即着人吊陈来。陈来未到，南王问天兄曰："现今四处妖魔欲来侵害，求天兄作主。"天兄曰："无妨。"

陈来到前。天兄先问南王、秦日纲、陈玉书、周锡宁等曰："上有青天，下有地，尔们讲系甚么？"南王奏曰："天上系天父天兄，地下系三星兄。"天兄问陈来曰："上有青天，下有地，尔讲系甚么？尔可速解明出来。"陈来奏曰："小弟不晓得，求天兄教导。"天兄又问曰："陈来，尔读得诗书多，明白过朝贵。朝贵都识得解，尔到不识得解。看尔几十岁，都不识得几句说话。尔之过处，尔自己讲出来就罢了；倘要朝贵口讲出来，尔就有一身死罪，就有一千板起脚也。"陈来默而不言。天兄又骂曰："现有天父天兄在高天，尔瞒得兄弟，瞒不得天父天兄也。尔飞亦飞不去，走亦走不去。尔众小弟宽草，朕回天矣。"

天兄又下凡，复吊陈来到前，谕曰："陈来，尔自己急急讲出来也。"陈来奏曰："小弟无甚么过失。惟系罗大纲去接兄弟，托小弟看顾他妻室，恐有不到也。但亦可以对得天父天兄，对得兄弟过也。一家大小都到来了，尚敢犯甚么大天条？"天兄又问曰："陈来，尔有无过犯，尔自己不知么？"陈来不应。天兄大怒曰："陈来，朕叫错尔来了么？"天兄即吩咐南王，命众小等拿板子来打西王一千，叫陈来出去也。天兄既而又骂陈来曰："尔有钱即买些食。尔走得手段过，朕就算尔飞。"（按，《天父天兄圣旨》原版"即"作"既"；"尔走得手段过，朕就算尔飞"断句为"尔走得手段过朕，就算尔飞"。此处从重校版。）天兄又吩咐众小曰："众小弟，放草、宽草，朕回天矣。"

天兄又下凡，叫南王、日纲、玉书等拿板子来打朝贵妹夫，十板都好。南王、日纲与众小求天兄曰："天兄要打朝贵妹夫，情愿打我们众小弟就是了。"天兄不准，谓南王曰："一人造事一人当。尔都无罪，打尔等，尔等岂不检得痛！"天兄即叫天兵天将翻转朝贵妹夫身要打。若不打，朝贵睡到明天都不能起身矣，尔众小弟逆令，亦不用打江山矣。南王与众小弟尽跪悲泪，哀求天兄。天兄都不准。众小弟无可如何，即将陈来推出大堂，乱打数百。

打毕时，陈来之子陈得桂劝他直认。又到前代他求天兄开恩。天兄又吊陈来到前。陈来跪求。天兄骂曰："尔都无罪，尔何必跪？尔众小弟何必打他？"时陈来见隐讳不得，不得不直认曰："昨日罗大纲之妻升天，小弟私自检起他金戒指一只、银牙签一副。自知有罪矣。"天兄骂曰："尔起初何不直认？今认迟矣！尔眼睛大，只看人不起眼。当日罗大纲是何人叫他去的？尔咁大胆，尔敢看小他。尔看小他，是看小何人也？尔把天父天兄降托秀清、朝贵是假的么？"陈来奏曰："不是假也。"天兄又骂曰："既然不假，何以秀清、朝贵几个人讲话都不准，尔陈来讲话正准么？既然尔正讲得话，尔正做得事，则秀清、朝贵、云山、韦正、达开、日纲并玉书一概都搬出小营，担谷挑水，待陈来搬行李入来理事，自己顶起江山。若不顶得起，尔莫怪朕诛灭尔也。"骂毕，叫他出。即吩咐众小弟曰："尔众小弟宽草、放草，万事有我天父天兄担当也。众小弟各各要修好炼正就是矣。朕回天矣。"

天兄又下凡，又吊陈来到前。问曰："陈来，尔想如何？"

陈来奏曰："小弟一身死罪。求天兄开恩，下次不敢再犯矣。"天兄责曰："尔想开恩，就拿云中雪来，同尔开恩来（按，原版为"也"，此处从重校版）。"天兄吩咐南王，叫人煲糯米饭畀陈来食，食饱好落地狱也。南王奏曰："遵命。"天兄又谓南王曰："陈来杀否？"南王奏曰："未曾有糯米饭，尚听天兄主断也。"天兄即时吊陈来到前，陈来俯伏求赦。天兄曰："尔要赦尔都得。现今朝贵有件龙袍，畀尔穿起来。尔可顶得天父天兄星兄江山起，就赦尔；尔若顶不起，尔就莫怪也。"陈来奏曰："天兄海底量。求天兄赦罪，下次不敢犯矣。"天兄骂曰："天下万郭几多兄弟，多尔一个不为多，少尔一个不为少也。留尔在朝中，亦是作怪的。尔起初系自认出来，愿打一百、几十板，犹可赦。今要朕讲出来，尔正认，认都迟矣。"

时陈得桂复到天兄面前，代其父陈来求赦。天兄慰得桂曰："尔父亲落了地嶽（狱），朕高兄在高天，自然能携带得尔，尔莫慌也。"得桂悲泪苦求："天兄赦小弟父亲之罪。"天兄曰："尔既不舍得尔父亲，尔就同尔父亲出大门口讲，凄凉一晚，明天好分离也。"言毕，吩咐："众小弟宽草、放草，朕回天矣。"

天兄又下凡，先将灯烧照西王面，化他心肠。后叫南王、秦日纲着人吊各军军长、百长、营长各带齐各营内兵将到来。陆续超升众小弟灵魂登天堂。

……辛开元年三月二十日早饭后，天兄劳心下凡。因陈来之子求恩，谕其往求天父，并教导各营。后又于夜间，因天王有疾，下凡谕众等宽心，乃先吊陈得桂到前。天兄谕曰："得桂，尔父该有死罪了。"得桂悲泪，苦求天兄开恩。天兄曰："尔求得天父下凡，托秀清口出讲准赦，朕就准也。照朕高兄主意，尔父亲十死无一生矣。"①

　　因罗大纲前去联络天地会，把病重的妻子托付给陈来（杨秀清岳父）②照看，结果罗妻病故，陈来"私自捡起他金戒指一只、银牙签一副"，被人告密至萧朝贵处。萧朝贵于1851年4月19日假天兄下凡，传讯陈来。陈来隐瞒不报，拒不认罪。萧朝贵暂不明示，而是使用疲劳战术，一日之内五次下凡接连审讯，迫使陈来认罪。

　　萧朝贵把原本微不足道的事情扩大化，目的在于杀一儆百。"天兄"下凡训斥陈来说："当日罗大纲是何人叫他去的？尔咁大胆，尔敢看小他。尔看小他，是看小何人也？尔把天父天兄降托秀清、朝贵是假的么？"罗大纲系天地会中留在太平天国为数不多的首领之一，又为太平天国屡立功勋，杨秀清却对他多有猜忌。萧朝贵则通过天兄告诫众人不要轻视罗大纲，意在笼络，也可看出萧朝贵对天地会的支持、安抚态度；另一方面，结合《天兄圣旨》中萧朝贵与陈来的对话，萧朝贵为此小事勃然大怒，似与之前和陈来有更深层次的矛盾有关。后来陈来之子陈得桂到"天兄"面前求情，"天兄"说："尔求得天父下凡，托秀清口出讲准赦，朕就准也。"萧朝贵把陈来的生死大权转交给杨秀清，实际欲使杨陷入两难之地。《天父圣旨》卷一、卷二无存，我们无从得知"天父"的处理结果，但从"天兄"最后宣布的"照朕高兄主意，尔父亲十死无一生"这句话，杨秀清很难违背天兄旨意，陈来似难活命。

　　可以想象，杨秀清亲自下令处死岳父时的痛苦。罗大纲后来虽一路

<hr />

　　① 王庆成编注：《天父天兄圣旨》，沈阳：辽宁人民出版社，1986年，第83—89页；王庆成校订：《重校〈天兄圣旨〉、〈天父圣旨〉》（下），《近代史资料》编辑部编：《近代史资料》总90号，北京：中国社会科学出版社，1997年，第75—80页。

　　② 张晓秋《粤匪纪略》记："陈得龙、陈得桂俱杨逆舅子。"［罗尔纲、王庆成主编：《中国近代史资料丛刊续编·太平天国》（四），桂林：广西师范大学出版社，2004年，第49页。］据《天兄圣旨》，陈得桂系陈来之子，故陈来系杨秀清岳父。

攻城拔寨，战功显赫，但直到 1855 年在芜湖阵亡前仍然只是冬官正丞相，始终未获擢升，而功劳相近的秦日纲、胡以晃此时却已封王。究其原因，除他"非粤西老贼"外，① 与因陈来之案开罪杨秀清而靠山萧朝贵过早战死也不无关系。萧朝贵借天兄之口一日之内五次下凡处置陈来，软硬兼施，甚至"吊各军军长、百长、营长各带齐各营内兵将到来"，② 为自己树威。另外，萧朝贵安抚、笼络罗大纲，为自己培植势力，同时打击了杨秀清及杨秀清的势力，可谓一石三鸟。

亲历过太平天国的文人谢介鹤曾记载：

> 先是永安分男女禁，除天贼及东西南北翼贼外，凡男女私，虽夫妇必斩，而西贼父在长沙途中，与西贼母合，贼众觉语西贼，西贼与东贼遂同议斩其父母以警众。西贼转谓人曰：父母苟合是犯天条，不遵天令者，不足为父母也。③

这则资料反映了太平天国早期严别男女情形，但有三处错误被人们忽视。第一，太平天国严别男女并非始自永安时期。早在 1850 年 1 月 30 日"天兄"在紫荆山就下令："男有男行，女有女行。"④ 另据民间调查："金田团营起义时，各处开来很多上帝军。军中有男兵女兵，分设男女营"，"参加拜上帝会全家都去，分男营女营，夫妻不能同宿"。⑤《天条书》第七条规定："天堂子女，男有男行，女有女行，不

---

① 张德坚：《贼情汇纂》，中国史学会主编：《中国近代史资料丛刊·太平天国》（三），上海：神州国光社，1952 年，第 61 页。

② 王庆成编注：《天父天兄圣旨》，沈阳：辽宁人民出版社，1986 年，第 87 页。

③ 谢介鹤：《金陵癸甲纪事略》，中国史学会主编：《中国近代史资料丛刊·太平天国》（四），上海：神州国光社，1952 年，第 668 页。

④ 王庆成编注：《天父天兄圣旨》，沈阳：辽宁人民出版社，1986 年，第 28 页。

⑤ 饶任坤、陈仁华编：《太平天国在广西调查资料全编》，南宁：广西人民出版社，1989 年，第 208、209 页。

得混杂。"① 所以，早在金田团营之前，上帝会就实行男女之禁，到永安只是更加规范、严格。据调查："太平军在永安州，男女之禁很严。做礼拜时，男同男坐，女同女坐，听讲道理，从无混杂。"② 洪秀全在永安还颁布了《严命犯第七天条杀不赦诏》。③

第二，1852 年 8 月，萧朝贵率曾水源、林凤祥、李开芳等部两千余太平军老将士，取道湘东山间僻径，兼程急驰长沙。9 月 12 日，清军"打着（萧朝贵）胸膛乳上穿身"，十分危急，曾水源等具本回郴州请援。④ 10 月 13 日，太平军大队抵达长沙。在此期间，萧朝贵与洪秀全、杨秀清始终分兵，未曾谋面，直至萧朝贵重伤，洪、杨始率大军自郴州北上。所以进军长沙途中必不存在西王与东王共议杀父之事。

第三，萧朝贵生父蒋万兴在 1860 年尚健在，养父萧玉胜则下落不明。⑤ 如果这条资料属实，那被处死的"西贼父"当是萧玉胜。据 1853 年广西巡抚劳崇光奏，在桂平发现萧朝贵远祖及其母萧盘氏墓。⑥ 清方仅发现萧朝贵养母墓，并未发现萧玉胜之墓，说明萧玉胜夫妇并非死于

---

① 《天条书》，中国史学会主编：《中国近代史资料丛刊·太平天国》（一），上海：神州国光社，1952 年，第 79 页。

② 饶任坤、陈仁华编：《太平天国在广西调查资料全编》，南宁：广西人民出版社，1989 年，第 209 页。

③ 太平天国历史博物馆编：《太平天国文书汇编》，北京：中华书局，1979 年，第 36 页。

④ 《曾水源、林凤祥、李开芳为西王有难禀东王等》（抄件影印件），刘志伟、陈玉环主编：《叶名琛档案——清代两广总督衙门残牍》第 6 册，广州：广东人民出版社，2012 年，第 429—430 页。《曾水源等禀》原文件藏英国国家档案局，原编号 F. O. 682/279A/3（47），新号 F. O. 931/1350。该文件被英国柯文南（C. A. Curwen）发现后，首先在《伦敦大学东方与非洲学院公报》（1936 年第 39 卷第 1 期）发表，《历史研究》（1977 年第 4 期）据此转载。后又先后收入《太平天国文书汇编》（北京：中华书局，1979 年，第 216—217 页）、《太平天国文献史料集》（北京：中国社会科学出版社，1982 年，第 10 页）、《中国近代史资料丛刊续编·太平天国》（三）（桂林：广西师范大学出版社，2004 年，第 1 页）。

⑤ 参见罗尔纲、王庆成主编：《中国近代史资料丛刊续编·太平天国》（三），桂林：广西师范大学出版社，2004 年，第 75、85—86、104 页；王庆成编注：《天父天兄圣旨》，沈阳：辽宁人民出版社，1986 年，第 28 页。

⑥ 奕䜣等：《钦定剿平粤匪方略》卷 62，《续修四库全书》史部纪事本末类，404 册，上海：上海古籍出版社，2002 年，第 451 页。

同时同地。这位在"长沙途中"被处死的西王母不可能是萧盘氏。

但据上述分析，仍然不足以完全否定这则资料的真实性。1853 年 10 月劳崇光奏称："又据查明韦正之父韦元玠、萧潮溃之父萧木春，继母萧魏氏，均尚现在，同往贼巢。"[①] 因此存在如下可能：萧朝贵之养母萧盘氏早在桂平病故，萧玉胜（或即萧木春）及其续娶之妻萧魏氏在进军途中因犯天条被杨秀清处死。

《天兄圣旨》确曾记录萧朝贵与其父、兄关系不睦。天兄下凡伊始，即为处理"萧朝隆有罪当责"之事，险些打萧朝隆板子。1850 年 1 月 30 日，萧朝贵又以天兄的口气责怪萧玉胜说："为父母要平心"，"切不可轻南重北也"。[②] 萧朝贵确实对养父偏爱兄弟的行为心存不满，但这种不满决不至杀死对自己有养育之恩的父亲，而且萧朝贵可以以"天兄"的名义行事而不必自己承担无情不孝的骂名。

另外，如果有人发现西王父母犯天条，是否有胆量告发尚需考虑，即便有胆量，则可直接告知东王，无须由西王转告；即便告知西王，萧朝贵若真对其养父痛恨到非杀不可的地步，也无须再同杨秀清商议，他

---

① 《劳崇光奏复遵旨发掘杨秀清韦正等祖坟情形折》（咸丰三年九月初九日），中国第一历史档案馆编：《清政府镇压太平天国档案史料》第 10 册，北京：社会科学文献出版社，1993 年，第 67 页。

② 王庆成编注：《天父天兄圣旨》，沈阳：辽宁人民出版社，1986 年，第 3—4、28 页。《天兄圣旨》开篇出现的"萧朝隆"可能是萧玉胜亲子。另据调查："萧朝贵的二哥叫朝富（转引自钟文典：《太平天国人物》，南宁：广西人民出版社，1984 年，第 191 页）。萧朝富至天京后，受封为"殿前工部又副冬傺顶天扶朝纲顶天扶朝纲顶王康千岁"（王定安：《求阙斋弟子记》卷 10《贼酋名号谱》，《续修四库全书》史部传记类，第 551 册，上海：上海古籍出版社，2002 年，第 306 页）。此外还有萧朝兴其人。据太平天国庚申十年所发《计彩化门牌》（见张秀民、王会庵编：《太平天国资料目录》，上海：上海人民出版社，1957 年，第 25—26 页）以及《庚癸纪略》（中国社会科学院近代史研究所《近代史资料》编译室主编：《太平天国资料》，北京：知识产权出版社，2013 年，第 96 页）、《吴煦档案选编》[太平天国历史博物馆编：《吴煦档案选编》（一），南京：江苏人民出版社，1983 年，第 305 页]等资料的记载，萧朝兴曾为吴江守将，官爵为"太平天国御林王亲真忠报国懋天福任西殿属官领袖"。按照"富""贵""兴""隆"等字意，萧朝富、萧朝兴或是萧玉胜之子侄、萧朝贵兄弟辈。

有权直接处置犯天条的人。① 又据流传于湖南郴州一带的民间传说 "萧朝贵挥泪杀父母"（1991年赵海洲搜集整理），记录了杨秀清假天父下凡传言胁迫萧朝贵杀父的事情：

> ……萧朝贵见问，将父母同居违犯天条的事一五一十地讲了出来。杨秀清是个有才干的人，也最嫉才，不愿意人家在他之上，他对洪秀全当天王本就不顺心，萧朝贵是天王的妹夫，更是如虎添翼，总想抓个什么由头，削弱天王和西王的势力，如今抓着萧朝贵父母同居违犯天条的事，正好打击一下。杨秀清忽然眼珠翻白，正襟危坐，面对萧朝贵，有板有眼地说道："天父下凡有旨，萧朝贵听着。"
>
> 萧朝贵是拜上帝会的人，杨秀清搞的这套天父下凡附体，明明知道是假把戏，但是拜上帝会里规定，天父下凡，就算是天王，也要跪下听训。他也只得赶忙跪下。杨秀清继续说道："天条大还是肉亲大？"萧朝贵低声应道："天条大。"杨秀清又板着面孔问："你是天父的儿子吗？"萧朝贵又低声应道："是，是！"杨秀清拖着声音说："萧朝贵听着，违犯天条的一律斩首无赦。"萧朝贵诚惶诚恐地应道："是！是！"额上的汗珠，一颗颗地直往下落，眼睛冒着金星，连杨秀清最后说的"天父我上天啦"这句话他也未听清了。
>
> ……就这样，萧朝贵拿起朱砂笔，颤颤抖抖地在自己父母

---

① 太平天国对将士犯奸淫罪的处置多由东王杨秀清负责，《天父圣旨》记载了甲寅四年正月二十七日东王杨秀清以天父下凡处理镇国侯卢贤拔、秋官又正丞相陈宗扬犯天条之事。萧朝贵在金田起义前对犯天条的会众有直接处理的权力，《天兄圣旨》记载，己酉年十月初四日，天兄因"黄汉菁拐带人妻"，下令将其杖责。（王庆成编注：《天父天兄圣旨》，沈阳：辽宁人民出版社，1986年，第21、106—107页。）杨秀清处理这类案件极为严厉，卢贤拔被革职，陈宗扬被处死，而萧朝贵处理此类案件则比较宽容。

的名字上面写了一个歪歪斜斜的"斩"字。①

所以，如果确有西王父因犯天条被处死之事，事情的经过可能是有人向杨秀清告发，杨秀清转问萧朝贵如何处理，并将生杀大权交给萧朝贵，萧朝贵迫于杨秀清压力，只得回答"不遵天令者，不足为父母也"。杜文澜《平定粤寇纪略》的记载证实了这一点："伪西王萧朝贵之父，在长沙途中，密招朝贵母同卧。众觉，白杨秀清转达洪秀全，欲曲原之，而朝贵竟斩其父母以警众，且扬扬语人曰：父母违犯天条，不足为父母也。"② 谢介鹤又在《金陵癸甲纪事略》"粤逆名目略"中自相矛盾地叙述道："（杨秀清）又杀西贼父，北贼兄，及东贼兄杨元清妻，以示威。"③ 这或是事情的真相。杨秀清处置此事的方法与萧朝贵处死陈来的方法可谓异曲同工。

在谢介鹤的《金陵癸甲纪事略》中，还有一条关于杨秀清与萧朝贵之妻"洪宣娇"私通的记载，这段情事成为后来众多影视、小说作品的珍贵素材：

> （杨秀清）尝与西贼妻宣娇私，睡未醒，贼伙至不及避。乃假作天父下凡状，谓贼伙曰：宣娇我第六女，秀清同胞妹，当易姓杨，萧朝贵为贵妹夫，我命秀清卧为天下兄弟赎病也。命宣娇同秀清卧，为天下姊妹赎病也。同胞兄妹，同卧毋害，众勿疑。遂自号禾乃师赎病主，直以牛鬼蛇神煽惑亡命。④

① 陈棣生主编：《虎啸龙吟——太平天国民间故事集成》，广州：岭南美术出版社，2011年，第52—53页。

② 杜文澜：《平定粤寇纪略》，太平天国历史博物馆编：《太平天国资料汇编》第1册，北京：中华书局，1980年，第316页。

③ 谢介鹤：《金陵癸甲纪事略》，中国史学会主编：《中国近代史资料丛刊·太平天国》（四），上海：神州国光社，1952年，第668页。

④ 谢介鹤：《金陵癸甲纪事略》，中国史学会主编：《中国近代史资料丛刊·太平天国》（四），上海：神州国光社，1952年，第667页。

这则资料确有不实之处。如宣娇为"天父第六女"的称谓值得商榷。按《天父天兄圣旨》，确有称洪秀全为"二兄""二哥"，冯云山为"三兄""三哥"，杨秀清为"四兄""四哥"的记载，[①] 但太平天国官书没有称韦昌辉为"五兄"、石达开为"七兄"的记载，更没有所谓"六姐"宣娇的称谓。洪秀全分别称冯、杨、萧、韦、石为"山胞""清胞""贵妹夫""正胞""达胞"。在太平天国后期的官方文献里，洪秀全只承认他和耶稣、杨秀清是上帝之子，而石达开、韦昌辉（除爵），甚至连冯云山，在上帝小家庭里的地位都变得不甚明确。[②] 宣娇和韦昌辉、石达开在早期虽然列入上帝小家庭，但没有参与排序的确切记载。宣娇作为女子，按照传统不应序齿。更重要的是，上帝并非只有她一个女儿，据《太平天日》记载："天父上主皇上帝烈怒，主（洪秀全）乃吩咐其正月宫曰：'尔且带子同爷爷妈妈哥哥嫂嫂及众小姑同居住，待朕下凡理爷爷事毕，然后升天，同尔享安乐焉。'"[③] 这里的"众小姑"都是上帝之女。因此，宣娇是"上帝第六女"的说法值得商榷。第六女无存，石达开为第七子之说也就无从谈起，韦昌辉参与排序或也是后人附会。杨秀清"禾乃师""赎病主"的头衔，也不是在金田起义前就有的，而是在定都天京后才获得的。[④]

---

① 参见王庆成编注：《天父天兄圣旨》，沈阳：辽宁人民出版社，1986 年，第 22、43、49、66 页。

② 1858 年底，洪秀全在给英国特使额尔金的诏旨中说："朕乃上帝第二子，哥暨东王同胞连。"（《赐英国全权特使额尔金诏》，太平天国历史博物馆编：《太平天国文书汇编》，北京：中华书局，1979 年，第 44 页。）他在《钦定旧前遗诏圣书批解》中也提到："东王是上帝爱子，与太兄及朕同一老妈所生。"（《钦定旧前遗诏圣书批解》，金毓黻、田余庆等编：《太平天国史料》，北京：中华书局，1955 年，第 85 页。）

③ 《太平天日》，中国史学会主编：《中国近代史资料丛刊·太平天国》（二），上海：神州国光社，1952 年，第 639 页。

④ 太平天国官方关于杨秀清是"禾乃师""赎病主"的最早记载是太平天国癸好三年（1853）五月十一日发布的《杨秀清萧朝贵会衔诰谕》，其中杨秀清署衔为"禾乃师赎病主左辅正军师东王"。[中国史学会主编：《中国近代史资料丛刊·太平天国》（二），上海：神州国光社，1952 年，第 691 页。]

但一概将其视作稗官野史并不可取。首先，它并非孤证，尚有众多史料为佐证。[①] 其次，它较合理地解释了黄权政之女易姓为杨的原因。据《天兄圣旨》记载，宣娇肉父为黄权政，其本姓黄（或先因避讳"天王"之"王"而由本姓"王"改"黄"）。[②] 按照《金陵癸甲纪事略》的解释，暂且撇开"私通"之事，杨秀清为拉拢宣娇，以天父下凡认其为女，并令其易姓为杨。又据《天兄圣旨》，萧朝贵后为抬高妻子的地位，假天兄称杨宣娇为胞妹。[③] 于是杨宣娇也就同时成为洪秀全、杨秀清的胞妹，"洪宣娇"之传说由此而来。

如果谢介鹤所记两则资料属实，那杨秀清与萧朝贵便有"杀父夺妻"的不共戴天之仇，两者间的矛盾很有可能激化。但这两则资料的准确性尚需进一步论证，姑且存疑。

据现有史料，我们仍然可以肯定，宣娇与杨秀清有着水火难容的矛盾。约在 1850 年 1 月，杨秀清代天父杖责宣娇。[④] 杨秀清对宣娇的打压

---

① 宣娇与杨秀清私通之说，在其他史料中也有记载。杜文澜《平定粤寇纪略》记："（杨秀清）曾私洪秀全妹为萧朝贵妻，朝贵死，蓄伪宫，具章请治疾，谓善抑搔。秀全勉从之，其畏惮至此"，"（天父）女名宣娇，实秀全妹，而云天父女降凡为朝贵妻。杨秀清私通之，尝共卧起。聚猝至，徐整衣坐，传天父令曰：宣娇、秀清同胞兄妹，并卧何嫌。我令秀清卧，为天下兄弟赎病也。令宣娇同秀清卧，为天下姊妹赎病也。遂自号禾乃师赎病主"（杜文澜：《平定粤寇纪略》，太平天国历史博物馆：《太平天国资料汇编》第 1 册，北京：中华书局，1980 年，第 303、315 页。）汪堃《盾鼻随闻录》记："（萧朝贵）其妻名宣娇，即洪逆之妹，杨逆取入伪府，据而有之。"[汪堃：《盾鼻随闻录》，中国史学会主编：《中国近代史资料丛刊·太平天国》（四），上海：神州国光社，1952 年，第 395 页。]张汝南《金陵省难纪略》记："西贼妇陈宣娇，在田间凤与东贼通，西贼觉之，诮让备至，东贼伪言宣娇乃天父第三女，与东贼为天堂姊妹，寝处何害。西贼止称贵妹夫，不曰某胞。"[张汝南：《金陵省难纪略》，中国史学会主编：《中国近代史资料丛刊·太平天国》（四），上海：神州国光社，1952 年，第 707 页。]

② 王庆成编注：《天父天兄圣旨》，沈阳：辽宁人民出版社，1986 年，第 9 页。

③ 王庆成编注：《天父天兄圣旨》，沈阳：辽宁人民出版社，1986 年，第 27 页。

④ 关于杨秀清和宣娇的正面激烈冲突，《天父诗》并没有记载时间，只是说明地点是在平在山。据《天兄圣旨》，天兄在己酉年十二月初一日（1850 年 1 月 13 日）和十二月十八日（1850 年 1 月 30 日）、庚戌年正月初二日（1850 年 2 月 13 日）较为集中地提到教导宣娇的事，可见天父杖责宣娇事当发生在己酉年底。另，萧朝贵在己酉年（1849）九月、十月、十一月和十二月初旬先后往返林斗、洪山、罗涧、花黄、金田、长排、鹿西、蓝田、师灵、长洞、花良、瑶老冲尾、罗得、花洲冲尾、山人冲等地，科炭救助王为正、吉能胜二人，十二月十八日突然返回平在山代天兄传言教导宣娇，此时杨秀清和宣娇的冲突当已发生。所以，此事约发生在己酉年十二月十八日之前的几天。

太平天国再研究

是有预谋的。1月13日，"天兄"下凡言"男人要学冯云山，女人要学胡九妹"。原因是"天父"先一步下凡题诗赞美胡九妹说"妇人看见胡井水，久记清静正煲茶。山鬼大小树无贱，红花一朵在人家"。胡九妹在建都天京后为东王府女官，与杨秀清关系较近。① 可见，把会内原来流传的"女学杨宣娇"② 改为"女人要学胡九妹"，并非"天兄"本意，"天兄"转述"天父"的话或是出于无奈。"红花"取代"天花"，胡九妹取代杨宣娇，是杨秀清刻意而为。《天父诗》记载：

> 天父在平在山教导先娇姑：天父开言清口讲，发令易飞木儿房。先说天花娇为贵，因何无仅逞高张！天父曰："娇声妻子。"（第 108 首）
>
> 天父发令为一女，不遵天令乱言题。若是不遵天命者，任从全清贵杖尔。（第 109 首）
>
> 奉天诏命尽势打，乱言听者不留情。（第 110 首）
>
> 乱言讲者六十起，听者亦杖六十尔。已醒即道要尔好，不醒反说天父忒。（第 111 首）③

可见，天父责罚宣娇的原因在于"无仅（无准则，目无尊长）逞高张（妄自逞能）""不遵天命""乱言题""乱言讲"，而宣娇个性倔强，敢讲敢做，受到天父杖责六十的严惩，不但不屈服，反而斥责杨秀

---

① 王庆成编注：《天父天兄圣旨》，沈阳：辽宁人民出版社，1986 年，第 26—27 页。胡九妹建都后为东王府女官，见《天父天兄圣旨》第 105 页；《天父下凡诏书》（二），中国史学会主编：《中国近代史资料丛刊·太平天国》（一），上海：神州国光社，1952 年，第 23 页。

② ［瑞典］韩山文：《太平天国起义记》，简又文译，中国史学会主编：《中国近代史资料丛刊·太平天国》（六），上海：神州国光社，1952 年，第 858 页。按，杨宣娇，在《太平天国起义记》中作杨云娇。

③ 《天父诗》，中国史学会主编：《中国近代史资料丛刊·太平天国》（二），上海：神州国光社，1952 年，第 448—449 页。按，《天父诗》第 108 首称宣娇为"天花"，即野史小说、影视作品中称洪宣娇为"太平之花"的由来。

清倚恃天父权威。在杨秀清严厉地排挤打压下，宣娇在会中地位急剧下降，自此一蹶不振，无法再次参与政治，最终抑郁而终。此后，在《天兄圣旨》里，我们再也找不到宣娇的影子。

宣娇在洪秀全第二次入桂时，仿照洪秀全丁酉升天的异梦，给自己编织了一个几乎一模一样的神话："萧妻名杨云娇（Yang Yun-kiau）自言在丁酉年间，彼曾患大病，卧床如死去，其灵魂升天，即闻一老人对其言曰：'十年以后，将有一人来自东方，教汝如何拜上帝，汝当真心顺从。'"[①] 一方面，宣娇赢得了会众的尊重，奠定了自己天父之女的身份，在此时，唯有她和洪秀全"登天"见过至高无上的上帝，《天父诗》甚至宣称"天堂子女娇为贵"；[②] 另一方面，萧朝贵夫妇可以通过宗教上的配合，相互扶持，抬高身价，这一举动同时为萧朝贵提供了灵感和素材，增加了他假代天兄传言的勇气和跻身上帝会领导核心的把握。对萧朝贵来说，拥有一个作为上帝之女的妻子，百利无弊。于是，在他代天兄传言成功后不久，"天兄"就宣布了宣娇的"御妹"身份。[③] 萧朝贵与宣娇珠联璧合，在会内声望日隆，严重影响了杨秀清的地位，尽管"天父之女"的身份得自于"天父"，但宣娇本人对杨秀清天父下凡的把戏和天父代言人的身份尤为不屑，更加激起杨秀清的愤怒，这是杨秀清采取严厉措施打击宣娇的主要原因。宣娇的淡出，孤立了萧朝贵，拆散了萧朝贵夫妇的政治、宗教联盟，使"天兄"丧失了一位最重要的助手。

---

① ［瑞典］韩山文：《太平天国起义记》，简又文译，中国史学会主编：《中国近代史资料丛刊·太平天国》（六），上海：神州国光社，1952年，第857—858页。

② 《天父诗》，中国史学会主编：《中国近代史资料丛刊·太平天国》（二），上海：神州国光社，1952年，第444页。

③ "天兄"称宣娇为胞妹，见王庆成编注：《天父天兄圣旨》，沈阳：辽宁人民出版社，1986年，第27页。"天兄"下凡认宣娇为胞妹的时间当在戊申（1848）九月萧朝贵假"天兄"下凡后不久，戊申（1848）十一月中旬，"天兄"带萧朝贵"登天"，醒来后，洪秀全说："妹夫，这等好睡。"（王庆成编注：《天父天兄圣旨》，沈阳：辽宁人民出版社，1986年，第6页。）可见此时宣娇已被洪秀全认为妹，萧朝贵被洪秀全称为妹夫。

4. 超越

对于权力的追求，促使萧朝贵联合天父代言人杨秀清，神化自身，超越冯云山。在权力面前，萧朝贵暴露出更多的私欲。我们发现，萧朝贵并没有把杨秀清当作纯粹的挚友、同盟，而是在一定程度上将其当作一位强有力的竞争对手。这才是萧朝贵鲜为人知的内心写照。萧朝贵最终要实现的便是排挤、打压杨秀清，创造"天兄"超越"天父"的神话，成为太平天国的首辅。

（1）大肆揽权。

在起事酝酿阶段，在洪秀全的配合下，"天兄"未经"天父"过问，就直接决定了许多重大问题。洪秀全曾主动向"天兄"请示起事后的军师人选问题，"天兄"直言："冯云山、杨秀清、萧朝贵俱是军师也。"不久，"天兄"又传谕洪秀全："洪秀全胞弟，凡天兵天将砍妖魔头，亦要奉天父上主皇上帝命，奉救世主基督命，奉天王大道君王全命。但尔称王，不得称帝，天父才是帝也。"① 这时距金田起义扯旗建号尚有两年多的时间，"天兄"这一句话便决定了后来建立的太平天国没有皇帝之设。通过"天兄"和洪秀全的这些对话，我们发现，"天兄"处理的这些事情都是新问题，"天父"没有首先发表意见，但这些问题原本是应由太平天国最高神——天父决定的。天兄代言人萧朝贵的揽权显然影响了天父代言人杨秀清的权威。

长期以来，学界忽视了萧朝贵多重代言人的身份，除代天兄下凡传言外，他还获得了代天母传言的神圣权力。1850 年 1 月 13 日，萧朝贵代天兄下凡传言后，又突然代天母下凡传言："众小，头一要听尔天父教导，第二要听尔哥教导。总要坚耐遵正，切不可反草也。"② 天母下凡传言在整个《天父天兄圣旨》中仅有一次，但就是这唯一的一次，

---

① 王庆成编注：《天父天兄圣旨》，沈阳：辽宁人民出版社，1986 年，第 5、9—10 页。
② 王庆成编注：《天父天兄圣旨》，沈阳：辽宁人民出版社，1986 年，第 27 页。

使得天母神圣的光环已笼罩在萧朝贵身上。多重代言人的身份也的确增加了萧朝贵排挤杨秀清权力的砝码。

萧朝贵在金田起义前后权力的膨胀与他个人的付出是成正比的。金田起义前夕，萧朝贵是金田团营和上帝会的真正领导者，从"科炭"（上帝会众集资营救被捕兄弟的互济活动）救护王为正、吉能胜，安抚、鼓励、奖惩会众，频繁接见上帝会各基地首领，到指挥各地团营事宜，甚至远至广东信宜凌十八部都受其指挥。萧朝贵还亲自往返于平山、金田、洪山、花洲、旧合、贵县、罗涧、蓝田、鹿西、长排等地，不辞劳苦，甚至有时一日之内代天兄下凡数次，指示会内事务。萧朝贵本人也因连日奔波劳累过度而患上疮毒。①

（2）培植私党。

萧朝贵常利用"超升灵魂"的宗教手段培植个人势力。这些被萧朝贵超升灵魂的信徒，自然要对他感恩戴德。据《天兄圣旨》记载，"天兄"非常频繁地给会众们超升灵魂，其中包括秦日纲、陈玉书、蒙得恩等重要人物。"天兄"甚至一次就给23位重要人物超升：

> 天兄复又下凡，谕曰："将南王暨秦日纲、陈玉书、李世光、侯玱伯、秦日庆、周锡宁、吉庆芸、罗郭麟、炼得魁、炼得祥、炼得明、炼得茂、陈名立、陈成立、陈水金、蒋大宾、朱传贤、朱石宝、黄榜超、吴定规、陈成瑚、林如珍各各灵魂超升天堂。"②

1850年4月9日，"天兄"教导谭添顺、蒙得恩、蒙时雍三人说：

---

① 据《天兄圣旨》庚戌年（道光三十年，1850）八月初一日记载，天王禀奏天兄："朝贵妹夫现有疮毒，他为天父天兄事，不辞劳苦也。"八月初八日记载，韦昌辉禀奏天兄："妹夫脚疮还有些痛。"天兄说："尔妹夫脚好，就好起程。"（王庆成编注：《天父天兄圣旨》，沈阳：辽宁人民出版社，1986年，第65—66、69—70页。）

② 王庆成编注：《天父天兄圣旨》，沈阳：辽宁人民出版社，1986年，第80—81页。

"太平事是定，但要谨口，根机不可被人识透也。"次日，"天兄"为三人超升灵魂。[1] 对于这次觐见"天兄"并超升灵魂事，12年后蒙时雍仍记忆犹新，他在家书中写道："自庚戌年二月敬天父上帝天兄耶稣，为日无几，即随先父到平在山面觐真圣主天王天颜，仰蒙面诏教导，指引甚属精详。侄与先父从此格外信实认真，去邪崇正。其时（"天兄"）令甚严肃，不准轻泄机关，故此不敢轻与人言。"[2] 可见当时萧朝贵培养宗教感情的手段给蒙时雍留下了极为深刻的印象。

除了重视核心力量的培养，萧朝贵也非常关注基层队伍的教育工作。一日，"天兄"下凡：

> 吊前、左两军长，并后、右副军长，前、左先锋一齐到来（按，原版为"前、左先锋长齐到来"，此处从重校版），嘱咐曰："各各要教导兄弟，各各要遵令。杀妖之时，要一齐向前，切不可三两个向前。若不遵军长、百长、营长令，便是不遵天父天兄星兄令。营中有一不炼好、不遵天条者，军长、百长、营长也不便。"[3]

前述"超升灵魂"之事也涉及基层群众。"天兄"曾"叫传各营兄弟到前，逐营超升，逐营教导。一营到一营，每营教导，俱同一体"，"一直超升、教导至夜而后止。天兄嘱咐各小弟，回衙食夜饭先"。[4]"超升"之事似未中止，仍待继续。

① 王庆成编注：《天父天兄圣旨》，沈阳：辽宁人民出版社，1986年，第43、45页。

② 《蒙时雍家书》，中国史学会主编：《中国近代史资料丛刊·太平天国》（二），上海：神州国光社，1952年，第754—755页。

③ 王庆成编注：《天父天兄圣旨》，沈阳：辽宁人民出版社，1986年，第81页；王庆成校订：《重校〈天兄圣旨〉、〈天父圣旨〉》（下），《近代史资料》编辑部编：《近代史资料》总90号，北京：中国社会科学出版社，1997年，第74页。

④ 王庆成编注：《天父天兄圣旨》，沈阳：辽宁人民出版社，1986年，第88页。

萧朝贵甚至事无巨细，直接任免基层官员：

> 天兄复下凡，叫前军先锋长张玱进到前。天兄问玱进曰："玱进，尔带有几多兵将？"玱进奏曰："有五百名。"天兄又问玱进曰："那人封尔作先锋长？"玱进奏曰："天兄封小子的。"天兄曰："玱进，尔有咁大胆，敢做先锋长？"玱进奏曰："有天父天兄看顾，怕甚么！"天兄又吩咐玱进："至杀妖时，切不可三两个先去，要一齐放胆向前，不可临阵退缩。天父天兄在高天差发天兵天将扶持尔等，众小弟切莫慌。尔今现带五百名兵将，时时要教导他，不可畀他放肆，不可畀他犯天条，各各要遵令听紧。尔前军、左军有些犯天条，后军、右军多有犯天条。各各要炼好，各各要和傩。大有不着，小做着些；小有不着，大做着些。切不可见执，后来自有好日也。众小等各宽草、放草，理天事，有天父天兄，总不妨也。"①
>
> 天兄因各营兄弟未能一心，宜加之以恩，驭之以法，于是降临。叫传各营兄弟到前……惟传到前军管下营长赖西成到前，因他应对不来，天兄发令："杖一百，革去营长。"②
>
> 天兄因兄弟有些怯敌，宜增以胆量，爰降谕另立一先锋长蓝茂青，并教导各军长、百长、营长："各各同心力（原版为"各各同心合力"，从重校版），不得临阵退缩。"③

可见，仅管五百个圣兵的先锋长也是由萧朝贵直接任命，这些人自然对他唯命是从。

---

① 王庆成编注：《天父天兄圣旨》，沈阳：辽宁人民出版社，1986 年，第 82 页。
② 王庆成编注：《天父天兄圣旨》，沈阳：辽宁人民出版社，1986 年，第 88 页。
③ 王庆成编注：《天父天兄圣旨》，沈阳：辽宁人民出版社，1986 年，第 89 页；王庆成校订：《重校〈天兄圣旨〉、〈天父圣旨〉》（下），《近代史资料》编辑部编：《近代史资料》总 90 号，北京：中国社会科学出版社，1997 年，第 81 页。

（3）代理首辅。

据《天情道理书》记载："迨庚戌四月间，东王一旦忽又口哑耳聋，耳孔出脓，眼内流水，苦楚殆甚；一则因代弟妹赎病之劳，二则乃天父默中使成，以试我们兄弟姊妹心肠，真否认实天父天兄真道也"，"及至金田团营，时维十月初一日，天父大显权能，使东王忽然复开金口，耳聪目明，心灵性敏，掌理天国军务，乃耷天下弟妹"。① 长期以来，学界据此认为，杨秀清在金田团营的关键时刻诈病树威，居于幕后指挥，由萧朝贵发号施令，统筹全局。

萧朝贵在这段时期表现确为活跃，可以说是真正执掌上帝会权柄者，然而杨秀清诈病则未必是真，《天情道理书》所记也不尽属实。

首先，杨秀清选择庚戌（道光三十年，1850）四月诈病不合时宜。当时，上帝会面临的紧张形势不容忽视。大黄江巡检黄基率兵搜捕陈亚贵，途经鹏隘山时勒索钱财，扬言道，"奴辈拜上帝会谋不轨，行将屠之"，会众130人在金田韦昌辉家集众自卫，官府勒令解散。接着，"陈玉书举家回上湾，道新墟为巡检勇截留其妾"，会众"愤而复聚"，上帝会和官府的冲突一触即发。② 广东信宜局势尤为严重，凌十八在大寮劝人敬拜上帝，有众数百人，引起地方官府的注意。知县宫步宵下令"饬查凌十八等，并谕悔悟免究"；③ 附近士绅联名具禀，要求官府出兵镇压。在这种紧张局势下，主持全局的萧朝贵并未采取任何明智果断的措施，而是要求会众耐心等待，"待妖对妖相杀尽愆，然后天父及天兄自然有圣旨分发做事也"。④ 接下来上帝会和地方武装的矛盾日益加剧，

① 《天情道理书》，中国史学会主编：《中国近代史资料丛刊·太平天国》（一），上海：神州国光社，1952年，第366—367页。

② 佚名：《浔州府志》，《太平天国革命时期广西农民起义资料》上册，北京：中华书局，1978年，第132—133页。

③ 梁安甸等：《信宜县志》卷8，《茂名文史》第6辑（《凌十八资料专辑》），广州：广东人民出版社，1987年，第81页。

④ 王庆成编注：《天父天兄圣旨》，沈阳：辽宁人民出版社，1986年，第45—46页。

斗争不断升级，是年农历六七月份上帝会发布团营令，会内事务十分繁忙，急需统一的领导核心，而萧朝贵在此前的农历三月至六月上旬保持沉默。① 如此残酷紧张的斗争形势是不允许杨秀清蓄意选择在四月份诈病的。

其次，《天情道理书》关于杨秀清患病时间的记载是夸大的。按照《天情道理书》的说法，杨秀清在庚戌年（1850）四月至十月初一日（11月4日）长达半年的时间里几成病废。但是，是年七月二十一日（8月28日），"天兄"在金田下凡传令："秀全，今天使蒙得恩回洪化山，直路到胡以晃家，唤胡以晃到来也。又使一人到平在山，唤秀清到来也。"杨秀清此时还能到金田开会，说明他尚能行动，并非病重不能起身。八月初一日（9月6日），洪秀全、冯云山、杨秀清、萧朝贵等齐聚胡以晃家。"天兄"复下凡，对洪秀全说："妖魔又作怪，要差秀清、朝贵二人战妖也。"接着萧朝贵上演了一场惊心动魄的大战妖魔之戏。遵照"天兄"之命，杨秀清也应随即表演。② 可见，四月至八月初一日，杨秀清还没有病重到失去行动能力，甚至还可以"战妖"。《天情道理书》为宣扬天父神威，刻意神化杨秀清，夸大了杨秀清病情延续的时间。

最后，杨秀清病重有人证。八月二十日（9月25日），赖培英、张维昆等奉洪秀全之命前往鹏隘山看望杨秀清后向"天兄"禀奏："秀清兄今年身体十分苦楚"，"求天兄化醒清兄，心内灵通，使他能知识，闻小弟们说话也"。③ 这段话表明赖培英等人已探望过杨秀清，杨秀清此时"十分苦楚"，而且并不清醒，确实病得不轻。

---

① 杨秀清和萧朝贵同为上帝会的实际领导人，两人不会同时放下领导工作。据《天兄圣旨》庚戌年（1850）三月初四至六月十九日，其间天兄仅于四月二十二日下凡一次，天兄的沉默可能与上文论述的"疮毒"有关。萧朝贵能在金田团营前夕的关键时刻沉默，也可佐证杨秀清此时并未患病，而是依旧在幕前指挥。

② 王庆成编注：《天父天兄圣旨》，沈阳：辽宁人民出版社，1986年，第57—58、66页。

③ 王庆成编注：《天父天兄圣旨》，沈阳：辽宁人民出版社，1986年，第74页。

结合以上论述，杨秀清病情加重当在农历八月。根据《天兄圣旨》，整个庚戌年，"天兄"在八月份下凡的次数是最多的（见表4-1），也可佐证杨秀清在八月病情加重，权力已经集中到萧朝贵手中。

表4-1　庚戌年（道光三十年，1850）天兄下凡次数的统计

正月	二月	三月	四月	五月	六月	七月	八月	九月	十月	十一月	十二月
8	5	1	1	0	5	10	16	3	0	1	0

杨秀清患病的时间，《太平天国起义记》记载："在会中，彼（杨秀清）忽生哑病，两月内不能言语。"[①] 洪仁玕在自述中也说："东王能代人赎病，至耳聋流水，口瘂流涎，二月余之久。"[②] 二者都记杨秀清生病的时间是两个月。另据《天情道理书》，杨秀清完全康复是在十月。[③] 因此，杨秀清真正患病的时间是农历八月和九月。[④] 另外，八、九月份正值金田团营、起事立国的关键时刻，杨秀清此时诈病不但不能树威，反而有可能弄巧成拙，丧失权力。所以，学界长期持有的"杨秀

---

①　［瑞典］韩山文：《太平天国起义记》，简又文译，中国史学会主编：《中国近代史资料丛刊·太平天国》（六），上海：神州国光社，1952年，第866页。

②　《干王洪仁玕自述》，罗尔纲、王庆成主编：《中国近代史资料丛刊续编·太平天国》（二），桂林：广西师范大学出版社，2004年，第409—410页。

③　杨秀清完全康复必然给会众留有很深刻的印象，而且《天情道理书》明确指出："及至金田团营，时惟十月初一日。"记录时间精确，并且与金田团营联系起来。结合上述杨秀清八月病情加重的论证、《太平天国起义记》和《干王洪仁玕自述》关于杨秀清生病两个月的记载，各种史料相互参证，《天情道理书》所记杨秀清于十月完全康复的日期应当无误。

④　结合表4-1与《天兄圣旨》的记载，自庚戌年六月底"天兄"接见洪秀全家人，开始十分频繁地下凡理事，萧朝贵也开始了自己的首辅生涯。但杨秀清患病是在八月、九月，萧朝贵在六月底就开始主政了，很可能是因为杨秀清此时虽然还没有病倒，但已"寝不安枕，食不甘味，不辞劳瘁，艰苦备尝"［《天情道理书》，中国史学会主编：《中国近代史资料丛刊·太平天国》（一），上海：神州国光社，1952年，第366页］，身体状况不佳，迫使他逐渐退居二线。九月份杨秀清尚未病愈，萧朝贵代天兄下凡的次数却骤减，究其原因，一是此时金田团营正在稳步进行；二是杨秀清身体可能已经开始恢复，萧朝贵预感到最终要交还权力而产生悲观情绪，继而趋于沉默。但庚戌年九月份，"天兄"分别于初十、十五日、二十五日下凡，前后时间相隔比较均匀，而且"天兄"仍然继续处理会内重要事务并下令"现不可扯旗"。从这几点看，九月份仍是萧朝贵主政期，权力还在萧朝贵手中。

清诈病树威""杨秀清、萧朝贵联合掌权"的论断值得商榷。

杨秀清病重期间，萧朝贵开始代理"首辅"之职，执掌上帝会的教务、教权，这是他超越杨秀清的一次大好时机，萧、杨争斗的暗流随之涌现。

萧朝贵主政期间，为打击、控制杨秀清采取了三种手段：

一是直接命令。庚戌年八月初一日（1850年9月6日），萧朝贵在平南鹏化山约杨秀清战妖完毕，不以"天兄"之命而是自己直接对其下令："四哥，尔先回去。小弟现停几日，制服这处妖魔先，然后归也。"① 杨秀清奉"天兄"之命由鹏隘山至鹏化山战妖，然后又奉萧朝贵之命先行返回，可见萧朝贵已经能够直接命令、指挥杨秀清的行动，在杨秀清面前，萧朝贵俨然凌驾于其上。

二是诋毁中伤。杨秀清病重期间，上帝会内"未识皇上帝之圣心，皆私议东王几成病废，以致有不知尊敬东王，反为亵渎东王"，② 杨秀清声名大损。在当时"天父"病重、洪秀全和冯云山"避吉"的情况下，这种舆论导向最有可能是萧朝贵所为，而这种舆论也只有在"天兄"默许下才有存在的空间。

三是孤立压制。八月二十日（9月25日），杨秀清病重期间，韦昌辉奉洪秀全之命欲接杨去花洲养病，"天兄"立即拒绝，接着"韦正又求天兄差清兄去金田安福，又求入蓝厂安福"，萧朝贵总以"不去得""总不去得""总不妨"等话拒不放人。③ 很明显，萧朝贵拒绝杨秀清脱离自己的主要目的是孤立和控制杨秀清，杜绝杨秀清与洪秀全、冯云山及地方实力派联合，同时确保金田作为上帝会大本营和指挥中枢的地位，韦昌辉却未谙其意，在此问题上未能与萧朝贵保持默契。

---

① 王庆成编注：《天父天兄圣旨》，沈阳：辽宁人民出版社，1986年，第66页。

② 《天情道理书》，中国史学会主编：《中国近代史资料丛刊·太平天国》（一），上海：神州国光社，1952年，第367页。

③ 王庆成编注：《天父天兄圣旨》，沈阳：辽宁人民出版社，1986年，第74页。

太平天国再研究

萧朝贵在拒绝放人后，预感到自己的首辅地位并不稳固，而手中的权力或许迟早要交还给还在病中的杨秀清。同年八月二十二日（9月27日），他代天兄传言给韦昌辉：

> 韦正，千祈要扶实尔三星兄江山。朕今在高天，要理天下万郭事。这今各处团方也，有事情，尔要时时灵变，肚里要翻翻转。每事总要遵条命做事，切不可过当人家。每事理道总要高张过人。自然高天有天眼看顾得到，总不妨。高做事，高担当。尔要和顺兄弟，倘有不遵条命者，他不能飞走得朕高人手脚下过。
>
> 朕这今倘或三两月下一回也不定。有事尔同尔妹夫商量理酌，切不好畀人看小尔三星兄江山。朕所吩咐说话，尔切要记紧。有朕在高天看顾，总不妨。[1]

在萧朝贵对韦昌辉的千叮咛万嘱咐中，我们不难看出他对权力的留恋。萧朝贵的预感或许是对的，杨秀清一个月后复出，天兄在天父复出后的三四个月只好保持缄默。[2] 杨秀清在金田团营即将完成的重要时刻病愈登场，对他来说，是再立天父权能和自己威严的良机。杨秀清复出后，"有神附体传言，比别人为多。每次代天父上帝传言时，严厉肃穆，责人罪恶，常指个人而宣传其丑行"，[3] "每有所言即应验"。[4] 杨秀清是要通过天父的频繁出现，消弭萧朝贵执政时期给他带来的一系列负

---

① 王庆成编注：《天父天兄圣旨》，沈阳：辽宁人民出版社，1986年，第75页。

② 据《天兄圣旨》，天兄在庚戌年九月仅下凡三次，从十月到次年正月底的近四个月，仅十一月初旬下凡一次。

③ ［瑞典］韩山文：《太平天国起义记》，简又文译，中国史学会主编：《中国近代史资料丛刊·太平天国》（六），上海：神州国光社，1952年，第866页。

④ 《干王洪仁玕自述》，罗尔纲、王庆成主编：《中国近代史资料丛刊续编·太平天国》（二），桂林：广西师范大学出版社，2004年，第410页。

面影响。

　　1850 年 11 月 4 日，金田团营尚未完成。陆川、博白、花洲、信宜等地的大批会众尚在途中。所以"天兄"在 10 月 29 日仍然强调："千祈秘密，不可出名先，现不可扯旗，恐好多兄弟不得团圆矣。"[1] 萧朝贵直到 10 月还是坚持暂不起事的保守态度。11 月 4 日，杨秀清复出，否定萧朝贵的保守政策，果断采取迎接会众的措施，不惜与清军交火，大张旗鼓地准备起事。11 月 21 日，杨秀清派队伍至大洋墟迎接前来金田的陆川上帝会赖九所部，与清军激战，赖九部顺利从上游渡浔江，抵达金田。[2] 12 月 25 日，杨秀清又派蒙得恩带人前往花洲，27 日在思旺圩大败浔州协副将李殿元部，斩杀秦川巡检张镛，迎接洪秀全、冯云山返回金田，花洲上帝会众也到达金田，这就是著名的"迎主之战"。[3] 洪秀全、冯云山在 9 月曾有与杨秀清会面的努力，但终因萧朝贵的阻拦未能成行。这次三人终于相见，地点不是在花洲而是在萧朝贵的大本营——金田。洪、杨、冯的再次会面，点燃了金田起义的火种，也标志着萧朝贵代理首辅时期的结束。

　　据《天兄圣旨》，金田起义立国后，天兄与萧朝贵复出，在太平天国的神坛和政坛上又开始发挥一定的作用，但这种势头已大不如前。直至永安封王，各王"俱受东王节制"，[4] 杨、萧地位发生根本性变化，才正式宣告"天兄"超越"天父"尝试的失败。

---

　　[1] 王庆成编注：《天父天兄圣旨》，沈阳：辽宁人民出版社，1986 年，第 77 页。

　　[2] 参见《郑祖琛等奏郁林等股前往金田并张必禄病故折》（道光三十年十一月十三日），中国社会科学院近代史研究所近代史资料编辑室编：《太平天国文献史料集》，北京：中国社会科学出版社，1982 年，第 72 页。

　　[3] 参见《劳崇光等奏进攻金田失利伊克坦布等战死折》（道光三十年十二月初八日），中国社会科学院近代史研究所近代史资料编辑室编：《太平天国文献史料集》，北京：中国社会科学出版社，1982 年，第 79—80 页。

　　[4] 《永安封五王诏》，太平天国历史博物馆编：《太平天国文书汇编》，北京：中华书局，1979 年，第 35 页。

5. 政变

金田起义时，太平军扶老携幼，能战者仅三千人，在给养、兵力、武器远优于自己的清军面前，只得避实就虚，在紫荆山及其毗连地区迂回作战。清廷派出首席军机大臣赛尚阿，调集数省军队前往镇压。但清军将帅不和，各部不能协同作战，士气低落，顿兵不进，而太平军人心齐、地理熟、胆气旺，清军只敢尾追却不敢迎击。太平军于1851年9月25日攻克平乐府永安州（今广西蒙山县）。这是太平军自金田军兴以来攻占的第一座州县城池。洪秀全遂抓紧时机在城内进行各项政权建设，包括加强军队纪律；建立健全各级官制；颁行《天历》等。1851年12月10日，清军分南北两路出击，萧朝贵率太平军大败乌兰泰等于水窦村，但自己也身受重伤。其后第七天，12月17日，天王洪秀全颁布诏旨，正式敕封五王：

> 前此左辅、右弼、前导、后护各军师，朕命称为王爷，姑从凡间歪例。据真道论，有些冒犯天父。天父才是爷也。今特褒封左辅正军师为东王，管治东方各国；褒封右弼又正军师为西王，管治西方各国；褒封前导副军师为南王，管治南方各国；褒封后护又副军师为北王，管治北方各国；又褒封达胞为

翼王，羽翼天朝。以上所封各王，俱受东王节制。[1]

永安封王后，太平天国的政治权力格局发生重大变化。先前，太平天国的政治权力格局是天王与军师或者说"五军主将"共治。[2] 永安封王后，所封各王俱受东王节制，洪秀全不仅把军权、政权、神权的主导权让与杨秀清，甚至连各王的指挥权也一并交给他，在杨秀清与其他四王之间，制造了严格的身份等级界限。

永安封王后，形成了东王杨秀清节制诸王、一人独大的局面。无论是原本和杨秀清几近于平起平坐，代天兄传言的西王萧朝贵；还是上帝会的创始人，早已被杨、萧联手排挤出权力核心的冯云山；[3] 抑或是资历尚浅的韦昌辉和石达开，他们都不具备制衡杨秀清的政治资本和实力。杨秀清的封号不久也变为"劝慰师圣神风禾乃师赎病主左辅正军师"，众呼"九千岁"。[4] 自此，太平天国"一切号令，皆自伊出"，

---

① 《永安封五王诏》，太平天国历史博物馆编：《太平天国文书汇编》，北京：中华书局，1979年，第35—36页。按，朱从兵先生认为，"太平天国早期历史的相关文献表明，洪秀全封东西南北翼五王有一个先封东西南北四王后封翼王的过程"，"当时流传的许多太平军首领名单反映了'翼王'爵号之'翼'字来源于业已存在的'左翼公'和'右翼公'，秦日纲曾任左翼公，石达开曾任右翼公"（朱从兵：《太平天国"翼王"爵号诞生考——对永安封五王诏的质疑》，《广东社会科学》2012年第2期）。张汝南《金陵省难纪略》记载了太平天国先封四王后封翼王的经过："贼在修仁、荔浦时，止天贼及东西南北四贼旗号而已。翼贼伪天官正丞相，秦日纲伪天官副丞相。及围桂林，天贼下诏封翼贼为伪左军主将翼王，羽翼天朝，日纲始转正。"〔张汝南：《金陵省难纪略》，中国史学会主编：《中国近代史资料丛刊·太平天国》（四），上海：神州国光社，1952年，第707页。〕早期清廷前线的征剿大吏也一直只知四王，而不知有翼王，这说明石达开的影响在当时还不够大。现知《永安封五王诏》系据壬子二年原刻本《天命诏旨书》所录，但也存在再版之时洪秀全对早期的太平天国历史做了人为的安排和重建，所谓《永安封五王诏》有可能是对既成事实的确认，"又褒封达胞为翼王，羽翼天朝"一句或为补增。将关于永安封五王诏的时间被前移的论断与笔者关于永安封王时萧朝贵身受重伤的论断结合起来分析，永安封王的场景可能是虚构的。

② 简又文认为，"太平天国体制实为天王与五王'共有共治共享'性质，五王诚如俗言为'一字并肩王'"。参见简又文：《太平天国典制通考》上册，香港：简氏猛进书屋，1958年，第34—35页。

③ 关于冯云山手创上帝会，参见王庆成：《"拜上帝会"释论》，《太平天国的历史和思想》，北京：中华书局，1985年，第47—51页。

④ 关于杨秀清的职爵，参见宾长初：《杨秀清职爵衔考释》，《安徽史学》2003年第6期。

"刑赏生杀，伪官升迁降调，皆专决之"，天王唯"画诺而已"。①权力的膨胀和功勋的建立，促使杨秀清野心增长，他"自恃功高，一切专擅，洪秀全徒存其名"，"往往据洪秀全之座，诡称天父下凡附体，任伊造言煽惑。自秀全以下，各伪王伪官，皆长跪听受"，"实欲虚尊洪秀全为首，而自揽大权独得其实"，甚至随意凌辱百官，鞭笞诸王，还欲借故杖责天王。另外，杨秀清还取得"立而不跪"②的特殊待遇，上殿面君时，杨"立在陛下"，其他诸王则只能"跪在陛下"。③杨秀清在太平天国之中已无须向任何人跪拜，反而在他假借天父临凡时，天王还要长跪听受。当然，这并不否认洪秀全依然是太平天国名誉上的最高元首、宗教和精神领袖，同时对重大事务仍然具有象征性的最高决定权。

萧朝贵在金田起义前，通过 1848 年 10 月的"天兄附体"，给自己赋予了神秘的宗教色彩，顺利实现"君权神授"，跻身于上帝会的领导核心。他代天兄传言，在杨秀清的配合下，在洪秀全的默许下，一步步取得和杨并列的地位，成功将上帝会的手创者冯云山排挤出领导核心。洪秀全在东乡称天王后，封杨秀清为中军主将、左辅正军师，萧朝贵为前军主将、右弼又正军师。杨、萧二人共为军师，成了天王的左辅右弼。萧朝贵几乎和杨秀清实现平起平坐，两者间达到政治上、宗教上的均势。以后（甚至在萧朝贵死后）凡遇发布重大命令、檄文，东西二王多联名发布。在后来历年颁行的历书中，东西二王的名字、衔号、爵位也都并行分列在历书封面"太平天国"四字下方的右左两侧。这些可以佐证，永安封王前，萧朝贵与杨秀清地位相近，以至于在他死后仍

---

① 张德坚：《贼情汇纂》，中国史学会主编：《中国近代史资料丛刊·太平天国》（三），上海：神州国光社，1952 年，第 45、102 页。

② 张德坚：《贼情汇纂》，中国史学会主编：《中国近代史资料丛刊·太平天国》（三），上海：神州国光社，1952 年，第 46 页。

③ 参见杨秀清、韦昌辉、石达开等人"为征办米粮以裕国课"，上奏天王"宜令镇守佐将在彼晓谕良民，照旧交粮纳税"的奏折。开款为"小弟杨秀清立在陛下暨小弟韦昌辉石达开跪在陛下"。[张德坚：《贼情汇纂》，中国史学会主编：《中国近代史资料丛刊·太平天国》（三），上海：神州国光社，1952 年，第 203—204 页。]

然被太平天国的君民或出于习惯或出于纪念，名誉上仍然把他和杨秀清视为一个等级。

实际上，永安封王后，东、西二王的地位已发生实质性变化。东王具有节制诸王，包括西王的权力。按礼，西王见东王要行跪拜大礼，并山呼东王九千岁。二者在此后虽仍联名发布文告，但在署明时间为"太平天国癸好三年新刻"的《颁行诏书》中，杨秀清的列衔称号，比原来的修改本增加了28个字，萧朝贵的名字连带衔号却被完全删除。① 定都天京后的杨秀清时代（1853—1856），杨秀清增加了"禾乃师""赎病主""劝慰师""圣神风"等宗教头衔，而萧朝贵"右弼又正军师"的头衔则保持长达六年不变（曾与诸王同加宗教称号，封"雨师"②）。

---

① 《颁行诏书》现存三个版本，即初刻本（署"太平天国壬子二年新刻"）、修改本（署"太平天国壬子二年新刻"，但实际是癸好三年刻本）、癸好三年新刻本（署"太平天国癸好三年新刻"，从内容看可能是太平天国辛酉十一年前后所刻）。修改本杨秀清列衔称号为"禾乃师赎病主左辅正军师东王"（13字），癸好三年新刻本杨秀清列衔称号为"传天父上主皇上帝真神真圣旨劝慰师圣神风雷禾乃师赎病主左辅正军师后师殿中军兼右军东王"（41字）。从"癸好三年新刻本《颁行诏书》"杨秀清列衔称号看，署"癸好三年新刻"的《颁行诏书》可能是太平天国辛酉十一年前后所刻，杨秀清列衔称号与庚申十年十月献奏的辛酉十一年《颁行历书》相同，而在辛酉十一年二月二十一日《天王永定印衔诏》中，杨秀清的衔号又有变动："传天父上主真神真圣旨圣神上帝之风雷劝慰师后师左辅正军师顶天扶朝纲东王"。参见罗尔纲：《太平天国史》第2册，北京：中华书局，1991年，第1590页；《颁行诏书》，中国史学会主编：《中国近代史资料丛刊·太平天国》（一），上海：神州国光社，1952年，第159—167页；《颁行历书》（十一年），中国史学会主编：《中国近代史资料丛刊·太平天国》（一），上海：神州国光社，1952年，第203页；《天王永定印衔诏》，罗尔纲、王庆成主编：《中国近代史资料丛刊续编·太平天国》（三），桂林：广西师范大学出版社，2004年，第103—105页。

② 秦日纲等上表"赞美西王为雨师是高天贵人，赞美南王为云师是高天正人，赞美北王为雷师是高天仁人，赞美翼王为电师是高天义人"。（《秦日纲等颂赞》，金毓黻、田余庆等编：《太平天国史料》，北京：中华书局，1955年，第137页。）该颂赞成文时间系天历癸好三年。又据1857年5月9日香港《中国陆上之友》附原所刊劳德（E. C. Lord）发自宁波的一封信，内有"太平天国丙辰六年六月左二十九军副典旗冯允法之黄色小册赞美诗"，经王庆成先生译为中文，参见王庆成：《太平天国的文献和历史——海外新文献刊布和文献史事研究》，北京：社会科学文献出版社，1993年，第361—362页。与原赞美诗相比，增补了赞颂天王为"真天命万国真圣主，是太平天王"之句，东西南北翼五王宗教称号俱加"圣"字。丙辰六年六月太平天国于军事上"全盛"，杨秀清大权独揽，"圣"的地位不会动摇，其他诸王更不具备封"圣"的实力，也不见于太平官书的记载；据现有太平官书，石达开是在内讧后天京辅政时期获得"圣神电"的称号，但出走后不久即被削去；劳德所据是一名文化水平很低的太平军的手抄本，该人误笔的可能性很大，也存在劳德因不明太平天国"圣"字的神圣含义而误译的可能。

当萧朝贵从重伤中恢复过来，天父独裁的局面已然形成。天父的威信在太平天国军民中已大大超过天兄，天兄下凡的意义也被天父频繁的出现湮没了，他的代言人杨秀清在军民的拥戴下被提升至太平天国的最高等级。

一场无声无息的政治变动，就这样悄然发生了。

6. 落幕

萧朝贵与杨秀清，起身微末，穷困潦倒。《天情道理书》记载，萧朝贵"僻处山隅，自耕而食，自蚕而衣，其境之逆，遇之啬，难以枚举"；杨秀清则"生长深山之中，五岁失怙，九岁失恃，零丁孤苦，困厄难堪"。① 二人有着同样艰辛悲惨的人生经历，都对现实压迫产生不满。他们比邻而居，在鹏隘山种山烧炭，结为挚友，终因不堪欺凌，毁家纾难，同拜上帝，洪秀全及太平天国的军民都给予他们极高的评价。也正是由于二人志同道合，精诚合作，金田起义的号角才能顺利吹响。

但是，"天兄"代言人萧朝贵与"天父"代言人杨秀清之间并非纯粹的同盟、挚友，两人在合作共事的背后，隐藏着鲜为人知的矛盾和危机。在太平天国的萌芽期，"天兄"曾试图通过揽权、培植私党、代理首辅，创造超越"天父"权威的神话。在金田团营的关键时刻，萧朝贵还通过直接命令、诋毁中伤、孤立压制等手段欲使病重的杨秀清脱离上帝会的权力核心，实现自己的政治抱负。但"天兄"（萧朝贵）与"天父"（杨秀清）之间的关系也不能简单地视为对手、仇敌，两者微妙的政治、宗教关系，以及太平天国生存的主客观环境，都决定了"天兄"排挤"天父"，甚至意图取而代之，仅是太平天国萌芽时期一股涌动的夺权暗潮。所以需要注意的是，萧、杨关系是一个复杂的矛盾体。萧、杨之间的关系并非存在先合作后分歧的时间逻辑，而是在合作中夹

---

① 《天情道理书》，中国史学会主编：《中国近代史资料丛刊·太平天国》（一），上海：神州国光社，1952 年，第 370、371 页。

杂分歧和矛盾，但仍在矛盾中需要和坚守着合作，合作是主流，矛盾和超越是暗流。

综合前文与其他史实可见，萧朝贵超越杨秀清尝试的失败，有它的必然性。

萧朝贵之所以能通过宗教手段和平超越冯云山，在很大程度上受益于他所倚赖的地方实力派，而冯云山所依靠的仅是一帮手中没有实权的小知识分子。杨秀清不同，他既有神的身份，又有自己能够调遣的地方实力，他能去贵县发号施令的例子便证明他已确立了在上帝会和太平天国的核心领导地位。所以，萧朝贵很难通过和平手段取代杨秀清的权力。后来杨秀清与洪秀全、韦昌辉之间的矛盾长达六七年之久，最终只能通过"天京事变"的血腥一幕解决。对韦昌辉来说，只有杀掉杨秀清，才能取得他的权力。但是，对萧朝贵来说，主客观环境都不允许萧、杨之间使用暴力，这就决定了萧朝贵夺权的必然失败。

第一，维护天父权威和杨秀清的地位，符合洪秀全"天父之子"的利益，萧、杨之间的争斗可以是暗流，可以悄无声息地进行，洪秀全、冯云山可以默认天兄的权力超越天父，但在当时太平天国初创之时决不允许暴力夺权事情的发生。

第二，杨、萧之间存在合作的需要。即使萧朝贵暴力夺权成功，也只能是两败俱伤，萧朝贵很有可能被上帝会内其他实力派消灭。这一点，萧朝贵自须正视。

第三，当时上帝会面临的紧张局势决定杨、萧之间必须"合作"。在起事前后流动作战和争求生存发展的艰苦环境下，只有天父、天兄共有的神秘力量，才能维系上帝会"八面烧起，起不复息"的动力。[1]

萧朝贵与杨秀清之间的矛盾，归根结底，是利益的冲突与权力的角逐。这是一股暂时不能超越地表而喷发出来的暗流，被较为成功地限定

---

① 　王庆成编注：《天父天兄圣旨》，沈阳：辽宁人民出版社，1986 年，第 76 页。

在合作的表象之下。但是，萧、杨之间的较量，也有可能发生裂变。可历史的缔造常得自偶然，当萧朝贵可以有机会再次触及最高权力的时候，1851年12月10日，永安城外发生的水窦村之战中，他却身受重伤、生死未卜；[1] 12月17日，萧朝贵在永安封王中象征性地被拜封为西王，使得其政治生涯告一段落；而12月21日、22日天父在两日之内三次下凡，揭发和审处周锡能叛变案，[2] 传齐诸王及文武百官，甚至天王都亲赴东王府，跪伏天父，让太平军将士"同喜沾天父恩德……虔谢天父破灭凡间妖魔鬼计，看顾众小权能恩德"，[3] 为刚刚封为东王五天的杨秀清积攒了充足的政治资本。

1852年8月，萧朝贵决定再次统领前军，为太平天国开疆拓土、再建功勋。可是，"天兄"似乎一点也不眷顾他的代言人，萧朝贵奇迹般地恢复健康后，又神话般迅速地战死在长沙城外。

萧朝贵之死出人意料。曾有野史记载：

> 时清守军援军众，溢太平军数倍，朝贵知不能得志，疏请大营趋长沙。天王欲拔队，秀清曰："西王刚愎，不稍挫之，后不听命，俟其自归可也。"天王曰："设有不测奈何？"秀清曰："西王勇悍，纵有小挫，清妖不敢逼，必能自脱。"[4]

如果这段材料属实，那么萧朝贵的死就不单纯是个意外了。稗官野史向为治史者不采，但我们不能把它完全视作野乘，这段材料反映出杨

---

① 王庆成编注：《天父天兄圣旨》，沈阳：辽宁人民出版社，1986年，第93—96页。

② 周锡能原为广西博白县上帝会头领，参加金田起义，后官至军帅。1851年夏，自请回博白团集旧部，与朱锡杰带信徒一百九十人投降清军。12月复回永安，窥探机密，谋做清军内应。后被杨秀清发现，借天父三次下凡，处理此案。

③ 《天父下凡诏书》（一），中国史学会主编：《中国近代史资料丛刊·太平天国》（一），上海：神州国光社，1952年，第7—19页。

④ 凌善清：《太平天国野史》卷12《首事诸王传·萧朝贵》，扬州：江苏广陵古籍刻印社，1993年，第317—318页。

秀清、萧朝贵之间存在矛盾，基于此，或有杨为打击萧而不肯发兵救援的可能。此外，萧朝贵的死与太平军攻打长沙的战略失误有直接关系，具有一定的必然性。因此，从这个角度讲，对于萧朝贵的死，洪秀全、杨秀清，尤其是执掌太平天国军政大权的杨秀清，负有不可推卸的责任。[①]

永安封王以后，萧朝贵虽失去制衡杨秀清的政治资本，但在神坛还有一席之地；冯云山虽既无政治资本亦无宗教身份，但他资历甚深，在整个权力系统中处于中间调节的位置。杨秀清的野心膨胀与太平天国既有政治、军事、宗教体制有密不可分的关系，具有一定必然性。但在敛权的同时，杨秀清自须正视萧朝贵的宗教牵制和冯云山的政治调节，不会像冯、萧死后那般肆无忌惮地向天王权威发起挑战。在太平天国早期，正是由于杨、萧之间相互制衡，以及冯云山在领导层居中调节，加

---

① 萧朝贵所率攻打长沙的部队是偏师、孤军。1852年9月赛尚阿奏报："（七月）初九、初十等日逆匪千余人，合土匪千余人，分窜永兴、兴宁，飞移常禄等兵拦头截剿。"［《赛尚阿等奏报敌占郴州分窜永兴等处现于攸县醴陵地方派兵进剿等情折》（咸丰二年八月初一日），中国第一历史档案馆编：《清政府镇压太平天国档案史料》第3册，北京：社会科学文献出版社，1992年，第487页。］赛尚阿奏报太平军共近三千人。张德坚《贼情汇纂》作"老贼二千人"，"郴匪曾以数百人为向导"，其总数也约有三千人。［中国史学会主编：《中国近代史资料丛刊·太平天国》（三），上海：神州国光社，1952年，第291、294页。］占领永兴后，萧朝贵分兵千余踞守，这支军队就是后来洪、杨北进长沙的先头部队，据10月16日赛尚阿奏："永兴之贼分股千余，取道安仁，前赴长沙。"（奕䜣等：《钦定剿平粤匪方略》卷18，《续修四库全书》史部纪事本末类，第403册，上海：上海古籍出版社，2002年，第347页。）因此，萧朝贵实际率领北进长沙的兵力不足二千。王闿运《湘军志》作"千余党"。（《湘军志》，长沙：岳麓书社，1983年，第3页。）赛尚阿于9月27日奏称："临阵察看，长发贼匪约六七百人，土匪约三千余人。"［《赛尚阿等奏报敌逼长沙现内守外援并分剿郴州永兴等处折》（咸丰二年八月十四日），中国第一历史档案馆编：《清政府镇压太平天国档案史料》第3册，北京：社会科学文献出版社，1992年，第538页。］李滨《中兴别记》作"率党才七百余"，当指两广老兄弟。（太平天国历史博物馆编：《太平天国资料汇编》第2册上，北京：中华书局，1979年，第52页。）综合上述各种说法，萧朝贵率太平军从郴州出发时，约有两千太平军老弟，另有新加入的士卒近千人，总兵力约有三千；分兵千余踞守永兴，萧朝贵实际率领北上长沙的兵力有千余人，其中老兄弟六七百人。另外，太平天国主力单纯防御郴、永，显系战略失误。蓑衣渡之战后，太平军对战略运动的失望情绪时有滋长，消极防御思想复生。太平天国核心领导层对攻取长沙存在侥幸心理，萧朝贵单兵奔袭长沙实际是一种战略尝试，它的重要性相应下降。郴州驻兵月余不动，还与太平天国要解决内部长期存在的关于进军方向的分歧有关，这类讨论先前在道州、之后在长沙、攻占武昌和南京之后仍然存在。

之太平军转战南北，流动作战，处境险恶，太平天国领导集体尚能勉强和衷共济。

历史总有两面性。冯云山、萧朝贵的死，对洪秀全来说未必全是消极的。洪秀全在失去两位制衡或牵制杨秀清的盟友的同时，却获得了在原本密不透风的天父、天兄等级森严体制下的一片权力空白。洪秀全终于得到间歇性的喘息，摆脱了他们对其长达四年的权力束缚。[①] 但恶劣的另面是，前之太平天国上层领导人之间相互制衡协调的局面无存，变成了洪秀全和杨秀清之间的直接交锋。洪、杨之间亦子父、亦兄弟、亦君臣的畸形关系，为日后权力斗争的升级埋下了隐患。

定都后的杨秀清居功自傲，专横跋扈，李秀成即认为杨秀清"威风张扬，不知自忌，一朝之大，是首一人"。[②] 忘了自己还身为臣子的身份，利令智昏，不知收敛，是杨秀清所犯的最大的忌讳。他随意凌辱百官，鞭笞诸王，结怨甚多，陷入孤立，当与天王意见相左时，便随时以天父名义逼其就范，甚欲借枝末小事杖责天王。[③]

早期太平天国领导人之间权力斗争的重心在太平天国领导中枢。尽管洪、冯、杨、萧、韦、石、赐谷王家、大冲曾家之间明争暗斗，政治势力根据各自利益不断重组，但因局势紧张，彼此尚能克制容忍、相互妥协，他们的权力斗争始终处在暗流状态而未爆发流血冲突，这是太平天国得以从紫荆山的深山老林中发展至繁华锦绣江南乡的重要原因。冯、萧战死后，杨秀清凭借实力不断抢占政治资源，乾纲独运，这给太

---

① 洪秀全本人不止一次拥有重建天王专制权威的机会，但最终都把权力拱手让人。一方面是政治对手过于强大，一方面则是自己缺乏政治才干。所以，在太平天国前期，他不得不先后倚仗冯云山、杨秀清、石达开；在太平天国后期，他又寄希望于洪仁玕、陈玉成、李秀成，甚至蒙得恩、林绍璋。历史证明，洪秀全权力欲极强，却是一位政治低能者，后期太平天国政局的紊乱，主要是这对矛盾因素交织而成的恶果。

② 《忠王李秀成自述》，罗尔纲、王庆成主编：《中国近代史资料丛刊续编·太平天国》（二），桂林：广西师范大学出版社，2004年，第350页。

③ 《天父下凡诏书》（二），中国史学会主编：《中国近代史资料丛刊·太平天国》（一），上海：神州国光社，1952年，第30—32页；王庆成校订：《重校〈天兄圣旨〉、〈天父圣旨〉》（下），《近代史资料》编辑部编：《近代史资料》总90号，北京：中国社会科学出版社，1997年，第105页。

平天国带来了双刃效应，一方面由于高度中央集权和杨秀清天生的军事禀赋，太平天国政令一统，总体势态尚在发展；一方面中央权力格局形成洪、杨二元对立，加上杨秀清的自负、严酷，领导集团内部的矛盾加剧，太平天国上层不断上演宫斗、对抗，经过三年多的积累，以致血腥内讧。所以，天京事变不是定都天京后的突发现象，不能简单地归因于太平天国上层的腐败或所谓地主阶级势力的腐蚀，而是从太平天国早期开始，太平天国领导集团矛盾滋长已久的结果，故其发必速必久，前后持续近一年，程度甚是激烈。太平天国早期领导人的权力斗争是天京事变发生的前兆，是太平天国权力斗争史的重要一环。

二 天京事变的复杂酝酿及影响

1856 年（咸丰六年，太平天国丙辰六年）的秋天，因天京事变的发生而成为太平天国史上一段晦暗的日子。以杨秀清逼封万岁为导火索，从 1856 年 9 月到 1857 年 6 月，东王杨秀清、北王韦昌辉、燕王秦日纲等开国元勋及两万多将士死于火并，翼王石达开因洪秀全疑忌而离京出走，后率十余万精锐远征他方，直至兵败大渡河。昔日同打江山的生死兄弟变得水火不容，非一死不能了之。

当人们试图归纳"天国"陨落的历史教训时，天京事变往往被置为首误。后期太平天国的擎天柱忠王李秀成被俘后，在自述中总结"天国"覆灭的"十误"，称天京事变为"至大"失误："误因东王、北王两家相杀"，"误翼王与主不和……将合朝好文武将兵带去"。[1] 前辈学

---

[1] 《忠王李秀成自述》，罗尔纲、王庆成主编：《中国近代史资料丛刊续编·太平天国》（二），桂林：广西师范大学出版社，2004 年，第 397 页。

者对此重要悬案进行了不懈探索，最终形成了以罗尔纲先生《太平天国领导集团内讧考》和茅家琦先生《太平天国通史》为代表的关于天京事变基本经过的主流阐述：洪秀全、韦昌辉、石达开密议"诛杨"，杨秀清逼封"万岁"，洪秀全下达"密诏"，韦昌辉、秦日纲在陈承瑢的接应下秘密进京，1856年9月2日（咸丰六年八月初四日，太平天国丙辰六年七月二十七日）凌晨，血案突发。[1] 国外学者也普遍接受这一叙事架构。此外，还有一些学者的观点颇具挑战性，主要针对杨秀清有无"逼封万岁"一事展开争论。郭毅生先生认为太平天国的"万岁观"不同于传统中国社会的皇权观念，杨秀清称"万岁"符合太平天国的体制，并非篡位。史式先生认为"逼封万岁"说从史实和情理上都是荒谬的，是事变的罪魁洪秀全制造的政治谣言。[2]

事实上，天京事变的经过扑朔迷离，许多具体细节至今仍被掩埋在历史的尘埃之下，幽眇而难以触及。梳理相关史料可以发现，事变的复杂酝酿期主要围绕三大疑案展开，即"密议""逼封"和"密诏"。

（一）关于天京事变的史料

要解决这一系列难题，首先要梳理记载天京事变的主要史料。过去学界认为洪秀全和太平天国官方对天京事变一直讳莫如深，不愿提及，其中必有难言之隐。所以除零星的资料外，如戊午八年（1858）十一月《赐英国全权特使额尔金诏》、己未九年（1859）十月初七日《天历每四十年一斡旋诏》，我们几乎无法从太平天国官方文献中了解这场血

---

① 参见罗尔纲：《太平天国领导集团内讧考》，北京：生活·读书·新知三联书店，1955年，第239—316页；茅家琦主编：《太平天国通史》（中），南京：南京大学出版社，1991年，第27—49页。国内、国外学界关于天京事变的论作，多与上述主流观点大同小异，不一一赘列。

② 参见郭毅生：《如何评价杨秀清？——太平天国的"五主"、"八位万岁"与"天京事变"的考察》，《历史研究》1978年第6期；史式：《"逼封万岁"说考谬》，《太平天国史实考》，重庆：重庆出版社，1991年，第123—157页。

案经过的其他任何细节。天京事变后，或因精力不济，或因刻意回避，洪秀全确实经过了近一年的沉默（丁巳七年太平天国没有刊刻任何新书，以往每年都有）。至迟在丁巳七年（1857）十月，[①] 洪秀全完全恢复了杨秀清的名誉、头衔，并提高了他的神格。在己未九年（1859）的《天情道理书》修改本中，诸王唯北王被直呼为"昌辉"，但仍记其为开国功勋，这已释放出宽赦韦的信号。在庚申十年（1860）刊刻的《天父圣旨》《天兄圣旨》中，韦昌辉的名讳不再做任何文字处理，看来韦昌辉已基本被赦罪。在这之前，洪秀全零星地透露出一些关于天京事变的信息，尔后，他很可能会对所设立的"天历六节"中有"东王升天节"做出一些具体的解释。赵烈文在日记中讲："（咸丰十一年三月）二十二日，……到殷仲寓少坐，兰卿来，在夷行取得贼中书四本归，系英人到江宁携来物。……《钦命记题记》一本，其取士程文，其题目皆其节令，凡七节，有云《太兄升天节记》《太兄暨朕登极节记》《东王升天节记》等类，末有幼主与天王并称，盖即洪逆之子而亦与闻国政者。此书庚申所刊。"[②] 所以在庚申十年（1860），洪秀全在赦免韦昌辉的同时，对天京事变也有了官方的说法。李秀成在自述中言其所记多据太平天国国史《诏书》，太平天国早期史《太平天日》记丁酉年（1837）至丁未年（1847）事，起首有"诏书一"三字，当时在南京生活的谢炳记"贼令人抄伪诏书，自戊申起叙至入金陵城等事"，应为"诏书二"，可知《诏书》有多册。[③] 那么作为太平天国官方"实

① 太平天国于每年十月"献明年新天历盖玺"，见《天历每四十年一斡旋诏》，太平天国历史博物馆编：《太平天国文书汇编》，北京：中华书局，1979年，第47页；《颁行历书》（八年），中国史学会主编：《中国近代史资料丛刊·太平天国》（一），上海：神州国光社，1952年，第193页。此时杨秀清的头衔是：太平天国传天父上主皇上帝真神真圣旨劝慰师圣神风禾乃师赎病主左辅正军师东王。

② 赵烈文：《能静居日记》，罗尔纲、王庆成主编：《中国近代史资料丛刊续编·太平天国》（七），桂林：广西师范大学出版社，2004年，第78—79页。

③ 谢介鹤：《金陵癸甲纪事略》，中国史学会主编：《中国近代史资料丛刊·太平天国》（四），上海：神州国光社，1952年，第656页。

录"的国史《诏书》，理应也对发生在丙辰六年（1856）至丁巳七年（1857）的天京事变有记载。也就是说，并非像学者们认为的那样，洪秀全对天京事变始终保持缄默，一直在避免揭开过去的伤疤，刻意使人们淡忘这场萧墙之祸。可惜上述两种文献佚失，至今尚未发现。后人只能通过残存的相关文献，尽力复原天京血案的大致情形，更加趋近历史的真相。相关文献如下：

其一，太平天国官书和太平军将领自述。《天父圣旨》《天兄圣旨》《天父下凡诏书》等太平天国官书文献是考察天京事变缘起极为重要的第一手史料。李秀成不是天京事变的当事人，但他是太平天国后期地位最为显赫也最为重要的领导者之一，《李秀成自述》关于事变的记载是李秀成向"天国"知情者调查访寻而得，必然言之有据。石达开是事变的参与者，悉知内情，他的口供以自身为立场，对重要情节有所隐讳，需要在谨慎稽核的基础上予以高度重视。这些史料的价值位居各类史料之首。

其二，清方档案。前线清方将领侦查到的关于天京事变的情报，或搜集自太平天国文书，或辑录自战俘供词，部分档案经各类情报核实而成，内容准确，事实可信。另外，对于《吴煦档案》中与天京事变有关的记载，过去重视不够；1856 年 12 月 16 日（咸丰六年十一月十九日）在致其父翁心存函中，翁同书节录了三份天京事变期间太平天国官方文书，包括元勋某奉佐天侯陈承瑢谕通缉石达开、张遂谋札文，检点元勋黄致江浦县军师师帅札，某处奉北王谕缉拿石达开告示，还披露了清方探报的关于天京事变，特别是韦昌辉、石达开之争的一些细节。[①]

其三，文人笔记、日记。知非子《金陵杂记》和张汝南《金陵省难纪略》均撰写于内讧期间，作者都曾在天京生活过，成书之时事变尚未结束，史料价值颇高，但所录天京事变诸情节是"闻之于遇难播迁之

---

① 翁同书：《翁同书手札系年考》，李红英辑考，南京：凤凰出版社，2018 年，第 80—90 页。

人及被掳脱逃之辈"①或"访闻确切得以附入"②，并非亲眼目睹，仍须甄别使用。此外，杜文澜《平定粤寇纪略》、王韬《瓮牖余谈》、李圭《金陵兵事汇略》、李滨《中兴别记》、汪士铎《乙丙日记》、方玉润《星烈日记》、王虹饮《涵性斋笔记》等，都有很好的参考价值。

其四，外人记载。香港《中国陆上之友》（*The Overland Friend of China*）和上海《北华捷报》（*North-China Herald*）所刊关于目击天京事变的爱尔兰水手肯能（Canny）的口述报道，已为众多史家证实情节作伪。③但所记也有一些重要情节符合史实：东王府在事变中被焚，"东王府的殿堂宫室，全部被捣毁，化为废墟"，④这在其他档案、笔记史料中均无记载，但可被太平天国官方文献印证，幼天王在 1860 年 10 月下诏"建造正九重天廷"（东王府），当为重修；⑤第八位（陈承瑢）向天王告密，"当东王的奸谋由他的一名部将向洪秀全告密时"，⑥"那位据说被称作第八号人物，也就是据猜想后来倒戈出卖主人的首领"，⑦两年后，洪秀全在给英国特使额尔金的诏旨中复述了杨秀清代天父传言的神话，并委婉含蓄地交代了天父代言人的死因是"期至朝观

① 涤浮道人：《金陵杂记》，中国史学会主编：《中国近代史资料丛刊·太平天国》（四），上海：神州国光社，1952 年，第 640 页。

② 张汝南：《金陵省难纪略》，中国史学会主编：《中国近代史资料丛刊·太平天国》（四），上海：神州国光社，1952 年，第 685 页。

③ 参见徐彻：《天府广场大屠杀事件质疑》，《辽宁大学学报》（哲学社会科学版）1980 年第 2 期；徐彻：《天府广场大屠杀事件再质疑》，南京大学历史系太平天国史研究室编：《太平天国史新探》，南京：江苏人民出版社，1982 年，第 275—287 页；荣孟源：《评两篇天京内讧的洋人报道》，《河北学刊》1984 年第 6 期；茅家琦主编：《太平天国通史》（中），南京：南京大学出版社，1991 年，第 28—30、57—61 页。

④ ［美］裨治文：《关于东王北王内讧的通讯报道》，章克生译，北京太平天国历史研究会编：《太平天国史译丛》（二），北京：中华书局，1983 年，第 77 页。

⑤ 《幼主建造正九重天廷并封李容发为忠二殿下诏》，罗尔纲、王庆成主编：《中国近代史资料丛刊续编·太平天国》（三），桂林：广西师范大学出版社，2004 年，第 81 页。

⑥ ［美］裨治文：《关于东王北王内讧的通讯报道》，章克生译，北京太平天国历史研究会编：《太平天国史译丛》（二），北京：中华书局，1983 年，第 76 页。

⑦ ［美］麦高文：《东王北王内讧事件始末》，章克生译，北京太平天国历史研究会编：《太平天国史译丛》（二），北京：中华书局，1983 年，第 83 页。

遭陷害，爷爷圣旨总成行"；① 秦日纲在事变前受东王杨秀清严厉谴责，"约在1856年7月中旬，外国水手原来的上司顶天侯受到极为严厉的怒斥，因为他在丹阳接连战败"，② 这与《天父圣旨》所载天父怒斥"秦日纲帮妖"事相符；天王被逼至东王府事亦经《天父圣旨》记载；天王府广场大屠杀事件诸多细节可疑，但诛杨之后天京城内确有有规模有预谋的大屠杀事件发生，经清方情报证实，"见有长发尸骸不可数计，由观音门口内漂淌出江，内有结连捆缚及身穿黄衣黄褂者"，③ "门口犹有漂出贼尸不少，前后约以数千计，多半长发断头，折臂亦有，尚穿红黄各□被捆绑而杀，并未解绑者"，④ 显系集体杀戮。

对肯能等人的口述，不能全以赝品视之，对其视而不见：如上述，口述有若干细节符合史实，颇具史料价值；变乱之中误记难免，肯能文化水平不高，在太平军中生活仅一年，不识中国语言，不懂"天国"典章，口述时难免发生错误；肯能在口述时有夸大夸张的情节，但他始终不肯以真实身份示人，说明他并无杜撰此事以获名利的意图；三篇外人记载并非皆是肯能一人所述，裨治文的报道就是根据三名欧洲人的口述撰写的。⑤ 总体上看，肯能的口述如经过认真稽考和鉴定，尚可与其他史料互相印证，有一定史料价值。

---

① 《赐英国全权特使额尔金诏》，太平天国历史博物馆编：《太平天国文书汇编》，北京：中华书局，1979年，第42页。

② ［美］麦高文：《东王北王内讧事件始末》，章克生译，北京太平天国历史研究会编：《太平天国史译丛》（二），北京：中华书局，1983年，第84页。

③ 《德兴阿等奏报水师石埠桥获胜及金陵内哄尸漂出江片》（咸丰六年九月初五日），中国第一历史档案馆编：《清政府镇压太平天国档案史料》第18册，北京：社会科学文献出版社，1995年，第635页。

④ 翁同书：《翁同书手札系年考》，李红英辑考，南京：凤凰出版社，2018年，第83页。

⑤ 有学者对肯能口述的真实性表示肯定，参见华强：《天府广场大屠杀是伪造的历史事件吗？》，施宣圆、林耀琛、许立言编：《中国文化之谜》第4辑，上海：学林出版社，1987年，第251—254页。史景迁在《太平天国》的"杀戮"一章中基本以爱尔兰人的见闻为线索讲述天京事变的发展脉络，他还强调雷诺兹、麦高文、文翰等人都相信肯能描述和经历的"准确性"。（史景迁：《太平天国》，朱庆葆等译，桂林：广西师范大学出版社，2011年，第302、311—312页。）

上列各类史料均应在认真考辨的基础之上，互相比对参照，综合分析，既不能因为它是外国人口述就认定比较客观公正，也不能因为是地方文人所作就一概视作诬蔑，同样不能因为是太平天国将领自述就把它当作完全可信的史料。对现有资料一视同仁，去伪存真，择其要害，才能使研究结论更加接近历史事实。

（二）杨秀清的"人脉"

杨秀清在天京事变前已获得"劝慰师""圣神风""禾乃师""赎病主""左辅正军师""东王九千岁"的称号，① 又代"天父"言事，亦人亦神，集俗世与宗教权柄于一身。一切号令，均由杨秀清做主。② 当然从《天父圣旨》卷三看，杨秀清对有些人事的处置是要经过天王洪秀全旨准的，如镇国侯卢贤拔犯天诫，"革职，带罪立功，免其枷号游营。当经东王恩准所请，奏请天王，又蒙旨准"。但更多的是天王言杀而天父言不杀，杨秀清借天父之口折辱天王权威，如乙荣五年五月二十五日（1855 年 7 月 1 日），李得金、余世明二人"反草对天，变妖逃走二次，业经启奏天王，旨准斩首"，"正当解出斩之时，乃蒙天父大开天恩"，死罪被赦免；乙荣五年六月十七日（1855 年 7 月 24 日），林来发等"吸食洋烟，业经东王暨列王奏旨，一并斩首"，"天父爱开好生大恩，指出林来发系被人诱惑，非出本心，当赦其死罪"。

杨秀清还随意凌辱百官，致使太平天国内部矛盾逐渐尖锐。现存《天父圣旨》卷三的一个重要特点是"天父"下凡处理内部关系的指示频多。第一是随意锁拿官员。甲寅四年正月二十七日（1854 年 3 月 2

---

① 参见太平天国历史博物馆编：《太平天国文书汇编》，北京：中华书局，1979 年，第 88、91、114、179、180、299 页。

② 张德坚：《贼情汇纂》，中国史学会主编：《中国近代史资料丛刊·太平天国》（三），上海：神州国光社，1952 年，第 45—46、102 页。

日），"天父"传旨锁拿黄玉昆、陈承瑢、蒙得恩、卢贤拔、陈宗扬，这五人均拥有侯爵、丞相的高级职务，"位列群僚之首"，卢贤拔、陈宗扬犯有夫妻同宿罪，卢贤拔被革职羁押，陈宗扬夫妇被判斩首，但黄、陈、蒙三人的罪名是"学变妖变怪之人""自玷声名"，似模棱两可。因犯夫妻同宿罪被处置的还有王丈杨英奇、典天舆张文勋，可见当时太平天国内部对此禁令普遍存在不满情绪。丙辰六年六月初九日（1856 年 7 月 16 日），"天父"传言将洪秀全之次兄洪仁达、刘海珊、张有勋等锁拿羁押，罪名不载。①

第二是借"天父"之口处罚官员为"奴"。太平天国定都天京后，曾在《天朝田亩制度》中规定，官员有过则"黜为农"或"贬为农"。②"农"要做农活，但有收益。"奴"比"农"低等，应做苦力劳力而无报酬，在后期太平天国发放的门牌中也列有犯罪者被罚为"奴"的情况，这可能是对普通士兵、百姓而言。③ 对太平天国的中高级官员来说，他们未必真得去做"奴"活，多是顶着"奴"的身份复理原事，罚为"奴"是一种名誉上的贬斥。乙荣五年三月十九日（1855 年 4 月 25 日），曾任天官又副丞相、总领删改六经事宜的曾钊扬"不杀为奴"；同年六月十七日（7 月 24 日），林来发"吸食洋烟"，"奴落监牢"；七月十九日（8 月 25 日），邹煜新"革职为奴"；八月十七日（9 月 23 日），"天父"一次性罚林启荣、朱文光、曾添皓、骆潮杰、汪庚扬、张有珍六名将领为奴；八月二十六日（10 月 2 日），因何士贤擅自"削发"，"黜为奴"；十一月初二日（12 月 8 日），补天侯李俊良因"无心之错"，祁万如、胡玱祥因"吸食洋烟之死罪"，经"天父"开恩，黜为奴。杨秀清连燕王秦日纲这样的高层领导人也随意谪贬，秦日纲在湖

---

① 以上参见王庆成编注：《天父天兄圣旨》，沈阳：辽宁人民出版社，1986 年，第 105、109、113、114、128 页。

② 《天朝田亩制度》，中国史学会主编：《中国近代史资料丛刊·太平天国》（一），上海：神州国光社，1952 年，第 323、324、325、326 页。

③ 郭若愚编：《太平天国革命文物图录续编》，上海：上海出版公司，1953 年，第 75 页。

北、江西战败获罪，先被去除王爵，贬为"顶天燕"，"锁押在牢"；甲寅四年十二月十三日（1855年1月18日），"天父"传言："南一丈燕不杀先"，指示暂不杀秦日纲；乙荣五年二月十三日（1855年3月20日）又谕"纲无桥过，奴其三载"，革职为奴；直到同年八月十七日（9月23日），"除却奴名，即可复还原职"。^①也就是说，像秦日纲这样的最高层领导者之一、统兵大帅，竟然也可以脱离战场、被羁押近一年之久，其实这对人才匮乏的太平天国来说是不利的。

第三是以"莫须有"的罪名处死高级官员，典型案例是曾水源案。曾水源为天官正丞相，曾"犯过欺禾不禀之罪"，被"天父"命斩，"禾"即东王杨秀清，乙荣五年六月初七日（1855年7月14日）又被"天父"赦免，罚为奴；同年六月二十八日（8月4日）"天父"下凡再将曾水源同仆射黄仕珍、吏部一尚书李寿春、参护萧志胜一同锁拿押解东牢收禁。黄仕珍被处死，因东王生病，"命尔去传王宗，亲带灵丹到府，尔胆敢不去"，曾水源、李寿春被处死，因他们听女官讲"东王若升天，尔们为官的都难了"这句话但"置若罔闻"。三人被扣上了"奸草欺天欺禾"的罪名，"即行押出斩首示众"。这纯属杨秀清借题发挥、滥施淫威之举，三位开国元勋被杀的情罪并不相当。^②

第四是杖责诸王。北王韦昌辉屡被杨秀清凌辱、杖责，杨秀清自己也讲："即如韦正胞弟而论，时在弟府殿前议事，尚有惊恐之心，不敢十分多言。"^③先有韦昌辉部属张子朋激变水营，杨秀清杖责韦昌辉数百，以致不能起身；^④丙辰六年三月初五日（1856年4月11日），"天

①　以上参见王庆成编注：《天父天兄圣旨》，沈阳：辽宁人民出版社，1986年，第112、113、114、120、121、123、127页。

②　以上参见王庆成编注：《天父天兄圣旨》，沈阳：辽宁人民出版社，1986年，第114、115、116页。

③　《天父下凡诏书》（二），中国史学会主编：《中国近代史资料丛刊·太平天国》（一），上海：神州国光社，1952年，第34页。

④　张德坚：《贼情汇纂》，中国史学会主编：《中国近代史资料丛刊·太平天国》（三），上海：神州国光社，1952年，第46页。

父"下凡令杖韦昌辉四十，原因是"天父"下凡时，"有时免响金锣鼓乐圣炮，伊则未出令传齐子女，宣明道理，报本酬恩。此伊不明，有些错也"，这个理由太过牵强。韦昌辉的哥哥曾与杨秀清的妾兄争夺宅地，杨秀清"欲杀其兄，发北贼议罪，请以五马分尸，谓非如此，不足以警众"。[①] 诸王矛盾激化达到一个小高峰的标志是"牧马人事件"，甲寅四年（1854）四月，"燕贼牧马某甲坐门前见东贼同庚叔未起，东贼叔怒，鞭某甲二百，送燕贼，未及问，又送付玉昆，意欲玉昆加杖。玉昆谓既鞭可勿杖，转相劝慰，东贼叔愈怒，推倒玉昆案，诉于东贼，东贼怒，使翼贼拘玉昆，玉昆闻而辞职。伪兴国侯陈承镕、伪燕王秦日纲，闻之亦相率辞职，东贼大怒，锁发北贼杖日纲一百，承镕二百，玉昆三百，某甲五马分尸"。[②] 翼王石达开为人谨慎、圆滑，东王杨秀清比较信任他，但石达开"每见杨贼诡称天父附体造言时，深信不疑，惶悚流汗"，亦是胆战心惊。[③]

杨秀清还变本加厉，欲杖责天王洪秀全。在太平天国官书中，杨秀清曾两次假天父传言欲打洪秀全，癸好三年十一月二十日（1853 年 12 月 24 日），"天父"下凡指出洪秀全击踢怀有身孕的王娘、教子无方等治家不善之错：

> 天父怒天王曰："秀全，尔有过错，尔知么？"
>
> 天王跪下，同北王及朝官一齐对曰："小子知错，求天父开恩赦宥。"
>
> 天父大声曰："尔知有错，即杖四十。"

① 谢介鹤：《金陵癸甲纪事略》，中国史学会主编：《中国近代史资料丛刊·太平天国》（四），上海：神州国光社，1952 年，第 669 页。
② 谢介鹤：《金陵癸甲纪事略》，中国史学会主编：《中国近代史资料丛刊·太平天国》（四），上海：神州国光社，1952 年，第 671 页。
③ 张德坚：《贼情汇纂》，中国史学会主编：《中国近代史资料丛刊·太平天国》（三），上海：神州国光社，1952 年，第 48 页。

其时北王与众官俯伏地下，一齐哭求天父开恩，赦宥我主应有之责，小子等愿代天王受杖。

天王曰："诸弟不得逆天父之旨，天父开恩教导，尔哥子自当受责。"

天父不准所求，仍令杖责天王。天王对曰："小子遵旨。"即俯伏受杖。

天父诏曰："尔已遵旨，我便不杖尔。"①

乙荣五年七月十九日（1855 年 8 月 25 日）夜三更的天父下凡更像是一场闹剧。因"天父"降临事发突然，天王府各门骤难打开，"天父"大怒，"咁久还不开朝门？真是该打！"结果"天父"夜晚三更把天王从床上喊起来，只是为了宣布两件小事：一是将得罪东王的黄期陞革职，一是告诫赖娘娘好好管理后宫，妥善处理家事。想必洪秀全很是无奈。②

《天父圣旨》载太平天国丙辰六年七月初九日（咸丰六年七月十五日，1856 年 8 月 15 日）杨秀清最后一次代"天父"传言，"天父"称："秦日纲帮妖，陈承瑢帮妖，放烧烧朕城了矣。未有救矣。……朝内诸

① 《天父下凡诏书》（二），中国史学会主编：《中国近代史资料丛刊·太平天国》（一），上海：神州国光社，1952 年，第 30—32 页。

② 王庆成编注：《天父天兄圣旨》，沈阳：辽宁人民出版社，1986 年，第 117—121 页。按，翁同书所录清方探报，咸丰六年七月，"天父"借故杖责天王四十，不知确否。翁同书：《翁同书手札系年考》，李红英辑考，南京：凤凰出版社，2018 年，第 87—88 页。

臣不得力，未齐敬拜帝真神。"① 这说明天京事变前夕，满朝文武大都站在了杨秀清的对立面，"天父"及其代言人分明已陷入周围充满敌意的义怒和恐惧中。连敌对阵营也嗅到了南京城到处弥漫着的诡谲与杀气，张德坚曾预测"杨贼与昌辉互相猜忌，似不久必有并吞之事"。② 于是，一个合力对付东王的"同盟密议"应运而生。

(三)"同盟密议"

"密议"说的直接来源是《李秀成自述》和《石达开供词》。李秀成在自述中透露了"密议"的相关信息。他说："(杨秀清)逼天王亲到东王府封其万岁。北、翼两王不服，君臣不别，东欲专尊，后北与翼计杀东王。翼与北王密议，单杀东一人，杀其兄弟三人，原清、辅清而已，除此以外，俱不得多杀"，"东、北、翼三人不和。北、翼二人同心，一怒于东，后被北王将东王杀害。原是北王与翼王二人密议，独杀

---

① 王庆成校订：《重校〈天兄圣旨〉、〈天父圣旨〉》(下)，《近代史资料》编辑部编：《近代史资料》总90号，北京：中国社会科学出版社，1997年，第113页。按，有学者认为此段记载不实，系洪秀全为杨秀清平反后，于《天父圣旨》刊印时的增改，由"天父"之口点出二人"帮妖"，可为洪秀全诛杀秦、陈寻找依据，并开脱责任。秦、陈死于内讧。咸丰六年十二月二十日德兴阿奏报："逆首洪秀全因韦逆杀戮太多，于十月初五日计擒韦逆极刑致毙。十一月初一日，石达开复将韦逆之党伪燕王秦日纲、伪佐天侯陈承瑢等诛死。"(转引自赫治清：《陈承瑢之死史实考辨》，《中国农民战争史论丛》第3辑，郑州：河南人民出版社，1981年，第163页。)石达开于十月十七日自宁国回京[太平天国历史博物馆编：《吴煦档案选编》(四)，南京：江苏人民出版社，1983年，第121页]，秦、陈被处死显系石达开促成，洪秀全完全可以将责任推到石身上。此外，秦、陈是韦昌辉帮凶，洪秀全在诛韦后保全他们，一因"韦逆之党杀韦逆"之功[太平天国历史博物馆编：《吴煦档案选编》(三)，南京：江苏人民出版社，1984年，第268页]，一为保存制衡石达开的力量。但此时洪已为杨秀清平反，韦、秦、陈"谋害东王，特诛戮以安东王部下之心"(民国《芜湖县志》卷41《庙祀志·寺观·明珠庵》，第8页a)，所以洪秀全诛他们也在情理法理之中，无须伪造《天父圣旨》行事。杨在宣布秦、陈"帮妖"后没有采取任何举动比较反常，这不足以证伪"天父"之言，天父传言至为神圣，又有诸多见证者，是可删减而不可伪造的。杨秀清的"反常"，可能有三方面考虑：敲山震虎，引而不发，日后可随时发难；二人位高权重，不宜轻动，杨尚需倚仗；罪而不杀，使之感恩戴德，更加效忠。然适得其反，杨树立了两个死敌。

② 张德坚：《贼情汇纂》，中国史学会主编：《中国近代史资料丛刊·太平天国》(三)，上海：神州国光社，1952年，第48页。

东王一人"。① 天京事变爆发时，李秀成只是顶天燕秦日纲麾下一员勇将，无缘参与高层机密，本人亦非事变当事者，他这段叙述的来源，最有可能是天王洪秀全或某些"在现场"的天王之王戚内臣。故他所述的"诛杨密议"中，洪秀全并无责任，只是北王韦昌辉、翼王石达开二人私下的谋划，且密议的内容为"独杀东王一人"。身处囚笼的李秀成，曾直斥洪秀全失政，对洪极为不满，如他确信洪秀全曾牵头组织密议之事，估计是不会为王者讳的。

《石达开供词》② 有三个版本——《三略汇编》、《骆文忠公奏议》和《蜀燹述略》，③ 本书以《三略汇编》之记载为主。④ 石达开是事变的当事人，知晓内情，他在1863年春夏之间大渡河兵败被俘后的"口供"中，也提到了"密议"："达开自江南带人到湖北，听闻洪秀全们在金陵彼此疑忌，韦昌辉请洪秀全杀杨秀清。洪秀全本欲杀杨，口中不肯，且故意加杨秀清为万岁。韦昌辉忿气，把杨秀清杀了。洪秀全又欲杀韦

---

① 《忠王李秀成自述》，罗尔纲、王庆成主编：《中国近代史资料丛刊续编·太平天国》(二)，桂林：广西师范大学出版社，2004年，第350页。

② 有学者认为《石达开供词》是骆秉章为邀功而伪造的，见孟彭兴：《石达开"自述"质疑》，《史林》1994年第2期。该文本非石达开亲笔，乃其口述，由官吏笔录而成。石达开操客家话，记录者或有误记；供词又被清方删改，所以有不合原意之处，然其真实性毋庸置疑。

③ 毛祥麟《三略汇编》，成书于1866年，本书所引采自刘永明等整理《明清上海稀见文献五种》(北京：人民文学出版社，2006年)；《骆文忠公奏议》中的自述，见中国史学会主编《中国近代史资料丛刊·太平天国》(二)(上海：神州国光社，1952年，第780—786页)；余鸿观《蜀燹述略》，成书于光绪二十七年(1901)，本书所引采自沈云龙主编《近代中国史料丛刊》第41辑第407册(台北：文海出版社，1969年)。

④ 有学者认为《三略汇编·粤逆记略》中的"石达开自述"是毛祥麟根据《骆文忠公奏议》中《生擒石逆疏》附件《石达开原供》增删改造而成的一个错误兼备的别本。(孟彭兴、周元高：《关于〈三略汇编·粤逆记略〉》，《史学月刊》1981年第6期。) 毛祥麟版《石达开供词》的刊印时间略晚于骆秉章具奏日(同治二年六月)，却早于《骆文忠公奏议(川中稿)》(同治十年)，仍属原始资料。且尚无充分证据证明毛祥麟版供词以骆秉章奏折为母本。从语言和内容分析，毛祥麟版供词更像是骆秉章所奏供词的原始记录。而毛祥麟版供词提供了更多颇有价值的信息，如洪秀全对诛杨一事的心态；若干细节的描述更为具体合理，如诛杨后洪、韦、石三王政治利益的再分配和权力斗争。考虑到三个版本在主要内容上大致相同，所以使用《三略汇编》的版本，同时参照《骆文忠公奏议》辑录的供词才较稳妥。

昌辉，达开闻信，回南京与他们排解。"① 石达开在口供中隐去了自己与密议的关系，声称在湖北前线作战并不知情，洒然超脱于兄弟萧墙之祸。如果像他所讲，那密议是由洪秀全发起，韦昌辉主动请缨杀杨，洪没有立即答应，实欲坐待时机。

李秀成和石达开虽各执一词，但两相印证，"诛杨密议"本身确实存在这一点，似无疑问。分歧在于李秀成说密议在"万岁事件"之后，石达开称密议在"万岁事件"之前；李秀成说密议参与者为韦、石而无洪，石达开称密议参与者为洪、韦而无自己。

我们不妨再对比分析一下上述两则自述的说法：李秀成的消息来源，应是事变的胜利者洪秀全一方，这些人为洪秀全撇清与"诛杨密议"的关系可以理解，因为"诛杨"后不久，洪秀全又督众诛杀韦昌辉，公开为杨秀清"平反"了。但如真的只是韦、石二人密议，洪秀全一方何以知晓？事发后，韦昌辉和石达开出于各自切身利益都不会承认有过私下密议。石达开的口供以自身为立场，对重要情节有所隐讳，其声称洪、韦密议的消息是他在湖北督师时"听闻"而得，这本身就有问题。一方面，石达开在强调本人与密议无关的同时，忽视了韦昌辉此时也被杨秀清派到江西督师的事实，韦并没有与天王密议的时间；另一方面，洪、韦密议如此机要且风险极高之事，坐镇天京、遍布耳目的杨秀清丝毫未察觉，又怎会在事变发生前一段时间轻易走漏风声，流传至千里之外湖北前线的石达开军营呢？那洪杨内讧的征兆就不会仅存在于清方侦探的预言中，而必成为清朝官方档案奏报的坐实之事了。石达开又是怎么知道，又怎会轻信韦昌辉主动请命杀杨秀清，而洪秀全"口

① 毛祥麟：《三略汇编》，刘永翔等整理：《明清上海稀见文献五种》，北京：人民文学出版社，2006 年，第 935 页。骆秉章所奏供词称"昌辉请洪秀全诛杨秀清，洪秀全不许，转加杨秀清伪号，韦昌辉不服，便将杨秀清杀死"，这不合史实也违背逻辑。洪秀全可以拒绝韦的请求，但他权欲极强，不会也无必要再愚蠢地主动加重杨的权柄；从"韦昌辉不服，便将杨秀清杀死"看，这表述的仍是毛祥麟版供词"洪秀全欲擒故纵，故意加封杨秀清以激怒韦昌辉"的意思。

中不肯"、故弄玄虚这样秘密商议的具体细节的？如果石达开是在事变发生后从洪秀全本人或其他渠道得知洪、韦密议的信息，他完全没有必要错置时间、地点，在供词中强调自己当时身在湖北，也无必要明确声明所有内讧信息包括密议、逼封和诛杨均是他在湖北督师时的"听闻"。

以常理论，"诛杨密议"的发起人和参与者，绝不像李秀成所言，仅限于韦昌辉和石达开两人之间，没有"万岁"天王洪秀全的组织（至少是认可），韦、石私下密议诛杀为"天父"代言的东王九千岁，那是大逆之罪。一旦计划实施时遭洪秀全反对，韦、石师出无名，处境将十分危险。事情的经过可能是：洪秀全因不堪杨秀清变本加厉凌辱自己，首先找来与杨积怨已深的韦、石二人商议对策，目的在于试探他们的态度。太平天国起事之初所封五王，如今只余东、北、翼三王，洪秀全欲解决权势熏天的杨秀清，以三敌一，方能更有把握。

大约在1856年6月，即太平军第一次击破江南大营前后，韦、石奉命离京之前，此时韦昌辉和石达开均因参与此次重大军事行动暂留天京听调，对洪秀全来说，这是组织"诛杨密议"的最佳时机。而按照李秀成的说法，密议的时间在后来的杨秀清"封万岁"事件之后，而此时洪、韦、石其实并无谋面时机，韦昌辉在江西前线督师，石达开正率军支援武汉。洪秀全等制造时间错置的消息，意在塑造因"东欲专尊"而韦、石不服，遂私下串联"一怒于东"的假象，企图撇清洪秀全指使杀杨的嫌疑，但洪及其拥护者却忽视了"东欲专尊"的最大受害人不是韦、石而是洪自己的事实。

在密议会场，韦昌辉和石达开都看出洪"本欲杀杨"，韦干脆请求勤王靖难，洪秀全假称不忍，"口中不肯"。洪秀全所做的这一切，都被在场的石达开视作玩弄政治权术，尽管他最终附和"诛杨"，心底里却认定洪秀全乃是天京事变的真正祸魁。从洪秀全的角度说，他不会直接抛出"诛杨"计划，因要防备韦、石泄密，而此时杨秀清羽翼丰满，反形未露，"诛杨"时机尚不成熟。三人密议至最后，洪要北、翼二王静观势态变化，于是"诛杨"行动刚刚开启便被搁置。但此番三巨头密议，却迈出了"诛杨"行动的关键一步，三王同盟，彼此心照不宣，诛杀杨秀清只是时间问题而已。

（四）"逼封万岁"

东王杨秀清"逼封万岁"，历来被学界视为触发"天京事变"的直接导火索。"逼封"一说，从太平天国方面的记载来看，仅见于忠王李秀成兵败被俘后的自述。李秀成说："因东王天王实信，权托太重过度，要逼天王封其万岁。那时权柄皆在东王一人手上，不得不封，逼天王亲到东王府封其万岁。"[①] 还有"加封万岁"的说法，来自翼王石达开被俘后的口供。石达开称："洪秀全本欲杀杨，口中不肯，且故意加杨秀清为万岁，韦昌辉忿气，把杨秀清杀了。"[②]

还有清朝方面的两种说法：1856 年 10 月两江总督怡良奏称："又有云八月十二日杨逆向洪逆索取伪印，意图并吞，洪逆将韦逆调回，杀死杨逆及其亲属。"但怡良对此并不确信，又奏"所闻不一，而其内乱则不为无因"。[③] 杜文澜《平定粤寇纪略》载："杨秀清素以洪秀全为赘

① 《忠王李秀成自述》，罗尔纲、王庆成主编：《中国近代史资料丛刊续编·太平天国》（二），桂林：广西师范大学出版社，2004 年，第 350 页。

② 毛祥麟：《三略汇编》，刘永翔等整理：《明清上海稀见文献五种》，北京：人民文学出版社，2006 年，第 935 页。骆秉章所奏《石达开供词》记为"转加杨秀清伪号"，未直陈是"万岁"称号。据咸丰八年《颁行历书》（形成于咸丰七年十月），杨秀清（已故）的头衔是"传天父上主皇上帝真神真圣旨劝慰师圣神风禾乃师赎病主左辅正军师东王"［《颁行历书》（八年），中国史学会主编：《中国近代史资料丛刊·太平天国》（一），上海：神州国光社，1952 年，第 193 页］，比其生前称号多了"传天父上主皇上帝真神真圣旨"一处。这仅是洪秀全对杨秀清生前持有的天父代言人身份的重新确认，无新的实质性封赐。所以"伪号"应为"万岁"，在皇权社会里，"万岁"是皇帝专享，骆秉章不便直陈上奏而改为贬称。

③ 《两江总督怡良奏覆金陵内讧实情并拟派间谍设法离散情形片》（咸丰六年九月二十四日），中国第一历史档案馆编：《清政府镇压太平天国档案史料》第 18 册，北京：社会科学文献出版社，1995 年，第 656 页。

疽，至是阴有自立意，令其下呼以万岁。"[①] 翁同书所得清朝探报亦有此说："七月二十日，贼逆杨秀清打开东门，向帅退守丹阳，逆贼要称……［到九］重天府，叫众伪官员俱称逆贼万岁。"[②] "索取印信"和"自称万岁"对杨秀清的政治作为没有实质性帮助，反而会使杨失去进阶的合法性。两说均经不得推敲，弃之不论。

石达开与李秀成，分别为太平天国前期及后期的中枢重臣，石更是事变的当事人之一，他们都"供认"有封杨秀清"万岁"之举，可以互相印证，确有其事。问题在于是洪秀全主动"加封"还是杨秀清"逼封"，一字之差，暗含无限玄机。

李秀成的说法来源于天王的支持者或事变的亲历者，李因此站在洪的立场上认定杨秀清"逼封万岁"。如非事实，传述此信息者不敢对"圣灵"兼"天父"代言人妄议并定"逼封"之论，因为杨秀清在事变后不久即被洪秀全恢复了神格和名誉，重新塑造为忠臣的楷模。

"逼封万岁"之说，同样见于"天京事变"时期撰写的文人笔记《金陵省难纪略》和《金陵杂记》。[③] 两书所录"逼封万岁"的具体情节略有不同，但均记载了杨秀清逼洪秀全亲到东王府的细节，《金陵省难纪略》记杨秀清"召洪贼至"，[④] 《金陵杂记》载洪秀全"入东巢"。[⑤] 据太平天国官书《天父圣旨》和《天父下凡诏书》所载，由东王杨秀清代言的"天父"下凡如需传谕天王，一般惯例是东王到天王

---

① 杜文澜：《平定粤寇纪略》，太平天国历史博物馆编：《太平天国资料汇编》第 1 册，北京：中华书局，1980 年，第 77—78 页。

② 翁同书：《翁同书手札系年考》，李红英辑考，南京：凤凰出版社，2018 年，第 88 页。

③ 两书成书之时事变尚未结束，史料价值颇高。两位作者都曾在天京生活过，但所录天京事变诸情节是"闻之于遇难播迁之人及被掳脱逃之辈"或"访闻确切得以附入"，并非亲身经历。参见中国史学会主编：《中国近代史资料丛刊·太平天国》（四），上海：神州国光社，1952 年，第 640、685 页。

④ 张汝南：《金陵省难纪略》，中国史学会主编：《中国近代史资料丛刊·太平天国》（四），上海：神州国光社，1952 年，第 703 页。

⑤ 涤浮道人（知非子）：《金陵杂记》，中国史学会主编：《中国近代史资料丛刊·太平天国》（四），上海：神州国光社，1952 年，第 640 页。

太平天国再研究

府"传达"。唯一的一次例外，是《天父圣旨》所载咸丰六年七月十五日（1856年8月21日）杨秀清最后一次代"天父"传言："午时，天王御驾至九重天府（东王府）。"① 此时离"天京事变"爆发，杨秀清被杀，只有短短半个多月了。由此可进一步印证，李秀成自述及上述两书提及的天王亲赴东王府之行，并非虚构。

石达开所述洪秀全主动"加封"杨秀清以激变韦昌辉的说法则不尽合理。它更多是表明石达开对洪秀全玩弄政治权术很是反感，他当年离京出走，流落四方，以致最终兵败，正是身受其害之故。首先，既然石口供称"韦昌辉请洪秀全杀杨秀清"，韦主动请缨，说明早有"诛杨"决心，洪秀全根本没有必要再搞"加封"来故意刺激韦。其次，"加封万岁"如此大事绝非儿戏，如果韦没有被激怒，洪何以善后？最后，洪秀全本人权欲极强，他将军政交付于杨实属无奈，绝不会再主动出让天子名器和帝王专称——这是仅为洪本人保留下来的一项特权。②

当然，李秀成与石达开的两种说法，也不完全矛盾。"逼封"是前提，"加封"是结果，风头正劲的杨秀清采取咄咄逼人的政治攻势，老谋深算的洪秀全则还以"故意加封"的政治阴谋——麻痹政敌，拖延时间，③ 二者互为因果。只是李秀成着重叙述了"因"，而石达开却以"果"为因。

不少学者认为"天父"传言应有圣旨为凭，但现存《天父圣旨》

---

① 王庆成校订：《重校〈天兄圣旨〉、〈天父圣旨〉》（下），《近代史资料》编辑部编：《近代史资料》总90号，北京：中国社会科学出版社，1997年，第113页。

② ［美］孔飞力：《太平军叛乱》，［美］费正清、刘广京编：《剑桥中国晚清史（1800—1911）》（上），北京：中国社会科学出版社，1985年，第286—287页。

③ 后人对洪秀全的心态亦有洞察。王韬记"洪逆佯喜，许之，期以八月"（王韬：《瓮牖余谈》，沈云龙主编：《近代中国史料丛刊三编》第61辑606册，台北：文海出版社，1990年，第230页）；李滨记"洪逆佯许之，期以远日，密召……"（李滨：《中兴别记》，太平天国历史博物馆编：《太平天国资料汇编》第2册上，北京：中华书局，1979年，第459页）；李圭记"洪逆佯喜，许之，期以八月东贼生日为始"［李圭：《金陵兵事汇略》，罗尔纲、王庆成主编：《中国近代史资料丛刊续编·太平天国》（四），桂林：广西师范大学出版社，2004年，第268页］。一个"佯"字很能说明问题。

对"逼封万岁"的记载付之阙如,因此很难证实这段史事。[1] 现存英国图书馆的《天父圣旨》(1 册)和《天兄圣旨》(2 册)是太平天国后期经洪秀全删改、审校后重新刊印的,不利于他统治的内容可能被抹掉,毕竟兄弟萧墙之祸是不光彩的。

有学者认为太平天国存在多位"万岁"并存的体制,如洪秀全在后期塑造的"爷哥朕幼光明东西"八位"万岁",所以杨秀清晋位"万岁"并非僭越,他没有必要逼封。[2] 我们不能拿太平天国后来的历史比附太平天国早先的历史,而且后来荣封"万岁"的八位,或为天王嫡亲,或早已谢世,他们只是人世间的征象,并不能危及天王皇权。因此,杨秀清的"万岁"称号可以在死后获得但绝不能在生前享用。此说不足以否定"逼封万岁"。

还有学者认为,"逼封万岁"是洪秀全为"诛杨"寻找法理依据而制造的政治谣言。"逼封"是不是政治谣言,先要看它立不立得住脚,能不能服众。"封万岁"是天京朝中的大事,每次"天父"传言也非同小可,两者肯定不能偷偷摸摸私下进行,都应该有现场见证人,如果只是谣言,早晚不攻自破。史料记载,韦昌辉在"诛杨"后到处张贴告示公布杨秀清的罪名,如"窃据神器,妄称万岁,"[3] "谋逆希僭大号",[4] "奸妖杨秀清弗知天命,潜图夺篡","[谋]为不轨",[5] 等等。也就是说,韦昌辉(以及居于幕后的洪秀全)指责杨秀清犯的罪是

---

① 王庆成指出:"从《天兄圣旨》卷首的'诏书总目'二十九部,可推知此册《天兄圣旨》当印行于 1860 年。但两书均有铲版痕迹,初刻始于何时,现难确知。"王庆成:《记几种新发现的太平天国文献》,《古籍整理出版情况简报》2001 年第 1 期(总 359 期),国学网:http://www.guoxue.com/gjzl/gj364/gJ_02.htm,2001 年 6 月 27 日。

② 参见郭毅生:《如何评价杨秀清?——太平天国的"五主"、"八位万岁"与"天京事变"的考察》,《历史研究》1978 年第 6 期。

③ 《吴熙致吴煦函》(1856 年 10 月 18 日),太平天国历史博物馆编:《吴煦档案选编》(四),南京:江苏人民出版社,1983 年,第 116 页。

④ 李圭:《金陵兵事汇略》,罗尔纲、王庆成主编:《中国近代史资料丛刊续编·太平天国》(四),桂林:广西师范大学出版社,2004 年,第 269 页。

⑤ 翁同书:《翁同书手札系年考》,李红英辑考,南京:凤凰出版社,2018 年,第 86、87 页。

"自居万岁"，而非"逼封万岁"。"自居万岁"无疑是大逆不道，"逼封万岁"的行为虽然僭越，但只要经天王公开同意"加封"，这个"万岁"称号就是既成事实，至少在程序上合法。所以，"诛杨"之初，无论韦昌辉还是洪秀全，都不愿承认"逼封万岁"这一事实，自然更不会主动"制造"这类谣言。

在韦昌辉发动"诛杨"之役两个月后，即1856年11月，他自己也因为"滥杀"罪名而伏诛，洪秀全出面"主持公道"，为杨秀清平反。"诛韦"也需要公开正当的理由，"假冒尊奉圣诏，擅弑东王"就是最好的理由。[①] 因此，洪秀全迅速恢复了杨秀清生前的神格和名誉，并屡有"加封"。[②] 在1861年或稍早一些，洪秀全的玉玺上出现了"八位万岁"一词，如果"八位万岁"中确含已死去多年的杨秀清，这意味着洪承认了杨的"万岁"称号。"天国"忠臣"逼封万岁"当然不是什么光彩的事，洪秀全日后重印《天父圣旨》时干脆删掉了这一节——杨秀清"逼封万岁"系借"天父"传言行事，最初理应记录于《天父圣旨》中。

综上所述，不管事变当时还是事变之后，洪秀全实在没有什么必要刻意宣扬"逼封"之事，更遑论主动制造谣言。

天京事变发生前还有一个小插曲——"告密"事件，见于自称事变目击者爱尔兰水手肯能的口述。肯能说："杨秀清的一名亲信部将，不知何故，觉得理应向天王洪秀全告密，天王立即诏谕他的心腹盟弟北王韦昌辉［当时外出在安徽（按，实为江西）］火速班师勤王，其目

① 翁同书：《翁同书手札系年考》，李红英辑考，南京：凤凰出版社，2018年，第85页。

② 1861年4月1日，洪秀全颁布《永定印衔诏》，杨秀清衔号为："传天父上主真神真圣旨圣神上帝之风雷劝慰师后师左辅正军师顶天扶朝纲东王"。[《天王永定印衔诏》，罗尔纲、王庆成主编：《中国近代史资料丛刊续编·太平天国》（三），桂林：广西师范大学出版社，2004年，第103页。]

的首先在于保护天王本人的生命，其次在于剿灭阴谋篡位者"，①"据相信，他（按，东王）一直抱着谋害天王、篡夺最高统治宝座的阴谋……他为一个高级的共谋者所出卖，后者把他的妄图篡夺的阴谋向天王告密，表示愿负扫除奸党的重任"。②肯能还指出告密者是"第八位"——应为掌握天京通讯的朝内官领袖佐天侯陈承瑢。陈曾因"牧马人事件"被杨秀清杖责，在东王府理事却屡遭杨打压，是反杨同盟中坚定的一员。③"告密"之事也经洪秀全证实，他在《赐英国全权特使额尔金诏》中朦胧地解释了杨秀清之死的原因——"师由外出苦难清，期至朝观遭陷害"。④"朝观"指天朝宫殿，"期至朝观遭陷害"是指有人在洪秀全面前陷害杨秀清。

有人认为，"告密"和"逼封万岁"两说互相矛盾：如杨秀清确曾当众逼洪秀全封其"万岁"，篡逆之心既露，便无"密"可告；"告密"既实，说明杨秀清还在秘密活动，没有公开"逼封"。然杨秀清"逼封万岁"并没有对洪秀全动杀机，或还没有危及洪的性命，而据肯能口述，陈承瑢所告之"密"是东王"欲弑天王"。此亦见诸其他史料。《瓮牖余谈》载："顾东贼虑洪逆之不能容也，潜欲作难而未发。其信任之左右，私往白洪逆。"⑤《星烈日记》载："先是秀清带甲士三百人，入伪朝欲行弑。"⑥洪秀全大惧，因之加速了事变进程。

---

① ［美］禅治文：《关于东王北王内讧的通讯报道》，章克生译，北京太平天国历史研究会编：《太平天国史译丛》（二），北京：中华书局，1983年，第74页。

② ［美］麦高文：《东王北王内讧事件始末》，章克生译，北京太平天国历史研究会编：《太平天国史译丛》（二），北京：中华书局，1983年，第85页。

③ 陈承瑢遭杨秀清惩处，见王庆成校订：《重校〈天兄圣旨〉、〈天父圣旨〉》（下），《近代史资料》编辑部编：《近代史资料》总90号，北京：中国社会科学出版社，1997年，第92、113页。

④ 《赐英国全权特使额尔金诏》，太平天国历史博物馆编：《太平天国文书汇编》，北京：中华书局，1979年，第42页。

⑤ 王韬：《瓮牖余谈》，沈云龙主编：《近代中国史料丛刊三编》第61辑第606册，台北：文海出版社，1990年，第230页。

⑥ 方玉润：《星烈日记》，太平天国历史博物馆编：《太平天国史料丛编简辑》（三），北京：中华书局，1962年，第99页。

唯一详细记录"逼封万岁"时间的是李滨的《中兴别记》，载其时为咸丰六年七月丁丑日即二十二日（1856 年 8 月 22 日），并称洪秀全假意许诺在八月二十五日（9 月 23 日）杨秀清生日那天正式晋其为"万岁"，但未知李滨所据。[①] 其实，《天父圣旨》所记"天父"最后一次下凡传言的时间——咸丰六年七月十五日（1856 年 8 月 15 日），更可能是杨秀清"逼封万岁"的确切时间。[②] 首先，"天王御驾至九重天府"这一重要且特殊的细节与李秀成、张汝南、知非子等人所记吻合。[③] 其次，"天父"传天王亲至东王府却只留下"朝内诸臣不得力，未齐敬拜帝真神"14 个字，似乎小题大做，言犹未尽，可能与洪秀全的删改有关。最后，此时清军江南大营统帅向荣死亡的消息刚刚传入天京——向荣死于咸丰六年七月初九日（1856 年 8 月 9 日），杨秀清自以为大敌已去，外部危机解除，同时首义诸王又被他调离天京，可谓既无后顾之忧，又无掣肘之患，对杨来说确实是个不错的时机。

至于权倾太平天国朝野的杨秀清，为什么会"逼封万岁"，反而使自己走上绝路呢？日本学者小岛晋治认为，"从《天父圣旨》的记载看，似乎是东王鉴于天王和高官们对自己的愤懑情绪日益高涨而深感不安，因此要求得到与天王同等至高的地位"。[④] 菊池秀明也指出，"杨秀清为自己独裁所招致的不满心存恐惧，因此想借得到与天王同等的地位

---

① 李滨：《中兴别记》，太平天国历史博物馆编：《太平天国资料汇编》第 2 册上，北京：中华书局，1979 年，第 459—460 页。

② 王庆成校订：《重校〈天兄圣旨〉、〈天父圣旨〉》（下），《近代史资料》编辑部编：《近代史资料》总 90 号，北京：中国社会科学出版社，1997 年，第 113 页。

③ 天王亲至东王府的细节非常特殊，也经肯能确认："从可靠方面得知定都天京后，天王曾经有一次驾临东王府。"〔麦高文：《东王北王内讧事件始末》，章克生译，北京太平天国历史研究会编：《太平天国史译丛》（二），北京：中华书局，1983 年，第 84 页〕肯能也向雷诺兹口述此事："有一次，第一位为解决一些争议而来到第二位的宫殿，当时我们也在场。"〔《"在南京生活数月的两名欧洲人"的叙述》，罗尔纲、王庆成主编：《中国近代史资料丛刊续编·太平天国》（九），桂林：广西师范大学出版社，2004 年，第 188 页。〕但据肯能接下来所述的颇具戏剧性的情境，并比照他对麦高文转述的"从可靠方面得知"的消息，肯能"当时我们也在场"这句话是为提高可信度而说的谎话。

④ 〔日〕小岛晋治：《洪秀全と太平天国》，东京：岩波书店，2001 年，第 216 页。

来压制洪秀全对他的不满。但他的这一行动反而激怒了洪秀全"。① 发泄怒火和消弭恐惧可能仅是杨秀清急欲晋位"万岁"的重要原因之一。历来思虑周密、行事果断且掌控天京内外军政实权的杨秀清，在重大危险逼近之时，不但没有及时察觉洪、韦、石三巨头"同盟密议"的存在，采取任何应变措施，反而继续肆无忌惮地向天王权威挑衅，所倚仗者，仍是自以为无往而不利的"天父代言人"身份。

杨秀清在事变前的一系列行为可用"自负"来解释。事变前，杨秀清竟把自己最亲信的能战部队调离天京。李滨《中兴别记》载："杨秀清以湖南援江西军甚劲，发江宁悍贼万人，令伪国宗杨义清、杨辅清、李大华等率之，自安庆、九江以趋瑞州。"② 这支部队原驻扎于天京城北清凉山、虎贲山等地，专司拱卫京畿。事变发生后，杨秀清集团瞬间土崩瓦解，足见杨在天京毫无防备。李秀成认为杨秀清"威风张扬，不知自忌，一朝之大，是首一人"，③ 这应是当时太平天国的供职者在长期高压政治下形成的对杨较为一致的感观。

(五)"秘密回京"

过去学界认定韦昌辉、秦日纲奉洪秀全密诏秘密潜回天京"诛杨"。我们先考察一下韦昌辉、石达开、秦日纲三人在事变前的具体军事行动，或可从中获取线索。

先看韦昌辉。事变前，韦昌辉奉杨秀清军令主持江西军务，他先是坐镇湖口，后又督师瑞州。1856 年 9 月清督办江北军务德兴阿奏报：

---

① [日] 菊池秀明：《末代王朝与近代中国：清末　中华民国》，马晓娟译，桂林：广西师范大学出版社，2014 年，第 37 页。

② 李滨：《中兴别记》，太平天国历史博物馆编：《太平天国资料汇编》第 2 册上，北京：中华书局，1979 年，第 452 页。

③ 《忠王李秀成自述》，罗尔纲、王庆成主编：《中国近代史资料丛刊续编·太平天国》（二），桂林：广西师范大学出版社，2004 年，第 350 页。

　　　　　　　　　　　　　　　　　　　　　　　　太平天国再研究

"八月初六日（9月4日），督勇擒获割稻贼首伪旅帅谭盛际一名，供出伪北王韦姓于本月初二日（8月31日）自上江败回，带有逆船二百余只下驶，已由金陵登岸，稍息数日，即分路攻扑浦六营盘。"[1] 韦昌辉在八月初二日（8月31日）返回天京。德兴阿的奏报是据署江浦县知县袁瑞麟的禀称，又与浦口安勇、穆克登额、罗玉斌及六合县温绍原所呈探报相符，可知大致无误。

韦昌辉率部回到天京，时人张汝南记："东贼军令，凡伪官率众出而败回者，不准入城，必待寇他处获利乃许入。时北贼寇江西败回，亦不准入，颇怀愤怨。"[2] 在江海关英方司税李泰国（H. N. Lay）1856年11月4日写给英国驻华公使兼香港总督约翰·包令（John Bowring）的一封信中，李泰国讲述了与"一位今日逃离南京之人"的会面："他向我讲述了许多有关南京的情况。其中，他毫无保留地谈了杨秀清与北王互相猜忌的详情，诸如杨秀清某次如何关闭城门以对付北王，但10天后又重新打开了城门；在此期间，其他首领举行秘密会议，在这两个对手之间做出抉择，结果决定反对杨秀清，判处他死刑；杨秀清和所有姓杨的人因而都被处死。"李泰国对这位南京人的叙述"总体上倾向于相信"，因为这个人"始终都很直率，并没有急不可待要讲给人听的样子，有些事情他知道，有些他并不知道，但无论是知道还是不知道，他都简要明了地说明其缘由"。[3] 这位南京城内逃出的难民证实了张汝南的记载，杨秀清确实已知韦昌辉"回京"，但不准其部入城。[4]

---

[1]　《钦差大臣德兴阿等奏报观音门水师截击获胜并浦口六合防剿情形折》（咸丰六年八月十五日），中国第一历史档案馆编：《清政府镇压太平天国档案史料》第18册，北京：社会科学文献出版社，1995年，第587页。

[2]　张汝南：《金陵省难纪略》，中国史学会主编：《中国近代史资料丛刊·太平天国》（四），上海：神州国光社，1952年，第703页。

[3]　"A Letter from H. N. Lay," in Prescott Clarke and J.S. Gregory eds., *Western Reports on the Taiping: A Selection of Documents*, London: Groom Helm Ltd., 1982, pp.179-180.

[4]　王韬也记："北贼先二日得书，乃于八月初六日回金陵，东贼不许入城。再三请命，以轻骑入，随从毋过十人。"（王韬：《瓮牖余谈》，沈云龙主编：《近代中国史料丛刊三编》第61辑第606册，台北：文海出版社，1990年，第260页。）

据德兴阿奏报，杨秀清令韦昌辉所部"稍息数日，即分路攻扑浦六营盘"，韦接受了新的指令。被俘的旅帅谭盛际专供北王行踪并对其军事行动和战略意图非常清楚，他的供词当可靠。另外，"分路攻扑浦六营盘"的战略在其他太平军口供等资料中得到印证，德兴阿又奏：七月二十八日（8月28日），清军在观音门外与太平军交火，"阵擒活贼五名，余解送六合县审讯。据供：杨逆定计分起先破浦口观音门水师，即便顺流逼扰六合、仪征，以通北岸瓜州往来之路"。[①] 时人刘贵曾于1856年被太平军掳去，随军在镇江、扬州、仪征等地活动，据其口述而成的《余生纪略》载："（咸丰六年六月十七日，1856年7月18日）军帅随伪将军赴丹阳，将军之子不识字，凡有安徽等处文书，皆迫予读。是日接伪总制咨文，自安徽来，上有攻陷丹阳，分兵再陷扬州之语。午后又接伪东王羽檄，云如丹阳不下，则将二十四丞相正法，丹阳既下，即长驱苏、杭，分兵攻扬州，以联络声势。"[②] 浦口、六合、仪征、瓜州、扬州皆江北重镇，天京北面锁钥。可见在太平军攻破江南大营后，杨秀清又制定了"规取江北，长驱苏杭"的战略计划。肯能口述称："我们听说东王已下令北王将其部队从原来的驻地分调到不同的地点。"[③] 韦昌辉返回天京可能即与杨秀清的这一战略规划有关。

另外，若韦昌辉是秘密回京，他仅带本部人马悄然行动即可，又怎会带着200余艘战船，3000多名将士浩浩荡荡沿江而下，岂非有公然带兵围攻天京之嫌？坐镇京门的杨秀清耳目众多，又怎能没有得到任何情报，他又怎会对此坐视不顾？所以，传统上认为韦昌辉秘密回京的观

---

① 《钦差大臣德兴阿等奏报观音门水师截击获胜并浦口六合防剿情形折》（咸丰六年八月十五日），中国第一历史档案馆编：《清政府镇压太平天国档案史料》第18册，北京：社会科学文献出版社，1995年，第587页。

② 刘贵曾口述，刘寿曾编录：《余生纪略》，北京太平天国历史研究会编：《太平天国学刊》（一），北京：中华书局，1983年，第494页。

③ "A Narrative by 'two Europeans who for several months have been living at Nanking'," in Prescott Clarke and J.S. Gregory eds., *Western Reports on the Taiping: A Selection of Documents*, London: Groom Helm Ltd., 1982, p.188.

点值得商榷，最有可能是奉了杨秀清的调令；杨不但知道韦回京，还给他下达了"稍息数日，攻打浦六营盘"的命令。这些都属于杨秀清正常的军事部署，是在公开的情况下进行的，韦昌辉没有任何违规之处。

在攻破江南大营后，石达开督师赴援武汉。咸丰六年八月初六日（1856年9月4日），湘军李续宾所部在鲁家巷发动进攻，太平军"不敢出壁垒半步，惟放枪炮以御之"；[①] 是夜三更，石达开率军自鲁家巷撤退，次日黎明遭湘军追击，太平军后队损失颇重，遗弃大批军资、武器。石达开率军万余自大冶、兴国东返，他的岳父卫天侯黄玉昆率军自江西临江至兴国与之会合，后同至安庆停驻。石达开突然从武汉前线撤军，连湖广总督官文都略感莫名，他奏称"贼情诡秘，尚宜严防"，[②] 过去学界认为石达开接到了洪秀全的密诏或者听到了天京内讧的消息。

传统上认为，天京事变于八月初四日（9月2日）凌晨发生。在不足三天的时间里，事变爆发的消息不可能传到湖北。据方玉润《星烈日记》记载，天京事变的消息传到武汉前线是在公历10月下旬，方玉润亲历戎间，是武汉战事的当事人，所记应该无误。他在咸丰六年十月初七日（1856年11月4日）的日记中说："中丞（胡林翼）前数日射书入武昌、汉阳城，劝贼归降。贼亦复书云：'我东王之所以被杀也，乃其有篡弑之心，故北王讨之，戮其全家。今翼王与北王已除大憝，南京已定，不日大兵将来救援，尔等妖兵，死无日矣！'"[③]

左宗棠后来认为石达开突然撤兵是因"其时亦正值金陵内变，石逆

---

① 李续宾：《上曾涤生侍郎》，《李忠武公遗书·李忠武公书牍》卷上，台北：成文出版社，1968年，第270—271页。

② 《湖广总督官文等奏报水陆分攻鲁家巷等处获胜情形折》（咸丰六年八月十五日），中国第一历史档案馆编：《清政府镇压太平天国档案史料》第18册，北京：社会科学文献出版社，1995年，第593页；茅家琦主编：《太平天国通史》（中），南京：南京大学出版社，1991年，第38页。

③ 方玉润：《星烈日记》，太平天国历史博物馆编：《太平天国史料丛编简辑》（三），北京：中华书局，1962年，第99页。

急于回顾"，① 这是左宗棠根据既成事实的推测。就算突然接到密诏，此时尚以大局为重的石达开会不会立即撤兵还需考虑。我们不能以石达开突然撤兵作为石接到密诏的依据，这样颠倒了事件的因果。石达开同时从湖北和江西两个方向调遣军团，如此大规模军事行动，在杨秀清时代如没有天京方面的军令是很难顺利执行的。

八月初七日（9月5日），湘军将领李续宾获悉，"据生擒扬州被掳文生胡光汉供称：石逆与林启荣均已调赴南京"；这一口供被清军情报证实，"近日报探亦然"。② 天京事变发生之后，石达开在宁国主持军务，派大批船队"蔽江而下"，"筹议攻打浦口、六合"；据署江浦县知县袁瑞麟探报："江浦城内贼党近接首逆伪檄，令其诱攻浦口营盘，即便乘隙直扰六合。"③ 这仍是事变前杨秀清"规取江北"战略的继续执行。因此，石达开很有可能是被杨秀清调去参与新的战略计划。当石达开率军进至安庆时，应该接到了事变消息，于是停止向天京进发，选择在赣皖间逗留观望，后复回天京，上谏洪秀全，劝阻韦昌辉；④ 但同时他并未将精力全部用来关注内讧，仍然多次组织有生力量上济武汉，足

---

① 《左宗棠致曾国藩书》，太平天国历史博物馆编：《太平天国史料丛编简辑》（六），北京：中华书局，1963年，第215页。

② 李续宾：《上曾涤生侍郎》，《李忠武公遗书·李忠武公书牍》卷上，台北：成文出版社，1968年，第271页。

③ 《钦差大臣德兴阿等奏报浦六军情吃重飞调蕴秀带兵回扬备御折》（咸丰六年十一月十四日），中国第一历史档案馆编：《清政府镇压太平天国档案史料》第19册，北京：社会科学文献出版社，1995年，第72页。

④ 石达开至天京时间，应据翁同书所录元勋某札中引用佐天侯陈承瑢谕的内容，"石达开秘怀二心，与奸同谋，突于八月十三日由外省回［朝］"。此处"八月十三日"应为"天历"，太平天国文告不可能使用阴历，阴历即八月二十一日。江浦知县袁瑞麟探报"八月十三日，伪翼王石逆……将匪众扎于城外，于十八带同伪丞相张遂谋进城，……逾从城头坠出城外"，此处袁误将"天历"作阴历。石达开至京后在城外停留五天，于天历八月十八日（阴历八月二十六日）入城。入城时间与署六合知县温绍原探报相符，"所调翼贼石达开已于二十六日进城，［家眷］多人均被韦逆诛戮，石逆于三十日由南门繁（攀）城而出"，即石达开在城内停留四天，于天历八月二十二日（阴历八月三十日）缒城而出。在此期间石达开"叠以本章"上谏洪秀全，要求止杀，进城后又面谏洪秀全，复见韦昌辉，进行劝阻。参见翁同书：《翁同书手札系年考》，李红英辑考，南京：凤凰出版社，2018年，第82—83、86、87页。

见其此时顾全大局。①

秦日纲在攻破江南大营后，奉令攻打丹阳、金坛。这也是杨秀清"规取江北，长驱苏杭"战略计划的一部分。据怡良奏，八月初五日（9月3日）夜间，太平军自金坛撤围，"一走向句容，一由茅山南路旁窜"，②传统观点认为秦日纲此时正在天京城中挥舞屠刀，参与内讧。但事实上，秦日纲提前离开前线、私自赶赴天京的可能性不大。就在撤围金坛的当日，太平军还出动五六千人，"分作三股前来攻扑"，"有黄衣贼目骑马往来左右指挥，其势甚属凶悍"；失利后，太平军仍"恃其墙高濠阔，负隅死守，垒内打出炮石如雨……兵勇之受伤者亦复不少"。③清方战报多讳败为胜，很少记载损失"不少"，怡良所奏应该属实。在主帅秦日纲带领精兵前赴天京的情况下，三军无主的太平军在撤围金坛前很难保持如此高涨的声势。太平军以强攻掩护撤军的实际军事行动也说明撤围金坛是有计划、有准备的军事部署。

李秀成在自述中多自诩己才，宣扬他力挽狂澜之功，如太平军确在无统帅无军令的情形下安然撤退，岂非李秀成自诩的优选案例？秦日纲也不可能只身回京，他必从金坛前线的部队中挑选精兵带走，④李秀成身为统兵大将，又岂能对此重要军情一无所知？但他在自述中完全没有提及。关键是秦日纲本人在八月初五日（9月3日）还在金坛现身。怡

---

① 《署理湖北巡抚胡林翼奏报击毁股船直抵田家镇并咸宁剿敌获胜折》（咸丰六年十月初八日），中国第一历史档案馆编：《清政府镇压太平天国档案史料》第18册，北京：社会科学文献出版社，1995年，第680—681页。

② 《两江总督怡良奏报剿办金坛获胜重围立解力图进取折》（咸丰六年八月十一日），中国第一历史档案馆编：《清政府镇压太平天国档案史料》第18册，北京：社会科学文献出版社，1995年，第584页。

③ 《两江总督怡良奏报剿办金坛获胜重围立解力图进取折》（咸丰六年八月十一日），中国第一历史档案馆编：《清政府镇压太平天国档案史料》第18册，北京：社会科学文献出版社，1995年，第583—584页。

④ 史景迁也认为："他（秦日纲）随身带着精兵，是从夏天在镇江和南京城外战役中大获全胜的部队里精心挑选出来的。"［美］史景迁：《太平天国》，朱庆葆等译，桂林：广西师范大学出版社，2011年，第307页。

良根据 20 名被俘太平军口供确指：八月初五日"巨逆秦日纲在望楼被我兵火箭射死"。[①] 秦日纲战死虽不符实情，但可知秦在八月初五日仍在金坛露面，并且在战斗中负伤，为众多普通士兵所见所知。

对撤围金坛的军事行动，在杨秀清时期"令行禁止""臂指自如"的军政体制下，[②] 若无东王诰谕，几乎无法成行，秦日纲亦不能服众，毕竟他手下还节制有陈玉成、李秀成、陈仕章、余正兴、周胜坤五丞相的数万将士，[③] 这些不全是秦的势力。另据肯能口述，东王"命令驻扎在丹阳（按，实为金坛）的秦日纲开往安徽"。[④] 所以秦日纲很可能是在接到杨秀清调令之后回京的，一方面述职，另一方面参与战区指挥调动；同时又因金坛久攻不下，杨秀清对金坛前线太平军下达撤军命令，以备新的作战任务。而怡良所奏金坛之战后"一走向句容"的太平军应是李秀成等五丞相兵马，李秀成也自述撤围后太平军"移营回扎丁角村，离句容廿五里所屯"；[⑤] 而"一由茅山南路旁窜"的太平军当是秦日纲所率亲兵。秦日纲是在完成了撤围金坛的战略任务后返回天京的，并非是置大军于不顾的秘密行动。

综上，韦昌辉、石达开、秦日纲三人率军同时向天京方向移动，最大可能是接受了杨秀清的调令。杨秀清惯于对重要将领分而治之。太平军西征军破安庆后，石达开往守，深得人心，杨秀清忌之，改派秦日纲

① 《两江总督怡良奏报剿办金坛获胜重围立解力图进取折》（咸丰六年八月十一日），中国第一历史档案馆编：《清政府镇压太平天国档案史料》第 18 册，北京：社会科学文献出版社，1995 年，第 584 页。

② 《干王洪仁玕立法制谊谕》，太平天国历史博物馆编：《太平天国文书汇编》，北京：中华书局，1979 年，第 94 页。

③ 涤浮道人：《金陵杂记·续记》，中国史学会主编：《中国近代史资料丛刊·太平天国》（四），上海：神州国光社，1952 年，第 644—645 页。

④ "A Narrative by 'two Europeans who for several months have been living at Nanking'," in Prescott Clarke and J.S. Gregory eds., *Western Reports on the Taiping: A Selection of Documents*, London: Groom Helm Ltd., 1982, p.188.

⑤ 《忠王李秀成自述》，罗尔纲、王庆成主编：《中国近代史资料丛刊续编·太平天国》（二），桂林：广西师范大学出版社，2004 年，第 357 页。

往替，令石达开回京代韦昌辉守城，而令韦昌辉出京巡视江防，借以分北王之权，又使翼王不得专制于皖；后杨秀清又恐秦日纲势大，乃调罗大纲往替，令秦日纲代韦昌辉巡视上游。攻破江南大营后，杨秀清唯恐石达开在江西形成稳固的实力集团，所以调石赴湖北前线，而派地位高于石达开的韦昌辉去江西督师；他又不放心韦昌辉，继而派国宗杨辅清、杨宜清带兵进入江西；还担心久据武昌的韦昌辉亲弟韦俊在湖北形成实力集团，派石达开入鄂亦有监督韦俊之意。秦日纲全权负责天京东线镇江、句容一带的战事，但他能力有限，不但没有肃清江北清军，彻底打垮江南大营残部，就连小小的金坛县城也没有拿下，严重阻滞了杨秀清"长驱苏杭"的战略计划。所以，在事变前，杨秀清再次调整了全局的战略规划：调遣作战能力颇强的石达开兵团负责东线战事——石达开兵团应是开辟苏南的主力；韦昌辉兵团规取江北，配合石达开兵团，并重新负责天京防务；秦日纲兵团开赴上游防守安徽，支援赣、鄂。杨秀清的主要目的在于集中力量攻取苏南，可以想见，如果天京事变没有发生，太平军有可能兵锋直逼苏浙了。

（六）"诛杨密诏"

韦、石、秦三王是否可能在接到杨秀清调令的同时也接到了洪秀全的靖难密诏呢？在杨秀清逼封万岁和陈承瑢密告杨欲弑君之后，洪秀全如坐针毡，无时无刻不在设法寻找勤王靖难的生力军，但他不会分别给远在江西、湖北、金坛的韦、石、秦投书，这种做法太冒险且不可靠，毕竟三王正在前线浴血拼杀，战争时空不断转换，密诏如何准确下达？远在天京深宫中的洪秀全又如何能得知三王所在的确切位置？倘若事情败露反而会引来灾难。

韦昌辉的到来使洪秀全看到了希望。对杨秀清芥蒂颇深的韦昌辉如今带兵驻扎城外，信息旦夕可达，又有掌握天京通信的朝内官领袖佐天侯陈承瑢接应，此时密令韦昌辉入城诛杨最现实也较妥善。张汝南所撰《金陵省难纪略》记："时北贼寇江西败回，亦不准入，颇怀愤怒，得洪贼函，即晚率三千余人遽入南门，趋围东贼宅。"[①] 张汝南所述洪秀全给韦昌辉下达的是"密函"而非"密诏"。英国国家博物馆所藏某位颇知太平天国内情的太平军官员供词《粤匪起首根由》证实了这一点："天王回府即写蜜（密）文一封，一道付北王韦子敬（昌辉）吊（调）回。"[②] 这份"密函"一定存在，否则韦昌辉不敢贸然行动。

需要补充的是，天王诏旨极不易伪造，从起草到颁布都有一套严格的规则和程序，印玺及供书写用的黄缎都是天王专用之物，密诏亦同，一旦事泄，洪秀全无以自保，难以辩解。张德坚《贼情汇纂》记：天王诏旨"用数尺黄绸画朱格，首行列天王诏旨四字，余系洪逆亲书天王诏曰云云，虽钦此二字，亦系自写。其黄绸长三尺，横幅朱丝，天王二字出格双抬。……句读则如俚曲盲词，大都费解。……但伪诏甚多，此外仍有秘而不传，以及外人不得而见者"[③]。再佐之以现存天王诏旨原件参看，可知"天王诏旨"形制独特烦琐，以诏旨形式寄送，从规制上来说不甚方便。所以我们过去认为存在的"密诏"很可能仅是洪秀全的一封"密函"而已。

"密诏""密函"一字之差，所反映的事件内涵发生了变化。盖向来所谓代表君上旨意的"密诏"因被"密函"取代，使诛杨实践进行的正式度和天京事变发生的必然性降低。对洪秀全来说，非正式的密函大大减少了诛杨实践的风险，倘若事情败露——可能来自对杨秀清和韦昌辉双方的担忧，较易被人伪造的"密函"便可有多元解释，表现了

---

① 张汝南：《金陵省难纪略》，中国史学会主编：《中国近代史资料丛刊·太平天国》（四），上海：神州国光社，1952年，第703页。

② 佚名：《粤匪起首根由》，金毓黻、田余庆等编：《太平天国史料》，北京：中华书局，1955年，第462页。

③ 张德坚：《贼情汇纂》，中国史学会主编：《中国近代史资料丛刊·太平天国》（三），上海：神州国光社，1952年，第190页。

洪秀全对诛杨所采取的高度谨慎的态度以及所玩弄的政治权术；对韦昌辉来说，因公调动，"非（密）诏入京"，在天京城下休整队伍时突然仅以一封来路未明的天王密函便祭起屠刀，显示了韦昌辉当时孤注一掷的心态、对杨秀清的仇恨，以及他对诛杨抱有极高的积极性。也正因韦仅有一封"密函"，才在当时就在"天国"军民中流传着韦是"奉诏"还是"矫诏"之争，① 最终洪秀全一方反戈，"矫诏"说占上风，形成了极端不利于韦的舆论风向，加速了他的灭亡。同时，"密函"的事实存在和接下来在不确定因素中引发的血案，增加了认定韦昌辉对天京事变应负责任的分量，尽管洪秀全仍扮演着主导者角色。

有诸多时人著述证实洪秀全只是密召韦昌辉一人诛杨。翁同书所得清方探报载"逆首洪秀全知道杨秀清有谋……诏北逆韦昌辉回来"。② 《金陵省难纪略》载"急以情事遣使达北贼"。③ 《金陵杂记》载"遣腹贼至江西调北贼韦昌辉回金陵"。④ 《中兴别记》载"伪北王韦昌辉承伪天王洪秀全伪诏"。⑤ 《乙丙日记》载"伪天王洪秀全令伪北王韦昌晖将伪东王杨秀清杀了"。⑥ 裨治文关于东王北王内讧的通讯报道称"天王立即诏谕他的心腹盟弟北王韦昌辉火速班师勤王"。⑦ 雷诺兹（E. Reynolds）报道肯能口述，秦遇到了韦，韦对秦说："你应随我回天京，

① 石达开从安庆起兵靖难后，其部下的札示称"韦昌辉于前假冒尊奉圣诏，擅弑东王"。翁同书：《翁同书手札系年考》，李红英辑考，南京：凤凰出版社，2018 年，第 85 页。

② 翁同书：《翁同书手札系年考》，李红英辑考，南京：凤凰出版社，2018 年，第 88 页。

③ 张汝南：《金陵省难纪略》，中国史学会主编：《中国近代史资料丛刊·太平天国》（四），上海：神州国光社，1952 年，第 703 页。

④ 涤浮道人：《金陵杂记》，中国史学会主编：《中国近代史资料丛刊·太平天国》（四），上海：神州国光社，1952 年，第 640 页。

⑤ 李滨：《中兴别记》，太平天国历史博物馆编：《太平天国资料汇编》第 2 册上，北京：中华书局，1979 年，第 466 页。

⑥ 汪士铎：《汪梅翁（士铎）乙丙日记》，沈云龙主编：《近代中国史料丛刊》第 13 辑第 126 册，台北：文海出版社，1967 年，第 144 页。

⑦ ［美］裨治文：《关于东王北王内讧的通讯报道》，章克生译，北京太平天国历史研究会编：《太平天国史译丛》（二），北京：中华书局，1983 年，第 74 页。

因为我收到了天王的信函，你并不知道此事。天王命令我杀掉东王。"① 可知韦昌辉接到了天王"密函"，而秦日纲没有，且其非为参加事变回京，肯能关于韦昌辉动员秦日纲参加事变的口述尚可信。档案史料亦如是记载，怡良奏报称"洪逆将韦逆调回，杀死杨逆及其亲属"，② 曾国藩奏称"自韦昌辉在瑞州战败，窜回金陵，被杨秀清斥责，洪、韦二贼谋杀杨秀清"。③ 这些史料都没有明确提出翼王石达开也接到了密信。石达开当时远在湖北，回师不易，洪秀全诛杨急切，自以性命攸关，不会舍近求远，况且杨秀清全无防备，有韦昌辉足矣。所以韦昌辉才对石达开突然从前线返京大为不解，也大为不满，以为他来争功夺权，韦的追随者陈承瑢在谕中强调石达开"突于八月十三日由外省回（京）"，亦正在此。④ 石达开被俘后在供词中称洪秀全对韦昌辉请求诛杨一事"本欲杀杨，口中不肯，且故意加杨秀清为万岁"，如果石达开真的接到了洪秀全欲诛杨秀清的密信，那他就不会再赘述洪秀全"口中不肯"和"故意加封"的权诈，而直陈"洪秀全指使韦昌辉杀杨"即可，可知石本人并不知道密信之事。

　　韦昌辉最早可能在八月初二日（8 月 31 日）返回天京的当晚即接到洪秀全的密信，但他似不能像张汝南记载的那样立即杀入城中。诛杨重任非同小可，韦昌辉很难在短短几个时辰内做出周密部署，而从后来诛杨实践事发突然且进展顺利的事实看，韦必在天京城下进行过周密的筹划和分工。

---

　　① "A Narrative by ' two Europeans who for several months have been living at Nanking' ," in Prescott Clarke and J.S. Gregory eds., *Western Reports on the Taiping: A Selection of Documents*, London: Groom Helm Ltd., 1982, p.188.

　　② 《两江总督怡良奏覆金陵内讧实情并拟派间谍设法离散情形片》（咸丰六年九月二十四日），中国第一历史档案馆编：《清政府镇压太平天国档案史料》第 18 册，北京：社会科学文献出版社，1995 年，第 656 页。

　　③ 曾国藩：《江西近日军情据实复奏折》（咸丰六年十一月十七日），《曾国藩全集》第 2 册《奏稿之二》，长沙：岳麓书社，2011 年，第 159 页。

　　④ 翁同书：《翁同书手札系年考》，李红英辑考，南京：凤凰出版社，2018 年，第 87 页。

（七）"东升日"

这里出现了一个时间矛盾。天京事变被认定于八月初四日（9月2日）凌晨即已发生，而韦昌辉在这之前需要有一段更长的时间进行筹划和分工。又如前述，秦日纲在八月初五日（9月3日）夜间方才离开金坛，难道秦日纲没有参与事变？

据德兴阿奏报，八月初六日（9月4日），清兵在江浦县境内"擒获割稻贼首伪旅帅谭盛际一名"。谭盛际的身份有三种可能：江北太平军守军（江浦或九洑洲）、天京太平军驻军、北王韦昌辉部下。当时江北和天京当局均有大规模军事运作，在谭被擒的前数日，天京当局就有"船四五十号由燕子矶而来"，试图突破清军观音门水师防线；[1] 江浦、九洑洲则"为江皖咽喉"，[2] 大战在即，蓄势待发。这两个方向的军事信息应该更为清方重视，但谭盛际没有交代任何一点来自江北和天京方面的信息。如果他来自江北或天京，作为军需官，理应清楚江浦或天京城中的军需储备情况，这是非常有价值的军事情报，其重要性不亚于韦昌辉所部的动向，可是他没有提供。从谭的口供分析，他专供北王韦昌辉所部行踪，明了其战略意图，甚至知道韦昌辉船队有"二百余只""八月初二日""由金陵登岸""稍息数日""分路攻扑"这些具体细节，说明谭盛际应是韦昌辉从江西带回的部队中的一员。在韦昌辉所部驻扎京外休整期间，因长途行军所带军需不足或天京方面供给不够，谭盛际奉命前往江北割稻于是成为可能；韦昌辉所部的军需补给及谭割稻

---

[1] 《钦差大臣德兴阿等奏报观音门水师截击获胜并浦口六合防剿情形折》（咸丰六年八月十五日），中国第一历史档案馆编：《清政府镇压太平天国档案史料》第18册，北京：社会科学文献出版社，1995年，第586—587页。

[2] 《钦差大臣德兴阿等奏报水陆并攻金山及会攻江浦等情折》（咸丰六年五月二十一日），中国第一历史档案馆编：《清政府镇压太平天国档案史料》第18册，北京：社会科学文献出版社，1995年，第423页。

事宜的来龙去脉因远不及北王所部的战略部署更具情报价值，清方也就无须再在奏报中赘述。

直到所谓事变发生两日后的八月初六日（9月4日），韦昌辉部下旅帅谭盛际仍然不知道天京事变"已经发生"的消息，他当日白天还前往清军和团练设防的江浦县境内割稻。他在供词中连"分路攻扑浦六营盘"的战略都全盘托出，自然不会隐瞒天京事变这样重要的信息。再结合秦日纲八月初五日还在金坛露面的实际情况，说明八月初六日之前的天京，一切可能仍旧风平浪静，事变尚未发生。

在有关天京事变的大量官私著述中，明确记载事变发生日期的有三份史料——王韬《瓮牖余谈》、李滨《中兴别记》和李圭《金陵兵事汇略》。这三份文献均为时人记载，王韬、李圭为太平天国战争的亲历者，与太平天国多有接触；李滨所著自序"采录官私资料约二百余种"，言之有据，他们对天京事变发生的日期均作"八月初六日（9月4日）"。[①]如果事变是在八月初六日（9月4日）深夜爆发，金坛距天京200余里，快马一天行程，秦日纲在八月初五日（9月3日）夜间金坛撤围后赶赴天京则完全有可能参与其中。

李秀成也曾委婉地交代了天京事变的日期。他自述：自金坛撤围后，李部"移营回扎丁角村，离句容廿五里所屯。杀东王即此时之间"。[②]丁角村距金坛约130里，李秀成所部至"离句容廿五里"驻扎的时间应在八月初六日（9月4日）。他同时指出"杀东王即此时之间"。李秀成之所以不直陈杀东王的时间，而是模糊地讲"此时之间"

---

① 分别见王韬：《瓮牖余谈》，沈云龙主编：《近代中国史料丛刊三编》第61辑第606册，台北：文海出版社，1990年，第260页；李滨：《中兴别记》，太平天国历史博物馆编：《太平天国资料汇编》第2册上，北京：中华书局，1979年，第466页；李圭：《金陵兵事汇略》，罗尔纲、王庆成主编：《中国近代史资料丛刊续编·太平天国》（四），桂林：广西师范大学出版社，2004年，第268页。

② 《忠王李秀成自述》，罗尔纲、王庆成主编：《中国近代史资料丛刊续编·太平天国》（二），桂林：广西师范大学出版社，2004年，第357页。

四字，是因为他既不相信"东升日"的准确性，又确实不知事变发生的具体日期，他是根据秦日纲离开队伍到达天京的日期推断杨秀清被杀的时间，后来才知道了"秦日昌（纲）因韦昌辉与东王相杀，秦日昌（纲）亦死在其内"的事实。[①]

杨秀清被杀的日期是洪秀全在1859年11月16日颁布的《天历每四十年一斡旋诏》中确认的，洪秀全首次公布了天历六节的名称，其中"七月二十七日是东王升天节"。[②] 天历丙辰六年七月二十七日即咸丰六年八月初四日，公元1856年9月2日。后人也是据此推断天京事变的日期。天历六节中其他五个节日的具体日期都是洪秀全自己设定的。"爷降节""哥降节"分别指杨秀清首次代"天父"传言、萧朝贵首次代"天兄"传言的日子。《天兄圣旨》在记录"天兄"第一次下凡传言时，仅注明时间为"戊申年九月间"，而未详细标明"九月初九日"。又据韩山文《太平天国起义记》的记载，当时上帝会内有不少人假托神灵附体传言，会中有人记录下较为重要的词句供洪秀全鉴定。[③] 也就是说，这些记录既不正式，也不详细，待杨、萧代"天父""天兄"传言的地位经事后确认，上帝会和太平天国对他们的传言才有正式记载。洪秀全之所以将三月初三定为"爷降节"，将九月初九定为"哥降节"，一方面是因为他本人并不知道"天父""天兄"下凡的确切日期，"天父""天兄"首次下凡时洪秀全并不在场；另一方面，这与三月初三（上巳节）和九月初九（重阳节）是中国传统节日有关。而二月初二日"报爷节"则是传统的龙头节，这一节日亦非实指具体事件。

正月十三日"哥升节"和"二月念一日""太兄暨朕登极节"的日

---

① 《忠王李秀成自述》，罗尔纲、王庆成主编：《中国近代史资料丛刊续编·太平天国》（二），桂林：广西师范大学出版社，2004年，第352页。

② 《天历每四十年一斡旋诏》，太平天国历史博物馆编：《太平天国文书汇编》，北京：中华书局，1979年，第47页。

③ ［瑞典］韩山文：《太平天国起义记》，简又文译，中国史学会主编：《中国近代史资料丛刊·太平天国》（六），上海：神州国光社，1952年，第866页。

期也不准确。据《新约·马太福音》第 26、27 章记载，耶稣被钉死在十字架上是在逾越节（犹太教逾越节在犹太历尼撒月 14 日）的次日，"太兄登极"是指耶稣遇难后第 40 日升天——洪秀全将《新约》中的"升天"理解为"登极"。洪秀全亦知逾越节在十四日，只不过等同于太平天国的天历，在《长谢爷哥福久长诏》中，洪秀全讲"逾越十四升十三，登极同日排由父"。[1] 洪秀全既然认定逾越节是天历的正月十四日，那"哥升节"应在正月十五日，"太兄登极"在天历二月二十四日。洪秀全却硬性规定"哥升节"是正月十三日，这可能是因为"十""三"可以组成"王"字，又能与耶稣（"十字架""三日复活"）、天王（"十全大吉""三点是洪，三日是洪日"）相比附。二月二十一日这个时间，洪仁玕解释"二""十""一"可以组成"主"字。[2] 按天历，从正月十三后推 40 日，正好是二月廿一。至于"七月念七日"（天历）的划定，相较于事件更可能发生的日期"七月三十日"（天历），或是洪秀全人为地取了一个月日数字重叠的临近时间，以附和神圣之意；或与洪秀全厌恶农历七月三十日为佛教地藏节有关；但在宣布天历六节时，许多经历天京事变的人尚健在，人为改变日期，可能还有其他更加重要的目的，其中奥妙或许只有洪秀全知道了。

因此可初步得出如下看法：咸丰六年八月初二日（1856 年 8 月 31 日），韦昌辉被杨秀清调回天京，杨不许韦部入城，令在城外休整待命；八月初六日（9 月 4 日）深夜，韦昌辉下达入城命令，八月初七日（9 月 5 日）凌晨，血洗东王府。

八月初六日深夜，陈承瑢打开城门，秘密接应韦昌辉所部进入天京。南京文人王虹饮在《涵性斋笔记》中转述其友太平天国内医衙医

---

① 《长谢爷哥福久长诏》，太平天国历史博物馆编：《太平天国文书汇编》，北京：中华书局，1979 年，第 54 页。

② "A Report by Rev. Joseph Edkins: Questions Recently Addressed to the Kan Wang, with the Answers," in Prescott Clarke and J.S. Gregory eds., *Western Reports on the Taiping: A Selection of Documents*, London: Groom Helm Ltd., 1982, p.243.

官哈文台的口碑：事变前夕，哈文台正在北王府供奉。韦部进城后在北府中院集结，进行战前动员和北府必要的防御部署。部队出发前，洪秀全的女婿"天二驸马"钟万信亲到北王府宣读天王诏旨，哈文台跪在现场众亲兵中间，四周戒备森严，诏旨言："天王诏令：千祈遵天令，同心诛魔逆，永保天朝万世太平……朕实情谕尔等：东逆干犯天条，蓄意谋反，罪在千刀万剐，尔等同心同力同向前……"① 诏旨的后半部分，可能因钟万信（广东人）的方言问题，哈文台（南京人）没有听清。钟万信宣读完动员令，韦昌辉亲自披挂上马带队出发，直扑汉西门黄泥岗附近的东王府，喋血天京。

洪秀全派亲信到北王府进行战前动员，下达明诏，说明诛杨实践已由"密议""密函"发展到"公开声讨"的阶段，洪秀全此时也是孤注一掷，并非学界过去认为的洪在事变中一直是暗处操控。从召集韦昌辉、石达开密议，到密函韦昌辉诛杨，再到纵容韦昌辉滥杀，及至石达开起兵靖难、天京城内民怨沸腾，又在短短数日内凭一己之力从容地除掉权倾朝野的韦昌辉，这些均说明洪秀全操弄着天京事变并且尚能控制天京城内的局面。因此，洪秀全应当为天京事变系列惨剧负主要责任。②

诛杨实践，对"诛杨"一方来说，经历了从"同盟密议""靖难密

---

① 王虹饮：《涵性斋笔记》，金陵书局民国六年（1917）刻本，转引自周勇、王炳毅：《洪秀全确有"密诏"杀死杨秀清》，《社会科学报》（上海）1989年1月12日，第2版。按，王虹饮为道光年间举人，太平军占南京后，王隐姓埋名，目睹了太平军的许多事情，该文误将"王虹饮"作"王冬饮"。又，"千祈遵天令""朕实情谕尔""同心同力同向前"等句，常见于洪秀全的诏旨，符合洪的语言语气，参见太平天国历史博物馆编：《太平天国文书汇编》，北京：中华书局，1979年，第31、32、33、34、36、37页。诏旨以"天王诏令"起始亦符合太平天国文书制度。根据洪秀全现存诏旨及张德坚《贼情汇纂》所述天王诏旨形制、语言特征，哈文台口碑是可信的。

② 洪秀全先是纵容韦昌辉在天京血腥屠杀杨秀清余党，又纵容韦昌辉屠戮石达开家眷并开列赏格通缉石达开，待引发民愤，石达开打出为杨秀清复仇旗号，起兵靖难，城内"众臣进谏，幸蒙天父天兄大开天恩，我真圣主恩降密旨"，洪秀全才号召朝军民诛杀韦氏家眷亲信，捉拿韦氏，凌迟处死，除爵，命名"北奸"，将其首级送至宁国石达开军营，"收灭前赏格"，邀石回京辅政。韦昌辉被捕情形，见翁同书：《翁同书手札系年考》，李红英辑考，南京：凤凰出版社，2018年，第83—88页；张汝南：《金陵省难纪略》，中国史学会主编：《中国近代史资料丛刊·太平天国》（四），上海：神州国光社，1952年，第704页。

函"到"诛杨明诏"这样一个复杂的酝酿。整个过程既有必然性，也存在很大的突发性、偶然性，不像学界过去强调的"诛杨"的一切行动和进展都是在阴谋之下有条不紊地推进："密议"并未促成诛杨实践，却形成了稳固的隐性同盟，各王彼此心照不宣，"诛杨"目标取得一致；"密函"因韦昌辉的奉调回京而事发仓促，且使"诛杨"的书面动员不具正式形式，却又因"密议"的存在具有了可行性，同时使得"诛杨"大事在不稳定因素中开始付诸实践；"明诏"使诛杨实践的暗流正式逾越地表发展为公开的政潮。三个环节层层相扣，缺一不可。诛杨实践在一段较长时间内完成酝酿，而它的实现却是在五天之中瞬间完就的。这一切使得事变的历史表征具有了突发性和偶然性。天京事变就是在必然因素与可变因素的交织下呈现于后人的历史记忆中的。所以美国学者史景迁将"导致杨秀清和数千名太平军丧生"的原因笼统地归结于"一连串的事"，并指出"这个变化的时机与动机并不清楚"。① 另一位美国学者裴士锋也称天京事变是"一场情况混沌不明的流血政变"。②

(八)"盛衰分水岭"

长期以来，天京事变被视作太平天国的盛衰分水岭。而实际上，关于天京事变是太平天国"分水岭"的定性，并未在西方学界引起共鸣。由于中外学者在历史价值论上的差异，西方学者普遍认为没有必要对历史上的著名事件或人物进行类似的评价。当然直陈内讧的严重影响，这不等同于为事件定性，如梅尔清就认为"内耗几乎毁灭了太平天国自身"，但她所讲的"内耗"时间范畴是整个天京政权时期，即"for

---

① ［美］史景迁：《太平天国》，朱庆葆等译，桂林：广西师范大学出版社，2011年，第276页。
② ［美］裴士锋：《天国之秋》，黄中宪译，北京：社会科学文献出版社，2014年，第61页。

eleven more years"（11 年多的时间内），并非专指天京血案。①孔飞力在陈述"1856 年下半年至 1858 年年中，太平天国在军事上的颓势终以战略要地九江的易手和清军重建其对南京的包围圈而达到顶点"这一客观事实的基础上，指出"尽管太平军的中央已陷入混乱，但这运动在普通士兵中仍保有旺盛的活力"。②他显然未持太平天国因事变而衰的看法。在孔飞力的另一部著作中，他更倾向于把 1860 年后太平天国的"社会—战略"失败看作它的重要失误。③

关于天京事变的具体影响可以从两个方面进行量的细化。

一是在兵员方面。李秀成在自述中指出，"北王杀东王之后，尽将东王统下亲戚属员文武大小男妇尽行杀净"，④这也说明大屠杀并没有涉及太平天国各馆衙及城防部队，韦昌辉所杀为东王"亲戚属员"，大多是"老弱妇孺"。就算妇孺也非全杀，《金陵杂记》记载："并杀其（杨秀清）亲丁廿七口，其被掳奸淫为伪王娘者五十四口，同时并杀，以及掳禁服侍被奸有孕者亦皆杀讫，余掳妇女未害。"杨秀清被杀后，只有东殿尚书傅学贤率众进行了短暂抵抗，"韦贼出东巢，与傅贼巷战三日"，⑤考虑到东府牌刀手总共只有 1600 人，⑥且多数已在没有防备的情况下被杀，所以此次巷战对参加大屠杀的北府、燕府亲兵来说兵员

①　Tobie Meyer-Fong, *What Remains: Coming to Terms with Civil War in 19th Century China*, Stanford, CA: Stanford University Press, 2013, p.5.

②　[美] 孔飞力：《太平军叛乱》，[美] 费正清、刘广京编：《剑桥中国晚清史（1800—1911）》（上），北京：中国社会科学出版社，1985 年，第 287 页。

③　[美] 孔飞力：《中华帝国晚期的叛乱及其敌人：1796—1864 年的军事化与社会结构》，谢亮生、杨品泉、谢思炜译，北京：中国社会科学出版社，2002 年，第 194—217 页。

④　《忠王李秀成自述》，罗尔纲、王庆成主编：《中国近代史资料丛刊续编·太平天国》（二），桂林：广西师范大学出版社，2004 年，第 350 页。

⑤　涤浮道人：《金陵杂记·续记》，中国史学会主编：《中国近代史资料丛刊·太平天国》（四），上海：神州国光社，1952 年，第 640—641 页。

⑥　张德坚：《贼情汇纂》，中国史学会主编：《中国近代史资料丛刊·太平天国》（三），上海：神州国光社，1952 年，第 102 页。

损失不大。据《贼情汇纂》统计，东王府共有大小属员 3564 人，[1] 加上被株连的妇孺老幼总数也不会超过万人。镇江某塾馆教师孙某于 1856 年 9 月 14 日听闻"（江宁）贼众自相屠杀，已将杨秀清杀了，死者万余人"，[2]《金陵杂记》称"计在内东党为北贼杀者约万人"，[3] 当可信。

在地方上，手握兵权的杨姓国宗被株连仅有安庆一例，《乙丙日记》载："安庆省伪右四检点张（潮爵）奉伪天王令将杨国宗（秀清之兄）杀了，并杨姓三人皆杀之。"[4] 杨秀清安插在地方上的心腹将领，如驻军湖口的东殿十二承宣胡鼎文、东殿左三十一承宣黄文金，驻军孤山的东殿七十一承宣赖桂英，驻军东西梁山的东殿五十二承宣陈某，驻军芜湖的东殿五十四承宣陈承瑚，驻军湖北武穴的东殿工部一尚书莫思兴，驻军安庆的东殿吏部二尚书侯淑钱等都幸免于难。[5]

韦昌辉屠翼王府，"将翼王全家杀了"，[6] 所杀者主要为石达开家眷，石部下将士大多出征在外。韦昌辉伏诛，总共有 200 余人被杀，[7] 多系韦氏家眷亲丁，"在京韦姓，全家遭劫"[《太平天国韦昌辉家简谱》（实物）]，"北贼所属皆不问"，[8] 北王旧部根本没有受到株

---

① 张德坚：《贼情汇纂》，中国史学会主编：《中国近代史资料丛刊·太平天国》（三），上海：神州国光社，1952 年，第 102 页。

② 佚名：《蘋湖笔记》，中国社会科学院近代史研究所近代史资料编辑组：《近代史资料》总 51 号，北京：中国社会科学出版社，1983 年，第 15 页。

③ 涤浮道人：《金陵杂记·续记》，中国史学会主编：《中国近代史资料丛刊·太平天国》（四），上海：神州国光社，1952 年，第 641 页。

④ 汪士铎：《汪悔翁（士铎）乙丙日记》，沈云龙主编：《近代中国史料丛刊》第 13 辑第 126 册，台北：文海出版社，1967 年，第 144 页。

⑤ 涤浮道人：《金陵杂记·续记》，中国史学会主编：《中国近代史资料丛刊·太平天国》（四），上海：神州国光社，1952 年，第 643—644 页。

⑥ 《忠王李秀成自述》，罗尔纲、王庆成主编：《中国近代史资料丛刊续编·太平天国》（二），桂林：广西师范大学出版社，2004 年，第 351 页。

⑦ ［美］麦高文：《东王北王内讧事件始末》，章克生译，北京太平天国历史研究会编：《太平天国史译丛》（二），北京：中华书局，1983 年，第 88 页。

⑧ 张汝南：《金陵省难纪略》，中国史学会主编：《中国近代史资料丛刊·太平天国》（四），上海：神州国光社，1952 年，第 704 页。

连。曾参加太平军的英国人吟唎也认为："北王、东王以及他们的部下亲信这么许多人都被处死的报导，是十分夸大的。"① 所以殁于内讧的太平军骨干将士数目应较少。

有学者根据《李秀成自述》认为，石达开率十余万太平军精锐出走给太平天国造成了致命打击。李秀成讲："翼王将天朝之兵尽行带去"，"将合朝好文武将兵带去"。② 在囚笼中的李秀成，多自诩挽狂澜于既倒，夸大中兴之功，所述有妄诞之处。1857 年 6 月安徽巡抚福济奏报："兹据无为州在籍教谕郏煐等禀称：五月十八日石逆由金陵带其党与数千，道经该州，前往上游，到处张贴伪示，传谕各贼察其词意，因洪逆疑忌过甚，惧害脱逃。"③ 据清方档案，石达开自天京出走，途经无为州时只带有数千将士，这不过是他的亲兵卫队。又据 1857 年 7 月署两江总督何桂清奏报军情折所附《金陵城中著名逆首职衔姓名清单》，共记 19 位重要人物，④ 其中仅有夏官丞相蔡子贤离京远征，可知天京城中鲜有高级官员随石出走。

石达开于 1857 年 10 月率军离开安庆前赴江西，据西安将军福兴探报，由皖入赣的太平军"分股突至者前后六起，计数实有三四万众"。⑤ 这支部队一直都是由石达开统帅，他由江西赴天京破围，自安庆赴援武汉，由安庆靖难诛韦，带领的都是这支队伍，而且石达开在离

---

① ［英］吟唎：《太平天国革命亲历记》上册，王维周译，上海：上海古籍出版社，1985 年，第 173 页。

② 《忠王李秀成自述》，罗尔纲、王庆成主编：《中国近代史资料丛刊续编·太平天国》（二），桂林：广西师范大学出版社，2004 年，第 359、397 页。

③ 《安徽巡抚福济等奏陈金陵内讧石达开出走请饬湖北江西防剿折》（咸丰七年闰五月初六日），中国第一历史档案馆编：《清政府镇压太平天国档案史料》第 19 册，北京：社会科学文献出版社，1995 年，第 420 页。

④ 《署两江总督何桂清奏报溧水善后并各路军情折》（咸丰七年闰五月十二日），中国第一历史档案馆编：《清政府镇压太平天国档案史料》第 19 册，北京：社会科学文献出版社，1995 年，第 429—430 页。

⑤ 《西安将军福兴奏报皖敌进犯贵溪现督兵扼剿并陈敌众兵单折》（咸丰七年九月十八日），中国第一历史档案馆编：《清政府镇压太平天国档案史料》第 19 册，北京：社会科学文献出版社，1995 年，第 655 页。

开天京之后还将自己在宁国的驻军交给陈玉成指挥。① 所以石达开由皖入赣时只带走了三四万人。根据曾国藩的奏报,江西太平军总数原来约有 7 万,其中包括二三万入赣投军的天地会部队——花旗军。② 石达开入赣后,江西太平军总数约有 10 万—11 万。但在江西也有不少太平军不服调遣,甚至与石部火并;③ 几千名吉安太平军也未弃城出走,他们坚守城池直至咸丰八年八月十五日 (1858 年 9 月 21 日),此时石达开大军已离开江西近半年了。④ 石达开后来进入浙江时只有 5 万—7 万人跟随,⑤ 这也不全是太平天国的精锐,其中天地会部队的素质较低,清方官员曾嘲讽江西太平军"并无悍贼,不过游匪"。⑥ 石达开到广西时,随行的将士又大多弃他而去,重新返回太平天国主战场。⑦

二是在疆域方面。武汉失守不能完全归因于内讧。在事变前,石达

---

① 《忠王李秀成自述》,罗尔纲、王庆成主编:《中国近代史资料丛刊续编·太平天国》(二),桂林:广西师范大学出版社,2004 年,第 353 页。

② 曾国藩奏称:"统计江西境内广西满发老贼与广东、湖南新附之贼约在四万以外,本省甘心从逆之匪约在三万以外,而皖鄂两省上下往来之贼不在此数。"[《兵部右侍郎曾国藩等奏覆专弁咨催昆寿赴江南并陈江西近日军情片》(咸丰六年八月初七日),中国第一历史档案馆编:《清政府镇压太平天国档案史料》第 18 册,北京:社会科学文献出版社,1995 年,第 578 页。] 胡林翼在《复皖抚翁祖庚》中说:"自五年冬,石逆从义宁入江西,与粤东之匪二三万合并。"[《胡林翼全集》中册,《胡林翼书牍》卷 13,上海大东书局民国二十五年 (1936) 刻本,第 15 页。]

③ 石达开入赣后,"大不放心,乃将其家眷资财留在抚州城中,自往吉安,欲援临江",结果抚州太平军"杀其眷而夺其财"。(《何桂清致自娱主人函》,苏州博物馆等编:《何桂清等书札》,南京:江苏人民出版社,1981 年,第 61—62 页。)左宗棠也得到了"石逆眷属被抚州广码劫杀"的消息,石达开甚至"调太和、万安各贼同回抚州",意欲火并。(左宗棠:《与刘荫渠萧滋川》,《左宗棠全集》第 10 册《书信一》,长沙:岳麓书社,2009 年,第 256 页。)可见石达开在江西并非一呼百应,甚至有不少反对者(特别是原出身天地会的太平军部队)。

④ 《江西巡抚耆龄奏报官军克复吉安府城情形折》(咸丰八年八月十九日),中国第一历史档案馆编:《清政府镇压太平天国档案史料》第 20 册,北京:社会科学文献出版社,1995 年,第 550—552 页。

⑤ Ian Heath and Michael Perry, *The Taiping Rebellion 1851–66*, Oxford: Osprey Publishing Ltd., 1994, p.5.

⑥ 《何桂清致自娱主人函》,苏州博物馆等编:《何桂清等书札》,南京:江苏人民出版社,1981 年,第 61 页。

⑦ 《吉庆元朱衣点等六十七将领缕陈军情请准暂居原职共图报效本章》,罗尔纲、王庆成主编:《中国近代史资料丛刊续编·太平天国》(三),桂林:广西师范大学出版社,2004 年,第 166—168 页。

开率 4 万名太平军援军与湘军鏖战，都不能取得优势；下赴安庆停驻，石达开组织由水陆两路上济武汉，也未奏效。战事失利的重要原因是湘军水师远居优势，而在鄂太平军战力较差。石达开援鄂兵团士卒多为临时抽调，"其凶悍老贼不满二千；其上年从江西新附粤匪（天地会）二万甘心作贼"，① 缺乏实战经验。所以船少兵弱的太平军很难突破湘军的江面封锁而取得制江权，② 这便严重限制了对武汉城防太平军的军需接济。事变前，太平天国在武汉前线投入的兵力已达六七万人，这是太平天国在鄂可用兵力的最大化，太平军却在长期的武汉消耗战中渐处下风，敌对双方的实力决定了太平军弃守武汉的必然。

江西失守的主因也非石达开出走。1856 年春，太平军占据江西大部州县，但各地守军因力量分散而株守各城，未能再有大的军事进展，这同时给了湘军集中兵力，攻坚拒援，徐图恢复的时机。③ 天京事变发生前，太平军在江西已持防御态势，石达开谕令各地将领"谨守江西"。④ 韦昌辉、石达开、黄玉昆各率大队太平军援赣，仍然不能改变与清军的相持战局，江西战场的力量对比正在悄然变化。武汉失守后，湖北湘军水陆东向，湖南湘军和粤军也先后组织重点进攻，太平军在江西的占领区不断被蚕食，势力范围被压缩到几个军事据点，但太平天国却因战线太长，兵力不敷调派，无力再组织大规模机动兵团援赣。事变发生后，石达开率数万太平军由安徽进入江西，力图挽救自己辛苦开辟的根据地和嫡系部队，结果在江西转战半年屡战屡败，瑞州、临江、抚

---

① 《湖广总督官文等奏报水陆分攻鲁家巷等处获胜情形折》（咸丰六年八月十五日），中国第一历史档案馆编：《清政府镇压太平天国档案史料》第 18 册，北京：社会科学文献出版社，1995 年，第 588 页。

② 太平军始终无法完全控制长江天堑，以及最终败于湘军，都与太平军水师战力较差有关。

③ 《江西学政廉兆纶奏报江省大势难支请速简大员督办赣浙军务折》（咸丰六年四月十四日），中国第一历史档案馆编：《清政府镇压太平天国档案史料》第 18 册，北京：社会科学文献出版社，1995 年，第 337 页。

④ 曾国藩：《江西近日军情据实复奏折》（咸丰六年十一月十七日），《曾国藩全集》第 2 册《奏稿之二》，长沙：岳麓书社，2011 年，第 159 页。

州三重镇相继失守，吉安也被曾国荃完全围困。[1] 太平军在江西败局已定，战略转移反而有利于有生力量的保存。

可以说，天京事变后太平天国湖北和江西根据地的丧失，是敌对双方长期鏖战、力量消长的结果，天京事变只是存在一定的催化作用，如九江的最终失守与石达开近在咫尺却不施援救不无关系；但即便石达开率军前往，也没有完胜的把握。[2]

石达开出走前，在安庆向洪秀全上奏了一份援京计划本章，被清方江北大营钦差大臣德兴阿探得："令贼党李寿成会合张洛行，领数十万贼分扰下游，又调贼党陈玉成、洪仁常、洪春元、韦志俊、杨来清等，各率贼数万及五六千不等概回金陵。并欲赴援江西，窜扰浙江。"德兴阿认为，"书中之意似与洪逆各树党援，不相附丽"。[3] 石达开在本章中列举的名单的确都是不愿随他出走者，意在婉拒洪秀全请其回京辅政的恳求，但这也从侧面反映出天京方面此时还有其他机动兵力可调。如按石达开的提议，由石部入浙牵制江南大营，由陈玉成、李秀成联合捻军经略江北、东援天京，太平天国大局并非不可为——事实证明，太平天国二破江南大营的战略计划即是石达开在三年前所提方略的复本。

石达开出走后，安徽二十余府县还在太平军手中，陈玉成在皖北、李秀成在六安、李世贤在南陵、张潮爵和陈得才在安庆、韦俊在池州、陈坤书在芜湖、朱凤魁在宁国、梁立泰在桐城、叶芸来在潜山、赖桂英在当涂、赖文鸿和古隆贤在青阳，太平天国在安徽的局势尚算可观。九

---

① 参见中国第一历史档案馆编：《清政府镇压太平天国档案史料》第 19 册，北京：社会科学文献出版社，1995 年，第 544—547 页；中国第一历史档案馆编：《清政府镇压太平天国档案史料》第 20 册，北京：社会科学文献出版社，1995 年，第 119—123、323—325、550—552 页。

② 《江西巡抚耆龄奏报官军克复九江并派大员前往督办善后事宜折》（咸丰八年四月初十日），中国第一历史档案馆编：《清政府镇压太平天国档案史料》第 20 册，北京：社会科学文献出版社，1995 年，第 270—271 页。

③ 《钦差大臣德兴阿等奏报金陵镇江敌情现饬加意防剿折》（咸丰七年九月十六日），中国第一历史档案馆编：《清政府镇压太平天国档案史料》第 19 册，北京：社会科学文献出版社，1995 年，第 639 页。

江失守，黄文金、洪春元等率领上游太平军撤入安徽境内，主要集结在芜湖、繁昌一带，"上游逆党又缘官兵恢复九江，纷纷下窜。其屯聚之处，大率以芜湖、繁昌为巢域，而分踞奎潭、石硊、峨桥等处，往来扑扰，飘忽靡常……凶焰未尝少息"，[①] 这较大地增强了安徽太平军的力量。太平天国安徽战局的实际状况并非急转直下，而主要是各地处于相对分散状态，缺乏统一有效的战略指挥和部署，[②] 这种状态在 1858 年 7 月太平军枞阳会议之后得以结束。

这一时期太平天国暂时的战略退却的确与天京事变有关，但是没有造成太平天国元气大伤。事变后不久，太平天国迅速地再破江北、江南大营和开辟苏南、浙江疆土说明了这点——新的统一的领导核心对"天国中兴"发挥了作用。太平军二克江北大营，开创局部战略进攻的新局面，时在 1858 年 9 月 26 日，上距石达开由安庆出走之 1857 年 10 月 5 日仅一年的时间。此外，被誉为太平天国史上闪光点的洪仁玕新政、《资政新篇》和李秀成的地方建设新思维恰恰是在天京事变后的所谓太平天国后期诞生。

而大量数据将具有转折性意义的时间指向 19 世纪 60 年代。1860 年，太平天国控扼苏南，社会战略着手执行，太平天国在社会经济制度方面照旧承袭清朝旧制，亦因承旧弊，逐渐丧失社会变革的理性和进取精神，在执行政略上犯了诸如贪污腐化、浮收舞弊、苛敛暴虐、自我孤立等严重错误，民变、民团、盗匪活动频发，社会失控初露端倪，埋下了太平天国亡于江南的种子。也正是在这一年，孔飞力所说的地方军事

---

① 《钦差大臣和春奏报官军截剿金陵获胜及上游接仗情形折》（咸丰八年六月二十日），中国第一历史档案馆编：《清政府镇压太平天国档案史料》第 20 册，北京：社会科学文献出版社，1995 年，第 443 页。

② 濮友真的研究指出，1856 年后太平天国的主要困境不仅是内部倾轧和名将石达开的出走，还有无能的洪氏宗族取代首义诸王掌控太平天国政局而造成的失序。（Eugene Powers Boardman, *Christian Influence upon the Ideology of the Taiping Rebellion, 1851–1864*, Madison: University of Wisconsin Press, 1952, pp.22–23.）

化等历史表征开始呈现：曾国藩升任两江总督，以钦差大臣督办江南军务；"借兵助剿"提上议程；江南团练繁兴；地方绅权反弹。[①] 但如从军事战略全局着眼，直到 1862 年上半年，太平天国仍然对东线战场的上海保持压力。太平天国的战局基本上是在 1860—1862 年间之内发生转变的，除上述 1860 年的表现外还有：二次西征失败（1861 年 6 月）、安庆失陷（1861 年 9 月）、清廷借师助剿（1862 年 2 月）、庐州失陷与陈玉成被俘（1862 年 5 月）、天京被围（1862 年 5 月）、上海战役失败（1862 年 6 月）、雨花台战役失败（1862 年 11 月）、苏南和浙江根据地被蚕食（1862 年 2 月左宗棠入浙始）等。过去有所忽视的是同时期某些具有密切联系的历史事件的有机结合对历史进程产生的重大影响。所以，太平天国由战略进攻、战略防御转入战略退却并非以某一具体历史事件为标志，也不太可能在某一年度内就完成转型，而是经历了一个由量变到质变的演化过程，并且与大的社会背景、国际局势密切相关。

天京事变的影响主要在信念方面。石达开率部出走后，在江西与反对分裂的太平军火并，民间遂有"江西贼杀贼，南京王杀王"的谚语，[②] 苏州一带还流传着"天父杀天兄，江山打不通，长毛非正主，依旧让咸丰"之类的打油诗。[③] 天父福音的终止和东王升天，对上帝神话

① 参见［美］孔飞力：《中华帝国晚期的叛乱及其敌人：1796—1864 年的军事化与社会结构》，谢亮生、杨品泉、谢思炜译，北京：中国社会科学出版社，2002 年，第 217—232 页。

② 《何桂清致自娱主人函》，苏州博物馆等编：《何桂清等书札》，南京：江苏人民出版社，1981 年，第 62 页。

③ 沧浪钓徒：《劫余灰录》，太平天国历史博物馆编：《太平天国史料丛编简辑》（二），北京：中华书局，1962 年，第 163 页。按，此歌谣还有其他四个版本，一为"天父杀天兄，总归一场空，打打包裹回家转，还是做长工"［1959 年搜集于昆山的太平天国歌谣，转引自《罗尔纲复郭存孝函》（1978 年 12 月 17 日），《罗尔纲全集》第 21 卷，北京：社会科学文献出版社，2011 年，第 167 页］；二为"天父杀天兄，江山打不通，回转故乡仍旧做长工"（《关于搜集太平天国革命时期的民歌》，《人民音乐》1954 年第 2 期，第 25 页）；三为"天父杀天兄，江山打不通，不如回家仍旧做田工"（民间流传，见钟文典：《太平天国人物》，南宁：广西人民出版社，1984 年，第 166 页）；四为"天父杀天兄，江山打不通，空手转回家，仍旧做田工；天父杀天兄，总归一场空，蛟龙非金龙，仍旧喊咸丰"（1986 年 6 月采录于金田，见《中国歌谣集成·广西卷》上卷，北京：中国社会科学出版社，1992 年，第 592—593 页）。

来说，无疑是莫大的讽刺，太平军军民在精神上的迷茫演变为政治分裂的关键因素。这对极端依靠上帝信仰维系国运军心的太平天国来说，绝对是一个非常危险的信号。而事变发生不久，太平军中出现了中高级官员自立旗号之事。尚书段立刚曾奉杨秀清军令赴上江（因长江从安徽流入江苏，故旧称安徽为上江，江苏为下江）一带招兵。杨秀清被杀后，段在安庆以北的桐城孙家坂小街聚众集盟，自号"代天都招讨大将军"，准备起事，后被李鼎新为首的地方团练扑灭。① 还有部分太平军丧失信心，出城投降，在瓜州，"外间射书招降，贼中业已周知，人心悉散，时有乘间出投者"。②

但总体来讲，太平天国的信仰危机不是由天京事变这一历史事件造成的，还与政局紊乱、政治腐败、政权体制以及宗教的局限性和时效性等因素有关，这是积重难返的恶果，而且精神上的影响需要经过一定时空的积聚方能完全显现。天京事变的消息传到武汉前线，清军立即射书入武昌、汉阳劝降，太平军却不为所动，严词拒之。官文失望地向咸丰奏报："老贼过以死拒，意在溃窜，别图滋扰"，"自来逆贼沉迷邪教，妄言生为地狱，死乐天堂，逆心至死不变"。③ 即使到 1861 年，在普通太平军身上仍然可以看到上帝教教义的强大力量。英国传教士慕维廉（William Muirhead）访问南京时，与一位即将出征的士兵谈话：

"不怕受伤或被杀死吗？"他回答说："不！天父会保

---

① 《安徽巡抚福济等奏报拿获桐城首犯段立刚解巢营讯明正法片》（咸丰六年十月初二日），中国第一历史档案馆编：《清政府镇压太平天国档案史料》第 18 册，北京：社会科学文献出版社，1995 年，第 668 页。

② 《钦差大臣德兴阿等奏报射书招降瓜州股众情形片》（咸丰六年十月初四日），中国第一历史档案馆编：《清政府镇压太平天国档案史料》第 18 册，北京：社会科学文献出版社，1995 年，第 670 页。

③ 《钦差大臣官文等奏覆飞咨确查金陵内讧实情并筹攻武汉情形片》（咸丰六年十月二十五日），中国第一历史档案馆编：《清政府镇压太平天国档案史料》第 19 册，北京：社会科学文献出版社，1995 年，第 40 页。

佑我。"

"如果你会被杀死，怎么办？""无所谓，我的灵魂将升入天堂。"

"你有什么功劳可以上天堂？""不，不是我自己的功劳，完全是通过天兄的功劳才能升天。"

……

我又问："基督做了什么神圣的事情？"这位年轻人准确地讲述了救世主为世人所付出的辛劳，诸如他降临世间，受尽磨难，并死在罪人之所，以拯救我们脱离罪恶和苦难。

我问他是否相信这一切，他回答说："确实相信。"①

可见在 19 世纪 60 年代，部分普通士兵对上帝信仰仍然充满着激情。托马斯·H. 赖利（Thomas H. Reilly）在他的著作中通过对太平天国占领区民众的信仰实践、太平军地域来源和社会组织结构的观察，驳斥了"仅是在太平天国运动最初的一批核心成员里的狂热分子自愿实践这种信仰"的成见。② 李秀成虽然在国破被俘后所写的自述中表现出对洪秀全"言天说地""靠实于天"的不屑和不满，③ 但他自己却是个地道的太平信仰实践者，"他在每个城市都为最近取得的重大胜利举行感恩礼拜"；④ 每逢战事，李会在大兵所到之处，"择一空阔地方"，"率众官兵大齐欢呼，敬拜天父"。⑤ 再如，1864 年 7 月，官文、曾国藩等奏

① "A Letter from Rev. W. Muirhead," in Prescott Clarke and J. S. Gregory eds., *Western Reports on the Taiping: A Selection of Documents*, London: Groom Helm Ltd., 1982, p.260.

② ［美］托马斯·H. 赖利：《上帝与皇帝之争：太平天国的宗教与政治》，李勇等译，上海：上海人民出版社，2011 年，第 116—124 页。

③ 《忠王李秀成自述》，罗尔纲、王庆成主编：《中国近代史资料丛刊续编·太平天国》（二），桂林：广西师范大学出版社，2004 年，第 387、388 页。

④ ［英］呤唎：《太平天国革命亲历记》下册，王维周译，上海：上海古籍出版社，1985 年，第 405 页。

⑤ 《忠王李秀成给宿卫军大佐将陆顺德谆谕》，罗尔纲、王庆成主编：《中国近代史资料丛刊续编·太平天国》（三），桂林：广西师范大学出版社，2004 年，第 70 页。

陈南京破城情形："十万余贼无一降者，至聚众自焚而不悔，实为古今罕见之剧寇。"① 天京太平军将士的坚定信念可见一斑。

随着战争规模的不断扩大，特别是在太平军开辟苏南、浙江基地之后，在盲目扩招来的许多"新兄弟"（有不少游民和降兵）身上，他们的宗教感淡漠，上帝信念的实践因他们的普遍存在而愈发苍白无力。② 只不过，这是腐败、盲目扩军、疏于教育、立政无章等多重复杂因素综合作用的结果，并非事变之直接影响。

结合相关史实和上述论证可知，天京事变对太平天国虽然造成了一定影响，但要具体问题具体分析，其影响尚不能以"盛衰分水岭"定性。

天京事变虽不足以作为太平天国的盛衰分水岭，但它是太平天国权力斗争最血腥、最惨烈的一个环节。它的爆发造成了原本在杨秀清时期已相对稳定三四年的太平天国权力格局之异动，之后太平天国的权力结构陷入无序、紊乱的状态，而且它深刻影响着太平天国战局的走向。

对这样一个事关重大的问题，迄今为止，天京事变的许多史实仍然若明若暗，争议较多，在对不少问题的具体评价上也是众说纷纭，未得共识。经探析，我们得出如下见解：

其一，东王杨秀清以"天父"代言人的身份掌控朝局，借"天父"传言随意锁拿官员、贬辱官员为"奴"、以"莫须有"的罪名处死高职将领、杖责北燕诸王、甚至多番凌辱乃至欲杖天王，他的人际关系已经相当险恶。也就是说，天京事变的惨剧具有必然性，太平天国权力结构

---

① 《湖广总督官文等奏报攻克金陵详细情形折》（同治三年六月二十三日），中国第一历史档案馆：《清政府镇压太平天国档案史料》第 26 册，北京：社会科学文献出版社，2001 年，第 44 页。

② 关于太平天国宗教的力量消长及影响，参见 Rudolf G. Wanger, *Reenacting in Heavenly Vision: The Role of Religion in the Taiping Rebellion*, Berkeley: Institute of East Asian Studies, University of California, Center for Chinese Studies, 1982, pp.67−101; Vincent Y.C. Shih, *The Taiping Ideology: Its Sources, Interpretation, and Influences*, Seattle: University of Washington Press, 1967, pp.85−104.

的再调整和权力资源的再分配是必然趋势。

其二，在天京事变前，韦昌辉、石达开、秦日纲同时向天京方向移动，最大可能是接受了杨秀清的调令，而非过去学界认为的三王怀揣密诏，秘密回京。

其三，杨秀清被杀的时间被洪秀全人为地前置于 9 月 2 日，德兴阿的奏报和秦日纲的行踪，说明天京事变很可能爆发于 9 月 5 日清晨。

其四，洪秀全下达的是诛杨"密函"而非"密诏"，"诛杨密诏"并不存在，这份密函仅可能是传达给韦昌辉一人。而"密诏""密函"一字之差，所反映的事件内涵发生了显著变化。

其五，韦昌辉所部进入天京后，先在北王府集结，洪秀全下达诛杨明诏，诛杨实践发展到"公开声讨"的阶段，并非过去学界认为的洪在事变中一直是暗处操控。洪秀全应为天京事变负主责。

其六，诛杨实践经历了从"密议""密函"到"明诏"的复杂酝酿，天京事变是在必然因素与可变因素的复杂交织中呈现于后人的历史记忆，并非过去学界强调的诛杨的一切实践都是在阴谋之下有条不紊地推进。

其七，查其影响，天京事变对太平天国的折损尚不能以"盛衰分水岭"定位。太平天国由战略进攻、战略防御转入战略退却并不能以一个历史事件为标志，而是经历了由量到质的演变。太平天国的战略全局是在 1861—1862 年一段时间之内发生转变的。尽管既往对天京事变的影响有所夸大，但天京事变的教训仍然告诉我们"合则两利，离则两伤"，"民心向背事关兴亡"。

　　　　　　　　　　　　　　　太平天国再研究

三　太平天国的权力格局与吏治

太平天国的权力结构分为宗教神权和世俗政治权力。太平天国政教合一，实际归为世俗之权。从金田起义前夕至太平天国覆亡，太平天国始终处于无休止的权力斗争的旋涡之中，并频繁引发上层人事更迭和权力格局的变动；而权力斗争与官场风气的恶化密切相关，内部倾轧、吏治腐败、军纪松懈、民心渐失等，互为因果，一直与太平天国如影随形，直至使太平天国陷于崩溃。

（一）早期权力结构的变动

杨秀清、萧朝贵分别代天传言，打破了原来上帝会相对稳定的类垂直一元架构模式，此后，上帝会和早期太平天国的权力格局随着人事变化和权力消长频繁异动，直至永安封王和冯云山、萧朝贵战死之后，太平天国的权力格局才逐渐回归稳定。

冯云山被捕入狱后，上帝会的权力格局发生断层，处于失控状态。杨秀清、萧朝贵倚仗地方实力，诡称天父、天兄下凡，接手冯云山遗留的大片权力空间，重组上帝会权力架构。

太平天国历史上确实存在一个杨秀清与萧朝贵、天父与天兄共进共主的时期。因为杨秀清和萧朝贵两人都需要一段时间的合作与配合，树立权威，继而进入上帝会的核心领导层。这一阶段的上限是萧朝贵在1848年10月第一次代天兄传言，下限不甚明确。

杨、萧崛起后，上帝会的权力结构绝非单纯的天父天兄与洪秀全的二元架构体系。据本书研究，天兄代言人萧朝贵与天父代言人杨秀清之间并非纯粹的同盟、挚友，两人之间隐藏着鲜为人知的矛盾。也就是说，在一定时期内，上帝会的权力结构实际为天父与天兄鼎立的二元结构，或天父、天兄、天王的三元架构体系，但主要表现为天父与天兄的二元结构，洪与杨、萧的鼎立关系在这一时期尚不突出。

经过萧朝贵的苦心经营，在太平天国权力舞台上活跃的主角成为萧朝贵。据《天兄圣旨》记载，在萧朝贵主政时期，上帝会一切琐碎与关键事务，俱决于天兄（实际是萧朝贵），洪秀全、冯云山俯首受命，杨秀清处于配角地位，天父传言也被日趋边缘化，萧朝贵基本控制了上帝会的中枢决策系统。

由于已发现的《天父圣旨》不全，天父被边缘化的"度"我们无从把握，但萧朝贵的主角地位是可以确定的。这一阶段的上限不明确，下限迄于永安封王。① 而杨秀清病重前后，自 1850 年农历六月底开始，整个七月、八月、九月，是萧朝贵暂代首辅的主政时期。

萧朝贵通过天兄圣旨，将"神"的具体指示传达给洪秀全、冯云山、杨秀清，形成中枢决策，又通过扶植金田大本营核心力量——韦昌辉，直接管理和领导基地组织的各项工作。韦一方面参与中枢决策的形成，另一方面直接负责向以各基地领导人为主的地方执行系统下达决策命令（见图 4-2）。在这一运作过程中，天父代言人杨秀清也可以通过天父圣旨直接向洪秀全、冯云山传达指示，但在萧朝贵的打压、排挤下，天父被日趋边缘化，杨秀清神人交通的空间日益缩减。萧朝贵、韦

_____

① 这一阶段的下限并非是杨秀清康复的庚戌年十月初一日（1850 年 11 月 4 日）[《天情道理书》，中国史学会主编：《中国近代史资料丛刊·太平天国》（一），上海：神州国光社，1952 年，第367 页]。据《天兄圣旨》记载，杨秀清康复后，出于各种原因，萧朝贵确有近四个月的缄默，在太平天国权力格局中，"天兄"与"天父"逐渐位移。但结合《天兄圣旨》《天父诗》的记载，金田起义立国后，"天兄"复出，在太平天国的神坛和政坛上又开始发挥一定的作用，这种势头虽已大不如前，但二者仍足成鼎立之势。永安封王后，各王俱受东王节制，杨、萧地位才发生根本性变化。参见王庆成编注：《天父天兄圣旨》，沈阳：辽宁人民出版社，1986 年，第78—91 页。

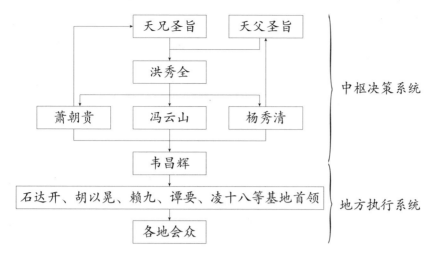

图 4-2　萧朝贵主政时期上帝会的权力格局

昌辉实际垄断了整个上帝会决策的形成、传输、执行过程,洪秀全、冯云山原有的宗教权力、世俗权力都被进一步压缩和损害。

　　萧朝贵、杨秀清、韦昌辉进入中枢决策体系,扩大了中枢决策体系的范围,有利于集思广益,促进决策系统的程序化运作,从而形成更为可行、明智的政令。但萧朝贵亲手构建的这一格局,无法排除天父代言人杨秀清既有身份和权力的干扰,也无法完全无视洪秀全教主的名誉决策权,所以系统各组成部分在运作过程中会出现相互制衡和压制的现象,影响常规事务的决策效率。萧朝贵为弥补这一弊端,采取了加速实现上帝会核心中枢地点转移的方法。萧、杨、韦所在的紫荆山和金田村,成为新的决策基地,洪秀全、冯云山被迫奉天兄圣旨"避吉"的花洲山人村等地,则成为名誉上的中枢,下降到附属地位,二者的矛盾和碰撞暂时得到缓解。①

在天兄的高压政策下，在萧朝贵的精心装潢下，天父、天兄，杨秀清、萧朝贵因权力争夺产生的矛盾暂时得到缓解；萧朝贵、杨秀清与洪秀全、冯云山因权力再分配产生的摩擦也被人为地以予空间搁置，太平天国得以顺利完成起事建国前最为重要的准备工作——金田团营。

但这一权力格局，是"非对称"的二元架构体系。所谓"二元"，并非杨、萧与洪、冯二元，而是天兄、萧朝贵与天父、杨秀清的二元。这种架构建立在萧、杨之间客观实力相对均衡的基础上，是各种势力相互妥协和利用的产物。随着杨秀清实力的复苏，加之在萧朝贵亲手组建的权力关系网络中各种不和谐因素的暴露，各种势力亟须冲破既有权力格局，实现政治利益和权力的再分配。

如以萧朝贵为核心进行观察，萧朝贵通过对洪秀全的挟持与控制，对冯云山的排挤与打击，对石达开的压制和孤立，对杨秀清的合作与斗争，对韦昌辉的拉拢与扶植，营造了一个并不十分和谐的太平天国核心层人际关系网络（见图4-3）。不稳定的二元架构体系，各种势力的此消彼长，不和谐因素产生的矛盾和冲突，决定了萧朝贵主政时期太平天国权力格局的短暂命运。在获得起义胜利，迎来太平天国突进永安的辉煌的同时，萧朝贵主政时期太平天国的权力格局也在一步步地走向解体的深渊。

萧、杨之间的较量，也有可能发生裂变。1851年12月10日，永安城外发生的水窦村之战，萧朝贵身受重伤，甚至有生命危险，洪秀全才不得不完全倚仗雷厉风行、办事干练且具有天父代言人这一神秘崇高身份的杨秀清。12月17日永安封王，天王授予东王节制诸王的全权，这

---

① 这就可以解释洪秀全、冯云山为什么在金田起义的关键时刻不在金田而在花洲了，并非洪秀全、冯云山不愿主动前往金田，而可能是萧朝贵刻意而为的分化之举，他是在避免中枢决策的多元化。杨秀清对此持不同意见，他认为，洪、冯在金田的号召力和凝聚力恰恰有利于其"挟天子以令诸侯"，对各基地会众发号施令，这是"天父"复出和他身体康复后立即发动"迎主之战"的深层原因。

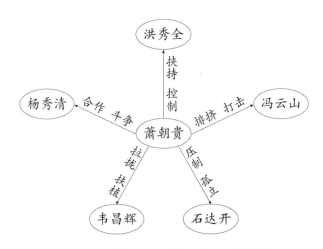

图 4-3　萧朝贵与太平天国其他核心领导人的关系

是出于时局的需要。因为此时除了杨秀清和伤重有生命之虞的萧朝贵，其他三王都不具备总揽全局，指挥全军的实力及宗教身份。

永安封王后，杨秀清通过天父的意志限制洪秀全的宗教权力，排挤洪秀全的世俗权力空间，继而以政治（左辅正军师）和宗教（天父代言人）的双重权力身份，统领西、南、北各王及文武百官，管理"天国"军民。但天兄代言人西王萧朝贵在宗教权力系统中的作用尚在，他可以通过天兄的意志一方面抑制天王专制，一方面限制天父权力在整个太平天国宗教权力系统中的膨胀，进而以宗教身份制衡杨秀清的政治行为。可以说，杨秀清、萧朝贵二人在宗教层面有一定的制衡因素存在，尽管天兄在神秘话语体系中已近于缄默，并且被日趋边缘化；而南王冯云山依然是举国上下认可的上帝教的实际创建者，他是洪秀全最忠实的盟友，对太平天国的贡献和在太平天国中的资历仍然不能被抹杀。因此，萧朝贵是牵制杨秀清在宗教权力系统中权力恶性膨胀的重要力量，而冯云山则凭借他的资历和功劳对太平天国诸王在世俗权力方面起着居中调节作用。

但不久，冯、萧战死，带来既有权力格局中大片的权力真空。

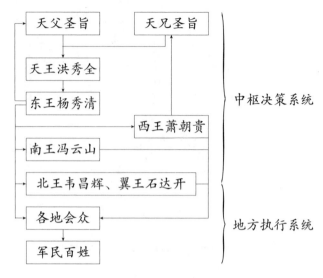

图 4-4　永安封王后太平天国的权力格局

萧朝贵之死，标志着上帝教宗教神学体系的部分塌陷。上帝教的核心理论基石是天父、天兄信仰。洪仁玕在《资政新篇》中回忆道："即我天朝，初以天父真道，蓄万心如一心，故众弟只知有天父兄，不怕有妖魔鬼。此中奥妙，无人知觉。"[1] 他还宣称："自金田而至天京，势如破竹；越铜关而扫铁卡，所向无前。岂人力所能荡除，实天功之所歼灭！从知将相无种，以真道为种；天王有真，以帝命为真也夫！"[2] 洪仁玕所说的"天功"就是天父天兄信仰激发出来的太平军的激情和为这种信仰而牺牲的精神动力。

可洪秀全并未做好维系上帝教宗教神学体系的应急准备，上帝教神学体系的天平向天父及其代言人杨秀清倾斜。杨秀清顺理成章地以上帝代言人和"圣灵"的双重身份在"三位一体"神学建构中独霸两个位

---

① 洪仁玕：《资政新篇》，中国史学会主编：《中国近代史资料丛刊·太平天国》（二），上海：神州国光社，1952 年，第 540 页。

② 洪仁玕：《干王洪宝制》，中国史学会主编：《中国近代史资料丛刊·太平天国》（二），上海：神州国光社，1952 年，第 658—659 页。

置。洪秀全最终也仅是采取沉默的方式放弃对上帝教神学体系倾塌的解释和宗教权力系统的再建。天兄消失和西王升天，对上帝神话来说可谓灾难，只不过在流动作战的险恶处境下，信仰危机尚表现得不那么明显。一旦安顿下来，人们对天兄信仰的迷茫便在天父集权的矛盾和冲突中表现得淋漓尽致。

洪秀全对世俗权力系统的再建依然采取沉默的方式。东王杨秀清顺利接管了萧朝贵、冯云山的权力，同时采取各种方式不断打压北王韦昌辉、翼王石达开及秦日纲、胡以晄、陈承瑢等中央实力派，将他们排挤于权力核心体系之外而仅具有服务于东王的政治角色。北王韦昌辉位次虽上升为第三位并且具有后护又副军师的身份，但对他最为倚赖的盟主萧朝贵的死（韦是萧一手提拔起来的），意味着他失去进一步获得权力的可能。韦昌辉也只好如履薄冰，如临深渊，"事东贼甚谄"，[①]"阳下之而阴欲夺其权"。[②] 翼王石达开则只是二十出头的年轻人，而且他不具有军师的身份，距中枢权力核心较远。定都天京后，洪秀全曾封秦日纲为"燕王"、胡以晄为"豫王"，试图填补已故西王、南王留下的权力空间，事实证明无济于事。秦日纲、胡以晄不久即因作战失利先后被杨秀清革去王爵。于是，洪、杨矛盾充分暴露，"对立的二元架构"体系形成。

杨秀清还进一步阻断政治信息的畅通。《贼情汇纂》记载："凡紧要奏章若无杨逆伪印，洪贼不阅，故一应奏章必先送杨贼处盖印，虽昌辉自奏亦不能径达。"[③] 在闭塞的信息流通领域里，入天京后不到一年的时间，洪秀全便被杨秀清架空，甚至被传言为一尊木偶。1853 年 7

---

① 谢介鹤：《金陵癸甲纪事略》，中国史学会主编：《中国近代史资料丛刊·太平天国》（四），上海：神州国光社，1952 年，第 669 页。

② 张德坚：《贼情汇纂》，中国史学会主编：《中国近代史资料丛刊·太平天国》（三），上海：神州国光社，1952 年，第 48 页。

③ 张德坚：《贼情汇纂》，中国史学会主编：《中国近代史资料丛刊·太平天国》（三），上海：神州国光社，1952 年，第 48 页。

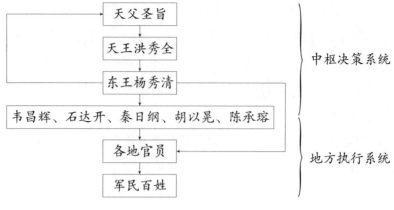

图 4-5　冯、萧死后太平天国的权力格局

月，向荣据迭次询访难民口述洪、杨等人情形上奏咸丰帝，认为"洪秀全实无其人，闻已于湖南为官兵击毙，或云病死，现在刻一木偶，饰以衣冠，闷置伪天王府内"。① 1854 年英国使节麦华陀访问天京，他报告说："至于像太平王这样一个人是否真的存在，仍是很值得怀疑的一件事，因为在我们同将军等人所有的通信中，对方刻意向我们大谈东王的意愿，他的权力，他的威严，他的影响，但只是顺便提及他那驰名的主子。东王显然是他们政治和宗教体系中的原动力。我们不能断言太平王从未存在过，但我们不禁认为，一个具有组织和从事这样一场非凡运动的才干的人，居然允许一个下属窃据像上帝自身的发言人和传神谕者这么极具影响的职位，这实在不太可能。如今东王极其狡诈地僭取了这个位置，将他的主子变成了一个纯粹的傀儡国王，完全在他的唆使下行事。以东王名义就我们的询问所作的答复，丝毫未能解答眼下流传的关

①　《向荣等奏报询访金陵难民口述洪杨等人情形片》（咸丰三年六月二十三日），中国第一历史档案馆编：《清政府镇压太平天国档案史料》第 8 册，北京：社会科学文献出版社，1993 年，第 185—186 页。

于太平王是否存在、是否在南京的疑问。"① 外国人也清楚地看出，洪秀全似乎已淡出政治，杨秀清处在整个太平天国权力的中枢，他已有足够的筹码抗衡洪秀全，大有取而代之之势，只待野心暴涨。权力之争，一触即发。

有学者提出杨秀清的统治为"僭主政治"。"僭主"（tyrant）一词源于古希腊，原指政权的篡夺者，后有暴君之意。学界对"僭主政治"研究颇多，对其界定和特征都有论述，其中最著名的是法国政治思想家贡斯当（Benjamin Constant）的《论征服的精神与僭主政治》。贡斯当结合法国大革命中拿破仑的统治，论"僭主政治"是"一种不可能被修正或软化的力量"，其主要特征是：僭主政治首先是不合法的；僭主政治的权力范围以及运作不受任何制约；僭主政治的统治成本极为昂

---

① "A Report by W. H. Medhurst and Lewin Bowring," in Prescott Clarke and J. S. Gregory eds., *Western Reports on the Taiping: A Selection of Documents*, London: Groom Helm Ltd., 1982, p.163.按，有人认为这一格局的形成，是洪秀全、杨秀清互相配合的结果。定都天京后，洪秀全避处深宫，深藏不出，实欲制造神秘性，军政事务均由军师杨秀清出面统筹处理。也有人认为，洪秀全在故意放纵杨秀清，使其野心膨胀、不知收敛，而后除之。实际上，洪秀全在杨秀清时期逐渐淡出是无奈之举，他曾试图在重大决策中明确天王的最高权威，均被"天父"压制。洪、杨定都之争即是明证。李秀成在自述中讲：破武昌，洪秀全"欲取河南为家"；破南京，"此时天王与东王上是计及分军镇守江南，天王心欲结往河南，欲取得河南为业。"［《忠王李秀成自述》，罗尔纲、王庆成主编：《中国近代史资料丛刊续编·太平天国》（二），桂林：广西师范大学出版社，2004 年，第 349、350 页］。但杨秀清听信一蒋姓老水手的建议，以"河南水小而无粮"为由，悖洪秀全之意，定都于南京，并组织文人编纂《建天京于金陵论》，企图在舆论上彻底压倒反对建都天京的异议。但洪秀全在建都后仍坚持迁都开封，当时在天京的文人马寿龄作《天下凡》诗："蛊惑愚人恐不足，惊传天父来凡间。或言天王府中有巾帼，当予东王侍枕席，否则天王笞四百。或言天王思迁河南都，变妖当扑臀之肤，否则天王斫头颅。"［马寿龄：《金陵癸甲新乐府》，中国史学会主编：《中国近代史资料丛刊·太平天国》（四），上海：神州国光社，1952 年，第 736 页。］面对洪秀全的抗争，杨秀清只得以天父下凡的形式挟制洪放弃迁都之想。虽然洪秀全被迫同意，但他后封燕王、豫王爵位，以及设置河南省文将帅，后期曾令洪仁玕拟写北伐檄文、令李秀成"进北攻南"，都是在表明自己一统天下的信念，说明洪秀全一直没有因定都天京而放弃北伐中原、与清王朝争中原的意图。

贵；僭主政治的日常统治方式为对内高压、对外征服。[①]

很明显，杨秀清的统治不符合"僭主政治"最主要的两个特征：不合法和不受限制。在太平天国"非对称的二元架构"和"对立的二元架构"中，杨秀清的权力始终受到其他政治力量（洪、萧、冯、韦、石、秦等）的限制或束缚。覆灭前，要洪秀全封其万岁也是杨秀清反限制的白热化举动，杨秀清所谓不受限制的权力始终未能建立起来。另外，杨秀清极权的建立是合法的，从"天父下凡传言"到"节制诸王"，甚至"封万岁"都是经洪秀全认可的。我们从图4-6杨秀清生前死后的神化历程或可看出杨秀清主政的合法性。[②]

因此，杨秀清的极权政治，既不同于古希腊时期具有阶层"中介"地位，从旧式氏族共和体制中获取政权的暴君政治，也不是贡斯当所谓具有近代特征的"僭主政治"。它只是传统中国社会"党争"的体现或是主弱臣强而致权臣当政的一种形式。

---

① 参见［法］贡斯当：《古代人的自由与现代人的自由——贡斯当政治论文选》，阎克文、刘满贵译，北京：商务印书馆，1999 年，第 278—401 页。按，学界对贡斯当"僭主政治"的研究也有总结，参见 Helena Rosenblatt, "Why constant a critical overview of the Constant revival," *Modern Intellectual History*, Vol 1, No.3, 2004, p.439；高景柱：《贡斯当政治思想研究：文献综述》，《中山大学研究生学刊》（社会科学版）第 28 卷第 1 期；蒋贤斌：《论贡斯当对僭主政治的研究》，《湖南科技学院学报》2006 年第 4 期等。

② 图4-6 所附时间是杨秀清职爵在已有史料中出现的最早时间。各职爵分别见《天命诏旨书》，中国史学会主编：《中国近代史资料丛刊·太平天国》（一），上海：神州国光社，1952 年，第 64 页；《清实录》第 40 册，《文宗显皇帝实录》（一），"咸丰元年八月庚午谕"，北京：中华书局，2008 年影印本，第 550 页；《永安封五王诏》，太平天国历史博物馆编：《太平天国文书汇编》，北京：中华书局，1979 年，第 36 页；《杨秀清萧朝贵会衔诰谕》，中国史学会主编：《中国近代史资料丛刊·太平天国》（二），上海：神州国光社，1952 年，第 691 页；《天父下凡诏书》（二），中国史学会主编：《中国近代史资料丛刊·太平天国》（一），上海：神州国光社，1952 年，第 54 页；《颁行历书》（八年），中国史学会主编：《中国近代史资料丛刊·太平天国》（一），上海：神州国光社，1952 年，第 193 页；《颁行历书》（十一年），中国史学会主编：《中国近代史资料丛刊·太平天国》（一），上海：神州国光社，1952 年，第 203 页；《天王永定印衔诏》（辛酉十一年二月二十一日），罗尔纲、王庆成主编：《中国近代史资料丛刊续编·太平天国》（三），桂林：广西师范大学出版社，2004 年，第 103 页。

太平天国再研究

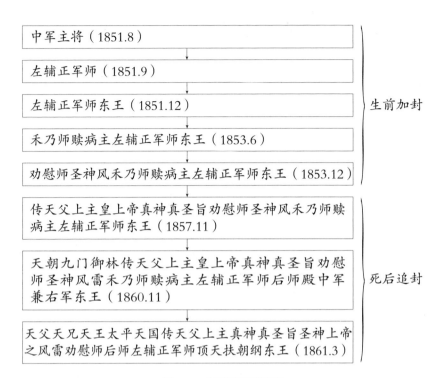

生前加封

传天父上主皇上帝真神真圣旨劝慰师圣神风禾乃师赎病主左辅正军师东王（1857.11）

天朝九门御林传天父上主皇上帝真神真圣旨劝慰师圣神风雷禾乃师赎病主左辅正军师后师殿中军兼右军东王（1860.11）

天父天兄天王太平天国传天父上主真神真圣旨圣神上帝之风雷劝慰师后师左辅正军师顶天扶朝纲东王（1861.3）

死后追封

图 4-6　杨秀清职爵演变

（二）后期的政争和地方内耗

　　天京事变后，首义诸王或死或走，天父、天兄的神话体系破灭，洪秀全得以乾纲独断。为弥补既有权力空白，洪秀全修补了后期太平天国错综复杂的一元权力结构，最终形成以洪仁玕、洪仁发、洪仁达、蒙得恩为首的中央亲贵权力体系和以陈玉成、李秀成、李世贤、杨辅清为首的地方实力派权力体系。但是，太平天国的领导人非但没有在天京事变这场血腥屠杀中汲取教训，反而继续醉心于权谋诡谲。事变后不久，天京朝内政争死灰复燃，洪仁玕与李秀成、陈玉成之间，陈玉成与李秀成之间，洪姓宗室内部，都存在不同程度的嫌隙，他们之间的权力摩擦和派系斗争愈演愈烈，大有不可调和之势。总体来看，后期朝内的政争主要是以洪姓宗亲为主的中央亲贵和以异姓诸王将领为主的地方实力派之间的矛盾。

干王洪仁玕是后期太平天国的总理王大臣，忠王李秀成是最主要的地方实力派（英王陈玉成集团在1861年上半年溃败殆尽），他们的事迹贯穿后期太平天国始终，所以两人的关系走向实际上从一个侧面反映了后期太平天国权力斗争的轨迹。

洪仁玕来京后，未建寸功就被赐封为王，引起一班功臣宿将的不满。他在封王典礼上登台演说，展示才华，以张良、姜尚自比，"宠遇偏嗤莘野薄，奇逢半笑渭滨迟"，[①] "何物狂且负盛名，登坛还使一军惊"，[②] 平息众议。朝臣信服，赞其为"文曲星"。他又上书屡辞王位，洪秀全不允，降诏抚慰曰"风浪暂腾久自息"。[③] 后洪仁玕作《资政新篇》，颁《立法制誼谕》，与陈玉成制定《钦定功劳簿章程》，保奏陈玉成、李秀成为王，安抚军中主将。尽管李秀成对洪仁玕无功受禄之事一直心存芥蒂，但他此时深感临危受命，亦以积极姿态响应洪仁玕，具禀请示干王行征之策，三次登门求教攻取之略，洪仁玕以《兵则四要》作答，说明"师克在和"，双方有过一些较好的合作。

洪、李关系的转折点是上海对外斡旋的失败。1860年夏，洪仁玕邀请各国驻沪领事来苏州磋商上海问题，结果他们完全不予理会，洪仁玕竟以5名传教士为"洋官"，所谓"和谈"只能无功而返，李秀成遂发兵直取上海，不克。洪秀全、李秀成和太平天国上下原本对洪仁玕苏州斡旋抱有极高的期望，未料结果如此，洪秀全、李秀成对洪仁玕的无能感到失望和不满，此后洪仁玕在朝中的威望、地位日渐下降。洪、李

---

① 《钦定军次实录》，中国史学会主编：《中国近代史资料丛刊·太平天国》（二），上海：神州国光社，1952年，第600页。

② 陈庆甲：《金陵纪事诗》，太平天国历史博物馆编：《太平天国史料丛编简辑》（六），北京：中华书局，1963年，第401页。

③ 《干王洪仁玕自述》，罗尔纲、王庆成主编：《中国近代史资料丛刊续编·太平天国》（二），桂林：广西师范大学出版社，2004年，第402、413页。

之间就上海未下的责任问题互有抱怨，关系产生裂痕，逐渐不睦乃至争斗。他们被俘后写的自述均对两者的矛盾有所反映。

洪仁玕批评李秀成及其党羽林绍璋、李世贤等：

> 忠王自恃兵强将广，取上海如掌中之物，不依所议，云我天王江山可以打得来，不能讲得来也。众洋人知不能和乃去，仍多有保护洋行者。而忠王遂发师进取，见是空城，遂掠取洋楼物件，被洋人伏兵杀起，出其不意，败回苏城，此刻始信吾议，然究不肯认错也。

> 那李秀成偏要与洋人为难，我将洋官都请来苏州讲和，被他闹散了。他又贪乐苏杭，不顾江北，天京事就弄坏了。

> 皆由忠、侍王在外，专靠章王柔滑之言为耳目，不认王长次兄为忠正人，不信本军师为才学之士。……章王畏罪，弃江北不守不战，私自回京，哀饶生命，又求英王阮其不力之愆。那时英、忠、章王等俱忌予认真直奏，殊知圣鉴不爽，屡知章王之奸，内则蒙蔽不奏，外则阴结私行。

> 今观其传，于得胜时细述己功，毫不及他人之策力，败绩时即诿咎于天王、幼西王及王长次兄、驸马等，虽世人不知内事，而当时兵粮之权归谁总握，谅内外必闻之者。若论爵之尊□，西王长次兄之尊，天王不过荣亲亲功臣之后而已，岂尺寸疆土粮饷得归亲臣及功臣后乎？[1]

---

[1] 《干王洪仁玕自述》《洪仁玕亲书签驳〈李秀成供〉》，罗尔纲、王庆成主编：《中国近代史资料丛刊续编·太平天国》（二），桂林：广西师范大学出版社，2004年，第404、416、420—421页。按，对于上海战事失利，遵王赖文光在供词里沿用洪仁玕的说法："有忠王李秀成者，该不知机，违君命而妄攻上海，不唯上海攻之不克，且失外国如约之义，败国亡家，生死皆由此举。"〔《赖文光自述》，罗尔纲、王庆成主编：《中国近代史资料丛刊续编·太平天国》（二），桂林：广西师范大学出版社，2004年，第445页。〕赖文光是洪秀全外戚，他的言论当然站在洪氏宗族一方，或来源于洪仁玕。

李秀成被俘后告诉清朝官员"伪干王所编各书""皆不屑看也",[①] 只字不提洪仁玕在太平天国的建树。在李秀成写的长达五六万言的自述中，竟仅有一处提到了洪仁玕，但对洪氏宗族贪鄙无能、玩弄权术的劣行批评很多：

> 因其弟洪仁玕九年之间而来，见其弟至，格外欢天，一时好乐，重爱其弟，到京未满半月，封为军师，号为干王，降诏天下，要人悉归其制。封过后，未见一谋。……天王见封其弟，初来封长，又冇（没有）才情，封有两月之久，一事无谋，已知愧过，难对功臣，后而先封陈玉成为英王。
>
> 长者、重用者，我天王是一重幼西王萧有和，第二重王长兄洪仁发、王次兄洪仁达，第三重用干王洪仁玕，第四重其驸马钟姓（钟万信）、黄姓（黄栋梁），第五重用英王陈玉成，第六方是秀成也。
>
> 自此之下，国业将亡，天王万不由人说。我自在天王殿下，与主面辩一切国情之后，天王深为疑忌，京中政事，俱交其兄洪仁达提理，各处要紧城门要隘之处，概是洪姓发人巡查管掌。我在京并未任阖城之事。[②]
>
> 林绍璋无大本领，只能吃苦，十年封章王。……林聪明，样样晓得，孜孜勤劳，故其权较重。[③]

不但洪、李之间彼此诟病，洪仁玕和李秀成对王长次兄、章王林绍

---

① 《李秀成自述别录》，中国史学会主编：《中国近代史资料丛刊·太平天国》（二），上海：神州国光社，1952年，第845页。

② 《忠王李秀成自述》，罗尔纲、王庆成主编：《中国近代史资料丛刊续编·太平天国》（二），桂林：广西师范大学出版社，2004年，第366、387、389页。

③ 《李秀成自述别录》，中国史学会主编：《中国近代史资料丛刊·太平天国》（二），上海：神州国光社，1952年，第842页。

璋的品行、政绩等评价也是各执一词。故由上海之役始，太平天国朝内政争日炽，洪仁玕与李秀成之间的矛盾逐渐演变为以洪仁玕为代表的洪姓宗亲和以李秀成、李世贤、林绍璋为代表的异姓诸王之间的斗争（此三人结为奥援，洪仁玕主要受他们的掣肘和排挤）。实际上双方所说均不尽属实。以朝内主政权力的归属为例，洪仁玕认为，王戚、驸马等虽然地位尊贵，但只不过是因血缘关系而被天王赏赐的虚职荣宠，而"兵粮之权"实归忠王。洪氏宗亲贪鄙无能为许多时人记载，且为清方档案所述，非仅李秀成一人如是说；幼天王洪天贵福登基后，"保封王封官，均是王次兄勇王洪仁达、吏部天僚干王洪仁玕、吏部天官慰王朱兆英三人保封的。凡封王封官，总是他们议诏稿进，乃降诏封的"，"一切朝政系信王洪仁发、勇王洪仁达、幼西王萧有和及安徽歙县人沈桂四人执掌。洪仁达并管银库及封官钱粮等事"，可知洪姓宗亲并非只有虚职，也管实事要务。李秀成则多次在自述中抱怨军政大权都归洪姓掌管，自己在天京城中唯有亲兵千余人可供调遣，但这种说法也有夸张的成分，起码"兵权是忠王李秀成总管"。幼天王继位后，沈桂议封六主帅，李秀成为大主帅，他的女婿纪王黄金爱为副主帅，东方主帅吴如孝、南方主帅刘逢亮、北方主帅吉庆元均为李秀成部属旧交，可见李秀成掌握天京兵权是事实。[①] 李秀成等异姓诸王和洪姓宗室之间的权力斗争加剧了太平天国的危机，天京的最终陷落与内部的不和谐有关。守城将士没有粮食吃，而城中各王府却米粮为多，不肯充饷，这很可能是主管钱粮的洪姓宗亲对李秀成的钳制。但正是因为李秀成等握有兵权和地盘，他们才有了同洪家宗亲抗衡的资本。

再以洪仁玕与陈玉成关系为例。起初，洪、陈关系不错，洪仁玕主动保奏陈玉成为英王，洪秀全还发出"内事不决问干王，外事不决问英

---

① 《洪天贵福亲书自述》，罗尔纲、王庆成主编：《中国近代史资料丛刊续编·太平天国》（二），桂林：广西师范大学出版社，2004年，第424—425、430页。

王，内外不决问天王"的诏旨。洪仁玕颁发的《立法制諠谕》《钦定功劳簿章程》的蓝本就是陈玉成提出来的。在具体战事中，洪仁玕和陈玉成也能和衷共济，1861年春，陈玉成与洪仁玕制订了"围魏救赵"的计划，攻湖北以救安庆，洪仁玕还亲自率军救援安庆。

二人关系不睦始于安庆失守的追责问题上。1861年冬，洪仁玕具本直奏弹劾对安庆失守负有责任的军中主将，推诿责任，触怒洪秀全，被革去军师、王爵、总裁。陈玉成、林绍璋也被革去王爵。这实际是洪秀全同时对洪姓宗亲和异姓诸王两派系进行了惩处。但不久洪秀全就表现出偏袒洪氏宗亲的倾向，恢复了洪仁玕王爵，但不复其军师职；继而他的态度又发生了变化，恢复了林绍璋王爵，委任其提理京务，"不准王长次兄及予干与朝政，内则专任章、顺王掌政，外则专任忠、侍、辅王掌兵"；1862年春，林绍璋又被天王贬出天京赴苏浙催粮，罢其掌朝政之权，恢复了洪仁玕的军师之职，总掌朝政。① 在短短几个月频繁的人事更迭中，洪氏宗族和异姓将领交相得势，最终洪氏获胜，反映了朝内政争之激烈。

陈玉成以"前退太湖，复退安省"之名被问责，是洪仁玕首先挑起的，但安庆失守是敌对双方长期反复激烈较量的结果，陈玉成兵团已尽全力，且损失殆尽，事后不应再做严责，应给他时机休整力量。全部归咎于陈玉成有失公允。实际上，安庆陷落与洪仁玕有直接关系。1860年的二克江南大营、克复苏常之役，由李秀成部完成足矣，本不应千里迢迢调陈玉成兵团参战，而洪仁玕在未知会李秀成的情况下，命令陈玉成参战，使本已形势极端恶化的西线战场更加空虚，给湘军东进提供了难得的机遇。陈玉成败守庐州后，在给部下的信中提到被罢黜一事，直

---

① 《干王洪仁玕自述》《洪仁玕亲书签驳〈李秀成供〉》，罗尔纲、王庆成主编：《中国近代史资料丛刊续编·太平天国》（二），桂林：广西师范大学出版社，2004年，第404、421页。

言"朝中办事不公平",① 可见洪、陈之间倾轧的原因在于互相推诿安庆失守的责任。陈玉成被俘后，谈及太平天国诸王，"皆非将才，惟冯云山、石达开差可耳。我死，我朝不振矣"，陈玉成未提李秀成、洪仁玕，可见他并不认为李、洪二人可以和自己相提并论。②

洪仁玕是洪姓宗室权力和利益的代表者，他和李秀成、陈玉成、林绍璋等人的关系恶化，也代表了整个洪氏宗室和异姓诸王之间的关系恶化，两个派系权力倾轧的症结在于天王洪秀全立政无章。③ 天京事变后，洪秀全对异姓将领心有余悸，偏向于任人唯亲，信赖自己的兄弟子侄，但他们中除了洪仁玕才堪大用外（但资历不高），其他或是少不更事的孩子，或是贪鄙昏庸尸位素餐者，他们既无军队又无地盘，所以洪秀全不得不间或使用异姓军事将领主政，用人但不信人，待时局稍有缓和又倾向于洪氏宗亲，在选任两派时反复无常，朝令夕改，既不利于政局稳定，也造成两派矛盾激化。李秀成在自述中一再指责天王"言天说地，并不以国为由。朝中政事，并未实托一人，人人各理一事""不信外臣""不问政事""不用贤才""立政无章",④ 所以外臣与朝臣的政争实际体现了外臣和天王的矛盾。与李秀成相比，他的堂弟李世贤是十足的外臣，很少在天京出现，但他和朝中多数洪氏宗亲关系恶劣，具有代表性：洪秀全为了监督他，曾派侄子洪春元、驸马钟万信到其军中随军作战，他们不时发生冲突；1861 年洪秀全改政，两度更改国名，陈玉成、李秀成起初抵制，而过后均在形式上遵从了政令，但李世贤坚不

---

① 《陈玉成致赖文光等书》《陈玉成谕马融和》，中国史学会主编：《中国近代史资料丛刊·太平天国》（二），上海：神州国光社，1952 年，第 744、745 页。

② 罗尔纲：《太平天国史料考释集》，北京：生活·读书·新知三联书店，第 204 页。

③ 平心而论，洪仁玕虽然因宗族意识在朝内政争中偏袒洪氏宗亲，但他较洪秀全、李秀成等人识大体。他甫至天京，作《兵则四要》，强调团结协作的重要性，笼络军中将领，才有了后来"天国中兴"的局面；洪仁玕对李秀成的指责主要是出于对具体战略战术的分歧，较少掺杂意气之争，反观李秀成对洪氏的看法则更多带有个人成见。

④ 《忠王李秀成自述》，罗尔纲、王庆成主编：《中国近代史资料丛刊续编·太平天国》（二），桂林：广西师范大学出版社，2004 年，第 387、397 页。

肯从，因违抗君命被革去王爵，后来虽被恢复职务，但仍高举旧称，洪秀全也拿他没办法；天京方面很不信任他，随后拆散了李世贤、黄呈忠、范汝增、练业坤的四人同盟，将范汝增、练业坤调入天京，削弱了李世贤的力量，实际是削弱了太平天国在浙东的统治。如此内耗纷争，只能是作茧自缚，自伤根本。

李秀成和陈玉成是后期太平天国最主要的军事将领，由于他们精诚团结，协作互助，扭转了天京事变以来太平天国战略退却的不利局势，开拓了战略反攻的新局面。李、陈二人因此被认为是亲密无间的战友、伙伴，李秀成讲："至陈玉成，在家与其至好，上下屋之不远，旧日深交，来在天朝，格宜深友。"[①] 但他们之间出于利益矛盾并非没有纷争。

在韦俊事件上，陈、李意见不一，酿成内讧。1859 年 9 月，为躲避杨辅清、杨宜清兄弟的寻衅，时任太平天国右军主将的韦俊率军由池州渡江，意欲投靠李秀成而另寻地盘。结果为陈玉成所不容，他封锁江面，不让韦部过江投靠李秀成，双方"彼此忿争，于和州地界两相杀戮"，李秀成部支持韦俊，与陈玉成部械斗，"杀毙数千人"，韦俊最终决意降清。[②]

在二克江南大营和随后的攻克苏、常战役中，洪仁玕调陈玉成部前来参战，李秀成对陈玉成这次"不约而来"非常吃惊。[③] 用"围魏救赵"之计佯攻杭州以分江南大营之兵的战略，是李秀成、李世贤、杨辅清等人在第二次芜湖会议上的决策。当时天京已被完全合围，李秀成自然不会像洪仁玕在自述中说的那样先回天京聆听洪仁玕"攻击其背虚之

① 《忠王李秀成自述》，罗尔纲、王庆成主编：《中国近代史资料丛刊续编·太平天国》（二），桂林：广西师范大学出版社，2004 年，第 353 页。

② 《钦差大臣胜保奏报陈玉成韦志俊互相仇杀宜趁机攻金陵片》（咸丰九年八月二十四日），中国第一历史档案馆编：《清政府镇压太平天国档案史料》第 21 册，北京：社会科学文献出版社，1996 年，第 535 页。

③ 《忠王李秀成自述》，罗尔纲、王庆成主编：《中国近代史资料丛刊续编·太平天国》（二），桂林：广西师范大学出版社，2004 年，第 367 页。

处"的指教。洪仁玕在得到李秀成奏报后，调派陈玉成参战，有分功之嫌（不使李秀成独得全功），陈玉成不顾湘军大兵逼近安庆的危机贸然东进，则是出于争抢江南膏腴之地的目的。陈玉成派自己的头号勇将刘昌林取常州，黄文金取常熟，自己兵发扬州、杭州，他在苏南安排的部将后来均被李秀成逐走，唯陈部将详天福侯裕田与李部将慷天燕钱桂仁同守常熟，但侯"系文职，不理军务，唯钱伪帅操兵农之权"。[①] 陈玉成很是不满，1860 年 6 月，陈玉成专程由天京赴苏州，与李秀成会谈苏南地盘划分问题。陈玉成因在"江南无立足之地"，"意欲提兵赴浙江上游一带"，与李秀成发生争执，迫使干王洪仁玕前往苏州"调停忠英二酋之误会"，[②] 最终陈玉成只在苏南要得唯一据点丹阳，派其叔父然王陈时永驻守。[③]

陈玉成返皖后，将李秀成安排在皖北的守将朱兴隆、黄金爱、吴定彩全部调离，或协防安庆，或随军行动，导致李秀成在皖北的地盘丢失。李秀成在苏南则公开排挤陈玉成的部队，大造舆论。1860 年 6 月 15 日，李秀成在苏州城中张贴告示："本月二十八日，英王将移兵此城，尔等善良之庶民，本无罪孽，若遭涂炭，事尤可哀。故此，自今日起至明晚止，应速散去。倘或迟滞，待英王兵至，忠王虽爱惜苍生，恐亦无能为力。"遂大开城门，放百姓出城。故百姓中流传"盖闻此英王者，一向草菅人命，所到之处，不问男女老幼，见则必杀。健壮之民，悉令从军，顺之者生，逆之者亡"，于是"阖（阖）城民众，扶老携幼，不分昼夜，竞相逃命，俨如洪水之奔流"。[④] 李秀成的部队还公开

---

① 龚又村：《自怡日记》，罗尔纲、王庆成主编：《中国近代史资料丛刊续编·太平天国》（六），桂林：广西师范大学出版社，2004 年，第 51 页。

② 华翼纶：《锡金团练始末记》，中国社会科学院近代史研究所《近代史资料》编译室主编：《太平天国资料》，北京：知识产权出版社，2013 年，第 121 页。

③ 李鸿章：《丹阳克复派兵接守句容东坝折》（同治三年四月十一日），《李鸿章全集》第 1 册《奏议一》，合肥：安徽教育出版社，2008 年，第 496 页。

④ 程稼棠：《避难纪略》，中国社会科学院近代史研究所《近代史资料》编辑室编：《太平天国文献史料集》，北京：中国社会科学出版社，1982 年，第 46 页。

宣称陈玉成的部队为"野长毛"。① 陈玉成也不甘示弱，"江阴、常昭两县为英逆麾下攻取，苏省为忠逆独占，陈逆不慊，每择繁华市镇，多设一卡，归英逆管辖，以资军需"，② 甚至纵兵焚掠，"或云此股恶匪系属伪英王、护王麾下，因忠王兵丁曾犯其地，故尔报仇"。③ 总体来讲，陈玉成、李秀成的苏南地盘之争，是以李秀成的获胜而告终的，但导致陈、李之间积怨颇深，以致在接下来的安庆保卫战和二次西征中，李秀成三心二意、迁延不前，对援救皖省（陈玉成"分地"）态度消极。陈、李政争的后果相当恶劣。

陈玉成在太平天国的人缘似不太好。后期太平天国朝内的政争主要是洪氏和异姓将领之间的争斗，但对陈玉成，各派势力又均与其关系不睦。对待捻军，陈玉成一向严酷，逼着他们远征湖北、死守安庆，酿成捻军分裂、仇杀，连和他并肩作战多年的盟友、捻军各旗盟主张洛行也认为陈玉成"他们待人不好"。④ 而李秀成十分珍惜自己招来的捻军"百万之众"，被洪秀全封为忠王，"悬印月余未敢视事"，请求洪秀全加封捻军将领韩碧峰、韩绣峰兄弟后才敢受任。⑤ 陈玉成败困庐州，四处求援，李秀成、张洛行、马融和等俱不肯来，就连陈玉成的好友陈坤书也予以拒绝，"陈玉成行文到苏，要调人到安庆，陈坤书回复他云，

① 沧浪钓徒：《劫余灰录》，太平天国历史博物馆编：《太平天国史料丛编简辑》（二），北京：中华书局，1962年，第141页。

② 华翼纶：《锡金团练始末记》，中国社会科学院近代史研究所《近代史资料》编译室主编：《太平天国资料》，北京：知识产权出版社，2013年，第121页。

③ 龚又村：《自怡日记》，罗尔纲、王庆成主编：《中国近代史资料丛刊续编·太平天国》（六），桂林：广西师范大学出版社，2004年，第100页。

④ 《张洛行口述》，中国科学院近代史研究所近代史资料编辑组编：《近代史资料》总30号，北京：中华书局，1963年，第28页。

⑤ 《忠王李秀成致伦天燕韩碧峰、萧天燕韩绣峰书》，太平天国历史博物馆编：《太平天国文书汇编》，北京：中华书局，1979年，第245页。

苏省地方费了多少辛苦，现在百姓未伏，万不能来救"。① 太平天国诸王、将领与陈玉成不和的事，曾国藩、李鸿章也知道，李鸿章言："忠（李秀成）、侍（李世贤）、璋（林绍璋）、玗（洪仁玗）诸王皆与狗逆（陈玉成外号"四眼狗"）不合，外畏之而中恨之。"② 可见陈玉成与其他各王素有嫌隙。

太平天国内部的政争大略，亦被敌方探闻。1862 年 10 月，浙江巡抚左宗棠奏称："军中拿获李世贤伪文，谆嘱诸贼死守龙游、汤溪、金华四十日，即行折回，并言逆眷在溧阳为各伪王欺凌，不能不急回料理之状。查贼中伪王可数者共三十余，惟伪忠王李秀成、伪章王林绍璋与李世贤相投合，余则彼此猜忌，势不相下，金陵逆首洪秀全之兄伪勇王洪仁达尤为各贼所恨，似从前杨、韦两逆互相吞噬之事不久必将复见。"③ 李秀成、林绍璋、李世贤结党与洪氏宗族相争之事被确证。天京中央政权的权力倾轧虽未像左宗棠预测的那样再次迅速趋于白热化，但上行下效，蔓延地方，太平军各地方势力之间内斗成风，付出了惨重代价。

1861 年 9 月，驻军苏州的陈坤书与驻守石门的陈炳文为争地盘在嘉兴城下火并，据龚缙熙《自怡日记》："闻嘉兴之战，系苏贼与石门贼争斗，并非官兵。"④ 是岁冬，陈坤书又因与李秀成有矛盾，率部转至常州，受封"护王"，以常州为分地，不再受李秀成节制。⑤

---

① 《英王陈玉成请护王陈坤书迅速来救书》，太平天国历史博物馆编：《太平天国文书汇编》，北京：中华书局，1979 年，第 252 页；《吴在田探报》，太平天国历史博物馆编：《吴煦档案选编》（三），南京：江苏人民出版社，1984 年，第 291—292 页。

② 曾国藩：《曾国藩全集》第 20 册《家书之一》，长沙：岳麓书社，2011 年，第 637 页。

③ 《督办军务左宗棠奏报官兵攻剿龙游等处获胜并攻克寿昌折》（同治元年九月初九日），中国第一历史档案馆编：《清政府镇压太平天国档案史料》第 24 册，北京：社会科学文献出版社，1999 年，第 605 页。

④ 龚又村：《自怡日记》，罗尔纲、王庆成主编：《中国近代史资料丛刊续编·太平天国》（六），桂林：广西师范大学出版社，2004 年，第 75 页。

⑤ 《忠王李秀成自述》，罗尔纲、王庆成主编：《中国近代史资料丛刊续编·太平天国》（二），桂林：广西师范大学出版社，2004 年，第 379 页。

1861 年 10 月至 1862 年 1 月，陡门守将粹天侯谭某与濮院守将钟良相争夺地盘。1862 年 1 月 7 日，谭某率兵"往桐乡与钟长毛争馆子，云奉伪忠王令将钟姓所收仓谷等尽行封锁"，钟良相引兵遁去。1 月 20 日，钟良相又率众托言"奉忠王令至桐乡，又将谭姓所封仓谷等封起矣，谭长毛亦莫能争也"。①

1862 年 3 月，屿城太平军与海宁太平军争夺澉浦、角里堰等处"馆卡"，互相火并，海宁守将蔡元隆亲至袁花镇动员。② 同年 3 月，归王邓光明与保王童容海在杭州内讧，童容海部"先攻大关，与邓为难。焚掠数日，闯入城内，欲劫其珍宝财物，并毁其居"，③ 邓光明率众据柴垛桥相抗，经李秀成出面调解，邓光明付万金予童，童方"拔队出城"。④ 同样是该年 3 月，乾天义李恺运与济天安黄和锦争夺无锡城池，李部太平军"鸣锣开枪，几至攻城"，黄和锦带队出城，保守东门亭子桥钱粮局，李部又将其围困。后经乡官斡旋才平息风波。不久又有晖天义某率太平军争夺无锡，李恺运"贿赂即去"。但是到 1863 年 4 月 20 日，"凶残甚于他逆"的"潮地白"潮王黄子隆带兵前来无锡掳掠，李恺运只得退出，"伪乾天义率所部退出西门，锡监军厉双福、金监军黄顺元带勇送至惠山，往宜兴而去"。⑤

1862 年 6 月，驻守长兴的襄王刘官芳与夹浦天将争夺长兴地盘，双方争执不下，"均出榜安民，按户给与门牌，索钱五百至二千不等，以有乡官为之，视其肥瘠也"，最终达成妥协，"将长兴分为二段：西

---

① 沈梓：《避寇日记》，罗尔纲、王庆成主编：《中国近代史资料丛刊续编·太平天国》（八），桂林：广西师范大学出版社，2004 年，第 78、88 页。

② 海宁冯氏：《花溪日记》，中国史学会主编：《中国近代史资料丛刊·太平天国》（六），上海：神州国光社，1952 年，第 700 页。

③ 佚名：《寇难琐记》，南京大学历史系太平天国史研究室编：《江浙豫皖太平天国史料选编》，南京：江苏人民出版社，1983 年，第 193 页。

④ 丁葆和：《归里杂诗》，太平天国历史博物馆编：《太平天国史料丛编简辑》（六），北京：中华书局，1963 年，第 462 页。

⑤ 佚名：《平贼纪略》，太平天国历史博物馆编：《太平天国史料丛编简辑》（一），北京：中华书局，1961 年，第 282、291 页。

南一带属陆段，城中伪襄王领之；东北一带归水段，夹浦伪天将领之"。①

1862 年春，侍王李世贤调据守义乌的原天地会首领崇天安陈荣所部赴援衢州、龙游，"陈为粤产，贰于李，不受征发，且聚诸粤贼于邑境，号曰花旗，图反噬"，为此陈荣"屡受督责"，"楚粤二军自相携贰"。6 月，侍王之侄王宗李仁寿自处州败退永康三十里坑驻扎，派游骑抄掠义乌四乡。陈荣联络二十八都朱凤毛等民团，"与永康贼相持四十余日"，李仁寿所部"屡受创，几不能军"，败遁。9 月 26 日，陈荣所部也被当地民团击溃，被迫放弃义乌县城，转投驻扎在严州的原天地会首领谭富。②

1863 年 6 月，湖州、宜兴太平军至长兴"括粮"，湖州太平军"至东路之横山桥"，宜兴太平军"至北路之蒋埠桥"，两路夹攻，劫掠粮船，而长兴太平军"水陆二队，则亦畏其声势，但能作壁上观"。不久，长兴守将浊天福潘顺天自溧阳返回，他率军"往击横山桥括粮之贼，未逾时果经击退，而其驻扎于蒋埠桥者，亦不击自逃"。③

1863 年 9 月 2 日，嘉兴守将荣王廖发寿与乌镇守将何培章突然率军占领桐乡和濮院，"以通妖为罪案，逮钟拷掠"，驻守在此的筱天义钟某所部三千人被消灭，筱天义将"行囊所带及身上金玉等尽出以献，乃免刑"。④

到了天京陷落后将近一年，即 1865 年初夏，侍王李世贤所部与清

---

①　胡长龄：《俭德斋随笔》，中国史学会主编：《中国近代史资料丛刊·太平天国》（六），上海：神州国光社，1952 年，第 760 页。

②　黄侗：《义乌兵事纪略》，出版者不详，1933 年铅印本，第 22—23、32—33 页；黄侗：《义乌兵事纪略》，沈云龙主编：《近代中国史料丛刊续编》第 76 辑第 755 册，台北：文海出版社，1980 年，第 266—267、286—287 页。

③　胡长龄：《俭德斋随笔》，中国史学会主编：《中国近代史资料丛刊·太平天国》（六），上海：神州国光社，1952 年，第 761 页。

④　沈梓：《避寇日记》，罗尔纲、王庆成主编：《中国近代史资料丛刊续编·太平天国》（八），桂林：广西师范大学出版社，2004 年，第 210 页。

军战于闽西南的永定，全军数万人溃败，李世贤"带伤从十数贼策马过河"，生死未卜。① 康王汪海洋以"不救侍王"的罪名，借机杀死李世贤战将王宗李元茂，吞并世贤余部。8 月 19 日，死里逃生的李世贤前往镇平投奔康王汪海洋，汪恐李夺其权，于 8 月 23 日夜将世贤杀死，并杀其旧党五人，诬以"已降官军，兹入镇平复结党图为内应"。② 1866 年 1 月 28 日，汪海洋在广东嘉应州作战时中弹身亡，左宗棠奏报："据各军获生贼供并乞降贼首来禀，佥称首逆汪海洋被枪子从头左偏穿出两眉之际，立即坠马，比舁回州城，则已气绝。"③ 但据传闻，汪海洋死于仇杀："有李世贤心膂欲为世贤报仇者，是日方战以洋枪击海洋，中其颅，至夜创甚而死。"④ 仅一个月后，太平军余部谭体元所部亦败，南方太平军宣告覆灭。⑤

以上所列举的，仅是太平天国地方权力斗争中见诸史册之较有代表性者，像 1862 年一年之内就闹出数十起规模较大的内斗，至于地方各太平军部队之间攻夺"馆卡"的大小事件则数不胜数。长期内耗是太平天国覆灭的重要原因，或者说是最主要的原因。它使得太平天国中央政权人心涣散、薄弱无效，各派系忙于结党营私党同伐异，根本无暇也

① 《闽浙总督左宗棠等奏官军收复诏安及截剿云霄漳浦逸敌获胜等情折》（同治四年五月十二日），中国第一历史档案馆编：《清政府镇压太平天国档案史料》第 26 册，北京：社会科学文献出版社，2001 年，第 428 页。

② 《闽浙总督左宗棠奏报李世贤被汪海洋暗杀情由片》（同治四年八月二十三日），中国第一历史档案馆编：《清政府镇压太平天国档案史料》第 26 册，北京：社会科学文献出版社，2001 年，第 533 页。

③ 《闽浙总督左宗棠等奏报官军进逼嘉应大获胜仗并汪海洋伏诛折》（同治四年十二月十七日），中国第一历史档案馆编：《清政府镇压太平天国档案史料》第 26 册，北京：社会科学文献出版社，2001 年，第 614 页。

④ 朱世孚：《摩盾余谈》，太平天国历史博物馆编：《太平天国史料丛编简辑》（一），北京：中华书局，1961 年，第 134 页。

⑤ 《闽浙总督左宗棠等奏报官军收复嘉应大获全胜并请奖恤出力人员折》（同治四年十二月二十九日），中国第一历史档案馆编：《清政府镇压太平天国档案史料》第 26 册，北京：社会科学文献出版社，2001 年，第 620—625 页；左宗棠：《陈明谭体元伏诛缘由片》（同治五年三月初十日），《左宗棠全集》第 3 册《奏稿三》，长沙：岳麓书社，2009 年，第 15—16 页。

太平天国再研究

无法从容应对内忧外患的政治军事形势。虽然后期太平天国朝内的政争，由于频繁的人事更迭和日益严峻的形势没有发展为大规模的流血事件，但对太平天国的影响是致命的，其危害丝毫不亚于数年前的天京事变。到天京陷落之时，城内早已陷入粮荒，洪秀全也以"甜露"（野草团）为食。① 但是湘军破城后，却意外地在各王府搜出大量粮食，曾国藩的幕僚赵烈文大为不解，向被俘的李秀成询问此事，李秀成喟然叹曰："城中王府尚有之，顾不以充饷，故见绌。此是我家人心不齐之故。"② 合则两利，离则两伤，覆巢之下岂有完卵？太平天国的中央大员们在国亡城破之时尚且如此，声势正炽时的倾轧状态可以想见。

地方内耗的影响因子尤为不可忽视。该论断也支持了不宜将天京事变视作太平天国盛衰转折点的立论。一方面，大多数地方将领株守畛域，坐视太平天国中央政权覆灭而不顾，他们"顾己不顾人，顾私不顾公"，③ "各争雄长，败不相救"，④ 对中央调派援京的指令置若罔闻；另一方面，忙于享乐和内争的施政者，全然不记得起兵伊始对百姓的许诺，他们的《天朝田亩制度》成为一纸空文，土地分配制度从来就没有施行过，却代之以严刑峻法、苛捐杂税，太平军进而失去农民的支持，甚至激变田野。正如美国学者蒲乐安（Roxann Prazniak）所言："叛乱者定都南京后，由于在常年战争条件下协作进行社会运动埋下的隐患，叛乱领导人之间的分裂削弱了叛乱者实现其革命目标的努力，这些目标包括平均分配土地和废除官方把持、维护统治的中国传统经

① 《忠王李秀成自述》，罗尔纲、王庆成主编：《中国近代史资料丛刊续编·太平天国》（二），桂林：广西师范大学出版社，2004年，第387页。

② 赵烈文：《能静居日记》，罗尔纲、王庆成主编：《中国近代史资料丛刊续编·太平天国》（七），桂林：广西师范大学出版社，2004年，第273页。

③ 《昭王黄文英在江西巡抚衙门供词》，罗尔纲、王庆成主编：《中国近代史资料丛刊续编·太平天国》（二），桂林：广西师范大学出版社，2004年，第442页。

④ 赵尔巽等：《清史稿》第14册，卷475，列传262，"洪秀全"，北京：中华书局，2003年，第12947页。

典。"① 与良性社会政治背道而驰的是，互相劫掠和内斗成为太平天国地方行政的风潮。曾国藩和李鸿章都观察到"各贼不能相统，此贼所踞，难免彼贼劫掠"的现象。② 金华文人方芬以诗歌的形式记录下因广西籍太平军和广东籍太平军（前身是天地会部队）在浙江金华自相攻杀而殃及无辜百姓的凄惨场景："雀鼠争雄未肯降，五花旗帜舞猖狂。频驱士女充军数，尽废田园作战场。两广锋交黄石岭，八方火起白沙庄。村墟寥落成乌有，一望无垠百里长。"③ 民间甚至针对据守太平军和过境太平军内斗一事，区别称之为"卡贼""野贼"或"野长毛"。④

如图 4-7 所示，在后期权力结构运作模式中，洪秀全可直接或通过亲手提拔起的中央权贵向地方实力将领下达王命，操纵政权机器。但中央的威信和管辖权在天京事变后遭到严重削弱，缺少军功资本的洪仁玕、蒙得恩等中央权贵的行政命令在一定程度上受到掌握重兵、各据地盘的李秀成、李世贤等实力派的抵触。洪秀全和中央权贵不得不联合、依赖陈玉成、李秀成、李世贤等，让他们参与中枢决策，并付诸实施。于是就在中枢决策系统和地方执行系统之间形成了地方决策和执行系统，严重影响了中央决策的输出与支持。

---

① ［美］蒲乐安：《骆驼王的故事：清末民变研究》，刘平等译，北京：商务印书馆，2014 年，第 28 页。

② 《曾国藩李鸿章奏为苏松太三属岁征浮额积弊太深请比较近来完数酌减定额等事》，同治二年五月十一日，军机处录副奏折，档号：03-4846-045，中国第一历史档案馆藏。

③ 方芬：《书诗志恨六十首》，中国社会科学院近代史研究所近代史资料编辑部编：《近代史资料》总 75 号，北京：中国社会科学出版社，1989 年，第 87 页。

④ "卡贼"即镇守据点的太平军，"野贼"即过境之太平军。张乃修《如梦录》记载："午间，南桥卡贼入城报信，伪听王率二千人，欲与野贼相并，嗣知贼退，率众回城。"张乃修又记："（无锡太平军）或出掠则至江阴、常熟等乡，必出锡、金之境。然江阴、常熟之贼，亦时至锡地扰掠，名曰：'野长毛'。"［张乃修：《如梦录》，太平天国历史博物馆编：《太平天国史料丛编简辑》（四），北京：中华书局，1963 年，第 616、609 页。］

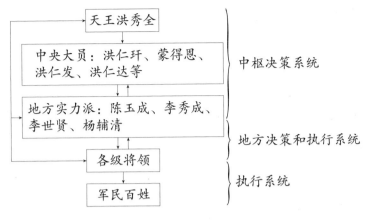

图 4-7　后期太平天国的权力格局

但是，洪秀全也直接参与地方决策和执行事务，直接向地方各级将领下达诏令，后期分封诸王使其各自招兵，将各级将领纷纷纳入地方决策系统，干预地方决策的形成。李秀成、陈玉成等地方实力派对各级将领的统属地位严重动摇，地方决策的输出与支持又陷入瘫痪。

后期太平天国的权力结构就是处于中央和地方、中央内部、地方内部矛盾的错综复杂和交织中。党争日炽，政令不通，国家机器锈蚀钝化，危机重重。李秀成总结太平天国的失误时，关于权力结构者有二："误封王太多，此之大误"，"误立政无章"。① 这或是他们血的教训。

结合前文所述，太平天国时期，太平政权的权力结构经历了复杂的演变："类垂直的一元架构" — "非对称的二元架构" — "对立的二元架构" — "错综复杂的一元架构"

终太平天国之世，洪秀全及太平天国的领导人们也没能建立起稳固、高效的权力结构，后期太平天国的权力斗争一直都没有停歇。可以说，贯穿太平天国始终的权力斗争是"天国"陨落的一个重要原因。

---

① 《忠王李秀成自述》，罗尔纲、王庆成主编：《中国近代史资料丛刊续编·太平天国》（二），桂林：广西师范大学出版社，2004 年，第 397 页。

天京政权的倾覆绝不代表太平天国的终结，后期太平天国权力结构中残存的地方决策和执行系统在太平军余部发挥了余热，太平军余部的军政权力较为成功地过渡和衔接起来。在南方，太平军余部的军队指挥权实现了由侍王李世贤（二等王）、康王汪海洋（三等王）到偕王谭体元（四等王）的较好承接；[①] 在北方，遵王赖文光虽仅是捻军各旗名誉上的盟主，但从其上司扶王陈得才处接管过来的原西北太平军余部则一直效忠于他，直至 1867 年在扬州覆灭；而太平天国旗帜最后的坚守者，在西北有梁王张宗禹的部将袁大魁（于陕西覆灭），在西南有翼王石达开的部将亲天燕李文彩（于贵州覆灭），他们分别坚持到 1869 年和 1872 年。可见，在没有政权或政权处于流亡状态下，"兵为将有"是最好的"政权"形式。洪秀全"众建诸侯而少其力"（贾谊《治安策》）的主观愿望破灭，却在他本人身死、人间天堂坍陷后获得了客观收益，这是他意料之外的。

（三）官场百态

权力斗争和吏治腐败往往互为因果。权力斗争引发人事腐败，激发人们的物欲，吏治败坏、物欲膨胀反而又促发、加剧权力冲突。太平天国的吏治恶化并非只存在于后期，而是自早期就开始自上而下地逐渐蔓延，并且埋下了后期吏治糜烂的伏笔。

太平天国早期的吏治腐败主要表现在权力高层。太平天国的领导者

---

① 昭王黄文英在自述中说："那天朝的王有五等。若从前的东西南北四王、翼王，现在的干王，执掌朝纲，是一等王；若英王、忠王、侍王，执掌兵权，是二等王；若康王、堵王、听王会打仗的，是三等王；若我与恤王，是四等王；那五等王一概都叫列王。"列王不再给王号，再到后来，竟有"王"字加头上三点，即"小王"之封（尘）。黄文英说："起初是有大功的才封王，到后来就乱了，由广西跟出来的都封王，本家亲戚也都封王，捐钱粮的也都封王，竟有二千七百多王了。"《黄文英供词》，罗尔纲、王庆成主编：《中国近代史资料丛刊续编·太平天国》（二），桂林：广西师范大学出版社，2004 年，第 442 页。

们一方面宣扬"天下一家""四海皆兄弟"的社会构想，主张芸芸众生同为上帝子女，彼此皆为兄弟姊妹；① 但另一方面在凡间——"小天堂"却着力营造一个等级森严、尊卑有别的礼法社会。对这一理论建构与实践上存在的矛盾、脱节，太平天国的领导人始终难以解释清楚，洪秀全只能把人间"五伦"俱归于"天伦"，将世俗礼法简单归于"天排定"，即上帝意志的体现，人们只得坚耐、遵从。"贵贱亦分上下，制度必判尊卑"，② 这是上帝信念由尊崇、神圣逐渐趋于平淡、没落的重要原因。

从贫瘠闭塞的广西紫荆山区一路高歌猛进，挺进繁华富庶的江南地区，太平军长期遭受压抑的物质欲望迅速膨胀，锐志和理念悄然蜕变，安富尊荣思想泛滥。但由于素以铁腕治军理政的东王杨秀清的存在，"东王佐政事，事事严整"，③ "令行禁止""臂指自如"，④ 太平天国前期的吏治尚未失控。但洪、杨为首的太平天国领导集体认为自己打江山、坐江山，理所应当地享有江山的一切财富，享乐意识逐渐蔓延。到太平天国后期，由于权力格局的变动，洪秀全等人掌控不了复杂的政局，加之权力斗争日益加剧，领军将领各领"分地"，拥兵自重、各自为政、骄奢淫逸，贪渎之风从朝内蔓延军中、地方，官场风气糜烂，一发不可收拾。

首先，太平天国的吏治败坏表现在领导群体的生活糜烂。诸王大兴土木，广治宫室，讲究排场，大摆仪仗。洪、杨等首义诸王的碗筷、溺桶、脸盆等各种器皿时用金子打造，桌子、灯台亦欲以金器制造，中下

① 《颁行诏书》，中国史学会主编：《中国近代史资料丛刊·太平天国》（一），上海：神州国光社，1952年，第164页。

② 《佐天侯陈承镕告官员兵士人等恪遵定制晓谕》，太平天国历史博物馆编：《太平天国文书汇编》，北京：中华书局，1979年，第90—91页。

③ 《忠王李秀成自述》，罗尔纲、王庆成主编：《中国近代史资料丛刊续编·太平天国》（二），桂林：广西师范大学出版社，2004年，第350页。

④ 《干王洪仁玕立法制諠谕》，太平天国历史博物馆编：《太平天国文书汇编》，北京：中华书局，1979年，第94页。

级官员纷纷仿效，"臂必带镯，手必戒指。广西、湖南人鲜有不备者，无金则银"。[1] 杨秀清出行时，仪仗煊赫，随行者上千人，甚至需拆毁两边民宅以拓宽道路，如赛会状，"出则贼众千余人，大锣数十对，龙凤虎鹤旗数十对，绒采鸟兽数十对，继以洋绉五色龙，长约数十丈，行不见人，高丈余，鼓乐从其后，谓之'东龙'。乐已，大舆至，舆夫五十六名，舆内左右立二童子，拂蝇捧茶，谓之仆射，舆后伪相，及众贼官等百人从焉。又继以龙如前状焉，行乃毕。每日早坐伪殿，伪相一人，伪尚书二人，伪承宣二人，伪指挥二人，以次侍见"。[2] 洪、杨在全体军民中推行禁欲主义，他们自己却大搞多妻制，号召民众"细思尔等有女，各要贡献"，[3] 这种行为一度引发军心动荡，民众厌恶。许多史料记载杨秀清因纵欲过度眼疾复发，损一目，曾为此张贴告示，重金寻访眼科名医。[4] 他连坐的轿子、睡的床有的都是玻璃做的，里面可以蓄水养鱼，极尽奢侈。

到了后期，政局紊乱、涣散，诸王各有"分地"，划地而守。从李秀成、陈玉成到一般官员、将领，无不效仿中央，在各自地盘上寻求享乐，聚敛财富。太平军及其领导者将生产所获财富作为"天赐"，言其理所应当享尽"天福"，有的将领甚至讲："凡物皆天父赐来，不须钱买。"[5] 李秀成在苏州修的忠王府历时三年，动用数千工匠，至城破尚未完工。李鸿章见后慨叹："琼楼玉宇，曲栏洞房，真如神仙窟宅"，

---

① 涤浮道人：《金陵杂记》，中国史学会主编：《中国近代史资料丛刊·太平天国》（四），上海：神州国光社，1952 年，第 615 页。

② 谢介鹤：《金陵癸甲纪事略》，中国史学会主编：《中国近代史资料丛刊·太平天国》（四），上海：神州国光社，1952 年，第 668 页。

③ 谢介鹤：《金陵癸甲纪事略》，中国史学会主编：《中国近代史资料丛刊·太平天国》（四），上海：神州国光社，1952 年，第 677 页。

④ 《北王韦昌辉招延良医诫谕》，罗尔纲、王庆成主编：《中国近代史资料丛刊续编·太平天国》（三），桂林：广西师范大学出版社，2004 年，第 13 页。

⑤ 张汝南：《金陵省难纪略》，中国史学会主编：《中国近代史资料丛刊·太平天国》（四），上海：神州国光社，1952 年，第 716 页。

"花园三四所，戏台两三座，平生所未见之境地也"。① 在苏州，除了忠王府，各将领均争相营造府邸，"自北街迤西至桃花坞，凡伪府四五处。他若任蒋桥、钮家巷、砂皮巷、旧学前、铁瓶巷，延袤及于东南；而南北两显子巷合而为伪听王府，包入洽隐图，巷遂中截。伪王府已不下数十处，其党复以次兴造，三四年间，迨至官军收复，而土木之工未尝少止"。② 苏南、浙江各地的太平军守将基本如是，侍王李世贤在金华、来王陆顺德在绍兴均建有规模浩大的王府。营造大大小小的宫室、府邸需要资金、材料、人工，这批耗费自然以赋税、捐费、徭役的形式加诸民间，增重了民众负担。

太平军官员在生活中大讲排场的风气愈演愈烈，前期主要是在天京的王、侯及文武官员，后期在地方上甚或乡官出门也是前呼后拥、净水泼街。例如平湖守将麻天安陈玉书摆队游街的场面颇为壮观，"第一队大锣四面，军健马牌五六十人，各执皂旗；第二队五六十人，各执鸟枪，连环施放；第三队马牌八对，黄伞六顶，龙凤黄旗四对，蜈蚣旗四对，步伍整齐，人声寂静。第四队俱是马队，居首者头戴黄缎绣龙兜，束以金抹额，上缀红绒球，身穿黄缎绣龙褂，黄绸马衣，足蹑五色绣花鞋，锦鞍银镫，按辔徐行，年约五旬左右，…… 此即贼首麻天安也。……随后或黄箭衣，或蓝箭衣，或黄缎褂，或红绸褂，或黄巾，或红巾，或玄或蓝，背后下披或至腰，或至足，上俱是五色绣花镶鞋"。③ 陈玉书此时还仅是安爵，其他各王及高级爵位官员的出场则更是随从成阵，旗帜如云，声势浩大，至于一般太平军官员也是"出必数

① 转引自罗尔纲：《太平天国史迹调查集》，北京：生活·读书·新知三联书店，1958年，第31页。

② 潘钟瑞：《苏台麋鹿记》，中国史学会主编：《中国近代史资料丛刊·太平天国》（五），上海：神州国光社，1952年，第286页。

③ 顾深：《虎穴还生记》，中国史学会主编：《中国近代史资料丛刊·太平天国》（六），上海：神州国光社，1952年，第741页。

骑联行，前列乐部，乐器不必全，以铙为贵，口中嘈杂歌唱"。① 有的官员也效法诸王，生活上大讲排场，如驻扎在常熟东周市的一位朝将，用餐时须鼓乐齐鸣，"每日晨起放炮三声，伪典乐者即吹打至洗脸毕方止，吃饭亦然，凡为贼目者，无不如是也"。② 秀水濮院镇的一位守卡小头目结婚，"办酒卅余桌，用鼓乐请大士地赞神歌"。③

吸食鸦片是当时社会的一大恶习，太平军在军中、民间严厉推行禁烟令。然而在太平天国后期，太平军中竟有一些将领公然吸食鸦片。常捷军首领日意格（Prosper Marie Giquel）曾经见过归王邓光明，他说邓"为了使自己麻木，竟然一天抽上 12 烟斗的鸦片"，所以他对邓的印象十分不好，"他那放荡的外表和写在他脸上的吸食鸦片的恶习丝毫也激不起人们对他的同情"。④ 松江文人顾深被掳入太平军军营，他被带去拜见将领，一刘姓将领和一何姓将领正在"对卧吸鸦片"。⑤ 在太平军中担任掌书的陆畴楷在疲倦之时"取烧酒饮，又大声命水浴身"，"浴毕，吸食鸦片十数筒，始复人形"。⑥ 吏治腐败和太平军中烟毒的蔓延有着千丝万缕的联系，是地方官场奢靡泄沓之风的表现，太平天国的禁烟令也逐渐随之流于虚应。

其次，官员贪敛财富是吏治败坏的又一重要表现。《天朝田亩制度》规定了生产分配的原则，即土地收成后每人留有口粮，其余上缴国

---

① 潘钟瑞：《苏台麋鹿记》，中国史学会主编：《中国近代史资料丛刊·太平天国》（五），上海：神州国光社，1952 年，第 281 页。

② 佚名：《避难纪略》，《太平天国史料专辑》（《中华文史论丛》增刊），上海：上海古籍出版社，1979 年，第 70 页。

③ 沈梓：《避寇日记》，罗尔纲、王庆成主编：《中国近代史资料丛刊续编·太平天国》（八），桂林：广西师范大学出版社，2004 年，第 188 页。

④ 夏春涛译：《日意格 1864 年关于中国内战的日记》，《近代史资料》编辑部编：《近代史资料》总 90 号，北京：中国社会科学出版社，1997 年，第 11、14 页。

⑤ 顾深：《虎穴还生记》，中国史学会主编：《中国近代史资料丛刊·太平天国》（六），上海：神州国光社，1952 年，第 733 页。

⑥ 李圭：《思痛记》，中国史学会主编：《中国近代史资料丛刊·太平天国》（四），上海：神州国光社，1952 年，第 485 页。

库，日常消费也是一体平均，当然这是对不在政府各部门服务的"外小"（百姓）而言。军中亦同。定都之前，洪秀全等再三申令，军中缴获财物尽数上交圣库，严禁私藏私带，并厉行取消家庭、严别男女政策，在这些政策、法令的约束下，太平天国早期官员、将领聚敛私财的情况较少（实际上也是机会较少）。

随着后期政局紊乱，严禁拥有私财的法令对各级官员逐渐失去约束，贪渎之风盛行。天京城内，"各伪目无不极富，一馆之内箱椟总不下数百件"。① 李秀成每年生日都会在苏浙各地摊派礼捐（寿贺费）。1862年4月在常熟黄家桥镇每师摊派1500两，在秀水濮院镇派费600两，秀水新塍镇"人参、燕窝、蜡烛等物不过三四百千"。② 他还公开接受下级将领的馈赠，常熟守将钱桂仁"广收金器，打成金狮一对，金凤一对，献媚伪忠王，忠王大悦"。③ 各级将领不但借过生日聚敛财物，升迁调动、婚丧嫁娶均要摊派费用。听王陈炳文为"听王娘"做寿，"王店派三千金"。④ 苏州主将陈坤书升任天将，常熟守将钱桂仁亲往祝贺，"便道吴塔著一军供应银百五十饼，五师帅分当，并办筵席所费不支"。⑤ 中下级军官也是如此，新塍镇一位卢姓官员，"向新人借洋八百元，不允则出铁练及锁以逼之，……又做生日，新塍富户及绅士有家者□□皆往道喜"。桐乡守将钟良相之子抢掳民间女子为妻，"命沈幼巢

① 赵烈文：《能静居日记》，罗尔纲、王庆成主编：《中国近代史资料丛刊续编·太平天国》（七），桂林：广西师范大学出版社，2004年，第168页。

② 佚名：《庚申（甲）避难日记》，罗尔纲、王庆成主编：《中国近代史资料丛刊续编·太平天国》（六），桂林：广西师范大学出版社，2004年，第233页；沈梓：《避寇日记》，罗尔纲、王庆成主编：《中国近代史资料丛刊续编·太平天国》（八），桂林：广西师范大学出版社，2004年，第115页。

③ 顾汝钰：《海虞贼乱志》，中国史学会主编：《中国近代史资料丛刊·太平天国》（五），上海：神州国光社，1952年，第373页。

④ 沈梓：《避寇日记》，罗尔纲、王庆成主编：《中国近代史资料丛刊续编·太平天国》（八），桂林：广西师范大学出版社，2004年，第151页。

⑤ 龚又村：《自怡日记》，罗尔纲、王庆成主编：《中国近代史资料丛刊续编·太平天国》（六），桂林：广西师范大学出版社，2004年，第74页。

办灯四盏，沈不办，被锁以去，后闻送银洋及鸦片等物，乃释放之"。① 太平军将领各守封地，贪图享乐，激发了物质欲望而更加贪渎敛财，为了保障各自利益和争取更多的财富，各地将领又为争抢地盘、关卡、粮饷不时发生摩擦，形成恶性循环。

最后，吏治败坏还表现在人事制度的腐败。因为洪秀全等人要在现实社会中维护尊卑有差、贵贱有序的礼法秩序，他们只能创制一套职别自上而下、特权大小不同的官僚制度，以此宣扬并激励将士勇于上到小天堂，便可荣华富贵、威风排场。进行打江山思想动员的舆论终归要兑现，太平天国定都天京后致力于营建的正是金字塔式的特权等级社会。在这样的社会结构中，个人社会地位的高低和待遇高低完全取决于是否跻身于特权阶层及官职的大小。那些因地缘和血缘关系无法跻身老兄弟阶层的"天国"将士，仍然可以靠军功、资历、才干等因素在新兴军事贵族群体中获取一席之地。这就埋下了天国将士为谋求做官和升官而腐败堕落、丧失锐志的隐患。

前期太平天国人事腐败的症结主要在于血缘和地缘关系在官员升迁中起到了很大作用，这限制了人才资源，影响到人才选拔的公正和官场风气。早在军兴之时，太平天国就规定"凡从至永安州突围之贼，无论伪职大小，悉加功勋二字""凡在金田与祝洪逆生日者，无论伪职大小，悉加功勋加一等五字"，② "累代世袭，龙袍角带在天朝"，"在世则威风无比，在天则享福无疆"，③ "出则服御显扬，侍从罗列，乃马者有人，打扇者有人，前呼后拥，威风排场，可谓盖世"，④ 初步塑造了一

---

① 沈梓：《避寇日记》，罗尔纲、王庆成主编：《中国近代史资料丛刊续编·太平天国》（八），桂林：广西师范大学出版社，2004年，第45、95页。

② 张德坚：《贼情汇纂》，中国史学会主编：《中国近代史资料丛刊·太平天国》（三），上海：神州国光社，1952年，第97页。

③ 《谕兵将立志顶天真忠报国到底诏》，太平天国历史博物馆编：《太平天国文书汇编》，北京：中华书局，1979年，第35页。

④ 《天情道理书》，中国史学会主编：《中国近代史资料丛刊·太平天国》（一），上海：神州国光社，1952年，第390页。

个享有特权的两广客家贵族阶层，使得人们的地域和籍贯在太平天国成了资历和身份的象征。正是因地域偏见，才酿成了诸如韦昌辉部下殿前右二承宣张子朋激变水营之事，间谍张继庚从中挑拨，营中遂流传"东王待广西人厚待湖南人薄之议"，"湖南人果煽动结盟，思投大营"，[①] 若非杨秀清亲自出面，严惩韦、张，安抚水营指挥唐正才，处置及时得当，势态必将扩大。[②]

血缘关系和人际关系在人事升迁方面也很重要。首义诸王的亲属、亲信在仕途上会受到特别照顾。太平天国前期的朝政实际掌握在杨秀清手中，他用人就带有明显的"偏私"。早期侯爵非常尊贵，包括追封在内有案可查者共19人，其中就有杨秀清的表兄卢贤拔为镇国侯，甥婿林大基为襄天侯，姐夫黄维纲为匡天侯，私人医生李俊良为补天侯，亲信吉成子为翊天侯，亲信傅学贤为扶天侯，亲信刘绍廷为助天侯，所谓"东党"势力竟居三成以上。这里除了卢贤拔、李俊良资历老而功劳稍大外，其他人更多的是倚靠东王的关系上位。东王府的六部尚书、承宣、簿书等属官职务不高，却受东王信任而把持朝政大权。相较之下，罗大纲后来虽一路攻城拔寨，战功显赫，但直到1855年在芜湖阵亡前仍然只是冬官正丞相，始终未获擢升，而功劳相近的秦日纲、胡以晃此时却已封王，林凤祥、李开芳、朱锡锟等也封侯爵。究其原因，与他"非粤西老贼"，出身天地会，不受东王信任，有直接关系。[③] 捻子头目李昭寿在1855年杀徽宁池太广兵备道何桂珍，以数千精锐之众举英山投靠太平天国，仅被授为殿右七十二检点，此后直到他降清，再未见太平天国给其加官进爵，可见不公，似与他出身有关。

① 张德坚：《贼情汇纂》，中国史学会主编：《中国近代史资料丛刊·太平天国》（三），上海：神州国光社，1952年，第46页。

② 张继庚：《张继庚遗稿》，中国史学会主编：《中国近代史资料丛刊·太平天国》（四），上海：神州国光社，1952年，第762页。

③ 张德坚：《贼情汇纂》，中国史学会主编：《中国近代史资料丛刊·太平天国》（三），上海：神州国光社，1952年，第61页。

但在杨秀清时代，任人唯亲、滥施赏罚的风气尚未蔓延。杨秀清在用人理政上又有知人善任、赏罚分明、宽严相济的一面，"军功""能力"仍是其用人之关键，"血缘""地域""人情"并非主流标准。杨秀清曾结拜了许多杨姓兄弟，均以"清"字辈排行，封为"国宗"，如后来封为中军主将、辅王的杨辅清，以及杨元清、杨宜清、杨雄清等。但这些嫡系将领在天京事变前才被杨秀清派往前线统兵作战，在之前很长一段时间里他们仅是京城里的闲散王戚，充作东府耳目罢了。在进军江南及此后的东征西讨中，杨秀清从基层大胆使用并破格提拔了李秀成、陈玉成、吴如孝、陈坤书、林启荣、唐正才等将领，这些人后来都成为太平天国独当一面的大将，连诸王及其子弟也悉数听其调派。各王没有封地，任职并不固定，来往各处，奉命行事，如石达开可以接替韦昌辉守天京，韦昌辉可以顶替石达开巡视江西，秦日纲可以代石达开经营安徽；诸王也不能指挥自己家族的将领，如石达开的堂兄石祥祯曾受韦昌辉指挥，韦昌辉的亲弟韦俊长期受石达开指挥，石达开堂兄石凤魁因武昌失守直接被杨秀清调回天京处死。可见杨秀清将太平军锻造成了一支强大的"中央军"。

故李秀成、洪仁玕在事后回想起来十分向往士气高昂、人心悦服的杨秀清时代，洪秀全后来也一直缅怀和纪念那个可以让他安坐天王龙椅的杨秀清，却在内外交困的惨淡格局中再也找不到一位杨秀清式的人物。清方间谍张德坚也承认杨秀清"有才能可任使者，以恩结之"，"有功亦破格升迁，赏不逾时，而桀骜不驯之徒，遂群焉俯首，甘心服役，至身临矢石而不惮膏途草野而无悔"，"朝为散卒，暮擢伪帅"。[①] 有时杨秀清也会对自己的处事不公做一些弥补性措施，如因夫妇私会被捕的陈宗扬被处死，而同时被锁拿的表兄卢贤拔仅被革职为奴，想必此事

---

① 张德坚：《贼情汇纂》，中国史学会主编：《中国近代史资料丛刊·太平天国》（三），上海：神州国光社，1952年，第46、108、132页。

太平天国再研究

引来不少朝臣议论。十几天后，杨秀清假天父之口命女官杖责东王五十板，惩戒他办案不公，"不惟不足以服朝官，尤恐不足以服天下"。[①] 当然这也有杨秀清以自己受些伤痛来堵塞悠悠众口，保全表兄的可能性，毕竟做出如此省思的姿态，比起千般强调"只有人错无天错，只有臣错无主错"的天王洪秀全要高明许多。[②] 杨秀清在用人方面，也是只信任洪家人、一味乱封王侯的洪秀全无法比拟的。因为杨秀清治国理政能够在失误中汲取教训，并且尽快采取补救措施，所以尽管太平天国前期在军事上迭遭挫败，但总体的势态还是在发展中。

由于是人治，杨秀清治国理政的手段全靠他天生的素养，有时显得非常随性，或是感情用事，没有高效的制度保障，这导致了太平天国人事制度的弊端、用人的狭隘性始终得不到纠正；加之太平天国文化政策的失误、宗教体制的局限，难以赢得大多数知识分子的支持，最终使太平天国陷入人才匮乏的困境。

洪仁玕到天京后，在主政伊始就觉察到太平天国人事任用和奖惩制度混乱的危害。他为此专门颁布《立法制諠谕》："前此拓土开疆，犹有日辟百里之势，何至于今而进寸退尺，战胜攻取之威转大逊于曩时？良由昔之日，令行禁止，由东王而臂指自如；今之日，出死入生，任各军而事权不一也"，"动以升迁为荣，几若一岁九迁而犹缓，一月三迁而犹未足"。洪仁玕强调必须着手纠正时弊，"夫国家机要，惟在铨选"，厉行《钦定功劳簿章程》，严禁私授官爵。[③] 随后又呈献《资政新篇》，提出了一系列革新主张。可以说，洪仁玕的眼光无疑是一流的，他在香港多年的游历让他具有了迥乎寻常的洞察力，但他的言行却不一致。例如在《立法制諠谕》颁行不久后的 1860 年秋冬间，太平天国朝

① 王庆成编注：《天父天兄圣旨》，沈阳：辽宁人民出版社，1986 年，第 109 页。

② 《天父诗》，中国史学会主编：《中国近代史资料丛刊·太平天国》（二），上海：神州国光社，1952 年，第 484 页。

③ 《干王洪仁玕立法制諠谕》，太平天国历史博物馆编：《太平天国文书汇编》，北京：中华书局，1979 年，第 94 页。

内突然流行保奏官员的风尚，各王竭力安排亲信，以洪仁玕保封尤多。在幼主升授官员的诏旨中，多有"今览玕叔本奏，论功保举"的字样，洪仁玕每次动辄保奏几十人为福爵以上，远超陈玉成、李秀成等的保奏规模。正是朝内保奏封赏泛滥，洪秀全意识到问题的严重性，在1861年2月5日以幼主的名义下诏《暂免保封文武属员》。但洪仁玕不予理会，两天后一次性保举义爵以下福爵以上官员37人，其中连本应主管铨选事务的最高官员"吏部正天官""职同副掌率"也由洪仁玕保举出来，其中大多数人名不见经传，洪秀全为保全总理大臣的颜面还是诏准。① 在实践中，洪仁玕善于否定自我，缺少坚持和推行自己政见的决心，缺少革新旧弊的勇气，最终只能服从于洪秀全的意志，所以他最初主张的以统一事权为宗旨的改革很快流于失败。或许后人高估了洪仁玕改革思想的先进性，他反对的乱封，可能仅是非洪氏的乱封，他所认为的统一，应是统一于洪氏一族的"中央"。各地将领在各自封地内也是任人唯亲，英王陈玉成、忠王李秀成部下大多数是自己的亲戚朋友或亲信幕僚，很少信用外人。

后期太平天国滥设官爵、乱封诸王愈演愈烈，用人铨选陷于混乱，人事制度几近崩坍，血缘、地缘、财富成为铨选官员的主要标准，卖官鬻爵公开化。在1860年间，除远征在外的翼王石达开，早先削爵的安王洪仁发、福王洪仁达，以及承袭首义各王的后辈子弟，太平天国只新封了七王，但至安庆失守后的1861年冬，滥封王爵初露端倪，陈玉成、李秀成、李世贤部下大将相继封王，各领封地。至1863年初，"城中群酋受封至九十余王之多，各争雄长，苦乐不均，败不相救"，② 已现亡国之兆。仅在其后一年半的时间里，太平天国封王形同儿戏，"不问何

---

① 参见罗尔纲、王庆成主编：《中国近代史资料丛刊续编·太平天国》（三），桂林：广西师范大学出版社，2004年，第78—91页。

② 曾国藩：《密陈巡阅诸军情况及可喜可惧形势片》（同治二年二月二十七日），《曾国藩全集》第6册《奏稿之六》，长沙：岳麓书社，2011年，第45页。

人，有人保者俱准。司任保官之部，得私肥己，故而保之。有些银钱者，欲为作乐者，用钱到部，而又保之。无功偷闲之人，各又封王"，至天京失陷前，各类王（包括"列王""小王"）"竟有二千七百多王了"，[1] 在全城只有三万多人口的天京城里就有一千多个王，可谓遍地造王府，遍地是王爷，成为真正的"王国"。[2]

　　人事制度的腐败和官员作风腐化同为吏治败坏的表现。两者均是太平天国政争和内斗的伴生现象。滥施爵赏助长了官场的贪墨之风，加剧了军中将领拥兵自重、各自为政的局面；官场贪腐又滋长了官员追逐更高地位的欲望，促发领导群体的摩擦和内耗。太平天国吏治的败坏、政局的紊乱，追根溯源是由太平天国君主专制制度的弊端所致，天王洪秀全是始作俑者，洪仁玕、李秀成、陈玉成等太平天国领导者起到了推波助澜的作用。杨秀清应负有一定责任，毕竟太平天国吏治的弊病始于其主政时期。太平天国吏治糜烂主要是在太平军攻占苏南和浙江之后。进入苏杭繁华之地后，一位太平军"老兄弟"称："我自起兵身历数省，富人之窖藏他处实多，惟宫室、器用、子女、玉帛之类，则苏州为各省冠，谚称'上有天堂，下有苏杭'，我道杭尚不如苏，今与汝等得享天福，当慎守之。"这是太平军沉迷享乐的典型心态。太平军自身意志蜕变，贪图享乐，战斗力亦大不如前，大局终至不可挽回。

（四）权力斗争的历史教训

　　从历史上看，权力格局是权力斗争暂时取得平衡的结果，权力斗争

---

　　[1]《黄文英供词》，罗尔纲、王庆成主编：《中国近代史资料丛刊续编·太平天国》（二），桂林：广西师范大学出版社，2004 年，第 442 页。

　　[2]《洪天贵福亲书自述》，罗尔纲、王庆成主编：《中国近代史资料丛刊续编·太平天国》（二），桂林：广西师范大学出版社，2004 年，第 426—427 页。按，幼天王洪天贵福被俘后，曾亲书太平天国诸王名单 112 人，字迹清楚，排列工整，记忆较为准确，似有规律，可推知封有王号者最多一二百人。结合洪天贵福供词所载天京失陷前城内有 1000 余人，那么黄文英所讲太平天国有 2700 余王则有可能，这些人绝大多数是没有王号的列王、"小王"。

又是权力格局异动的伴生现象，是权力格局的黏合剂。

从上帝会时期开始，随着内部各势力派别的摩擦和斗争、分化和联合，尚处萌芽状态的太平天国之权力格局开始频繁变动。1848 年之前，洪秀全、冯云山和上帝会元老群体彼此合作形成的类垂直一元架构体系相对高效，上帝会初具规模，渐成气候。洪秀全与冯云山之间虽配合默契，但在上帝会早期，洪秀全对自己现实中的政治权力是不太满意的，对冯云山在上帝会众中的崇高威望有一定忌惮。两人曾长期分离，各自行事，直至广西各基地的上帝会势力如火如荼地发展起来，他们才再次走到一起。

杨秀清、萧朝贵崛起后，以各自为中心，同洪秀全、冯云山旧的核心层，同上帝会元老群，同韦昌辉、石达开、胡以晄等新兴势力，展开合作和较量，逐渐锻造而成"天父""天兄"鼎立的非对称二元结构，使太平天国出现了"天父""天兄""天王"三个权力核心。由于政权和教权不分、权力资源分配不均等问题，太平天国早期领导集团成员间的关系也变得微妙而复杂，这便揭开了太平天国权力斗争的序幕。

杨秀清、萧朝贵作为上帝会的后起之秀，与赐谷王家和大冲曾家等会内主要反对势力做了坚决斗争，对冯云山等旧有元老层极尽打击排挤，以至于上帝会早期元勋层销声匿迹，更新换代，取而代之的是杨、萧、韦、石等新兴势力。《天兄圣旨》记载了早期许多重要人物，有的人后来销声匿迹、默默无闻，有的人地位急剧下降、不知所终，或可反映太平天国早期人事更迭、权力变动。①

杨秀清、萧朝贵与洪秀全之间也是既有合作又有矛盾。他们对洪秀全宗教神权和世俗政权的侵蚀引起洪秀全的不满，迫使洪秀全采取反限

---

① 1851 年 3 月 30 日，"天兄"给 23 位重要人物超升灵魂（催眠术）（王庆成编注：《天父天兄圣旨》，沈阳：辽宁人民出版社，1986 年，第 80—81 页）。除冯云山、秦日纲外，其他 21 人在定都天京后大都位卑职低，有的湮没无闻，连陈玉书这一早期太平天国核心领导层成员，曾经地位排在胡以晄、陈承瑢之前，在定都天京后的地位急剧下降。《天兄圣旨》中的不少人名在后来的历史上难以查找。除逝去者外，这显然是朝内政争、人事更迭的结果。

制举措，扶植石达开、秦日纲、胡以晃、陈承瑢等新兴阶层，加强他们的威望以制衡杨、萧，笼络林凤祥、李开芳、罗大纲等统兵大将，增加他们的权力以分化杨、萧，使杨、萧意识到不得不拥护洪秀全的最高元首地位以保障其现有权力。杨秀清对韦昌辉总体上保持打压，而对石达开较为信赖；萧朝贵对石达开则有孤立、压制的举动，却竭尽全力扶植拉拢韦昌辉。随着萧、杨相继主政，韦昌辉、石达开在上帝会和太平天国中的地位变动不居，最终在长沙战役后定格为韦昌辉比石达开地位略高。太平天国在官方文献中叙述首义诸王功绩时仍将二人并列，可见北、翼二王实际权力相差无几，其地位细微的分别可能源自资历、财富和年齿等因素。[①]

在权力结构内部，杨秀清所代言的"天父"和萧朝贵所代言的"天兄"彼此内争，在权力核心的位置时有位移，两者实力消长不定，遂出现杨秀清和萧朝贵交相主政的现象。只不过，千里转战，危机重重的主客观环境令各派势力保持了通力合作，二元结构中"天兄"代言人西王萧朝贵一方势力又在长沙战役中退出，权力斗争始终保持于暗流状态而未白热化。所以在大约四年的时间里，二元权力结构的组成要素和基本构建没有发生断裂，太平天国的政治局势在进军途中保持了相对稳定，这才保证了初创状态下的太平天国处于发展态势。

冯、萧战死后，变成了洪秀全和杨秀清之间的直接交锋。洪、杨之间亦子父、亦兄弟、亦君臣的畸形关系，为权力斗争的升级埋下了隐患。洪秀全表面妥协退让，暗中积蓄力量，联合各派，保持对杨秀清的压力，伺机反扑，形成了"天父"和"天王"对立的二元结构。等到各派力量均认为时机成熟（外部危机暂时解除），可以处理内部纷争的时候，天京血案发生，二元对立结构坍塌，太平天国在军事上的发展局

---

① 《天情道理书》，中国史学会主编：《中国近代史资料丛刊·太平天国》（一），上海：神州国光社，1952 年，第 371—372 页。

面戛然而止。

太平天国前期权力格局虽频繁异动，但自金田起义前至天京事变爆发，大体上保持着二元架构体系（当然不同时段或为"天父""天兄"二元，或为"天父""天王"二元），且因二元架构中的另一方妥协退让或势力稍逊，对强势一方的牵制因素颇多，权力格局尚算稳定。故太平天国早期呈现发展的主流态势，取得了突进永安、攻克武昌、定鼎南京的战绩，东征、西讨、扫北、千里转战，建立了与清廷对峙的政权，几乎占据了东南半壁。

天京事变后，太平天国权力格局陷入无序状态。洪秀全乾纲独断，根据战事发展和政局需要，结合自身利益，不断调整权力秩序，维护天王一元权力架构体系，朝中力量分化，逐渐形成以洪氏宗族为主的中央亲贵层和以统兵大将为主的地方实力派交替运作权力、主持政务的局面，但由于洪秀全的偏信，主要由中央亲贵层主持京中事宜。可是洪氏宗亲大多没有兵权，解围天京又需不时倚仗军中将领，在选任两派时洪秀全反复无常，朝令夕改，故两派势力摩擦严重。洪秀全、洪仁玕与李秀成、陈玉成、李世贤之间，甚至洪姓宗室内部也存在不同程度的嫌隙。外臣与朝臣政争的实质体现了外臣和天王的矛盾，是天王洪秀全乱政的结果。[1] 就连陈玉成与李秀成二人之间也纷争不断，他们恩怨滋长，直接影响战事进展，在东征苏杭、二次西征的战役中均有表现。陈、李纷争最严重的后果是太平天国最具战力的两支生力军被湘淮军各个击破，东西两条战线的联合状态转变为各自孤军奋战。

与前期太平天国的权力斗争集中于核心领导层有所不同，后期太平军各地方势力之间也内斗成风。这一方面削弱了各地驻军的军事力量，

---

① 天王洪秀全在后期亲自出面主持朝政。当洪仁玕苏州对外斡旋失败后，1861 年 2 月 5 日，幼天王下诏《命内外本章免盖干王印并任幼西王萧有和兼赞奏诏》，竟将朝内政务交于孩童。但"玕叔总理仍如前"，洪仁玕尚未被褫夺总理王大臣（军师）之职（太平天国历史博物馆编：《太平天国文书汇编》，北京：中华书局，1979 年，第 76—77 页）。此为天王乱政之始。

另一方面牵制了各地坐镇、佐将、乡官致力地方建设的行政精力，使他们疏于政务，致使基层政权虚弱无力。太平军在城市的军事行动一经挫败，乡村基地也随之坍塌，苦心经营三四年的苏南、浙江膏腴之地，最终仅在半年多的时间里就被湘军完全攻陷。

较杨秀清主政时不同的是，太平天国的权力格局始终维系一元。可这仅是名义上的一元，地方实力派实际已从纷繁的朝内政争中逐渐脱出，转向经营京外基地。地方将领握有军权，划地而守，割据一方，中央亦无可奈何。于是就在中枢决策系统和地方执行系统之间形成了地方决策和执行系统，严重影响了中央决策的输出与支持。后期太平天国权力格局的基本框架维系了八年，在内忧外患中苦苦支撑，实际早已在政争和内耗中失效，1864年随着天京中央政权的覆灭宣告崩塌。

太平天国的权力斗争经历了一个相当长的演变过程，几乎和"天国"历史相始终，这导致太平天国的内讧和分裂，极大地削弱了太平天国的实力。

第一，分裂割据。军中将领以划地为守的方式满足自己的权欲。陈玉成在皖北，李秀成在苏南和浙西，李世贤在浙东，陈坤书在常州，杨辅清在皖南。① 在分地内，最高统帅可以指派、保举各地佐将，有权调遣部属，征收赋税、徭役，招募兵员，俨然独立王国。这就破坏了太平天国前期将领协同作战的原则。他们各守封地，互不相救，最终被敌人各个击破。洪秀全曾意识到"分地制"的弊端，但他意识到的是"分地"削弱了中央洪姓的统治权，而非意识到削弱了太平军的战力，所以他在各大分地里划拨地盘，滥封统帅，建立了一个个大小不等的割据王国。就连李秀成、陈玉成都无法调动自己原来的部将，后来安庆的失陷、雨花台战役的失败，都有各王不听调派、各守分地的因素。不但统

---

① 陈坤书被俘后供："向与四眼狗、李秀成、李世贤等同事，各有分地。"李鸿章：《克复常州折》（同治三年四月初七日），《李鸿章全集》第1册《奏议一》，合肥：安徽教育出版社，2008年，第489页。

兵将领之间争斗倾轧，而且地方统帅与中央的矛盾也在加剧，李秀成在自述中愤怒地说："天王见我兵多将众，忌我私心，内有佞臣之弄，封陈坤书为王，分制我势，我下之将，见此各心不忿，积恨于心。那时主见我部辖百余万众，而何不忌我乎！"①

第二，吏治败坏。到太平天国后期，贪渎之风从朝内蔓延至军中、地方、基层。后期太平天国基层政权的腐朽是整个太平天国吏治败坏的映象，乡官群体的腐败和太平天国朝内、军中的腐败互为里表。太平天国的吏治败坏除了表现为领导群体的生活糜烂，官员贪敛财富，还表现为人事制度的腐败。没有高效的制度保障，太平天国人事制度的弊端、用人的狭隘性始终得不到纠正。后期太平天国滥设官爵、乱封诸王，卖官鬻爵、贪污敛财逐渐公开化。

在专制制度下的小农社会时代，权力斗争是按照领导者各自实力分配权力资源的，社会下层出身的太平天国领导者不可能在建立一个传统政权的运动中产生超越传统时代的意识模式。他们追逐名利，崇奉皇权，也是受时代的局限。问题的关键是领导者能否化解矛盾，或者避免矛盾的公开化，达到众志成城、团结对外的效果。可惜在太平天国领导群体中，几乎所有的领导者都拥有强烈的个人权欲和皇权思想，他们又不具有较高的缓解矛盾的政治素养，以及捐弃私利的大局意识。所以在太平天国史上，内讧几乎成为痼疾而显得格外急剧。权力斗争虽然不足以成为太平天国政治史的主轴，但在太平天国政治史上却占有相当大的分量。

---

① 即李秀成所讲"天王失国丧邦，实其自惹而亡"，"天国得失兴亡祸害之事，因此自乱于己，内外慌张，为将为臣，无法挽救"。《忠王李秀成自述》，罗尔纲、王庆成主编：《中国近代史资料丛刊续编·太平天国》（二），桂林：广西师范大学出版社，2004 年，第 390 页。

四　江南地区的社会恐慌与失控

　　如果说太平天国后期官方的政治生态以内讧与政争为主要特征，那么民间的社会生态则主要表现为恐慌。19 世纪 60 年代，随着太平军开辟了苏福省和浙江天省两片比较稳定的控制区，[①] 长期以来延续积聚的社会经济危机达到一个高峰。天灾人祸对民众的日常生活产生了剧烈震荡。民众在夹缝中求生，无所适从，对待生存危机的心理承受力下降，对现实社会的恐慌心理增强。一场遍及江南、造成无数民众流离失所与死亡的大恐慌风潮迅猛蔓延。[②] 本节拟从社会恐慌、灾荒瘟疫、生产破坏等因素造成的物价飞涨三个层面构成的社会经济危机着手，试图通过对众多"小人物"形象的描绘，建构战争亲历者对战争的切身感受，全景式地展现这场社会大恐慌的历史表象及成因。

---

　　① 太平天国苏福省包括苏州、常州、松江、太仓四郡。浙江天省包括杭州、嘉兴、宁波、绍兴、湖州、严州、台州、金华、处州九郡，衢州、温州郡城未克。这一区域恰好覆盖了太湖平原的苏州、松江、常州、杭州、嘉兴、湖州、太仓六府一州所构成的明清时期"江南"的地域范围。关于"江南"的历史演变，参见徐茂明：《江南士绅与江南社会（1368—1911）》，北京：商务印书馆，2004 年，第 1—13 页；有学者把江宁、镇江二府纳入其中，构成八府一州，参见李伯重：《简论"江南地区"的界定》，《中国社会经济史研究》1991 年第 1 期；也有学者把浙东的绍兴、宁波二府纳入，构成十府一州，参见余新忠：《清代江南的瘟疫与社会：一项医疗社会史的研究》（修订本），北京：北京师范大学出版社，2014 年，第 9—11 页。

　　② 既往论题，偶有提及社会恐慌，如太平天国时期社会阶层分化的研究（方英：《太平天国时期安徽士绅的分化与地方社会》，《安徽史学》2012 年第 5 期；杨国安：《"从贼"与"反贼"：变乱格局下地方绅民的反应及其关系网络——以咸丰年间太平军挺进两湖之际为中心的考察》，《江汉论坛》2012 年第 9 期）、江南人避兵江北研究（计小敏：《咸同之际江南人避兵江北考》，《安徽史学》2015 年第 3 期）、民众心理和战争关系研究（廖胜：《民众心理需求与太平天国的兴亡》，《史学月刊》2005 年第 10 期）、江南瘟疫研究［余新忠：《清代江南的瘟疫与社会：一项医疗社会史的研究（修订本）》，北京：北京师范大学出版社，2014 年］、灾荒研究（康沛竹：《灾荒与晚清政治》，北京：北京大学出版社，2002 年）等，但无专文专论社会恐慌现象。

（一）社会恐慌

太平军进军江南，在民间造成巨大恐慌。民众在恐慌中的行为主要表现为三类：举家迁避，自杀殉难，起身抗争。

1. 迁避风潮

因恐慌而迁避的例子不胜枚举，民众或避居郊野，或逃于深山，或棹舟湖海，扶老携幼，争先逃难。以秀水濮院来说，"邻里左右有家室者皆避乡，无家室者朝出暮归，日间无一在者"，"镇上居民亦无几人"，甚至有"避难坐舟中一月余"者，颠沛流离之苦可以想见。[①] 寓杭徽商程秉钊亲历逃难之景："是役也，事起仓卒，故惊惶之状倍越寻常。计死于践踏者半，死于江涛者十之二，死于困顿者十之一，而安稳渡江者则仅十之四耳。"[②] 无锡绅士余治离乡避难，绘图辑成《江南铁泪图》，请赈募捐；其中有多幅图形象反映了太平天国战争时期民众的迁避风潮，以及在流徙途中的悲惨命运（见图4-8、图4-9）。

在战争亲历者笔下，常会发现那些逃亡者近乎绝望的哀伤。杭州张尔嘉在逃亡途中求生无路，叫天不应，他自述："满天烽火，生离膝下，其何以堪？……月明星稀，搔首问天，天亦不答。"[③] 常熟柯悟迟途中遇到太平军，被刀伤十余处，血流如注，几近命绝，最终死里逃生，与家人团聚，"抵家遍视，竟难以言语形容"。[④]《避兵日记》的作者全家十人遭遇追兵，或被伤或被沉诸河或落水，最终奇迹般"刀头上避过，

---

① 沈梓：《避寇日记》，罗尔纲、王庆成主编：《中国近代史资料丛刊续编·太平天国》（八），桂林：广西师范大学出版社，2004年，第47、50、75页。

② 程秉钊：《记事珠·咸丰庚申年附辛酉日记》，庚申二月十九日，本人藏抄本。此处引文数字疑误，应为"而安稳渡江者仅十之二耳"。

③ 张尔嘉：《难中记》，中国史学会主编：《中国近代史资料丛刊·太平天国》（六），上海：神州国光社，1952年，第635页。

④ 柯悟迟：《漏网喁鱼集》，北京：中华书局，1959年，第68页。

图 4-8　"四野流离转填沟壑"①　　图 4-9　"江头争渡灭没洪涛"②

仍然团聚，真如天之福也"。③ 所谓"四面皆贼，无生路矣"，④ 应是当时逃难者们的普遍心境。

2. 自杀殉难

社会恐慌多致民众自杀，苏州百姓"因已事前闻知：凡不从贼者，俱先凌辱而后杀害"，"故于贼尚未至之前即悬梁、投水，以全节自尽者甚夥"。⑤ 或许由于江南地区浓厚的儒家传统文化在民众中根深蒂固，太平军席卷江浙，该区域的民众在战争中自杀殉难的情形明显要比战争波及的其他地区严重得多。据传教士艾约瑟等人观察，在太平天国占领

　　① 余治（寄云山人）：《江南铁泪图新编》，同治十一年（1872）刻本，第7页b—8页a，北京大学图书馆藏。

　　② 余治（寄云山人）：《江南铁泪图新编》，同治十一年（1872）刻本，第8页b—9页a，北京大学图书馆藏。

　　③ 佚名：《避兵日记》，第14页，太平天国历史博物馆藏抄本。

　　④ 皇甫元垲：《寇难纪略》，第10页，桐乡市图书馆藏排印本。

　　⑤ 程稼棠：《避难纪略》，中国社会科学院近代史研究所近代史资料编辑室：《太平天国文献史料集》，北京：中国社会科学出版社，1982年，第45页。

区，"自杀的事情也比屠杀多得多"。① 太平军破金陵，"士民自尽者，或全家或数口，不下十数万人，悉能义不苟屈。惟妇女之死，无铮铮特异者。缘贼禁奸淫甚严，其党皆不敢犯，故妇女无逼迫难已之情，因无激烈可传之行。不过女随父，妻随夫，同时殉难而已"。② 这些都是因恐慌导致的自杀行为。

因惧于丧失贞节，妇女自杀尤为惨烈。陈懋森的《台州咸同寇难纪略》至少记载了123位女性死难情形，其中自杀者有投井、投潭、自缢、服毒、服卤而死者，还有抱女牵子赴水而死者，有夫妇同时赴水而死者。③

张荫榘、吴淦的《杭城辛酉纪事诗》在记述1861年杭州民众殉难情形时写道："城陷，有阖门殉难者，有投缳投井投河吞金吞鸦片殉难者，有绝粒殉难者，有骂贼击贼被戕者，殉难者数万人。"④ 这里记载了四种民众自杀情形：上吊（投缳）、赴水（投井、投河）、服毒（吞金、吞鸦片）、绝食。还有其他几种类型：一是自焚，如苏州李姓"阖门自焚死"，⑤ 吴县惠姓之母，"焚死。邻人返拔之，皮焦肉烂，骨嶙嶙如枯炭"；⑥ 另一种是坠楼，苏州"某家两人死于阶下，一头裂一腰折，疑坠楼者"。⑦ 也有相约共死者，苏州收尸局某人言"某家夫妇二人盛

① Joseph Edkins and Griffith John, "A Visit to the Insurgent Chief at Soochow," *The North-China Herald*, Vol. XI, No.519, Jul. 7, 1860, p.107.

② 张汝南：《金陵省难纪略》，中国史学会主编：《中国近代史资料丛刊·太平天国》（四），上海：神州国光社，1952年，第698页。

③ 陈懋森：《台州咸同寇难纪略》，罗尔纲、王庆成主编：《中国近代史资料丛刊续编·太平天国》（五），桂林：广西师范大学出版社，2004年，第178—206页。

④ 丁丙辑：《庚辛泣杭录》卷15《杭城辛酉纪事诗》，光绪二十一年（1895）刻本，第20页b，北京大学图书馆藏。

⑤ 光绪《苏州府志》卷90《人物十七》，第25页a。

⑥ 蓼村遁客：《虎窟纪略》，《太平天国史料专辑》（《中华文史论丛》增刊），上海：上海古籍出版社，1979年，第18页。

⑦ 潘钟瑞：《庚申噩梦记》上，光绪十年（1884）长洲潘氏香禅精舍刻本，第20页b，北京大学图书馆藏。

服严�（装），同死于床，疑服毒者"。① 我们在为同生共死者强烈的人伦情节感慨的同时，也不由触及案发现场弥漫着的恐怖气息。

在江浙民众自杀的几种情形中，赴水自杀比较常见。赵烈文之友金瑞庭在常州，"城初陷时，金投水已气绝，为贼救苏"，"夜中妇女投缳溺井者三日夜无虑数万人"；② 在杭州，《再生日记》作者晦农的妻、妹同投池内，太平军在岸上"喝令捞救"，"并取其无数纱衣来，令将湿衣更换"，"船上妇女大半投水，闻有被长毛救起者"。③ 上述事例均系恐慌自杀，非但太平军无迫使之行为，反施以援手，据闻太平军还明确立有"不许民赴水投缳"之令。长洲的潘钟瑞记录下苏州民众在城破后争相投水自杀的场面："某家眷口同死一井，井为之塞，不能捞取，乃盖一被而加石其上"；④ "至于骈首接踵，相与枕藉而亡，河为之不流，井为之埋塞，实皆自尽以殉，而妇女尤多，于此见苏人之抵死不受辱，具有同心"。⑤

此外，自杀案例在《浙江忠义录》《两江采访忠义传录》《江南昭忠录》等官方表彰纪念名册中大量收录，种种情状惨不堪言。众多的民众自杀现象又加剧了社会恐慌。

3. 恐慌致变

太平天国战争时期，随时可能降临的死亡，给民众心理蒙上了阴影。然而物极必反，过分紧张和高度敏感的神经，以及极度脆弱的心理承受力，特别容易使民众将对死亡的恐惧转化为对生命威胁者的无所畏

---

① 潘钟瑞：《庚申晒梦记》上，光绪十年（1884）长洲潘氏香禅精舍刻本，第20页b，北京大学图书馆藏。

② 赵烈文：《庚申避乱实录》，谢兴尧编：《太平天国丛书十三种》，民国二十七年（1938）铅印本，第5页b，河南大学图书馆藏。

③ 晦农：《再生日记》，咸丰十年二月二十九日、三月十九日，太平天国历史博物馆藏抄本。

④ 潘钟瑞：《庚申晒梦记》上，光绪十年（1884）长洲潘氏香禅精舍刻本，第20页b，北京大学图书馆藏。

⑤ 潘钟瑞：《苏台麋鹿记》，中国史学会主编：《中国近代史资料丛刊·太平天国》（五），上海：神州国光社，1952年，第276、300页。

惧，从而引发民众的对立行为——求生求安的集体行动。在太平天国战争主要波及的地区，可谓"无地不团"，民众组织民团，以保卫桑梓为目标，表现出对太平军的恐慌心态。在太平天国占领区，还发生了众多因恐慌所致的民众抗争事件，比较典型的例子是海宁袁花镇冯家抵制"拔人"的系列事件。

冯家为袁花镇富户。自太平军在袁花镇等地设立乡官后，冯家就面临被"局匪""拔人"（袁花镇方言，抓富人）的威胁。[①] 1861 年 4 月 1 日，冯家也和多数家庭一样，采取迁避他乡的方法躲避太平军，但终因忍受不了流亡之苦，"不堪风雨"，仅在半个月之后的 4 月 15 日就返回家乡。[②] 回家后的第二天，"及明，族议如果局匪来拔，鸣锣集众以击之，俱踊跃"。[③] 这仅是一次短暂的战前动员，族中各房达成口头协议，于是便有了未来一年时间里的七次抵制"拔人"事件。列表 4-2 如下：

表 4-2　海宁袁花镇冯家抵制"拔人"事件大略

时间	起因	结局	出处
1861 年 4 月 27 日	"花溪局匪朱云泉、顾厚生等十余人领二枪船因贡来拔我家人"	"我昆辈遂集村人助声势出与会"，"朱乃语塞而去"	第 675 页
1861 年 12 月 2 日	"花溪局欲我加帮费，来二枪船拔人，打破我老宅门而进，大言男人不见必拔女人"	"侄辈出会，先邀邻人聚门外，匪等果不敢动而去"	第 694 页

①　海宁冯氏：《花溪日记》，中国史学会主编：《中国近代史资料丛刊·太平天国》（六），上海：神州国光社，1952 年，第 664 页。
②　昔日生活优越者不堪颠沛流离之苦的例子较多。有避难江北乡间之常熟富户"不愿在乡吃苦"，买舟船回家，上岸后大发感慨："又见快活景象矣，今后死不下乡矣！"[顾汝钰：《海虞贼乱志》，中国史学会主编：《中国近代史资料丛刊·太平天国》（五），上海：神州国光社，1952 年，第 354 页。]沈梓之母宁死不肯离家避难，称："乡间房屋罅漏多风，而地凹凸，雨湿泥滑，余老矣，惧有颠越之患。……倘贼不来，朝晚两餐，风雨不及，初无冻馁之虞。……我宁死守先人敝庐，为汝他日子孙地步耳。"[沈梓：《避寇日记》，罗尔纲、王庆成主编：《中国近代史资料丛刊续编·太平天国》（八），桂林：广西师范大学出版社，2004 年，第 47 页。]
③　海宁冯氏：《花溪日记》，中国史学会主编：《中国近代史资料丛刊·太平天国》（六），上海：神州国光社，1952 年，第 673 页。

时间	起因	结局	出处
1862 年 3 月 18 日	"花溪四局匪执伪票来拔我家人，欲借洋一百元，出言不逊"	"余以正言撄其锋，匪等含怒去"	第 701 页
1862 年 3 月 29 日	"族品山领五局匪来拔我家人""品山讨好局中，为再进身计耳，且其罚款未缴清，故帮局勒我，以偿彼款"	"我家闭门不出，匪等大敲门而去"	第 701 页
1862 年 4 月 11 日	"十余局匪偕同地保欲借洋二百元，又来拔人，连松房祥房俱打门而入，进房搜寻"	"我家大小先已奔走尽，我与八哥皆上屋脱逃，后各迁避外亲家，至廿九日，因育蚕而归"	第 701 页
1862 年 4 月 14 日	"局匪又来拔人，我二佫竟被捉去"	"幸其妻及弟追夺而回，匪等吓称偕长毛来"	第 702 页
1862 年 5 月 26 日	"局匪二十余、枪船四只来拔我家人。匪因蚕茧在山，不敢进，惟以刀枪恐吓"	"兄弟辈尽出大骂之，匪等含怒去，后拘水某和解，出洋四十元始息"	第 703—704 页

注：资料出处均为《花溪日记》。

　　该事的直接起因是太平天国基层政府官员"掳人"的行为，而贯穿事件始终的关键是冯家对太平军的恐惧。在事件过程中，冯家有两次迁避行为，都源于恐惧心理。第一次因袁花乡官局"恐吓拔人"，在外逃期间，《花溪日记》的作者冯某还亲眼目睹了太平军行军的浩大场面："白河港有贼船数百，并东望海盐又火光冲天，日间又枪船来往甚多，俱疑贼哨，竟有尽焉倾覆无所控告之势。"为此，冯某战战兢兢："数千里远近皆废眠食，奔逃无地。此时我家并畏局匪拔人，俱潜身藏躲，不敢定一处住。"① 第二次因乡官前来"借洋拔人"，冯家又是举家而逃，"我家大小先已奔走尽"，"后各迁避外亲家"。在1862 年4 月14 日的争执中，局差处于下风后，竟以"偕长毛来"为恐吓，亦知民众

---

　　① 海宁冯氏：《花溪日记》，中国史学会主编：《中国近代史资料丛刊·太平天国》（六），上海：神州国光社，1952 年，第 674 页。

对太平军的畏惧心态。

1860 年底发生在常熟西北乡的一起暴动也起因于乡民对太平军的恐惧。此时已是太平军完全控制常熟后的第五个月，或许由于部分村民目睹了其他各乡遭受蹂躏的惨象，也可能是出于对前几天在邻近村子发生的掳人事件的忧虑，各乡、各图通过发传帖的形式，在关帝社吃面集会，号召大家"倘有长毛穿人（常熟方言，掳人）等情，鸣锣为号，齐集击杀，同心协力"。事情进展顺利，"西乡处处皆然"。① 对于事情的结局，囿于史料，只能暂付阙如。

1862 年 4 月昭文县发生的暴动是民众恐惧达到极致而被迫转变的应激行为。当太平军在张市、老吴市和东周市一带"打先锋"时，大批因恐慌而迁移的避难者群聚海滨，祈盼得船渡江求生。随着太平军的逼近，"尔时欲渡江而无船，欲趋避而无路"，在千钧一发之际，有三个勇敢者——夏正荣、薛梅屏和周桂（贵）德，出面组织避难者"死地求生，背水一战"，结果太平军败归，乡民活命，"四散避去"。② 从事情结束后暴动参加者四散避去的情况分析，这起事件民众的初始动机主要是求生，未有明显的政治诉求。至于周某接下来领导的"打毛"事件则属于另外一种模式的政治动员。③ 实际上，对于众多民众反对太平军掳掠的事件，社会恐慌大都是其发生的重要因素。

---

① 佚名：《庚申（甲）避难日记》，罗尔纲、王庆成主编：《中国近代史资料丛刊续编·太平天国》（六），桂林：广西师范大学出版社，2004 年，第 211 页。按，同页记载了暴动前夕发生的一起"穿人"事件，"有长毛二十余人，自福山直至马嘶桥到黄莺沙陈宅家，烧其门槛烘火，穿陈益芳去"。根据描述，陈益芳至少是有一定经济地位的人，所以这起事件有可能引起各乡各图的骚动，尤其是富户和乡绅的恐惧。

② 曾含章：《避难记略》，罗尔纲、王庆成主编：《中国近代史资料丛刊续编·太平天国》（五），桂林：广西师范大学出版社，2004 年，第 349 页。

③ 周贵德通过此次动员暴动积累了威信和资本，他继而组织公开反抗太平天国的武装，并给予太平军以打击，在被太平军擒杀后得到清方追恤。参见顾汝钰：《海虞贼乱志》，中国史学会主编：《中国近代史资料丛刊·太平天国》（五），上海：神州国光社，1952 年，第 390、391、394 页。

（二）灾荒瘟疫

据《近代中国灾荒纪年》，自1840年起，至太平天国战争时，江南地区几乎无年不灾，水、旱、蝗和地震等灾害频发，甚至在一年之内多次交替发作。太平天国据守江南后，正值该区域水旱灾害的高发期。[①] 水旱灾害频仍，严重影响民众的生命安全。

祸不单行。19世纪60年代的江南地区不仅饱受水旱雨雪雹震风虫各类灾害的蹂躏，还有一场造成数百万人罹难的瘟疫同时降临。关于疫死人数，余新忠估计，"太平天国战争前，江南十府一州的人口大约为4000万，若按8%—15%的疫死率计，疫死人口多达320万—600万"。[②]

农民是受此类危害影响最深的群体。灾荒、病疫与农业生产息息相关，容易引发饥荒，形成流民。而在太平天国战争时期农民"既遭兵劫，复遭天灾"，灾荒与病疫同时大规模、强破坏力发作，使得民众对社会危机的心理承受力降至冰点，不仅要随时面临战争、灾害和瘟疫导致的死亡威胁，在各类因素共同作用下形成的普遍饥荒，又构成了一幕幕人间惨象。在时人笔下，常见因饥荒普遍致死的记载，湖州南浔"逃难返乡之人饿死无算"；杭州"饿死者几半"，[③] "树皮草根居民争取以充饥，犹有苦其难得者"，更有甚者，"饿夫行道上每仆而死，气未绝而两股肉已为人割去"，居民争相咀嚼，乡间百姓斫卖饿尸肉趁机发财。[④] 这类人吃人的反人性现象在19世纪60年代比较普遍，"到处食

---

① 参见李文海等：《近代中国灾荒纪年》，长沙：湖南教育出版社，1990年，第210—212、218—221、230—232、237—238、242—245页。

② 参见余新忠：《清代江南的瘟疫与社会：一项医疗社会史的研究》（修订本），北京：北京师范大学出版社，2014年，第284—288页。

③ 沈梓：《避寇日记》，罗尔纲、王庆成主编：《中国近代史资料丛刊续编·太平天国》（八），桂林：广西师范大学出版社，2004年，第67、84页。

④ 张光烈：《辛酉记》，光绪六年（1880）钱塘刻本，第3页a–b，北京大学图书馆藏。

人，人肉始卖三十文一斤，近闻增至百二十文一斤，句容、二溧八十文一斤"；① 南京等地亦有"食其所亲之肉"者。② "食人"现象极大地增加了社会恐怖，在此情形下发生大规模的民众哗变便不出人意料。

"盖天王"的平民武装是太平天国占领区民众因灾荒、饥馑起身反抗太平军的典型案例。1862 年 9 月在海宁，盐贩陈三丫头"称盖天王，公然旗帜"，③ 他们的队伍有"亡命者数千人日常行劫"，这支队伍的主要参加者是饥民，"海塘圮后，禾田斥卤不能种植，居民不复粒食，因相从行劫，附之者日众"。④ 变乱惊动了嘉兴和海宁太平天国当局，太平军随即对他们展开抓捕行动。1863 年底，桐乡太平天国当局逮捕了三名"盖党"，经审讯，录有如下供词："我等本良民，饥寒所迫，故为行劫之计。……我等奉义而行，故所劫皆至公无私，本系饥民，不劫则死，死固分内事，子欲杀，则竟杀之可也；若根究主使，则天神也，不可得也；若诛党与，则随地皆在，不啻数万人，不可胜诛也。"⑤ 这篇"民不畏死奈何以死惧之"的慷慨陈词很难想象是出自被太平天国定性为"叛逆"的"盗匪"之口，但他们饥民的背景和为生存起身反抗的动机，又不得不为之增添一些正义色彩。"盖天王"事件更加直观地反映了天灾人祸带给民众的苦难，以及太平天国占领地区由灾荒等因素引发社会恐慌的状态。

---

① 曾国藩：《曾国藩全集》第 17 册《日记之二》，长沙：岳麓书社，2011 年，第 421 页。

② 《两江总督曾国藩等奏为查明淮扬等属秋禾被灾情形请分别蠲缓等事》，同治二年二月十七日，军机处录副奏折，档号：03-4967-010，中国第一历史档案馆藏。《北华捷报》也有类似报道，见"Retrospect of Events in North-China, During 1862," *The North-China Herald*, Vol. XIV, No. 649, Jan. 3, 1863, p.2.

③ 海宁冯氏：《花溪日记》，中国史学会主编：《中国近代史资料丛刊·太平天国》（六），上海：神州国光社，1952 年，第 711 页。

④ 沈梓：《避寇日记》，罗尔纲、王庆成主编：《中国近代史资料丛刊续编·太平天国》（八），桂林：广西师范大学出版社，2004 年，第 213、227 页。

⑤ 沈梓：《避寇日记》，罗尔纲、王庆成主编：《中国近代史资料丛刊续编·太平天国》（八），桂林：广西师范大学出版社，2004 年，第 228 页。

图4-10 "罗雀掘鼠人肉争售"① 图4-11 "草根挑尽树皮劖光"②

(三) 物价飞涨

战争时期，江南地区的社会经济遭到严重破坏，物价飞涨是当时经济生态的一个重要表现。19世纪60年代太平军据守江南，物价持续走高。物价是通货膨胀的一面镜子，其中作为江南地区主要粮食作物稻米的价格，可以在一定程度上反映那个时代的物价水平。当然粮食价格的波动是否会对民众日常生活造成影响，还要考虑家庭收入、银钱比价和当地其他物价水平等因素。民众收入情况鲜见史料记载，但在一般情况下，战争期间的收入水平很难有可观增加，而清代中叶以来银贵钱贱的

---

① 余治（寄云山人）:《江南铁泪图新编》，同治十一年（1872）刻本，第30页b—31页a，北京大学图书馆藏。按，图注："壬戌秋间，闻宜兴、溧阳人相食，犹信疑参半，以江南民风柔弱，当不至此。至癸亥秋冬则常郡、阳湖、无锡各乡竟有市卖人肉者。目击情形至于此极，实为数千年来所仅见。"结合上列史料，至壬戌、癸亥年间（1862—1863），苏南、浙江均有食人现象，且较为普遍。

② 余治（寄云山人）:《江南铁泪图新编》，同治十一年（1872）刻本，第24页b—25页a，北京大学图书馆藏。

趋势已经诸家学者证实，"百物咸贵"的描述常常见诸史料，太平天国战争时期也是这样。例如在太平天国治下的常熟昭文地区，"客商来往亦断绝"，"诸货昂贵甚，而缺物最多"；① 猪肉价格也在上涨，1862年10月，猪肉每斤约123文，② 不久即涨至"每斤二百文"，③ 当时苏州一带有"百文之狐裘勿穿，千文之肉必食"之谣。④ 苏州吴江，"货物较前腾贵数倍"，⑤ "百货腾贵"，"食物昂贵，从来未有"。⑥ 湖州青果八鲜、鱼虾蔬菜、油盐酱醋"百物腾贵"，1862年"豕肉斤四百钱"。⑦ 绍兴土著人王彝寿亦慨叹"市场物价腾贵，较平时倍蓰"。⑧ 粮食价格的高低直接关系到民众的生活质量。

清代有系统的粮价奏报制度，大部分数据因而得以保存，但太平天国战争期间的粮价却多数因战乱缺失。在《清代道光至宣统间粮价表》中，江苏的苏州、松江、常州、镇江和太仓在咸丰十年（1860）三月至同治四年（1865）六月无数据；浙江全省自咸丰十一年（1861）八月至同治三年（1864）八月无数据。兹以咸丰五年（1855）至同治八年（1869）的15年为时间段，对苏南苏州、松江、常州、太仓中米的最高价和最低价进行统计；对浙江杭州、嘉兴、湖州籼米的最高价和最

---

① 佚名：《庚申（甲）避难日记》，罗尔纲、王庆成主编：《中国近代史资料丛刊续编·太平天国》（六），桂林：广西师范大学出版社，2004年，第211页。

② 周鉴：《与胞弟子仁小崔书》，罗尔纲、王庆成主编：《中国近代史资料丛刊续编·太平天国》（八），桂林：广西师范大学出版社，2004年，第343页。

③ 陆筠：《劫余杂录》，近代史资料编辑部编：《近代史资料》总105号，北京：中国社会科学出版社，2003年，第273页。

④ 沧浪钓徒：《劫余灰录》，太平天国历史博物馆编：《太平天国史料丛编简辑》（二），北京：中华书局，1962年，第159页。

⑤ 知非：《吴江庚辛纪事》，中国科学院历史研究所第三所编：《近代史资料》总4号，北京：科学出版社，1955年，第35页。

⑥ 倦圃野老：《庚癸纪略》，罗尔纲、王庆成主编：《中国近代史资料丛刊续编·太平天国》（五），桂林：广西师范大学出版社，2004年，第314、315、319页。

⑦ 民国《双林镇志》卷32《纪略·杂记》，第13页a。

⑧ 王彝寿：《越难志》，罗尔纲、王庆成主编：《中国近代史资料丛刊续编·太平天国》（五），桂林：广西师范大学出版社，2004年，第144页。

低价进行统计，列表4-3如下：

表4-3　1855—1869年清官方奏报江南六府一州粮价

时间	苏州		松江		常州		太仓		杭州		嘉兴		湖州	
	高	低	高	低	高	低	高	低	高	低	高	低	高	低
1855	1.85	1.10	1.80	1.30	1.65	1.30	2.20	1.50	2.05	1.59	1.95	1.44	1.84	1.43
1856	2.95	1.10	3.20	1.30	3.20	1.30	2.90	1.50	2.05	1.69	2.45	1.44	2.34	1.43
1857	3.20	2.00	4.00	1.80	3.60	2.30	3.70	2.13	2.65	2.19	2.45	1.94	2.34	1.93
1858	3.10	2.30	3.80	1.80	3.50	2.10	4.00	2.35	2.85	2.29	2.55	1.94	2.44	1.93
1859	2.75	1.50	3.00	1.40	2.80	1.40	3.15	1.60	2.45	1.51	2.55	1.47	2.34	1.40
1860									1.78	1.02	2.10	1.29	2.21	1.20
1861									2.38	1.42	2.10	1.59	3.11	1.80
1862														
1863														
1864									4.00	2.62	3.90	2.60	4.90	3.22
1865	3.50	2.60	4.35	3.20	3.30	1.99	3.90	2.82	4.30	2.20	3.40	2.22	4.90	2.53
1866	3.46	2.90	4.35	2.65	2.90	1.90	3.60	2.90	4.00	1.70	2.95	1.67	4.50	1.80
1867	3.26	1.40	4.35	2.10	2.90	1.36	3.00	2.20	4.00	1.40	2.40	1.32	4.35	1.22
1868	2.10	1.40	2.80	1.80	2.10	1.30	2.60	2.00	3.20	1.40	2.00	1.09	3.05	1.22
1869	2.30	1.40	2.50	1.80	2.50	1.30	2.70	2.00	3.40	1.30	2.40	1.09	2.40	1.53

注：单位每仓石以两计；空白部分表示数据缺失。参见中国社会科学院经济研究所编：《清代道光至宣统间粮价表》第10、13册，桂林：广西师范大学出版社，2009年。

可发现，江南大部分地区的米价在咸丰十年（1860）前的五年间基本呈平缓的动态增长趋势，而在太平天国战争刚刚结束或者结束前夕米价达到或接近该时段同地区的最高值（缺失部分不计），战后米价逐渐回落。

太平天国据守江南时期米价的部分情况在时人记述中保留了下来，可以在一定程度上弥补清官方档案缺载的遗憾。据时人记载、地方史志整理而成表4-4：

表4-4　太平天国治下江南七郡粮食均价

地名	战前	战时均价①	战后	幅度1	幅度2
苏州	2.00	3.98—5.31 （6000—8000 文）	3.50	99.00%—165.50%	13.71%—51.71%
常州	2.05	6.64（10000 文）	3.30	223.90%	101.21%
松江	1.90	6.64—7.97 （10000—12000 文）	4.35	249.47%—319.47%	52.64%—83.22%
杭州	2.38	6.64—7.97 （10000—12000 文）	4.00	178.99%—234.87%	66.00%—99.25%
嘉兴	2.10	6.64（10000 文）	3.90	216.19%	70.26%
湖州	3.11	6.64—7.97 （10000—12000 文）	4.90	113.50%—156.27%	35.51%—62.65%
绍兴	3.64	9.96（15000 文）	3.92	173.63%	154.08%

注：战前和战后数据以《清代道光至宣统间粮价表》中数据缺失前后的清方奏报之中米/籼米最高价为准；幅度1代表战时较战前涨落幅度，幅度2代表战时较战后高低幅度；银钱比价为1506；单位：每仓石以两计。战时均价数据所依资料如下，出处、版本与书中其他各处相同：

苏州常熟：《鳅闻日记》，第339、350页；《漏网喁鱼集》，第42页；《与胞弟子仁小崔书》，第343页；《自怡日记》，第103、120、123页；《庚申（甲）避难日记》，第239页

苏州吴江：《庚癸纪略》，第321页

苏州吴县：《虎窟纪略》，第41—42页；《野烟录》，第178页

常州宜兴：光绪《宜兴荆溪县新志》卷5《武事·咸丰同治年间粤寇记》，第14页a-b

松江青浦：光绪《青浦县志》卷29《杂记·祥异》，第14页a

松江奉贤：光绪《奉贤县志》卷20《杂志·灾祥》，第26页a

松江上海：同治《上海县志》卷30《杂记一·祥异》，第21页a；《自怡日记》，第123页

杭州：《避寇日记》，第75、76、86、193页；《自怡日记》，第92、123页

杭州海宁：《花溪日记》，第698、703、704、706、708、714、717页

嘉兴桐乡：光绪《桐乡县志》卷20《杂类志·兵事》，第8页b、9页a

嘉兴秀水：《避寇日记》，第59、164、121、126、141、142、145、139、160、175、205页

湖州：《自怡日记》，第70页；《避寇日记》，第76页；《俭德斋随笔》，第760—761页；《劫余杂识》，第321页；民国《双林镇志》卷32《纪略·杂记》，第13页a；民国《南浔志》卷45《大

---

① 据彭凯翔的估算，1860年江南银钱比价为1631文兑换1两，1861—1863年均为1506文，1864年为1430文。见彭凯翔：《清代以来的粮价——历史学的解释与再解释》，上海：上海人民出版社，2006年，第173页。

事记四》，第 5 页 b

绍兴：《避寇日记》，126、174 页；《越州纪略》，第 770 页

表 4-4 所列战时粮食均价大部分超越表 4-3 所列数据，比对战争前后的粮价水准和趋势，可推断太平天国据守江南时期各地米价达到相对时间量内的峰值，太平天国战争前后物价指数的变化曲线与米价趋势呈正相关。

以物价飞涨为表现形式的经济危机给百姓带来极大恐慌，时人以"人心皇皇"四字形容。[①] 经济危机对民众生活造成的影响，很难完全依靠一组枯燥的数字深入了解，而战争亲历者的切身感受，却是对当时经济危机最直白的控诉。常熟文人周鉴于 1862 年 10 月 6 日给胞弟的信中写道："两年来日非一日，两餐一点改为一粥一饭，米六麦四，所谓饧糒饭也，虽长夏亦然。所恨者米贵总在天长时也。……早饭烹素菜一篮，晚间天暖，只烧开水以泡冷饭，天寒泡饭合粥，即以早间所剩之菜，不另烹菜也。……今春以来非遇祭先不买荤，平日小荤亦不买。"最后，周鉴以"非独我无钱，无物不贵也"，总结造成自己凄惨生活的原因。[②] 差不多在同时期，乌程李光霁家也已"绝米三日，磨麦作饼饵啖之"。[③] 常熟龚缙熙和他的妻子到处奔波，只为向比他境况稍好的地主邢湘舟和陈霭亭"籴麦""办豆"，"杂入饭中御穷"，而他却"不惯粗食"，只好"食豆吐壳，食面去肤"，勉为其难。昔日锦衣玉食的富家大户，如今也只能发出"谁能堪此"的慨叹，[④] 而穷苦百姓的生活，

① 沈梓：《避寇日记》，罗尔纲、王庆成主编：《中国近代史资料丛刊续编·太平天国》（八），桂林：广西师范大学出版社，2004 年，第 139 页。

② 周鉴：《与胞弟子仁小崔书》，罗尔纲、王庆成主编：《中国近代史资料丛刊续编·太平天国》（八），桂林：广西师范大学出版社，2004 年，第 343 页。

③ 李光霁：《劫余杂识》，中国史学会主编：《中国近代史资料丛刊·太平天国》（五），上海：神州国光社，1952 年，第 321 页。

④ 龚又村：《自怡日记》，罗尔纲、王庆成主编：《中国近代史资料丛刊续编·太平天国》（六），桂林：广西师范大学出版社，2004 年，第 106、103 页。

在时人著述中，则随处可见"饿莩盈野"的记载。

（四）恐慌之源

战争、灾荒瘟疫和物价飞涨等共同引发了太平天国战争时期江南地区的社会大恐慌。然恐慌之源，与其说是民众对战争的恐慌，毋宁说是民众对太平军恐怖形象的恐慌。民众对太平军的恐惧，在太平军未到之时就已蔓延，如嘉兴、常熟、吴江、海宁、绍兴等地均见有百姓称太平军为"瘟毛"的记载。①民众心中太平军恐怖形象的定型，主要有先天性、后天性和其他心理因素三个层面因素。

1. 先天的排斥和抵制

江南地区浓厚的儒家传统文化和根深蒂固的正统观念、忠贞观念、宗族意识，使民众对起身穷乡僻壤，以异端宗教武装起来的叛乱者，具有先天的优越感和排斥、抵制乃至敌视心态。太平军兵临之时，民间自杀殉难的风潮正是正统、忠贞观念的直观反映。所以太平天国的反清战争，也是一场异端与正统、异域与本土、异族与同族之间的战争。太平天国据守江南后，其设治建政、编发门牌、开科取士、推行以禁毁偶像和反孔非儒为主的移风易俗改革，除了政策本身蕴含的宗教意义，实际还是欲向世人宣扬奉天承运、王朝正统的观念。但由于江南社会具有先天排斥和抵制的强大惯性，拜上帝信仰在社会实践中逐渐淡化或被同化，在与正统文化的争锋中渐败。这种先天性的思想心态就是民众对太平军先天恐惧的意识形态根源。

---

① 分别见沈梓：《避寇日记》，罗尔纲、王庆成主编：《中国近代史资料丛刊续编·太平天国》（八），桂林：广西师范大学出版社，2004年，第11页；陆筠：《劫余杂录》，近代史资料编辑部编：《近代史资料》总105号，北京：中国社会科学出版社，2003年，第270页；柳兆薰：《柳兆薰日记》，《太平天国史料专辑》（《中华文史论丛》增刊），上海：上海古籍出版社，1979年，第121、127、128、141、146页；海宁冯氏：《花溪日记》，中国史学会主编：《中国近代史资料丛刊·太平天国》（六），上海：神州国光社，1952年，第668、702页。

2. 后天"观念对立"的形成

(1) 清方的政治宣传攻势。

太平天国缺乏对舆论宣传和思想动员主动权的掌控。太平军一般以"出榜安民"的形式进行政治宣传,首先宣扬顺天伐暴,丑化清政府,号召民众投身反清大业。但此类宣传缺少政治和思想文化认同,宗教思想的宣教力不足,没有指出拜上帝的本土性。尽管洪秀全一再标榜拜上帝并非"从番",但却只是依靠宗教解释宗教,缺少现实关怀。文告的内容大多没有充分说明太平天国"顺天"的正统性和"伐暴"的正义性,只是以含混的宗教语言给民众灌输"各安恒业""及早进贡""照旧纳粮"的义务,并附以恐吓。太平天国在思想宣传方面所做的重要突破是发明了口传教育的新形式——"讲道理",其实践经常而普遍。不过,这一形式的功效也受到宣讲内容的限制。

太平天国在思想舆论领域落败的另一关键因素是最终失去了大众舆论的领袖——知识分子群体的支持与合作。1854 年夏,到访天京的英国驻上海领事馆官员麦华陀意识到:"士大夫阶层构成了整个中国社会体系的中坚,是大众舆论的领袖,民众一向乐意和信任地团结在他们周围,对于他们,叛军不是用心地争取其归顺,而是宣布他们的荣誉头衔无效和非法,抨击他们所珍爱的古代典籍,焚毁他们的公共藏书地,使他们变成了自己的敌人。"[1]

早期太平军转战湘桂途中发布的《奉天诛妖救世安民谕》《奉天讨胡檄布四方谕》《救一切天生天养中国人民谕》三篇檄文,可看作太平军书面形式思想动员的最高水平。但檄文宣扬的民族大义很快就被曾国藩《讨粤匪檄》展现的"卫道辟邪"的文化张力所淹没,时人曾这样反馈《讨粤匪檄》引发的社会影响和思想共鸣:"我师讨贼檄,卫道辟

---

① "A Report by W. H. Medhurst and Lewin Bowring," in Prescott Clarke and J. S. Gregory eds., *Western Reports on the Taiping: A Selection of Documents*. London: Groom Helm Ltd., 1982, p.160.

邪，实为盛世昌言，功不在孟、韩下，每为同志者诵之，静者流涕，动者击柱，其感人之深如此，想忠谋至计，必能早为之所也。"①

清方还以所谓"从贼中逃出"者亲历之"被害情形"制作成一些政治宣传品在民间广为散发，像《金陵被难记》痛诉太平军"恶行"，号召"富者捐财，贫者效力，同心团练，豫助官兵"。② 清方还在"解散胁从"方面大做文章。1861 年 1 月 7 日清廷发布上谕："所有江苏、浙江、安徽所属被贼占据各州县，应征本年新赋及历年实欠在民钱粮，着一律蠲免"，"被贼裹胁良民""准其自拔归来"，"予以自新"，"胁从罔治"。③ 1862 年 8 月 14 日再发上谕："着各督抚刊刻誊黄安抚陷贼难民"，除"甘心从逆"者，"其余一切为贼所陷者，概予免罪"。④ 清廷屡有"胁从罔治""蠲免钱粮""旌表恤典""增广学额""因功授赏"之谕，形成了配套的分化政策。1861 年曾国藩在安徽祁门军营中编写"解散歌"，宣扬"八不杀"，承诺"我今到处贴告示，凡是胁从皆免死""人人不杀都胆壮，各各逃生寻去向""每人给张免死牌，保你千妥又万当"。⑤ 两相对照，清方的宣传策略重视心理攻防，比太平天国高明得多。

（2）亲历者的传述和时人所记。

有亲历者逃回乡里后在酒楼、茶肆等公共空间传播"长毛做不得，不如行乞"的论调，⑥ 痛陈在太平军中的艰辛生活。乘间逃出的人们以"被掳""思痛""生还""余生""复生""隐忧"等名义留下了大量

---

① 《复曾涤生师》（同治元年十月二十二日），皮明庥等编：《出自敌对营垒的太平天国资料：曾国藩幕僚鄂城王家璧文稿辑录》，武汉：湖北人民出版社，1986 年，第 225 页。

② 佚名：《金陵被难记》，中国史学会主编：《中国近代史资料丛刊·太平天国》（四），上海：神州国光社，1952 年，第 750 页。

③ 佚名：《庚申（甲）避难日记》，罗尔纲、王庆成主编：《中国近代史资料丛刊续编·太平天国》（六），桂林：广西师范大学出版社，2004 年，第 216 页。

④ 曾国藩：《曾国藩全集》第 5 册《奏稿之五》，长沙：岳麓书社，2011 年，第 35—36 页。

⑤ 王定安：《湘军记》，长沙：岳麓书社，1983 年，第 358—359 页。

⑥ 沈梓：《避寇日记》，罗尔纲、王庆成主编：《中国近代史资料丛刊续编·太平天国》（八），桂林：广西师范大学出版社，2004 年，第 73 页。

文字，不仅对当时人的思想产生震动，如今也均已成为这段记忆的"见证"。

有的人误把清军、团练等"害民"恶端加于太平军。太平军到达苏州前，官绅吴大澂在日记中记："闻城外兵勇放火烧毁房屋，彻夜火光烛天，见者胆寒"，"自初四夜放火连烧两日，内外隔绝，不通音问"，"所烧房屋皆系昔日繁华之地，山塘南濠一带尽成焦土，当日逃出被害及情迫自尽者，不知几何"。[①]放火焚烧民居，显系清军、团练为防阊门外民房商铺被太平军据为攻城掩体而采取的肃清行动，《庚申噩梦记》《庚申避乱实录》《贞丰里庚申见闻录》《李秀成自述》对此均有记载。时人却误传此举为太平军所为，一直流传至今。

时人笔下对"厉鬼""阴兵"之类恐怖异象的记载也加剧了社会恐慌。无锡余治绘有一幅"愁云泣雨神鬼夜号"图，记雨夜中死无葬身之地的无头厉鬼和狰狞幽魂四出游荡哭号，并且确信"今则往古之事，一一见于目前，觉古人真不欺我"。[②]赵烈文也记1853年初常州"各乡俱有阴兵之异，初至声如疾风暴雨，磷火杂沓中，复见戈甲旗帜之象，其来自溧阳、宜兴，由西而东，每夜皆然"，还宣称"咏如、才叔皆目击之"。[③]百姓对死后变为厉鬼游魂的畏惧无疑增加了他们对太平军的恐惧。

总之，当时人关于太平天国的书面和口传信息，形成了战时社会妖魔化太平军形象的舆论主流。而有些倡言太平军正面形象的文字作品被迫以贬义词冠名传播，如刀口余生（赵雨村）的《被掳纪略》，初名《太平纪略》，据作者本人称"因避清朝的迫害，改为'被掳'字样，

---

① 吴大澂：《吴清卿太史日记》，中国史学会主编：《中国近代史资料丛刊·太平天国》（五），上海：神州国光社，1952年，第327、328、329页。

② 余治（寄云山人）：《江南铁泪图新编》，同治十一年（1872）刻本，第32页b—33页a，北京大学图书馆藏。

③ 赵烈文：《落花春雨巢日记》，太平天国历史博物馆编：《太平天国史料丛编简辑》（三），北京：中华书局，1962年，第27页。

记事立场亦加以变更。惟于当时太平军的制度、法令及英勇杀敌各史实，则照实记述"。① 所以迫于政治形势，亲历者传述和时人所记太平军形象难免有不实之处。

（3）匪盗的乔装栽赃。

土匪、盗贼乔扮太平军设卡收税、抢劫滋事、杀人放火的事例很多。在常熟，"每有聚众恃强，口造谣言，身冒长毛，哄到巨宅，假势骇人，叫哗雷动"；② 在海宁，"土匪扮长毛，夜劫花溪大坟头迁避家"；③ 在嘉兴，"皆土匪私立关卡，并非长毛令也"，"有无赖子伪设长毛卡勒索客船税……盖狐假虎威往往而然也"；④ 在吴县，"新郭乱民牛皮糖阿增等共十余人，伪扮长毛，昏夜入人家劫掠"。⑤ 可见在社会失控时期，土匪、盗贼的破坏性极大，浙江黄岩民间流传着"长毛如篦，土匪如剃"的歌谣。⑥ 匪盗冒充太平军行恶，易被民众误认。

（4）天灾的人为归宿——"红羊劫"。

仅咸同之交波及苏、浙、皖三省的瘟疫疫死人口就达数百万。古人谓丙午、丁未是国难发生之年。天干"丙""丁"阴阳五行属火，色赤；地支"午""未"生肖为马和羊，故有"赤马""红羊"劫之说。太平天国并非起事于丙午（1846）或丁未（1847），但其发端之上帝教成型于此间，组织逐渐完善（"天父""天兄"相继下凡传言）和起事准备日趋成熟的戊申年（1848）也与之临近。在文人著述和官方报道

① 刀口余生：《被掳纪略》，中国社会科学院近代史研究所《近代史资料》编辑室主编：《太平天国资料》，北京：知识产权出版社，2013年，第195页。

② 汤氏：《鳅闻日记》，罗尔纲、王庆成主编：《中国近代史资料丛刊续编·太平天国》（六），桂林：广西师范大学出版社，2004年，第311页。

③ 海宁冯氏：《花溪日记》，中国史学会主编：《中国近代史资料丛刊·太平天国》（六），上海：神州国光社，1952年，第672页。

④ 沈梓：《避寇日记》，罗尔纲、王庆成主编：《中国近代史资料丛刊续编·太平天国》（八），桂林：广西师范大学出版社，2004年，第42、134页。

⑤ 蓼村遁客：《虎窟纪略》，《太平天国史料专辑》（《中华文史论丛》增刊），上海：上海古籍出版社，1979年，第24页。

⑥ 光绪《黄岩县志》卷38《杂志·变异·土寇始末》，第27页b。

中，"首逆"洪秀全和杨秀清并列而称"洪杨"，因姓氏音近，时人常将太平天国"洪杨劫"附会为"红羊劫"。再加上当时流行的谶语也习惯性地将太平天国比附为灾难，身受战争创痛的民众很自然倾向于认为天灾频现是上天对人祸的降罪，从而形成疏远和畏惧太平军的心态。

一般来讲，妖魔化太平军的谣言主要有三个源头：一是出于敌对方的恶意中伤、诽谤，一是民众源于敏感神经或紧张心态的误传，一是匪盗、游民、无赖和散兵溃勇等欲趁乱滋事。三类谣言均会造成社会恐慌。民间社会则根据这些讹传形成了关于太平军蓝眼睛红头发的妖魔形象，给大众行为选择带来了负面导向。

（5）太平天国社会战略的展现。

太平天国在其占领区推行的一系列经济、政治、文化和社会生活等方面的政令，向世人展现了太平天国进行国家建设的社会战略，然而社会战略实践的失误和弊病却使民心益失，增加了民众对太平天国的恐惧。如太平天国间杂并行"着佃交粮""招业收租"和"代业收租"，酿成民间暴动。太平军将之镇压，致使人情大变。再如，尽管太平军当局一再严令整饬军纪，但仍然大量存在违纪现象。在地方行政方面，太平天国力图摒除清朝漕政旧弊，严禁收税人浮收勒折，但在具体执行中浮收舞弊和行政腐败现象仍然不断滋生。

太平天国排斥古人古书，在民间严禁偶像崇拜、祖先崇拜，倡导留发易服、历法改革、婚丧礼俗改革等移风易俗的社会改革，在城市实行男女分营的社会组织和限制自由经营工商业的政策，这些大多与国情严重脱节；加之操之过急、手段激进，与传统激烈冲突，远远超出民众的心理承受力，这也加重了人们对太平军的排斥和恐惧心理。

在太平军到来之前，民众已经形成的思想观念对立和恐慌心态很难被太平军改变；而太平天国社会战略的偏差和弊端是太平天国的主观作为造成的，具有可调控性。在实践中，太平天国却自我孤立，进一步加剧了民众对太平军的恐慌，最终使"妖魔化"的太平军形象定型。

3. 其他心理因素

除对立心态外，求生求安和从众心态也可能增加社会恐慌气氛。求生求安，是民众在乱世中最基本的诉求。迁徙逃难、被迫落草为寇、加入民团，均有民众求生心理起作用。在战乱纷起的年代，百姓求生求安的欲望，推动了暂时群聚效应的生成，1861 年夏秋间，数万民众扶老携幼避入浙江诸暨包村，倚仗包立身的"邪术"救世，最基本的愿望就是能生存下去。

民众对抗太平军，部分仅是由从众心态驱使，可能存在盲目跟风心理。在海盐菜农沈掌大领导的规模达万人的民团队伍里，相当数量的参与者是因恐惧而被裹胁。

战争、灾荒瘟疫和物价飞涨等共同引发了太平天国战争时期江南地区的社会大恐慌。而灾荒、瘟疫这样看似不为人的意志所左右的客观现象，其实与战争有着密不可分的联系，[①] 至于通货膨胀的发生则与战争的相关度更高。灾荒、瘟疫和物价之间也有关联，如太平天国江南占领区米价的变动情况存在一个共同规律，即在 1862 年夏间米价达到一个相对峰值，而此时正值江南灾荒、瘟疫同期肆虐之际。在这三方面因素中，战争显然是诱发社会大恐慌的直接原因，然恐慌之根本在于民众对太平军恐怖形象的恐慌。民众对太平军形象的恐惧，既有先天立场和观念的排拒，也有在政治宣传、时人传述、匪盗栽赃、谶语谣言和太平天国社会战略弊端等多项因素作用下形成的后天观念和利益对立，同时也存在求生求安和从众的心态因素。

[①] 参见余新忠：《咸同之际江南瘟疫探略——兼论战争与瘟疫之关系》，《近代史研究》2002 年第 5 期；康沛竹：《战争与晚清灾荒》，《北京社会科学》1997 年第 2 期。

五 湘军攻陷天京与曾国藩之问

咸丰继统，朝政纷乱，军、财、吏诸政的积弊愈演愈烈。面对日益严峻的形势，咸丰帝有心振作，调整统治中枢，整顿吏治，筹备战守，但都力不从心，实效不佳。咸丰朝前期的政治以平庸为特征，后期肃顺秉政，重典治国，亲用汉人，虽使清廷暂时度过了倾覆厄运，但这些仅是治标之举，且未免为时已晚。

面对缺兵少饷这两大棘手问题，咸丰帝束手无策，仅是一味鼓励地方自办团练、自筹军饷。同时，整饬吏治的举措也成效不佳，官僚政治窳败愈演愈烈，不几年就发生了震动京师的顺天府乡试舞弊大案。征收厘金与创建湘军是咸丰朝两大变局。所幸，征收厘金解决了镇压太平天国的军费问题，湘人曾国藩及其创建的湘军缓解了镇压太平天国兵力不足的问题。可以说，厘金和湘军暂时挽救了清朝危亡。但是，外有太平天国运动和第二次鸦片战争的打击，内有军事、财政、人事等制度上的不变，严重削弱了传统的中央集权制度，在权力格局上呈现外重内轻之势，从而给清廷统治埋下了隐患。

(一) 清王朝的统治危机

鸦片战争之后，清政府深陷统治危机。1852 年，时任内阁学士兼署刑部左侍郎曾国藩在给友人的信中认为天下有三大患：一曰人才，二曰财用，三曰兵力。[1] 论解决之策，"人才"之患在于刷新吏治，财用

---

[1] 曾国藩：《曾国藩全集》第 22 册《书信之一》，长沙：岳麓书社，2011 年，第 70 页。

之患在于开源节流，兵力之患在于整军经武。可是清政府并没有积极求变，有所作为，反而由于吏治腐败，统治机器失灵，终致危机蔓延全国。

首先是经济与财政危机的深化。人口与可耕地的矛盾在乾隆后期开始凸显。在当时的生产力水平下，人均 4 亩耕地是温饱线的标准。太平天国前夕，人口突破 4 亿，人均耕地降为 1.78 亩，远在温饱线之下，佃农还要饱受沉重的捐费和地租盘剥。① 又因人多地少，更刺激了土地兼并的势头，更多的自耕农、半自耕农沦为佃农，佃农沦为游民。他们为求生存，往往加入秘密结社，侧身江湖，打家劫舍，成为社会的不安定因素。北方的白莲教系统、南方的洪门系统都成了游民的集聚之所，不时掀起反清起事，加剧了社会激荡。

清朝的财政收入主要是田赋、盐课、捐费和关税收入，生产力发展的停滞与萎缩直接影响田赋收入。道光三十年清政府岁入不到 4000 万两，用于兵饷与官俸开销，略多于岁出，积余无几；但战争和重大灾害等突发事件尚不在财政预算之内。鸦片战争及战后赔款共损失 4000 多万两白银。1841 年至 1843 年，黄河连续三次大决口；1846 年至 1850年，黄河流域六省被灾五百余县，长江流域也有六省被灾六百余县，故须支出巨额河工与救灾费用。曾国藩后来总结说："自庚子以至甲辰，五年之间，一耗于夷务，再耗于库案，三耗于河决，固已不胜其浩繁矣。"② "夷务"即鸦片战争，"库案"即国库亏空案件，"河决"即河工。"夷务"的经济影响不仅表现在战费和赔款，还包括战后外国的经济掠夺和鸦片走私引起的白银外流。洋货的倾销使东南沿海手工棉纺织业和航运事业大受摧残，外贸逆差渐现。鸦片泛滥使白银继续大量外流，1843 年至 1846 年平均每年输出白银约 3500 万两，银贵钱贱的老问

---

① 参见茅家琦主编：《太平天国通史》（上），南京：南京大学出版社，1991 年，第 113—114 页。

② 曾国藩：《曾国藩全集》第 1 册《奏稿之一》，长沙：岳麓书社，2011 年，第 18—19 页。

题愈加严重。农民和手工业者出卖生产物和劳动力，以铜钱为报酬，但是缴纳地租、捐税却要折算成银两，实际负担加重。此外，尚有为镇压各地各族民众起事而耗费的军饷开支，是为一重头项。岁入有减无增，开支有增无减，财政入不敷出，赤字累累。

处此困境，道光、咸丰百计罗掘，力图使清朝度过眼前的危机。1843 年，道光帝下令清查户部银库，竟亏短九百余万两，各省亏短几千万两之巨。1848 年，户部、军机大臣与王大臣会议拟定了整顿章程，道光严令"摊赔""追欠""停俸"，以弥补亏欠。可是从中央到地方，库案迭出，积重难返。不仅如此，朝廷还饮鸩止渴，卖官鬻爵，广开捐输。1852 年，户部等遵旨拟定《筹饷章程》23 条，首条便是敦促京内外官员一体量力捐输，面向民间的捐输启动更早，各地纷纷出示劝捐，大多名为劝捐实为勒派。后来清廷还打破捐例，将空白"执照"发给各藩司和军营粮台，自行开捐。明码标价的功名买卖滋生吏治腐败，捐纳者得官后必然大肆搜刮民间。1853 年以后，为镇压太平军而饷需支绌，清廷决计更多采用滥发纸币之策，铸大钱、发宝钞、印银票，以致通货膨胀、百物腾贵。到咸丰末，因在市面难以流通，清廷逐渐停铸大钱，宝钞、银票几成废纸，而作为实际硬通货的白银价格一路飙升。清廷借通货膨胀这一下策搜刮民财，虽然相对弥补了财政亏空，但无法从根本上解决财政危机，反而给社会经济带来灾难性后果。此外，道光帝把赔款的负担转嫁给广大纳税者，按各省分摊，严谕地方官追缴陈年逋欠钱粮，滥收苛捐杂税。尽管如此，国家府库仍然枯竭。咸丰帝即位后竟将内务府三口乾隆朝铸造的大金钟熔铸成金条，将圆明园等处大小铜瓶等库存铜器熔化为铜料铸钱，这不过是杯水车薪。一旦国家有事需征调钱粮，必然捉襟见肘，贻误事机。

其次是军队孱弱。鸦片战争后，清廷曾有过整军经武的举措，不外乎练兵、造船、制炮，虽热闹一时，但仍是在战战兢兢中勉力而为，很快就偃旗息鼓。相反，八旗、绿营武备废弛，军纪荡然，吸食鸦片，不事训练，腐败终不能用。迫于兵力不足，清廷在战时只得大量雇佣壮勇，壮勇多系游民，从军意在支取军饷，纪律败坏，难以驾驭。战后壮勇大多被遣散，或为盗匪，或为会党，成为清廷的一支离心力。清朝军事指挥体制也迟钝、陈旧，皇帝指挥一切，战事运作须靠谕旨和奏疏互动，然战场、战局瞬息万变，路途遥远，中枢决策往往与实际战事脱节，必然贻误军机。而前线文官节制武将的体制又使将帅离心，不顾全局，各行其是，拖沓、迟钝、消极是清军前线将帅的通病。后勤供应系统也弊病丛生，运转艰难。清朝军费本就浩大拮据，加上军中贪污、克扣和冒领军饷的现象普遍严重，甚至激发兵变。军队孱弱在客观上给各地造反势力的兴起和发展提供了条件。

最后是吏治窳败。清朝统治危机的根源在于吏治腐败。官员贪腐引发军事、经济危机，进而加重了政治危机，这是清朝道咸之际政局演变的一大特征。当时，整个官场颓废苟且，因循玩忽之风盛行，"清谨者但知拘文法循资格，中下者更惰废苟且，是贪与廉皆不能办事"，[①] 各级官府只知变本加厉地敲诈勒索民众，官民矛盾尖锐。1843 年，两江总督耆英奏报："官与民，民与兵役，已同仇敌。……吏治日坏，民生日困，民皆疾视其长上。一朝有事，不独官民不能相顾，且将相防。困苦无告者，因而思乱。"[②] 到 1852 年初，曾国藩向咸丰帝奏陈民间疾苦有三，乃当下急务：一曰银价太昂，钱粮难纳；二曰盗贼太众，良民难安；三曰冤狱太多，民气难伸，切中民生时弊。[③]

咸丰帝登基仅 12 天，便诏求直言、罗致人才。然而，官场百弊丛生，革除积弊非朝夕之功。当时广西境内扯旗造反的天地会武装把广西官府冲击得七零八落，咸丰帝已无法从容整饬吏治，平定民变成了当务

---

① 李滨：《中兴别记》，太平天国历史博物馆编：《太平天国资料汇编》第 2 册上，北京：中华书局，1979 年，第 154 页。

② 《清道光朝留中密奏·耆英片》，中国史学会主编：《中国近代史资料丛刊·鸦片战争》第 3 册，上海：上海人民出版社、上海书店出版社，2021 年，第 469—470 页。

③ 曾国藩：《曾国藩全集》第 1 册《奏稿之一》，长沙：岳麓书社，2011 年，第 40—43 页。

之急，更何况他本就缺少通盘考虑全局的魄力、能力和大局观，有心整饬吏治，却无从措手。最终，应诏陈言之奏疏虽不乏良策，但多被束之高阁；惩治贪渎官员，虽下令稽查严办，但多从轻发落，有的不了了之，难以以儆效尤。在不触动旧体制和旧机制的情况下，这些整饬吏治的诏令基本上形同具文。随着战火蔓延，迫于筹饷压力，咸丰帝又不得不借军功保举和捐纳封赏刺激士气，这种不计后果的卖官鬻爵，最终导致官僚队伍鱼龙混杂，吏治痼疾难除。基层州县衙门的腐败尤甚。科举选拔的文官，行政能力差，一切事务仰赖胥吏、幕友，他们分掌钱谷、刑狱，控制基层政府财税与司法大权，在基层征收赋税的事务中浮收、勒折、卖荒，以致闹漕抗粮之案迭发。据《清实录》披露，1836 年至 1845 年爆发民变 258 次，1846 年至 1855 年爆发民变 959 次，数量增长了近 4 倍。鸦片战争后近十年间的武装起事几乎遍及全国各省，北方主要以捻军、幅军为主体；南方以天地会、斋教为主体，其中湖北崇阳钟人杰、湖南武冈曾如炷、湖南新宁雷再浩和李沅发等领导的起事声势较大。天地会张贴的《万大洪告示》指斥统治者："天下贪官，甚于强盗，衙门污吏，无异虎狼……富贵者纵恶不究，贫穷者有冤莫伸……民之财尽矣，民之苦极矣！"[1] 民众的抗争日益频发、激化、普遍。

（二）厘金的征收与使用

1853 年 6 月，奉旨巡查黄河口岸的都察院左副都御史雷以諴采纳幕僚钱江建议，南下进驻扬州江都县仙女庙镇，在里下河设局，向附近各镇米行抽厘助饷。之所以设在仙女庙，是因为仙女庙是里下河各路米粮集散之地，商贾辐辏。最初规定每石米捐厘五十文，即每升米仅抽厘

---

① 杨松、邓力群辑，荣孟源重编：《中国近代史资料选辑》，北京：生活·读书·新知三联书店，1954 年，第 115 页。

半文，故商民相安而积少成多，所入甚巨。半年间，仅接济江北大营琦善等部兵饷，就有钱三万贯、银三千两。于是，雷氏将捐厘对象从米行扩及各行铺户，无论大小，按销售额，一律照章抽厘。此系对坐商征收的交易税，当时人称"坐厘"，亦称"板厘"；另外，还派官兵到水陆要冲设关卡，对往来客载货物抽厘，按其价值分类征收，此系对行商征收的通过税，当时人称"行厘"，又称"活厘"。雷以诚后授为刑部侍郎、帮办江北大营军务。1854 年 4 月 15 日，雷以诚向朝廷奏报办理商贾捐厘大致情形，一面宣称将在里下河各州县推行所拟捐厘章程，一面建议在江苏各地推广照办，意在获得朝廷认可和授权。实际上，厘捐名为劝捐，实为强行派捐；名为捐，实为商业税。但在咸丰帝看来，厘捐不过是各地捐纳捐输的变种，且他在上年（1853）即已谕令各省可不拘成法自行筹饷，遂诏允其请。1854 年下半年，征厘首先在江苏境内推广开来。

当时各路将帅为军费所苦，朝不谋夕，纷纷视抽厘为筹饷捷径。1855 年 1 月，正带兵围攻高唐太平军的胜保上奏吁请在全国仿行："可否请旨饬下各路统兵大臣，会同本省、邻省各督抚，督同地方官并公正绅董，仿照雷以诚及泰州公局劝谕章程，悉心筹办。官为督劝，商为经理，不经吏胥之手，自无侵漏之虞。用兵省分就近随收随解，他省亦暂存藩库，专为拨济各路军饷之需。"[1] 胜保所奏有两点值得关注：一是征厘主体应为统兵大臣（他此时正任钦差大臣），以公正绅董经理，各省督抚和地方官仅是会同，实欲自行征收；二是厘金可专为拨济军饷，随收随解，可不上缴中央财政。其核心是在清朝国家财政税收体系之外，另立新体系。咸丰帝不解其意，只是责成户部核议。在前线军需浩繁而户部无款可拨的情形下，朝廷急欲解燃眉之急，故议定用兵省份督

<hr>

[1] 《胜保奏请饬统兵大臣督抚仿照雷以诚办理抽厘济饷片》（咸丰四年十一月十六日），中国第一历史档案馆编：《清政府镇压太平天国档案史料》第 16 册，北京：社会科学文献出版社，1992 年，第 297—298 页。

抚可就本省情形酌量抽厘。这一决定是对胜保建议的修正，实是对统兵大员的不信任，但将收厘大权下放到各省督抚之手，同样是对皇权的削弱。由是，各省纷起仿办厘金。

湘军集团最先行动。骆秉章、左宗棠在湖南，曾国藩在江西，胡林翼在湖北，设厘金局，官督商办，绕开府州县各级官僚体系，将厘金收入直归省级财政，所入颇丰。至1862年，全国已有十三行省及奉天、吉林、新疆等将军辖区开征厘金。厘金由此成了不受中央控制的地方财源，由各省督抚把持。朝廷也逐渐意识到财权下移的隐患。1861年初，户部奏准《厘务章程》八条，欲对厘金有所监管，其中有厘捐总局分局立限详报、各省厘金厘定科则、坐厘严禁虚报、行厘严杜偷漏、局卡各员侵冒严参治罪、各省历年抽收厘捐勒限奏报以严稽核等规定。但即便是各省督抚只需按季将该省厘金收支数额报户部核查一项，地方官员担心户部提取或在军需报销中作梗，也有意作伪瞒报。对此，朝廷心有余而力不足。

厘金的征收与使用使万分窘迫的军费难题得到了缓解。原本没有正当财源的省级财政由此银浪滚滚，被兵的湖南、湖北、江西等省每年征收厘金数均在二百万两以上，仅上海每年就超一百万两。当时西线战场上的湘军和东线战场上的江南、江北大营，每月开支几十万两，仅向荣大营每月就需银二三十万两，湘军初时不足二万人，每月需银近八万两。各处军营欠饷甚多，士兵多有哗变。倘无厘金输血，局面难以维持。据统计，太平天国败亡后，各地向清朝中央财政奏销的相关开支数为1.8亿两，[①] 加上镇压捻军、会党、各民族造反等，军费开支不会低于3亿两。据估算，从1853年至1864年，全国厘金收入历年合计1.1亿两，[②] 因瞒报，实际远超此数。可见厘金作用之大。太平天国失败

① 彭泽益：《十九世纪后半期的中国财政与经济》，北京：人民出版社，1983年，第127—130页。

② 罗玉东：《中国厘金史》上册，上海：商务印书馆，1936年，第22页。

后，曾国藩在致函雷以诚时，盛赞其创设厘金之功："军兴以来，各路饷需多赖厘金，不才亦得所借手，幸平巨寇。追维创始之功，自不可没。"①

厘金出现是历史必然。一是从清代社会经济结构看，农业和手工业产出有限，搜敛如此巨大军费，只能倚赖商业；二是厘金属于商税，它和关税的蓬勃发展，使清朝财政由依赖农业转向商业，符合历史发展方向。明清以来，传统农本经济思想一直居主导地位，政府采取了更为严厉的重农抑商政策，商税方面主要是征收关税，而利润颇丰的市税却长期处于轻税甚至无税状态。厘金的出现，在一定程度上弥补了商税的不足。

但厘金也是一种恶税。国家虽然从商业中获利巨大，但并未对商业采取更多的保护和扶植政策，而是以最大程度榨取商人来填补巨额财政亏空为目的。咸丰一朝，捐局林立，厘金名目繁多。此外，各地厘卡抬高税率，甚至有高达百分之二十者，且多重复征收。这使商贾难于行路，严重影响了正常商业秩序的建立。商贾被抽厘后，势必抬高物价，将压力转嫁于民众。时人愤愤言："厘金之设，名虽病商，实则病民。病富民犹少，病穷民独多。……故物价腾贵，穷民受害独酷。"② 厘金原本以临时性捐费身份出现，雷以诚曾一再许诺俟军务告竣，即行停止，然地方大员无意割舍。太平天国失败后，官文、曾国藩等奏请缓裁厘金，直至清朝覆亡，厘金制度迄未裁废。1931 年，国民政府取消了厘金税制度，实行新的统税制。

厘金之设非源于皇帝旨意，而是统治集团内部由下而上兴办的，标志着清朝中央财权的下移。其一，旧的国家体制发生变化。清朝定制为兵饷分离，统兵将帅只管带兵，饷银由户部按例发放，遇有战事，另简

---

① 曾国藩：《曾国藩全集》第 28 册《书信之七》，长沙：岳麓书社，2011 年，第 310 页。
② 李文治编：《中国近代农业史资料》第 1 辑，北京：生活·读书·新知三联书店，1957 年，第 375 页。

大臣主持粮台。太平军兴后，先是大开捐例，后又仿行厘金，任由将帅自筹军饷，把持捐银、控制厘金，甚至还可以办理军需等为由截留原属中央财源的田赋。这一变动完全颠覆了原来中央集权的财政体系。其二，户部之权日轻，而疆臣之权日重。户部为六部之首，按清制，各省岁入之款，须报明户部，听候拨发。太平军兴后，奏销制度渐成具文。各省自办厘金后，督抚执掌银钱流向，可留用，也可协济他省、他军。厘金所入无须上交户部，谁征谁用，怎么征怎么用，均不归户部过问。厘金成为归各省督抚掌控的合法财源。其三，为地方武装发展提供了保障。无饷即无兵，中央断了财源，作为经制兵的八旗、绿营更趋衰败，而地方团练迅猛发展，曾国藩柄政两江后，湘军饷源几乎全靠厘金，地方督抚有了抗衡中央的资本。

(三) 汉族地方势力崛起

自广西战事揭幕，八旗、绿营屡遭败北，咸丰帝遂鼓励各地兴办团练，以补官军不足。"团练"是"乡团"（"民团"）与"练勇"（"壮勇""乡勇"）的总称。乡团一般由官府倡首、乡绅自办，经费由地方公摊或绅民自筹，以保卫桑梓、清查土匪为宗旨，不离乡土、不随军出征。练勇则应募出征，领官府粮饷，策应官兵堵剿，事平而撤。自嘉庆朝镇压白莲教、苗民起事后，团练成为官府维持地方秩序的常用手段。

为此，咸丰帝迭谕各省在籍官绅办理团练，并先后任命了45位团练大臣，因母丧在湖南湘乡（今双峰）原籍丁忧守制的前礼部侍郎曾国藩便是其中之一。不过这并非是对曾国藩的重用，谕旨中"其于湖南地方人情自必熟悉……令其帮同办理本省团练乡民、搜查土匪诸事务"

一句,① 明确限定了曾国藩的工作性质是"帮同办理",任务范围是"团练乡民、搜查土匪"。可见咸丰帝是恐太平军过后湖南地方不靖,意在让曾国藩帮办的是"乡团""民团"而非"练勇"。曾国藩深谋远虑,其志趣并不在帮办乡团。他到长沙的次日,即上疏咸丰帝长沙兵力单薄且无兵可调,因此必"于省城立一大团,就各县曾经训练之乡民,择其壮健而朴实者招募来省"。他还指出,军兴以来之所以一再失利,"皆由所用之兵未经训练,无胆无艺,故所向退怯也",应仿戚继光束伍成法,"今欲改弦更张,总宜以练兵为务"。② 曾国藩向咸丰帝表达了另辟蹊径,革除营伍积弊,创建新军的思想。"改弦更张"成为曾国藩建军的指导思想。

太平军的凌厉攻势已使咸丰帝焦头烂额,于是,他批准了曾国藩的计划。在他看来,团练毕竟是辅助性武装而非正规军,既然对镇压太平天国有利,又不用朝廷拨款,何乐不为。至于举办团练之具体细节、利弊得失,他没时间也没心思做具体筹划。曾国藩遂以办团练为名,在清朝的军政体制之外,按照自己的计划,编练了一支迥异于清朝各类武装力量的新军。

至 1854 年 2 月,湘军陆师已扩编至 13 营,5000 余人;又新建水师10 营,5000 人,船舰近 500 艘;加上各种夫役,全军约计 17000 人,自号"湘勇",后因独当一面而声名鹊起,被称为"湘军"。曾国藩以办团练之名,实质是行编练新军之实。湘军之新,有如下特点:

其一,营制。湘军编制之法,统系完备,便于指挥。以营为单位,每营设营官,下分前后左右四哨,每哨八队,另设营官自带亲兵六队,哨有哨长,队有什长,初以 360 人为一营,后每营实际编制 505 人。与

---

① 《寄谕钦差大臣徐广缙等确奏岳州汉阳失守及敌营分窜等情并著罗绕典赴襄阳防堵曾国藩帮办湖南团练》(咸丰二年十一月二十九日),中国第一历史档案馆编:《清政府镇压太平天国档案史料》第 4 册,北京:社会科学文献出版社,1992 年,第 174 页。

② 曾国藩:《曾国藩全集》第 1 册《奏稿之一》,长沙:岳麓书社,2011 年,第 68—70 页。

八旗、绿营为经制兵且兵将分离、兵将不习的情况不同，湘军之勇均为招募，入伍为勇，出伍为民；将弁中系主帅选任营官，营官自募弁勇，各级逐层递选。湘军的指挥体系也以营为单位，由大帅到统领到营官，不越级指挥，职权归一，兵将相习。

其二，用人。无论选将抑或募勇，均取回籍呼朋引类之法，以乡谊故交维系部队内部情感，所募勇弁均为本乡本土之农民，且与营官有同乡关系。故湘军以湘籍为主体，且湘乡人所占比例较高，还出现了师生、朋友、同乡、同族甚至兄弟子侄同入湘军，乃至同在一营的现象。其地域化、私人化色彩甚浓，在作战中便会互助互力。可见湘军中既存在等级森严、约束性极强的上下级关系，又存在地缘、血缘、业缘等多重交叉的私人关系。在这两套关系网络中逐渐形成了弁兵感戴营官、营官感戴主帅，全军听命于曾国藩一人的局面，使湘军几乎成了曾国藩的私家军，他人根本无法指挥。这与绿营、八旗为经制兵且兵将分离、将不知兵的状况不同。

曾国藩特别憎恶清军兵不习战、战不用命、胜则相妒、败不相救等积习，选将用人严格，制度独特，从而与腐败的官场习气形成强烈对照。他选将不论出身、资历、官阶，提出带勇之人必须具备四个条件："第一要才堪治民，第二要不怕死，第三要不急急名利，第四要耐受辛苦"，"大抵有忠义血性，则四者相从以俱至"。[1] 一时间，众多有志有才且富有"忠义血性"的士子投笔从戎，被破格提拔。湘军军官中，以儒生居多，成为一大特色。这样，既利于选拔人才，又利于将帅培植亲信、控制部队。为杜绝绿营恶习带入湘军，曾国藩强调募勇"须尽募新勇，不杂一兵，不滥收一弁，扫除陈迹，特开生面，赤地新立"，[2] 选择技艺娴熟、年轻力壮、朴实而有农夫气者，其油头滑面，

---

① 曾国藩：《曾国藩全集》第 22 册《书信之一》，长沙：岳麓书社，2011 年，第 215、216 页。
② 曾国藩：《曾国藩全集》第 22 册《书信之一》，长沙：岳麓书社，2011 年，第 349 页。

有市井气者、有衙门气者，概不录用。此外，募勇还须取具保结，并造清册，以防其降敌或私逃。这使湘军作战时不能不矢忠矢勇，在精神面貌上大异于八旗、绿营。

其三，武器。清朝经制兵是战时临时抽调编组，各部携带火器数量、种类不一，且因长途运输困难缺少重火器，事事责成地方以致贻误军机、扰累地方。曾国藩非常重视轻重火器与冷兵器的配置，每哨有刀矛四队，利于肉搏，有小枪、抬枪二队和亲兵中的劈山炮二队，分别便于近、中、远程火器攻击，还招工匠自制军火武器，这些都增强了湘军的战斗力。此外，每营设长夫180人，专门负责运输军械物资并构筑工事，一般不参加战斗，行军时运输物资，扎营后筑墙挖壕，这既利于减轻弁勇负担，全力作战，又可避免征用民夫长途行军事事扰累地方而贻误军机。

其四，水师。为与太平军争夺长江控制权，曾国藩在衡州筹建水师，在衡州、湘潭设厂造船，制造火器。水师成军后拥有大型快蟹、中型长龙、小型舢板三种战船及辎重船近500号，并从广州购买洋炮装备战船。在镇压太平天国的战场上，湘军是唯一一支能够水陆协同作战的部队，且水师之设，极大提高了湘军机动作战能力和运输能力。

其五，训练。清朝经制兵训练废弛且军纪松懈。曾国藩格外重视训练，既重视操练作战技能，也重视教习营规、整肃军纪等思想教育。尽管曾国藩无法遏制湘军军纪日益败坏的趋势，但他重视训练的思想和行动贯穿始终，特别是在争取民心、谋求缓和军民关系方面具有一定战略眼光，收到了一定成效，与八旗绿营兵兵不习战、战不用命、军纪败坏不同。因此，湘军在与作战频繁但训练欠足的太平军交锋时，屡屡以少敌众。

其六，筹饷。湘军起初依靠湖南藩库拨款，不久即决计自筹，截留丁漕款项、设局劝捐，正式出征后自设粮台，寻求多方接济，后把控湖南、湖北两省厘金，与清廷定制兵饷分离不同，湘军不依赖于抚藩拨款，自主独立性强。湘军实行厚饷之制，待遇高于绿营，入伍、负伤、阵亡均有抚恤，这对偏远贫苦山区的山民很有吸引力，使湘军有充足的兵源。

湘军中既有等级森严、制约性极强的上下级关系，又有同乡、师友、戚友、同族、兄弟和恩主等交叉重叠的私人关系。可见这是一支地域化、私人化、排他性色彩甚浓的新式军队，故唯曾国藩、胡林翼、左宗棠等之命是从，他人根本无法指挥。因此，太平军面临的是一个从未遇到的难以对付的新敌人。

湘军的性质在逐渐发生变化：由地方招募之乡勇，一变而为省府招募、给养、组织和指挥之官勇；及至出省作战，又渐变为全国性军队。曾氏本人也完成了从帮办"团练"到自办"练勇"，从文职京官到领兵主帅的角色转换。这打破了清朝兵权归中央执掌的世兵制度，开晚清兵为将有现象之先河，客观上对中央集权构成威胁。湘军成军后，咸丰帝多次下诏催促出省作战，及至大军开拔，曾国藩奏陈营制、粮台诸章程，咸丰帝始知其势大，深恐军权旁落，何况曾氏是汉人，但鉴于要全力镇压太平天国，不得不对之既提防又倚用。湘军成为清廷一大心病，这也正是曾国藩日后屡遭清廷猜忌的主要原因。

1854年秋，湘军水陆并进，连战连捷，克复湖北省城武昌。咸丰帝大喜，表示"不意曾国藩一书生，乃能建此奇功"，授曾国藩署理湖北巡抚。某军机大臣提醒说："曾国藩以侍郎在籍，犹匹夫耳。匹夫居闾里，一呼蹶起，从之者万余人，恐非国家之福。"① 咸丰帝默然变色良久，收回成命，改授曾国藩兵部侍郎，令其沿江东下，进攻江西，专办军务。咸丰帝还以曾国藩奏折中未书"署抚"官衔之细故，对他严旨申斥，称其有违旨之罪。同时，咸丰帝擢用胡林翼署理湖北巡抚，欲

---

① 薛福成：《书宰相有学无识》，《庸盦文续编》卷下，光绪二十三年（1897）上海醉六堂石印本，第7—8页。按，一般认为书中所言某相国指祁寯藻。据朱东安考证，认为非祁而是彭蕴章。参见北京太平天国历史研究会编：《太平天国学刊》（二），北京：中华书局，1985年，第178—182页。

借胡抑曾，分化湘军，避免曾国藩坐大；又以满族权贵官文为钦差大臣、湖广总督，挟制胡林翼；大力扶持江南大营、江北大营，使湘军为之辅助，欲使八旗、绿营坐收其功。

其后，曾国藩以侍郎虚衔在江西带兵，既无基地，后又丧失后方，动辄受制于人，心寒至极。1857年3月，曾国藩得知乃父病故，奏报丁忧后未俟旨便委军而去，回乡守制。但驻赣湘军依然听命于曾氏，不听他人调遣，几成散沙。三个月假期将满，咸丰帝一再谕令曾国藩赴江西督办军务，谕旨中有"该侍郎所带楚军，素听指挥"一句，[1] 委婉地承认湘军很难驾驭。但曾国藩仍请求终制，实欲增加和朝廷谈判筹码。不久，曾国藩又在奏折中力陈在赣办事的种种难处，请求终制，最后亮出底牌："以臣细察今日局势，非位任巡抚，有察吏之权者，决不能以治军。纵能治军，决不能兼及筹饷。臣处客寄虚悬之位，又无圆通济变之才，恐终不免于贻误大局。"[2] 咸丰帝恍然大悟，原来曾国藩是以退为进，谋取巡抚之位。咸丰帝自然不会同意，诏允曾国藩在籍守制，并准其开除兵部右侍郎衔。后来曾国藩在奏折中曲折透露出悔意并希望咸丰帝夺情让他复往江西，结果咸丰帝连其帮办湖南团练一事亦予免除。胡林翼等曾一再陈情让曾氏复出，均被咸丰帝否决。直至1858年6月，江西、浙江、福建军情大变，石达开大兵压境，曾国藩才被复用，但仍不予实权，以"前任兵部侍郎"虚衔督率旧部。在此前后，官文、和春、德兴阿、胜保等满族权贵授为督办南方各路军务的钦差大臣，可见咸丰帝的疑忌之心难消。

不过，尽管咸丰帝疑忌汉人，对汉人既使用又限制，但从咸丰朝前期文庆亲用汉臣，到后期肃顺重用汉臣，再到同治初恭亲王奕訢等依畀汉臣，"亲用汉人"之策逐渐成型，以及祁寯藻、彭蕴章等任领班军机

---

[1] 曾国藩：《曾国藩全集》第2册《奏稿之二》，长沙：岳麓书社，2011年，第219页。

[2] 曾国藩：《曾国藩全集》第2册《奏稿之二》，长沙：岳麓书社，2011年，第223页。

大臣，林则徐、李星沅、徐广缙、陆建瀛、向荣等为督办军务钦差大臣，恰与同期旗员钦差人数相当。在生死存亡之际，清王朝终于肯向汉族官僚放开更多的权力，从而使其暂时避免了倾覆厄运。正因为此，太平天国运动才被镇压下去，洋务运动才得以兴起，满汉力量对比发生了转变，可见"重用汉人"之策对晚清政治影响之大。①

是时局势大变，与八旗、绿营日趋式微和满族官僚颟顸腐朽形成对比的是，与湘军渊源甚深的汉族官僚势力崛起，湘军骁勇善战俨然成为镇压太平军的劲旅，两湖地区社会治理成效显著且成为湘军的坚固基地，绅权特别是两湖官绅权势进一步扩张。同时，一些跨省的官僚集团开始形成，以曾、胡、左为首的湘系集团，势力扩大至长江数省；还有以何桂清、王有龄、薛焕为首的江浙集团，凭借上海财源，维系江南残局。原来清朝内部满族权贵和汉族官绅、中央与地方、八旗绿营与湘军之间状况的改变是时势使然。

在清廷既限制又利用的方针下，湖南籍官绅群体以两湖为基地艰难发展。这个群体以曾国藩为代表，其他主要人物有胡林翼、江忠源、左宗棠、郭嵩焘、罗泽南、刘长佑、刘蓉等。他们重视罗致并悉心培植人才，提倡"忠义血性"，又推崇经世之学，不拘成法锐意求变，倡立官场新风，同气相求，守望相助，给危机四伏的清政府带来了生气和转机，也将两湖地区治理为湘军稳固的后方基地。这主要得益于胡林翼治鄂、左宗棠治湘。曾国藩曾明确表示，"其转运粮台，皆当安设九江，其后路皆在湖北，其根本皆在湖南"。② 曾国藩、左宗棠均与胡林翼交好，彼此则有龃龉，但曾、左并未因此反目相向，曾国藩极力保举左宗棠带兵，左宗棠则鼎力接济湘军。曾国藩一直感念胡、左经略两湖之

① 文庆、肃顺、奕䜣等虽是满人，却对曾国藩等汉人极力维护，祁寯藻、彭蕴章虽是汉人，却对汉人统率的湘军多加诋毁。究其原因，一方面是晚清满洲贵族的腐化堕落引起了满人中有识之士的省思，另一方面是清朝长期文化专制引起了汉人的心理和思维异化。参见茅海建：《苦命天子：咸丰皇帝奕䜣》，北京：生活·读书·新知三联书店，2022年，第242页。

② 曾国藩：《曾国藩全集》第22册《书信之一》，长沙：岳麓书社，2011年，第613页。

功，他致信胡林翼说："目下湖北得我公护持，湖南有左、郭护持，敝处诸事顺手，江西亦不掣肘，盖生平时运最亨之候。"[①] 曾、胡、左三人以忍辱负重、共济时艰相标榜，相互援应，苦撑危局，主要原因在于他们既有大局意识，又有忧患意识，更在于他们均讲求"忠义血性"，于政见多有契合，有牢固的合作意识。

清廷凭此挡住了太平天国潮水般的猛烈攻势，为后来大举反攻奠定了基础，但是也导致汉族督抚势力崛起，逐渐改变了清朝内满外汉、封疆大吏多由满人出任的传统政治格局。1859 年罗遵殿出任浙江巡抚、1860 年刘长佑升任广西巡抚就是这一趋势前兆。1860 年夏，清朝用于镇压太平天国的唯一主力部队江南大营，被太平军一举击溃，先前江北大营也被击灭，僧格林沁的满蒙骑兵正在北方抵御英法联军，江南局势危如累卵。咸丰帝只得指望曾国藩，先是加其兵部尚书衔，署理两江总督，不久改为实授，并授为钦差大臣，督办江南军务，节制大江南北水陆各军。曾国藩苦熬七年，至此时才被畀以重任，军权、政权在手，得以放开手脚攻打太平军。及至僧格林沁所部在第二次鸦片战争中元气大伤，原先的军事格局被彻底打破，咸丰帝已别无选择。

至此，原来的统治秩序内部出现了明显变异。传统中央集权制度在咸丰朝发生丕变。过去由朝廷严格掌控的兵权、财权，渐渐落入地方督抚手中。从人事上看，汉族地方势力凭借战功和政绩迅速崛起，打破了满族贵胄牢牢把持权力的旧格局。至 1861 年 9 月，湘军系统及两湖官绅共有 2 人出任总督：两江总督曾国藩、四川总督骆秉章；共有 7 人出任巡抚：湖北巡抚胡林翼、河南巡抚严树森、安徽巡抚李续宜（后接替胡林翼任湖北巡抚）、安徽巡抚彭玉麟（接替李续宜）、湖南巡抚毛鸿宾、署贵州巡抚江忠义、署贵州巡抚田兴恕。其后数十年，这一势头得到延续。人事上的变异不单包括汉人督抚数量的增加，其要害在于这些

---

① 曾国藩：《曾国藩全集》第 23 册《书信之二》，长沙：岳麓书社，2011 年，第 620 页。

督抚手握兵权、财权，进而在人事任免权上影响中央。此外，各省官僚通过办团、筹饷等事务联络乡绅，倚仗幕僚、士绅参与机要，官绅结合、绅权扩张成为地方权力架构的一个显著特征，这在客观上削弱了清廷对基层社会的控制力。凡此均系前所未有，在权力架构上逐渐形成中央权轻、地方权重，国家权轻、社会权重的新格局，从而给清政府埋下了巨大隐患。

（四）湘军攻灭太平天国

太平军克南京后，分兵东下，轻取南岸镇江，又进占北岸咽喉扬州，三城成犄角之势，掐断了清王朝的经济命脉——漕运。清廷急调各地清军围剿。由尾追太平军而来的钦差大臣向荣所部3.2万余名绿营兵屯扎天京城外孝陵卫一带，分兵驻扎丹阳窥伺镇江，建立江南大营。另由钦差大臣琦善率2.4万余名八旗兵屯驻扬州近郊，建立江北大营。江南、江北大营的清军合军不足6万人，且战力不强。驻防宁、镇、扬三城的太平军总兵力有10万左右，皆是屡历战阵的精锐。太平天国不集中兵力解决肘腋之患，却于1853年5月中旬和6月初相继发动了北伐和西征，是为战略失误。将有限的兵力同时分别投放在北伐、西征和天京外围三个战场，导致战线过长，机动兵力不足，顾此失彼。

受影响最深的就是北方战场。北伐，按太平天国官方称谓是"扫北"，其战略目标是直捣清朝统治中心——北京。太平军当时共有50军，扫北军占12军，打到北方的有9军，约2万余人，占当时太平军总兵力的1/5。其中两广老兄弟3千人，占所有老兵总数的1/3，远超其他各军。而西征军出征时仅八九千人，两广老兵仅有数百。扫北军统帅是天官副丞相林凤祥、地官正丞相李开芳、春官副丞相吉文元，当时诸王之下，六官丞相仅封六人，扫北军统帅占了一半。三人一路充当先锋，是太平军中骁勇善战的大将。而西征军第一阶段的统帅赖汉英、曾天养、石祥祯、韦俊算是太平军中的二流战将。所以，扫北军是太平军的精锐部队，也是太平天国所能派出北伐中原的最多兵力，足见太平天国之重视。

1853 年 5 月，扫北军从天京出发在浦口登陆，旋即攻入皖北渡过淮河，挺进河南北越黄河，绕道山西，翻越太行山进入直隶，前锋逼近保定。京城内外，人心惶惶。部院各衙门官员纷纷告假。咸丰帝以胜保为钦差大臣北上保定迎截，以僧格林沁为参赞大臣部署京城防务并赴京南涿州防堵。扫北军逼近天津近郊，于 10 月 29 日占据静海县城和独流镇，前锋到达杨柳青。但这时冬季来临，扫北军多为南方人，不惯北方严寒，且出征时衣缕单薄，多有跣足者，粮食、炮械、弹药供应也很困难。困于饥寒之中的扫北军，面对强敌，力战三月，被迫突围南撤，沿途冻死冻伤者甚众，只得在阜城待援。

天京方面的扫北援军早就应该派出，却迟迟未能发兵，主要是因兵力不足。1854 年 2 月和 5 月，杨秀清两次派兵北援，均告夭折。此后，由于西征战事转危，太平天国再无力北援。1855 年 3 月上旬，林凤祥在连镇被俘，5 月底，李开芳在冯官屯被俘。至此，横扫北方五省的扫北军彻底败亡。

北伐失败，根本原因是孤军深入，外无援军，内缺给养；北方严寒也给太平军造成了致命威胁；清军深沟高垒，坚壁清野，隔绝太平军与百姓，乃致太平军补给困难，以及沿途团练乡勇阻击等均是造成其失败的原因。对太平天国来说，扫北牵制了北方清军主力，给长江流域的太平军活动制造了有利条件，但是包括诸多首义将士在内的太平军精锐全军覆没，损失惨重，战略全局亦受影响，太平天国自此转为专心经营南方，再未出师北伐。李秀成后来总结"天朝十误"，扫北及其援军的失败就占其三，而"东王令李开芳、林凤祥扫北败亡"，被他列为"误国之首"的"大误"。① 对清朝方面而言，虽然北方驻军遭受重创，但总算解除了京畿的军事威胁，可以全力调度和应付南方战事了。

太平军主力部署在天京一线，如果南方迅速底定，即可倾全力北援。几乎在北伐的同时，1853 年 6 月，太平天国发兵近万人溯江西上。西征的目标是开辟长江中上游地区作为天京屏障和粮饷供给基地，并进而规取整个南中国。西征太平军连克安庆、湖口、九江，遂分兵两路，一路北上经略皖北，旋克庐州，安徽巡抚江忠源投水自尽；一路西去经略湖北，湖广总督吴文镕兵败自杀，太平军再克武昌，挺近荆州、襄阳，又进攻湖南，连克岳州、湘阴、靖港，逼近长沙。但随着与湘军交战，太平军的进军势头很快被阻遏。

1854 年 2 月湘军成军出征。接下来，太平军首败于湘潭，复败于武昌，再败于田家镇，湘军出境东征，太平军彻底退出湖南和湖北。战争重心随即转至江西。自此，清廷在长江上游的军事开始倚重湘军。1855 年 1 月，石达开亲临湖口前线主持军务，太平军取得湖口、九江大捷。曾国藩羞愤已极，在慌乱中投水自尽，被部下救起，逃至南昌。太平军一举扭转颓势，并迅速反攻湖北，第三次克复武昌。1855 年 11 月，石达开率军突入江西，到 1856 年 4 月，占据了江西 8 府 50 县。曾国藩收拢兵力扼守南昌，石达开奉命回援天京。底定南方的战略最终没有实现，但太平军控制了自武昌至南京的千里长江水道，以及皖、赣、鄂的大片腹地，由是获取了源源不断的粮饷供应。

这时，天京告急，面临被江南、江北大营合围的危险，长期的水陆围困也使天京接济困难，处境堪忧。杨秀清决计厚集兵力，拔出此患。1856 年 4 月，由秦日纲挂帅自天京东讨，大破江北大营；6 月，石达开、秦日纲合兵攻破江南大营，向荣败走丹阳，不久病故。太平军准备

---

① 《忠王李秀成自述》，罗尔纲、王庆成主编：《中国近代史资料丛刊续编·太平天国》（二），桂林：广西师范大学出版社，2004 年，第 397 页。

规取苏州、常州。然而就在这关键时刻，太平天国核心层爆发了大规模内讧。

天京事变，尤其是石达开带走了十余万精锐部队，造成太平天国"朝中无将，国内无人"的局面，各战场形势急转直下。为扭转危局，洪秀全提拔和任用了一批新人。特别是年轻将领陈玉成、李秀成临危受命，率太平军奋力反击，太平天国有了重新振作的迹象。

1858 年夏秋之交，在联络皖北捻军协同作战的基础上，太平军各部谋定而后战，厚集兵力，二克江北大营、三克扬州，打通了天京北岸粮道。江北大营死伤万余人，自此一蹶不振，延至 1859 年 3 月被撤销。就在太平军主力东移之际，湖北清军进逼安庆、庐州，深入皖北腹地。陈玉成、李秀成火速回援，于 1858 年 11 月在三河镇击溃李续宾所部湘军五千余人，李续宾与曾国藩之弟曾国华等战死，清军全线后撤至皖鄂交界。

为彻底解除江南大营对天京的围困，1860 年 5 月，太平军以"围魏救赵"之策，佯攻湖州、奇袭杭州，攻敌之必救，然后聚拢兵力，于天京外围二破江南大营。清军损折二三万人，主帅和春、江南提督张国梁死难。连曾国藩也不得不承认此役为太平天国"得意之笔"。① 天京解围，诸王登朝庆贺，并商议下一步作战部署。李秀成力排众议，附和洪仁玕，主张乘胜东进，先东下苏、杭、上海，然后沿江上取，占据长江两岸，得到洪秀全首肯。接着，太平军乘胜进取常州、苏州、嘉兴，逼近上海。太平天国之所以能在 1860 年春夏之交重整旗鼓，开辟苏福省基地，与太平天国领导集团协力同心是分不开的。与此同时，与洪秀全分道扬镳后的石达开所部远征军，各地各族民众的反清起事特别是与太平军协同作战的捻军，以及正在进行的第二次鸦片战争，均不同程度上牵扯了清政府的精力和兵力，缓解了太平军的军事压力，使太平天国

---

① 曾国藩：《曾国藩全集》第 20 册《家书之一》，长沙：岳麓书社，2011 年，第 584 页。

太平天国再研究

得到了重新振作的机会。

　　相比之下，因内外交困陷入全面危机的清政府被迫求变，采取了一些行之有效的对策，诸如政治上调整内部矛盾尤其是满汉官僚之间的矛盾，军事上倚仗汉族官僚组建湘军、淮军，经济上推行厘金制度以充实军需、蠲缓被兵省份钱粮，外交上在第二次鸦片战争后基本维持"中外和好"的局面。因江南清军在太平军的打击下土崩瓦解，迫使清廷改变对湘军既使用又限制的方针，开始全力倚重曾国藩的湘军以支撑东南危局，于1861年11月宣布由曾国藩统辖苏、浙、赣、皖四省军务。到1864年，曾国藩直辖的湘军已达12万人，加上左宗棠所部湘军、四川湘军和李鸿章的淮军在内，湘军总兵力约有50万人，已与过去常备军绿营的总兵力相当。曾国藩、胡林翼、左宗棠等人标榜忍辱负重共济时艰，在两湖地区苦心经营，延纳人才，整饬陋习，从严治军，使两湖地区成为湘军稳固的后方基地，为日后大举反攻积蓄了力量。列强也放弃"中立"，开始干涉中国内战，极大地影响了战争进程和结局。1862年1月13日，上海道吴煦成立中外会防局（即会防公所，又称"上海会防局"），主持有关防卫上海事务。随后清政府批准了上海官绅"借英法官兵剿贼"的呈请，李鸿章的淮军陆续抵达上海。

　　太平军主力东征苏常之时，西线形势已很严峻。陈玉成兵团东进，上游空虚，湘军乘势围攻安庆。安庆是天京上游门户，苏南系清朝财赋之区，各为攻敌必救之地。咸丰帝一再谕令曾国藩驰援苏常。曾国藩奏陈厉害，认为欲平江南，必据上游之势建瓴而下，坚持不可遽撤安庆之围。其本人驻扎祁门，策应曾国荃部1.5万人围攻安庆。对救援安庆，太平天国重视不够，缺乏战略协同。陈玉成从临安、余杭撤军回皖，欲直接解安庆之围。此时英法联军攻占北京，洪秀全、洪仁玕看到这一时机，试图趁势消灭清廷，调李秀成部"扫北"，李秀成违令前往江西、湖北收编各路地方武装。李世贤、杨辅清等则在皖南裹粮略地。1861年3月，陈玉成、李秀成决计夹江会攻武昌，欲扯动安庆围城之师。英国海军司令何伯（J. Hope）派参赞巴夏礼（H. S. Parkes）在黄州阻止太平军，陈玉成未待李秀成前来会合，径自率军重返安庆。李秀成迁延至6月才进至湖北，他见陈玉成先行撤走，加之英国驻汉口领事金执尔（William Gingell）的劝阻，便率军返回江西。曾国藩早已看出太平军的战略意图，坚持舍皖莫顾。太平军会攻武昌的计划流产。陈玉成率军与湘军反复激战，但太平军长途奔袭，兵困粮乏，又无水师策应，只能陆路强攻，陷入漫长的拉锯战。湘军则围城打援，依托深沟高垒以逸待劳，又控制外江内湖使米粮军火不绝，逐次消耗太平军兵力。1861年9月5日，安庆失陷，守军1.6万余人战死。城外太平军陆续撤走。李世贤早于5月由江西东进浙江，李秀成于9月亦率军入浙，到1862年5月，两人攻取了包括省城杭州在内的浙江9府70县，建立浙江天省。太平天国相继开辟苏南、浙江基地，极大地拓展了战略空间，但西线战场的崩溃使天京上游门户洞开，庐州等皖北屏藩渐次丢失，陈玉成本人不久也被执被杀。从长远看，太平天国的处境更为不利。

1862年春，曾国藩坐镇安庆指挥全局，开始实施三路大军分进合击太平天国的方案。左宗棠所部湘军于2月自江西入浙，在英法军队、中外混合军的配合下，攻占太平军在浙江占据的近半数城池。李鸿章新建淮军于4月始由安庆分三批乘外国轮船赴上海，会同英法军队、常胜军力保上海进而窥伺苏南。曾国荃部湘军精锐三万多人于5月直逼天京，洪秀全一天内连下三道诏旨，召正在上海外围激战的李秀成回援。太平天国陷入三面受敌，东支西绌的困境。自1862年10月13日至11月25日，李秀成会集十三王、十余万人，与湘军在城南雨花台大战，造成湘军减员1/3，曾国荃被击伤左额。湘军既受猛攻，又受疫疹之困，但兵卒皆百战精锐，号令统一，且控制长江水面，后勤补给源源不绝，故能拼死抵御。太平军诸王各自为政，人心不齐，部队战力不等，粮食、冬衣匮乏，加之太平军在青浦四江口受重创的消息传来，各王更无心恋战。在这种情况下，尽管太平军士气不低，人数、武器占优，且占据"主场",却始终未能攻破雨花台湘军大营。

解围受挫后,洪秀全令李秀成"进北攻南",即渡江北进攻敌人后方的皖北、鄂北,以调动南岸湘军上援,其目的仍是解天京之围。但皖北连年战乱,早已赤地千里,太平军势必筹粮困难。而且李秀成致洪仁玕报告军情的信为曾国藩缴获,湘军早已增兵设防。1863 年 3 月,李秀成督师进军皖北,太平军进至六安就饿死、病死无数,不得不回军。1863 年 6 月 13 日,雨花台石城等要塞失守。李秀成又奉诏急返,渡江时水势突涨,湘军水师趁机截杀,太平军折损数万,浦口、江浦、九洑洲和下关要塞全部丧失,天京江路补给线被切断。李秀成后来检讨"进北攻南"之役说:"因我一人之失锐,而国之危也。"① 随后清军数路压境,太平军全线撤退,曾国藩认为:"金陵亦宜迅速合围,使该逆备多力分,不遑兼顾;或者致力于金陵,收效于苏、杭,三处有一得手,两处可期并下。"② 淮军于 1863 年 8 月进抵苏州城外,李秀成自天京返苏攻敌不胜,又离城回救天京。1863 年 12 月 4 日,苏州八位太平军高级将领刺杀守将慕王谭绍光,献城投敌,李鸿章因倒戈太平军人数甚众,恐有异变,遂大举杀降,并洗劫苏州。在浙江,金华、绍兴相继被左宗棠攻陷,至 1864 年 3 月,嘉兴、杭州亦失陷。太平天国大势已去。

此时天京已成孤城,附城要隘全部陷落,且内无粮草,外无救兵,守军仅万余人,而攻城湘军达四五万人。李秀成建议"让城别走",但遭到天王训斥。李秀成只得督兵死守。1864 年 6 月 1 日,洪秀全病逝,年 51。幼天王洪天贵福即位。1864 年 7 月 19 日,天京终被湘军攻克。太平天国中央政权倾覆。湘军围攻该城,前后疫死、战死者有两万人,破城后,为了泄恨,大肆烧杀抢掠、奸淫,并纵火焚烧天朝宫殿灭迹。

城破当夜,李秀成舍死掩护幼天王突围而出。他本人不久被执,在

---

① 《忠王李秀成自述》,罗尔纲、王庆成主编:《中国近代史资料丛刊续编·太平天国》(二),桂林:广西师范大学出版社,2004 年,第 384 页。

② 曾国藩:《曾国藩全集》第 6 册《奏稿之六》,长沙:岳麓书社,2011 年,第 289 页。

囚笼中冒着酷暑，不顾浑身伤痛，出于总结天国得失、保留天国历史和保全残部性命的目的，在短短九天内亲笔写下数万字供词。8月7日，李秀成被曾国藩处死，年41。在临刑前，李秀成毫无戚容，言笑自若，作十句绝命词，叙其尽忠之意，从容赴死。① 幼天王逃至皖南广德，被先期离京搬救兵的洪仁玕迎至湖州，拟向江西转移。在清军围追堵截下，太平军溃散，幼天王和洪仁玕相继被俘被杀。太平天国世系宣告终结。

天京被湘军攻陷后，大江南北还活动着数十万太平军。在长江以南，主要是侍王李世贤和康王汪海洋两支部队。1864年10月，两军相继转入闽西南，李世贤占漳州，汪海洋据汀州。清廷急调左宗棠入闽镇压。太平军各自为战，而内讧和倒戈事件进一步削弱了其实力。汪海洋坐视了李世贤的覆灭。1865年5月，李世贤部在漳州撤出后溃败。后李世贤只身逃至镇平，汪海洋心存疑忌，将其刺杀。花旗军丁太洋、林正扬等相继降敌。汪海洋又转据粤东嘉应州，不久亦死，余部由偕王谭体元统领，于同治四年十二月（1866年2月）全军覆灭。

在长江以北的太平军余部主要是当年陈玉成派去西北招兵的扶王陈得才、遵王赖文光部以及已与太平军结为一体的捻军。1864年夏，为救天京之危，陈得才率军由陕西向东急进，被僧格林沁的骑兵阻隔在湖北，后在安徽霍山战败。陈得才服毒自杀，赖文光联合捻军北走河南。捻军精骑善走，流动作战，往往使追敌疲于奔命，而后乘隙包抄、歼灭。1865年5月，僧格林沁的追军陷入捻军的伏击圈，僧格林沁及全

---

① 现存李秀成亲供手迹36100字，卷末言有未尽，其上保留有曾国藩等人用朱笔、墨笔删改痕迹。按曾氏后人提供的"李秀成劝文正公当皇帝，文正公不敢"这一口碑，以及曾国藩不肯遵旨献俘，擅自将李秀成斩首，"棺殓其躯"而向朝廷谎报"凌迟处死"看，双方私下应谈及一些敏感话题。李秀成在供词中明显流露出乞降求抚之意，对曾氏兄弟和清王朝大加谀颂，使他在身后招致种种不同评价。在对太平天国前景彻底绝望和曾国藩的心理攻势下，李秀成既抱有必死的念头，同时却又有心投效曾国藩，这种彷徨心理是人性的一种真实流露。就具体事实而论，确实有辱气节，是李秀成晚节的一个污点。但他始终保有几分矜持和尊严，并且最终慷慨赴死。李秀成仍不失为太平天国一个有污点的功臣。

军万余人覆亡。清廷派曾国藩前往镇压。曾国藩以画河圈地兜围的战术，兼以查办民圩、坚壁清野、连保连坐的隔绝之策，使捻军被围困在运河以东、黄河南北的狭窄地带。1866 年 10 月，捻军各部在河南陈留、杞县议定分军：东路仍在河南、山东一带活动；西路赴陕西联合回民军。清廷遂以李鸿章围东捻，以左宗棠围西捻。1867 年 12 月，东捻军在山东寿光覆败。1868 年 8 月，西捻军在徒骇河覆灭。太平军余部至此悉数覆灭。太平天国运动彻底失败。

除太平天国外，同期国内还接踵爆发了其他一些颇有声势的反清起事，主要有黄淮平原捻军、南方各地天地会起事和西南、西北各族民众反清起事。

捻军原是活动在皖北一带的捻子，又称捻党，取"群聚为捻"之意。它既不是秘密宗教组织，也不属秘密会党，参加者多为饥民、流民，"聚则为捻，散则为民"，[①] 以行侠仗义、劫富济贫相号召。1857 年，经李秀成联络，捻军领袖张乐行等各旗首领接受了太平天国的封号。尽管此后捻军"听封而不能听调用"，[②] 仍保持相对独立状态，但已因形势所迫逐渐走向联合。

天地会是秘密会党组织，结会树党，主张反清复明。两湖、粤、桂素为天地会渊薮。在太平军向江南进军期间，天地会众或纷纷投军，或群起响应。天地会山堂林立，互不统属，在不同地区有不同称呼，如在广东称三合会，广西称三点会。但在太平天国影响下，面对清军的进攻，部分区域的天地会起事逐渐走向联合，甚至效法太平天国建号称王，建立政权。声势最大的是陈开、李文茂等领导的广东三合会起事，围攻广州省城半年，又克广西浔州府城，改称"秀京"，建立"大成

<hr>

① 张之万：《河北肃清乞移师扫荡楚氛折》，《张文达公遗集》卷 2，光绪二十六年（1900）京师同文馆刻本，第 30 页。

② 《忠王李秀成自述》，罗尔纲、王庆成主编：《中国近代史资料丛刊续编·太平天国》（二），桂林：广西师范大学出版社，2004 年，第 361 页。

国"，分封诸王。1854年10月，胡有禄、朱洪英会同攻克广西灌阳，建立"升平天国"。福建小刀会首领黄德美在厦门设立帅府，自称"汉大明统兵大元帅"，红钱会首领林万清（林俊）自称"钦命统兵大元帅"。上海小刀会领袖刘丽川起事初称"统理政教招讨大元帅"，以"大明"为国号，不久又改奉"太平天国"国号。

西南、西北各少数民族起事频生。广西壮民领袖李文彩、吴凌云、黄鼎凤等相继起事，或归附三合会建立的大成国，或投效太平军，或自立旗号。贵州各族起事中，声势最大的是张秀眉领导的黔东南苗民起事，还有以秘密宗教灯花教组织起来的号军起事，号军以颜色相区分，各有首领，以白号军教主刘仪顺势力最大，建元"江汉"，提出"兴汉灭满"口号。1856年爆发的云南回民起事起因于回、汉地主商人争夺银矿的械斗，官府诬指回民作乱，各地回民揭竿而起。主要有迤西的杜文秀和迤东、迤南的马德新、马如龙两支。杜文秀建立大理政权，控制了滇西五十多州县。1862年，宁夏、兰州、西宁、肃州各府相继爆发回民起事。陕、甘回民军之兴既因回汉矛盾和官府压迫，也有伊斯兰教上层分子维持和发展权力的原因。

各地的天地会武装相继失败，在1860年以后陷入低潮。在川滇边活动的李永和、蓝大顺军，和广西壮民各军也在太平天国覆亡前相继失败。剿灭太平天国和捻军后，清廷得以调集更多兵力，集中对付西南、西北的各族起事，贵州苗民军和号军、云南和陕甘的回民军都坚持了十几年，至太平天国失败后的19世纪70年代初才先后失败。至此，以太平天国为中心、前后持续逾20年的全国各地各族的大规模反清起事基本被平息。

太平天国时期全国几乎燃遍了反清起事的烈火。这些民众造反可能直接起于满汉、回汉等民族矛盾，但根源仍在于民生恶化。绝大多数起事在初始阶段以诛杀贪官污吏、攻城劫狱为特征，处于一种分散、孤立的流动作战状态，而利用秘密会党，或利用民间宗教鼓动民众反抗官府，也都是农民造反的传统。但在客观形势影响下，部分起事队伍在运动进行中出现了趋于联合的特征，在一定程度上开始重视建立政权和发展基地。这仅是昙花一现，他们最终还是沦为流寇，活动区域日渐缩小，没有后方依托，就粮困难，成为其败亡的重要原因。湘军成了镇压各地各族起事的主力，但有的起事失败具有中外"会剿"的新特质，比如上海小刀会被清军和英法军队联合剿灭；广东三合会义军围攻广州时，英法美曾接济清军火药、粮食。太平天国的兴起和发展，激发了各地各族的反清起事，这些起事也一定程度上声援和配合了太平军的行动。大多数起事或遥奉太平天国，或直接派人前往请求归附，除捻军和一些天地会武装辗转与太平天国会合外，太平天国或因认识不足，或因兵力不敷，或因信仰不同，并未能予以有力的策应支援，因此没有将本已遍及全国的反清力量汇聚成一股洪流，最终均孤立无依而被各个击破。

创设湘军是曾国藩对"何以挽救清廷"之问做出的应激性回答。他最终帮助清廷攻灭了太平天国，使其躲过了灭顶之灾，迎来了所谓"同治中兴"。曾国藩、胡林翼、左宗棠、李鸿章等人也被推许为"中兴名臣"。政治危机暂时解除了，然而导致危机的社会根源并没有清除。[①] 同时曾国藩和湘军又给清廷埋下了诸多隐患，特别是权力架构上形成的外重内轻态势使清政府的命运潜伏着巨大的变数。尽管曾国藩等人百计维持，在镇压了太平天国、捻军和各地、各族民众起事后，又发起了旨在"师夷长技以制夷"的洋务运动，但终究无法使清王朝走向真正的"中兴"。曾国藩也并未得到清朝统治者的真正信任和兑现"有

---

① 参见夏春涛：《"同治中兴"背后的社会病症》，《太平天国与晚清社会》，北京：北京师范大学出版社，2021年，第404—411页。

能克复金陵者可封郡王"的诺言,[①] 相反却引来了朝廷的猜忌和防范。为保善终,曾氏兄弟主动减收厘金、裁撤湘勇、自削兵权。

他们徒劳的一切已经无法挽回清王朝的崩溃。1867 年 7 月 21 日,曾国藩与他的机密幕僚赵烈文秉烛夜谈。听闻京城内社会乱象,曾国藩忧心忡忡地说:"京中来人所说,云都门气象甚恶,明火执仗之案时出,而市肆乞丐成群,甚至妇女亦裸身无裤,民穷财尽,恐有异变,奈何?"对此,曾国藩再次发出了何以救时势之问。赵烈文回答:"天下治安,一统久矣,势必驯至分剖。然主威素重,风气未开,若非抽心一烂,则土崩瓦解之局不成。以烈度之,异日之祸,必先根本颠仆,而后方州无主,人自为政,殆不出五十年矣。"赵烈文认为他日之祸是中央政府先垮台,然后地方上各自为政、割据分裂,大清将在 50 年内灭亡。这时"同治中兴"、洋务运动,好似一派欣欣向荣。听了赵烈文的话,曾国藩不敢相信,蹙额良久(眉头紧锁)后才说:"然则当南迁乎?"进一步的发问表明曾国藩并不完全同意赵烈文的观点,他认为中国历史上曾多次出现像晋、宋那样朝廷南迁后南北分治、偏安一隅的现象,清朝或可如是延存。赵烈文则明确回答:"恐遂陆沉(亡国),未必能效晋、宋也。"曾国藩仍心存幻想,继续辩解道:"本朝君德正,或不至此。"赵烈文答道:"君德正矣,而国势之隆,食报已不为不厚。国初创业太易,诛戮太重,所以有天下者太巧。天道难知,善恶不相掩,后君之德泽,未足恃也。"曾国藩的一再强辩,说明他还是想竭力维系清朝统治,

---

[①] 薛福成:《庸盦笔记》,丁凤麟、张道贵点校,南京:江苏人民出版社,1983 年,第 36 页。按,克复南京后,清廷封曾国藩一等(毅勇)侯爵,世袭罔替,封曾国荃一等(威毅)伯爵。同治三年七月曾国藩请旨裁减湘军,又以曾国荃有病,请开浙江巡抚,到十月裁撤嫡系二万五千人。另一方面,曾国藩主张"勇退是吾兄弟一定之理,而退之中次序不可凌乱,痕迹不可太露",并确定了"裁湘留淮"之策,而所谓"裁湘"其实也是裁旧与募新并举。曾国藩:《曾国藩全集》第 21 册《家书之二》,长沙:岳麓书社,2011 年,第 252 页。

对清王朝确系忠诚。①

赵烈文从清朝得天下的偶然性和残暴性两个层面否定了清朝统治的合法性与持久性。清朝利用明朝内乱，打出为崇祯帝复仇的旗号，假吴三桂等汉人之手，从李自成的大顺军手里夺得江山，正所谓"创业太易"，"有天下者太巧"。清军入关后又有"扬州十日""嘉定三屠"，"诛戮太重"，不得人心。尽管康雍乾三朝，所谓君德纯正，但"天道"以"盛世"作回报，且使清朝有二百数十年国祚，后世君主的"德泽"既不能抵消开国之初的"无道"，也不足以补偿其统治合法性的匮缺，更何况经太平天国一役，清军屠戮太惨，民意难平，江南破败，南迁断不能行。这次曾国藩并未反驳，沉默良久后颇无奈地说："吾日夜望死，忧见宗祐之陨，君辈得毋以为戏论？"曾国藩宁可自己快点死掉，也不愿见清朝覆灭。②

1868 年 9 月，曾国藩出任直隶总督，受到帝后召见。1869 年 7 月 7 日，他对赵烈文谈及对朝内君臣的看法并坦承对时局和朝政的失望：

---

① 1977 年，曾国藩的曾外孙女、北京大学西语系俞大缜教授，公布了从她母亲曾广珊（曾国藩次子曾纪鸿之女）那里得到的口碑：李秀成劝文正公当皇帝，文正公不敢。俞大缜强调不是不干，是不敢。（罗尔纲：《一条关于李秀成劝姜维的曾国藩后人的口碑》，苑书义、林言椒：《太平天国人物研究》，成都：巴蜀书社，1987 年，第 500—506 页。）"不干"说明曾国藩对清廷忠贞不二，"不敢"说明他有心无胆。一字之差，天壤之别。也就是说，曾国藩的确有当皇帝的动机，只是心有余而力不足。事实上，曾国藩既是"不敢"，更多的还是"不干"。据野史笔记传，湘系有不少劝进者，彭玉麟就曾写过一封密函，上面有一句：东南半壁无主，老师岂有意乎？曾国藩面色立变，急言："不成话，不成话，雪琴（彭玉麟字）还如此试我，可恶，可恶！"撕而团之，塞入口中咽下。左宗棠题联"鼎之轻重，似可问焉"，请胡林翼转曾国藩，曾仅将"似"字改为"未"字，又递还胡。众将欲拥立，曾回复说："倚天照海花无数，流水高山心自知。"表示无此意。（萧一山：《清代通史》第 3 册，上海：华东师范大学出版社，2006 年，第 606—608 页。）曾国藩被封侯爵，赵烈文入内贺喜道："此后当称中堂，抑称侯爷？"曾国藩笑道："君勿称猴子可矣。"赵烈文大噱而出。（樊昕整理：《赵烈文日记》第 3 册，北京：中华书局，2020 年，第 1177—1178 页。）曾国藩一改严肃古板常态，与赵烈文打趣，可见他对这恩宠至荣的侯爵尚算满意。黄遵宪评价曾国藩的话颇中肯："所学皆儒术，而善处功名之际，乃专用黄老。取已成之功，而分其名于鄂督官文；遗百战之勇，而授其权于淮军李鸿章，是皆人所难能。"［《黄遵宪致梁启超函》（1902 年 11 月 30 日），龙扬志编：《黄遵宪集》，广州：广东人民出版社，2018 年，第 126 页。］即曾国藩专用黄老，甘心退让，明哲保身，故得保全禄位而终。

② 樊昕整理：《赵烈文日记》第 3 册，北京：中华书局，2020 年，第 1479—1480 页。

"吏治风俗颓坏已极，官则出息毫无，仰资于徭役；民则健讼成性，藐然于宪典。加以土瘠多灾，暂晴已旱，一雨辄潦，民食不给，遑问官事。余一筹莫展，……为之奈何？……两宫（慈安、慈禧太后）才地平常，见面无一要语，皇上冲默，亦无从测之。时局尽在军机恭邸（奕䜣）、文（文祥）、宝（宝鋆）数人，权过人主。恭邸极聪明，而晃荡不能立足。文柏川正派而规模狭隘，亦不知求人自辅。宝佩衡则不满人口。朝中有特立之操者尚推倭艮峰（倭仁），然才薄识短。余更碌碌，甚可忧耳！"[1] 至此，曾国藩不得不同意赵烈文一年多前做出的论断：清朝大势已去。他再次发出"为之奈何"之问。赵烈文这回没有做正面回答。其实该问背后更多的是曾氏自己的感慨、无奈和失望，本无须回答。后来亲手缔造民国的孙中山先生讲"世界潮流，浩浩荡荡，顺之则昌，逆之则亡"。"曾氏之问"不过是为保一家一姓之天下，维护专制的清朝统治，绝非时代之问、大道之行，注定无解。曾国藩本人也锐气大减，心力交瘁。天津教案后，曾氏背负骂名，在 1872 年 3 月 12 日去世，年 61。距曾氏发出"日夜望死"的悲鸣还不足五年。赵烈文对时势的预测为以后的历史所证明。40 多年后，清王朝于 1911 年沉没在辛亥革命的历史洪流之中。中国随之而来的是军阀混战、群雄逐鹿的时代。

---

① 樊昕整理：《赵烈文日记》第 4 册，北京：中华书局，2020 年，第 1701—1702 页。

　　　　　　　　　　　　　　　　　　　　　　　太平天国再研究

结语　太平天国再审视

　　本书前几篇在实证的基础上，从各个视角分别探讨了太平天国何以兴起，何以发展，何以衰颓，何以覆亡等议题，基本涵括了太平天国运动的整个历程，揭示了太平天国历史发展变迁的一些特殊内涵。在太平天国史研究中还有一个重要理论问题——如何评价太平天国。

　　新中国成立后，太平天国史研究成为中国史研究领域内的"显学"，取得了巨大成绩，太平天国运动的历史地位和贡献也被予以高度评价，或被拔高。进入改革开放历史新时期后，随着太平天国史研究日趋冷落，妖魔化洪秀全和太平天国、一味美化曾国藩和湘军逐渐成为一种社会思潮，时至今日，炫人耳目且大受追捧。近年来，社会上否定太平天国的声音有增无减。网络上满是贬斥太平天国的言论，媒体也借此博流量，还有一些读物推波助澜，愚昧、残暴、灭绝人性成了其代名词。相反，镇压太平天国的清朝官员特别是曾国藩，逐渐成为世人顶礼膜拜的对象，被称为"千古第一完人"，说剿灭太平天国是曾国藩对中国的巨大贡献。他的文集、日记、家书等在坊间成为畅销书，被不少知识分子、企业管理者追捧为管理"秘籍"。[①]

　　我们理应尽量克服那种不加甄别的简单化叙事体系。尽管太平天国

---

　　① 近年学界关于太平天国评价问题的主要研究成果，参见夏春涛：《太平天国再评价——金田起义 170 周年之反思》，《中国社会科学》2021 年第 7 期；崔之清、姜涛、华强等：《唯物史观与太平天国研究》，《史学理论研究》2021 年第 1 期。

是一次失败的尝试，但它的兴亡轨迹对后来者起到了激励和警示作用。延安整风时期，毛泽东郑重地建议郭沫若继《甲申三百年祭》一文后，写一篇总结太平军经验教训的文章，认为这"会是很有益的"。[①] 以史为鉴可以知兴替。总结太平天国的经验教训作为结语很有必要且有意义，同时也是书写一部新的完整的太平天国史的题中之义。

一 "封建"的，还是"农民"的

关于太平天国"政权性质""革命性质"问题曾是太平天国史研究的热门议题。20世纪五六十年代，马克思主义唯物史观逐渐成为大陆学界学术研究的指导思想。这一时期的讨论集中表现为太平天国是单纯农民革命还是兼具资产阶级革命两种观点的分歧。范文澜、胡绳、罗尔纲充分肯定太平天国运动的农民革命性。[②] 大陆学界这场争论最终形成较为一致的意见，如太平天国运动是"单纯农民战争"的性质、《天朝田亩制度》的革命性和空想性并存、后期太平天国承认旧有土地关系、乡官政权成分复杂等，并在1961年结集出版《太平天国革命性质问题讨论集》。[③] "反帝反封建"随之成为较长时期内学界关于太平天国主要历史面相和历史作用的共识。

20世纪90年代以后太平天国史研究陷入低谷，同时出现了对太平

---

① 《致郭沫若》（1944年11月21日），《毛泽东书信选集》，北京：人民出版社，1983年，第241页。

② 范文澜：《中国近代史》上编第一分册，北京：人民出版社，1951年，第186页；胡绳：《纪念太平天国革命百周年》，《人民日报》1951年1月11日，第1版；罗尔纲：《太平天国史稿》（增订本），北京：中华书局，1957年，第15—18页。

③ 参见景珩、林言椒编：《太平天国革命性质问题讨论集》，北京：生活·读书·新知三联书店，1961年。

天国的评价持高度赞扬与彻底否定的两派言论。学界由是掀起一场关于太平天国历史评价的论战，这场论战波及中国近代史研究的其他领域，如义和团、辛亥革命、秘密结社等，涉及如何评价中国历史上的农民运动和对以太平天国史为主体的农民战争史研究的省思等重要问题。否定派力主邪教说、暴君说、农民战争破坏论，与此相对的是，对太平天国的主流历史作用和历史地位持基本肯定的言论。[①] 新世纪以来，不少持肯定意见的学者也受史学思潮多元化影响，有意淡化革命史观和阶级分析论，过去各类学术观点渐趋融合，各种学术著作和文章已基本避谈太平天国性质问题。那么新时代我们应如何理解太平天国"反帝反封建"的历史内涵呢？应如何评价太平天国运动的历史地位呢？

---

① 持否定意见的代表著作有冯友兰《中国哲学史新编》第 6 册相关部分（北京：人民出版社，1989 年，第 56—72 页）、唐德刚《晚清七十年》第 2 册《太平天国》（台北：远流出版事业股份有限公司，1998 年；大陆地区经删节先后出版两个版本，一是岳麓书社 1999 年版，一是中国文史出版社 2015 年版《从晚清到民国》）、潘旭澜《太平杂说》（香港：天地图书有限公司，2001 年）、史式《让太平天国恢复本来面目》（《开放时代》2001 年第 1 期）和《太平天国不太平》（重庆：重庆出版社，2004 年）；还有一批通俗读物，如月映长河《欲望是把双刃剑：太平天国的人性透视》（重庆：重庆出版社，2011 年）、梅毅《极乐诱惑：太平天国的兴亡》（北京：华艺出版社，2008 年）等。与此相对的是，对太平天国的主流历史作用和历史地位持基本肯定的言论，代表性文章有夏春涛《太平天国宗教"邪教"说辩证》[《山西大学学报》（哲学社会科学版）2002 年第 2 期]，方之光《太平天国要对内战造成的大灾难负主要责任吗？——与凤凰网〈太平天国〉编导商榷》（《探索与争鸣》2011 年第 3 期）、《太平天国引发了中华民族史无前例的大灾难吗？——与潘旭澜教授商榷》（《探索与争鸣》2009 年第 9 期）等。实际上，否定太平天国的观点早在 20 世纪四五十年代就有人提出过。简又文在《太平军广西首义史》中提出"以破坏性及毁灭力论，太平天国革命运动仅亚于现今日本侵略之一役耳，其前盖无匹也"的"大破坏"论 [上海：商务印书馆，民国三十五年（1946），第 5 页]。后来简又文在《太平天国全史》中对太平天国运动的影响持肯定论，称赞太平天国"宗旨、理想、典章、制度、政策、军略、与种种实际的政治设施，实于种族革命之外，兼有宗教革命与政治革命的意义，实要改革全国一切传统的旧制度而创造'新天新地'。这样大志愿、大企图、大计划，不特在吾国二十四史中未尝见，即在世界的革命史中也找不到几个可与比拟的大运动。虽其因种种原因以致败亡，而流风不绝，典型尚存，自有不灭不朽的本性，将在我国甚至世界历史中永远占着重要而光荣的一章"（简又文：《太平天国全史》上册，香港：简氏猛进书屋，1962 年，绪言第 15—16 页）。郭廷以在《太平天国的极权政治》一文中认为，"太平天国直是一个低级的迷信，绝对的暴力集团，神权，极权，愚蠢的统治。……真是中国历史上的浩劫惨剧"（台北《大陆杂志》第 10 卷第 2 期，1955 年 1 月）。

(一) 农民的抗争思想及其被继承

洪秀全等人沿袭了以往农民借民间宗教起事的传统。有所不同的是，洪秀全不是单纯地接受和融合中国既有的各种宗教，而是对西方的基督教加工创造，糅合儒家孔学、民间宗教和传统民俗风习等因素，颠覆了基督教的基本信条，形成了别具一格的宗教仪式和独立的宗教经典，创造了独树一帜的宗教体系。此外，拜上帝的宗教思想不单纯是追求宗教上的灵魂永恒，而是带有鲜明的形而下色彩，旨在服务太平天国的政治斗争，是太平军征战天下的精神动力和太平天国官方改造世俗社会的思想武器，这较之以往农民起事破而不立的旧面貌有了较大改观。和清代的秘密结社相比，太平天国推行独一真神信仰的宗教运动，以拜上帝思想汇聚力量、整肃军纪、令行禁止，有它成功和积极的一面。太平天国能够迅速地将忍耐、谦卑、散漫、懦弱的农民组建成一支纪律严明、勇猛善战的反清大军，在很大程度上要归功于持久扎实的拜上帝思想的宣传教育。

洪秀全和太平天国不仅要颠覆剥削、压迫沉重的旧统治秩序，而且还提出了改造中国社会的具体构想和方案。洪秀全定国号"太平天国"，"太平"一词出自洪秀全 1845 年所作《原道醒世训》中"天下一家，共享太平"一句，表达了对上古三代时期"公平正直""天下为公"的"大同社会"的憧憬；[①]"天国"一词则源于基督教的《圣经·新约》。洪秀全将儒家思想和基督教思想结合起来，意图营建人间天国——小天堂。定都天京后，太平天国颁布《天朝田亩制度》，在社会生活领域设计了均匀保暖的理想蓝图，这正是几千年来社会底层农民梦

---

① 《原道醒世训》，太平天国历史博物馆编：《太平天国印书》（上），南京：江苏人民出版社，1979 年，第 16 页。

寐以求的生活。洪秀全把农民朴素原始的平均思想在实践层面上升到一个新高度。

为适应战时体制设立的圣库制度，理论上也是源于"天下一家"的太平观，除了杂糅儒家大同社会的理念和早期基督教财产公有观念，洪秀全还吸收了某些农民起事的组织特征，如三国时期张鲁"五斗米道"的"义舍"；白莲教"穿衣吃饭，不分尔我""有患相救，有难相死"的村社；[①] 天地会的"米饭主"。这较之以往农民造反的理想和实践更加具体、系统。虽然这些思想和制度因其空想性、落后性而难以顺利践行，但它描绘的愿景表达了广大农民对土地和均匀饱暖生活的强烈渴求。

太平天国还在统治区强制改造社会风习。洪秀全设"生妖""死妖"区分正邪，划分敌我阵营，希望通过移风易俗，改变世道人心，隔绝民众与传统文化、旧时风习的联系，尽快在民间社会确立独尊上帝的一元意识形态。如为确立上帝信仰，推行毁灭偶像运动，严禁孔子崇拜、祖先崇拜；为宣扬王朝正统、奉天承运，颁行天历，留发易服；基于扭转社会颓败之风，禁鸦片、娼妓等。特别是为变革中国传统意识形态而掀起的反孔非儒运动，虽然因政策过激造成与知识分子的文化隔阂，却动摇了统治中国两千多年的思想基石。建立起如此系统全面的社会治理和基层统治方略，也为历代农民战争所不及。

洪秀全反清思想的形成蕴含着深层次的社会政治因素。从根源上说是清代中叶以来社会矛盾激化的直观反映，是清政府统治腐败、官逼民反的结果。同时，洪秀全有着比较强烈的华夷之辨、兴汉反满的汉民族意识，这既是对有清一代满族亲贵重满抑汉的民族压迫之仇视，更是源自对腐朽黑暗的现实社会之痛恨。洪秀全强烈的汉民族意识还与同时代

---

① 严如熤辑：《三省边防备览》卷 11《策略》，道光二年（1822）来鹿堂刻本，第 43 页 a，北京大学图书馆藏；周凯：《内自讼斋文集》卷 2《纪邪匪齐二寡妇之乱》，道光二十年（1840）爱吾庐刻本，第 8 页 a，北京大学图书馆藏。

如火如荼之天地会"反清复明"的主张产生共鸣。他虽继承了天地会的"反清"思想，但摒弃了"复明"的主张，立志开创新朝，开辟太平一统、天下一家的"新天新地新世界"。[①] 他的抗争思想还超越了地域族群间的社会冲突，呼吁"客家本地总相同"，[②] 升级为满汉之间的种族、民族斗争。洪秀全始终把斩邪留正、推翻清朝作为实现革故鼎新的基本前提，坚持铲除暴政、开创新朝。十数年反清实践虽然以失败而告终，但太平天国沉重打击了清朝的统治机器，暴露出其中央政权的虚弱无力。在与太平军作战中，八旗绿营几近毁灭，地方力量发展起来，内轻外重（或内外皆轻）之势不可逆转，以至辛亥革命爆发，清廷在各省独立的形势下被迫下台。其由来之迹，甚为显明。历史证明，晚清政府已经成为阻碍近代中国社会发展的主要对象，只有推翻它，才能清除近代化的政治障碍，推动中国社会变革的历史进程。洪秀全、杨秀清等人扮演了清王朝掘墓人的角色。

因此，太平天国运动的主要历史贡献在于它揭开了清王朝王纲解纽的不可逆历程，这之后中国社会积聚的改良与革命因素，使清王朝未及50年即分崩离析。1866年4月，曾国藩在给丁日昌的信中慨叹："方今群盗纵横，竭天下谋臣武夫以与无根之寇争胜负，而迄未有定，及其既定，则又力尽筋疲，悉成强弩之末。政恐拊吾背以起者，复持短长以寻干戈，后患方长，杞忧何极！"[③] 1867年7月，赵烈文预言："异日之祸，必先根本颠仆，而后方州无主，人自为政，殆不出五十年矣。"[④] 曾、赵均预感战后将有分裂政争局面。太平天国运动虽然是造反者失败了的事业，但它的反抗精神激励了后来革命者们的斗志，为中

---

① ［瑞典］韩山文：《太平天国起义记》，简又文译，中国史学会主编：《中国近代史资料丛刊·太平天国》（六），上海：神州国光社，1952年，第872页。

② 《王长次兄亲目亲耳共证福音书》，太平天国历史博物馆编：《太平天国印书》（下），南京：江苏人民出版社，1979年，第715页。

③ 曾国藩：《曾国藩全集》第29册《书信之八》，长沙：岳麓书社，2011年，第108页。

④ 樊昕整理：《赵烈文日记》第3册，北京：中华书局，2020年，第1479页。

国革命的发展提供了历史经验，传播了革命种子。[①] 这就不能不提到孙中山对太平天国思想的继承和发展。

革命党人的领袖孙中山与洪秀全同是广东客家人。孙中山自幼喜欢听洪秀全与太平天国的故事。孙中山常称洪秀全为"反清第一英雄"，还以"洪秀全第二"自居。同盟会成立前，他鼓励和支持留日学生刘成禺撰写《太平天国战史》，书成后，亲作序言，充分肯定太平天国的功绩和洪秀全的精神，以此鼓舞革命党人投身反清洪流。孙中山在《同盟会宣言》中正式宣称同盟会志士上继先人（按，明及太平天国）遗烈。在孙中山的推动下，清末十年，革命党人借太平天国宣传反满革命，蔚然成风。辛亥革命后洪秀全和太平天国开始有了合法的正面地位。孙中山和革命党人奉洪秀全为矢志"驱除鞑虏，恢复中华"的"革命先驱"，显然主要是从反满角度发论的。

后来，孙中山三民主义思想的酝酿和实践，不只是继承了太平天国的思想遗产，而且是在批判中有了更大发展。孙中山继承了洪秀全的反清思想，主张武装推翻清廷，但摒弃了洪秀全传统和狭隘的华夷意识，他曾说："民族主义，并非是遇着不同族的人便要排斥他，是不许那不同族的人来夺我民族的政权……我们并不是恨满洲人，是恨害汉人的满洲人。假如我们实行革命的时候，那满洲人不来阻害我们，决无寻仇之理。"[②] 这就超越了种族界限，带有民族平等的思想内涵，而后孙中山进一步提出"五族共和"说。在对待列强的态度上，孙中山和洪秀全虽然都曾对列强侵略本质认识不清，但洪秀全特别重视疆土归属，最后转向坚决抗击外敌，而孙中山认为洪秀全不懂外交，不知怀柔远人。直

---

① 一个典型的例子是中国共产党的军队在转战各地时，曾被欢迎他们的农民称作"天兵"。转引自［日］菊池秀明：《末代王朝与近代中国：清末　中华民国》，马晓娟译，桂林：广西师范大学出版社，2014 年，第 50 页。

② 孙中山：《在东京〈民报〉创刊周年庆祝大会的演说》（1906 年 12 月 2 日），《孙中山选集》（上），北京：人民出版社，2011 年，第 85—86 页。

到国共合作，孙中山民族主义思想才有了鲜明的反帝色彩。

孙中山民权主义思想来自西方，也吸取了太平天国实行专制、崇奉皇权以致发生惨烈内讧的历史教训。他在分析太平天国败亡原因时说，"洪氏之覆亡，知有民族而不知有民权，知有君主而不知有民主。此曾国藩诸人所以得奏满清中兴之绩也"，[①] "洪秀全之所以失败……最大的原因，是他们那一班人到南京之后，就互争皇帝，闭起城来自相残杀"。[②] 孙中山寻求以政治革命建立民国，号召："今者由平民革命以建国民政府，凡为国民皆平等以有参政权。大总统由国民公举。议会以国民公举之议员构成之，制定中华民国宪法，人人共守。敢有帝制自为者，天下共击之！"[③] 对于向西方学习救国救民之道，洪秀全借用的是基督教思想，孙中山虽是基督徒，但他主要学习和借鉴的是西方民主政治学说。在政治理念上，孙中山的民权思想显然超越了洪秀全的皇权观念。

孙中山和洪秀全都重视解决农村和农民的问题，"平均地权"的民生主义思想就是继承了洪秀全提出的"凡天下田，天下人同耕"的原则。孙中山说："民生主义，即贫富均等，不能以富者压制贫者是也。但民生主义在前数十年，已有人行之者。其人为何？即洪秀全是。洪秀全建设太平天国，所行制度，当时所谓工人为国家管理，货物为国家所有，即完全经济革命主义，亦即俄国之今日均产主义。"[④] 而与洪秀全将土地收归国有的激进手段不同，孙中山借用西方"地价增殖归公"学说，主张用赎买的手段，以官价收购地主多占的土地，再由国家出售

---

① 孙中山：《〈太平天国战史〉序》，《逸经》1936 年第 17 期，第 909 页。

② 孙中山：《三民主义·民权主义第一讲》（1924 年 3 月 9 日），《孙中山选集》（下），北京：人民出版社，2011 年，第 734—735 页。

③ 孙中山：《军政府宣言》（1906 年秋冬间），《孙中山选集》（上），北京：人民出版社，2011年，第 82 页。

④ 孙中山：《在广东旅桂同乡会欢迎会的演说》（1922 年 1 月 4 日），《孙中山选集》（下），北京：人民出版社，2011 年，第 526 页。

给农民耕种，实现"耕者有其田"。洪秀全畅想"无处不均匀，无人不饱暖"，孙中山则主张保护私有财产，以兴办实业和节制资本集中的方式实现贫富均等。孙中山领导的这场新式运动，为中国未来社会所作的构想，超越了洪秀全和太平天国的理想型社会改造方案。但孙中山在革命实践中忽视了发动和依靠农民的重要性。农民为革命提供了最基础的人力资源和体力支持，应是革命的主体力量。洪秀全在利用拜上帝思想动员和组织农民上则更进一步。在追溯三民主义思想源头时，孙中山继承并发扬了太平天国运动的反抗思想。可见太平天国在推动中国近代社会演进上起到了一定作用。

（二）太平天国与"洋兄弟"的关系

鸦片战争期间三元里民众抗英斗争无疑是一件深深留在民族记忆里并且值得百年传颂的事件，但终究属于区域性的保卫家园斗争，其战果、规模均有限，对战争进程亦无重要影响。

到太平天国兴起时，西方列强已凭借坚船利炮打开了中国大门，并利用中国内战机会，在华搞外交投机，伺机攫取更多权益。太平军主要活动的长江中下游地区，也是列强侵略的主要区域。太平天国与历史上的农民起事相比，其所处的政治环境发生了明显变异。如何办理外交是太平天国面临的一个不可规避的新课题。与传教士争宗教正统和争取与列强联手对付清政府，成为太平天国对外关系的两条主线。

洪秀全的家乡广东花县地处鸦片战争的前沿，他又耳闻目睹了声势浩大的广州人民反入城斗争，这给青年洪秀全留下了一些感性认识。后来他从扭转颓废世风和挽救世道人心的立意出发，反对鸦片贸易和吸食鸦片，声讨妥协媚外的清朝当局，萌生了救国难以解民于倒悬的意识。这类朦胧朴素的爱国意识始终和反清思想结合在一起，还称不上现代意义的爱国主义和具有国际观念的民族主义。

洪秀全早期的宗教作品涉及了一些处理国家关系的内容，反映了洪秀全坚持国家独立，主张各国和平共处、友好交往的外事思想，与清朝锁国限关相比，具有进步性。[1] 但洪秀全并不具有近代民族国家的观念，他在分析"万国一家"的原则时说："尧舜病博施，何分此土彼土；禹稷忧溺饥，何分此民彼民；汤武伐暴除残，何分此国彼国；孔孟殆车烦马，何分此邦彼邦。"[2] 可见他所说的"国"还是中国古代分邦裂土意义上的诸侯国家。

洪秀全也不具有近代民族国家的平等意识，虽然他从一开始就承认外国人是同拜上帝的"洋兄弟"，但内心依然沿袭了浓厚的天朝上国观念，秉承夷夏之辨、夷夏之防，视满人和洋人均为蛮夷。又据上帝教教义和传统中国家庭的宗法观念做了明确区分，称西方人为"番弟""夷弟"，视清朝为"盗中国之天下"的妖魔。在他看来，即使同家兄弟之间也应有嫡庶亲疏的区分和等次。这就表现为洪秀全外事观念中"兄弟之情"和"夷夏之辨"的潜在冲突。受环境和阅历所限，洪秀全对西方的观念形态处于盲目寡知的状态，仅仅通过曲折零碎的基督教知识，显然无法洞悉世界发展大势。

太平天国定都天京后，列强看不准中国战局的胜负走向，相继宣布保持"中立"。当时，列强已不满足于五口通商的格局，试图伺机实现中国内地开放和鸦片贸易合法化等目的，而围绕广州入城等问题的交涉，使列强和清政府的关系陷入僵局。于是为了解太平天国的对外态度，摸清其底细，并据此决定是否调整及如何调整对华政策，列强相继主动前往南京访问。自 1853 年 4 月开始，至 1854 年 6 月，英、法、美外交使团相继访问南京，揭开了太平天国和西方列强接触交往的序幕。

---

① 参见《原道醒世训》，太平天国历史博物馆编：《太平天国印书》（上），南京：江苏人民出版社，1979 年，第 15—16 页；《三字经》，太平天国历史博物馆编：《太平天国印书》（上），南京：江苏人民出版社，1979 年，第 137 页。

② 《原道醒世训》，太平天国历史博物馆编：《太平天国印书》（上），南京：江苏人民出版社，1979 年，第 15 页。

1853 年 4 月，英国驻华公使文翰率随员乘军舰最早来投石问路。同年 12 月和次年（1854 年）5 月，法国公使布尔布隆和美国公使麦莲也相继率团来访。1854 年 6 月，英国新任驻华公使约翰·包令的儿子莱文·包令和英国驻上海领事馆官员麦华陀乘军舰到访南京。

太平天国对处理对外事务的重要性缺乏基本认知，自信没有必要主动同西方列强打交道，且观念陈旧，不愿意平等对待外国。太平天国也对西方的"中立"政策颇感失望，既然是"洋兄弟"，为什么宣布"中立"而不是协同灭"妖"？加上担心洋人前来刺探军情，故一直心存芥蒂，持有戒心。当三国使团要求太平天国承认各国与清政府所签订的条约时，太平天国不做正面表态，只答应等平定全国之后再行商议通商和开埠之事，但明确表示严禁鸦片贸易。由于以上种种原因，各国使团对太平天国表示了不满和失望。而太平天国在军事上并无迅速取胜的迹象。各国虽然继续宣称保持"中立"，但改变了对中国内战前景的判断，依然视清政府为外交对象，全力进行修约谈判，对太平天国则不再理睬。"兄弟"关系没有建立起来，之后数年，彼此几乎处于隔绝状态。

太平天国之前毫无办理对外事务的经验，对这些不速之客的到来事先毫无准备，只好依据上帝教"天下一家"的观念和传统中国羁縻之策处理对外事务。在具体实践中，太平天国外事思想的消极性愈加彰显，并且影响战局走向。

首先，在外交礼仪和国际观念上引发了中西冲突。西方使团乘坐军舰而来，炫耀武力，侵犯中国内河航运主权，太平天国不以为意，却纠缠于外交礼仪，要求洋人行下跪礼。洪秀全以天朝上国自居，强调自己是上帝亲子、天下万国太平真主，视西方国家为藩属国，称外国人来访是"归顺""谒主""来朝""进贡"。这势必引起西方使节的极度反感。英国公使文翰担心在礼节上引发冲突，打消了拜会洪秀全的念头。法国公使布尔布隆因公文格式激怒了北王，被勒令出境。美国公使麦莲因使用"照会"被拒绝同东王会晤。第二个来访的英国使团麦华陀一行也就外交文书的格式同东王杨秀清展开书面辩论。尽管太平天国后期妄自尊大的情况有所改观，洪秀全也认同洪仁玕的新外交思维，但洪秀全的国际观念并未发生实质转变。1860 年 10 月，洪秀全接见了自己昔日的老师罗孝全牧师，罗拒绝向天王下跪，但迫于太平天国坚持，只得穿上朝服在洪秀全面前向天父下跪朝拜。在 1861 年 3 月颁发的《太平天日今日是诏》《天王万方齐认作爷男诏》《天王敬哥如爷理本当诏》等诏旨中，受诏人包括"西洋同家众弟妹、众使徒"在内的"中西一体众臣庶选民"，洪秀全俨然仍以天下万国真主自居。①

其次，缺乏近代民族国家的主权意识，同教一家的观念使太平天国长期对列强的侵略本质认识不清。太平天国与同时期清政府的对外政策有一些共性：两者都有天朝上国的浓厚情结，不愿主动同外国交往，在被迫交往时，又不愿平等相待；两者将彼此视作死敌，但都试图与列强搞好关系，以减少摩擦和纠纷，并对列强做出不同程度让步；两者都曾表达联合列强的一定想法，太平天国的表态比清政府要早；太平天国在对外态度上更为友善，在对外政策上许诺自由贸易和传教，开放性略强；两者都对列强抱有戒心，当列强发动侵略时，最初都是坚决反击。

天京事变后，太平天国形势趋于恶化。1856 年 10 月，第二次鸦片战争爆发，英法联军的对清军事行动客观上减轻了太平军的压力。洪秀全在困难情势下主动表达了争取列强为消灭清廷外援的想法。在前期，太平天国领导人已表达了这层意思。1853 年 4 月 30 日，东王杨秀清致信英国公使文翰："尔海外英民，不远千里而来，归顺我朝……深望尔等能随吾人勤事天王，以立功业而报答天神之深恩。"② 1858 年 6 月，

---

① 太平天国历史博物馆编：《太平天国文书汇编》，北京：中华书局，1979 年，第 56 页；罗尔纲、王庆成主编：《中国近代史资料丛刊续编·太平天国》（三），桂林：广西师范大学出版社，2004 年，第 100—103 页。

② 《英国政府蓝皮书中之太平天国史料》，中国史学会主编：《中国近代史资料丛刊·太平天国》（六），上海：神州国光社，1952 年，第 909—910 页。

清政府与英、法等国签订《天津条约》。是年 11 月，英国全权代表额尔金率舰队自上海驶往汉口，欲据条约考察沿线商务。英舰在南京江面遭太平军炮击后进行报复，将浦口炮台夷为平地。洪秀全知悉后，亲写御诏，派人溯江追送到额尔金舰上。洪秀全主动向外国人示好的态度前所未有，下令南京至安庆沿江太平军驻地以礼相待，信使朱雄邦还向额尔金传达口信，称其为"上国钦差大臣"，一再道歉，"对业已发生的事件表示后悔，并保证不会再受到骚扰"。① 值得注意的是，洪秀全在诏旨中只字不提冲突之事，却表达了与列强联手对付清政府的意愿："西洋番弟听朕诏，同顶爷哥灭臭虫"，"替爷替哥杀妖魔，报爷生养战胜回"。② 额尔金这才在返航时派随员威妥玛等上岸与太平天国短暂会晤。太平天国方面表示"11 月 20 日的炮击是一些无知之人犯下的错误，今后断不会再次发生"。③ 列强既与清政府签约，如何兑现并进一步扩大条约权益便成为他们对华政策的出发点，加上列强对太平天国成见日深，因此也就无心与太平天国进一步接触，双方没有达成任何协定。

基于宗教教义和汉民族意识，太平天国视清朝为窃国死敌，并不认为列强打击清朝和侵略中国是一回事，所以对"洋兄弟"发动的侵华战争表示赞许，还一再表示希望联手推翻清廷。1853 年 5 月，英使返航路过镇江，守将罗大纲、吴如孝在照会中谴责清廷"伪清猖獗，盗据宗邦，内毒圣灵，外拒与邦"，称列强发动鸦片战争是"此前此贵邦创义入境，良有以也，而妖清抗之，中原怒目"。④ 1860 年春，12 名太平

---

① 《额尔金勋爵的报告》，罗尔纲、王庆成主编：《中国近代史资料丛刊续编·太平天国》（九），桂林：广西师范大学出版社，2004 年，第 204 页。

② 《天王赐英国全权特使额尔金诏》，罗尔纲、王庆成主编：《中国近代史资料丛刊续编·太平天国》（三），桂林：广西师范大学出版社，2004 年，第 58—60 页。

③ 《威妥玛的报道》，罗尔纲、王庆成主编：《中国近代史资料丛刊续编·太平天国》（九），桂林：广西师范大学出版社，2004 年，第 206 页。

④ 《殿左一指挥罗大纲木官正将军吴如孝致英使文翰照会》，罗尔纲、王庆成主编：《中国近代史资料丛刊续编·太平天国》（三），桂林：广西师范大学出版社，2004 年，第 2 页。

军将领联名照会英法联军统领，对英法联军侵占广州拍手称快，并请求联合进兵："久闻麾下已破仙城，革除吏弊，施行仁政，大得民心，弟等曷胜欣幸，意欲刻即统兵前来，大齐斟酌，共展鸿图。"[①] 1861 年，驻南京活动的英国副领事富礼赐在干王府看到"墙上贴着一份有关英法联军攻占天津的旧报道，末尾还题有太平天国常见的'杀尽妖魔'的口号"。[②] 1862 年，志天义何文庆照会法国驻宁波领事，声称清廷"上年曾欺尊国，欲负经商之约"，"奈胡妖反复无常，去岁天津叛议，以致复劳征伐"，将第二次鸦片战争的责任全部归罪于清朝。[③] 这些均表明太平天国缺乏近代民族国家的主权意识，关于世界环境的基本常识相当匮乏，又被同教一家的宗教观念和列强长期鼓吹欺诈的"中立"政策模糊了敌我界限，以致对列强的侵略缺少认识和警惕，在对外事务中犯了不少错误。

比如太平天国允许列强兵舰、商船在长江内河自由航行。太平天国也同样应允其他列强长江通商通航权。后来列强就是利用通航特权，帮助清朝方面运送武器和军队。1862 年 4 月，李鸿章的淮军即在英国船只帮助下抵达上海。为保护洋人，太平军还做了大量军事让步，进攻上海、武汉的战役功败垂成均与此有关。太平天国还给予列强治外法权，一份对美国的照会称"至贵国人民犯法，自当送交贵国惩治，本国人民犯法，亦由本国惩治，敬如所约"。[④] 除了宗教上的误导，这些失误很大程度上是由于国家主权意识的淡薄。

1859 年，洪仁玕总理朝政。他在《资政新篇》中阐述了新的国际

① 《殿左三中队将李鸿昭等致英法统将照会》，太平天国历史博物馆编：《太平天国文书汇编》，北京：中华书局，1979 年，第 311 页。

② ［英］托马斯·布莱基斯顿：《江行五月》，马剑、孙琳译，北京：中国地图出版社，2013 年，第 44 页。

③ 《志天义何文庆致宁波法国领事命戒饬该国船商人等照会》，罗尔纲、王庆成主编：《中国近代史资料丛刊续编·太平天国》（三），桂林：广西师范大学出版社，2004 年，第 144 页。

④ 《殿前二天将李五天将莫致美国水师提督照会》，太平天国历史博物馆编：《太平天国文书汇编》，北京：中华书局，1979 年，第 315 页。

太平天国再研究

观念和外交政策，指出旧的夷夏格局早已不复存在，欧美列强的国力远在中国之上，须学习西方先进，以信义相示，平等往来。洪仁玕的外交主张基本上被洪秀全采纳。这反映在随后的正式外交文书中，太平天国开始使用"照会"等词取代"诰谕""札谕"等旧称，改称对方为"贵国""贵驾"，放弃使用"万方来朝""四夷宾服"以及"夷狄戎蛮鬼子"等轻侮字样。

忠王李秀成是洪仁玕新对外政策的支持者。1860 年夏，为完成占据上海购置火轮船而后沿江上驶控制长江两岸的战略目标，李秀成率部攻至上海外围。6 月 24 日和 7 月 10 日，李秀成两次致函英、法、美三国公使，在申述攻取上海必要性的同时，郑重承诺将保护洋人在上海的生命财产安全，并邀请对方来苏州洽谈通商和结盟事宜。但三国公使拒收此函。洪仁玕随后至苏州进行对外斡旋，他分别致函艾约瑟牧师和三国驻沪领事，诚邀对方来苏州会晤。艾约瑟欣然来访，三国领事却不予理睬。西方对华政策均由各国公使操纵，洪仁玕试图借传教士之力与列强沟通的所谓"和谈"只能无功而返。李秀成遂发兵直取上海，遭到英法军队的阻击，伤亡惨重。

西方列强的外交政策并不以太平天国是否更新了国际观念为准，也不取决于太平天国的态度和举动，而是视在华利益而定。太平天国念念不忘的是推翻清廷，攻取上海是东征战略的关键一环，洪秀全、李秀成等认为势在必行且志在必得。列强则过高估计了太平军进攻上海可能造成的贸易损害，他们执意用武力阻截太平军。双方的冲突不可避免。在第一次上海战役的同时，英法因上年换约之争在大沽口惨败，出兵占领大沽、天津，向北京进犯。于是出现了第一次上海战役时，英法联军在北方与清军交战，却在上海与清军联手对付太平军的怪状。

1860 年 10 月，英法联军攻占北京，火烧圆明园，迫使清政府签订《北京条约》，第二次鸦片战争结束。为尽快落实长江通航通商，英国人转而主动与太平天国接触。1861 年 2 月 20 日，英国海军司令何伯、

"深淘"号舰长雅龄（Aplin）、参赞巴夏礼率舰队驶至南京。经过一个多月谈判，太平天国基本接受了英国提出的有关长江通航通商八项要求，许诺"在一年内太平军不干涉长江商业，同时也不以任何方式进攻上海"，本年内不进入上海百里以内的区域。[①] 洪秀全非常高兴，为此专门颁诏，宣称"中西永遵和约章，太平一统疆土阔"。[②]

洪秀全对列强对华政策认知不足，认为做出些许让步就可以和"洋兄弟"维持长久和好的关系，这仅是一厢情愿。此时列强凭借《北京条约》从清政府那儿扩大了商业利益，不予太平天国外交承认和不视太平天国为外交对手的态度愈加明确，且列强始终称之为"叛军"。列强与太平天国交涉，是因为太平天国控制着长江沿线大片地区，还为了阻止战火燃及通商口岸，利用协定的缓冲期做更多准备，以及避免所应得的税银落空（战争赔款由各海关税内陆续扣缴），并不意味其外交政策有所变化。而洪秀全则认为以一年缓冲换取列强的好感和认可，为来年攻取上海做准备。双方的认知完全不同。

洪秀全重视疆土归属，一方面太平天国践守年内不攻上海的前约，另一方面不顾英法阻挠下令占领另一个通商口岸宁波。随着太平军年内不进入上海周边地区的协议期限届满，1861 年 12 月 27 日，何伯及舰长宾汉（H. M. Bingham）一行照会太平天国四项条款，要求"恪遵前议，于上海、吴淞两处百里之内，不得前往"，汉口、九江、镇江焦山等处太平军不得攻扰，意将条款永久固定。1862 年 1 月 1 日，幼赞王蒙时雍、章王林绍璋等人代表太平天国正式复照："普天之下，莫非上帝所造，我天朝兵将重任在肩，为上帝而投身义战，光复中华全国，凡属我国版图，寸土必争，势难有所例外。只因考虑到贵我两国本属同源，我

---

① 《戈登在中国》，王崇武、黎世清辑译：《太平天国史料译丛》第 1 辑，上海：神州国光社，1954 年，第 160 页；《英国议会文书中有关太平天国的史料》，罗尔纲、王庆成主编：《中国近代史资料丛刊续编·太平天国》（十），桂林：广西师范大学出版社，2004 年，第 173 页。

② 《同天同日享永活诏》，太平天国历史博物馆编：《太平天国文书汇编》，北京：中华书局，1979 年，第 57 页。

等才恪遵协议行事迄今","正值我天国筹划派遣大军攻取汉口、九江、镇江、焦山之际，贵邦竟试图占领此等若干重要据点，完全钳制我军行动，假托友好，暗助清妖，岂非咄咄怪事"。① 太平天国的照会大义凛然，不卑不亢，处置得当。随后，其对外策略发生了较大转变。1862年1月，李秀成率领太平军第二次进攻上海。

在西方朝野一片喊打的鼓噪声中，列强开始筹划武装干涉。清朝方面，对列强抱有戒心的咸丰帝在1861年8月22日病逝，慈禧、奕䜣在辛酉政变中除掉了对外态度强硬的肃顺等顾命大臣，"借师助剿"的障碍不复存在。在此前后，江浙地方官员绅民呈请朝廷"借师助剿"。1862年2月8日，清廷颁发"借师助剿"上谕。② 英、法直接出兵上海外围和宁波，并许现役军官戈登（G. G. Gordon）和退役军官日意格以个人名义受雇于清政府，组建常胜军、常捷军等洋枪队，与清军联手进攻内地太平军。太平天国与西方各国的关系宣告破裂。

太平军在苏南和浙江战场反击来犯的外国军队和中外混合军，予敌以重创。但列强的助剿帮助清军改变了在苏浙战场的颓势，极大地影响了战局走势。在英、法军队协助下，湘淮军在东西南三线形成围攻之势，太平军全线告急，疲于应对，形势急转直下。可以说，列强的武装干涉，是太平天国失败的一个相当重要的外因。

在太平天国与清王朝的这场殊死搏杀中，双方的对外政策最终出现了根本性区别：太平天国后期转向反击外来侵略；清政府妥协投降，丧权辱国。太平天国领导者始终对列强保持戒备心理。李秀成断然拒绝了原常胜军领队白齐文（H. A. Burgevine）做一支军队统帅以便单独行动

---

① 《英国议会文书中有关太平天国的史料》，罗尔纲、王庆成主编：《中国近代史资料丛刊续编·太平天国》（十），桂林：广西师范大学出版社，2004年，第305—310页。

② 《寄谕江苏巡抚薛焕著会同浙江绅士与英法两国速商借师助剿等情》（同治元年正月初十日），中国第一历史档案馆编：《清政府镇压太平天国档案史料》第24册，北京：社会科学文献出版社，1999年，第21—22页。

的要求，只允许他带领自己原有的军队效力。① 洪秀全拒绝了列强联手灭清、事后平分疆土的提议。据李秀成回忆，"鬼子到过天京，与天王叙过，要与天王平分地土，其愿助之。天王云不肯：'我争中国。欲想全图，事成平分，天下失笑，不成之后，引鬼入邦。'"② 洪秀全还号召太平军"人人当奋勇与敌人及其番鬼盟军作战。务须恪遵朕之诏命，勿惧妖魔奸谋，奋勇作战，以至得到天下太平，大业成功"。③ 清廷在列强挑起战争之初，不愿屈服，曾展开抵抗。但第二次鸦片战争战败后，清廷权衡利弊，审察时局，认为"发、捻交乘，心腹之患也"，外人志在通商，属肢体之患，犹可笼络，故"以灭发、捻为先"，拼凑巨资豢养数支雇佣军"助剿"。④

　　近代民族主义的基本特征是具有国际观念，承认民族平等，反对民族压迫。洪秀全的主流外交思想是具有"夷夏"观念的传统民族主义，还不能将之提升至中华民族的民族主义、爱国主义的精神层次。近代中国具有国际观念的民族主义萌生于甲午战争之后，成熟于五四新文化运动时期。中华民族历史上意义非凡的抗日战争则是中国人爱国的强烈体现。无视时代局限便是苛求历史。在近代中国自传统民族主义向近代民族主义变异过程中，太平天国运动是不可缺少和有所嬗进的链环。后期太平天国领导人产生了平等看待中国以外地区文明的思想火花，意识到了民族利益、国家利益之所在，并在一定程度上将洪仁玕的平等外交新思维付诸实践，在此基础上演绎出全体军民愤然投身的爱国壮剧，在性质上颇有些卫国战争的意味。较之前的三元里、反入城等"夷夏"之

---

① 《钟思等人参加苏州太平军的"志愿陈述书"》，王崇武、黎世清辑译：《太平天国史料译丛》第1辑，上海：神州国光社，1954年，第65页。

② 《忠王李秀成自述》，罗尔纲、王庆成主编：《中国近代史资料丛刊续编·太平天国》（二），桂林：广西师范大学出版社，2004年，第397—398页。

③ 《切忌私藏财物、压迫人民诏》，夏春涛编：《中国近代思想家文库·洪秀全洪仁玕卷》，北京：中国人民大学出版社，2015年，第184页。

④ 《奕䜣桂良文祥奏统计全局酌拟章程六条呈览请议遵行折》（咸丰十年十二月初一日），《筹办夷务始末·咸丰朝》第8册，北京：中华书局，1979年，第2674—2680页。

争，以及后来的反洋教、义和团等带有排外色彩的运动，太平天国显然在历史局限中距近代民族主义更近些。

当然，太平天国反击外来侵略的形成历程是滞重、曲折而惨痛的，成千上万的太平军付出了血的代价。太平天国领导者洪秀全，包括接受了近代外交思维的洪仁玕、处理洋务颇多的李秀成，他们都是通过一连串惨痛的教训，才逐渐洞察到列强虚诈险恶的用心。洪仁玕后来一改对西方人的友好和对西方世界的钦慕心态，将"鞑妖买通洋鬼，交为中国患，亦非力所强为谋之耳"，① 作为太平天国败亡的原因之一。李秀成被俘后在自述中强调"欲与洋鬼争衡"，"要防鬼反为先"。② 二人异口同声，可谓切肤之痛，字字血泪。李秀成还建议购买、仿制洋枪洋炮，清朝的洋务派官员最初也是从军工入手兴办洋务。随后19世纪70—90年代的边疆危机，验证了洪、李二人的预言。

过去讲太平天国"反封建"，主要是基于太平天国空前地打击了清政府统治，认为清王朝是封建王朝，太平天国是农民政权。关于太平天国的政权性质，学界向有争议，主要形成了"封建政权说""农民革命政权说""过渡政权说（太平天国农民政权的封建化或两重性政权）"三种不同的观点，且迄无定论。如果按照唯物史观的说法，农民阶级和地主阶级是封建社会内部的两大阶级，尽管有对立有区别，无论是农民政权，还是地主政权，其实都属于封建政权。

太平天国"政权性质""革命性质"问题的实质是太平天国代表了什么人的利益，反映了哪些利益诉求。而太平天国政权是否代表农民利益，是否维护农民利益，应该具体问题具体分析。我们发现，一方面太平天国政权代表了以太平军军事贵族为主体的太平天国统治者的利益，

---

① 《干王洪仁玕自述》，罗尔纲、王庆成主编：《中国近代史资料丛刊续编·太平天国》（二），桂林：广西师范大学出版社，2004年，第412页。

② 《忠王李秀成自述》，罗尔纲、王庆成主编：《中国近代史资料丛刊续编·太平天国》（二），桂林：广西师范大学出版社，2004年，第398页。

这个核心利益从未被削弱。太平天国自始至终不存在核心利益的转变和过渡问题，也就无须进行"以新封建代旧封建"的政权性质界定。[①] 洪秀全倡行礼教，旨在建立一个特权等级社会，本身不存在新旧社会的转型交替。另一方面，太平天国的爆发绝非由一个阶层主导并倡行，而是民众广泛参与的结果，其核心领导力量也具有联合领导特征，如小知识分子、手工业者、流氓无产者和农民的联合领导。加入太平军的农民仅是太平天国利益代表的一个阶层，在运动进行中，太平天国领导者曾反映农民诉求，如1853年颁布《天朝田亩制度》和1860年该文献的再次刊刻。

总体来讲，太平天国运动虽然有了一些新的特殊的历史背景和内涵，但其运动形式并没有超越旧式农民运动。《天朝田亩制度》显现出一些反传统的倾向，仍是集中反映小农的意识。《资政新篇》则不是太平天国运动实践的产物，与《天朝田亩制度》不可能并行不悖，况且在实践层面上，它们的核心内容根本不曾被实行。洪秀全等太平天国领袖们无法使农民摆脱传统制度、礼法社会的束缚，也就不能充分动员农民，所以，找不到一条新的救国之路，最终失败。因此，称太平天国"反封建"，在性质定论上尚有可商榷的余地。但太平天国集农民反抗思想之大成，体现了反对压迫和剥削的思想内涵，这点毋庸置疑。

如前述，太平天国领袖曾希望与列强联手对付清政府。后来看到列强与清政府联手共同对付太平军，才开始反对列强。所以过高称扬其反侵略思想，或称之为"先锋"，不太合适。王庆成先生也认为太平天国与外国侵略者的对抗，是因为他们征服疆土的权利与侵略者们的利益发生了冲突，不能笼统地说是因保护国家主权而反侵略。[②] 对太平天国反对外来侵略的思想和行动要具体阶段具体分析。"光复全部疆土"的强

---

① 简又文：《太平天国典制通考》上册，香港：简氏猛进书屋，1958年，绪言第49页。
② 王庆成：《太平天国的对外关系和国际观念》，《历史研究》1991年第1期。

烈使命感，终究还是引导太平天国在外敌大举入侵的民族危机时代，做出了反侵略业绩。因之，过去学界关于太平天国"反帝反封建"的性质表述，或可以"反压迫与'后期'反侵略"相代替，似觉合乎实际。

（三）社会史的检视

"国家治理"与"基层统治"是本书研究太平天国的两个维度。通过太平天国进行基层统治的政略实践这一切入点，也可为太平天国的评价问题提供正反两个方面的参照。

1. 稳定社会秩序的努力

历史上的民众起事，即使能顺利建立政权，但大多重破不重立，以对现行社会秩序的冲击作为颠覆旧政权机器的推力。太平天国在江南局部取代清政府的统治，各地方政府采取了许多旨在应对社会危机和稳定社会秩序的举措。虽然这些政略没有形成系统的建设纲领，不具普遍意义，也因主客观条件的限制最终成效不佳或流于失败，但反映了太平天国由"打天下"向"坐天下"执政理念转型的迹象，这在战事频仍的非常时期对一个行政经验非常匮乏的稚嫩政权来说比较难得。历史上诸多"反乱"事件中，像太平天国部分地方政府这样，积极应对社会危机，致力稳定社会秩序并拥有良善主观行政作为的较为少见。特别是安辑流亡、兴修水利、治理土匪等措施需由相对集中范围的各太平军当局联合开展，并且取得良好预期；减赋限租的经济政策在某种程度上蕴含了太平天国缓和社会各阶层矛盾的理念，并以此为开端引发了同治年间清政府在江南地区大规模减赋限租的实践。这有利于合理认定咸同兵燹的责任，曾国藩也承认"不幸而带兵，日以杀人为事"，"克城以多杀为妥"，"自以杀贼为志"。①

2. 推行社会战略的尝试

太平天国提供了进行社会变革的理想蓝图，但它的社会战略未必一概超越现实，有的政略带有严重的落后性或不合实际。这里仅是肯定太平天国社会战略中某些大政方略的合理成分。《天朝田亩制度》虽具有绝对平均的空想性，但除土地制度这一核心内容基本未施行外，乡官制度、乡兵制度、宗教文化和社会生活领域的某些规定还是经改良而变相实践。《天朝田亩制度》和后期刊行的《资政新篇》，它们的理论意义和启示意义大于对当世的影响。《天朝田亩制度》关于土地分配问题的规划，说明太平天国曾代表了广大农民的诉求，并为其创制了比较完整的社会建设方略，描绘了较前制更为完美良善的愿景。正因为此，太平军的足迹才能遍及 10 余省，攻破 600 余座城池，前后持续 18 年。《资政新篇》的重要性在于它是当时中国人向西方寻求真理的代表性成果。后来所谓"同治中兴"和"洋务运动"的近代化格局也是奠基于反思太平天国战争的思想运动之上。这些具有启蒙性的文件是在太平天国推行社会战略的尝试中形成的。

太平天国推行社会战略也有革除社会旧弊的尝试，但成效不著，如严禁浮收、勒折、卖荒，虽然"浮收"日渐泛滥，其他像"勒折""卖荒"等流弊似在太平天国占领区少见。太平天国较之历史上其他民众起事的高明之处还在于放弃流寇主义，经营后方基地，目的主要是解决军队的粮食问题。太平天国将地方行政的重点置于农村、农民和粮食问题上也是正确的。

3. 地方社会事务中的"变通"原则

"着佃交粮"政策是太平天国的"变通"之举。政策本身是符合社

---

① 曾国藩：《曾国藩全集》第 20 册《家书之一》，长沙：岳麓书社，2011 年，第 491、651、661 页。

会实际的，而激发诸多民变的原因在于政府在"着佃交粮"的同时，过分干涉业佃关系和基层社会事务。太平天国在基层社会实行的乡官制度、乡兵制度均是对《天朝田亩制度》理论规定的变通，如依据理想蓝图进行现实实践，这些制度将在基层社会事务中寸步难行。变通后的乡官制度体现了太平天国基层政权的相对开放性，执行得当则有助于扩大统治基础，保障政权运作和战争的物资供应；变通后的乡兵制度主要表现为太平天国在地方上自立自办团练，执行得当亦有利于防奸肃敌、维护治安、稳定秩序和调控社会变乱。但问题在于均不考虑制度的执行偏差。太平天国应对民变区分事件类型和性质也体现了变通性。太平天国在基层统治上的可取之处，均是太平天国较之前其他民众运动的优势所在，是历史上经农民运动建立政权并对政权组织进行较系统建设的创举，从而促使太平天国的抗争事业达到前所未有的规模和水平。

4. 缺少社会变革的决心和进取精神

从创建社会建设的理想蓝图看，太平天国是有勇气进行社会变革的，但缺少完成社会变革的决心和进取精神。如移风易俗的社会改革往往被传统习俗同化；禁止浮收舞弊等改良地方行政的政令也没有对传统社会秩序的旧弊起到根本遏制作用；土地制度、田赋税收制度、基层社会组织在本质上沿袭了清朝旧制，理想和实践的差距是民心转向的一个重要因素。

太平天国的理论与构想在实践中往往屈从于社会现实，或在社会现实面前稍遇挫折便丧失进取精神。如平均分配土地和建设平等温饱世界是其对农民的重要许诺，但在实践中太平天国追求的首要政治目标是完成改朝换代的王朝战争并构建贵族特权等级制度，因此承认现存生产关系的政策出台并长期实行具有必然性，所谓"土地革命"的计划则转变为未来可有可无、可行可不行的空头支票。农民不能从太平天国获取现实经济利益，未能被充分动员和组织起来支持太平天国，甚至倒戈相向，站在太平天国的对立面。再如，一旦太平天国在地方上恢复传统社会经济秩序的努力失败，以"打先锋"和"勒贡"为标志的贡役制统治模式便会轻易复辟。在太平天国占领区常见传统社会经济秩序和贡役制统治模式并行并存的局面。这也给后世留下太平天国基层统治的行政风格是"重立不重建"的不良形象。

5. 忽视发展战时生产的重要性

在基层统治方略中，一些太平天国地方政府有过兴修水利、保障农业之类的举措，但太平天国所做主要是鼓励和保护农业生产，以便如期足额收缴赋税。总体上看，太平军当局基本没有发展战时生产、建立新政权独立稳固经济的战略意识。

太平天国虽然拥有后方基地，但将战略重心置于"取民"。前期主要是通过强制手段"打先锋""勒贡献""写大捐"，后期主要是照旧征收钱粮赋税，却囿于战守，盲目扩军，唯知索取，滥收滥征，不修政理，违背社会经济发展的客观规律，最终战局逆转。不能认识到依靠战时根据地经济建设和生产发展支持战争消耗的重要性，是旧式民众运动共同的局限：一因客观上连年战争，生产遭受严重破坏，发展生产具有难度；二因太平天国领导者所行社会战略具有盲目性。作为运动主要参加者的农民群体，他们的小农经济依附于现实的经济体系而存在，只好憧憬于《天朝田亩制度》中平均主义的小农幻想；太平军领导者则错误地认定"吾以天下富室为库，以天下积谷之家为仓，随处可以取给"。[①] 于是圣库制诞生，贡役制成为太平天国始终难以割舍的施政模式。

6. 习惯于将经济问题政治化

很多民众抗争的诉求是经济型的，抗争内容主要是与田赋税收地租有关的经济问题，不具政治敌对意识，其性质与团练有着本质区别。战

① 张德坚：《贼情汇纂》，中国史学会主编：《中国近代史资料丛刊·太平天国》（三），上海：神州国光社，1952年，第269页。

争状态中的太平天国政府，因政权认同和政治权威尚未完全形成，应对这类集体行动的实践应该稍向"抚"的方向倾斜，缓和社会矛盾，保障社会稳定。但太平天国政府的应变实践是以"剿"为主，不注重善后，过分干涉基层社会事务，习惯性地将社会问题、经济问题政治化，在应变实践中产生了诸多越轨违纪行为，结果得不偿失，耗费财力、分散兵力、牵扯精力，造成严重社会影响。

经济问题政治化的一个重要表现是太平天国不能区分敌我矛盾和内部矛盾，不能区别对待社会变乱的参加者，一概视作政治反乱，大加剿洗。对待团练的政策和实践反而常表现为弱化政治问题，大力实行招抚政策，使占领区团练依然存在并照旧维系地方，在地方社会潜伏了严重隐患。对不同类型不同性质的社会变乱，应变的原则和实践应有不同，太平天国模糊了彼此界限。

根据太平天国基层统治的政略实践可概括归纳出太平天国的历史贡献和深刻教训，太平天国既有在处理社会问题、推进社会建设方面的可赞可取之处，也留给后世诸如自我孤立、政局紊乱的沉痛教训。

（四）正与反的省思

其一，拜上帝思想的中国化改造。在历史上，类似于太平天国这样深受西方宗教影响而引发如此大规模民众运动的例子几乎是仅见。拜上帝信仰的源头虽然是西方的基督教，但自创立之始就被洪秀全等人逐渐本土化、中国化，以使其更多地符合下层民众的心理需要，便于他们理解，拉近民众同上帝教的心理距离，才使拜上帝思想产生了巨大吸引力。

其二，运动前期统一团结的组织领导力量。洪秀全将"上帝教"定为国教，推崇上帝为独一真神，实行严格的无偶像崇拜。上帝教信奉上帝无处不在的圣典和人人在上帝面前均有原罪的平等观，遵守安息日和各项宗教仪式，进而实行国家、军队、全民的宗教化。各基地组织奉洪秀全为核心，尊杨秀清、萧朝贵为总指挥，以金田为中心，组织严密，等级森严。前期太平天国上下能够做到和衷共济，万众一心，令行禁止，终成燎原之势。

其三，相对严明如一的军纪原则。进军途中，东王杨秀清下达安民令：官兵无论何人，敢入民房者斩不赦，左脚踏入民家门口即斩左脚，右脚踏民家门口即斩右脚。[①] 由于严明军纪的原则相对如一，太平天国才能较长久地维系一支规模庞大的军队并坚持斗争十数年。按理说，太平军作为一支没有经过系统训练的农民军，在清军眼里只是草莽之辈、乌合之众，远不是职业军人的对手，并且清军的武器在相当长一段时间里，要远胜过太平军。可在太平军的打击下，八旗绿营一败涂地，湘淮军也曾屡战屡败。这说明，在内战中，战争的胜负格局并不完全以武器为转移，武器因素在降低，军人因素在凸显。[②]

其四，推行聚拢民心的社会战略。洪秀全宣扬"天下一家"，设计了《天朝田亩制度》，把农民朴素原始的平等平均思想发展到一个新的高度。太平天国争取民心的举措前已做详细讨论。

但是太平天国的领导者们未能建立一个新的社会和国家政权，最后腐化堕落，内讧残杀，或沦为流寇。轰轰烈烈的太平天国运动最终还是失败了。

其一，拜上帝思想的内涵日趋空洞僵化。在运动前期，上帝教的精神凝聚力、宣传动员和组织功能得到强化，对太平天国的生存发展主要发挥积极作用。后期，洪秀全借宗教烘托君权，迷信"天功"，抹杀"人力"，不问政事，一味靠天。除了一些核心教义互相抵牾，难以自

---

① 《忠王李秀成自述》，罗尔纲、王庆成主编：《中国近代史资料丛刊续编·太平天国》（二），桂林：广西师范大学出版社，2004年，第350页。

② 参见郭卫东编著：《倾覆与再建：明中叶至辛亥革命的政治文明》，北京：北京大学出版社，2009年，第66页。

圆其说，太平军内部出现信仰危机与拜上帝的理论和实践严重矛盾有关，原本要建设一个均匀饱暖、同沐上帝恩泽，洋溢着手足亲情的太平盛世，却在现实中导致"天国"内部两极分化、苦乐不均。上帝教除对太平天国政治权力结构产生消极影响外，也使得太平天国的社会战略充斥着浓厚的宗教色彩，特别是在占领区以简单而激进的宗教运动强制民众改变传统信仰和风习，企图摧毁旧有思想文化根基，却只是以新的宗教迷信取代旧的宗教迷信，缺乏坚实厚重的群众基础，超越民众心理承受力。太平天国忽视发展生产，在城市废除私有财产，取消私营商业和手工业，某种程度上也掺杂着上帝教的宗教因素。太平军领导者要尽享"天赐""天福"，上帝教则强化了这类幻想。他们根本没有想过从事生产，一应所需均转嫁民间，逐渐失去反抗者的本色而转变为新的寄生权贵。拜上帝信仰无法得到恪守中国传统信仰的知识分子的支持，也逐渐与下层民众和广大太平军将士的利益渐行渐远，因此导致人心冷淡。

其二，内部权力斗争引起严重分裂与内耗。为了分配有限的政治资源，太平天国的权力斗争一直都没有停歇，即使大敌当前、坐困围城，也决不歇手。太平天国自天京事变后始终没有建立起统一有力的政治权力机制，没有形成一个长期稳固的领导核心，权力斗争极大削弱了太平天国实力。这是后期太平天国政权建设的一大缺陷。太平天国社会战略的推行，倚仗于地方执行者，由于政局涣散，各自为政，同一政略因不同地区、不同时期、不同主政将领而表现为不同的实践效果。缺少长期稳固的领导核心和持续健全的政策，削弱了太平天国推行社会战略的成效，如乡村建设实践失败、军纪败坏屡禁不止、官员贪腐享乐之风泛滥、移风易俗改革受挫、预防调控和应对社会危机的方略成效不著，这些均与太平天国缺乏统一有效的监督、教育、奖惩、舆论宣传和政策执行机制有关。

其三，自我孤立的思想和政略。在社会经济领域，一切均服务并服从于军事。旨在获取经济利益的政略，使基层经济冲突与财政困局愈演愈烈，甚至引发了诸多民众反乱事件。在乡村政治实践中，太平天国对乡官群体和农民的利益诉求缺少持续关注，特别是将维系战争和政权开销的经济压力强加给乡官群体，乡官再转嫁民间，削弱了统治基础，破坏了占领区基层社会的常规运作。在思想文化和社会生活领域，太平天国的知识分子政策（反孔非儒、宽进宽取、任人唯亲），移风易俗的社会改造政策（禁棺葬、禁祭祖、易服式、变时令），违背现实经济规律和传统生活方式的城市政策（废除私有财产、取消私营工商业、拆散家庭），非理性的宗教说教（毁灭偶像），带有狂热复仇情绪的反满政策等，均不得人心。太平天国领导者在理政思路上缺少对战略全局客观清醒的认识，对联合会党等反清力量的态度也表现得相对冷漠，自视正统，自我孤立，既不注重内修政理，积蓄自身力量，又忽视联合、招抚其他可以联合的外部反清力量，陷入了自我消耗的困境。政之所废，在逆民心。

最后，对近年来完全妖魔化太平天国的代表观点作一分析。第一例是认为洪秀全是"骗子"，是彻头彻尾利欲熏心的"野心家"。1837 年科举落榜的确对洪秀全刺激很大，1843 年第四次落榜更使他感到绝望，但核诸史实可以发现，洪秀全在连番落榜后并没有变成矢志反清的造反者，而是连篇累牍地劝人拜上帝、做正人、行善事，弃邪从正。这不但无害于官府统治，反而有利。洪秀全的思想是渐变不是骤变，其转折点在 1847 年夏第二次入桂。当时，广西社会矛盾空前激化，天地会暴动此起彼伏，社会近乎解体。19 世纪中叶的中国，没有洪秀全，肯定也要发生大造反。洪秀全自视甚高，且有政治抱负，但他发动太平天国运动，主要是日益激化的社会矛盾和愈演愈烈的社会冲突驱策下的必然结果。撇开官逼民反和民生、民族等社会根源性问题不谈，单纯从个人角度推究历史事件发生之因，那就无法解释为什么除太平天国外，当时整个中国一片火海，捻军、天地会、各地少数民族四处造反。

第二例是太平天国宗教"邪教"说。2000年，央视斥巨资拍摄的48集电视剧《太平天国》热播，重新引起公众对太平天国的关注。剧中杨秀清、萧朝贵假代"天父""天兄"下凡的情节引发联想。一时间，指斥太平天国是"邪教"、洪秀全是"邪教主"的观点被炒得沸沸扬扬。"邪教"是历史上沿用已久的概念，起初官方视非正统宗教的异端教派为"邪说""邪术""妖术"，后来约定俗成，指官方对那些聚众煽乱的民间宗教的贬称。历史上的民间宗教因不具合法地位，只能采取秘密结社的方式传播，并且带有一些社会危害性，在一定程度上确实具有现代"邪教"的某些特征。但历史上民间宗教之兴起，背后大多有复杂的社会政治因素，反映了被压迫者对现实社会不公的抗争。上帝教在当时能够聚拢人心，根源在于越来越多的百姓因天灾人祸走投无路，渴望"太平"光景，渴求改变悲惨命运，故而扶老携幼从四面八方投奔金田，在上帝旗帜下掀起燎原之势。我们既不能沿用传统中国社会的官方观念来看待历史上的民间宗教，也不能用现代标准比附和衡量历史现象、历史问题。历史上的农民造反几乎无一不是披着宗教形式的外衣，会党起事也多以篝火狐鸣、鱼腹藏书、图谶符瑞等神秘手段伪装。果如此定性，那几乎没有一起农民造反具有正当性了，整个传统时代民众的反抗斗争便要被一笔抹煞了。

第三例是借洪秀全私生活发难，指斥其是"精神病""色魔""暴君"。洪秀全在1837年曾不堪屡试不第受到精神刺激，产生异梦幻象是事实。不过，原本朴素平常的情节后来被《太平天日》《天兄圣旨》等太平天国官书夸大和神化。从太平天国政权建设、宗教宣教、社会改造方略看，以及洪秀全在天京事变中不动声色地除掉多位政敌，在内忧外患的天京城里坐了11年多太平天王，洪秀全确是一个心思缜密、处事不惊、手段老到的人。

洪秀全的88位后妃颇为后人诟病。皇家后宫建制既是君主显示皇权无上、皇家尊严气派的一种手段，某种程度上也是笼络群臣，为我所用，建立统一战线的一种驭下之术。洪秀全虽拥有众多后妃，但只有 5 子 5 女，且其中 3 人为起事前元配夫人赖氏所生，子女数量与天王后宫的规模建制不成比例。① 太平天国刊印的《天父诗》，收录洪秀全诗 500 首，纯粹以宫闱中事为题，却没有任何风花雪月之景，而是连篇累牍地大谈清规戒律。可见洪秀全严别男女、恪守伦常的思想十分偏执，是一个清教徒式的人物。

洪秀全性情暴躁，而从《天朝田亩制度》和后期颁布的《天王谕苏省及所属郡县四民诏》（俗称"减赋诏"）看，他有"轻徭薄赋""与民休息"的思想，直到太平天国失败前，严诏地方将领不可压迫百姓。

---

① 洪秀全长子洪天贵福被俘后在南昌府供称："父亲老天王洪秀全，今年五十三岁，有八十八妻。我系第二房赖氏名莲英所出，现年四十多岁。我有两个兄弟，均系十一岁，一名天光，封为光王，系第十二母陈氏所生；一名天明，封为明王，系第十九母吴氏所生。并有两姊三妹，均不同母的……一个姊子名天姣系长我十岁的。"[《洪天贵福亲书自述、诗句等十件》，罗尔纲、王庆成主编：《中国近代史资料丛刊续编·太平天国》（二），桂林：广西师范大学出版社，2004 年，第 430 页。] 照此说法，洪秀全长子洪天贵福、三子洪天光、四子洪天明，加上业已夭折的次子洪天曾和继给东王承袭爵位的洪天佑，共有 5 子。洪天贵福生于 1849 年，洪秀全长女（不知名）、次女洪天姣（婚配天二驸马金王钟万信）必生于此前。在 1861 年天王亲自排定的《朝天朝主图》上有"天四驸马""天东驸马""天西驸马""天八驸马"四人位次。"天东驸马"或即天长金驸马，"天西驸马"或即天二金驸马钟万信，其他二人为洪秀全另外二女驸马，何故不依次称"天三驸马""天四驸马"，存疑。[《朝天朝主图》，中国史学会主编：《中国近代史资料丛刊·太平天国》（二），上海：神州国光社，1952 年，第 673 页。] 另外，1848 年底，萧朝贵假"天兄"附体，使洪秀全与他在天上的"正月宫"相会，"正月宫"提到"子十二岁矣，还未安名也"。（王庆成编注：《天父天兄圣旨》，沈阳：辽宁人民出版社，1986 年，第 11 页。）《太平天日》亦载：丁酉年异梦升天时，"主正月宫在高天事主甚恭谨，其时正生一子，未曾安名。"这个在天上的"正月宫"以及"正月宫"十二岁亲子应是两个虚无缥缈的神话人物。同样是《太平天日》记：洪秀全在病中嘱咐其妻赖又正月宫，"尔为朕妻，尔不可嫁，尔身怀妊，未知男女，男欤当依兄勿嫁，女欤亦然"。[《太平天日》，中国史学会主编：《中国近代史资料丛刊·太平天国》（二），上海：神州国光社，1952 年，第 632、639 页。] 洪秀全长子洪天贵福生于道光二十九年十月初九日（1849 年 11 月 23 日）。[《洪天贵福亲书自述、诗句等十件》，罗尔纲、王庆成主编：《中国近代史资料丛刊续编·太平天国》（二），桂林：广西师范大学出版社，2004 年，第 434 页。] 次女天姣长洪天贵福 10 岁，约生于 1839 年，那 1837 年赖氏所孕应是洪秀全长女。照 1864 年赖氏 40 多岁计，赖氏约生于 1820 年左右，约小洪秀全 6 岁，年龄相当，洪天贵福不像赖氏第一个孩子，十六七岁生长女时年龄也较符合。根据《洪氏宗谱》，洪秀全除赖氏外并无他妻。（陈周棠校补：《洪氏宗谱》，杭州：浙江人民出版社，1982 年，第 67 页。）故亦可推知除虚构的在天宫生活的"正月宫"外，洪秀全在凡间实际有妻妾 87 人。

第四例是太平天国"破坏论"。太平天国战争时期江南人口锐减、社会经济凋敝是不争的事实，但可否把这些账全算在太平军头上呢？以人口折损论，除了在战场上和战乱中死于非命，自杀和天灾、瘟疫、饥馑等造成的死亡人口占了较大比例。比较而论，后期太平军虽有滥杀无辜的现象，但其军纪总体上好于清军，真正造成江南兵祸的是清军、湘淮军、团练、雇佣军。外人记载和时人笔记资料中对此有确切记载。[①]

其实，神化太平天国也好，丑化太平天国也罢，都不是科学、严肃的态度。历史学是一门严谨求实的学问，倘若一直采用非正即邪、非此即彼的简单模式单纯地对历史人物进行道德评价，那么史学研究的学术性、严肃性在哪里？事实上，太平天国既想改造中国社会，却又无法超越传统社会制度的六道轮回。以"洪秀全第二"自励的中国民主革命先行者孙中山，以及发起和领导工农革命的中国共产党人，都是从正反两方面来反思这段历史的。

重新审视太平天国的历史贡献和深刻教训，其历史面相复杂多重：太平天国反抗压迫剥削的正当性、向西方寻求真理和后期反对外来侵略的积极性应是太平天国运动的主要历史面相；但他们创立的"天国"仍然主要沿用传统王朝旧制，洪秀全等太平天国领导人找不到走出农民战争失败宿命的新路，最终在清政府与列强的夹击下，归于失败。运动进行中出现的各类负面现象，充分展现了太平天国作为中国历史上最后一场大规模农民起事本身所具有的历史局限。

---

① 简又文：《太平天国典制通考》下册，香港：简氏猛进书屋，1958年，第1277—1566页。

二 不曰"避贼"而曰"避兵"

近 40 年来,有研究者从社会经济视角,关注太平天国战争对当时中国社会经济最为发达的江南地区造成的破坏;也有学者从情感史角度出发,认为这场战争使江南尽成废墟,给民众留下难以释怀的伤痛。然而,随着全盘否定太平天国运动的思潮出现,有论者将战争后果单方面归咎于太平天国运动,甚至称之为中华民族的历史性大灾难。这种观点在逻辑和史实上都需进一步辨析。

(一) 战争与农民战争并非同一概念

太平天国战争确实使江南地区社会经济遭受重大损失,突出表现便是人口锐减。据地方志记载,苏州府属九县一厅实在人丁原有 340 余万,战争结束后只剩 128 万,不少地方休养生息 20 年尚未恢复到战前体量。损失的人口既包括战争造成的直接死亡,也包括为躲避兵锋而迁徙他地的流民,还有战争引发的次生灾害造成的损失。兵劫导致土地抛荒,加之咸同年间水、旱、蝗、震灾害频生,饥馑四起。"大灾之后必有大疫",由于死尸得不到及时清理以及生态环境恶化,19 世纪 60 年代,一场波及江南数省的大瘟疫降临。有学者估计,这场瘟疫夺走了 320 万—600 万人的生命,相较于太平天国战争前江南十府一州约 4000 万的人口基数,疫死率为 8%—15%。[①] 凡此种种,对当时人来说,堪称

---

① 参见余新忠:《清代江南的瘟疫与社会:一项医疗社会史的研究》(修订本),北京:北京师范大学出版社,2014 年,第 284—288 页。

浩劫。

战争是人类解决政治矛盾的最高斗争形式，是具有高度破坏力的剧烈的武装冲突。对社会经济和自然环境的破坏作用只是这种斗争形式导致的客观结果，而非定性标准。以长期、剧烈的战争导致的社会经济发展水平衰退来评判太平天国战争的性质，进而完全否定太平天国运动，其实偷换了概念。

太平天国运动既有传统农民战争的反压迫因素，也有反抗外来侵略的因素。金田起义爆发时，清朝定都北京已逾200年，土地兼并越演越烈，当时全国绝大部分土地，集中在占总人口不到10%的官僚、贵族手中，占全国人口70%以上的农民则几乎没有土地。在太平天国起事的金田村，全村750亩水田中有640亩都掌握在地主手里。因此，太平天国打出"凡天下田，天下人同耕"的旗帜，要创造一个"有田同耕，有饭同食，有衣同穿，有钱同使"的理想社会。与传统农民起事不同的是，太平天国不仅要推翻清廷，还要面对"三千年未有之大变局"带来的新变化。因为宗教思想上存在一定程度的近似，太平天国领导人曾幻想与外国势力联手对付清政府。但运动形势的发展，也让其逐渐认清了列强的真实意图，太平军在各个战场同英法侵略军和洋枪队、常胜军、常捷军等雇佣武装作战，回应了近代中国抵御外侮、争取民族独立的历史主题。综合时代背景、领导者以及思想、目标和内容来看，将太平天国战争抽象为一般意义的战争概念，进而以抽象的"和平"观念，否定太平天国运动爆发的正义性，这在逻辑上是立不住的。

(二) 清军在兵燹中的责任

认清太平天国战争性质，是进一步评判交战双方战争表现的前提。太平天国战争是一场内战，应该充分考虑太平军兴的正义性，清王朝吏治腐败，官逼民反，民不得不反，连咸丰皇帝也惊呼"各州县土匪尽授伪职，乡民率皆从逆"。① 所以要全面分析交战主体各方的作为，如清军、团练、土匪、外国雇佣军等。

八旗、绿营兵奸淫掳掠现象非常普遍，即使与清朝持同一立场者，也留下了"兵不畏官而畏贼，民不畏贼而畏兵"的说法。② 太平军进攻苏州和杭州时，驻防清军都曾以"坚壁清野"为由纵兵焚掠，致使向来万商云集、市肆繁盛的苏州金门、阊门以及杭州武林门、艮山门，化为一片火海，事后清军还反诬放火是太平军所为。浙江提督张玉良驻兰溪时，与当地民众发生冲突，遂纵兵为恶，大肆杀戮，曾任诸暨县令许瑶光如实记录其事："老弱妇女无一得免者，既杀其人，又纵火焚其屋，七十里皆灰烬。"③ 担任过浙江布政使的段光清也说，"兵勇所过之处，民皆思食其肉而寝其皮"，"百姓与兵视若仇敌，每遇贼来，非官兵烧百姓屋，即百姓放火烧官兵营盘"。④ 据留美归国的容闳在太平军中之访察，丹阳的一位秦姓太平军将领认为"自苏至此，运河两旁荒凉之况"的责任方有三："一为张玉良军队退败时所焚烧，一为土匪所抢掠，一则太平军之自毁。"⑤ 1860 年 1 月 26 日，刑部主事王柏心致函曾国藩，内称因清军军纪败坏导致民众大量投"贼"。⑥

湘军是太平天国的主要对手，其破坏性也较八旗、绿营为大。曾国藩早在湖南帮办团练时，便因杀戮深重而被民间呼为"曾剃头"。曾本

---

① 《寄谕和春等著恩赐前赴全椒堵剿并催征钱粮以资军饷》（咸丰四年八月二十二日），中国第一历史档案馆编：《清政府镇压太平天国档案史料》第 15 册，北京：社会科学文献出版社，1994 年，第 466 页。

② 沧浪钓徒：《劫余灰录》，太平天国历史博物馆编：《太平天国史料丛编简辑》（二），北京：中华书局，1962 年，第 158 页。

③ 许瑶光：《谈浙》，中国史学会主编：《中国近代史资料丛刊·太平天国》（六），上海：神州国光社，1952 年，第 595 页。

④ 段光清：《镜湖自撰年谱》，北京：中华书局，1960 年，第 111、185 页。

⑤ 容闳：《西学东渐记》，徐凤石等译，北京：生活·读书·新知三联书店，2011 年，第 49 页。

⑥ 江世荣编注：《曾国藩未刊信稿》，北京：中华书局，1959 年，第 314 页。

人也坦然承认"书生好杀，时势使然"。① 赵烈文是曾国藩的机密幕僚，他在日记里记录了攻破南京后曾国荃所部的暴行：放火——南京城一片废墟，"贼所焚十之三，兵所焚十之七，烟起数十道屯结空中，不散如大山，紫绛色"，大火延烧数日不熄；杀戮——赵烈文条陈止杀之策，曾国荃不允，遂见"沿街死尸十之九皆老者，其幼孩未满二三岁者亦斫戮以为戏，匍匐道上，妇女四十岁以下者一人俱无，老者无不负伤，或十余刀，数十刀，哀号之声达于四远"；奸淫——"搜曳妇女，哀号之声不忍闻"；劫掠——曾国荃被人呼为"老饕"（贪财贪吃），湘军在城中大挖窖藏，"贪掠夺，颇乱伍"，"中军各勇留营者皆去搜刮，甚至各棚厮役皆去，担负相属于道"，"各员弁自文案以至外差诸人，人置一簏，有得辄开篭藏纳，客至则倾身障之，丑态可掬"，"诸委员无大无小争购贼物，各贮一箱，终日交相夸示，不为厌"，曾国荃又纵兵洗劫焚烧天王府，"取出金银不赀，即纵火烧屋以灭迹"，六朝古都金陵沦为人间地狱。破城后二十日，循秦淮河西行，死尸虽已掩埋十之八九，犹臭秽不堪，赵烈文见状惊呼"其乱如此，可为发指"！② 尽管曾国藩对湘军极力包庇，也不得不承认"大抵受害于贼者十之七八，受害于兵者亦有二三"。③ 同样站在清方立场的文人李圭则说："官军败贼及克复贼所据城池后，其烧杀劫夺之惨，实较贼为尤甚。"④ 两相对照，不难发现曾国藩颠倒了比例轻重，受害于兵者十之七八才对。

淮军军纪也极差。李鸿章允许淮军烧杀抢掠，以此发财致富。赵烈文说，淮军攻陷苏南，"自常以东及松郡道路，剽掠无虚日，杀人夺财，

---

① 曾国藩：《曾国藩全集》第 22 册《书信之一》，长沙：岳麓书社，2011 年，第 115 页。

② 赵烈文：《能静居日记》，罗尔纲、王庆成主编：《中国近代史资料丛刊续编·太平天国》（七），桂林：广西师范大学出版社，2004 年，第 269、270、271、272、274、333 页。

③ 曾国藩：《曾国藩全集》第 23 册《书信之二》，长沙：岳麓书社，2011 年，第 725 页。

④ 李圭：《思痛记》，中国史学会主编：《中国近代史资料丛刊·太平天国》（四），上海：神州国光社，1952 年，第 474 页。

视为应然"。① 从初创时起，淮军就贪图利禄，以骚扰民间为能事，左宗棠批评其"冗杂殊甚，其骄佚习气实冠诸军"。② 1864 年 8 月，淮军驻常州，每日四处掳掠，"乡间弥望无烟，耕者万分之一"，李鸿章则一意包庇淮军，"闻人言兵勇不戢，辄大怒"。有乡民缚作乱兵勇进城申冤，李鸿章反将乡民"以土棍之罪罪之"。无锡人杨宗濂劝谏，李鸿章却说"不必言，吾皖人皆当诛"，吓得杨宗濂"战栗而出"。③

北京大学图书馆古籍部藏金念劬《避兵十日记》，主要记录了太平军到来前夕苏州、昆山等地清朝败兵溃勇的劣迹。金氏自苏州逃难昆山途中没有见到一个太平军士兵，却几乎无日不受溃兵骚扰。他评述道：

> 国初扬州有十日记，备载屠戮之惨，令人不忍寓目。予不特未遭戕害，并未亲见逆匪，徒以败兵溃勇为贼前驱，遂至琐尾流离，不堪言状。癸丑在甘泉，乙卯在丰县，皆曾逼近贼氛。然彼时但知贼匪为害，其次则土寇乘机窃发，初不意败兵贻患一至于此。乃不数年而时局一变，以积年豢养御暴之人，一旦尽反而为暴人，皆有急不能避之势。
>
> 行李非舟不行，败兵见有舟楫掠取无遗。舟子闻风远遁，近城无一苇可避者。居多财物尽济盗粮，积尸城河为满。我朝二百年深仁厚泽，所为休养生息者悉遭糜烂于其中，是则败兵之罪实浮于贼。予此记不曰"避寇"而曰"避兵"纪实也。④

---

① 赵烈文：《能静居日记》，罗尔纲、王庆成主编：《中国近代史资料丛刊续编·太平天国》(七)，桂林：广西师范大学出版社，2004 年，第 281 页。

② 左宗棠：《与孝威》，《左宗棠全集》第 13 册《家书　诗文》，长沙：岳麓书社，2009 年，第 117 页。

③ 赵烈文：《能静居日记》，罗尔纲、王庆成主编：《中国近代史资料丛刊续编·太平天国》(七)，桂林：广西师范大学出版社，2004 年，第 280 页。

④ 金念劬：《避兵十日记》，《琐言》，无页码，北京大学图书馆藏稿本。

金氏"败兵之罪实浮于贼"的观点是结合自身长期观察和切身体验所得，符合实际。时人亦有云："然官兵卒不肯歼灭长毛，其作为与长毛大略相等，所至奸淫劫掠，大为民害，且与长毛表里相比合。"①

　　一些到访过太平军辖境的外国人也就兵燹责任问题留下文字记录。例如艾约瑟等传教士访问苏州后公开发表报道称："人们有过许多关于叛军暴行的传说，但这种指责是虚假的。我们并没有看到任何故意破坏的迹象……许多焚掠杀人的事，是在叛军到达以前清军制造的。虽然叛军也有杀人放火，可是总比清军的行为要好得多。"② 创办于上海的英文报纸《北华捷报》发表社评："城里的人也许逃避一空，且由于各种原因致死而躺在地上的尸体，为数也可能很大，但若把这种情形归罪于长毛的过分残酷与嗜血成性，那是很不公平的。我们英国人听到叛军在中国的作为时，每每有些发抖，因为很幸运，这种情形对我们是不常见的……当看到很多尸体时，我们会表示愤怒，并对这种无情的屠杀提出抗议。但我们不要把这一切都写在叛军的账上，清军大致要对这些杀人的事情负其大部分责任。"③ 这些史料足以为清军之责定谳。"兵祸"的主要责任方无疑是清军，这也正可解释为什么会有那么多老百姓跟随太平军造反。

　　此外，还有团练乡勇和土匪的"害民"之举。他们造成的破坏不比清军少，如桐城百姓对当地的团练局恨之入骨，"皆欲食其肉而寝处其皮"。④ 清政府也承认，团练为祸实是"靖乱适所以致乱"。⑤ 至于土

　　① 沈梓：《避寇日记》，罗尔纲、王庆成主编：《中国近代史资料丛刊续编·太平天国》（八），桂林：广西师范大学出版社，2004 年，第 60 页。

　　② Joseph Edkins and Griffith John, "A Visit to the Insurgent Chief at Soochow." *The North-China Herald*, Vol. XI, No.519, Jul. 7, 1860, p.107.

　　③ 上海社会科学院历史研究所编译：《太平军在上海——〈北华捷报〉选译》，上海：上海人民出版社，1983 年，第 111 页。

　　④ 方海云：《家园记》，咸丰三年九月十七日记事，无页码，安庆图书馆藏抄本。

　　⑤ 《寄谕直隶总督讷尔经额着派员迅缉保定伙党并饬地方官毋得以团练藉词科派》（咸丰三年三月初三日），中国第一历史档案馆：《清政府镇压太平天国档案史料》第 5 册，北京：社会科学文献出版社，1992 年，第 452 页。

匪，如 1853 年太平军进军安庆，皖北各地"土匪蜂起，肆行抢掠，千百成群……拒捕杀人，良民惊扰"。[①] 太湖地区的"枪船"武装是苏浙地区"团练"的一种特殊类型，因其具有严重的社会危害性，"数千亡命，恃众横行，睊睊杀人，戕官拒捕"，"日则横刀过市，骚扰闾阎，夜则十百成群，四出劫掠，抢媚逼醮，掳人勒赎，恣所欲为"，[②] 普通百姓以"枪匪"称之，清政府和太平天国均将其定性为"匪"。[③] 土匪还常冒用太平军之名为害四方。在常熟，"凡乱世土匪之恶，不可胜言。每有聚众恃强，口造谣言，身冒长毛，哄到巨宅，假势骇人，叫哗雷动"。[④] "盖贼掳过后，尚有烬余，又经土匪取后，虽至贱之物亦无不尽也。土人恨之，每呼曰短毛"。[⑤] 乌青镇有"不逞之徒，乘间窃发，土棍枪匪皆冒长毛名目，持械吓逐"，结果造成居民惊恐逃避，"溺死、跌死、践踏死、劫杀死者，盈千盈百"。[⑥] 在太仓，"贼至乡不过十余人，黄旗，红绸扎额，并非的真长发"。[⑦] 可见土匪、盗贼的破坏性

① 《工部左侍郎吕贤基奏报皖省股众蜂起拟暂驻宿州剿办折》（咸丰三年二月十八日），中国第一历史档案馆编：《清政府镇压太平天国档案史料》第 5 册，北京：社会科学文献出版社，1992 年，第 264 页。

② 李光霁：《劫余杂识》，中国史学会主编：《中国近代史资料丛刊·太平天国》（五），上海：神州国光社，1952 年，第 311 页。

③ 清廷平定太平天国后立即着手剿灭枪船，谕令左宗棠、李鸿章等消灭湖州、苏州"划船土匪"（《清穆宗实录》卷 112，同治三年八月癸未，第 47 册，北京：中华书局，1987 年影印本，第 491 页）。至同治七年卜小二的枪船势力才基本被消灭 [《浙江巡抚马新贻奏江浙交界处所枪匪歼除殆尽片》（同治七年二月初十日），《马新贻文案录》，北京：中央民族大学出版社，2001 年，第 185—186 页；《浙江巡抚马新贻奏请奖励拿办枪匪出力各员事》，同治七年四月二十六日，军机处录副奏折，档号：03-4639-124，中国第一历史档案馆藏]。至同治末苏浙交界尚有匪患 （《浙江巡抚杨昌濬奏为试用知府林祖述等拿获枪匪案内尤为出力请酌量保奖事》，同治十二年六月二十日，军机处录副奏折，档号：03-4777-129，中国第一历史档案馆藏；《署理江苏巡抚恩锡奏为苏浙之交枪匪驾船伺劫委员分赴会同严拿研讯究办以安商旅事》，同治年间，军机处录副奏折，档号：03-7586-115，中国第一历史档案馆藏）。

④ 汤氏：《鳅闻日记》，罗尔纲、王庆成主编：《中国近代史资料丛刊续编·太平天国》（六），桂林：广西师范大学出版社，2004 年，第 311 页。

⑤ 曾含章：《避难记略》，罗尔纲、王庆成主编：《中国近代史资料丛刊续编·太平天国》（五），桂林：广西师范大学出版社，2004 年，第 352 页。

⑥ 皇甫元垲：《寇难纪略》，第 11—12 页，桐乡市图书馆排印本。

⑦ 佚名：《避兵日记》，第 14 页，太平天国历史博物馆藏抄本。

较大。

（三）太平军军纪的双重面相

太平天国战争时期，无锡绅士余治离乡避难，感江南难民流离之苦，将沿途见闻绘图辑成《江南铁泪图》，并赴江北劝赈募捐，其中有两幅图反映了太平军军纪败坏。①

图1　掳人入伙密布天锣②　　　　图2　逼勒贡献丑类诛求③

图1原书注云："贼拥众自卫，到处掳人，以麻绳穿辫发，如鱼贯

---

①　"铁泪图"之称，据余治自释："江南被难情形，较他省尤甚，凡不忍见不忍闻之事，怵心剧目，罄笔难书，所谓铁人见之亦当堕泪。"余治（寄云山人）：《江南铁泪图新编》，同治十一年（1872）刻本，第1页a，北京大学图书馆藏。

②　余治（寄云山人）：《江南铁泪图新编》，同治十一年（1872）刻本，第4页b—5页a，北京大学图书馆藏。

③　余治（寄云山人）：《江南铁泪图新编》，同治十一年（1872）刻本，第15页b—16页a，北京大学图书馆藏。

然，牵连以走，逃逸无从；不能走及不肯走者均遭惨死，而更甚者乘黑夜睡梦中来，谓之'摸黑'，一一捉去，更无可逃。""摸黑"一说确有其事，乃客家俗语，孙鼎烈记无锡事："逾年，贼途径渐习，每昏黑四出掩袭，谓之摸黑。"① 关于"以麻绳穿辫发"，也有类似记载："贼虏人不论多少，或五六人，或七八人，必以各人之辫发作一束，使前行，不走则杀却。"②

图 2 反映了太平天国以贡役制为核心的农村政治。从图绘内容看，船上进贡乡民尚有喜悦之情，乡官局门口有太平军拱手出迎（实际不合太平天国礼制，太平军视拱手作揖磕头为妖礼），形容和蔼，并非剑拔弩张。归庆柑《让斋诗稿》"诗注"也记："出视伪示，虽云士农工商各安其业，名为安民，其实在每都每图有献，即不抄扰也。前日入城进物，一概全收……留吃饭而出。"③ 这是民众对太平天国贡役政治主动响应的一面。实际上，主动响应和积极支持存在区别，主动响应者也可能心怀不满却迫于无奈，就像图注所说"无识小民，买静求安"。

《江南铁泪图》与太平天国同时期，劝捐区域又是与江南仅一江之隔的江北，社会现状为当时人共睹，描绘内容须有如实之原则，否则便失去宣传的可信度。但因作者敌视太平天国的立场及著书目的是"劝济江南难民"，所绘场景必有丑化太平军和过分渲染以博取世人同情之处，尚需观者甄别。

前举二图均意在反映太平军军纪败坏，其中呈现的太平军形象却有所不同。那么，太平军的军纪实态到底如何？

太平军的军纪实态表现为两类截然不同的军事实践：一是军纪严明，深得民众拥戴；一是军纪败坏，"打先锋""掳人""屠灭"等违纪

---

① 孙鼎烈：《纪粤寇难》，太平天国历史博物馆编：《太平天国史料丛编简辑》（二），北京：中华书局，1962 年，第 170 页。

② 范其骏：《庚申禊湖被难日记》，《补述》，无页码，上海图书馆藏稿本。

③ 归庆柑：《让斋诗稿·九月杂咏》，第 39 页，太平天国历史博物馆藏抄本。

行为增多，引起民众敌视，引发民众反抗。

但与清军相比，太平军军纪整体尚可。曾国藩曾在奏折中论及太平天国何以得民心："粤匪初兴，粗有条理，颇能禁止奸淫，以安裹胁之众；听民耕种，以安占据之县。……傍江人民，亦且安之若素。"① 秀水文人沈梓称，驻守嘉兴的荣王廖发寿攻打吴江失利，万余士卒撤退时徒行数十里，与民秋毫无犯。② 英国驻宁波领事夏福礼（Frederick Harvey）在给英国公使卜鲁斯（F. W. A. Bruce）的报告中写道："一切谣传的大屠杀都不真实，那里并没有任何屠杀。"③ 这些人绝无为太平军隐恶扬善的动机，可见太平军保持了相对良好的军纪。

当然，军纪松懈问题在太平军中也是存在的，并且越到后期越突出。比较容易观察到的是，太平军的军纪实态具有明显的时间差异、地域差异和主政将领的个体差异。

太平军军纪下滑有很明显的阶段性，即1860年（咸丰十年）前的军纪优于1860年后。1860年之后太平军军纪实态，以1862年（同治元年）春夏为界，可分两个阶段。沈梓《避寇日记》记1862年8月自太平军中逃出的"士兵"自述："贼号令故严，有不如令者率枭首示众，故兵符发兵者，克期辰刻，则寅刻必至。余在贼所二年所见皆然，今则不尔矣。调兵失期者，或一日二日三日不等，甚有屡调不至者，营门斩首累累，而逃亡失期如故。以是知贼势已去，大约无厌之矣。"结合同年6月嘉兴秀才江梦兰对时局的阐述——"去年看来，长毛正在上锋，尽可做得；今年看来，长毛日衰，做不得也"④ ——可发现太平军

---

① 曾国藩：《曾国藩全集》第6册《奏稿之六》，长沙：岳麓书社，2011年，第44—45页。

② 沈梓：《避寇日记》，罗尔纲、王庆成主编：《中国近代史资料丛刊续编·太平天国》（八），桂林：广西师范大学出版社，2004年，第219页。

③ 《报告太平军占领杭州后的情况》，王崇武、黎世清编译：《太平天国史料译丛》第1辑，上海：神州国光社，1954年，第9页。

④ 沈梓：《避寇日记》，罗尔纲、王庆成主编：《中国近代史资料丛刊续编·太平天国》（八），桂林：广西师范大学出版社，2004年，第124、140页。

军纪优劣与战局顺逆密切相关，1862 年后太平天国形势急转直下时，军队违纪现象愈加突出。

太平军军纪实态的阶段差异与太平军的扩招有关。由于军事日渐吃紧，太平军盲目招收大量散兵、游民以及土匪武装，数量激增，成分较前更为复杂。仅李秀成、李世贤兄弟手下就有百万之众。《避寇日记》称"盖贼兵甚众，伪天王兵调齐共八百万，即嘉兴伪听王兵亦有百万，与官军实众寡不敌也"，[①] 此数字言过其实，但后期太平军数量激增是事实。太平军还直接收编了部分天地会队伍为"花旗军"，以及部分会党队伍，如台州"十八党"、诸暨"莲蓬党"、余姚"十八局"等。一些新兵纪律松懈，成为"害群之马"。

这么多的兵员，一是掳兵所得，一是招兵所得，掳得的士兵其军纪自难保证，招募的士兵其心态也具有投机性，"其志在子女、玉帛、酒食、鸦片者无论矣"。台州 6 县投太平军者多达 13 万人，其中太平县有万余人，他们加入太平军的一个重要动机是维系生活，"非真乐为贼用也，惟欲掠取财物，乘间逃回耳"。[②] 在秀水陡门，有一太平军士兵在饭馆中谈论太平军衣食不足："长毛做不得，不如行乞。我从头子在杭打仗一月矣，不曾吃得一顿饱饭，至今日方得果腹，且又生死不测。"[③] 主动投入太平军的人大多抱着"当兵吃粮"的心态，而技能、纪律极差，加之太平军将领疏于管教，"新兄弟"的作风极难靠自觉性得到优化。李圭在《思痛记》里说，"清军之降附者尤为贪残凶暴"，而"真正粤贼，则反觉慈祥恺悌，转不若是其残忍"。[④] 所谓"真正粤

---

① 沈梓：《避寇日记》，罗尔纲、王庆成主编：《中国近代史资料丛刊续编·太平天国》（八），桂林：广西师范大学出版社，2004 年，第 141 页。

② 叶燮云：《辛壬寇纪》，罗尔纲、王庆成主编：《中国近代史资料丛刊续编·太平天国》（五），桂林：广西师范大学出版社，2004 年，第 372、373 页。

③ 沈梓：《避寇日记》，罗尔纲、王庆成主编：《中国近代史资料丛刊续编·太平天国》（八），桂林：广西师范大学出版社，2004 年，第 73 页。

④ 李圭：《思痛记》，中国史学会主编：《中国近代史资料丛刊·太平天国》（四），上海：神州国光社，1952 年，第 480 页。

贼"是指自起事初期从广西开始追随太平军的"老兄弟",而违纪害民的多是后加入的"新兄弟"。艾约瑟访问苏州途中注意到,"人民都说太平军老兵好。他们说太平军的老兵待人很讲人道,而扰民的全是新兵"。[1] 这些专为当兵吃粮而从军的"新兄弟",对太平军军纪造成很大破坏。

统军将领的个人作风与朝政变动也对太平军军纪产生影响。从主政将领和地域差别看,在陈玉成、李秀成等主力部队,以及他们能够直接掌控的辖区内,仍然保持了相对良好的军纪。主要由李秀成部将据守的苏南地区,太平军的军纪就比浙江李世贤、皖南杨辅清等部好得多。当然,后期太平军数量暴增制约了军纪的约束力,太平军将领的监管不可能面面俱到。而愈至时局艰难,太平军将领严明军纪的主观意志愈会松懈。尽管"打太平先锋"[2] 和"私自打贡"的行为受到太平天国法令的限制,普遍征兵制也因"募兵""招兵"方式的运用被弱化,但违纪行为始终存在。因此纯靠将领的严抓来维系一支军队的纪律,显然是不可持续的。天京事变后,太平天国的中枢领导力量严重削弱,诸王各为政,内讧屡见不鲜。曾国藩和李鸿章都观察到不同太平军队伍之间"不能相统"甚至相互劫掠。[3] 此外,太平天国后期腐败现象越发严重,一些官员沉迷享乐,非分需索增多,不时动用军队强行摊派捐费、征发徭役,以致士兵上行下效,不法行径层出不穷。太平军作风的蜕化,在一定程度上也是太平天国领导集团腐化变质的反映。

---

① Joseph Edkins and Griffith John, "A Visit to the Insurgent Chief at Soochow," *The North-China Herald*, Vol. XI, No.519, Jul. 7, 1860, p.107.

② "打过先锋地方复至劫掠,贼谓打太平先锋",见蓼村遁客:《虎窟纪略》,《太平天国史料专辑》(《中华文史论丛》增刊),上海:上海古籍出版社,1979年,第30页。"太平先锋"的另一种解释是只征集军用物资而不打仗,曾含章《避难记略》载:"贼之焚杀掳掠曰打先锋。不杀人放火,而但掳物,曰太平先锋。每以此胁人,谓钱粮不清,将打先锋也。"罗尔纲、王庆成主编:《中国近代史资料丛刊续编·太平天国》(五),桂林:广西师范大学出版社,2004年,第342页。

③ 《曾国藩李鸿章奏为苏松太三属岁征浮额积弊太深请比较近来完数酌减定额等事》,同治二年五月十一日,军机处录副奏折,档号:03-4846-045,中国第一历史档案馆藏。

总体上看，太平军有严明军纪的主观意识和实际行动。太平军军纪条例繁多且执行严厉，自起事之初，就专门颁行了《太平条规》《行军总要·禁止号令》，现存几乎所有太平军安民布告都包括宣明军纪的内容。以补充兵源一事为例，太平军在习惯性掳人的同时，也在坚守募兵制。英国驻沪领事密迪乐观察到："太平军早已放弃他们在 1853 年实行的普遍征兵制，此举曾引发民众对太平军到来的恐慌，现今他们以自愿从军的方式来补充太平军的战斗力量。"[①] 1854 年，太平军在安徽安庆等地招募乡勇，"其乱民从者甚多"；[②] 1861 年，李秀成在湖北"招兵"，一次即得 30 万人。[③] 林大椿《粤寇纪事诗》有《招兄弟》一首，注明"贼目下乡招兵，择其无室家者则纳之"。[④] 贯穿太平天国始终的掳人现象实是早期普遍征兵制的贻害，但太平天国在原则上奉行募兵制，各地有不同程度的执行却是事实，否则单纯依赖掳人很难维系一支庞大有力的战斗队伍。

　　太平天国还准许民众以合法形式约束太平军违纪行为。在许多太平军安民文告中有准许民众依法抗争的内容，如"业已严禁该兵士等一概不准下乡滋扰，倘有不遵，准尔子民捆送来辕，按法治罪"；"不准官兵滋扰以及奸淫焚杀，倘竟有不遵约束之官兵，准尔四民扭送该县，以凭究办"；"如有官员兵士以及不法棍徒吓诈生端，许该民人扭赴来营，以凭讯究，决不宽贷"；"倘有不法官兵，下乡奸淫掳掠、无端焚烧者，

　　① 《英国议会文书中有关太平天国的史料》，罗尔纲、王庆成主编：《中国近代史资料丛刊续编·太平天国》（十），桂林：广西师范大学出版社，2004 年，第 154 页。

　　② 《瑛兰坡藏名人尺牍墨迹》，中国社会科学院近代史研究所《近代史资料》编辑室编：《太平军北伐资料选编》，北京：知识产权出版社，2013 年，第 174 页。

　　③ 《忠王李秀成自述》，罗尔纲、王庆成主编：《中国近代史资料丛刊续编·太平天国》（二），桂林：广西师范大学出版社，2004 年，第 373 页。

　　④ 林大椿：《粤寇纪事诗》，太平天国历史博物馆编：《太平天国史料丛编简辑》（六），北京：中华书局，1963 年，第 446 页。

准尔民捆送卡员，按依天法，轻则枷号杖责，重则枭首游营"等。[1] 在实践中，有的将领对违纪者能做到严惩，对受害民众一般也能做到安抚。太平天国对民间以合法形式监督和纠正弊端行为持许可态度，这反映了太平天国地方行政有向良性统治方式转型的可能。

所以，太平军的军纪实态具有对立统一的历史面相，对太平天国历史地位之评价，绝对不能偏执一端泛泛而谈；完全褒赞或全盘黑化，均不合历史实际。太平天国的最终失败，归根结底，是敌我之间综合实力悬殊所致。军纪问题是其自身诸多失误和自我削弱过程中的一项要素。这就不难理解，《江南铁泪图》中的两幅图虽然都是意在控诉太平军军纪之坏，却描绘了不甚一样的太平军神态、形象。或是作者无心之笔，或是如实刻画，两张图作在其他史料旁证下，给后人留下了一个相对真实的太平军形象。

破坏力是所有战争的共同特征。唯其如此，我们才不能将战争导致的惨烈后果作为判断某一场具体战争性质或战争责任的指标。太平天国战争造成巨大损失的原因有两方面。从客观因素看，当时已步入冷热兵器交替时代，战争持续时间长达 18 年，范围波及 18 个省，战况最激烈的苏、浙、皖等省恰是当时经济最繁荣的地区，自然灾害频繁发生也加重了经济损失。从主观因素看，清军在蹂躏江南的咸同兵燹中应负主要责任；后期太平军军纪下降，亦有相当责任。

---

① 罗尔纲、王庆成主编：《中国近代史资料丛刊续编·太平天国》（三），桂林：广西师范大学出版社，2004 年，第 94、118、144 页；《忠诚一百六十二天将林彩新饬青岩四民急散团练痛改前非劝谕》，太平天国历史博物馆编：《太平天国文书汇编》，北京：中华书局，1979 年，第 159 页。

三 农民战争的宿命

太平天国运动具有一些与中国历史上农民战争不甚相同的历史背景和内涵。

第一，传统中国农民战争的兴起无外乎政府的失能、吏治的腐败、土地的集中、社会矛盾的激化等国内因素，而太平天国运动的发生除了在这些国内因素影响下，也深受国外因素影响。道光咸丰两朝社会矛盾的激化和社会动荡，与英美等列强走私鸦片导致白银外流、银贵钱贱继而影响民生有关；也与鸦片战争战费和战后赔款摊派民间有关；清政府在鸦片战争时招募了十余万广东壮勇以补兵力不足，却在战后全数遣散，这些雇勇被裁撤后无所事事，涌入广西，或做盗匪，或为会党，啸聚山林，打家劫舍，与当地旧有天地会势力结合起来，成为清政府的一支离心力，也成为太平军兴起的一个重要社会背景。[①] 第二，太平天国运动不仅浸透着中国农民运动的理想，还深受西方基督教的影响。结合中国本土思想文化改造基督教后，洪秀全将拜上帝思想作为太平天国立国、治国的指导思想；运动后期资本主义思想在太平天国昙花一现，主要体现在洪仁玕的《资政新篇》和他的治国新思维。第三，太平天国最终不单是被国内统治者镇压，也是被清朝联合列强共同打败的。可见，从发生、发展到败亡，太平天国运动都具有一些特殊历史意义。

即便如此，太平天国的运动形式整体上仍然局限在旧式民众运动的范围内，十余年战争实践的实质还是改朝换代式的王朝战争。所以太平

---

① 参见崔志海：《晚清革命史和民族主义叙事体系再思考》，《史学理论研究》2022 年第 5 期；崔志海：《中国近代史研究范式与方法再检讨》，《历史研究》2020 年第 3 期。

天国不可能革新复兴中国并最终归于失败。这是历史的必然，是农民战争的历史归宿。对作为所谓"常态化"失败的造反者，我们仍有必要对两千多年来中国历史上农民战争的历史地位做一全面衡量。

20 世纪 50 年代，史学界兴起研究农民战争热。后来，以太平天国史为主体的"农战史"研究因成绩巨大而被誉为国内史学界的"五朵金花"之一，但从八九十年代开始，日益寥落，逐渐进入了"发展瓶颈期"。从最初的一哄而上，到如今的冷落沉淀，似是一种不可规避的正常现象。学术总该回归理性。

首先，农民战争是改朝换代的主要动力，是中国专制政治制度自我调节的主要方式。农民战争之后，新王朝（或"中兴"王朝）一般会采取诸多改善社会经济发展的举措，农民的生活有所改观，思想文化出现新气象，这几乎形成了一条中国历史发展的周期性规律。可见改朝换代也有其历史进步性。受益于传统社会的自我调节机制，几千年中华古代文明和政治制度得以承续和发展。但是，农民战争的推动力是一种客观影响，并非历史发展的根本动力。例如黄巾起义、黄巢起义和太平天国战争后都出现了长达数十年乃至近百年的分裂割据局面。

其次，农民战争是社会矛盾激化的产物。农民军的队伍构成相当复杂，并不是由单一的农民层组成，但农民毋庸置疑是农民军的主体力量。他们求生存，要活命，反对压迫剥削，无可厚非。起事的领导者出于广泛动员的需要，很大程度上会反映农民的利益诉求。从唐末王仙芝、北宋王小波、李顺提出"均贫富"，到明末农民起义第一次明确提及平均土地的"贵贱均田之制"和"均田免粮""三年不征"的口号，再到《天朝田亩制度》关于土地分配问题的规划，这些都强烈表达了农民对土地的渴求和对均匀饱暖社会的向往。

再次，利用民间宗教是历史上农民起事的通例。陈胜、吴广鱼腹藏书、篝火狐鸣，刘邦斩蛇起义，张角创太平道，方腊吃菜事魔，韩山童倡白莲教宗，洪秀全建上帝教。作为动员和组织起事的工具，民间宗教在某种程度上起到了一定的推翻腐朽力量，扫清社会发展障碍的作用。

又次，战争本身即意味着伤亡和破坏。农民战争不是民族战争，不是国家战争，要考虑到反抗对象的合法性和正当性，以及他们在运动进行中的具体表现。一般来说，作为反抗者的纪律，要比被反抗者好一些。

最后，对于农民起义的失误，我们必须予以正视。其中出现的理论和实践的矛盾、崇拜皇权、生活腐败、权力倾轧、军纪松懈等负面表现，带有普遍性。无论是黄巾起义、黄巢起义、张献忠起义和李自成起义，还是太平天国运动，概莫能外。这些给后世留下了惨痛教训，也注定了历史上的大多数农民造反是以失败而告终的。

治史如断案。历史的本真在于求实。历史上的功过是非，不是一味地肯定或否定所能揭示的。只有秉持科学的研究态度，以史料和史实考辨为基础，以广阔的视角观察农民战争，才能走出"非此即彼""非正即邪""好人坏人"的历史窠臼，才能得出更加趋近于历史事实的论断。

征引与参考文献

一、基本史料

（一）搞本抄本等（以作者姓氏笔画为序）

方玉润：《心烈日记》，国家图书馆藏稿本。

方海云：《家园记》，安庆图书馆藏抄本。

归庆楠：《让斋诗稿》，太平天国历史博物馆藏抄本。

伍庆飚：《漏网记》，本人藏抄本。

亦爱庐主人：《庚申日记》，南京图书馆藏稿本。

苏吉治：《流离记》，安徽省图书馆藏抄本。

吴燮恺：《劫难备录》，绍兴图书馆藏抄本。

何溱：《书庚辛之变》，本人藏抄本。

佚名：《哀江南小词》，南京图书馆藏抄本。

佚名：《贼匪略钞本》，常熟图书馆藏抄本。

佚名：《粤匪节略》，南京图书馆藏抄本。

佚名：《避兵日记》，太平天国历史博物馆藏抄本。

张绍良：《蒙难琐言》，苏州大学图书馆藏稿本。

陆筠：《海角悲声》，南京图书馆藏抄本。

范其骏：《庚申禊湖被难日记》，上海图书馆藏稿本。

茗山外史：《润州见闻录》，国家图书馆藏抄本。

罗任:《平发逆志》,南京图书馆藏抄本。

金长福:《癸亥日记》,中国科学院国家科学图书馆藏稿本。

金念劬:《避兵十日记》,北京大学图书馆藏稿本。

皇甫元垲:《寇难纪略》,桐乡市图书馆藏排印本。

胜保等:《忆昭楼洪杨奏稿》,南京图书馆藏抄本。

黄熙龄:《吴江黄熙龄日记》,苏州大学图书馆藏稿本。

龚缙熙:《粤匪陷虞实录》,江苏师范大学历史系资料室藏抄本。

晦农:《再生日记》,太平天国历史博物馆藏抄本。

程秉钊:《记事珠:咸丰庚申年附辛酉日记》,本人藏抄本。

缪朝荃:《避兵吟草》,国家图书馆藏抄本。

潘钟瑞:《脣台麋鹿记》,太平天国历史博物馆藏抄本。

《勘定粤乱战功图(平定粤匪战图)》,北京大学图书馆藏照片。

《军机处录副奏折》《军机处上谕档》《军机处随手登记档》《宫中朱批奏折》《灾赈档》《剿捕档》《奏销档》《活计档》《议复档》《雨雪粮价单》等,中国第一历史档案馆藏。

《军机处档折件》《军机处档册》《宫中档奏折》,台北故宫博物院藏。

巴色会档案,瑞士巴塞尔巴色会档案馆藏。

世界传道会伦敦会档案,伦敦大学亚非学院图书馆藏。

Public Record Office, *British Foreign Office Records*, 英国国家档案局藏。

(二)地方史志(按出版时间为序)

陈荬纕、丁元正等修,倪师梦、沈彤等纂,朱霖等增纂:《吴江县志》,乾隆十二年(1747)刊本,民国年间石印本。

李亨特总裁,平恕等修:《绍兴府志》,乾隆五十七年(1792)刊本。

戴槃等纂修:《桐溪记略》,同治七年(1868)刊本。

严思忠等修,蔡以瑺等纂:《嵊县志》,同治九年(1870)刊本。

郑凤锵等纂修:《新滕琐志》,同治九年(1870)稿本。

杜林等修，彭斗山等纂：《安义县志》，同治十年（1871）刊本。

应宝时等修，俞樾等纂：《上海县志》，同治十年（1871）刊本。

符兆鹏等修，赵继元等纂：《太湖县志》，同治十一年（1872）刊本。

周杰等修，严用光、叶学贞等纂：《景宁县志》，同治十二年（1873）刊本。

黄寿祺等修，吴华辰等纂：《玉山县志》，同治十二年（1873）刊本。

达春布等修，黄凤楼等纂：《九江府志》，同治十三年（1874）刊本。

朱忴等修，刘痒等纂：《徐州府志》，同治十三年（1874）刊本。

英杰、方濬颐等修，晏端书等纂：《续纂扬州府志》，同治十三年（1874）刊本。

宗源瀚等修，周学濬等纂：《湖州府志》，同治十三年（1874）刊本。

莫祥芝等修，汪士铎等纂：《上江两县志》，同治十三年（1874）刊本。

彭润章等纂修：《丽水县志》，同治十三年（1874）刊本。

马承昭等纂修：《当湖外志》，光绪元年（1875）刊本。

许应鑅、朱澄澜等修，谢煌等纂：《抚州府志》，光绪二年（1876）刊本。

王彬等修，徐用仪等纂：《海盐县志》，光绪三年（1877）刊本。

陈钟英等修，王咏霓等纂：《黄岩县志》，光绪三年（1877）刊本。

潘绍诒等修，周荣椿等纂：《处州府志》，光绪三年（1877）刊本。

戴枚等修，张恕等纂：《鄞县志》，光绪三年（1877）刊本。

卢思诚等修，季念诒等纂：《江阴县志》，光绪四年（1878）刊本。

龚宝琦等修，黄厚本等纂：《金山县志》，光绪四年（1878）刊本。

韩佩金等修，张文虎等纂：《奉贤县志》，光绪四年（1878）刊本。

于万川等修，俞樾等纂：《镇海县志》，光绪五年（1879）刊本。

杨开第等修，姚光发等纂：《重修华亭县志》，光绪五年（1879）刊本。

金福曾等修，张文虎等纂：《南汇县志》，光绪五年（1879）刊本。

王其淦、吴康寿等修，汤成烈等纂：《武进阳湖县志》，光绪五年（1879）刊本。

叶滋森等修，褚翔等纂：《靖江县志》，光绪五年（1879）刊本。

许瑶光等修，吴仰贤等纂：《嘉兴府志》，光绪五年（1879）刊本。

汪祖绶等修，熊其英等纂：《青浦县志》，光绪五年（1879）刊本。

余丽元等修，谭逢仕等纂：《石门县志》，光绪五年（1879）刊本。

金福曾等修，熊其英等纂：《吴江县续志》，光绪五年（1879）刊本。

汪坤厚等修，张云望等纂：《娄县续志》，光绪五年（1879）刊本。

陈方应等修，俞樾等纂：《川沙厅志》，光绪五年（1879）刊本。

刘濬等修，潘宅仁等纂：《孝丰县志》，光绪五年（1879）刊本。

杜冠英、胥寿荣等修，吕鸿焘等纂：《玉环厅志》，光绪六年（1880）刊本。

金吴澜等修，汪堃、朱成熙等纂：《昆新两县续修合志》，光绪六年（1880）刊本。

蒋启勋等修，汪士铎等纂：《续纂江宁府志》，光绪六年（1880）刊本。

程其珏等修，杨震福等纂：《嘉定县志》，光绪七年（1881）刊本。

斐大中等修，秦缃业等纂：《无锡金匮县志》，光绪七年（1881）刊本。

潘玉璇等修，周学濬等纂：《乌程县志》，光绪七年（1881）刊本。

李昱等修，陆心源等纂：《归安县志》，光绪八年（1882）刊本。

施惠等修，吴景墙等纂：《宜兴荆溪县新志》，光绪八年（1882）刊本。

陶煦等纂修：《周庄镇志》，光绪八年（1882）刊本。

梁蒲贵等修，朱延射等纂：《宝山县志》，光绪八年（1882）刊本。

李铭皖等修，冯桂芬等纂：《苏州府志》，光绪九年（1883）刊本。

吴世荣等修，邹柏森等纂：《严州府志》，光绪九年（1883）刊本。

谢廷庚等修，贺廷寿等纂：《六合县志》，光绪九年（1883）刊本。

博润等修，姚光发等纂：《松江府续志》，光绪十年（1884）刊本。

史致驯等修，陈重威、黄以周等纂：《定海厅志》，光绪十一年（1885）刊本。

李瀚章、卞宝第等修，曾国荃、李元度等纂：《湖南通志》，光绪十一年（1885）刊本。

钟铜山等修，柯逢时等纂：《武昌县志》，光绪十一年（1885）刊本。

张浩等修，徐锡麟等纂：《丹阳县志》，光绪十一年（1885）刊本。

钱开震等修，陈文焯等纂：《奉化县志》，光绪十一年（1885）刊本。

黄云等修，汪宗沂等纂：《续修庐州府志》，光绪十一年（1885）刊本。

彭润章等修，叶廉锷等纂：《平湖县志》，光绪十二年（1886）刊本。

严辰等纂修：《桐乡县志》，光绪十三年（1887）刊本。

秦簧等修，唐壬森等纂：《兰溪县志》，光绪十四年（1888）刊本。

桐泽等修，庄毓鋐、陆鼎翰等纂：《武阳志余》，光绪十四年（1888）刊本。

傅观光等修，丁维诚等纂：《溧水县志》，光绪十五年（1889）刊本。

侯宗海、夏锡宝等纂修：《江浦稗乘》，光绪十七年（1891）刊本。

赵定邦等修，丁宝书等纂：《长兴县志》，光绪十八年（1892）刊本。

王寿颐等修，王棻等纂：《仙居县志》，光绪二十年（1894）刊本。

江峰青等修，顾福仁等纂：《重修嘉善县志》，光绪二十年（1894）刊本。

李蔚、王峻等修，吴康霖等纂：《六安州志》，光绪二十一年（1895）刊本。

陈汝霖等修，王棻等纂：《太平续志》，光绪二十二年（1896）刊本。

陈志喆等修，吴大猷等纂：《四会县志》，光绪二十二年（1896）

刊本。

龚嘉俊等修，李榕、吴庆坻等纂：《杭州府志》，光绪二十四年（1898）刊本。

朱畯等修，冯煦等纂：《溧阳县续志》，光绪二十五年（1899）刊本。

杨泰亨等修，冯可镛等纂：《慈溪县志》，光绪二十五年（1899）刊本。

周炳麟等修，邵友濂、孙德祖等纂：《余姚县志》，光绪二十五年（1899）刊本。

储家藻等修，徐致靖等纂：《上虞县志校续》，光绪二十五年（1899）刊本。

蔡丙圻等纂修：《黎里续志》，光绪二十五年（1899）刊本。

李登云等修，陈坤等纂：《乐清县志》，光绪二十七年（1901）刊本。

吴文江等纂修：《忠义乡志》，光绪二十七年（1901）刊本。

赵霈涛等纂修：《剡源乡志》，光绪二十八年（1902）刊本。

郑言绍等纂修：《太湖备考续编》，光绪二十九年（1903）刊本。

张绍棠等修，萧穆等纂：《续纂句容县志》，光绪三十年（1904）刊本。

郑钟祥等修，庞鸿文等纂：《常昭合志稿》，光绪三十年（1904）刊本。

善广等修，张景青等纂：《浦江县志》，光绪三十一年（1905）刊本。

褚成博等纂修：《余杭县志稿》，光绪三十二年（1906）刊本。

王文炳等纂修：《富阳县志》，光绪三十二年（1906）刊本。

吕林钟等修，赵凤诏等纂：《续修舒城县志》，光绪三十三年（1907）刊本。

赵惟崳等修，石中玉等纂：《嘉兴县志》，光绪三十四年（1908）刊本。

陈遹声等修，蒋鸿藻等纂：《诸暨县志》，宣统二年（1910）刊本。

张赞巽、张翊六等修，周学铭等纂：《建德县志》，宣统二年（1910）刊本。

彭循尧等修，董通昌等纂：《临安县志》，宣统二年（1910）刊本。

程兼善等纂修：《光绪于潜县志》，民国二年（1913）刊本。

善广等修，张景生等纂，金国锡等增纂：《光绪浦江县志稿》，民国五年（1916）刊本。

阎登云等修，周之桢等纂：《同里志》，民国六年（1917）刊本。

蔡蓉升等纂修：《双林镇志》，民国六年（1917）刊本。

王祖畲等纂修：《太仓州志》，民国八年（1919）刊本。

金成等修，陈畲等纂：《新昌县志》，民国八年（1919）刊本。

杨积芳等纂修：《余姚六仓志》，民国九年（1920）刊本。

陈善谟等修，徐宝善等纂：《光宣宜荆续志》，民国十年（1921）刊本。

余霖等纂修：《梅里备志》，民国十一年（1922）刊本。

李圭等修，许传霈等纂；刘蔚仁等续修，朱锡恩等增纂：《海宁州志稿》，民国十一年（1922）刊本。

陈璚等修，王棻等纂；屈映光续修，陆懋勋续纂；齐耀珊重修，吴庆坻重纂：《杭州府志》，民国十一年（1922）刊本。

徐士瀛等修，张子荣、史锡永等纂：《新登县志》，民国十一年（1922）刊本。

朱士楷等纂修：《新塍镇志》，民国十二年（1923）刊本。

章圭瑑等纂修：《黄渡续志》，民国十二年（1923）刊本。

陈训正等修，马瀛等纂：《定海县志》，民国十三年（1924）刊本。

陈培珽等修，潘秉哲等纂：《昌化县志》，民国十三年（1924）刊本。

仲廷机等纂修：《盛湖志》，民国十四年（1925）刊本。

窦镇等纂修：《锡金续识小录》，民国十四年（1925）刊本。

罗士筠等修，陈汉章等纂：《象山县志》，民国十六年（1927）刊本。

周庆云等纂修：《南浔志》，民国十七年（1928）刊本。

罗柏丽等修，姚桓等纂：《遂安县志》，民国十九年（1930）刊本。

丁燮等修，戴鸿熙等纂：《汤溪县志》，民国二十年（1931）刊本。

王陵基等修，于宗潼等纂：《福山县志稿》，民国二十年（1931）刊本。

吴翯皋等修，程森等纂：《德清县新志》，民国二十一年（1932）刊本。

曹允源等纂修：《吴县志》，民国二十二年（1933）刊本。

邓钟玉等纂修：《光绪金华县志》，民国二十三年（1934）刊本。

张传保、汪焕章等纂修：《鄞县通志》，民国二十四年（1935）刊本。

杨晨等纂修：《路桥志略》，民国二十四年（1935）刊本。

程煦元等纂修：《澂志补录》，民国二十四年（1935）刊本。

彭延庆等修，杨钟羲等纂：《萧山县志稿》，民国二十四年（1935）刊本。

喻长霖等纂修：《台州府志》，民国二十五年（1936）刊本。

卢学溥等修，朱辛彝等纂：《乌青镇志》，民国二十五年（1936）刊本。

刘超然等修，郑丰稔等纂：《崇安县新志》，民国三十年（1941）刊本。

陈惟壬等纂修：《石埭备志汇编》，民国三十年（1941）刊本。

（三）笔记文稿（按出版时间为序）

吴文镕：《吴文节公遗集》，咸丰七年（1857）刻本，北京大学图书馆藏。

饶恕良、徐永涛辑：《洪杨祁门纪变录》，同治二年（1863）刻本，国家图书馆藏。

吴大廷：《小酉腴山馆文钞》，同治三年（1864）刻本，北京大学图书馆藏。

王茂荫：《王侍郎奏议》，同治五年（1866）刻本，北京大学图书馆藏。

李星沅:《李文恭公遗集》,同治五年(1866)刻本,北京大学图书馆藏。

吴嘉宾:《求自得之室文钞》,同治五年(1866)刻本,北京大学图书馆藏。

田文镜:《钦颁州县事宜》,同治七年(1868)江苏书局刻本,北京大学图书馆藏。

《江苏省例(同治二年至七年)》,同治八年(1869)江苏书局刻本,北京大学图书馆藏。

刘宝楠:《胜朝殉扬录》,同治十年(1871)淮南书局刻本,北京大学图书馆藏。

方玉润:《星烈日记汇要》,同治十二年(1873)刻本,北京大学图书馆藏。

高廷瑶:《宦游纪略》,同治十二年(1873)刻本,北京大学图书馆藏。

高观澜:《江阴忠义恩旌录》,同治十三年(1874)刻本,北京大学图书馆藏。

王韬:《瓮牖余谈》,光绪元年(1875)上海申报馆铅印本,北京大学图书馆藏。

冯桂芬:《显志堂稿》,光绪二年(1876)冯氏校邠庐刻本,北京大学图书馆藏。

王定安:《求阙斋弟子记》,光绪二年(1876)北京龙文斋刻本,北京大学图书馆藏。

丁日昌:《抚吴公牍》,光绪三年(1877)刻本,北京大学图书馆藏。

高德泰:《忠烈备考》,光绪三年(1877)刻本,北京大学图书馆藏。

吴仰贤:《小匏庵诗存》,光绪四年(1878)刻本,北京大学图书馆藏。

马赓良:《鸥堂诗》,光绪五年(1879)刻本,北京师范大学图书馆藏。

李恒:《宝韦斋类稿》,光绪六年(1880)武林赵宝墨斋刻本,北京大学图书馆藏。

张光烈：《辛酉记》，光绪六年（1880）钱塘刻本，北京大学图书馆藏。

贾树诚：《贾比部遗集》，光绪元年（1875）安越堂刻本，北京大学图书馆藏。

陈继聪：《忠义纪闻录》，光绪八年（1882）刻本，北京大学图书馆藏。

潘钟瑞：《庚申霾梦记》，《香禅精舍集》卷5—6，光绪十年（1884）长洲潘氏香禅精舍刻本，北京大学图书馆藏。

吴云：《两罍轩尺牍》，光绪十二年（1886）刻本，北京大学图书馆藏。

邹钟：《志远堂文集》，光绪十二年（1886）济南德华堂刻本，北京大学图书馆藏。

薛绍元：《武阳团练纪实》，光绪十二年（1886）刻本，南京图书馆藏。

秦缃业：《虹桥老屋遗稿》，光绪十五年（1889）刻本，北京大学图书馆藏。

高昌寒食生（何桂笙）：《劫火纪焚》，光绪十九年（1893）刻本，中国人民大学图书馆藏。

王寿颐等：《光绪仙居集》，光绪二十年（1894）活字本，北京大学图书馆藏。

朱彭年：《春渚草堂故纸偶存》，光绪二十二年（1896）刻本，北京大学图书馆藏。

陆懋修：《㾕翁文钞》，光绪二十三年（1897）刻本，北京大学图书馆藏。

陈澹然：《江表忠略》，光绪二十六年（1900）长沙刻本，北京大学图书馆藏。

潘遵祁：《西圃集》，光绪年间刻本，北京大学图书馆藏。

彭鸿年：《中兴名将传略：附湘军平定粤匪战图》，光绪年间石印本，北京大学图书馆藏。

孙云锦：《孙先生遗书》，宣统二年（1910）铅印本，北京大学图书馆藏。

王棻：《柔桥文钞》，民国三年（1914）上海国光书局铅印本，北京大学图书馆藏。

佚名：《庚申忠义录·附庚申贞烈录》，民国四年（1915）铅印本，北京大学图书馆藏。

孙振烈：《次暂次斋主人年谱》，民国八年（1919）铅印本，北京大学图书馆藏。

蒋恩：《兵灾纪略》，民国十四年（1925）"三公难记"铅印本，山西大学图书馆藏。

王德森：《岁寒文稿》，民国十七年（1928）王氏市隐庐刻本，北京大学图书馆藏。

许炳勋：《断铁集》，民国十七年（1928）铅印本，北京大学图书馆藏。

董沛：《四明清诗略续稿》，民国十九年（1930）上海中华书局聚珍版，浙江图书馆藏。

黄侗：《义乌兵事纪略》，民国二十二年（1933）铅印本，北京大学图书馆藏。

陈得善：《石坛山房文集》，民国二十三年（1934）铅印本，北京大学图书馆藏。

汪士铎：《汪悔翁乙丙日记》，民国二十五年（1936）铅印本，北京大学图书馆藏。

沈守之：《借巢笔记》，《吴中文献小丛书》第18种，江苏省立苏州图书馆，民国二十九年（1940）。

陆筠：《海角续编》，北京：中华书局，1959年。

柯悟迟：《漏网喁鱼集》，北京：中华书局，1959年。

段光清：《镜湖自撰年谱》，北京：中华书局，1960年。

骆秉章：《骆文忠公奏议》，沈云龙主编：《近代中国史料丛刊》第7辑第61册，台北：文海出版社，1966年。

靳辅：《靳文襄公（辅）奏疏》，沈云龙主编：《近代中国史料丛刊》第15辑第143册，台北：文海出版社，1967年。

殷兆镛：《殷谱经侍郎自叙年谱》，沈云龙主编：《近代中国史料丛刊》第 26 辑第 260 册，台北：文海出版社，1968 年。

季芝昌：《丹桂堂自订年谱》，沈云龙主编：《近代中国史料丛刊续编》第 2 辑第 11 册，台北：文海出版社，1974 年。

姚莹：《中复堂遗稿·续编》，沈云龙主编：《近代中国史料丛刊续编》第 6 辑第 58 册，台北：文海出版社，1974 年。

沈蕙风：《眉庐丛话》，沈云龙主编：《近代中国史料丛刊续编》第 64 辑第 635 册，台北：文海出版社，1979 年，第 1—133 页。

陈孚益：《余生纪略》，苏州图书馆藏稿本（《瓜蒂庵藏明清掌故丛刊》，上海：上海古籍出版社，1983 年，第 367—394 页）。

王定安：《湘军记》，长沙：岳麓书社，1983 年。

王闿运、郭振墉、朱德裳：《湘军志·湘军志平议·续湘军志》，长沙：岳麓书社，1983 年。

陆以湉：《冷庐杂识》，北京：中华书局，1984 年。

欧阳兆熊、金安清：《水窗春呓》，北京：中华书局，1984 年。

毛祥麟：《墨余录》，上海：上海古籍出版社，1985 年。

章型：《烟尘纪略》，南京大学历史系太平天国史研究室编：《太平天国史论考》，南京：江苏古籍出版社，1985 年，第 378—386 页。

扪虱谈虎客：《近世中国秘史》第 2 编，沈云龙主编：《近代中国史料丛刊三编》第 16 辑第 152 册，台北：文海出版社，1986 年。

李星沅：《李星沅日记》（全 2 册），北京：中华书局，1987 年。

何家琪：《天根文钞》，《丛书集成续编》第 161 册，台北：新文丰出版公司，1989 年，第 419—582 页。

陈其元：《庸闲斋笔记》，杨璐点校，北京：中华书局，1989 年。

朱孔璋：《中兴将帅别传》，长沙：岳麓书社，1989 年。

武林更生氏述：《蒙难纪略》，张舜徽主编：《中国历史文献研究》（三），武汉：华中师范大学出版社，1990 年，第 277—280 页。

佚名：《太平天国轶闻》，扬州：江苏广陵古籍刻印社，1993 年。

凌善清：《太平天国野史》，扬州：江苏广陵古籍刻印社，1993 年。

罗惇曧等：《太平天国战纪（外十一种）》，北京：北京古籍出版社，1999 年。

怡良：《两江总督怡良奏稿》，《四库未收书辑刊》第 2 辑第 25 册，北京：北京出版社，2000 年，第 533—786 页。

俞樾：《春在堂随笔》，南京：江苏古籍出版社，2000 年。

洪亮吉：《洪亮吉集》（全 5 册），北京：中华书局，2001 年。

张履祥：《杨园先生全集》（全 3 册），北京：中华书局，2002 年。

齐学裘：《见闻续笔》，《续修四库全书》子部杂家类，第 1181 册，上海：上海古籍出版社，2002 年影印本，第 379—603 页。

陈锦：《勤余文牍》，《续修四库全书》集部别集类，第 1548 册，上海：上海古籍出版社，2002 年影印本，第 517—700 页。

李渔：《十二楼》，北京：中华书局，2004 年。

李慈铭：《越缦堂日记》（全 18 册），扬州：广陵书社，2004 年。

方宗诚：《柏堂集续编》，《清代诗文集汇编》编辑委员会：《清代诗文集汇编》第 672 册，上海：上海古籍出版社，2010 年，第 209—408 页。

余治：《尊小学斋集》，《清代诗文集汇编》编辑委员会编：《清代诗文集汇编》第 633 册，上海：上海古籍出版社，2010 年，第 53—140 页。

张瑛：《知退斋稿》，《清代诗文集汇编》编辑委员会：《清代诗文集汇编》第 694 册，上海：上海古籍出版社，2010 年，第 499—615 页。

容闳：《西学东渐记》，北京：生活·读书·新知三联书店，2011 年。

王韬：《弢园文新编》，上海：中西书局，2012 年。

符葆森：《咸丰三年避寇日记》，南京大学图书馆藏抄本（桑兵主编：《清代稿钞本四编》第 151 册，广州：广东人民出版社，2012 年，第 3—131 页）。

管庭芬：《渟溪日记》，北京：中华书局，2013 年。

管庭芬：《管庭芬日记》（全4册），北京：中华书局，2013年。

潘钟瑞：《潘钟瑞日记》（全2册），南京：凤凰出版社，2019年。

赵烈文：《赵烈文日记》（全6册），北京：中华书局，2020年。

王闿运：《王闿运日记》（全6册），北京：中华书局，2022年。

龚绲熙：《龚绲熙日记》（全3册），南京：凤凰出版社，2023年。

柳兆薰：《柳兆薰日记》（全4册），南京：凤凰出版社，2024年。

（四）资料汇编（按出版时间为序）

浙江采访忠义总局编，张景祁等纂：《浙江忠义录》（全10卷），同治六年（1867）刊本，北京大学图书馆藏。

丁日昌编：《江南昭忠录》（全96卷），同治十一年（1872）刊本，南京图书馆藏。

余治（寄云山人）：《江南铁泪图新编》，同治十一年（1872）刊本，北京大学图书馆藏。

奕䜣、朱学勤等：《钦定剿平粤匪方略》（全420卷），同治十一年（1872）刊本，国家图书馆藏。

沈葆桢等修，何应祺等纂：《江西忠义录》（全12卷），同治十二年（1873）刊本，北京师范大学图书馆藏。

两江采访忠义总局辑，刘坤一等纂：《两江忠义录》（全56卷），光绪十三年（1887）刊本，南京大学图书馆藏。

丁丙辑：《庚辛泣杭录》（全16卷），光绪二十一年（1895）刊本，北京大学图书馆藏。

包祖清编：《义民包立身事略》，宣统三年（1911）刊本，国家图书馆缩微中心。

谢兴尧编：《太平天国丛书十三种》，民国二十七年（1938）刊本，河南大学图书馆藏。

中国史学会主编：《中国近代史资料丛刊·太平天国》（全8册），上海：神州国光社，1952年。

太平天国起义百年纪念展览会编：《太平天国革命文物图录》，上海：上海出版公司，1952年。

郭若愚编：《太平天国革命文物图录续编》，上海：上海出版公司，1953年。

王崇武、黎世清辑译：《太平天国史料译丛》第1辑，上海：神州国光社，1954年。

中国科学院历史研究所第三所编：《近代史资料》总4号，北京：科学出版社，1955年。

中国科学院历史研究所第三所编：《近代史资料》总6号，北京：科学出版社，1955年。

金毓黻、田余庆等编：《太平天国史料》，北京：中华书局，1955年。

郭若愚编：《太平天国革命文物图录补编》，上海：上海群联出版社，1955年。

广西省太平天国文史调查团编：《太平天国起义调查报告》，北京：生活·读书·新知三联书店，1956年。

李文治编：《中国近代农业史资料》第1辑，北京：生活·读书·新知三联书店，1957年。

张秀民、王会庵编，金毓黻校订：《太平天国资料目录》（中国近代史资料丛刊"太平天国"附录），上海：上海人民出版社，1957年。

静吾、仲丁编：《吴煦档案中的太平天国史料选辑》，北京：生活·读书·新知三联书店，1958年。

江世荣编注：《曾国藩未刊信稿》，北京：中华书局，1959年。

中国科学院江苏分院文学研究所编：《太平天国歌谣传说集》，南京：江苏文艺出版社，1960年。

太平天国历史博物馆编：《太平天国印书》（全20册），南京：江苏人民出版社，1961年。

太平天国历史博物馆编:《太平天国史料丛编简辑》(全6册),北京:中华书局,1961—1963年。

广西壮族自治区通志馆编:《太平天国革命在广西调查资料汇编》,南宁:广西壮族自治区人民出版社,1962年。

彭泽益编:《中国近代手工业史资料(1840—1949)》第1卷,北京:中华书局,1962年。

太平天国历史博物馆编:《太平天国歌谣》,上海:上海文艺出版社,1962年。

中国科学院近代史研究所近代史资料编辑组编:《近代史资料》总30号,北京:中华书局,1963年。

中国科学院近代史研究所近代史资料编辑组编:《近代史资料》总34号,北京:中华书局,1964年。

上海图书馆编:《〈上海新报〉中的太平天国史料》,内部参考资料,1964年。

《太平天国革命时期广西农民起义资料》编辑组编:《太平天国革命时期广西农民起义资料》(全2册),北京:中华书局,1978年。

中国第一历史档案馆编:《清代档案史料丛编》(全14辑),北京:中华书局,1978—1990年。

太平天国历史博物馆编:《太平天国文书汇编》,北京:中华书局,1979年。

苏州市博物馆、南京大学历史系、江苏师范学院历史系合编:《太平天国史料专辑》(《中华文史论丛》增刊),上海:上海古籍出版社,1979年。

太平天国历史博物馆编:《太平天国印书》(全2册),南京:江苏人民出版社,1979年。

中国社会科学院近代史研究所近代史资料编辑组编:《近代史资料》总39号,北京:中华书局,1979年。

中华书局编:《筹办夷务始末(咸丰朝)》(全8册),北京:中华书局，1979年。

上海社会科学院历史研究所编：《上海小刀会起义史料汇编》，上海：上海人民出版社，1980年。

太平天国历史博物馆编：《太平天国资料汇编》（第1册，杜文澜《平定粤寇纪略》），北京：中华书局，1980年。

苏州博物馆等编：《何桂清等书札》，南京：江苏人民出版社，1981年。

北京太平天国历史研究会编：《太平天国史译丛》（第1—3辑），北京：中华书局，1981、1983、1985年。

陈周棠校补：《洪氏宗谱》，杭州：浙江人民出版社，1982年。

中国社会科学院近代史研究所近代史资料编辑室编：《太平天国文献史料集》，北京：中国社会科学出版社，1982年。

中国社会科学院近代史研究所近代史资料编辑组编：《近代史资料》总49号，北京：中国社会科学出版社，1982年。

赵靖、易梦虹主编：《中国近代经济思想资料选辑》（全3册），北京：中华书局，1982年。

上海社会科学院历史研究所编译：《太平军在上海——〈北华捷报〉选译》，上海：上海人民出版社，1983年。

中国社会科学院近代史研究所近代史资料编辑组编：《近代史资料》总50号，北京：中国社会科学出版社，1983年。

太平天国历史博物馆编：《吴煦档案选编》（全7辑），南京：江苏人民出版社，1983年。

南京大学历史系太平天国史研究室编：《江浙豫皖太平天国史料选编》，南京：江苏人民出版社，1983年。

杨奕青、唐增烈等编：《湖南地方志中的太平天国史料》，长沙：岳麓书社，1983年。

浙江省博物馆、浙江省社会科学研究所历史研究室编：《浙江太平天国革命文物图录》，杭州：浙江人民出版社，1984年。

杜文凯编：《清代西人见闻录》，北京：中国人民大学出版社，1985年。

陈周棠主编：《广东地区太平天国史料选编》，广州：广东人民出版社，1986年。

王庆成编注：《天父天兄圣旨》，沈阳：辽宁人民出版社，1986年。

皮明麻等编：《出自敌对营垒的太平天国资料：曾国藩幕僚鄂城王家璧文稿辑录》，武汉：湖北人民出版社，1986年。

蒙山县志办公室编：《太平天国农民革命在永安资料专辑》，油印本，1986年。

《清宣宗实录》（全7册），北京：中华书局，1986年影印本。

《清文宗实录》（全5册），北京：中华书局，1986—1987年影印本。

《清穆宗实录》（全7册），北京：中华书局，1987年影印本。

《清代野史》（全8辑），成都：巴蜀书社，1987—1988年。

杜德风选编：《太平军在江西史料》，南昌：江西人民出版社，1988年。

劳柏林整理：《三河之役——致李续宾兄弟函札》，长沙：岳麓书社，1988年。

饶任坤、陈仁华编：《太平天国在广西调查资料全编》，南宁：广西人民出版社，1989年。

中国社会科学院近代史研究所近代史资料编辑部编：《近代史资料》总75号，北京：中国社会科学出版社，1989年。

中国第一历史档案馆编：《清政府镇压太平天国档案史料》（全26册），北京：社会科学文献出版社，1990—2001年（该资料前2册由光明日报出版社出版，亦有社会科学文献出版社1992年版）。

李文海等：《近代中国灾荒纪年》，长沙：湖南教育出版社，1990年。

太平天国历史博物馆编：《太平天国文书》，南京：江苏人民出版社，1991年。

太平天国历史博物馆编：《太平天国文物》，南京：江苏人民出版社，

1992 年。

罗尔纲、罗文起辑录：《太平天国散佚文献勾沉录》，贵阳：贵州人民出版社，1993 年。

太平天国历史博物馆编：《太平天国艺术》（全 2 册），南京：江苏人民出版社，1994 年。

夏春涛译：《有关太平天国的西文资料选译》，中国社会科学院近代史研究所近代史资料编辑部编：《近代史资料》总 86 号，北京：中国社会科学出版社，1994 年。

周腾虎、徐僖：《太平天国稀见史料三种》（全 2 卷），北京：中华全国图书馆文献缩微复制中心，1995 年。

王庆成校订：《重校〈天兄圣旨〉、〈天父圣旨〉》（上），《近代史资料》编辑部编：《近代史资料》总 89 号，北京：中国社会科学出版社，1996 年。

王庆成校订：《重校〈天兄圣旨〉、〈天父圣旨〉》（下），《近代史资料》编辑部编：《近代史资料》总 90 号，北京：中国社会科学出版社，1997 年。

夏春涛译：《日意格 1864 年关于中国内战的日记》，《近代史资料》编辑部编：《近代史资料》总 90 号，北京：中国社会科学出版社，1997 年。

彭泽益选编：《清代工商行业碑文集粹》，郑州：中州古籍出版社，1997 年。

中国第一历史档案馆编：《咸丰同治两朝上谕档》（全 24 册），桂林：广西师范大学出版社，1998 年影印本。

马允伦：《太平天国时期温州史料汇编》，上海：上海社会科学院出版社，2002 年。

金实秋、易家胜主编：《太平天国王府》，南京：南京出版社，2003 年。

近代史资料编辑部编：《近代史资料》总 105 号，北京：中国社会科学出版社，2003 年。

赵尔巽等:《清史稿》（全48册），北京：中华书局，2003年。

罗尔纲、王庆成主编:《中国近代史资料丛刊续编·太平天国》（全10册），桂林：广西师范大学出版社，2004年。

王庆成主编:《影印太平天国文献十二种》，北京：中华书局，2004年。

《稀见清咸丰军事外交谕令秘件》（全2册），北京：全国图书馆文献缩微复制中心，2005年。

中国第一历史档案馆、杭州市档案局编:《杭州太平天国档案史料选编》，北京：中国档案出版社，2007年。

王先谦、朱寿朋:《东华录·东华续录》（全17册），上海：上海古籍出版社，2008年。

中华书局编辑部、李书源整理:《筹办夷务始末（同治朝）》（全10册），北京：中华书局，2008年。

胡林翼:《胡林翼集》（全5册），长沙：岳麓书社，2008年。

彭玉麟:《彭玉麟集》（全2册），长沙：岳麓书社，2008年。

中国社会科学院经济研究所编:《清代道光至宣统间粮价表》（第10册江苏、第11册安徽、第13册浙江），桂林：广西师范大学出版社，2009年。

《左宗棠全集》（全15册），长沙：岳麓书社，2009年。

《曾国藩全集》（全31册），长沙：岳麓书社，2011年。

陈棣生主编:《虎啸龙吟——太平天国民间故事集成》，广州：岭南美术出版社，2011年。

中国社会科学院近代史研究所《近代史资料》编译室主编:《太平天国资料》，北京：知识产权出版社，2013年。

中国社会科学院近代史研究所《近代史资料》编译室主编:《太平军北伐资料选编》，北京：知识产权出版社，2013年。

澳大利亚国家图书馆编:《澳大利亚藏太平天国原刻官书丛刊》（全3册），北京：国家图书馆出版社，2014年。

太平天国历史博物馆编：《太平天国壁画全集》（全2册），沈阳：辽宁美术出版社，2014年。

赵德馨编：《太平天国财政经济资料汇编》（全2册），上海：上海古籍出版社，2017年。

太平天国历史博物馆编：《太平天国史料汇编》（全40册），南京：凤凰出版社，2018年。

周伟驰主编：《太平天国与基督教研究资料选编》，北京：社会科学文献出版社，2021年。

王立新、白乌力吉主编：《僧格林沁史料长编》（全3册），合肥：黄山书社，2024年。

（五）报刊族谱

《上海新报》，上海图书馆藏｛［美］林乐知（Young John Allen）、［英］傅兰雅（John Fryer）主编：《上海新报》，沈云龙主编：《近代中国史料丛刊三编》第59辑第581—590册，台北：文海出版社，1990年｝。

《北华捷报》（North-China Herald），上海图书馆藏［电子资源，"字林洋行中英文报纸全文数据库（1850—1951）"］。

《申报》，北京大学图书馆"民国旧报刊和台湾文献阅览室"藏。

《暨阳东安包氏宗谱》，宣统二年（1910）。

《诸暨阮市包氏宗谱》，2003年河清堂。

二、中外著述

（一）中文论著（以作者姓氏笔画为序）

马忠文：《晚清人物与史事》，北京：北京师范大学出版社，2015年。

王开玺：《晚清政治史：数千年未有之变局·上下卷》，北京：东方出版社，2016年。

王庆成：《太平天国的文献和历史——海外新文献刊布和文献史事研究》，北京：社会科学文献出版社，1993 年。

王庆成：《稀见清世史料并考释》，武汉：武汉出版社，1997 年。

王庆成：《太平天国的历史和思想》，北京：中国人民大学出版社，2010 年。

王兴福：《浙江太平天国史论考》，杭州：浙江人民出版社，2002 年。

王兴福：《太平天国在浙江》，北京：社会科学文献出版社，2007 年。

王国平：《太平天国史论》，苏州：苏州大学出版社，2011 年。

王明前：《太平天国的权力结构和农村政治》，北京：中国社会科学出版社，2012 年。

王树槐：《中国现代化的区域研究：江苏省，1860—1916》，台北："中央研究院"近代史研究所，1984 年。

王继平：《近代湖南乡村社会研究（1840—1949)》，北京：中国社会科学出版社，2021 年。

王笛：《袍哥：1940 年代川西乡村的暴力与秩序》，北京：北京大学出版社，2018 年。

方之光：《历史反思集：太平天国与近代史探索》，北京：生活·读书·新知三联书店，2014 年。

龙盛运：《湘军史稿》，成都：四川人民出版社，1990 年。

龙盛运：《向荣时期江南大营研究》，北京：社会科学文献出版社，2011 年。

卢瑞钟：《太平天国的神权思想》，台北：三民书局，1985 年。

史式、吴良祚：《太平天国词语、避讳研究》，南宁：广西人民出版社，1993 年。

台湾三军大学编著：《中国历代战争史》第 18 册《太平天国》，北京：中信出版社，2013 年。

邢凤麟、邹身城：《天国史事释论》，上海：学林出版社，1984 年。

朱从兵：《上海小刀会起义与太平天国关系重考》，天津：天津古籍出版社，2010 年。

朱从兵：《太平天国文书制度再研究》，合肥：合肥工业大学出版社，2010 年。

朱东安：《曾国藩幕府研究》，成都：四川人民出版社，1994 年。

朱东安：《曾国藩传》，沈阳：辽宁人民出版社，2014 年。

朱东安：《曾国藩集团与晚清政局》，沈阳：辽宁人民出版社，2017 年。

仲伟民：《茶叶与鸦片：十九世纪经济全球化中的中国》，北京：中华书局，2021 年。

任智勇：《咸同时期的榷关与财政》，北京：北京师范大学出版社，2020 年。

华强：《太平天国地理志》，南宁：广西人民出版社，1991 年。

刘文鹏、杨瑞：《百年清史研究史：政治史卷》，北京：中国人民大学出版社，2021 年。

刘石吉：《明清时代江南市镇研究》，北京：中国社会科学出版社，1987 年。

刘平：《文化与叛乱：以清代秘密社会为视角》，北京：商务印书馆，2002 年。

刘平：《被遗忘的战争：咸丰同治年间广东土客大械斗研究（修订本)》，北京：商务印书馆，2023 年。

刘佐泉：《太平天国与客家》，开封：河南大学出版社，2005 年。

刘晨：《太平天国社会史》，北京：中国社会科学出版社，2019 年。

刘晨：《萧朝贵与太平天国早期史》，北京：社会科学文献出版社，2019 年。

刘增合：《白银与战争：晚清战时财政运筹研究》，北京：社会科学文献出版社，2021 年。

池子华：《咸丰十一年》，北京：中国社会科学出版社，2015 年。

祁龙威：《太平天国史学导论》，北京：学苑出版社，1989 年。

祁龙威：《太平天国经籍志》，南宁：广西人民出版社，1993 年。

孙江：《重审近代中国的结社》，北京：商务印书馆，2021 年。

牟安世：《太平天国》，上海：上海人民出版社，1959 年。

苏双碧：《太平天国人物论集》，福州：福建人民出版社，1981 年。

苏双碧：《太平天国史综论》，南宁：广西人民出版社，1993 年。

巫仁恕：《激变良民：传统中国城市群众集体行动之分析》，北京：北京大学出版社，2011 年。

李文杰：《辨色视朝：晚清的朝会、文书与政治决策》，上海：上海人民出版社，2020 年。

李文海、刘仰东：《太平天国社会风情》，北京：中国人民大学出版社，1989 年。

李志铭：《晚清幕府：变动社会中的非正式制度》，上海：上海社会科学院出版社，2017 年。

李伯重：《多视角看江南经济史（1250—1850)》，北京：商务印书馆，2022 年。

李国祁：《中国现代化的区域研究：闽浙台地区，1860—1916》，台北："中央研究院"近代史研究所，1982 年。

李国荣：《清宫档案揭秘》，北京：中国青年出版社，2005 年。

李细珠：《地方督抚与清末新政（增订版)：晚清权力格局再研究》，北京：社会科学文献出版社，2018 年。

李恭忠：《近代中国社会史论》，南京：南京大学出版社，2018 年。

李惠民：《太平天国北方战场》，北京：中国社会科学出版社，2015 年。

吴善中等：《太平天国史学述论》，北京：社会科学文献出版社，2013 年。

邱涛：《咸同年间清廷与湘淮集团权力格局之变迁》，北京：北京师范大学出版社，2010 年。

邱涛：《同光年间湘淮分野与晚清权力格局变迁（1862—1895）》，北京：社会科学文献出版社，2018年。

邱涛：《清季权力分野与政局纷争》，成都：四川人民出版社，2024年。

宋德华：《太平天国开创者：洪秀全》，广州：广东人民出版社，2008年。

何瑜：《咸丰皇帝》，北京：故宫出版社，2016年。

余新忠：《清代江南的瘟疫与社会：一项医疗社会史的研究（修订版）》，北京：北京师范大学出版社，2014年。

张一文：《太平天国军事史》，南宁：广西人民出版社，1994年。

张守常、朱哲芳：《太平天国北伐西征史》，南宁：广西人民出版社，1997年。

张守常：《太平军北伐丛稿》，济南：齐鲁书社，1999年。

张铁宝、袁蓉、毛晓玲：《太平天国文化》，南京：南京出版社，2005年。

张海鹏：《中国近代史基本问题研究》，北京：中国社会科学出版社，2013年。

张德顺：《士与太平天国》，南京：南京出版社，2003年。

陈旭麓：《近代中国社会的新陈代谢》，上海：上海社会科学院出版社，2006年。

陈锋：《清代盐政与盐税》，武汉：武汉大学出版社，2013年。

苑书义、林言椒：《太平天国人物研究》，成都：巴蜀书社，1987年。

范丽娜：《美国学界的百年曾国藩研究》，北京：知识产权出版社，2023年。

茅海建：《近代的尺度：两次鸦片战争军事与外交（增订本）》，北京：生活·读书·新知三联书店，2018年。

茅海建：《苦命天子：咸丰皇帝奕詝》，北京：生活·读书·新知三联书店，2022年。

茅家琦、方之光、童光华：《太平天国兴亡史》，上海：上海人民出版社，1980 年。

茅家琦主编：《太平天国通史》（全 3 册），南京：南京大学出版社，1991 年。

茅家琦：《太平天国与列强》，南宁：广西人民出版社，1992 年。

茅家琦：《郭著〈太平天国史事日志〉校补》，台北：台湾商务印书馆，2001 年。

罗玉东：《中国厘金史》，北京：商务印书馆，2010 年。

罗尔纲：《太平天国史丛考》，重庆：正中书局，1943 年。

罗尔纲：《天历考及天历与夏历公历对照表》，北京：生活·读书·新知三联书店，1955 年。

罗尔纲：《太平天国史事考》，北京：生活·读书·新知三联书店，1955 年。

罗尔纲：《太平天国史记载订谬集》，北京：生活·读书·新知三联书店，1955 年。

罗尔纲：《太平天国文物图释》，北京：生活·读书·新知三联书店，1956 年。

罗尔纲：《太平天国史迹调查集》，北京：生活·读书·新知三联书店，1958 年。

罗尔纲：《太平天国史料考释集》，北京：生活·读书·新知三联书店，1956 年。

罗尔纲：《太平天国史丛考甲集》，北京：生活·读书·新知三联书店，1981 年。

罗尔纲：《湘军兵志》，北京：中华书局，1984 年。

罗尔纲：《太平天国史》（全 4 册），北京：中华书局，1991 年。

罗尔纲：《太平天国史丛考乙集》，北京：生活·读书·新知三联书店，1995 年。

罗尔纲：《太平天国史丛考丙集》，北京：生活·读书·新知三联书店，1995年。

罗尔纲：《李秀成自述原稿注（增补本）》，北京：中国社会科学出版社，1995年。

罗尔纲：《绿营兵志》，北京：商务印书馆，2011年。

周伟驰：《太平天国与启示录》，北京：中国社会科学出版社，2013年。

周健：《维正之供：清代田赋与国家财政（1730—1911）》，北京：北京师范大学出版社，2020年。

周新国、吴善中：《太平天国刑法、历法研究》，南宁：广西人民出版社，1993年。

郦纯：《太平天国军事史概述》（上编全2册，下编全3册），北京：中华书局，1982年。

郦纯：《太平天国制度初探》（全2册），北京：中华书局，1989年。

钟文典：《太平军在永安》，北京：生活·读书·新知三联书店，1962年。

钟文典：《太平天国人物》，南宁：广西人民出版社，1984年。

钟文典：《太平天国开国史》，南宁：广西人民出版社，1992年。

侯竹青：《太平天国战争时期江苏人口损失研究（1853–1864）》，北京：中国社会科学出版社，2016年。

姜秉正：《研究太平天国史著述综目》，北京：书目文献出版社，1983年。

姜涛：《中国近代人口史》，杭州：浙江人民出版社，1993年。

姜涛、卞修跃：《中国近代通史》第2卷《近代中国的开端（1840—1864）》，南京：江苏人民出版社，2007年。

费孝通：《乡土中国》，北京：北京大学出版社，2012年。

耿云志：《近代中国文化转型研究导论》，北京：社会科学文献出版社，2016年。

耿云志主编：《中国近代思想通史》（全8卷），北京：社会科学文献出版社，2022年。

贾熟村：《太平天国时期的地主阶级》，南宁：广西人民出版社，1991年。

夏春涛：《天国的陨落——太平天国宗教再研究》，北京：中国人民大学出版社，2006年。

夏春涛：《从塾师、基督徒到王爷：洪仁玕》，北京：社会科学文献出版社，2007年。

夏春涛主编：《太平天国与晚清社会》，北京：北京师范大学出版社，2018年。

夏春涛主编：《中国历代治理体系研究》（全2册），北京：中国社会科学出版社，2023年。

倪玉平：《从国家财政到财政国家：清朝咸同年间的财政与社会》，北京：科学出版社，2017年。

徐川一：《太平天国安徽省史稿》，合肥：安徽人民出版社，1991年。

徐茂明：《江南士绅与江南社会（1368—1911）》，北京：商务印书馆，2004年。

郭卫东：《中土基督》，昆明：云南人民出版社，2001年。

郭卫东：《以早期中英关系和〈南京条约〉为考察中心》，石家庄：河北人民出版社，2003年。

郭卫东编著：《倾覆与再建：明中叶至辛亥革命的政治文明》，北京：北京大学出版社，2009年。

郭存孝：《太平天国博物志》，南宁：广西人民出版社，1997年。

郭廷以：《太平天国史事日志》，上海：上海书店出版社，1986年。

郭毅生主编：《太平天国历史与地理》，北京：中国地图出版社，1989年。

郭毅生主编：《太平天国历史地图集》，北京：中国地图出版社，

1989 年。

郭毅生：《太平天国经济史》，南宁：广西人民出版社，1991 年。

郭毅生、史式主编：《太平天国大辞典》，北京：中国社会科学出版社，1995 年。

郭豫明：《捻军史》，上海：上海人民出版社，2001 年。

萧一山：《清代通史》（全 5 册），上海：华东师范大学出版社，2006 年。

曹树基：《中国移民史》第 6 卷《清　民国时期》，福州：福建人民出版社，1997 年。

曹树基：《中国人口史》第 5 卷《清时期》，上海：复旦大学出版社，2001 年。

曹新宇：《祖师的族谱：明清白莲教社会历史调查》，北京：商务印书馆，2023 年。

龚云：《20 世纪中国近代史研究的政治取向》，武汉：华中科技大学出版社，2018 年。

盛巽昌：《太平天国职官志》，南宁：广西人民出版社，1999 年。

盛巽昌：《太平天国文化大观》，南宁：广西民族出版社，2000 年。

盛巽昌：《李秀成大传》，上海：上海书店出版社，2017 年。

盛巽昌：《实说太平天国（增订本）》，上海：上海书店出版社，2023 年。

崔之清主编：《太平天国战争全史》（全 4 卷），南京：南京大学出版社，2002 年（南京大学出版社 2018 年修订本）。

崔之清、胡臣友：《洪秀全评传》（全 2 册），南京：南京大学出版社，2011 年。

崔之清：《从传统到现代：近代中国史节点考察》，北京：生活·读书·新知三联书店，2014 年。

崔志海等：《当代中国晚清政治史研究》，北京：中国社会科学出版社，2019 年。

崔志海：《近代中国的多元审视》，北京：北京师范大学出版社，2021 年。

崔岷：《山东"团匪"：咸同年间的团练之乱与地方主义》，北京：中央民族大学出版社，2018 年。

章士晋：《太平军在宁绍台——太平天国时期的宁波、绍兴和台州》，宁波：宁波出版社，2001 年。

梁义群：《太平天国政权建设》，南宁：广西人民出版社，1995 年。

梁方仲：《中国历代户口、田地、田赋统计》，北京：中华书局，2008 年。

梁方仲：《明清赋税与社会经济》，北京：中华书局，2008 年。

彭凯翔：《清代以来的粮价——历史学的解释与再解释》，上海：上海人民出版社，2006 年。

彭泽益：《十九世纪后半期的中国财政与经济》，北京：中国人民大学出版社，2010 年。

董蔡时：《太平天国在苏州》，南京：江苏人民出版社，1981 年。

程歗：《晚清乡土意识》，北京：中国人民大学出版社，1990 年。

傅衣凌：《明清社会经济史论文集》，北京：商务印书馆，2010 年。

谢兴尧：《太平天国史事论丛》，上海：商务印书馆，1935 年。

谢兴尧：《太平天国的社会政治思想》，上海：商务印书馆，1935 年。

谢俊美：《政治制度与近代中国》，上海：上海书店出版社，2016 年。

蒙广思：《太平天国在永安》，南宁：广西人民出版社，1979 年。

简又文：《太平军广西首义史》，上海：商务印书馆，1946 年。

简又文：《太平天国典制通考》（全 3 册），香港：简氏猛进书屋，1958 年。

简又文：《太平天国全史》（全 3 册），香港：简氏猛进书屋，1962 年。

简又文：《太平天国革命运动史》，北京：九州出版社，2020 年。

廖胜：《妇女与太平天国社会——太平天国妇女问题研究新论》，北京：光明日报出版社，2007 年。

戴海斌：《晚清人物丛考》（全2册），北京：生活·读书·新知三联书店，2018年。

戴逸：《中国近代史稿》（全2册），北京：中国人民大学出版社，2008年。

戴鞍钢：《晚清史》，上海：复旦大学出版社，2020年。

魏星：《重建、纪念与叙事：太平天国战争后的南京地区》，南京：南京大学出版社，2020年。

（二）中文论文（以作者姓氏笔画为序）

《历史研究》编辑部编：《中国近代史分期问题讨论集》，北京：生活·读书·新知三联书店，1957年。

王天奖：《太平天国乡官的阶级成份》，《历史研究》1958年第3期。

王天奖：《析太平天国的"着佃交粮"制》，北京太平天国历史研究会编：《太平天国学刊》（一），北京：中华书局，1983年，第140—159页。

王天奖：《关于太平天国的乡官和基层政权》，北京太平天国历史研究会编：《太平天国学刊》（二），北京：中华书局，1985年，第124—145页。

王庆成：《〈天父圣旨〉、〈天兄圣旨〉和太平天国历史》，《近代史研究》1985年第2期。

王晓秋：《太平天国革命对日本的影响》，《历史研究》1981年第2期。

中华书局近代史编辑室编：《太平天国史学术讨论会论文选集》（第1—3册），北京：中华书局，1981年。

方之光、崔之清：《试论太平天国天京的粮食问题》，北京太平天国历史研究会编：《太平天国学刊》（三），北京：中华书局，1987年，第70—90页。

方之光、朱庆葆：《太平天国与农民问题》，《安徽师大学报》（哲学社会科学版）1991年第4期。

方英：《太平天国时期安徽士绅的分化与地方社会》，《安徽史学》

2012 年第 5 期。

方英：《咸丰年间湘军入皖及其影响》，《学术界》2014 年第 8 期。

龙盛运：《关于太平天国史研究工作中的偏向问题——对祁龙威同志〈从《报恩牌坊碑序》问题略论当前研究太平天国史工作中的偏向〉一文的意见》，《光明日报》1958 年 3 月 3 日，第 3 版。

龙盛运：《太平天国后期土地制度的实施问题》，《历史研究》1958 年第 2 期。

北京太平天国历史研究会编：《太平天国史论文选》（1949—1978）（全 2 册），北京：生活·读书·新知三联书店，1981 年。

北京太平天国历史研究会编：《太平天国学刊》（第 1—5 辑），北京：中华书局，1983—1987 年。

史式：《"逼封万岁"说考谬》，《太平天国史实考》，重庆：重庆出版社，1991 年，第 123-157 页。

朱从兵：《太平天国"翼王"爵号诞生考——对永安封五王诏的质疑》，《广东社会科学》2012 年第 2 期。

朱庆葆：《农民与太平天国的兴亡》，《光明日报》2005 年 4 月 26 日，第 7 版。

刘浦江：《太平天国史观的历史语境解构——兼论国民党与洪杨、曾胡之间的复杂纠葛》，《近代史研究》2014 年第 2 期。

刘晨：《太平天国统治区的民变与政府应对研究》，《近代史研究》2019 年第 2 期。

刘晨：《太平天国社会治理方略的近代化建构——〈资政新篇〉新解读》，《近代史研究》2022 年第 3 期。

刘晨：《太平天国辖境苏浙农村社会经济秩序探析》，《历史研究》2022 年第 5 期。

刘晨：《洪秀全的思想与太平天国统治方略》，《历史研究》2025 年第 2 期。

刘增合：《太平天国运动初期清廷的军费筹济》，《历史研究》2014 年第 2 期。

刘增合：《咸丰朝中后期联省合筹军饷研究》，《近代史研究》2014 年第 4 期。

池子华、崔岷：《北伐太平军"裹胁"问题述论》，《历史档案》2001 年第 3 期。

祁龙威：《太平天国后期的土地问题》，《山西师范学院学报》1957 年第 2 期。

祁龙威：《从〈报恩牌坊碑序〉问题略论当前研究太平天国史工作中的偏向》，《光明日报》1957 年 5 月 23 日，第 3 版。

苏双碧：《〈天兄圣旨〉——洪、萧互相利用的产物》，《近代史研究》1989 年第 1 期。

杨国安：《"从贼"与"反贼"：变乱格局下地方绅民的反应及其关系网络——以咸丰年间太平军挺进两湖之际为中心的考察》，《江汉论坛》2012 年第 9 期。

吴良祚：《关于"天父诗"》，《历史研究》1957 年第 9 期。

吴良祚：《"珠堂事件"初探》，《浙江学刊》1991 年第 2 期。

吴善中：《太平天国三篇檄文初颁时间考》，《广西大学学报》（哲学社会科学版）1989 年第 3 期。

余新忠：《咸同之际江南瘟疫探略——兼论战争与瘟疫之关系》，《近代史研究》2002 年第 5 期。

邵雍：《洪仁玕与西方传教士》，《上海师范大学学报》（哲学社会科学版）2001 年第 3 期。

邵雍：《洪家王朝的覆灭——以幼天王洪天贵福为中心》，《历史教学问题》2015 年第 2 期。

茅家琦主编：《太平天国史研究》（第 1—2 集），南京：南京大学出版社，1981、1989 年。

欧阳哲生：《庚申之变——1860 年英法联军在北京研究》，《清华大学学报》（哲学社会科学版）2022 年第 5 期。

罗尔纲：《太平天国领导集团内讧考》，《太平天国史事考》，北京：生活·读书·新知三联书店，1955 年，第 239—316 页。

罗尔纲：《重考"洪宣娇"从何而来》，《历史研究》1987 年第 5 期。

周育民：《太平天国时期秘密会党研究的几个问题》，《历史教学》1988 年第 10 期。

周育民：《太平天国时期的会党与南方乡村政治》，《上海师范大学学报》（哲学社会科学版）2020 年第 5 期。

郑亦芳：《清代团练的组织与功能——湖南、两江、两广地区之比较研究》，中华文化复兴运动推行委员会编：《中国近现代史论集》第 28 编第 33 集，台北：台湾商务印书馆，1986 年，第 641—691 页。

宓汝成：《乡官体制的理想和实际》，北京太平天国历史研究会编：《太平天国学刊》（三），北京：中华书局，1987 年，第 50—69 页。

宓汝成：《嘉道年间（1796—1850 年）的中国——太平天国革命历史背景浅析》，北京太平天国历史研究会编：《太平天国学刊》（五），北京：中华书局，1987 年，第 275—360 页。

赵世瑜：《"自上而下"、"自下而上"与整合的历史观——〈眼光向下的革命〉》，《光明日报》2001 年 7 月 31 日，B3 版。

荣孟源：《评两篇天京内讧的洋人报导》，《河北学刊》1984 年第 6 期。

钟文典：《〈曾水源、林凤祥、李开芳为西王有难禀东王等〉辨析》，《学术论坛》1991 年第 6 期。

姜涛：《洪秀全"登极"史实辨正》，《历史研究》1993 年第 1 期。

姜涛：《金田起义再辨析》，《近代史研究》1996 年第 2 期。

姜涛：《重读〈李秀成自述〉》，《近代史研究》2002 年第 5 期。

姜涛：《太平天国开国史的再辨析——天王登极、金田起义与祝寿建元》，《广东社会科学》2012 年第 2 期。

姜涛：《太平天国史研究的若干问题》，中国社会科学院近代史研究所政治史研究室编：《晚清政治史研究的检讨：问题与前瞻》，北京：社会科学文献出版社，2014年，第191—221页。

夏春涛：《太平天国对〈圣经〉态度的演变》，《历史研究》1992年第1期。

夏春涛：《二十世纪的太平天国史研究》，《历史研究》2000年第2期。

夏春涛：《太平天国宗教"邪教"说辩证》，《山西大学学报》（哲学社会科学版）2002年第2期。

夏春涛：《太平军中的婚姻状况与两性关系探析》，《近代史研究》2003年第1期。

夏春涛：《"拜上帝会"说辨正》，《近代史研究》2005年第5期。

夏春涛：《太平天国时期南京城的变迁》，《扬州大学学报》（人文社会科学版）2011年第6期。

夏春涛：《太平天国筹饷问题及其对战局的影响》，《安徽大学学报》（哲学社会科学版）2012年第2期。

夏春涛：《洪秀全登极暨金田起义时间考释》，《安徽大学学报》（哲学社会科学版）2013年第4期。

夏春涛：《咸丰朝官场乱象与社会危机——以太平天国初期战事为主线的考察》，《安徽大学学报》（哲学社会科学版）2016年第1期。

夏春涛：《太平天国再评价——金田起义170周年之反思》，《中国社会科学》2021年第7期。

顾建娣：《太平天国运动后江南驻防的恢复与重建》，《近代史研究》2020年第3期。

顾建娣：《洪秀全评价变化与史学思潮嬗变》，《史学理论研究》2020年第3期。

徐彻：《天府广场大屠杀事件质疑》，《辽宁大学学报》（哲学社会科学版），1980年第2期。

徐彻：《天府广场大屠杀事件再质疑》，《徐彻晚清史论》，沈阳：辽沈书社，1993 年，第 34—47 页。

郭卫东：《转折之地：曾国藩在祁门》，《安徽史学》2014 年第 3 期。

郭毅生：《如何评价杨秀清？——太平天国的"五主"、"八位万岁"与"天京事变"的考察》，《历史研究》1978 年第 6 期。

唐晓涛：《神明的正统性与社、庙组织的地域性——拜上帝会毁庙事件的社会史考察》，《近代史研究》2011 年第 3 期。

曹国祉：《太平天国杂税考》，《历史研究》1958 年第 3 期。

崔之清、姜涛、华强等：《唯物史观与太平天国研究》，《史学理论研究》2021 年第 1 期。

崔志海：《晚清革命史和民族主义叙事体系再思考》，《史学理论研究》2022 年第 5 期。

崔岷：《靖乱适所以致乱"：咸同之际山东的团练之乱》，《近代史研究》2011 年第 3 期。

康沛竹：《灾荒与太平天国革命的失败》，《北方论丛》1995 年第 6 期。

傅衣凌：《太平天国时期江南地区农民的抗租》，《厦门大学学报》（哲学社会科学版）1986 年第 4 期。

廖胜：《民众心理需求与太平天国的兴亡》，《史学月刊》2005 年第 10 期。

樊翠花、王鸿斌：《国外关于清末民初乡村民变问题研究述评》，《民国档案》2009 年第 4 期。

（三）译作（按出版时间为序）

［法］加勒利、伊凡原著，［英］约·鄂克森佛译补：《太平天国初期纪事》，徐健竹译，上海：上海古籍出版社，1982 年。

［英］班扬：《天路历程》，西海译，上海：上海译文出版社，1983 年。

［美］邓元忠：《美国人与太平天国》，台北：华欣文化事业中心，

1983 年。

[美] 珀金斯：《中国农业的发展（1368—1968）》，宋海文等译，上海：上海译文出版社，1984 年。

[德] 费尔巴哈：《基督教的本质》，荣震华译，北京：商务印书馆，1984 年。

[美] 费正清、刘广京编：《剑桥中国晚清史（1800—1911 年）》上卷，中国社会科学院历史研究所编译室译，北京：中国社会科学出版社，1985 年。

[英] 呤唎：《太平天国革命亲历记》（全 2 册），王维周译，上海：上海古籍出版社，1985 年。

[日] 针谷美和子：《太平天国占领区的枪船集团——以太湖一带为中心》，白子明译，周泮池校，中国社会科学院近代史研究所《国外中国近代史研究》编辑部编：《国外中国近代史研究》第 10 辑，北京：中国社会科学出版社，1988 年，第 57—92 页。

[法] 谢和耐：《中国文化与基督教的冲撞》，于硕、红涛、东方译，沈阳：辽宁人民出版社，1989 年。

[美] 柯文：《在中国发现历史——中国中心观在美国的兴起》，林同奇译，北京：中华书局，1989 年。

[加] 秦家懿、[德] 孔汉思：《中国宗教与基督教》，吴华译，北京：生活·读书·新知三联书店，1990 年。

[美] 张仲礼：《中国绅士——关于其在 19 世纪中国社会中作用的研究》，李荣昌译，上海：上海社会科学院出版社，1991 年。

[日] 并木赖寿：《苗沛霖团练事件》，谢俊美译，《学术界》1994 年第 1 期。

[日] 并木赖寿：《苗沛霖团练事件》，姚传德、池子华译，《安徽师大学报》（哲学社会科学版）1994 年第 2 期。

[美] 戴维·伊斯顿：《政治生活的系统分析》，王浦劬等译，北京：

华夏出版社，1999年。

［美］何炳棣：《明初以降人口及其相关问题研究（1368—1953）》，葛剑雄译，北京：生活·读书·新知三联书店，2000年。

［美］黄宗智：《长江三角洲小农家庭与乡村发展》，北京：中华书局，2000年。

［美］K. E. 福尔索姆：《朋友·客人·同事：晚清的幕府制度》，刘悦斌、刘兰芝译，北京：中国社会科学出版社，2002年。

［美］孔飞力：《中华帝国晚期的叛乱及其敌人：1796—1864年的军事化与社会结构》，谢亮生、杨品泉、谢思炜译，北京：中国社会科学出版社，2002年。

［美］莫里斯、卡洛尔·麦克拉吉·缪勒主编：《社会运动理论的前沿领域》，刘能译，北京：北京大学出版社，2002年。

［美］芮玛丽：《同治中兴：中国保守主义的最后抵抗（1862—1874）》，房德邻等译，北京：中国社会科学出版社，2002年。

［美］魏斐德：《大门口的陌生人：1839—1861年间华南的社会动乱》，王小荷译，北京：中国社会科学出版社，2002年。

［美］R. J. 史密斯：《十九世纪中国的常胜军：外国雇佣兵与清帝国官员》，汝企和译，北京：中国社会科学出版社，2003年。

［美］白凯：《长江下游地区的地租、赋税与农民的反抗斗争（1840—1950）》，林枫译，上海：上海书店出版社，2005年。

［美］塔罗：《运动中的力量：社会运动与斗争政治》，吴庆宏译，南京：译林出版社，2005年。

［美］查尔斯·蒂利：《集体暴力的政治》，谢岳译，上海：上海人民出版社，2006年。

［美］道格·麦克亚当、西德尼·塔罗、查尔斯·蒂利：《斗争的动力》，李义中、屈平译，南京：译林出版社，2006年。

［美］裴宜理：《华北的叛乱者与革命者（1845—1945）》，池子华、

刘平译，北京：商务印书馆，2007年。

[日] 滨岛敦俊：《明清江南农村社会与民间信仰》，朱海滨译，厦门：厦门大学出版社，2008年。

[美] 杜赞奇：《文化、权力与国家：1900—1942年的华北农村》，王福明译，南京：江苏人民出版社，2008年。

[美] 王国斌：《转变的中国：历史变迁与欧洲经验的局限》，李伯重、连玲玲译，南京：江苏人民出版社，2008年。

[英] 贝思飞：《民国时期的土匪》，徐有威等译，上海：上海人民出版社，2010年。

[美] 魏斐德：《中华帝制的衰落》，邓军译，合肥：黄山书社，2010年。

[美] 艾志端：《铁泪图：19世纪中国对于饥馑的文化反应》，曹曦译，南京：江苏人民出版社，2011年。

[美] 瞿同祖：《清代地方政府》，范忠信、何鹏、晏锋译，北京：法律出版社，2011年。

[美] 史景迁：《太平天国》，朱庆葆等译，桂林：广西师范大学出版社，2011年。

[美] 托马斯·H. 赖利：《上帝与皇帝之争——太平天国的宗教与政治》，李勇、肖军霞、田芳译，谢文郁校，上海：上海人民出版社，2011年。

[日] 日比野辉宽、高杉晋作等：《1862年上海日记》，陶振孝、阎瑜、陈捷译，北京：中华书局，2012年。

[英] 托马斯·布莱基斯顿：《江行五月》，马剑、孙琳译，北京：中国地图出版社，2013年。

[日] 菊池秀明：《末代王朝与近代中国：清末　中华民国》，马晓娟译，桂林：广西师范大学出版社，2014年。

[美] 裴士锋：《天国之秋》，黄中宪译，北京：社会科学文献出版社，

2014 年。

[美] 蒲乐安：《骆驼王的故事：清末民变研究》，刘平等译，北京：商务印书馆，2014 年。

[美] 解维廉：《曾国藩与太平天国：美国人眼中的曾国藩及太平天国运动》，王甜译，哈尔滨：哈尔滨出版社，2014 年。

[荷] 田海：《中国历史上的白莲教》，刘平、王蕊译，北京：商务印书馆，2017 年。

[荷] 田海：《天地会的仪式与神话：创造认同》，李恭忠译，北京：商务印书馆，2018 年。

[美] 萧公权：《中国乡村：论 19 世纪的帝国控制》，张皓、张升译，台北：联经出版事业股份有限公司，2014 年。

[美] 韩书瑞：《北京：公共空间和城市生活（1400—1900）》，孔祥文译，孙昉审校，北京：中国人民大学出版社，2019 年。

[美] 梅尔清：《躁动的亡魂：太平天国战争的暴力、失序与死亡》，萧琪、蔡松颖译，台北：卫城出版，2020 年。

[日] 仓田明子：《十九世纪口岸知识分子与中国近代化——洪仁玕眼中的"洋"场》，杨秀云译，南京：凤凰出版社，2020 年。

[英] 查尔斯·麦克法兰：《遗失在西方的中国史：太平天国——19 世纪 50 年代中国人习惯、礼仪与风俗的真实记录》，乔国强译，北京：华文出版社，2020 年。

[英] 林赛·布莱恩：《天国之春：不一样的太平天国运动史》，周琴、林超译，上海：东方出版中心，2023 年。

[美] 韩书瑞、于君方编：《进香：中国历史上的朝圣之地》，孔祥文、孙昉译，北京：九州出版社，2023 年。

[美] 柯启玄：《盛清统治下的太监与皇帝》，黄丽君译，北京：社会科学文献出版社，2024 年。

（四）外文著述（按出版时间为序）

Hamberg, Theodore. *The Visions of Hung-Siu-Tshuen and Origin of the Kwang-Si Insurrection*. Hong Kong, 1854; reprinted by Yenching University Library, 1935.

Fishbourne, E. G. *Impression of China, and the Present Revolution: Its Progress and Prospects*. London: Seeley, Jackson, and Halliday, 1855.

Taylor, Charles. *Five Years in China, With some Account of the Great Rebellion*. New York: Derby and Jackson, 1860.

Scarth, John. *Twelve Years in China: the People, the Rebels, and the Mandarins by a British Resident with Illustrations*. Edinburgh: Thomas Constable and Co., 1860.

Brine, Lindesay. *The Taeping Rebellion in China: A Narrative of Its Rise and Progress, Based upon Original Documents and Information Obtained in China*. London: John Murray, 1862.

Wolseley, G. J. *Narrative of the War with China in 1860, to Which is Added the Account of a Short Residence with Taiping Rebels in Nankin and a Voyage from thence to Hankow*. London: Longman, Green, Longman, and Roberts, 1862.

Edkins, Jane R. *Chinese Scenes and People: With Notices of Christian Missions and Missionary Life in a Series of Letters from Various Parts of China*. London: James Nisbet and Co., 1863.

Sykes, William Henry. *The Taeping Rebellion in China: Its Origin, Progress, and Present Condition*. London: Warren Hall and Co., 1863.

Hake, A. Egmont. *Evevts in the Taeping Rebellion, Being Reprints of Mss. Copied by General Gordon, C. B. in His Own Handwriting with Monograph, Introduction, and Notes*. London: W. H. Allen and Co., 1891.

Moule, Ven. Archdeacon. *Personal Recollections of the Tai-ping Rebellion, 1861–1863*. Shanghai: The "Celestial Empire" Office, 1884.

Mason, M. G. *Western Concepts of China and Chinese, 1840-1876*. Durham, N.C.: the Seeman Printery, 1939.

Boardman, Eugene Powers. *Christian Influence upon the Ideology of the Taiping Rebellion, 1851-1864*. Madison: University of Wisconsin Press, 1952.

Meadows, Thomas Taylor. *The Chinese and Their Rebellions, Viewed in Connection with Their National Philosophy, Ethics, Legislation, and Administration*. London, 1856; Reprinted, Stanford University Press, 1953.

Michael, Franz and Chung-li Chang 张仲礼 eds. *The Taiping Rebellion: History and Documents*, 3 Vols. Seattle: University of Washington Press, 1966-1971.

Shih, Vincent Y. C. *The Taiping Ideology: Its Sources, Interpretation, and Influences*. Seattle: University of Washington Press, 1967.

Forrest, Robert James. "The Christianity of Hung Tsiu Tsuen: A Review of Taeping Books, "*Journal of the North China Branch of the Royal Asiatic Society*, New Series No. 4, 1867, pp.187-208.

Gregory, J. S. *Great Britain and the Taipings*. London: Routledge and Kegan Paul, 1969.

Teng, Ssu-yu 邓嗣禹. *The Taiping Rebellion and the Western Powers: A Comprehensive Survey*. Oxford, England: Clarendon Press, 1971.

O'Meara, J. J. ed. *British Parliamentary Papers· China*. 42 Vols. Shannon: Irish University Press, 1971-1972.

Chesneaux, Jean. *Peasant Revolts in China, 1840-1949*. New York: W. W. Norton & Company, Inc., 1973.

Wang Yeh-chien 王业键. *Land Taxation in Imperial China, 1750-1911*. Cambridge, Mass.: Harvard University Press, 1973.

Landsberger, Henry A. *Rural Protest: Peasant Movements and Social Change*. London: the Macmillan Press Ltd., 1974.

Yang, C. K 杨庆堃. "Some Preliminary Statistical Patterns of Mass Actions in

Nineteenth-Century China, "in Frederic Wakeman, Jr. and Carolyn Grant eds. *Conflict and Control in Late Imperial China*. Berkeley, CA: University of California Press, 1975, pp.174−210.

Feuerwerker, Albert. *Rebellion in Nineteenth Century China*. Ann Arbor: University of Michigan Press, 1975.

Tilly, Charles and Louise A. Tilly and Richard H. Tilly eds. *The Rebellious Century, 1830−1930*. Cambridge, Mass.: Harvard University Press, 1975.

Curwen, C. A. *Taiping Rebel, The Deposition of Li Hisu-Ch'eng*. London: Cambridge University Press, 1977.

Wakeman, Frederic Jr. "Rebellion and Revolution: The Study of Popular Movements in Chinese History, "*Journal of Asian Studies*, Vol.36, No.2, 1977, pp. 201−237.

[日] 小岛晋治:《太平天国革命の歴史と思想》, 东京: 研文出版, 1978 年。

Perry, Elizabeth J. and Tom Chang. "The Mystery of Yellow Cliff: A Controversial 'Rebellion' in the Late Qing, "*Modern China*, Vol. 6, No. 2, 1980, pp.123−160. (刘晨中译文见《苏州文博论丛》2013 年总第 4 辑, 第 60—74 页。)

Tilly, Louise A. and Charles Tilly eds. *Class Conflict and Collective Action*. London: Sage Publications, 1981.

Cole, James H. *The People Versus the Taipings: Bao Lisheng's "Righteous Army of Dongan"*. Berkeley: Institute of East Asian Studies, University of California, 1981.

Wagner, Rudolf G. *Reenacting in Heavenly Vision: The Role of Religion in the Taiping Rebellion*. Berkeley: University of California Press, 1982.

Clarke, Prescott and J. S. Gregory eds. *Western Reports on the Taiping: A Selection of Documents*. London: Groom Helm Ltd., 1982.

Withers, John Lovelle. *The Heavenly Capital: Nanjing under the Taiping,*

1853-1864. New Haven: Yale University Press, 1983.

Chan, Joseph Hing-kwok 陈兴国. *Mass Disturbances and Protest Movements in Late Imperial China, 1796-1911: A Time-series Study of Collective Actions*, Ph.D. dissertation, University of Pittsburgh, 1983.

Scott, James C. *Weapons of the Weak: Everyday Forms of Peasant Resistance*. New Haven, Conn.: Yale University Press, 1985.

［日］小岛晋治:《太平天国運動と現代中国》，东京：研文出版，1993 年。

Heath, Ian and Michael Perry. *The Taiping Rebellion, 1851-66*. London: Osprey Publishing Ltd., 1994.

［日］菊池秀明:《広西移民社会と太平天国》，东京：风响社，1998 年。

Kutcher, Norman A. *Mourning in Late Imperial China: Filial Piety and the State*. New York: Cambridge University Press, 1999.

Andrew, Anita M. and John A. Rapp. *Autocracy and China's Rebel Founding Emperors: Comparing Chairman Mao and Ming Taizu*. Lanham, MD: Rowman & Littlefield Publishers, 2000.

［日］小岛晋治:《洪秀全と太平天国》，东京：岩波书店，2001 年。

［日］夏井春喜:《中国近代江南の地主制研究：租栈関係簿册の分析》，东京：汲古书院，2001 年。

［日］菊池秀明:《清代中国南部の社会変容と太平天国》，东京：汲古书院，2008 年。

［日］小林一美:《中華世界の国家と民衆》，东京：汲古书院，2008 年。

Rapp, John A. "Clashing Dilemmas: Hong Rengan, Issachar Roberts, and a Taiping 'Murder' Mystery," *Journal of Historical Biography*, No. 4, 2008, pp. 27-58.

Wilson, Andrew. *The "Ever-Victorious Army", A History of the Chinese Campaign under Lt. Col. C. G. Gordon and of the Suppression of the Tai-Ping Rebellion*. London: Cambridge University Press, 2010.

太平天国再研究

［日］菊池秀明:《金田から南京へ: 太平天国初期史研究》, 东京: 汲古书院, 2013 年。

Zhang Daye, Translated by Xiaofei Tian. *The World of a Tiny Insect: A Memoir of the Taiping Rebellion and Its Aftermath*. Seattle and London: University of Washington Press, 2014. (张大野原著, 田晓菲英译:《微虫世界: 一部关于太平天国的回忆录》。)

Chappell, Jonathan. "The Limits of the Shanghai Bridgehead: Understanding British Intervention in the Taiping Rebellion 1860 - 62," *The Journal of Imperial and Commonwealth History*, Vol. 44, NO. 4, 2016, pp.533-550.

Kilcourse, Carl S. *Taiping Theology: The Localization of Christianity in China, 1843-64*. New York: Palgrave Macmillan, 2016.

［日］菊池秀明:《北伐と西征——太平天国前期史研究》, 东京: 汲古书院, 2017 年。

Xiaowei Zheng 郑小威. "The Literary Turn: An Introduction of the Special Issue on Ways of Writing the Taiping Civil War," *Frontiers of History in China*, Vol. 13, No. 2, 2018, pp. 167-172.

Huan Jin 金环. "Authenticating the Renewed Heavenly Vision: The Taiping Heavenly Chronicle (Taiping tianri)," *Frontiers of History in China*, Vol. 13, No. 2, 2018, pp.173-192.

Dadui Yao 姚达兑. "The Power of Persuasion in Propaganda: The Taiping Three Characters Classic," *Frontiers of History in China*, Vol. 13, No. 2, 2018, pp. 193-210.

Huntington, Rania. "Singing Punishment and Redemption in the Taiping Civil War: Yu Zhi's Plays," *Frontiers of History in China*, Vol. 13, No. 2, 2018, pp. 211-226.

Wooldridge, Chuck. "Writing the Taiping War into the History of the Southern Ming: Xu Zi, the Militia of Luhe, and the Annals of a Fallen State," *Frontiers of*

History in China, Vol. 13, No. 2, 2018, pp.227-258.

Shaoyang Lin 林少阳. "Re-Defining the Late Qing Revolution: Its Continuity with the Taiping Rebellion, Radical Student Politics and Larger Global Context," *Frontiers of History in China,* Vol. 13, No. 4, 2018, pp.531-557.

Meyer-Fong, Tobie. "To Know the Enemy: The Zei qing huizuan, Military Intelligence, and the Taiping Civil War,"*T'oung Pao,* Vol. 104, Fasc. 3-4, 2018, pp. 384-423.

[日] 菊池秀明:《太平天国——皇帝なき中国の挫折》, 东京: 岩波书店, 2020 年。

Kilcourse, Carl S. "Instructing the Heavenly King: Joseph Edkins's Mission to Correct the Theology of Hong Xiuquan,"*The Journal of Ecclesiastical History,* Vol. 71, No.1, 2020, pp.116-134.

Yuechen Wang 王悦晨. "A War Triggered by Translation: From Bible Translation to the Taiping Heavenly Kingdom in Nineteenth-Century China," *Babel (Frankfurt)*, Vol. 68, Issue 5, 2020, pp.723-741.

Sheehan-Dean, Aaron. *Reckoning with Rebellion: War and Sovereignty in the Nineteenth Century.* Cainesville: University Press of Florida, 2020.

Yang Zhang 张杨. "Why Elites Rebel: Elite Insurrections during the Taiping Civil War in China,"*American Journal of Sociology,* Vol. 127, No. 1, 2021, pp. 60-101.

Yuhua Wang 王裕华. *The Rise and Fall of Imperial China: The Social Origins of State Development.* Princeton, New Jersey: Princeton University Press, 2022.

Knorr, Daniel. "Fragile Bulwark: The Qing State in Jinan during the Taiping and Nian Wars,"*Late Imperial China,* Vol. 43, No. 1, 2022, pp.43-83.

Weiting Guo 郭威廷. "The logics of atrocities: a local official and the small wars in Taiping China, 1851-1864,"*Small Wars & Insurgencies,* Vol. 34, No. 3,

太平天国再研究

2023, pp.693–724.

Huan Jin 金环. *The Collapse of Heaven: The Taiping Civil War (1851–1864) and Chinese Literature and Culture (1850–1880)*. Cambridge: Harvard University Asia Center, 2024.

Mokros, Emily. "The Capital Region in the Unfinished Taiping War,"*Journal of Chinese History*, published online by Cambridge University Press, 2024, pp. 1–27.

大学问，广西师范大学出版社学术图书出版品牌，以"始于问而终于明"为理念，以"守望学术的视界"为宗旨，致力于以文史哲为主体的学术图书出版，倡导以问题意识为核心，弘扬学术情怀与人文精神。品牌名取自王阳明的作品《〈大学〉问》，亦以展现学术研究与大学出版社的初心使命。我们希望：以学术出版推进学术研究，关怀历史与现实；以营销宣传推广学术研究，沟通中国与世界。

截至目前，大学问品牌已推出《现代中国的形成（1600—1949）》《中华帝国晚期的性、法律与社会》等 100 余种图书，涵盖思想、文化、历史、政治、法学、社会、经济等人文社会科学领域的学术作品，力图在普及大众的同时，保证其文化内蕴。

"大学问" 品牌书目

刘　强　《论语新识》
王兆鹏　《唐宋词小讲》
徐晋如　《国文课：中国文脉十五讲》
胡大雷　《岁月忽已晚：古诗十九首里的东汉世情》
龚　斌　《魏晋清谈史》

大学问·明清以来文史研究系列

周绚隆　《易代：侯岐曾和他的亲友们（修订本）》
巫仁恕　《劫后"天堂"：抗战沦陷后的苏州城市生活》
台静农　《亡明讲史》
张艺曦　《结社的艺术：16—18世纪东亚世界的文人社集》
何冠彪　《生与死：明季士大夫的抉择》
李孝悌　《恋恋红尘：明清江南的城市、欲望和生活》
李孝悌　《琐言赘语：明清以来的文化、城市与启蒙》
孙竞昊　《经营地方：明清时期济宁的士绅与社会》
范金民　《明清江南商业的发展》
方志远　《明代国家权力结构及运行机制》
严志雄　《钱谦益的诗文、生命与身后名》
严志雄　《钱谦益〈病榻消寒杂咏〉论释》
全汉昇　《明清经济史讲稿》
陈宝良　《清承明制：明清国家治理与社会变迁》
冯贤亮　《明清江南的环境变动与社会控制》
郭松义　《伦理与生活：清代的婚姻与社会》
刘　晨　《太平天国再研究》

大学问·哲思系列

罗伯特·S.韦斯特曼　《哥白尼问题：占星预言、怀疑主义与天体秩序》
罗伯特·斯特恩　《黑格尔的〈精神现象学〉》
A.D.史密斯　《胡塞尔与〈笛卡尔式的沉思〉》
约翰·利皮特　《克尔凯郭尔的〈恐惧与颤栗〉》
迈克尔·莫里斯　《维特根斯坦与〈逻辑哲学论〉》
M.麦金　《维特根斯坦的〈哲学研究〉》
G·哈特费尔德　《笛卡尔的〈第一哲学的沉思〉》
罗杰·F.库克　《后电影视觉：运动影像媒介与观众的共同进化》
苏珊·沃尔夫　《生活中的意义》
王　浩　《从数学到哲学》
布鲁诺·拉图尔　尼古拉·张　《栖居于大地之上》
何　涛　《西方认识论史》
罗伯特·凯恩　《当代自由意志导论》
维克多·库马尔　里奇蒙·坎贝尔　《超越猿类：人类道德心理进化史》

许　煜　《在机器的边界思考》
S. 马尔霍尔　《海德格尔的〈存在与时间〉》
提摩太·C. 坎贝尔　《生命的尺度：从海德格尔到阿甘本的技术和生命政治》

大学问·名人传记与思想系列
孙德鹏　《乡下人：沈从文与近代中国（1902—1947）》
黄克武　《笔醒山河：中国近代启蒙人严复》
黄克武　《文字奇功：梁启超与中国学术思想的现代诠释》
王　锐　《革命儒生：章太炎传》
保罗·约翰逊　《苏格拉底：我们的同时代人》
方志远　《何处不归鸿：苏轼传》
章开沅　《凡人琐事：我的回忆》
区志坚　《昌明国粹：柳诒徵及其弟子之学术》

大学问·实践社会科学系列
胡宗绮　《意欲何为：清代以来刑事法律中的意图谱系》
黄宗智　《实践社会科学研究指南》
黄宗智　《国家与社会的二元合一》
黄宗智　《华北的小农经济与社会变迁》
黄宗智　《长江三角洲的小农家庭与乡村发展》
白德瑞　《爪牙：清代县衙的书吏与差役》
赵刘洋　《妇女、家庭与法律实践：清代以来的法律社会史》
李怀印　《现代中国的形成（1600—1949）》
苏成捷　《中华帝国晚期的性、法律与社会》
黄宗智　《实践社会科学的方法、理论与前瞻》
黄宗智　周黎安　《黄宗智对话周黎安：实践社会科学》
黄宗智　《实践与理论：中国社会经济史与法律史研究》
黄宗智　《经验与理论：中国社会经济与法律的实践历史研究》
黄宗智　《清代的法律、社会与文化：民法的表达与实践》
黄宗智　《法典、习俗与司法实践：清代与民国的比较》
黄宗智　《过去和现在：中国民事法律实践的探索》
黄宗智　《超越左右：实践历史与中国农村的发展》
白　凯　《中国的妇女与财产（960—1949）》
陈美凤　《法庭上的妇女：晚清民国的婚姻与一夫一妻制》

大学问·法律史系列
田　雷　《继往以为序章：中国宪法的制度展开》
北鬼三郎　《大清宪法案》
寺田浩明　《清代传统法秩序》
蔡　斐　《1903：上海苏报案与清末司法转型》

秦　涛　《洞穴公案：中华法系的思想实验》
柯　岚　《命若朝霜：〈红楼梦〉里的法律、社会与女性》

大学问·桂子山史学丛书
张固也　《先秦诸子与简帛研究》
田　彤　《生产关系、社会结构与阶级：民国时期劳资关系研究》
承红磊　《"社会"的发现：晚清民初"社会"概念研究》
宋亦箫　《古史中的神话：夏商周祖先神话溯源》

大学问·中国女性史研究系列
游鉴明　《运动场内外：近代江南的女子体育（1895—1937）》

大学问·中国城市史研究系列
关文斌　《亦官亦商：明清时期天津的盐商与社会》
李来福　《晚清中国城市的水与电：生活在天津的丹麦人，1860—1912》
贺　萧　《天津工人：1900—1949》

其他重点单品
郑荣华　《城市的兴衰：基于经济、社会、制度的逻辑》
郑荣华　《经济的兴衰：基于地缘经济、城市增长、产业转型的研究》
拉里·西登托普　《发明个体：人在古典时代与中世纪的地位》
玛吉·伯格等　《慢教授》
菲利普·范·帕里斯等　《全民基本收入：实现自由社会与健全经济的方案》
王　锐　《中国现代思想史十讲》
王　锐　《韶响难追：近代的思想、学术与社会》
简·赫斯菲尔德　《十扇窗：伟大的诗歌如何改变世界》
屈小玲　《晚清西南社会与近代变迁：法国人来华考察笔记研究（1892—1910）》
徐鼎鼎　《春秋时期齐、卫、晋、秦交通路线考论》
苏俊林　《身份与秩序：走马楼吴简中的孙吴基层社会》
周玉波　《庶民之声：近现代民歌与社会文化嬗递》
蔡万进等　《里耶秦简编年考证（第一卷）》
张　城　《文明与革命：中国道路的内生性逻辑》
洪朝辉　《适度经济学导论》
李竞恒　《爱有差等：先秦儒家与华夏制度文明的构建》
傅　正　《从东方到中亚——19世纪的英俄"冷战"（1821—1907）》
俞　江　《〈周官〉与周制：东亚早期的疆域国家》
马嘉鸿　《批判的武器：罗莎·卢森堡与同时代思想者的论争》
李怀印　《中国的现代化：1850年以来的历史轨迹》
葛希芝　《中国"马达"："小资本主义"一千年（960—1949）》